国家哲学社会科学成果文库

NATIONAL ACHIEVEMENTS LIBRARY
OF PHILOSOPHY AND SOCIAL SCIENCES

# 中国特色社会主义法治道路的理论创新与实践探索（第一卷）

汪习根　等著

人民出版社

**汪习根** 教育部长江学者特聘教授，华中科技大学法学院院长、国家人权教育与培训基地·华中科技大学人权法律研究院院长。兼任中国法学会法理学研究会副会长、中国法学会律师法学研究会副会长。入选国家"万人计划"全国哲学社会科学领军人才、中央"四个一批"文化名家、国家百千万人才工程、全国十大杰出青年法学家、全国百篇优秀博士学位论文、教育部新世纪优秀人才。哈佛大学、哥伦比亚大学法学院高级访问学者，荷兰鹿特丹伊拉斯姆斯大学兼职教授，奥中友好协会终身高级顾问。在《人民日报》《求是》《中国法学》《法学研究》等报刊上发表论文 200 多篇，其中有数十篇被《新华文摘》《中国社会科学文摘》等转载，出版中、英、日文著作近 30 部。主持中央马工程重大项目、中央特别委托重大项目、国家社科基金重大项目等一系列科研项目。先后获得国家级优秀教学成果一等奖、中国高校人文社会科学优秀成果奖、教育部人文社会科学优秀成果奖、省级人文社科优秀成果奖一等奖等各类奖励约 20 项，主讲课程被评为国家精品课程、国家精品网络资源共享课程。受中央宣传部委托牵头起草 3 部中国人权白皮书草稿，应联合国邀请担任联合国发展权高级咨询专家，赴联合国参与国际标准、公约和重要国际文件起草。有关咨询报告被中央采纳，多次被载入联合国官方文件。

# 《国家哲学社会科学成果文库》
# 出版说明

  为充分发挥哲学社会科学研究优秀成果和优秀人才的示范带动作用,促进我国哲学社会科学繁荣发展,全国哲学社会科学工作领导小组决定自2010年始,设立《国家哲学社会科学成果文库》,每年评审一次。入选成果经过了同行专家严格评审,代表当前相关领域学术研究的前沿水平,体现我国哲学社会科学界的学术创造力,按照"统一标识、统一封面、统一版式、统一标准"的总体要求组织出版。

全国哲学社会科学工作办公室
2021 年 3 月

# 目　录

导　论 …………………………………………………………（1）

## 第一篇　历史探源篇

**第一章　中国特色社会主义法治道路的历史探源** ………（11）
　第一节　中国共产党创立时期法治探索的历史背景 ………（13）
　第二节　中国共产党法治的思想渊源 ………………………（28）
　第三节　中国共产党早期法治实践的脉络 …………………（45）
　第四节　中国共产党创立时期法治道路的基本特征 ………（56）

**第二章　新民主主义革命时期的法治道路探索** …………（66）
　第一节　土地革命时期 ………………………………………（66）
　第二节　抗日战争时期 ………………………………………（74）
　第三节　解放战争时期 ………………………………………（82）
　第四节　新民主主义革命时期法治道路的特点 ……………（88）

**第三章　新中国成立初期和社会主义建设时期的法治道路构建和曲折发展（1949—1977）** …………（96）
　第一节　法治道路的社会背景 ………………………………（97）
　第二节　法治道路的法理基础 ………………………………（105）
　第三节　法治道路的主要内容 ………………………………（111）

第四节　法治道路的实践经验 …………………………………（124）

**第四章　改革开放前二十年的法治道路建设（1978—1997年十五大前夕）** ……………………………………………………（131）
　　第一节　法治道路的探索脉络 …………………………………（131）
　　第二节　法治道路的法理破冰 …………………………………（136）
　　第三节　法治道路的思想基础 …………………………………（140）
　　第四节　法治道路的主要内容 …………………………………（143）
　　第五节　法治道路的实践路径 …………………………………（152）

**第五章　从党的十五大到十八大以来法治道路的形成** …………（158）
　　第一节　中共十五大至十七大的法治道路建设 ………………（158）
　　第二节　党的十八大与全面推进依法治国 ……………………（167）
　　第三节　党的十八届三中全会与法治中国 ……………………（172）
　　第四节　党的十八届四中全会与中国特色社会主义法治道路 …（176）
　　第五节　党的十八届五中、六中全会与法治发展 ……………（179）
　　第六节　党的十九大与深化依法治国实践 ……………………（182）

**第六章　中国特色社会主义法治道路探索的经验教训** …………（187）
　　第一节　法治道路的价值定位 …………………………………（189）
　　第二节　法治道路的国情基础 …………………………………（193）
　　第三节　法治道路的制度属性 …………………………………（202）
　　第四节　法治道路的领导力量 …………………………………（207）
　　第五节　法治道路的民本取向 …………………………………（213）

# 第二篇　法理基础篇

**第一章　中国特色社会主义法治道路的科学定义** ………………（223）
　　第一节　法治与法治道路 ………………………………………（223）
　　第二节　法治的中国特色 ………………………………………（239）

第三节　法治的社会主义属性 …………………………………（250）

# 第二章　中国特色社会主义法治道路的系统整合 ……………（263）
第一节　法治本体的整合 ………………………………………（264）
第二节　法治原理的整合 ………………………………………（266）
第三节　法治原则的整合 ………………………………………（269）
第四节　法治体系的整合 ………………………………………（280）
第五节　法治领域的整合 ………………………………………（283）
第六节　法治途径的整合 ………………………………………（285）
第七节　法治环节的整合 ………………………………………（287）
第八节　法治方式的整合 ………………………………………（289）
第九节　法治方法的整合 ………………………………………（292）
第十节　法治机关的整合 ………………………………………（294）

# 第三章　中国特色社会主义法治道路的法理依据 ……………（297）
第一节　制度合法性：法治道路取决于社会主义制度 ………（297）
第二节　人民意志性：法治道路是统一法治认识和行动的
　　　　必然要求 ………………………………………………（302）
第三节　客观必然性：法治道路的国情分析 …………………（309）
第四节　现实紧迫性：国富民强的法治之路 …………………（315）

# 第四章　中国特色社会主义法治道路的价值诉求 ……………（322）
第一节　中国法治道路的本体迷惘 ……………………………（323）
第二节　中国特色社会主义法治道路的价值探寻 ……………（338）
第三节　中国特色社会主义法治道路的价值逻辑 ……………（352）

# 第五章　中国特色社会主义法治道路的基本原则 ……………（372）
第一节　法治道路的原则问题 …………………………………（372）
第二节　党领导下的人民法治国原则 …………………………（377）
第三节　法律和道德的均衡治理原则 …………………………（391）
第四节　从实际出发的法治认识论 ……………………………（398）

## 第六章　中国特色社会主义法治道路的指导思想 ……（414）
### 第一节　当代中国的马克思主义法学与法治道路 ……（414）
### 第二节　习近平法治思想与法治道路 ……（433）

## 第七章　中国特色社会主义法治道路的文化传承 ……（439）
### 第一节　中国传统政法文化的形成与发展 ……（439）
### 第二节　传统政法文化的要义与特征 ……（460）
### 第三节　传统治国理政思想对社会主义法治建设的启发与借鉴 ……（469）

# 第三篇　域外借鉴篇

## 第一章　英国法治道路的自然演进及其启示 ……（483）
### 第一节　自然演进的法治道路 ……（484）
### 第二节　英国法治道路的基本特色 ……（488）
### 第三节　英国法治道路的启示 ……（496）

## 第二章　美国法治道路的历程和启示 ……（505）
### 第一节　重新认识美国法治道路 ……（505）
### 第二节　建国时期的美国法治道路（1776—1865）……（510）
### 第三节　重建时期的美国法治道路（1866—1877）……（523）
### 第四节　工业时期的美国法治道路（1877—1917）……（533）
### 第五节　新政时期的美国法治道路（1932—1941）……（550）

## 第三章　法国的法治道路探索及其意义 ……（564）
### 第一节　法国法治道路选择的历史背景 ……（564）
### 第二节　法国法治道路的基本特征 ……（572）

## 第四章　日本"法治国家"的理念和现实 ……（590）
### 第一节　"法的支配、法治国家"所拥有的意义和日本的特殊性 ……（590）

第二节　形式上法治国家的形成和阻碍 …………………（593）
　　第三节　通过日本宪法向实质法治国的转换 ……………（599）
　　第四节　21世纪法治国家的界限和问题 …………………（604）

第五章　韩国法治道路的构造及其启示 ………………………（610）
　　第一节　韩国总统制的初建与法治乖戾 …………………（611）
　　第二节　朴正熙军事威权统治时期的法治 ………………（616）
　　第三节　韩国后军事威权统治时期的法治 ………………（622）
　　第四节　现行宪法出台与韩国法治时代的开启 …………（624）
　　第五节　对韩国法治道路变迁的思考 ……………………（627）

第六章　新加坡的法治道路建设及其启示 ……………………（641）
　　第一节　独立之路与法治现代化历程 ……………………（641）
　　第二节　实用主义法治模式的构建 ………………………（649）
　　第三节　新加坡法治建设的实践与经验 …………………（654）

第七章　泰国法治道路的探索及其启示 ………………………（661）
　　第一节　泰国法治道路的历史背景 ………………………（662）
　　第二节　泰国法治道路的构成要素 ………………………（674）
　　第三节　泰国法治道路的行进轨迹 ………………………（691）
　　第四节　对泰国法治道路的思考 …………………………（711）

第八章　埃及法治道路的演进及其启示 ………………………（717）
　　第一节　埃及西式法治道路的初建和反转 ………………（717）
　　第二节　埃及"政教合一"道路的尝试与折戟 ……………（724）
　　第三节　埃及法治道路的重回与未来 ……………………（732）
　　第四节　对埃及法治道路的思考 …………………………（741）

第九章　"自由模式"和"正义模式"：世界法治主义的
　　　　两种道路模式比较及启示 ……………………………（753）
　　第一节　实质性法治主义的探索 …………………………（754）
　　第二节　"正义模式"和"自由模式"的原型 ……………（756）

第三节　法治主义两种道路模式的变迁 …………………（758）
第四节　法治主义的展望 ……………………………………（763）
第五节　西方法治道路面临的危机 ……………………………（767）
第六节　对中国的启示 …………………………………………（769）

# 第四篇　党法关系篇

## 第一章　党的领导与法治的价值关联 ……………………（777）
第一节　党的领导对法治的根本价值 …………………………（777）
第二节　法治对党的领导的价值优化 …………………………（789）

## 第二章　党领导法治的作用机理 ……………………………（804）
第一节　党的领导在法治道路建设中的价值作用 ……………（804）
第二节　党领导法治的作用基础 ………………………………（810）
第三节　党领导法治的作用规律 ………………………………（814）
第四节　党领导法治的作用机制 ………………………………（818）

## 第三章　党领导立法的实现方式 ……………………………（824）
第一节　党领导立法的合法性分析 ……………………………（825）
第二节　党领导立法的基本原则 ………………………………（829）
第三节　党领导立法的规范性文件创制对策建议 ……………（833）

## 第四章　党保证执法的基本途径 ……………………………（841）
第一节　党保证执法关系的优化 ………………………………（841）
第二节　党保证执法的"保证"途径 …………………………（864）

## 第五章　党支持司法的理性路径 ……………………………（887）
第一节　党的领导和司法文明的关系 …………………………（887）
第二节　党的领导和司法权独立行使关系之实证分析 ………（892）
第三节　政党支持司法的科学含义与实现之道 ………………（897）

# 第五篇 制度保障篇

**第一章　中国特色社会主义法治道路的制度基础** ……………（905）
　　第一节　法治和社会主义的兼容性 ………………………（905）
　　第二节　法治道路的根本制度基础 ………………………（920）
　　第三节　法治道路的根本制度保障 ………………………（928）

**第二章　人民代表大会制度与法治道路构建** ………………（933）
　　第一节　人民代表大会制度科学定性的新命题 …………（933）
　　第二节　人民代表大会制度的基本遵循 …………………（941）
　　第三节　与时俱进完善人民代表大会制度 ………………（948）

**第三章　法治道路的政党制度架构** …………………………（954）
　　第一节　政党协商及其基本特质 …………………………（955）
　　第二节　政党协商的思想文化基因 ………………………（967）
　　第三节　政党协商的中国特色 ……………………………（977）
　　第四节　政党协商在新时代的发展 ………………………（985）
　　第五节　新时代中国特色政党协商理论体系构建 ………（993）

**第四章　法治道路的经济制度逻辑** …………………………（1004）
　　第一节　法治道路的经济制度架构 ………………………（1004）
　　第二节　法治道路的经济价值释放 ………………………（1018）
　　第三节　社会主义经济法治的实现路径 …………………（1035）

**第五章　民族区域自治与法治道路选择** ……………………（1055）
　　第一节　民族区域自治与法治道路的内在契合 …………（1055）
　　第二节　自治与他治 ………………………………………（1059）
　　第三节　自治与平等 ………………………………………（1065）
　　第四节　自治与制约 ………………………………………（1072）

第五节　保护与发展 …………………………………………（1079）

第六节　自治与共治 …………………………………………（1086）

第七节　官方与民间 …………………………………………（1092）

第八节　新时代关于民族区域自治法治道路的新论断 ………（1097）

## 第六章　基层群众自治与法治道路构建 ……………………（1104）

第一节　自治权的法治属性辨正 ……………………………（1105）

第二节　基层自治的法治路径优化 …………………………（1109）

# 第六篇　法治理论篇

## 第一章　良法善治论 ……………………………………………（1139）

第一节　良法的思想源流 ……………………………………（1140）

第二节　良法的概念构建 ……………………………………（1148）

第三节　良法的中国特色 ……………………………………（1154）

第四节　善治的流变与要义 …………………………………（1159）

第五节　新时代的善治观 ……………………………………（1165）

第六节　良法与善治的关系 …………………………………（1176）

## 第二章　法律权威论 ……………………………………………（1179）

第一节　法律权威的学理分析 ………………………………（1179）

第二节　法律权威的中国表达 ………………………………（1192）

第三节　法律权威的生成机制 ………………………………（1205）

## 第三章　权利保障论 ……………………………………………（1214）

第一节　中国特色人权历史发展的简要回顾 ………………（1214）

第二节　中国特色人权发展的基本启示 ……………………（1223）

第三节　中国特色人权的理论创新 …………………………（1228）

第四节　中国特色人权的制度实践 …………………………（1234）

## 第四章　权力制约论 ……………………………………………（1247）
- 第一节　权力制约的理论预设 ………………………………（1248）
- 第二节　权力制约的理论路径 ………………………………（1255）
- 第三节　权力制约的制度笼子 ………………………………（1259）
- 第四节　权力制约的系统构建 ………………………………（1263）
- 第五节　权力制约的具体方式 ………………………………（1267）
- 第六节　中国特色社会主义权力制约制度的特点 …………（1276）

## 第五章　社会公平论 ……………………………………………（1281）
- 第一节　西方正义论的超越 …………………………………（1281）
- 第二节　社会公平的科学含义 ………………………………（1299）
- 第三节　社会公平的内在构成 ………………………………（1308）
- 第四节　社会公平的外在形式 ………………………………（1314）

## 第六章　司法正义论 ……………………………………………（1324）
- 第一节　司法正义价值论 ……………………………………（1325）
- 第二节　司法权的性质 ………………………………………（1335）
- 第三节　从司法独立到审检独立 ……………………………（1340）
- 第四节　接近正义与司法为民 ………………………………（1344）

## 第七章　法治信仰论 ……………………………………………（1351）
- 第一节　法治信仰 ……………………………………………（1351）
- 第二节　在法治思维方式运用中践行法治信仰 ……………（1366）

## 第八章　法治思维论 ……………………………………………（1375）
- 第一节　法治思维的概念构造 ………………………………（1375）
- 第二节　法治思维的基本要求 ………………………………（1379）
- 第三节　非法治思维及其克服 ………………………………（1390）
- 第四节　法治思维的培育之道 ………………………………（1402）

## 第九章　法治改革论 ……………………………………………（1408）
- 第一节　法治与改革关系的理论误区及其突破 ……………（1409）

第二节　法治对改革的价值功能 …………………………（1414）
第三节　改革对法治的意义释放 …………………………（1423）
第四节　法治改革的路径选择 ……………………………（1434）

## 第十章　法治话语论 …………………………………………（1440）
第一节　法治话语的内涵 …………………………………（1441）
第二节　中国法治话语的演进与现状 ……………………（1445）
第三节　提升中国的法治话语权 …………………………（1457）

# 第七篇　实践构建篇

## 第一章　法治道路的实践模式 ………………………………（1473）
第一节　传统法律实施模式的回顾与反思 ………………（1473）
第二节　修辞学法治实施模式的回顾与反思 ……………（1485）
第三节　包容型法治实施模式的内涵和构造 ……………（1491）

## 第二章　法治道路的运行机理 ………………………………（1499）
第一节　中国特色社会主义法治道路的平衡机理与自我调适 …（1499）
第二节　中国特色社会主义法治道路的调整机制与功能优化 …（1511）
第三节　中国特色社会主义法治道路的制度整合与自我完善 …（1516）

## 第三章　权威主导的法治道路实施路径 ……………………（1528）
第一节　权威主导法治实施的理论基础 …………………（1528）
第二节　权威主导的法治实施模式 ………………………（1539）

## 第四章　公众参与的法治实施路径 …………………………（1549）
第一节　法社会学视角下的公众参与 ……………………（1549）
第二节　西方国家公众参与的历史变迁分析 ……………（1553）
第三节　中国公众参与的历史变迁分析 …………………（1562）
第四节　中西方公众参与的演进逻辑 ……………………（1570）

  第五节 当前中国公众参与的法治化对策 …………………（1574）

**第五章 上下联动的法治实施道路** ………………………………（1578）
  第一节 国家合法性与国家性质的比较分析 ………………（1579）
  第二节 国家性质与国家社会互动方式的比较分析 …………（1586）
  第三节 当下中国的上下联动法治实施道路 ………………（1591）

**参考文献** ……………………………………………………………（1606）
**后  记** ……………………………………………………………（1680）

# CONTENTS

**Introduction** ································································· ( 1 )

## Part I   The source of history

**Chapter 1**   **The historical source of the path of socialist rule of law with Chinese characteristics** ······················ ( 11 )
    Section 1   The historical background of the exploration of the rule of law during the founding period of the Communist Party of China ··················································· ( 13 )
    Section 2   The ideological origin of the rule of law of the Communist Party of China ················································· ( 28 )
    Section 3   The context of the early practice of the rule of law of the Communist Party of China ········································ ( 45 )
    Section 4   The basic characteristics of the path of the rule of law during the founding period of the Communist Party of China ····································································· ( 56 )

**Chapter 2**   **The path of the rule of law in the period of the New Democratic Revolution** ··········································· ( 66 )
    Section 1   The phase of the Agrarian Revolution ················ ( 66 )

Section 2 The phase of the War of Resistance Against Japanese Aggression ………………………………………… ( 74 )
Section 3 The phase of the War of Liberation …………………… ( 82 )
Section 4 The characteristics of the path of the rule of law in the phase of the New Democratic Revolution ………………… ( 88 )

**Chapter 3 The construction and serpentine development of the path of rule of law after the founding of People's Republic of China (1949—1977)** ……………………… ( 96 )
Section 1 The social background of the path of the rule of law …… ( 97 )
Section 2 The basis of jurisprudence of the path of the rule of law … (105)
Section 3 The main content of the path of the rule of law ………… (111)
Section 4 Practical experience on the path of the rule of law …… (124)

**Chapter 4 The construction of the path of the rule of law in the first two decades of reform and opening up (1978—1997, the eve of 15th National Congress of the Communist Party of China)** ……………………………… (131)
Section 1 The historical evolution of the path of the rule of law … (131)
Section 2 The breakthrough of jurisprudence of the path of the rule of law ……………………………………………………… (136)
Section 3 The ideological basis of the path of the rule of law …… (140)
Section 4 The main content of the path of the rule of law ………… (143)
Section 5 Practical approaches on the path of the rule of law …… (152)

**Chapter 5 The formation of the path of the rule of law from the 15th to the 18th National Congress of the Communist Party of China** ……………………………………………… (158)
Section 1 The construction of the path of the rule of law from the 15th to the 17th National Congress of the Communist Party of China ……………………………………………… (158)

Section 2 The 18th National Congress of the Communist Party of China and the promotion of the rule of law ⋯⋯⋯⋯⋯⋯⋯ (167)

Section 3 The Third Plenary Session of the 18th Communist Party of China Central Committee and the rule of law in China ⋯ (172)

Section 4 The Fourth Plenary Session of the 18th Communist Party of China Central Committee and the path of socialist rule of law with Chinese characteristics ⋯⋯⋯⋯⋯⋯⋯⋯⋯⋯ (176)

Section 5 The Fifth and Sixth of the 18th Communist Party of China Central Committee and the development of the rule of law ⋯⋯⋯⋯⋯⋯⋯⋯⋯⋯⋯⋯⋯⋯⋯⋯⋯⋯⋯⋯ (179)

Section 6 The 19th National Congress of the Communist Party of China and deepening the practice of law-based governance ⋯⋯⋯⋯⋯⋯⋯⋯⋯⋯⋯⋯⋯⋯⋯⋯⋯⋯⋯⋯⋯⋯⋯⋯ (182)

## Chapter 6 The experiences and lessons in the exploration of the path of socialist rule of law with Chinese characteristics ⋯⋯⋯ (187)

Section 1 The value proposition of the path of the rule of law ⋯⋯⋯ (189)

Section 2 The basis of national conditions of the path of the rule of law ⋯⋯⋯⋯⋯⋯⋯⋯⋯⋯⋯⋯⋯⋯⋯⋯⋯⋯⋯⋯⋯⋯⋯⋯ (193)

Section 3 The institutional attributes of the path of the rule of law ⋯ (202)

Section 4 The leadership on the path of the rule of law ⋯⋯⋯⋯⋯⋯⋯ (207)

Section 5 The people-centred orientation of the path of the rule of law ⋯⋯⋯⋯⋯⋯⋯⋯⋯⋯⋯⋯⋯⋯⋯⋯⋯⋯⋯⋯⋯⋯⋯⋯⋯ (213)

# Part II  The basis of jurisprudence

## Chapter 1 The scientific definition of the path of socialist rule of law with Chinese characteristics ⋯⋯⋯⋯⋯⋯⋯⋯⋯⋯⋯ (223)

Section 1 The path of rule of law and the rule of law ⋯⋯⋯⋯⋯⋯⋯ (223)

Section 2　Chinese characteristics of the rule of law ················ (239)

Section 3　The socialist attribute of the rule of law ···················· (250)

**Chapter 2　The systematic integration of the path of socialist rule of law with Chinese characteristics** ························ (263)

Section 1　The integration of the ontology of the path of the rule of law ················································································ (264)

Section 2　The integration of the theory of the rule of law ············ (266)

Section 3　The integration of the principles of the rule of law ······ (269)

Section 4　The integration of the systems of the rule of law ·········· (280)

Section 5　The integration in the fields of the rule of law ············ (283)

Section 6　The integration of the approaches of the rule of law ······ (285)

Section 7　The integration of the links of the rule of law ············ (287)

Section 8　The integration of the modes of the rule of law ············ (289)

Section 9　The integration of the means of the rule of law ············ (292)

Section 10　The integration of the institutions of the rule of law ······ (294)

**Chapter 3　The basis of jurisprudence of the path of socialist rule of law with Chinese characteristics** ························ (297)

Section 1　The legitimacy of the system: The path of the rule of law depends on the socialist system ···························· (297)

Section 2　People's will: The path of the rule of law is an inevitable requirement for unifying the understanding and action of rule of law ········································ (302)

Section 3　Objective inevitability: An analysis of the national conditions of the path of the rule of law ···················· (309)

Section 4　Realistic urgency: The path of the rule of law for the powerful country and the wealthy people ···················· (315)

**Chapter 4　The value claim for the path of socialist rule of law with Chinese characteristics** ··························································· (322)

Section 1 The Ontological confusion on the path of the rule of law in China ......(323)

Section 2 The value exploration for the path of socialist rule of law with Chinese characteristics ......(338)

Section 3 The value logic of the path of socialist rule of law with Chinese characteristics ......(352)

**Chapter 5 The basic principle of the path of socialist rule of law with Chinese characteristics** ......(372)

Section 1 The principle of the path of the rule of law ......(372)

Section 2 The people-centred principle of the rule of law under the leadership of the Party ......(377)

Section 3 The principle of balanced governance based on law and morality ......(391)

Section 4 The epistemology of the rule of law from the practical level ......(398)

**Chapter 6 The guiding ideology of the path of socialist rule of law with Chinese characteristics** ......(414)

Section 1 Marxist Law and the path of the rule of law in contemporary China ......(414)

Section 2 Xi Jinping's thought on the rule of law and the path of the rule of law ......(433)

**Chapter 7 Cultural heritage of the path of socialist rule of law with Chinese characteristics** ......(439)

Section 1 The formation and development of traditional Chinese political and legal culture ......(439)

Section 2 The essentials and characteristics of traditional political and legal culture ......(460)

Section 3　The inspiration and reflection on traditional governance thought to the construction of socialist rule of law ········ (469)

# Part III　Foreign experience

**Chapter 1　The natural evolution and enlightenment of the path of the rule of law in Britain** ················································ (483)
　Section 1　The natural evolution of the path of the rule of law ······ (484)
　Section 2　The basic characteristics of the path of the rule of law in Britain ································································ (488)
　Section 3　The enlightenment of the path of the rule of law in Britain ································································ (496)

**Chapter 2　The process and enlightenment of the path of the rule of law in the U. S.** ··············································· (505)
　Section 1　Reacquainting the path of the rule of law in the U. S. ······ (505)
　Section 2　The path of the the rule of law in the U. S. during the founding period (1776—1865) ···························· (510)
　Section 3　The path of the rule of law in the U. S. during the reconstruction period (1866—1877) ···················· (523)
　Section 4　The path of the rule of law in the U. S. during the industrial period (1877—1917) ···························· (533)
　Section 5　The path of the rule of law in the U. S. during the New Deal period (1932—1941) ································ (550)

**Chapter 3　The exploration and significance of the path of the rule of law in France** ··············································· (564)
　Section 1　The historical background of the choice of the path of the rule of law in France ···································· (564)

Section 2　The basic characteristics of the path of the rule of law in France ……………………………………………………(572)

**Chapter 4　The value and reality of "law-based country" in Japan** ……………………………………………………(590)

Section 1　The significance of "law-dominated and law-based country" and the particularity of Japan ………………(590)

Section 2　The formation and obstruction of a law-based country …(593)

Section 3　The transformation of the substantive rule of law through the Constitution in Japan ……………………………(599)

Section 4　The boundaries and problems of law-based countries in the 21st century ……………………………………(604)

**Chapter 5　The structure and enlightenment of the path of the rule of law in Korea** ……………………………………(610)

Section 1　The beginning of the presidential system in South Korea and the imperfection of the rule of law ……………(611)

Section 2　The rule of law during Park Chung-hee military authoritarian era ……………………………………(616)

Section 3　The rule of law in the post-military authoritarian era in South Korea ……………………………………(622)

Section 4　The introduction of the current constitution and the beginning of the era of the rule of law in South Korea …(624)

Section 5　The reflection on the change of the rule of law in Korea ………………………………………………(627)

**Chapter 6　The construction and enlightenment of the path of the rule of law in Singapore** ……………………………(641)

Section 1　The path of independence and the modernization of the rule of law ……………………………………(641)

Section 2　The construction of the model of pragmatic rule of law …(649)

Section 3　The practice and experience in the construction of the
　　　　　　　　rule of law in Singapore ················· (654)

**Chapter 7　The exploration and enlightenment of the path of the
　　　　　　rule of law in Thailand** ················· (661)

　　　Section 1　The historical background of the path of the rule of law
　　　　　　　　in Thailand ················· (662)
　　　Section 2　The components of the path of the rule of law in
　　　　　　　　Thailand ················· (674)
　　　Section 3　The evolution of the path of the rule of law in Thailand ··· (691)
　　　Section 4　The reflection on the path of the rule of law in Thailand ··· (711)

**Chapter 8　The evolution and enlightenment of the path of the rule
　　　　　　of law in Egypt** ················· (717)

　　　Section 1　The beginning and reversal of the western-style rule of
　　　　　　　　law in Egypt ················· (717)
　　　Section 2　The attempts and failures on the "Caesaropapism one"
　　　　　　　　in Egypt ················· (724)
　　　Section 3　The return of the rule of law in Egypt and the new
　　　　　　　　march ················· (732)
　　　Section 4　The reflection on the path of the rule of law in Egypt ··· (741)

**Chapter 9　"Freedom Mode" and "Justice Mode": comparison
　　　　　　and enlightenment of the two path models of the rule
　　　　　　of law in the world** ················· (753)

　　　Section 1　The exploration of substantive rule of law ················· (754)
　　　Section 2　The prototypes of "Justice Mode" and "Freedom
　　　　　　　　Mode" ················· (756)
　　　Section 3　The change of the two path models of the rule of law ··· (758)
　　　Section 4　The prospect of the rule of law ················· (763)
　　　Section 5　The crisis of the western path of the rule of law ········· (767)

Section 6　The enlightenment for China ……………………… (769)

## Part IV　The relationship between the Party and the law

**Chapter 1**　**The value connection of the leadership of the Party and the rule of law** ………………………………………… (777)

Section 1　The fundamental value of Party's leadership to the rule of law ……………………………………………………… (777)

Section 2　The value optimization of the rule of law to the leadership of the Party ……………………………… (789)

**Chapter 2**　**The mechanism of the leadership of the Party in the rule of law** ……………………………………………… (804)

Section 1　The value of the leadership of the Party in the construction of the path of the rule of law ……………… (804)

Section 2　The foundation of the leadership of the Party in the rule of law ……………………………………………… (810)

Section 3　The regularity of the leadership of the Party in the rule of law ……………………………………………… (814)

Section 4　The mechanism of the leadership of the Party in the rule of law ……………………………………………… (818)

**Chapter 3**　**The implementation model of the leadership of the Party in the legislation** ……………………………… (824)

Section 1　The legitimacy analysis of the leadership of the Party in the legislation ……………………………………… (825)

Section 2　The basic principle of the leadership of the Party in the legislation ……………………………………………… (829)

Section 3　A suggestion on formulation of the legal document on legislation under the leadership of the Party …………… (833)

## Chapter 4 The basic approach of the guarantee of the Party in law enforcement ............ (841)

Section 1 The optimisation of the guarantee of the Party in law enforcement ............ (841)

Section 2 The "guarantee" approach of the guarantee of the Party in law enforcement ............ (864)

## Chapter 5 The rational path of the support of the Party in judicial field ............ (887)

Section 1 The relationship between the leadership of the Party and judicial civilization ............ (887)

Section 2 An empirical analysis of the relationship between the leadership of the Party and the independence of jurisdiction ............ (892)

Section 3 Scientific meaning and way of realization of the support of the Party in judicial field ............ (897)

# Part V  The guarantee of the system

## Chapter 1 The system basis of the path of socialist rule of law with Chinese characteristics ............ (905)

Section 1 The compatibility of the rule of law and socialism ......... (905)

Section 2 The fundamental system basis of the path of the rule of law ... (920)

Section 3 The fundamental system guarantee of the path of the rule of law ............ (928)

## Chapter 2 The system of the National People's Congress and the construction of the path of the rule of law ............ (933)

Section 1 The new proposition of scientific characterization of the system of the National People's Congress ............ (933)

Section 2   The basic principles of the system of the National People's Congress ……………………………………… (941)

Section 3   The timely improvement of the system of the National People's Congress ……………………………………… (948)

## Chapter 3   The political party system structure of the path of the rule of law ……………………………………… (954)

Section 1   The system of political consultation and its basic characteristics ……………………………………… (955)

Section 2   The source of thought and culture of the system of political consultation ……………………………………… (967)

Section 3   Chinese characteristics of the system of political consultation ……………………………………… (977)

Section 4   The development of the system of political consultation in the new era ……………………………………… (985)

Section 5   The construction of the theoretical system of political consultation with Chinese characteristics in the new era ……… (993)

## Chapter 4   The economic system logic of the path of the rule of law … (1004)

Section 1   The economic system structure of the path of the rule of law ……………………………………… (1004)

Section 2   The release of the economic value of the path of the rule of law ……………………………………… (1018)

Section 3   The realization way of the rule of law in socialist economy ……………………………………… (1035)

## Chapter 5   Regional ethnic autonomy and the choice of the path of rule of law ……………………………………… (1055)

Section 1   The inner integration of regional ethnic autonomy and the path of the rule of law ……………………………………… (1055)

Section 2   Autonomy and heteronomy ……………………………………… (1059)

Section 3　Autonomy and equality ……………………………………（1065）
Section 4　Autonomy and restriction ………………………………（1072）
Section 5　Protection and development ……………………………（1079）
Section 6　Autonomy and co-governance …………………………（1086）
Section 7　Government and society …………………………………（1092）
Section 8　A new thesis on the path of the rule of law for regional ethnic autonomy in the new era ……………………………（1097）

**Chapter 6　The construction of the path of the rule of law and self-governance at the community level** ………………………（1104）
Section 1　The interpretation of the attribute of the rule of law of autonomy ………………………………………………（1105）
Section 2　The optimization of path of the rule of law of community level self-governance ………………………………（1109）

## Part VI　The theory of the rule of law

**Chapter 1　The theory of good law of good governance** …………（1139）
Section 1　The ideological source of good law …………………（1140）
Section 2　The concept construction of good law ………………（1148）
Section 3　Chinese characteristics of good law …………………（1154）
Section 4　The change and meaning of good governance ………（1159）
Section 5　The concept of good governance in the new era ……（1165）
Section 6　The relationship between good law and good governance ……………………………………………………（1176）

**Chapter 2　Legal authority theory** …………………………………（1179）
Section 1　The academic analysis of legal authority ……………（1179）
Section 2　Chinese expression of legal authority ………………（1192）
Section 3　The generative mechanism for legal authority ………（1205）

## Chapter 3  The theory of rights protection ............ (1214)

Section 1  A brief review of the historical evolution of human rights with Chinese characteristics ............ (1214)

Section 2  The basic enlightenment of the development of human rights with Chinese characteristics ............ (1223)

Section 3  The theoretical innovation of human rights with Chinese characteristics ............ (1228)

Section 4  The institutional practice of human rights with Chinese characteristics ............ (1234)

## Chapter 4  The theory of power restriction ............ (1247)

Section 1  The theoretical presupposition of power restriction ...... (1248)

Section 2  The theoretical path of power restriction ............ (1255)

Section 3  The institutional cage of power restriction ............ (1259)

Section 4  The system construction of power restriction ............ (1263)

Section 5  The specific ways of power restriction ............ (1267)

Section 6  The characteristics of the system of power restriction with Chinese characteristics ............ (1276)

## Chapter 5  The theory of social fairness ............ (1281)

Section 1  Transcendence of western justice theory ............ (1281)

Section 2  The scientific meaning of social fairness ............ (1299)

Section 3  The inherent composition of social fairness ............ (1308)

Section 4  External forms of social fairness ............ (1314)

## Chapter 6  The theory of judicial justice ............ (1324)

Section 1  The value of judicial justice ............ (1325)

Section 2  The nature of the jurisdiction ............ (1335)

Section 3  From the judicial independence to the independence of the trial and prosecution ............ (1340)

Section 4  Access to justice and justice for the people ............ (1344)

**Chapter 7　The theory of the belief in the rule of law** ............... (1351)
　　Section 1　The belief in the rule of law ........................ (1351)
　　Section 2　Practicing the belief in the rule of law in the application
　　　　　　　of mode of thought of the rule of law ................ (1366)

**Chapter 8　The theory of thinking of the rule of law** ................ (1375)
　　Section 1　The conceptual construction thinking of the rule of
　　　　　　　law ........................................................ (1375)
　　Section 2　The basic requirement of thinking of the rule of law ... (1379)
　　Section 3　Non thinking of the rule of law and solutions ........... (1390)
　　Section 4　The cultivation of thinking of the rule of law ........... (1402)

**Chapter 9　The reform of the rule of law** .............................. (1408)
　　Section 1　The theoretical misunderstanding and breakthrough of
　　　　　　　the relationship between the rule of law and reform ...... (1409)
　　Section 2　The value function of the rule of law to reform .......... (1414)
　　Section 3　The significance of reform to the rule of law ............ (1423)
　　Section 4　The path choice of reform of the rule of law ............. (1434)

**Chapter 10　The discourse on the rule of law** ....................... (1440)
　　Section 1　The connotation of the discourse on the rule of law ...... (1441)
　　Section 2　The evolution and status of Chinese discourse on the rule
　　　　　　　of law .................................................... (1445)
　　Section 3　Enhancing Chinese discourse on the rule of law .......... (1457)

## Part VII　Practice construction

**Chapter 1　The practical modes of the path of the rule of law** ...... (1473)
　　Section 1　Review and reflection of the mode of implementation of
　　　　　　　traditional laws ......................................... (1473)

Section 2 Review and reflection on the mode of implementation of the rule of law in rhetoric ·········· (1485)
Section 3 The connotation and structure of the inclusive mode of the implementation of the rule of law ·········· (1491)

**Chapter 2 The operating mechanism of the path of the rule of law** ··· (1499)
Section 1 The balance mechanism and self-adjustment of the path of the rule of law with Chinese characteristics ·········· (1499)
Section 2 The adjustment mechanism and function optimization of the path of the rule of law with Chinese characteristics ·········· (1511)
Section 3 System integration and self-improvement on the path of the rule of law with Chinese characteristics ·········· (1516)

**Chapter 3 The implementation path of the rule of law led by authority** ·········· (1528)
Section 1 The theoretical basis of the implementation of the rule of law led by authority ·········· (1528)
Section 2 The implementation mode of the rule of law led by authority ·········· (1539)

**Chapter 4 The implementation path of the rule of law with public participation** ·········· (1549)
Section 1 Public participation from the perspective of legal sociology ·········· (1549)
Section 2 Analysis of the historical changes of public participation in western countries ·········· (1553)
Section 3 Analysis of the historical changes of Chinese public participation ·········· (1562)
Section 4 A comparative analysis of the evolutionary logic of public participation in China and the West ·········· (1570)

Section 5　The current approaches of rule of law of Chinese public participation ……………………………………………… (1574)

**Chapter 5　The implementation path of the rule of law across different levels** ……………………………………………… (1578)

Section 1　A comparative analysis of the legitimacy of the state and the nature of the state ……………………………………… (1579)

Section 2　A comparative analysis of the state nature and the way in which the state interacts with society ………………… (1586)

Section 3　The current implementation path of the rule of law across different levels in China ……………………………… (1591)

**Reference** ……………………………………………………………… (1606)
**Postscript** ……………………………………………………………… (1680)

# 导　论

本研究成果是中国社会科学领域全面研究中国特色社会主义法治道路的理论创新与实践路径问题的专门学术成果。

## 一、研究缘起、目的与意义

本研究缘起于党的十八届四中全会提出的"中国特色社会主义法治道路"这一时代命题。习近平总书记在《关于〈中共中央关于全面推进依法治国若干重大问题的决定〉的说明》中指出：这一道路包含三层核心要义：坚持党的领导、坚持社会主义制度、贯彻中国特色社会主义法治理论。围绕这一课题，本研究以马克思主义中国化、当代化、现实化的最新理论成果为根本指导，立足于习近平法治思想的"十一个坚持"，运用科学的法治理论进行深度阐释和研究，揭示中国特色法治道路的法理基础、科学含义、价值取向、战略构想和实践方案，以期对法治中国建设沿着正确方向和路径运行产生一定的理论和现实指导意义。

## 二、研究成果的主要内容

按照法治道路的起源和去路、理论与实践、三层核心要义与具体构造展开相互对应的内在逻辑关系，将整个内容分为：导论、历史探源篇、法理基础篇、域外借鉴篇、党法关系篇、制度保障篇、法治理论篇、实践构建篇，对法治道路进行理论创新和实践路径设计。全部内容包括七篇共50章，共计180多万字。主要内容概述如下：

（一）历史探源。研究了中国共产党自成立以来法治道路探索历史发展的总体脉络和演进规律。分析了中国共产党创立时期法治探索的特定背景与基本特征，新民主主义革命时期法治探索的实践经验，新中国成立初期和社会主义建设时期的法治道路构建样态，改革开放前20年法治道路建设的法理破冰和实践路径，从党的十五大首次提出"依法治国"到十八大提出"全面依法治国"、十八届三中全会提出"法治中国"、四中全会揭示"中国特色社会主义法治道路"以至十九大对法治道路的战略谋划，在法治道路的价值定位、国情基础、制度属性、领导力量和民本取向五大层面为法治道路探索留下了宝贵的本土经验。

（二）法理探析。1. 法治道路的科学含义。在内涵上，阐释法治的"中国特色"与"社会主义"属性，及法治道路的核心要义。2. 法治道路的系统整合。在外延上，揭示本体、理念、内容与方策四者全面融合的道路构造。3. 法治道路的法理依据。论证了法治道路的制度合法性、人民意志性、客观必然性和现实紧迫性。4. 法治道路的价值诉求。分析了法治道路的本体迷惘、价值探寻与价值逻辑。5. 法治道路的基本原则。即党领导下的人民法治国原则，法律与道德的均衡治理原则，从实际出发的法治认识论原则。6. 法治道路的指导思想。即马克思主义法学当代化、中国化、现实化的最新成果——习近平法治思想。7. 法治道路的文化传承。揭示了中华法系法治文化传统的当代意义。

（三）域外借鉴。选取欧、美、亚、非9个具有典型代表意义的国家的法治道路建设进行系统梳理和比较分析，为当下中国法治构建提供域外经验教训之借鉴。揭示了：一是英国法治道路呈现的自然演进的特点及其意义，二是从建国、重建、工业革命时期以及新政时期到当下的美国法治演进历程带来的启示，三是法国自上而下的法治路径取向的经验教训，四是日本引进西方"法治国家"和"社会法治国"理念遭遇的现实困惑及其启示，五是韩国法治道路的宪法构造及其实践困境，六是新加坡实用主义法治模式构建的经验之谈，七是泰国法治道路探索面临的现实挑战，八是埃及法治道路建设的曲折历程，如此等等，为我国法治道路建设留下深刻教训。

（四）党法关系。党的领导是法治道路的第一层核心含义。主要内容：一是党的领导与法治的价值关联，包括党的领导对法治的根本价值、法治对党的领导的价值优化。二是党领导法治的作用机理，包括党的领导在法治道路建设中的价值作用、党领导法治的作用基础、作用规律、作用机制。三是党领导立法的实现方式，包括党领导立法的合法性分析、基本原则、规范性文件创制的对策建议。四是党保证执法的基本途径，包括党保证执法关系的优化与保证途径。五是党支持司法的理性路径，包括党的领导和司法文明的关系及其实证分析、政党支持司法的科学含义与实现之道。

（五）制度保障。中国特色社会主义制度是法治道路的第二层核心要义。本章主要论证了五大制度问题：一是中国特色社会主义法治道路的制度基础，包括法治和社会主义的兼容性、法治道路的制度基础和制度保障。二是法治道路的根本政治制度框架。三是政党制度与法治道路构建，包括政党协商的本质特征、文化基因、中国特色、时代发展。四是法治道路的经济制度逻辑，包括法治道路的经济制度架构、经济价值释放、经济法治的实现路径。五是民族区域自治与法治道路选择，包括民族区域自治与法治道路的内在契合、自治与他治、自治与平等、自治与制约、保护与发展、自治与共治、官方与民间的二元互动。六是基础群众自治与法治道路构建，包括自治权的法治属性辨正、基层自治的法治路径优化。

（六）法治理论。贯彻中国特色社会主义法治理论是法治道路的第三层核心要义。全方位梳理和阐释了新时代中国特色法治理论对传统法治论的超越与创新，主要包括十大方面：良法善治论、法律权威论、权利保障论、权力制约论、社会公平论、司法正义论、法治信仰论、法治思维论、法治改革论和法治话语论。

（七）实践构建。其中主要阐释了：其一是法治道路的实践模式。通过反思传统型、修辞学法治实施模式，提出构建包容型法治实施模式。其二是法治道路的运行机理。包括法治道路的平衡机理与自我调适、调整机制与功能优化、制度整合与自我完善。其三是权威主导的法治道路实施路径。包括实施模式及其理论基础与具体现实展开。其四是公众参与的法治实施路径。包括中西方公众参与的比较分析，以及当前中国公众参与的法治化对策。其五是上下联动的法治实施道路。包括国家合法性、国家与社会互动方式的比较分析，以及分析当下中国的上下联动法治实施道路。

### 三、研究成果的理论创新与实践对策

本研究成果在总结梳理现有相关文献的基础上进行了大胆的理论创新和实践对策问题研究，提出和论证的理论观点和对策建议集中表现为以下几大方面：

（一）提炼法治道路探索演进过程的规律性识见。一是中国共产党既是一个革命党，也是一个法治的政党。改变了过去认为革命党不讲法治的不当看法。革命的过程就是一个法治重构的过程，从建党之始到新民主主义革命和社会主义革命、建设、改革的胜利，法治道路与政权建设始终是贯穿于党的建设之中的一条主线。二是中国特色法治道路建设具有导向上的价值性、制度上的社会性、过程上的持续性以及领导上的政党性特点。三是法治中国的道路建设分为四步走战略，即"法治立国""法治建国""法治大国"和"法治强国"，提出和论证了四个基本理论命题。四是法治道路绝不只关涉制度规范建构问题，应当在"价值定位、国情基础、领导力量和民本取向"四位一体中得到提升与实践。

（二）科学解析中国法治道路的内在构造。在总体上归纳为："一元两面三层四维"。所谓"一元"是指党对法治的一元化领导，所谓"两面"是指国家治理与社会治理、国法党规与社会规范两方面的有机整合。所谓"三层"是指三层核心要义：坚持党的领导、坚持社会主义、坚持中国特色社会主义法治理论，实现了政策导向、制度本质和科学理论的融合。所谓"四维"即可在学理上简要归结为是"党导""国体""民本""法权型"四位一体的法治道路模式。

（三）全面论证法治道路的系统整合。即本体、理念、内容与方策四者的融合。可分解为法治本体、法治原理、法治原则、法治体系、法治领域、法治途径、法治方式、法治方法和法治环节以及法治机关十大方面的有机整合。

（四）深入论证法治道路设计的法理依据。从制度合法性、人民意志性、客观必然性和现实紧迫性四大层面出发，回答了法治道路的本体迷惘、价值探寻和价值逻辑三大问题，以"均衡""充分"的发展消解西方现代法治之局限，传承古典政法文化的优秀基因，展开"新政法话语"，迈向法治

中国的新时代。

（五）重新类型化世界法治模式及其中国意义。选取欧、美、亚、非9个国家法治模式进行比较分析，得出一个基本结论：当今世界已有的"自由模式"和"正义模式"都没有为后发国家或社会主义国家法治道路带来真正的福音，只有实现外来法治主义的本土转化尤其是创构出自身特色的法治价值理念，才能够为法治道路的正确选择奠定牢固基础。

（六）纵深推进党法关系基本理论创新发展。一是将党的领导对法治的价值细化为倡导、引领、总揽、协调、统筹和保障六大形态，揭示了法治对党的领导的优化、固化、强化价值。提出党领导法治的根本出路在于从领导制度、机制、依据、程序和保障"五位一体"中进行法治建构。二是党领导法治的作用机理，包括领导法治的作用属性、作用客体、作用面向、作用基础、作用规律、作用机制。三是党领导立法、保证执法和支持司法的实现方式与理性路径。

（七）细化研究法治道路的制度框架。进一步深化研究坚持社会主义制度是法治道路的核心要义这一基本命题，揭示了新时代法治制度保障的法理依据、价值原则和现实途径，从制度属性、制度活力、制度机理、制度合力论证了法治道路何以需要社会制度保障及其方式方法。以此为法理始点，全方位阐述了新时代关于人大制度、政党协商、经济制度、基层群众自治和民族区域自治的新理念新思想新战略对法治道路选择的关键意义与作用方式。

（八）全面阐释习近平关于新时代中国特色政党协商理论体系的重要论述。包括本质属性、内在依据、价值定位、权力架构、构成要素、体系构建、法治保障七大层面，其核心在于明确"一个价值判断"即政党协商是社会主义协商民主的首要内容，"两大价值特色"即中国特色民主政治的"特有形式"和"独特优势"，"三大价值整合"即秩序与自由、正义与效率、权利与义务的统一，实现从"竞争型"政党制度向"合作、参与、友好型"政党制度的根本转变。

（九）发掘理论共识与法治特色的交汇点，创构"中国版本"的法治理论。贯彻中国特色社会主义法治理论是法治道路的第三层核心要义，其原创性贡献主要表现在十大方面：自治、德法共治、核心价值引领的良法善治论；党章为本、宪法至上的法律权威论；人权普遍性与中国实际结合、以生存权发展权为首要基本人权的权利保障论；把权力关进制度笼子，构建不敢腐不能腐不想腐的权力制约论；以机会公平、规则公平、权利公平为核心的社会公平论；优化司法职权配置，增强司法获得感的司法正义论；尊法信法守法用法的法治信仰论；提升法治能力的法治思维论；改革于法有据的法治改革论；国内法治与国际法治相互统筹，提升全球治理能力的法治话语论。

（十）创新法治道路的运行模式及其实践之道。一是在比较外来法治模式、中华法系的混合法治模式以及当代理念型和规范型法治模式的基础上，提出构建符合中国国情的包容型法治实施模式。二是在法治道路的平衡机理与自我调适、调整机制与功能优化、制度整合与自我完善三大方面完善法治道路的实践运行机制。

（十一）设计出法治道路实践战略安排。即构建"权威主导""公共参与""自上而下""上下联动"的"共享型法治"。在当下发展阶段采取权威主导的实施方式自上而下强力快速推进，以适应从大国到强国转变之急需。同时，以公众参与和自治德治法治之互动培育法治道路建设的民意基础。再则，通过国家与社会的上下联动实现中国特色的"共享型法治"。从终极意义上，自上而下的法治路径不是绝对的，"上"与"下"的联动才是最终出路，以此出发揭示上与下的联动机理、机制、路径与方法。

（十二）提出法治道路建设的相关实践对策建议。1. 总体方案设计：采用了从理论到实践的总方法，遵循从本体论（法理探析）——发展论（纵横比较：历史探源和域外比较）——认识论（核心要义：政党、社会与理论三维价值与规范分析）——实践论（法治路径：价值、规范与实证方法交叉研究"上""下"及其联动的路径）的逻辑理路，论证中国特色法治道路的实践模式、途径与方法。2. 根据十八届四中全会的决定，设计出了《中国共产党领导国家立法工作规程》立法建议稿，将其定性为一部党内法规，共分为总则、党的重大立法事项决定权、修宪建议权、立法规划与计划审查权、听取立法报告权和保障措施与责任机制共计 7 章 23 条，以实现党领导立法工作的规范化、制度化和程序化。3. 提出了构建新型政党关系，强化中国共产党领导多党合作的基本思路和具体方法。4. 提出了党保证执法和支持司法的总体构想、具体方法和实施程序，确保党法关系理性定位及其实践运行。5. 提出了领导干部法治能力提升计划方案，明确法治能力的标准、评价和培育路径与责任机制。6. 提出了提升中国法治道路运行的国际影响力，以及中国参与、促进和主导全球治理实践的方式方法。

当然，由于理论水平加之条件所限，本研究成果存在不少遗憾和不足，尤其是对党探索法治道路的原始文献难以全面占有和系统分析，社会调查和访谈也存在一些疏漏，所得出的结论尚待进一步检验，这些需要在后续研究时加以完善。

# 第一篇

# 历史探源篇

# 第 一 章

# 中国特色社会主义法治道路的历史探源

党的十八届四中全会首次提出和全面阐释了"中国特色社会主义法治道路"这一重要论述。中国特色社会主义法治道路是中国共产党领导中国人民在长期的实践中逐步形成的。对中国特色社会主义法治道路源于何时，学界进行了富有见地的理论分析与总结，最具有代表性的论点主要有以下几种：

有的认为中华人民共和国的成立"为中国特色社会主义法治道路的形成奠定基础"[①]，而十一届三中全会的召开推动了中国"从人治向法治转变的历史变革，形成了中国特色社会主义法治道路"[②]。有的认为中国特色社会主义法治道路是"中国共产党领导中国人民在65年的执政历程中"开辟出来的[③]；中国特色社会主义法治道路是"经过新中国60多年特别是改革开放30多年的实践和探索"后形成的。[④] 有的认为"中国特色社会主义法治道路是在漫长的历史前奏和艰辛的实践探索之后形成的"。这种历史前奏可以追溯到"党建立革命根据地并实施对根据地经济、政治和社会事务的治理"之时。[⑤] 有的认为1954年宪法规定了我国的国体和政体，规定了人

---

[①] 公丕祥：《中国特色社会主义法治道路的时代进程》，载《中国法学》2015年第5期。
[②] 公丕祥：《中国特色社会主义法治道路的时代进程》，载《中国法学》2015年第5期。
[③] 徐显明：《坚定不移走中国特色社会主义法治道路》，载《法学研究》2014年第6期。
[④] 孙谦：《走中国特色社会主义法治道路》，载《求是》2013年第6期。
[⑤] 张文显：《论中国特色社会主义法治道路》，载《中国法学》2009年第6期。

民代表大会的各项职能,规定了依法行政、司法独立和宪法法律至上等内容,表明"中国特色社会主义法治道路已经初见端倪"。① 从新民主主义革命建立苏维埃政权到"文化大革命"结束这段时期是照搬或深受苏联法治模式影响的时期,党的十一届三中全会则"开启了中国特色社会主义法治建设的道路"。②

综合分析可以发现,在中国特色社会主义法治道路的形成过程中有着许多重要的时间或事件节点,包括了苏维埃政权的建立、新中国的建立、1954年宪法的颁布、十一届三中全会等。从十五大确立依法治国基本方略,到2010年中国特色社会主义法律体系形成也都是中国探索社会主义法治道路实践中的标志性事件。

由于学者对中国特色社会主义法治道路关注点的不同,所以对中国特色社会主义法治道路起源于或形成于何时存在不同看法。

客观世界中道路的形成有自然形成和规划设计两种形式。"世界上本没有路,走的人多了,也便成了路"。这就是对自然形成的道路的生动描述。这种道路尽管已经形成,但如何明确界定其起点或源头几乎不可能。当成百上千的来自不同方向、怀着不同目的的人在茫茫荒野中逐渐走出一条清晰可见的道路时,没有人可以断定这条道路成于何时起于何点。相反,规划设计的道路总是有着明确的起点,比如某条国道或省道的 0 公里路标。

历史的发展道路同样有自发形成和规划设计两种形成方式。当人们决定有意识地开始某种活动进程时,这个事件的发展道路就有明确的起点,比如新中国的发展道路就以中华人民共和国成立为起点,改革开放的发展道路就以十一届三中全会的召开为起点。但是当有人试图为某项从未有人宣布开始启动的活动进程确定起点或源头时,他就会面临着确定客观世界中自然形成的道路的起点的相同困境。中国特色社会主义法治道路的源头就是如此,因为尽管它的轮廓已经初步形成,但是从未有人宣称要"开始"构建中国特色社会主义法治道路。它的源头隐藏在历史的进程中,等待着人们不断去回望和反思。

---

① 何勤华:《论中国特色社会主义法治道路》,载《法制与社会发展》2015 年第 3 期。
② 江必新:《坚定不移走中国特色社会主义法治道路》,载《法学杂志》2015 年第 3 期。

从"道路"的内在含义而言，它总是意味着某种程度的延续性。探寻中国特色社会主义法治道路源头就是从中国特色社会主义法治道路的现状出发逆向寻找延续性的过程。对中国特色社会主义法治道路上可以被称为起点的标志性事件进行排序后，就需要思考这些事件之间是否具有延续性或者发生质的断裂。从新民主主义革命时期建立苏维埃政权到建立中华人民共和国，从1954年宪法的颁布到改革开放后依法治国方略的确立，在中国特色社会主义法治道路的形成过程中，总是会有曲折坎坷或改革提升，但从本质而言都保持着一致性和连贯性。中国共产党领导建立第一个苏维埃政权时的法律思想和当下的法治建设，都是在马克思主义指导下，坚持中国共产党的领导，以实现人民民主为根本目的。

对中国特色社会主义法治道路进行思想探源，揭示中国特色社会主义法治道路从思想到实践的艰辛历程，能够深化对中国法治道路理论基础和经验模式的认识，谋划好法治中国道路建设。

## 第一节 中国共产党创立时期法治探索的历史背景

中国特色社会主义法治道路的形成和发展不是凭空出现的，其思想萌芽可以追溯到中国共产党成立之时，深受当时社会现实的影响。通过对中国共产党创立时期的历史背景的梳理，可以发现中国特色社会主义法治道路思想源头的客观性、现实性和合理性。

### 一、经济背景

1840年鸦片战争之后，西方资本主义国家的入侵开始改变中国传统的封建经济，在破坏了中国经济的独立自主性的同时，也在一定程度上促进了资本主义在中国的萌芽和发展。19世纪末20世纪初，资本主义的发展开始从自由竞争向垄断过渡，西方资本主义国家在世界范围内寻找原材料产地和商品输出地的殖民活动也使世界进入了所谓的帝国主义时代。

西方列强对中国的经济渗透在不同阶段有不同形式。在鸦片战争之后到19世纪末，西方列强对中国的经济侵略以商品输出为主，通过强迫清政府开放通商口岸和降低关税的形式打开中国市场并倾销商品。随着帝国主义时代的到来,西方列强对中国的经济掠夺日益加深,资本输出成为主要形式。各国在中国开办工厂的数量激增,还垄断了中国重要的铁路修筑权和矿山开采权。在辛亥革命以前,中国铁路总长的93%以上,长江轮船航运总吨位的83.8%以上,进出口贸易的90%以上,机械采煤的93%以上,生铁生产和铁矿开采的100%,都由外国资本控制。占中国财政收入近一半的关税、盐税也都被外国资本控制。① 中国在经济上成为外国资本主义的附庸。

辛亥革命以后,中国经济迎来了一个稳定发展期。在国内,袁世凯政府任用张謇和周学熙等实业家掌管农林、工商、财政等部门,引进西方的经济政策和法律。1912年12月5日,北洋政府颁布《暂行工艺品奖励章程》,废除了晚清以来官绅垄断专利的特权,为私人兴办企业、发明和改良工艺制造予以奖励和支持。1914年1月14日,北洋政府颁布《公司保息条例》,对私人新办的工业企业实行保息政策,以消除投资者的顾虑。1914年12月5日,农商部通饬各省"亟应提倡国货制造,凡出口足抵外货者优给奖励"。1915年3月,农商部又规定"凡日用品向由外国供给,而为本国所能仿制者,尤应特别保护"。此后,北洋政府制定了一系列有利于工商业和农业的法律,比如《矿业条例》《国有荒地承垦条例》《植棉制糖牧羊奖励条例》《证券交易所法》《公司条例》《商业通例》等。第一次世界大战爆发后,西方资本主义国家减少了对中国的商品输出,为民族资本工业扩大国内市场提供了机会。各地爱国运动的扩大对提倡使用国货、抵制洋货产生了重要影响,也有利于民族工业的发展。

1912年到1920年间,工矿企业的数量和资本都稳步增长。据统计,1912年底,全国纺织、食品、化工、冶炼等行业共有工厂数698家,资本33083万元,工人207717人。到1920年底,工厂数增加到1759家,资本增加到500621万元,工人增加到557622人。②

在金融方面,中国在1896年到1911年间设立的银行共有17家,而在1912年至1916年的4年间,设立的银行就达到30家,银行资本总额也快速增加。③

---

① 董宝训、张立华:《建党前十年史》,济南出版社2016年版,第13—14页。
② 陈真等:《中国近代工业史资料》第一辑,三联书店1961年版,第55—56页。
③ 贾孔会:《试论北洋政府的经济立法活动》,载《安徽史学》2000年第3期。

在棉纺织业方面，全国纱锭从1913年的836828枚增加到1922年的3266546枚，布机从5980台增加到16224台。纱锭数增长了2.9倍，布机数增长了1.7倍。[①] 在商业方面，许多新兴商埠出现，在沿海沿江一些大城市，比如上海、武汉、广州、重庆等地，现代商业发展迅速，出现了一批现代大型的商业百货公司。1911年，中国进出口总额为5.5亿美元，其中进口额3.06亿美元，出口额2.45亿美元。1919年进出口总额达到17.76亿美元，其中进口额8.99亿美元，出口额8.76亿美元。1924年，进出口总额14.49亿美元，其中进口额8.24亿美元，出口额6.25亿美元。[②]

1921年到1927年间，民族工业发展缓慢。工厂数虽有增加，但资本总额增加不多。一些企业亏损严重，停工倒闭。这是因为：第一，国内军阀混战加剧，内战不断。1922年的第一次直奉战争，1924年的江浙战争和第二次直奉战争，1925—1926年的北伐战争等。军阀割据阻碍了商品流通，对企业的掠夺和破坏也更加严重。第二，第一次世界大战后，帝国主义国家卷土重来，商品输出和资本输出都快速增加，一些民族资本经营的企业被外资兼并，许多企业设备陈旧，技术落后，其产品无法与外国商品竞争，不断亏损最终倒闭。

总体而言，从辛亥革命到建立南京国民政府期间，中国的民族资本主义发展前期较为迅速，后期较为缓慢；棉纺织业和面粉业等轻工业发展较快，重工业发展缓慢；工商业发展仍然集中在沿海沿江等大城市，在工农业总产值中所占的比重仍然较小。在1920年，中国工农业总产值共219亿元，近代工业总产值为10.66亿元，只占工农业总产值的4.87%。在工业生产总值中，手工业产值占80%多，近代工业产值不到20%。[③] 中国近代工业仍存在规模小、技术差、设备落后和资金不足等弱点。

辛亥革命在政治上推翻了封建君主专制并建立了资产阶级共和国，但它非但没有使中国摆脱西方资本主义的控制，连年的军阀混战又进一步加剧了

---

① 陈真编：《中国近代工业史资料》第四辑，三联书店1961年版，第201页。
② 杨端六等编：《六十五年来中国国际贸易统计》，国立中央研究院社会科学研究所1931年版，第2页。
③ 吴承明：《中国资本主义的发展述略》，载《中华学术论文集》，中华书局1981年版，第333—334页。

中国的经济危机。发展民族经济，迫切需要独立的政权、主权与法权，而只有真正民主的政治与法治制度，才能保障经济上的独立与发展。

## 二、政治背景

鸦片战争以后，帝国主义通过不平等条约在中国攫取了大量的政治和经济利益。首先，中国的领土主权遭到侵犯。英国割占香港岛后又强租九龙、新界等地；俄国割占了中国东北、西北等150多平方公里的领土；日本割占了台湾和澎湖列岛。到1902年，英、法、美、德、日、俄、意等十几个国家先后在中国十个城市开辟了25个租界，在租界中自定法律，派驻军队，使租界成为不受中国政府控制的"国中之国"。在八国联军侵华之后，清政府彻底沦为列强统治瓜分中国的代理人，提出"量中华之物力，结与国之欢心"，并保证永远禁止中国官民成立反帝组织和从事反帝斗争活动。

清政府对列强的卑躬屈膝和对人民的残酷压榨导致民怨四起，针对清政府和西方列强的民间斗争此起彼伏。据统计，在1902年到1911年的十年间，抗捐抗税运动共发生450次，平均每8天就会发生一次；饥民运动共发生241次，其中1906年49次、1907年65次、1910年59次；反洋教运动共发生111次，主要集中在1904年至1907年；工人运动共发生98次，主要集中在江浙一带；此外还有各种收回路权矿权运动、抵制外货运动等。①

在这种内外交困的情况下，清政府不得不开始进行变法新政，粉饰自己的合法性以巩固其统治地位。1901年1月29日，慈禧以光绪皇帝的名义颁布了"预约变法"的上谕，开始了新政自救。在同年8月20日，慈禧又发文告指出："须知国势至此，断非苟且补苴所能挽回厄运，唯有变法自强，为国家安危之命脉，即中国民生之转机"。② 在1901年到1905年间，新政的内容主要围绕经济、军事、教育、官制、修律等具体制度展开。1905年，清政府派出载泽等五大臣赴日、美、俄、英、法等国考察立宪事宜。1906年，五大臣考察归来后，载泽向清廷提出了《奏请宣布立宪密折》。密折指出"今日国势民情，均非立宪不可"。采取君主立宪制可以做到"皇位永

---

① 杨湘容：《辛亥革命前十年间民变研究》，湖南师范大学博士学位论文，2010年，第75—97页。
② 《光绪朝东华录》第四册，中华书局1958年版，第4771页。

固""外患渐轻""内乱可弭"。① 1906年9月1日，清政府发布了"预备仿行立宪"的谕旨。1908年，清政府颁布《钦定宪法大纲》等法律。由于清政府新政的目的只是为了延续统治，而不是真正实现民主改革，所以它一方面延缓了立宪进程，将预备立宪的期限定为9年，另一方面又以法律强化了皇权。《钦定宪法大纲》规定皇帝"神圣尊严，不可侵犯"，"凡立法、行政、司法，皆归总揽"；"大清皇帝统治大清帝国，万世一系，永永尊戴"。1911年5月，清政府又成立责任内阁作为君主立宪政体的最高行政机关，包括9名满族官员和4名汉族官员，被称为"皇族内阁"。至此，清政府伪立宪、实专制的面目已经彻底暴露。

清政府1906年宣布预备立宪，燃起了人们对国家前途的希望，各种立宪团体也纷纷成立，比如张謇等人在1906年12月成立的预备立宪公会，康有为1907年元旦成立的国民宪政会，杨度等1907年夏成立的宪政公会。据统计，在清末立宪运动中，海内外创立的立宪团体达到80个左右。② 立宪团体的立宪主张和清政府的立宪主张并不相同。清政府主张先在君主主持下制定宪法，然后开国会；立宪团体主张先开国会，由国会制定宪法。立宪团体积极组织和参与速开国会的请愿活动，向清政府施加压力。但是清政府未予理会，径行颁布了《钦定宪法大纲》。此后，立宪党人把注意力转向各省谘议局的筹备和选举，同清政府展开了新的博弈，在1910年通过谘议局先后发起了三次速开国会的请愿活动。但是三次请愿均未成功，当清政府成立责任内阁后，立宪派的由议会产生内阁、内阁向议会负责的主张也成为泡影。责任内阁的皇族化也让立宪派认清了清政府的真面目，促使一部分立宪派向孙中山领导的革命派靠拢。当武昌起义的枪声响起后，清政府谋划的君主立宪道路也走到了尽头。

在清政府推行新政的同时，以孙中山为代表的资产阶级革命派也为中国描绘了另一种发展道路。1895年2月，孙中山等人成立兴中会总会，在入会誓词中提出了"驱除鞑虏，恢复中华，创立合众政府"的革命纲领，提出了建立资产阶级共和国的政治诉求。1904年，孙中山在《中国问题的真

---

① 《中国近代史资料丛刊·辛亥革命》第四册，上海人民出版社1957年版。
② 张玉法：《清季的立宪团体》，北京大学出版社2011年版，第90—143页。

解决》中指出:"把过时的满清君主政体改变为'中华民国'"才能真正解决中国的问题。1905年,中国同盟会成立,以"驱除鞑虏,恢复中华,创立民国,平均地权"为党的宗旨。同盟会是一个全国统一的资产阶级革命政党,标志着中国资产阶级革命进入了一个新的阶段。从1905年到1907年,革命派和立宪派之间的论战达到高潮。双方以同盟会的机关报《民报》和保皇党的《新民丛报》为主要阵地,就要不要推翻满清政府、要不要建立共和政体、要不要进行社会革命进行了论战。1907年之后,革命派把主要精力投入反对清政府的武装斗争中。自同盟会成立到武昌起义期间,由同盟会领导和影响的反清起义就有十多次。

武昌起义成功之后,各省纷纷宣布独立,清王朝的覆灭已成必然。但是各省起义或独立的形式并不相同,有的军政府由革命派控制,有的军政府由立宪派控制,有的则是巡抚直接宣布独立后由原班人马继续执政。1912年,中华民国临时政府成立。通过孙中山等革命派领导人的努力,临时政府中革命派已居于主导地位。但是立宪派和旧官僚不甘心被边缘化,结成了抵制革命派的联盟,要么不就职,要么不听从命令,导致南京临时政府无法有效管控各省都督,"政令不出南京,甚至出不了总统府"[①]。

南京临时政府成立后,颁布了一系列有利于发展民族资本主义经济、政治和文化教育的法令,奠定了资产阶级共和国的基本模式。由于资产阶级的软弱性和革命力量的不充分,南京临时政府希望通过南北议和的方式来实现国家统一,这就为袁世凯窃取革命果实埋下了伏笔。此外,临时政府也把争取获得帝国主义国家的承认作为首要目标,在《临时大总统宣告各友邦书》中承认清政府缔结的所有不平等条约。但是在南北议和的过程中,革命派不仅遭到帝国主义的武力恐吓,还受到立宪派的阻挠。南北谈判的中心从该采取君主立宪还是民主共和转向如何尽快结束南北对立,建立以袁世凯为总统的统一政权。在南北双方就清帝退位、袁世凯宣布绝对赞成共和主义、孙中山辞职、由参议院选举袁世凯为临时总统、袁世凯宣誓遵守参议院制定的宪法等达成协议后,南北议和完成。

为了防止袁世凯的独裁野心,孙中山在辞呈中又附带了三个条件:(1)

---

① 《辛亥革命回忆录一》,文史资料出版社1981年版,第488页。

临时政府设于北京，（2）大总统和国务员在新总统到南京就职时再辞职，（3）新总统必须遵守临时政府颁布的一切法律。但是袁世凯通过制造兵变的方式拒绝南下，最终在北京宣誓就职并将临时政府迁至北京。《中华民国临时约法》关于国会制和责任内阁制的安排具有明显的民主共和性质，为了牵制袁世凯，还特别规定临时大总统行使职权时须有国务员附署。但是这些制度均被袁世凯破坏，最终未能阻挡袁世凯的称帝野心。孙中山在反思辛亥革命失败时曾写道："己为情势所迫，不得已而与反革命的专制阶级谋妥协。此种妥协，实间接与帝国主义相调和，遂为第一次革命失败之根源。"①

但是辛亥革命的历史意义仍然是巨大的。它使封建帝制彻底终结，民主共和深入人心，为中国法治走上一条新的道路提供了可能。与资产阶级民主共和制相伴随的是政党政治。《临时约法》规定人民有言论、著作、刊行及集会、结社之自由，为开放党禁提供了法律依据。据统计，民国初年政党数量达300之余②。各党派成立后，就开始将精力投入国会议席的角逐。第一次国会大选中，国民党在参议院274个议席中获得了123席，众议院596个议席中获得了269席，最终取得了组建责任内阁的权力。国民党在国会大选中取胜后，各立宪党派开始联合起来共同抗衡国民党，在梁启超的说服下，民主党、共和党和统一党联合组建了进步党。民初政治出现了国民党和进步党两党竞争的格局。但是袁世凯不能容忍国民党内阁对总统权力的限制，派人刺杀了宋教仁。国民党因宋教仁喋血和二次革命的失败，暂时陷入了一蹶不振的状态，在国会中的优势也被袁世凯迅速瓦解。"后来，其他一些政党建立了又改组了，而除了领导军队的以外，没有一个政党能够掌权。"③资产阶级革命派所设想的议会政治陷入混乱。梁启超也指出："法定人数之缺，日有所闻，休会逃席之举，实成故实……国家大计，百不一及。"④

议会政治的功能丧失使袁世凯独揽大权，以致其在1915年12月悍然称帝。袁世凯称帝激起了全国人民的强烈反对，被迫在1916年3月取消帝制并在6月6日死亡。但是民主政治并未因袁世凯的死亡而重生，中国反而陷

---

① 《孙中山选集》下卷，人民出版社1981年版，第521页。
② 刘朋：《新中国成立初期中国共产党执政范式研究》，中国社会科学出版社2016年版，第19页。
③ ［美］费正清主编：《剑桥中华民国史》，中国社会科学出版社2006年版。
④ 梁启超：《饮冰室合集·专集之30》，中华书局1989年版，第13页。

入了长期的军阀混战之中。袁世凯死后,北洋军阀分成以段祺瑞为首的皖系,以冯国璋为首的直系,以张作霖为首的奉系。此外,四川、云南、广东、广西、湖南等则被地方军阀所把持。此后,府院之争、张勋复辟、直皖战争、护法战争等接连发生。孙中山说:"去一满洲专制,转生出无数强盗之专制,为毒之烈,较前尤甚"。① 这也应验了李大钊在 1913 年的隐忧:各政党"坐拥千金,以供其贿买选票","各党之支分部,因选举耗用者,动辄数万金","敲吾骨吸吾髓";都督"坐拥重兵,有恃无恐,上可以抗中央,下可以胁人民","国法民权,胥为所利用以便阙私"。②

辛亥革命并没有改变中国半殖民地半封建社会的性质。从袁世凯开始,北京政府的财政就依赖外国政府的借款来维持。帝国主义国家通过武力威胁和财政借款控制了中国的政治走向。所以帝国主义国家之间的政治博弈也影响着中国的政治进程。20 世纪初,世界政治格局因第一次世界大战产生了重大变化。

19 世纪下半期兴起的第二次工业革命极大地推动了资本主义国家生产力的发展。美国和德国等后起资本主义国家的综合国力赶上并超过了英法等老牌资本主义国家,俄国、日本、意大利等落后的资本主义国家经济实力也明显增强。在亚洲、非洲、拉丁美洲殖民地和半殖民地基本上被老牌资本主义国家瓜分完毕的情况下,后起的帝国主义国家要求打破原有的国际政治经济格局,重划势力范围和殖民地。帝国主义国家之间矛盾的激化导致第一次世界大战的爆发。第一次世界大战改变了各帝国主义国家在中国的势力对比,从政治、经济、思想角度都对中国产生了重大影响。

第一次世界大战爆发后,日本反对中国参战影响其在华利益,袁世凯也希望在恢复帝制方面得到日本支持,故中国政府一直保持中立。欧洲列强在相互厮杀之际,对中国的控制有所放松。日本趁此机会不仅企图攫取德国在山东的权益,而且还想进一步扩大对中国的侵略。1915 年,日本向袁世凯提出"二十一条",企图达到灭亡中国的目的。袁世凯死后,日本又通过"西原借款"等扶植段祺瑞政府。1917 年,美国参战,并邀请世界各中立国

---

① 《孙中山全集》第六卷,中华书局 2011 年版,第 158 页。
② 《李大钊全集》第一卷,人民出版社 2006 年版,第 11 页。

一同对德断交。随着日本已经取得在华优势，日本也开始倾向于中国参战。但是美国由于担心中国参战会造成日本对中国的全面控制，又主张中国暂时不要参战。这样，中国政府就产生了以黎元洪为首、以美国为后盾的反对参战的"总统集团"和以段祺瑞为首、以日本为后盾的主张参战的"总理集团"。"府院之争"因参战问题日益激化，最终以手无兵权的黎元洪下台而收场。1917年8月14日，段祺瑞政府发表《对德奥宣战布告》。虽未直接派兵参战，但是中国派出了大量的劳工赴欧。但是中国政府作为战胜国，合法权益却无法得到保证，直接导致了五四运动的发生。

第一次世界大战加剧了许多国家的国内矛盾，为无产阶级革命提供了机遇。1917年3月，俄国的工人和士兵发动武装起义，推翻了罗曼诺夫王朝，但是国家政权最终落入资产阶级控制的临时政府手中。1917年俄历10月25日，列宁领导下的十月革命推翻了资产阶级临时政府。第二天，俄国通过了《和平法令》和《土地法令》等重要法律，苏维埃政权在俄国各地相继建立，俄国的社会主义革命取得胜利。俄国十月革命对无产阶级和被压迫民族产生了巨大的鼓舞。世界范围内的工人运动和民族解放斗争此起彼伏。俄国十月革命为中国知识分子寻找国家生产和发展道路提供了另一种选择，为中国送来了马克思主义。

从1919年1月开始，第一次世界大战的战胜国召开巴黎和会。中国作为战胜国在会议上提出了撤销领事裁判权、归还租界、取消"二十一条"、归还德国在山东半岛攫取的权益等正当要求。但是英法美三国却无视中国诉求，将德国在山东的租借地、胶济铁路和其他特权都转让给日本。陈独秀在1918年12月22日还赞赏美国总统威尔逊讲公理不讲强权，是"世界上第一个好人"[1]。到了1919年2月，陈独秀开始反感英美等五国无视弱小国家权利秘密包办巴黎和会，认为威尔逊的十四条和平意见也多半是不可实行的理想，所以改称威尔逊为只说不做的"威大炮"[2]。在五四运动中，陈独秀终于认识到"现在还是强盗的世界，现在还是公理不敌强权的时代"[3]，国

---

[1] 《陈独秀文集》第一卷，人民出版社2013年版，第343页。
[2] 《陈独秀文集》第一卷，人民出版社2013年版，第391页。
[3] 《陈独秀文集》第一卷，人民出版社2013年版，第469页。

民必须在对内对外两个方面有"强力拥护公理，平民征服政府"的觉悟①。李大钊也在《秘密外交与强盗世界》中怒斥巴黎和会的决议没有"一丝一毫人道、正义、平和、光明的影子"，"是拿着弱小民族的自由、权利，作几大强盗国家的牺牲！"②

中国政府在巴黎和会上的外交失败引起了中国人民的强烈不满。5月4日，北京13所大中专学校的学生在天安门前集会，引发了席卷全国的五四运动。学生的爱国运动得到了工人阶级的有力支持。上海工人从6月5日起举行罢工，商人也开始罢市。随后，工人罢工浪潮扩展到全国20多个省的100多个城市。迫于压力，北京政府释放了在五四运动中被捕的学生，罢免了曹汝霖等人的职务。中国代表最终也拒绝在巴黎和约上签字，五四运动取得了重大胜利。

五四运动是第一次由学生、工人和其他群众掀起的反对帝国主义和反动军阀的全国性斗争，工人阶级作为一支独立的政治力量开始登上历史舞台。马克思主义在五四运动中也得到进一步传播，五四运动中涌现的积极分子也成为中国共产党的早期成员。

五四运动也引起了共产国际对中国革命的重视，开始派员到中国了解情况，加速了中国共产党的建立。俄国在十月革命之后就向全世界倡议和平，不侵犯他国领土和勒索赔款。五四运动刚刚结束，1919年7月25日，俄罗斯苏维埃政府发表第一次对华宣言，宣布废除与中国和其他协约国缔结的所有秘密条约，把沙皇政府独自及和其他国家一起从中国掠夺的权益交还中国人民，废弃一切在华特权，废弃俄国商人在中国境内的一切商站。③ 这份宣言的内容与英美等国在巴黎和会的做法形成鲜明对比，在中国各界引起了很大反响。1920年9月，俄罗斯苏维埃政府发表第二次对华宣言，重申俄国政府以前同中国签订的条约都归于无效，并放弃在中国取得的一切领土和租

---

① 《陈独秀文集》第一卷，人民出版社2013年版，第481页。
② 《李大钊全集》第二卷，人民出版社2006年版，第337页。
③ 孙武霞、许俊基编：《共产国际与中国革命资料选辑（1919—1924）》，人民出版社1985年版，第28—29页。

界,并将沙皇政府从中国掠夺的一切,都无偿地永久归还中国。① 这些对华宣言加深了中国人民对苏维埃俄国的看法,也为中国人民认识和接受马克思主义打下了基础。

### 三、思想背景

鸦片战争之后,中国人从"天朝上国"的迷梦中醒过来,越来越多的有志之士开始反思救亡图存的方法。从"师夷长技以制夷"的技术改良到变法新政的制度改革,中国人的思想历经波澜,最终形成了抛弃封建专制和礼教束缚的共识。从 1902 年开始,梁启超就先后在《新民丛报》上发表有关"新民"的系列文章,提出"新民为今日中国第一要务"②。梁启超认为戊戌变法之所以失败,其原因之一就是人民毫无自由和权利观念,缺乏团体意识,对国家大事漠不关心。"中国数千年之腐败,其祸极于今日,推其大原,皆必自奴隶性来。"新民包括两层含义:一是"淬厉其所本有而新之",二是"采补其所本无而新之"③。二者应当相互调和,既不能心醉西风,也不能蔑弃传统。他认为中国"汇择其长而取之以补我所未及者"乃是白色民族中的盎格鲁撒克逊民族,即英美两国。④ 陈独秀在 1904 年也将中国亡国的原因归于中国人"只知有家,不知有国"的思想观念⑤。

辛亥革命尽管成功推翻了封建专制,顺应了从封建人治向民主法治发展的历史潮流,但是它所依赖的力量除了少部分对资本主义民主共和有坚定信仰的国民党员外,大部分都是投机取巧的政客军阀。普通国民仅仅是出于对旧制度的厌恶不满而对资本主义共和国怀有美好的期待,并未形成捍卫民主共和的社会风气。正是由于在全社会中缺乏对民主共和的信仰,所以民主共和最终沦为徒有虚名的招牌。从封建君主制向资本主义共和制的制度转换失败,开始让知识精英们把批判封建文化和改造国民性作为主攻方向,救亡图

---

① 孙武霞、许俊基编:《共产国际与中国革命资料选辑(1919—1924)》,人民出版社 1985 年版,第 68 页。
② 梁启超:《新民说》,辽宁人民出版社 1994 年版,第 2 页。
③ 梁启超:《新民说》,辽宁人民出版社 1994 年版,第 7 页。
④ 梁启超:《新民说》,辽宁人民出版社 1994 年版,第 13 页。
⑤ 《陈独秀文集》第一卷,人民出版社 2013 年版,第 63 页。

存开始向思想文化领域中扩展。

清朝末年教育体制的改革和留学运动的兴起,为中国新型知识分子的涌现创造了条件。通过留学,中国知识分子开始直接而不是通过传教士等途径间接了解西方思想文化,向西方学习也从被动接受到主动选择转变。但是,长期受到封建伦理熏染的知识分子在面对蔚为大观的西方思想时,对西方思想的研究和吸收却缺乏一种统一成熟的取舍标准,对思想理论的盲目崇拜造成了一种理想主义和脱离现实的倾向。所以,辛亥革命之后的中国成了各种思想的试验田,普通国民和知识分子在五花八门的思潮中变得更加迷茫。

以袁世凯为首的军阀为了维护自己的独裁统治,继续利用封建思想来禁锢人们的头脑。为了为复辟帝制做准备,袁世凯公开恢复祭天祀孔、尊孔读经等活动。1915年4月,袁世凯的美国顾问古德诺发表《共和与君主论》。同年8月,杨度、刘师培、严复等人宣布成立筹安会,研究君主政体还是民主政体适合中国。他们认为:"宪法之条文,议员之笔舌,枪炮一鸣,概归无效。所谓民选,实为兵选。"因此"拨乱之法,莫如废民主而立君主;求治之法,莫如废民主专制而行君主立宪。"袁世凯的悍然称帝引起了全国各界的声讨,最终宣告失败。但袁世凯死后,封建主义思想的流毒在社会上并未消除。陈独秀在《袁世凯复活》中说:"肉体之袁世凯已死,而精神之袁世凯固犹活泼泼地生存于吾国也。"[①] 在《旧思想与国体问题》中,陈独秀又指出:"中国多数国民口里虽然是不反对共和,脑子里实在装满了帝制时代的旧思想"[②],要巩固共和制度就必须先清除国民脑子里反对共和的旧思想。对于康有为向黎元洪、段祺瑞上书要求"以孔子为大教,编入宪法"和"置奉祀官"的主张,陈独秀认为"肤浅无常识","无辩驳之价值"。[③]

为了打破封建主义对人们的思想束缚,陈独秀等人掀起了以民主和科学为大旗的新文化运动。早期的新文化运动是用西方资本主义国家的思想文化来否定中国传统思想文化,所以阐明两者的差异极为重要。在《敬告青年》中,陈独秀呼吁青年应当在思想上做到以下五个转变:"自主的而非奴隶的","进步的而非保守的","进取的而非隐忍的","世界的而非锁国的",

---

① 《陈独秀文集》第一卷,人民出版社2013年版,第192页。
② 《陈独秀文集》第一卷,人民出版社2013年版,第232页。
③ 《陈独秀文集》第一卷,人民出版社2013年版,第170页。

"科学的而非想象的"。① 在《东西民族根本思想之差异》中，陈独秀指出，西洋民族以个人、法治、实利为本位，东洋民族以家族、感情、虚文为本位。② 在《吾人最后之觉悟》，陈独秀号召青年国民在政治和伦理上觉悟，抛弃"以拥护此别尊卑明贵贱"的礼教，采用"以自由平等独立之说为大原"的西洋道德。③ 在《答胡子承》中，陈独秀又区别了中国和西方的教育："现代西洋之真教育，乃自动的而非他动的；乃启发的而非灌输的；乃实用的而非虚文的；乃社会的而非私人的；乃直观的而非幻想的；乃世俗的而非神圣的；乃全身的而非单独脑部的；乃推理的而非记忆的；乃科学的而非历史的。东洋之伪教育，胥反乎此。"④ 在《文学革命论》，陈独秀则提出要进行文学革命，"欲革新政治，势不得不革新盘踞于运用此政治者精神界之文学"。⑤ 文学革命的三大口号则是"推倒雕琢的阿谀的贵族文学，建设平易的抒情的国民文学"，"推倒陈腐的铺张的古典文学，建设新鲜的立诚的写实文学"，"推倒迂晦的艰涩的山林文学，建设明了的通俗的社会文学"。⑥

新文学运动提倡建立一种"人的文学"，其实质在于弘扬个人主义，以"人道主义为本"，体现为"是一种个人主义的人间本位主义"。⑦

李大钊在1916年8月发表的《权》中指出，中国人因迷恋权力而导致争斗。要在中国实行立宪政治，就必须消除专断和斗争，"欲去专与争，必先划除专制国民之根性"⑧。李大钊也对青年寄予厚望，希望青年能够实现思想自觉。因为"吾国专制之政体虽经推翻，而专制之思想尚复弥漫于社会"⑨。针对康有为等人将孔教列入宪法的观点，李大钊毫不客气地驳斥："孔子者，数千年前之残骸枯骨也。宪法者，现代国民之血气精神。"如果

---

① 《陈独秀文集》第一卷，人民出版社2013年版，第91—92页。
② 《陈独秀文集》第一卷，人民出版社2013年版，第126—130页。
③ 《陈独秀文集》第一卷，人民出版社2013年版，第140页。
④ 《陈独秀文集》第一卷，人民出版社2013年版，第243页。
⑤ 《陈独秀文集》第一卷，人民出版社2013年版，第205页。
⑥ 《陈独秀文集》第一卷，人民出版社2013年版，第203页。
⑦ 钟叔河编：《周作人文类编》第三卷，湖南文艺出版社1998年版，第34页。
⑧ 《李大钊全集》第一卷，人民出版社2006年版，第178页。
⑨ 《李大钊全集》第一卷，人民出版社2006年版，第234页。

将孔子写入宪法,则"其宪法将为陈腐死人之宪法"①。

　　李大钊不仅看到了东洋文明的缺点,也洞察到了西洋文明的不足,"东洋文明既衰颓于静止之中,而西洋文明又疲命于物质之下"。基于调和二者而非取舍其一的立场,李大钊将视野转向了东洋文明和西洋文明之外的第三方,认为"俄罗斯之文明,诚足以当媒介东西之任"。②

　　早期的新文化运动是辛亥革命在思想文化领域的延续,以资产阶级民主共和思想为武器,对封建伦理道德观念发起了猛攻,为马克思主义在中国传播创造了条件。但是,"在没有能力通过革命实践建立新政治、新经济的情况下,以为只靠思想的力量就能为新的社会国家奠定基础,这不过是这种思想所代表的民主资产阶级的软弱性的表现。"③

　　五四运动之后,新文化运动的阵营开始分化,胡适等人继续追求资产阶级民主主义,陈独秀、李大钊等人则转向马克思主义。此后,社会主义与资本主义的讨论又成为中国思想界的新战场。

### 四、社会背景

　　20世纪初,中国共有四亿五千多万人,是世界人口最多的国家。④ 由于农业和农民在中国仍占据主导地位,为了获得更多的劳动力维持或扩大再生产,许多农业家庭都选择早婚多育,所以当时的全国人口出生率高达40‰。但是由于自然灾害、军阀混战和疾病,中国的人口死亡率也高达33‰。这就使中国的人口增长率处于8‰以下的低水平上。⑤

　　自西汉"罢黜百家、独尊儒术"以来,儒学一直在中国教育中占据主导地位。隋朝实行科举制以后,教育逐渐成为科举的附庸,以四书五经为主要内容的八股考试成为统治者控制民众的手段。鸦片战争以后,西方先进的教育思想和方法引入中国,中国近代教育开始发展起来。在洋务运动中,洋务派举办了一些语言学校培养外语人才,设立了一些军事学校和专业技术学

---

① 《李大钊全集》第一卷,人民出版社2006年版,第242页。
② 《李大钊全集》第二卷,人民出版社2006年版,第214页。
③ 《胡绳全书》第三卷(上),人民出版社1998年版,第342页。
④ 《世界第一》,载《学报》1907年第3期。
⑤ 张景岳:《北洋政府时期的人口变动与社会经济》,载《近代中国》1993年第3期。

校来培养技术人才,并派出多批学生赴西方留学。在维新运动中,维新派也主张办学会、兴学堂、开民智,掀起了办学热潮。1905 年,清政府正式废除了在中国实行了 1300 多年的科举制度。在 1909 年,全国官立高等学堂已达 123 所,其中法科学校 47 所,学生 22262 人,法科生 12282 人。① 中华民国成立后,颁布了《普通教育暂行办法》等一系列教育法律,允许私人办学和男女同学,带动了民国初期教育事业的发展。但是袁世凯掌握大权后打破了这些教育计划,尊孔复古和封建迷信思想直接影响了学校设立和教育内容。

民国以来学校和学生人数都有所增加,但总体而言,国民素质仍然较低。大部分学校仍然集中于沿海城市,对内地和农村地区影响不大,没有改变文盲充斥的状况,思想愚昧的现状没有什么改变。较低的人口素质与落后的经济相互影响,导致民生凋敝,社会矛盾尖锐。

中华民国成立后,也颁布制定了一系列的社会救济法律。北洋政府时期公布的《游民习艺所章程》规定"年龄在 8 岁至 16 岁而贫苦无依、性行不良者作为收容对象,但疯癫者不得收入"。北京作为五代故都,商业和服务业都较为发达,这吸引了大批外来人口前来经商、谋生。在 1912 年,北京城区和郊区的经商者有 121806 人,占当时总人口的 16.8%。但是工业人口所占比重一直较小,1912 年的工业职工有 28276 人,仅占总人口的 3.9%。占总人口比例最大的是无业者,1912 年无业者有 366868 人,占总人口的 50.6%。② 据京师警察厅 1916 年的统计,北京地区约有 130 万人,包括车夫、乞丐、娼妓在内的贫困人口约有 50 万人,占总口的比重约为 38%。③ 陈独秀在 1919 年 4 月 27 日《贫民的哭声》中写道:"北京人口,合共有男女九十三万二千五百四十名。那纯粹没有职业的贫民,占十分之一。东洋车夫有四万多人。排字的工人,差不多有一万。公娼私娼,总也在一万以外。北京城里九十几万人当中,要算这十几万人最苦恼了。"④ 大量的贫困人口给北京带来了严重的社会问题,抢劫、盗窃、杀人等现象层出不穷。政府为

---

① 陈景磐:《中国近代教育史》,人民教育出版社 1979 年版,第 181—182 页。
② 韩光辉:《民国时期北平市人口初析》,载《人口研究》1986 年第 6 期。
③ 《北京最近之户口》,载《晨钟报》1916 年 10 月 7 日。
④ 《陈独秀文集》第一卷,人民出版社 2013 年版,第 457 页。

了改善贫民的生活状况，缓解社会压力，对贫民展开了救济工作，设立了教养局、贫民养病所、孤儿院、贫困儿童学校等社会福利机构。但是由于贫民数量太多，再加上财政困难，这些救济措施的效果微乎其微，大量的贫民还是在生死线上挣扎。

在灾害救济方面，1915年1月，民国北京政府在清朝灾荒查报和蠲缓制度的基础上制定了《勘报灾歉条例》，规定了灾害的勘察和上报程序以及减免灾区土地赋税的标准。为了鼓励社会各界捐款赈灾，民国北京政府在1914年8月颁布了《义赈奖劝章程》，对于捐助义赈款银1000元以上的，由大总统依据《褒扬条例》进行褒扬之；不满1000元的，由地方行政长官根据数额进行奖励。1920年华北大旱后，民国北京政府在11月颁布《赈灾公债条例》，首次以发行公债的方式筹集赈灾资金。此后这一制度被南京国民政府继承，在重大灾害中都有运用。这些灾荒救济立法推动了中国的灾荒救济向集中、有序和制度化的方向发展，具有一定的积极意义。但是在实际操作中，许多社会福利和社会救济措施都没能得到真正实行。而且社会福利和社会救济作为一种事后救济措施，如果不从根本上解决致贫因素，很难改善民众的生活状况。

中国共产党成立之前，中国面临着严峻的经济、政治、思想和社会形势。落后的经济、混乱的政治、纷杂的思想、贫苦的社会，这些因素交织在一起，相互影响。中国要从内忧外患中走出，实现民族复兴，局部解决的改良式道路已经行不通。中国迫切需要一种"根本解决"问题的思路，正是在这种背景下，中国共产党应运而生。

## 第二节　中国共产党法治的思想渊源

### 一、对人治危害的深切体会与反思

中国共产党的早期领导人大多出生于1900年以前，所以对清政府的统治有着切身体会。

李大钊出生于1889年，这一年，光绪亲政。李大钊的父亲在李大钊出生前就已经去世，母亲在生下他以后不到16个月也去世。李大钊由他祖父抚养成人。在李大钊5岁时发生了甲午战争,11岁时爆发了义和团运动,不久,八国联军侵华。从那时起,他就对帝国主义和清王朝充满了不满。1905年,李大钊考入永平府中学,此时正值科举制废除。在13岁时,李大钊听到老师讲太平天国的故事,就曾说要学习洪秀全,推翻清朝皇帝,"矢志努力于民族解放之事业"①。在永平府中学期间,李大钊就接触到了康有为、梁启超的著作并深受触动。

1907年,李大钊到天津报考学校,他"感于国事之危迫,急思深研政理,求得挽救民族、振奋国群之良策"②,所以没有报考北洋军医学校和长芦银行专修所,而是选择了北洋法政专门学校。李大钊在北洋法政专门学校学习了六年,较为系统地了解了西方政治法律学说,为在中国宣传社会主义法治道路打下了基础。在校期间,李大钊在1910年作为骨干参与了天津学生发起的第四次立宪请愿。但是这次请愿遭到清政府镇压。清政府立宪的伪面目从此暴露无遗,包括李大钊在内许多倾向于立宪派的人开始转向革命派。

辛亥革命成功后,李大钊对新生的资产阶级共和国充满期望。李大钊加入中国社会党,并任天津支部干事。中国社会党虽然打着"主张纯粹社会主义"旗号,但实际上宣传的是无政府主义。尽管如此,它对社会主义思想在中国传播仍然具有一定的积极意义。在1912年的《隐忧篇》中,他就敏锐地洞察到政党政治和各省自治可能带来的危机。在辛亥革命被军阀篡夺后,李大钊在《大哀篇》中发出了"革命以前,吾民之患在一专制君主;革命以后,吾民之患在数十专制都督"③的悲愤之声。宋教仁被刺杀和善后大借款使李大钊对北洋政府失去信心。1913年暑假,李大钊从北洋法政专门学校毕业。孙中山领导的"二次革命"因为没有和广大人民群众结合而失败,李大钊对此感到极为痛心,开始筹划前往日本学习。

在日本,李大钊开始接触到社会主义的思想。同时,他也不断批评袁世凯的专制独裁。此时,他仍然对在中国实行西方的多党制充满希望。在1914年11月1日发表的《政治对抗力之养成》中,李大钊认为"衡平之宪法,成于对抗之势力"。政治上的对抗力实际上就是政党之间的竞争。他认

---

① 《李大钊全集》第五卷,人民出版社2006年版,第230页。
② 《李大钊全集》第五卷,人民出版社2006年版,第226页。
③ 《李大钊全集》第一卷,人民出版社2006年版,第11页。

为政治对抗力的养成有四方面：第一，已经取得政治上强势地位的党派要自我节制，不过度打压摧残其他党派的势力。第二，依附于强势党派的弱势党派不要阻挠其他合法党派的成长，待自身力量壮大并有一定独立性时要抗衡专断或暴乱的势力。第三，先前强大而后败覆的党派（国民党）要放弃以前暗杀和其他暴力手段，进入政治正轨。第四，社会各方人士则不要受势位利禄权威的驱策。① 针对古德诺为袁世凯恢复帝制造势而抛出的"中国适合君主制而不适合共和制"的观点，李大钊认为古德诺谈论中国国情时用的是"往昔之国情"而非"今日之国情"，援引欧洲历史时是"掘发欧洲古代之文辞故事于亡国荒冢之中"②，因此所谓的恢复帝制只是复古逆流，不能适应时代要求。

1916年4月，李大钊从日本回国，然后在天津创办了《晨钟报》，反对封建专制，揭露军阀和官僚争权夺利的罪恶行径。但是由于政客的阻挠，不愿妥协的李大钊在工作二十二天后辞去了总编辑的职务。在1916年5月15日发表的《民彝与政治》中，李大钊继续对封建人治进行批判，并产生了他的民主立宪思想。李大钊认为人民和君主、自由和专制都是不能共存的，"君主生则国民死，专制活则自由亡"③。把封建专制与英雄主义的人治观联系在一起。在封建人治之下，人民"失却独立自主之人格，堕于奴隶服从之地位"。④ 如果不消除社会中崇赖"神武"之人的英雄主义观，"恐一桀虽放，一桀复来，一纣虽诛，一纣又起"⑤，社会就会不断陷入暴政之中。针对当时的尊孔复古，李大钊言辞激烈地指出："今犹有敢播专制之余烬、起君主之篝火者，不问其为筹安之徒与复辟之辈，一律认为国家之叛逆、国民之公敌，而诛其人，火其书。"⑥ 在批判封建人治的基础上，李大钊提出了"民彝"理论。学界对"民彝"的具体含义存在争议，但大概而言，民彝与民主主义含义相似。"民彝"是"民宪之基础"⑦，实现"民彝"的最好方

---

① 《李大钊全集》第一卷，人民出版社2006年版，第96—107页。
② 《李大钊全集》第一卷，人民出版社2006年版，第109页。
③ 《李大钊全集》第一卷，人民出版社2006年版，第163页。
④ 《李大钊全集》第一卷，人民出版社2006年版，第157页。
⑤ 《李大钊全集》第一卷，人民出版社2006年版，第156页。
⑥ 《李大钊全集》第一卷，人民出版社2006年版，第163页。
⑦ 《李大钊全集》第一卷，人民出版社2006年版，第148页。

式就是"惟民主义为其精神、代议制度为其形质之政治"①李大钊这时所主张的惟民主义仍然是欧美式的民主主义。他在文中介绍了英国和美国的民主制度,认为欧洲各国打败拿破仑是民主对专制的胜利。此外他还赞赏卢梭、托尔斯泰、孟德斯鸠等人,并认为密尔的善治标准最精。虽然李大钊认为代议政治仍在试验之中,是好是坏还难以预测。但就算代议政治不好而应当改变,"起而代之者,度亦必为较代议政治益能通民彝于国法之制,决非退于专制政治"②。在1917年4月23日发表的《中心势力创造论》中,李大钊对军权系统、温和派和激进派这三大政治势力都失去信心。军政固为李大钊所不齿,温和派和激进派大半又是"专门政治营业者,故其所为,毫不与国民之生活有何等之关系,因而无国民之后援"。他将希望寄托在中产阶级身上,主张"由中流社会之有恒产者自进而造成新中心势力,以为国本之所托"③。

  1879年,陈独秀出生于安徽怀宁。陈独秀很小就不喜欢八股文章。1896年,陈独秀参加科举考试时,院试考官出了"鱼鳖不可胜食也林木"这个不通的题目,陈独秀则以有关鸟兽草木的难字和荒谬的古文胡乱作答。没想到这篇胡写的文章竟然蒙住了考官,陈独秀居然以第一名中了秀才,从此他就更加鄙视科举制度。1897年,陈独秀去南京参加乡试,在考试的一两个小时中突然觉得"梁启超那班人们在《时务报》上的话是有些道理",这是他从"选学妖孽转变到康梁派之最大动机",决定了他"个人往后十几年的行动"④。1898年,陈独秀进入杭州求是学院,在此受到了新式教育。不久,陈独秀因为参加反清活动被通缉。1900年,八国联军侵华,陈独秀在东北目睹了沙俄的暴行,由此他也开始思考国家问题。1901年,陈独秀赴日留学,开始接触到西方资产阶级政治学说,思想也从"改良"转向"革命"。1902年,陈独秀回国,在安徽组织"励志学社",宣传新思想,鼓吹革命。1903年,陈独秀开始筹组安徽爱国会,提出和南方各省创立国民同盟会以谋求南方独立,他亦因此再次被清政府通缉。1904年,陈独秀

---

① 《李大钊全集》第一卷,人民出版社2006年版,第149页。
② 《李大钊全集》第一卷,人民出版社2006年版,第158页。
③ 《李大钊全集》第二卷,人民出版社2006年版,第121页。
④ 唐宝林、林茂成:《陈独秀年谱》,上海人民出版社1988年版,第10页。

到芜湖创办《安徽俗话报》，撰文批判列强瓜分中国的恶行和清政府的腐朽统治，此外他还批判了婚姻、妇女等问题上的封建习俗。在《亡国篇》中，他认为国家是由土地、人民和主权三个要素构成的。国家不同于朝廷，朝代的更迭只是"换朝"而不是"亡国"。"这国让外国人做了皇帝，或土地主权，被外国占去，这才算是'亡国'"。中国的土地被瓜分，铁路矿产货物等主权都被侵夺，实际上已经亡国了。

陈独秀多次参加革命派的秘密活动，但是孙中山领导的多次起义的失败让他感到彷徨。1911 年武昌起义成功后，陈独秀也积极在杭州进行革命活动，起草多篇革命檄文，督促新军起义。袁世凯刺杀宋教仁后，陈独秀在安徽协助制定讨袁计划，并起草独立宣言。但不久二次革命宣告失败。陈独秀再次被北洋政府通告缉拿，随后逃往上海。二次革命的失败促进了陈独秀的转向，他在 1914 年 11 月所写的《爱国心与自觉心》中说："民无建国之力，而强欲摹拟共和，或恢复帝制，以为救亡之计，亦犹瞽者无见，与以膏炬，适无益而增扰耳。"① 这是他十几年为革命救国奔波受挫后的总结，标志着他对新道路的探索，中国的出路既不在于"建设共和"，也不在于"君主立宪"，而在于提高国民的自觉心。1915 年，陈独秀创办《青年杂志》，拉开了新文化运动的序幕。

新文化运动以"民主"和"科学"为大旗，对封建专制和封建思想进行了彻底的清算。虽然陈独秀在 1915 年就提到了社会主义②，但是他在早期新文化运动中反对封建人治的武器仍然是欧美的政治法律思想。尽管他在 1916 年认为中国无论是维新运动、辛亥革命还是帝政复古，"皆政府党与在野党之所主张抗斗"，结果都"不过党派之胜负，于国民根本之进步"毫无关系，所以"政党政治不适用于今日之中国"。③ 但在 1917 年 3 月的《民党与时局》和 1918 年 7 月的《今日中国之政治问题》中，他又多次主张北洋

---

① 《陈独秀文集》第一卷，人民出版社 2013 年版，第 87 页。
② 在 1915 年 9 月的《法兰西人与近世文明》中，陈独秀认为法国大革命后产生的近世文明导致"政治之不平等，一变而为社会之不平等；君主贵族之专制，一变而为资本家之压制"。"欲去此不平等与压制，继政治革命而谋社会革命者，社会主义是也"。(《陈独秀文集》第一卷，人民出版社 2013 年版，第 99 页)
③ 《陈独秀文集》第一卷，人民出版社 2013 年版，第 134—135 页。

派、进步党和国民党三党平分政权的多党政治。① 中国"若是决计革新,一切都应该采用西洋的新法子"②。在 1919 年 1 月发表的《〈新青年〉罪案之答辩书》中,陈独秀又盛赞了西洋的民主科学,认为正是德先生和赛先生把西洋人从黑暗中解救出来,也只有"这两位先生,可以救治中国政治上道德上学术上思想上一切的黑暗"③。

在 1919 年 11 月 2 日发表的《实行民治的基础》中,陈独秀认为只有把社会问题放在重要地位的政治才是"最进步的政治",政治民主和经济民主两大工具"应该置重社会经济方面的","社会经济简直是政治的基础"④。这种重视经济民主甚于政治民主的观点虽然具有明显的社会主义倾向,但是他仍然认为"我们现在要实行民治主义,是应当拿英、美做榜样。"⑤ 他认为民治的基础是联合自治,包括地方自治和同业联合两种组织。这两种组织说不上"什么破坏统一,什么社会革命","都是在现社会现经济制度下的行动,并非什么过激的办法;不但比不上法国的工团主义那样彻底,就是比英国的工联还要和平简陋的多"⑥。

李达 1890 年出生于湖南零陵县的一个佃农家庭。1905 年,李达进入永州中学读书,这时他就对列强侵略中国非常不满,经常参加反帝爱国运动。"记得前清末年我在中学读书的时候,帝国主义者向清廷提出亡国性侵略条约时,知识分子和青年学生便举行一次爱国运动,每年一次或两次"。1909 年,李达去北京报考京师优级师范。在赴京途中,外国军舰、租界、商船等所见所闻让他觉悟到中国已经变成列强的殖民地。李达抱着学好科学知识振兴祖国的愿望考入了京师优级师范学堂,但是学校里迂腐的封建教育让他非常失望。他认为只有发展教育事业才能唤起人民的觉悟,实现国富民强。

1911 年中华民国成立后,李达和全国人民一样倍感振奋。但是北洋军阀取代了清廷的统治,李达对政治极为失望。不久他受到孙中山"大办实

---

① 《陈独秀文集》第一卷,人民出版社 2013 年版,第 223、307 页。
② 《陈独秀文集》第一卷,人民出版社 2013 年版,第 307 页。
③ 《陈独秀文集》第一卷,人民出版社 2013 年版,第 402 页。
④ 《陈独秀文集》第一卷,人民出版社 2013 年版,第 495 页。
⑤ 《陈独秀文集》第一卷,人民出版社 2013 年版,第 498 页。
⑥ 《陈独秀文集》第一卷,人民出版社 2013 年版,第 504 页。

业,以利国富民强"的思想的影响,决定"放弃'教育救国'的理想,主张'实业救国'","决定不学师范,改学理工科"①。正是抱着这个目的,李达前往日本学习理工科知识。1915年,袁世凯接受日本灭亡中国的"二十一条"后,李达的"实业救国"之梦破灭。在这段时间里,李达内心极端苦闷。1917年俄国十月革命后,李达在东京听说了布尔什维克,并开始了解马克思主义。1918年5月,段祺瑞同日本签订《中日共同防敌军事协定》,将中国进一步置于日本军事控制之下。留日学生组成赴京救国团,商量发动一个群众性的反日爱国运动,李达是带头人之一。但是这场运动并未取得成功,李达认识到:"要想救国,单靠游行请愿是没有用的;在反动统治下,实业救国的道路也只是一种行不通的幻想。只有由人民起来推翻反动政府,像俄国那样走革命的道路。"② 因为李达是从实业救国直接转向马克思主义,所以他在五四运动前受到欧美等国的资本主义政治法律思想影响比陈独秀、李大钊等人要少。

  董必武1886年出生于湖北省黄安县。1903年5月至6月间,董必武参加科举考,但在考试中,因一名考生被学政打死,引发了考场风潮,董必武也参加了包围贡院的斗争,遭到省抚台派兵镇压。董必武在这次考试中中了秀才,但在8月赴武昌参加乡试时,因好奇巡抚衙门而到门口观望,却遭到守卫殴打,愤然弃考回乡。1905年,董必武结识革命党人刘静庵。在刘静庵的影响下,董必武的思想逐渐靠近革命派的民主主义主张。1911年辛亥革命爆发时,董必武在蒋翊武领导下的军务部工作,积极支援起义活动。1911年12月,董必武加入同盟会。黎元洪为控制湖北军政大权,开始排挤打击革命力量,董必武也受到排挤。1914年,董必武前往日本留学,攻读法律。在此期间,董必武见到了孙中山。孙中山告诉董必武:"中国的出路,惟有实行三民主义的革命"。在这次谒见后,董必武"成为中山先生的信徒"③并参加了中华革命党。1915年董必武受孙中山派遣回国策动讨袁的军事活动,两次被捕入狱。1917年,董必武回到日本参加东京私立日本大学法科毕业考试,在此期间开始接触到马克思主义和无政府主义的书籍。俄

---

  ① 《李达文集》第四卷,人民出版社1988年版,第731页。
  ② 《李达文集》第四卷,人民出版社1988年版,第733页。
  ③ 《董必武选集》,人民出版社1985年版,第39页。

国十月革命后,董必武对十月革命产生了极大的兴趣。

毛泽东1893年出生于湖南韶山。毛泽东1902年进入私塾读书,共读了"六年孔夫子"。少年毛泽东对《水浒传》《三国演义》等小说有浓厚的兴趣,但是有一天他突然发现这些小说里面都没有讲过种田的农民。"我发现它们颂扬的全都是武将,人民的统治者,而这些人是不必种田的,因为土地归他们所有和控制。"① 1910年4月,长沙发生饥民暴动,清政府派兵镇压,许多人被斩首示众。消息传到韶山后,毛泽东认为暴动的人都是走投无路才起来造反,这件事对毛泽东的思想产生了极大影响。1910年,毛泽东进入湘乡东山高等小学堂,在这里接触到了康有为、梁启超的变法维新思想,也读到了拿破仑、彼得大帝、华盛顿、卢梭、孟德斯鸠、林肯等人的事迹,萌发了改造中国和世界的雄心壮志。1911年,毛泽东到长沙湘乡驻省中学堂读书,在这里知道了孙中山和同盟会,并开始拥护孙中山等革命党人。但此时他并不清楚康有为、梁启超和孙中山之间的区别,提出了"由孙中山、康有为、梁启超组织新政府,反对专制独裁的清王朝"②。辛亥革命成功后,毛泽东毅然投笔从戎。在军队期间,他在《湘汉新闻》上看到了"社会主义"这个新词,并读了江亢虎的一些关于社会主义的小册子。当辛亥革命结束后,毛泽东退出军队,到湖南全省高等中学校继续求学。在《商鞅徙木立信论》的作文中,毛泽东就抨击了中国几千年来的封建专制:"吾于是知执政者之具费苦心也,吾于是知吾国国民之愚也,吾于是知数千年来民智黑闇、国几蹈于沦亡之惨境有由来也。"并且表达了对良法善治的向往,指出:"商鞅之法良法也";"法令者,代谋幸福之具也"。③ 1915年,日本向袁世凯政府提出了"二十一条",袁世凯接受了日本的条件。毛泽东对此极为愤慨,写下了"五月七日,民国奇耻。何以报仇,在我学子!"④ 陈独秀创办《青年杂志》后,经杨昌济介绍,毛泽东和蔡和森等人成为热心读者,深受新文化运动的影响,强调个人自由和个性解放,主张进行思想改造。1917年8月23日毛泽东致信黎锦熙,认为当时有名的三个人袁世凯、孙中

---

① [美]埃德加·斯诺:《西行漫记》,董乐山译,三联书店1979年版,第109页。
② 《毛泽东年谱(1893—1949)》上册,中央文献出版社2013年版,第10页。
③ 《毛泽东早期文稿》,湖南出版社1990年版,第2页。
④ 《毛泽东早期文稿》,湖南出版社1990年版,第11页。

山和康有为，只有康有为的思想"似略有本源"，但仍然是"徒为华言炫听，并无一干竖立、枝叶扶疏之妙"。当时的变法"俱从枝节入手，如议会、宪法、总统、内阁、军事、实业、教育，一切皆枝节也"①。救国救民的根本道路在于"改造哲学，改造伦理学，从根本上变换全国之思想。"②在《伦理学原理》的批注中，毛泽东写道："人类之目的，在实现自我而已"，"故凡有压抑个人、违背个性者，罪莫大焉。故吾国之三纲在所必去，而教会、资本家、君主、国家四者，同为天下之恶魔。"③ 这种"唯我论"的个人主义观在当时对否定封建思想仍具有积极意义。1917 年 9 月 22 日，毛泽东和蔡和森夜谈时说："现在国民性惰，虚伪相崇，奴隶性成，思想狭隘"，需要有托尔斯泰这样的哲学家来"洗涤国民之旧思想，开发其新思想"。④ 1918 年 4 月，毛泽东和蔡和森等人成立新民学会，"以革新学术、砥砺品行、改良人心风俗"为学会宗旨。当 1918 年 10 月毛泽东认识李大钊并被安排在图书馆当助理员后，他的思想开始迅速转向马克思主义。

蔡和森 1895 年出生在上海江南机器制造总局的一个小官员家里。13 岁那年，他被送进辣酱店当学徒，每天都要干大量的重活并经常受到店主的辱骂。生活的重压并没有让蔡和森变得麻木，他开始思考为什么穷人会被剥削压榨，思考人生的意义。蔡和森在空闲时间开始看书学习，在几次被店主发现把书撕烂并打耳光后，蔡和森愤然离店结束了学徒生涯。

放弃了当学徒经商养家的想法后，16 岁的蔡和森在 1911 年进入初级小学读书，由于学习努力，他只用了半年时间就进入高级小学学习。在高级小学中，他结合自己当学徒时接触到的社会现实，开始思考如何改变黑暗腐败的社会现状。1913 年，蔡和森报考湖南省立第一师范学校，和毛泽东在同一个年级学习。在这里，蔡和森读到了谭嗣同对中国封建政治和道德的抨击并深受触动。1915 年，蔡和森进入湖南高等师范学校学习。学校规定文科生必须要学习"六经"等课程，并且每月朔日都要祀孔，蔡和森对这些复古倒退的措施非常不满，拒不参加。校长认为他的行为大逆不道，差点将他

---

① 《毛泽东早期文稿》，湖南出版社 1990 年版，第 85 页。
② 《毛泽东早期文稿》，湖南出版社 1990 年版，第 86 页。
③ 《毛泽东年谱（1893—1949）》上册，中央文献出版社 2013 年版，第 29 页。
④ 《毛泽东早期文稿》，湖南出版社 1990 年版，第 639 页。

开除。在这两年中，蔡和森对新文化运动充满兴趣，成为《新青年》的热心读者之一。1918 年，蔡和森和毛泽东等人一起成立新民学会。在 1918 年 8 月 21 日写给毛泽东的信中，蔡和森认为"世之君子，为种种的舆论律道德律所束缚，只能为伪善，不能为伪恶，是以使小人得积极横行"。所以他想"得一班正人立恶志（杀坏人），说恶化，行恶事，打恶仗，争恶权，夺恶位，加入恶界，时时与恶为缘，时时与恶战，时时与恶和"，"然后将万恶纳入袖中，玩之掌上"，然后将此万恶捣碎淬磨，"神而化之使成美质之原子，新而明之，使成优秀之国民"。真正的君子只大体之功利，不计小己之利害，故无恶不可为。君子可以以恶制恶的观念，"墨翟倡之，近来俄之列宁颇能行之，弟愿则而效之"。[①] 在这里，蔡和森明确表达了学习列宁通过暴力手段打破万恶的旧制度并建立新制度的想法，为了国家全体利益可以不计个人名利得失。在 1919 年 7 月 24 日写给毛泽东的信中，蔡和森提出努力的终极目的，即"冲决世界之层层网罗，造出自由之人格，自由之地位，自由之事功"[②]。

蔡和森当学徒的经历让他对封建制度有切身的体会，反对封建专制的想法也就更强烈，也更容易接受列宁的革命思想。所以蔡和森虽然受到新文化运动的影响，但未曾将希望寄托在欧美的资本主义法治上，而是直接拿起了社会主义革命的武器来反对封建人治。

对封建专制的切身体会使中国共产党的早期领导人开始探寻适合民族复兴的道路，欧美资本主义法治思想的涌入契合了这种需求。自由、平等的法治观念为打破封建专制的束缚起到了积极作用。但是随着社会主义在十月革命后进入中国，党的早期领导人更敏锐地洞察到了资本主义法治的弊端。在李大钊、陈独秀等人的努力下，社会主义开始成为批判封建人治的新武器，也开始促使人们反思资本主义。

## 二、社会主义法律理论的思想洗礼

中国先进知识分子对西方资本主义制度合理性的反思源于第一次世界大

---

① 《蔡和森文集》，人民出版社 1980 年版，第 8 页。
② 《蔡和森文集》，人民出版社 1980 年版，第 23 页。

战。资本主义国家为了各自的利益在世界范围内进行战争,奴役和剥削其他国家的人民,这与他们所宣称的自由、平等、博爱背道而驰,从而"使欧洲文明之权威大生疑念"①。从反思资本主义到接受马克思主义有一个渐进的过程,在这个过程中,李大钊起到了重要的作用。李大钊是中国最早接受和传播马克思主义的人。

1917年1月,彼得格勒工人在布尔什维克的号召下举行罢工,高呼"面包与和平"的口号,逐渐在全国范围内获得支持。二月革命推翻了沙皇的统治,展示了工人和布尔什维克的力量。尽管革命之后出现苏维埃和资产阶级临时政府两个政权并存的局面,但无产阶级的力量已经不可阻挡。李大钊从这时起就开始持续关注俄国革命的进展。他称俄国的二月革命为"面包革命",②认为18世纪初期的资产本主义革命是"对于君主政治、贵族政治"的革命,而俄国革命乃是"对于官僚政治而革命"③。此时,李大钊就开始从社会主义的角度来看待资本主义。在1917年4月18日发表的《大亚细亚主义》中,他批判西洋文明"对内则恃集中的资本主义以掠夺劳动阶级,对外则恃国民的暴力主义以掠夺他国土地"④。

十月革命后,李大钊对俄国道路更加充满希望。在《东西文明根本之异点》中,李大钊宣称俄罗斯文明可以在衰颓于静止之中的东洋文明和疲命于物质之下的西洋文明之间"当媒介东西之任"⑤。在《法俄革命之比较观》中,李大钊指出法国大革命是"立于国家主义上之革命,是政治的革命而兼含社会的革命";俄国革命是"立于社会主义上之革命,是社会的革命而并著世界的革命";"前者恒为战争之泉源,后者足为和平之曙光"⑥。在《庶民的胜利》中,李大钊指出第一次世界大战爆发的真正原因"乃在资本主义的发展"⑦。当国家的界限之内无法容纳资本主义的生产力时,资本主义国家就开始以战争来打破国家界限,将整个世界都纳入资本主义生

---

① 《李大钊全集》第二卷,人民出版社2006年版,第218页。
② 《李大钊全集》第二卷,人民出版社2006年版,第15页。
③ 《李大钊全集》第二卷,人民出版社2006年版,第22页。
④ 《李大钊全集》第二卷,人民出版社2006年版,第106页。
⑤ 《李大钊全集》第二卷,人民出版社2006年版,第214页。
⑥ 《李大钊全集》第二卷,人民出版社2006年版,第226页。
⑦ 《李大钊全集》第二卷,人民出版社2006年版,第255页。

产体系之中，以维护和扩大本国资产阶级的利益。以消灭资本主义为目标的俄国革命就成为"二十世纪中世界革命的先声"①。

　　陈独秀比李大钊更早接触到社会主义。在1915年9月的《法兰西人与近世文明》中，陈独秀就指出，法国大革命后产生的近世文明导致"政治之不平等，一变而为社会之不平等；君主贵族之专制，一变而为资本家之压制"，"欲去此不平等与压制，继政治革命而谋社会革命者，社会主义是也"②。1919年12月1日的《本志宣言》和《告北京劳动界》中，他认为"世界上的军国主义和金力主义，已经造了无穷罪恶，现在是应该抛弃的了"③。此时他开始将目光转向包括佣工、车夫、邮差和小工等组成的"无产的劳动阶级"上④。在1920年5月的《上海厚生纱厂湖南女工问题》中，他的思想就彻底与资本主义道路决裂了，认为中国不能"走欧、美、日本人的错路"⑤。在1920年7月电工联合会上的演讲中，他指出"现在的国家，不是工人的国家，是资本家的国家，与工人没有丝毫关系"，真正爱国"就是要打倒少数资本家底国家，建设劳动工人的国家"⑥。这时的陈独秀已经成为一个马克思主义者了。

　　李达1918年5月在北京向总统冯国璋请愿失败后回到日本，放弃理科学习，专门攻读马克思列宁主义。在一年多的时间里，李达研读了《共产党宣言》《资本论》等著作和其他介绍马克思主义的书籍，并翻译了《唯物史观解说》《马克思经济学说》等书。在五四运动中，他又撰写了《什么叫社会主义？》《社会主义的目的》等文章。他认为社会主义是"反对个人竞争主义，主张万人协同主义"；"是反对资本万能主义，主张劳动万能主义"；"反对个人独占主义，主张社会公有主义"；"打破经济的束缚，恢复群众的自由"⑦。李达认为19世纪欧洲资本主义革命之后，"资本家借了金钱和势力，压抑劳动者的那手段，真是惨无人道咧！结果弄到贫者愈贫，富

---

① 《李大钊全集》第二卷，人民出版社2006年版，第256页。
② 《陈独秀文集》第一卷，人民出版社2013年版，第99页。
③ 《陈独秀文集》第一卷，人民出版社2013年版，第506页。
④ 《陈独秀文集》第一卷，人民出版社2013年版，第518页。
⑤ 《陈独秀文集》第二卷，人民出版社2013年版，第19页。
⑥ 《陈独秀文集》第二卷，人民出版社2013年版，第26页。
⑦ 《李达文集》第一卷，人民出版社1980年版，第1页。

者愈富"①。社会主义的目的就是"救济经济上的不平均","恢复人类真正平等的状态"。② 经过自己的刻苦努力,李达在五四运动后成为一个马克思主义的信奉者和宣传者。

1919年3月,董必武在上海认识了从日本帝国大学留学回国的李汉俊,阅读了李汉俊带回来的关于马克思主义和俄国革命的书籍。此后董必武逐渐了解了列宁和孙中山在宗旨和工作方法上的差异,"国民党一套旧的搞军事政变的革命方法行不通了,应改为一种能唤醒群众、接近群众的方法"。③ 五四运动爆发后,董必武看到了人民群众中蕴含的巨大力量。1920年6月,上海共产主义小组创立后,小组成员李汉俊致函董必武,希望董必武等在武汉组织起一个共产主义小组。董必武接信后与陈潭秋密切合作,立即着手筹建武汉共产主义小组。

受到新文化运动的影响,以毛泽东和蔡和森为代表的青年人也不断深化对马克思主义的认识。在1919年7月《湘江评论》创刊宣言中,毛泽东提出了"吃饭问题最大","民众联合的力量最强",不要怕官僚、军阀、资本家等社会主义的观点。但是他仍然主张"向强权者为持续的'忠告运动'",实行"呼声革命"和"无血革命",反对"'炸弹革命''有血革命'"。④ 在《湘江评论》第2号上发表的《民众的大联合》中,毛泽东揭露了贵族资本家如何利用知识、金钱和武力维持自己的特殊利益并剥削大多数人民。但是在民众联合后的行动上,毛泽东并不太赞成马克思"以其人之道还治其人之身"的阶级斗争,而是认为克鲁泡特金的温和主张"更广更深远"。⑤ 在1919年12月,毛泽东还把"以新家庭新学校及旁的新社会连成一块"的新村作为新社会生活的根本理想,试图在岳麓山建设新村。⑥ 但是在与蔡和森等人的不断交流中,毛泽东逐渐接受了马克思主义。

1920年8月,蔡和森在给毛泽东的信中写道:"阶级战争——无产阶级

---

① 《李达文集》第一卷,人民出版社1980年版,第4页。
② 《李达文集》第一卷,人民出版社1980年版,第4页。
③ 《董必武选集》,人民出版社1985年版,第504页。
④ 《毛泽东早期文稿》,湖南出版社1990年版,第293页。
⑤ 《毛泽东早期文稿》,湖南出版社1990年版,第341页。
⑥ 《毛泽东早期文稿》,湖南出版社1990年版,第449页。

专政"是"现世革命唯一制胜的方法"。"资本家利用政权、法律、军队才能压住工人，所以工人要得到完全解放，非先得政权不可。"① 在给蔡和森的回信中，毛泽东已经放弃了以教育为工具的温和革命。他认为教育的方法"一要有钱，二要有人，三要有机关"，但这些都被资本家控制着，"非取政权"，"安能握得其教育权"？② 这是，他对于"绝对的自由主义，无政府的主义，以及德谟克拉西主义"，"都只认为于理论上说的好听，事实上是做不到的"，"而于和森的主张，表示深切的赞同"。③

经过社会主义的洗礼，中国共产党的早期领导人开始自觉运用社会主义来回应和批判资本主义。这种回应和批判主要体现在以下三个方面：

第一，在政治制度上，对资本主义民主观的批判。

由于新文化运动早期宣传的民主是资本主义的民主，所以当社会主义思潮影响逐渐增大时，就有一部分人用"民主"来反对社会主义，认为只有资本主义才有民主，社会主义是违反了民主的。党的早期领导人并没有断然否定资本主义民主的历史意义。作为"德先生"和"赛先生"在中国的首倡者，陈独秀承认资本主义共和政治的功劳在于打倒了封建主义，"但是封建主义倒了，资本主义代之而兴，封建主义时代只最少数人得着幸福，资本主义时代也不过次少数人得着幸福。"④ 对于有许多人拿"德谟克拉西"和"自由"等口头禅反对无产阶级专政的现象，陈独秀提出了两个反问："经济制度革命以前，大多数的无产劳动者困苦不自由，是不是合于'德谟克拉西'？经济制度革命以后，凡劳动的人都得着自由，有什么不合乎'德谟克拉西'？"⑤ 当德谟克拉西"成了资产阶级的护身符"时，"若不经过阶级战争"，德谟克拉西必然永远"是资产阶级永远把持政权抵制劳动阶级的利器"⑥。

李大钊亦指出社会主义和民主并不矛盾。资本主义民主在历史上有其意义，但它终将被社会主义民主所取代。"资本阶级或中产阶级的 Democracy

---

① 《蔡和森文集》，人民出版社 1980 年版，第 50 页。
② 《蔡和森文集》，人民出版社 1980 年版，第 58 页。
③ 《蔡和森文集》，人民出版社 1980 年版，第 60 页。
④ 《陈独秀文集》第二卷，人民出版社 2013 年版，第 57 页。
⑤ 《陈独秀文集》第二卷，人民出版社 2013 年版，第 75 页。
⑥ 《陈独秀文集》第二卷，人民出版社 2013 年版，第 39 页。

若已获得,紧接着社会主义,就是 Democracy 中的一个进程,不要把他看作与 Democracy 是两个东西"。① 李大钊对民主的理解远比资本主义民主要美好。真正的民主"不但在政治上要求普通选举,在经济上要求分配平均,在教育上、文学上也要求一个人人均等的机会,去应一般人知识的要求。"②这种全面的民主观已经包括了政治、经济、文化三个维度,所以李大钊也建议要多设补助教育机构,满足劳工的文艺和知识需求。在《由平民政治到工人政治》中,李大钊更详细地阐述了社会主义与民主的关系。他认为德谟克拉西和社会主义"无论在政治上、经济上、社会上,都要尊重人的个性",二者"有同一的源流,不过社会主义目前系注重经济方面。"③ 男女、贵族平民、资本家劳动者等"社会上不平等不自由的现象,都为德谟克拉西所反对,亦为社会主义所反对"。④ 正是由于"德谟克拉西为资产阶级沿用坏了",所以"无产阶级另用伊尔革图克拉西(工人政治),不乐用德谟克拉西"⑤。

李达质疑资本主义民主鼓吹的"所谓无性别,无宗教别,无国民性别的市民平等","到底能够实现吗?"⑥ 瞿秋白也指出:"资产阶级的德谟克拉西是欺骗群众的","其民主政权实际上只是富人的政权,在许多国家中人民的选举权是由财产限制的"。蔡和森也认为:"资产阶级民主主义的国家,由阶级斗争与国际竞争的结果","渐渐揭破其'德谟克拉西'的假面具,显出资产阶级专政的真相"⑦。

第二,在思想文化上,问题与主义的争论。

胡适 1910 年至 1917 年在美国留学。1915 年 1 月,日本向中国提出了"二十一条要求",在主战情绪弥漫的留美学生中,胡适却依然信仰着"和平主义和不抵抗主义"⑧。但是在 1915—1916 年间,他的思想发生了转变。

---

① 《李大钊全集》第二卷,人民出版社 2006 年版,第 264 页。
② 《李大钊全集》第二卷,人民出版社 2006 年版,第 292 页。
③ 《李大钊全集》第四卷,人民出版社 2006 年版,第 3 页。
④ 《李大钊全集》第四卷,人民出版社 2006 年版,第 4 页。
⑤ 《李大钊全集》第四卷,人民出版社 2006 年版,第 5 页。
⑥ 《李达文集》第一卷,人民出版社 1980 年版,第 225 页。
⑦ 《蔡和森文集》,人民出版社 1980 年版,第 268 页。
⑧ 《胡适文集》第一卷,北京大学出版社 1998 年版,第 236 页。

在安吉尔和杜威思想的影响下,他逐渐放弃了"以前偏激的不抵抗主义"[1]。正是出于对杜威及其实验主义的仰慕,胡适在 1915 年暑假"决定转学哥大向杜威学习哲学",这使得杜威成为对胡适"有终身影响的学者之一"。[2] 1919 年 5 月 1 日,杜威应胡适等人的邀请来华讲学,在中国引起了极大的轰动效应,他对实用主义方法论的宣传对五四运动产生了巨大而持久的影响。

实用主义对真理持怀疑态度,消解了天经地义的迷信和传统的权威,在新文化运动早期可以充当资产阶级怀疑、批判和否定旧传统、旧思想的武器。1919 年 4 月,胡适发表了《实验主义》,宣扬杜威的资产阶级实用主义。1919 年 6 月至 8 月,陈独秀被捕后,李大钊出京避难,胡适接办《每周评论》的编辑工作。在 7 月 20 日《每周评论》上,胡适发表《多研究些问题,少谈些主义》,将矛头指向"那种有被盲目接受危险的教条主义"[3],社会主义和布尔什维克主义也被归入那种教条主义之中。无论胡适是否针对社会主义发难,如果不能很好地回应胡适的批评,这种批评都会影响冠有"主义"名称的社会主义和马克思主义在中国的传播。李大钊率先举起了维护马克思主义的大旗。在 8 月 17 日发表的《再论问题和主义》中,李大钊指出:社会运动"一方面固然要研究实际的问题,一方面也要宣传理想的主义"[4]。主义的危险并不来源于主义自身,而是来自那些空谈者。对于假冒社会主义招牌的现象,"应该一面宣传我们的主义,一面就种种问题研究实用的方法"。[5]

胡适认为"主义"让人们"自以为寻着包医百病的'根本解决',从此用不着费心力去研究这个那个具体问题的解决方法"[6]。胡适对"根本解决"的否定具有明显的改良倾向。李大钊则坚持认为只有在解决根本问题的基础上,其他具体问题才有解决希望。根据马克思唯物主义观,"经济问题的解

---

[1] 《胡适文集》第一卷,北京大学出版社 1998 年版,第 241 页。
[2] 《胡适文集》第一卷,北京大学出版社 1998 年版,第 263 页。
[3] 《胡适文集》第一卷,北京大学出版社 1998 年版,第 359 页。
[4] 《李大钊全集》第三卷,人民出版社 2006 年版,第 2 页。
[5] 《李大钊全集》第三卷,人民出版社 2006 年版,第 4 页。
[6] 《胡适文集》第一卷,北京大学出版社 1998 年版,第 360 页。

决，是根本解决。经济问题一旦解决，什么政治问题、法律问题、家族制度问题、女子解放问题、工人解放问题，都可以解决。"① 在问题与主义之争结束后，陈独秀也表明了他的态度。他认为"主义制度好比行船底方向，行船不定方向"，一味地努力是没有用的。② 李达也认为社会问题"最大的根本解决方法，就是社会主义"。③

问题与主义之争推动了社会主义和马克思主义在中国的进一步传播，李大钊等人对胡适的回击也推动了更多人接受社会主义。更为重要的是，党的早期领导人从问题与主义之争中认识到了关注中国现实的重要性，开启了马克思主义中国化的第一次进程。

第三，在经济模式上，如何发展实业的争论。

紧随着杜威的步伐，罗素于1920年10月12日应梁启超等人邀请来华讲学。11月6日，张东荪发表《由内地旅行而得之又一教训》的时评，12月15日又发表《现在与将来》一文。梁启超1921年2月15日也发表《复张东荪书论社会主义运动》附和张东荪。他们认为中国经济落后，并不存在所谓的劳动阶级，只有先发展实业，等经济水平达到一定程度并产生劳动阶级后才可再进行社会主义革命。李达在1920年11月7日发表的《张东荪现原形》中直接指出张东荪等人的发展实业"无非是不讲社会主义去开发实业"。④ 在1921年4月8日发表的《讨论社会主义并质梁任公》中，李达认为中国是帝国主义国家经济竞争的焦点，帝国主义在中国培植的经济势力异常强大，走资本主义道路根本无法与帝国主义竞争，因此在各种产业尚不发达的中国开发实业"最好莫如采用社会主义"⑤。

李大钊1921年1月27日在《中国社会主义及其实行方法的考察》中认为，"在现存制度下发展实业，只能越发强化现在的统治阶级而迫使下层农民为少数的统治者阶级付出更多的劳动。"⑥ 在1921年3月的发表的《社会主义下之实业》中，李大钊又指出资本主义不能集中资本和广泛容纳劳

---

① 《李大钊全集》第三卷，人民出版社2006年版，第6页。
② 《陈独秀文集》第二卷，人民出版社2013年版，第93页。
③ 《李达文集》第一卷，人民出版社1980年版，第41页。
④ 《李达文集》第一卷，人民出版社1980年版，第26页。
⑤ 《李达文集》第一卷，人民出版社1980年版，第66页。
⑥ 《李大钊全集》第三卷，人民出版社2006年版，第256页。

动力，但是社会主义可以，所以中国"欲振兴实业，非先实行社会主义不可"。[①]蔡和森在1921年6月7日发表的《共产党在中国的使命》中也认为，在经济方面，"不要妄信经济组织及状况幼稚的国家仍应采用资本制度"。[②]

通过在民主制度、思想理论和经济模式三个层面的论争，党的早期领导人有力地论证了社会主义在政治、经济和思想上比资本主义更为优越。在持续的论争中，党的早期领导人对社会主义的认识更加深入。除了社会主义与资本主义之间的争论，党的早期领导人还对各种冠着"社会主义"名号的非马克思的社会主义进行了反驳，比如李达在《社会主义与江亢虎》中对社会党的"社会主义"的驳斥，陈独秀在《谈政治》中对无政府主义和国家社会主义的驳斥等等。对马克思主义认识的逐渐深入和对资本主义的彻底抛弃，再加上越来越多的知识分子在论战中转向马克思主义，在中国建立共产党的组织基础逐渐完备。1921年7月23日至31日在上海召开的中国共产党第一次代表大会宣告了中国共产党的成立。中国正式开启了对社会主义法治道路进行理论准备和实践探索的航程。

## 第三节 中国共产党早期法治实践的脉络

### 一、中国共产党早期主要领导人的法律思想

在人类社会中，法律是维持社会秩序的重要手段。党的早期领导人在中国共产党成立之前都受到欧美法治思想的影响，吸收了其中的民主和自由观，在一开始就具有明显的反人治色彩。在对封建人治和资本主义法治的批判中，党的早期领导人对法律的认识也逐渐深化，形成了马克思主义的法律观。党的早期领导人的法律思想为中国共产党成立后的各种法律实践活动提供了方向，也对中国特色社会主义法治道路的走向产生了深远的影响。

1. 对封建主义法律和资本主义法律的批判

中国共产党的早期领导人经历了清王朝封建专制的覆灭和辛亥革命民主

---

[①] 《李大钊全集》第三卷，人民出版社2006年版，第273页。
[②] 《中共党史参考资料》（一），人民出版社1980年版，第273页。

共和的混乱,对封建主义法律和资本主义法律的质疑使他们深刻地认识到了法律的阶级性,为接受社会主义法治道路奠定了基础。

中华民国成立之后,各省都督仍然拥兵自重,将法律作为谋求自身利益的工具,于己有利的就遵守,于己不利的就不遵守。这样,中华民国的法律在各省的实施效果并不理想,人民的权利也得不到有效保护。1913年4月,李大钊就批判地方军阀为了一己私利将国法民权玩弄于股掌之中,"假手于国法以抑民权,托辞于民权以抗国法"①。李达也指出,"中国劳动者处在半封建式的武人政治之下,受不到法律的保障。"②虽然中华民国宣称法律面前人人平等,但是由于专制思想没有清除,普通执法者在执法时仍然进行选择性执法,对于有钱有势的人犯法就睁只眼闭只眼,对于普通百姓犯法则严加惩处。陈独秀曾以禁止吸食鸦片和赌博的法律为例批评了民国官员滥用执法权力,"那些惩办烟犯赌犯的法官警察官,吸烟赌钱的也不少,哪个敢说他们犯法?……原来刑法和警章,就是这么一件东西。"③陈独秀在评价五四运动的精神时指出,五四运动的独特性在于"直接行动"和"牺牲精神"两个方面。"因为法律是强权的护持,特殊势力是民权的仇敌,代议员是欺骗者",在这种情况下,人民要维护国家和自己的权利,只能采取直接行动,"不诉诸法律,不利用特殊势力,不依赖代表"④。

随着对马克思主义认识的逐步深入,党的早期领导人开始认识到法律的阶级本质,从而将批判的重点放在资本主义法律观上。李大钊从历史唯物主义的角度指出,经济的发展促进了人们对自然的研究,从而使超自然的神秘事物逐渐减少以致消灭。在科学面前,自然现象和人类社会都褪去了神秘的面纱。劳动者也认识到人类社会的实质,知道他们贫穷的原因是资本主义,知道法律维护的是资产阶级利益。⑤ 李达指出,法国大革命之后,资产阶级所宣言的自由平等并未实现。在资本主义生产方式下,工人的工时长、设备差、环境差、工资少,当工人要求改善工作环境和提高劳动收入的要求不能

---

① 《李大钊全集》第一卷,人民出版社2006年版,第11页。
② 《李达文集》第一卷,人民出版社1980年版,第190页。
③ 《陈独秀文集》第一卷,人民出版社2013年版,第454页。
④ 《陈独秀文集》第二卷,人民出版社2013年版,第8页。
⑤ 《李大钊全集》第三卷,人民出版社2006年版,第109页。

得到满足时，必然会结社罢工。但是资产阶级控制的政府反而"定下法律来，不许劳动者组织团体"，这就导致"工人若是要活在世上，他们必定要犯法的"，"最后必定一致行动起来要打破这类法律，甚者是要推倒这种政府"①。中华民国承袭了资本主义法治精神，"罢工处刑，公然载在中华民国法律之上"②。

中国封建专制的历史和劳动阶级的现状使党的领导人对法律的阶级本质有了深刻体会。李达认为法律的形式作用在于"保护生存之根本条件"；实质目的则在于"保护特殊阶级剥削下层阶级之特权"③。占据生产资料的阶级为了维持其经济利益，必然会在法律上设定不平等的身份关系。毛泽东在1920年给蔡和森的回信中也写道："资本家有议会以制定保护资本家并防制无产阶级的法律。由政府执行这些法律，以积极的实行其所保护与所禁止。"④ 1922年5月，直系军阀在直奉战争中获胜后，主张恢复约法和国会。中国共产党在发表的第一次对于时局的主张中也指出："约法除了把万世一系的天皇换了由国会选举的总统外，都是抄袭日本宪法。约法里虽然也载了几条人民之权利，同时又轻轻用'得依法律限制之'七个字打消了"。⑤

2. 反对法律虚无主义

在民国初期，有两股对封建主义和资本主义法律观进行批判的思潮：一种是马克思主义的法律观，另一种是无政府主义的法律观。二者都认识到封建主义和资本主义法律的阶级性，认为封建主义和资本主义的法律都是对自由的束缚和对人性的压制。但是在对待法律的态度上，二者产生了分歧。马克思主义法律观认为法律应当为无产阶级所用，不能废弃。而无政府主义既认为政府"都是拘束个人的自由，结果不但没有增进个人的幸福，反是有损害"⑥，也"认为法律是束缚自由之物，并为保护权利所有者之利益而设"⑦，所以政府和法律都应予以废除。

---

① 《李达文集》第一卷，人民出版社1980年版，第188页。
② 《李达文集》第一卷，人民出版社1980年版，第141页。
③ 《李达文集》第一卷，人民出版社1980年版，第247页。
④ 《蔡和森文集》，人民出版社1980年版，第58页。
⑤ 《建党以来重要文献选编（1921—1949）》第一册，中央文献出版社2011年版，第92页。
⑥ 《李达文集》第一卷，人民出版社1980年版，第2页。
⑦ 《李大钊全集》第四卷，人民出版社2006年版，第221页。

党的早期领导人曾多次批判无政府主义，明确指出了无政府主义和社会主义之间的差别。对社会主义者来说，法律的强制力和暴力是一种必要的、可以服务于好的目的。无政府主义者反对法律和强权，但是他们没有认识到有些国家可以禁止掠夺，有些法律可以废除资本家财产私有制。人类社会中的强权尽管会带来黑暗，但是也可以用来排除黑暗。"不问强权底用法如何，闭起眼睛反对一切强权"是因噎废食和笼统武断的办法。① 资本主义国家既然已经运用法律的强力塑造和维持着不平等，压迫着劳动阶级，那么要改变这种不平等，"只有被压迫的生产的劳动阶级自己造成新的强力，自己站在国家地位，利用政治、法律等机关，把那压迫的资产阶级完全征服"。② 就算在无产阶级通过革命取得国家政权后，也仍然要运用法律的强制力来维护社会秩序，否则"专制的帝王贵族就会发生在自由组织的社会里"。③ 在1920年9月1日发表的《对于时局的我见》中，陈独秀阐述了社会主义者对法律的态度："法律是强权的化身，若没有强权，空言护法毁法，都是不懂得法律历史的见解。吾党对于法律的态度，既不像法律家那样迷信他，也不像无政府党根本排斥他；我们希望法律随着阶级党派的新陈代谢，渐次进步，终久有社会党的立法，劳动者的国家出现的一日。"④ 在1921年8月1日发表的《讨论无政府主义》中，陈独秀又指出，法律是改良社会的工具。虽然有时法律因为僵化不适应社会需要，需要对之加以修改完善，"但不能拿这个做绝对废除法律的理由"⑤。

3. 厘清法律的价值

对社会主义者来说，法律的存在是必要的。但是社会主义的法律所欲实现的价值和封建主义及资本主义的法律并不相同。资本主义尽管宣传其法律的价值在于实现自由平等，但实际上却造就了新的不自由和不平等。社会主义法律的价值就是要实现真正的自由和平等。

毛泽东在《商鞅徙木立信论》中认为法律是"代谋幸福之具也"⑥。如

---

① 《陈独秀文集》第二卷，人民出版社2013年版，第33页。
② 《陈独秀文集》第二卷，人民出版社2013年版，第33页。
③ 《陈独秀文集》第二卷，人民出版社2013年版，第36页。
④ 《陈独秀文集》第二卷，人民出版社2013年版，第42页。
⑤ 《陈独秀文集》第二卷，人民出版社2013年版，第183页。
⑥ 《毛泽东早期文稿》，湖南出版社1990年版，第1页。

果法律的价值取向是良善的,那么人民就会拥护和保护法律。良善的法律需要在秩序、自由、民主和尊严之间取得平衡。他认为好的法律应当体现和反应人民的意志,而不是交由少数人去制定。"以后的政治法律,不装在穿长衣的先生们的脑子里,而装在工人们农人们的脑子里","若专委托少数无职业的游离政客去制去议,一定不好"①。

李大钊认为,"立宪国民之责任,不仅在保持国之权威,并宜尊重人之价值"。维护国家权威要求人们遵守和服从法律,尊重人类尊严要求法律崇尚自由和进取。但在秩序与尊严之间,对尊严的维护则高于对法律的服从。"彝性之所趋,虽以法律禁之,非所畏也。彝性之所背,虽以法律迫之,非所从也。"②

针对康有为等人将孔教写入宪法的观点,李大钊和陈独秀都用法律的自由和平等价值加以反对。李大钊明确指出:"宪法者,自由之保证书"。③ 自由是人类生存发展的必要条件,如果没有自由,人类就没有生存的意义。一部好的宪法必须能够充分保障人民的自由,包括身体自由、财产自由、出版自由、集会结社自由、信仰自由等诸多内容。宪法"为国民之自由而设,非为皇帝、圣人之权威而设"④,所以用宪法来确定孔子的权威是不合适的。在诸种自由中,李大钊尤其重视思想自由,认为制定宪法"其他皆有商榷之余地,对于思想自由之保障,则为绝对的主张"⑤。

陈独秀认为西洋以法治为本位,强调人的独立性,"以独立之生计,成独立之人格,各守分际,不相侵渔"⑥。在批判孔教的尊卑观念时,陈独秀认为法治国的最大精神是"乃为法律之前,人人平等,绝无尊卑贵贱之殊"。⑦ 和李大钊一样,陈独秀也尤其重视法律对言论自由的保护。政府不但要尊重人民法律以内的言论自由,还不能压迫人民法律以外的言论自由。"因为言论要有逾越现行法律以外的绝对自由,才能够发现现在文明的弊

---

① 《毛泽东早期文稿》,湖南出版社1990年版,第520页。
② 《李大钊全集》第一卷,人民出版社2006年版,第162页。
③ 《李大钊全集》第一卷,人民出版社2006年版,第204页。
④ 《李大钊全集》第一卷,人民出版社2006年版,第229页。
⑤ 《李大钊全集》第一卷,人民出版社2006年版,第231页。
⑥ 《陈独秀文集》第一卷,人民出版社2013年版,第130页。
⑦ 《陈独秀文集》第一卷,人民出版社2013年版,第179页。

端，现在法律的缺点"。①

#### 4. 辨明法律与经济的关系

根据马克思主义的唯物论，生产力决定生产关系，经济基础决定上层建筑。法律作为上层建筑，是由经济基础决定的。党的早期领导人也接受了马克思的这种唯物论。李大钊认为经济问题是解决各种社会问题的根本，经济问题解决后政治问题和法律问题就都可以解决。但是李大钊过于强调经济对法律的决定作用，却否定了法律对经济的反作用。他认为"法律是人类的综合意思中最直接的表示，也只能受经济现象的影响，不能与丝毫的影响于经济现象"。② "欲以法律现象奖励或禁遏一种经济现象的，都没有一点效果"。③ 17、18 世纪间那些维持商业平准、奖励金块输入的商法，与英国禁止托拉斯的法律都归于无效，就是"法律的力量不能加影响于经济趋势的明证"④。

#### 5. 阐释法律权威观

全面推进依法治国，必须坚持全民守法。有法必依、执法必严、违法必究是法治的必然要求。党的早期领导人也非常重视法律的权威。李大钊曾认为中国政治上和社会上的腐败表现之一就是法律失去权威。中国数千年的专制本来就与法治精神相违背，袁世凯执政期间又蔑弃法纪，这些导致"袁氏虽殒，一般人民心理，对于法律之信畏，终不甚厚。一旦为罪恶所诱惑，遂忘却法律之权威，而悍然不顾以行之。"⑤ 作为国家根本法的宪法应当"尊严无上，倘或加以摧折，效力消失，而国以摇"⑥。各省督军拥兵自重，抗拒中央，违反宪法，必须加以裁撤才能维护宪法权威。陈独秀也认为中国政治上一切不良现象的根本恶因就是"武人不守法律"。⑦

李大钊认为"共和国民之精神，不外服从法令与反抗苛虐"。对苛虐的

---

① 《陈独秀文集》第一卷，人民出版社 2013 年版，第 509 页。
② 《李大钊全集》第三卷，人民出版社 2006 年版，第 21 页。
③ 《李大钊全集》第三卷，人民出版社 2006 年版，第 22 页。
④ 《李大钊全集》第三卷，人民出版社 2006 年版，第 22 页。
⑤ 《李大钊全集》第二卷，人民出版社 2006 年版，第 117 页。
⑥ 《李大钊全集》第一卷，人民出版社 2006 年版，第 32 页。
⑦ 《陈独秀文集》第一卷，人民出版社 2013 年版，第 306 页。

反抗造就了共和国,但是"安于共和政治之下者,则必有服从法令之精神"①。除了公民应当具有守法精神外,李大钊还认为强力也应当服从法律。国家为维持其存在必须依赖于法律,法律的有效实行又必须依赖物质上的强力。针对有些人"政治之力足以屈法律之力,法律之力只宜徇政治之力"的观念,李大钊指出"事实上之强力,苟其与法律上之主权不属于一体,则必当依法律上之主权以为行动,不当反法律上之主权以为行动。苟欲求其归于一体,亦当屈事实上之强力以就法律上之主权,不当毁法律上之主权以徇事实上之强力。"②

陈独秀对法律的态度是"虽不藐视法律,也断然不迷信法律"。他认为人类社会中除了法律以外,还有其他的行为规范,法律并不是万能的。此外,法律可能在制定时并不完善或者并不适合社会需求,但是"社会的表面,却不能不尊重法律的假面。倘若撕毁了这假面,我们利己损人的本性,更难以制止了"③。这些强调法律权威的观点,对我们现在仍有积极意义。

## 二、中国共产党早期的法治实践

党的早期领导人不仅是理论家,也是实践者。他们批判旧法律的目的是为了构建新法律。在帝国主义和封建军阀的压迫下,新法律的构建是不可能通过学术批判和议会立法的形式实现的。党的早期领导人认识到人民群众中蕴含的力量,认为只有人民群众的民主意识和权利意识的觉醒才能推动社会变革。为此,党的早期领导人开始筹划建立党组织,充当革命的组织者和领导者。

1. 党的早期组织的建立

中国共产党是中国工人阶级的先锋队,与工人阶级的结合是筹备建立中国共产党的第一步。陈独秀认为劳动运动分为两个步骤,第一步是要求改善待遇,第二步是争取管理权。中国的劳动者目前正处于第一步,尚未觉悟到第二步。陈独秀在向工人宣传马克思主义的过程中,积极开展建党工作。1920年5月,陈独秀和李达等人在上海成立"马克思主义研究会"。1920年

---

① 《李大钊全集》第一卷,人民出版社2006年版,第109页。
② 《李大钊全集》第二卷,人民出版社2006年版,第178页。
③ 《陈独秀文集》第一卷,人民出版社2013年版,第384页。

8月，陈独秀在马克思主义研究会的基础上组织成立了共产主义小组，成为中国的第一个共产党组织，其成员包括李达、茅盾、陈望道、李汉俊、施存统等人，由陈独秀任书记。

1920年3月，李大钊在北京成立了北京大学马克思学说研究会，这是中国最早学习和研究马克思主义的团体。上海共产主义小组成立后，李大钊也加快了在北京成立党的组织的步伐。1920年10月，李大钊、张申府、张国焘三人在李大钊的办公室正式成立"共产党小组"。1920年底，北京党组织决定成立"共产党北京支部"。

随后，共产党的早期组织在全国范围内先后成立。1920年夏，李汉俊从上海到武汉会见董必武，商讨在武汉建立共产党组织的问题。1920年8月，"共产党武汉支部"在董必武寓所成立，其成员包括董必武、包惠僧、陈潭秋、张国恩等人，由包惠僧任书记。毛泽东在北京接受马克思主义后，也开始思考建党问题。1920年7月毛泽东从北京回到长沙，以新民学会为基础筹备建党。1920年冬，毛泽东和何叔衡等人在长沙秘密建立了党组织。1921年，王尽美、邓恩明等人在济南成立共产主义小组，谭平山、陈公博等人在广州成立共产主义小组，周恩来、张申府等在巴黎成立了旅法共产主义小组。

各地共产党早期组织的成立推动了有组织、有计划的马克思主义的宣传和研究工作。1920年9月，《新青年》成为党的公开理论刊物。不久后创办的《共产党》、上海的《劳动界》、广东的《劳动者》、北京的《劳动音》等刊物也都开始传播马克思主义。此外，共产党的早期组织还深入到工人阶级中，帮助工人建立工会组织或创办劳动补习学校。这些都极大促进了工人阶级的阶级意识觉醒。

1921年6月初，共产国际代表马林等人来到中国。在他们的促成下，国内各地的党组织决定正式成立中国共产党。1921年7月23日，中国共产党第一次全国代表大会在上海开幕。党的一大通过了党的纲领，正式确定党的名称是"中国共产党"。党的纲领要求推翻资产阶级政权，建立无产阶级专政，消灭阶级区分和资本主义私有制，实现生产资料的社会公有。中国共产党的建立，开启了中国社会主义法治道路从理论走向实践的过程。为了实现社会主义，中国共产党和它领导的人民开始了不屈不挠、艰苦卓绝的斗争历程。

2. 建立工会，保护劳动者的权利

中国共产党成立后，各地党组织依据党的一大通过的纲领和决议开始行动。党的一大通过的《关于当前实际工作的决议》指出："本党的基本任务是成立产业工会"①。决议规定了党开展对工人运动的组织、宣传和教育工作，在斗争中应当站在"完全独立的立场上"，"不同其他党派建立任何关系"。②

为领导工人运动，中国共产党于1921年8月11日在上海组织成立了中国劳动组合书记部。1922年5月，中国劳动组合书记部组织召开了第一次全国劳动大会，通过了《八小时工作制》《罢工援助》等决议案，为工人争取正当的权利。1922年8月16日，中国劳动组合书记部发布《劳动法大纲》，要求国会在宪法中规定保护劳工的条文。有22位国会议员表示支持。大纲发布后，中国劳动组合书记部向全国工会发出《关于开展劳动立法运动的通告》，要求各地工会向工人广泛宣传并征求工人的意见。

1922年6月15日，中国共产党发表了第一次对于时局的主张，提出了要制定保护童工、女工的法律及工人保险法。③ 1922年6月30日，陈独秀向共产国际报告了中国共产党的活动状况，其中上海共产党参加罢工六次、参加工人群众运动五次、与五个工会建立了联系，北京、广东、武汉、长沙等地的共产党也都参加了罢工并设立了工人学校和工人俱乐部。中国共产党计划组织五个大的产业组合（如全国铁路总工会、全国纺纱工总工会等）和三个地方总工会（上海总工会、武汉总工会、广东总工会）。④

从1922年1月到1923年2月，中国共产党领导的争取劳动权利的工人运动形成第一次高潮，其中比较有影响的是安源路矿工人大罢工和开滦五矿工人大罢工。1922年2月，湖南党组织建立了中共安源支部，同年5月又成立了安源路矿工人俱乐部。9月14日，在李立山、刘少奇等组织下，安源路矿工人举行大罢工，提出要求保障工人权利、增加工资、改善待遇、废

---

① 《中共中央文件选集（1921—1925）》第一卷，中共中央党校出版社1989年版，第6页。
② 《中共中央文件选集（1921—1925）》第一卷，中共中央党校出版社1989年版，第8页。
③ 《建党以来重要文献选编（1921—1949）》第一册，中央文献出版社2011年版，第98页。
④ 《中共中央文件选集（1921—1925）》第一卷，中共中央党校出版社1989年版，第50—54页。

除包工制等 17 项要求。路矿当局最终同工人俱乐部的代表签订了 13 款内容的条约，安源路矿工人罢工取得了胜利。这是中国共产党第一次独立领导并取得完全胜利的工人运动。1922 年 9 月，开滦五矿先后成立工会。10 月 19 日，在中国劳动组合书记部的领导下，开滦五矿成立了同盟罢工委员会。由于开滦矿务局拒绝工人提出的要求，10 月 23 日，开滦五矿的工人宣布罢工。但是这次罢工遭到了军警的镇压，开滦五矿工人俱乐部被查封，罢工领导人也被逮捕或监视。

中国共产党积极在铁路工人中建立工会。1922 年底，京汉铁路各站已经建立了 16 个工会分会，在此基础上成立京汉铁路总工会的条件已经成熟。1923 年 2 月 1 日，京汉铁路总工会在郑州宣布成立，但是会议又遭到军警的阻挠。京汉铁路总工会执委会决定在 2 月 4 日举行总罢工，号召工人"为自由作战，为人权作战"。京汉铁路工人大罢工的爆发引起了帝国主义列强的恐慌，他们要求北洋政府武力镇压工人运动。吴佩孚调动两万多军警镇压罢工，制造了二七惨案。中国共产党随后发表了《中国共产党为吴佩孚惨杀京汉路工告工人阶级与国民书》，斥责冒称"保护劳工"的军阀"破坏约法赋予的集会结社自由权"，吴佩孚"不仅是工人阶级的敌人，乃是全国争自由的人民的敌人"。[①] 中国劳动组合书记部也认为"京汉罢工乃是工人为自由、为工人人格的争斗"，"是为全国人民夺自由、争民权的急先锋"。[②]

二七惨案之后，许多工会都被查封，工人运动陷入低谷。但是中国共产党并没有放弃争取工人的劳动权利。1923 年 6 月的《中国共产党党纲草案》仍将维护工人利益作为党的任务，提出废除包工制、实行八小时工作制、男女工资待遇一律平等、禁止雇佣童工、制定强迫的劳工保险法、救济失业之工人等主张。[③] 在《劳动运动决议案》中，中国共产党要求工人运动应使用"男女工资平等""废止未满十四之童工""推翻包工制""星期日休息"等口号，引起工人争取自身利益的觉悟。[④]

从 1923 年 5 月 1 日到 1924 年 5 月 1 日的"三十六次罢工中，除水口矿

---

[①] 《建党以来重要文献选编（1921—1949）》第一册，中央文献出版社 2011 年版，第 210 页。
[②] 《建党以来重要文献选编（1921—1949）》第一册，中央文献出版社 2011 年版，第 212 页。
[③] 《建党以来重要文献选编（1921—1949）》第一册，中央文献出版社 2011 年版，第 254—255 页。
[④] 《建党以来重要文献选编（1921—1949）》第一册，中央文献出版社 2011 年版，第 262 页。

夫及湘潭锰矿运工两个罢工外，其余大半是手工业工人小规模的罢工"。[1] 1924年10月，冯玉祥发动政变推翻了直系军阀控制的北京政府，并邀请各界代表赴北京共商国是。北京政变之后，直系军阀衰败，新兴军阀进入相持状态，国共合作后的国民党势力大增。国民党和工人阶级都有希望工会参加讨论国是的会议，工人运动开始复兴。

1925年5月1日至7日，第二次全国劳动大会在广州举行，决定正式成立中华全国总工会。但是5月7日，上海日本纺织同业会要求租界及中国政府取缔工会活动，引发了工人和工厂的冲突。日本厂长下令向工人开枪，上海内外棉各厂工人当天即宣布罢工。在中国共产党的宣传组织下，上海工人、农民、学生和其他社会团体掀起了一场声势浩大的反日爱国运动。5月30日，租界内的英国巡捕突然向示威者开枪，制造了举国震惊的五卅惨案。

3. 争取公民人身权利和政治权利

除了维护和争取工人的正当权利外，中国共产党还对北洋政府的限制和剥夺公民人身权利和政治权利的现象进行了批判，要求制定和修改法律以维护公民的人身权利和政治权利。

1922年6月15日，中国共产党发表了第一次对于时局的主张，提出了以下法律主张：（1）采用无限制的普通选举制；（2）保障人民结社、集会、言论、出版自由权，废止治安警察条例及压迫罢工的刑律；（3）制定限制租课率的法律；（4）实行强迫义务教育；（5）废止厘金及其额外的征税；（6）改良司法制度，废止死刑，废止肉刑；（7）征收累进率的所得税；（8）承认妇女在法律上与男子有同等的权利。[2] 中国共产党在第二次全国代表大会的宣言中又确认了上述主张。[3] 1923年6月的《中国共产党党纲草案》又提出了"公民有建议权、罢官权，撤回代表权及废止法律权"等要求。[4]

中国共产党第四次全国代表大会于1925年1月通过的《对于妇女运动之议决案》又提出了下列争取妇女各项权利的口号："男女社会地位平等"，"男女教育平等"，"男女职业平等"，"结婚离婚自由"，"反对大家庭制

---

[1] 《建党以来重要文献选编（1921—1949）》第二册，中央文献出版社2011年版，第33—34页。
[2] 《建党以来重要文献选编（1921—1949）》第一册，中央文献出版社2011年版，第98页。
[3] 《建党以来重要文献选编（1921—1949）》第一册，中央文献出版社2011年版，第133—134页。
[4] 《建党以来重要文献选编（1921—1949）》第一册，中央文献出版社2011年版，第253—254页。

度","打破奴隶女性的礼教","女子应有财产权与承继权","女子应有参政权","男女工资平等","保护母性(生产期前后休息六星期不扣薪资)"。[1]

4. 维护农民权利

中国共产党在建党之初就非常重视农民在革命中的作用和地位。1922年11月发布的《中国共产党对于目前实际问题之计划》指出，农民至少占全国人口60%以上，中国共产党若离开农民，便很难成为一个大的群众党。为此，中国共产党专门把"农民问题"作为工作重点，提出限田、限租、开垦荒地和改良水利等法律和政策建议。[2]《中国共产党党纲草案》在维护农民权益方面也提出了以下要求：减轻田赋，规定限制田租的法律，承认佃农协会有议租权，规定重要农产品的最低价格。[3]

广东海陆丰的农民运动是建党初期比较有影响的农民运动。1922年，彭湃在海丰县赤山约成立了第一个秘密农会。到1922年底，海丰县农会会员已经发展到2万户，占全县总人口的四分之一。1923年2月20日，《海丰总农会成立宣言》就提出"集合全县农民，组织农会，协力团结，反抗社会一切不合理的制度，争回我们生存权利"[4]。1923年的五一劳动节，海丰、陆丰、惠阳三县农会共同发表了《海、陆、归三县农会"五一"宣言》。1924年，经彭湃等人提议，广州开办了农民运动讲习所。农民运动讲习所在彭湃、谭植棠、毛泽东等共产党人的主持下先后为广东、湖南、湖北、江西等20个省区培训了700多名农运骨干。

## 第四节　中国共产党创立时期法治道路的基本特征

在建党初期，党的主要领导人并未单独将法治道路作为一个问题进行思考，而是将其置于社会主义道路这个大方向之中。马克思描绘的社会主义除了在俄国刚刚起步外，在世界范围内尚未有其他成功的经验可以借鉴。由于

---

[1]《建党以来重要文献选编（1921—1949）》第二册，中央文献出版社2011年版，第253页。
[2]《建党以来重要文献选编（1921—1949）》第一册，中央文献出版社2011年版，第199页。
[3]《建党以来重要文献选编（1921—1949）》第一册，中央文献出版社2011年版，第254页。
[4]《彭湃文集》，人民出版社2013年版，第28页。

中国所处的历史背景的特殊性,再加上中国共产党尚未建立政权,所以中国共产党在建党初期并没有明确思考和构建法治道路。但是中国共产党在当时已经开始为构建社会主义道路而奋斗,对作为社会主义国家必备要件的法律虽没有进行全面详细的谋划,但仍然提出了一些初步的看法。中国共产党对现实法律的批判和为保护无产阶级权利所做的法律抗争为中国共产党建立苏维埃政权后的各项法律活动打下了基础,也为中国未来社会主义法治道路指明了方向。

**一、法治道路的抽象性**

从马克思主义传入中国到建立革命根据地之前,中国共产党的法律实践主要是对当时法律的批判,尚未采取建构性的法律活动。中国共产党在这一阶段对法治道路的思考和探索具有一定的抽象性,重视法治道路的方向选择而非具体的制度设计。

封建人治经由辛亥革命尤其是袁世凯称帝失败后,这条道路在中国已经彻底中断,不可能再走下去。但是党的早期领导人对封建专制在政治和思想领域的余毒仍然不断进行批判,反对专制独裁。

资本主义法治道路是中国共产党在建党初期批判的重点。但是这种批判仍然是从价值和目的等抽象角度进行的。党的早期领导人运用马克思主义的阶级分析法,认为资本主义法治的自由和平等是片面的,是为了维护资产阶级的特殊利益,压制和牺牲了无产阶级的自由和平的诉求,因而在本质上是不自由和不平等的。资本主义法治所维护的生产资料私有制和自由竞争会扩大贫富差距,激化阶级冲突,最终会被无产阶级推翻,从而建立社会主义公有制以及与之相适应的社会主义法律制度。资本主义的发展需要并造就了大量的贫穷的无产阶级,从而为自己的覆灭培养了掘墓人。中国共产党的任务就是加速中国无产阶级的觉醒,尽快在中国结束资本主义制度,从而在中国尽早实现真正的自由和平等。这种觉悟主要是通过宣传鼓动实现的,为了能够达到显著效果,宣传的口号也简短易懂。和具体构建法律制度相比,这些口号仍然是具有高度抽象性的。

虽然认识到封建主义法律和资本主义法律的阶级本质,也希望建设一个真正自由和平等的社会,但是无政府主义者比马克思主义者走得更激进。他们对封建主义法律和资本主义法律进行批判的结果是彻底抛弃法律而不是改造法律。这种空想式的解决方案在当时也有一批拥护者,成为马克思主义传播的一大障碍。党的早期领导人对无政府主义多次进行批判,论证了社会主义法律的必要性。李达在《无政府主义之解剖》中说"资本主义机关的国家、法律、政治,本是劳动阶级所痛恨的,若是社会主义的国家、政治和法律,劳动阶级就会欢迎之不暇了"。①李大钊在《社会主义与社会运动》中说:社会主义在法律方面就是"规定一种新的经济生活与秩序,将资本财产法、私有者改为公有者之一种制度"②。党的早期领导人在广州筹备共产主义小组时,将区声白等无政府主义者从共产党的队伍中清除出去,从而保证了中国共产党成为一个支持社会主义法律的政党。

在这个阶段,中国共产党就认识到只有社会主义和共产主义才能救中国,这构成了中国特色社会主义法治道路的历史前提。在具体的制度设计方面,中国共产党在建党初期没有详细研究和评论苏维埃俄国的具体法律制度,对于中国应该如何构建社会主义法律制度也没有具体规划。虽然中国共产党成立后在工人运动中提出了一些保护工人、妇女和农民等权利的法律性口号,但和当下的保护劳动者、妇女和农民的法律制度相比,仍显得很抽象。只有当中国共产党真正建立自己的政权后,才产生了构建具体法律制度和运行机制的必要。当中国历史进入到土地革命时期,党的根据地建立之后,社会主义法治道路就开始从理论走向实践,从抽象走向具体了。

## 二、法治制度的零散性

建党初期不可能也不应苛求构建一个具有系统性的法治道路体系。法治的系统性在不同时代有不同的观点。钱学森在1979年曾提出"法治系统工程"概念,认为"社会主义法治需要一系列法律、法规、条例,从国家宪法直到部门法的规定,集总成为一个法治的体系、严密的科学体系"。③ 钱学森所理解的法治系统是静态的规范体系,由十多个层次构成:"最高层次的党纪国法是国家宪法和党章;下面一个层次是全国各部门通用的刑法、民

---

① 《李达文集》第一卷,人民出版社1980年版,第86页。
② 《李大钊文集》第四卷,人民出版社1999年版,第3页。
③ 杨建广:《法治系统工程20年》上,载《现代法学》1999年第5期。

法、经济法、科技法等。再下一个层次是一个部门的法规,如专利法等。更下一个层次是部门的法令……以及其他更下层次的法令、条例、命令等"。①

在同一时期,吴世宦所理解的社会主义法治系统则是一个结构复杂、规模庞大,具有多元性和多层次的系统。他认为社会主义法治系统包含了八个子系统,即(1)法治的主体系统(人民);(2)法制的核心系统(共产党的领导);(3)法治的观念、意识系统;(4)法治的基础系统(法律及其制度系统);(5)法治的科教宣传系统;(6)法治的辅助系统(乡规民约、厂规厂法、人民调解委员会等);(7)法治的信息反馈系统;(8)法治的监督系统。②

如果根据这种大的法治系统来分析,中国共产党建党初期的法治思想只符合其中一小部分。从主体系统而言,中国共产党从马克思主义的无产阶级专政出发,认为法治的主体是以工农为代表的无产阶级,对象则是资产阶级。从法制的领导系统而言,在国共合作之前,中国共产党认为自己是社会主义法治的唯一领导者,所以强调不与其他政党合作。但是在国共合作之后,受右倾主义的影响,中国共产党在一定时期内没有坚持对法治建设的领导,而是将希望寄托在民党身上。由于中国共产党并未建立政权,所以在那时也不存在法律及制度系统和信息反馈系统。由于中国共产党在未建立政权前的法律实践以批判现有法律为重心,所以在法治宣传和监督方面采取了大量活动。对于侵犯言论自由和工人农民等权利的法律,中国共产党不断进行揭露和批判,在客观上对民国的立法和执法起到了监督作用。而且中国共产党为了提高工人阶级的觉悟和知识水平所建立的工人学校等机构客观上也起到了对社会主义法治的宣传作用。

一般来说,系统性的法治主要包括两个层面:静态的法律制度系统和动态的法律运行系统。用当下的术语来说,就是法律体系和法治体系。2011年,中国宣布已经形成中国特色社会主义法律体系。根据《中国特色社会主义法律体系》白皮书对中国特色社会主义法律体系形成过程的描述,中国特色社会主义法律体系以1949年中华人民共和国成立为起点,历时六十

---

① 钱学森:《钱学森统治论法治系统工程与方法》,载《科技管理研究》1981年第4期。
② 吴世宦:《法治系统工程研究在中国》,载《系统工程》1991年第3期。

余年才形成。这个法律体系由宪法及宪法相关法、民商法、行政法、经济法、社会法、刑法、诉讼与非诉讼程序法等七个部门构成。和现在的法律体系相比,党的领导人在建党初期的法治思想并不具有系统性。党的早期领导人关注的法律部门是很有限的,主要是宪法、刑法、劳动法等。而且这种关注也只是批判其中的部分条款,并未提出系统性的立法方案。谢觉哉在1959 年曾说:"我们要破资产阶级的法律,立社会主义的法律","但不只是破了资产阶级法律,社会主义的法律就完备了"①。在没有进行系统性的法律实践前,形成系统性的法治思想也是不切实际的。

  系统的法治制度还应当涵盖立法、执法、司法和守法等各个法律运行阶段。党的十八届四中全会提出的中国特色社会主义法治体系就包括完备的法律规范体系、高效的法治实施体系、严密的法治监督体系、有力的法治保障体系和完善的党内法规体系。党的早期领导人对中国民国法律运行状况的批判在立法、执法和守法都有体现。在立法方面认为立法过程不民主、立法忽视或侵犯了无产阶级的利益。在执法方面认为执法者存在选择性执法情况,对于特权阶级违法犯罪经常视而不见,对普通民众违法犯罪却残酷制裁。在守法方面,虽然当时的早期领导人都强调法律权威对于维护国家秩序的重要性,但是又认为在资产阶级的统治下采取合法途径无法改善无产阶级的地位,所以又号召通过非法律途径来维护无产阶级的利益。

  党的早期领导人法治思想缺少系统性与其所处的时代有密切关系。在建立无产阶级政权的情况下,党的早期领导人在法律实践中的任务主要是批判现行的法律,而且这种是以政治性为首要标准的。瞿秋白在评论俄国新经济政策时说:"欲实行社会主义,必先保证革命政府之安全。故一切军事行动以及为军事而行之经济政策,虽当时无益于经济改造事业,有时甚且有害,而归根究底,始终是实行社会主义必不可免的破坏资本主义之第一步"。只有资产阶级不敢轻视无产阶级的政治实力,"无产阶级政府始有能力执行一切建设初步社会主义之法律"②。法治思想和法治的系统性不是一蹴而就的,需要在实践中不断完善。我们应当历史性地看待党的

---

① 《谢觉哉文集》,人民出版社 1989 年版,第 1011 页。
② 《瞿秋白文集政治理论编》第二卷,人民出版社 2013 年版,第 601 页。

早期领导人法治思想的意义。

### 三、法治思想的外来性

法治思想的创新性也有多重含义。在鸦片战争后的西学东渐过程中，西方的法治思想就已经进入中国。从维新变法到辛亥革命都可以视作西方资本主义法治思想的时间。在建党前后，马克思主义及其法律思想在中国的传播本身就可以算是一个伟大的创新。在当时的中国提出要走社会主义道路，相对于已有的封建主义和资本主义毫无疑问是创新。但是马克思主义中国化的整个历程尤其是改革开放以来中国的法治建设而言，中国共产党的早期领导人在法治思想方面的创新性明显不足。此处所说的法治思想的创新性，指的是马克思主义法律思想的中国化程度，即马克思主义法律思想和中国现实的创造性结合的程度。

问题与主义之争对马克思主义中国化产生了重要影响。在问题与主义之争之前，空谈"社会主义"的现象在知识分子中非常流行。经过问题与主义之争之后，党的早期领导人开始强调问题与主义并重，主张理论与实践结合。1923年，李达在《马克思学说与中国》中指出：马克思主义在中国"已是由介绍的时期而进行到实行的时期了"[1]。在这篇文章中，李达分析了能否运用马克思主义来改造当时的中国，中国在什么时机下能够实现马克思主义所说的社会革命，无产阶级取得政权后实现后应该采用什么政策等一系列问题。

李达作为建党初期马克思主义理论水平较高者之一，对马克思主义的认识相较于其他党员更为深入。但是总体而言，大多数年轻的中国共产党员还不能够根据中国社会发展的实际状况提出切合中国实际的革命任务。正如毛泽东1941年在《改造我们的学习》中所说的那样，"我党在幼年时期，我们对于马克思列宁主义的认识和对于中国革命的认识是何等肤浅，何等贫乏"[2]。在理论和实践两个层面的认知不足，都限制了中国共产党建党初期对社会主义法治道路的创新。

---

[1] 《李达文集》，人民出版社1980年版，第202页。
[2] 《建党以来重要文献选编（1921—1949）》第十八册，中央文献出版社2011年版，第293页。

中国共产党是在共产国际的帮助下建立的。党的二大通过了《中国共产党加入第三国际决议案》。按照共产国际组织原则建立起来的中国共产党，不仅必须无条件地执行共产国际的指示，还必须接受共产国际代表的监督和指导。这就决定了受马克思主义熏陶不深的中国共产党不可避免地充满了俄国的味道。五四运动以后，共产国际讨论中国的次数逐渐增多。1920年，共产国际第二次代表大会通过了列宁的《民族殖民地问题提纲》等文件。但是这些文件直到中国共产党第二次代表大会前夕才被翻译到中国。但是列宁关于民族和殖民地问题的观点直接影响了中国共产党第二次代表大会通过的党纲。正是在中国共产党第二次代表大会上，中国共产党提出了最低纲领和最高纲领，指出中国革命必须首先进行反帝反封建斗争，而不是进行社会主义革命。1922年，共产国际第四次代表大会详细讨论了中国革命问题，吸收大量中国知识分子到莫斯科去学习。周恩来在评价共产国际时指出："一般号召不与各国实践相结合，具体布置代替了原则的指导，变成了干涉各国党的内部事务，使各国党不能独立自主，发挥自己的积极性、创造性"[①]。

除了共产国际的外部影响外，中国共产党在成立后的两年里也注重理论联系实际，把马克思主义的基本原理同中国的实际结合起来，制定出反帝反封建的民主革命纲领。但是由于缺乏斗争经验，在领导工人运动过程中对反动军阀可能制造流血事件的阴谋警惕性不够，对农民状况和农民运动尚未给予足够重视。工人运动被镇压的惨痛经历使中国共产党认识到反帝反封建的重要性，开始了和国民党的联合。但是在第一次国共合作中，中国共产党没有提出工人阶级争取对民主革命的领导权问题，认为"中国国民党应该是国民革命之中心势力，更应该立在国民革命之领袖地位。"党的四大第一次明确提出无产阶级在民主革命中的领导权和工农联盟问题，无产阶级"不是附属资产阶级而参加，乃以自己阶级独立的地位与目的而参加"。但是这次会议没有对如何实现无产阶级领导权作出明确具体的回答，导致了右倾机会主义错误的产生和扩大。在许多县政权中，共产党员已经取得领导地位，但中国共产党坚持在野党地位，让共产党员辞职。这也使中国共产党错失了

---

① 《周恩来选集》下卷，人民出版社1984年版，第301页。

许多在基层探索社会主义法律实践的机会。

在这个阶段,中国共产党深受俄国和列宁关于国家和法律思想的影响,并没有提出具有创新性的法律观点。但是这个阶段的探索是在反思和总结经验基础上的创造性开辟,为以后走中国自己的路奠定了基础。"马克思主义中国化的早期实践探索是指中国共产党人在 1921—1927 年间如何按照俄国人的革命道路样式来探索中国的革命之路;只有当'走俄国人的路'在中国行不通时,早期中国共产党人才开始真正探索走具有中国特色的革命道路。"①

## 四、法治建设的依附性

社会主义法治道路的形成需要以建立社会主义政权为前提。在未建立社会主义政权以前,中国共产党关于法治建设的思想和实践都是零散的。在新中国成立之前,中国共产党在不同的阶段有不同的中心任务。在 1921—1923 年间,中国共产党的主要任务是发动工人运动。在 1924—1927 年间,中国共产党的主要任务是进行国民革命。在这两个阶段中,法治建设都尚未提上日程。在这个阶段,中国共产党仍以通过革命手段建立无产阶级政权为中心任务,社会主义的法治建设也只有在取得政权之后才能真正开始。蔡和森在 1922 年也曾说:"大家要想有个法治国出现,就应该先使民主革命成功!"②

无产阶级革命意味着推翻现有的政权和法律。在资本主义国家,法治建设大多是围绕议会展开的。在未建立无产阶级政权的情况下,中国共产党对议会采取的是不配合的态度,它以推翻资本主义议会为目标,但是在特定情况下又会利用议会作为实现革命目的的手段。

李达认为社会主义运动的最重要手段有三种:议会主义、劳动运动和直接行动。议会主义主张劳动者通过结社组党参与政治活动,通过影响立法机关制定出改善劳动状况和约束资产阶级的法律,慢慢地改造社会。劳动运动主要是指通过罢工而不是革命来争取权利,是社会主义运动的重要武器。直

---

① 王增智:《马克思主义中国化的早期探索》,人民出版社 2012 年版,第 138 页。
② 《蔡和森文集》上卷,人民出版社 2013 年版,第 101 页。

接行动是最猛烈最有效力的一种阶级斗争手段，分为劳农主义的直接行动和工团主义的直接行动。工团主义的直接行动就是"用突发的总罢工的手段，实行革命"。劳农主义的直接行动，"主张联合大多数的无产阶级，增加作战势力，为突发的猛烈的普遍的群众运动，夺取国家的权力"①。

中国共产党明确反对将议会主义作为运动的中心。李达认为议会的立法结果是各个政党妥协的结果。无产阶级政党进入国会意味着和资产阶级达成妥协，最终只不过是要求资产阶级政府行使社会政策倡办慈善事业，而不能实现社会的根本改造。② 马克思主义堕落的第二步就是从革命堕落到改良，"从前反对议会政策，现在反赞成议会政策了"。③ 陈独秀认为不主张直接行动而主张议会主义是马克思修正派的做法。不通过革命彻底推翻资产阶级的政权，却加入资产阶级的政府和国会，"结果不但主义不能施行，而且和资产阶级同化了，还要施行压迫劳动反对社会主义的政策"。④ 妇女、劳工在法律上和经济上都得不到平等，向立法机关请愿"不会这样容易成功，并且不是根本的解决"，"只要求法律的认可，也是不中用的"。要解决这两个问题，要"先得到了政权，则可以徐图解决自身问题"。⑤

中国共产党在第三次全国代表大会上通过的宣言中指出"引导工人农民参加国民革命，更是我们的中心工作"⑥。在1923年8月1日发表的《中国共产党对于时局之主张》中，中国共产党认为"只有以民主的联合战线，继续革命，打倒军阀及军阀背后的外国势力，才是救济中国的唯一道路。"⑦

中国共产党将革命作为中心任务，但并没有完全放弃在议会中采取行动，而是将它置于从属于革命的地位。党的二大《关于议会行动的决议案》批判了投机主义和改良主义的议会行动，主张革命的议会行动，即把"合法的行动完全隶属于违法的革命行动之下"⑧。中国共产党应当进入议会，

---

① 《李达文集》第一卷，人民出版社1980年版，第72页。
② 《李达文集》第一卷，人民出版社1980年版，第72页。
③ 《李达文集》第一卷，人民出版社1980年版，第33页。
④ 《陈独秀文集》第二卷，人民出版社2013年版，第37页。
⑤ 《李大钊全集》第四卷，人民出版社2006年版，第113页。
⑥ 《建党以来重要文献选编（1921—1949）（第一册）》，中央文献出版社2011年版，第277页。
⑦ 《建党以来重要文献选编（1921—1949）（第一册）》，中央文献出版社2011年版，第286页。
⑧ 《建党以来重要文献选编（1921—1949）（第一册）》，中央文献出版社2011年版，第147页。

一方面揭发帝国主义和封建军阀的罪恶,为革命提供声援,另一方面为无产阶级和农民的利益辩护。李达认为在当时的中国,劳动者无法得到法律的有效保护,想通过合法的手段取得真正的自由也几乎不可能。"但是劳动者解放的第一步,至少必先取得结社自由和罢工权利。所以在现在的中国要求劳动立法,一则可以获得组织、团结的机会,一则可以顾及目前的利害。"[①] 劳动者在没有能力打破也没有方法避免不公正的法律时,就要团结起来"要求特权阶级的国会承认自己在法律上的地位和权利"。[②] 在1922年11月的《中国共产党对于目前实际问题之计划》中,中国共产党也主张"对于现有的国会及政府,亦仍要做劳工立法及承认苏维埃俄罗斯之运动。"[③]

中国当时的政治背景决定了中国共产党不可能将法治建设作为中心任务。和工人运动、军事斗争相比,法治实践相对较少。但是,社会主义法治道路的初步方向在这时已经形成并且已经进入实践。随着历史的演进,中国共产党关于社会主义法治的理论水平和实践水平都将不断提高。

---

[①] 《李达文集》第一卷,人民出版社1980年版,第190页。
[②] 《李达文集》第一卷,人民出版社1980年版,第191页。
[③] 《建党以来重要文献选编(1921—1949)(第一册)》,中央文献出版社2011年版,第196页。

# 第 二 章

# 新民主主义革命时期的法治道路探索

从土地革命时期的农村革命根据地，到抗日战争时期的抗日革命根据地，再到全面内战时期的解放区，中国共产党在马克思主义法治思想的指导下，结合中国革命实际调整法律政策和政权架构，领导人民群众开展了生动的法制建设，在摸索中逐步积累经验，逐渐走向成熟。

## 第一节 土地革命时期

第一次国民大革命失败后，中国共产党充分发挥党的领导、武装斗争和根据地建设三大法宝的伟大价值功能，在农村革命根据地的建设中逐步探索法制建设之路。在马克思主义总原则的指引下，共产党人以辩证唯物主义思想、阶级分析理论和民主理论为思想指南，初步构建了以《中华苏维埃共和国宪法大纲》为核心的一整套新民主主义法律政策体系，并在中央和地方建立了颇具特色的政权组织以促进法制实践。

### 一、社会背景

1924年至1927年，轰轰烈烈的反帝反封建革命运动在中国大地上爆发。随着北伐战争的深入，帝国主义认识到，直接出兵不能平息正在急剧高涨的中国革命潮流，于是转而对蒋介石采取拉拢手段，以促使革命阵营分裂。然而，联共（布）中央政治局并未认清局势，做出"不要事态发展到与蒋介石决裂的地步"①的指示,与此同时,以陈独秀为首的中共中央也未能适应革命形势的新变化,在右倾的道路上越走越远。1927年4月初,蒋介石在上海举行反共秘密会议,主张立即以暴力手段"清党"。紧接着,汪精卫等控制的武汉国民党中央于7月15日决定对共产党员和革命群众实行大逮捕、大屠杀。第一次国民大革命宣告失败。在国民党政权的残酷镇压手段下,"共产党领导下的工会会员由大革命高潮时期的280余万人减至几万人"②。

共产党人逐步意识到独立掌握武装力量的重要性,开始了艰苦的革命之路。1927年8月1日,南昌起义爆发。1927年9月19日,中央临时政治局会议通过决议案,放弃"左派国民党"的旗帜,开始宣传和建立苏维埃。1927年10月,毛泽东带领秋收起义的工农革命军,开始创建井冈山农村革命根据地的斗争。中共六大以后,各地党组织通过土地革命,建立革命政权,到1930年夏,在全国建立了十几处农村革命根据地,红军发展到约7万人③,并在人民群众的密切配合下,取得了连续粉碎了蒋介石三次大规模"围剿"的胜利,使得赣南闽西根据地得到了巩固,也使其他根据地得到了良好发展。

法制建设始终伴随着土地革命的进程。早在1927年,毛泽东提出了工农革命军的"三大纪律、六项注意",以纪律规范桂东沙田集合部队行为,后来还进一步完善内容,变为"三大纪律、八项注意"。1931年11月7日,中华苏维埃共和国临时中央政府宣告成立,更是在中央和地方两个层面推动法制建设,为革命斗争事业保驾护航。

## 二、思想基础

中国共产党在土地革命时期的法制理论与实践是把马克思主义与中国实践相结合的重要开创性成果。

---

① 《联共(布)中央政治局会议第87号(特字第65号)记录》,载中共中央党史研究室第一研究部编译:《共产国际、联共(布)与中国革命档案资料丛书》第4卷,北京图书馆出版社1998年版,第118页。
② 中共中央党史研究室:《中国共产党历史》第一卷,中共党史出版社2011年版,第233页。
③ 中共中央党史研究室:《中国共产党历史》第一卷,中共党史出版社2011年版,第280页。

## （一）辩证唯物主义

遵义会议是辩证唯物主义思想在党中央确立的标志。土地革命时期开始后的七年多，由于全党没有贯彻一切从中国实际出发的指导思想，盲目遵从共产国际的指示，导致武装革命事业遭受了多次挫折，更不用说正确地进行法制建设。恩格斯在总结党的建设经验时说："我们党有一个新的科学的世界观作为理论的基础。"[1] 而以毛泽东为核心的党中央用马克思主义，最根本的是用唯物辩证法武装全党，这些思想在《实践论》《矛盾论》中的体现就是实事求是的思想路线，即一切从实际出发、理论联系实际、发挥自觉能动性、掌握客观规律。如土地革命中，我党判断没收土地的对象的标准和工作方法就经过了实践的检验并根据实践的反馈进行了有效调整，为革命的顺利推进奠定了制度基础。对此，学者总结道："中国共产党的全部历史经验反复证明一条真理：什么时候离开辩证唯物主义的思想路线……革命事业就会受到损害"。[2]

## （二）阶级分析理论

革命时期的法律往往作为阶级统治和巩固革命政权的工具。一方面，法律政策会先行分析社会阶级，将人民和敌人的范围明确规定在制度中，如"苏维埃政权属于工人、农民、红军及一切劳苦群众"等。与此同时，阶级分析理论可以更好地帮助根据地党组织进行政权建设，因为政权需要靠法制保障，如《中华苏维埃共和国惩治反革命条例》直接规定了惩治反革命行为的方法。总而言之，中国共产党在残酷的革命斗争环境和政权初建时期，十分重视贯彻阶级分析理论以进行新的法律制度构建。

## （三）民主理论

在革命初创时期，民主就与革命共同成为法制建设的两个根本指导原则。此时的民主是广义的："打土豪、分田地"的土地政策让普通农民在土地权利上感受到了民主的光芒；工农民主专政的国家政治法律制度形态，"使群众了解它是最能发动群众力量和最利于斗争的"[3]，包含了人民代表大会制度、坚持民主集中制、实行党政分开原则的内容；在共产党内部，民主

---

[1] 《马克思恩格斯选集》第 2 卷，人民出版社 1995 年版，第 118 页。
[2] 黄一兵：《中国共产党指导思想发展史》，广东教育出版社 2012 年版，第 45 页。
[3] 毛泽东：《井冈山的斗争》，载《毛泽东选集》第一卷，人民出版社 1991 年版，第 71—72 页。

也被"应看作是巩固党和发展党的必要步骤"①。因此,民主作为党中央进行法制建设的指导思想,一开始就系统性地反映在法律政策制度和政权架构的方方面面。

### 三、主要内容

#### (一) 领导力量

新民主主义革命的"新"就在于无产阶级掌握了领导权。中国共产党是无产阶级先锋队,以中国共产党为核心的领导集体是革命胜利"三个主要的法宝"之一②,也是推动法制建设的最重要的力量。在土地革命时期,长期被压迫的农民翻身做了主人,他们也是做好法制工作的一分子。毛泽东在1930年《兴国调查》中指出:贫苦农民"取得了政权",中农也"有了话事权",他们在"乡区两级苏维埃中担负工作的,约占百分之四十"。

领导阶层人数扩大了,要做好法制工作必须有良好的组织。一方面,在各级苏维埃政权机关、群众团体、国营企业、村一级单独或联合建立党支部,通过共产党员及其所在的基层党组织将党的纲领、路线、方针、法律政策贯彻到组织和人民群众中去。另一方面,建立以工农联盟为基础的广泛的革命统一战线,团结一切可以团结的力量,共同支持革命事业和法制建设。事实证明,通过自上而下和由点及面的组织网络,支前参战、购买公债、节约粮食等落实法律政策的措施,都能比较顺利地完成。

#### (二) 法律制度

在土地革命时期,党中央初步构建了一套法律政策规范体系,人民法治之路开始萌芽。

1. 宪法及政权组织法

《中华苏维埃共和国宪法大纲》是中国共产党领导人民制定的第一部宪法性文件,规定了国家的经济制度和公民的权利和义务,确立和重视保护公民政治权利、经济权利、受教育权利,特别强调保障劳动妇女和少数民族的权利。1931年5月,《中华民国训政时期约法》出台,国民党反动派趁机大

---

① 《毛泽东选集》第二卷,人民出版社1991年版,第529页。
② 毛泽东:《〈共产党人〉发刊词》,载《毛泽东选集》第二卷,人民出版社1991年版,第686页。

肆鼓吹国民会议,攻击苏维埃宪法。对此,毛泽东指出:"反动统治阶级因此不惜以一切最无耻的造谣,来污蔑苏维埃的施政。"① 然而,苏维埃和国民党的政策是完全不同的。作为根本法的《中华苏维埃共和国宪法大纲》从根本上维护了中华苏维埃的政权,肯定了工农兵已经争取到的权利,也为各个根据地提供了政权和法律制度建设方面的指导。

2. 土地制度:没收土地

开展土地革命必然伴随着土地法规的制定。在第一次大革命时期,未能及时制定和采取切实可行的土地革命政策,是导致大革命的挫折和失败的原因之一。"只有实行中山先生的'耕者有其田'的口号才能肃清封建制度的关系,要实行这种口号只有农民自己起来力争土地,从资绅手中夺回政权"。②《中华苏维埃共和国土地法》规定只没收所有大私有主的土地,改变了1928年《井冈山土地法》"没收一切土地归苏维埃政府所有"的做法,也相比1929年《兴国土地法》中"没收一切公共土地及地主阶级的土地归兴国工农兵代表会议下政府所有"的规定更加具体,切合实际。可以看出,中共在以武装斗争为主体的革命战争年代,如此频繁的土地立法活动,反映了共产党对运用法制手段解决农民土地问题,推动土地革命的高度重视。而且共产党总是尽可能地通过工农民主政权制定颁布法规,使党的政策法律化、规范化。

3. 婚姻制度:确定婚姻自由、一夫一妻制等原则

《中华苏维埃共和国宪法大纲》确立了"婚姻自由"③的原则。1934年4月8日,中央执行委员会在毛泽东主持下,颁布了《中华苏维埃共和国婚姻法》。《婚姻法》对"婚姻自由"原则进一步做出详细规定,废除"包办强迫和买卖的婚姻的制度"。除此以外,还规定了一夫一妻制、男女平等继承遗产与维护妇女子女利益等原则。

4. 诉讼制度:初步的司法群众化

土地革命时期通过一些开创性的举措让司法机关不再高高在上,而是贴

---

① 毛泽东:《中华苏维埃共和国中央执行委员会与人民委员会对第二次全国苏维埃代表大会的报告》,载《苏维埃中国》第二集,中国现代史资料编辑委员会1957年版,第254—255页。
② 《中共中央文件选集》(3),人民出版社2013年版,第64、235页。
③ 中国人民大学中共党史系资料室:《中共党史教学参考资料(第二次国内革命战争)(中)》,第135页。

近群众，更好地为群众服务。首先是设立巡回审判庭，职权与同级法庭一致。① 其次是开设群众法庭，组织群众检举揭发贪污腐化行为。《工农检察部的组织条例》对该法庭的组织情形和权限做了规定。最后，民主性突出。中央苏区的法制建设在司法上旨在彻底摧毁半封建半殖民地的司法机关和司法制度，而建设人民大众的司法，例如《中华苏维埃共和国裁判部暂行组织及裁判条例》明确规定了人民陪审制度，重视保护劳苦大众的土地、人身自由、婚姻自由等根本权利。

（三）政权构架

1. 立法、行政机关：议行合一

在中央一级，中华苏维埃共和国实行议行合一的代表大会制度。全国苏维埃代表大会闭会期间由中央执行委员会颁布法律和法令。而在中央执行委员会闭会期间，中央执行委员会主席团担任全国最高政权机关。中央执行委员会下设人民委员会，作为指挥全国政务的行政机关，同时还下设审计委员会和中央审判机关最高法院。人民委员会下设司法、外交、土地、军事、财政、国民经济等各人民委员部。

在地方一级，在中华苏维埃临时中央政府成立之前，各个根据地苏维埃政权组织是很不统一的，并且存在诸如"政府级数太多""行政实施不便""选举手续不完备"② 等问题。1933年12月12日，中央执行委员会颁布了《中华苏维埃共和国地方苏维埃暂行组织法（草案）》，是当时篇幅最长、条文最多的一项法律，这部法律将地方苏维埃政权组织划分为省县区和乡（市）两个层级。

省、县、区苏维埃代表大会（亦称工农兵代表大会）是各该地方最高政权机关，闭会期间由该苏维埃代表大会的执行委员会承担职能。该执委会闭会期间，由执行委员会主席团任该地区最高政权机关。执行委员会之下设有各种行政机构。毛泽东同志特别强调加强省级苏维埃的工作："省苏维埃是地方政府最高领导机关……必须极大地加强中央政府对于各个省苏的领

---

① 《中华苏维埃共和国审判资料选编》，人民出版社1991年版，第203页。
② 《中华苏维埃共和国临时中央政府关于苏维埃建设重要的训令》，载《红色中华》1931年12月18日。

导……严密检查各个省苏的工作。"① 因此，下级苏维埃机关必须服从上级苏维埃机关，不能各自为政。

乡（市、市区）苏维埃是工农民主政权的基层机关。乡（市、市区）苏维埃是全乡（市、市区）的最高政权机关，下设主席团。在乡苏维埃主席之下设有各种专门委员会，其组成人员十分广泛，不仅包括乡、市苏维埃代表和工农青妇等群众团体的代表，而且还大量吸收工农、知识分子的先进人物参加。

2. 司法机关：多元化和政审合一

中华苏维埃临时中央政府成立以后，基本统一了中央苏区以及与中央苏区"打成一片"的其他苏区的司法制度，而其他未与中央苏区打成一片的地区由于战争的影响和交通的阻隔，还未能实现相关司法制度的融合。这个时期的司法机关有两个重要特点：一是司法机关的多样化，不仅有革命法庭、裁判部和军事裁判所这样从名字上直接看出来的司法机关，也有肃反委员会和政治保卫局等一定程度上拥有审判权的司法机关；二是政审合一，裁判部和革命法庭构成同级政府的组成部分，因为这样更适合革命战争环境的需要，使政策法令有效贯彻执行，为根据地建设服务。

（1）肃反委员会。作为红色区域人民司法机关的过渡形式，凡是存在革命委员会的地方都需要设置肃反委员会，其任务在于打击反革命组织和个人的阴谋破坏活动和其他形式的犯罪活动。由于其本身属于过渡形式，凡是正式建立苏维埃政权的地区，肃反委员会就需要立即撤销。

（2）临时最高法庭和各级裁判部。最高法院成立前，临时最高法庭是级别最高的审判机关，对中央执行委员会负责并报告工作。而对于地方，在省、县、区、市各级执行委员会之下设立裁判部，为法院成立前的临时审判机关，职能是"除……处理反革命案件外，并解决一切刑事和民事的案件"②。由于裁判部是在激烈国内战争环境中产生的，所以为了适应客观环境，各级裁判部为同级政府的组成部分。同时，执行检察职能的机构和人员，一律附设于裁判部。此外，司法行政权与审判权在中央分立、在地方

---

① 毛泽东：《中华苏维埃共和国中央执行委员会与人民委员会对第二次全国苏维埃代表大会的报告》，载《苏维埃中国》第二集，中国现代史资料编辑委员会1957年版，第297页。

② 《红色中华》，1931年12月28日。

合一。中华苏维埃的司法人民委员部是中央的司法行政机关,而临时最高法庭则专门负责审判;地方上的裁判部在审判的同时,兼有司法行政的职能。

(3) 劳动法庭。劳动法庭不是单独的司法机关,而是基层裁判部(科)的组成部分。1933年4月12日,中华苏维埃临时中央政府司法人民委员部发布第9号命令,针对现实中出现的劳动纠纷已影响到生产发展和对革命的援助这一情况,决定设立劳动法庭。劳动法庭只设置于区裁判部和市裁判科,与刑事法庭、民事法庭具有同等的法律地位和内部结构。

(4) 军事裁判所。军事裁判所是地方上与各级裁判部同时存在的审判机构,管理红军中的一切刑事审判事宜。军事裁判所审理包括凡涉及工农红军和红军游击队服军役的人员的和在作战地带发生的所有刑事案件。

(5) 革命法庭。革命法庭主要存在于未能和中央苏区打成一片的红色区域(如1933年春开辟的川陕革命根据地),而其他红色区域则基本都建立了裁判部。革命法庭负责审理一切刑民案件,分为三级结构,即省革命法庭、县革命法庭和区裁判委员会。

(6) 政治保卫局。政治保卫局是苏维埃政权同一切军事的、政治的、经济的反革命活动和其他重大刑事犯罪(盗匪等)作斗争的专门机关,负有维护工农群众的合法权益、巩固和发展苏维埃政权的使命。1937年1月,政治保卫局改为警卫部,区特派员改为警卫科后,职权范围并没有改变,但行使职权的方式有所改变。对于案件的处理,一般由警卫部委员会决定后,组织临时审判法庭,以法庭名义判决,经政府批准后执行。

## 四、阶段特征

土地革命时期的法制属于新民主主义革命法制的一个阶段,有力地保障了摧毁封建土地所有制、发动农民开展武装斗争、建设农村革命根据地等战略任务的推进。法制发展的动力来源于无产阶级,尤其是占全国总人口的大多数的农民。他们的革命诉求在一定意义上就是权利需求,他们有组织的暴力行动有力地维护了法权系统的运行。正如马克思主义所认为,人类社会的历史是人民群众的历史。中国共产党在土地革命时期面向群众,深入群众,同人民群众形成了血肉联系,共同巩固和发展了土地革命时期的法制。

这一时期的法制带有极强的革命性和彻底的反帝反封建性，机构设置较为合理，但具有初创性，不够系统和稳定，机构权能交叉，效率有待提高。总之，此时的法治道路是一条与中国革命相适应的破旧立新的无产阶级革命道路。

## 第二节　抗日战争时期

抗战爆发后，中国共产党在领导中国人民抗战的过程中，以敌后抗日根据地为基地，以马克思主义阶级分析理论、民主理论、权利平等保障思想为思想指引，根据实际情况，调整法律政策制度，优化政权架构设置，最终取得了抗战胜利。

### 一、社会背景

1929 年秋爆发的世界经济危机使日本统治集团急于发动侵华战争，以缓和国内矛盾。然而，由于蒋介石对日本侵略采取不抵抗政策，认为"攘外必先安内，统一方能御侮"①，日本轻易地开展了侵略计划。1931 年九一八事变爆发后，局部抗战拉开序幕，中华民族同日本帝国主义的矛盾上升为主要矛盾。为了适应新形势，1935 年 12 月 25 日，中国共产党提出了抗日民族统一战线的方针，并成立陕甘宁边区政府。②

1937 年 7 月 7 日卢沟桥事变发生，中国进入了全面抗日战争时期。事变发生的第二天，中国共产党就向全国发出通电，将红军改编为国民革命军，八路军、新四军将在共产党领导下同国民党军队合作。宋庆龄对此异常兴奋地表示："共产党是一个代表工农劳动阶级利益的政党……国难当头，应该尽弃前嫌……争取最后胜利。"③ 在之后的一年多时间里，中共领导敌后抗日游击战争，有力地配合和支持了正面战场，建立并巩固了抗日民主根据地。

---

①　蒋介石：《外交为无形之战争》，载张其昀主编：《先总统蒋公全集》第 1 册，台湾中国文化大学出版部 1984 年版，第 626 页。

②　张希坡：《中国法制通史》第 10 卷，法律出版社 1999 年版，第 268 页。

③　宋庆龄：《关于国共合作的声明》，载《为新中国奋斗》，人民出版社 1952 年版，第 109 页。

1938年广州、武汉失守标志着全面抗战由战略防御转为战略相持阶段。尽管日军士气日渐低落，比较难威胁八路军、新四军控制的广大农村，但是国民党顽固派的反共活动迅速扩大，向根据地发动较大规模的武装进攻、军事包围和经济封锁，在国民党统治区搜捕和杀害共产党人。1941年起，日军也在华北连续五次推行"治安强化运动"①。在最困难的时期，共产党人及时调整法律政策措施，以革命的战略克服了一次次困难。

1943年至1944年世界反法西斯战争的形势发生了根本性的变化。敌后解放区战场不仅逐步扭转困难局面，还开始了对日伪军的局部进攻。1945年春，全国已有18个解放区，总面积约95万平方公里，人口9550余万，人民军队发展到91万人。② 1945年9月2日，抗日战争胜利结束。面临国家与民族危亡的紧急社会形势，中国共产党及时调整大政方针与法律对策，以抗日救亡为根本，以民主联合为基础，探索法治发展的崭新道路。

## 二、思想基础

抗日战争期间，整风运动开展得如火如荼，进一步在党中央凝聚了以马克思主义基本原理与中国实践相结合为指导原则的共识，在法制建设领域，具体体现在以下三个方面。

### （一）阶级分析理论

毛泽东提出"发展进步势力、争取中间势力、鼓励顽固势力"③的政策。而在敌后抗日的严重困难时期，中共中央严格贯彻三三制原则，扩大了人民的范围，从政治和法律上团结了抗日各阶层共克时艰。如果没有对各个阶级的准确分析，很可能会囿于之前的政策不敢改变，或者过于扩大团结的范围导致敌人混入人民政权。

### （二）民主理论

民主是中国共产党在抗日战争期间一以贯之的指导思想。在立法民主方面，党强调"法源在人民"④，边区的人民及其代表有立法提案权和否决权，

---

① 中共中央党史研究室：《中国共产党历史》第一卷，中共党史出版社2011年版，第584页。
② 中共中央党史研究室：《中国共产党历史》第一卷，中共党史出版社2011年版，第633页。
③ 《毛泽东选集》第二卷，人民出版社1991年版，第475页。
④ 吉世林：《谢觉哉司法轶事》，载《法制周报》1982年10月5日。

如 1942 年《关于典权时效的规定》因违背贫苦农民的利益被群众反对而被废除[①]；在政权机关的任职上，陕甘宁边区中有许多少数民族参议员或政府委员，同汉族干部一起融洽地工作；在军队民主方面，毛泽东亲手建立了士兵委员会保障士兵民主权利，在古田会议决议中，明确规定了红军"厉行集中指导下的民主生活"的原则，这极大增强了军队战斗力，保证抗日革命根据地能在长期残酷的战争中坚持下来。

### （三）权利平等保障思想

抗战时期的法律政策在平等性的保障上更进一步。在国体上，《陕甘宁边区施政纲领》规定了民族平等和男女平等，让更多人的权利得到了平等保障。在政体上，选举权的平等保障落到了实处，选举不分阶级、不分党派、不分宗教信仰，"妇女参选的比例也是很大的，一般达 80%左右，最高的达 90%"[②]。可以说，抗战时期的法律政策制度让人民群众平等地参与了政权建设，平等地适用法律，尽可能杜绝了行使超越法律政策的特权的现象。

## 三、主要内容

### （一）领导力量

抗战时期，中国共产党贯彻"抗日民族统一战线中的独立自主"原则，保持政治上、思想上、组织上的独立性，因为"中国革命领导责任的问题……乃是革命成败的关键"[③]。以中国共产党为核心的领导集体始终是抗战时期推动法制工作的核心。

为了渡过抗战最困难的时期，适应残酷的战争环境，共产党中央进一步加强党的集中统一领导，在"每个根据地有一个统一的领导一切的党的委员会"[④]，让党从政治上对政权、军队、民众团体等一切其他组织进行有效领导。可以看出，党中央始终重视并不断强化党对各项工作的领导，保证方

---

① 转引自杨永华：《陕甘宁边区法制史稿（宪法、政权组织法篇）》，陕西人民出版社 1992 年版，第 54 页。
② 黄一兵：《中国共产党指导思想发展史》，广东教育出版社 2012 年版，第 145 页。
③ 《毛泽东选集》第一卷，人民出版社 1991 年版，第 262 页。
④ 中共中央党史研究室：《中国共产党历史》第一卷，中共党史出版社 2011 年版，第 594、595 页。

针、法律、政策的贯彻执行，使中国人民取得了抗战胜利的果实。

**（二）法律制度**

陕甘宁边区、晋察冀边区等各根据地开展了前所未有的大规模的立法活动，边区民主法制深入发展，如山东抗日根据地仅在抗战中期就制定了54件法律。① 1940年，毛泽东在边区党政联席会议讲话中说："现在全国要办新民主主义，有没有一个样子呢？我讲已经有了，陕甘宁边区就是模范。"② 因此，这里就以陕甘宁边区为例阐述。

1. 宪法制度：民主与人权的法制化保障

随着日寇对抗日根据地实行大"扫荡"，国民党顽固派调兵遣将包围和封锁根据地，抗日根据地进入到最艰难的时期，根据地面积缩小，八路军人数减少，经济和军事局面交困。1941年5月1日，《陕甘宁边区施政纲领》正式通过，提出了三三制原则和精兵简政原则，以保障民主和人权为主要内容。

（1）民主法制化

"有了民主，则抗他十年八年，我们也一定会胜利"③，民主激发了群众参与参政议政的热情，促进了革命果实的共享，同时这种民主是由法律切实保障的。《陕甘宁边区各级参议会选举条例》确定"并采取普遍、直接、平等、无票选举制"④。正如谢觉哉所言，"陕甘宁边区实行了真正民主政治"，原因在于"边区、县、乡三级人民代表机关都由人民直接参与自由选举产生"，"在政治、经济、文化卫生等方面，民众享有广泛和实际的民主权利"⑤。

（2）人权保障法制化

首先，《陕甘宁边区施政纲领》明确规定"切实保障人民的民主自由权和人权"⑥。其次，确立了拘捕、审判权由保安和司法机关统一行使原则。

---

① 张希坡、韩延龙主编：《中国革命法制史》，中国社会科学出版社2007年版，第46页。
② 张全仁、曾明浩：《试论陕甘宁边区抗日民主政权人民民主法制的特点和经验》，载《西北史地》1999年第3期。
③ 《毛泽东选集》第二卷，人民出版社1991年版，第731—732页。
④ 中国社会科学院近代史研究室、《近代史资料》编译室：《陕甘宁边区参议会文献汇辑》，知识产权出版社2013年版，第126页。
⑤ 延安民主模式研究课题组：《延安民主模式研究资料选编》，西北大学出版社2004年版，第32、33页。
⑥ 张希坡：《革命根据地法制史》，法律出版社1994年版，第88页。

最后，确立了人权平等保护的原则。"平等是第一面旗帜。"① 刘少奇在 1941 年发表的《民主精神与官僚主义》一文中指出："民主精神就是平等精神。"② 毛泽东在一些重要讲话中，多次强调全党和全国人民，"一定要守法，不要破坏革命的法制。法律是上层建筑，我们的法律，是劳动人民自己制定的……我们要求所有的人都遵守革命法制"③。1937 年，黄克功案发生后，毛泽东亲自主持党中央和军委会议，批准将黄克功处以极刑，并复信审理此案的审判长雷经天："正因为黄克功……是一个多年的共产党员，所以……不能不执行比较一般平民更加严格的纪律"④。

2. 土地制度：从没收土地到减租减息

1937 年 8 月颁布的《抗日救国十大纲领》确立了"减租减息"的原则。《陕甘宁边区土地租佃条例》确定了保证减租减息、交租交息的办法，租佃契约及佃权的规定，明确界定了土地所有权的概念，并规定了土地所有权的种类、取得方式、公有土地的范围。

3. 诉讼制度

（1）人民调解制度："马锡五审判方式"

陇东专署专员马锡五经常采取巡回审判方式，实行审判与调解相结合，通过简便利民的诉讼手续，及时审结了一批疑难错案。1944 年边区政府指示向马锡五学习："各级政府尤其是司法部门，必须遵循调解为主，审判为辅的方针"。⑤ 1948 年 9 月陕甘宁边区高等法院指示信规定了自愿、守法、调解非诉讼必经程序这三项原则。⑥ 对于法庭调解，《陕甘宁边区民刑事件调解条例》还详细地对庭内调解和庭外调解做出了规定。

（2）公开审判的原则

公开审判是边区普遍实行的审判制度。1939 年 1 月，林伯渠在报告中

---

① 张山新、刘凡：《抗日战争时期革命根据地军事法制的特点》，载《西安政治学院学报》2000 年第 8 期。
② 俞敏声：《中国法制化的历史进程》，安徽人民出版社 1997 年版，第 52 页。
③ 《毛泽东文集》第七卷，人民出版社 1999 年版，第 197 页。
④ 《毛泽东法律思想论集》，中国检察出版社 1993 年版，第 60 页。
⑤ 《政府文件选编》第八辑，档案出版社 1988 年版，第 203 页。
⑥ 参见张晋藩：《中国法制史》，群众出版社 1992 年版，第 734 页。

表示："必要时还要组织民众法庭或准许民众推派代表参加审判"[①]。不仅如此，边区还明确表明"法庭是代表人民进行审判"[②] 的特殊机关，不能搞神秘主义，也不能远离群众。这些措施有力地树立了司法权威，满足了公众的知情权需求，密切了司法机关和群众的关系，也起到了良好的教育警示作用。

（3）强调司法公正

"司法公正是法的自身要求"[③]。土地革命时期，中央苏区工为了维护农民民主专政，其司法十分强调法的阶级性，在量刑时也要分清阶级成分。这种在司法中采取的以阶级为前提的同罪不同刑的做法，不符合司法公正的要求。而抗战时期，陕甘宁边区的司法抛弃了司法中的唯阶级论，追求司法公正。正如邓小平指出的："即使他是一个反革命，也必须经过民主斗争或合法手续，才能加以逮捕与处理，否则有害无益。"[④] 重视司法公正保障了持久抗战的胜利，发展了革命力量，维护了人民的利益。

（三）政权构架

1. 立法、行政机关

抗战时期，各抗日根据地的政权机构一般分为边区、县、乡（村）三级。

（1）边区和县政权

边区和县的最高权力机关为参议会。县参议会有权选举和罢免县长、副县长、县政府委员和地方法院院长。"在边区参议会闭幕期间，边区政府为边区最高权力机关，对边区参议会负责，领导指挥权边区政务。"[⑤] 边区高等法院也受到边区政府的统一领导。

（2）乡（村）政权

精兵简政在政权工作方面，贯彻了精简上层、充实与加强基层的原则。

---

[①]《政府文件选编》第一辑，档案出版社1986年版，第144页。
[②]《政府文件选编》第三辑，档案出版社1987年版，第220页。
[③] 何家弘：《司法公正论》，载《中国法学》1999年4月刊。
[④]《邓小平文选》第一卷，人民出版社1994年版，第15页。
[⑤] 1943年4月25日《陕甘宁边区政绩总则草案》，载《陕甘宁革命根据地史料选集》第一辑，甘肃人民出版社1981年版，第294页。

乡（村）参议会为最高机关，休会时，由乡（村）政府委员会承担职能。其他各抗日根据地基层政权的组织与职权，与陕甘宁边区略有不同，名称也不一样。如晋察冀边区、晋冀鲁豫边区的基层政权单位是村，由全村公民组成的村民大会为全村政权最高权力机关。总之，各抗日根据地基层政权组织法规定的基层政权的组织制度都有效团结人民群众，实现"直接民权"，为基础政权民主化提供了宝贵经验。

2. 司法机关：半独立

处于战时环境的敌后抗日根据地，必须一切从根据地的实际出发，因时制宜，因地制宜，完成镇压汉奸卖国贼的反革命破坏活动，"创造与建立适合于新民主主义政治的人民的大众的"① 司法制度。虽然各抗日根据地的司法机关的组织和职权基本相同，但它们之间也存在着不少差异。

（1）机构设置。陕甘宁边区的司法机关包括陕甘宁边区政府审判委员会、边区高等法院、高等法院分庭、县司法处、临时军民诉讼委员会；晋察冀边区则包括边区高等法院和高等法院分院、地方法院和县司法处、边区特别法庭；晋冀鲁豫则包括边区高等法院、地方政府司法科；山东抗日根据地则包括高级审判处、高级审判处分处、专属司法科、县司法科。

（2）逮捕权的分配。1940年，中共中央发布指示："只有政府司法机关和治安机关才有逮捕犯人的权力。"② 这对于土地革命时期是个巨大进步，但在不同根据地逮捕权被分配给了不同的机关。《陕甘宁边区施政纲领》规定，逮捕权由县以上司法机关和公安机关行使；晋冀鲁豫边区和晋西北抗日民主政府规定，逮捕权由县以上政府直接行使，即使军队逮捕与军事案件有关的人犯时，也必须通过抗日县政府的批准。

（3）审判权的分配。在陕甘宁边区，边区高等法院是边区最高审判机关，而在晋冀鲁豫边区，边区高等法院虽然是全边区的最高审判机关，但其所辖太岳区（行署）法庭则在该行署辖区内行使最高审判权，它所做的判决即为终审判决，不得上诉。地方各级司法机关是同级政府的组成部分，政府可以依法直接干预审判业务，这些自红色区域以来的传统做法是符合实践

---

① 《彭德怀自述》，人民出版社1981年版，第179页。
② 毛泽东：《论政策》，载《毛泽东选集》合订本，人民出版社1967年版，第726页。

要求的。在敌后战争环境中，政权需要强有力的统一领导，这样能使司法工作更好地为革命的中心任务服务，有利于抗日民主政府的巩固和发展，同时也适应于在司法干部奇缺的情况下提高办案质量。

(4) 检察权的分配。在陕甘宁边区，边区高等法院设有检察处，由检察长和检察员行使检察职权，但高等法院分庭和县司法处则不设检察机构和检察人员，而由公安机关对一切刑事案件进行侦查和起诉。晋察冀边区在各级法院，从边区高等法院到地方法院均设首席检察官一人，检察官若干人（县司法处只设检察官一人）。在陕甘宁边区，刑事案件没有普通刑事和特种刑事的区别，凡刑事案件都由检察机关或公安机关提起公诉，而在晋察冀、山东、晋绥等抗日根据地，普通刑事案件由检察官实行侦查和提起公诉，而特种刑事案件由公安机关行使检察权。

### 四、阶段特征

抗日战争时期的法制是新民主主义革命法制的一个阶段，为战胜日本帝国主义的侵略战争提供了有力的制度保障。相比于前一个历史阶段，中国共产党完全独立自主，实现全党在思想上、政治上、组织上的空前团结，取得了法制的长足进步。除此以外，我党坚持群众路线，一些观点如群众是真正的英雄，群众的意见和经验是党制定政策法律的基础等不断涌现，让法律政策最大限度地反映了人民群众的利益。另外，抗日民族统一战线贯穿于党的各项工作，如在处理与同盟者的关系、军事方针、经济政策、政权建设等方面，推动了法制的贯彻落实。

这一时期的法制更民主，对人民的权利进行了更为平等的保障，职权分配更为清晰，机构设置更为精简，但仍然缺乏一定的系统性和稳定性。抗日战争是共产党领导的新民主主义革命历程中的一个重要阶段，抗日战争的胜利，极大地推进了中国社会的历史进程，也为社会主义法治建设积累了宝贵的经验。这一阶段法治道路的最根本特征在于政权构架的开放性、结构形态的民主性、价值指向的爱国性和根本目标的革命性，即通过宪法性文件及相应的政策法规构建民主的政权组织形式，联合一切抗日救国力量，稳定政权，最大限度地确保取得抗战胜利。

## 第三节　解放战争时期

伴随着和平建国方针的流产，全面内战爆发。中国共产党在逐渐取得全国胜利的过程中，始终坚持以阶级分析理论、民主平等思想、正当程序思想为指针，不仅夯实了农村法制的稳定基础，还开始积累城市法制建设的宝贵经验，为新中国成立后开展社会主义法制建设打下良好基础。

### 一、社会背景

抗日战争胜利后，中国人民迫切需要一个和平安定的环境休养生息。1945年8月，中国共产党明确提出"和平、民主、团结"三大口号和"建设独立自主与富强的新中国"的主张。[①] 与此相反，国民党统治集团则打算依靠美国，继续维持国民党一党专政统治。1946年6月26日，国民党以围攻中原解放区为起点，相继在晋南、苏皖边、鲁西南等地向解放军开展大规模的进攻，全面内战爆发。虽然此时国民党在很多方面都明显超过中国共产党，但毛泽东指出："一切反动派都是纸老虎"[②]。八路军、新四军根据中共中央指示，不仅在晋察冀、晋绥等地区解放了大批城市和广大乡村，而且还开辟了东北解放区。从1945年9月到1946年6月，解放区拥有的城市已由285座增加到464座。[③] 伴随着解放区面积的发展，法制实施的区域也从农村扩大到城市。

1948年秋，随着济南战役的胜利，中央军委因势利导，先后组织辽沈、淮海、平津三个战略性战役，大量歼灭了国民党军队的大兵团。在此期间，国民党统治集团发动和平攻势，企图利用谈判的手段达到划江而治的目的，以便保存残余的势力，伺机卷土重来。1948年12月30日，毛泽东在《将革命进行到底》一文中提出"坚决彻底干净全部地消灭一切反动势力"。1949年1月，南京国民党政府假和谈的骗局被揭穿。1949年4月，中国人民解放军百万大军顺利渡过长江，解放了杭州、上海、南京等大城市。到

---

[①] 中共中央党史研究室：《中国共产党历史》第一卷，中共党史出版社2011年版，第681页。

[②] 中共中央党史研究室：《中国共产党历史》第一卷，中共党史出版社2011年版，第713页。

[③] 中共中央党史研究室：《中国共产党历史》第一卷，中共党史出版社2011年版，第734页。

1949年底，人民解放军解放了全国大陆大部分地区。

## 二、思想基础

解放战争时期，中国共产党进行法制建设的思想基础与前两个时期一脉相承，又因解放区逐渐在城市建立起来，而增添了新的内容。

### （一）阶级分析理论

解放战争时期是中国民主革命的最后决战阶段，基于阶级分析所制定的法律政策为决战的胜利提供了制度保障。1948年土改的总路线是"依靠贫农，团结中农，有步骤、有分别地消灭封建剥削制度"[1]，划分阶级精确，采取措施极具针对性。此外，统一战线"比过去任何时期都要广大，也比过去任何时期都要巩固"[2]。1948年4月，中共中央号召"全国劳动人民团结起来，联合全国知识分子、自由资产阶级、各民主党派、社会贤达和其他爱国分子"[3]，1949年7月，中共中央第一次提出"人民民主统一战线"这一概念，最大限度地与国民党反动派区别开来。可以说，随着革命的推进，共产党对于人民的概念界定越来越清晰，制定政策也愈来愈游刃有余。

### （二）民主平等思想

共产党对于民主平等的认识进一步深化，以毛泽东总结的军队民主为例。《军队内部的民主运动》将民主分为政治民主、经济民主和军事民主三个部分。政治民主就是官兵平等一致、上下一致，采取的方法是批评与自我批评，以达到政治上的团结；经济民主就是士兵选出代表协助连队首长管理给养伙食，实行经济公开，以实现生活条件的改善；军事民主就是练兵时官兵互教、兵兵互教，作战时在连队首长的指导下，发动士兵讨论战术技术问题，以提高军事战术实力。[4] 总的来看，全面内战时期，民主平等思想已经深入到政府机关、军队等方方面面，成为了中国共产党领导干部和普通群众认可并遵照执行的重要原则之一。

---

[1] 《毛泽东选集》第四卷，人民出版社1991年版，第1326页。
[2] 《毛泽东选集》第四卷，人民出版社1991年版，第1213页。
[3] 中央统战部、中央档案馆编：《中共中央解放战争时期统一战线文件选编》，档案出版社1988年版，第195页。
[4] 《毛泽东选集》第四卷，人民出版社1991年版，第1275页。

### （三）正当程序思想

在党的七届二中全会召开后，中国共产党的工作重心逐步由乡村转移到城市，一步一步地学会管理城市。其中，对于正当程序的强调引人瞩目。在1948年酝酿成立华北人民政府的时候，刘少奇说："可以着手建立正规法治。"[①] 华北人民政府成立后，董必武强调："正规的政府，就应该有正规的制度和方法，手续很要紧。"[②] 在司法方面，由于城市阶级阶层较多较复杂，尤其在涉及外国人的处理时，尽管程序法还不够完善，但调查取证、开庭、裁判等环节都尽量按照正当程序的原则进行。总而言之，"法治"的雏形已经在革命法制的母体中孕育而生，并在法律程序方面先行一步。

## 三、主要内容

### （一）领导力量

解放战争时期，中国共产党仍然是法制的核心力量。1947年2月，党中央专门成立中央法律委员会，在中央书记处领导下，协助中央研究与处理全国立法、司法问题。另外，相比抗日战争时期，中国共产党凝聚了更多力量一起推动法制工作进程，全民族的统一战线"不但规模同样广大，而且有更加深刻的基础"[③]。这个力量包括工人、农民、城市小资阶级、民族资产阶级、开明绅士、其他爱国分子、少数民族和海外华侨在内，是一个极其广泛的统一战线。

### （二）法律政策制度

由于解放战争期间，全国并没有统一的法律政策体系。因此，本书以华北解放区、东北解放区为例，说明这一时期的法律政策制度。

#### 1. 选举法：突出的民主性

华北解放区中，华北人民政府的成立贯彻了严格的民主程序，即"党内酝酿决策→合署联合办公→参议会讨论决定召开人代会→人代会讨论决定

---

[①] 中共中央文献研究室：《刘少奇年谱1898—1969》（下），中央文献出版社1996年版，第148页。

[②] 董必武文集编辑组：《董必武政治法律文集》，法律出版社1986年版，第31页。

[③] 毛泽东：《迎接中国革命的新高潮》，载《毛泽东选集》第四卷，人民出版社1991年版，第1211、1213、1215页。

成立政府→华北人民政府委员会成立"①；在村县一级，《华北区村县人民代表选举条例（草案）》规定了以人口为基数确定代表的制度。②东北解放区中，选举权主体已不像苏区法制那样，仅限于工农阶级，因此，哈尔滨采用普遍、平等、直接的选举制度③，所有拥护民主政权的阶级、阶层和人民团体都可以参与选举。

2. 土地法：从减租减息到"耕者有其田"

1947年10月10日，中共中央工作委员在西柏坡会议后，《中国土地法大纲》颁行实施，其明确规定"废除封建性及半封建性剥削的土地制度，实行耕者有其田"④。土地改革摧毁了帝国主义和封建主义存在的经济基础，农民分到了田地，革命积极性高涨，促进了解放战争在全国的胜利。大纲规定的将一切土地平均分配的办法，后来及时加以了改变。

（三）政权构架

1. 立法、行政机构

《陕甘宁边区宪法原则》是解放战争时期前期最具代表性的立法文献，其确立了"边区、县、乡人民代表会议（参议会）为人民管理政权机关"。这意味着人民民主政权的各级权力机关，逐步由参议会过渡到人民代表会议，为中华人民共和国的基本政治制度奠定了初步基础。

（1）大解放区人民政府

各大解放区人民代表大会（会议）都通过了大解放区人民政府组织法规⑤，这些组织法规规定，各大区人民政府为该区最高行政机关。大解放区人民政府下一般设有法院、公安、司法厅（部）、公营企业等机构。各大解放区人民政府之间没有隶属关系，都在党中央的统一领导之下，这样既照顾了不同地区的情况，又利于统一集中，是贯彻民主集中制的重要体现，也为全国行政体制的统一奠定了基础。

---

① 刘忠权：《华北人民政府法治取向探析》，载《湛江师范学院学报》2006年第4期。
② 1948年12月《华北去村县人民代表会议代表选举条例（草案）》第2—8条，载中央档案馆：《共和国雏形——华北人民政府》，西苑出版社2000年版，第200—204页。
③ 参见哈尔滨市参议会革命历史档案，案卷号4，哈尔滨市档案馆馆存。
④ 1947年9月13日，中国共产党全国土地会议通过的《中国土地法大纲》第1条。
⑤ 如1948年8月《华北人民政府组织大纲》、1949年3月《中原临时人民政府组织大纲》、1949年4月《陕甘宁边区政府暂行组织规程》等。

(2) 新解放城市的军事管制委员会

仅 1947 年 7 月到 1948 年，人民解放军就解放了 164 座城市。由于城市曾经是敌人的据点，反动组织比较严密，如何在夺取城市后顺利接管城市成为了重要问题。1948 年 11 月 15 日，党中央发布《关于军事管制问题的指示》，军事管制委员会是军事管制期间所在城市的统一的军政领导机关，待基本任务完成，该城市系统的政权机关建立，经上级主管机关批准之后即可宣布撤销。

(3) 各级人民代表会议和人民政府

在新解放区和半老区的农村开展反对封建土地制度斗争中，广大农民群众在党领导下建立的农民协会和贫农团就成为农村临时性的基层政权。1947 年冬，华北解放区的平山县等地区，实行土地改革的过程中，在贫农团和农会基础上建立起区、村两级人民代表会议，并选出了政府委员会。1948 年 4 月，毛泽东肯定了从下至上选举产生政府机关的做法。① 同年 12 月 20 日，党中央发布了《关于县、村人民代表会议的指示》，指出，在土地改革结束之后，一切有关扩兵、战勤和生产建设等重要工作，都必须经过人民代表会议讨论通过。党中央的指示和毛泽东同志的讲话推动了各解放区的政权建设工作。

城市是国民党政府长期统治的中心，在夺取城市后立即召开民主选举的人民代表大会是不现实的。在经过职工大会、贫民大会、座谈会、参议会等各种形式的探索后，中共中央及时总结各地经验，于 1948 年 11 月 30 日发布《关于新解放城市中组织各界代表会的指示》。在人民团体没有组织起来以前，由军官会及临时市政府出面邀请若干各界代表，组成各界代表会，对政府无约束权。

2. 司法机关

(1) 解放区的各级人民法院。在各解放区逐渐连成一片后，各大解放区的司法机关成立，都是隶属于同级人民政府。以东北为例，东北解放区共有三级司法机关，分别为：县地方法院或司法科、高等法院和最高法院东北

---

① 毛泽东：《在晋绥干部会议上的讲话》，载《毛泽东选集》合订本，人民出版社 1967 年版，第 1203、1204 页。

分院，各级人民法院均设有检察员一至五人，这些检察员均由公安机关首长和其他负责人员充任。

（2）解放战争时期的军事法庭和特别法庭。抗日战争胜利后，各解放区的军事法庭或者特别法庭的任务是彻底肃清敌伪残余势力，给战争罪犯和汉奸以应得的惩罚。以山东解放区为例，军事法庭设于山东军区司令部。解放战争后期，在大批新解放城市的军事管制委员会之下设立相应的特别法庭，任务是维护革命秩序，保障人民利益，镇压重大反革命罪犯。以太原市为例，1949年7月1日颁布的《太原市军事管制委员会特别法庭暂行办法（草案）》规定，特别法庭设庭长、审判长和审判官，并设检察处，由首席检察官和检察官二人组成。

（3）土地改革中的人民法庭。1947年10月10日施行的《中国土地法大纲》规定："对于一切违抗或破坏本法的罪犯，应组织人民法庭予以审判及处分。"人民法庭只负责审理与土地改革有关的案件，土地改革完成后就撤销，基本上有两种类型：人民法庭设置于县和区，如晋察冀边区；或设置于区和村，如东北解放区。毛泽东同志指出："土地法大纲上规定的经过人民法庭审讯判决的这一斗争方式，必须认真实行，它是农民群众打击最坏的地主富农分子的有力武器，又可免犯乱打乱杀的错误。"[①] 人民法庭的工作分为检察、审讯、判决、执行四个步骤，具体程序上地方各级法院有所不同。

（4）司法行政管理机关。解放战争初期，各老解放区继续实行审判和司法行政合一的体制。随着战争的发展，华北和东北人民政府相继成立司法部，但是都没有自己的下属机构，颁布的指令由各级政府和司法机关贯彻执行。

## 四、阶段特征

解放战争时期的法制是新民主主义法制的一个阶段，为中国共产党军队取得内战胜利提供了坚实的制度保障，也为新中国的法制建设奠定了基础。

---

[①] 毛泽东：《关于目前党的政策中的几个重要问题》，载《毛泽东选集》合订本，人民出版社1967年版，第1166页。

这一时期，国民党反动派及其代表的地主阶级、官僚资产阶级是人民最凶恶的敌人和革命对象，也是法律政策规定的"敌人"。法制发展的动力来自于中国共产党团结的广大人民群众，群众路线作为"党的根本的政治路线"和"根本的组织路线"①，使我们党力量由小到大，由弱变强，最终取得了新民主主义革命的彻底胜利。

随着"党的工作的重心逐步地由乡村转到城市"②，法制也越来越正规。可以说，这一时期的法律制度是新民主主义革命所有历史阶段中最完善、最符合法治要求的制度。法律法规在党发布的规范性文件中的比重越来越大，体系性越来越强，也具备了"法治"自觉和初步实践。在政治架构方面，由于各地解放程度不一，全国的政治机关有不同使命，还未形成统一的组织机构，但总体而言已更具有科学性和实践性。

## 第四节　新民主主义革命时期法治道路的特点

长期以来，在学术界存在一种观点：革命似乎是不讲法治的，革命时期的共产党是一个破坏旧制度的革命党，只是到了和平建设年代才重视法治建设。其实，这一观点是片面的。在新民主主义革命时期，共产党对法治道路探索的规律性识见，在总体上可以归结为，作为革命党的共产党既是摧毁旧制度的政党，也是建立新政策法律制度的政党，解构性和建构性的统一是此一时期中国革命法治的最突出表现。具体而言，其基本特点可分述如下：

### 一、否定性与构建性

中国共产党在新民主主义革命时期的法制建设以摧毁旧制度为入口，构建新制度为根本出路。当我们翻看革命政权初创阶段的施政纲领，处处充斥了"反对""废除""推翻""消灭""禁止"等字眼。如1926年4月10日通过的《上海特别市临时市政府政纲草案》里就有"废除一切束缚言论出版之苛法"，1927年2月广州起义后发布的《广州苏维埃宣言》和《苏维埃

---

① 中共中央文献编辑委员会编：《刘少奇选集》上卷，人民出版社1981年版，第342页。
② 《毛泽东选集》第四卷，人民出版社1991年版，第1374页。

告民众书》有"销毁一切田契、租约、债权",1927年秋收起义后制定的《湘鄂赣边革命委员会革命政纲》里有"彻底推翻帝国主义在华统治""没收外国资本的企业、银行和工厂""废除一切不平等条约,收回租界占领地,撤销领事裁判权,收回海关,驱逐帝国主义在海陆军"。

在否定旧法制的同时,进行了艰辛的法治新路的探索,为新中国成立后的法治奠定了基础。抗战时期,边区政府始终把教育作为"帮助犯人转变错误的主要方法"[①],在监狱工作上有着突出表现,如受到陕甘宁边区表彰的党宏奎就是一个典型的例子。党宏奎同志坚决纠正了某些工作人员用捆绑、体罚等惩治办法管教犯人的错误,对于犯了严重错误的犯人,送至法庭加刑,绝不许肉刑或者体罚。在党和抗日民主政府的领导下,贯彻教育感化的方针取得了伟大成就。如晋察冀边区仅在1939年6月以前,就有两千多名被监押犯自愿参加了抗日部队。一些人回到家中,仍积极支持抗日斗争。如定兴县的犯人被释放回到位于敌占区的家里后,在抗日干部征运公粮时,深夜主动送消息带路。太行区各监所,在八年多时间内,教育改造了汉奸、盗匪等各类犯罪分子一千多人,使其变成奉公守法、勤劳生产的人,有的还成为了模范干部、参战模范和劳动英雄。另外,以马锡五审判方式为代表的人民调解制度,就来自于我党在新民主主义革命时期的法律实践,并在总结经验的基础上通过规范性文件的形式加以推广,成为了"除诉讼程序外运用最为广泛、最成功……的一种纠纷解决方式"[②]。时至今日,多元化纠纷解决机制仍然作为"中国经验",在实践中发挥巨大作用。

## 二、区域性与全局性

我党在新民主主义革命时期的法制建设主要局限于根据地,并没有在全国形成统一的法制体系。在新民主主义革命时期,游击战和运动战是战争的主要形式,战场犬牙交错。此外,革命根据地主要建立在农村地区,交通、物产等资源有限、不具有大城市的中心辐射能力,再加上由于始终受到敌人各方面的威胁,所以各革命根据地各自为政,法制建设也呈现星罗棋布的区

---

① 林伯渠:《陕甘宁边区政府工作报告》,载《政府文件选编》第三辑,档案出版社1987年版,第225页。

② 虞政平:《中国特色社会主义司法制度的"特色"研究》,载《中国法学》2010年第5期。

域性格局。比如,《晋察冀边区奖励生产技术条例》与《晋冀鲁豫边区奖励生产技术办法》[1] 这两部同一时期的科技立法,尽管两地距离不远,但规定中对于奖励的标准就不完全一致。

尽管没有全国性的法制,但在党的统一领导下的法制建设仍然具有一定的全局性。这就是根据革命形势和任务发展变化需要,由党中央制定某一方面的方针政策,然后各根据地的民主政府依照这一基本政策,结合本地区的实际情况,制定单行条例或实施办法。此外,随着革命的发展,政权组织尤其是党组织形成了自上而下的严密体系,政策措施可以从党中央直接深入村、企业、事业单位等基层党组织,保证了上下步调一致。

### 三、临时性与长远性

中国共产党倡行的法制性质和内容是根据革命的实际需要,随着革命形势与重心发展变化随时进行调整和修改的。以人民的"敌人"这个概念为例,在土地革命时期,一切勾结帝国主义的官僚、买办、地主阶级及国民党新军阀都是敌人;在抗战时期,帝国主义、汉奸、亲日派都是敌人;在解放战争时期,美帝国主义和其附庸都是敌人。为了实现革命目标,法制必须根据现实的阶级状况调整内容,在执法和司法层面有的放矢。

在充满临时性的法制中,也可以看到有些共通的原则是一以贯之的。首先,始终坚持党对法治的领导,保证党的路线方针得到正确贯彻。党组织领导其他一切组织,"各根据地领导机关在实行政策及制度时,必须依照中央的指示"[2],即中央党组织领导地方党组织。其次,各级领导干部带头执法守法,树立法制权威,红军和党员以身作则,实行比普通群众更严格的纪律和法律制度,黄克功案就是一例。再次,明确认识到党不能随意干涉政府事务、包办代替,并清晰地界定了两者的正确关系:"党对政权系统的领导,应该是原则的、政策的、大政方针的领导。"[3] 最后,始终注意贯彻群众路线,做好群众工作:在抗日战争时期各边区的基层组织中,普遍建立了

---

[1] 侯强:《抗日革命根据地科技法制建设述论》,载《西华大学学报(哲学社会科学版)》2009年第5期。

[2] 解放社编:《整风文献》,1949年6月,第136、142页。

[3] 解放社编:《整风文献》,1949年6月,第139、140页。

"锄奸包围委员会"和"锄奸小组",发动老百姓的力量开展锄奸工作。法治的实施建立在群众路线的基础之上,这正是确保革命性与规范性有机统一的关键。

新民主主义时期法制在过渡性和持久性上是辩证统一的,具体的法制举措看似临时,其实长远。以"国体"和"政体"方面的变革为例。从第一次国内革命战争时期人民代表大会制度的初步萌芽,到土地革命时期的工农兵苏维埃代表大会制度,再到抗战时期的"参议会"制度,最后到解放战争时期,区、乡的"人民代表会议"①。尽管民主革命时期的每个阶段,权力机关都有不同的名称、构成人员和架构方式,但细细分析,国家权力机关的组织越来越规范,参与人群越来越广泛,代表产生方式越来越科学。新中国的人民代表大会制度正是溯源于第一次国内革命战争时期,经过多个时期多种形式的流变才最终定型。

**四、尝试性与成熟性**

中国共产党在新民主主义革命时期的法制建设是摸着石头过河,从无到有,在试错中一步步建立起来的。在土地革命时期,1931年通过的《中华苏维埃共和国劳动法》,一方面确定了维护工人阶级权益的若干原则和措施,如保障工人的政治权利,坚持同工同酬,反对无故解雇工人,但另一方面却存在着明显的"左"的错误偏向,即"以近视的片面的所谓劳动者福利为目标"②。这种错误,使许多企业和作坊倒闭,资本家乘机提高物价,并欺骗工人,使工人脱离党和工会的领导。于是,1933年10月15日,我党重新颁布了《中华苏维埃共和国劳动法》,修改了原来某些过"左"的条文才使得劳动者和企业主的利益重新平衡起来。

在不断的尝试中,基于对国情的精确判断,使得法律政策制度具有一定意义的成熟性和先导性。即便是在抗日战争最艰难的时期,提出"奖励自

---

① 张希坡:《革命根据地的人民民主法制》,载《人民法院报》2011年7月1日。
② 毛泽东:《目前形势和我们的任务》,载《毛泽东选集》合订本,人民出版社1967年版,第1151页。

由研究，尊重知识分子，提倡科学知识"①的纲领。1941年，陕甘宁边区作出了成立科学调查研究机关，充实自然科学院，出版科学通俗读物，购买科学图书仪器等规划。同年，晋冀鲁豫边区政府在施政纲领中，明确提出"优待各种专门技术人才，奖励技术发明家与劳动英雄"②。在如此动荡的环境下，仍然通过建章立制重视科技，优待人才，不得不说体现了法制意识的超前和成熟。

**五、阶级性与民主性**

马克思在分析资产阶级法律的本质时指出："你们的法不过是被奉为法律的你们这个阶级的意志一样，而这种意志的内容是由你们这个阶级的物质生活条件来决定的。"③ 具体而言，"在议会中，国民将自己的普遍意志提升为法律，即将统治阶级的法律提升为国民的普遍意志"④。在阶级尖锐对立的革命时期，法律是统治阶级进行阶级统治的必要工具。中国共产党在新民主主义革命时期，以法律为武器对阶级敌人进行暴力镇压，有力地巩固了革命根据地，为正面战争保驾护航。如在土地革命时期，中国苏维埃政权规定了地主、军阀等不享有政治上的自由，富农、资本家无权参加经济上的合作社组织以保障工农劳动群众利益。可以看出，法制的存在是为了革命斗争，为了取得反帝反封建战争的胜利。

但是，应当充分认识到，革命并不是法治的全部任务。中国共产党能取得革命的彻底胜利，与构建民主制度、充分发挥人民群众的力量是分不开的。"新民主主义的政治，实质上就是授权给农民。"⑤ 如在土地革命时期，工农劳动群众享有广泛的民主权利。《中华苏维埃共和国裁判部暂行组织及裁判条例》规定，工农群众可以成为陪审团成员，参与鲜活的司法实践。

---

① 韩延龙、常兆儒：《中国新民主主义革命时期根据地法制文献选编》第一卷，中国社会科学出版社1981年版，第36页。
② 韩延龙、常兆儒：《中国新民主主义革命时期根据地法制文献选编》第一卷，中国社会科学出版社1981年版，第48页。
③ 《马克思恩格斯选集》第1卷，人民出版社1995年版，第289页。
④ 《马克思恩格斯选集》第1卷，人民出版社1995年版，第674页。
⑤ 《新民主主义论》，载《毛泽东选集》合订本，人民出版社1967年版，第652页。

毛泽东认为这"是一个护身的法宝,是一个传家的法宝"①。的确,革命时期对于民主权利的保障其实就是对老百姓主人地位的确认,能有效冲击反动阶级所维持的旧统治秩序,巩固和发展人民政权和法制。

总而言之,新民主主义革命时期的法律政策是在建立在阶级分析基础上的,对"人民"和"敌人"做了严格区分,人民群众享有充分的民主权利,而作为阶级统治对象的敌人则依法予以严惩。

**六、零散性与系统性**

和中国特色社会主义法律体系相比,新民主主义革命时期的法制毫无疑问并不是一个严整和谐、逻辑清晰的统一体。主要有两方面的原因:一方面,革命根据地始终处于战争环境。比如抗日战争期间,日寇入侵中国是"中华民族生死存亡的问题"②,党面临的最紧迫任务就是赶走日本帝国主义,还要应对国民党军队的围剿。作为最基层的乡政府,除了动员工作以外,真是"空空如也"③。在这种极为恶劣和复杂多变的法制实施环境下,留给法制实施的时间和精力严重不足,法制发展无可避免地面临前所未有的挑战。另一方面,我党干部文化水平不高,缺乏法律知识也导致了革命时期法制的零散。当时西北经济落后地区的"识字的人只占全人口百分之一"④。要知道,立法者在制定法律时不可能预见到所有的重要问题,比如,1934年4月8日《中华苏维埃共和国婚姻法》对于结婚离婚条件、私生子权利的保护等,只有原则性的规定。这就意味着,法律制度空白和矛盾之处需要执法人员在适用法律时发挥主观能动性。但较低法律水平的执法者会导致法律的执行出现一定的偏差。

然而,从历史发展的角度看,新民主主义革命时期的法制是在中国共产党统一领导下制定和实施的,相比1921年我党刚刚成立时期,法制的系统性已经不可同日而语。在土地革命时期,中华苏维埃政权就已经就宪法、刑

---

① 毛泽东:《为什么要讨论白皮书》,载《毛泽东选集》合订本,人民出版社1967年版,第1391、1392页。
② 吴克坚:《论陕甘宁边区施政纲领》,载《新华日报》1941年6月8日。
③ 洪彦霖:《改进乡政府工作之我见》,载《解放日报》1942年8月3日。
④ 《吴堡县区两级干部简历表》,载《政府文件选编》第五辑,档案出版社1988年版,第160页。

事法、民事法、经济法、行政法等制定了纲领和具体法规。在之后的抗战时期、解放战争时期，我党不仅有原则上、宏观意义上的法律制度，更有细化的实施条例，各个根据地、解放区也根据自己的情况立法以更好适应当地实际。

**七、附属性与主体性**

新民主主义革命时期的法律具有强烈地依附于政治与革命目标的附属性。首先，法律附属于革命需要，以阶级统治的功能为主，社会管理功能为辅。列宁认为："法律就是取得胜利、掌握政权的阶级的意志的表现"①。法律本身就具有阶级性，但在当今和平时期，我们更强调法制对于社会管理的作用。在革命时期，"没有离开政治而独立的法律"②，一切法律都围绕政治斗争和反帝反封建的革命战争需求。其次，在政策与法律的关系中，法律处于从属地位。由于革命形势瞬息万变，"革命战争主要是靠政策办事"③，相比其他时期，政策对法律的指导和约束更为直接严格，党中央的决议、政策和党的领袖人物的批示、指示往往也代替法律，成为立法和司法的主要渊源。最后，法制的形成和实施往往通过运动的形式。革命时期，"法制的创立和实施大都是经过群众运动来推动的"④，如《土地改革法》。这是因为，从 1921 年到 1949 年，国民党掌握着国家主权，共产党对革命和社会的领导根本不可能利用国民党政权的法律制度资源，而只能采取武装斗争这种最极端、最激烈的方式来与国民党控制的国家权力相抗衡。

这一时期的法律具有主体性，这意味着中国共产党仍然把法律作为主要的治理方式，并自上而下建立了司法行政、侦查、检察、审判等承担法律运行职能的法制机关。法制建设属于根据地建设的重要内容，在革命的每个阶段都颁布不少法规和相应的规范性文件，而且几乎包括了调整各类社会关系的主要法律部门，如在土地革命时期，宪法、婚姻法、刑法等法律就已经出

---

① 《列宁全集》第 13 卷，人民出版社 1959 年版，第 304 页。
② 王定国：《谢觉哉论民主与法制》，法律出版社 1996 年版，第 156 页。
③ 彭真：《论新中国的政法工作》，中央文献出版社 1992 年版，第 385、196 页。
④ 蔡定剑：《历史与变革——新中国法制建设的历程》，中国政法大学出版社 1999 年版，第 282 页。

台。这足以说明各革命根据地民主政府极其善用宪法法律手段调节社会关系，服务革命大局。

总而言之，旧中国是一个半殖民地半封建的社会，因此，新民主主义法制建设紧密地围绕民主革命总任务的实现而展开。这段历史表明：只有坚持党的科学领导，法制建设才能方向正确；法制建设必须满足现实的社会需求，实事求是，并且不断创新；法制建设必须发扬人民民主，始终依靠人民群众。这三点也是中国共产党领导中国人民取得新民主主义革命胜利、建成新中国法制体系的关键。

# 第 三 章

# 新中国成立初期和社会主义建设时期的法治道路构建和曲折发展（1949—1977）

在新中国成立初期，党和人民开始全力探索、建设中国特色社会主义法治道路。虽然过程艰辛，但成果颇丰。在破旧立新的社会大背景下，"二月指示"和《共同纲领》明确提出废除以《六法全书》为核心的旧法统，建设具有中国特色的社会主义法律体系自然成为首要任务。在建设法治道路过程中，党和人民从可供选择的三种法治道路中选择了"政府推进型"法治道路，这与以人民民主为核心的社会主义政治法律思想及建国初期的核心法治价值观有着密切联系。当时，社会主义法治道路建设的主要内容集中在三方面：其一，在充分借鉴苏联和西方法治建设经验的基础上，挖掘法治道路的"中国特色"，尽管处于社会主义初创时期，但坚持社会主义方向不动摇，充分利用本土政治资源，在中国共产党的领导下，坚持公有制，开展法治建设。其二，注重法律制度建设，以《共同纲领》、"五四宪法"为代表的高质量立法，为社会主义法治道路提供了坚实的法制基础，"中共八大"对新中国成立初期的立法成就给予了高度评价并进一步指明了行进的方向。其三，构架创新主要体现在国体政体、国家权力分配，政党与国家权力的关系及公权力与私权利的关系等方面。通过分析新中国成立初期的社会主义法治道路建设过程，可以发现我们走的是一条以政府为主导、自上而下的法治道路，是主动构建型而非自发生成型法治路径。回顾新中国成立初期法治道路建设历程，总结出以下规律：第一，注重中国共产党的领导；第二，坚持社会主义法治价值理论体系；第三，坚持导向上的政治性；第四，坚持社会主义制度；第五，过程上存在长期性。以上因素在很大程度上促进了中国特色社会主义法治道路的进程，但也说明法治道路建设是一个长期艰巨的工程，需要举国上下坚持不懈地奋斗。

## 第一节　法治道路的社会背景

在解放战争胜利已成定局的情势下，党和政府开始破旧立新，特别是在法律领域大刀阔斧地进行改革，为确立社会主义法治道路，形成社会主义民主政治经济文化制度，奠定了坚实的法律基础。"破旧"主要指废除以《六法全书》为代表的旧法统，"二月指示"、《共同纲领》皆明文规定废除国民党《六法全书》，紧随其后的是在理论界、司法界、教育界展开对法律汇编、六法体系、"六法"观念的猛烈批评。"立新"指党和国家领导人充分发挥主观能动性，在充分学习马克思主义先进思想和借鉴苏联优秀法治建设经验的基础上，全力探索中国特色社会主义法律体系，并取得了可喜的成就。

### 一、废除国民党《六法全书》

新中国成立后，共产党必须解决的问题是如何处理国民党《六法全书》。党和国家领导人在慎重考虑后，毅然决定将其废除，并予以批判。这在我国法治道路建设过程中是十分关键的举措，废除旧法统具有革命性的积极意义。

在民国成立初期，《六法全书》包含传统的"六大部门法"[1]，但国民政府决定"民商合一"后，"六法"实际上变成了"五法"，随着行政法在国家政治生活中的重要性日益凸显，"行政法取代商法加入《六法全书》的编纂体例"[2]。

---

[1] 李龙、汪习根：《新中国法制建设的回顾与反思》，中国社会科学出版社2004年版，第20页。民国初年，《六法全书》指宪法、民法、商法、刑法、民事诉讼法、刑事诉讼法六种法律的汇编。

[2] 张知本编，林纪东续编：《最新六法全书》，大中国图书公司1980年版，第36页。

但根据中央"二月指示"[①]的解释,《六法全书》是包含商法在内的六大部门法,行政法没有被纳入其中。[②] 在研究《六法全书》时,除考虑其包含的部门法有不同范围外,还应注意《六法全书》的范围有广义和狭义之分。[③]

将国民党的《六法全书》彻底废除,是"二月指示"之要旨所在[④],《共同纲领》第 17 条之规定[⑤]为废除《六法全书》的内容取得了形式上的合法性。新中国成立后,人民是国家的主人,在法律领域亦是如此,人民制定的法律成为司法活动中法官判案的重要准绳。

立足《六法全书》所处时代背景考虑,中央政府将其废除,并予以批判,具有法律正当性和历史必然性。首先,《六法全书》作为国民党的"法统"[⑥],新中国废除国民党的法制,建立自己的革命法制是十分必要且明智的做法,法的阶级属性为废除《六法全书》提供了理论基础。其次,夺取政权采用的是革命斗争的方式,无数先烈为新政权的诞生流血牺牲,从情感因素考虑,废除《六法全书》亦是"于情有理"[⑦]。因为在内战时期,国共矛盾激烈,处于敌对状态,有许多共产党人被国民党残忍杀害,普通民众亦深受其害,处于水深火热之中,故废除国民党的法统合情合理。但理性分析,将《六法全书》所有内容全部废除,是否合适呢?其实,周恩来总理在"二月指示"公布后,曾建议在今后的司法工作中,将部分旧法令加以修改批判地使用,但该看法并未被采纳。

《共同纲领》发布后,《六法全书》受到司法界、学术界的猛烈批判,尤其是在 1953 年全国司法改革运动后,对《六法全书》的批判进入到了更

---

[①] 1949 年 2 月 22 日《中共中央关于废除国民党〈六法全书〉和确定解放区司法原则的指示》明确规定所废除的国民党《六法全书》,具体包括宪法、民法、商法、刑法、民事诉讼法、刑事诉讼法。

[②] 《中央关于废除国民党〈六法全书〉和确定解放区司法原则的指示》注脚 [1],参见中央档案馆:《中共中央文件选集(1949)》,中共中央党校出版社 1992 年版,第 150 页。

[③] 狭义的六法全书是指国民党政府制定的宪法、民法、商法(由于民国政府后来实行了民商合一模式,没有制定独立的商法典,故也有学者将行政法列入六法的内涵)、刑法、民事诉讼法和刑事诉讼法。广义的六法全书则包括了以上述六大法典为主的国民党政府的所有法律。

[④] 《共和国走过的路——建国以来重要文献专题选集(1949—1952)》,中央文献出版社 1991 年版,第 45 页。

[⑤] 《中国人民政治协商会议共同纲领》第 17 条:"废除国民党反动政府一切压迫人民的法律、法令和司法制度,制定保护人民的法律、法令,建立人民司法制度。"

[⑥] 张友渔:《关于法制史研究的几个问题》,载《法学研究》1981 年第 5 期。

[⑦] 蔡定剑:《历史与变革》,中国政法大学出版社 1999 年版,第 226 页。

集中的阶段。"废除六法全书"与司法改革皆为对旧法统的摒弃，不过前者从制度层面出发，后者侧重于实践层面，二者之间是延续连贯的。① 与此同时，对《六法全书》的理论批判，也在教育界轰轰烈烈地开展起来，在全国各大高校中，与《六法全书》相关联的课程，全部被废除，有些大学想要开设民法、刑法等基础法学课程，都必须在原课程的名称前加一个"新"②字，方有可能获得批准。《六法全书》废除后，紧接着理论界、司法界等又开始对其进行猛烈的批判，批判范围极其广泛，既包括法律汇编，也包括"六法体系"，甚至连六法全书中的观念都难以幸免，这种集中、激烈的批判，导致废除《六法全书》的影响远远超出人们的预期。客观而言，尽管《六法全书》是"中国法治现代化最早的阶段性成果"③，但是，在本质上是对西方资产阶级法制成果的直接照搬，当新民主主义革命转向社会主义革命，一个新生的政权必然要求实现对旧法统的根本否定和旧法治的彻底转型，何况已经逐步制定和实施了以"五四宪法"为核心的新法律制度与规范。当然，从旧法治向新法治的转型不可能一蹴而就，相反，必须历经在法治理念、制度和规范三大层面的艰难转向，而在这一转向过程中，又不可能抛开法治。于是，便采用了一个过渡性的对策，即以政策规范弥补法律规范之不足。但如果以此而认为共产党不讲法治而讲政策治国，便显然是片面的观点。

## 二、建设社会主义法律体系

废除《六法全书》在一定程度上促进了探索新中国法治道路的进程，尤其激发了党和国家领导人建设社会主义法律体系的决心。马克思指出："所有通过革命取得政权的政党或阶级，就其本性说，都要求由革命创造的新的法制基础得到绝对承认，并被奉为神圣的东西。"④ 欲通过革命手段取得的新生政权，得到人民的绝对承认，就必须创造新的法制予以确认，使其

---

① 陈寒非：《断裂与延续：新旧法统"决裂论"辨正——以"废除六法全书"与"司法改革运动"为中心》，载《财经法学》2016年第3期。
② 新华社：《华北高等教育委员会公布"各大学专科学校文法学院各系课程暂行规定"》，载《人民日报》1949年10月17日。
③ 李龙、汪习根编：《新中国法制建设的回顾与反思》，中国社会科学出版社2004年版，第48页。
④ 《马克思恩格斯全集》第36卷，人民出版社1975年版，第238页。

具备合法性和正当性。新中国成立初期，我国领导人便意识到这个问题的重要性，由于当时正处于百废待兴状态，在发展建设方面缺乏经验，因此在国家建设诸多方面均是模仿苏联，在法律体系的探索上亦是如此。政府特别重视法律人才的培养，派遣一些优秀人才远赴苏联考察学习法学理论、法律体系等，并引进大量优秀法学著作，重点学习研究苏联宪法法律，对我国社会主义法律体系的建设起到了推动和借鉴作用。移植苏联模式成为当时我国社会主义法治道路建设过程中的显著特点，而与国家性质相适应的社会主义属性，自然成为中国社会主义法律体系建设过程中最突出的特征。[1]

### （一）建设社会主义法律体系的法律基础

新中国在构建社会主义法律体系过程中的确困难重重，但不可否认也存在现实法律基础。苏联社会主义法制建设的优秀经验，以及中国共产党人领导革命建设艰苦斗争的实践，加之国内外在政治法律领域长期积累的法制理论与实践经验，都是我们不可多得的法制建设法宝。

首先，对苏联社会主义法制经验的吸收与借鉴。新中国成立初期，中国共产党对社会主义建设理论的掌握相对有限，主要通过马克思、恩格斯等人的著作了解到一些理论知识，苏联社会主义建设的实践经验便成为党和国家最重要的学习依据。一方面，苏联"国家与法的理论"是社会主义革命胜利与建立巩固无产阶级专政的理论总结，这个理论不仅影响了我国立法、司法活动和社会法律意识，而且对培养法学家、政法人才有突出作用。另一方面，苏联法律对我国以宪法为主的部门法影响非常深远。苏联1936年的宪法结构为我国"五四宪法"的制定，起到了较大的借鉴作用，并且在公民基本权利、义务和国家结构等具体条文和法律措辞方面，两部法律均十分相似。

其次，中国共产党在领导革命斗争中累积了较为丰富的法律实践经验。新中国成立初期，中国主要是模仿苏联进行社会主义法制建设，但自1956年苏共二十大赫鲁晓夫揭露斯大林起，中国共产党不再对苏联模式进行盲目

---

[1] 社会主义法是由社会主义国家制定或认可，并以国家强制力保证实施的行为规范的总和，是建立在社会主义经济基础之上的上层建筑，反映以工人阶级为领导的广大人民的利益和意志。

崇拜，而是大力倡导"思想解放"①，开始结合本国国情，探索属于中国人自己的社会主义法律体系。法治建设是十分浩大而艰巨的工程，所涉及的层面非常广，既需要符合社会主义初创时期经济发展的客观规律，又要注重社会主义民主政治建设。在当时纷繁复杂的国内外环境下，毛泽东于1956年毅然提出"十大关系"②，对官僚主义和个人崇拜进行严厉抨击，进一步推进马克思主义理论与中国革命建设实践的结合。虽然探索一条中国人自己的法治道路十分不易，但建设社会主义民主是一个很好的方向。

最后，吸收了人类法律文化的宝贵遗产。新中国成立后，社会主义法律体系的建立既离不开中国历史发展过程中法律文化的积淀，也离不开苏联、英国、法国、美国等国家丰富的法治建设经验。例如，我国的单一制国家结构形式是本国历史与文化的体现，而"五四宪法"中的立法、行政、司法权独立划分，司法制度中的辩护制度、独立审判制度、回避制度、审级制度等均是对他国经验的借鉴。正是以上三方面为新中国构建社会主义法律体系奠定了法律基础。

（二）建设社会主义法律体系的成就及问题

《六法全书》作为国民党旧法统，被废除的命运在所难免，但这不意味着新生政权不需要法律制度，恰恰相反，当时的新中国迫切需要建立自己的法律体系。在1949—1957年这段时间，法制领域最具有开创性意义的成果是《共同纲领》和"五四宪法"的颁布，这不仅巩固了新民主主义时期取得的重要成果，而且标志着我国开始从新民主主义社会向社会主义社会转变。这一阶段的法治建设，对新中国成立初期的经济、政治、文化和社会发展起到了积极的保障和推动作用，当然也存在一些立法的局限性。全面废止《六法全书》，对新中国建立自己的法律体系而言，既是挑战，也是机遇，我国开始进入在曲折中前进的法治道路探索时期。

以毛泽东为首的党中央领导人，高度重视立法工作的进程，董必武多次

---

① 《共和国走过的路——建国以来重要文献专题选集（1949—1952）》，中央文献出版社1991年版，第313页。

② 邱守娟：《毛泽东〈论十大关系〉对如何建设社会主义的提示》，载《北京行政学院学报》2002年第4期。

在会议上强调"人民民主法治"[1]的重要性,提出自《共同纲领》后,新生政权应进一步加大立法力度。在新民主主义立法原则的指导下,我国进入到社会主义法律体系建设的过渡时期,从中央到地方均取得了较大的立法成就,自新中国成立到1954年8月,大约有"五百多件法律、法规由中央颁布"[2]。"五四宪法"颁布后,中央立法更加系统,从1954年到1957年,全国人大及其常委会制定和批准法律、法令超过40个。全国各地的地方立法更是蔚为大观,以江浙沪为例,仅1950年至1953年,浙江颁布地方性法规和条例,就超过650件;上海在1950年至1954年间"总共立法约八百件"[3]。这充分表明中央和地方高度重视法律体系建设,决心用法治形塑和巩固新生政权。

但是,新中国成立初期的法律体系构建,还远远未达到科学立法的程度,法制建设十分不完备。第一,重要部门法缺失,刑法、民法等与国家治理、社会监管、人民群众的日常生活联系非常密切,却付之阙如。第二,部分在关乎国计民生的重要问题上缺少法律规定,只有一些效力层级低、变化快的法令、条例等。第三,对疆土辽阔的中国而言,这一阶段颁布和生效的法律规范,无论是法律法规还是规章、条例等,数量都远远不够。第四,已经颁布的法律、法令、法规,其效力及适用的稳定性也明显不足,往往具有暂时性、试行性、过渡性的特点。于当时的中国而言,立法规划和立法预测更是谈不上。不可否认,以上问题的存在既有主观原因,但也不可避免地受制于当时的外部环境和特定历史条件。董必武的一段论述可以给我们一定启发,成熟的立法确实需要等待合适的时机。在当时的国内国际背景下,新生政权处理许多问题,均需瞻前顾后,思虑周全,如镇压反革命、土地改革等方面,制定单行条例、法规,是最好的选择。否则,时机不成熟时贸然制定完备的法律,不但对实际工作的开展没有指导意义,反而会成为法治工作顺利进行的"绊脚石"[4]。

---

[1] 《董必武政治法律文集》,法律出版社1986年版,第371页。
[2] 蓝全普:《三十年来我国法规沿革概况》,群众出版社1980年版,第10页。
[3] 吴大英等:《中国社会主义立法问题》,群众出版社1984年版,第241页。
[4] 董必武:《论社会主义民主和法制》,人民出版社1979年版,第102页。

### 三、"文革"十年对法治的毁坏

在我国,在人民民主专政的国家政权建立以后,尤其是社会主义改造基本完成,剥削阶级作为阶级已经消灭以后,虽然社会主义革命的任务还没有最后完成,但是革命的内容和方法已经同过去根本不同。对于党和国家肌体中确实存在的某些阴暗面,当然需要作出恰当的估计并运用符合宪法、法律和党章的正确措施加以解决,但决不应该采取"文化大革命"的理论和方法。① 然而,不幸的是,从1966年到1976年的十年"文革",在所谓"无产阶级专政下继续革命的理论"指导下,奉行以阶级斗争为纲,在法律上彻底砸烂公检法,进行所谓"一个阶级推翻一个阶级"的政治大革命。这在实质上根本不是任何意义上的革命或社会进步。根本不是"乱了敌人"而只是"乱了自己",因而始终没有也不可能由"天下大乱"达到"天下大治"。② 历史已经判明,"文化大革命"是一场由领导者错误发动,被反革命集团利用,给党、国家和各族人民带来严重灾难的内乱。③

"文化大革命"之所以会发生并且持续十年之久,原因是复杂且多方面的,教训是极其深刻而惨痛的。从法治层面分析,主要体现为:

一方面,对法与国家职能的两重性缺乏清醒的认识和把握。法律和国家既有打击敌人、巩固政权又有保卫人民、维护秩序的功能,在本质上体现为法的社会性和阶级性的有机统一。既不能只看到法的民主性而忽视专政性,也不能只讲斗争与专政而无视人民性、民主性。党的十一届三中全会通过的《建国以来党的若干历史问题的决议》明确指出:"从领导思想上来看,由于我们党的历史特点,在社会主义改造基本完成以后,在观察和处理社会主义社会发展进程中出现的政治、经济、文化等方面的新矛盾新问题时,容易把已经不属于阶级斗争的问题仍然看做是阶级斗争,并且面对新条件下的阶级斗争,又习惯于沿用过去熟习而这时已不能照搬的进行大规模急风暴雨式群众性斗争的旧方法和旧经验,从而导致阶级斗争的严重扩大化。同时,这种脱离现实生活的主观主义的思想和做法,由于把马克思、恩格斯、列宁、

---

① 《关于建国以来党的若干历史问题的决议》,载《人民日报》1981年10月7日。
② 《关于建国以来党的若干历史问题的决议》,载《人民日报》1981年10月7日。
③ 《关于建国以来党的若干历史问题的决议》,载《人民日报》1981年10月7日。

斯大林著作中的某些设想和论点加以误解或教条化，反而显得有'理论根据'。例如：认为社会主义社会在消费资料分配中通行的等量劳动相交换的平等权利，即马克思所说的'资产阶级权利'应该限制和批判，因而按劳分配原则和物质利益原则就应该限制和批判；认为社会主义改造基本完成以后小生产还会每日每时地大批地产生资本主义和资产阶级，因而形成一系列"左"倾的城乡经济政策和城乡阶级斗争政策；认为党内的思想分歧都是社会阶级斗争的反映，因而形成频繁激烈的党内斗争，等等。这就使我们把关于阶级斗争扩大化的迷误当成保卫马克思主义的纯洁性。"①

另一方面，个人权威尤其是领导者个人权威高于宪法法律权威。在形式意义上，法治的要义在于法的权威至上，党领导者个人意志与法不一致时，何者至上，是决定法治与人治的分水岭。如果个人权威凌驾于法律之上，权大于法，徇私枉法，以言废法，势必掉入人治的泥潭。《建国以来党的若干历史问题的决议》深刻地指出，领袖人物"脱离实际和脱离群众，主观主义和个人专断作风日益严重，日益凌驾于党中央之上，使党和国家政治生活中的集体领导原则和民主集中制不断受到削弱以至破坏"。② 同时，在共产主义运动中，领袖人物具有十分重要的作用，这是历史已经反复证明和不容置疑的。但是国际共产主义运动史上由于没有正确解决领袖和党的关系问题而出现过的一些严重偏差，对我们党也产生了消极的影响。中国是一个封建历史很长的国家，我们党对封建主义特别是对封建土地制度和豪绅恶霸进行了最坚决最彻底的斗争，在反封建斗争中养成了优良的民主传统；但是长期封建专制主义在思想政治方面的遗毒仍然不是很容易肃清的，种种历史原因又使我们没有能把党内民主和国家政治社会生活的民主加以制度化、法律化，或者虽然制定了法律，却没有应有的权威。这就提供了一种条件，使党的权力过分集中于个人，党内个人专断和个人崇拜现象滋长起来，也就使党和国家难于防止和制止"文化大革命"的发动和发展。③

---

① 《关于建国以来党的若干历史问题的决议》，载《人民日报》1981年10月7日。
② 《关于建国以来党的若干历史问题的决议》，载《人民日报》1981年10月7日。
③ 《关于建国以来党的若干历史问题的决议》，载《人民日报》1981年10月7日。

## 第二节　法治道路的法理基础

　　我国社会主义法治道路的选择、建设均具有特定的法理基础。在政府推进型、社会生成型、政府社会互动型法治道路中最终选择政府推进型法治道路，既是出于对国情、历史背景的考虑，也与我国的社会主义法制思想、核心法治价值观密切相关。社会主义法制思想逐步取代西方自由主义法治观，进一步提升了人民民主思想在我国的地位，从而更好地保障人民自由，促进社会主义建设。通过研究发现国家名称和许多国家机关名称中均含有"人民"二字，可见"人民"在我国的重要地位。在批判继承以人民主权为核心的西方法治精神条件下，坚持马克思主义人民主体思想，新中国形成了一套自己的人民民主法治理念。

### 一、法治道路的选择及原因

　　虽然党和国家领导人下定决心走社会主义法治道路，但由于缺乏法治建设经验，具体实施何种法治路径，还需不断探索。

　　新中国成立初期，百废待兴，由于政治等因素废止《六法全书》，虽然短期内导致了法律的缺失甚至空白，但也为我们建立自己的法律体系，提供了一个崭新的机遇，中国至此进入法治道路建设的初创阶段。在举国学习苏联模式的时代背景下，马克思主义理论自然成为了我国进行法治道路建设的根本思想指导。虽然近代中国在法治道路上也取得了些许成就，但基本照抄西方法治模式，且实践结果与西方国家的法治建设比较相距甚远。在新的历史背景下，作为发展中国家的社会主义新中国，面临着十分严峻的国际环境和巨大的实践压力，因此，选择一条正确的法治道路，对当时的中国意义深远。

　　结合当时具体的国内国际环境，可供中国选择的法治道路主要有三种：

　　第一，政府推进型法治道路，政府作为法治道路推进的核心力量，从法治目标设计、法律颁布、法治实施与监督各方面，均充分利用政府的权力，从而在政府强势主导下建立健全法律体系，推动"中国特色社会主义法治道路"① 建设。

第二,社会演进型法治道路,这实际上是一种"社会、民众主导"的法治驱动模式。西方法治经验并不具有普适性,盲目抄袭西方的法律制度,有可能导致水土不服的问题,中国应该充分发挥本土资源的优势,将社会习惯、惯例等与社会实际相融合,发挥人民的作用,创造独具中国特色的法律制度。②研究西方法治发现,法治并非在所有国家都是仅靠政府设计构造的,在有些国家更多地是在社会实践中不断演化得来。中国的法治道路应该依靠"人民的实践"③,而非仅仅停留在法律专家和立法者的立法规划之中。

第三,政府社会互动型法治道路,这是部分学者为避免前两种法治道路对政府及社会的作用过分片面张扬,而主张采取的一种折中道路。他们认为政府主导和社会主导都存在一定的弊端,因此最佳选择便是取二者之长避其短。仅仅依靠民间规范和社会力量促进法治化,将会浪费很多社会成本和时间,延缓法治道路的进程;若无社会力量的辅佐,单纯将法治建设的重担落到政府身上,又会忽略亿万民众在法治化过程中的重要作用,从而丧失其应有的"社会基础"④。

法治道路选择的深层次原因究竟是什么?这是必须予以追问的重要前提性问题。尽管有以上三种法治道路可供选择,但中国最终选择了政府推进型为主兼及社会生成的法治道路,据顾培东教授所言:这是一种"自主型法治进路"⑤。从此奠定政府在社会主义法治建设过程中的领导者和推动者的地位,中国法治建构的方方面面被彻底纳入政府的战略规划中。中国之所以会走上政府推进型法治道路,有如下原因:

首先,新中国面临内忧外患。外患自鸦片战争起便一直存在,长期以来,西方列强对我国进行侵略,肆意践踏,给我国造成了毁灭性打击,历经

---

① 蒋立山:《中国法制现代化建设的特征分析》,载《中外法学》1995 年第 4 期;蒋立山:《中国法制〈法治〉改革的基本框架与实施步骤——邓小平民主法制思想的启示》,载《中外法学》1995 年第 6 期。

② 苏力:《法治及其本土资源》,中国政法大学出版社 1996 年版,第 25 页。

③ 苏力:《法治及其本土资源》,中国政法大学出版社 1996 年版,第 19 页;程燎原:《从法制到法治》,法律出版社 1999 年版,第 314 页。

④ 舒国滢:《中国法治建构的历史语境及其面临的问题》,载刘海年等主编:《依法治国建设社会主义法治国家》,中国法制出版社 1996 年版,第 387 页。

⑤ 顾培东:《中国法治的自主型进路》,载《法学研究》2010 年第 1 期。

千辛万苦,新中国得以成立,西方国家依然在政治、经济、文化等各方面,对我国进行封锁、遏制、渗透。在西方强权压制下,我国经济发展缓慢,政治体制亦不成熟,由此引发的"社会矛盾更加剧烈"[①]。正因为处于水深火热之境地,中国才决心走上政府推进型法治道路,希望加快经济发展,促进法治的进程。

其次,时间紧迫及传统资源匮乏。一个国家选择什么样的法治道路,最重要的依据是本国的政治、经济、文化等实际情况。当时的中国,法治传统和法治观念皆较贫乏,法律的权威亦未真正树立,民众对法律也无依赖和信仰,在此种情境下,如果依靠社会、民众的力量走上法治道路,建立法治国家和法治社会将会异常艰难,所花费的时间成本更高,而且效果更差。因此,利用政府力量推行法治,相对而言便成为了一条高效迈进"社会主义法治道路"[②] 的捷径。

## 二、法治道路思想基础的革命

以社会主义法制思想取代资本主义法制思想,为创建新中国法治道路奠定了思想基础。1949—1957 年间,苏联的社会主义法制发展模式及马克思主义理论的中国化,有力推动我国法治发展。国家领导人高度重视社会主义法治道路建设,毛泽东主席亲自领导起草宪法,宪法草案的每一章、每一节、每一条,毛主席皆"亲自参与讨论"[③]。社会主义法制思想内容不断丰富,如宪法思想,民主法制思想,实事求是的立法思想,"改造第一、给予出路"的刑罚思想,法制教育思想,重视司法工作思想,等等。在 1954 年《宪法》的指导下,这些法制思想进一步得以贯彻和体现,一些刑事、民事、经济、行政法律法规相继出台,内容涵盖了宪法、犯罪、反腐败、土地、婚姻家庭、文化、经济、民族、资源、政府和政治及外交等方面。

1949 年 6 月 30 日,毛泽东在《论人民民主专政》中详细论述人民民主主义取代资产阶级民主主义的必然性,并从历史、现实及理论三个层面阐明

---

① 蒋立山:《中国法治道路初探》(上),载《中外法学》1998 年第 3 期。
② 卓渊泽主编:《法理学》,法律出版社 1998 年版,第 434 页。
③ 逄先知、冯蕙:《毛泽东年谱(一九四九——一九七六)》第二卷,中央文献出版社 2013 年版,第 227 页。

"人民共和国"[①]替代"资产阶级共和国"的原因。社会主义法制思想逐步取代资本主义法制思想,尤其是人民民主思想对西方自由主义思想的取代,对社会主义新中国意义尤为深远。

马克思主义曾对自由主义法治进行过深刻批判,体现在两方面:其一,不承认法律的绝对支配力,主张法律并非万能,不具备掌控一切的力量,对拜物教予以猛烈抨击;其二,认为法律的作用被过度夸大,法治在西方社会已成为一个神话,无所不包,无所不能,然而拨开其神秘外衣,无论是法治的自由主义思想抑或法治理念,实质乃为资产阶级统治服务的工具,作用在于压迫而非保护被统治者。这两点对中国人民正确认识西方的自由主义法治有一定的启迪作用。

以新中国1949年至1957年的法律实践为例,在当时特定的情势下,国家用以人民民主为核心的社会主义法制思想取代西方自由主义法治观具有正当性。不可否认,西方自由主义法治观在保障公民权利方面确实存在一定合理性。私法中,对公民在经济、私人领域等享有的权利,予以明确规定;公法中,通过限制国家权力,保障公民合法权利。但该法治观会导致两大问题:一是过度保障个人自由,削弱国家权力,直接影响国家在国际舞台的竞争力;二是自由主义奉行的价值多元主义、中立主义等,会使国家在国内斗争中,徘徊在各政治派系之间,一旦发生内乱,国家显得相当软弱,缺乏决断力,很难恢复正常国家秩序,最终会摧毁"自由民主"[②]。由此可知,西方自由主义法治观,极其不适合内忧外患的新中国。与西方自由型法治不同,我国的法治属于目标型法治,我们的法治既要保障人民自由,也要为国家的政权构建、秩序稳定和发展大局服务。

为加强社会主义法制,必须发展人民民主,同时,为保障人民民主,亦需加强社会主义法制。"人民民主"和"社会主义法制"[③]须臾不可分离,社会主义法制建立在广泛民主的基础之上,在整个立法过程中贯彻群众路线,将二者有机结合,才能真正走上社会主义法治道路。完善社会主义法制的关

---

[①]《毛泽东选集》第四卷,人民出版社1991年版,第1332页。
[②] [德]卡尔·施米特:《政治的概念》,刘宗坤译,上海人民出版社2004年版,第53页。
[③] 孙国华主编:《中国特色社会主义法律体系研究——概念、理论、结构》,中国民主法制出版社2009年版,第58页。

键在于正确理解人民民主的含义。因为法治主要包含良法和全社会一体遵行法律两个方面。社会主义法律体系的基本形成是依法治国的基础，但要想真正走上社会主义的法治道路，必须坚持人民民主的观念，即更充分更正确地反映人民的意志和利益。充分民主，意味着让人民做主制定法律。对人民来说，法律反映的是人民的意志，代表的是自己的利益，遵守法律就是服从自己的意志和增添自己的福祉，因而会从内心深处尊重和信仰法律。对作为人民公仆的国家工作人员来说，自古就有"法之不行，自上犯之"①，即法令能不能顺利执行，关键在于"上层有没有带头违法"②。只有国家的主人和人民公仆都尊重和遵守法律，这个国家的法治建设才可能真正实现。那么什么是人民民主呢？新中国成立后提出的人民民主是指"人民当家作主"，与封建士大夫致力于"为民做主"③的努力是完全不同的。不正确把握人民民主的内涵，社会主义法治道路的进程就会受到阻碍。人民民主最明显地体现于在国民经济恢复后的国家制度设计之中，我国人民民主最突出的特点是无产阶级领导的、以工农联盟为基础的人民民主专政，这也体现了我国民主主体的广泛性。

### 三、新中国成立初期的核心法治价值观

在第一届全国政协第一次会议开会期间，对中国国名的讨论再次表明了中国共产党对民主法治理念的态度。关于国家名称的讨论主要有三种意见，分别是"中华人民民主共和国、中华人民民主国和中华人民共和国"④。最终我国采纳第三个名称，因为共和国表明国体，"人民"包含人民民主专政的意思，故不必赘述"民主"。这一国家名称充分体现我国与西方国家法治理念的区别，中国把人民作为中心，而非以不同党派之间的共和为中心。当时的主要领导人强调人民民主专政，属于无产阶级专政的范畴，是它的一种形式或一种类型。但在新民主主义阶段，除了工农之外，还有其他的阶级，

---

① 《史记·商君列传》。

② 恩格斯在《给"社会民主党人报"读者的告别信》中写道："即使是在英国人这个最尊重法律的民族那里，人民遵守法律的首要条件也是其他权力机关不越出法律的范围。"（《马克思恩格斯全集》第 22 卷，人民出版社 1965 年版，第 91 页）

③ 覃福晓：《农民平等选举权对提高我国政治文明程度具有重要意义》，载《学术论坛》2005 年第 2 期。

④ 董必武：《董必武法学文集》，法律出版社 2001 年版，第 18—19 页。

对同属于"人民"范畴的一般资本主义的态度不是推翻,因为人民不能对人民实行"专政"①。

分析"人民民主专政""人民代表大会""人民法院""人民检察院""人民政府"等名称可知,我国的国体、政体、司法机关、政府等名称中均含有"人民"二字,这绝非历史的巧合,而是新中国的领导人们有意为之,他们希望"人民"的思想深入人心,让人民深刻地意识到自己是国家的主人,以人民的名义进行法治建设。人民代表大会制度的确立,进一步保证了人民当家作主权利的实现,也为新中国法治道路的建设提供了制度基础。

其实,我国人民民主法治价值观是在扬弃西方法治精神前提下坚持和发展马克思主义法律理论的必然结果。

在西方法治道路发展的过程中,"人民主权""个性自由"②是其价值基础,限制国家权力、权力制衡、司法独立、法律至上等构成了法治的主要内容③。人民对法律的信仰,更是西方法治的重要因素之一。在文艺复兴时期,人文主义思想开始萌芽,经过数世纪的发展,逐步确立起以人本主义为核心的人文精神,而民众对法律的信仰,进一步加快了西方法治道路的建设进程。西方人文精神与法治构建的结合,为我国提供了重要的借鉴。这意味着,在社会主义的中国,应以法律的形式保障人民群众的根本利益,尊重人性,保障人权。

在马克思主义理论中,人民主体思想对人民民主法治建设具有重要指导意义。马克思主义阐述了人民主体的深刻内涵,将人民与政治、经济、文化的发展紧密联系起来,突出人民主体作用的意义。但是实现人民主体目标的前提是充分解放人类,尊重人的价值,重视人的劳动成果,强化人的全面自由发展。我国领导人结合本国实际,充分践行人民主体思想,取得了革命、建设、改革的成功,实现了"人民主权"与"民主法治"④的完美结合。在构建中国特色社会主义法治道路过程中所遵循的人民民主法治理念,是在马

---

① 《毛泽东著作选读》下册,人民出版社1986年版,第760页。
② 钱鸿猷:《西方法治精神和中国法治之路》,载《中外法学》1995年第6期。
③ 舒国滢、程春明:《西方法治的文化社会学解释框架》,载《政法论坛(中国政法大学学报)》2001年第4期。
④ 《马克思恩格斯全集》第3卷,人民出版社2002年版,第72页。

克思主义基本原理的基础上创新发展起来的,马克思的人民主体思想,对我国法治道路的建设具有重要借鉴意义。

## 第三节 法治道路的主要内容

通过对比中西法治道路发展,可知我国走了一条极具中国特色的社会主义法治道路,虽然尚处于初创时期而不够成熟,但坚持党对法治的领导、保障公有制、建设社会主义均是西方法治中绝对没有的突出特色,展现出了革命的勇气与自信。更令人惊喜的是,在我国探索社会主义法治道路过程中,涌现了一批以《共同纲领》、"五四宪法"等为代表的优秀法律文件,为法治建设的不断发展,做出了突出贡献,中共八大对此法治成就予以高度肯定。与此同时,在法治道路的构架方面亦不断创新,不仅在国体、政体、国家权力分配方面有了重大突破,而且在正确处理政党与国家权力关系、公权力与私权利关系方面为后续的法治道路建设积累了丰富的经验。

### 一、法治道路的"中国特色"

新中国伊始,我国的法治道路就极具特点,具体从以下四方面把握我国法治道路的"中国特色"。

第一,重视利用本土法治资源。任何国家的法治都与本国的历史传统、现实国情、经济社会与文化环境有着莫大的关联。基于以上方面的区别,每个国家的法治类型与道路均会有所差异甚至存在本质上的不同。现代法治作为一种适应近现代工业社会的治国理政形式,起源于、发展于、成就于西方国家。因此,中国特色社会主义法治吸收借鉴了西方发达国家法治建设的经验教训,遵循法治发展的一般性规律。

在借鉴外国法治有益经验时,必须深刻认识到我国的法治是社会主义法治,而英、美、法、德等国的法治是资本主义法治,性质上存在本质区别。从总体上看,西方法治理念和模式是为占统治阶级地位的资产阶级统治和经济利益服务的。当西方法学家所声明的理论主张和思想观点有利于资产阶级政治统治和经济利益时,统治者对其倍加重视,并鼓励其发展;当西方法学家的理论主张和思想观点危及资产阶级政治统治和经济利益时,统治者就会对其遏制打压，限制其发展①。这是西方法治治理和模式的阶级本质与理论局限，也是社会主义法治与西方法治最根本的不同。中国法治，在吸收西方法治文化优秀经验的前提下，重视对"本土法治资源"②的挖掘，尤其看重我国文化传统中公共权力自我约束的意义，继承传统文化内核，以建构符合我国传统文化、切合中国人习惯特点、具有中国特色的法治精神和法治体系。

第二，中国社会主义法治道路建设处于初创时期，因此相对而言发展不够成熟。

总体而言，新中国成立初期在彻底废除国民党旧法制的同时，由于党和国家比较重视法治在国家和社会生活中的作用，法治建设亦取得巨大成绩，但具有纲领性特征：一是法律往往根据中国共产党在新民主主义时期的政策而制定，是党的政策的定型化或具体化。二是为配合群众运动的顺利开展，制定一些临时性的法律法规。由于群众运动具有情绪化、非法制化的特性，因而当人民群众在党的号召下发动起来后，难免出现一些无法控制的情况，故制定法律以应急需。三是就法律结构体系而言，新中国成立初期的立法比较粗疏，缺乏一些必要的基本法律。如中央人民政府委员会共制定、批准26件法律，但几乎没有民事、刑事及有关国家经济建设的法律，超过50%的法律集中在"中央、地方各级国家机构组织"③方面。

在新中国成立最初几年取得恢复国民经济、抗美援朝、"三反""五反"、镇压反革命等一系列运动胜利后，新中国政权得到进一步巩固，为法治的建设创造了社会条件。1953年6月，中共中央提出"一化三改"④的过渡时期总路线，从此，我国进入从新民主主义向社会主义过渡的时期，即社会主义改造时期；法治从解构迈入建构，开启了创立新型社会主义法治的新征程。这一时期的法治，遵循"民主和社会主义的价值准则"⑤，在制度规范上本着成熟一个创制一个的方针，取得了突出的成就，但发展也相对不够成熟，还处于起步阶段。

---

① 颜晓峰编著：《建设法治中国》，社会科学文献出版社2015年版，第62页。
② 苏力：《法治及其本土资源》，北京大学出版社2015年版，第7页。
③ 公丕祥主编：《当代中国的法律革命》，法律出版社1999年版，第97—99页。
④ 苏少之：《"一化"滞后、"三改"超前原因简析》，载《中共党史研究》1997年第1期。
⑤ 亓光：《新中国法治建设历程》，世界知识出版社2011年版，第12页。

第三，党的领导与公有制是我国法治道路建设与西方法治相较而言，最具中国特色的地方。

首先，党的领导是区分资本主义法治与社会主义法治的关键所在。社会主义国家党的领导是执政党的领导，西方两党制或多党制国家中党的领导很难体现这一内涵。在西方两党制或多党制国家中，每个政党都有自己的主张、观点和集团利益，讲党的领导是不可能的，如果要讲党的领导首先要问的是哪一个政党的领导。我国党与人民的利益是根本一致的，无论是党的领导，还是实行依法治国，其最终目的均是为实现广大人民群众热切期盼的利益，因此三者是有机统一的。党与法治不存在对立，更谈不上"党大""法大"之类的伪命题，它们都是为人民权益的实现而得以立足与发展。中国共产党的领导是中国法治的重要现实政治资源，构建社会主义法治道路的重要保障。党的领导是社会主义法治最本质的特征，是社会主义法治最根本的保证，坚持中国社会主义法治，最根本的是坚持中国共产党的领导。党对法治建设领导的必然性、必要性和正当性，源自我国的领导制度和政治体制。中国法治道路建设需要花费大量人力、物力、财力，道路漫长，过程艰辛，因此只有中国共产党有足够的领导力和组织动员能力，才能最快最好地促成社会主义法治道路建设。

其次，坚持社会主义公有制的主导作用。根据马克思主义理论，人民群众占有生产资料标志着充分实现人民主体价值。表面上，公有制主要体现为人民在物质层面对生产资料的占有，实质上，公有制反映了人与自己、他人、社会及世界的新型关系，符合社会主义初期的实际发展状况。新中国成立初期，生产力很不发达，一定程度阻碍公有制经济发展，因此允许私有制的存在与发展十分必要，有助于促进社会经济整体迈向更高台阶。尽管如此，私有制存在少数人剥削、压迫多数人的固有弊端，会导致贫富差距扩大，不利于实现共同富裕，故支持私有制发展的同时，应牢牢坚持公有制的主体地位。大力发展公有制经济也利于法治道路的建设，中国社会主义法治建设的一大特色是强调把平等贯彻到法治的全过程。追求实质平等，在我国法治建设中主要体现在实行公有制为追求实质平等提供了"物质基础"[①]。

---

① 江必新：《坚定不移走中国特色社会主义法治道路》，载《法学杂志》2015年第3期。

第四，我国的社会主义法治道路体现在坚持"社会主义"。

中国的法治建设与世界上其他国家相较而言，面临双重阻碍。首先其与资本主义法治对立，这是基于人类社会发展规律的考虑，社会主义是在彻底否定资本主义的基础上演变而来，因此，社会主义法治必然与资本主义法治存在根本对立。其次，中国封建社会历史悠久，在五千多年的历史长河中，遗留下来的民主法治传统十分稀少，而封建专制思想浓厚，因此社会主义法治必然要反封建，即反对"专制独裁""权大于法""义务本位"①等人治、专制思想。

在解决上述两大障碍后，须牢记社会主义是中国法治建设的根本政治方向和灵魂，我们要建设的是社会主义性质的法治国家，发展社会主义法治文明，社会主义法治建设是一种目标性法治，是为最终实现社会主义和维护全体人民利益服务的。

经过长期探索，我们对"中国特色社会主义法治道路"②的核心思想、主体内容、基本要求等有了初步的认识和把握，并在此基础上发展出了初成体系的社会主义法制原则与规范制度。

## 二、法治道路的法律制度基础

从1949年新中国诞生到1956年生产资料私有制的社会主义改造取得决定性胜利，这是中国几千年历史上最深刻、最伟大的社会变革时期，从新民主主义性质的国家制度向社会主义类型的国家制度转变，意味着我国已经开始迈进中国特色社会主义法治道路。新中国成立后，开始了全面的法治建设，到20世纪50年代中期，初创时期的社会主义法治取得了较大的成就，尤其是立法方面较为突出，对巩固新生的共和国政权起到了重要作用。

### （一）《共同纲领》的主要内容及重要作用

《共同纲领》在当时的中国起着临时宪法的作用，有利于新民主主义的实现与社会主义法治道路的建设。《共同纲领》全文共七章约8000字。第一章是总纲，规定中华人民共和国的国家性质是新民主主义的国家，实行人

---

① 公丕祥：《中国特色社会主义法治道路的时代进程》，载《中国法学》2015年第5期。
② 张文显：《论中国特色社会主义法治道路》，载《中国法学》2009年第6期。

民民主专政,根本任务是"反帝、反封建和反官僚资本主义"①,明确指出人民是国家的主人及人民具体享有的权利。第二章是政权机关,规定政体是人民代表大会制,各级政权机关实行民主集中制。第三章是新民主主义的军事制度,规定中国建立统一的人民公安部队与人民解放军,其领导机关是中央人民政府军事委员会。第四章是经济政策,中国的经济有国营经济与私营经济,合作社经济与国家资本主义经济,此外还有个体经济。这五种经济在新民主主义纲领下都可以发展,但是对非公有制经济,需要进行"政策引导"②。第五章是教育文化政策,指出我国的教育文化是大众的方向、科学的内容和民族的形式的统一,与毛泽东思想一致。第六章是民族政策,各民族一律平等,尊重各民族的习惯、信仰,对少数民族实行区域自治。第七章是外交政策,对于一个独立的国家而言,最重要的是领土主权完整,并在独立自主的前提下,与其他主权国家建立和平友好的外交关系,共同维护世界和平。

《共同纲领》是新中国成立之初第一部宪法性文件,不仅包括中国共产党成立以来推出的历次最低纲领的全部内容,而且确认中国人民一百多年来为之奋斗的、实现国家独立自主的全部理想,它的每一条条文,都是与全国人民的精神生活和物质生活密切相关的,为我国初创时期法治道路的建设做出了历史性的贡献。

(二)"五四宪法"的核心思想及历史意义

早在 1952 年 11 月时,中央就有"制定宪法"③ 的伟大构想,经过多次准备,在 1953 年 1 月 13 日的中央人民政府委员会会议上,宪法起草委员会正式成立,毛泽东亲自担任组长,主持起草工作,高度重视"法律体系中的根本大法——宪法"的建设。毛泽东对宪法的含义、本质及地位均有过精准阐述,他指出无论是一个团队还是国家都需要有自己的章程,这是一切行动的准则,宪法就是国家的总章程,对维护国家治理起着"纲领性"④ 的作用。纵观世界上的许多国家,如英、法、美、苏联等,都会在革命成功之

---

① 公丕祥主编:《当代中国的法律革命》,法律出版社 1999 年版,第 92 页。
② 董必武:《董必武法学文集》,法律出版社 2001 年版,第 71 页。
③ 逄先知、金冲及:《毛泽东传(1949—1976)》(上),中央文献出版社 2003 年版,第 308 页。
④ 毛泽东:《毛泽东文集》第五卷,人民出版社 1997 年版,第 129 页。

后,"颁布宪法"① 以维护与巩固其政权。1954 年 9 月 20 日,第一届全国人大代表 1197 人采取无记名投票方式,全票通过该宪法,标志着 1954 年宪法的诞生。

"五四宪法"是新中国第一部社会主义类型的宪法,其制宪的方式和程序建立在民主的基础上,具有广泛的群众基础,人民民主原则贯穿于整部宪法之中,以最大限度地保证广大人民的民主、自由权利。而对社会主义道路的坚持是其最重要的特征。"五四宪法"由序言和四章组成,合计 106 条。序言明确规定我国是人民民主专政的社会主义国家,消灭剥削和贫困,不能采取武力,要用和平手段达成目标,力争让人民群众在繁荣富强的社会里,享受幸福生活。第一章是总纲,规定了国家性质、政体和各项基本国策。在新中国,人民是国家的主人,享有一切权力,全国人大和地方各级人大,是人民行使权力的机关,人大和其他国家机关均采取民主集中制开展工作。第二章是国家机构,分别对全国人民代表大会、国家主席、国务院等国家机关做了全面系统的规定,表明我国政权机构与西方国家、东欧民主国家模式存在根本区别。第三章是公民的基本权利和义务。具体规定了对公民政治权利、人身权利、社会权利、教育权的保护,并保障公民进行科学研究、文学艺术创作和其他文化活动的自由,最后是对特殊群体权利的保护,主要体现为妇女与男性在政治、经济、文化等方面享有平等的权利。第四章规定国旗是五星红旗,首都是北京。

"五四宪法"与《共同纲领》比较,实现了由新民主主义性质的国家向社会主义类型国家制度的新的飞跃。其伟大历史意义表现在以下五方面:第一,它赋予国家性质以崭新的要义和内涵,使我国由《共同纲领》规定的新民主主义国家变为社会主义国家。通过扩大民主制度的模式,和建立高度统一的国家领导制度,用法律的形式把中国走社会主义道路这一发展方向肯定下来。第二,"五四宪法"更加系统、完备地规定"国家的政治制度"②。在总结我国民主政治建设的实践经验以及国家政权机关工作经验的基础上,"五四宪法"对全国人大及地方各级人大的性质、组成、任期、职权等都作

---

① 毛泽东:《毛泽东选集》第二卷,人民出版社 1991 年版,第 735 页。
② 韩大元:《"五四宪法"的历史地位与时代精神》,载《中国法学》2014 年第 4 期。

了详细规定，使具有中国特色的社会主义政治制度得以确立。第三，"五四宪法"[1] 建立了更加完整的国家机构体系。在充分符合我国国情的基础上，"五四宪法"架构了一个以国家权力机关为核心的国家机构体系，规定全国人大为最高国家权力机关，建立中国特色的国家元首制度，并对国家行政机关的组织系统和国家司法机关体系作出详尽的规定。第四，在与国家制度的性质和形式相适应的前提下，建立公民权利体系。"五四宪法"设专章规定公民的基本权利和义务，扩大公民基本权利的范围，第一次把公民平等原则上升到根本大法的高度，其建立的公民权利结构，是中国法治道路建设进程中的一大亮点，鲜明地体现了社会主义中国国家制度的基本性质，集中地反映了国家利益、社会利益与人民利益的高度一致性。第五，"五四宪法"为社会主义经济生活的顺利开展，提供了法律指导，有利于社会主义三大改造的顺利进行，"五四宪法"将过渡时期总路线以根本大法的形式统一起来，使其成为国家意志，同时，规定了过渡时期的所有制结构形式，即国家所有制、合作所有制、个体劳动所有制和资本家所有制，但"国营经济"[2] 应作为重点保护对象，全力扶持其发展。"五四宪法"既为我国建立社会主义确立总目标，也阐明社会主义建设的具体步骤。

（三）法治道路建设的法律规范基础：**1949—1957 年立法成就及其意义**

1949—1957 年的立法成就以"五四宪法"为界限分为两个阶段。第一阶段以《共同纲领》为起点，新中国迈开立法步伐。粗略估计，从 1949 年 9 月到 1957 年 8 月，"中央颁布的法律、法令等超过五百件"[3]，其中，中央人民政府委员会共制定和批准法律、法令 26 件，其余均为政务院、各大行政区军政委员会以及县级以上各级人民政府制定的法规性文件。地方立法更是不计其数，全国大部分省市开展大规模的立法活动，以促进社会主义法治道路的建设。总体而言，这段时期法制建设取得巨大的成就，但这些法律文件具有明显的纲领性特征。第二阶段是从"五四宪法"到 1957 年，在这一时期，以《中华人民共和国宪法》为代表的一批法律的出台，法治道路建设迈向一个新的台阶，新型的宪法制度和法律架构正式确立。

---

[1] 朱福惠：《"五四宪法"与国家机构体系的形成与创新》，载《中国法学》2014 年第 4 期。
[2] 公丕祥：《中国的法制现代化》，中国政法大学出版社 2004 年版，第 436 页。
[3] 蓝令普：《三十年来我国法规沿革情况》，群众出版社 1980 年版，第 10 页。

综而观之，1949年至1957年制定的重要法律、法令或规范性法律文件大体可分四类：第一是宪法，《共同纲领》和"五四宪法"是典型代表。第二是组织法和选举法等宪法性文件，如《全国人民代表大会组织法》《国务院组织法》《人民法院组织法》《全国人大及地方各级人大选举法》等，以组织新政权和巩固新政权。第三是"运动法"，为解决农村土地问题，在许多省市开展土地改革运动，并颁布《土地改革法》指导土改运动的顺利进行；为打击反革命势力，颁布了《中华人民共和国惩治反革命条例》；为配合"三反""五反"运动的顺利进行，《中华人民共和国惩治贪污条例》应运而生。第四是"管理法"，为全面规范社会，促进科、教、文、卫、体等各项事业的发展，颁布了《婚姻法》《新解放区农业税暂行条例》等，这些法律法规的颁布极具实际意义，因为越是与人民生活贴近的法律规范，越是关乎社会的安定团结，越有利于保障人权。总之，自1949年新中国成立以来，在中国共产党的领导下，国家开展大规模的法治建设活动，将人民的共同意志，转化为"国家的意志"[1]，对推动中国法治道路的历史进程作出卓越贡献。在1956年9月19日中共八大的会议上，董必武先生回顾了自新中国诞生以来，我国法治道路建设的光辉伟绩，指出新中国成立初期一切法治都是以《共同纲领》为基础，"五四宪法"是对《共同纲领》的发展，是我国的根本大法，明确规定社会主义法治道路建设的实施方式和步骤，从此我国法治建设进入一个"新阶段"[2]。从1949年至1957年间，20世纪中国第一次法律革命的法律创制领域经历了"两个前后相继的发展阶段"[3]，第一阶段以《共同纲领》为起点，其特点是运用立法手段，巩固人民大革命的胜利成果，建立新民主主义的政治、经济、社会与法律秩序，保障各种社会民主改革运动的顺利进行；第二阶段是以"五四宪法"为指南，加快立法进程，推动从国家新民主主义向社会主义的转变，全面构建社会主义制度的法律基础，促进国家的工业化进程，这一再表明，中国共产党人在新中国成立初期开始全方位、多维度、深层次思考、谋划和布局中国特色社会主义法治道路建设这一篇大文章，以科学理性独特的法治道路引

---

[1] 李光灿：《法理念的求索》，人民法院出版社1999年版，第285页。
[2] 《董必武法学文集》，法律出版社2001年版，第341—342页。
[3] 公丕祥：《中国特色社会主义法治道路的时代进程》，载《中国法学》2015年第5期。

领新生政权的建设与巩固。

### 三、法治道路的构架创新

新中国在法治道路的构架创新方面有重大突破，分别体现在对以下三方面问题的处理上：一是国体、政体及与国家权力横向、纵向分配的问题；二是如何正确处理政党与国家权力的关系；三是妥善处理公权力与私权利的关系。

#### （一）国体、政体与国家权力分配

关于国体、政体与国家权力的分配，我国的相关法律中均有涉及。首先，《共同纲领》和"五四宪法"均对国家性质作出了规定，但后者规定的社会主义性质，比前者的新民主主义更符合我国的实际发展方向。其次，政体是指国家政权构成的形式，一个国家的性质决定着"政权的组织形式"[①]。《共同纲领》明确新中国的政体形式是人民代表大会制度，但规定得比较原则、笼统，"五四宪法"的颁布标志着人民代表大会制度的正式确立，全国人大是行使国家立法权的唯一机关，"五四宪法"对全国人大的组成、任期、会议举行、职权范围、专门机构以及作为全国人大常设机关的全国人大常委会的组成与职权等作了具体系统的设定，还规定了地方各级人大的性质、组成、任期和职权，但此时还没对地方各级人大的常设机关作出规定。最后，关于国家权力分配包括横向和纵向两个角度。从权力分配的横向运行来看，权力集中于"议行合一"的政府；从权力分配的纵向运行来看，权力集中于中央。

权力的横向运行是指国家权力在权力机关、行政机关和司法机关三者之间的配置及其相互关系。新中国成立初期的权力配置，抛弃西方的立法、行政、司法三权平行并列、相互制约的权力格局，而是实行带有过渡性特点的"议行合一"原则，但后来对该原则进行了内部调整，使政府集立法权、行政权、司法权于一身，各级人民代表会议逐渐代行人民代表大会职权，司法机构在双重领导体制下也有一定独立性；单一制的国家结构形式，形成了中央集权体制，意识形态管理、干部管理呈现高度集权，但由于民族区域自治

---

[①] 《毛泽东选集》第三卷，人民出版社1991年版，第1006页。

制度的实行和大行政区的设置，地方拥有相当程度的立法权、行政权、人事权以及司法权。

从权力分配的纵向运行看，新中国形成中央集权制，非常重视中央权威，该特点是世界上许多单一制国家的共性。从中央与地方职权的划分以及事实来看，新中国成立初期历经从中央集权、地方大行政区适度分权到中央高度集权的逐渐演变过程。1952年底开始，整个体制权力的运作呈逐渐向高度集权趋势发展：地方政府权力逐渐向中央政府集中，国家权力日益集中于执政党及中共中央，并开始建立中央权威主导的决策机制。1954年宪法以后，中央高度集权的政治体制基本确立。1956年中央开始意识到"权力高度集中"①的弊端，通过不断下放权力，调整中央与地方的关系。1957年，中国的权力下放进入到新阶段，整体而言，由于受计划经济的影响，政府仍是计划管理权限的主体，企业并不具备自主决策权，地方政府的财政收支权、物资管理权、计划权皆来源于中央。但在权力下放的时代背景影响下，中央的计划经济模式有一定改变，以行政权力分化为中心，力争让地方拥有更多权力，自主选择符合本地实际的发展道路。

基于以上对权力横向、纵向分配的分析，下面将结合我国政治体制具体探讨国家权力的分配及其影响。首先，在国家权力机构方面，全国人民代表大会是最高国家权力机关，是行使国家立法权的唯一机关；其常设机关是常务委员会，可以解释宪法、法律，并享有一定的"立法权"②。这样，除民族自治机关外，其他地方的立法权被取消了，从而形成高度集权的一级立法体制。其次，在国家元首方面，设立了中华人民共和国主席，由全国人大选举产生，可召集最高国务会议，并统率全国武装力量。再次，在国家行政体制方面，国务院作为最高国家行政机关，领导全国各级政府开展工作是其主要职责与权力，但需向全国人大及其常委会报告工作。地方各级人民政府，对本级人民代表大会和上一级国家行政机关负责并报告工作。最后，在司法体制方面，全国人大和地方人大相应地产生最高人民法院和地方各级人民法院，并对其进行监督，接受其汇报工作。人民检察院实行"垂直领导"③，

---

① 《毛泽东文集》第七卷，人民出版社1999年版，第31页。
② 朱福慧：《"五四宪法"与国家机构体系的形成与创新》，载《中国法学》2014年第4期。
③ 王公义：《我国司法行政体制的历史沿革》，载《中国司法》2004年第1期。

最高人民检察院是直接受全国人民代表大会及其常务委员会监督的国家最高检察机关，地方各级人民检察院既要接受上级人民检察院的领导，又要接受最高人民检察院的领导。这样，审判机关和检察机关不再是同级人民政府的下属部门，而与行政机关一样，都在国家权力机关的监督之下，各自构成统一的体系。以中共为领导、各民主党派联合执政的政府转变成共产党领导下的多党参政的政府，多党合作的政治基础由新民主主义转变为社会主义，国家政权性质相应地由新民主主义的人民民主专政转变为社会主义的无产阶级专政，具有社会主义政治体制的特点。因此，1954 年《宪法》的颁布，是新民主主义政治体制转型基本完成的标志，也是新的历史类型的法治体制基本确立的标志。

（二）政党与国家权力的关系

新中国成立初期，中国共产党对国家政权实行的是"一元化"领导原则。因为其他政权机关发展不成熟，共产党不仅有完备的组织体系，而且在长期的革命斗争中积累了丰富的实践经验。同时，肃清残余敌人、镇压反革命和抗美援朝的严峻政治斗争和军事斗争，需要一个权力集中的指挥中心，十分迫切的国民经济恢复发展工作和社会民主改革的繁重任务，也需要一个强有力的组织领导。于是"一元化"领导体制，无疑是当时的最佳选择，保留党的"中央局建制"[①]，并在各行政区划分各级地方党委，让其以该区最高领导机关的地位，领导地方工作。

在人民民主专政的国家政权中，中国共产党占有绝对的领导地位，国家权力集中于执政党。执政党可以合法地运用全部的国家资源，充分利用一切可能的条件、手段，实现自己的执政意图，确保执政行为获得最大效应。与西方实行"三权分立"体制的国家执政党不同的是，中国共产党执政的范围和影响力不仅局限于行政权，它对国家的领导和影响是全方位的，不仅包括立法、行政、司法、干部人事、中央、地方、基层，还对社会政治、经济、文化组织以及社会意识形态进行广泛的领导。也就是说，中国共产党实行的执政是一种"全面执政"。因此，执政的中共与国家政权之间的关系是

---

① 郑谦、庞松、韩钢等：《当代中国政治体制发展概要》，中共党史资料出版社 1988 年版，第 10 页。

中国政治体制的核心内容,它决定了中国特色社会主义法治道路的总体格局和基本构架。

1952年底中国共产党开始采取的分口领导方式是党政关系逆转过程中的一个重大步骤,它使国家事务的管理事实上成为"双重领导",即一方面由国家政权机关进行管理,另一方面由执政党的组织系统进行管理。而两者之间关系的协调问题为党政不分留下了隐患。在尚未形成各级人民代表大会组成的国家权力系统的情况下,当时这个问题还不那么突出。但到1954年宪法制定以后,这个问题就发展为制度性的缺陷:国家立法机关、司法机关、行政机关和军事机关的设置,没有与执政党的执政行为相协调,换言之,没有明确的规范说明共产党应该采取何种途径领导国家政权和国家生活。这样,国家体制失去了规范国家权力主体者的作用,共产党的领导逐步脱离于国家体制之外,党的组织便在国家机构之外"强化领导行为"①。

**(三) 公权力与私权利的关系**

人类社会所有制度中,最重要的构成因子是"权力"和"权利"②。因此,权力和权利的关系,是我国在建设社会主义法治道路过程中必须要厘清的问题。

新中国成立后,个体经济在整个国民经济中,占有非常大的比例,据调查统计,"1952年城乡个体经济占国民收入的71.8%"③,持续到土地改革完成,个体经济的数量依然不断增加,但在国民经济中的比重有所下降。另外,土地改革让农民真切享有土地私权利。"在私权得到保障的基础上,……可以破解公私之矛盾。"④ 对个体经济、合作社经济等私主体经济的鼓励和发展,实际上就是对私权利的尊重和保护。然而不可否认的是在公权力不断兴起和强化后,也存在对私权利的侵犯和剥夺。毫无疑问,"三大改造"⑤ 是历史的根本进步,但在改造过程中,确实存在公权力与私权利的

---

① 王振耀:《党政关系论纲》,参见聂高民等编:《党政分开理论探讨》,春秋出版社1988年版,第122页。

② 漆多俊:《论权力》,载《法学研究》2001年第1期。

③ 赵德馨:《中国近现代经济史(1949—1991)》,河南人民出版社2003年版,第76页。

④ 孙婧毅:《亚里士多德的财产伦理观》,载《湖北大学学报(哲学社会科学版)》2013年第1期。

⑤ 中国社科院语言研究所词典编辑室编:《现代汉语小词典》,商务印书馆1980年版,第164页。

对抗。法治视角下公权力与私权利之间应当是一种对立统一的辩证关系。在新中国成立初期，公权力与私权利的关系除具备普遍性之外，亦有自身的特殊性。具体分析如下：

第一，权利是权力的来源和基础，无论在世界上哪个国家，公权力都是通过民众"让渡权利"[①]而获取的。在民主政治国家，通过民主的代议方式授权于政是最常见的方式。权利是国家权力的"合法性"[②]依据。第二，公权力和私权利倒置。中国十分注重文化传统，推崇家国一体、性善论、以"公"为神圣，强调集体主义、服务、义务等奉献精神，尤其是在计划经济时代，公民的权利在很大程度被公权力所取代，政府管理几乎包揽一切。第三，权利与权力此消彼长，相互依存。从短期和局部来看，权利与权力此消彼长，但从长远看，权力与权利一定会随着时代发展，规模不断扩大，因此权利与权力亦存在共同促进的关系，如公民的受教育权、环境权、社会保障权等权利的实现，与公权力的扩张与高效率行使密切相关。第四，公权力和私权利的随意化。衡量法治社会的一个重要标准是，权利与权力是否具有明确的界限和相对稳定性。分析新中国的法治状况，权利不平等是导致法治难行的一个重要原因，但还需明白社会主义初创时期的特殊国情及政权的取得方式，决定了实现权利完全平等必然是一个漫长而艰巨的过程。第五，权力扩张与私权利萎缩。公权力天然具有扩张属性，私权利极易受到公权力的侵害，一旦受到侵犯，权利主体应积极主动采取措施捍卫权利，在适当情况下亦可"寻求公权力的保护"[③]。

为更好地处理公权力与私权利的关系，应努力做到：第一，合理限制公权力，尽最大可能保障私权利，在最低程度上实现权利与权力的平衡。通过从纵向和横向收缩权力，尽量减小计划经济与集权主义模式对我国社会主义发展的消极影响。第二，坚持公权力以私权利为界限。遵从权利本位原则，实现权力与权利的动态平衡。公民行使权利无须法律的具体列举，但公权力

---

[①] 卓泽渊：《法治国家论》，中国方正出版社2001年版，第62、69页。
[②] 吕继东：《宪法：权利和权力》，载《人民法院报》2002年11月25日。
[③] 第二次世界大战后纽伦堡审判中就曾确立过"诉诸良心的拒绝"的法治原则。

应严格遵守"越权无效"原则。第三,力争实现权利与权力的"结果平衡"[①]。没有救济就没有权利,健全有效的权利救济制度,不仅可为公民权利的实现提供法律保障和制度支持,而且能对国家权力进行有力的监督。

作为公权力主要内容的立法权、行政权和司法权的规范化运行,并非西方所谓的三权分立,而是在党的领导下互相配合并相互监督,以实现国家治理体系和能力的现代化。同时,私权利的内质和地位也随着法治道路建设的进程而愈加丰富和提升。作为私权利主要内容的人身权、财产权、基本政治权利以及公民经济、文化、社会等各方面权利的自治性运用,也并不是建立在西方所谓自由主义思想之上的行为,而是建立在以"人民民主"为中心的基础上的合理行使与互相尊重,从而以法治保障发展的自由性、全面性、平等性和有序化,实现以人民为中心的科学发展。

## 第四节 法治道路的实践经验

国家力量是新中国法治建设的力量源泉,无论是宏观上法治目标的拟定,抑或是社会主义法律体系的健全,均靠政府全力推进,自上而下地进行法治启蒙,即我国的法治道路的实践路径是政府推进型的法治道路。

### 一、政府的主导性作用

政府推进型法治道路,指在一个较短时间里,人为地甚至是强制性地推进"法治建设"[②],积极主动地创造条件,对不利于法治道路的方面进行改革,加速法治建设,全方位、多层次、有步骤地系统实现法治战略目标,这一切都需要政府充分发挥主观能动性和宏观调控作用。必须强调的是,这里的政府不仅仅是指狭义的行政机关,而应当包括一切公权力尤其是执政党。以执政党为核心的公权力系统全面设计、强力推进法治制度规范及其实践,是后发达国家追赶型法治道路建构的关键,且对社会主义新中国尤其重要。

通过对新中国成立初期我国社会主义法治道路建设的分析,政府在法治

---

① 杨叶红:《论我国政府推进型法治中的权力规范问题》,载《湖南省社会主义学院学报》2004年第6期。

② 郭学德:《试论中国的"政府推进型"法治道路》,载《中共中央党校学报》2001年第2期。

道路中的主导作用主要体现在四个方面：第一，对民众进行法治观念启蒙，在全社会开展普法活动和法治理念教育，使民主法治精神及其价值观念深入人心，从而让法治意识成为整个中华民族的核心理念。因为没有法治意识，便无从谈起法治政府与法治国家。第二，政府是法治道路建设的"总设计师"[1]，它不仅在法治目标确定和战略方针上起着关键引导作用，而且具体实施方面也需要政府自上而下地领导和推动。第三，创新法制和完善法律体系。以往我国在制定法律时，过度依赖他国既存法律制度，大量加以引用借鉴，忽略了对本国实践经验的总结和本土资源的利用，这极不利于建设中国特色社会主义法治道路，因此，应提高创新意识，创建属于中国人的法律制度和体系。当然，这并不意味着排外，恰恰相反，应当使其改造成为我所用的制度规范。第四，充分保障法治道路建设的顺利进行，大胆"改革行政和司法体制"[2]，是保障法治目标实现的重要路径之一，应有条不紊地在行政、司法领域进行改革。

## 二、政府推进型法治道路的实践

在拥有强有力的现代国家能力和现代政府系统的前提下，中国政府从以下方面掀起了声势浩大的法治化运动。首先，政府投入大量的人力、物力，以全国性的普法运动为先导，希望在较短的时间内提高民众的法律意识和法治观念，为法治建设树立牢固的观念基础。其次，开动政府的立法机器，大批量地生产国家制定法，以这些法律为基础，在形式上搭建起种类齐备的法律体系，并以国家强制力为后盾，将这些法律规定为调整民众行动的最主要依据，中国法治建构的法律基础由此形成。再次，为国家制定法的执行提供制度保障，大力加强司法队伍建设，构建阶梯状的司法体制，保障法律的实施。最后，将社会主义法治道路建设作为全民族的奋斗目标，为使这一目标尽快实现，分阶段拟定法治战略步骤，将这些战略步骤从上到下落实到民众的日常行动之中。

---

[1] 郭学德：《试论中国的"政府推进型"法治道路及其实践中存在的问题》，载《郑州大学学报（哲学社会科学版）》2001年第1期。

[2] 蒋立山：《中国法制现代化建设特征分析》，载《中外法学》1995年第4期。

## 三、政府推进型法治道路的动力因素

20世纪的中国走上一条政府推进型的法治道路,表明中国法律发展的直接动力,是中国自上而下的政治力量。下面将具体分析这些促进法治道路发展的力量。

### (一) 丰富的本土政治资源

走中国特色社会主义道路,必须要符合本国国情,充分利用本国特有的资源发展法治,在众多资源中,对法治发展贡献最大的是"本土政治资源"[1],稳定的政治组织、强有力的政权等都对巩固法治基础,提升法治影响力具有不可低估的作用。在传统法治资源方面,中国拥有悠久的历史,蕴含着以法治国、以人为本、法平如水、明德慎罚之类的优秀政治传统和法律文化。在政治组织方面,党和国家已经逐步形成治理国家的系统化组织体系,契合了现代法治既制约公权力又保障公权力高效率运行的双重功能。从党的成立到新中国的建立与发展,党的自我完善、自我优化、自我净化能力表明,超越于党之外另起炉灶搞一套法治治理体系不仅在现实中不必要,而且会阻碍法治中国的发展进程。

纵观第三世界国家的历史,可以发现许多国家在现代化进程中,过程艰难,动荡不安,发展周期过于漫长,其主要原因是"弱政府"[2]在国家治理、社会管理中无法充分发挥强有力的领导作用,从而导致各种政治势力陷入分化、斗争、流血冲突的局面,往往需要付出巨大的社会成本,无疑会延缓国家的法治进程。中国与这些第三世界国家相比,优势是拥有强大、稳定的政府,并且不断地在法治道路上向前迈进。一个国家的繁荣富强,必然是多种资源的有效整合、利用,强有力的政府不仅仅指"政治力量"[3]的强大,更意味着政府掌握和支配的资源非常丰富,通过政府的宏观调控作用,可将经济资源、教育资源等具体资源进行合理的分配与再分配,从而促进社

---

[1] 苏力:《法治及其本土资源》,北京大学出版社2015年版,第11—14页。

[2] 段凡:《建国以来公权力及其体制的历史变化与现实启示》,载《上海交通大学学报(哲学社会科学版)》2016年第6期。

[3] 蒋立山:《法律现代化——中国法治道路问题研究》,中国法制出版社2006年版,第110—112页。

会相对公平。在法律层面亦是如此，无论是正式法律组织还是民间生活的非正式法律组织，都与政府有着莫大的关联，政府可将法律资源进行有效整合，集中力量实现社会主义法治道路的建设。

### （二）法治的政府推动及其与人民的关系

中国走上政府推进型法治道路，既是顺应时代，也是国情的必然选择。但这不禁引发人们的思考：政府在法治道路建设过程中到底扮演什么角色呢，是主体还是客体？人民作为国家的主人，又对推动法治进程起着什么作用？政府与人民的关系如何？能否弄清这一系列问题，直接关系到法治能否顺利有效推进。

新中国的主人是人民，国家的一切权力属于人民，这些内容均被明确载入"五四宪法"，人民的重要地位表明其在法治道路的建设过程中，也必然作用显著，那么人民到底是法治的主体还是客体呢？从上述本土政治资源这一因素的分析中，可知政府对推动法治道路建设起着主导作用，因此其主体地位毋庸置疑。但需要明白的是这里的政府并非狭义的概念，而实际上指政治意义上的国家，不仅包含权力机关、行政机关，而且包括执政党，在此层面，人民和政府一样也是推进法治道路建设的主体。因此，如何正确认识政府与人民的关系，成为了法治道路建设的重中之重。在我国，执政党与人民的关系分为领导关系和服务关系。首先，共产党领导一切，党对人民的领导关系，具体表现为让人民在实现党的路线、方针、政策中，不断增强"法治意识"[①]，并领导人民立法，将党的意志转变为国家意志。其次，共产党是全心全意为人民服务的，将人民的意志和愿望写进法律，并透过国家的具体执法司法实践，对人民的各项权利予以充分保障。

执政党以其广阔的格局和独特的视角，引领人民进行法治道路建设，在充分尊重人民群众法治实践经验的基础上，逐步实现符合人民长远利益的法治目标。在执政党长期的法治熏陶下，人民的民主、权利、法治意识不断强化，从而更好地参与国家治理和社会治理，长此以往，执政党与人民形成"良性互动"[②]，逐步建立领导与支持、代表与监督的新型政法关系。人民群

---

① 《江泽民1996年2月8日在中共中央举办的中央领导同志法制讲座上的讲话》，转引自刘海年、李林主编：《依法治国，建设社会主义法治国家》（论文集），中国法制出版社1996年版，第56页。

② 石文龙：《法律变革与"中国法"的生成》，中国法制出版社2013年版，第88—99页。

众需要充分发挥创造性与主观能动性,探索法治道路的发展,但不能离开国家和党的领导、认可和推动。因此,政府的主导力量、国家目标与人民利益的完美结合,是我国法治道路建设中必须始终如一坚持的基本原则。

### (三) 制度创新及其与民众的关系

政府推进型法治道路在中国的实践,决定了我国的制度创新具有强制性,即主要凭借政府的力量,通过具体的法律、法规、命令等自上而下地进行法治创新,从而使法律和秩序得以更新。如果说政府是推动法治道路建设的总设计师和总工程师,那么人民则是为法治大厦添砖加瓦的建筑师,因为任何一个时代,只有最大限度激发人民群众的力量进行制度建设,才能真正实现制度创新的目标和人民的长远利益。新中国成立初期,我国在社会经济发展和法治道路建设方面取得了较大的成绩,并积累了许多成功经验。首先是人民群众发挥主观能动性,探索符合自身利益的发展道路,通过在不同领域实施取得较好效果后,再从国家层面对制度进行认可,并在全国范围内推广施行。其次是在国家对某项制度进行认可之后①,由各地结合实际情况进行试点,国家在综合比较各地的实施效果后,再确立能够适用于全国的制度。最后是政府只对制度创新做出纲领性的设计和大概框架,具体的规则制定和实施办法,全部交给不同地区根据自身情况决定,这样中央只在总体方向上把关,给社会大众和地方充分的发挥空间,这在处理具有地方特色的事项时无疑十分重要。以上三种制度创新的方式,将国家的力量与人民群众的创造性实践有效结合起来,在中国特色社会主义法治道路建设过程中值得充分肯定。

### 四、新中国成立初期法治道路探索的规律性识见

我国社会主义初创时期,从废除国民党《六法全书》等旧法制,到《共同纲领》、"五四宪法"等一系列重要法律规范的颁布,我国开始走上中国特色社会主义法治道路,在这艰辛的法治道路建设探索时期,总结出如下规律:

---

① 蒋立山:《法律现代化——中国法治道路问题研究》,中国法制出版社 2006 年版,第 120—124 页。

第一，在社会主义法治道路建设中注重"党的领导"[①]。一方面，法治道路离不开党的领导。因为中国共产党是马克思主义政党，是领导中国人民不断开创新事业的核心力量。中国共产党能够依据社会发展规律和趋势，提出正确的路线、方针和政策，领导法治道路不断发展。另一方面，党的领导通过社会主义法治得以更好地实现。党领导人民立法，将党的意志上升为国家意志，但同时党亦受法律的约束，在宪法和法律的范围内活动，坚持依法治国，按照法律办事。这样，党的领导就有了法律保证。

第二，走社会主义法治道路，要坚持社会主义法治价值体系导引。因为建设社会主义法治道路的首要前提是拥有良好的思想基础，包括法治精神、法治理念、法治理论等，这些法治精神成果的丰富完善需要一定的时间积累和大量人力、物力的投入。行政机关及其工作人员应多途径、多领域宣传法治观念、法治思想，确立法治原则，法学家们要尽力完善法治理论建设，从而让人民提高法治意识，在内心树立法治信仰，真正形成"社会主义法治文化"[②]。尽管社会主义法治价值理论体系的形成必然会经历艰苦曲折的过程，但它影响着我国法治建设的性质，为其指明发展方向，并影响着法治发展的速度和质量。

第三，坚持导向上的政治性。在我国社会主义初创时期，发展法治应考虑国情，阶级性、政治性和党性是我国法治的显著特征，因此政治与法治不可分离，应将二者有机统一起来。以法律制度和法治实践为保障，为大局服务，促进我国社会经济文化等各方面的发展，实现政治、法律、社会效果的统一。当然，这种统一必须限定在宪法法律和党内法规的范围之内，而决不能超越法律之外，否则，法治便会荡然无存。

第四，法治道路建设的制度保障是坚持社会主义制度。作为刚刚成立的新中国而言，面对发展迅速、经济发达的西方国家和复杂的国际国内局势，当务之急是巩固革命果实。因此应将法治道路建设作为重中之重，完善法治制度规范体系，不仅包括社会主义的经济、社会与文化制度，而且涵盖人权保障、民主选举、立法、司法、执法、监督、守法等制度。以上制度的核心

---

[①] 亓光：《新中国法治建设历程》，世界知识出版社 2011 年版，第 198—199 页。
[②] 蒋传光：《中国特色法治路径的理论探索》，中国法制出版社 2013 年版，第 17 页。

要旨是保障民主制度的法律化以及在法律上对公权力进行明确限定,实现全体人民的权利。只有这样,才能将法治精神蕴含在法治制度规范体系中。

第五,过程上的长期性。我国社会主义法治道路的建设必然需要经历漫长的时间,主要源于内外两个原因:外部原因是法治的发展本身充满艰难险阻,例如西方法治的形成,经过了数千年,从古代文明、古希腊文化、神权统治、文艺复兴到资产阶级革命、从近代自由主义市场经济到现代市场经济形态下的法治,每一次的发展都需要经受剧烈变革和重重考验。尽管如此,在经过数百年发展而演进成为现代法治之后,依然存在种种不足。法治之治与人治、集权、专制具有天然的对抗性,而后者的影响是漫长的,在某些层面和环节甚至是根深蒂固的,严重影响和冲击着法治的形成。内部原因是我国历史悠久,遗留了太多"封建传统文化"[①] 阻碍现代法治的发展,只有破旧方可立新,在实施法治道路建设前需要彻底根除封建专制和人治思想,这是一项十分艰巨的历史任务,因此会延缓我国法治道路进程。在社会主义初创时期,政治、经济、文化等各方面发展相对落后,法治处于不断探索完善之中,要真正实现社会公平正义、提升社会文明程度,让大众形成法治信仰和内心确信,还需要长期而艰苦的实践。

---

[①] 肖德芳、何利:《法治与和谐的中国路径研究》,中国法制出版社2014年版,第340页。

# 第 四 章

# 改革开放前二十年的法治道路建设
# （1978—1997 年十五大前夕）

  1978 年，中国开启改革开放的伟大航程。为消除"文革"对法治的破坏，中国在法律界进行了拨乱反正，开展了轰轰烈烈的思想解放运动，实事求是、实践是检验真理的唯一标准等思想的广泛传播为我国恢复和建设社会主义法制扫清了障碍。随后，中国的立法、执法、司法以及法治文化建设获得了前所未有的迅猛发展。期间，历经 1982 年宪法的颁布、1992 年社会主义市场经济的确立等一系列重大标志性事件，直到 1997 年党的十五大正式提出依法治国、建设社会主义法治国家的整整二十年，尽管没有采用"法治"的提法而是使用的"法制"一词，但无可否认，中国特色社会主义法治道路建设取得了举世瞩目的伟大成就。二十年的"改革"史，实质上就是一部"变法"史。全面梳理和深入分析这一时期法治道路探索的成就与规律，对当今法治中国道路构建与创新具有重大理论指导与现实意义。

## 第一节　法治道路的探索脉络

  1978 年是我国社会主义法治建设历程中具有独特意义的一年，党的十一届三中全会的召开向世人宣告中国正式开始实施改革开放政策，彻底终结"无法无天"、否定法治的"文革"噩梦。

## 一、拨乱反正与法律界的思想解放

十年"文革"将新中国的法治成就破坏殆尽,直至党的十一届三中全会的召开,这种局面才逐步得到改变,我国开始迈入一个新的法治时代。新时期思想解放的标志是《实践是检验真理的唯一标准》的发表。随后,全国范围内展开的关于法律面前人人平等、法的本质、权利义务关系问题的大讨论,更深层、更广泛地解放人们的思想,为社会主义法治道路的顺利建设奠定良好的思想基础。

### (一)实践是检验真理的唯一标准

1976年10月,"四人帮"的粉碎标志着十年"文革"结束。面对百废待兴的局面,当务之急是恢复与建设社会主义法治。1976年10月,在北京召开的中共第十一次全国代表大会上,人们的思想仍停留在"文革"时期的水平上,尚未开始重视法治建设。华国锋同志在政治报告中提出了党在今后一个时期的八项任务,未提到法治问题,也没有将法治与民主制度建设相联系。[①] 但在邓小平同志主导下,这种情况有了较大改观。他一再强调社会主义法治的重要性,提出民主只有在法治的保障下,才有可能真正实现并在政治生活中发挥实际效用,法治亦应以民主为前提,这样才能保护人民群众的长远利益,实现社会的公平正义。民主与法治的密切联系,体现在立法、司法、执法等法治体系的方方面面,为社会主义法治道路建设指明了方向,丰富了社会主义法学理论体系研究,是我国改革开放时期法治发展的重大创新。1978年5月1日《实践是检验真理的唯一标准》的发表,标志着我国新时期思想解放的开始。邓小平高度肯定"实践是检验真理的唯一标准",并明确指出在我国社会主义法治建设中,必须自始至终坚持该原则,且要不断地解放思想,以适应复杂多变的国际国内环境。[②]

党的十一届三中全会的召开在我国历史上具有划时代的重大意义。至此,以经济建设为中心取代以往以阶级斗争为纲的错误思想。党和政府将经济建设作为一切工作的中心,这对法治道路建设影响深远,该时期的法治建

---

[①] 《中国共产党第十一次全国代表大会新闻公报》,载《人民日报》1977年8月21日。
[②] 《邓小平文选》第二卷,人民出版社1994年版,第146—147页。

设亦以服务经济为主要目的。党和全国人民热情洋溢地投入到加强社会主义民主与法治建设的伟大事业中，提炼出"有法可依、有法必依、执法必严、违法必究"[1] 的十六字法制方针。以邓小平同志为核心的老一辈革命家为中国特色社会主义法治道路的建设呕心沥血，贡献出了全部的力量，其凭借敏锐的洞察力客观理性地分析我国法治发展的不足之处，以高度的概括能力分析各国法治建设的经验教训，从而有选择地借鉴各国优秀经验，在此基础上总结出一套具有中国特色的民主法治发展理论，把民主、法治、中国特色社会主义有机统一起来，从而更全面科学地指导社会主义法治道路建设。

（二）法学界的思想解放与法学理论的创新

1978 年以来，在思想解放的背景下，法学界遵循党的正确路线方针，拨乱反正，排除"左"与右的干扰，法学研究无论在广度和深度上，皆取得前所未有的显著进展，形成学术争鸣的大好局面，对立法、司法、执法工作的改进均产生重要作用。新中国成立后，我国的法学理论基本上模仿苏联的国家与法权理论的模式构建，在这种理论框架下，法的专政性、阶级性突出，而法的社会性、规则性却被无视，这种状况与新时期法治道路的建设不相适应。因此法学理论在以下方面做出创新：

1978 年，法学界掀起了关于法律面前人人平等问题的讨论。[2] 其中，"法律"是指立法、司法还是执法？"人人"的具体内涵包括哪些群体？一系列疑问随即产生，引发对法的本质的深度理论思考。[3] 归结起来，主要存在四种不同观点：人民"在自己的法律面前"人人平等、公民"在适用法律上"一律平等、公民"在法律面前"一律平等、[4] 以及"公民在法律上一律平等"[5]。无论如何，这次讨论为 1982 年宪法确立法律面前人人平等原则奠定了思想基础。同时，为认清社会主义法律和法治的本质属性，理论界围

---

[1] 《邓小平文选》第二卷，人民出版社 1994 年版，第 141 页。
[2] 蒋传光：《邓小平法制思想概论》，人民出版社 2009 年版，第 50 页。
[3] 有关文章很多，如 1979 年《学术月刊》第 9 期发表陈处昌《关于"法律面前人人平等"的几个问题》及张光博《也谈法律面前人人平等》等文章；1980 年《社会科学》第 1 期发表潘念之、齐乃宽《关于"法律面前人人平等"的几个问题》等文章。
[4] 周尚君：《"法律面前人人平等"的由来》，载《学习时报》2014 年 2 月 25 日。
[5] 李步云：《坚持公民在法律上一律平等》，载《人民日报》1978 年 12 月 6 日。

绕法的阶级性和社会性问题进行了广泛讨论,[①] 经过激烈的争鸣,推翻了法只是统治阶级意志体现的观点,认为法还具有社会性,这成为当时思想解放的又一个重要标志。再者,学术界就权利与义务本位问题展开了热烈讨论。学者们对权利的渊源、类别、内在矛盾、权利和义务的关系等均展开热烈讨论,主要观点有:①权利本位论,认为权利是义务存在的前提和基础,权利是第一位的。②义务中心论,认为虽然权利和义务具有同等价值,但是义务在实效层面更重要。③权利义务本位论,认为权利和义务同等重要,都是法的本质的体现。[②] 对法治道路选择而言,最为重要的是,早在20世纪70年代末,学界就人治与法治的关系问题[③]展开了集中而深入的讨论,在当时引起了学界和全社会广泛关注。彭真于1979年9月1日在中央党校发表的《关于社会主义法制的几个问题的讲话》指出:"现在要依法办事,依法治国,你是领导,不懂法怎么行。"[④] 1980年,学术界专门就人治与法治讨论形成的丰硕学术成果汇编成册,公开出版了《法治与人治问题讨论集》一书[⑤],标志着在学理层面初步达成法治共识。

法学理论界关于法和法治的学术探讨与创新,是对"文革"时期把法当做阶级斗争、阶级专政、镇压知识分子和无辜群众工具的理性反思和根本否定,不仅对法学研究意义深远,而且对建设中国特色社会主义法治道路的实践有着极其重要的影响,对我国新时期的立法、司法、执法、守法等均具有重要指导作用。

---

[①] 栾俪云、戈顿等编著:《60年:改变中国的法治进程》,社会科学文献出版社2015年版,第294—296页。

[②] 1988年6月,吉林大学法学院组织召开了"法学基本范畴研讨会",张文显教授对"以阶级论为纲"和"以规则为核心"的法律范畴论进行了理论批判,认为"权利和义务是法规范的核心内容,也是法关系的基本要素";应该"把权利作为法学最基本的范畴,以权利论为法学的理论基石"(张文显:《关于权利和义务的思考》,载《当代法学》1988年第3期)。在本次研讨会上,张光博、张文显、葛洪义、杨春堂、李敏、沈国明、郑成良、钱福臣、孙育玮、韦绍英、王子正、张恒山、魏再龙、李放、林志敏、王勇飞、孙莉、林喆、严存生、公丕祥、信春鹰、张乃根聚焦于权利义务关系及其定位问题发表了富有见地的学术观点。自此,揭开了权利本位论大讨论的序幕(下文:《商品经济、民主政治的发展——法学基本范畴研讨会纪实》,载《当代法学》1988年第3期)。

[③] 蒋传光:《邓小平法制思想概论》,人民出版社2009年版,第220—221页。

[④] 彭真:《关于社会主义法制的几个问题的讲话》,载《红旗》1979年第11期。

[⑤] 本书编写组:《法治与人治问题讨论集》,群众出版社1980年版。

## 二、社会主义法律体系的恢复与发展

改革开放后的二十年与社会主义初创时期相比,社会主义法律体系建设、探索的环境发生了翻天覆地的变化。从外部看,美苏两个超级大国之间对抗长达半个世纪,严重影响了整个世界的安定与进步。冷战结束后,世界局势逐渐趋于良好,和平与发展成为世界的主题,为包括法治建设在内的整个社会主义建设提供有利的国际环境。从内部看,通过深刻反思"文革"的惨痛教训,形成了关于民主法治的一系列新思想新理论。在国内国际环境双重利好的情势下,法治建设进入实质发展阶段。

第一阶段:从1978年至1982年宪法的颁布。此时的主要任务是反思和纠正"文革"彻底毁坏法制的极端错误,恢复重建法律体系和执法司法机关。这一阶段的主要任务是破旧立新。根据全国人大的决定,全国人大常委会法制工作委员会从1980年起,开始清理与当时的社会经济发展不相适应的法律、法规,清查对象主要集中于新中国成立以来至1978年底颁布的134件法律,直接决定其中111件法律自此失效,剩余23件法律中部分有效,部分还有待继续考察。在这四十年间颁布的48件民族自治地方组织条例全部无效。对旧法进行处理后,全国人大及其常委会共颁布了24件法律和25件与法律有关的决定,除此之外,许多省市相继出台一些地方性法规。这些法律法规的颁布,如同"及时雨"般对社会主义市场经济发展起到了关键作用,如刑法、刑事诉讼法的施行对打击犯罪、保障人权,维护经济社会持续稳定发展产生重大影响;经济合同法、中外合资经营企业法等法律法规的出台,为规范社会主义市场经济秩序,吸引外资,推进经济发展注入源源不断的活力。

第二阶段:从1982年宪法的颁布到1997年。以1982年宪法的颁布为起点,以1992年社会主义市场经济体制的确立为根本动因,我国进入到社会主义法律体系全面建设时期,立法数量和立法质量皆远远超过第一阶段,且在立法上有所创新,涉及的领域越来越广泛。

从1982年底至1997年底,全国人大及其常委会总共颁布法律及关于法律的决定约270件。其中,1992年,邓小平发表著名的南方谈话,中国进入社会主义市场经济体制建设时期,法治道路得到不断拓展,仅1993年到1997年,国务院制定了大约200件行政法规,各地方也积极参与立法,在这五年间，地方人大及其常委会共颁布了 3500 多件地方性法规，行政规章和政府规章超过 1000 件。以上法律、法规、规章涉及的范围十分广泛，既包括国家机构、刑事、民事、经济等基本立法，也包括自然资源保护、对外开放、社会保障等新型领域的事项。可见，1992 年以来，我国法律体系建设取得突飞猛进的发展，其标志是社会主义市场经济法律体系的确立。[①] 这是中国特色社会主义法律体系的重要组成部分，为改革开放时期社会主义市场经济的迅速发展奠定坚实的法律基础，实现了经济领域的有法可依。无论是在立法的专业性、科学性上，还是在立法数量和调控领域方面，皆取得长足的进步，社会主义市场经济法律体系进入了实质发展期。[②] 总之，1978 年至 1997 年，是我国社会主义法律体系全面恢复和飞速发展时期，立法规模空前，立法质量卓越，意味着我国进入中国特色社会主义法律体系建设的黄金时期。

但不可避免的是，该阶段的法律体系建设也存在一些局限性。在改革开放初期，由于经验不足，我国立法带有较为浓厚的苏联法制色彩，如 1979 年刑法、刑事诉讼法[③]等。随后，由于市场经济快速发展，社会生活日新月异，法律难以完全与社会经济生活相协调相适应，甚至在个别情形下出现立法权限模糊、重复立法、越权立法、地方立法、部门立法，造成立法资源的浪费。[④] 伴随着市场经济法律体系的日益完善，这些现象在随后的法治建设中得到逐步纠正。

## 第二节　法治道路的法理破冰

通过分析法治道路的法理基础，能更加明了我国法治道路的"来路"与"去处"。从 1978 年开始，伴随着法治领域"拨乱反正"[⑤]的深入推进，

---

[①] 公丕祥：《中国特色社会主义法治道路的时代进程》，载《中国法学》2015 年第 5 期。

[②] 李林：《改革开放 30 年与中国立法发展（下）》，载《北京联合大学学报（人文社会科学版）》2009 年第 1 期。

[③] 蒋传光等：《新中国法治简史》，人民出版社 2011 年版，第 47 页。

[④] 蒋传光：《中国特色法治路径的理论探索》，中国法制出版社 2013 年版，第 38—40 页。

[⑤] 从 1978 年党的十一届三中全会到 1981 年党的十一届六中全会通过《关于建国以来党的若干历史问题的决议》，在党的根本指导思想上完成了拨乱反正，彻底纠正"文革"错误，实事求是评价历史，坚持和发展毛泽东思想。

积极倡导法治，反对人治，逐渐成为主流思想。随后，在破旧中立新，把马克思主义法律观与中国国情紧密结合，探索马克思主义法学和法治理论中国化、当代化和现实化的理论成果和实践路线，形成邓小平法治思想，为中国特色社会主义法治道路建设奠定理论基础。

## 一、法治论

从人治向法治的转变为拨乱反正奠定了理论基础。早在先秦时期，儒家和法家就人治和法治问题展开激烈的争论。新中国成立之初，接受过法学教育的民主人士和党内主要领导如毛泽东、刘少奇、董必武等都支持法治。然而到"文化大革命"前夕，人治观逐渐占据优势，人治观成为阶级斗争的武器，指责"法治"是资产阶级的糟粕而予以彻底否定。

至20世纪70年代末期，经历了"文化大革命"的悲剧，中国政府、法学家和广大民众逐渐醒悟，开始对治国方略进行新的探索。如前所述，中国法学家以空前的热情投入到那场人治与法治大讨论中，各派观点可归结为四个方面：①要人治不要法治（"人治论"）；②要法治不要人治（"法治论"）；③法治与人治结合（"结合论"）；④摒弃法治、人治的前提（"摒弃论"）。① 在法治与人治的讨论中，共识性观点认为"人治"具有多变性，主要表现在以下两个方面：一是因领导人的改变而可能会带来的制度和法律的改变，即因人而变；二是制度和法律可能因领导人看法和注意力的改变而可能出现的变化，也就是因势（或事）而变。这种治国的可变性都不利于国家的长治久安，都抛弃了应该遵循的法律原则。所以实行依法治国，就要从根本上实现同"人治"的决裂，以宪法和法律作为治理国家的依据，以法的稳定性代替人的可变性，保证国家的稳定发展，从而保证国家的长治久安。②

法治论者的目的是建立起法律在政治生活中的权威地位，将民主制度化和法律化。这次讨论不仅凸显法治作为治理手段的重要性，而且为社会主义法治道路的建设奠定法理基础，并开发出许多技术层面的议题，服务于改革

---

① 汪太贤、艾明：《法治的理念与方略》，中国检察出版社2001年版，第259页。
② 黄之英编：《中国法治之路》，北京大学出版社2000年版，第71页。

开放基本国策的确立和实施,与市场经济秩序的逐步建立有着紧密的联系。

实际上,创设现代法理型的法律秩序与实现从人治到法治的历史性转变,建设社会主义法治国家,处于同一个时代过程之中。人治和法治关系处理是否妥当,在根本上影响着社会主义法治道路建设进展,必须充分利用改革开放的历史机遇,实现从人治向法治的根本转变。①

## 二、平等论

法律面前人人平等基本原则的确立为法治道路建设奠定了理论基础。当时,就"法律面前人人平等原则"展开了深入的理论讨论。较有影响力的观点认为,"法律面前人人平等"是法律价值在司法上的体现,只能适用于司法领域。但这种说法存在逻辑问题,法律的适用,是以法律的制定(立法)为前提的。如果在立法上存在不平等,那么欲在司法和执法中实现平等,便失去了前提。早在新中国成立初期,"五四宪法"第八十五条②明确规定法律面前人人平等,同时,《人民法院组织法》亦对该原则做出具体规定,充分表明在法治道路建设过程中,坚持平等实属必要。而且这种平等不仅指法律适用上的平等,更应该从立法源头上尽可能做到最大限度的公平正义,否则平等就会缺乏法律依据和现实基础。在法律中确立人人平等原则,既能反映新时期社会阶级结构的变化,又为社会主义市场经济的发展带来活力。因此,法律面前人人平等作为法治建设的必备原则之一,须从立法、执法、司法、守法上一以贯之,四者不可偏颇。另外,"公民在法律上一律平等",蕴含着公民在权利和义务方面的平等。具体包含权利、义务的类型,以及对权利、义务保护的程度等方面均需做到公正平等,这一切有赖于权力机关、行政机关、司法机关的积极保护。

## 三、司法正义

对审判独立原则及其与司法独立的关系,经历了较长时间的争论。"五四宪法"和《人民法院组织法》中明确规定法院独立进行审判,只服从法

---

① 邓小平:《关于政治体制改革问题》(1986年9月3日),载《邓小平文选》第三卷,人民出版社1993年版,第177页。

② "五四宪法"第85条规定:"中华人民共和国公民在法律上一律平等。"

律。然而，1975年宪法和1978年宪法取消了"五四宪法"规定的人民法院独立审判的原则，直到1982年宪法第一百二十六条明确法院享有独立审判权，[①] 再次将之确立为社会主义宪法原则。但也产生了新的问题：一是法院内部的组织结构中，法官并非独立工作，而要接受审委会、院领导、庭长等的领导，因此法院独立审判，并非意味着法官独立审判。那么，究竟如何处理法官和法院领导、组织之间的关系？二是法院依然是党委统一领导下的国家机构，那么，在具体案件裁判上是否必须由党委最后把关？三是法院独立审判要求排除其他机关、团体、个人的干涉，那么，究竟如何处理法院与其他机关或组织尤其是行政机关之间的关系？四是法院作为国家机关，由人大产生、对人大负责、受人大监督，那么，法院、法官与人大的关系究竟如何具体界定？上述问题在我国法治道路建设中引起过非常大的争议，而且直接涉及国家权力配置与法治道路模式选择问题。尽管不少问题至今都未能完全解决，但无论如何，这对审判独立原则在我国新时期法治道路建设过程中的恢复，具有十分深远的意义。

## 四、法文化论

法治文化建设对法治制度与道路建设具有基础性功能，法律意识和法律精神的培养，对民主法治的发展至关重要。而中国是一个缺少民主法治传统的国家，有着漫长的封建专制集权和人治历史，这些传统必须在根本上得到破除。对此，邓小平一针见血地指出，"旧中国留给我们的，封建专制传统比较多，民主法制传统很少。解放以后，我们也没有自觉地、系统地建立保障人民民主权利的各项制度"，到当时依然"缺乏社会主义的民主和社会主义的法制"，"权力过分集中"，"离开民主讲集中，民主太少"。因此，"现在我们要认真建立社会主义的民主制度和社会主义法制"。[②]

在20世纪80年代初，我国掀起对儒家法文化批判的热潮，主要体现在以下方面：一是对儒家维护君权至上和等级秩序的观念的批判，认为从中不可能孕育出现代社会所需要的民主和法治学说。二是认为儒家的"道"

---

① 1982年《宪法》第一百二十六条规定："人民法院依照法律规定独立行使审判权，不受行政机关、社会团体和个人的干涉"。

② 《邓小平文选》第二卷，人民出版社1994年版，第332、144页。

"仁""理"等过于抽象,不具备批判实定法律的价值评判功能。三是儒家伦理法学说的主流建立在人性善的基础上,因此在制度设计上,无法赋予个人权利,防范政府以及他人的侵害。四是儒家强调宗法秩序,缺乏个人自治的社会历史背景,个人在其中没有地位,无法由民主制催生出"公民"的范畴。① 五是儒家伦理法思想主要是借助政治力量最终确立起来的,因此在制度设计上,缺乏对权力滥用和专制集权加以防范和制约的功能。通过对儒家法文化的批判和对"文革"的反思,意识到我国法文化必须与现代化的社会主义法治道路建设相适应,对传统法文化进行一定的改造,弘扬中华法文化的优秀成分,彻底摒弃其中的不合理因素,吸收西方法治与民主的历史经验,结合现实具体国情进行创造性转化,促进社会主义法治道路建设。

## 第三节 法治道路的思想基础

从 1978 年提出建设"法制"到 1997 年十五大提出建设"法治国家"期间,在充分吸取新中国成立以来法治道路建设中的经验教训的基础上,以邓小平为核心的党中央坚持和发展了马克思主义、毛泽东思想,创立邓小平理论,形成了一套关于社会主义国家民主法治建设的理论。② 其中蕴含着关于法治道路的丰富思想,值得深入挖掘和认真对待。

### 一、法治道路的社会主义根本属性

应当高度重视法治的"社会主义"这一本质属性和根本特征,"在发扬社会主义民主的同时,还要加强社会主义法制,做到既能调动人民的积极性,又能保证我们有领导有秩序地进行社会主义建设。这是一整套相互关联的方针政策。"③ 民主法治建设必须在社会主义的框架内进行,始终坚持社会主义根本方向。邓小平深刻地指出:"没有民主,就没有社会主义,就没有社会主义的现代化。"民主是社会主义的本质特征和必然要求,"社会主

---

① 汪太贤、艾明:《法治的理念与方略》,中国检察出版社 2001 年版,第 73—78 页。
② 张文显:《法理学》,法律出版社 2007 年版,第 33 页。
③ 《邓小平文选》第三卷,人民出版社 1993 年版,第 210 页。

义愈发展，民主也愈发展"①。我国的民主法制是社会主义的民主法制，要充分体现社会主义国家的本质，从法制层面切实保证社会主义方向毫不动摇。②"民主只能逐步地发展，不能搬用西方的那一套，要搬那一套，非乱不可。"③ 就目的而言，"为了实现四个现代化，必须发扬社会主义民主和加强社会主义法制"。④ 可见，无论是民主还是法治，都是为了夯实社会主义根基。

## 二、法治道路的人民民主价值指向

邓小平同志深刻剖析了民主与法制的辩证关系，反复强调民主和法制必须齐头并进，不可偏颇，广泛的民主和健全的法制都是我国社会主义法治道路发展进程中必不可少的元素。"为了保障人民民主、必须加强法制。"⑤ 宪法法律的目的在于"切实保证人民真正享有管理国家各级组织和各项企业事业的权力，享有充分的公民权利"⑥。现代化建设"一定要有两手，只有一手是不行的"⑦。一手抓建设，一手抓法制。从而把法制建设提到了战略地位的高度。法制建设的根本目的是为了促进发展，提高人民生活水平。一方面，要实现民主的制度化、规范化和法律化，也就是民主的法治化，这意味着：法制是民主的实现方式和保障路径，国家的民主政治建设离不开法制的约束，无论是公民还是党与政府，均需依照法律办事，权利和权力都要在法律框架内行使。另一方面，法制民主化蕴含着：民主的精神贯穿于法制建设的始终，例如，人民当家作主、公民权利义务一致、废除特权等都表明了在法律层面上对民主精神的确认和弘扬。要通过制度改革，克服"官僚主义现象、权力过分集中的现象、家长制现象、干部领导职务终身制现象和形形色色的特权现象"。⑧ 坚持"公民在法律和制度面前人人平等"，"不管谁

---

① 《邓小平文选》第二卷，人民出版社1994年版，第168页。
② 张德淼：《邓小平法制思想是建设社会主义法治国家的指南》，载《法商研究》1997年第6期。
③ 《邓小平文选》第三卷，人民出版社1993年版，第196页。
④ 《邓小平文选》第二卷，人民出版社1994年版，第187页。
⑤ 《邓小平文选》第二卷，人民出版社1994年版，第146页。
⑥ 《邓小平文选》第二卷，人民出版社1994年版，第339页。
⑦ 《邓小平文选》第三卷，人民出版社1993年版，第154页。
⑧ 《邓小平文选》第二卷，人民出版社1994年版，第327页。

犯了法，都要由公安机关依法侦查，司法机关依法办理，任何人都不许干扰法律的实施，任何犯了法的人都不能逍遥法外"①。

### 三、法治道路的社会主义制度属性

法治的载体是制度与规范，而法治道路绝不可游离于社会主义制度之外，相反，必须始终坚持制度的社会主义根本属性。首先是坚持和完善人民代表大会制度这一根本政治制度，在宪法确定的权力框架内建设社会主义法制。"西方的多党竞选、三权分立、两院制的那些体制与做法，不符合我国的国情"。② 同时，坚持中国共产党领导的多党合作和政治协商制度，民族区域自治制度，坚持公有制为主体多种所有制并存的社会主义市场经济制度。法治的制度变革切不可脱离这些根本和基本制度。而且，强调在坚持社会主义根本属性的基础上不断完善制度，重视良法的制度体系构建。邓小平指出，加强民主监督制度建设，"要有群众监督制度，让群众和党员监督干部，特别是领导干部。凡是搞特权、特殊化，经过批评教育而又不改的，人民就有权依法进行检举、控告、弹劾、撤换、罢免，要求他们在经济上退赔，并使他们受到法律、纪律处分。对各级干部的职权范围和政治、生活待遇，要制定各种条例，最重要的是要有专门的机构进行铁面无私的监督检查。"③

### 四、正确定位党的领导与法治关系

其一，党应当高度重视法制建设。对于"文革"中法制遭到破坏的惨剧，邓小平深刻地总结道："不是说个人没有责任，而是领导制度、组织制度问题更带有根本性、全局性、稳定性和长期性。这种制度问题，关系到党和国家是否改变颜色，必须引起全党的高度重视。"④ 要彻底避免出现人治，邓小平在回答意大利记者的提问时明确指出："要认真建立社会主义的民主

---

① 《邓小平文选》第二卷，人民出版社 1994 年版，第 332 页。
② 《邓小平文选》第三卷，人民出版社 1993 年版，第 240 页。
③ 《邓小平文选》第二卷，人民出版社 1994 年版，第 332 页。
④ 《邓小平文选》第二卷，人民出版社 1994 年版，第 333 页。

制度和社会主义法制。只有这样，才能解决问题。"① 也就是改革政治体制，"通过改革，处理好法治和人治的关系，处理好党和政府的关系。"其二，始终把握党的领导权，绝不照搬西方的"多党制"②，以西方的政党制度来否定党的领导。其三，任何人尤其是领导人必须在宪法法律范围内活动。坚持党对法治的领导与反对特权一体两面，相得益彰。"无论是不是党员，都要遵守国家的法律。对于共产党员来说，党的纪律里就包括这一条。"③ "把一个国家、一个党的稳定建立在一两个人的威望上，是靠不住的，很容易出问题。"④ 为此，"必须使民主制度化、法律化，使这种制度和法律不因领导人的改变而改变，不因领导人的看法和注意力的改变而改变"⑤。

**五、重视主体法治思想意识塑造**

特别重视在全体人民中开展法制教育，"加强法制重要的是要进行教育，根本问题是教育人"⑥。为此，一方面要求通过普法宣传教育，"真正使人人懂得法律，使越来越多的人不仅不犯法，而且能积极维护法律"⑦。另一方面，党组织和党员带头守法，司法机关以身作则，"党要管党内纪律的问题，法律范围的问题应该由国家和政府管。党干预太多，不利于在全体人民中树立法制观念"⑧。

## 第四节　法治道路的主要内容

新时期法治道路的主要内容大致包含三方面：第一，探索社会主义法治道路建设过程中，不仅吸收了新中国成立初期法治建设成果和西方法治建设经验，而且与时俱进，赋予法治道路新的"中国特色"。如坚持中国特色社

---

① 《邓小平文选》第二卷，人民出版社1994年版，第348页。
② 《邓小平文选》第三卷，人民出版社1993年版，第240页。
③ 《邓小平文选》第三卷，人民出版社1993年版，第112页。
④ 《邓小平文选》第三卷，人民出版社1993年版，第325页。
⑤ 《邓小平文选》第二卷，人民出版社1994年版，第146页。
⑥ 《邓小平文选》第三卷，人民出版社1993年版，第163页。
⑦ 《邓小平文选》第二卷，人民出版社1994年版，第254页。
⑧ 《邓小平文选》第三卷，人民出版社1993年版，第163页。

会主义理论、坚持四项基本原则、在政治体制上不照搬西方模式,均与改革开放的时代背景及社会主义市场经济体制相契合,对促进社会主义法治发展迈向更高层次具有深远意义。第二,立法成就非常突出,全国人大及其常委会、国务院等主体立法步伐逐渐加快,立法数量、质量双双提高。其中的杰出代表是"八二宪法",其从宪法的层面肯定"以经济建设为中心",为我国改革开放提供良好的法治环境,并将发展社会主义民主与健全社会主义法制有机结合起来。第三,法治道路的构架创新,具体指实行政治体制改革,妥善处理党与法的关系,优化权力配置与关系结构,实现国家权力和公民权利的良性互动。

## 一、法治道路的"中国特色"

改革开放前二十年,探索具有中国特色的法治道路成为一项重大战略任务。通过对比发现,这一时期法治道路的"中国特色"与新中国成立初期相比具有一些共同点,但也增加了一些新特点。相似点主要有三方面:一是实事求是,密切结合国家建设与发展实际;二是坚持党的领导与社会主义公有制;三是坚持社会主义方向不动摇。但这一时期法治道路呈现出新特征,可以归结为:

其一,中国特色社会主义理论初步形成并在法治实践中发挥重要作用。中国特色社会主义理论为我国社会主义伟大事业和法治道路建设均做出了卓越贡献,必须长期坚持和发扬,但同时我们应明白该理论事实上是马克思主义理论与中国实际相结合的产物,因此我们现在所坚持的马克思主义与社会主义事业中均加入中国元素,具有中国特色,这一思想邓小平同志早在1984年便明确阐述过。[①] 中国之所以能成为社会主义大国,并可为其他社会主义国家提供丰富的发展经验,根本原因就在于中国始终坚持走自己的路,实事求是,创造性地运用马克思主义,这不仅是贯穿于中国特色社会主义理论的一条主线,而且应成为我们建设社会主义法治国家的金科玉律。无论何时,都要在借鉴西方先进法治经验的基础上,以中国特色社会主义理论为指引,立足国情,实事求是地探索适合本国法治发展道路的法

---

[①] 《邓小平文选》第三卷,人民出版社1993年版,第63页。

治模式和路径。① 正如邓小平同志所指出的："要注意学习和借鉴外国经验。但是，照抄照搬别国经验、别国模式，从来不能得到成功。这方面我们有过不少教训。把马克思主义的普遍真理同我国的具体实际结合起来，走自己的道路，建设有中国特色的社会主义，这就是我们总结长期历史经验得出的基本结论。"②

其二，以经济建设为中心，坚持四项基本原则，坚持改革开放，是改革开放后法治发展的根本方针。其中，"社会主义现代化建设是我们当前最大的政治，因为它代表着人民的最大的利益，最根本的利益"③，法治建设必须服从和服务于这一大局。这段时期最大的思想理论贡献在于确立了坚持四项基本原则为立国之本，为法治道路建设指明了最根本的前进方向。1979年，邓小平在全国理论工作务虚会上提出坚持四项基本原则，即坚持社会主义道路，坚持无产阶级专政④，坚持共产党的领导，坚持马列主义、毛泽东思想。1987年，党的十三大将"四项基本原则"作为党在社会主义初级阶段基本路线的重要内容。1992年，党的十四大通过了新党章，正式确定"建设有中国特色社会主义的理论"为党的指导思想。1997年，新修改的党章将四项基本原则作为一个整体载入其中。邓小平多次强调四项基本原则的重要性，无论是国家现代化建设，还是改革开放，抑或法治建设，都离不开四项基本原则。⑤ 坚持四项基本原则对我国法治建设的最大意义在于保证法治建设不偏离社会主义轨道，始终在社会主义指引下发展完善。除此之外，社会主义法治不仅是党和人民意志的体现，而且能最大限度保护人民的根本利益，维护人民民主专政，维护社会主义制度，因此我国法治的这一本质特点决定了坚持四项基本原则的必要性。

谈及在法治建设中坚持社会主义，不可回避的问题是能否学习借鉴西方乃至资本主义发达国家的法治经验，在"左"的思潮最严重的年代，这个

---

① 蒋传光：《马克思主义法律思想的中国化及其在当代中国的新发展》，载《上海师范大学学报（哲学社会科学版）》2007年第4期。
② 《邓小平文选》第三卷，人民出版社1993年版，第2—3页。
③ 《邓小平文选》第二卷，人民出版社1994年版，第163页。
④ 1982年《中华人民共和国宪法》将"无产阶级专政"改为"人民民主专政"。
⑤ 樊宪雷：《再谈〈坚持四项基本原则〉的历史意义》，载《邓小平研究》2016年第5期。

问题不能被探讨。其实，毛泽东曾先后在《新民主主义论》和《十大关系》中明确主张学习西方的优秀文化和经验，并具体讲了两点关于学习西方法治建设的观点：一是必须学，二是如何学，即有借鉴有批判地学。[①]

在新的历史时期，根据我国社会主义现代化建设的需要，邓小平同志继承和发展了毛泽东同志的科学论断，明确地指出发展社会主义不能束手束脚，要大胆吸收资本主义国家中有利于社会经济发展的经验和成果，更要充分总结与借鉴人类历史上的一切优秀经验，只有如此，社会主义方能发挥优势，为人民谋福利。[②] 但在学习借鉴西方法治经验过程中，需注意四个问题：其一，必须摒弃全盘西化思想，学习西方经验不可脱离本国实际，必须立足于本国国情进行法治建设。其二，反对排斥一切外国文明成果的"左"的思潮，有些国家的法治文化、法治实践皆有一定可取之处，不能闭关自守，要善于取其精华，去其糟粕。其三，法律作为管理经济、社会的手段，在东西方国家中存在一定共通性。虽然法律是统治阶级意志的体现，不同国家的法律所代表的统治阶级意志及利益必然存在差异，但法律所反映的社会化生产及市场经济规律却是一致的，因此，国外的先进法治经验能为中国借鉴。其四，市场经济并非属于资本主义国家独有，社会主义国家同样能采用，同理，反映市场经济规律的法律，即可为资本主义国家采用，也可被社会主义国家借鉴。[③] 由于某些资本主义国家实行市场经济历史悠久、经验丰富，并建立了一套适应市场经济体制的法律制度，确有可供借鉴之处。因此，进行社会主义法治建设，必须坚持马克思主义、毛泽东思想，立足本国实际，充分学习借鉴外国优秀法治经验，从而加快立法步伐，完善立法体系，加强法治建设。

其三，在政治体制上不照搬西方模式，探索符合本国国情的政法体制是我国法治道路探索的又一特点。建设社会主义法治国家，前提之一是拥有与社会主义相适应的政治体制，[④] 从一定意义上说，这是实行法治的核心。那么什么政治体制是适合中国国情的呢？学界对此众说纷纭，有一部分人坚持

---

[①] 赵建春：《〈论十大关系〉与"中国道路"的探索》，载《学术论坛》2016年第6期。
[②] 《邓小平文选》第三卷，人民出版社1993年版，第373页。
[③] 王世才：《邓小平法制思想片论》，四川人民出版社2014年版，第129页。
[④] 蒋传光等：《新中国法治简史》，人民出版社2011年版，第313页。

认为三权分立、多党制可以作为借鉴对象,理由是西方的三权分立能很好地对权力进行制约,有效防止腐败。虽然西方的有些制度确实具有一定的先进性,在制约权力方面经验丰富,但是邓小平同志曾阐明我国发展中国特色社会主义法治道路,必须要有自己原创的理论与制度,万万不可照搬西方的模式。应在清醒认识到我国正处于社会主义初级阶段的事实下,将党的领导、人民当家作主与依法治国有机统一起来,不断地坚持和发展人民代表大会制度,充分发挥多党合作和政治协商制度的优越性,努力建设社会主义法治国家。为此,应该做到以下几点:第一,坚持在党的领导下,实行依法治国,并妥善处理党的领导与建设法治国家的关系,[①] 这既是一个理论问题,也是一个实践问题,邓小平同志对此高度重视并作出重要指示:首先,党领导人民进行艰苦卓绝的斗争才有了新中国的胜利以及社会主义事业的伟大成就,因此在社会主义法治建设中,更应牢固树立党的领导地位,并不断加强和改善党的领导,以促进民主法治的建设。其次,党领导法治建设有一个重要的前提即党的一切决策和指示不得与宪法、法律相违背,党的权力不能凌驾于法律之上,党应受制度约束。坚持党必须在宪法和法律的范围内活动,是在坚持中国共产党领导的前提下,正确处理党的活动同国家宪法和法律的关系,要想实现社会主义法治国家建设的宏伟目标,须毫不动摇地坚持依法治国这一重要原则。第二,人民代表大会制度是我国的根本政治制度,[②] 是我国社会主义法治建设的制度基础,随着改革开放的进程,我们需要立足现实,借鉴人类文明的优秀成果,总结历史经验的教训,不断完善和改进人民代表大会制度,以期其能更好地为法治道路建设服务。与此同时,不照搬西方政治制度模式,而是加快自身政治体制改革的进度,以适应复杂多变的国内国际环境。为了让世界早日看到法治中国,我们必须坚决遵循人民代表大会制度,这是我国政治建设的根本原则。第三,中国共产党领导下的多党合作和政治协商制度,极具中国特色,应予以高度重视,充分发挥其在社会主义法治建设中的积极作用。这项制度是我国在争取民族独立和解放的武装斗争中逐步形成的,是中国共产党和人民智慧的结晶,有利于最大限度地集中

---

[①] 王世才:《邓小平法制思想片论》,四川人民出版社2014年版,第166—169页。
[②] 蒋传光等:《新中国法治简史》,人民出版社2011年版,第314—316页。

社会资源，维护党和人民的根本利益，协调纷繁复杂的利益关系，维护社会的安定团结，充分发挥人民的主观能动性，进行社会主义民主法治建设。

## 二、法治道路的规范基础

法治道路绝非空洞的口号，必然也必须以法律制度规范为载体，立基于法律制度规范之上。自《六法全书》废除后的30余年，由于认为"系统地立法"是"旧法"或"六法观点"，[1]因此仅制定和颁布了少数几部法律和法律性文件，刑法、民法等重要法典长期难产。直到1978年邓小平同志号召对几大部门法开展立法，才开启我国立法的新篇章。

宪法作为根本大法，是法治道路的最权威的规范依据。"八二宪法"从根本大法的高度确立了国家的根本性质和根本任务，为改革开放提供了最可靠的法治保障，不仅在我国改革史上具有重大意义，而且标志着新时期我国进入社会主义法治建设的历史时代。自"八二宪法"颁布后，无论在国家治理、社会管理还是经济发展、民主政治建设等方面，我国在法治道路建设上取得突破性进展。

第一，"八二宪法"规定了法治道路的根本原则与制度。宪法确立了党、国家与人民之间的关系模式以及不同国家机关的权力配置，所构架起来的政权形态奠定了法治道路的基本方向与总体框架。宪法序言第5自然段宣告了"中国共产党领导"地位，第一条确定"人民民主专政"的国体和"社会主义制度"，第二条确立"人民代表大会"这一政体。以此为根本前提，在序言中宣告"发展社会主义民主，健全社会主义法制"。可见，宪法所确认的法治道路是一条在共产党领导下由全体人民有序参与的社会主义民主的道路，其中，蕴含着三个最基本的要素："共产党"是法治的"领导"力量；人民通过"行使当家做主的权力"而成为法治的主体；社会主义是法治的根本性质。

第二，"八二宪法"健全了社会主义法制。由于改革开放面临着全新的形势和任务，必然要加快法律制度建设。"八二宪法"抓住立法这个根本，

---

[1] 杨兆龙：《我国重要法典何以迟迟还不颁布》，《新闻日报》1957年5月9日。转引自陆锦碧等：《建国初期要不要及时制定法典的争议》，载郭道晖等：《中国当代法学争鸣实录》，湖南人民出版社1998年版，第101页。

完善立法体制，推进立法进程。全国人大常委会的立法权扩大，在诸多事项上增加话语权；省级人大及常委会被赋予地方立法权，即制定和颁布地方性法规的权力。同时，对国家权力机关及行政机关的分工进行了合理调整，有助于国家政权机关在法治建设中发挥更大作用。法律的执行和遵守得到更明确规定。以新中国成立40多年来的法治建设经验为前提，结合当时的实际情况，"八二宪法"对法律的执行与遵守作出许多新规定，对维护法治的统一与尊严意义重大。① "八二宪法"的制定和公布，不仅对于发展社会主义民主和健全社会主义法治道路有着深远意义，而且能有效促进社会主义现代化事业的发展，从而为依法治国方略的确立奠定民主和法制基础。

除了宪法以外，这一时期创制的大量法律法规，对推进宪法所确立的法治道路建设发挥了规范确认和引领作用。党的十一届三中全会召开后，根据其会议精神指示，立法工作成为我国法治道路建设的核心任务，全国人大及其常委会是立法工作中最重要的执行者，国务院及地方立法主体也积极投身到立法工作中，② 初步建立起以宪法为核心，由法律、行政法规、地方性法规、自治条例和单行条例以及国际公约、国际条约组成的法律体系，为我国法治道路的建设提供了法制基础。

### 三、法治道路的构架创新

在新时期法治道路的构架创新主要体现在三方面：一是实行政治体制改革，主要包括理顺党政关系、完善社会主义民主制度、规范中央与地方关系、对行政管理体制和机构进行改革；二是妥善处理党与法的关系；三是实现国家权力和公民权利的良性互动。

#### （一）政治体制改革

法治和人治的关系实质上是一个政治体制改革的问题。1987年党的十三大报告在初级阶段的指导方针第五点指出："必须以安定团结为前提，努力建设民主政治"之中，提出"社会主义应当有高度的民主，完备的法制和安定的社会环境"。可见，这里是把"完备的法制"置于"民主政治"之

---

① 《中华人民共和国宪法》，中国法制出版社1999年版，第7页。
② 栾俪云、戈顿等编著：《60年：改变中国的法治进程》，社会科学文献出版社2015年版，第408页。

中来看待的。1992年党的十四大报告在20世纪90年代的主要任务的第六部分指出："积极推进政治体制改革，使社会主义民主和法制建设有一个较大的发展。"在这里，法制建设是政治体制改革的重要内容。可见，法治道路建设在此一时期一直是政治建设和政治体制改革的重要内容。具体体现在：

首先，理顺党政关系。[①] 与新中国成立初期相比，这一阶段所面临的国内国际环境均发生巨大变化，若仍因循守旧，将极大地危害我国社会法治道路建设。故该时期的重点任务是理顺党同人大、政府、企业等的关系，明确划分各自的权力范围，彼此不可僭越。经过数十年的努力，党的权力受到宪法、法律的合理约束，政治体制逐渐发展成熟，新型的权力关系逐步取代高度集权的政治体制。

其次，我国社会主义民主制度不断丰富和完善。其中的杰出代表是人民代表大会制度的不断发展，[②] 体现了民主在我国法治进程中的重要地位。民主是社会主义国家在政治体制改革过程中追求的目标和主要内容，我国的民主体系十分丰富，除了人民代表大会制度，还有共产党领导的多党合作和政治协商制度、选举制度等。每一项民主制度的确立，都是对法治精神的尊重与肯定。在民主国家，公民的权利和自由正是在参与民主体制的过程中得到保护。

再次，中央和地方关系得到科学定位。权力下放，中央与地方关系越来越规范、制度化，地方权力不断增大，自主性和积极性也有所提升。[③] 邓小平同志一针见血地指出下放权力是协调中央和地方关系的最好办法。改革开放后，我国在处理中央与地方的关系方面积累了丰富的经验，尤其是十四大召开后，呈现了一些新的特点：处理中央与地方的关系时，开始更多地依靠法律手段，越来越规范化、法治化；另一大特点为了集中力量办大事，中央的权威进一步加强，有效促进经济体制转型，同时政府的宏观调控影响力在国税、金融等部门得到增强。

最后，强化对行政管理体制和机构的改革。行政管理体制与机构改革是政治体制改革的重点领域，关乎法治政府的建立。1982年是我国新时期第

---

① 李庄：《关于理顺党政关系的理论思考》，载《求实》2006年第9期。
② 朱力宇主编：《彭真与我国的社会主义民主法制建设——国内关于彭真民主法制思想的研究》，中国人民大学出版社2014年版，第103—106页。
③ 孙波：《中央与地方关系法治化研究》，山东人民出版社2013年版，第175—177页。

一次对机构进行改革,这次改革的重点在于精简领导班子,对各级领导干部的年龄、文化程度、职位数量等均作出了明确规定,这样可以防止领导过多,彼此牵涉,降低行政效率。精简机构、缩小人员编制,有利于选拔出真正的人才为人民服务。紧接着在 1988 年、1993 年又连续进行了机构大改革,进一步完善了行政管理体制。

(二) **党与法的关系界定**

中国共产党是中国现代化事业的领导核心。如何处理好党与法的关系问题,这对于实现社会主义民主制度化、法律化,推进国家和社会生活的法治化进程,① 具有重大意义。《九月指示》第一次明确肯定了党对司法工作的领导地位,非常科学、详细地规定了党领导司法的工作准则和体制,一方面指出党有义务为司法机关行使法定职权保驾护航,为党领导司法指明方向;另一方面各级党委审批案件制度被废除,② 充分体现了对司法机关权力的尊重和对社会主义法治精神的维护。事实上,共产党不仅在司法工作中处于领导地位,长期以来,党也一直扮演着领导立法的角色,在法律规定的范围内,领导人民立法,将党的意志上升为国家意志。

但党与法的关系并非单向的领导关系,党也受到宪法、法律的约束。《关于建国以来党的若干历史问题的决议》(以下简称《决议》)深刻总结分析了"文化大革命"产生的原因,其中一个重要的原因是在 20 世纪 50—70 年代期间,党和政府的权力没有被约束在制度的笼子里,权力存在泛化和被滥用的现象。在吸取惨痛的经验教训后,《决议》强调民主法制的重要性,既要坚持党的领导下,又要重视对党的权力予以限制,党和其他各级组织一样,开展任何活动,均不得违背宪法、法律。随后,在十二大通过的新党章中亦再次确定,党必须在宪法和法律的范围内活动。"八二宪法"更是将其上升为宪法原则。③ 自此以后,在中国任何组织和个人都不得凌驾于宪法、法律之上,这不仅进一步理清了党与法的关系,而且是社会主义法治精神的最好体现。

---

① 俞可平:《依法治国与依法治党》,中央编译出版社 2007 年版,第 144—146 页。
② 《三中全会以来重要文献汇编》(上),人民出版社 1982 年版,第 259 页。
③ 《中华人民共和国宪法》第五条明确规定:"一切国家机关和武装力量、各政党和各社会团体、企业事业组织都必须遵守宪法和法律。一切违反宪法和法律的行为,都必须予以追究。"

### (三) 国家权力和公民权利的良性互动

国家权力和公民权利是实现法治道路的两大元素,二者关系处理的好坏,直接影响着社会主义法治建设的进程。实现国家权力和公民权利的良性互动,是我们必须达到的目标,且已取得一定成果。首先,公民权利意识逐步开始树立并逐步增强,国家对公民权利保障的机制也日益完善。[1] "八二宪法"确立了人民民主制度和由公民人身权利、政治权利、经济社会文化权利构成的权利体系,尽可能实现应有权利、实有权利与法定权利的统一,全方位保障权利的实现。其次,改革开放后,国家权力受到合理制约,公民权利获得合理保障,二者实现良性互动,有益于社会主义法治道路的和谐发展。但不可否认,随着改革开放的不断推进,在取得巨大进步的同时,由于市场经济的盲目性和改革所带来的利益重组,社会矛盾加剧,导致转型期的中国社会出现种种失衡,给法治道路建设进程带来新的挑战和要求。所以,应当开始重视加强法在微观上引导、规范社会关系、保护人权的功能,重视发挥法在宏观调控上的作用,以及强化法律监督与权力制约,以保障公权力和私人行为都能够沿着社会主义法治道路运行。

## 第五节 法治道路的实践路径

从理论上讲,中国在改革开放时有三种可供选择的法治道路模式,分别是"政府推进型"法治道路、"社会推进型"法治道路、"政府与社会推进型"法治道路,[2] 最终,基于历史和国情的客观现实,我国选择了"政府推进型"法治道路,虽然该法治模式确实促进了我国社会主义法治道路的建设,但不可否认其也存在诸多问题、矛盾和潜在危险。

### 一、"政府推进型"法治路径选择

西方国家在法治实践上大多数走的是"社会推进型"法治道路,[3] 这是

---

[1] 段凡:《建国以来公权力及其体制的历史变化与现实启示》,载《上海交通大学学报(哲学社会科学版)》2016年第6期。
[2] 汪太贤、艾明:《法治的理念与方略》,中国检察出版社2001年版,第231—232页。
[3] 蒋立山:《法律现代化——中国法治道路问题研究》,中国法制出版社2006年版,第85页。

一种借助民间社会力量自发形成的法治道路模式,与西方法治文化传统和法治实践有着莫大的关联。这种关联性具体体现在:商品经济的飞速发展为其提供了经济基础,民众法治意识的觉醒则是重要的思想基础,在众多内部资源的合力促进下,西方许多国家均走上了"社会推进型"法治道路。与西方法治道路模式有所不同,早在新中国成立初期,我国便选择了"政府推进型"法治道路,尽管经历了十年"文革",法治进程中断。但是改革开放后,当法治建设再度成为国家发展重心时,党和人民依然毫不犹豫地选择了政府推进型法治道路,这是有着深刻历史根据和现实依据的选择。相比较"内源"型的"社会推进型"法治道路而言,"政府推进型"法治道路更侧重于依靠政府的主导力量自上而下地推动法治建设。但在我国更显特殊的一点在于"政府"是广义的概念,[①] 不仅包括传统的行政机关,而且指中国共产党党政机关、国家权力机关等,因此"政府"是泛指的国家上层建筑,[②] 这是极具中国特色的地方,而之所以用"政府"一词是因为在我国行政机关往往是法律、政策执行力最强的机关,在引导法治建设过程中,具体的实践工作还是得借助行政机关的力量完成。在改革开放的特殊时期,我国尤其需要尽可能集中一切力量促进法治和政治、经济、文化等建设,因此,充分发挥党政机关、权力机关、行政机关的积极性,利用本土政治资源,进行中国特色社会主义法治道路建设,确实是最优路径。

综合比较"社会推进型"与"政府推进型"法治道路的优缺点,发现后者的优越性体现在以下方面:①推动法治建设的动力主要来源于政府,作为领导者和推动者,相比较于社会、民间的零散、薄弱力量,政府的力量极其巨大、影响深远。②法治目标的明确性。政府为法治道路建设分别树立总目标、阶段性目标等,目标非常明确。③法治进程的预设性。政府引导法治建设,决定了这是一场积极能动、自上而下的法治道路建设,因此对每一个阶段应具体采取何种措施均有一定的预设性。④法治进程的急促性。改革开放时期,我国在推进法治道路建设时十分注重效率和效果,因此政府充分集合各种力量,急速推进法治建设。⑤法治方法上的强制性。政府为了加速法

---

[①] 蒋立三:《中国法治化道路初探》,载《中外法学》1998年第3期。
[②] 蒋立山:《法律现代化——中国法治道路问题研究》,中国法制出版社2006年版,第87页。

治化进程，往往会采取强制措施，推进法治发展。当然，这并不意味着放弃道德教化和思想教育，相反，我国相当重视法治宣传教育和精神文明建设，在这一时期所开始实施的全民普法计划持之以恒，受众之广为全世界所罕见。当然，即使是法治教育，也是采用了国家自身而下强制推进的方式。这样不仅能加快法治化进程，减少法治建设成本，而且借用法治力量维护改革开放伟大成果，减少政治冲突，保持社会稳定，让人民生活在和平安定、繁荣富强的中国。

这一路径在实践中也经历了不断调整和改进的漫长探索。这一时期，经济建设是一切工作的中心，与此相适应，该时期的法治建设亦处于服务经济中心的阶段。因为过于追求经济速度和效率的增长，在法治道路建设过程中便无可避免地面临着一系列挑战和亟待解决的问题。其中，领导权威与法律权威、立法的规模与质量、司法执法的公正性与社会矛盾纠纷的多样性之间的关系，成为需要予以高度重视和有效解决的关键。

为了解决上述问题，这一时期在理论上对法治道路进行了深入的学术研究，在实践上对法治路径问题进行了坚持不懈地探索。其中，就"政府推进型"法治道路的具体构建而言，主要集中在对以下问题的思考和分析：

第一，关于如何处理好以下四组关系：一是政府要把握好法治道路推进的速度和进程，不能与社会的发展速度矛盾，应协调好两者之间的关系。二是处理好不同阶段政府权力扩大和收缩的关系。三是在政府推进法治道路进程中，应处理好政府法治资源与民间法治资源之间的关系。四是既要充分吸收人类文明法治成果，也要注重对本土法治文化的传承，二者不可偏颇，均应加以合理利用。

第二，关于法治道路的发展动力机制建设问题。政府推进并不意味着政府是唯一的力量，更不意味着不需要社会的参与。相反，法治道路的发展是综合因素促成的结果而不仅限于政府力量。虽然政府是主导因素，但绝不能忽略其他因素的存在。在新中国成立初期，法治建设主要靠政府启动、推动，党是法治革命运动的蓝图制定者和领导者。但改革开放后，我们面临的社会环境更加复杂，影响法治的因素也不断增加，社会和民间资源对法治进程的影响力逐步增强，应尽可能调动社会、民间资源，加强对法治道路的完善。①

第三，政府推进型法治道路的前提是法律主导。所谓政府推进的表现形式之一就是用立法推进，在建设程序上是立法先行，建立法治国家所需要的各种法律规范和制度，实现"有法可依"。法治常识表明，加强立法无疑是法治道路建设的起始性环节。而值得重视的是，这一时期，大规模的制定法横空出世，民间法由于其不确定性而淡出法治视野，诸如调解之类的东方法律经验的意义被逐步消解。对此，在1991年《民事诉讼法》通过后，为弥补立法之不足，最高人民法院于1992年7月14日发布《关于适用〈中华人民共和国民事诉讼法〉若干问题的意见》，用7个条款对调解进行了司法解释。其中，第92条规定："人民法院审理民事案件，应当根据自愿和合法的原则进行调解。当事人一方或双方坚持不愿调解的，人民法院应当及时判决。"在此后的司法实践中，除离婚案件外，调解基本上处于萎缩的状态。②其目的在于提升司法效能，强化司法权威，充分彰显公权力的主导性。

第四，中国特色的法律监督是"政府推进型"法治道路的重要保障。从法的运行程序看，法律在经过了立法机关的造法过程，成为合法的行为规范之后，还有如何付诸实施的问题。建设法治国家，必须加强法律监督。与西方不同的是，我国在这一时期构建起独特的法律监督体制：一是国家权力机关及其常设机关的监督。二是专门机关的监督。在1978年至1997年的二十年间，1979年通过了《人民检察院组织法》（1983年和1986年进行修改）、1996年修订了《刑事诉讼法》，1991年通过了《民事诉讼法》、1989年通过了《行政诉讼法》。这些法律对构建中国特色的司法制度起到了关键性作用，确立和强化了人民检察院的法律监督地位。三是不同国家机关之间的横向监督以及同一机构的内部纵向监督。这些监督，当然包含法律监督，是来自公权力自身的监督，而非外部的社会监督，是法治建设中担负"推进"之责的政府在法律实施上义不容辞的责任，构成中国特色社会主义法治道路建设的一个重要环节。

---

① 蒋立山：《中国法治化道路初探》，载《中外法学》1998年第3期。
② 法发（1992）22号，该文件于2015年2月4日失效，为《最高人民法院关于适用〈中华人民共和国民事诉讼法〉的解释》（法释〔2015〕5号）所取代。

## 二、法治道路的经验总结

从 1978 年至 1997 年十五大前夕,我国法治道路建设了整整二十年,既有辉煌成就和宝贵经验,也面临前进中的问题。在经过时间的洗礼和实践的检验后,法治实践形成了一系列经验和教训,给人以启迪,值得深思和铭记。

首先,法治道路建设应当在人类法治经验共性与个性的互动中推进。我国是社会主义国家,走的是社会主义法治道路。法治道路所依存的社会属性、制度形态和规范依据均应契合自身特点。在不同的发展阶段,应当与特有的社会主要矛盾和价值目标、文化特征相适应。就民主政治而言,法治是民主国家政治发展的基本战略和现代政治生活的基本方式。因此,在依法治国过程中,应当注重充分处理好民主与法治的关系,在民主的基础上发展法治,用法治保障民主政治的成果,[①] 扩大民主的范围及维护民主制度的权威性。在改革开放前二十年,在民主政治定位与构造上,我国付出了巨大努力,在没有现存经验的前提下,积极探索既不同于西方三权分立的民主模式又有别于苏联体制的独特的民主制度模式,成为法治道路的力量之基。

其次,政党建设是我国法治道路建设的核心领域。任何政党制度都是实践的产物。我国当代政党制度源于在马克思主义指导下中国共产党长期以来领导革命、改革和建设所积累起来的丰富实践经验。在法治道路建设过程中,执政党一直扮演着领导核心角色,在立法、司法、执法、法律监督等过程中过均发挥了突出的作用。政党政治的法治化程度直接关联着法治进程,不可将政党政治与法治分裂开来,应在政党制度、执政能力建设和执政模式选择中充分贯彻法治精神,在执政党内部治理、政党关系、执政参政方式等方面贯彻法治原则,不断提升执政党及其所领导的国家机器的三大法治能力:一是法治道路的适应能力。从因人而异、为政靠人到依法而治、为政以法,强化对法治的内在认同,树立牢固的法治意识。二是法治道路的领导能力。既要在宪法法律范围内活动,也要加强对法治的思想政治和组织领导。三是法治道路的建构能力。执政党对法治的领导既是宏观层面的战略统领,

---

① 蒋传光:《中国特色法治路径的理论探索》,中国法制出版社 2013 年版,第 45—46 页。

也有微观层面的技术性谋划，界分外部引领与法治自足之间的关系是一个关键。只有深刻认识并科学处理好这一关系，才能全面深入地促进社会主义法治道路建设。

最后，发挥法学研究和法学教育对法治道路建设的推动作用。随着1977年高考制度的恢复，我国的法学教育得以重建，法学研究不断推陈出新，助推法治建设。法学研究不仅反映了法学和法治理论现代化、科学化的程度，而且也可以在一定意义上为法治实践指明方向，反映着国家法治建设的面貌和进程。在党和国家领导人的高度重视下，法学界立足于改革开放的时代背景，坚持理论创新，经过20年的努力，法学从贫弱、落后，逐渐迈向丰满、繁荣，成为"显学"，为我国法治道路实践提供了理论基础和行动指引。而法学教育既有助于促进法学理论研究的繁荣，又为政法建设输入了主体力量，二者相互促进，成为我国法治建设的重要支撑和动力。

# 第 五 章

# 从党的十五大到十八大以来法治道路的形成

法治中国的道路探索在改革开放初期的第一个二十年取得举世瞩目的重大进展。在随后的第二个二十年即1997年党的十五大到2017年党的十九大，中国特色社会主义法治道路建设日益成熟、日臻完善。如果说党的十五大实现了从"法制"到"法治"、从"依法办事"到"依法治国"的第一次飞跃，那么，党的十八大以来的法治理论探索与实践发展则标志着从"依法治国"到"全面依法治国"、从"法治国家"到"法治中国"的第二次飞跃。这一次飞跃更具有根本性、长远性和革命性，首次清晰地提出了关于中国特色社会主义法治道路的理论命题、基本构架和实践路径的总体构想。应当以此为基点，探讨和揭示法治道路的内在特质、演进规律、发展去路以及实现方式。

## 第一节 中共十五大至十七大的法治道路建设

党的十五大以来，党领导国家法治建设进入成熟阶段，十五大至十七大是社会主义法治的"快速发展期"[①]。在此期间，我党提出依法治国基本方

---

[①] 李林主编：《中国依法治国二十年（1997—2017）》，社会科学文献出版社2017年版，第48—54页。

略,作出规划部署,并有针对性地解决现实法治问题。具体来看,党的十五大第一次采用"法治国家"代替了"法制国家",十六大确立了党的领导、人民当家作主和依法治国"三统一"原则,十七大对加强社会主义法治建设作出了全面安排。

## 一、党的十五大确立依法治国和法治国家战略

1997年,党的十五大报告提出了依法治国的新主张,从中央正式文件层面确立了从法制到法治的根本转变。

### (一)"依法治国、建设社会主义法治国家"

回顾以往,党的十二大至十四大报告有关法制建设的内容都被放在精神文明建设中来论述,而十五大报告首次设专章进行阐述。就法治而言,报告最亮眼的是在中央层面确立了"依法治国、建设社会主义法治国家"的理想目标,提出"依法治国,是党领导人民治理国家的基本方略",并提出了今后一个时期法制建设的重点:争取在2010年建立具有中国特色的法律体系、依法行政、公正司法、依法维护权利、提升法制观点和依法办事能力、强化法治监督制约。

就法治道路建设而言,尽管此时尚未明确使用"法治道路"一词,但明确将依法治国、建设法治国家置于第六大部分"政治体制改革和民主法制建设",强调法治的前提是民主,发展社会主义民主政治为法治国家建设供给主体性力量,也确保了法治发展的正确方向。为此,必须坚持四项基本原则,坚持和完善人民民主专政的国体和人民代表大会的政体,充分彰显民主法治建设的中国特色。"坚持和完善这个根本政治制度,不照搬西方政治制度的模式",对法治建设"具有决定意义"。[①]

依法治国是党的十五大对邓小平民主法制思想的丰富和发展,科学地阐述了法治的本质规定和基本内容,标志着我国高层领导在思想认识上的一次

---

① 江泽民:《高举邓小平理论伟大旗帜,把建设有中国特色社会主义事业全面推向二十一世纪——在党的第十五次全国代表大会上的报告》,中国共产党新闻网,网址:http://cpc.people.com.cn/GB/64162/64168/64568/65445/4526285.html,访问日期:2019年2月4日。

新的飞跃。① 随着市场经济的深入发展，利益的多元化迫切需要完善法律机制的调整。因此，"加强立法工作是建立社会主义市场经济体制的迫切要求"②。其次，推动法治建设能为国家长治久安提供后盾，"是一个国家繁荣昌盛的重要保证"③。再次，法治能从制度上保障人民群众参与民主政治的权利。"民主制度化、法律化"④ 是法治价值现实化的基本途径。最后，依法治国可以使中国共产党在规范的轨道上发挥更大作用，党领导立法并不意味着党居于法律之上，而是在宪法和法律的范围内活动，做到"把改革和发展的重大决策同立法结合起来"⑤，体现了党的领导和依法治国的统一。

依法治国"是实体要件与形式要件相统一"⑥ 的，其主体是广大人民群众，客体是国家各项事务即公权力和社会关系，依据是宪法和法律，标志是法律权威能否树立，也就是能否实现民主制度的法律化规范化并使其不因领导人的改变而改变、不因领导人的看法和注意力的改变而改变。依法治国不同于"以法治国"，强调法律具有至高无上的效力；依法治国在根本上不同于"人治"，掌握公权力者只能在宪法和法律的范围内发挥个人才智。依法治国的要求包括坚持和完善社会主义宪法制度，"到二〇一〇年形成有中国特色社会主义法律体系"⑦，推进依法行政，推进司法体制改革，完善社会主义民主监督法律机制等方面，以保证制定的法律得到切实遵守，树立宪法法律权威。

### （二）从"法制"到"法治"

在我们过去的文件和报告中，通常使用"健全社会主义法制"。十五大第一次以党中央最高政治文件的形式将"法制国家"改为"法治国家"。虽

---

① 崔敏：《坚持和实行依法治国　建设社会主义法治国家——学习党的十五大江泽民报告心得体会》，载《公安大学学报》1997年第6期。
② 江泽民：《加快改革开放和现代化建设步伐，夺取有中国特色社会主义事业的更大胜利》，载《江泽民文选》第一卷，人民出版社2006年版，第210—254页。
③ 江泽民：《在第十四届亚太法协大会开幕式上的讲话》，载《人民日报》1995年8月17日。
④ 《邓小平文选》第二卷，人民出版社1994年版，第146页。
⑤ 江泽民：《高举邓小平理论伟大旗帜，把建设有中国特色社会主义的事业全面推向二十一世纪》，人民出版社1997年版，第34页。
⑥ 陈卫民：《论依法治国的现实基础及其内涵》，载《江西社会科学》1998年第9期。
⑦ 江泽民：《高举邓小平理论伟大旗帜，把建设有中国特色社会主义的事业全面推向二十一世纪》，人民出版社1997年版，第36页。

然这一改动只是把"制"改为"治"的一字之改,却充分体现了党中央对建设有中国特色社会主义政治认识的深化和对于法治建设理念的新提升,具有重大的理论与实践意义。

"法制"仅仅属于"形式法治"的内容,在静态上是指法律制度,动态上是指法律制度及其实施。在一般情况下,有国家就有法制,法制并不必然与民主相连,也并不一定意味"良法"。而"法治"作为一种治国方式和原则,除了"形式法治"外,更强调"实质法治"①。邓小平说过:"制度好可以使坏人无法任意横行"②,所谓"制度好"就是指制约权力的法律制度必须是体现民主且充分保障人权的良法。"法治"的提出,突破了强调法制只关注秩序的局面,更加关注法律的至高权威、法律制定和实施的质量,有机地将民主与法制结合了起来,涉及范围更广、实现标准更高、操作要求更细。

可见,不仅要重视法治道路的政治社会价值问题,而且要重视法治道路的技术构造尤其是共同规律与中国实际的融通之处。

## 二、党的十六大与全面建设小康社会的法治目标

2002年11月,党的十六大把民主法治作为社会主义建设的基本经验,将民主法治建设作为全面建设小康社会的四大目标之一,具体可以分解为五个层面:"民主更加完善""法制更加完备""依法治国基本方略得到全面落实""人民的政治、经济和文化权益得到切实尊重和保障""社会秩序良好,人民安居乐业。"③

### (一)法治道路的政治前提

法治属于政治文明,这是中国特色社会主义建设的十条基本经验之一。④

---

① 李步云、黎青:《从"法制"到"法治"二十年改一字》,载《法学》1999年第7期。
② 李晓路:《论邓小平法制思想及其发展》,载《理论与改革》1998年5月。
③ 江泽民:《全面建设小康社会,开创中国特色社会主义事业新局面——在中国共产党第十六次全国代表大会上的报告》,载《求是》2002年第22期。
④ 党的十六大报告总结的十大经验之中的第四条是:坚持四项基本原则,发展社会主义民主政治。……推进政治体制改革,发展民主,健全法制,依法治国,建设社会主义法治国家,保证人民行使当家作主的权利。(参见江泽民:《全面建设小康社会,开创中国特色社会主义事业新局面——在中国共产党第十六次全国代表大会上的报告》,载《求是》2002年第22期)

从政治文明角度阐释法治道路选择问题，具有重大意义。党的十六大报告逐一列出了党领导人民建设中国特色社会主义的十根支柱，充分体现对社会主义建设规律的洞识逐渐深化。这十条基本经验涵盖经济发展、改革开放、民主政治、法治德治、社会稳定、军队建设、统一战线、和平外交、党的领导，并最终归结为"三个代表"重要思想，具有"鲜活的创新精神"①，有主有次，系统缜密。其中，第三条经验将"依法治国，建设社会主义法治国家"作为加强民主政治建设的基本途径，第五条经验提出"实行依法治国和以德治国相结合"②，强调精神文明建设对法治的重要性。

党的十六大以"全面建设小康社会"为主题，第一次在党的重要文献中，明确地提出"建设社会主义政治文明"③，强调物质文明、精神文明和政治文明协调推进。十六大报告对治国理政的方略进行了原则上的界分，指出：法治属于政治文明，德治属于精神文明。这就既有利于将法治与德治并列，又科学地区分了两者的关系，廓清了一个时期理论界在法治与德治关系上的模糊认识，丰富了法治文明的理论与实践。

### （二）法治道路的基本原则

党的十六大报告贯彻了法治的全面性理念，对各方面提出了明确、操作性极强的要求④，极大丰富了依法治国的内涵。法治的全面性包括主体的全面性，即各政党、国家机关等组织和一切个人都必须在宪法和法律范围内活动；还包括法律规范的社会生活领域的全面性，报告要求社会生活各个领域都必须建立并实施相应的法律机制。其中，最重要的是确立了法治建设"三统一"原则及其具体实践举措，为法治道路建设提供了明确的思想指引。

所谓"三统一"是指在依法治国、建设法治国家实践中，坚持党的领导、人民当家作主和依法治国的有机统一。现代法治源自于西方，但是单纯就法治而论法治，不仅不可能而且必然会走入死胡同。任何法治都与特定的

---

① 姚柏林：《十条基本经验的鲜明特色》，载《中国党政干部论坛》2002年第12期。

② 江泽民：《中国共产党领导人民建设中国特色社会主义必须坚持的十条基本经验》，载《探索与求是》2002年第11期。

③ 江泽民：《全面建设小康社会，开创中国特色社会主义事业新局面——在中国共产党第十六次全国代表大会上的报告》，载《求是》2002年第22期。

④ 刘尚华：《论依法治国理论在十六大报告中的发展进程》，载《政法论丛》2003年第3期。

民主政治相关联。

"立法机构的成员由政党挑选，政党的大量经费由私人资本家提供……资本家实际上就把立法机构和选民分离开来。"① 这是爱因斯坦对西方政治制度的有力批判。而"三统一"原则的确立，理顺了党、人民、法治三者之间的关系，体现了中国特色社会主义法治区别于西方资本主义法治的优越性。"只有实行依法治国，使民主制度化、法律化，才能从根本上……确保人民真正当家作主充分全面地得以实现。"②

### （三）法治道路的实践举措

完善法律体系是走法治之路的基本前提性要求。邓小平提出"没有民主就没有社会主义"，江泽民在此基础上提出："没有民主和法制就没有社会主义"③。基于此，报告明确"到二〇一〇年形成中国特色社会主义法律体系。"④ 为了适应经济社会的变化，十六大后，立法机关以实事求是的态度和以人为本的精神制定了满足国家和社会需求的法律法规，其中亮点包括：2003 年颁布了《中华人民共和国行政许可法》，全面规范了行政审批权力；2004 年，全国人大将"国家尊重和保障人权"正式写入宪法；2006 年起构建了以对"一府两院"的监督为中心的监督体系；2007 年制定和施行了《中华人民共和国物权法》，奠定了社会主义市场经济的基石；等等。其次，推进依法行政是法治的重点。党的十六大报告第一次将"推进依法行政"作为"加强社会主义法制建设"的重要内容。法治的关键与核心就是遵循依法行政的原则，依法的目的是需要行政部门合理配置行政权，依法接受公民监督。为贯彻落实党的十六大部署，国务院发布了《全面推进依法行政实施纲要》。纲要实施后，政府的信息公开工作取得重大进展，行政复议工作越来越规范，科学化、民主化、规范化的决策机制逐步形成。此外，保障司法公正是依法治国的必由之路。党的十六大继续延续了十五大

---

① 《爱因斯坦文集》第 3 卷，许良英、范岱年译，商务印书馆 1979 年版，第 272 页。
② 高云虹：《十六大对依法治国理论的新贡献》，载《唯实》2003 年第 8、9 期。
③ 江泽民：《在中共中央举行第三次法制讲座上的讲话》，载《人民日报》1996 年 2 月 9 日。
④ 江泽民：《全面建设小康社会，开创中国特色社会主义事业新局面——在中国共产党第十六次全国代表大会上的报告》，载《求是》2002 年第 22 期。

对司法改革的关注，强调"推进司法体制改革"①，"保障在全社会实现公平和正义"②。2004 年，中央统一规划部署和组织实施的第一轮司法体制改革启动，紧扣司法运行规律，满足群众对于公正司法的迫切要求，在司法职权、政法队伍、刑事政策、经费保障这四个方面部署了党的十六大具体改革任务。

### 三、党的十七大与全面实施依法治国基本方略

2007 年，党的十七大进一步强调了依法治国战略的重要性，并对执政方式、法治理念、法治精神等方面做出了新规划。

#### （一）"全面实施依法治国基本方略，加快建设社会主义法治国家"

在依法治国基本方略提出 10 周年之际，党的十七大报告提出"全面落实依法治国基本方略，加快建设社会主义法治国家"③。其创新之处主要反映在"全面""落实""加快""建设"这几个关键词上，体现了法治建设的内容扩大、速度加快、重点从立法转向法律"实施"。过去的十年，法治理论研究与实践成就显著，取得了划时代的进步，但还不能完全满足扩大人民民主和经济社会发展的需求，即存在两个"不适应"：在人民对民主的需求方面，"人民群众的知情权、参与权、表达权、监督权还有待逐步实现，人民群众的有序参与、有序表达还未形成相应完备的法律秩序"④，相关法律法规缺乏可操作性；在经济社会发展方面，有关社会主义市场经济的法律体系还不够完善，社会管理领域的法律制度缺乏，"司法领域存在的地方保护主义、特权保护主义"⑤ 仍需要解决。因此，十七大报告从多个方面全面部署了下一步的法治建设方案，更强调速度、系统性和实效性。

---

① 江泽民：《全面建设小康社会，开创中国特色社会主义事业新局面——在中国共产党第十六次全国代表大会上的报告》，载《求是》2002 年第 22 期。

② 江泽民：《全面建设小康社会，开创中国特色社会主义事业新局面——在中国共产党第十六次全国代表大会上的报告》，载《求是》2002 年第 22 期。

③ 胡锦涛：《高举中国特色社会主义伟大旗帜，为夺取全面建设小康社会新胜利而奋斗》，载《人民日报》2007 年 10 月 25 日。

④ 王胜俊：《加快建设社会主义法治国家》，载《求是》2008 年第 1 期。

⑤ 张文显：《法治宣言法学文献——十七大报告的法学解读》，载《法制与社会发展》2007 年第 6 期。

党的十七大报告提出的这一目标,不变的还是社会主义法治国家这一立足点。人类法治实践的历史表明,不同法治国家的法治文明可能各有其特色,如美国的"宪法主治"、英国的程序优先、法国的行政法治原则等。[①]但社会主义法治国家以民主观念、法治观念、依法行政、重视程序正当的观念为指导,以以人为本、立足经济社会发展、做到全面协调和统筹兼顾为价值立足点,符合我国现实国情和发展需求,为实现中华民族伟大复兴保驾护航。

### (二)科学发展观与依法治国

法治的外在价值究竟是什么?有的人认为是公平正义,有的人认为是秩序稳定,如此等等,不一而足。在不同国度、不同语境下,的确存在多样化的解读。在中国,发展是国家的第一要务。而科学的发展是法治下的发展,而绝非人治下的发展。科学发展观是坚持以人为本,树立全面、协调、可持续的发展观,科学发展观与依法治国是相互融合、相互促进的。

其一,科学发展观与法治具有内在一致性,"科学发展观实际上是对法治的确认"[②]。首先,两者都追求社会有秩序的进步过程。科学的任务本就是揭示自然和人类社会的规律,科学发展观也要求发展应该遵循客观规律,稳步推进。而法治强调法律规则的稳定性,每个人的行为都有章可循,从而形成和谐的社会关系状态。其次,两者都是理性的化身。科学发展观要求的统筹兼顾,就是权衡各种利益关系从而作出合理的安排,拒绝恣意。法律可以为利益提供衡量的天平,设定正当程序保障过程公平公正,保障机制的合理运行。最后,以人为本都是两者的核心追求。科学发展观的核心是以人为本,发展为了人民,依靠人民,发展成果由人民共享。法治以权利为本位,在法律上确认公民权利并提供权利救济途径,保障人民各个领域的权利。另外,以科学发展观为根本指针的发展权[③]作为中国首要的基本人权之一,也得到了法律和政策规范的多重确认和保障。

其二,科学发展观是法治建设的指导思想。只有坚持科学发展观,法治

---

[①] 陈宏光:《新时期法治思想的创新与发展——十七大报告蕴含的法治思想》,载《安徽大学法律评论》2008 年第 2 期。

[②] 陈云龙:《科学发展观的法治价值》,载《国家检察官学院学报》2006 年第 2 期。

[③] 汪习根:《科学发展观是实现发展权的根本指针》,载《人民日报》2007 年 6 月 13 日。

建设才有正确的方向。首先，法治建设必须坚持发展是第一要务的思想，加快法治自身的发展，完善法律体系，促进依法行政，不断与经济社会发展的需求相适应。其次，法治建设必须坚持以人为本，用人本法律观审视法律运行的全过程，保障公民享受平等参与发展和享受发展成果的权利。最后，法治建设必须坚持统筹兼顾的方法，正确处理好改革与法治、依法执政与依法治国、道德建设与法治建设等等之间的相互关系。

其三，实施依法治国方略能有效促进科学发展观的落实。法治是科学发展的根本保证。首先，实施依法治国方略意味着要建立一整套落实科学发展观的法律体系，"通过法律规范来引导、规范、保障、促进经济社会发展"①，为国家和社会发展保驾护航。其次，法治能有效保障人民群众的各项权利，能"防止政府以不必要的方式干预或控制市场、社会和公民的私人生活"②，可以营造良好的市场环境促进公平竞争，塑造和谐的社会氛围实现人的全面发展。再次，法治的强制性能有效保护自然资源与环境，实现"发展的速度和结构质量效益的统一"③，促进可持续发展，保证代际公平。总而言之，只有制定和落实促进经济社会又好又快发展的法律法规，才能使科学发展观的贯彻具有可靠的法治基础。

### （三）法治建设的具体措施

一方面，强调转变党的执政方式。在党的十六大报告中首次提出坚持"依法执政"后，党的十七大将"科学执政、民主执政、依法执政"写入《中国共产党章程》。科学执政强调党必须按照社会规律、自然规律执政，并用科学的理论武装自己开展工作。民主执政强调坚持以人为本，坚持和完善人民民主专政。依法执政是科学执政和民主执政的保障，有助于规范执政行为，将政策以白纸黑字的形式固定下来，并推进政策的贯彻实施。依法执政要求党必须在宪法和法律范围内活动，要求我们党在执政方式上应当实现三大转变："即从主要依政策执政向主要依法律执政转变；从强调严格遵守

---

① 张文显：《法治宣言法学文献——十七大报告的法学解读》，载《法制与社会发展》2007 年第 6 期。

② 张千帆：《走向执政模式的法治化》，载《中国经济时报》2007 年 7 月 31 日。

③ 顾华详：《论贯彻落实科学发展观与加强法治》，载《重庆大学学报（社会科学版）》2008 年第 3 期。

法律执政向既严格遵守法律又主动运用法律执政转变;从加强自身制度建设与领导国家法治建设分头实施向二者同步推进转变。"[1]

另一方面,提出建设服务型和法治型政府。党的十七大报告提出加快行政管理体制改革,建设服务型政府。改革开放以来,我国为适应市场经济的发展先后进行了五次机构改革。行政管理体制改革对我国的政府的职权、程序、效率等方面提出了多方面的要求。之后,国家按照十七大的部署开展了一系列工作。2008年《中华人民共和国政府信息公开条例》的颁布有力地保障了公民的知情权,为政府公开提供了高位阶的法律依据。2011年《行政强制法》为规范行政强制的种类、设定、权限、实施主体和实施程度提供了法律依据。

## 第二节　党的十八大与全面推进依法治国

党的十八大是中国历史上具有重大里程碑意义的大会,标志着我国进入中国特色社会主义建设的新时代,开启了全面推进依法治国、建设法治中国的新征程。十八大尤其是十八届三中、四中全会以来,党对全面推进依法治国做出了全新的战略规划,实现了法治理论和实践的革命性创新,第一次全方位高层次提炼出中国特色社会主义法治道路的根本属性、内在构造和核心要义。具体来看,党的十八大明确了法治是治国理政的基本方式,提出了法治建设的新十六字方针;党的十八届三中全会以改革为主题,首次正式提出加快建设"法治中国";党的十八届四中全会在中共党史上第一次专题全方位谋划了全面推进依法治国的总体战略部署,是"当代中国社会主义法治建设史上的第三次重大突破"[2];党的十八届五中全会提出"法治是发展的可靠保障";党的十八届六中全会聚焦于全面从严治党,强调党内法规的重要性以及用法律法规制约和监督权力;党的十九大总结法治建设的经验,在中华民族伟大复兴总体构想中设计了新时代法治道路建设"一个时段"(全面建成小康社会)、"两个阶段"(2020—2035年,2035—2050年)的时间表。

---

[1] 梁锋:《学习贯彻十七大精神　全面落实依法治国方略》,载《福建省社会主义学院学报》2008年第2期。

[2] 冯玉军:《中国法治的道路与特色》,中国社会科学文献出版社2017年版,第253—269页。

2012年11月8日，中国共产党第十八次全国代表大会召开，十八大报告和十七大报告较大的不同在于：首次提出全面建成小康社会的法治目标。有学者评价："十八大报告关于法治的论述，立意深远，操作性强，彰显出中国未来法治的趋向。"[①]

## 一、法治是治国理政的基本方式

党的十八大报告将法治目标定为"全面推进依法治国，加快建设社会主义法治国家"，对时间上的紧迫性和空间上的全面性提出了更高要求。更为关键的是第一次在报告中指出"法治是治国理政的基本方式"，对于之前法治"基本方略"的定位来说是一脉相承和相互呼应的，但更强调各级领导干部治国理政的具体法治要求。

这项具体要求体现在党的十八大报告首次提出的"运用法治思维和法治方式深化改革"[②]的理论。法治是治国理政的基本方式。而领导干部养成法治思维极为重要。法治思维的形成，"不仅要求治国理政者从内心深处认同法治的理念、精神和原则，而且要求治国理政者能熟练地遵循这些理念、精神、原则思考和处理实际问题。"[③]相对于其他执政方式，法治的执政方式成本最低、效率最高、效果最好，更有助于形成社会共识、体现广大人民的共同意志，更有利于巩固党的执政地位，有效治理国家，更有益于实现国家的长治久安。为此，报告深刻指出，从法治总体上说，法治思维是思想层面的要求，强调思想转变，突出党对法治的理念态度；法治方式是执行层面的要求，是一种行为准则。

## 二、"五位一体"建设的法治保障

经济建设方面，"保证各种所有制经济依法平等使用生产要素、公平参

---

① 杨学科：《十八大报告的法治解读》，载《辽宁公安司法管理干部学院学报》2013年第1期。
② 胡锦涛：《高举中国特色社会主义伟大旗帜，为夺取全面建设小康社会新胜利而奋斗》，载《人民日报》2007年10月25日。
③ 黄文艺：《民主法治建设的新纲领——对十八大报告政治法律思想的解读》，载《法制与社会发展》2013年第1期。

与市场竞争、同等受到法律保护"①；政治建设方面，要进一步发挥我国根本政治制度的作用；文化建设方面，法治属于社会主义核心价值体系，"要坚持依法治国和以德治国相结合"，"全面提高公民道德素质"②；社会建设方面，首次提出关于社会管理体制创新中法治保障的理论；生态建设方面，面对生态恶化、资源短缺等现实问题，党的十八大报告首次提出"大力推进生态文明建设"③，具体来说要强化法治建设，为生态文明建设撑开法律的保护伞，"建立体现生态文明要求的目标体系、考核办法、奖惩机制"④，改变目前"只注重对资源与环境破坏行为的处罚，较少关注治理、恢复和积极建设"⑤的现状。

### 三、法治建设新十六字方针

《决定》提出了"新法治十六字方针"，即"科学立法、严格执法、公正司法、全民守法"，与原法治方针相比较，二者的主要区别是：原来的法制建设十六字方针是形式法治的要求，并没有讲明是什么样的法，而"新法治十六字方针"是有价值要求的，是整体的法治运行机制，对法治的四大环节都提出了不同的价值要求。"新的法治十六字方针更加追求法律的质量和价值。"⑥

结合大背景看，到2010年，法制建设领域的主要矛盾集中到宪法和法律的实施上。就是要从"有法可依"向"科学立法"的转变，前者解决的是法律"有和无"的问题，后者解决的是法律"好和坏"的问题，这是一

---

① 黄文艺：《民主法治建设的新纲领——对十八大报告政治法律思想的解读》，载《法制与社会发展》2013年第1期。
② 黄文艺：《民主法治建设的新纲领——对十八大报告政治法律思想的解读》，载《法制与社会发展》2013年第1期。
③ 胡锦涛：《高举中国特色社会主义伟大旗帜，为夺取全面建设小康社会新胜利而奋斗》，载《人民日报》2007年10月25日。
④ 胡锦涛：《高举中国特色社会主义伟大旗帜，为夺取全面建设小康社会新胜利而奋斗》，载《人民日报》2007年10月25日。
⑤ 刘武俊：《全面推进依法治国的法治宣言（下）——党的十八大报告所蕴含的法治精神》，载《求知》2013年第3期。
⑥ 李树忠：《迈向"实质法治"——历史进程中的十八届四中全会〈决定〉》，载《当代法学》2015年第1期。

个更高的要求。《决定》提出,"法律是治国之重器,良法是善治之前提",突出强调了"良法"的重要性。宪法和法律的权威不是凭空而来的,良法善治才有权威。原来我们说的"执法必严",和现在说的"严格执法",虽然是同一个词,但"执法"的概念范畴不同。过去,执法更多意义是指司法,新的十六字方针把严格执法和公正司法切割开来了,它对严格执法的指向更加明确,要求更加具体,责任担当也就更加实在了。公正是司法的灵魂,司法机关要依法独立地用公正的裁决捍卫这道防线。对全民一视同仁是守法的关键,全体公民都有自觉守法的法律义务。

**四、法治建设的具体措施**

党的十八大阐述的中国特色社会主义法治体系是一个包含了立法、执法、司法、守法和法律监督体系在内的系统工程,[①] 明确提出了由"法律体系"到"法治体系"转变的战略任务。这体现了我们党更系统地、更有效地推进社会主义法治建设的决心。

**(一)加强宪法和法律实施**

党的十八大第一次在报告中提出党必须"带头维护宪法和法律的权威"[②],实现了从"自觉"到"必须"的跃进,这是党的法治理念新进步、新发展。"依法治国首先是依宪治国"[③],宪法是国家的根本大法,是其他法律法规的"母法",是国家和人民意志的结晶,必须不打折扣地遵守。实践中,全国人大及其常委会按照中央要求,扎实推进备案审查工作,截至2013年年底,累计收到报备案的行政法规502件、地方性法规(包括自治条例和单行条例)22253件、司法解释189件。[④] 2015年法工委发现司法解释存在与法律规定不一致问题的,第一次以书面形式将研究意见函送至最高

---

① 魏治勋:《从法律体系到法治体系——论党的十八大对中国特色社会主义法治体系的基本建构》,载《北京行政学院学报》2013年第1期。
② 胡锦涛:《坚定不移沿着中国特色社会主义道路前进,为全面建成小康社会而奋斗——在中国共产党第十八次全国代表大会上的报告》,载《求是》2012年第22期。
③ 张恒山:《十八大以来习近平法治思想梳理与阐释》,载《人民论坛》2014年10月中旬刊。
④ 李适时:《完善以宪法为核心的中国特色社会主义法律体系》,载《求是》2017年第12期。

人民法院，督促其研究纠正。①

### （二）完善中国特色社会主义法律体系

完善中国特色社会主义法律体系要坚持科学立法和民主立法，要注重"解决实际问题"，要"发挥立法的引领和推动作用"，积极探索和拓展人民有序参与立法的途径。为推进科学立法，提高立法质量，全国人大常委会对法律出台前评估工作进行了探索。2013年4月，旅游法草案提请审议表决前，十二届全国人大常委会邀请具有代表性的政商界人士等召开座谈会进行立法综合评估，为立法决策提供参考。2017年3月，在全国人大代表审议民法总则的过程中，共有700多位代表发言，提出了近2000条意见、建议，有关部门逐条分析意见，对民法总则草案先后做了150多处修改。②

### （三）推进依法行政

依法行政是依法治国的具体落实，直接关系人民群众的切身利益，也直接关系党和政府的公信力。行政机关是实施法律法规的重要主体，执法者必须忠实于法律。首先，依法行政要求制定系统的行政法律法规。截至2014年9月底，中国已制定现行有效的行政法规737件，国务院部门规章2856件，地方政府规章8909件，③总体上保证了对行政行为的监督有法可依。其次，建立权力清单制度，用制度划清权力边界。3月17日，国务院审改办在中国机构编制网公布"国务院各部门行政审批事项汇总清单"，涉及国务院60个部门正在实施的行政审批事项共1235项。再次，深化政务公开，重点推进财政预算决算公开。截至2013年12月，国务院办公厅等77家中央部门或其直属机构落户新浪微博，第一时间发布官方重要信息，开辟了与公众互动交流新渠道。④

### （四）加强社会主义法治文化建设

党的十八大首次"把法治作为社会主义核心价值观的重要内容"⑤，让学法、懂法成为从小学生到社会人共同的价值凝聚。另外，加强社会主义法

---

① 全国人大常委会法制工作委员会研究室：《紧紧围绕中央部署，扎实推进立法工作》，载《中国人大杂志》2016年第4期。
② 乔晓阳：《十八大以来立法工作的新突破》，载《求是》2017年第11期。
③ 乔晓阳：《社会主义法治建设取得的历史性成就》，载《人民日报》2014年11月19日。
④ 穆敏：《党的十八大以来依法治国的理论与实践探索》，载《理论学刊》2014年第12期。
⑤ 杨宗科：《中共十八大以来法治理论的十个创新》，载《论衡》2014年第1期。

治文化建设的同时也普及了社会主义核心价值观，能让广大人民群众树立法治意识，培养良好的道德修养。

## 第三节　党的十八届三中全会与法治中国

2013 年，党的十八届三中全会通过了《中共中央关于全面深化改革若干重大问题的决定》（以下简称《决定》），在制度变革和体制创新上取得了突破。《决定》首次将法治建设从民主政治建设中独立出来，设专章"推进法治中国建设"进行专题部署，释放出党中央对法治越来越重视的信号。

### 一、"法治中国"的首次正式使用

#### （一）"法治中国"的提出及内涵

"法治中国是指法治主体在法治信念与法治精神的导引下，以法治思维和法治方式制约法治的客体，实现全体人民平等参与、平等发展的权利，通过提升中国在全球的法治竞争力实现国家发展的根本价值。"[1] "以'新十六字方针'为逻辑主线、以'三个共同建设'和'三个一体推进'为主要内容的'法治中国'概念"[2]，是全面推进依法治国的升级版。法治中国，与法治世界相对应，所指的法治建设场域是中国的，所指向的问题是当下的、本土的，是"自我发展、自我创新、自我完善的有机统一"[3]。法治中国虽然对一切制度文明保持充分的开放性，但只借鉴其他国家先进的法治经验，并保持中国法治文化的主体性自觉。

#### （二）实现法治中国的路径

实现法治中国的路径不等于具体措施[4]，是更为宏观的。目前学术界对

---

[1]　汪习根：《论法治中国的科学含义》，载《中国法学》2014 年第 2 期。
[2]　李林：《法治中国建设的宏伟蓝图》，载《中国司法》2014 年第 1 期。
[3]　孙谦：《走中国特色社会主义道路》，载《求是》2013 年第 6 期。
[4]　如有学者概括的："实现法治中国要弘扬法治精神、树立法治信仰；公平正义是法治中国的根本追求；法治中国应维护宪法法律权威；改革行政执法体制，使执法更高效、更权威；建设公正、高效、权威的社会主义司法制度，去地方化、去行政化、去封闭化，防止冤假错案的发生，废止劳动教养制度，明晰办案责任制度；完善人权司法保障制度；逐步减少适用死刑的罪名，体现司法文明；用法破解社会矛盾。"（王紫零：《从"依法治国"到"法治中国"——党的十八届三中全会的法治解读》，载《新疆社科论坛》2014 年第 2 期）

我国依法治国途径的选择问题,主要有三种意见:一是以蒋立山学者为代表的学者们认为我国法治建设的路径只能是政府推进;二是认为我国法治建设"是个自发演进的发展过程"①;三是认为"我国法治化的最佳选择方案应该是国家积极行为和民众主动参与的历史合力推动"②。而此次报告给出了答案。

1. 法治中国建设要紧紧围绕国家治理体系和治理能力现代化。"国家治理体系是在党领导下管理国家的制度体系……国家治理能力则是运用国家制度管理社会各方面事务的能力"③。这需要中央和地方各级党政机关的良性互动,熟练运用法治方式优化制度设计和执行体系,让守法、尊法成为习惯。

2. 法治中国建设要坚持依法治国、依法执政、依法行政共同推进。依法治国是指依照法律而不是个人意志治理国家,关键在于依法执政和依法行政,是党领导人民治理国家的基本方略。④ 依法执政是指党依照宪法和法律执掌国家政权,领导国家政权,运用国家政权,实现党的执政宗旨、执政目标和执政任务,依法支持和督促国家机关履行职能。党政主要负责人是推动法治建设的第一责任人,各级领导干部要带头依法办事,才能真正做到依法执政。另外,深入推进依法行政,让政府从"运动员"的角色中逐渐退出,规范运用行政权力,维护广大人民的利益。

3. 法治中国建设要坚持法治国家、法治政府、法治社会一体建设。法治中国是全方位、立体化的概念,包括国家、政府和社会层面的法治。法治国家主要从宏观层面依据宪法法律对国家公权力进行理性划分、配置并施以有效地监督制约,确保国家公权力依法设定、规范运行、受到监督。由于绝大多数法律法规都要依靠政府去实施,所以,法治政府的建设成效直接关系到全面依法治国能否成功。其中的关键在于究竟如何设定政府权力与公民权利的关系模式,理想的互动关系应当是:对政府而言,法无授权不可为;对

---

① 叶传星:《论法治的人性基础》,载《天津社会科学》1997年第2期。
② 舒国滢:《中国法治的建构:历史语境及其面临的问题》,载《社会科学战线》1996年第6期。
③ 习近平:《关于〈中共中央关于全面深化改革若干重大问题的决定〉的说明》,载《人民日报》2013年11月16日。
④ 《习近平谈治国理政》第二卷,外文出版社2017年版,第120页。

民众而言，法无禁止皆可为。法治社会建设是这一法治思想的创造之举。法治社会建设需要法治国家和法治政府的保障，从而实现公民、社会组织和社会团体行为的法治化。

## 二、法治改革的具体内容

党的十八届三中全会以"改革"作为主题词，不仅有配套"五位一体"建设的法制改革，还有法制的"自身改革"。张文显教授指出："有关法制改革和法治中国建设的思想和部署，是十八届三中全会的精华之一。"[①] 总而言之，在全面深化改革的大背景下，《决定》是落实十八大报告的一个延续，是一个具体化、深入化、可操作的方案，实现了从政策化的改革到制度化的改革变化。

### （一）立法体制机制改革

法制改革首先是立法体制机制改革。在《决定》的指引下，2016年，党中央专门修订出台了关于加强党领导立法工作的意见，各级立法机关及时将党的路线方针政策和重大决策部署贯彻落实到立法中，全国人大党组坚持健全将重大立法项目和立法中的重大问题向党中央请示报告的机制。再次，全国人大及其常委会进一步发挥在立项、起草、审议等环节的主导作用。其次，全国人大及时修改《立法法》，被新赋予地方立法权的市大多数已确定开始制定地方性法规，不仅更适应地方需要，也能维护国家法治统一。

### （二）行政执法体制机制

学界在讨论建设法治政府时提出，政府要采取以下措施：要加强制度建设、要坚持科学决策、要建立和完善行政决策风险评估机制、要全面推进政务公开等等。[②] 此次《决定》从"行政执法体制"和"完善行政执法程序"两个方面，确保严格规范公正文明执法，解决改革扯皮、执法扰民、执法谋私的问题。目前，聚焦于切实解决中国实际问题的法治政府的制度体系基本形成。此外，行政体制改革不断深化，非行政许可审批彻底终结，清单管理全面实行，政府法律顾问制度普遍建立，法治政府已见成效。

---

[①] 胡建淼：《十八届三中全会的法治亮点》，载《学习时报》2013年11月25日。

[②] 张恒山：《怎样建设法治政府和服务型政府？——八谈深入学习贯彻十八届三中全会精神》，载《光明日报》2013年12月8日。

## （三）新一轮司法体制改革

健全司法权力运行机制是实现公平正义这一法治价值的有力武器。《决定》对于司法权力运行机制的部署可以用"一个目标""两去""四化"来概括。①《决定》出台后，司法责任制逐步建立健全，如审判委员会评议实行录音、录像，全程留痕。2016 年 11 月，经中央深改领导小组批准，最高人民法院已在全国设立六大巡回法庭，进一步促进了法律的统一正确实施。

## （四）社会治理体制改革：从"管理"到"治理"

"治理"是三中全会公报中的热词，出现的频次颇多。整个公报共在六处九次提到"治理"一词，分别从国家治理、政府治理、社会治理三个维度展开论述。党的执政理念将由单纯的政府自上而下的"管理"，转变为政府自上而下与社会自下而上相结合的"治理"。跟过去的简单强调"党委领导、政府主导、社会参与"的提法也不一样，其强调社会治理合法权力来源的多样性、治理的主体多元性、治理内容的优化。格里·斯托克认为，"治理指出自政府、但又不限于政府的一套社会公共机构和行为者，治理理论也提请人们注意私营和志愿机构之愈来愈多地提供服务以及参与战略性决策这一事实。"② 此外，《决定》指出："坚持依法治理，加强法治保障，运用法治思维和法治方式化解社会矛盾。"③ 从 2005 年开始，中国连续 7 年保持信访总量、集体上访、重信重访、非正常上访数量持续下降的总体态势。这正是体现将社会治理这一民主形式纳入法治的轨道后，普通群众更加习惯依法解决问题，民主法治实现了飞跃。

## （五）权力监督体制改革

"《决定》做出了一系列规定要大力推进反腐败斗争法治化"④，从构建科学的权力制约机制、促进反腐败体制机制创新、健全改进作风常态化制度

---

① 范传贵：《本报独家对话多次参与三中全会会议材料征求意见座谈法学专家李林："法治"是贯穿十八届三中全会公报内在逻辑》，载《法制日报》2013 年 11 月 15 日。

② ［英］格里·斯托克：《作为理论的治理：五个论点》，华夏风译，载《国际社会科学杂志：中文版》1999 年第 1 期。

③ 《中共中央关于全面深化改革若干重大问题的决定》，载《人民日报》2013 年 11 月 16 日。

④ 张文显：《全面推进法制改革，加快法治中国建设——十八届三中全会精神的法学解读》，载《法制与社会发展》2014 年第 1 期。

三个大方面来"强化权力运行制约和监督体系"[①]。需要特别指出的是,《决定》提议设立权力清单制度,要完善和强化对权力的监督制约。从法治的角度看,权力天然带有扩张性,能为社会带来福利,也可能对民众的权利造成侵害。因此,权力运行须公开透明就是对权力的限制和约束,能发动全社会的力量监督权力运行的整个过程。

## 第四节　党的十八届四中全会与中国特色社会主义法治道路

2014年,党的十八届四中全会通过了《中共中央关于全面推进依法治国若干重大问题的决定》(以下简称《决定》)。这是中共执政历史上首次以法治为主题的中央全会,既贯彻落实了十八大精神,接续了三中全会决定,也是"一份涵盖了目标、原则、方法、改革路径、具体任务的纲领性文件"[②]。《决定》用七大部分,推出了190项重大改革举措,可以概括为确立了一大目标、一条道路、五个体系和六大任务,体现了党试图通过法治实现国家治理体现现代化的目标。

### 一、全面推进依法治国的总目标

改革进入攻坚期和深水区,社会矛盾错综复杂,急需找到一个突破口,并且用法治的方式巩固已有的建设成果。《决定》第一次为"全面推进依法治国"设立了总目标:"建设中国特色社会主义法治体系,建设社会主义法治国家。"[③] 这明确了我国法治建设的性质是社会主义的,一切措施都必须坚持社会主义这个大前提。其次,这指明了我国法治建设的目标和方向,必须坚持用系统的观点审视制定、修改、废止法律等法律运行的全过程。最后,这深刻揭示了法治体系和法治国家建设的相互关系,两者是相互融合、相互促进的统一体。

---

① 张文显:《全面推进法制改革,加快法治中国建设——十八届三中全会精神的法学解读》,载《法制与社会发展》2014年第1期。
② 《在依法治国轨道上建设社会主义强国》,载《光明日报》2014年11月12日。
③ 《中共中央关于全面推进依法治国若干重大问题的决定》,载《人民日报》2014年10月29日。

## 二、坚持中国特色社会主义法治道路

道路决定命运，道路决定前途。四中全会《决定》高屋建瓴，将中国特色社会主义法治道路进一步凝练为"三个核心要义""五个坚持"。

### （一）三个核心要义

"坚持党的领导，坚持中国特色社会主义制度，贯彻中国特色社会主义法治理论"① 是中国特色社会主义法治道路的"三个核心要义"。中国共产党的领导地位具有历史必然性和人民选择性。"中国特色社会主义制度……是全面推进依法治国的根本制度保障"②，是人民民主专政国家性质的具体体现，根本政治制度和基本政治制度都是人民群众参政议政、实现民主管理国家和参与法治建设的主要方式。"中国特色社会主义法治理论……是全面推进依法治国的行动指南"③，为法治建设提供科学、前瞻的指引，让法治建设博采众长，少走弯路。

### （二）五个坚持

其一，坚持中国共产党的领导："党的领导和依法治国是高度统一的"④，党作为中国人民和中华民族的先锋队，领导立法、保证执法、支持司法、带头守法，是社会主义法治最根本的保证。其二，坚持人民主体地位：西方法治本质上是由资本所控制，体现资产阶级意志，而我们始终坚持以人民根本权益为出发点和根本落脚点，聆听群众呼声，采取各种措施满足人民日益增长的法治需求。其三，坚持法律面前人人平等："平等是社会主义法律的基本属性之一，在法治的范畴内，平等主要包括权利平等、机会平等、规则平等"⑤。其四，坚持依法治国和以德治国相结合：邓小平说："中

---

① 习近平：《关于〈中共中央关于全面推进依法治国若干重大问题的决定〉的说明》，载《人民日报》2014年10月29日。

② 习近平：《关于〈中共中央关于全面推进依法治国若干重大问题的决定〉的说明》，载《人民日报》2014年10月29日。

③ 习近平：《关于〈中共中央关于全面推进依法治国若干重大问题的决定〉的说明》，载《人民日报》2014年10月29日。

④ 《领导干部要做尊法学法守法用法的模范带动全党全国共同全面推进依法治国》，载《人民日报》2015年2月3日。

⑤ 张文显：《全面推进依法治国的伟大纲领——对十八届四中全会精神的认知与解读》，载《法制与社会发展》2015年第1期。

国的事情能不能办好,社会主义和改革开放能不能坚持……国家能不能长治久安,从一定意义上说,关键在人。"① 法治体现了社会治理规则的稳定性、权威性和连续性,可以通过强制性规范行为,引领道德风尚。德治具有教化人心的关怀作用,可以为法律的制定提供符合道德理念的参考,为法律的实施提供群众基础,因此,法治和德治从内外两方面对人做了全方位的要求。其五,坚持从中国实际出发:坚持一切从实际出发是马克思主义的基本原理,也是党自成立后经历风雨的经验总结,不管是西方的理论,还是中国古代的做法,都必须在基于中国现实的前提下进行甄别,走符合科学规律和社会需求的法治道路。

### 三、从"法律体系"到"法治体系"

#### (一)法治体系的内涵

1985年4月,钱学森在题为《现代科学技术与法学研究和法制建设》的重要讲话中提道:"社会主义法治要……集总成为一个法治的体系、严密的科学体系"②。近30年前,"法治的体系"就已被提及,而在此次会议上得到正式肯定。中国特色社会主义法治体系是法律的价值、事实和形式层面法治的有机统一,集中体现中国人民意志和社会主义属性的法治诸多要素的内在统一。中国特色社会主义法律体系是法治体系的构成要素之一,"是动态的、开放的、发展的"③,更强调法治的运行过程,在立法、执法、司法、守法方面推动法治落实,实现法律在中国社会全面落实所能达到的完备形态。

#### (二)"法治体系"的五个构成要素

中国特色社会主义法治体系包含以下五个方面的要素:

1. 完备的法律规范体系。四中全会要求,要深入推进科学立法、民主立法和依法立法,保障人民群众参与立法的权利,尊重科学规律,反映新时

---

① 《邓小平文选》第二卷,人民出版社1994年版,第380页。
② 钱学森:《大力发展系统工程,尽早建立系统科学的体系》,载《光明日报》1979年11月10日。
③ 吴邦国:《在形成中国特色社会主义法律体系座谈会上的讲话》,载《人民日报》2011年1月25日。

代的社会需求和现实国情,"实现立法和改革决策相衔接"①,也要完善社会规范体系。

2. 高效的法治实施体系。《决定》提出了一系列保障宪法实施的措施,提出要进一步严格执法和公正司法,稳步推进司法改革,促进法律实施。在建设法治社会的层面,法律理念更加凸显宪法法律的至高性和平等性,表述为"宪法法律至上、法律面前人人平等"。

3. 严密的法治监督体系。没有监督的权力会导致腐败,监督体系的核心和关键是对公权力的监督。在当代中国,对公权力进行监督制约是为实现人民权利而设定的法治机制与手段。《决定》提出了党内监督、人大监督等八类监督方式,要进一步细化监督范围,规范监督程序,丰富监督手段。

4. 有力的法治保障体系。就宏观目标而言,法治保障体系包括党的领导、中国特色社会主义制度、中国特色社会主义法治理论、具有职业素养的法治队伍和合理有效的法治指标体系等政治、制度、思想、组织、运行方面的保障。法治保障体系能更好发挥法治的规范作用,使人民群众享有更多的认同感。

5. 完善的党内法规体系。党内法规是依规治党的重要依据,也是法治体系的重要组成部分。党内法规对国家法律具有保障作用,党的执政、党的领导必须依靠法治。在治党过程中,制度建设不仅包括制定修改党内法规,也包括党领导立法,因此要抓紧制定和修订一批重要党内法规,实现"党内法规同国家法律的衔接和协调"②。

## 第五节 党的十八届五中、六中全会与法治发展

### 一、党的十八届五中全会

2015年10月26日,党的十八届五中全会召开,通过了"十三五"规

---

① 《习近平主持召开中央全面深化改革领导小组第六次会议强调:学习贯彻党的十八届四中全会精神,运用法治思维和法治方式推进改革》,载《人民日报》2014年10月28日。

② 《习近平谈治国理政》第二卷,外文出版社2017年版,第119页。

划建议(以下简称《建议》)。《建议》是实现第一个百年奋斗目标的纲领性文件,创造性提出创新、协调、绿色、开放、共享的发展理念,明确了到2020年的阶段性目标,具有思想性、战略性和前瞻性。

### (一) 全面依法治国是十三五时期我国发展的指导思想

"要把全面依法治国放在'四个全面'的战略布局中来把握"①,做到四方面之间相辅相成、相互促进、相得益彰,没有全面依法治国的保障和规范,我们的战略布局无疑是空中楼阁。《建议》指出:"法治是发展的可靠保障……加快建设法治经济和法治社会,把经济社会发展纳入法治轨道。"②因为现代市场经济就是法治经济,法治能明确界定权力的边界,为权利救济提供有效渠道,为经济社会发展保驾护航。

### (二) 法治是发展的可靠保障

《建议》提出了五大新发展理念,强调"运用法治思维和法治方式推动发展"。无论是理论创新、制度创新、科技创新,还是文化创新,法治都可以保护这些创造凝结的智力成果;无论是城乡协调、区域协调、经济社会协调还是国内国际协调发展,法治可以通过明确权利义务构建平衡的利益关系;国家通过环境与资源保护领域的立法和遍布全国的法律实施机关,为绿色发展守好底线;在贯彻互利共赢的对外开放格局中,法治中国的建设和法治理论的发展能增强我国在全球治理的制度性话语权;法治能统筹规划,通过公正合理的制度安排,让人民群众共享发展的成果。

《建议》还简要提及了依法执政、加强党对立法工作的领导、依法行政、加强法治政府建设、深化司法体制改革、弘扬社会主义法治精神的重要意义。会后,有关机关纷纷表态要采取措施贯彻会议精神。孟建柱说:"要深刻认识全面建成小康社会决胜阶段的新形势,正确把握我国发展重要战略机遇期内涵的新变化,深入开展'三严三实'专题教育,毫不动摇惩治和预防腐败,推动形成不敢腐、不能腐、不想腐的有效机制。"③ 有地方政府

---

① 李林主编:《中国依法治国二十年(1997—2017)》,社会科学文献出版社2017年版,第30页。
② 《中共中央关于制定国民经济和社会发展第十三个五年规划的建议》,载《人民日报》2015年11月4日。
③ 刘子阳:《孟建柱在中央政法委第二十次全体会议暨中央司法体制改革领导小组专题会议上强调:认真学习贯彻党的十八届五中全会精神,以改革创新精神,谋划和做好政法工作,为全面实施"十三五"规划创造良好法治环境》,载《法制日报》2015年11月6日。

表示：要积极推行政府法律顾问制度，"开展专项法律服务，积极为重大工程建设、知识产权保护、环境保护等提供法律服务"①。

## 二、党的十八届六中全会

2016年10月24日，党的十八届六中全会审议通过了从严治党的"制度铁锁"，体现出党中央持久治吏的决心。

### （一）"四个全面"中的全面从严治党

党的十八届六中全会开启了依规治党、依制度管党的新征程。从严治党，除了制度外，重点是"各级领导机关和领导干部"，关键是"高级干部特别是中央委员会、中央政治局、中央政治局常务委员会的组成人员"。因此，本次全会在"从严治党"方面，"不仅有了筑牢铁笼的制度保障，更是抓住了制度执行关键少数人的'牛鼻子'"②。

党的十八届六中全会聚焦全面从严治党，其另一重要的目的之一就是要协调推进，包括全面依法治国在内的"四个全面"战略布局的深入实施。从两者关系看，全面从严治党与全面依法治国的出发点、追求目标在根本上是一致的，都体现了最广大人民的根本利益，为了实现中华民族的伟大复兴。"在'四个全面'战略布局中相得益彰、互相促进，共同致力于实现'两个一百年'奋斗目标和中华民族伟大复兴的中国梦。"③ 全面依法治国是全面从严治党的坚强保障，法治能系统全面监督权力，能推动形成不敢腐、不能腐、不想腐的有效机制。

### （二）全面从严治党的法治保障

#### 1. 党内法规体系建设

全面从严治党要靠制度治党来保障，将制度建设贯穿于全面从严治党之中。而制度建设就是建立健全党内法规体系。从广义上看，党内法规体系和国家法律体系都属于中国特色社会主义法治体系，二者的宗旨、精神、目

---

① 王小平：《全面贯彻落实十八届五中全会精神，为全市经济社会发展营造良好的法治环境》，载《新乡日报》2015年12月4日。
② 单一良：《以"制度铁笼"持久束权治吏——党的十八届六中全会的法治思考》，载《理论参考》2016年第11期。
③ 史兆琨：《全面依法治国与全面从严治党相得益彰》，载《检察日报》2016年11月1日。

的、方向是一致的。加强党内法规制度建设，不仅不会削弱国家法律的权威，反而有利于国家法律实施。党制定党内法规，调整党内关系、规范党员行为；党同时又领导人民群众制定法律政策制度，为社会主体提供活动依据。历史经验告诉我们，如果党内法规执行得好，法律法规能得到较好遵守，法治建设就能顺利推进。

2. 加强对权力运行的制约和监督

《关于新形势下党内政治生活的若干准则》指出：要"形成有权必有责、用权必担责、滥权必追责的制度安排"，"对党组织和党员、干部行使权力进行监督，必须依纪依法进行"[1]。中共党员在各个机关中占主要地位，立法人员对法律的合理性公正性权威性有重要作用、执法人员对依法行政有重要作用、司法人员的法治素质是法律公正能否真正实现的最后保障。[2] 只有加强对权力运行的制约和监督，才能始终保持党的纯洁性和先进性，为全社会推行法治建设作出示范。

## 第六节　党的十九大与深化依法治国实践

2017年10月，党的十九大总结了党中央在全面推进依法治国上的丰富经验，从中华民族伟大复兴的战略高度全方位设计了未来三十多年中国法治道路建设的宏伟蓝图及其实施战略，并首次提出成立中央全面依法治国领导小组、推进合宪性审查等法治建设新举措，为通往法治铺设了更加广阔的道路。

### 一、法治道路与社会矛盾

党的十九大报告提出："全面依法治国是中国特色社会主义的本质要求和重要保障"[3]，这就"改写了法治是资本主义专利的历史"[4]。与十六大提

---

[1] 《关于新形势下党内政治生活的若干准则》，载《人民日报》2016年11月3日。

[2] 魏长领、宋随军：《全面从严治党与法治信仰的培育——学习党的十八届六中全会精神》，载《郑州大学学报（哲学社会科学版）》2017年第1期。

[3] 习近平：《决胜全面建成小康社会，夺取新时代中国特色社会主义伟大胜利》，载《人民日报》2017年10月28日。

[4] 汪习根：《法治中国的道路选择——党的十九大全面依法治国思想解读》，载《法学杂志》2018年第1期。

出的十条基本经验相比,法治的地位有了本质的、全局性的提升,对法治有了更系统、更科学的认识。法治之所以获得如此重视,是基于对新时代社会主要矛盾转变的新发现。社会主要矛盾转变是十九大做出的一个重大判断,报告指出,新时代社会主要矛盾已经从人民不断增长的物质文化需求与落后的生产力之间的矛盾转化为"人民日益增长的美好生活需要和不平衡不充分的发展之间的矛盾"[①]。近三十年来,人民群众的物质生活水平有了长足的提高,对于"美好生活"的期望和要求越来越高、越来越广泛。法治就是其中的重要内容。从法理学的角度来看,"法治是治国理政的基本方式"[②]。法治最基本的、起始性的功能就是定纷止争,解决矛盾和冲突,确定权利义务关系。而从宏观上讲,法治的功能在于治国安邦,也就是治好国、理好政,此所谓治国平天下。因此,人们对于法治的需求不断提升,迫切要求国家和社会提供能与之匹配的法律产品和服务。只有基于对国情的正确判断,才能更好开展法治建设。

## 二、法治道路与政治道路

党的十九大在充分肯定十八大以来取得的全方位历史性成就的同时,清醒地认识到"全面依法治国任务依然繁重,国家治理体系和治理能力有待加强"[③]为此,习近平总书记在十九大报告中明确提出"深化依法治国实践""坚持中国特色社会主义政治发展道路"[④],从而将法治道路与政治道路有机结合起来。具体而言,其一,关于新时代坚持和发展中国特色社会主义的基本方略。对此,十九大提出了十四条基本方略:"坚持党对一切工作的领导""以人民为中心""全面深化改革""新发展理念""人民当家作主""全面依法治国""社会主义核心价值体系""在发展中保障和改善民生"

---

① 习近平:《决胜全面建成小康社会,夺取新时代中国特色社会主义伟大胜利》,载《人民日报》2017年10月28日。
② 习近平:《在首都各界纪念现行宪法公布施行30周年大会上的讲话》,载《人民日报》2012年12月5日。
③ 习近平:《决胜全面建成小康社会,夺取新时代中国特色社会主义伟大胜利》,载《人民日报》2017年10月28日。
④ 习近平:《决胜全面建成小康社会,夺取新时代中国特色社会主义伟大胜利》,载《人民日报》2017年10月28日。

"人与自然和谐共生""总体国家安全观""党对人民军队的绝对领导""坚持'一国两制'和推进祖国统一""推动构建人类命运共同体""全面从严治党"。① 这十四条是对十六大以来确立的十条基本经验的根本突破,集中表现在:不仅是数量上的增加,覆盖范围更广,内容体系更完整更丰富,而且在认识上得以实现质的飞跃,从基本经验提升为实践方略,从指导思想具体化为道路建设与制度构建。其中,对全面依法治国的发展方向与路径选择进行了具体谋划。其二,关于政治道路与法治道路的关联性及其必然性。十九大报告在走中国特色社会主义政治发展道路这一部分,反复强调社会主义民主政治的制度化、规范化、法治化、程序化。其中,对民主的政治法治制度体系建设提出了如下设想:法治是对社会主义政治道路的确认和规范,而这一道路的合法性基础在于其所具有的"历史逻辑、理论逻辑、实践逻辑"以及执政党的"本质属性"和"根本宗旨"。② 其三,关于法治道路的实践新要求新战略。在重申党的十八届四中全会决定和习近平总书记关于这一决定的说明中关于中国特色社会主义法治道路三层核心要义的基础上,再次深刻揭示了两大关系:一是全面依法治国与中国特色社会主义之间的科学关系,即两者是"本质要求"和"重要保障"的关系;二是依法治国与党的领导的关系,即在依法治国实践的"全过程和各方面"都应坚持党的领导。

### 三、法治道路建设的时间表

党的十九大报告为全面建设社会主义现代化国家设定了路线图,同样也为法治设定了时间表:第一阶段:从 2020 年到 2035 年,"人民平等参与、平等发展权利得到充分保障,法治国家、法治政府、法治社会基本建成"③;第二阶段:从 2035 年到本世纪中叶,"把我国建成富强民主文明和谐美丽的

---

① 习近平:《决胜全面建成小康社会,夺取新时代中国特色社会主义伟大胜利》,载《人民日报》2017 年 10 月 28 日。

② 习近平:《决胜全面建成小康社会,夺取新时代中国特色社会主义伟大胜利》,载《人民日报》2017 年 10 月 28 日。

③ 习近平:《决胜全面建成小康社会,夺取新时代中国特色社会主义伟大胜利》,载《人民日报》2017 年 10 月 28 日。

社会主义现代化强国"①，这五个价值目标的实现，无一不与法治息息相关，理所当然地包含了法治强国的目标。同时，提出实现"五个文明"即物质文明、精神文明、政治文明、社会文明和生态文明。其中，法治文明作为政治文明的应有之义，是现代化强国的重要标志。法治兴，则民族兴；法治强，则国家强。民族的复兴离不开法治复兴，现代强国在一定意义上就是制度强国、法治强国。这正是十九大为未来三十年预设目标与实现路径的法理基础。

可以看出，推进法治建设的过程历时长，而且不局限于哪一个层面，要做到"各项改革措施在政策取向上相互配合、在实施过程中相互促进、在改革成效上相得益彰"②，任何片面的、局部的环节的法治改革都不可能取得最终的成功。中央全面依法治国领导小组的成立就是回应了通盘考虑、统一规划、系统推进法治建设的需求，避免了因为没有在体制上进行治理领域全局性革命性的变革而导致失败或者倒退的情况。

### 四、法治道路建设实践深化的战略措施

党的十九大报告的第六部分在治理革命的意义上高屋建瓴地对如何"深化依法治国实践"进行了全面的战略部署，也制定了全面依法治国和在立法、执法、司法、守法诸环节的具体措施。

一是强化法治的组织领导。在执政党的组织体系中，成立全面领导法治中国建设的最高决策机关——中央全面依法治国领导小组。这是落实法治道路建设中坚持党的领导这一层核心要义的具体实践，具有开创性意义。对于提升法治中国建设的实践效能、始终把准运行方向具有始源性价值功能。二是开展合宪性审查。习近平总书记多次公开强调依宪治国和依宪执政的重要性。"推进合宪性审查工作"③ 的提出使得"维护宪法权威在制度上迈出了实质性步伐"④。

---

① 习近平：《决胜全面建成小康社会，夺取新时代中国特色社会主义伟大胜利》，载《人民日报》2017年10月28日。
② 习近平：《注重全面深化改革的系统性整体性协调性》，载《习近平谈治国理政》第二卷，外文出版社2017年版，第109页。
③ 习近平：《决胜全面建成小康社会，夺取新时代中国特色社会主义伟大胜利》，载《人民日报》2017年10月28日。
④ 石冠彬：《新时代中国特色社会主义法治理论的宏观解读——以十九大报告文本为中心》，载《云南社会科学》2018年第2期。

十九大召开以前，备案审查室设在全国人大常委会法工委下面，层级较低，而且没有一次公开撤销法律的案例，很难起到事前审查和事后审查的监督作用。我国的合宪性审查属于权力机关审查制，在最高层级上推动合宪性审查，能有力维护中国特色社会主义法律体系的统一。三是全面推进法治体系建设。在良法建设上，完善和落实立法的科学性、民主性和合法性这三大原则；在善治体系上，进一步优化权力配置、运行及其监督制约。主要表现在：完善人民代表大会制度、加强宪法实施与监督，依法行政和法治政府建设，以及深化司法体制综合配套改革、落实司法责任制；在法治文化上，加大全民普法力度，创新法治文化建设的路径、方式和手段，优化全社会法治氛围，满足人民在法治方面的获得感、安全感、幸福感；在法治权威上，重点强调领导干部应当不断提升人人平等、反对特权、信守规矩、尊法用法的法治思维。

为了落实党的十九大的战略部署，全国人民代表大会随后通过了宪法修正案、监察法，在法治的轨道上对国家治理体系进行了革命性改革，在立法、行政、司法权之外创设了监察权以及监察委员会这一崭新的国家权力机器。十九大报告确定要"依法赋予监察委员会职责权限和调查手段"。《中华人民共和国监察法》明确了"坚持中国共产党对国家监察工作的领导"的原则。相比《行政监察法》，该法将监察的范围扩大至所有行使公权力的公职人员。该法不仅规定了监察委员会的组织、职权，也规定了监察工作的具体程序。另外，该法用留置取代"两规"措施，并规定严格的程序，体现了法治思维和法治方式在反腐败领域的充分运用。总而言之，这部法律的出台为加强反腐斗争、全面从严治党提供了强有力的法治保障。

值得强调的是，这一时期，在法治道路建设上的重大创新还在于将以往提出的依法执政发展到了一个新高度和新境界，即实现依法治国和依规治党的相互衔接、相互关联，国家法治体系和党内法规体系同时并存、相互补充，共同统一于中国特色社会主义法治体系之中。党内法规体系建设是法治道路始终坚持正确价值取向的根本之举，向世人再次彰显了法治道路的中国特色和中国创造。

# 第 六 章

# 中国特色社会主义法治道路探索的经验教训

中国共产党自成立以来就为在中国实现社会主义不断奋斗。中国特色社会主义法治道路作为中国特色社会主义道路的组成部分,其形成也是一个不断探索和曲折发展的过程。"以史为鉴,可以知兴替"。总结中国在探索社会主义法治道路中的经验教训,对于继续坚持和发展中国特色社会主义道路具有重要意义。

毛泽东曾指出中国的"社会主义革命是一场新的革命"[1],没有现成的经验可供借鉴,也不能从书本上找到答案。要完成这场伟大的革命,只能在社会主义革命的实践斗争中去学习和积累经验。邓小平也说过:"我们现在所干的事业是一项新事业,马克思没有讲过,我们的前人没有做过,其他社会主义国家也没有干过,所以没有现成的经验可学。我们只能在干中学,在实践中摸索"。[2] 经验包括了正确的经验和错误的经验。在整个社会主义道路的建设过程中,中国共产党都非常重视总结经验教训。中国共产党就是在总结成功经验和错误教训中不断发展壮大的。"正确的经验鼓励了我们,错误的经验教训了我们"[3]。在每个战役结束后,毛泽东都会进行一次总结经验,发扬优点,克服缺点,最终建立了新中国。邓小平也指出:中国共产党带领中国人民取得社会主义革命和建设取得的成就"不靠上帝,而靠自己

---

[1] 《毛泽东文集》第六卷,人民出版社 1999 年版,第 430 页。
[2] 《邓小平文选》第三卷,人民出版社 1993 年版,第 258—259 页。
[3] 《毛泽东文集》第八卷,人民出版社 1999 年版,第 339 页。

努力,靠不断总结经验,坚定前进"。

经验固然重要,但是我们不能走向经验主义。经验主义与教条主义都是主观主义的表现形式,其只看到片面而没有看到全面。[①] 教条主义只知道马克思列宁主义的词句而不考虑现实情况。经验主义"只看到一些具体实践,只看到一国一地一时的经验,没有看到马克思列宁主义的原则"[②]。

为了克服教条主义和经验主义,我们必须加强对马克思主义基本原理的学习,正确对待中国在探索特色社会主义法治道路中取得的成绩和经历的挫折。对于取得的好的经验,我们要从马克思主义的角度进行总结归纳,但不能夸大经验的作用和地位,把局部、个别的经验当成普遍真理照搬照抄。对于面临的挫折,既不能因此对社会主义道路丧失信心,也不能消极回避,讳疾忌医,反而更应该从中吸取教训,避免重蹈覆辙。根据马克思唯物主义观点,人的思维总不可能完全反映客观现实,总是需要在不断的实践和试错中提高对客观现实的认识。任何国家在革命和建设中都曾犯过错误,"中国将来也一定会犯错误。认真一些,就会少犯错误,少犯全国性的错误,即使犯了全国性的错误也会及早纠正。"[③]

对于中国在探索特色社会主义法治道路中取得的经验和教训,不仅党和国家在许多重大会议中都曾进行过阶段性或整体性的总结,党的主要领导人也曾提出过自己的观点。很多学者从不同阶段总结了中国的法治建设经验,比如新民主主义革命时期的法治建设经验、新中国成立以来的法治建设经验、改革开放以来的法治建设经验等,也有学者从部门法的角度对法治建设经验进行总结,比如行政法建设中的法治经验、刑事诉讼法建设中的法治经验、对外经济贸易法中法治建设经验等。我们认为,中国在探索特色社会主义法治道路中取得的经验教训包括五大方面:(1)法治应当成为治国理政的基本方式,(2)法治道路必须以中国国情为基础,(3)法治道路必须坚持社会主义方向,(4)法治道路必须坚持党的领导,(5)法治道路必须符合人民利益。

---

① 《毛泽东选集》第三卷,人民出版社 1991 年版,第 819 页。
② 《邓小平文选》第一卷,人民出版社 1994 年版,第 259、260 页。
③ 《毛泽东文集》第七卷,人民出版社 1999 年版,第 65 页。

## 第一节　法治道路的价值定位

在党的十八届四中全会第二次全体会议上,习近平总书记指出:"历史是最好的老师。经验和教训使我们党深刻认识到,法治是治国理政不可或缺的重要手段。法治兴则国家兴,法治衰则国家乱。"[①] 法治道路是现代国家治理的最佳道路,法治应当成为治国理政的基本方式。

### 一、建党初期用法治反对人治

在建党前后,党的早期领导人就切身体会到了封建人治的危害,提出要法治不要人治。李大钊在《民彝与政治》中提出要"杀迷信人治之根性"[②]。陈独秀认为"别尊卑、重阶级、主张人治……实为制造专制帝王之根本恶因"[③]。自建党以来,中国共产党就将在中国建立社会主义民主和法治作为自己的奋斗目标。

在建党之初,由于中国共产党的力量较为弱小,既不能通过国会制定社会主义性质的法律,也没有力量建立自己的政权来推行法治。但是中国共产党深入工人农民,不断揭露封建军阀和资产阶级主导和控制下的法律的阶级性和压迫性,同时宣传社会主义法治的口号和精神。这为中国共产党不断发展壮大,赢得工农群众的支持,削弱反动法律的压迫起到了重要作用,同时也为人民群众接受社会主义法治打下了坚实的基础。

中国共产党在第一次国共合作中队伍不断发展壮大,其社会主义法治的主张也得到工农群众的进一步拥护。虽然第一次国共合作以国民党对共产党的清洗和迫害而宣告破裂,但残酷的现实让中国共产党更清醒地认识到掌握中国革命领导权和建立自己的革命军队的重要性。中国共产党通过军事斗争建立了革命根据地后,就开始着手"建立苏维埃中央临时政府与各苏区政

---

[①] 中共中央文献研究室编:《习近平关于全面依法治国论述摘编》,中央文献出版社2015年版,第8页。
[②] 《李大钊文集》第一卷,人民出版社1999年版,第156页。
[③] 《陈独秀文集》第一卷,人民出版社2013年版,第194页。

府来对抗南京国民政府,公布与实施苏维埃政府的一切法令"①。为夺取政权、建设政权奠定制度基础。

## 二、建立革命政权后用法治巩固政权和保护人权

1931年11月,苏维埃临时中央政府成立后,通过立法的形式在根据地内推行土地改革,陆续制定和颁布了宪法大纲、选举法、政权组织法、刑法、土地法、劳动法、婚姻法、经济法和诉讼法等许多保护农民权利、工人权利和妇女权利的法律。苏维埃临时政府坚持法律面前人人平等原则,惩治了一批违反法律的土豪劣绅和贪官污吏,赢得了根据地群众的支持和拥护。面对国民党反动派的军事围剿,新生的苏维埃政权面临着巨大的外部压力,无法将精力过多地投入到法治建设中。出于军事斗争的需要,苏维埃法律有时不得不向军事政策让步。但是苏维埃的法制建设在动员人民支援革命战争、保卫苏维埃政权和维护人民的各项权利方面都发挥了重要作用,为后来抗日根据地法制建设奠定了基础。

在抗日战争时期,中国共产党在抗日根据地继续加强法制建设。边区政府在继承和借鉴中央苏区法制建设的基础上,根据抗日形势的变化重新制定和修改了一系列新的法律法令。为了进一步保障人民民主权利,各抗日根据地先后制定了一系列的人权保障法律,比如《陕甘宁边区人权保障条例》《山东省人权保障条例》《渤海区人权保障条例执行规则》等。为了顺应抗日统一战线的需要,党的土地政策从没收地主土地变成减租减息,各边区政府也制定和修改了土地立法的内容。为了更好地发挥党在抗日统一战线和边区民主政权中的领导作用,边区政府在坚持法律面前人人平等的基础上,加重对共产党员犯法的处罚。在当时有重要影响的"黄克功案"中,有人认为黄克功为革命屡立战功,应当从宽处理。但毛泽东认为"共产党员与红军,对于自己的党员和红军成员不能不执行比一般平民更加严格的纪律"②。《陕甘宁边区施政纲领》也明确规定了"共产党员有违法者,从严治罪"。这对于维护边区法律权威,规范党员行为,赢得各抗日阶级支持起到了重要

---

① 中央档案馆编:《中共中央文件选集》第7册,中共中央党校出版社1991年版,第264页。
② 《毛泽东书信选集》,人民出版社1983年版,第111页。

作用。在抗日战争时期，中国共产党领导下的法制建设无论在理论方面还是实践方面都不断走向成熟。

### 三、新中国成立后法治在治国理政中的地位

新中国成立后，中国共产党全面废除了国民党政府的《六法全书》，运用在解放区取得的法治建设经验，在解放区已经颁布实施的各种法律、条例、命令等规定的基础上，开始构建全国范围内的社会主义法律体系。《共同纲领》、"五四宪法"、婚姻法、土地法等其他法律制度的颁布实施对当时的革命和建设起到了重要的保障作用。

但是在《六法全书》彻底废除后，新的法律不能立刻制定出来，在很多情况下仍然面临着无法可依的情况。中国共产党沿袭了在革命战争年代广泛使用的运动传统，通过土地改革运动、镇压反革命运动、"三反""五反"运动等来解决国家面临的迫切问题。这种群众运动尽管可以快速解决迫切的现实问题，但是对于法治建设却产生了极大的副作用。因为这些群众运动是"不完全依靠法律的，甚至对他们自己创造的表现自己的意志的法律有时也不大尊重"[1]。1958年，毛泽东在北戴河发表谈话说"不能靠法律治多数人……主要靠决议、开会，一年搞四次"。[2] 到了"文化大革命"时期，公检法被砸烂，新中国的法治建设陷入停滞状态，给国家和人民造成了巨大危害，也给改革开放以后的法治建设提供了深刻的教训。

"文化大革命"结束后，中国共产党在汲取教训的基础上发布了《关于建国以来党的若干历史问题的决议》，剖析了1956年到1976年这二十年出现错误的原因。决议指出，中国共产党"面对新条件下的阶级斗争，又习惯于沿用过去熟悉而这时已不能照搬的进行大规模急风暴雨式群众性斗争的旧方法和旧经验，从而导致阶级斗争的严重扩大化"。"文化大革命"后，邓小平提出："为了保障人民民主，必须加强法制"。[3] 针对上海发生冲击领导机关的事件，邓小平认为这属于"四人帮"打砸抢的思想体系，并提出

---

[1] 《董必武政治法律文集》，法律出版社1986年版，第333页。
[2] 张憨：《第四届全国司法工作会议的来龙去脉及其严重影响》，载《刑事诉讼与证据运用》第一卷，中国人民公安大学出版社2005年版，第302页。
[3] 《邓小平文选》第二卷，人民出版社1994年版，第146页。

了"民主和法制两手都不能削弱"的论断。① 邓小平认为"大跃进"和"大鸣大放"的做法只能妨碍民主和法制。大鸣大放大字报大辩论这"四大"是载在宪法里的,但是"把历史的经验总结一下,不能不承认,这个'四大'的做法,作为一个整体来看,从来没有产生积极的作用"②,所以党中央准备提请全国人大把它取消。1986 年,万里在全国政法工作会议上指出:"由于长期封建社会历史的影响,我们往往只有'人治'的经验,缺乏'法治'的观念"。再加上"我们党在长期的革命斗争中,主要依靠政策办事",新中国成立以后"受'左'的思想和习惯势力的影响,忽视了法制建设,党内重政策、轻法律的思想没有得到根本克服。'文化大革命'期间,发展到登峰造极的地步,不仅无法可言,而且党的政策也被严重破坏了"③。所以我们必须认识到"发展民主与健全法制是一项根本建设"④。1989 年,彭真在中央政治局扩大会议上指出:"管理国家,靠人治还是靠法制?一定要靠法制。……这是总结建国以来几十年正反两方面的经验教训得出的结论"。⑤

正是在这种要法治不要人治的基本观念的指引下,改革开放以后中国的法治建设得到快速发展。1978 年 12 月,邓小平在中央工作会议上提出了"有法可依、有法必依、执法必严、违法必究"的十六字方针。党的十五大把依法治国确定为治国的基本方略。党的十六大把依法治国列为全面建设小康社会的一个重要目标。党的十七大提出了建设社会主义法治国家的任务。党的十八大又提出"法治是治国理政的基本方式"。十八届四中全会通过了《中共中央关于全面推进依法治国若干重大问题的决定》,明确提出全面推进依法治国的"总目标是建设中国特色社会主义法治体系,建设社会主义法治国家"。为了维护国家的长治久安,保障人民的各项权利,实现中华民族的伟大复兴,我们必须毫不动摇地坚持把法治作为治国理政的基本方式。

通过检索"法"字在历次党代会报告中的出现次数,便可发现,除了

---

① 《邓小平文选》第二卷,人民出版社 1994 年版,第 189 页。
② 《邓小平文选》第二卷,人民出版社 1994 年版,第 257 页。
③ 《万里文选》,人民出版社 1995 年版,第 481 页。
④ 《万里文选》,人民出版社 1995 年版,第 478 页。
⑤ 《彭真文选》,人民出版社 1991 年版,第 663 页。

一两次波折外,折线图整体呈上升趋势。分解来看,在中共六大之前,"法"字零星可见;七大开始重视"法"字;从九大至十一大,"法"字又受冷落;十二大之后,"法"字逐步成为热词;十五大更是开启了一个对"法"重视的新时代,每次会议的"法"字出现次数都超过了以往。详见下图:

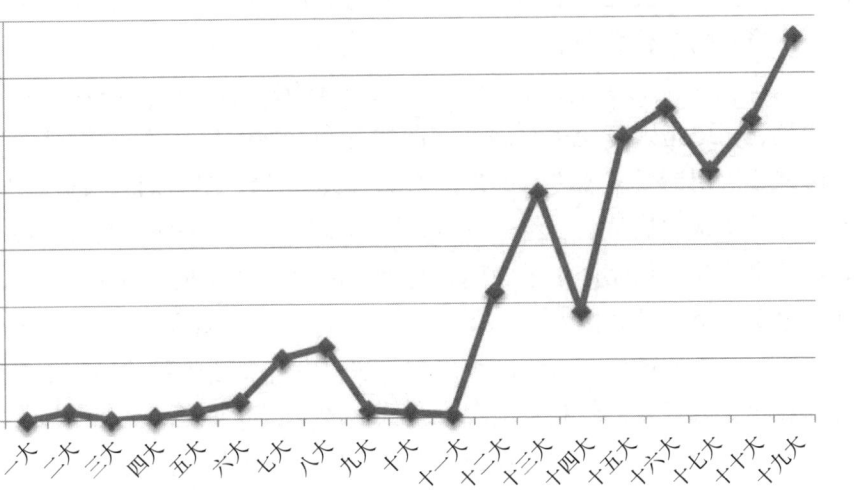

历届党代会报告中"法"字出现的次数统计图

## 第二节 法治道路的国情基础

2014年10月23日,习近平总书记在《求是》上发表了《加快建设社会主义法治国家》一文,文章指出:"走什么样的法治道路、建设什么样的法治体系,是由一个国家的基本国情决定的。'为国也,观俗立法则治,察国事本则宜。不观时俗,不察国本,则其法立而民乱,事剧而功寡'。全面推进依法治国,必须从我国实际出发,同推进国家治理体系和治理能力现代化相适应,既不能罔顾国情、超越阶段,也不能因循守旧、墨守成规。"①

---

① 中共中央文献研究室编:《习近平关于全面依法治国论述摘编》,中央文献出版社2015年版,第31页。

中国特色社会主义法治道路的形成是马克思主义同中国实际相结合的产物。法治道路以国情为基础，就是在建设法治道路过程中要因时变法。

## 一、国情对法治道路影响的纵向考察

春秋战国时期，随着生产力的发展，奴隶制的土地国有制已经不能适应社会发展需要，要在混乱的诸侯争霸中免于灭亡就必须富国强兵，商鞅正是看清了当时的时代背景，才提出以"废井田、开阡陌"的封建土地私有制和"富国强兵"为主要内容的变法改革。秦国一统六国并不仅仅是军事战争的胜利，更是因时变法对因循守旧的胜利。秦国建立统一的封建王朝后，仍然继续沿用诸侯争霸之时的严刑峻法，最终导致二世而亡。西汉初年的统治者正是认识到战争之后经济凋敝、民不聊生，所以采取了轻徭薄赋、约法省刑的法律观，从而产生了中国封建社会的第一个盛世"文景之治"。自汉武帝罢黜百家、独尊儒术后，中国社会数千年来一直受到儒家法律观的控制。此后的历朝历代都有不同程度的变法，有些变法的目的是为了维护统治者的利益，以侵夺人民利益为代价并且不考虑经济发展水平，所以大多以失败告终。有些变法尽管在客观上符合社会发展需要和人民的利益，但是由于守旧势力太过强大，最终也没能取得成功。

鸦片战争之后，中国面临着内忧外患的严峻形势。在师夷长技以制夷的洋务运动失败后，变法又一次成为挽救中国命运的选项。资产阶级立宪派没有考虑到守旧派和帝国主义的强大，幻想统治阶级会自动放弃封建特权从而实现君主立宪制。守旧的清王朝统治者也没有意识到民主自由和经济发展对资本主义法治的需求，不积极主动进行变革，反而扼杀了维新变法。1905年日俄战争之后，君主立宪的日本战胜了沙皇俄国，中国国内的立宪之声再次响起。清政府面对汹汹民意被迫开始立宪活动，试图通过变法和"宪政"实现"皇位永固"。由于清政府"预备立宪"并不是从经济发展或人民利益的角度出发，所以这次变法具有极大的欺骗性。1908年颁布的《钦定宪法大纲》共23条，其中有14条都是为了维护皇权。1911年皇族内阁成立后，清政府预备立宪的骗局终于被拆穿。背离法治潮流的清政府最终随着武昌首义的枪声而分崩离析，康有为上书光绪皇帝所说的"变法而强，守旧而亡——能变则全，不变则亡，全变则强，小变仍亡"得以应验。

资产阶级革命派通过辛亥革命建立资产阶级共和国后，没有认识到中国民智未开、军阀割据、列强环伺的现实，幻想在中国迅速建立起以多党制为核心的议会政治，走资本主义的法治道路。结果造成了军阀混战，政党倾轧，国会解散，贿选宪法等一系列乱象和闹剧。

以李大钊、陈独秀为首的早期马克思主义者，运用马克思主义的政治经济理论，否定了在中国走封建人治和资本主义法治道路的可能性，认为只有社会主义才能救中国。"问题与主义"之争使中国早期的马克思主义者更加注重理论与实际的结合，用马克思主义的基本原理来分析和解决中国的现实问题。

中国共产党从成立之日起就从正反两方面不断认识到理论联系实际的重要性。在不同的历史阶段，中国共产党采取了不同的对内对外政策。中国共产党成立之后，集中力量领导工人运动，掀起了中国工人运动的第一次高潮。但是在京汉铁路大罢工被吴佩孚血腥镇压后，中国共产党认识到没有强力的同盟，工人运动是不可能取得革命胜利的。中国共产党顺应全国人民"打倒列强除军阀"的愿望，对国民党的民主性进行了深入评估，在共产国际的帮助和推动下，实现了第一次国共合作。但是由于陈独秀犯了右倾机会主义错误，在面对国民党右派的挑衅破坏时妥协退让，最终导致第一次国共合作破裂。

党的六大系统地总结了大革命的经验教训，指出中国革命现阶段的任务是实行彻底的土地革命，推翻豪绅地主阶级军阀的统治，扫除帝国主义对华统治的支柱。之后，中国共产党开始着手建立自己的革命武装并走向了农村包围城市的道路。在短短的几年里就建立了大片的革命根据地和自己的苏维埃政权。中国共产党在这时就认识到中国的社会主义革命和社会主义法治道路不是一蹴而就的，当时的中国现实尚不足以实行社会主义革命，而需要有一个过渡形式即"苏维埃制度"。瞿秋白在《中国的苏维埃政权与社会主义》中指出：中国当时最急切的任务是"肃清一切种种资本主义前期的封建式的社会关系、生产关系"[①]。要肃清资本主义前期的封建式的社会关系，最主要的就是要解决土地问题，进行土地革命。在这种情况下，工农兵代表

---

[①] 《瞿秋白文集：政治理论编》第五卷，人民出版社 2013 年版，第 223 页。

苏维埃政权"最容易完成从民权革命生长而成社会主义革命的转变,而且是保证中国之非资本主义发展的唯一方式"①。正是基于这一认识,各苏维埃政权在建立后都将法治活动的重心放在土地改革上,制定和实施了大量有关土地改革的法律法令,从而得到根据地群众的拥护和支持。

新生的苏维埃政权一直面临着国民党反动派的军事"围剿",红军从敌强我弱的现实状况出发,在根据地人民的帮助下顺利取得了四次反"围剿"斗争的胜利。但是随着博古等人到达苏区以后,王明"左"倾冒险主义开始抬头。博古等人对敌人力量、苏区和红军的力量估计不足,没有认识到敌人兵力的绝对优势,在小胜之后开始大肆宣传"全线出击"和"御敌于国门之外"。在"全线出击"失败后又采取"短促突击"的堡垒对堡垒、阵地对阵地的消耗战。当短促突击消耗了红军的大量有生力量之后,他们又提出"六路分兵、全线防御",进一步分散了红军的力量。这些"靠铅笔指挥的战略家"②不从中国革命的实际出发,"企图把一切复杂的现实生活放到他们的公式中去"③,最终导致了第五次反"围剿"的失败。在长征过程中,博古等人又将突围变成了惊慌失措的逃跑的以及搬家式的行动。直到遵义会议,中国共产党才彻底清算了"左"倾冒险主义和右倾逃跑主义在军队中的影响。遵义会议挽救了党,挽救了红军,挽救了中国革命。更重要的是,中国共产党"从遵义会议开始""真正懂得独立自主",批判了"不把苏联的经验同中国的实际相结合"的教条主义。④

红军经过长征到达陕北后,国际国内形势又发生了重大变化。日本在1935年夏秋间制造了"华北事变",全国掀起新一轮的抗日救亡运动。中国共产党认识到当前时局的最基本特点是日本准备"把全中国从各帝国主义的半殖民地变为日本的殖民地"⑤。在民族危机之下,民族矛盾已经超越了阶级矛盾,一个包含了工人、农民、小资产阶级、甚至一部分地主阶级、民族资产阶级和军阀的联合战线开始形成。为了扩大和巩固民族统一战线,

---

① 《瞿秋白文集:政治理论编》第五卷,人民出版社2013年版,第224页。
② 《陈云文集》第一卷,中央文献出版社2005年版,第9页。
③ 《张闻天文集》第一卷,中共党史资料出版社1990年版,第520页。
④ 《毛泽东文集》第八卷,人民出版社1999年版,第339页。
⑤ 《建党以来重要文献选编(1921—1949)》第十二册,中央文献出版社2011年版,第531页。

"苏维埃工农共和国及其中央政府宣告,把自己改变为苏维埃人民共和国",以表明苏维埃"不但是代表工人农民的,而且是代表中华民族的"①。中国共产党提出给予一切革命的小资产阶级分子以选举权和被选举权,实行有利于一切小生产者的统一累进税,富农的财产不没收并有和贫农中农分得同等土地之权利,尽可能减低民族工商业资本家在苏维埃领土内的租税条件。抗日战争时期的法治实践坚持有利于抗战和体现人民民主原则。陕甘宁边区在抗日战争时期以"团结、抗战、救中国"作为法制建设的主题,在部分吸收国民政府法律的基础上,保证了边区政府享有独立的立法权和司法终审权。②

抗日战争结束后,中国开始进入和平建设时期,中国共产党提出了和平、民主、团结三大口号,希望通过建立民主的联合政府,实现全国统一。但是国民党凭借兵力和装备上的优势开始向解放区发动进攻。在进行解放战争的同时,中国共产党继续在解放区推动土地改革。1946年5月4日,中共中央发布了《关于清算减租及土地问题的指示》,土地改革政策从抗日战争时期的"减租减息"转变为"耕者有其田"。同时,中共中央根据"彻底平分土地"原则制定了《中国土地法大纲》。这为团结绝大多数农民群众积极支持和参加解放战争创造了条件。

新中国的成立标志着中国从半殖民地半封建社会进入到新民主主义社会。中国在这时期面临的主要任务是:一方面要肃清反革命残余势力,在新解放区进行土地改革;另一方面是没收官僚资本,对资本主义经济进行利用和改造,以恢复和发展国民经济。新中国在全面废除《六法全书》的基础上开始了法制建设。1949年9月,中国人民政治协商会议通过了《中国人民政治协商会议共同纲领》(以下简称《共同纲领》)。由于这个时候建设社会主义的条件尚未成熟,所以制定了《共同纲领》作为过渡性质的临时宪法。《共同纲领》指出,中国人民民主专政是中国工人阶级、农民阶级、小资产阶级、民族资产阶级及其他爱国民主分子的人民民主统一战线的政权。《共同纲领》为全国各革命阶级、阶层团结起来建设新中国奠定了政治基

---

① 《建党以来重要文献选编(1921—1949)》第十二册,中央文献出版社2011年版,第540页。
② 张佺仁:《试论陕甘宁边区抗日民主政权人民民主法制的特点和经验》,载《西北史地》1999年第10期。

础，使中国共产党的威信空前提高。在短短的三年里，中国就顺利完成了土地革命、抗美援朝、镇压反革命等重大任务。出于建设政权的需要，新中国先后进行了财政和税收方面的立法、行政组织和国家机构方面的立法，并建立了相应的法院、检察、律师、公证等司法制度。根据当时需要优先解决的迫切问题，中国又快速颁布了土地改革、婚姻、惩治反革命、劳动等方面的法律。

1952年12月，中共中央提出了过渡时期的总路线、总任务，开始进行社会主义改造。随着"大陆上的军事行动已经结束，土地改革已经基本完成，各界人民已经组织起来"①，《共同纲领》的历史使命已经完成，召开人民代表大会并制定宪法的条件已经成熟。1954年，新中国第一部宪法诞生。"这个宪法是适合我们目前的实际情况的，它坚持了原则性，但是又有灵活性"②。它的目的则是"团结一切可以团结和应当团结的力量，为建设一个伟大的社会主义国家而奋斗"③。从1949年到1956年的法制建设紧紧围绕国民经济恢复与发展的任务进行，是中国社会主义法制的初创时期。

社会主义改造基本完成后，中国进入了全面的大规模的社会主义建设。但是"由于对社会主义建设经验不足，对经济发展规律和中国经济基本情况认识不足"，再加上不少领导"夸大了主观意志和主观努力的作用，没有经过认真的调查研究和试点"，轻率地发动了"大跃进"运动和农村人民公社化运动，导致"左"倾错误泛滥。④ 由于"断言在整个社会主义历史阶段资产阶级都将存在和企图复辟"⑤，法制建设开始转向"以阶级斗争为纲"。到了"文化大革命"时期，国家基本处于"无法无天"的状态，仅有"公安六条"等少数治安条例发挥作用，不但各个领域的立法活动陷入停滞，而且人权也受到漠视和侵犯。"'文化大革命'的历史，证明毛泽东同志发动'文化大革命'的主要论点既不符合马克思列宁主义，也不符合中国实际。这些论点对当时我国阶级形势以及党和国家政治状况的估计，是完全错

---

① 《新中国成立以来毛泽东文稿》第四册，中央文献出版社1990年版，第20页。
② 毛泽东：《关于宪法草案的修改问题》，载《党的文献》1997年第1期。
③ 《新中国成立以来毛泽东文稿》第四册，中央文献出版社1990年版，第504页。
④ 《中共中央文件选集（1949年10月—1966年5月）》第一册，人民出版社2013年版，第18页。
⑤ 《中共中央文件选集（1949年10月—1966年5月）》第一册，人民出版社2013年版，第19页。

误的。"① 正是因为没有正确认识国情，当时的法制建设脱离了实际，所以才导致了中国法治进程的摧毁和倒退。

"文化大革命"结束后，《光明日报》在 1978 年 5 月 11 日发表了《实践是检验真理的唯一标准》一文，在全国范围内引发了关于真理标准的大讨论。1978 年 12 月 13 日，邓小平发表了《解放思想，实事求是，团结一致向前看》的讲话，提出"只有解放思想，坚持实事求是，一切从实际出发，理论联系实际，我们的社会主义现代化建设才能顺利进行"②。邓小平在这里也提出了"为了保障人民民主，必须加强法制"的著名论断，他认为要通过法律来解决国家、企业、个人之间的相互矛盾。在立法工作量太大但人力又不够的情况下，"法律条文开始可以粗一点，逐步完善。有的法规地方可以先试搞，然后经过总结提高，制定全国通行的法律。修改补充法律，成熟一条就修改补充一条，不要等待'成套设备'"③。党的十一届三中全会之后，中国开始了改革开放的伟大征程，从"以阶级斗争为纲"转移到以经济建设为中心。中国的法治建设重心也转向对民主权利和经济发展的保障，不断回应改革开放中出现的新问题。正因为坚持马克思主义同中国实际相结合，中国在十一届三中全会之后的法制建设取得了巨大的成功，中国社会主义法治的特色愈加鲜明。

中国数千年的法律实践表明，只有坚持从实际出发因时变法，才能维持国家的稳定和发展。无论是从维护统治阶级利益出发抵制变革，还是从教条或美好的愿望出发而不顾实际，都会事与愿违。中国在法治建设中出现的问题有自己的社会根源，别的国家的好的经验不一定适合中国的具体情况。"照抄别国的经验是要吃亏的，照抄是一定会上当的。这是一条重要的国际经验。"④

自党的十五大提出"依法治国，建设社会主义法治国家"的治国方略后，中国特色社会主义法治道路更加成熟。在当前全面深化改革、全面建设社会主义现代化国家、全面依法治国和全面从严治党的背景下，我们必须妥

---

① 《中共中央文件选集（1949 年 10 月—1966 年 5 月）》第一册，人民出版社 2013 年版，第 22 页。
② 《邓小平文选》第二卷，人民出版社 1994 年版，第 143 页。
③ 《邓小平文选》第二卷，人民出版社 1994 年版，第 147 页。
④ 《毛泽东文集》第七卷，人民出版社 1999 年版，第 64 页。

善处理好改革、发展与法治的关系。

**二、国情对法治道路作用的横向分析**

1. 法治道路的经济国情。我国现在已经成为世界第二经济体,经济发展速度居于全球第一,人民生活水平直线上升,大国的发展势头迅猛。但是,人均 GDP 依然位于世界第 70 多位,人类发展指数偏低。为此,党的十九大报告清醒地指出:"必须认识到,我国社会主要矛盾的变化,没有改变我们对我国社会主义所处历史阶段的判断,我国仍处于并将长期处于社会主义初级阶段的基本国情没有变,我国是世界最大发展中国家的国际地位没有变。"[①] 目前,我国已经规划了未来三十年的发展目标,也就是,到 2035 年左右,基本建成社会主义现代化国家;到 2050 年左右,建成富强民主文明和谐美丽的现代化强国。就法治而言,要从基本实现法治转变到建成法治中国,也就是从前十五年的"法治国家、法治政府、法治社会基本建成,各方面制度更加完善,国家治理体系和治理能力现代化基本实现",转变到后十五年的"实现国家治理体系和治理能力现代化"。[②] 治大国若烹小鲜,这只是古人的理想。今天如何能够实现国家治理体系和治理能力的现代化,提升中国在全球治理中的话语权和影响力,这正是时代赋予法治的神圣使命。法治道路建设必须紧紧围绕这一基本国情展开。

2. 法治道路的政治国情。中国最大的政治是坚持党的领导,在根本政治制度框架内建设法治中国以及推进整个现代化建设。法治道路选择必须立足于人民代表大会制度的政体和人民民主专政的国体。而"改革开放以来我国社会主义法治建设的特点之一是由执政党设计并推动的"[③]。执政党是法治道路的设计者、领跑者、主导者,所以,"建设"社会主义法治而不是坐等其"形成"。"建设"的特点是能动建构。[④] 这决定了法治道路的两个向度:一是价值理性向度:作为人民权利代表的执政党及其生存的政治架构规

---

[①] 习近平:《决胜全面建成小康社会,夺取新时代中国特色社会主义伟大胜利——在中国共产党第十九次全国代表大会上的报告》,载《人民日报》2017 年 10 月 28 日。

[②] 习近平:《决胜全面建成小康社会,夺取新时代中国特色社会主义伟大胜利——在中国共产党第十九次全国代表大会上的报告》,载《人民日报》2017 年 10 月 28 日。

[③] 信春鹰:《中国国情与社会主义法治建设》,载《法制日报》2008 年 6 月 29 日。

[④] 信春鹰:《中国国情与社会主义法治建设》,载《法制日报》2008 年 6 月 29 日。

制着法治道路的方向。不搞两党制、多党制，反对在朝党和在野党之分；同时，提升执政党领导法治的水平和能力，保证党既领导法治又带头奉行法治。二是技术理性向度：构建执政党领导法治的制度体系、组织体系、程序机制和保障系统。通过发展处理执政与参政、领导与合作、治理与协商之类关系的艺术与技巧，不断巩固依法执政的合法性基础。

3. 法治道路的文化国情。法治道路的文化基因和文化记忆，相较于以文字形式存在的制度规范而言，更具有历史的厚重感和穿透力。当今的法治道路建设既要借鉴发达法治国家的成功经验，更要重视汲取本土传统法律文化的精髓和养分。例如，早在两千多年前，管仲和商鞅就提出了"以人为本"，为形式法治供给了价值理念；关于和谐的社会精神，兼相爱交相利、以义为先的理念，为信守法治、法治信仰的塑造奠定了思想基础。当然，我们也要看到文化国情的两面性。我国古代人治与封建集权专制的历史比较长。"我们这个国家有几千年封建社会的历史，缺乏社会主义的民主和社会主义的法制。现在我们要认真建立社会主义的民主制度和社会主义法制"。[①]习近平总书记反复强调：要集中解决形式主义、官僚主义、享乐主义和奢靡之风这"四风"问题。其中，官僚主义实质是封建残余思想作祟，根源是官本位思想严重、权力观扭曲，做官当老爷的思想遗毒。为此，要补精神之"钙"、除"四风"之害、祛行为之垢、立为民之制。[②] 可见，清晰地把脉传统文化及其现实影响，对法治道路建设具有深远意义。这绝不是一朝一夕便可解决的问题，必须立足长远，实事求是。

4. 法治道路的社会国情。一方面，新时代的法治建设应当以现实社会矛盾为逻辑起点。社会主要矛盾经历了两次根本转变：从阶级斗争转为人民不断增长的物质文化生活需求和落后的生产力之间的矛盾，再进一步转变为目前的人民对美好生活的需求与不平衡不充分的发展之间的矛盾。在法治的客体上，除了物质文化生活需求之外，产生了"民主、法治、公平、正义、

---

① 《邓小平文选》（一九七五——一九八二年），人民出版社1983年版，第307页。
② 习近平：《在党的群众路线教育实践活动工作会议上的讲话》（2013年6月18日），载《十八大以来重要文献选编》（上），中央文献出版社2014年版，第313—314页。

安全、环境"① 诸多新型的权利诉求,而这些诉求无一不与法治息息相关。同时,在法治的主体之间,由于地理空间、历史传统多因素的制约,不同地区之间、城乡之间、贫富之间、经济与社会之间的发展不平衡不协调问题日益突出,社会不公平现象应当得到正视,尤其是要应用法治来平衡这种紧张关系,把法治的视角从国家层面移向社会层面,实现自上而下的路径与自下而上的路径之间的结合。另一方面,法治建设必须在自上而下的政府主导和自下而上的社会演进之间进行深度的互动和协调。我国正在从中等收入国家迈入高收入国家行列,从国际社会发展趋势看,这一过程往往伴随着各种矛盾纠纷多发高发突发的社会态势。为此,应当明确社会治理与国家治理具有同等重要的地位,致力于以法治推进社会治理,全面系统地构建法治社会,实行法治国家与法治社会的一体化建设。

## 第三节　法治道路的制度属性

任何法治都是在特定的制度背景下形成的。坚持社会主义方向是法治中国道路建设的一条基本经验。在中国共产党成立前后,党的早期领导人就对中国该走什么样的道路进行了深入思考。他们对资本主义、修正主义和无政府主义进行反思批判后,得出了只有社会主义才能救中国,只有社会主义才能发展中国的结论。中国共产党从成立之日起,就一直以马克思主义政党自居,以实现社会主义和共产主义为目标。正是在中国共产党的领导下,中国人民取得了抗日战争、解放战争、社会主义改造、改革开放等一系列伟大成就。社会主义制度的优越性已经得到充分证明。在中国的法治建设历程中出现的问题和错误,主要是因为对什么是社会主义和如何建设社会主义的认识产生偏差,而不是对社会主义方向的背离。当然,在不同的时期,党外经常存在一些反对社会主义的声音,但是实践证明,这些反对的声音要么是别有用心,要么就是站不住脚。

---

① 习近平:《决胜全面建成小康社会,夺取新时代中国特色社会主义伟大胜利——在中国共产党第十九次全国代表大会上的报告》,载《人民日报》2017年10月28日。

### 一、苏维埃法治对社会主义方向的探索和确认

中国共产党在成立时将自身定位为工人阶级政党。在成立之后，中国共产党根据马克思的无产阶级革命理论和俄国十月革命的经验，将组织工人阶级和领导工人运动作为中心任务。所以，从1921年到1927年，中国共产党所提出的法律主张都围绕工人的劳动权利展开。陈独秀1923年在《中国国民革命与社会各阶级》中虽然承认农民占全国人口的大多数，如果农民不加入国民革命，国民革命就不能成为一个大的民众革命；但陈独秀又认为农民散漫不集中，欲望简单而趋向保守，难以加入国民革命。"必须国民革命完全成功"之后，"农村间才有真的共产的社会革命之需要与可能"。1925年12月1日，毛泽东在《中国社会各阶级的分析》中提出包括农民在内的半无产阶级是中国共产党"最接近的朋友"[①]，批评了当时忽视农民阶级的倾向。1926年9月，毛泽东在《国民革命与农民运动》中提出"农民问题乃国民革命的中心问题"[②]。大革命失败后，中国共产党在八七会议中总结大革命失败的经验教训，确定了实行土地革命和武装起义的方针，并把领导农民进行秋收起义作为当前党的最主要任务。此后，中国革命的重心从城市转移到农村，中国共产党法制建设的重心也开始从工人的劳动权利转向农民的土地权利。同样是坚持中国革命的社会主义方向，但是中国共产党并没有盲目照搬俄国社会主义革命的方法，而是结合中国国情将农民问题作为实现社会主义革命的突破口。1927年10月，毛泽东在井冈山建立了中国第一块农村革命根据地。一年之后，井冈山革命根据地就结合土地革命的经验制定出台了中国共产党的第一部土地法——《井冈山土地法》。尽管这部法律存在一定的缺陷，但中央苏区时期的《兴国土地法》《二七土地法》《苏维埃土地法》以及《中华苏维埃共和国土地法》，都是在它的基础上根据实践经验不断修订而成的。

中华苏维埃共和国在《宪法大纲》中规定苏维埃政权是"工人和农民的民主专政的国家"，小资产阶级和民族资产阶级"没有选派代表参加政权

---

[①] 《毛泽东选集》第一卷，人民出版社1991年版，第9页。
[②] 《毛泽东文集》第一卷，人民出版社1993年版，第37页。

和政治上自由的权利"。党的六大通过《政治决议案》指出:"建立工农兵代表会议的政权,这是引进广大的劳动群众参加管理国事的最好的方式,也就是实行工农民权独裁制的最好的方式"①。"议行合一"的工农兵代表大会制度有着明显的社会主义性质,各级工农兵代表大会是各级苏维埃政权的最高权力机关。"苏维埃的民权独裁政府……要没收地主的土地归农民,要实行八小时制和保护劳动的法令",苏维埃的胜利是为了"开辟中国的真正社会主义发展的道路"②。

## 二、三三制政权对社会主义法治的坚持与调适

抗日战争时期,中国共产党根据抗日战争时期的历史特点,创造性地完善了新民主主义法制体系,提出了"三三制"的政权政策。三三制政权是"几个革命阶级联合起来对于汉奸反动派的民主专政。它是与地主资产阶级专政区别的,也与工农专政相区别"③。三三制政权是具有统一战线性质的民主联合政权,它进一步发展了苏维埃政权,"是新民主主义政权在抗日统一战线阶段上的具体形式"④,为新中国的人民民主政权建设提供了极好的经验。

三三制政权尽管不同于苏维埃政权,但它与社会主义并不矛盾。工农兵苏维埃政权实行议行合一制。但是在三三制的实施中,有人提出了二权论或二权半论。二权论主张参议会和政府并列,即立法和行政二权并列。二权半论在二权论的基础上,认为司法在政治上受政府领导,但在行政上保持独立,所以应该算半权。对此,林伯渠指出:三三制应当是"议行合一"而非"议行并列",必须从"二权并立论回到民主集中制","必须承认参议会和政府都是政权机关,都是人民的权力机关。对政府而言,参议会是最高权力机关(人民代表会议),而在参议会闭幕期间,由参议会选出并对参议院负责的政府就成为该级政权的最高权力机关"⑤。

---

① 《瞿秋白文集:政治理论编》第五卷,人民出版社2013年版,第628页。
② 《瞿秋白文集:政治理论编》第七卷,人民出版社2013年版,第63页。
③ 《毛泽东选集》第二卷,人民出版社1991年版,第741页。
④ 《建党以来重要文献选编(1921—1949)》第十七册,中央文献出版社2011年版,第554页。
⑤ 《建党以来重要文献选编(1921—1949)》第二十一册,中央文献出版社2011年版,第125页。

正是因为三三制政权与社会主义道路并不矛盾,所以在抗日战争结束后,中国共产党在解放区继续实行三三制政权组织模式。1948年5月31日,中共中央指示"三三制仍应执行,废除三三制的意见是错误的"。[1] 邓小平也指出:三三制的抗日民主政权"不仅是今天敌后抗战的最好政权形式,而且是将来新民主主义共和国所应采取的政权形式"[2]。在西柏坡会议上,毛泽东指出中国"不必搞资产阶级的议会制和三权鼎立",而是"建立民主集中制的各级人民代表会议制度"。[3]

### 三、新中国对社会主义法治的巩固和发展

新中国成立后,中国开始了从新民主主义向社会主义的转变。新中国从旧中国接下来了一个烂摊子:工业几乎等于零,粮食短缺,通货恶性膨胀,经济十分混乱。但就在这种情况下,中国解决了吃饭问题,就业问题,稳定了物价和财经统一问题,国民经济得到恢复,在这个基础上进行了大规模的经济建设,这些靠的就是社会主义。1957年,中国第一个五年计划超额完成,实现了国民经济的快速增长,为社会主义工业化奠定了初步基础。社会主义改造完成后,中国进入了大规模的社会主义建设时期。但是由于反右派斗争的严重扩大化和经济建设的急于求成,使国民经济在1959年到1961年发生严重困难。在"文化大革命"时期,"我国社会主义制度的根基仍然保存着,社会主义经济建设还在进行",但是对如何巩固和发展社会主义却产生了错误的认识,"把关于阶级斗争扩大化的迷误当成保卫马克思主义的纯洁性"[4]。我们必须认识到,"文化大革命"的产生和危害是由多方面原因造成的,是由于我们对如何巩固和发展社会主义产生了错误的认识,而不是社会主义本身有问题。"文化大革命"不是走社会主义道路的必然结果,是可以加以克服和避免的。如果没有"文化大革命",中国的社会主义事业和社会主义法治会得到更加充分的发展。

---

[1] 《建党以来重要文献选编(1921—1949)》第二十五册,中央文献出版社2011年版,第322页。
[2] 《邓小平文选》第一卷,人民出版社1994年版,第8页。
[3] 《毛泽东文集》第五卷,人民出版社1996年版,第136页。
[4] 《十一届三中全会以来重要文献选读》上,人民出版社1987年版,第323页。

## 四、改革开放对社会主义法治的创新和推动

党的十一届三中全会之后,以邓小平同志为主要代表的中国共产党人不断深化对社会主义的认识,社会主义法治也随之得到快速发展。在党的十二大上,邓小平提出了"建设有中国特色的社会主义",大力推进社会主义民主和社会主义法制建设。在党的十三大上,邓小平又系统阐述了社会主义初级阶段的理论。中国仍处于并将长期处于社会主义初级阶段,社会的主要矛盾已经不是阶级矛盾,而是人民日益增长的物质文化需要同落后的社会生产之间的矛盾。在这个阶段,社会主义法治的目的就是服务于人民民主和经济发展。

从1989年开始,东欧各个社会主义国家的政治经济体制发生根本性改变。西方敌对势力加紧推行和平演变战略,通过多种渠道对中国施加影响。随着改革开放以来经济的快速发展,少数干部中滋生了腐败现象,损害了党和社会主义在人们心目中的形象,资产阶级自由化思潮再度泛滥。"搞资产阶级自由化的人们却肆无忌惮地抓舆论","闹得四项基本原则好像不时兴了,党的领导核心作用、阶级、工人农民等等都不大讲了,讲马列主义、毛泽东思想简直有点像犯了忌讳。"[①] 党在十三届四中全会中明确表示,党的基本路线和十三大的决策绝不会动摇。1991年苏联解体后,社会主义在世界范围内遭受重创。邓小平1992年2月在"南方谈话"中指出:"计划多一点还是市场多一点,不是社会主义与资本主义的本质区别。计划经济不等于社会主义,资本主义也有计划;市场经济不等于资本主义,社会主义也有市场。计划和市场都是经济手段。社会主义的本质,是解放生产力,发展生产力,消灭剥削,消除两极分化,最终达到共同富裕。"[②] 邓小平关于市场和社会主义的论述为中国发展社会主义市场经济解决了理论障碍。1992年3月,七届全国人大五次会议大会通过了《中华人民共和国全国人民代表大会和地方各级人民代表大会代表法》和《中华人民共和国工会法》,社会主义法治建设向前又迈进一步。社会主义市场经济的发展为中国特色社会主义

---

[①] 《彭真文选》,人民出版社1991年版,第661页。
[②] 《邓小平文选》第三卷,人民出版社1993年版,第373页。

法治道路提供了强大的动力。党的十八届四中全会指出:"社会主义市场经济本质上是法治经济"。社会主义市场经济要求保护产权、平等交换、公平竞争,极大地促进了社会主义法治的自由、平等、人权等价值内涵的完善。

党的十四大进一步提出了坚持社会主义制度,强调政治体制改革的目标"建设有中国特色的社会主义民主政治,绝不是搞西方的多党制和议会制","人民民主是社会主义的本质要求和内在属性。没有民主和法制就没有社会主义,就没有社会主义的现代化"①。社会主义法制的目的就是巩固和发展稳定的社会政治环境,保证经济建设和改革开放的顺利进行。

从中国共产党成立以来的实践表明,只有社会主义才能救中国,才能发展中国。改革开放激活了社会主义制度的活力,证明了社会主义制度比资本主义制度的优越性。中国的法治道路要坚持以社会主义为方向,首先就要坚持和完善人民代表大会制度。"在中国实行人民代表大会制度,是中国人民在人类政治制度史上的伟大创造,是深刻总结近代以来中国政治生活惨痛教训得出的基本结论。"②

## 第四节　法治道路的领导力量

法治道路建设必须是有组织有领导的,坚持党的领导,是经过长期历史检验的一条基本经验,是关系我国法治道路建设成败得失的关键。在庆祝中国共产党成立 95 周年大会上,习近平总书记在回顾了中国共产党成立 95 年来走过的艰辛历程和取得的伟大成就后指出:"中国特色社会主义最本质的特征是中国共产党领导,中国特色社会主义制度的最大优势是中国共产党领导。坚持和完善党的领导,是党和国家的根本所在、命脉所在,是全国各族人民的利益所在、幸福所在。"③ 梳理中国特色社会主义法治道路的形成过程也可以得出结论:中国特色社会主义法治道路也必须坚持党的领导。

---

① 《十四大以来重要文献选编》上,人民出版社 1996 年版,第 28 页。
② 中共中央文献研究室编:《习近平关于全面依法治国论述摘编》,中央文献出版社 2015 年版,第 69 页。
③ 习近平:《在庆祝中国共产党成立 95 周年大会上的讲话》,人民出版社 2016 年版,第 22 页。

## 一、中国共产党是法治中国的唯一领导者

俄国十月革命之后,国际社会主义运动蓬勃发展。蔡和森在给毛泽东的信中说:中国的民众运动仍然幼稚,"非组织与俄一致的共产党,则民众运动、劳动运动、改造运动皆不会有力,不会彻底"[1]。但在中国共产党成立之前,有许多政党也标榜社会主义。1911年7月10日,江亢虎在上海成立"社会主义研究会",在辛亥革命后改组为中国社会党。中国社会党并不是一个马克思主义政党,而是"一个标榜社会主义的资产阶级的政党",但"它对于社会主义的介绍和对资产阶级旧民主主义革命成果的维护都起到一定积极作用"[2]。中国社会党成立后积极投入到国会选举中,它的党员最多时达到52万多人,在1913年第一届国会选举中有30名党员当选议员。因为反对袁世凯刺杀宋教仁和善后大借款,袁世凯在1913年8月解散了中国社会党。

瞿秋白认为,"中国的社会主义知识分子大体上分为三类:无政府主义者、改良主义者和农业公社(新村)的鼓吹者"[3]。1919年,安福系首领王揖唐也开始标榜社会主义,把主张"民为重、社稷次之、君为轻"的孟子塑造成了"社会主义者"[4]。这引起了胡适的极大不满,从而引起了"问题与主义"的论战。1920年,梁启超和张东荪等人又开始倡导所谓的"基尔特社会主义",认为"在中国实现社会主义平等,只能通过改良,不能通过革命"[5]。上海共产主义小组成立后,共产国际代表维经斯基派米诺尔和别斯林到广州组织革命局,与无政府主义者区声白、刘石心等人共同成立了所谓的"共产党"。但是这个组织"与其称作共产党,不如称作无政府主义的共产党。九个党的执行委员中,七个是无政府主义者,只有米诺尔和别斯林

---

[1] 《蔡和森文集》上,人民出版社2013年版,第73页。
[2] 沈骏:《江亢虎的社会主义与中国社会党》,载《华中师范大学学报(人文社会科学版)》1989年第2期。
[3] 《瞿秋白文集:政治理论编》第一卷,人民出版社2013年版,第290页。
[4] 邓野:《王揖唐的"社会主义"演说和"问题与主义"论战的缘起》,载《近代史研究》1985年第6期。
[5] 薛子燕:《平等:新文化运动时期不同社会主义思潮的共同追求与相互竞争》,载《武汉大学学报(人文科学版)》2015年第5期。

是共产主义者"①。1920 年 12 月,陈独秀到广州后与广东"共产党"进行了联系,但是随着接触的深入,双方发现彼此秉持的观念存在根本差别。1921 年,陈独秀与区声白之间爆发了一场论战,一些无政府主义者从共产党队伍中退出,保持了中国共产党的纯洁性,使中国共产党成为中国唯一真正的马克思主义政党,成为中国建设社会主义的唯一领导者。

## 二、放弃党的领导导致的革命危机

中国共产党成立后开始积极从事工人运动。但是"二七惨案"使中国共产党认识到,要在中国实现社会主义革命,必须先推翻封建军阀和帝国主义势力。面对强大的军阀和帝国主义势力,新生而弱小的中国共产党必须要寻找强有力的同盟者。正是在这种背景下,中国共产党开始和国民党进行合作。"党的四大时只有九百多个党员,就那么九百多人的一个党,实现了国共合作,推进了北伐战争"②。和成立较早的国民党相比,中国共产党无论在人数还是号召力上都相对弱势。如何在国共合作中保持自身的独立性和对大革命的领导权是当时中国共产党面临的重要问题。

1923 年 6 月,党的三大通过了《关于国民运动与国民党问题的决议案》,决定全体共产党员以个人名义加入国民党。由于决议高估了国民党的革命性和作用,低估了中国工人阶级的力量和作用,所以认为应该由国民党来领导国民革命。为了保持党在政治上的独立性,决议提出要"阻止国民党在政治运动上妥协的倾向,在劳动运动上改良的倾向"③。1925 年,党的四大认为共产党有"日渐与实际政治生活接近而有可以领导中国国民运动之趋势"④,同时也指出了党内存在的反对加入国民党和国民革命的"左"倾错误和忽视共产党工作并同国民党妥协的右倾错误。在第四届中央执行委员会第二次扩大会议上,中国共产党讨论了国民党左右派分化的问题,提出了"竭力赞助它的左派","努力反对右派"。但是会议又决定新的共产党员

---

① 广东省档案馆:《广东区党、团研究史料(1921—1926)》,广东人民出版社 1983 年版,第 3 页。
② 《邓小平文选》第二卷,人民出版社 1994 年版,第 267 页。
③ 《建党以来重要文献选编(1921—1949)》第一册,中央文献出版社 2011 年版,第 259 页。
④ 《建党以来重要文献选编(1921—1949)》第二册,中央文献出版社 2011 年版,第 214 页。

在非必要时不再加入国民党,"不担任国民党的工作,尤其是高级干部"①,这导致了中国共产党在实践中对领导权的放弃。

1926年5月,国民党二届二中全会通过了蒋介石等人提出的《整理党务案》,担任国民党中央党部部长的共产党员全部辞职,使蒋介石垄断了党政军大权。1926年12月,中共中央在汉口召开特别会议,陈独秀在这次会议中企图通过限制工农运动和反对"耕地农有"来换取蒋介石从右派转向"左"派。这种右倾投降主义错误反而更加助长了国民党右派的气焰。党的五大认识到党"只注意于反帝国主义及反军阀的斗争,而忽略了与资产阶级争取革命领导权的斗争",以致没有能够防止蒋介石叛变革命。但是中国共产党此时仍然对由汪精卫等人控制的武汉国民党和武汉政府抱很大的幻想,在确定"将耕地无条件地转给耕田的农民"的土地革命原则后,又把实现土地革命的希望寄托于武汉国民政府身上。但是1927年7月15日,汪精卫仍然作出了"分共"决定,并大肆屠杀共产党员。国共合作的破裂使中国共产党认识到独立领导中国革命的必要性。1927年8月1日,南昌起义打响了武装反抗国民党反动派的第一枪,开始了中国共产党独立领导武装革命的序幕。

### 三、党的领导在苏维埃政权的早期法治实践

从中国共产党建立第一块革命根据地和苏维埃政权起,中国共产党就再也没有放弃过对社会主义革命和建设的领导权。也正是由于中国共产党的坚强领导,中国社会主义革命和建设才取得了巨大的成功。在确立了党对社会主义的领导地位以后,如何处理党政关系和党法关系就成为中国社会主义法治面临的新问题。

1928年在党的六大上通过的《苏维埃政权组织问题决议案》以专章形式阐述"苏维埃和党的关系"。决议明确了"党是苏维埃思想上的领导者",但是也提出"应预防以党代苏维埃或以苏维埃代党的种种危险"②。1929年,中共中央在给湖南省委的指示信中也强调:要建设真正的苏维埃政权,"党

---

① 《建党以来重要文献选编(1921—1949)》第二册,中央文献出版社2011年版,第536页。
② 《建党以来重要文献选编(1921—1949)》第五册,中央文献出版社2011年版,第465页。

不能包办苏维埃,不能命令苏维埃",绝不能"使党权超过政权"①。1930年7月,党在《目前政治形势与党的组织任务》中指出:"苏维埃是工农群众政权组织,与党绝对不能相混合的,党在政治上是领导苏维埃的,但在组织上不能直接领导和命令苏维埃,党只能运用在苏维埃中的党员起党团作用,实现党的领导"。②1930年10月,中共中央政治局在关于苏维埃区域目前的工作计划中提出要"肃清党代替政府的根本错误","要使广大群众了解党是党,政权是政权,党在政权中的领导作用,只是司舵的对于全船的作用一样,而保卫和管理这只船的责任还是属于群众自己"。③毛泽东在总结井冈山革命根据地建设经验时也指出:"国民党直接向政府下命令的错误办法,是要避免的"④。

**四、党的领导在抗日民族统一战线法治中的完善**

在抗日战争时期,中国共产党为了团结一切可以团结的力量而建立了抗日民主统一战线。在瓦窑堡会议中,中国共产党提出它在抗日民族统一战线中的领导权问题,强调"只有在共产党领导之下,反日运动才能得到彻底的胜利"⑤。为了实现抗日民主统一战线,中国共产党在边区实行三三制政权。在三三制政权下,中国共产党党员的数量只有三分之一,从数量上来看并不必然能够实现对边区政权的领导。但是中国共产党仍然强调要在三三制中实现党的领导。党在联合专政中的优势地位"不仅在于政权中的适当数量,主要在于群众的拥护",如果没有民主精神,即使保证了共产党员在政权中的数量不超过三分之一,"也还是表现着对三三制的怠工"⑥。在实行三三制初期,有一些村级政权中混入了不少汉奸卖国贼和敌视农民的地主,损害了群众对边区政府的信任。针对这种情况,中国共产党及时对村级政权进行了调整。在抗日民主政权中坚持和实现党的领导,确保了边区的法令真正

---

① 《建党以来重要文献选编(1921—1949)》第六册,中央文献出版社2011年版,第323页。
② 《中共中央文件选集》第六册,中共中央党校出版社1989年版,第216—217页。
③ 《建党以来重要文献选编(1921—1949)》第七册,中央文献出版社2011年版,第600页。
④ 《毛泽东选集》第一卷,人民出版社1991年版,第73页。
⑤ 《张闻天选集》,人民出版社1985年版,第73页。
⑥ 《邓小平文选》第一卷,人民出版社1994年版,第9页。

体现和维护了抗日爱国军民的利益，使汉奸反动分子得到应有的惩罚，从而实现了各阶级的联合抗日，保护和扩大了抗日根据地。在抗日战争时期，中国共产党也非常重视处理党法关系，认为党应当遵守法律，维护法律的权威。"共产党人自己必须尊重法治，对于民意机关的决议与决定，对于政府的决议和法令，必须首先而且忠实地执行，切实做到以身作则的、奉公守法的模范"。[1] 中国共产党对以党代政和以党代法的警惕和反对保证了抗日根据地的民主和法治建设，为新中国成立后的法治建设积累了丰富的经验。

### 五、党的领导在新中国成立以后法治实践中的巩固和强化

在解放战争时期和新中国成立初期，中国共产党延续了延安时期的做法，吸纳各方人士参与政府。在新中国第一届中央政府中，党外人士在6位国家副主席中占3位，在56位政府委员中占27位，4位副总理中占2位，15位政务委员中占9位。随着中国共产党执政地位的逐渐巩固和政府职能的不断扩大，党外人士在政府中的比例和作用逐渐降低。"20世纪50年代中期以后，随着政权的稳定和国家建设的启动，以一元化为特征的合一型党政关系开始形成"[2]。张长东认为，新中国成立以后中国的党政关系经历了改革开放前的党政不分、以党代政，20世纪80年代短暂的党政分开的改革尝试和80年代末开始的以党统政三个阶段。[3] 陈红太认为新中国成立以来党政关系经历了四个阶段：从新中国成立到1957年的反右斗争是"寓党于政"和"依政治国"时期，从反右斗争到十一届三中全会是"以党代政"和"依党治国"时期，从十一届三中全会到1989年十三届四中全会是"党政分开"和"依党治国"转型时期，从1989年至今是"以党统政"和"依法治国"时期。[4] 新中国成立初期由于全面废除国民党政府的《六法全书》，在新的法律没有制定出来的情况下，依据政策治国具有一定的必要性。虽然在党的领导之下正确处理党政关系在不同的情况下可能有不同的方案，但是

---

[1] 《建党以来重要文献选编（1921—1949）》第十七册，中央文献出版社2011年版，第559页。
[2] 刘杰：《党政关系的历史变迁与国家治理逻辑的变革》，载《社会科学》2011年第12期。
[3] 张长东：《党政关系现状分析》，载《战略与管理》2013年第3/4期合编本。
[4] 陈红太：《从党政关系历史变迁看中国政治体制变革阶段特征》，载《浙江学刊》2003年第6期。

历史经验和教训告诉我们，以党代政和以党代法绝对是不可取的。邓小平在1986年曾指出："党干预太多，不利于在全体人民中树立法制观念"①，"党要善于领导，不能干预太多"，"干预太多，搞不好倒会削弱党的领导"。②

尽管在实践中，党一直牢牢掌握着对社会主义事业的领导权。但是有些人在思想上仍然不愿坚持党的领导。1957年"轮流坐庄"的说法和20世纪80年代所谓"民主派""西单墙"的那批人都曾质疑过党的领导。邓小平明确指出："没有党的领导，就没有现代中国的一切。……没有党的领导，就没有一条正确的政治路线"，"就没有安定团结的政治局面"，就建立不起来"真正又红又专"的社会主义人才队伍。③中国共产党以九百多名党员实现国共合作并推进北伐战争，经历了百万大军的围剿和二万五千里的长征依然顽强地生存下来，又领导人民取得了抗日战争和解放战争的胜利，然后建立了中华人民共和国。党的领导取得的成就是巨大的。虽然"我们党也犯过严重错误，但是错误总还是由我们党自己纠正的，不是别的力量来纠正的"④。中国共产党把一盘散沙的中国团结起来，把全国人民的力量集合起来，这就是党的领导和社会主义的优势。在资本主义多党制下，资产阶级相互倾轧，国家的力量无法集中，也就难以实现快速发展。

"为了坚持党的领导，必须努力改善党的领导。"⑤ 在全面推进依法治国的新时期，我们要继续坚持党的领导，一方面要不断加强从严治党，提高党的凝聚力和战斗力；另一方面要妥善处理党政关系和党法关系，做到领导立法、保证执法、支持司法、带头守法。

## 第五节　法治道路的民本取向

习近平总书记在《关于〈中共中央关于全面推进依法治国若干重大问题的决定〉的说明》中指出："把坚持党的领导、人民当家作主、依法治国

---

① 《邓小平文选》第三卷，人民出版社1993年版，第163页。
② 《邓小平文选》第三卷，人民出版社1993年版，第164页。
③ 《邓小平文选》第二卷，人民出版社1994年版，第266页。
④ 《邓小平文选》第二卷，人民出版社1994年版，第267页。
⑤ 《邓小平文选》第二卷，人民出版社1994年版，第268页。

有机统一起来是我国社会主义法治建设的一条基本经验"[1]。坚持以人为本、人民主体地位原则,是确保法治道路建设成功的根本原则。

## 一、辛亥革命后政党政治对人民利益的漠视

在中国共产党成立之前,党的早期领导人们就对资本主义民主和民国初年的政党政治非常失望。他们认识到所谓的资本主义民主只是少数资产阶级的民主,大多数无产阶级仍然是被奴役的对象。辛亥革命之后,民主共和始终未能真正实现,就是因为政客为了私利而钻营取巧,不仅未能广泛动员人民群众参与政治活动,反而不断侵吞剥削人民群众。陈独秀在1916年就认识到:中国无论是维新运动、辛亥革命还是帝政复古,"皆政府党与在野党之所主张抗斗",结果都"不过党派之胜负,于国民根本之进步"毫无关系。[2] 辛亥革命以后,中国半殖民地半封建社会的性质仍然没有改变,中国人民仍然受到帝国主义、封建主义和官僚主义的压迫。在军阀混战、土地掠夺、苛捐杂税、自然灾害的种种袭击之下,各地自发的农民运动和工人运动此起彼伏。俄国十月革命的胜利让中国的先进知识分子看到了工人群众中蕴含的巨大力量。五四运动之后,中国工人阶级开始作为独立的力量登上政治舞台。

毛泽东1919年7月的《民众的大联合》中就认为"古来各种联合,以强权者的联合,贵族的联合,资本家的联合为多"[3]。人数较少的贵族资本家和强权者为了维持自己的特殊利益,就必然会剥削多数平民的利益。要改变这种落后黑暗的状况,中华民族就必须进行包括行业公会、学生联合会、各界联合会、研究会等在内的民众的大联合。随着马克思主义在工人阶级中的传播,成立中国共产党的条件逐渐成熟。

## 二、中国共产党在工农群众中的发展壮大

中国共产党成立之后,就积极在工人群众中宣传动员,提高工人群众维

---

[1] 中共中央文献研究室编:《习近平关于全面依法治国论述摘编》,中央文献出版社2015年版,第24页。
[2] 《陈独秀文集》第一卷,人民出版社2013年版,第134—135页。
[3] 《毛泽东早期文稿》,湖南人民出版社1990年版,第338页。

护和扩大自己权利的觉悟。在中国共产党的领导下，中国出现了第一次工人运动高潮。面对帝国主义和封建主义的强大势力，中国共产党认识到中国共产党和中国工人阶级尚不足够强大。在党的二大《关于"民主的联合战线"的决议案》中，中国共产党提出不仅要号召中国的工人农民要站在党的旗帜下，还必须联合全国一切革命党派，组织民主的联合战线。在《关于共产党的组织章程决议案》中，中国共产党又提出"党的一切运动都必须深入到广大的群众里面去"[①]。

　　孙中山尽管早在1905年就提出了"民族、民权、民生"三大主义，但是他所领导的辛亥革命、二次革命、护国战争和两次护法战争都依赖于军阀势力而非人民群众，所以败多胜少。中国共产党领导下的工人运动的蓬勃发展让孙中山认识到国民党"必须走中国共产党唤起民众、领导国民革命的道路。革命只能依靠那些最迫切要求解放的人，即被压迫的人民群众。他明白了这一点以后，就不再为资产阶级民主那一套漂亮的装饰所迷惑了。"[②]随后，孙中山开始对国民党进行改组。在国民党第一次全国代表大会上，孙中山正式确定了"联俄、联共、扶助农工"三大政策，开始了第一次国共合作。尽管在第一次国共合作中，中国共产党出现了"左"倾和右倾错误，但是中国共产党始终没有放弃在工人群众中的宣传动员，始终保持着与工人群众的密切联系。当蒋介石、汪精卫等国民党右派先后背叛革命后，中国共产党更深刻地认识到了密切联系群众和依靠群众的重要性。

　　1928年3月10日，中共中央在第三十七号通告中指出要完成民权革命必须"在政治上建设无产阶级领导的工农民主独裁的政权——工农兵苏维埃"[③]，并强调"苏维埃是直接之民众政权，苏维埃的组织必须经过群众大会或代表会议选举"[④]。在1928年7月10日通过的《苏维埃政权的组织问题决议案》中，中国共产党又提出在建立苏维埃政权后"应吸收劳动群众参加国家机关"，并用革命的办法将土地衣食等分配给贫苦人民。这样"便能立刻吸收千百万人参加国家机关。这样的机关是任何资本主义国家从来不

---

[①] 中央档案馆编：《中共中央文件选集》第1册，中共中央党校出版社1991年版，第90页。
[②] 《宋庆龄选集》下卷，人民出版社1992年版，第497页。
[③] 中央档案馆编：《中共中央文件选集》第4册，中共中央党校出版社1991年版，第149页。
[④] 中央档案馆编：《中共中央文件选集》第4册，中共中央党校出版社1991年版，第153页。

曾有过的。因为我们这样能够得到大多数民众完满的同情,所以也只有我们才能建立这样的机关"①。在1928年11月8日的第十五号通告中,中共中央又要求共产党员要深入人民群众,不断扩大党在群众中的影响和基础,"只有加倍的努力群众工作,才能易为看见胜利的光明,没有群众的工作,更将难走到革命高潮"②。

正是中国共产党坚持从人民群众的利益出发,不断揭露国民党反动派政治法律的虚伪性和剥削性,才有会越来越多的工人农民学生加入到反抗国民党政府及其法律的运动中来,削弱了国民党的反动统治。正是中国共产党坚持从人民群众的利益出发,在革命根据地实施有利于工人农民的劳动法令和土地法令,让群众参与苏维埃的管理,党领导下的革命根据地才不断发展壮大,实现了"星星之火,可以燎原"。1930年,中共湘鄂西特委针对有些苏维埃政权被富农把持,苏维埃的劳动保护法令没有有效贯彻实施的情况,提出了改组苏维埃的要求。"改组苏维埃,决不是由党的主观上决定,而是由广大群众对现在苏维埃的不满"。③

### 三、为了民族和人民利益建立抗日民族统一战线

从第一次国共合作失败后国民党对共产党和革命群众的疯狂屠杀,到土地革命时期对中央苏区的五次"围剿",再到长征中对红军的围追堵截,共产党员和工农红军对国民党反动派有着血海深仇。但是当日本扩大侵华战争,中华民族面临生死存亡之际,中国共产党超越了狭隘的党派情感,从中华民族的整体利益出发,呼吁进行第二次国共合作。为此,中国共产党提出了"建立民主共和国"的口号,因为这是"最广大的人民的民主要求产生出来的最适当的统一战线的口号,是较之一部分领土上的苏维埃制度在地域上更普及的民主"④。在推行统一战线的过程中,中国共产党"应坚决用抗日救国的名义组织群众,武装群众,参加到一切有群众的团体中去,争取其

---

① 中央档案馆编:《中共中央文件选集》第4册,中共中央党校出版社1991年版,第393页。
② 中央档案馆编:《中共中央文件选集》第4册,中共中央党校出版社1991年版,第691页。
③ 《邓中夏全集》下,人民出版社2014年版,第1579页。
④ 中央档案馆编:《中共中央文件选集》第11册,中共中央党校出版社1991年版,第95页。

中的领导",并且"为群众生活的改善与民主权利的实现而斗争"①。在抗日根据地的政权和法制建设中,中国共产党不断扩大民主的范围和方式,在维护广大工人和农民的根本利益的基础上,给予其他抗日阶级一定的政治权利并保护他们的人身权利和财产权利。正因为如此,中国共产党领导下的抗日根据地的法制建设才得到拥护和遵守,抗日根据地才能在日本帝国主义的疯狂进攻和国民党政府的孤立侵扰下不断发展壮大。

为了促成抗日统一战线的形成,中国共产党于1935年12月25日宣布把苏维埃工农共和国改为苏维埃人民共和国,扩大了苏维埃民主和法制的保护范围。1944年9月,新中国成立后的法制建设仍然紧紧围绕大多数人民的利益进行,选举法、土地法、婚姻法、惩治反革命条例等都是从当时人民群众最迫切的需要出发制定的,所以在执行中也得到了人民群众的拥护和支持,顺利推进了社会主义在经济、政治、文化等领域的改造,维护了新中国的安全和稳定。

在第一次国共合作期间,由于陈独秀的右倾投降主义错误,中国共产党曾偏离了维护工农利益的立场。当国民党右派企图破坏国共合作时,陈独秀为了维护国共合作而压制正在蓬勃发展的工农运动,放弃"手工业工人过高要求,工人纠察队执行一部分政权,实行耕地农有"②等有利于工农利益的活动。这实质上是牺牲工农群众的根本利益去迎合国民党右派的要求。正是因为不敢采取深入土地革命、广泛武装工农的措施,当国民党右派叛变革命时,中国共产党也就难以动员、组织群众,进行有力的反击。中国共产党吸取第一次国共合作失败的教训,以后的各种方针政策都重视维护工农群众的利益。

当中国共产党建立苏维埃政权后,一些共产党员开始居功自傲,产生了特权意识和官僚意识。1932年11月29日,中央人民委员会作出紧急决议,对战争动员和工作方式中的官僚主义进行了批判。在动员中,有些党员"不从政治上动员群众、组织上发动群众,完全采用强迫群众、命令群众的脱离群众的工作方式"③,这种十足的官僚主义严重破坏了苏维埃和群众的

---

① 中央档案馆编:《中共中央文件选集》第11册,中共中央党校出版社1991年版,第147页。
② 《建党以来重要文献选编(1921—1949)》第三册,中央文献出版社2011年版,第501页。
③ 《建党以来重要文献选编(1921—1949)》第九册,中央文献出版社2011年版,第595页。

关系。为此，党中央号召改进苏维埃的工作作风，肃清苏维埃机关中的官僚主义，其中就要求在执法过程中"不单靠命令，主要是依靠提高群众阶级觉悟与热情，来拥护法令的实施"①。

第二次国共合作时期，中国共产党开始公开合法地吸收党员，许多新党员的思想政治素质并不高，也有一些汉奸反动派混入党内。当抗战进入战略相持阶段后，党中央在陕甘宁边区形势较为稳定时开始了中国共产党历史上的第一次整风运动。毛泽东指出："一切脱离群众的行为"都是"宗派主义思想在那里作怪"。②正是在这次整风运动中，毛泽东提出了"坚持为人民服务"③的口号。党的六届七中全会对大革命失败后党内重大历史问题做了系统总结，指出"党的各个时期既然规定了代表人民群众利益的政治路线，同时也就规定了服务于这一政治路线的联系党内党外群众的组织路线"④。这一时期出现的马锡五审判方式就是在司法中运用群众路线产生的著名经验。马锡五审判方式依靠群众，尊重民意，简化诉讼程序，推进审判与调解相结合的案件处理方式，为新中国成立后的司法民主积累了大量经验。

**四、新中国成立之后群众路线在法治实践中的运用**

正是因为坚持群众路线，中国共产党领导下的政权在抗日战争和解放战争中的立法、执法和司法活动都极大地维护和促进了人民利益。在新中国成立前夕，毛泽东就提出将工作重点从战争转向建设。如果我们"不能使生产事业尽可能迅速地恢复和发展"，"使工人生活有所改善，并使一般人民的生活有所改善，那我们就不能维持政权"⑤。毛泽东告诫全党不能因为胜利就以功臣自居、贪图享乐，告诫全党要警惕"糖衣裹着的炮弹的攻击"，务必"继续地保持谦虚、谨慎、不骄、不躁的作风"，务必"继续地保持艰苦奋斗的作风"⑥。1951年12月，中国共产党在党政机关中开展了"反贪

---

① 《建党以来重要文献选编（1921—1949）》第九册，中央文献出版社2011年版，第598页。
② 《毛泽东选集》第三卷，人民出版社1991年版，第826页。
③ 《毛泽东文集》第三卷，人民出版社1996年版，第209页。
④ 《建党以来重要文献选编（1921—1949）》第二十册，中央文献出版社2011年版，第100页。
⑤ 《毛泽东选集》第四卷，人民出版社1991年版，第1428页。
⑥ 《毛泽东选集》第四卷，人民出版社1991年版，第1438—1439页。

污、反浪费、反官僚主义"的三反运动,处理了张青山、刘子善等一批震惊全国的案件,清除了党政队伍中的腐败分子,在社会上树立了廉洁朴素的风尚。

除了打击违法犯罪分子之外,新中国在立法中也充分实现了民主,1954年宪法的制定过程就是典型。毛泽东在评价宪法草案时说:宪法草案之所以得人心,理由之一就是"起草宪法采取了领导机关的意见和广大群众的意见相结合的方法"。草案的形成结合了少数领导人的意见和八千多人的意见,公布后再由全国人民进行讨论,最终使中央的意见和全国人民的意见相结合。"一切重要的立法都要采用这个方法"。[1] 新中国成立后的民主立法初步构建了我国社会主义法律体系的基本框架,对社会主义的巩固和发展起到了积极作用。党的八大指出,社会主义制度在中国已经基本建立,国内的主要矛盾从阶级矛盾转为人民群众对经济文化迅速发展的需要同当前的经济文化不能满足人民需要之间的矛盾。为此,中国开始进入全面建设社会主义阶段。但由于急于求成,再加上错误夸大了阶级矛盾,导致了"文化大革命"的产生。"'文化大革命'名义上是直接依靠群众,实际上既脱离了当时的组织,又脱离了广大群众"[2]。基于此,党的十一届三中全会提出了"一切为了群众,一切依靠群众,从群众中来,到群众中去"的群众路线,并指出"把社会主义事业推向前进,就必须坚持群众路线"[3]。

为了解放和发展生产力,满足人民群众日益增长的物质文化需要,中国开始了改革开放。邓小平在南方谈话中指出社会主义的本质是:"解放生产力,发展生产力,消灭剥削,消除两极分化,最终达到共同富裕"[4]。中国的法制建设重心也开始转向维护民主和发展经济,一大批的市场经济立法开始出现,有力地促进和保障了社会主义市场经济和民主政治的发展。

在全面推进依法治国的新阶段,中国特色社会主义法治道路仍然要坚

---

[1] 《毛泽东文集》第六卷,人民出版社1999年版,第325页。
[2] 《中共中央文件选集(1949年10月—1966年5月)》第一册,人民出版社2013年版,第23页。
[3] 《中共中央文件选集(1949年10月—1966年5月)》第一册,人民出版社2013年版,第47页。
[4] 《邓小平文选》第三卷,人民出版社1993年版,第373页。

持以人民利益为依归。"必须坚持法治建设为了人民、依靠人民、造福人民、保护人民,以保障人民根本权益为出发点和落脚点,保证人民依法享有广泛的权利和自由,承担应尽的义务,维护社会公平正义,促进共同富裕。"[1]

---

[1] 《中共中央关于全面推进依法治国若干重大问题的决定》,人民出版社2014年版,第6页。

# 第二篇

## 法理基础篇

# 第 一 章
# 中国特色社会主义法治道路的科学定义

法治道路引导法治运行方向，决定法治发展的未来。自近代中国被迫进入世界体系以来，法律的现代化一直面临走何种道路的问题。自中华人民共和国成立以来，中国一直坚持和探索中国特色社会主义法治道路。中国特色社会主义法治道路是在历史与逻辑、理论与实践有机统一的社会结构中定义的。它致力于对中国法治的方向性、整体性、系统性、结构性诸多重大理论和实践问题作出科学回答，致力于把握中国法治的本质特征，致力于廓清形形色色的错误认识，致力于洞悉中国法治从哪里来、现在何处以及到哪里去的发展走向，致力于牢牢掌握中国法治建设的主导权。

## 第一节　法治与法治道路

法律是社会发展到一定阶段而产生的用于调整社会关系的一种建制。法治是法律发展到一定程度所表现出来的良好状态。法治道路是社会实际与法治发展之间形成的一种良好的稳定关系，是嵌入社会结构的必要组成部分。法治道路表征为法治发展的正确方向，植根于特定时空的社会结构，凸显出法治发展的未来，并为法治建设提供基本框架。

### 一、"法治"概念的历史追溯

通往法治之路是法治构建成败得失的实践选择。要研究法治道路，首先必须科学地厘清法治的共性与个性。法治概念经历了从法律到法制再到法治的发展历程，反映了法治发展与其在人类生活中重要性不断提升的基本规律，承载着人类通过法治方式过一种美好生活的愿景。

## （一）西方"法治"概念的历史追溯

西方的"法治"概念源于雅典。雅典人在探索过一种更好的城邦生活的过程中发现了"法治"观念。亚里士多德认为：城邦源于人类的生活，它的存在反映了人类过优良生活的愿望。[1] 亚里士多德的这一命题源于苏格拉底之问。苏格拉底之问是人应该如何生活？西塞罗认为苏格拉底之问开启了希腊哲学从天上到人间的根本转向。[2] 施特劳斯认为西方全部的政治哲学和以自然法为基础的自然权利学说都来源于对苏格拉底关于人应该过一种怎样的生活这个根本问题的回答。[3] 苏格拉底提供的方案是：忠于城邦、不行不义、守法。[4] 忠于城邦是一项政治原则，不行不义是一项伦理原则，守法是一项法律原则。守法原则是从法律角度提出的要求，但并未追问所守之法是否正义的问题，也就无法导入"法治"观念，缺乏"法治"观念正是苏格拉底之死的症结所在。是恪守不法之法而死，还是追求正义之法逃生，是苏格拉底留给后人的一个未竟问题。

雅典城邦在斯巴达推动下堕入僭主政治的事实以及与之相连的苏格拉底之死迫使柏拉图深刻反思雅典城邦的治理之道。在雅典走出"三十僭主统治"的泥淖而重回民主制之后，柏拉图的精神导师和挚友苏格拉底被人民判处死刑，这使他怀疑雅典直接民主制和雅典法律的正义性。柏拉图根据其所信任的流变哲学之主张思考了三个问题：一是正义国家何以可能？二是何种政制才能维护正义国家的有效运行？三是法律在政制运行中有何作用？

柏拉图之正义国家思想反映在《理想国》一书中。他的正义国家思想

---

[1] ［古希腊］亚里士多德：《政治学》，吴寿彭译，商务印书馆1965年版，第7页。
[2] 赵广明：《理念与神：柏拉图的理念思想及其神学意义》，江苏人民出版社2004年版，第28—29页。
[3] ［美］列奥·施特劳斯：《自然权利与历史》，彭刚译，生活·读书·新知三联书店2003年版，第38页。
[4] ［古希腊］色诺芬：《回忆苏格拉底》，吴永泉译，商务印书馆1984年版，第164页；另参见［古希腊］柏拉图：《克力同》，载何怀宏主编：《西方公民不服从的传统》，吉林人民出版社2001年版，第1—15页。

是建立在人的差异性基础上的。他认为因为人性的差异，有人天生是统治者，有人天生是辅助者，有人天生供给社会所需的物质财富，只有这三个等级的人各司其职、各负其责、各尽其能，国家才能实现正义。他认为只有当商人、官员、统治者各司其职、各负其责、各尽其能，相互不干扰才是正义的，也只有这样的国家才会成为正义的国家。① 按照这种正义标准，哲学王具有统治地位，他是政治体系的终极权威。

但正义国家并不是只靠哲学王一人进行统治，而是在官员的辅助下有效运行的。因此他提出了混合政制的思想，这一思想反映在他的《政治家》一书中。由于苏格拉底之死和雅典的政治动乱，他对雅典直接民主制之即时性意志表达之正义性深表怀疑，并不认为这种即时性法律意志表达具有深思熟虑的正义性。相反，他认为只有哲学王（政治家）才能保证正义国家在正义轨道上运行。在这一时期，柏拉图对法律的作用充满怀疑。他认为法律不可能既有普遍效力，又能反映人性的差异性和人类生物的多样性。② 因此，正义国家的良好运行靠的不是法律，而是哲学家的智慧和政治家的深思熟虑。而哲学王既具有哲学家的智慧，也具有政治家的深谋远虑，哲学王才是正义国家的根本保证。

随着雅典民主制的不断成熟，晚年的柏拉图改变了对法律的看法，重新认识了法律的地位和作用，他的法律思想反映在《法律篇》一书中。他认为尽管实在法不完美，但在实在法之上众神的庇护下，人类可以过一种受法律约束的幸福生活。③ 与他所建构的《理想国》相比，他认为除了神的统治之外，法治国家是第二等好的国家。到后来，柏拉图对他所设想的混合政体基础上的法治已充满信心。他认为最高的统治者地位应该给予最善于把神的旨意转化为法律的人。依对于这种法律的理解程度上的差异分配不同等级的官职，以此类推就能建立一个服从法律统治的政治体制，统治者和所有的官员就成为法律的仆人。只有这样，正义的国家才有可能。④ 虽然柏拉图的法

---

① ［古希腊］柏拉图：《理想国》，郭斌和、张竹明译，商务印书馆1996年版，第156页。
② Plato, *The Stateman*, trans. J. B. Skemp, New York, 1957, 294b.
③ ［古希腊］柏拉图：《法律篇》，张智仁、何勤华译，上海人民出版社2001年版，第150页。
④ ［古希腊］柏拉图：《法律篇》，张智仁、何勤华译，上海人民出版社2001年版，第122—123页。

治思想只限于政治体制层面,并没有取代《理想国》之正义国家的地位,但离亚里士多德之法治思想也就一步之遥。故言西方法治思想源于柏拉图而非亚里士多德,[①] 并非臆测,也非牵强附会。

亚里士多德是西方法治概念之经典表达者和阐释者,他的法治定义至今仍有旺盛的生命力。柏拉图生活在雅典民主制与"三十僭主"时期,绝大部分时间是在雅典民主制环境中度过的。随着雅典民主制的成熟,他也开始恢复了对法治的信心。亚里士多德生活在雅典民主制步入帝国时代,通过对雅典政制的系统研究,他误认为雅典帝国政制只是一个像"三十僭主统治"时期一样的偶然事件。[②] 因此,他的伦理思想和法治思想乃是对雅典民主制时期政治经验的提炼和总结。

亚里士多德的法治观服务于他的正义观和伦理观。他认为言说而非暴力、城邦生活而非私人生活是一切正义国家的基础,只有在正义国家,人民才能过一种善之生活,法治是平衡国家正义与人民善之生活的唯一保证,正义国家、善之生活、法治统一于幸福,幸福乃是一种最高的善。[③] 而至善生活的唯一途径就是法治。他认为要使事物符合正义的要求,满足公平的愿望,就必须要有无私的尺度,法治刚好就是这样一种不偏不倚的权衡制度。[④] 法治的中道本质和社会调整功能乃是法治正义性的根本和源泉。

亚里士多德反对一人之治,这使他与柏拉图区分开来。他认为只有同等人的交互做统治者和被统治者才能符合正义。这种通过法律保证的轮流制度排除一人的统治,就是法治。在他看来,只有法律才是最优良的统治者。[⑤] 在他的政治和法律哲学中,政治的正义与法律的公正同源,法治下的政治正义与政治正义下的法律都是为了至善生活。他认为,正义是城邦的基石,正义之下是道德和法律,法律是判断是非曲直的尺度,也是社会秩序的基

---

① 李龙、张万洪:《法治理论源头辨正》,载《华中科技大学学报(社会科学版)》2003年第2期。

② [英]罗素:《西方哲学史》上卷,何兆武、李约瑟译,商务印书馆1963年版,第210—211页。

③ [古希腊]亚里士多德:《尼各马可伦理学》,廖申白译,商务印书馆2003年版,第9页。

④ [古希腊]亚里士多德:《政治学》,吴寿彭译,商务印书馆1965年版,第169页。

⑤ [古希腊]亚里士多德:《政治学》,吴寿彭译,商务印书馆1965年版,第171页。

础。① 但不是任何法律都可以作为城邦和社会秩序的基础，只有已经制定的法律能够被社会普遍服从，且社会普遍服从的法律本身又是良法才有可能。② 因此，他认为政治生活的正义就是法律的公正，而公正的核心要素是守法和平等。③ 将平等作为正义的核心要素是亚里士多德法哲学的杰出贡献。他认为人人都有同等的价值，也应当分配同等的权利。④ 承认人的平等是法律普遍化和法律被普遍遵守的前提条件。没有平等的前提条件，可以有法制，但不会有法治。

柏拉图假设人的差异性，亚里士多德假设人的平等性。平等性在他的正义论中具有至关重要的地位，他的全部哲学都是建立在平等基础上的。平等性的发现超越了古希腊哲学家对法律价值的认识，只有平等才使法律理论和法律体系成为可能，而理论化和体系化正是法治必备的前提条件。他将对城邦的忠诚与守法的义务作为正义的构成要素是从苏格拉底那里继承来的，但其良法论和平等论则是在对柏拉图的批判过程中形成的独特要素，而正是这两个要素成为法治之核心。

柏拉图和亚里士多德的法治概念不是建立在权利理论基础之上，而是一种正义的政治体制安排，属于王政的一部分。亚里士多德所指的王政不是人治，而是一种混合政体，这有别于后世的王权制度，被罗马共和国所继承，为西方权力制衡理论之滥觞。亚里士多德认为一切政体都有议事、行政和审判三种机能，这三种机能是政体构成的基础，只有这三种机能良好运行，政体才是健全的。而法律是使这三种机能良好运行的基础。⑤ 严格来讲，雅典的法治概念属于政法范式，限于通过法治方式对政体作出非人格化的制度安

---

① ［古希腊］亚里士多德：《政治学》，吴寿彭译，商务印书馆1965年版，第9页。
② ［古希腊］亚里士多德：《政治学》，吴寿彭译，商务印书馆1965年版，第199页。
③ ［古希腊］亚里士多德：《尼各马可伦理学》，廖申白译，商务印书馆2003年版，第128—129页。
④ ［古希腊］亚里士多德：《政治学》，吴寿彭译，商务印书馆1965年版，第167页；另注：亚里士多德对平等问题的论述有时令人费解。除了认为人人价值同等外，他还认为："法律规定所谓平等，就是穷人不占富人的便宜；两者处于同样的地位，谁都不做对方的主宰。"（［古希腊］亚里士多德：《政治学》，吴寿彭译，商务印书馆1965年版，第189—190页）"既然不公正的人和不公正的事都是不平等的，在不平等与不平等之间就显然存在一个适度，这就是平等。"（［古希腊］亚里士多德：《尼各马可伦理学》，廖申白译，商务印书馆2003年版，第134页）
⑤ ［古希腊］亚里士多德：《政治学》，吴寿彭译，商务印书馆1965年版，第214—215页。

排,而通过这样的政体安排,人民得以实现善之生活。这种法治概念并没有直接保障人民之权利的独立价值。

(二) 中国"法治"概念的历史追溯

在中国古代文献中,与"法治"概念相关联的语词比较丰富,其内涵、外延和意义随语境变化有所差异,大致可以归纳为四类:第一类指法律自身应达到或已达的一种法律状态。第二类指通过法律应达或已达的良好社会治理状态。第三类指以法律作为治理国家的基本措施。第四类指根据法律规定实施赏罚。

法律自身应达或已达的一种良好状态,通常表述为"良法"(《荀子·王制》)、"义法"(《荀子·王霸》)、"治法"(《荀子·王霸》)。"良法"指好的法律,符合"礼"之标准的法律才是好的法律。"义法"指具有"义"之内涵的法律,好的法律必须包含"义"之价值。"治法"指能使国家出现"治"之状态的法律。"治"与"乱"相对,指一种良好的治理状态。要求法律必须建立在道德基础之上乃是历代文献及法律的本意,拉兹认为,从工具角度看,法治是法律内在的或具体的优点。从目的论角度看,法律并不是生活事实本身,而是一种社会组织形式,法律应当为合理的目的恰当使用。① 这种意义的"治法"与亚里士多德所言的"良法"在思维方式上是一致的,并无差异。

通过法律应达或已达的良好社会治理状态,通常表述为"法治"。《晏子春秋·谏上九》记载:"昔者先君桓公之地狭于今,修法治,广政教,以霸诸侯。"《淮南子·氾论训》言:"知法治所由生,则应时而变;不知法治之源,虽循古终乱。"不仅要求"法治"之法必须符合"治法"的要求,而且认为法律是实现国家治理的一种有效工具。《太平经·卷六十七》言:"助帝王治,大凡有十法:一为元气治,二为自然治,三为道治,四为德治,五为仁治,六为义治,七为礼治,八为文治,九为法治,十为武治。十而终也,何也?"这种意义上的"法治"只是国家治理的诸多方式之一,与其他治理方式并行不悖,没有排他性。这种意义上的"法治"与现代多元

---

① [英]约瑟夫·拉兹:《法律的权威:法律与道德论文集》,朱峰译,法律出版社2005年版,第196页。

治理观念在思维方式上具有一致性。

以法律作为治理国家的基本措施,通常表述为"以法治国"(《管子·明法》)、"缘法而治"(《商君书·君臣》)、"垂法而治"(《商君书·壹言》)、"据法而治"(《商君书·更法》)。《管子·明法》言:"是故先王之治国也,不淫意于法之外,不为惠于法之内。动无非法者,所以禁过而外私也。威不两错,政不二门。以法治国,则举措而已。是故有法度之制者,不可巧以诈伪。有权衡之称者,不可欺以轻重。有寻丈之数者,不可差以长短。"商鞅、韩非等法家都明确表达了以法律作为治理国家之基本措施的思想。《商君书·君臣》言:"明主慎法制,言不中法者不听也,行不中法者不高也,事不中法者不为也。言中法,则辨之;行中法,则高之;事中法,则为之。故国治而地广,兵强而主尊,此治之至也。"同时,法家也明确表达了"礼治"无法达至国家之治的观念。《商君书·开塞》言:"亲亲者,以私为道也;而中正者,使私无行也。"法家认为儒家的"礼治"表面看来为"公",实则为"私",慎子认为这样的"私"法甚于"无法"(《慎子·轶文》)。"以法治国"是法家政法思想的集中表达,也表现出与儒家"礼治"之道的分野。"以法治国"思想在法制层面与"依法治国"的思维方式并没有显著的差异。

根据法律实施赏罚,通常表述为"法治"。这里的"法治"指的是根据法律处理具体的人和事。《史记·蒙恬列传》记载:"高有大罪,秦王令蒙毅法治之。"这里所言的"法治"与"依法办事""依法处理"在思维方式上具有一致性。

在儒家化社会环境中,严格"依法办事"的官吏称之为"酷吏"(《史记·酷吏列传》),而循理变更法律适用的官吏称之为"循吏"(《史记·循吏传》)。

自西方"法治"思想输入以来,学界多以此为标准认为中国传统社会的法律思想是为皇权专制服务的,并无"法治"思想。照此标准,柏拉图和亚里士多德的法治概念也不符合现代法治尺度,然无论东西,均认为其为法治思想之滥觞。法律乃特定历史的产物,人类不可能超越历史所设定的局限。对传统"法治"概念的追溯,不是为了给古人设定一个评判尺度,而是为了创造性地转化,以有利于法治中国的现实和未来。

## 二、法治概念的现代含义

法治概念的现代定位是随着资产阶级的兴起和无产阶级的诞生以及资本主义制度的确立和社会主义制度的建立,通过在对两种不同类型的法律制度和法律实践进行比较和借鉴的基础上确定下来的。尽管社会制度不同,法治道路各异,但仍然能在人类视野和法律经验中达成一系列具有普遍性的法治共识,使得国际法治交流和相互借鉴成为可能。

### (一)法治概念的普遍含义

现代法治概念是在资产阶级兴起、个人主义产生、自然权利学说传播、民主制度建立以及马克思主义的传播、无产阶级的诞生、社会主义国家建立等条件下关于法律之状态和作用的期望,有多少种关于法治的理解,就有多少种不同的法治观。[①]尽管有不同的理解,但人类在法治的概念方面仍然能达成部分共识。

1957年9月,国际法学家会议在芝加哥讨论了西方的法治概念问题,其最大共识是"法律上规定的无上权力,国家要服从法律",即政府要服从法律。1958年9月,国际法学家会议在华沙讨论社会主义法治概念问题,因法治意识形态不同,会议出现严重分歧。但西方学者对社会主义法治之人民立法甚感兴趣,对人民监督、社会监督和检察监督之法律监督的扩展方式和成就充满敬意。这显示出,即使资本主义国家的法学家对"人民的法律"这一法治观念仍然充满敬意。[②]相对于资本主义国家的法学家而言,社会主义国家的法学家始终突出了法治的人民主体地位。

1959年1月,国际法学家会议在德里讨论法治问题时,来自50个国家的1500余名代表讨论了由75000名法学家及30多个国家的法律研究机构对国际法学家委员会征求各国法律制度的意见所做出的一篇报告。国际法学家委员会征求意见的内容包括:(1)立法机关与法律的关系。(2)行政机关与法律的关系。(3)行政机关对于监察机关和保安的责任。(4)司法机关

---

① [美]布雷恩·Z.塔玛纳哈:《论法治——历史、政治和理论》,李桂林译,武汉大学出版社2010年版,第4—5页。

② [法]加尔包尼埃:《国际法学会讨论社会主义国家的法治观念》,于为摘译,《现代外国哲学社会科学文摘》1959年第8期。

的地位。（5）律师制度的地位。报告确立了两个基本法治理念：第一，国家中的一切权力要根源于法律，并且要依照法律来执行。第二，法律必须要建立在尊重人类人格基础之上。不应该对一个社会的工作方式有太排他的法律规定。对个人尊严的有效保护，可以由法律以外的方式来达到。根据征求意见的范围和讨论的内容，《德里宣言》得出如下结论：

第一，关于立法机关与法治的关系：根据自由社会的法治原则，立法机关的职责在于创造和维护使人的尊严得以实现的各种条件。要维护个人的尊严，不仅要承认个人的公民权利和政治权利，而且要为实现人的个性发展提供必要的经济、社会、文化和教育条件。

第二，关于委托立法与法治的关系：赋予行政机关立法权力应尽量有限度，并应周密地规定委托立法范围和目的以及确定其生效的程序。在任何情况下，基本人权不应为委托立法所取消。

第三，关于行政机关与法治的关系：法治的维护，既要防范行政机关滥用权力，也要建立一个有效的政府来维持法律和秩序，保证社会生活条件有利于人的发展。同时，凡涉及人身权利和财产权利的行政行为应受司法审查。对行政机关的不法行为公民应有救济途径。

第四，关于司法机关与法治的关系：独立的司法机关是自由的法治社会必不可少的先决条件。司法机关的独立意味着司法机关在行使职权时不受立法机关和行政机关的非法干预，但司法机关的独立排除法官专横行事。

第五，关于律师制度与法治的关系：为了维护法治，应该建立能自由处理律师业务之有组织的法律职业，但也应有从事法律职业的管理制度。①

《德里宣言》所宣誓的两项法治理念和确立的五项法律原则，既是对人类法治实践的理论概括，也是对人类法治未来的希望。由于各国历史传统和现实的差异，尽管各自的法治经验和法治道路不同，但人类法治仍具有普遍意义。从这一角度看，中国特色社会主义法治道路不仅是中国的，也是世界的，是中国法治经验与世界法治经验相互学习借鉴的产物。

**（二）西方法治概念的现代含义**

西方法治概念的现代定义源于两种传统：一种是源于英国的法律主治

---

① 炽亚：《国际法律学家会议发表德里宣言》，载《现代外国哲学社会科学文摘》1960年第1期；龚祥瑞：《比较宪法与行政法》，法律出版社2012年版，第79—80页。

（Rule of Law），或称法律的统治。另一种是源于德国的法治国（Rechtsstaat），或称法治国家。法律的统治与法治国的最大差异是法律对国家主权是否具有绝对的约束力。法律的统治不区分国家主权和国家的一般性权力，而法治国区分国家主权与国家的一般性权力。通常情况下，国家主权对内表征为国体，国家的一般权利表征为政体。法律的统治不仅对政体是绝对的，对于国体也是绝对的。法治国的法律约束力不及于国体，只约束政体。

一般认为戴雪赋予了法治传统以现代含义。法律主治是英国悠久的法律传统，在资产阶级革命确立了议会主权思想以后，议会制定的法律高于普通法的原则已经形成。更为重要的法律事件是，边沁的功利主义法学思想和奥斯丁的实证分析法学对悠久的普通法精神构成了严重威胁。特别是边沁的功利主义法学思想与奥斯丁的实证分析法学与议会主权思想的结合足以威胁到普通法的生存，以致戴雪在哈佛大学演讲时称在英国随时都可以发现反法治的人。他写作《英宪精义》的主要目的是唤起人们对柯克和布莱克斯通所倡导的普通法的记忆。他认为在当时的英国出现了法治的衰落现象。由于立法机关将大量权力授权行政机关，一方面，这种现象损害了人民对法院尊敬备至的传统，对法官和审判人员产生怀疑；另一方面，立法机关大量授权行政机关产生许多无法的行为。[①] 他一方面承认议会主权和议会至上原则，另一方面又系统阐述了以法治为基础的法律至上原则。

戴雪在《英宪精义》中所要表达的是法律主权的观念。他所述英国法治实践的三大弊端之第一项就是对议会主权行为的不满，特别是议会不当地将许多司法权事项以违背立法权精神的方式授予给行政机关；第二项是人们对司法权缺乏应有的尊敬；第三项是法律与道德的密切关系遭到无视，产生了一系列的不法行为。[②] 他认为法律主治就是法律的至上。法律的至上由三部分构成：第一，武断权力的不存在；第二，普通法与普通法院居优势；第三，宪法的通则形成于普通法院的判决。他进一步对这三项法治原则进行了解释。他认为武断权力的不存在就是反对任何专断的权力，英国人只受法律

---

[①] ［英］戴雪：《英宪精义》，雷宾南译，中国法制出版社2001年版，第20—21页。
[②] ［英］戴雪：《英宪精义》，雷宾南译，中国法制出版社2001年版，第21—25页。

的统治,而不受任何权力的统治;普通法与普通法院优先,就是任何个人和任何机关,特别是行政机关都受普通法的保护并受普通法的约束,也由普通法院管辖;宪法的通则形成于普通法院的判决就是任何权力都受到个人权利的约束,个人权利是一切权力的检验标准。① 实际上,我们从戴雪所提出的法治三原则能够看到,他是极力主张普通法的至上原则优于议会的至上原则的。他的法治主张实际上是对柯克和布莱克斯通普通法思想在当下背景中的表达。

德国的法治国思想有两个根源:一是长期的分裂使得德意志各邦没有足够的能力抵御外国的侵略,人民渴望国家的统一和各邦的团结。二是德国的资产阶级主要是从容克地主转化过来的,他们与封建主义之间存在千丝万缕的联系。容克地主所拥有的农庄转化为资本主义的农场,资本主义农场成为德国经济的支柱,国家政权建基其上。半农奴依附于资本主义农场生活,他们与容克地主之间形成天然的同盟。在这样的经济结构中,无产阶级发育迟缓。国家的经济结构和阶级结构都不利于资本主义的发展,也无法通过资产阶级革命建立资本主义政权以确立人民主权原则。国家统一和人民团结成为压倒一切的国家任务。故法治国思想一不触及国家主权,二要维护人民的团结,集中表现在法治国思想不论及开明君主制、君主立宪制和宪制民主制,只论及政体及其运行方式。

在这样的历史背景和现实条件下,德国萌生了法治国思想。法治国思想最早指"一群人在法律下的结合"②,继而集中于探讨法律应有普遍的形式、法律为公民的自由提供最低限度的保障以及实证法需要获得国家强制力保证这类法律的具体问题,③ 较少从自由、民主、人权角度对法治进行总体性探索。其目的是通过法律方式促进和保证人民的团结。其对应的概念是神权国家、专制国家、警察国家,而相容的是开明君主国家、立宪君主国家和民主制国家。国家目的和国家任务是法治国的根本性命题,其他一切法律问题服从国家目的和国家任务。

---

① [英]戴雪:《英宪精义》,雷宾南译,中国法制出版社 2001 年版,第 232—245 页。
② 陈新明:《德国公法学基础理论》上卷,法律出版社 2010 年版,第 9 页。
③ 郑永流:《德国"法治国"思想和制度的起源和变迁》,载夏勇主编:《公法》第 2 卷,法律出版社 2000 年版,第 47 页。

法治国的经典表达者是迈耶。迈耶认为法律表达的是国家意志,而国家意志以国家权力作为后盾。根据不同的意志表达形式,国家机构的各个组成部分具有不同的作用力,国家意志作用力的层次越高,国家机构的这一组成部分就越强,从而形成国家管理的内部规则。国家意志以法律的方式表达,表达国家意志的作用力就是立法权力,立宪国家以法治为立国之本,立法权相对于执行权有更优势的地位。法律在宪法形式之前已经在司法中占据了支配地位,立法正是照此而确立了优势地位。因此,法治由三个部分构成,即制定法律规范之能力、法律优先和法律保留。[①] 法治国是围绕国家意志及其国家意志的表现形式之法律而构建的。

### (三) 中国法治概念的现代含义

法治概念在中国的传播始于 19 世纪中叶,主要在少数知识分子阶层中传播。19 世纪末 20 世纪初,法治观念兴起,成为知识分子阶层和官僚阶层的流行话语。法治话语,或对传统法家思想进行阐释,或以法律主治为参照,或依法治国为蓝本,语意复杂、词义含糊。

按照法治话语的传播的特征可以分为 19 世纪中期的认知阶段,"新政时期"的兴起阶段,"预备立宪"的广泛传播阶段。[②] 在认知阶段,由于资本主义国家利用船坚炮利打开了中国的国门,迫使先进的知识分子和少数开明官绅在接受西方先进技术的同时开始思考中国的制度问题。一方面,少数知识分子用西方法治思想阐释法家法律思想;另一方面,在介绍西方的议会、民主国、共和国、立宪国家等概念的同时,介绍英国传统的法律主治,德国传统的法治国知识,但限于一般性知识介绍,并没有深入系统地研究。在兴起阶段,甲午战争失败,戊戌变法被镇压以后,先进的知识分子和少数官绅对民族前途深感忧虑,当局不得不推行"新政"以缓解社会危机,风气相对开明,部分官僚阶层涉入其中。知识阶层和官僚阶层都有将法治观念导入"新政"的愿望,于是开始按照当局可能接受的方式较为系统地解释法治。其中最突出的是 1904 年梁启超所著《中国法理学发达史论》和《论中国成文法编制之沿革得失》,目的在于以当局可能接受的方式导入法治观念。在

---

① [德] 奥托·迈耶:《德国的行政法》,刘飞译,商务印书馆 2002 年版,第 67 页。
② 程燎原:《清末的"法治"话语》,载《中西法律传统》第 2 卷,中国政法大学出版社 2002 年版,第 250—271 页。

"预备立宪"阶段,社会危机四伏,革命运动风起云涌,为挽救灭亡的命运,清王朝开始考虑君主立宪,从而进入"预备立宪"阶段。"预备立宪"阶段,朝廷、官僚、知识分子对西方政法思想和制度抱着比较开明的态度,对法律主治和法治国思想和制度有了较为全面的介绍和了解。

民国之初,以孙中山为首的革命党人对法治极为重视,他们在法治思想上以宪法为主干,或阐释美国的宪政之道,或解释英国的法律主治,或介绍法国的人民主权思想,或经由日本探视德国法治国思想,或阐释法家传统思想,知识来源和法治观点多元,报刊林立、著作丰富、广开学校,立足宪法、重视立法、约束行政、控制军权、尊重司法,蔚为风气,成为思潮。[①]后以孙中山之"五权宪法"为宗,渐入法治国轨道,最终汇聚成以大陆法系为蓝本的六法。

中华人民共和国的成立,开辟了中国历史发展的新纪元。在法制建设方面,废除了国民党统治时期的《六法全书》和中华法系,确立了适用解放区司法原则的原则。民主立国、保障人民当家作主的权利、法制原则、廉洁政府、人民监督各方面的成就显著。[②]坚持法治,反对人治不仅成为重大学术主题,也成为执政党极为关注的重大政治问题。在改革开放前后,关于法治与人治的关系经过了三次范围广泛的大讨论,最终确立了实行依法治国方略,确立了中国特色社会主义法治道路。

### 三、"法治方略"与"法治道路"

资源之有限性与人之需要的无限性的矛盾贯穿于人类发展过程的始终。为调整人、自然和社会之间的关系,历史上出现过通过宗教、道德、权力和法律作为有效调整工具之史实和思想。在各种调整工具的竞争中,法律作为一种优良而有效的工具在人类社会中不断发展,具备其他工具不具备的品质。拉兹认为,一个社会可以不受法律的调整而存在。但一旦这个社会选择了法律工具,那么,法律就必然是这个社会最重要的制度体系。法律不仅为这个社会提供了基本框架,它还引导行为,解决争议,成为这个社会的至上

---

① 李学智:《民国初年的法治思潮》,载《近代史研究》2001 年第 4 期。
② 李龙主编:《新中国法制建设的回顾与反思》,中国社会科学出版社 2004 年版,第 2—18 页。

权威,规范或限制这个社会的创制和行为。① 在法人类学的考察中,人们发现,法律也是原始社会的一种主要调整方式。② 法律史的研究表明,法律之生命力在于它能把各种社会关系和社会建制统一到法律结构之中,从而成为一种优良而有效的社会调整工具。

### (一)西方法治道路的基本范式

西方法治传统源于对武断权力的防御,雅典时期的柏拉图基于对僭主政治和"多数暴政"的反思提出了法治思想。在柏拉图看来,法治是将统治权进行划分的最好方式,也是实现和维护混合政体的最有效方式。泰勒认为柏拉图在《法律篇》中揭示了统治权划分之伟大的政治学原理,③ 而这项原则正是孟德斯鸠发现三权分立原则的理论渊源。④ 实际上,亚里士多德继承了柏拉图的法治原则,使法治成为一种古老的传统。徐大同认为,西方政治思想史上关于民主、法治、分权等思想都能在柏拉图的《法律篇》中找到原始形态。亚里士多德对柏拉图的批判主要针对《理想国》,而他的政治思想则来源于对《法律篇》的继承和发展。⑤ 西方的这一法治传统即使在中世纪也在神学的框架下保留下来并在一定程度上改造了神学。梅特兰认为,"神学要想统治世界,它自身必须成为法学。"⑥ 与此同时,神学在借助于法学思想传播的过程中也为法治增添了神圣性。伯尔曼认为,"法律必须被信仰,否则它将形同虚设。"⑦ 因此,法治的价值不仅是被实证的,也是被信仰的。

自文艺复兴开始,西方借助于休谟的怀疑主义政治哲学,建立了以法治防御权力的思想;借助于洛克的自然权利学说,确立了以法治保障自由和基

---

① [英]约瑟夫·拉兹:《法律的权威:法律与道德论文集》,朱峰译,法律出版社2005年版,第104页。
② [英]马林诺夫斯基:《原始社会的犯罪与习俗》,原江译,法律出版社2007年修订译版。
③ [英]泰勒:《柏拉图生平及其著作》,谢随之等译,山东人民出版社2004年版,第659—670页。
④ [美]乔治·霍兰·萨拜因:《政治学说史》,盛葵阳、崔妙因译,商务印书馆1985年版,第106页。
⑤ 徐大同主编:《西方政治思想史》,天津人民出版社2001年版,第37页。
⑥ [英]梅特兰等:《欧陆法律史概览:事件、渊源、人物及运动》,曲文生等译,上海人民出版社2008年版,第5页。
⑦ [美]伯尔曼:《法律与宗教》,梁治平译,中国政法大学出版社2000年版,第3页。

本权利为终极目的思想；借助于孟德斯鸠的权力分离与制衡学说，建立了三权分立思想。德国早期的法治国思想不讨论统治权的合法性问题，只讨论统治权以下的具体权力的合法性问题。但在第二次世界大战以后，随着人们对纳粹时期法律问题的反思和人的尊严思想的广泛传播，人的尊严这一法治的终极原则已被确立为超越统治权的根本宪法原则，实际上，当代的法治国思想已与法律主治思想高度融合。是故，拉兹认为法治在本质上追求一种否定性的价值，它的核心作用是用来减少对个人自由和人的尊严的侵害。[①] 西方法治的基本范式由人的尊严、基本权利、权力制约等要素组成。

西方现代法治既是人类法治文明的成果，也是资本主义发展的产物，我们在借鉴其法治有益经验的同时，对其阶级本质也必须正视。恩格斯指出，法律的神圣性本质在于一部分人按照自己的意志积极地确立为法律，另外一部分人只能消极地接受。对于资产阶级而言，法律就是他们不可侵犯的权力和手中的棍子，如同上帝一样神圣不可侵犯，但对于工人阶级来说则恰恰相反。[②] 另外，西方现代法治随着逻辑实证主义的发展，也存在形式主义的倾向，值得引起注意。阿多尔诺发现西方形式主义法治以貌似普遍合理的形式掩盖了现实不合理的事实，看似对每一个人等量齐观等价对待，而实际上掩盖了现实生活中真实的差异，暗中助长了现实生活中的不平等。与此同时，西方法治把法律抬到了第一性的高度，而忘掉了生活才是第一性的社会事实。[③] 因此，我们在借鉴西方现代法治有益经验的同时，也必须分清其阶级本质，避免其发展过程中存在缺陷。申言之，我们借鉴西方现代法治的有益经验，但绝不可能走西方法治道路，而必须将其有益的经验转化成为中国特色社会主义法治道路的有益成分。

（二）中国法治道路的基本范式

中国法治道路的基本范式植根于中国的社会实践，是在历史与逻辑、理论与现实有机结合的结构中确立下来的。它有一个从模糊到清晰、从自发到自觉、从摇摆不定到坚定不移的过程，发展到现在已成为规模宏大的法治中

---

① ［英］约瑟夫·拉兹：《法律的权威：法律与道德论文集》，朱峰译，法律出版社2005年版，第198页。
② 《马克思恩格斯全集》第2卷，人民出版社1995年版，第515页。
③ ［德］阿多尔诺：《否定的辩证法》，张峰译，重庆出版社1993年版，第307页。

国建设实践。中国法治道路的基本范式是一个多世纪以来中国人民追求法治的理想和实践的产物。

自鸦片战争以来，中国的先进分子在思考和探索国家与民族未来的过程中就开始思考法治问题。19世纪中期人们以介绍世界法治文明的优秀成果为主，目的在于传播法治观念。19世纪末20世纪初，面对内忧外患，人们思考如何把中华法系的法制传统与世界法治文明的优秀成果结合起来，总的原则是"中学为体、西学为用"。民国时期，人们思考从现实的法治要求、中华法律文化、世界法治文明的优秀成果中构建自身的法治之路。基于社会结构的相似性和法律形式的相似性，形成了以大陆法系为参照的法制体系。由于这一体系没有从根本上反映人民的利益和要求，最终被中华人民共和国所废除。

中华人民共和国成立以后，我国的法制建设最初以解放区的司法原则和党的政策来指导法制实践，后确立了以《宪法》为根本的法制发展路径，确立了民主立国、国家机关为人民服务和人民监督的指导思想，凸显了法制的人民性这一共和国的根本原则，确立了"有法可依、有法必依"的法制运行原则。这期间也出现了依政策还是依法律、要人治还是要法治的激烈争论，总体上还是坚持了依法依规管理国家和社会事务的规范化、制度化途径。由于指导思想的严重错误和封建主义遗毒没有根除，反右扩大化和极左思潮泛滥，以致发展到了"文化大革命"这样的动乱状态，法律虚无主义盛行、残酷斗争"无法无天"，给国家和人民带来了深重灾难。党的十一届三中全会彻底否定了"文化大革命"，重建法制被提到议事日程上来。随着《宪法》的全面修改，党领导法制建设和党必须在宪法法律范围内活动的根本原则得以确立，法制建设步入正轨。在总结法制建设成功之经验和失败之教训的基础上，根据现实需要，党的十五大确立了依法治国的基本方略，抛弃了"人治"思想，科学发展观的提出深化了法治保障人权的终极目的。党的十八届四中全会在党的历史上第一次以法治为主题作出专门决定，对中国特色社会主义法治道路之指导思想、基本理论、奋斗目标、基本原则、基本制度、发展方向、总体要求、整体布局、实施方案进行了系统阐述，深刻揭示了中国特色社会主义法治道路从哪里来、到哪里去、现在何处的发展规律，科学回答了中国特色社会主义法治道路的重大理论和实践问题。

## 第二节　法治的中国特色

　　法治是植根于特定历史条件和特定社会结构的一种治理方式，中国特色社会主义法治道路之中国性是一个本体论问题而不是一个认识论问题。如何透过法治的本体提炼出中国之特色，反映的是中国法治理论的自主性和中国法治实践的主体性。法治的中国特色既是对中华法律传统精华之继承，更是对当代中国问题的法治关照，但归根结底源于中国法治之社会根基。古希腊因反对僭主政治和"多数暴政"创设的法治理论如此，英国因对议会至上原则绝对化的担忧而归纳出法律主治理论如此，德国因维护国家统一和人民团结而提炼出法治国理论如此。春秋战国时期因适应新兴地主阶级利益和实现大一统政治需要而提出的"以法治国"思想如此，为维护大一统国家利益而长期坚持"礼法合一"治国之道的法制实践如此，清末为应对内忧外患的国家和民族危机以及为贯彻"中学为体、西学为用"的实用法制原则如此，民国时期以"五权宪法"理论为指导的践行法制建设如此。中华人民共和国成立之后以人民为主体的法制建设如此，十一届三中全会以后以社会主义初级阶段的中国实际为基础进行法治建设的理论和实践亦如此。没有脱离特定历史条件的法治，也没脱离特定社会结构的法治。法治乃是深嵌于特定历史条件和特定社会结构的治理方式。

### 一、中华法律文化精华

　　中国法律发展了数千年，为人类法治文明做出了重要贡献。由于时空转换，汲取中华法律文化之精华必须找到适当的法学表达方式，形成适当的法学范式，才能克服古今之间不可通约性的障碍，在法律思维上形成融贯古今的联系方式，为中华法律文化的创造性转化提供前提条件。

#### （一）中华法律文化之法学表达

　　中国特色社会主义法治道路是中国人民共同生活之历史连续性的一部分。但中华法律文化如何进入中国特色社会主义法治道路，则需要通过媒介发生作用。通古今之变是通过法律思维凝聚的法学范式来表达的。如果没有法学范式的媒介作用，古今之间由于时空的变换就会出现出不可通约性的障碍。法学范式是一种具有贯通古今的法学表达方式，具有可通约性的特点，因此，研究中华法律文化的创造性转化问题，必须首先确立与此相适应的具有解释力的法学范式。

范式是一种思维方式，是学术共同体集体智慧的产物。它致力于通过例证化的历史研究方法达到一种理论自觉。库恩认为，范式思维是为了找出规范与常规科学之间关系的一种思维方式，在研究例证的过程中找到反复出现的类似标准和公认规则，作为共同体进一步研究所遵从的理论前提。① 范式思维与以争夺话语霸权为中心的意识形态和以呈现史实为中心的编年史不同，它是通过研究例证的方法提炼出共同体所遵从的公认知识，以此凝聚共同智慧，按照规范理论的要求，去寻找古今中外相互联系的基本规律。② 中国法律发展数千年，留下了宝贵的文化遗产，必须找到合适的法律表达方式才能古为今用，对中国特色社会主义法治建设实践中产生贡献。

**（二）中华法律文化之法学范式**

如何把中华法律文化与当下中国的法治结合起来是研究法律文化的根本问题。其首要任务是必须建立起用以分析传统与当代、理论与实践的法学范式。理解中华传统文化与当代法治的关系始终面临时空转换的历史复杂性和具体例证的情境性问题。从法学范式角度考虑，必须通过语言的作用从例证中抽取语境与史实、概念与术语、意义和指称等基本范畴，形成一个整体性的认识结构，同时注意克服"不可通约性""不可移植性""不可翻译性"的障碍。因此，在研究中华法律文化与当下法治实践的关系时，坚持古为今用的原则是最基本的要求，但不能仅限于这一抽象原则，而必须将这一原则具体化到中华法律文化的知识结构中去，然后才有可能抽象出可为"今用"的精华。

从法文化角度思考中国法律传统的法学范式，有本土资源论、法律文化论、民间法论。邓正来先生认为这些所谓的范式根本就不是法学范式，只不

---

① ［美］托马斯·库恩：《科学革命的结构》，金吾伦、胡新和译，北京大学出版社2003年版，第40页。

② 程关松：《礼法合治传统的两种法学范式——以管商为例证的现代解释》，载《法律科学》2017年第5期。

过是"现代化范式"的各种不同认识模式而已。① 他认为,即使是"现代化范式"这样一种法学范式,也只不过是一种集体无意识地"前反思性接受"西方法学理论的法律意识形态,本身达不到法学范式的规范性程度。因此,中国之法学的理论重构应转向反思,从自身的发展逻辑中获得一种批判性的力量。② 但中国法学的反思性力量在哪里以及在何种结构中安排这样一种反思性的力量,他则没有阐述。在研究传统法律文化时,我们往往用"古为今用"这样一些抽象原则代替例证化研究,习惯于用"资源"这样的经济学概念代替对法学概念的提炼,偶尔用"民间"这样似是而非的不确定概念笼统地去解释法律文化现象,把内在有机联系的法律文化现象转化成了零碎的学术资源和与现代生活渐行渐远的风俗遗存,法学范式所必需的严密化论证变成了任意裁剪的碎片。

从法律规范之总体特征角度思考,瞿同祖先生提炼出适应性范式、吕思勉先生提炼出法俗范式、滋贺秀三先生提炼出价值共享范式、寺田浩明先生提炼出"拥挤列车"范式。

瞿同祖先生关注儒家思想在中国传统法律文化中的地位和作用。他认为,秦汉时期的法律体系是按照法家思想建立起来的,对儒家的礼治传统采取排斥态度。但从汉代开始,儒家为了适应社会变迁的形势,开始谋划将礼治思想引入到法律体系之中,其重要途径就是在法律适用领域通过法律解释学的方法推行"引经决狱"模式,在魏晋南北朝时期,儒家加快推进法律的儒家化运动,到唐代终于完成了"一准乎礼"之法律的儒家化过程,并一直将这种法律传统延续到清末的法律改革。③ 因此,中华法律文化从秦代的"以法治国"思想,到汉代和魏晋南北朝时期的"法礼结合",再到唐代"一准乎礼"的法律发展过程,反映了儒家积极主动地适应社会变迁的结果。

吕思勉先生关注法俗在中国传统法律文化中的地位和作用。他认为要把

---

① 邓正来:《中国法学向何处去——构建"中国法律理想图景"时代的论纲》,商务印书馆 2006 年版,第 50—82 页。
② 邓正来:《中国法学向何处去——构建"中国法律理想图景"时代的论纲》,商务印书馆 2006 年版,第 266—268 页。
③ 瞿同祖:《中国法律与中国社会》,中华书局 2003 年版,第 373—374 页。

握中国传统法律文化必须立足于分析法俗这一根本性的概念。他认为法俗在中国传统法律文化中看似无形，实则无处不在，历史研究素来都很重视。人们有意创制的法俗就是法律，作用在于规范人们的行为；无意形成的法俗就成为风俗，作用在于防止人们超越俗的界限。法俗是在历史长河中不断发展的产物，具有通古今之变的功能。观察当今的法俗就能对古代的法俗有一个清晰的理解和把握。[①] 这一认识与管子所言法俗"藏于官则为法，施于国则成俗"（《管子·法禁》）的认识高度一致，是把握中国传统法律文化之显著特征的有效理论范式。

滋贺秀三先生关注以家族为中心的社会结构在中国传统法律文化中的地位和作用。他认为，传统中国以家族为中心的社会结构最大的特征是其等质性。尽管这种社会结构也允许差异的存在，但这些差异不是基于人与人之间关系的差异性，而是基于社会职业分工的需要，与此同时，以家族为中心所形成的社会地位差异也没有改变社会结构的等质性，所以，职业分工所形成的差异性与封建等级制和种姓等级制度这样的封闭概念完全不同。基于职业分工所形成的社会地位差异还可以通过科举制等制度向所有人开放，从而打破了社会地位的固化，使阶层和阶级之间能够制度化地合理流动。在这样的社会结构中，一方面，人们以家族为中心共享共同的生活方式，形成以家族法为中心的礼法体系，奠定了国家法律秩序的基础。另一方面，国家法依赖且维护着这种礼法关系，它们在本质上是一体的，用国家法与民间法之二分法去分析中国传统法律文化是不适当的。[②] 因此，在分析中国传统法律文化时，不能套用国家法与民间法、个人与集体这样的西方法学范式，而必须深刻把握以家族为中心的社会结构在中国传统法律文化中的地位和作用，否则是不得要领的。

寺田浩明先生关注自发秩序在中国传统法律文化中的地位和作用。他认为，传统中国的社会秩序不像西方那样充满建构主义色彩，而是一个自然而然地形成性过程。在社会秩序的形成过程中，并不存在一种确定性的权利分配机制或者权力秩序，而是各个主体根据自己对于权益的不同理解相互之间

---

① 吕思勉：《先秦史》，上海古籍出版社2005年版，第4页。
② [日]滋贺秀三：《中国家族法原理》，张建国、李力译，商务印书馆2013年版，第22—23页。

磨合与权衡、进取与退让，不断摸索形成一个满意或者忍耐的均衡点，从而形成一种类似于"拥挤列车"一样的行为模式。① 对于这种行为模式，我们难以用公正或者不公正、权利或者义务这样的西方法学概念进行恰当的评价。是否公正是通过各个个体在行为中自我体验的。

上述四种法学范式从不同角度切入了对中国传统法律文化的理解。瞿同祖先生的适应性范式解释了儒家思想为适应时代变迁嵌入法律制度的历史脉络和基本轨迹。但这种法学范式需要进一步考察儒家循吏在选择性适用法律的过程中注入儒家思想对中国传统法律文化的深刻影响，同时还必须厘清美德论儒家和制度论儒家在中国传统法律文化中的不同地位和作用。滋贺秀三先生的价值共享范式解释了家国一体观念使中华民族得以绵延五千年而不绝的社会根源，但这种法学范式所描绘的是一副完全不同于西方社会结构的理想图景。更为重要的是，这种法学范式必须对中国传统社会的阶级对立和阶层差异作出合理解释。寺田浩明先生的"拥挤列车"范式是一种非正式的私法反思，但这种法学范式是否能解释以"公法"为中心的中华法系则是一个更为严肃的学术命题。吕思勉先生的法俗论具有很强的解释力。与中国的传统社会结构、文化样态和法律构造之间具有内在逻辑关系，是理解中国传统法律文化行之有效的一种范式。法学必须按照法律的表达方式才能产生专业化的认知图式并与现实观照勾连起来。我们在汲取中华法律文化精华之时必须透过当时的法律考察其背后的社会基础，才能形成贯通性的理解，获得融贯性的知识，并为传统法律文化的创造性转化提供条件。

## 二、当代中国法治主题的深化

法治发展是一个渐进过程，既需要法治实践的充分展开，也需要法治理论的科学提炼。当代中国法治是从党的十一届三中全会后通过反思"文革"时期的法律虚无主义开始起步，在法治中国建设中发展的。

### （一）法制建设阶段的经验

"文化大革命"结束以后，国家开始拨乱反正，对内结束了"以阶级斗

---

① ［日］寺田浩明：《权利与冤抑：寺田浩明中国法史论集》，王亚新等译，清华大学出版社 2012 年版，第 414—423 页。

争为纲"的极左指导思想,把国家建设的任务转移到"以经济建设为中心"上来;对外判断和平与发展是当今世界的主流,大规模战争一时打不起来,一心一意搞建设具备基本条件,结束了长期以来为摆脱生存焦虑而安排的"备战体制",在理性和平的条件下建设社会主义国家。① 随之进行的关于真理标准问题的大讨论,开始了声势浩大的思想解放运动,确立了实事求是的指导思想。这场思想解放运动在政治和法律领域的集中表现就是关于"法治"与"人治"的大讨论,②"法治"思想居于主导地位。

最早提出国家治理要靠法治不要靠"人治"主张的是梁漱溟先生。1978年2月,他在政治协商会议讨论1978年宪法草案的小组发言中说,自中国有宪法以来,它就常常沦为一纸空文,不起任何作用。③ 党内的一些领导同志包括邓小平同志在听了这段讲话后都认为讲得很好。邓小平之所以认为讲得好,原因就在于党内党外都赞成这种观点,他们都从中国的实际出发,站在历史文化和社会实践的双重视角来看待中国的"法治"和"人治"问题,这也成为此后深入讨论"法治"和"人治"问题的一个基本前提。

邓小平同志对极左思想进行了坚决批判,提出了实事求是的指导思想,系统阐述了民主、法制、权利行使、权利保障的地位和关系。首先,他提出了民主的逻辑起点和法制的终极目的问题。④ 其次,他阐述了民主与法制的关系问题。⑤ 再次,他提出了"有法可依,有法必依,执法必严,违法必究"的社会主义法制原则。自此,中国紧紧抓住民主建设和法制建设这两个根本问题展开了规模宏大的政治体制改革。

### (二)依法治国阶段的经验

随着经济社会的快速发展,社会关系变得越来越复杂,迫切需要通过法律方式调整社会关系,解决各种社会矛盾和纠纷。也由于法律在调整社会关系、解决社会矛盾和纠纷中的作用越来越显著,党的十五大为适应这一发展需要,确立了依法治国基本方略,走向法治。在依法治国基本方略确立以

---

① 程关松:《反思型宪法观导论》,中国社会科学出版社2013年版,第220页。
② 李龙主编:《新中国法制建设的回顾与反思》,中国社会科学出版社2004年版,第68—86页。
③ 转引自俞敏声主编:《中国法制化的历史进程》,安徽人民出版社1997年版,第242—243页。
④ 《邓小平文选》第二卷,人民出版社1994年版,第144页。
⑤ 《邓小平文选》第二卷,人民出版社1994年版,第146页。

后，中国特色社会主义法治建设快速发展，取得了巨大成就。其显著标志在于提出了建设社会主义法治国家的奋斗目标、国家尊重和保障人权进入宪法，法制发展更加突出人民当家作主和基本权利保障之根本价值。

但值得注意的是，在法制建设阶段，由于依法治国基本方略的实施与市场经济体制改革同步，在消除极左倾向的同时，右的倾向也在政治领域、经济领域和文化领域表现出来。

右的倾向在政治领域主要表现为以依法治国基本方略为借口否定党的领导。党的领导是中国特色社会主义制度的本质特征。如果没有党的领导，中国特色社会主义法治道路就没有正确的方向，坚持党的领导保证了中国特色社会主义法治道路的正确方向。

在经济领域，也存在"左"与右交锋。党的十一届三中全会以后，经济领域出现了"左"倾和右倾两种思潮。"左"倾思潮认为社会主义公有制只能通过国家或集体占有并根据经济计划经营，非公有制经济属于资本主义经济方式，在新的历史条件下更应该加强党和国家对经济的直接控制，以保证经济的社会主义性质；右倾思潮认为在经济全球化的背景下，经济私有制才符合世界潮流，也只有私有制才能激发经济活力。市场是经济活动的基本规律，党和国家对经济活动的干预会扭曲"经济发展规律"，因而主张所有制的私有化和市场经济的自由化。经济是政治的集中表现，"左"倾思潮主张党和国家对经济活动的直接管控和任意干预，不仅在实践中窒息了经济发展的活力，而且导致了严重的贪污腐败现象。人民对此深恶痛绝，党的领导的基础由此被削弱。右倾思潮主张私有化和自由化，将动摇社会主义的经济基础。一些人认为严重的腐败现象是由于右倾思潮主张私有化和自由化导致的，实际上，"左"倾思潮主张党和国家对经济活动的直接管控和任意干预所形成的"变形之手"给了腐败分子以可乘之机，也难辞其咎。一些人打着"保护国家资产"的旗号恣意贪腐，一些人打着"搞活经济"的旗号巧取豪夺，这都是丧失共产主义理想信念的表现，严重削弱了社会主义的经济基础，严重损害党和国家的形象。

在思想文化道德领域，一方面，由于国家坚持依法治国基本方略，少数人基于"人治"与"法治"对立的思想，错误地把依法治国基本方略与道德建设对立起来，或者把守法与德行等同起来，以守法代替道德修养。另一方面,由于市场经济的快速发展,一部分人唯利是图、金钱至上,践踏道德底线和社会良知,导致社会道德极大滑坡。鉴于思想文化道德领域的错误认识和混乱局面,只有把依法治国和以德治国结合起来,依法治国才有坚实的思想基础和强大的精神动力。

### (三)全面依法治国阶段的经验

改革开放以来,法治建设取得了巨大成就,保证了社会主义事业的顺利进行。但也存在某些与新时代要求不相适应的问题需要解决。面对法治建设中存在的问题和新时代对法治建设的需要之间的矛盾,法治必须着力解决好法治发展的方向性、总体性、整体性、系统性、包容性等全局性重大问题。在这一背景下,中国特色社会主义法治道路概念的提出起到了指明方向,统领全局的作用。

中国特色社会主义法治道路的理论集中体现在习近平法治思想中。党的十八大以来,党中央始终坚持和创造性发展中国特色社会主义,带领全党全军全国各族人民,为实现中华民族伟大复兴的中国梦,披荆斩棘、锐意进取、励精图治,以深谋远虑的雄才伟略、守正创新的理论勇气、卓越非凡的政治智慧、坚韧不拔的担当精神,紧紧围绕"五位一体"总体布局、"四个全面"战略布局、新发展理念、"构建人类命运共同体"理念,系统阐述了治国理政、治党治军、外交国防的新理念新思想新战略,形成了新的历史条件下的创新理论。创新理论以习近平新时代中国特色社会主义思想为中心,形成了相互联系、相互贯通、逻辑自足的思想体系,[①] 是马克思主义法学中国化的又一次伟大飞跃。

## 三、法治的中国根基

法治是特定历史和特定社会结构的产物。法律的存在是以其存在的历史和社会为先决条件的。无论是传统法治,还是现代法治,都是以调整自己的社会关系和解决自己的社会纠纷为根本目标的。

### (一)法治的社会根基

法律是社会需要的产物,是为了满足社会需要而建立起来的制度体系。

---

① 本刊编辑部:《在党的创新理论伟大旗帜下阔步前进》,载《党的建设》2017年第7期。

没有脱离特定历史条件和特定社会结构的法律，也不存在适合所有时期和所有国家的法律。一方面，法律的产生不能脱离特定历史条件和特定社会结构，另一方面，法律的继承和移植也必须根据自身的条件有选择地吸收他人的有益成果。

这一基本规律始终支配着法律发展。罗马法是根据自身的需要在借鉴希腊法律文化条件下建立起来的，当罗马法发展成为优良的法律体系时，它也开始了世界化的过程，但罗马法世界化的根本动力不是来自于罗马法自身的运动，而是各国社会实践的需要。因此，罗马法的世界化过程本身是一场属地化运动。

文艺复兴在法学领域中的表现首先是从意大利对罗马法的注释开始的，在对罗马法进行注释的过程中形成了注释法学派，他们的方法是人文主义的。由于文本的解释方法所能释放的理性力量的有限性，后期法学家便在罗马法的注释过程中更多地加入个人对法律理念的理解，这样就形成了评论法学派。但是，不管是注释法学派还是评论法学派，他们都不是将人与法的关系作为立足点和归宿，而是希望将已经成为世界性法律文化的罗马法属地化。沃森认为，罗马法的形式理性特征为注释和评论的法律方法在属地化过程中提供了用武之地。[1] 注释法学派和评论法学派对罗马法形式理性的关注和所用的法学方法并不能满足人们对实质理性的探索。这样，在法国就出现了最早的古典法学人文主义。

人文主义法学利用了罗马法的属地化资源而不是自然法中的普遍人性。沃森认为，"罗马法并不打算永垂不朽或充作自然理性，而只不过是为特定时间的人而创作的。"[2] 由于古典"法学人本主义的主要目标和整个人本主义的主要目标基本相同：尽可能理解古典世界"[3]。因此，它在法律的普遍

---

[1] [美]艾伦·沃森：《民法体系的演变及形成》，李静冰、姚新华译，中国政法大学出版社1992年版，第32页。

[2] [美]艾伦·沃森：《民法体系的演变及形成》，李静冰、姚新华译，中国政法大学出版社1992年版，第108页。

[3] [美]艾伦·沃森：《民法体系的演变及形成》，李静冰、姚新华译，中国政法大学出版社1992年版，第105页。

理性的理念方面没有很高的成就，相反却获得了属地法学的副产品。① 古典人文主义法学不是理论取向而是实践取向的，它的目的是法律的属地化而不是普遍化。它所使用的法学方法是将地方化的法律要素注入到罗马法的形式理性之中，实际上也就是将罗马法的形式理性地方化。美国曾是英国的殖民地，适用英国的法律和司法制度，但在独立以后，美国人根据自己的需要建立了适合自己社会的法律体制。② 没有任何国家在法治发展过程是不顾自己的历史和社会条件而完全移植他国法治经验的。

对中华法律文化的理解无不建立在"俗"之上。吕思勉先生认为，分析中国法律文化必须立足于法俗这一基石概念。③ 法学必须按照法律的表达方式才能产生专业化的认知图式并与现实观照勾连起来。我们在汲取中华法律文化精华之时必须透过当时的法律考察其背后的社会基础，才能形成贯通性的理解，获得融贯性的知识，并为传统法律文化的创造性转化提供条件。

与"俗"的现代定义不同，④ "俗"在中国历史上是一个极为复杂的概念系统，⑤ 班固以前从理论上系统论述的文献较少，但自汉武帝已降，儒家化解释充斥文献。⑥ 班固是第一位对风俗进行明确定义和系统理论研究的史学家。⑦ 他界定的"风"是最原始的含义，而界定的"俗"则是高度儒家化

---

① ［美］艾伦·沃森：《民法体系的演变及形成》，李静冰、姚新华译，中国政法大学出版社1992年版，第108—109页。

② ［美］约翰·麦·赞恩：《法律的故事》，刘昕、胡凝译，江苏人民出版社1998年版，第329—384页。

③ 吕思勉：《先秦史》，上海古籍出版社2005年版，第4页。

④ "俗"的现代定义侧重文化义项。钟敬文先生认为："民俗（或风俗），主要指的是：文化比较发达的民族，它的大多数人民在行为上、语言上表现出来的种种活动、心态。"（钟敬文：《民俗文化的性质与功能》，载《哲学动态》1995年第1期）

⑤ 先秦时期，"俗"经历了由"风"至"风俗"到"民俗"的一系列复杂演化过程，其治道功能由"以德配天"向"移风易俗"的世俗化下移，并不断提升其意识形态地位和教化功能。儒家思想植根于这一传统之中应无疑义。（参见杨辉：《从"风"到"风俗"——论"风"的文化化历程与先秦音乐"移风易俗"政策之酝酿》，载《哈尔滨工业大学学报（社会科学版）》2005年第7期）"礼源于俗"为真不必然断言"法"不源于"俗"。管子和商鞅对"俗"的重视不亚于儒家。（参见杨瑾：《移风易俗对秦文化变革的影响》，载《西安财经学院学报》2008年第1期）太公和商鞅主要取"俗"的"民俗"含义，管子和秦始皇主要取"俗"的"风俗"含义。

⑥ 陈新岗：《两汉诸子论风俗》，载《民俗研究》2005年第5期。

⑦ 班固：《汉书·地理志》。

的定义。"俗"与"法"关系中"俗"的本体论地位的确立是法家的独特贡献。① 儒家对此缄默,法家也没有关于"俗"的确切定义,我们只能根据文献推断。"俗"有两个相互承接的义项:一个义项是形成性的"俗",侧重文化传统的"此在"内涵,为习惯、风俗,取向维护"当下"习惯、风俗对部分"法"的替代功能,为法律所认可。这个义项的"俗"侧重"俗"的"当下"在场。另一个义项为构成性的"俗",提炼为法律的基本价值,是"法"的目的,取向通过法律而现实化。这个义项的"俗"侧重"俗"的本体论地位,功能在于改造"自然"社会状态下的"俗"。在传统法律文化中,"俗"是"法"的先决现实条件的总和,为立法的根据、执法的场域,类似于我们现在所说的"国情",本质上是对当时的国情的规范性把握。我国处于社会主义的初级阶段,这是最大的国情,法治发展必须与此相适应。

### (二) 法治的制度根基

法治受到制度环境影响,不存在没有制度基础的法治孤岛。社会主义制度的本质是人民当家作主,中国特色社会主义法治必须坚持人民主体地位。人民性是我国一切制度的根本,任何偏离这一根本制度要求的法治主张都是背离中国特色社会主义法治道路的。

国家治理有多种方式,除神权政治以外,文明社会的国家治理方式是"人治"和"法治",即使在原始社会,法律仍是调整社会关系的一种主要方式。② 当代世界绝大多数国家都选择法治作为国家治理的基本方式。国家治理体系和治理能力现代化是法治建设的基本目标。③ 一方面,法治表现国家治理现代化之良法善治目标,并通过秩序、公正、人权、效率等法律价值表达出来;另一方面,法治通过立法、执法、司法、守法、护法环节使国家治理目标在制度化、规范化、程序化条件下得以稳定实现。

国家治理还意味着多元治理,也就是在法治作为基本方式的同时,也承认其他治理方式的合法性和有效性。基于我国的法律传统,我国在选择依法治国基本方略的同时,也承认德治的地位和作用,并要求将依法治国和以德

---

① 杨玲:《中和与绝对的对抗:先秦法家思想比较研究》,中国社会科学出版社 2007 年版。
② [英] 马林诺夫斯基著:《原始社会的犯罪与习俗》,原江译,法律出版社 2007 年修订译版。
③ 张文显:《法治与国家治理现代化》,载《中国法学》2014 年第 4 期。

治国结合起来。"国家治理体系中的法治和德治是一种并行结构而非并合结构。一方面，作为社会建制的法治和德治具有相对独立性，可以同步建设，并行不悖，共同支撑国家治理体系。另一方面，在同步建设的基础上相互促进、相得益彰，协同推进国家治理能力现代化。法治和道德不是非此即彼的排他关系，而是亦此亦彼的辩证关系。相对独立性不破相互依赖性，相互依赖性不破相对独立性，'分'则各自完善，'合'则相互支撑，在国家治理体系中共享彼此的价值，提升彼此的质量。"[1] 当然，在法治国为国家治理现代化基本方式的条件下，德治嵌入法治的分量、方式和方法必须符合法治的内在要求。

## 第三节　法治的社会主义属性

社会主义是法治研究和法治实践的一个本体论命题。中国特色社会主义法治道路是中国特色社会主义道路在法治领域的具体体现。

### 一、"社会主义"法治的解读

中国特色社会主义法治有两层含义：一是中国特色社会主义法治是社会主义制度的一部分；二是中国特色社会主义法治是中国的法治。

#### （一）法治之社会主义的理论证明

现代国家或实行社会主义，或实行资本主义。我国实行社会主义，是历史的选择和人民的选择。历史证明，我国要实现人民幸福、国家富强、民族复兴，只有走社会主义道路。社会主义并没有一个统一的模式，各国在实践过程中都是将社会主义理论与本国的实际相结合。我国处于社会主义初级阶段，必须根据中国的实际情况和现实条件走中国特色社会主义道路。

法治意味着良法善治。良善的社会价值在现代社会难以自我实现，而往往通过外部规范予以确认和强制保障。社会主义所蕴含的价值理念，与良法善治在本质上不仅完全吻合，而且离不开法治的确认、规范、导引和保障。社会主义的本质是解放和发展生产力，消除贫困，消除两极分化，实现共同

---

[1] 程关松：《嵌入理论视域中的法治和德治结合形态》，载《江西师范大学学报》2017 年第 4 期。

富裕。新型生产关系的理性定位、人民当家作主的地位确证、人人平等原则的有效构建、公平正义的制度安排，都离不开法治的系统化、强制性和高效能保障。

新时代中国特色社会主义道路集中表现在建设富强民主文明和谐美丽的社会主义现代化强国的价值定位和经济、政治、社会、文化和生态文明"五位一体"总体布局之中。就理想的社会状态而言，彰显了法治价值与法治规范的有机统一。"富强"意味着国家能力的整体提升，而经济发展是国家能力之本。市场经济实质上是法治经济的经典命题，昭示着社会主义强国梦在一定意义上必然是法治梦。"民主"作为社会主义的本质特征，与法治天然地融汇在一起。民主是法治的前提，法治是民主的保障，已经被发现为是社会主义建设的一个基本原则。"文明"在狭义上更多地是指社会主体的素养提升和能力发展，社会主义法治文化、法治精神、法治意识、法治思维为塑造新时代的新型公民美德注入了新的活力，固化着社会主义法治的文化根基。"和谐"意指社会建设和社会关系的理性化、有序化、合理化，而通过法治的社会治理是达致和谐社会的基本路径。"美丽"意味着社会主义应当迈入生态文明新境界，而法治是配置生态资源、治理生态顽疾、维系生态文明的最佳模式，"美丽中国"离不开"法治中国"的精心呵护。

就法治之工具性价值而言，以习近平同志为核心的党中央统筹推进"五位一体"总体布局，不断深化"五位一体"的科学内涵，统筹全局为全面推进"五位一体"总体布局提供组织保证，稳妥推进政治体制改革为深入推进"五位一体"总体布局提供制度保障。"五位一体"总体布局是一个历史性的任务，其实现需要各项社会制度予以保障。在各项社会制度中，最根本的是社会主义法治制度。社会主义法治制度是统筹推进"五位一体"总体布局的根本保证。一方面，对于"五位一体"总体布局中带有根本性、全局性、稳定性和长期性的制度必须法治化，使之更加成熟更加定型。另一方面，"五位一体"总体布局为法治发展提供了指导思想和行动指南，丰富了依法治国的新内涵，扩大了依法治国的新领域，提升了依法治国的新境界，迎来了法治发展的新机遇，为法治改革指明了正确方向。

（二）法治之社会主义的表达形式

马克思主义法学致力于探索法治发展的规律性、目的性和规范性等重大理论问题和现实运动。

第一，马克思主义法学是建立在对社会发展规律的认识基础上的科学理论体系。在马克思主义法学以前，法律要么被认为是神的造物，要那么被认为是统治阶级的意志，要么被认为是人性的表现，要么被认为是法学家的创造。这些认识都是建立在唯心主义的唯意志论基础之上的理论，不能揭示法律的存在根据，不能正确地反映法律与社会发展之间的关系，不能把握法律发展的基本规律，不能保障最广大人民的根本利益，不能促进人的全面发展。正是由于马克思主义以前的法律意识形态颠倒了法律意识与社会存在的关系，它们也就只能到上帝的冥想和抽象的人性去寻找法律存在的根据和法律发展的动因。而建立在唯心主义意志论基础上的剥削阶级的法律与社会存在之间的虚假关系只能通过暴力、压制和欺骗才能维持。虚假的法律关系不仅不能促进人类和社会的发展，反而成为阻碍人类和社会发展的桎梏。

马克思主义法学是建立在正确认识思维与存在、意识与物质的唯物辩证关系基础之上的科学理论体系，是把被剥削阶级颠倒了的法律关系再颠倒过来建立的法学理论体系。社会存在最基本的方式是生产方式，法律是建立在生产方式基础上的上层建筑。离开了物质生活的生产方式，法律只能建立在臆想的社会关系之上，无法揭示法律的本质和法律发展的规律。只有在物质生活的生产关系中才能找到法律存在的根据，把握法律发展的规律。

第二，马克思主义法学是建立在人的全面发展终极目的基础上的科学理论体系。马克思主义的终极目标是人的全面发展。推翻资产阶级政权，实现无产阶级的解放，建立共产主义社会，为人的全面发展提供条件是马克思主义的终极目标。马克思主义的这一论断是对人类发展规律的科学总结，是源于对宗教、抽象人性论和资产阶级生产方式的批判所得出的科学结论。

马克思主义通过对宗教的批判、对抽象人性论的批判和对资本主义的批判发现必须改变资产阶级的生产方式及其意识形态才能建立"每个人的自由发展"与"一切人的自由发展"的必然联系。对人类历史的研究必须以个人的肉体的存在为前提条件，维护生存的需要是人的第一需要，这是马克思所发现的新历史观。人的类生活的对象化才是人的本质。通过人的类生活的对象化，人建立了人的真实关系。然而，由于财产私有制度，劳动者的劳动和生产的财富被剥削阶级所占有，从而出现了人对人的异化、人自身劳动的异化、人的产品的异化、人的制度的异化,①也剥夺了"每个人自由发展"的机会和"一切人自由发展"的前提条件,也切断"每个人的自由发展"与"一切人自由发展"的必然联系。资产阶级的现代大生产为"每个人的自由发展"准备了物质条件,但资产阶级的生产关系阻碍了"每个人的自由发展"与"一切人的自由发展"的必然联系。因此,必须首先推翻资产阶级的财产私有制,把每个人从异化中解放出来,才能最终实现人的全面发展。这正是中国特色社会主义必须始终坚持"以人为本"为根本宗旨,在社会主义初级阶段必须始终坚持"以人民为主体"的根本原因。中国特色社会主义法治道路如果偏离了这一终极目标就会走向改旗易帜的邪路。

第三,马克思主义法学认为法律是特定社会制度的一部分并为这一社会制度服务的规范体系。马克思主义的终极目的是使人类得到自由发展。但资产阶级制度阻碍了人的自由发展,因此,必须首先推翻资产阶级制度,建立无产阶级专政的政权,才能为人类的解放和人的自由发展奠定政治基础和法律基础。

马克思主义法学认为,国家和法律是建立在所有制基础之上的上层建筑,而所有制是生产方式的制度形态。在原始社会时期,生产力极为落后,人们共同劳动,共同占有劳动产品,并按照共同体的要求管理和分配劳动产品,不存在一部分人劳动,一部分人占有产品的私有制形式。到了奴隶社会和封建社会,生产力得到了一定程度的发展,劳动产品有了剩余,面对剩余产品,一方面,少数人通过私有制垄断了生产资料,迫使大多数人从事生产劳动,少数人占有劳动成果,多数人只获得最低限度的维持生存的生活资料。另一方面,少数人通过法律将自己的特权上升为全社会的共同利益,并通过国家暴力维护和巩固私有制的垄断地位,迫使多数人从事生产劳动,以"合法"形式占有和分配劳动成果。按照马克思主义历史唯物主义的观点,奴隶社会和封建社会的私有制主要是生产力落后的产物,其存在有其历史的必然性。然而,在资产阶级社会,生产力已经获得巨大发展,而资产阶级仍然以平等、权利、公平、正义等虚伪的言辞维护着生产资料的资产阶级私有制,并通过资产阶级的法权维护着对工人阶级的剥削和统治。

---

① 《马克思恩格斯选集》第 1 卷,人民出版社 2012 年版,第 57—63 页。

马克思主义认为，在奴隶社会和封建社会，存在着简单的商品生产关系，为适应简单的商品生产活动，出现了私法。尽管私法得到一定程度的发展，但工业和商业发展缓慢，整个社会的生产方式没有改变，私法仍然是奴隶社会和封建社会私有制的补充，商品生产者是作为一个等级，而不是一个阶级存在的，他们对奴隶社会和封建社会还没有产生决定性作用。随着工业和商业的发展，资产阶级力量壮大起来。一方面，工业和商业的发展瓦解了封建社会的生产关系，私法发展进入到一个崭新的阶段，巩固了资产阶级的生产关系。另一方面，随着资产阶级力量的壮大，君主们不得不照顾资产阶级的利益，借助于资产阶级的力量摧毁封建贵族势力，并通过政权形式巩固了资产阶级的统治。这样一来，资产阶级就不是作为封建社会的一个等级存在，而是作为一个阶级存在；不是作为一个地域性组织存在，而是作为一个普遍性的阶级获得了国家政权形式。①当资产阶级取得了国家政权以后，他们不仅通过国家政权维护资产阶级的私有制，而且通过资产阶级的法律体系进一步巩固了对无产阶级的统治和剥削。

现代资本主义的生产方式是资产阶级私有制的基础，资本主义的法律制度是建立在资产阶级私有制基础之上的剥削制度。对于无产阶级而言，表面看起来他们可以依据法律的规定"自由出卖"自己的劳动力，但实际上，在资产阶级私有制条件下，他们不得不出卖自己的劳动力以换取生活资料，继续受资本家的剥削。尽管资产阶级法权以正义的面目出现，但它无法掩盖资产阶级通过雇佣劳动剥夺无产阶级生产的剩余价值的实质。资产阶级私有制乃是以无偿剥夺无产阶级生产的剩余价值为基础的剥削制度。

资产阶级落后的生产关系阻碍了现代生产力的发展，代表先进生产力发展的无产阶级第一次走上了历史舞台。无产阶级必须推翻资产阶级的统治才能解放生产力，解放自己，并为人类的解放和自由发展提供物质和制度条件。无产阶级必须首先推翻资产阶级的统治，取得国家政权，并通过无产阶级专政的国家政权废除资产阶级的法权，才能根据生产力的发展和无产阶级的需要建立社会主义的法律制度。

---

① 《马克思恩格斯选集》第 1 卷，人民出版社 2012 年版，第 212—213 页。

## 二、"社会主义"在法治中国建设中的意义指向

社会主义既是科学的理论体系也是现实的社会运动。在科学理论指导下的现实社会运动依靠党的领导。党领导社会主义运动不是为了自己的利益，而是为了人民的利益。党领导社会主义运动必须与各国实际相结合，在社会主义核心价值指引下行动，才能坚持适合自己国情的正确方向。法治建设作为社会主义建设的一部分，必须坚持党的领导、坚持人民主体地位。

### （一）党的领导

党的领导是中国特色社会主义最本质的特征，是中国特色社会主义法治最根本的保证，这一论断是由社会主义运动和法治的自身发展规律决定的。

马克思主义发现，在资产阶级"市民社会"中，存在资产阶级与无产阶级两大对立阶级。无产阶级的现实性表现在：在经济上，它代表了先进的生产力；在政治上，它表现为被压迫、被剥削、被异化的存在。如果按照政治的经济基础决定论的思想逻辑，那么，无产阶级只能等待生产力的充分发展才能获得自身的解放。但是，在这里，马克思主义转向了政治的经济性逻辑的证明。他认为，无产阶级应从"自在的阶级"转向"自为的阶级"。在"自为的阶级"这一概念中，马克思认为无产阶级应该被建构。[①] 在理论上，无产阶级应形成自己的意识形态。[②] 在实践上，无产阶级必须组织为一个阶级的整体才能推翻资产阶级的统治。列宁认为，"无产阶级在争取政权的斗争中，除了组织，没有别的武器。"[③] 在建构无产阶级的过程中，马克思主义发现只有共产党才能够完成无产阶级构建的任务，这一建构功能是由党的先进性与代表性所决定。[④] 无产阶级专政和党的领导是马克思主义政治哲学的基础，它的终极目的是为每个人的自由发展创造组织条件。在社会主义革命时期，党的领导是社会主义运动由自发阶段转向自觉阶段的组织力量。在社会主义建设时期，党的领导是社会主义建设的组织力量。

---

① 《马克思恩格斯选集》第 1 卷，人民出版社 1995 年版，第 193 页。
② 《列宁选集》第 1 卷，人民出版社 1995 年版，第 317—318 页。
③ 《列宁选集》第 1 卷，人民出版社 1995 年版，第 526 页。
④ 《马克思恩格斯选集》第 1 卷，人民出版社 1995 年版，第 285、306 页；《马克思恩格斯选集》第 2 卷，人民出版社 1995 年版，第 611 页；《列宁选集》第 1 卷，人民出版社 1995 年版，第 474、373 页；《列宁选集》第 4 卷，人民出版社 1995 年版，第 137 页。

中国共产党在领导中国人民从站起来到富起来到强起来的过程中，赢得了人民的拥护，成为中国革命和社会主义建设的领导核心。党的十一届三中全会以后，中国特色社会主义取得了巨大成就，但面对复杂多变的国内外形势，民主建设和法治建设也出现了"左"倾思潮和右倾思潮的干扰，说明越是在复杂的社会条件下，越是要坚持党的领导。

"左"倾思潮认为，社会主义民主与资本主义民主毫无共同之处，处于绝对对立状态，在新的历史时期谈完善党的领导和执政方式就是否定党的领导，以坚持党的领导的名义削弱党内民主，限制社会民主；认为社会主义法治与资本主义法治毫无共同之处，处于绝对对立状态，在新的历史时期谈党在宪法和法律范围内活动，谈依法执政就是否定党的领导，以加强党的领导的名义鼓励党的领导者对法律运行过程进行直接干预，以言代法、以权压法，限制法律机关依法办事。右倾思潮把社会主义民主与资本主义民主混为一谈，认为在新的历史条件下，社会主义民主和资本主义民主共享共同的价值，党的领导并不是社会主义民主与资本主义民主的本质区别，以发展民主的名义削弱党的领导，主张"多党政治""权力分立"和"议会民主"；把社会主义法治与资本主义法治混为一谈，认为在新的历史条件下，社会主义法治与资本主义法治共享法治的基本价值，党的领导并不是社会主义法治与资本主义法治的本质区别，以法治发展的名义削弱党的领导，主张"法律自治"和"司法独立"。"左"倾思潮以坚持党的领导的名义反对完善党的领导方式和执政方式，必然削弱党的领导；右倾思潮以完善党的领导方式和执政方式的名义悬搁党的领导，必然否定党的领导。无论是"左"倾思潮还是右倾思潮，都会削弱党的领导。但党对于右倾思潮一直保持高度警惕，旗帜鲜明，形成了比较成熟的理论和比较稳定的应对方案，而对于"左"倾思潮则相对缺乏警惕性，也没有形成比较成熟的理论和比较稳定的应对方案，以致缺乏甄别能力和应对能力，对"左"倾思潮比较姑息。因此，邓小平同志认为，中国特色社会主义理论和实践的任务是既要防"左"，也要防右，但相对于对社会主义危害的历史教训而言，主要任务是防"左"。

### （二）人民主体

马克思主义的终极目标是每个人的全面发展，要实现每个人全面发展的目标就必须扫除一切阻碍每个人全面发展的制度障碍。阻碍每个人全面发展的制度受到特权阶级的维护,要扫除这种制度障碍就必须团结绝大多数受压迫、受剥削的劳动人民来推翻这种制度,这就是民主革命的任务。由于中国资产阶级的软弱性,资产阶级革命的任务只能由无产阶级来领导,故称之为新民主主义革命。新民主主义革命胜利以后,中国不可能走资本主义道路,也不可能直接进入比较发达的社会主义阶段,而只能根据中国国情走中国特色社会主义道路。中国特色社会主义建设的终极目标和依靠力量只能是中国人民。以人民为主体,以人民为中心始终是中国特色社会主义的本质。

在整个新民主主义时期,没有任何一位思想家和革命家像毛泽东那样从中国革命和建设的实践中深刻认识到"人民"这一核心概念的极端重要性。整个新民主主义时期毛泽东的政治哲学都是围绕"人民"概念不断展开的。而"人民观"演变集中体现了毛泽东的民主思想。在《新民主义宪政》一文中,毛泽东认为,中国推行宪政"主要缺少两件东西:一件是独立,一件是民主。这两件东西少了一件,中国的事情就办不好"[①]。而民族独立是通过人民民主实现的。同时,他还认为,只有民主才能克服我国传统政治哲学所带来的悖论。1947年,毛泽东在延安同民主人士黄炎培的谈话表明了毛泽东对民主问题的历史文化思考。黄炎培在回答毛泽东参观延安的感想怎么样时和毛泽东有过这样一段对话。黄炎培认为中国历史中存在着一种兴亡的周期率,询问毛泽东中共诸君如何找出一条新路,来跳出这种历史周期率的支配。毛泽东认为唯一的办法就是依靠人民民主。[②] 黄炎培的提问不仅是中国的政治现象,也是西方的政治现象,在资产阶级革命前,欧洲普遍相信政治的循环论而不是进化论。毛泽东的回答也是资产阶级在反对封建社会的过程中已经回答过的问题。但毛泽东并不满足于资产阶级革命在中国实践中所做出的回答。他认为自由主义民主在中国的失败证明了资产阶级民主在中国不可能形成,他心目中的民主观念别有洞天。

人民是一个政治概念,可以从不同角度去理解。从抽象角度考察,人民是一个理性的整体,而从现实的角度考察,人民是后知后觉者或者不知不觉

---

① 《毛泽东选集》第四卷,人民出版社1991年版,第731页。
② 黄炎培:《延安归来》,载《八十年来——黄炎培自述》,文汇出版社200年版,第205—206页。

者，因此，需要对其进行教育或者改造。① 我国在整个新民主主义革命时期都存在"群众"与"先进者"之间的紧张关系，防止民粹主义的绝对民主化、绝对平均主义和绝对自由放任观念。同时，为防止民粹主义观念在党内蔓延而影响党内团结，削弱党的战斗力，故在民主集中制辩证原则之中坚持"集中指导下的民主"。从总体上讲，我们坚持人民历史观和人民主权原则，但在具体历史阶段，特别是在共产主义前阶段，我们坚持党领导下的人民民主，并特别强调党对人民的教育、引领作用。实际上，这里面存在一个需要弥合张力问题，既要相信人民，又要教育、引领人民。既要为人民服务，又要保障人民当家作主。既要坚持民主集中制原则，又要取向于集中指导下的民主，这是从总体、抽象角度进行的分析。与此同时，在具体问题、个别领导者的语境中，人民中的群众与党的领导之间也存在矛盾。也就是说，党和政府在具体工作和具体个人身上，党和政府在领导、引领、教育、为人民服务的过程中也有可能存在官僚主义，存在严重脱离群众，为个人或者为小集团谋利益的现象。

自鸦片战争以后，我国对于传统一直是在否定的向度上进行的，在不断的否定和颠覆过程中，如何克服信任危机，重建文化的认同也是社会主义建设面临的重大问题之一。民族的、科学的、大众的新文化观并不是连续的、自洽的体系，需要通过艰巨的努力才能完成的任务。由于我国拥有一个高度世俗化的文化体系，祖先是唯一的历史联系和集体记忆，在其不断断裂的过程中，祖先与传统的集体记忆被切断了，传统的拔根导致群众产生无根基感的焦虑，亟需一个最低限度的概念重建心灵上的秩序。"人民"概念的界定能在一定程度上满足人们的归属感。但也迫使人们在"人民"与"敌人"之间做出选择。毛泽东时期的民主观念一直处于"为人民当家作主"与"由人民当家作主"的张力之间。在新民主主义革命和社会主义改造时期革时期，这一紧张关系因为特殊的历史境遇被遮蔽，没有显著表现出来，但在社会主义建设时期，这种紧张关系凸显出来，由于没有得到妥善处理，曾导致社会主义民主法治建设的严重挫折。人民性是我国一切制度的根本，任何偏离这一根本制度要求的法治主张都是背离中国特色社会主义法治道路的。

---

① 李建鸣：《"人民"的定义与美国早期的国家构建》，载《历史研究》2009 年第 1 期。

## （三）价值导向

社会主义是为了每个人的全面发展而通过革命和建设所进行的社会运动，为了实现每个人全面发展的终极目标，这一社会运动形式是永无止境的，这种永无止境的属性就是社会运动的绝对性，同时，在特定的历史阶段，每个人的全面发展又可以具体化为可预期的价值，这种可预期的价值就是社会运动的相对性。社会主义既是一种现实的社会运动，也是一个理想不断实现的价值运动过程。

马克思主义认为，资本主义生产力的发展为人的全面发展提供了物质条件，但资本主义的生产关系阻碍了人的全面发展，必须推翻资本主义制度，建立社会主义制度，并最终过渡到共产主义制度，为每个人的全面发展提供制度条件。马克思主义是一种内在地反叛和超越资产阶级思想的科学理论体系，是直接指向人类共同未来的现当代思想文化，[1] 是以人民为主体思想的价值哲学基础。

由于我国有没有经过完整的资本主义发展阶段，中国特色社会主义处于社会主义的初级阶段，部分现代性问题仍然存在。邹诗鹏认为，在我国，"现代性在中国的生存与建构，是与马克思主义中国化历史地联系在一起的"[2]。从对西方现代化过程中所出现的现代性问题进行的批判性反思来看，马克思是对现代性现象进行批判性反思的先驱者。马克思从分析商品入手，揭示了资本运动构成现代性现象的核心和灵魂。通过对西方现代性的批判，马克思揭示和暴露了西方现代社会和现代性中异化的四种基本的、现实的、普遍的形式：一是劳动产品的异化；二是劳动过程的异化；三是人的本质的异化；四是人与人之间的关系的异化，[3] 恩格斯还揭示了人与自然之间关系的异化的事实。对异化的深刻反思是以人为本的重要内容，也是以人民为主体思想的应有之义。

我国进行的是现代化建设，它必然带有现代化过程中现代性问题的普遍性；我们进行的是中国特色社会主义的现代化建设，因此，中国现代化过程中的现代性问题，必然具有中国的特殊性，是中国问题的一部分。以人为本

---

[1] 邹诗鹏：《马克思主义中国化与中国现代性的建构》，载《中国社会科学》2005年第1期。
[2] 邹诗鹏：《马克思主义中国化与中国现代性的建构》，载《中国社会科学》2005年第1期。
[3] 俞吾金：《马克思对现代性的诊断及其启示》，载《中国社会科学》2005年第1期。

虽然是古人提出的,但在当代中国被赋予新的含义,它正是在我国现代化不断向纵深发展而现代性问题也同时增加的背景下提出的一种用以指导发展和我国现代化建设的思想。以人为本的价值判断标准暴露和揭示了我国现代化过程中的现代性问题。以人为本所蕴含的一个重要功能就是反思我国现代化过程中的现代性问题,并提供解决现代性问题的世界观和解决现代性问题的方法论。从价值哲学的角度来看,现代性问题的反思和解决只能以人为本。现代性问题的本质就是对人的异化,它的出路也只有在摒弃异化的过程中才能使现代化回归于人。[1] 而对人的考察不能以抽象的、静态的人性为标准,必须以人的社会实践活动为价值判断标准。

中国特色社会主义的最大价值追求是什么？从国内来看是实现中华民族伟大复兴,从人类来看则是构建人类命运共同体,其共同的价值是每个人的全面发展。中华民族是一个伟大的民族,在五千多年的历史发展进程中,为人类文明进步作出了不可磨灭的卓越贡献。近代以来,由于内忧外患,中华民族到了最危险的时候,历经艰难困苦与磨难浩劫,无数仁人志士奋起反抗,为了中华民族的生存和复兴抛头颅洒热血,由于没有找到一条正确的道路,一次又一次失败了,最终没有挽救中华民族沦为半封建半殖民地国家的命运。在争取民族独立和人民民主的过程中,中国共产党建立了社会主义制度,实现了民族独立和人民民主。改革开放以后,我国总结历史经验,找到了实现中华民族伟大复兴的中国特色社会主义道路。[2] 实现中华民族伟大复兴的中国梦是一项伟大的事业,需要一代又一代中华儿女不懈的努力。实现中华民族伟大复兴的中国梦,离不开全面依法治国,离不开法治的保障作用。在党的发展历史上,习近平总书记首次将依法治国提高到了中国特色社会主义的本质要求的高度,揭示了法治发展与中华民族伟大复兴的内在关系。中华民族伟大复兴这一根本价值已经具体化为社会主义核心价值观。必须推动社会主义核心价值观入法入规,使法律法规更好体现国家的价值目标、社会的价值取向、公民的行为准则。

---

[1] 俞吾金：《马克思对现代性的诊断及其启示》,载《中国社会科学》2005 年第 1 期。
[2] 《习近平谈治国理政》,外文出版社 2014 年版,第 36 页。

### 三、中国特色社会主义法治道路的科学意蕴

中国特色社会主义法治道路在总体上的特征可以归纳为:"一元两面三层四维"。

所谓"一元"是指党对法治的一元化领导,无论是法治道路的根本性质与指导思想,还是整体战略与实践架构,都是在执政党的直接领导下加以确立、厘定并在实践上有序高效跨越式推进与发展的。而党对法治的领导在方式上是政治、思想和组织领导三者的统一,在依据上是党内法规、政策规范和思想道德三者的融合。通过转变执政方式,实现依法执政,提高党内法规在治党管党、治国理政中实践运用的理论水平和实践效能。

所谓"两面"是指法治道路的选择改变了以往过于强调国家与政府推进而对社会治理重视不够的局限,在新时代中国特色社会主义思想指导下,实现了国家治理与社会治理、国家法律与社会规范两个方面的有机整合。建构以宪法为核心的国家法律体系及其实施运行监督制约体系,是法治道路建设的强制性规范依据。而以自治条例、公司章程、市民公约、乡规民约、公序良俗为主体的社会规范,对社会治理具有不可忽视的价值功效。官方法与民间法的深度整合、双向互动,成为法治道路建设中的一个基本动向。

所谓"三层"是指中国特色社会主义法治道路具有的三层核心要义,即坚持党的领导,坚持中国特色社会主义制度,贯彻中国特色社会主义法治理论。[1] 其中,党的领导是中国特色社会主义最本质的特征,是社会主义法治最根本的保证。中国特色社会主义制度是中国特色社会主义法治体系的根本制度基础,是全面推进依法治国的根本制度保障。中国特色社会主义法治理论是中国特色社会主义法治体系的理论指导和学理支撑,是全面推进依法治国的行动指南。[2] 由此,实现了政策导向、制度本质和科学理论三者的融合。

所谓"四维"是指法治道路的四个维度,即党领导民主立法、保证严

---

[1] 参见习近平:《在党的十八届四中全会第二次全体会议上的讲话》(2014年10月23日),载习近平:《论坚持全面依法治国》,中央文献出版社2020年版,第91页。

[2] 习近平:《在党的十八届四中全会第二次全体会议上的讲话》(2014年10月23日),载习近平:《论坚持全面依法治国》,中央文献出版社2020年版,第92页。

格执法、支持公正司法和引领全民守法，最终朝向实现法治体系和法治国家的建设目标迈进。

究其实质，法治道路是在执政党长期执政和领导下，在社会主义制度框架内，创新发展法治理论，构建公正理性文明法治体系，维护至高无上法律权威，通过国家公权力科学配置与高效有序运行，自上而下强力推进法治，最终实现人民主体地位和全体人民平等参与平等发展权利。一言以蔽之，可以简要归结为是"党导""国体""民本""法权型"四位一体的法治道路模式。其中，所谓"党导"就是坚持和完善共产党的领导，党是法治道路建设的领导核心，法治不是否定党的领导。党的领导是法治的本质特征。所谓"国体"是指由国家公权力作为法治建设的主体力量，以法治国家和法治体系为全面依法治国的总目标，自上而下高效率推进法治跨越式发展。所谓"民本"是指法治道路必须始终坚持先进正义的社会制度，奉行以人为本、以人为中心的发展理念，以平等参与平等发展权利为依归。所谓"法权型"是指法律权威至上，包括国家法律和党内法规的权威至高无上。所有上述特点都必须满足法治体系的最高权威这一要件，才符合法治道路的运行规律。

# 第 二 章

# 中国特色社会主义法治道路的系统整合

坚持党的领导、中国特色社会主义制度和贯彻中国特色社会主义法治理论,作为中国特色社会主义法治道路的三层核心要义,规定和确保了中国特色社会主义法治体系的制度属性和前进方向。[①] 而以此为统领,深入研究法治道路的内在构成要素及其系统集成问题,具有十分重大的理论与现实意义。法治中国的道路建设涉及方方面面,由不同主体分工推进,必须系统协调,形成合力。中国特色社会主义法治在道路建设上的系统整合包括十个方面的具体内容:法治本体、法治原理、法治原则、法治体系、法治领域、法治途径、法治方式、法治方法和法治环节以及法治机关的整合。在这个大系统中,又可分为相互依存、相对独立、相互交织、逻辑自洽的四个大类。其中,在本体上,法治本体是对法治道路的外部基础和决定因素进行分析,以探明法治的起点与根基;在理念上,法治原理及其具体化的原则则是法治道路建设的根本思想与理论指导,以确保法治的实践方向;在内容上,法治体系及其场域、途径、环节四者共同构成法治本身的系统结构层次内容;在方策上,法治方式方法则为法治体系的运行所必备,如果没有好的运行方式方法,再好的法治体系也无法进行良性运行,也就无法产生良法善治的最终效能;而为了整合以上九大方面,尚需全局性、权威性的法治机关进行战略统

---

① 习近平:《关于〈中共中央关于全面推进依法治国若干重大问题的决定〉的说明》(2014 年 10 月 20 日),载习近平:《论坚持全面依法治国》,中央文献出版社 2020 年版,第 92 页。

筹和系统规划,从而实现本体、理念、内容和方策四大结构板块的有机融合,凝聚为法治中国道路建设的壮丽图景。

## 第一节 法治本体的整合

### 一、法治道路的本体

中国特色社会主义法治道路是一项庞大的系统工程,首先必须解决本质性、方向性、总体性之本体论问题,才能做到提纲挈领,抓住主要矛盾、抓住问题的关键、抓住核心要义。中国法治道路的许多内容需要在理论上探索,在实践中摸索,但其核心要义必须坚持,不能改变,否则就会走上故步自封的老路或者改旗易帜的邪路,就会犯颠覆性错误。这一论断是根据马克思主义之历史逻辑、辩证逻辑和实现逻辑有机统一所得出的科学结论。

### 二、法治道路的本体整合方式

法治道路的本体整合方式按照中国法治发展的历史逻辑、辩证逻辑和现实逻辑有机统一的要求统一于中国特色社会主义法治的实践。

从历史逻辑角度看,马克思主义发现,在资本主义"市民社会"中,存在资产阶级与无产阶级两大对立阶级。无产阶级的现实性表现在:在经济上,它代表了先进的生产力;在政治上,它表现为被压迫、被剥削、被异化的存在。如果按照政治的经济基础决定论的思想逻辑,那么,无产阶级只能等待生产力的充分发展才能获得自身的解放。但是,在这里,马克思主义转向了政治的经济性逻辑的证明。他认为,无产阶级应从"自在的阶级"转向"自为的阶级"。在"自为的阶级"这一概念中,马克思认为无产阶级应该被建构。马克思认为,欲促使无产阶级从"自在的阶级"转向"自为的阶级",必须在思想上形成无产阶级的"阶级意识"[①]。在理论上,无产阶级

---

[①] 《马克思恩格斯选集》第 1 卷,人民出版社 1995 年版,第 193 页。

应形成自己的意识形态。① 在实践上，无产阶级必须组织为一个阶级的整体才能推翻资产阶级的统治。② 在建构无产阶级的过程中，马克思主义发现只有共产党才能够完成无产阶级构建的任务，这一建构功能是由党的先进性与代表性所决定。③ 无产阶级专政和党的领导是马克思主义政治哲学的基础，它的终极目的是为每个人的自由发展创造组织条件。在社会主义革命时期，党的领导是社会主义运动由自发阶段转向自觉阶段的组织力量。在社会主义建设时期，党的领导是社会主义建设的组织力量。

从现实逻辑来看，中国共产党在领导中国人民从站起来到富起来再到强起来的过程中，赢得了人民的拥护，成为中国革命和社会主义建设的领导核心。党的十一届三中全会以后，中国特色社会主义建设取得了巨大成就，但面对复杂多变的国内外形势，民主建设和法治建设也受到了"左"倾思潮和右倾思潮的干扰，这说明越是在复杂的社会条件下，越是要坚持法治逻辑与政治逻辑、理论逻辑与实践逻辑的高度统一。

中国特色社会主义制度与中国特色社会主义法治体系是整体与部分、包含与被包含的关系。离开了中国特色社会主义制度，中国特色社会主义法治就成了无源之水、无本之木，离开了中国特色社会主义制度，中国特色社会主义法治就没有根基、没有灵魂。中国特色社会主义制度是中国人民在中国共产党领导下，经过艰难探索和伟大实践建立起来的适合中国国情的基本制度，是中国历史的选择和中国人民的选择。历史证明，我国要实现人民幸福、国家富强、民族复兴，只有走社会主义道路，实行社会主义制度。社会主义并没有一个统一的模式，各个社会主义国家在实践过程中都是将社会主义理论与本国的实际相结合，最终选择适合自己国情的社会主义道路。我国处在并长期处在社会主义初级阶段，必须走中国特色社会主义道路，实行中国特色社会主义制度。我国的各项建设必须根据我国的实际和现实条件进行。中国特色社会主义制度已被宪法所确认，国家以根本法的方式确立了中

---

① 《列宁选集》第1卷，人民出版社1995年版，第317—318页。
② 《列宁选集》第1卷，人民出版社1995年版，第526页。
③ 《马克思恩格斯选集》第1卷，人民出版社1995年版，第285、306页；《马克思恩格斯选集》第2卷，人民出版社1995年版，第611页；《列宁选集》第1卷，人民出版社1995年版，第474、373页；《列宁选集》第4卷，人民出版社1995年版，第137页。

国特色社会主义制度的宪法地位。[①] 党的十八大以来,以习近平同志为核心的党中央系统阐明了中国特色社会主义制度、国家治理体系和治理能力与全面推进依法治国的内在关系,丰富了依法治国的新内涵,扩大了依法治国的新领域,提升了依法治国的新境界,迎来了法治发展的新机遇,为法治发展提供了指导思想和行动指南。

## 第二节 法治原理的整合

### 一、法治道路原理

西方的法治原理是建立在政治哲学上的怀疑主义,其根基是自然权利学说、个人自由的政治原理及其建立在这一政治原理基础上的三权分立、多党执政、司法独立之法治原理。我国是社会主义国家,走的是社会主义道路。中国特色社会主义道路集中表现为党的领导、人民当家作主、依法治国有机统一。党的十一届三中全会以后,我国提出坚持四项基本原则的立国之本。党的十五大提出了依法治国。党的十六大提出党的领导、人民当家作主和依法治国有机统一。党的十七大重申了这一根本政治原则,党的十八届四中全会将其作为中国特色社会主义法治的基本原则确立下来。其发展过程是一个逐步理论化和不断深化的过程,内涵越来越丰富,任务越来越明确。

其内涵的变化是建立在对我国自改革开放以来政治体制改革成就基本评估基础上的可能转变,即改革与中国式现代化道路不相适应的政治体制和机制的任务基本完成,基本政治体制和机制已经建立,中国特色社会主义政治道路的探索应该在坚持这一根本前提条件下转入政治体制和机制的创新。我国政治体制改革的对象发生了变化,即新时代社会条件发生了新的变化,改革必须适应新时代新任务新要求。改革开放之初讨论政治体制改革,主要对象是战争时期带入和平建设时期的某些体制、"文化大革命"实行的政治体制、计划经济时期形成的某些政治体制、缺乏民主基础和法制保障的某些政治体制。党的十五大以后,政治体制改革的主要任务是消除"人治"、厉行

---

[①] 《习近平关于全面依法治国论述摘编》,中央文献出版社2015年版,第4—5页。

法治，落实依法治国基本方略，建设社会主义法治国家。党的十六大的主要政治任务是突出党在领导人民当家作主和依法治国中的政治和宪法地位。党的十七大有一个基本评估，那就是自十一届三中全会以来，随着政治体制改革的不断深化，这些"旧的"政治体制尽管仍有进一步改革的必要性，但其改革任务已基本完成。下一阶段政治体制改革严格来讲应该是探索体制机制的创新。这种指称在党章修正案的文本表述中极为显著。其基本观点在郑青原的署名文章中得到进一步陈述。[①] 显然，建立在这一基本评估基础上的政治体制改革已不再是原有"除旧"意义上的政治体制改革，是以马克思主义的历史唯物主义为指导提出的"布新"的政治体制改革。其目的是发展中国特色社会主义政治道路。当"除旧布新"的任务基本完成，基本政治制度和基本法律制度已经建立，社会主义事业就进入一个崭新的新时代。新时代的目标、任务和要求前所未有，社会主义建设进入到一个更高的层次和阶段。

## 二、法治道路原理的整合方式

政治道路与法治道路，密不可分，没有无政治的法治，也没有超越于政治的法治，法治从来都是政治的一部分。中国特色社会主义最大的政治就是党的领导，人民当家作主和依法治国都是在党的领导下进行的。

值得注意的是，党的领导、人民当家作主、依法治国有机统一所要表达的基本原理不是三要素之任一要素的绝对重要性，而是相互关系所形成的整体功能的绝对重要性。如果学术研究仅止于这一层次的研究将难以充分认识到党的领导、人民当家作主、依法治国有机统一在政治现实中的复杂性和动态性，也会失去对党的领导、人民当家作主、依法治国有机统一原则的深刻理解。一方面，党的领导、人民当家作主、依法治国有机统一命题的核心是三要素的"有机统一"，而不是任何一个要素或者两个要素归于另一个要素或者另两个要素的机械统一，因此，三要素之中任何一个要素本身应包含拒斥被另一个或者另两个要素"解构"的内在规定性。另一方面，由于党的

---

[①] 郑青原：《沿着正确政治方向积极稳妥推进政治体制改革——三论牢牢抓住历史机遇，全面建设小康社会》，载《人民日报》2010年10月27日。

领导、人民当家作主、依法治国三要素本身都是中国特色社会主义民主政治的重要建制，都有自身的特点、规律和实现方式。① 因此，三要素的有机统一必须通过一系列的中介转换机制才能实现。如党的领导主要通过执政实现，但是，执政必须满足科学执政、民主执政、依法执政、依宪执政的要求；实现人民当家作主必须在党的领导下渐进、有序、依法进行；依法治国方略必须在党的领导下，以人民为主体才能实现。党的领导、人民当家作主、依法治国有机统一在实践中是一个相互嵌入彼此要素的过程，目的在于形成一个相互规训的反思结构。借助于相互规训的反思结构，三要素之间既是彼此转换的，也是彼此独立的政治建制。三要素的相互嵌入与相互反思能保证党的领导、人民当家作主、依法治国统一在动态中的有机性与发展过程中的深刻性。

改革开放40多年来的经验证明了这一基本原理的真理性与生命力。改革开放初期，由于我国的社会主义现代化建设既无现成经验可供借鉴，也无系统理论进行具体指导。所以，社会主义现代化建设在很长时间内只能采取"摸着石头过河"的反复试验的思路。但在决定论层次上我国始终坚持了党的领导、人民当家作主、依法治国有机统一这一根本原则，把握了发展中国特色社会主义政治道路的总方向。在新时代，我们面临新任务新要求，更加自觉地坚持了这一根本原则，并在各个方面对这一根本原则进行系统化和制度化。

在党的领导方面，我们不断探索党的领导的实现方式，最终形成了科学执政、民主执政、依法执政、依宪执政的基本方式。在人民当家作主方面，鉴于惨痛的历史教训，我们不但实现民主的制度化、法律化、规范化、程序化，更将选举民主、参与民主、协商民主、人民群众基层自治、少数民族聚居区民族自治等丰富多彩的民主形式结合起来，不断拓宽人民当家作主的途径，讲求人民当家作主的参与过程和实际效果，不搞形式主义民主的那一套。在依法治国方面，我们从发展社会主义法制，到提出依法治国基本方略，到全面推进依法治国，法治体系更为完善，法治建设更为丰富，使法治

---

① 沈春耀：《坚持党的领导、人民当家做主和依法治国的有机统一 发展社会主义民主政治》，载王沪宁等：《〈中共中央关于加强党的执政能力建设的决定〉辅导读本》，人民出版社2004年版，第155—156页。

道路统一于实践。

## 第三节　法治原则的整合

### 一、法治原则

党的十八届四中全会决定是中国共产党建党以来第一个系统阐述中国法治问题的专门性重要文件。报告揭示了全面推进依法治国，实现中国特色社会主义法治之总目标必须坚持的各项基本原则。

法治原则是人类法治文明的高度提炼，是法治的精神实质，是构建法治理论和指导法治实践必须坚持的基本准则。法治原则具有普遍性，也有特殊性。法治原则是人类法治文明之规律性的科学总结，这是法治原则普遍性。同时，不同历史阶段、不同国家从自己的实际出发确立不同的法治原则体系，这是法治原则的特殊性。中国特色社会主义之法治原则既具有法治文明的普遍性，也是中国人民从自己实际出发确立的法治原则体系，具有特殊性。现代法治原则可以分为资本主义的法治原则和社会主义的法治原则。

资本主义的法治原则是建立在政治原则与法治原则、道德原则与法治原则相对分离基础之上的法治原则体系。由于历史传统和现实条件不同，资本主义的法治原则又可以区分为以法律主治为根本的法治原则体系和以法治国为根本的法治国原则体系。社会主义的法治原则是建立在政治原则与法治原则、道德原则与法治原则有机统一基础之上的法治原则体系。从实际范围内来看，以苏联为主导的苏东国家未能提炼出科学的法治原则体系，怎样建设一个社会主义法治国家仍然是一个重大课题。[①] 我国在法治建设过程中对法治建设的经验进行科学总结，确立了五项基本法治原则即坚持党的领导、坚持人民主体地位、坚持法律面前人人平等、坚持依法治国与以德治国相结合、坚持从中国实际出发。但政治原则、道德原则与五项基本法治原则之间的关系以及这五项基本原则之间的关系必须在理论上进行系统阐述，在实践

---

① 郑成良：《党的领导权与法治原则相互兼容的可能性及其制度条件》，载《法制与社会发展》2015年第5期。

上相互调适才能形成法治原则的体系。也就是说，法治原则与政治原则、道德原则之间的关系必须满足相应的前提条件和制度条件，法治原则之间的关系也必须满足相应的制度条件，符合相应的行为准则。

资本主义国家基于法治传统和各国实际，发展出以法律主治和法治国为基础的法治原则体系。以法律主治为基础的法治原则以戴雪的法治三原则最具典型性。这三项法治原则是：第一，武断权力的不存在；第二，普通法与普通法院居优势；第三，宪法的通则形成于普通法院的判决。他对这三项法治原则进行了解释。他认为武断权力的不存在就是反对任何专断的权力，英国人只受法律的统治，而不受任何权力的统治；普通法与普通法院优先就是任何个人和任何机关，特别是行政机关都受普通法的保护并受普通法的约束，也由普通法院管辖；宪法的通则形成于普通法院的判决就是任何权力都受到保障个人权利的约束，个人权利是一切权力的检验标准。[①] 这三项法治原则源自于戴雪对英国法治实践的三大弊端的不满，第一项法治原则是对议会主权行为的不满，特别是对议会不当地将许多司法权事项违背立法权精神授予给行政机关的不满；第二项法治原则是鉴于人们对司法权缺乏应有的尊敬；第三项法治原则是鉴于法治实践无视法律与道德的密切关系，产生了一系列的不法行为。[②] 戴雪的法治三原则的重心在于厘清法治原则在法治实践中的关系，而不是讨论政治原则与法治原则之间的关系。

随着法治实践的发展，法律主治模式与法治国模式相互借鉴，产生了一些共识，提炼为具有普遍意义的法治原则。1959年的《德里宣言》在两项法治理念基础上确立的五项法治原则被公认为具有普遍性的法治原则。两个基本法治理念是：第一，国家中的一切权力要根源于法律，并且要依照法律来执行。第二，法律必须要建立在尊重人类人格基础之上。不应该对一个社会的工作方式有太排他的法律规定。对个人尊严的有效保护，可以由法律以外的方式来达到。《德里宣言》所确立的五项法律原则以法治价值为依归，以法权分立为基础，在一定程度上回避了政治原则与法治原则之间错综复杂的关系，法治化程度比较高，政治化程度比较低。除此之外，西方也有纯粹

---

① ［英］戴雪：《英宪精义》，雷宾南译，中国法制出版社2001年版，第232—245页。
② ［英］戴雪：《英宪精义》，雷宾南译，中国法制出版社2001年版，第21—25页。

从形式上确立的法治原则,其中,富勒的形式主义法治原则最具代表性。[①]无论是实质主义法治原则还是形式主义的法治原则,西方的一些基本经验还是值得借鉴的。尽管各国法治经验和法治道路有差异,但人类法治仍具有普遍意义。从这一角度看,中国特色社会主义法治道路的不仅是中国的,也是世界的,是中国法治经验与世界法治经验相互学习借鉴的产物。

## 二、法治原则整合的方式

社会主义的法治原则是建立在政治原则与法治原则、道德原则与法治原则有机统一基础之上的法治原则体系。中国特色社会主义法治反对政治原则与法治原则在本体论上的相对分离,但坚持政治原则与法治原则在制度论和行为论上的适当分工。中国特色社会主义法治反对道德原则与法治原则在治理论上的相对分离,但坚持道德原则与法治原则在制度论和行为论上的适当分工。

从本体论角度上讲,法治原则源于政治原则,法治原则立足政治原则,法治原则反映政治原则,法治原则维护政治原则;没有脱离政治原则的法治原则,也不允许有脱离政治原则的法治原则。当然,一旦从政治原则转化为法治原则,其便具有了相对的独立性、规范性和强制性。

从制度论和行为论上来讲,政治原则与法治原则可以适当分工。坚持党的领导是从本体论上讲的,但如何把党的领导贯彻到依法治国全过程和各环节则必须符合依法执政的要求和法治原则的要求。从制度角度讲,党领导立法必须通过人民代表大会,把党的政策转化为国家的法律,而不能用党的政策直接代替国家的法律。从行为论角度考察,任何党的组织和个人都必须在宪法法律范围内活动。坚持人民主体地位是从本体论上讲的,在国体上我们是人民共和国,在政体上我们实行人民代表大会制度,但在制度论和行为论上,如何把人民主体地位落实到依法治国全过程和各个环节必须符合法治原则的要求。也就是说,人民主体地位的法治原则在保证人民当家作主之权利的同时,人民之每一份子必须遵循法律面前人人平等原则、权利义务一致性原则、受法律保护与守法原则。

---

① [美]富勒:《法律的道德性》,郑戈译,商务印书馆2005年版,第55—111页。

中国特色社会主义法治反对道德原则与法治原则在治理论上的相对分离，但坚持道德原则与法治原则在制度论和行为论上的适当分工。依法治国和以德治国相结合是中国特色法治基本原则。党的十五大确立依法治国方略，法治尘埃落定。党的十六大提出依法治国和以德治国相结合，将依法治国置于政治文明范畴，以德治国置于精神文明范畴。党的十八届四中全会首次以专门决定的形式对全面推进依法治国进行总体安排，确立了坚持依法治国和以德治国相结合的原则。随后，习近平总书记先后两次专门将依法治国和以德治国相结合并主题化，将其置于国家治理这一更高范畴进行考察，既具有制度体系上的可规范性，也具有知识谱系上的可理解性。

由于道德和法律在国家治理体系中各有地位和功能，其结合方式对于国家治理的良善性和有效性具有决定作用。现代国家多选择依法治国基本方略，但也会妥善安顿道德的位置。在我国走向大国的法治进程中，必须研究国家治理现代化进程中依法治国和以德治国相结合的法治理论、制度结构、互训功能和实现途径。

对法律和道德的不同认识形成了不同法治理论。依法律与道德的关系可以分为分离论和结合论。分离论包括替代论和对立论，结合论包括协同结合论和内在结合论。

替代论认为，法律和道德的规范目的、对象、方式和社会功能不同。但无论是法律规范，还是道德约束，殊途同归，选择哪一种规范体系构建文明秩序并没有实质差异。儒家以德治为基本方略，以"出礼入刑"作为德治失效的担保方式，是一种替代论主张。柏拉图的治国理念与儒家思想具有高度契合性。亚里士多德在柏拉图依法之治的基础上提炼出了法治这个经典概念。他把道德善嵌入到法治结构之中，突出了良法之治的重要性。在他看来，没有道德的法律和没有法律的道德，都不可能构建优良的法治体系。法治是法律的优良品质，是法律和道德有机结合的嵌合制度结构。法律与道德在法治体系中的地位和分量虽有伯仲之分，但没有非此即彼之意。实际上，一方面，鉴于古希腊商品社会和民主政治的复杂性，他用法治优位论取代了柏拉图的替代论，使法治成一种具有优先地位的文明秩序理念。另一方面，他也认识到，替代论无法解决治国方略交互替代必须支付的巨大社会成本以及与现存社会结构之间的相容性问题。如果作为治国方略的法治与德治可以相互替代，当法治不彰，就用德治替代，当德治不显，就用法治替代，法治和德治成为彼此的预设方案，理论上看似没有问题，实际上社会成本巨大。每一次大变局都会引起巨大的社会震动和制度断裂，治国方略的交互替代正是我国传统社会无法避免一盈一亏、一治一乱、一兴一亡，循环往复的制度根源，这也是现代国家通过宪法确认国家治理的基本方略的根源。

对立论认为，法律和道德是相互对立的，治国理政要么选择德治，要么选择法治，二者在治国基本方略层面非此即彼。对立论的法治主义认为，美德和智慧只存在于少数人之中，芸芸众生无法企及。因此，德治必然偏好人治，人治趋向专断和恣意。传统法家是对立论的典型，法家反对德治，认为德治因私废公，只求少数人的利益而不顾公共利益，本质是谋求私利。分析法学派是西方对立论的典型。分析法学派认为，法律体系中的泛道德主义必然扭曲法律公正，[①] 法治实施过程会被权势者所支配，弱势者的法定权利得不到充分保障。

协同结合论认为，法律和道德是两种基本社会制度，它们在国家治理体系中的地位和功能取决于特定的历史阶段、社会条件、治理经验和文化传统。传统社会民风淳朴，人际单纯，道德为主，法律为辅，可以形成道德文明秩序；现代社会人际繁复，交往阡陌，法律为主，道德为辅，可以形成法律文明秩序。协同结合论并不排斥国家治理方略的优先性选择，现代国家多选择法治方略，但不意味在国家治理层面上法治与德治相对立，也不意味要放弃道德教化仅仅依靠法治独立支撑起国家治理体系。选择依法治国方略可以与以德治国并行不悖，使法治和德治互嵌互训共同贡献于国家治理现代化。

协同结合论之内在结合论具有很强的历史解释力。内在结合论认为，法治体系中的法律和道德是相互补充、相辅相成的。传统中国选择以法治国方略时，会以法显礼，也会"以礼入法"安顿礼的位置。[②] 现代法治国家都承认内在结合论。但在安排何种道德的地位以及以何种方式安排道德的地位问题上存在分歧。内在结合论考察的是法治体系中道德的地位和存在方式问

---

[①] ［英］约瑟夫·拉兹：《法律的权威：法律与道德论文集》，朱峰译，法律出版社2005年版，第185页。

[②] 瞿同祖：《中国法律与中国社会》，中华书局2003年版，第348页。

题，致力于形成良法善治的法治体系。一方面，内在结合论承认道德是法律价值的源泉，法律必须有道德意义，并受到道德的评价，道德成为评价法律良善的尺度。法治是一种过更好的生活的制度安排，从根本上违背道德的法律不是法律，[①] 这是法律与道德的本质关系。[②] 另一方面，内在结合论不承认压倒性多数的道德具有通过民主程序转化为法律价值的优越性。

尽管内在结合论主张法律的道德性，但法治体系中的道德类型和道德存在方式并不是"一般性服从道德"和"服从一般性道德"。因此，服从法治并不是"一般性服从道德"[③]。法治内含道德要素的结构性事实也不能推导出"服从一般性道德"的主张。由于进入法治体系的道德实际上已被正当法律程序转化为法律价值。因此，服从法治也不是"服从一般性道德"。道德在进入法治体系时必须受到民主法治的可接受原则和不可接受原则的双重检验。

依法治国和以德治国相结合有两个层面：一是国家治理层面，二是治国方略层面。国家治理层面建立在协同结合论基础上，治国方略层面建立在内在结合论基础上。前一个层面体现了总体论要求，后一个层面体现了结构论要求。

国家治理是对国家事务的良好管理。对国家事务的良好管理需要建立有效的国家治理体系和强化治理能力。国家治理体系和治理能力是国家制度体系和制度执行能力的集中体现。按照政道与治道的区分，政道为国家治理的根本，治道为国家治理的方略。国家治理属于政道范畴，规定了治国的根本制度。治国方略属于治道范畴，规定了治国的基本路径。按照治权与治术的区分，国家治理属于治权的范畴，是国家主权的体现。治国方略属于治术的范畴，是实现治权的基本方式。现代国家治理的根本制度是民主和法治，[④] 基本方略是依法治国，两个层面是内在的包含关系。[⑤] 依法治国和以德治国相结合必须置于国家治理中考察。

当依法治国方略确立后，确定何种道德以及以何种方式确定道德在国家

---

① ［德］拉德布鲁赫：《法理学》，王朴译，法律出版社 2005 年版，第 232 页。
② ［美］大卫·莱昂斯：《伦理学与法治》，葛四友译，商务印书馆 2016 年版，第 69 页。
③ ［美］大卫·莱昂斯：《伦理学与法治》，葛四友译，商务印书馆 2016 年版，第 220—226 页。
④ 俞可平：《沿着民主法治的轨道推进国家治理现代化》，载《求是》2014 年第 8 期。
⑤ 张文显：《法治与国家治理现代化》，载《中国法学》2014 年第 4 期。

治理体系中的地位是能否实现国家治理现代化的关键。从治理理念角度考察，治理本身是一个制度化多元共治理念，既包含文化多元和主体多元，也包含制度多元和方法多元。我国具有悠久的德治传统，发达的德治文化，是国家治理现代化的宝贵资源，通过文化传统的创造性转化可以提高国家治理能力。依法治国和以德治国相结合是国家治理的基本原则。实现国家治理现代化必须始终坚持这一原则，否则将无法实现良法善治目标。在依法治国基本方略确立以后，如何理解依法治国和以德治国相结合的结构和功能，并作出妥当性制度安排，既是一个重大理论问题，也是一个重大实践问题。第二次世界大战以后，在法治领域围绕法律与道德的关系展开过三次重大争论，尽管不同学派都承认法治离不开道德，但核心问题是何种道德以何种方式才能进入法治体系。

从原则角度分析，既然选择依法治国方略，法治就有制度上的优先地位，在法律与道德冲突时，应以法律为准绳。违背法律规定以及与法律相抵触的道德没有强制约束力。通过法律强制的道德必须是已纳入法治体系的道德，而不是法治体系之外的道德信条。[①] 法律道德主义是对"法条书"法治观的反思，但若任凭法律道德主义冲击法治的底线，必将导致法治体系的崩溃。[②] 现代国家治理的底线思维是法治思维，如果允许外在道德信条在法律实施过程中强制施行，实际上挑战了经由民主达成的法治共识，对法治乃是一种破坏。从构成角度分析，法治体系并不抽象地讨论"法主德辅"问题，而是以法律调整对象和法律实施环节本身的内在需求为根据配置道德。关于道德在法治体系中的制度安排只能根据民主的审慎选择和法律方法的严密化论证作出。从方法论角度分析，法治以规则之治为基础，但并不限于规则之治，经过民主审慎挑选和法律方法严密化论证的道德也能进入法治体系，这是法治优于法制的根据，也是法治包容性的表现。当然，法治并不接受民粹主义的流行道德，任何道德如果要进入法治体系必须经过民主和法治的双重检验。从实施角度分析，主体、路径和方法的多元是法治实施优越于法律实施的显著特征。只要与法律的强制性规定不相抵触，又能促进善治和纠纷解

---

[①] [英]哈特：《法律、自由与道德》，支振锋译，法律出版社2006年版，第79页。
[②] [英]哈特：《法律、自由与道德》，支振锋译，法律出版社2006年版，第8页。

决的道德调整方式也被法治所包容。当然，任何道德如果要获得法律的强制执行效力必须经过民主和法治的双重检验，非此，将无法维护法治的权威，保护公民的权利。从法治建设角度考察，道德教化能提高社会的文明程度，为全面依法治国创造良好的人文环境，[1] 减少法律实施过程中的阻力，促进法治发展。从道德建设角度考察，通过民主和法治的可接受原则和不可接受原则的双重检验，将某些道德上升为法律，引导全社会崇德向善。[2] 通过并行建设和相互嵌合的方式，使法律与道德相互支撑，优化国家治理体系的结构，提高国家治理的能力。

法治体系中的道德具有两个面相：一是法治体系必须对道德作出妥当安排，否则法律就缺乏正当性基础，也不会被社会普遍遵循。法治体系必须防止法律形式主义对道德性的驱逐。二是法治体系所安顿的道德必须是经过民主审慎选择和法律方法严密化论证的道德，而不是抽象的道德信条，否则法治的制度善本质会在法律实施过程中被破坏。法治体系必须防止法律形式主义的道德空洞性对法治正当性的侵蚀，也必须防范道德民粹主义和法律道德主义对法治合法性的破坏。现代法治的典型特征是法律形式要件的发展。一方面，法律形式要件的发展为法律规范体系的构建奠定了基础，也为法律科学的建立提供了制度条件。另一方面，法律形式要件的发展也产生了道德空洞性问题，法律与道德的关系越来越疏远。[3] 从总体角度考察，法治是实现国家善这一道德目标的制度化方案，而要承担这一使命的法治必须建立在良好的道德基础之上。人们的行为符合法律设定的道德义务是法治的内在要求。

值得注意的是，法治的良善标准不是也不能是一组抽象的道德信条，而是一套法律化的道德标准。因此，法治是法律的一种内在优点，而不是道德优点，遵守法治本身就是一种道德优点。[4] 也就是说，立法已通过民主法治

---

[1] 《习近平在中共中央政治局第三十七次集体学习时强调：坚持依法治国和以德治国相结合，推进国家治理体系和治理能力现代化》，载《人民日报》2016年12月11日。

[2] 《习近平在中共中央政治局第三十七次集体学习时强调：坚持依法治国和以德治国相结合，推进国家治理体系和治理能力现代化》，载《人民日报》2016年12月11日。

[3] ［美］布雷恩·Z.塔玛拉哈：《论法治——历史、政治和理论》，李桂林译，武汉大学出版社2010年版，第119页。

[4] ［英］约瑟夫·拉兹：《法律的权威：法律与道德论文集》，朱峰译，法律出版社2005年版，第194页。

方式将所选道德转化为法律价值，法律价值的实现本身就是缘法而致道的过程。如果在法律实施过程中再添加非法律价值的道德，则是对法治的破坏。由于抽象的道德信条缺乏稳定的行为预期，会出现主观化的判断标准，在日益复杂化的现代社会，也就难以形成稳定的社会秩序。故道德在进入法治体系时，必须经过民主审慎选择和法治方法的严密化论证才能转化为法律价值，内化到法治体系之中，才能克服法律道德主义的不确定性对法律稳定性的侵蚀。

总之，内在结合的制度安排必须妥善处理法治体系中的道德问题。法治构成离不开法律的道德性，但法律的道德性又不能是一套道德信条，必须是经由民主审慎选择和法律方法严密化论证的法律化的道德。内在结合的制度机制必须着力提升法治的良善品质，保证法治的公正性和法治实施的有效性，夯实国家治理的制度根基，实现良法善治目标。

法治的有效性有三个层次：一是法治与德治相互支撑。一方面，道德是现代法治的基石，法治不可能脱离道德而存在；另一方面，道德践行并非自然有序，而是需要法治的引领和规范。二是法治必须适应道德变迁。法治不是一种静态的制度体系，而是一个动态的进化过程。法治必须适应道德变迁，道德适应性是法治进化的重要动力。三是法治的基础性地位。法治是国家治理体系的制度基础，是治国理政的基本方略，能进入现代法治体系的道德只能是经过民主审慎选择和法律方法严密化论证的道德，而不是一组道德信条。道德自身的规范化水平是提高法治选择能力的一个重要条件。

从总体角度分析，由于国情不同，法治模式各有特色。无论是从文化传统，还是从社会现实来看，我国都不是一个以个体为中心的国家，这就决定了我国的法治构建必须正视道德丰饶性的现实。道德丰饶性对我国法治建设既有积极作用，也有消极影响。

从积极方面来看，道德丰饶性可以为法治建设提供丰富的价值资源，也可以在法律不完善时作为补充。从消极方面来看，我国丰饶的道德缺乏形式理性化严密论证，难以形成非人格化道德规范体系，表现出公德与私德不分的丰饶含混性。[①] 丰饶的含混性会产生消极的法治后果：一是公德缺乏严密

---

① 林毓生：《热烈与冷静》，上海文艺出版社1998年版，第182页。

化论证增加了法律价值选择的困难和法律价值冲突的可能性,这从我国经常提出繁复的道德价值观中可以得到印证。二是没有充分厘清公德与私德的界限和功能。由于公德没有理性化,法治体系中存在泛道德主义取向,而泛道德主义又不同于西方的法律道德主义。西方的法律道德主义是经过伦理学方法和法学方法严密化论证后出现的现象,主要是立场争论而不是非理性化的含混。立场问题可以通过民主的审慎选择机制解决,但非理性化的含混则会出现选择困境。三是法治实施过程受到含混的道德实在论的干扰。普通公民偏好对行为进行道德评价而不是法律评价,公职人员偏好以道德感干预法律实施过程,舆论常以非理性化方式介入法律事件。法治被置于含混不清的道德场域,降低了法治的有效性。

从法治构造角度分析,法治是法律体系的内在优点,涵摄于立法、执法、司法和守法各环节。关于道德的本质问题,西方围绕价值—事实的二分法经过长期争论最终归类为实在论和反实在论。休谟断言价值问题没有真理性判断标准,传统法治理论认为道德进入法治体系的标准只能是价值判断标准,不能是真理判断标准。由于哈贝马斯将交往行为理论应用于解决法治领域的事实与价值争论,混乱的情况有所改善,但伦理学领域的争论迅速转移到法治领域,出现了不同理论主张,其中,民主的可接受性理论和法律论证理论影响最大。

民主的可接受性理论立基于人民主权的逻辑和真理性知识的可错性认识。根据人民主权的逻辑,法治体系的构建和法律实施过程既不是纯粹的道德选择活动,也不是纯粹的事实确认行为,而是人民主权的一种决断行为。[①] 法律价值被理解为主权者审慎选择的道德,没有被主权者选择的道德不能转化为法律价值。由于建立在主权者命令基础上的法律决断论受到批判,哈贝马斯基于公民与人民共同运行主权的立场,认为法治体系中的道德是在民主制度下通过公民参与审慎选择的。[②] 普特兰从认识论角度切入民主的可接受性理论。他认为,即使在自然科学领域也存在真理性知识的可错

---

[①] [德]卡尔·施密特:《论法学思维的三种模式》,苏慧捷译,中国法制出版社2012年版,第64页。

[②] [德]哈贝马斯:《在事实与规范之间——关于法律与民主法治国的商谈理论》,童世骏译,生活·读书·新知三联书店2003年版,第63页。

性，通过民主方式探究法律价值的真理性是人类不得不作出的选择。① 用民主的可接受性标准代替真理性标准涉及人类理性有限的本体性命题，而作为法治源头的民主是以人类理性有限为逻辑起点的，因此，民主的可接受性原则要受到法治的不可接受性原则的约束。

法律论证理论以规范论法学思维为基础，对民主的决断论进行了反思。哈特从立法学角度对民主的决断论进行了反思。他认为人们习惯于忠于民主的可接受原则，但对民主的不可接受原则缺乏洞见，从而产生一种道德民粹主义。道德民粹主义意味着多数人存在道德上的优越权利决定所有人应该如何生活，这是对民主的一种误解。道德民粹主义牺牲少数人的利益，威胁个人的自由和权利。② 立法中的道德民粹主义与法律实施过程中的法律道德主义的合流会动摇法治国家的宪制根基。

德沃金从司法角度对民主的决断论进行了反思。但他认为传统的法治观无法替代民主的决断论。无论是"法条书"法治观还是"权利论"法治观都不能妥当解决政治道德案件的民主决断论问题。"法条书"法治观严格区分法治和实质性正义，认为法条之外的实质正义不属于法治范畴。这种法治观无法回应基于政治道德的公共选择。"权利论"法治观认为实在法规定了公民相互尊重的道德权利和义务，具有整体上抗衡国家权力的政治权利。这种法治观回避了法治体系中国家权力的事实。③ 而真正能够替代民主决断论的是建立在解释学基础上的法律原则。④ 哈特解决了道德民粹主义与法治的关系问题，德沃金则解决了道德进入法律实施过程的标准问题。

由于形成法律规范体系和实施法律规范的逻辑结构不同，道德的进入方式也存在差异。民主的审慎选择和法律方法的严密化论证不可能单独起作用，必须把两者结合起来。在形成法律规范体系过程中，民主的可接受性仍然是基本原则，但可接受性原则的适用并非不证自明，而是需要证明

---

① ［美］希拉里·普特兰：《事实与价值二分法的崩溃》，应奇译，东方出版社 2006 年版，第 136 页。
② ［英］哈特：《法律、自由与道德》，支振锋译，法律出版社 2006 年版，第 76 页。
③ ［美］罗纳德·德沃金：《原则问题》，张国清译，江苏人民出版社 2005 年版，第 6 页。
④ ［美］罗纳德·德沃金：《原则问题》，张国清译，江苏人民出版社 2005 年版，英文版作者序，第 3 页。

的。在法律实施过程中，法律方法的严密化论证乃是根本方法，但必须在法律职业主义和法律平民主义之间找到能够相互沟通的司法原则和正当程序。

对于法治体系中的道德要素，我们不能鼓吹泛道德主义的美德论、道德民粹主义的民主论、法律道德主义的法治论。而应该把它理解为法治的价值基础和可以规范的道德生活，否则道德民粹主义和法律道德主义就会寄生于法治体系之中，出现法治的病理症候，阻碍良法善治目标的实现。

依法治国和以德治国相结合是国家治理现代化的基本原则，必须置于国家治理这一更高范畴才具有建制体系上的可规范性和知识谱系上的可理解性。在国家治理范畴中，必须对依法治国和以德治国相结合进行体系化理解。这一体系是由三个层次和三重结合方式构成的嵌合式制度结构，发挥着相互规训的功能。第一个层次是国家治理体系构成意义上的法治和德治关系。第二个层次是法治体系意义上的法律和道德关系。第三个层次是法治体系意义上的道德法律化。第一重结合要求法治和德治协同结合，相互支撑、并行不悖。第二重结合是法治体系中的法律和道德应内在结合，以法律为准绳，以道德为基石。第三重结合是进入法治体系中的道德必须满足民主的可接受性和法律论证的可接受性的双重要求。只有在体系化理解和制度化建构基础上才能找到依法治国和以德治国相结合的制度结构，并防止道德民粹主义和法律道德主义的干扰，实现良法善治的目标。

总之，要协调好中国特色社会主义法治的基本原则，必须从本体论、制度论、实践论和行为论各个层面厘清其关系以及发挥作用的不同制度条件和行为规范，一旦超越本体论的关系，中国特色社会主义法治道路就有可能跑偏走歪，一旦超越制度条件和行为规范，法治的规范功能就会被削弱或者消解。

## 第四节　法治体系的整合

### 一、法治体系

法治体系是从法律体系和法律制度体系演化而来的，是以法治价值为核心对法律体系和法制体系的运行状态和运行规范总体状态的一个综合性描述。① 法治体系概念表明：第一，法律体系和法律制度体系是法治体系的基础，没有完善的法律体系和法律制度体系，也就不存在良好的法治体系。第二，法治体系是法律体系和法律制度体系的优点，是法律体系和法律制度体系的良好运行状态。第三，法律体系和法律制度体系的建设必须体现和反映法治体系的基本原则和精神实质。第四，法治体系是以法治价值为核心对法律体系和法律制度体系的优化，使之符合法治建设的目标。第五，法制体系和法律制度体系的完善必须按照法治体系的要求有序进行，使之成为结构严谨、彼此相接、相互协调的制度体系。

## 二、法治体系的整合方式

党的十八届四中全会以前，对于法律的体系性描述，从规范的角度进行描述称之为法律体系或者法律规范体系，从制度的角度描述称之为法律制度体系或者法制体系。前者是从微观角度进行的描述，后者是从宏观角度进行的描述。党的十八届四中全会上，我国首次提出了法治体系概念，并对其终极目标、构成要素、制度基础、理论基础、运行规律、主要领域、实施环节进行了系统阐述。

第一，建设中国特色社会主义法治体系是全面推进依法治国的总目标。法治体系是一个具有统合功能的概念体系，必须按照其内在逻辑结构统合其构成要素之间关系，使其发挥体系化的功能。法治中国建设必须符合这一终极目标。法律体系和法律制度体系的建设和完善必须以此为依规。

第二，法治体系是一个完整的整体。法律规范体系是法治体系的基础，没有法律规范体系，法治体系的其他内容就没有存在的根据和行动的依托。法律实施体系是法律规范体系在法治实践中的具体实施。没有法律实施体系，法律规范体系就不能进入法治实践领域，就会停留在纸面，就不能形成法治秩序。法治监督体系是对法治实施过程的监督，并通过法治监督不断完善法治规范体系和法治实施体系。法治保障体系是为实现法治体系之目标提

---

① 张文显：《建设中国特色社会主义法治体系》，载《法学研究》2014年第6期。

供条件的协同体系,法治中国建设是一场伟大的法治变革,需要各方面的条件予以保障,如果没有各方面条件的保障,法治体系的目标就难以顺利实现。党内法规体系是法治体系之目标实现的关键。法治中国建设是在党的领导下进行的,这是区别于西方法治体系的本质属性。党要领导法治中国建设这一伟大的实践,就必须按照党内法规体系的要求搞好自身建设,按照科学执政、民主执政、依法执政、依宪执政的要求领导法治中国建设。党内法规体系完善不完善,党内法规执行得好不好,是关系到法治体系目标是否能实现的关键。

第三,法治体系是中国特色社会主义制度体系的一部分。社会主义制度体系是法治体系的基础,也是法治体系正当性与合法性的唯一根据,巩固和完善社会主义制度体系是法治体系唯一目的。任何脱离或者偏离了中国特色社会主义制度的所谓法治都没有存在的依据,这是法治体系建设不能逾越的根本政治原则。

第四,法治中国建设是在法治理论指导下法治实践。中国特色社会主义法治理论是对法治发展规律的历史把握,是对中国特色社会主义法治的科学总结,法治中国建设不是一个盲目的实践过程,而是在法治理论指导下的自觉的伟大实践过程。如果没有法治理论的指导,法治中国建设就不能实现其伟大目标。在我国发展进入新时代,最重要的法治理论就是习近平法治思想。

第五,法治的运行方式多种多样,但中国特色社会主义法治体系运行的基本规律是依法治国、依法执政、依法行政共同推进。法治体系需要整体地协调运行,只有依法治国、依法执政、依法行政共同推进才能形成整体性、协调性和系统性,才能实现社会各个方面的法治化。

第六,法治体系不仅关注微观层面上的法律实践活动,更关注法治建设的整体效果,必须在重点领域形成法治化局面,才能推动全社会的法治化进程,提高全社会的法治化水平。因此,法治中国建设必须坚持法治国家、法治政府、法治社会一体建设。

第七,法治中国建设必须落实到法治实践的每一个具体环节,只有法治建设的每一个环节都符合法治的要求,法治体系才能真正实现。因此,法治中国建设必须在科学立法、严格执法、公正司法、全民守法、共同护法[1]每个环节上都具体法治体系的要求，在科学的基础上实现法治中国建设的目标。

## 第五节 法治领域的整合

### 一、法治领域

法治中国建设的目标是法治国家，法治国家意味着将全社会都纳入法治化轨道，形成相应的法治秩序。由于我国正处于并将长期处于社会主义初级阶段，法治发展不可能超越这一阶段，这就意味着我国的法治建设是一个不断发展的渐进过程。在此条件下，全面推进依法治国必须首先在主要领域展开，然后在纵深领域不断展开，不断开拓法治建设的新局面。具体而言，当前的主要任务是坚持法治国家、法治政府、法治社会一体建设。由于国家、政府、社会在不同的语境中的含义不同，三个概念之间存在交叉重叠现象，实践中也会存在如何分工的问题，必须在问题、语境和逻辑结构中对其进行准确定位，再确立相互之间的关系，才能找到一体建设的基本路径和侧重点。

### 二、法治领域的整合方式

国家、政府和社会这三个概念在时空关系、概念关系、内涵外延和语境关系上存在交叉重叠现象，它们在法治化过程可能会出现分工不明，无法各司其职的问题，必须进行协调整合，才能实现一体建设的目标。

第一，按照通常含义理解，国家是一个总体，政府和社会是国家的组成部分，国家的全面法治化本身就包含着政府和社会的全面法治化。由于在语用上我们将国家、政府和社会进行并列，其目的是为了突出各自的法治化的重点。一般而言，法治国家意指国家重要权力和重大事项的法治化。所谓重要权力的法治化意指国家的制宪权、立法权、执法权、司法权、监察权等重要权力的法治化。所谓重大事项的法治化意指对全国具有全局影响的事项的

---

[1] 程关松：《当代法治实施模式及中国选择》，载《新华文摘》2017年第11期。

法治化。法治政府意指政府权力和执法行为的法治化。所谓政府权力的法治化意指政府基于宪法、组织法和法律授权所获得的全部权力的法治化。所谓执法行为的法治化意指政府的行政立法、执法、司法活动之主体、程序、措施、结果必须全部法治化。法治社会意指除法治国家和法治政府之外之全部社会关系和社会生活的法治化。法治社会是一个具有兜底功能的开放性概念，以便为法治实践预留空间。

第二，法治国家、法治政府、法治社会的关系。法治国家、法治政府、法治社会三个概念不是按照概念体系化的方式定义的，而是以问题为导向根据各自功能进行定义的，必然出现概念上的交叉重叠，实践上的相互交错现象，属于不确定法律概念，需要通过解释的方法确定其在特定语境中的内涵，并在实践中不断确定化。法治国家着眼于一切公权力行使之法治化，此语境中的法治化重点不是宪法和法律明确定义的国家机关，而是行使公权力但目前没有被宪法和法律明确定义的组织和个人。全部法治政府和一部分法治社会的范围属于法治国家的范围。法治政府的概念是明确的，其属于法治国家的一部分。此语境中使用法治政府概念，一是为了逻辑上的完整性和修辞学上的对称性，二是为了重点解决行政权行使中的严重违法和不法问题。这与中央对行政权行使中存在严重问题的评价有关。相对于法治国家、法治政府而言，法治社会既不是一个法定概念，也不是一个确定性概念，而是在国家这一概念体系下围绕法治问题或者社会问题所做的有限界定，因而是一个具有兜底功能的、开放的概念体系。它与法治国家、法治政府相比，不是同一基础概念下延伸出来的概念体系，起着补充作用。此语境中的作用是充实依法治国之"全面"内涵，拓展依法治国之"全面"外延，重点在于营造良好的法治环境并通过法治思维和法治方式实现平安中国之理想，也是对维稳思维和非法治化方式之和谐方法的矫正。值得注意的是，法治国家、法治政府、法治社会之间并非一个完整的概念体系，而是对全面推进依法治国之重点领域的列举，根据法治实践的需要，还可以添加。

第三，法治国家、法治政府、法治社会一体建设之实践路径。准确定位法治国家、法治政府、法治社会的功能是"一体建设"的前提条件，厘清法治国家、法治政府、法治社会的相互关系是"一体建设"的制度基础，否则会出现各行其是、相互抵消的混乱局面。因此，在实践中，必须把法治国家、法治政府、法治社会一体建设放到中国特色社会主义法治体系中去定位，放到法治国家和国家治理中去衡量，放到法治环节中去落实。总的原则是对于权力来说，法定职责必须为，法无授权不可为。法定事项由法定主体实施。对于权利而言，法不禁止皆可为。

## 第六节　法治途径的整合

### 一、法治途径的演进

法治道路建设究竟应当经由哪些途径、这些途径之间存在何种关系，以及这些关系应当如何整合的问题，在法治道路建设中具有重要意义。自中华人民共和国成立以来，我国一直在探索法治的有效实现途径。中华人民共和国成立之初，我们废除了国民党政府的《六法全书》。在废除了《六法全书》以后，就存在一个办事的依据问题。当时的办事原则是：有法律的，按照法律办事。没有法律的，按照共产党的政策、人民政府和人民解放军发布的各种纲领、命令、条例、决定办事。由于解放区处于分割状态，法律并不统一，且不同地区和不同机关的纲领、命令、条例、决定存在差异，办事的依据也存在差异，有时还会出现相互冲突的现象，引起一些社会问题。在此条件下，到底应该以什么作为办事的最终依据的问题就提到了国家治理层面。鉴于办事的依据缺乏统一性，且有相互冲突的现象，面对法制不统一和纲领、命令、条例、决定相互不协调的现象，在党的八大会议上，董必武同志提出了依法办事的两个原则，即有法可依和有法必依。有法可依要求国家应该尽快制定治国理政和调整社会基本关系的法律，切实实现法制统一。如果人人都能按照法律办事，法律秩序就得以建立。有法必依要求在办事上必须坚持法律优先原则，当纲领、命令、条例、决定与法律冲突时，应该以法律为依据办事。由于当时法律的数量较少，质量不高，无法适应社会发展的需要，纲领、命令、条例、决定成为办事的主要依据，依政策办事成为常态，依法办事的没有权威，随后进入反右斗争扩大化，数量很少的法律也没有全面实施。"文化大革命"不仅不依法办事，也不依政策办事，法律虚无主义盛行，以无法无天为荣，全社会陷入无政府主义状态，给中华民族造成巨大灾难。党的十一届三中全会以后，国家开始拨乱反正，改革开放亟需法律调整社会生产和社会生活，国家提出发展社会主义法制的任务。总结法制发展的基本规律，国家提出有法可依、有法必依、执法必严、违法必究的法制原则。党的十五大提出依法治国基本方略，后来提出依法执政和依法行政的要求。当社会发展进入新时代，国家任务和国家目标发生变化，将法治的迫切需求提到议事日程，必须在实践背景和逻辑结构中对其进行准确定位，再确立相互之间的关系，才能找到共同推进的基本路径。

### 二、当代中国的法治途径

第一，依法治国、依法执政、依法行政的功能定位。党的十五大报告对依法治国进行了科学定义，对依法治国的功能进行了准确定位。其核心内容就是党领导人民依照宪法和法律的规定管理国家和社会的各项事务。党的十六届四中全会的决议对依法执政进行了科学定义，并对依法执政的功能进行了准确定位。其核心内容就是党依照宪法和法律的方式执政，对立法、执法、司法、守法进行全面领导，使依照宪法和法律治理国家成为党治国理政的基本方式。党的十八届四中全会的决议对依法行政进行了科学定义，并对依法行政的功能进行了准确定位。其核心内容就是各级政府必须在党的领导下，按照法定职权、法定程序、法定责任、法定方式严格执行法律，努力建设法治政府，[1] 尊重和保障人民的权利，恪守法不禁止皆可为的权利理念。

第二，依法治国、依法执政、依法行政的关系。这三个概念不是按照概念体系化的方式定义的，而是以问题为导向根据各自功能进行定义的，必然出现概念上的交叉重叠，实践上的相互交错现象，在同一时空中使用，属于不确定法律概念，需要通过解释的方法确定其在特定语境中的内涵，并在实践中不断确定化。

第三，依法治国、依法执政、依法行政共同推进之实践路径。依法治国是党领导治理国家的基本方略，经过 20 年依法治国的实践，中国法治建设取得巨大成就，但也存在一些新问题，必须要通过全面推进依法治国予以解

---

[1] 张文显：《习近平法治思想研究（中）——习近平法治思想的一般理论》，载《法制与社会发展》2016 年第 3 期。

决。依法执政是党通过法治思维和法治方式对依法治国全过程和各环节进行领导之治国理政的基本方式,但某些干部不尊重法律的现象依然存在,必须通过全面推进依法执政予以解决。依法行政是党领导政府在法治国道上实现法治政府目标的基本途径,但某些侵权违法现象依然存在,必须通过全面推进依法行政予以解决。

## 第七节 法治环节的整合

### 一、法治环节

法治道路建设如同工程建设一样,是由诸多复杂环节构成的完整系统。法治环节是完整的法治过程中具有内在逻辑联系的关键步骤和阶段。法治环节是科学划分法治机关职能的基础,是有效组织法治实践的基本依据,反映了法治运行的基本规律。

我国完整的法治建构过程以及关键步骤和阶段划分经历了一个漫长的探索过程。从有法可依,重视法律规范的创制,到强调执法司法,再到法律的遵守与监督实施,法治环节是一个完整的系统。从理论层面分析,有法可依、有法必依、执法必严、违法必究,是法治环节的中国诠释,反映了法治的内在规律。从实践层面看,法治环节的展开是一个渐进的逻辑过程。改革开放之初,法治建设的中心环节是立法,而在法律体系已成规模的背景下,依法办事被确立为法治的中心环节。再到确立依法治国方略之后,法律实施与法律权威成为关键。目前,法律监督又成为重要环节。

为适应新时代法治发展的需要,国家提出了科学立法、严格执法、公正司法、全民守法的要求,完整的法治过程被提炼出来,对具有内在逻辑联系的关键步骤和阶段进行了科学划分,其对于法治机关职能的划分和职能定位具有重大意义。

### 二、法治环节的整合方式

第一,科学立法是法治建设的基础条件。我国已建立了以宪法为核心的中国特色社会主义法律体系,这是法治建设的一项巨大成就。但立法过程中仍然存在没有完全反映法治规律、违背人民意志、只反映部门利益和地方利益的现象，一些法律针对性差，操作性不强，有些法律相互抄袭重复，立法质量不高，必须进行完善。具体而言，一要健全宪法实施制度。由于法治体制原因，我国宪法无法直接进行司法适用，根据宪法制定法律是我国宪法实施的基本方式，因此，根据宪法规定制定法律是科学立法的重要内容。二要完善立法体制。我国立法事项和立法主体众多，必须完善以人大为主导的立法体制。三是要完善立法参与程序和机制。法律必须反映人民意志，立法活动应按照立法程序要求满足民主立法要求，民主立法是科学立法的基本途径。四是要加强重点领域的立法。我国民生领域、市场经济领域、社会领域、生态环境保护领域的法律数量较少、立法质量不高、可操作性不强，但与人民日常生活密切相关，必须加强立法。

第二，严格执法是法治建设的关键。依法行政是法治国家的核心原则之一，这是人民主权原则的必然要求。对于执法，我国一直坚持"严"要求。由于行政体制的复杂性、行政裁量权的广泛性、行政执法行为的连续性，严格执法仍然存在比较严重的问题，必须从体制机制程序上保证严格执法的实现。

第三，公正司法是法治建设的最后一道防线。各国因法治传统不同具有不同的法治实施模式，英美法系国家的法治实施模式以司法为中心，大陆法系国家的法治实施模式以依法行政为中心，随着行政法院与宪法法院的建立，大陆法系国家之司法在法治实施中的地位也越来越显著。我国传统法律实施模式以行政为主导，党的十一届三中全会以后法治建设的重心在立法和行政上，相对而言，司法的政治地位和法律地位都比较低，成为法治建设的短板，严重制约法治发展。党的十八届四三中全会决议重点突出司法在法治中国建设中的重要地位，必须按照司法规律改革司法制度，完善确保依法独立公正行使审判权、检察权、监察权的制度。

第一，全民守法是法治建设的社会基础。守法是法治概念没有提出之前就有的法律观念，守法观念比法治观念更为古老。守法是维护共同体的最有效方式，早在亚里士多德提出法治概念以前古希腊就把守法和对城邦的忠诚作为雅典公民最基本的义务。法治观念的形成和法治实践的展开都是以守法为基础的。守法可以分为积极守法和消极守法。积极守法是按照法律的要求形成依法办事的习惯和风气,捍卫法律的尊严。消极守法是自觉服从法律的权威,内心真诚信仰法治。

第二,共同护法是法治建设的保证。维护宪法法律的权威是法治的根基。法治不只是被信仰,其权威必须得到制度化的维护。鉴于雅典护法制度的缺失,罗马共和国建立了以元老院为主体,执政官、护民官、检察官为补充的护法体制,维护了罗马共和国法律的权威。英国按照古老的法治传统,确立了上议院维护法律权威的地位。美国通过马伯里诉麦迪逊案确立了司法机关维护宪法法律权威的绝对地位。大陆法系国家通过建立行政法院和宪法法院确立了护法体制。苏联确立了党的监察委员会和人民检察院维护宪法法律权威的护法体制。

中华法系在封建王权下通过监察制度承担了部分护法功能,孙中山先生建立的"五权宪法"政制确立了监察机关的宪法地位。我国坚持党的领导原则和一切权力属于人民的根本原则,已建立了以党的领导为根本、人大监督为主体的护法体制。根据法治建设的需要,结合护法体制现状,我国宜建立以中央全面依法治国委员会为统帅、以人大专门委员会为主体、以监察委员会和检察院为骨干的共同护法体制,保证宪法和法律权威,走制度化、专业化、规范化、程序化、体系化的共同护法之路。

## 第八节 法治方式的整合

### 一、法治方式

法治方式作为与人治相对称的方式,是指严守法律规范、尊重法律权威、讲究程序正义、注重权力制约、积极保障人权的具有规范性、公正性、程序性的治国理政办事的方式。对法治方式本身是什么,学界已有较为深入的论述。在此,我们不打算展开详细分析,而是重点阐释诸如法治方式如何整合、谁来整合、整合的标准与重心究竟为何之类的最基本的理论与实践问题。

法治道路建设必须运用法治方式而非人治方式,才能达到预期效果。否则,如果采用大规模疾风暴雨式群众运动的人治方式进行,即便能够收到短期效果，也不可能长久得了。这方面的历史教训极其深刻，必须时刻牢记。法治方式是法治机关运用法治思维和法治方法协调社会关系，处理社会纠纷的基本方式。西方国家的法治体系建立在三权分立基础上，立法权、行政权、司法权相互制约，依据法治传统的差异形成不同的法治模式，没有一个法治机关具有绝对的权威，也没有一个法治机关的法治方式成为基本的法治方式。由于司法方式的典型性，现代法治多参照或借鉴司法机关的法治方式作为行为方式。我国是一个社会主义国家，党的领导是社会主义本质属性，党在国家各种生活中处于领导地位，法治建设也是在党的领导下进行的。因此，我国的法治方式包括两个层次的内容。第一个层次是指党领导法治机关践行法治的基本方式。党发挥总揽全局的作用，领导人大、政府、审判机关、检察机关、监察机关履行法定职权，协调各法治机关的工作。第二个层次是指在党的领导下法治机关根据自己法治工作的特点践行法治的基本方式。其具体内容体现在立法机关按照科学立法、民主立法、依法立法的要求履行立法职权。政府机关按照法治政府要求依法行政，严格执法。审判机关按照公平正义的要求公正司法。检察机关充分履行法律监督职能，切实保证法律的正确实施。监察机关切实履行对公权力的监督职权，有效发挥反腐败的功能。概括而言，就是坚持党的集中统一领导，充分发挥法治机关各自的职能。

## 二、法治方式整合的重心

宪法和法律明确规定了人大、政府、审判机关、监察机关和监察机关的法定职权和职责，依据宪法和法律切实履行各自职权和职责是法治机关的基本法治方式。在我国，党的领导与依法治国的关系，依政策办事与依法办事的关系曾出现过比较复杂的情况，也产生过一些不同的认识和观念，许多问题有必要进一步澄清，因此，我国法治方式整合的核心问题是党的领导与法治机关依法办事的关系问题。

第一，党领导法治机关进行法治中国建设，是宪法确认的权力。其不仅具有政治上的正当性，也有宪法上的合宪性。党领导法治机关进行法治中国建设是依法执政和依宪执政的体现。党领导法治全过程和各环节并不是直接命令和指挥法治机关实施法治，而是把党的主张通过法定程序转化为法律，通过依法执政方式实现党领导对法治领导。依法治国是依法执政基础，依法执政是依法治国的具体化，依法治国是党对法治建设的方向性、总体性、全面性领导，依法执政是执政党领导法治的过程性、规范性、程序性基本方式。当然，党领导法治机关进行法治建设，并不是说党可以超越宪法和法律进行领导，更不是说党可以超越宪法和法律的规定活动，而是党必须在宪法和法律范围内活动，带头维护宪法和法律的权威，也就是必须依宪执政。

第二，法治中国建设是一场伟大的法治实践，其范围之广、主体之多、利益之多元、问题之复杂，世所罕见，如果没有一个拥有绝对政治权威的组织进行集中统一领导，法治体系和法治国家建设将是不可想象的。中国共产党正是这样一个在历史过程中形成的拥有绝对政治权威的组织，这是历史和人民赋予党的历史责任和政治责任。当然，法治中国建设是一项伟大而又复杂的社会工程，法治中国建设需要各法治机关具体施行，我国宪法和法律规定确立了立法机关、行政机关、审判机关、检察机关、监察机关的宪法地位和组织法功能，各法治机关必须依宪依法切实履行各自的职权。党的集中统一领导与法治机关切实履行宪法法律职责是一致的。一方面，党必须把握法治建设的方向性和全局性问题，不能犯颠覆性错误。另一方面，党的领导不是包办代替，而是支持协调法治机关依宪依法切实履行职责。

第三，坚持党的领导，要求党的各级组织和个人必须在宪法法律范围内活动。党的利益与人民的利益是一致的，党的主张与国家意志是一致的。党领导人民通过人民代表大会制定宪法和法律，并通过执行机关、司法机关实施法律，也是执行党的路线方针政策。习近平总书记指出："党的政策成为国家法律后，实施法律就是贯彻党的意志，依法办事就是执行党的政策。"[①]党的领导是指党的执政地位和领导地位而言，同时，这种执政地位和领导地位也是宪法确认的，故党领导人民制定和实施宪法法律既具有政治的正当性，也有法律的合法性。但具体到每一个党的组织和党的领导干部，就必须服从和遵守宪法法律，就必须在宪法和法律范围内活动。

---

[①] 中共中央文献研究室：《习近平全面依法治国论述摘编》，中央文献出版社 2015 年版，第 20 页。

## 第九节　法治方法的整合

### 一、法治方法

任何道路建设都必须采用具体的方法。法治方法是人类在协调社会关系、处理社会纠纷过程中逐步形成的行之有效的理性手段。在法治体系中，立法方法、行政方法、司法方法各有特点，但它们也有共同点，其共同点上升到理论和自觉的高度就成为法治方法。从法治传统角度考察，英美法系国家形成了以判例法为主导的法治方法，大陆法系国家形成了以制定法为主导的法治方法。从法学角度考查，不同法学流派和法学风格形成了以形式主义为主导的法学方法和以实质主义为主导的法学方法；从法律实施角度考察，不同法律传统形成了以归纳法为主导的法律方法和以演绎推理为主导的法律方法。尽管法治方法各有特点和风格，但注重以法律为准绳，注重各方法律地位的平等、注重说理的可接受性、注重法律程序的正当性则是法治方法的共同特征。尽管法治方法不是处理社会关系，解决社会纠纷唯一的方法，但在社会发展过程，法治方法对其他方法具有越来越广泛和深刻的影响。

我国的立法机关、行政机关、司法机关等法治机关根据自己的职权范围都形成了适合自己职权领域的法治方法。这里所指的法治方法特指党领导法治全过程和各环节的具体方法，也就是党领导法治机关进行法治中国建设的具体方法。政党与国家有不同的组织规律和运行规律，对法治建设的作用方式不同，但基于利益的一致性，其作用方式可以进行转化，使其协调一致，形成合力，共同推进全面依法治国。

### 二、法治方法的整合方式

党领导法治的方法必须符合法律规定、符合法定程序、符合民主要求、符合科学要求，实现本质、组织、纽带和价值四位一体，相得益彰。具体分析如下：

第一，在本质上，法治方法体现为善于使党的主张通过法定程序成为国家意志。法律是国家意志的反映,作为执政党,党代表了人民的根本利益,立法机关是人民意志的代表者,基于利益的一致性,党必须将其政治主张通过法律程序转化成国家意志,从而使党的政治权力转化为法律权力,将党的政治责任转化为法律责任,将党的政治领导方式转化为依法执政方式。[①] 当然,党的主张通过法定程序成为国家意志是相对于党的意志之整体而言的,具体主张是否能通过并成为法律,还要符合法律的规律,并考虑到法律执行的有效性和社会效果。

第二,在组织上,法治方法体现为善于使党组织推荐的人选通过法定程序选为国家政权机关的领导人员。由于法治基础较为薄弱,为加快推进法治发展,我国采用政府主导型法治进路,领导人员在法治建设中发挥着"关键少数"的作用。由各级党组织通过法定程序向国家政权机关推荐人选成为领导人员,是实现党的领导之重要途径。因党内法规体系已纳入中国特色社会主义法治体系范围,这里的法定程序不仅指国家法定程序,也指党内法规程序。这里说的法定程序不是走过场,而是要按照党内法规要求和国家法律要求选出适合领导法治建设的人员,否则对法治建设伤害极大。

第三,在纽带上,法治方法体现为善于通过国家政权机关实施党对国家和社会的领导。党对法治全过程和各环节的领导不是包办代替,不是瞎指挥,而是根据政治发展规律和法治发展规律,按照党的组织的工作特点和国家政权机关的运行方式进行领导。党的组织和国家政权机关都有维护宪法法律权威的职权,都有自觉遵守宪法法律的职责。国家政权机关按照党的领导原则和依据宪法法律原则履行职权,不是传声筒、不是应声虫、不是传送带。国家政权机关贯彻党的决定,而不是个别人的意志。国家政权机关应自觉抵制个别领导干部知法犯法、以言代法、以权压法、徇私枉法的行为。应当支持国家政权机关依宪依法履行职权。

第四,在价值上,法治方法体现为党领导法治的重要目的就是要善于运用民主集中制原则维护中央权威、维护全党全国团结统一。法治是国家治理的基本方式。一方面,党通过法治方式确认、维护人民的根本利益;另一方

---

[①] 程关松:《党的领导、人民当家作主、依法治国有机统一的内在机制》,载《江西社会科学》2008年第11期。

面，党通过法治方式解决社会矛盾纠纷，维护社会秩序，创造适合人的发展的法治环境，必须按照民主集中制原则维护中央权威、维护全党全国团结统一，为实现中华民族伟大复兴目标提供法治条件。中国特色社会主义法治是建立在民主集中制原则基础上的，通过民主集中制原则体现党的意志，反映国家意志，法治建设才能真正维护人民的根本利益。

## 第十节　法治机关的整合

### 一、法治机关

法治道路建设离不开神经中枢的领导指挥，一个全面科学理性高效的组织体系是确保道路建设成功的关键。组织化是法治建设的基础，我国宪法是按照机关主义的要求来建立国家机构的。在法制观念下，我国通常称法律机关为司法机关、政法机关和法律服务机关。司法机关是以案件为中心按照法律运行的不同阶段对法律机关进行的划分，主要有侦查机关、监察机关、检察机关、审判机关、执行机关等。政法机关是以法律与政治之间的关系为中心对法律机关进行的划分，主要有立法机关、政法协调机关、侦查机关、监察机关、检察机关、审判机关、执行机关、安全保卫机关、国家保护机关等。法律服务机关是以法律事务为中心向当事人提供社会化法律服务的划分，主要有行政复议机关、行政裁决机关、律师事务所、仲裁委员会、公证处等。在法治观念下，所有承担法治建设任务的机关都可以称之为法治机关。其包括法治领导机关、政法机关、执政党执纪机关、审计机关、法治服务机关等。

法治机关还可以按照其他标准进行分类。按照设立主体分类，我国的法治机关可以分为执政党设立的法治机关与国家设立的法治机关。按照党对全面依法治国的集中统一领导的制度设计，我国的最高法治领导机关是中央全面依法治国委员会，负责对全部法治机关法制建设工作的具体领导。由于我国将党内法规纳入中国特色社会主义法治体系，法治机关应扩展至政法委员会、纪律检查委员会、审计委员会。全面依法治国委员会、政法委员会、纪律检查委员会、审计委员会属于执政党设立的法治机关。人民代表大会、公安机关、保卫机关、执法机关、监察机关、检察机关、审判机关属于国家设立的法治机关。按照管理权限划分可以分为中央法治机关和地方法治机关。中央层面的属于中央法治机关，省级及以下的法治机关属于地方法治机关。按照功能分类，可以分为政治机关、保卫机关、法律机关。以民主集中制原则为运行方式，对国家政权组织形式具有重要影响的法治机关可以归于政治机关。如人民代表大会、全面依法治国委员会可以归于政治机关。以巩固执政党的地位，巩固国家政权为宗旨的机关可以归于保卫机关。如纪律检查委员会、保卫机关、监察机关可归于保卫机关。以法律为准绳，按照法律规定运行的机关可以归于法律机关。如政法委员会、公安机关、执法机关、监察机关、检察机关、审判机关、司法执行机关可以归于法律机关。

## 二、法治机关的整合方式

由于不同法治机关的职权、功能、程序、运行方式不同，会存在错综复杂的关系，必须对法治机关进行整合。整合的方式可以采取组织整合、功能整合、程序整合三种模式。

第一，建立党领导的全面依法治国之组织体系。按照党领导立法、保证执法、支持司法、带头守法、共同护法的要求，建立党领导的全面依法治国之组织体制。要对党的各级全面依法治国组织的职能、职责、程序进行明确规定，使其符合全面推进依法治国的要求，发挥党总揽全局的作用。如中共中央《深化党和国家机构改革方案》要求组建中央全面依法治国委员会就是实践中的绝佳范例。

中央全面依法治国委员会是执政党集中统一领导法治中国建设的最高法治机关，负责法治中国建设的总体性、整体性、统筹性、协调性法治工作，对全局性重大问题和重大事项进行战略决策、统筹安排和协调推进。按照目前的制度安排，中央全面依法治国委员会办公室设在司法部。关于中央全面依法治国委员会的运行规则和运行方式，需要进一步研究。其一，要发挥全面依法治国之总揽全局的组织功能，必须建立与此任务相适应的组织化体系。在法治建设过程中，地方各级党组织几乎都已建立了相应的组织机构，在组建中央全面依法治国委员会过程中应建立相应的组织体系。其二，应制定组织法和行为法规范，规范全面依法治国组织的职能、职责和程序，使之符合法治原则的要求。其三，要加强全面依法治国组织常设办事机关的建设。目前中央全面依法治国委员会办公室设在司法部，这一设置与其承担的任务和法治体制中的地位不相适应，宜设置于中央政法委员会。其四，中央全面依法治国委员会在全面推进依法治国中承担顶层设计的任务，应按照科学化、专业化、民主化、规范化的要求设立法治中国研究院，为顶层设计提供理论和智识支撑。

第二，创新法治机关的组织化方式。不同功能的法治机关在职能和工作方式方面可能交叉重合，服从不同的职能、职责和程序要求，但在组织化方面可以采取灵活方式，以便形成合力，提高效能，可探索合并设立或者合署办公方式实现组织化。如党的纪律检查委员会与国家监察委员会尽管设立主体不同，但目标任务相近，已采取合署办公的组织化方式。中央全面依法治国委员会和中央政法委员会之设立主体和法治功能相近，不宜分开设立，宜合并设立，将中央政法委员会并入中央全面依法治国委员会，然后按照宏观领导与微观管理要求进行内部分工。

中共中央《深化党和国家机构改革方案》要求组建中央审计委员会，对全国审计工作进行集中统一领导。以经济建设为中心是中国特色社会主义的基石，公共财政和市场经济是国家发展的主战场，审计在保障公共财政和市场经济健康发展方面具有重要地位和作用。由于中央审议委员会与国务院审计署设立主体和工作方式不同，但工作性质相同，任务各有侧重点，鉴于经济领域公共财政无效供给和经济腐败现象突出，党和国家提高了审计工作的重要性，但现有审计机关的设立与此任务不相适应，宜将国务院审计机关的法律地位升格，并与中央审议委员会合署办公。

第三，创设政治机关、保卫机关、法律机关相互配合、相互制约的组织法和行为法机制。我国的法治机关在设立主体、职能设定、职权设限、程序要求、运行机制等方面存在差异，应在中央全面依法治国委员会统一领导下，对不同类型的法治机关之职能、权限、程序、运行规则进行统一规定，从组织法、行为法上进行具体规范，使之既相互分工，又相互制约，共同推进全面依法治国之目标的实现。必要的时候应制定一部法治机关组织法，用法治思维和法治方式统一协调所有法治机关的行为，将所有的功能性组织全部转化为组织法上的法治机关。

# 第 三 章

# 中国特色社会主义法治道路的法理依据

选择什么样的道路,决定国家的前途和民族的命运。在"建设社会主义法治国家"的伟大征程上,走什么样的法治道路事关这一前无古人之伟业的前途命运。党的十八届四中全会立基于"既抓住法治建设的关键,又体现党和国家事业发展全局要求"[1],既深刻总结过去法治建设的成功经验,又为将来中国法治建设提供明确的方向指引,旗帜鲜明地提出要"坚持走中国特色社会主义法治道路"[2]。这一论断的提出,不仅具有丰富的法理价值,而且具有深刻的法理依据。

## 第一节 制度合法性:法治道路取决于社会主义制度

要建设一个什么样的法治国家,怎么样去建设一个法治国家,取决于这个国家选择走一条什么样的法治道路。一个国家选择走一条什么样的法治道路,则取决于这个国家的根本制度。我国是人民当家作主的社会主义国家,国家的政权建设以及其他各项建设的最终目的,是为了实现全国各族人民自由而全面的发展。区别于资本主义社会的这一本质属性,决定了我国的法治

---

[1] 习近平:《关于〈中共中央关于全面推进依法治国若干重大问题的决定〉的说明》,载《中共中央关于全面推进依法治国若干重大问题的决定》,人民出版社2014年版,第46页。

[2] 《中共中央关于全面推进依法治国若干重大问题的决定》,人民出版社2014年版,第1页。

建设之路不可能照抄照搬于西方国家。我们要走的这条法治道路，应当合乎社会主义制度的本质，并能够为实现全国各族人民的自由而全面发展提供充分的法治保障。中国特色社会主义法治道路就是这样一条将合规律性与合目的性完美统一的中国法治建设之路。

### 一、法治道路与国家制度的关联性分析

道路指引方向。目标的达成离不开正确的道路指引，否则，势必南辕北辙，抑或方枘圆凿而不得要领。中国法治实践证明，中国当下的法治道路就是一条通往法治中国的必由之路，被称之为"中国特色社会主义法治道路"。习近平总书记从领导力量、制度基础和理论指导三个方面对这一法治道路进行了详细解读。他认为，虽然中国特色社会主义法治道路的内涵深刻而丰富，但其核心的要义无非三点，即党的领导、中国特色社会主义制度和中国特色社会主义法治理论，它们分别为中国特色社会主义法治道路提供根本的政治保证、制度基础和行动指南。[①] 如此，法治道路与法治目标及其制度背景便有机地整合为法治中国图景了。

一方面，中国特色社会主义法治道路以中国特色社会主义制度作为其根本制度基础。法治属于上层建筑的范畴，其与一国的社会制度紧密相关。法治，总是一定社会制度下的法治，是社会制度的一个组成部分。离开一定的社会制度，法治就成了没有根基的空中楼阁。一个国家的法治建设要选择走一条什么样的道路，是由这个国家的根本制度决定的。作为一个社会主义国家，国家制度的性质已经在根本上决定了我国的法治建设只能走中国特色社会主义法治道路。

另一方面，中国特色社会主义法治制度是中国特色社会主义制度的必然要素和重要组成部分。当今社会，法治已经被普遍承认为一种不可或缺的治

---

① 习近平总书记认为，中国特色社会主义法治道路的核心要义有三，即党的领导、中国特色社会主义制度和中国特色社会主义法治理论。其中，"党的领导是中国特色社会主义最本质的特征，是社会主义法治最根本的保证。中国特色社会主义制度是中国特色社会主义法治体系的根本制度基础，是全面推进依法治国的根本制度保障。中国特色社会主义法治理论是中国特色社会主义法治体系的理论指导和学理支撑，是全面推进依法治国的行动指南。"（习近平：《关于〈中共中央关于全面推进依法治国若干重大问题的决定〉的说明》，载《中共中央关于全面推进依法治国若干重大问题的决定》，人民出版社2014年版，第49页）

国理政方式。现代法治国家的各项制度也总是通过法治来确认并加以保障。中国特色的社会主义制度在领导力量、经济基础、阶级基础等方面在根本上区别于西方资本主义制度,这就要求必须建立一个适应于这种先进制度的法治模式和法治体系来反映其内容并保障其顺利运转。《中共中央关于全面推进依法治国若干重大问题的决定》(以下简称《决定》)及时回应了我国法治建设中的重大问题,提出要构建中国特色社会主义法治体系。其中的法治制度体系在内容上就是中国特色社会主义制度在法治各层面、各领域运行机制的具体表现,在根本上反映了中国特色社会主义制度的本质特征与内在要求。中国特色社会主义法治道路的目标指向是要促进国家治理体系与治理能力的现代化。国家治理现代化不仅要求国家治理必须沿着法治的轨道运行,实现国家治理的法治化;也对国家治理的法治保障提出了更高的标准和更严格的规范。"构建法治体系是推进国家治理现代化的基础工程。"[1] 也就是说,要实现国家治理现代化就必须要构建一个科学、完整、开放的法治制度体系,而这样的法治制度体系只能以中国特色社会主义为根本方向,唯有如此,我们的法治建设才不会重复过去的"老路",更不会走上"邪路"。

### 二、国家制度对法治道路的制约作用

"政治制度决定法律制度"。[2] 这一原理一方面意味着,一定的政治制度必然要求一定的法律制度与之相适应;另一方面也意味着,一定的法律制度必然以一定的政治制度作为其制度基础。也就是说,一国的政治制度不仅决定其法律制度的性质,也决定着其法治道路的选择。我国的政治制度不仅决定了我国的法律制度只能是中国特色社会主义的法律制度,也决定了我国的法治道路选择只能是中国特色社会主义法治道路。与之相对应,西方的法治道路在根本上决定于资本主义的生产资料私有制,并以资本主义的三权分立与民主宪政作为其政治基础。中国特色社会主义法治道路在领导力量、指导思想、价值取向、动力来源和运行机制等方面根本上区别于西方资本主义的法治道路。

---

[1] 李龙:《构建法治体系是推进国家治理现代化的基础工程》,载《现代法学》2014年第3期。
[2] 本书编写组编著:《党的十八届四中全会〈决定〉学习辅导百问》,党建读物出版社、学习出版社2014年版,第8页。

第一，中国特色社会主义制度决定法治道路的领导力量。"大海航行靠舵手"，国家建设也离不开领航者与掌舵人。中国近代以来的历史已经阐明了一个真理：中国共产党是中华民族走向伟大复兴的领导者。在今天的中国，法治已经成为党治国理政的具体方式，党的领导贯穿于立法、执法、司法、守法、法律监督等法治运行的各个环节。因此，中国特色社会主义法治建设的核心问题，就是要明确定位和解决好"党和法治的关系"[①]。这不仅是中国特色社会主义法治道路的方向保证，也是中国特色社会主义法治道路的成功要诀。

第二，中国特色社会主义制度决定法治道路的指导思想。选择一条适合于自己的法治道路，是一个国家成功达成法治的重要一环。一个人的行为选择离不开一定的思维意识。一个国家的道路选择也离不开的一定的理论指导与学理支撑。指导与支撑中国特色社会主义各项建设的，是中国特色社会主义理论。法治道路建设的理论基础是中国特色社会主义法治理论。中国特色社会主义法治理论体系具有明显的制度属性和中国本色，是当代中国法治实践的理论化、科学化、系统化总结与升华，它以马克思主义经典作家的国家与法理论为最根本遵循和最主要理论来源。无论是对中国传统法律文化的优化，还是借鉴世界法治文明成果，抑或对法治实践经验的总结，都应当始终围绕中国特色社会主义这一质性特征展开。

第三，中国特色社会主义制度决定法治道路的价值取向。共产党人将马克思主义作为自己的思想准则与行动纲领。在马克思主义那里，社会主义是被作为对不公平、非正义的资本主义制度的反动而提出来的一种价值理想和制度正义。正因为如此，社会主义从其诞生的那一刻起，就始终高举公平正义的大旗，将实现社会公平正义作为自己的价值理想。中国共产党人是坚定的马克思主义者，其将实现社会公平正义作为自己的"一贯主张"，并将其作为建设和发展中国特色社会主义的"重大任务"。[②] 中国特色社会主义制度的发展离不开法治的保障，也内在地要求法治道路建设必

---

① 习近平：《关于〈中共中央关于全面推进依法治国若干重大问题的决定〉的说明》，载《中共中央关于全面推进依法治国若干重大问题的决定》，人民出版社2014年版，第48页。
② 胡锦涛：《高举中国特色社会主义伟大旗帜，为夺取全面建设小康社会新胜利而奋斗——在中国共产党第十七次全国代表大会上的报告》，人民出版社2007年版，第30页。

须秉持人民主体、公平正义、文明和谐的价值原则,昭示社会主义制度的内在美德。

第四,中国特色社会主义制度决定法治道路的动力来源。人民当家作主的人民民主不仅是社会主义制度的内在本质与价值准则,也是"社会主义的生命"①。社会主义特别是中国特色社会主义,其制度准则与施政目标始终都是以人为本。也就是说,中国特色社会主义根源于以人为本,发展于以人为本。背离了以人为本这一价值目标,放弃了以人为本这一根本要求,人民的政权就名实相背。人的全面发展,是党领导人民建设中国特色社会主义法治的出发点和落脚点。正因为如此,党的十八届四中全会明确将"人民"作为中国特色社会主义法治道路的"力量源泉"。② 中国特色社会主义法治道路作为法治中国的道路选择,其目标始终是以人民主体为依托、以人民当家作主为归宿,偏离这一目标,中国特色社会主义法治就将失去生命力,甚至有可能沦为集权专政的护身符。因此,中国特色社会主义法治道路若要行稳致远,根本在于人民,在于实现人民根本利益。

第五,中国特色社会主义制度决定法治道路的运行方向。一国的法治道路选择不仅是一个理论问题,也是一个实践问题。一条成功的法治道路不仅需要正确的理论指引,也决定于其在实践中的运行成效。中国特色社会主义制度不仅强调依法治国,更强调依法治国的全面性。这种"全面性"对法治建设运行机制的完备性与科学性提出了更高要求。基于中国特色社会主义制度的本质要求,从全面推进依法治国的实践需要出发,党的十八届四中全会将"一体建设"与"共同推进"明确为中国特色社会主义法治道路的运行机制。③ 中国特色社会主义法治道路运行机制的确立,不仅能够为中国特色社会主义制度提供更好的保障,也是党将依法治国由"治国基本方略"具体化为"治国理政的具体方式"的内在要求。

---

① 胡锦涛:《高举中国特色社会主义伟大旗帜,为夺取全面建设小康社会新胜利而奋斗——在中国共产党第十七次全国代表大会上的报告》,人民出版社2007年版,第21页。
② 《中共中央关于全面推进依法治国若干重大问题的决定》,人民出版社2014年版,第6页。
③ "一体建设",即坚持法治国家、法治政府、法治社会一体建设,"共同推进",即坚持依法治国、依法执政、依法行政共同推进。(参见《中共中央关于全面推进依法治国若干重大问题的决定》,人民出版社2014年版,第4页)

## 第二节　人民意志性：法治道路是统一
## 　　　　法治认识和行动的必然要求

法治的主体是谁，法治为谁服务是判断一国法治属性的试金石。西方资本主义的法治无论其如何宣扬所谓的公平正义，也无法掩饰其代表少数阶级阶层的客观事实。颇具争议的"辛普森杀妻案"与"科比·布莱恩特性侵案"的最终裁决结果就是最好的证明。一国法治的文明与先进与否，关键在于其反映谁的意志。中华人民共和国是人民当家作主的社会主义国家，其法治建设的"主体"是人民，[①] 人民的根本利益也就当然地成为法治的出发点与落脚点。为此，《决定》将"坚持人民主体地位"作为中国特色社会主义法治道路的基本原则之一，并深刻指出，我国法治建设的目的是为了人民、造福人民、保护人民。那么，如何才能达成这一目的呢？答案就是：依靠人民。

### 一、法治认识论：主体认同

众所周知，法律制度是一个国家政治上层建筑的重要组成部分，因此，法治建设亦是一个国家政治文明建设和政治体制改革的重要组成部分。中国特色社会主义法治道路不仅是"我们党在治国理政上的自我完善、自我提高"，[②] 也是国家治理现代化的法治保障与内在要求，更是社会主义中国政治文明建设与政治体制改革的应有之义。值得注意的是，我们选择走中国特色社会主义法治道路，是全体人民的共识，是主动为之，"不是在别人压力下做的"。[③] 历史上的中国在19世纪末20世纪初也曾寄希望于变法而图强，但是，那是清王朝在内忧外患下的被动选择。其时，清王朝的统治者们抱着"固皇位""轻外患""弭内乱"的迷思与西方列强"允弃治外法

---

[①]《中共中央关于全面推进依法治国若干重大问题的决定》，人民出版社2014年版，第6页。
[②] 中共中央文献研究室编：《习近平关于全面依法治国论述摘编》，中央文献出版社2015年版，第26页。
[③] 中共中央文献研究室编：《习近平关于全面依法治国论述摘编》，中央文献出版社2015年版，第26页。

权"的幻想,<sup>①</sup> 被动地开启了中国法制近代化的历程。历史已经告诉我们,那种为迎合"别人",并在"别人压力下"所进行的法制改革,注定是不会成功的。因为,从所谓"变法"的一开始,法制的变革之路就已经被西方列强所设定,其中没有人民的呼声,没有人民的利益,更没有人民的选择。与之形成鲜明对比的,则是当下中国的全面依法治国。它坚持人民主体地位,特别注重将人民的利益、愿望、权益与福祉"落实到依法治国全过程",在立法和法律的实施中"充分体现人民意志"。[②] 也因为此,中国特色社会主义法治道路得到了全国各族人民的广泛认同。

首先,法律是关乎人的存在。人是一切法律、法治的出发点与归宿,法律关系实质上是人与人之间的思想意志关系,是受法律规范调整的人与人之间的关系。马克思指出:"不是人为法律而存在,而是法律为人而存在。"[③]法律的起源与发展的历史已经向我们充分证明,法律的产生是因为人的需要,是因为人们对相互关系调整的需要。没有人对安全、秩序、平等、自由、正义等的需要,法律就不可能产生。所以,"离开了人,法律既没有存在的必要,也没有存在的可能。"[④] 人的生存与发展所依赖的物质生活条件决定法律的内容,人的社会生活实践则是检验和评价法律的标准。因此,在资本主义社会,法律表现为资产阶级压迫和剥削无产阶级和广大劳动人民的工具,在社会主义社会,法律则表现为人民自己的法律。

其次,法治是一项关乎"人"的事业。对于法治,《牛津法律大辞典》认为其可能源于中世纪的某种信念,那就是"法律应统治世界"[⑤]。也就是说,法治就是法律的统治或治理。因此,我们要认识、理解法治,首先就应当考察法律。早在古罗马时代,查士丁尼就曾指出,我们考察法律"首先

---

① 1902 年签订的《中英续议通商行船条约》约定:"中国深欲整顿本国律例,以期与各西国律例改同一律。英国允愿尽力协助以成此举。一俟查悉中国律例情形及其审断办法,及一切相关事宜皆臻妥善,英国即允弃其治外法权。"此后,美、日、葡等国在与清政府续订商约时亦予以重申。(参见范忠信、陈景良主编:《中国法制史》,北京大学出版社 2007 年版,第 479 页)

② 中共中央文献研究室编:《习近平关于全面依法治国论述摘编》,中央文献出版社 2015 年版,第 29 页。

③ 《马克思恩格斯全集》第 3 卷,人民出版社 2002 年版,第 40 页。

④ 李龙:《中国特色社会主义法治理论体系纲要》,武汉大学出版社 2012 年版,第 108 页。

⑤ [英]戴维·M. 沃克:《牛津法律大辞典》,李双元译,法律出版社 2003 年版,第 990 页。

考察人",他认为,想要很好地了解法律,就要很好地了解"作为法律的对象的人"。① 也就是说,不了解人,不了解人的需求,也就无法了解法律。从本源意义上讲,法律是人的法律,是一种有目的的活动,是一项"使人的行为服从规则治理的事业"。② 正因为如此,法治,也就必然以人为目的,是一项关于人的权利保障和为人的经济社会权利实现提供支持的事业。我国法治建设的社会主义属性,更加强调对人民根本利益的保护,从而充分实现人的价值,促进人的全面发展。

最后,法治道路是人民的选择。一个国家法治道路的形成,既受制于这个国家历史发展和客观现实,也是占统治地位的阶级主观选择的结果。中国特色社会主义法治道路,是对中国法治建设成就和经验的系统总结、理论升华与集中体现,是一个"管总的东西"。③ 党的十八届四中全会重申坚持"三者统一",进一步强调我们选择走中国特色社会主义法治道路"不是在别人压力下做的",④ 而是中国共产党在国家治理方略和方式上的自我完善和自我提高,是人民基于自身利益的主动选择。也就是说,选择中国特色社会主义法治道路,是全体中国人民的意志,也是全党的意志,是党高度自信的体现。在我国,中国共产党的领导是历史的选择、人民的选择和现实的选择。中国法治建设的成就是在中国共产党领导下取得的,党的意志就是人民意志和利益的体现。

## 二、法治实践论:行为选择

人类历史上曾经存在过诸如"神治""人治""法治"等多种不同的治国模式。但是,随着社会生产力的发展与人类的进步,"神治"与"人治"或因其蒙昧落后,或因其独断善变而最终被世界上绝大多数国家所摒弃。今天,"法治"已经成为全世界范围内的人们用来衡量"政府正统性

---

① [古罗马]查士丁尼:《法学总论:法学阶梯》,张企泰译,商务印书馆1989年版,第11页。
② [美]富勒:《法律的道德性》,郑戈译,商务印书馆2005年版,第113页。
③ 中共中央文献研究室编:《习近平关于全面依法治国论述摘编》,中央文献出版社2015年版,第26页。
④ 中共中央文献研究室编:《习近平关于全面依法治国论述摘编》,中央文献出版社2015年版,第26页。

的公认标尺"。① 在社会主义中国，法治成为一种治国方略经历了一个较为漫长的历史时期。江平先生在为"法治中国"丛书写的名为《法治兴，则中国兴》的总序中认为，在1949年中华人民共和国建立以后，中国的法治建设经历了四个阶段，即"共和国初期的法律实用主义阶段""'文化大革命'时期的法律虚无主义阶段""改革年代的法律经验主义阶段"，以及目前我们要为之奋斗的"法律理念主义阶段"。② 此种判断在一定层面上揭示了当代中国法治发展历程的概貌。但是，中华人民共和国的建立，为当代中国的法治建设奠定了一个政治上的基础，而真正意义上的全面法治建设则始于改革开放新时代。党的十一届三中全会直面十年"文革"的惨痛教训，指出了进行法制建设的重要性。以邓小平同志为核心的党的第二代领导集体根据当时的社会实际状况，坚持"一手抓建设，一手抓法制"，并提出了社会主义法制建设的一些基本原则，即："有法必依，执法必严，违法必究"。③ 这与后来的"有法可依"共同构成了朴素但内涵丰富的社会主义"法制原则"。从此，中国的法治建设进入了快车道和黄金期。在共和国成立50年后的1999年，"建设社会主义法治国家"被写入宪法，依法治国就此不仅正式成为一项宪法原则，也成了我们党治国理政的基本方略。为了旗帜鲜明地"就法治建设的重大理论和实践问题作出回答"，④ 2014年10月召开的十八届四中全会，对全面推进依法治国的必要性、领导力量、任务要求、行动举措等进行了深刻的阐释，进一步明确了建设中国特色社会主义法治国家的总目标。与之相对应，"中国特色社会主义法治道路"的提出亦并非一帆风顺，它不仅是近代以来中国人民对国家命运和前途不断探索的成果，也是我们党领导全国各族人民在依法治国的历史征程中经过反复的试错甚至是惨痛教训后所做的选择。

首先，中国特色社会主义法治道路是近代以来中国人民对国家命运和前

---

① ［美］布雷恩·Z.塔玛纳哈：《论法治——历史、政治和理论》，李桂林译，武汉大学出版社2010年版，第4页。

② 江平：《法治兴，则中国兴——"法治中国"丛书总序》，载许良英、王来棣：《民主的历史》，法律出版社2015年版，总序第3页。

③ 《邓小平文选》第二卷，人民出版社1994年版，第254页。

④ 习近平：《关于〈中共中央关于全面推进依法治国若干重大问题的决定〉的说明》，载《中共中央关于全面推进依法治国若干重大问题的决定》，人民出版社2014年版，第46页。

途不断探索的结果。中国近现代史上,有关法治道路的选择经历了五次否定,即戊戌变法对封建专制人治的否定、辛亥革命对封建专制与改良主义的否定、新中国的成立对国民政府资产阶级法治道路的否定、"四人帮"妄图篡党夺权对社会主义道路的否定、党的十一届三中全会对"四人帮"法西斯人治道路的否定。[①] 其中,除却第四次否定是对正义道路的反动外,其余几次都深刻地影响并推动了中国社会的发展。特别是第五次否定,不仅是中华人民共和国发展史上的重要里程碑,昭示着中国从此进入了一个改革开放与民主法治的崭新时代,也意味着中国特色社会主义法治道路就此得以成功开辟。

其次,中国特色社会主义法治道路是我们党领导全国各族人民在依法治国的历史征程中经过反复的试错甚至是惨痛教训后所做的选择。新中国成立后,中国共产党通过对国民党资产阶级道路的否定,找到了一条符合中国国情的国家发展道路。但一路走来并非没有波折,有时甚至付出了惨痛的代价。不同的国家发展道路意味着不同的法治发展道路,不同的法治道路又有不同的法治模式。因为种种原因,在新中国成立以来的不同历史阶段,我们党在治国方式与法治模式上尝试了不同的选择,分别有苏联模式、西方模式、"文革"模式、法制模式。[②] 历史已经告诉我们,苏联模式与"文革"模式给国家和人民带来了巨大的伤害,特别是后者。西方模式在本质上是资本主义生产资料私有制的产物,与中国的国家性质相矛盾。总结历史的经验教训,只有中国特色社会主义法治道路才是通向民主、富强、文明、和谐、美丽中国的阳关大道。

最后,坚持中国特色社会主义法治道路取得了丰硕成果。改革开放特别是近5年以来,在中国特色社会主义法治道路的指引下,我国的社会主义法治建设事业已然"取得历史性成就":[③] 党的十八届四中全会后,我国启动了民法典的编纂工作,并于2017年3月颁布了民法总则,中国特色社会主义法律体系日益完备;2015年12月,中共中央、国务院颁布《法治政府建设实施纲要(2015—2020年)》,明确提出到2020年基本建成法治政府,依

---

① 李龙:《中国特色社会主义法治理论体系纲要》,武汉大学出版社2012年版,第91—95页。
② 李龙:《法治模式论》,载《中国法学》1991年第6期。
③ 《中共中央关于全面推进依法治国若干重大问题的决定》,人民出版社2014年版,第3页。

法行政进入了"快车道";2018年3月颁布实施《中华人民共和国监察法》,国家监察体制改革取得突破;2016年10月,最高人民法院、最高人民检察院、公安部、国家安全部、司法部发布《关于推进以审判为中心的刑事诉讼制度改革的意见》及其实施意见,我国的司法改革不断取得新的进展,司法体制不断完善;2017年12月,《中国人权法治化保障的新进展》白皮书由国务院新闻办公室发布,其向全世界展现了中国人权法治化保障所取得的新成就;党的十八大以来,我们党共制定、修订了近80部中央党内法规,超过现有现行有效的170多部党内法规的40%,党内法规体系日益完善;[1]随着全民普法工作的深入开展,经过"一五"普法到"六五"普法,全社会的法治观念得到了明显增强。

### 三、法治关联论:意志与行动的统一

法律,作为一种社会现象的客观存在,是人们意识活动的产物,是受一定的物质生活条件制约的执政阶级意志的反映。如果对法律的认识仅限于此,那是远远不够的。因为,执政阶级的意志必须以立法者的行动表现出来,法律才是现实的存在;法律也只有在现实社会中得到实施,转变为人们的社会实践活动,法律才有其存在的价值。意志与行动的统一是法律的内在逻辑。法治当然要反映这一逻辑,并合乎这一逻辑。将法治中国理解为两个"统一的逻辑",即"一种历史与实践统一的逻辑"和"一种道义与实践统一的逻辑"[2]正是对法律内在逻辑的理论延展。中国法治发展的历史进程所展现出来的,就是将法治的一般性与中国法治的特殊性逐步融合的过程,是中国共产党人对中国特色社会主义法治道路的艰难探寻、智慧抉择与长期坚守的过程,是意志与行动相统一的过程。

首先,"议行合一"的人民代表大会制度是我国的根本政治制度。根本上区别于西方议会制的人民代表大会制度源自于1871年"巴黎公社"的尝试,是马克思主义中国化的重要成果之一。按照马克思的要求建立起来的"巴黎公社""是一个实干的而不是议会式的机构,它既是行政机关,同时

---

[1] 袁曙宏:《党的十八大以来全面依法治国的重大成就和基本经验》,载《求是》2017年第11期。
[2] 王旭:《"法治中国"命题的理论逻辑及其展开》,载《中国法学》2016年第1期。

也是立法机关"①。"它实质上是工人阶级的政府"。② 这种建立在民主集中制原则基础上的国家机关间的工作关系,表现为立法权与行政权的统一,与资本主义的"三权分立"截然不同。人民代表大会制度坚持人民是国家的真正主人,国家的一切权力归属于人民,只有人民通过平等、自由、公正、公开选举所产生的人民代表大会才是国家的权力机关,其他一切国家机关必须由人民代表大会产生,并对它负责,受它监督。

其次,政治决策与法律制度的一致性。"党和法的关系是政治和法治关系的集中反映"。③ 在我国,中国共产党是执政党,各民主党派是参政党,没有反对党。中国共产党是通过路线方针政策和立法的领导,从而实现对国家和社会事务、经济和文化事务的领导的。坚持党对立法工作的领导是坚持党的领导的最集中体现。党通过对立法工作的领导,将其已然成熟定型的路线方针政策,在法定程序下转化为国家意志,从而形成以国家强制力为后盾的法律制度。正因为如此,中国共产党的政治决策与法律制度是一致的,从来就不存在"党大还是法大"的问题。党通过立法,将自己的意志转化为国家意志的过程不仅保证了我国社会主义法治体系的阶级性与人民性的统一,也实现了中国特色社会主义法治体系与中国特色社会主义制度之法律形式的统一。

最后,人民立法与人民守法的一致性。康德认为立法权是人民的联合意志,"只有全体人民联合并集中起来的意志,应该在国家中拥有制定法律的权力"④。在我国,经由全国各族人民平等、自由、公正、公开选举产生的代表所组成的全国人民代表大会是最高国家立法机关,拥有最高立法权。所以,我国的法律在本质上是人民意志的反映,是人民利益的集中体现和强有力保障。在这里,人民既是立法的主体,也是守法的主体。建立在生产资料私有制基础上的资本主义国家之所以犯罪率居高不下,就在于其立法权行使主体与守法主体的分离,进而导致立法者与守法者在根本利益上的对立。因

---

① 《马克思恩格斯选集》第 3 卷,人民出版社 1995 年版,第 55 页。
② 《马克思恩格斯选集》第 1 卷,人民出版社 1995 年版,第 59 页。
③ 《中共中央关于全面推进依法治国若干重大问题的决定》,人民出版社 2014 年版,第 34 页。
④ [德] 康德:《法的形而上学原理——权利的科学》,沈叔平译,商务印书馆 1991 年版,第 140 页。

为,"邦国虽有良法,要是人民不能全都遵循,仍然不能实现法治"。① 中国特色社会主义法治道路之所以能得到全体中国人民的热情拥护并取得丰硕的成果,就在于中国特色社会主义法治坚持立法与守法的统一。

## 第三节 客观必然性:法治道路的国情分析

国情对一国立法和法治的影响,先贤早有洞察。商鞅就曾言:"为国也,观俗立法则治,察国事本则宜。不观时俗,不察国本,则其法立而民乱,事剧而功寡"。② 一个国家最终要建设什么样的法治国家,要走一条什么样的法治道路,说到底"是由一个国家的基本国情决定的"③。中国特色社会主义法治道路首先是中国特色的,中国国情正是中国特色的内在根据。不同的政治制度、历史传统、法治实践,都意味着可能存在不同的法治道路选择。"独特的文化传统,独特的历史命运,独特的基本国情,注定了我们必然要走适合自己特点的发展道路。"④ 我国的国家性质、历史传统、法治实践等综合国情在客观上决定了我们要走中国特色社会主义法治道路。《决定》所确立的全面推进依法治国必须遵循的重要原则之一就是"坚持从中国实际出发",中国实际就是中国国情。只有坚持从中国的国情出发,才能保证党对法治建设的领导,才能使法治体系合乎社会主义的本质规定,才能使我们的法治不违背使命初心。

### 一、社会主义初级阶段是中国特色社会主义法治道路的现实依托

党的十九大基于我国社会发展所取得的巨大成就,向全世界庄严宣布"中国特色社会主义进入了新时代"。这一论断契合于我国不久将全面建成小康社会的现实状况,是立足于以习近平同志为核心的新一代领导集体过去

---

① [古希腊]亚里士多德:《政治学》,吴寿彭译,商务印书馆 1965 年版,第 199 页。
② 《商君书·算地》。
③ 中共中央文献研究室编:《习近平关于全面依法治国论述摘编》,中央文献出版社 2015 年版,第 31 页。
④ 《习近平在全国宣传思想工作会议上强调:胸怀大局把握大势着眼大事,努力把宣传思想工作做得更好》,载《人民日报》2013 年 8 月 21 日。

五年的工作成就,并对改革开放以来国家建设的全部历史进程和经验的总结提炼,是中华民族从站起来、富起来到强起来的生动表述。但是,正确理解中国特色社会主义进入了新时代必须要科学认识和处理"变"与"不变"的关系,即虽然我国的社会发展出现了一些新的前所未有的阶段性特征,但是,我国社会主义所处的历史阶段并没有因此而发生根本性变化,其仍然是并将长期处于社会主义初级阶段。社会主义初级阶段仍然是我国的"最大实际"。[①] 中国特色社会主义法治道路必须立足于这一实际。

首先,社会主义初级阶段在性质上是社会主义的。党的十三大对社会主义初级阶段进行了科学的逻辑论证与系统的理论阐述,极具针对性地提出了党在这一阶段的基本路线。社会主义初级阶段包含着不可分割的两个方面:一方面,中国已经是社会主义;另一方面,中国的这个社会主义还处在初级阶段。社会主义初级阶段的社会主义属性意味着其既不是资本主义的,亦非新民主主义的。它的经济基础是生产资料的社会主义公有制,阶级基础是工农联盟,执政党是工人阶级的先锋队——中国共产党,国家的主人是最广大的人民群众。中国特色社会主义道路正是基于这样的基本国情而形成的社会实践与理论体系的有机统一。社会主义初级阶段的基本路线,即"一个中心、两个基本点"是中国特色社会主义道路的基本遵循,中国法治建设的道路选择亦不能无视甚至违背这样一条基本路线。

其次,社会主义初级阶段在空间上是中国的。社会主义初级阶段并不是每一个社会主义国家在发展过程中都必须要经历的阶段,它只是用来指称中国建设社会主义所必然要经历的特定阶段,因为我国的社会主义是建立在落后的社会生产和不发达的商品经济基础上的。这种特殊的国情决定了我国的社会主义必然长期处于社会主义初级阶段。社会主义初级阶段是要解决中国人民在中国共产党领导下取得反帝、反封建革命胜利后,如何在中国建设社会主义并实现社会主义现代化的问题,也是对我国所处发展阶段的历史方位的把握。社会主义初级阶段理论是在中国这样一个半殖民地、半封建社会建设社会主义的实践总结与理论提升,它可以为其他社会主义国家的建设提供

---

① 习近平:《决胜全面建成小康社会 夺取新时代中国特色社会主义伟大胜利——在中国共产党第十九次全国代表大会上的报告》,载《人民日报》2017年10月28日。

借鉴，但它不是其理论的指导。社会主义初级阶段的专属性让其更具典型意义与实践价值，基于这一准确判断而形成的社会主义实践、理论、制度才是中国的，才更具中国特色。中国特色社会主义法治道路必须基于"中国的"这一基本国情。

最后，社会主义初级阶段在时间上是长期的。"罗马不是一天建成的"，生产力的进步与社会主义制度的发展完善也不可能是一蹴而就的。社会主义初级阶段不是也不可能是一个短期的概念，而是一个相当长的历史时段，党的十三大对此的基本判断是"至少需要上百年的时间"，具体来说，就是从1956年社会主义改造基本完成到21世纪中叶社会主义现代化基本实现。这一判断也正是确定"两个一百年"奋斗目标的基本依据。"初级阶段"是实现社会主义现代化的必经阶段，其本身也要经历若干具体的发展阶段。"新时代"只是社会主义初级阶段的新时代。社会主义初级阶段的长期性，要求我们党在政治决策与制度设计时应当保持足够的战略清醒和战略定力，不必妄自菲薄，更不可急功近利。正因为此，中国特色社会主义法治道路建设是一项具有长期性与复杂性的系统工程，决不可一蹴而就。

## 二、中华法系的文化传统蕴藏着法治道路选择的历史基因

历史才能让一个民族与其原始状态保持"生动关系"，没有了这种历史的关联，"就丧失了每个民族最优秀的精神源泉"。[1] 历史是一个民族的过去，但它并非仅仅意味着过去，它还将深刻地影响这个民族的未来。没有哪个国家的发展能够割断与本民族的历史关联，即使其在发展过程中可能或长或短地遭受外民族的入侵与奴役。这就是历史的力量。中国共产党之所以能在中国开辟出一条中国特色社会主义道路决"不是偶然的"，[2] 我国悠久的历史传统与文化传承是其历史文化上的根据。中华民族有着漫长且从未曾断裂的文明史，法律文化深厚，中国特色社会主义法治建设理应从中汲取营养，走具有中国特色的法治道路。

首先，古代法治思想源远流长。中国早在公元前21世纪就建立了中央

---

[1] ［德］萨维尼：《论立法与法学的当代使命》，许章润译，中国法制出版社2001年版，第33页。
[2] 中共中央文献研究室编：《习近平关于协调推进"四个全面"战略布局论述摘编》，中央文献出版社2015年版，第84页。

集权的奴隶国家——夏,并且制定了"禹刑",春秋后期又以"铸刑书""铸刑鼎"的方式向社会公布成文法,战国时期则形成了以《法经》为代表的一大批自成体系的成文法典,经汉唐的进一步发展,更是较早地创建了独树一帜的中华法系。法律制度的发展,也带来了法治思想的进步。以春秋战国时期的法家为例,有商鞅的"缘法而治",① 有管仲的"以法治国"②"君臣上下贵贱皆从法",③ 有慎到的"大君任法而弗躬,则事断于法",④ 有韩非的"以法为本"⑤ 等有代表性的法治观念与思想。这一时期,他们还就法治与人治的相关问题与儒家展开辩论。其中,韩非对法治与人治的比较极富启发性,他认为:"废势背法而待尧、舜,……是千世乱而一治也。抱法处势而待桀、纣,……是千世治而一乱也。"⑥ 法治较之人治的优势在这样的比较中获得了证成。中国当代的法治建设不应无视我们祖辈在法治领域所作的伟大贡献。

其次,以德润法的法律文化深厚绵长。西周统治者从夏商两朝灭亡的教训中发现了"天命靡常"⑦ 的道理,进而将人伦领域之"德"引入社会治理领域,提出了"以德配天"的"德治"思想。当然,"德治"不是不要法律,《左传》就有"周有乱政,而作'九刑'"⑧ 的记载。但是,西周一改夏商的专任刑罚而坚持"明德慎罚"。⑨ 孔子有云:"周监于二代,郁郁乎文哉,吾从周。"⑩ 德治亦成为其后儒家之重要的治理主张。虽然历史上曾出现秦朝"尊法弃德"和明代"刑乱国用重典"的"德""法"非正常关系,但以西汉"礼法并重"、唐代"贞观修礼"为代表的德、法并用仍是主流。⑪

---

① 《商君书·君臣》。
② 《管子·任法》。
③ 《管子·任法》。
④ 《慎子·君人》。
⑤ 《韩非子·饰邪》。
⑥ 《韩非子·难势》。
⑦ 《诗经·大雅·文王》。
⑧ 《左传·昭公六年》。
⑨ 《尚书·康诰》。
⑩ 《论语·八佾》。
⑪ 马忠:《中国特色社会主义法治道路的独特性及内在根据》,载《武汉大学学报(哲学社会科学版)》2017年第2期。

即便在近代以来,以儒家文化为代表的中国传统文化遭遇了"制度性解体",但其对人的道德潜能的认识及对"以德服人"的强调,特别是对为政者、当权者道德品质的高度重视,在今天仍然具有重要的价值。① 中国特色社会主义法治道路应当从中汲取足够的养分。

最后,尊重民族的历史才有中国特色的法治。一个民族的法律与该民族独特的秉性存在不可分割的联系,用德国法学家萨维尼的话说就是,"法律随着民族的发展而发展,随着民族力量的加强而加强"。② 一个国家法律的发展需要从本民族的发展史中获取能量。一个国家的法治建设同样要尊重其长期形成的历史传承,我们不能想象在政治制度上突然就搬来一座"飞来峰"。③ 割断民族历史的法治是不可能有生命力的,因为法律会"随着民族对于其民族性的丧失而消亡"。④ 对于法治来说,强调对民族传统的尊重,并非是要闭门造车。作为人类文明成果的法治,虽然因国家制度的差异而在不同国家有不同的表现形式,但其核心要素、基本原则与理论精髓对各国来说仍具有一定的共通性。抱持一个开放的心态,学习他国先进的法治经验,对于我国的法治建设来说肯定有百利而无一害。所谓"他山之石,可以攻玉"。只有尊重历史,虚心借鉴和吸收世界上优秀的法治文明,中国特色社会主义道路才能因充满活力而极具生命力。

## 三、民族法治素养筑牢法治道路的人文基础

法治是一项伟大的事业,选择一条什么样的道路来完成这项事业至为关键。不同的道路选择往往意味着事业发展的不同方向和结局。马克斯·韦伯曾向我们揭示过一个深刻的道理,那就是"在任何一项事业背后,必然存在着一种无形的精神力量;尤为重要的是,这种精神力量与该项事业的社会文化情景有密切的渊源"。⑤ 中国的法治建设应该循着适合于中国自身的道

---

① 王旭:《论全面推进依法治国的几个基本关系》,载《中国高校社会科学》2018 年第 2 期。
② [德] 萨维尼:《论立法与法学的当代使命》,许章润译,中国法制出版社 2001 年版,第 9 页。
③ 习近平:《在庆祝全国人民代表大会成立 60 周年大会上的讲话》,载《人民日报》2014 年 9 月 6 日,第 2 版。
④ [德] 萨维尼:《论立法与法学的当代使命》,许章润译,中国法制出版社 2001 年版,第 9 页。
⑤ [德] 马克斯·韦伯:《新教伦理与资本主义精神》,黄晓京、彭强译,四川师范大学出版社 1986 年版,"译者序言"第 3 页。

路前进，其应当与支撑中国法治事业发展的精神力量相一致，并寻求社会文化在整体上的认同与接受。托克维尔曾经说过，"法律只要不以民情为基础，就总要处于不稳定的状态"。① 法律的制定与实施需要民情的基础，法治建设同样需要民情的支持与民众的认同。离开一定的民情，中国特色社会主义法治道路这一伟大事业就缺失了足够的精神力量支撑，就不可能成功走向法治中国和中华民族伟大复兴。民族的法治素养就是这一精神力量的重要表现形式，也是最重要的民情之一。

首先，公民法治观念明显增强，但法治信仰尚未形成。改革开放 40 多年来，我国法治建设所取得的成就令世人瞩目，广大人民群众的尊法、守法、护法意识显著提高，法治观念明显增强。但是，社会上还存在相当一部分人只信钱、权、访、闹，就是不信法；遇事"找熟人""找关系"就是不找法。大量漠视甚至无视法律法规现象的存在，必然损害法律的权威，伤害社会的公平正义理念。法律的权威是要靠人民来维护的，没有人民对法律的真诚信仰，法律的权威就不可能建立，法治国家就不可能建成。正如托克维尔所说："没有民情的权威就不可能建立自由的权威，而没有信仰也不可能养成民情。"② 在我国，人民是国家的主人，是依法治国的主体。如果人们不能在内心认同并接受法律，真正在日常生活中遵守乃至捍卫法律，法律也就成为一纸空文，全面推进依法治国必将难以为继。

其次，领导干部法治意识整体提高，但执法司法不公和腐败仍然突出。中国共产党在我国是执政党，拥有 9100 多万党员，是社会主义各项事业的领路人和引航者，他们的一言一行都会影响到身边的老百姓，也往往会成为老百姓效法的对象。所以，习近平总书记指出，全面推进依法治国，让依法治国真正落到实处，必须要紧紧抓住领导干部这个"关键少数"。③ 自党的十六大以来，中央政治局就坚持集体学习并形成了制度，给各地方党组织和党员同志起了很好的表率作用。随着全面从严治党的推进，党内法规的逐步完善，我国的党建工作取得了重要进步，党员干部的法治意识整体得到了提

---

① ［法］托克维尔：《论美国的民主（上）》，童果良译，商务印书馆 1991 年版，第 315 页。
② ［法］托克维尔：《论美国的民主（上）》，童果良译，商务印书馆 1991 年版，第 14 页。
③ 中共中央文献研究室编：《习近平关于全面依法治国论述摘编》，中央文献出版社 2015 年版，第 118 页。

高。但是,仍有一些领导干部依法办事的观念薄弱,甚至知法犯法、以言代法、以权压法、徇私枉法,从而导致广大人民群众"对执法司法不公和腐败问题反映强烈"。① 这就要求中国特色社会主义法治道路应当将全面依法治国与全面从严治党、全面深化改革统一起来。

最后,社会建设取得实效,但法治社会建设任重道远。伴随着中国经济的快速发展,人们的物质文化生活水平大大提升,社会整体面貌焕然一新:不仅在社会设施的"硬件"建设上取得了令世人瞩目的成就,社会成员在知法守法、公众参与等方面也都有了长足的进步。但是,守法光荣、违法可耻的整体社会氛围尚未形成,法治精神和法治文化尚有缺失,守法用法信法还未成为一种社会生活习惯与行为方式,法治社会建设任重而道远。没有法治社会,法治国家与法治政府就失去了基础与支撑,在当前法治国家、法治政府、法治社会一体建设的情境下,法治社会建设愈加显得重要和迫切。法治社会建设的核心是全民守法,这就要求在全社会大力开展全民普法、领导干部带头学法工作,把法治教育纳入国民教育体系,加强法治宣传并形成普法宣传教育机制,充分发挥人民团体和社会组织在法治社会建设中的作用。

## 第四节 现实紧迫性:国富民强的法治之路

作为"四大文明古国"之一,古代中国曾创造了光辉灿烂的文化,在世界上长期处于领先地位。春秋战国时代,其学术思想之繁荣丝毫不逊色于古代希腊和罗马,以孔孟儒家为代表的人治思想与亚里士多德的贤人政治理论相映成趣,法家"缘法而治"的法治思想比之柏拉图、亚里士多德的法治主张亦不遑多让。② 开始于15世纪的地理大发现、16世纪的文艺复兴和18世纪60年代的工业革命使得西方世界开始崛起,中国亦开始逐渐落后于西方的主要大国,特别是1840年鸦片战争后,中国更是在西方主要国家的坚船利炮之下沦为了一个半殖民地半封建的国家,广大人民群众开始生活于贫穷、落后和奴役之中。也正是从这时候开始,中国的有识之士踏上了一条

---

① 《中共中央关于全面推进依法治国若干重大问题的决定》,人民出版社2014年版,第3页。
② 参见马小红、姜晓敏:《中国法律思想史》,中国人民大学出版社2010年版,"前言"第8页。

救国救民，实现中华民族伟大复兴之路。在经历了无数次的尝试与失败后，是中国共产党人承担起了这一历史伟业。在鸦片战争一百年后的1949年，中国人民最终推翻了压在自己头上的"三座大山"，在中国共产党的领导下建立了新中国。在中国人民刚刚完成生产资料私有制的社会主义改造，阔步迈上社会主义康庄大道不久，"十年动乱"开始。这一时期，社会秩序遭到全面破坏，经济建设陷入瘫痪，人民的基本权利得不到任何保障，中华民族伟大复兴之路再遭挫折。党的十一届三中全会，总结了十年"文革"的惨痛教训，开启了改革开放与依法治国"两翼齐飞"的新征程，中国人民真正找到了一条通向中华民族伟大复兴之路——中国特色社会主义道路。

### 一、中国特色社会主义法治道路是全面建设社会主义现代化国家的有力保障

"问题是时代的声音，人心是最大的政治。"① 全面建成小康社会正是对当代中国社会发展中的现实问题的回应。当前，中华民族伟大复兴的"关键一步"——全面小康社会已经建成并开启全面建设社会主义现代化国家新征程。全面建成小康社会，关键在"全面"二字。"全面"，意味着其既不是"同一水平小康"，也不是"同步小康"；既不是某一领域的小康，也不是部分人、部分地区的小康。因此，要达成这一目标，就必须坚持"五位一体"总体布局。"五位一体"的总体布局不仅需要全面深化改革为其提供制度保证和发展活力，也需要全面从严治党为其提供政治领导和方向把握，更离不开全面依法治国为其提供规范引导与法治保障。

首先，全面建成小康社会，开启全面建设社会主义现代化国家新征程在时间上的紧迫性要求坚持中国特色社会主义法治道路。根据党"两个翻番""两个一百年"的奋斗目标，到2020年，我国实现国内生产总值和城乡居民人均收入比2010年翻一番，全面建成惠及十几亿人口的小康社会。要在八到十年的时间里，实现"两个翻番"，完成"第一个百年"目标，难度之

---

① 中共中央文献研究室编：《习近平关于协调推进"四个全面"战略布局论述摘编》，中央文献出版社2015年版，第157页。

大可想而知。也正因为其难，才体现了中国共产党攻坚克难的勇气、敢于担当的责任意识和对执政能力的高度自信。就扶贫开发工作来说，如果按常规思路和办法，按部就班，实现我国贫困人口的全部脱贫要到 2025 年，① 全面小康的目标就不可能如期完成。这种时间上的紧迫性，对党的领导提出了更高的要求。党必须紧紧依靠人民，"加强顶层设计和摸着石头过河相结合，整体推进和重点突破相促进"，② 统筹全局、协调各方，形成合力。如此，必然关涉立法与改革决策的衔接和加强重点领域的立法问题，这都离不开中国特色社会主义法治道路的保障。

其次，社会主要矛盾的变化要求坚持中国特色社会主义法治道路。新时代，中国社会的主要矛盾已经变成了"人民日益增长的美好生活需要和不平衡不充分的发展之间的矛盾"。这种事关党和国家事业发展全局的变化，意味着在新时代中国，发展仍然是第一要务，但是，发展模式却必须要发生改变，即由数量增长型转向质量效益型，并充分关注并努力解决好发展不平衡不充分问题。在物质文化生活需要得到基本满足之后，人民迫切需要获得更高的生活质量、更多的参与机会、更和谐社会环境、更多的公平正义、更美好的生存环境，实现权利、机会、规则、保障的公平。如此，不仅需要更加注重政治、经济、社会、文化、生态文明等领域的平衡发展，也要大力提高社会生产力，促进政治、经济、社会、文化、生态文明等领域的充分发展。要实现社会生产平衡而充分的发展，离不开法治提供的制度与规范保障。值得注意的是，党员干部的贪腐行为不仅是对民主政治的破坏，也直接阻碍广大人民群众对公平正义的追求。解决这一问题，同样需要通过法治让权力在阳光下运行，把权力关进制度的笼子。总之，回应我国社会主要矛盾的变化，不是要削弱中国特色社会主义法治，恰恰相反，我们应当更加坚定走中国特色社会主义法治道路的决心与信念。

最后，国际环境复杂多变要求坚持中国特色社会主义法治道路。经济的全球化使得国家间联系愈加紧密，经济依存度越来越高。就我国而言，外贸已成为推动中国经济发展的重要引擎，对中国经济的成长贡献甚巨。一个友

---

① 中共中央文献研究室编：《习近平关于协调推进"四个全面"战略布局论述摘编》，中央文献出版社 2015 年版，第 47—48 页。

② 《中共中央关于全面深化改革若干重大问题的决定》，人民出版社 2013 年版，第 7 页。

好、和平的国际环境,能够为我国全面建设社会主义现代化国家创造一个良好的外部环境。但是,由于民粹主义和孤立主义的抬头,贸易保护主义已经对全球经济造成冲击。美国自特朗普总统上台以来,已经退出多项国际条约与多个国际组织,对包括中国在内的多个国家与地区发动贸易战,给世界经济的前景蒙上了阴影。为此,我们不仅要加强自身的经济建设,也要强化法治建设,充分利用国内法与国际法切实保护国家经济的发展成果。与此同时,"一带一路"建设要达成的设施联通、贸易畅通、资金融通和因投资而形成的大量海外利益也需要国家提供法治保障。特别是西方国家基于意识形态的原因,从没停止对中国的民主、人权等问题的指手画脚,试图影响中国经济政治文化等的发展进程,进而颠覆社会主义的国家制度,这不仅需要我们在思想意识上高度重视并时刻保持警惕,也需要通过中国特色社会主义法治道路坚决捍卫社会主义的国家制度。

## 二、中国特色社会主义法治道路是实现中华民族伟大复兴中国梦的根本保障

2020年11月16日,中央全面依法治国工作会议首次提出了"习近平法治思想"这一全新的概念。习近平总书记在这次会议上系统阐释了全面依法治国理论体系,明确指出:"坚定不移走中国特色社会主义法治道路……,为全面建设社会主义现代化国家、实现中华民族伟大复兴的中国梦提供有力法治保障"。在关于法治理论的"十一个坚持"中,就中国特色社会主义法治道路进一步深刻指出:"从我国革命、建设、改革的实践中探索适合自己的法治道路,……为全面建设社会主义现代化国家、实现中华民族伟大复兴夯实法治基础"。[①] 中国梦是基于世情、国情、党情的深刻变化,根据党的十八大精神提出来的中华民族伟大复兴之梦,它与"实现社会主义现代化"一起构成建设中国特色社会主义的"总任务",也与"两个一百年"的奋斗目标紧密联系。党的十九大不仅明确了第一个百年奋斗目标的战略重点,即打好防范化解重大风险、精准脱贫、污染防治"三大攻坚战",还对第二个百年目标进行了战略谋划,即"两步

---

① 习近平:《论坚持全面依法治国》,中央文献出版社2020年版,第1—3页。

走"战略。所谓"两步走",第一步是自 2020 年实现全面建成小康社会的基础上再奋斗十五年,基本实现现代化的奋斗目标,第二步是在第一步奋斗目标实现的基础上,再奋斗十五年,实现社会主义现代化强国之梦和中华民族的伟大复兴。[1] 由此可见,中华民族伟大复兴中国梦与社会主义现代化不是相互孤立的,更不是相互矛盾的,恰恰相反,它们是相互联系、内在统一的。

首先,从中华民族伟大复兴中国梦的基本内涵来看,实现国家富强、民族振兴、人民幸福必须坚持中国特色社会主义法治道路。近代中国的落后挨打,正是因为国家、民族的积贫积弱。为此,中国民主革命的先行者孙中山先生在 100 多年前喊出了那句振聋发聩的口号——振兴中华。"一切成功发展振兴的民族,都是找到了适合自己实际的道路的民族。"[2] 我们所处的这个时代,为什么无比接近实现中华民族伟大复兴中国梦呢?皆因我们找到了一条通向国家富强、民族振兴、人民幸福的道路,那就是中国特色社会主义道路。它将依法治国与党的领导、人民当家作主有机统一,进而从法治上保障党的领导和人民当家作主。所谓"奉法者强则国强",[3] 依法治国就是将党和国家的各项工作纳入法治化轨道,调节社会关系,规范社会行为,保护公民权利和利益,使整个国家和社会既井然有序又生机盎然。历史昭示我们,离开依法治国,国家生活和社会生活必然陷入混乱和无序,社会也不可能和谐稳定,人民也就不可能获得幸福。也就是说,只有走中国特色社会主义法治道路,才能够为国家富强、民族振兴、人民幸福提供根本性的制度保障。

其次,从中华民族伟大复兴中国梦的战略支撑来看,进行伟大斗争,建设伟大工程,推进伟大事业必须坚持中国特色社会主义法治道路。伴随中国特色社会主义进入新时代,中国共产党人必将面临新的目标、新的使命。如何回答新时代的新命题?"四个伟大",即"实现伟大梦想","进行伟大斗

---

[1] 习近平:《决胜全面建成小康社会,夺取新时代中国特色社会主义伟大胜利——在中国共产党第十九次全国代表大会上的报告》,载《人民日报》2017 年 10 月 28 日。

[2] 习近平:《在纪念孙中山先生诞辰 150 周年大会上的讲话》,载《人民日报》2016 年 11 月 12 日。

[3] 《韩非子·有度》。

争","建设伟大工程","推进伟大事业"就是党的十九大给出的答案。中华民族伟大复兴中国梦不是某一个人或某一部分人的梦,而是全体中国人民共同的梦,它将国家、民族与个人的利益紧紧相连,从而将国家、民族、个人凝聚成一个荣辱与共的命运共同体。因此,中华民族伟大复兴中国梦的实现离不开科学的战略谋划与支撑。只有与一切阻碍中华民族复兴中国梦实现的言行作坚决的"伟大斗争",全面从严治党,深入推进党的建设的"伟大工程",全面推进中国特色社会主义"伟大事业",才能真正达成中华民族的伟大复兴。要实现这一切,全面推进依法治国不可或缺。没有法治作为保障,我们所进行的伟大斗争不可能取得胜利;没有法治作为保障,我们所建设的伟大工程就不可持续;没有法治作为保障,我们所推进的伟大事业势必半途而废。因此,要完成"四个伟大"的历史使命,实现中华民族伟大复兴,就必须构建一个科学、完整、开放的中国特色社会主义法治体系,坚持中国特色社会主义法治道路。

最后,从中华民族伟大复兴中国梦的实现路径来看,走中国道路,弘扬中国精神,凝聚中国力量必须坚持中国特色社会主义法治道路。习近平总书记在第十二届全国人民代表大会第一次会议上的讲话,不仅深刻阐述了中国梦的内涵,更指出了中国梦的实现路径,那就是"走中国道路","弘扬中国精神","凝聚中国力量"。[1]"走中国道路",当然就是走中国特色社会主义道路。人民是中国特色社会主义道路的最终目的,亦是中国梦的根本所在。只有紧紧依靠人民,不断为人民造福,中国特色社会主义的伟大事业才能成功,中国梦才能最终实现。走中国特色社会主义道路正是民族精神、时代精神和人民首创精神的体现,其能够在最大程度上团结全国各族人民,从而形成实现中国梦的不可战胜的磅礴力量。

发展是中国的第一要务。中华民族伟大复兴之路既是一条发展之路,也是一条法治强国之路。"推进全面依法治国要全面贯彻落实党的十九大、十九届二中、三中、四中、五中全会精神,从把握新发展阶段、贯彻新发展理念、构建新发展格局的实际出发"。[2] 发展既是法治的根本价值,又依托法

---

[1] 习近平:《在第十二届全国人民代表大会第一次会议上的讲话》,载《人民日报》2013年3月18日。

[2] 习近平:《论坚持全面依法治国》,中央文献出版社2020年版,第1页。

治的强力保障。中国特色社会主义法治道路，能够在制度上保证国家各项工作的社会主义方向，充分保障人民当家作主，最大程度释放广大人民群众的创新活力，使社会主义建设发展成果更多更公平惠及全体人民，使其朝着共同富裕稳步前进。

# 第 四 章

# 中国特色社会主义法治道路的价值诉求

  道路问题虽是一种借喻，但在治国者看来，却是关系全局的首要问题，甚至是关系到生存还是毁灭，兴盛还是衰亡的本体论问题。党的十八大以来，习近平总书记关于中国道路作出了一系列论述，如"道路问题是关系到党的事业兴衰成败的第一位问题，道路就是党的生命"。"实现中国梦必须走中国道路。这就是中国特色社会主义道路。"[①] 道路的选择和建设，关乎民众与国族的长远利益；其内在的价值诉求，构成了社会生活和行动的观念基础。

  然而，中国道路问题，历来为智识之士视为"畏途"。对于中国这样的超级复杂共同体，走什么路，向何处去，殊难定论。研究者的微观求证或可提供局部指引，但脱离了价值层面的顶层设计，总体方向的迷惘始终难以化解。对于中国道路的价值判准，虽然学者们可以建构包容性的表达框架，但如何解决理论、制度和实践中多元价值冲突的难题，既是对中国共产党执政能力的考验，也是对中国法理学创新品格的检测。

  为了解决"中国向何处去""中国法治向何处去"的战略问题，中国共产党十八届四中全会正式提出了"坚持和拓展中国特色社会主义法治道路"的命题。面对这样一个极具政治意涵的纲领性问题，法学界的研究主题集中

---

[①] 新华社新闻采访中心：《深入学习习近平总书记重要讲话读本》，人民出版社2013年版，第1页。

于中国法治道路的历史回顾、内涵界定、本质特征及具体特色等方面。① 学者们的所思所论全面周详,展现了转型时期中国主流法学的风格和实力。除此之外,一些"蹊径另辟"的研究成果,围绕中国共产党的"新法统"、政党国家的法治技艺、新法家的法治主义、当代中国法治的战略图景等问题方向展开,试图从丰富的细节关照中提取中国特色的法治元素。② 这些研究为我们准备了丰富的思想素材,于此基础上,深度探寻中国特色社会主义法治道路的价值诉求,确实是一项充满诱惑的理论探险。本章力求在设定的"问题导向"下,勾勒一幅以中国共产党为中心的法治价值生成图景,从中发现中国特色社会主义法治价值诉求的基本逻辑和关键元素,反思当前法治实践中的观念偏误。

## 第一节 中国法治道路的本体迷惘

### 一、问题的提出

价值问题产生于人们的思想迷惘,而解决思想的困惑和迷思,根本上是为了个人和群体更好的生活。法治存在的意义,无论名目如何繁多,内容多么驳杂,其在本体论上的第一要义无非是助益人类生活,提升人性尊严。当某种有关法治的具体主张得到社群多数的认同和支持,经过实践理性的淬炼和鉴证,为某个或某些具备引领变革能力的社会群体接受,进而就会通过政治诉求的方式塑造为特定的法治道路话语,产生理论和实践上的作用。但如若人们长期对法治道路的基本价值无法形成共识,总是陷于众说纷纭、莫衷

---

① 代表性成果,例如公丕祥:《中国特色社会主义法治道路的时代进程》,载《中国法学》2015年第5期;汪习根:《法治中国的科学含义》,载《中国法学》2014年第2期;张文显:《论中国特色社会主义法治道路》,载《中国法学》2009年第6期;何勤华:《论中国特色社会主义法治道路》,载《法制与社会发展》2015年第3期。

② 例如,陈柏峰:《缠讼、信访与新中国法律传统》,载《中外法学》2004年第2期;程燎原:《晚清"新法家"的"新法治主义"》,载《中国法学》2008年第5期;强世功:《从行政法治国到政党法治国:党法和国法关系的法理学思考》,载《中国法律评论》2016年第3期;陈端洪:《制宪权与根本法》,中国法制出版社2010年版;蒋立山:《法律现代化:中国法治道路问题研究》,中国法制出版社2006年版;等等。

一是的迷惘状态，势必会出现思想层面的混乱，影响到大众期望的理想生活的实现。

就当前中国而言，"要法治，不要人治"在执政党、国家系统及社会各阶层已成共识。但我们究竟需要怎样的法治？或者说，应当走怎样的法治道路？① 对此问题的解答，仍存在各式各样的价值分歧。与具体的方法论分歧不同，价值观的分歧代表了本体论的迷惘，特别是当法律问题与政治问题、道德问题交织一体的时候，本体迷惘有可能造成政治决断的方向性偏失。

例如，中国法学界"法律移植派"与"本土资源派"的论战，表明从20世纪90年代开始，中国法治道路的价值选择争论即已凸显。这种争论延续了中学与西学的"体用"之争，"姓资"还是"姓社"的意识形态之争，甚至兼有"文明冲突"的全球化色彩。另如，法律精英主义与大众化的论争，有学者将之演绎为"专法型"和"普法型"的两条法治道路之争。② 还有理论界围绕"宪政民主""公民社会""三权分立""党法关系""普世价值"等问题的诸多争论，莫不具有本体价值争议的性质。

学术争论本身是好事，但如果因为短时间内难以决疑，或被个别偏激观点误导，致使政治战略犹疑不定、前后矛盾，那就是学术与政治关系异化之恶果了。法学研究不可能脱离政治语境，而政法话语的生产和传播又植根于社会实践层面的斗争和妥协。政法话语的价值表达注重实践需要，强调框架上的逻辑包容和解释上的机变权宜，与学术理论范式具有很大差异。如何从法治实践视角出发，厘清政法话语表达背后的价值实践机理，对于思想迷惘的消解，具有重要意义。说到底，政治上的统一思想与学术上的思想自由，并非一个场域、一种阶段、一类主体的价值行为，但二者可以相互映照，彼此补充，协调不悖。

中国特色社会主义法治道路的价值诉求，其本体源自新近的政法话语，但其内容却横亘古今，涵摄中外。不同主体从各自的社会位置和权能需求出

---

① 1946年，就当时中国究竟需要怎样的法治，面对形形色色的主义和主张，韩德培先生在《观察》杂志撰文指出："假如单从形式方面来主张法治，这种法治可能为君主专政的法治，也可能为法西斯独裁政治的法治。所以我们今日提倡法治，不可不于形式意义的法治之外，特别重视实质意义的法治。""我们今日所需要的法治，乃是民主政治的法治，是建立于民主政治之上的法治。"（《韩德培文选》，武汉大学出版社1996年版，第494页）

② 凌斌：《法治的两条道路》，载《中外法学》2007年第1期。

发，衍生出繁杂的价值表达和多样的价值诉求。比如，政治家对于法律和法治的理解，在很多方面与法学家的认识并不重合；政治精英与经济精英、文化精英对法治的价值诉求也未必契合无间；社会各群体之间及同一群体的不同人群之间，对于法治的要求和愿景都各具特色，很难完全摆脱"自我本位"的先定局限。要完成宏大的"视阈融合"研究，描画一幅完整无缺的价值图像，必须抓住导致法治价值本体迷惘的关键要点，从主观问题的客观呈现中找到突破契机。

当然，我们可以从多个方面反思当前法治价值的迷惘问题。比如，从官方倡导看，虽然法治已成为治国理政的总体方略，但中国法治的核心价值并不明朗。由于价值认知在党内尚未取得完全一致，虽然社会主义核心价值观中包含"法治"的条目和诸多与法治价值密切相关的内容，但仍有待专门化、具体化、体系化。从理论响应看，虽有大量相关成果，但中国特色社会主义法治道路的价值研究几近于无。从法律实践看，困扰法律工作者的价值冲突问题依然存在，在一些公众关注的轰动案件中表现得尤为突出。从宣导效果看，党的十八大以来的法治思维普及主要集中在领导干部层面，尚未扩展为一种行之有效的全民价值观教育。从大众舆论看，民间价值观更倾向于对民族主义、社会主义的偏好性理解，对于法治的本体要求和基本价值缺乏认同，对官方倡导的法治价值话语与西方主流法治话语的区别难以辨识，对中国共产党的法治主张缺少应有的了解。

将现实困扰（problem）归结为理念问题（question），我们必须面对这样一个核心发问：当前中国共产党对法治的价值判断和诉求究竟秉持着怎样的理据？这才是我们需要关注的焦点。总体而言，现今各界对于中国特色社会主义法治道路的价值认知，特别是以中国共产党为价值主体核心的法治诉求逻辑，普遍还处于总体模糊的迷惘状态，对党的十八大以来中国共产党法治新思想新理念新战略的价值生成逻辑、内容体系都缺少准确的理解和把握，从必要性（Why）、主体（Who）、内容（What）、时空环境（When&Where）、实现方式（How）、实现程度（How much）都不甚明朗，存在各种理解和践行的误区。此种状况，可能会严重影响公众对法治价值整体认知程度的提升。而要从本体论上考究、化解这些思想迷惘，我们则需要首先对"中国特色社会主义法治道路"的本然喻义有客观精准的认识。

## 二、道路人类学与马克思主义

设想这样一种情形：某人常年行走于一条羊肠小路，深感艰辛不便，于是呼朋唤友，组织乡邻，下定决心修筑一条康庄大道。这样，不仅可以解决自己的出行问题，也有利于四方民众。对他而言，道路的价值诉求不言而喻。他为了发动民众，说服群意，必须将自己设想的美好图景大力宣传。他甚至还聘请专业技术人员，绘制道路蓝图。通过各方讨论，设计者在原稿基础上作了诸多修缮。四邻对这条道路的价值期待日益高涨，大家相信这条道路的建成不仅可以解决出行难题，还会为日后的脱贫致富、经济发展产生积极影响。但也有些"精明"之人担心，如果道路建设需要投入太高的成本，他们宁愿安于现状。部分较真者，则纠缠于各户各人的劳务分摊。在提议者的组织下，这些问题逐一得到解决。道路建成，大家欢欣鼓舞。虽与原本设计和想象的有些出入，但道路的基本功能没有缺失，每个人的通行也都方便了许多。因为有了这条大道，周边小路渐趋通达，乡邻们日益凝聚为一个生活共同体。道路两旁的店铺越来越多，集市贸易也繁荣起来。随着生活的改善，年轻人开始淡忘当初那个筑路的提议者，对道路的要求越来越高，对某些坎坷和破损的不满也渐趋凸显。有人提议，为什么不能修一条更好的大道呢？为什么要故步自封，守着一条百年老道过活呢？但这个人的提议，最终没有得到大伙的响应。因为事实表明，这条大道从设计到规划，从功能到管理都没有过时。它似乎具有一种历史形成的魔力，一种神奇的自我修复功能。老人们总是对这条大道充满感情，并督促自己的子女不忘本初，奉献己力，维系公益。这条大道的价值无人可以否定。对于其他道路而言，它未必是技术设施最先进的，未必是最敞阔平坦的，但对于这片土地上的人们而言，它是最便利的，最能承载公共情感和记忆的，最愿意悉心守护的。

这个观念中形成的故事，在人类学研究的案例情境中可获验证。改革开放以来，在中国许多地方，"要想富，先修路"的口号颇为流行，至今不辍。对于发达国家的民众而言，道路作为公共基础设施的一部分，被视为现代生活的当然之物。但对于中国这样的后发国家而言，开道修路则关乎贫困消除、经济发展和政体价值凝聚、动员和组织等综合能力之增进。在道路修建过程中，以"发展"为主导的现代化价值观念与风水、安居等本土文化的保持,以及自然生态资源保护等"前现代"与"后现代"价值诉求缠绕一体,使得道路建造的主导者不得不在各种价值和规范间折冲樽俎、均衡施策。一条道路的成功开辟和修筑,虽是合力作用的结果,但往往都会由一个强大的领导团队发挥价值生产和规范协调的功能。否则,开路、建设和发展都只能是空想和虚谈。

新近的道路人类学文献,对于我们研究"法治道路"这样的"虚拟道路"问题启发良多。比如,我们在日常语言使用中一般不太区分"道"和"路"的差别,但二者本有不同的语义所指,在价值功能上也不能混为一谈。"道"(Road)不同于"路"(Path),其主要功能在于公众通行和公共空间。很多人并不是无路可走,但人生的道路为何越走走窄?关键在于,他/她们选择了不同的"道"。"道不同不相与谋"。有的人走了一条公共之道,故而前途宽广;有的人走了私我之路,最终孤绝而终。让路径成为道路,关键在于公共价值理念导引下的实体功能转变。有路不一定有道,有道必定有路——"道"对"路"的包容和统摄,当系毫无异议。

从理想状态看,"每一条法治之路背后都有其一贯的法治之道,每一种法治之道也必将指向其特有的法治之路。道、路之间,是理念与实践的相互牵引。"[①] 但事实上,道与路常有分歧。如何解决分歧?这就需要"道"的引领。"路"在中文中可理解为"各迈己脚,各行己途",而"道"则意味着首脑之指引。一般的"路"是连通人之所在与目的地的途径,客观存在,相对确定,无需太多的思考即可顺行。而"道"则表明一种更为复杂的歧路繁多情形,需要人们用头脑深处的思维和理性去甄别,去判断,去抉择。引道之人的头脑清醒,经验丰富,可谓最早的"首脑"。为了实现道的通顺畅达,我们需要以"道"为主干开出各条具体的"路",让方向相同但抵达地不同的人们都能各有所归。路走错了可以调整,但道选错了则会被错误锁定,正所谓"一条道走到黑"。路径比较灵活多变,有可选空间;而大道则相对确定,贯通南北。道路内在的矛盾性,让价值判断和选择成为难题。

我们一般不太关注这些语言表达的细节,对于道路问题的喻义本体也没有太多讲究。例如,霍姆斯在 1897 年著名的演讲,The Path of Law,国内法

---

[①] 凌斌:《法治的中国道路》,北京大学出版社 2013 年版,第 24 页。

学界常被译作"法律的道路",或"法律之道"。就其内容而言,这些译名并不十分妥帖。霍氏演讲谈论的并非法律的价值本体之道,而是针对法学院学生的法律研习方法,很多路径属于他个人的独特理解,很多人未必赞成,也未必对每个人都能适用。只不过,因为霍姆斯的名气和引证率,他的"法律之路",渐渐演变为"法律之道"了。

"道路建设是一个十分复杂的现象,从筑路的动机到修路的后果都涉及历史、文化、社会、生态方方面面,要达到对道路建设前因后果的全面了解和把握,研究者应该自觉地将自己的研究置于跨学科的大框架内。"[①] 中国特色社会主义法治道路的价值诉求研究,也涉及古今中外"法律与治道"的方方面面,更需要展示这样的理论品格。

由此,我们认识到:整体的法治道路与具体的法律规范路径不同,它更接近于本源性的法哲学问题,形而上特征浓郁坚执,马克思主义的唯物辩证法不失为破解奥义的利器。法治路径要符合"道",即更高的合法性或正统原则,而"道"的价值生成又受制于社会经济基础。只有跳出现代性法治理论设定的价值立场,从更为现实的生活条件和更为普遍的一般规律着眼,才是探求中国法治道路价值诉求的关键。

对于西方现代性法治价值和资本主义法治道路,马克思进行过深刻的价值批判和反思。早年马克思虽赞成"人类本性的普遍自由",认为"真正的法律,因为它是自由的肯定存在"。[②] 但他逐步认识到,真正的自由,只有通过政治解放才能得到实现。"政治解放一方面把人归结为市民社会的成员,归结为利己、独立的个体,另一方面把人归结为公民,归结为法人。"[③] 更重要的是,从唯物主义意义上说,人是不自由的,在这一基本事实前提下,马克思、恩格斯在《神圣家族》中进一步推演认为:"由于有表现自身的真正个性的积极力量才得到自由,那就不应当惩罚个别人的犯罪行为,而应当消灭犯罪行为的反社会的根源,并使每个人都有必要的社会活动的场所来

---

① 周永明:《道路研究与"路学"》,载《二十一世纪》2010年第4期。更多的最新道路人类学文献,参见周永明主编:《路学:道路、空间与文化》,重庆大学出版社2016年版。
② 《马克思恩格斯全集》,第1卷,人民出版社2002年版,第163页。
③ 《马克思恩格斯全集》,第3卷,人民出版社2002年版,第189页。

显露他的重要的生命力。"① 进而言之，单纯的法治价值不可能消除社会的祸患，在商品交换领域占统治地位的"自由、平等、所有权和边沁"解决不了贫富贵贱的急剧分化。② 社会的极端失衡造就了"革命本能的简单的表现"，与此同时，无产阶级从资产阶级的法治价值宣传中也吸收了正确的、可以进一步发展的要求，最终提出消灭阶级的主张和要求。③ 政治斗争只是一个过渡，在此基础上会"发展出一个新的要素，一种超出一切政治事务的原则。这种原则就是社会主义的原则"。④

对于中国的法治道路，马克思虽没有留下专题研究成果，但就其本体问题也曾有过深入、细致的思考。自1852年开始，马克思通过研究有关亚洲和中国的大量资料，提出了著名的"亚细亚生产方式"。他以中国为例指出，为了建造和维护公共工程，农民得以成为"公民"即国家的一员；而这些公共工程又在很大程度上决定了中国特有的土地法律制度。⑤ 1853年，马克思的《中国革命和欧洲革命》一文，更是展现了他对中国革命的深刻认识。他一系列有关中国的政论，通过具体个案的事理分析，揭示了鸦片贸易和战争的非法，批判了资产阶级新闻报刊的虚伪，证立了中国革命的正义性及世界影响。⑥

还是那句老话：重要的不是观点，而是立场和方法。就立场而言，马克思主义承认法治理念和民族精神的独特性，同时期待人类文明的价值共识，具有显著的思想整合和价值吸收功能。就方法而论，马克思学说中的科学社会主义可以推演出新型法治的价值蓝本，而古典哲学和政治经济学则是法治价值实证分析的有效工具。

在传统中国，法治之道虽很早被提及和讨论，但囿于社会发展条件与专制政体规限，一直未曾在价值层面上获得实质突破。如今，我们探察中国特色社会主义法治道路的价值诉求，离不开对法治理论、制度和文化资源的实

---

① 《马克思恩格斯全集》，第2卷，人民出版社2002年版，第167页。
② 《马克思恩格斯全集》，第2卷，人民出版社2002年版，第167页。
③ 《马克思恩格斯全集》，第1卷，人民出版社2002年版，第204页。
④ 《马克思恩格斯全集》，第3卷，人民出版社2002年版，第585页。
⑤ 韩毓海：《马克思、毛泽东与中国道路》，载《经济导刊》2017年第1期。
⑥ 《马克思恩格斯论中国》，人民出版社2015年版，编者引言。

践吸纳和整体均衡。认知法治道路,归根结底是一个受制于社会经济条件的价值观问题。法治价值关系的形成,源于人们物质/精神生活关系的总体构造。马克思主义对资本主义法治在价值上的批判,基于这样的事实:在资本主义社会,无产阶级的苦难"集中表现在它本身处境中的现代社会的一切违反人性的生活条件"。[1] 从 19 世纪 40 年代初期开始,马克思窘迫的经济状况促使他投身于工人阶级,这个转折帮助他锤炼出看待事实的思想意识,使他从事实中学习到许多经验和见解。劳动者不是被动的调查对象,他们是思想丰富、感觉敏锐、有血有肉的主体。[2] 在社会条件普遍改善,阶级对立总体消除后,马克思主义是否就失去了对法治价值的分析作用?显然不是。随着经济的发展,生活在不同社会生产场域中的人们,承担着各自的角色,使用着多样的生产方式,却遵从着总体一致的生产逻辑,服从着不以各自意志为转移的生产要求。此种"内在的律法",构成了马克思主义的理论核心:总体性的社会经济结构。马克思将之界说为:"有法律的和政治的上层建筑竖立其上并有一定的社会意识形式与之相适应的现实基础"。理解当今中国法治话语的不同类型、各异形式,以及在表达上的相互竞斗等现象,都可以用马克思主义的这一核心原理加以科学说明。这些法治价值话语的纷杂缠绕,本质上都受制于不同主体所在的社会生产场域及其权力惯习和思维定式。为争夺话语效益的最大化和制高点,各个主体都会从正、反、合多个角度构建自己的价值系统。在当今的大众社会,从表面上看,精英的话语权更大;但从实质上看,大众对精英的话语优势,正体现在法治价值的勃兴上。代表群体利益的政党,如果忽略了法治对于普罗大众物质生活的保障,继续采取少数人中心的贵族寡头式精英立场,势必不合时代的要求。再往深处看,现代社会生产力的发展,让大众劳动力得到了解放,随着教育的普及,智力的增进,劳动价值不再是少数人能够控制的主观之物。群众的力量之所以无穷或有限,决定因素还是在于主体聚合产生的价值生产力,此种力量是人民权力的精神依凭,也是人民统治与法律治理一体化的权能本体。在信息、交通、物流贸易比较封闭的时代,少数精英的知识和权力垄断或许在短

---

[1] 《马克思恩格斯全集》第 2 卷,人民出版社 2002 年版,第 45 页。
[2] [美] 托马斯·C. 帕特森:《卡尔·马克思,人类学家》,何国强译,云南大学出版社 2013 年版,第 95—96 页。

时期、小范围还有可能，但从更广阔的时空看，这样的统治方式已然陷入绝境。生产力的发展，特别是人民法权能力的增强，让精英的法律价值观不得不关照顺应大众社会的逻辑，改变自己的孤傲，限制自己的个性，用大众可接受的方式传达政见、制定规则、实施法律。大众也可以利用新的物质技术手段，塑造并传播原生的法律观念，为那些曾被精英漠视或否定的法律意识和法律态度正名申辩。①

### 三、现代性法治观的解释局限

西法东渐以来，中国传统的法律儒家化价值系统遭遇危机，法律学根基逐渐被外力侵损，风雨飘摇。历经百年的摸寻，中国的法治话语一直在移植主义和本土化的两端徘徊不定。虽然我们正走在民族复兴的路上，但由于西方主导的现代法治价值系统仍然占据着理论和话语优势，甚至隐形支配着国内法学的各种主义和思潮，"政法法学""法教义学"和"法律与社会科学"研究虽都有较大进展，但难以从总体上改变现状，为中国特色社会主义法治道路的价值生产提供充足的思想养料。

客观而论，现代西方法治价值观对资本主义国家的富强文明和制度塑造，起到了重要思想启蒙作用，对历史大转型时期中国的革命、国家建设和改革事业也有不少镜鉴之功。可以说，现今中国法治的大厦如果缺少了西方法治价值启蒙话语的块垒，必定是支离破碎的奇怪建构。但从更现实的角度看，当一个国家的法治基本价值观得到确立，从"奠定法治"走向"深化法治"阶段，如果再盲信固守几百年前那些西方先哲的谆谆教诲，是否也属于不合时宜的教条主义？对于西方法治价值话语，我们的态度绝不是无原则排斥，但也不是无条件吸纳，学术研究最重要的是尊重事情（研究对象）的本然逻辑，政治家称之为"实事求是"，法学家称之为"依循事物的本质"。

对于中国法治道路问题，我们需要立足于政法实践和法理观念的整合性研究。我们可以接受原生自西方的"自由""平等""社会主义"等价值表

---

① 关于大众法律态度的重要性及其与精英法律观的不同，参见廖奕：《也论"普通人的法律态度"》，载《北大法律评论》2014年第2期。

达,但更要看到,这些价值话语所指向的具体内容具有不同于原生状态的再生含义。借用哈特有关法律规则的类型区分,西方法治价值观的许多表达,可以比喻为一种"原生规则"——这些最基本的规则,代表的是一种人类朴素的价值愿望,在中国传统文化中不难找到类似的思想,甚至有更好的表达。① 由于特殊的历史原因,我们接受了这些语词的外壳,并在具体使用过程中产生了中国化的衍义。这些"衍生规则"构成了我们现今有生命力的法治价值观,在实践中发挥着引领作用,但在理论上却难以清晰展现和阐明。"中国当代重要政治观念的形成,几乎都经历了'选择性吸收''学习''创造性重构'三个阶段。"② 如果不看到这样一种语言、观念和文化事实,我们就很难明确法律价值符号背后的历史与社会实践逻辑,无法对中国特色社会主义法治道路展开有质感的价值研究。

搜览研读国外学者对中国法治道路研究的代表性论著,我们不难发现,多数研究者仍将中国的法律和法治作为一种"东方学"凝视的对象;一种矛盾而难解的复杂中国,构成了中国法治道路的最重要"特色"。在正统的西方法治价值标准下,虽然很多学者没有明言,但潜意识中都将中国置于"法外国家"之列。所谓法律东方主义,乃是一套关于有法或无法、法治或非法治的二元对立文化预设。这是近代西方法治话语中未被明言的话语权力核心,因为,若没有一个无法的、专制的他者来陪衬,以西方为中心的法律现代性世界也无以确立。③ 传统中国的法治自不必提,即使是面向现代化的中国法治事业,在一些西方法律学者看来,也包含着大可质疑的政治斗争。一些学者因为无法接受社会主义意识形态,甚至对之怀有极不友好的天然敌意,无形中破坏了作品的中正立场,降低了应有之学术水准。社会主义法治研究,在西方法学研究的主流视界中,并非一个独立且重要的领域,仍然延续着以西方文明为中心的比较法/人类学路向。汉学/中国学研究对改革开放以来的中国法治动向充满兴趣,但偏重于法律制度和规范的介绍,对中国法

---

① 关于两类规则的区分与结合,特别是衍生规则对原生规则的补救,参见 [英] 哈特:《法律的概念》,张文显等译,中国大百科全书出版社 1993 年版,第 92—100 页。

② 金观涛、刘青峰:《观念史研究:中国现代重要政治术语的形成》,法律出版社 2009 年版,第 11 页。

③ [美] 络德睦:《法律东方主义:中国、美国与现代法》,魏磊杰译,中国政法大学出版社 2016 年版,第 9 页。

治的独特价值诉求缺乏科学的理论阐释。在这些学者中，很多接受的是历史学、社会学训练，对法律的价值逻辑并没有真切体会，习惯遵循西方主流的法治价值评价标准，将之作为墨守前提，自会对中国法治的独特价值缺乏体认。在向国际学术接轨的潮流下，国内学者在西方"法律科学"的主流范式下，推出了一些有反响的成果，但多是有关转型中国的具体法律制度，特别是司法制度与改革问题。即使是本应关注整体问题的法理学者，在"去宏大话语"，追求"小清新"的气氛下，似乎也不太愿意研究复杂、敏感的法治道路价值问题。从学术上看，此类问题，确实"不好说"，但这并不意味着我们一定"说不好"，甚至"不说好"，关键在于"怎么去说"，"如何说好"。怎么去说，是指研究方法；如何说好，则关乎价值判断。既然是一个尚待开掘的问题领域，作为研究者，我们的重点应当放在方法论的考量上。

20 世纪 90 年代，中国道路的学术讨论兴起，国内法学界也开始热议"中国法治（法学）向何处去"这样的宏大问题，由此生出法律本土化和法律移植主义的论战。在讨论中，法律学者们使用的理论资源主要还是西方法治原理，无论是赞成本土化的，还是支持接轨论的，或者主张中西结合的，基本上都预设了由人权、正义、自由、秩序、公平、效率、平等、公正等抽象话语架构而成的法治理想目标。无论是对中国法治道路的本土资源的吸收和转化，还是对外来制度的模仿和借鉴，或是具体现实问题的解决，这些价值名目都潜藏其间。虽然有少数学者看到了中国法治道路的独特性，但如何从价值上总结和证立，却并未提出明确的意见。例如，在蒋立山看来，中国"政府推进型法治道路"的选择，是由历史现实、客观环境特别是时间压力共同造就的。法治的主体是广义的政府，而非抽象且零散的人民群众。中国法治的未来，"取决于在改革开放氛围中成长起来的下一代人的政治智慧，取决于他们能否在中国传统集权体制文化与西方文化之间能否走出一条维护民主法治、平衡国家利益与社会利益、珍视本土文化价值的具有中国特色的新路。"[1] 但这究竟是怎样的一条新路？其价值诉求和理据何在？这些问题，似乎只能留给下一代人和伟力无边的时间去解决。同时期的朱苏力在也曾表

---

[1] 蒋立山：《中国法治道路初探》（下），载《中外法学》1993 年第 4 期。

达过类似想法，对于中国现代法治而言，最需要的恐怕是时间。① 实用主义的平衡论立场，在意识形态问题不争论的前提下，有意回避深度的价值讨论，有利于获取最大程度的法治理念共识，但也会遗留最难处理的价值纷争问题。虽然改革开放以来，随着法制建设复苏提速，法律价值研究一时间成为显学，研究成果蔚为大观。但是，这些成果基本上是一种对西方法价值学说的"摘录"和"复述"，没有完成对中国法治道路价值问题的清理。即使从西方价值理论上看，国内主流的法价值论主要探究的是法律的规范价值和社会价值，这与分析伦理学的范式较为接近；而法治道路的价值诉求，则更类似于更为复杂的社会/政治/应用伦理学，更强调对制度和理论的实践问题加以综合性的战略分析。而法学界对于法治价值战略研究的忽视，直接导致了政治话语和学术话语的脱节和紧张，加剧了大众对法治价值认识的"碎片化""随风倒"。

单纯批评西方学者并不公允，但蔡枢衡先生多年前警示过的法学"殖民地"危险，的确不得不引起吾辈警醒。② 自主性的法治中国道路，需要自主性的法学研究，而法学研究要独立自主，并不是一定要在价值判断标准上与西方主导的现代性法治话语"二元对立"，事实上二者难以切割。但在立场和方法上，我们的确可以有自己的思维方式，避免直接的搬用，防止落入"东方主义"的权力话语陷阱。③ 采取以中国问题为中心的叙述方式，从中国的历史、国情和实践中去发现法治价值诉求的主体内容，才能深入探究法治中国的价值逻辑，为法治战略的更新提供学理上的参照。为了如此，也唯

---

① 苏力：《法治及其本土资源》，中国政法大学出版社 1996 年版，第 21—22 页。

② 蔡枢衡先生在 20 世纪 40 年代就曾指出："今日中国法学之总体，直为一幅次殖民地风景图：在法哲学方面，留美学成回国者，例有一套 Pound 学说之转播；出身法国者，必对 Duguit 之学说服膺拳拳；德国回来者，则于新康德派之 Stammler 法哲学五体投地。以中国闭关时代的农业社会为背景之理论家，又有其王道、礼治、德治之古说。五颜六色，尽漫然杂居之状况。然考其本质，无一为自我现实之反映；无一为自我明日之预言；无一为国家民族利益之代表者；无一能负建国过程中法学理论应负之责任。此种有人无我，有古无今之状况，即为现阶段中国法律思想之特质。"（蔡枢衡：《中国法学及法学教育》，载《清华法学》第四辑，清华大学出版社 2004 年版）

③ 东方主义（Orientalism）有三层意思：一是指西方国家研究东方社会的一门学科，即东方学；二是指一种"西方中心、东方边缘"的思维方式；三是指隐含于前二层内容中的权力话语，即"通过做出与东方有关的陈述，对有关东方的观点进行权威裁断，对东方进行描述、教授、殖民、统治等方式来处理东方的一种机制，亦即"西方用以控制、重建和君临东方的一种方式"。（参见[美]萨义德：《东方学》，王宇根译，三联书店 2007 年版，第 4 页）

有如此，我们才有可能认真面对中国特色社会主义法治道路的价值迷惘，站在新的事实基础上反思现代性法治的价值迷思，消除不必要的价值分歧和误解，避免重走西方国家在制度建设和法律实践上的误区和弯路。

**四、如何理解法治中国的价值逻辑？**

首先，我们应当明确这样一些有关法治的"公理"，准确地说，是可能的基本共识，以为思考和研究之预设：第一，法治的特色，首推其价值诉求的特色。从制度形成的逻辑来看，法治首先是一种动态博弈的价值观，从中生发出法律规范的话语，最后依凭价值主体的权能综合实力完成"从纸面向行动"的转化。第二，法治价值观绝非无源生成的天外来物，它的产生根本上是为了解决人世间的社会问题，比如资源的争夺和分配，阶层和职责的确立和划分，这可谓法治起源的第一定律。法治不仅要回应社会问题，而且必须适应诸如地理、气候、民俗等外部条件。在科学尚不昌明的古代社会，法治价值很难突破巫术、迷信、神话的束缚，这些超自然的价值观可以掩盖、压制或转化人们对于天灾人祸等不确定风险的恐惧。第三，相对于社会经济基础，法治价值观并非完全顺应或彻底的被动消极。当法治的社会基础具备，功效彰显，国富民强，社会有序，法律自身会愈益理性，并融入日常生活，成为大众思维方式的有机构成。当法治的价值功能得到充分发挥，其对经济社会发展的均衡功用会日趋显著。

在上述预设前提下，我们可以提出这样一个命题：中国法治特色植根于历史，形成于实践，表彰于思想文化，传承于制度一统，转变于西法东渐，重构于民族国家建设，复兴于社会主义全面实现。立基于此，本章重点研究中国共产党法治价值观的演进历程，这可作为一个强大的例证，折射出法治中国价值变迁的历史逻辑。

对这一历史逻辑的论证，首先需要对传统中国的法治价值加以精确定位。众所周知，传统中国的法治话语肇兴于礼崩乐坏的乱世。作为救世良方，法家诸士倡导权谋、势治、以法为教、刑无差等，其思虑之计，除献策君王，获宠于诸侯外，也富含拯危济乱、体察民生之意。不唯法家，诸子百家中争鸣有道者，均未回避乱世中法律价值、功能和任务等问题。作为政治家的君王如何推进法治，与作为思想者和著作家的学士客卿如何讨论界说法治，本无必然关联。观今日之论，将两者混同者并非少数。关联而论并非不当，然若抽离其时其境，空谈臆测，无端苛责，就"罪莫大焉"了。中国传统法治的道路，不论其是否契合西方法治之道，探究其价值诉求，对于明了现实、谋划将来，均裨益良多。在社会动荡，战乱频仍，灾害和危机严重影响到人群基本生存条件的情况下，法律以"国泰民安"为核心价值诉求，自然是不二之选。用耗散结构理论做一个不恰当的比喻，乱世急切需要通过负熵流的输入抵消内部熵增，以维持系统有序化。强调高强度惩罚的压制型法治，正是这样一种负熵流的载体和表现。惩罚和保护，一体两面。如同洞穴，对动物御寒来说是一种极好的保障，但对于被困其中的探险者而言，无疑是不幸的遭遇。对于那些因罪被囚的恶徒，无处可逃的洞穴，不啻于是一个天然的良监。维持秩序的方法可以有很多种，一旦社会总体形势良好，大众对法律的价值感受和需求亦会发生变化。从单因素、单向度的趋利避害到多层次、多因素的理性知性认识，法治的概念范围不断滋长扩容，价值主体及其诉求内容和表达实践方式也愈加复杂多变。

下面的问题在于，面对确定的研究对象，我们采用怎样的分析框架？方案并不复杂：就地取材，适度转化。时至今日，无论是反对设计论的自生自发主义者，还是热衷政经分析的制度学派，在价值日趋多元的今天，对于中国道路、中国模式、中国未来的讨论都绕不开法治主题。这种理念共识被顶层设计表达为"法治中国"的战略框架。这一框架在政治上日益丰满，在学理上日渐精致，在表达方式上越来越贴近大众文化，在实践特性上能够自我革新、涵摄包容。尽管围绕"法治中国"的争议仍然存在，某些分歧非短时可以消除。[1] 但无可否认的是，由基本价值共识凝成的法治叙事框架在今日中国已然确立，坚守并完善这个框架，构成了政治家、学术家、精英与大众共同致力的宏业。这个框架总体适用于我们对法治道路价值的分析，通过对其历史、动态维度的适当强化，"法治中国"至少具有三重阶段性意涵：

第一阶段："法治在中国"（Fa Zhi in China），孕生中国法治的固有价

---

[1] 刘小平：《法治中国需要一个包容性法治框架：多元现代性与法治中国》，载《法制与社会发展》2015年第5期。

值。中国不能说完全没有法治的传统,只能说缺乏近代西方那种法治的传统。在西方法学的影响下,法律理论界一直存有古代中国有无法治的争论。热议激辩之后,多数学者接受了某种似是而非的折中之论:一方面,传统帝制中国由于政治上的早熟,皇权文化之发达,社会结构与基础力量不能塑形牵制最高权力的制度与文化,意识形态也难以创构一套法律至上的理论系统——故而中国自古"有人治,无法治";另一方面,作为治国之术,传统中国的法治文化却极为精深发达。西方学人,特别是被称为汉学家的研究群体,对于一窥中国法文化堂奥,付出了多年的艰辛努力,也只能换得雾里看花。[①] 如果仅仅是一种治国之术、权谋之策,不需太多找寻,我们可以肯定,中国的"法治"不仅长期存在,而且比较"先进"。但如果将法治价值锁定于此,不仅有违于历史事实,而且会让中国法治道路将面临巨大的转换成本。在中国这样一个文明深厚、躯体庞大且发展极不平衡的大国,人们容易接受不同时代要求、利益立场的观念,儒家"勿意,勿必,勿固,勿我""择其善者而从之"的价值训导,塑造了中国人特有的灵动而不失原则的实用均衡型思维习惯。面对价值纷争,不是你死我活的残酷斗争,亦非非黑即白的二元对立,重要的是"和而不同",推己及人式的同情共感。"凡是民族作为民族所做的事情,都是他们为人类社会而做的事情,他们的全部价值仅仅在于:每个民族都为其他民族完成了人类从中经历了自己发展的一个主要的使命。"[②] 法治价值诉求,必须植根于独特的历史文化传统。

第二阶段:"法治与中国"(Rule of Law & China),催生中国法治的变革价值。西方法治观进入中国,并没有立刻形成对传统中国社会、政体和文化的全面冲击,而是经历了较长时间的共存熏染,当资本主义经济矛盾和扩张要求无可遏止之时,才出现了对传统中国法治文明的根基挑战。作为西方文明典范产品的"法治",与神秘异己的东方大国相遇,激烈的价值冲突和

---

① 这些年,国内"法律与社会科学"的交叉研究开始流行,不少学者自觉不自觉受到西方汉学研究方式的熏染,通过一系列理论和实证研究,试图开掘出法治中国的秘矿,提供现代法治所需的本土资源给养。这样的精神考古与理念探险,"在路上"的诸多细节惊诧,着实能给受众一时的激动,但这些细微局部的发现,能否证明中国自古以来就是一个法治国,从而推翻百年来的定论?进而,打破法律东方主义的迷思?这一切,不仅尚待观察,而且值得我们从这些发现本身去反思。比如,这些发现是否就是法律东方主义偏见下的产物?我们要找寻的究竟是怎样的法治?

② 《马克思恩格斯全集》第42卷,人民出版社1979年版,第257页。

斗争促使中国传统法治主义出现裂变，催生出革命风潮、社会主义思潮与新法治价值理想的对接。在"落后挨打"的过程中，中国固有的法治价值走向自我变革，总体性的制度和文化观念也出现应急式变化。在清末以降的大转型时期，法治价值与变革运动一直紧密结合，处在不稳定的博弈状态。

第三阶段："法治的中国"（Rule of China's law），萌生中国法治的均衡价值。当然，这既是外力单向冲击的结果，更是中国主动回应的结果。当中国的主体性力量达到足以支撑起法治宏业的时刻，中国的法治必将呈现出自身不可替代，但却有望替代西方法治主流模式的特色形态。从理想的价值诉求上看，"法治的中国"并非孤芳自赏、封于一隅的夜郎国法治，而是一种独具中国风格气派、植根中国礼俗文化、确保中国核心利益，彰显中国发展愿景的全球化法治类型。此种内涵与中国特色法治道路的均衡型价值远景最为接近。中国的法治宏业，尚未完全成功，正处于法治化的关键阶段。"法治化的中国"，正在让"中国化的法治"，一步步成为现实。而"法治的中国"，如果没有经历传统法治和西方法治的价值博弈，也难以造就今日的格局。

## 第二节 中国特色社会主义法治道路的价值探寻

中国共产党自成立起，通过社会革命实现公平正义的共产主义理想，便是其纲领之精魂。共产党人对法治价值并不排斥，结合中国传统文化和外来文化，在实践斗争中不断修整完善，在不同时期提出了各有侧重的法治观念和政策路线。成为执政党后，中国共产党开始了在一个民生凋敝、百废待兴的东方大国全面推行新民主主义法治的新征程。虽经历了曲折，但最终开辟了中国特色的社会主义法治道路。中国共产党是这条道路进程中代表人民价值诉求的核心主体，虽然各个历史时期的具体目标、推进方式、成效表现有异，但对于某些核心价值的诉求相对确定，构成了主导这条道路的灵魂和精神。

### 一、大变局下的"法治"迷思

作为从西方舶来的新词，Rule of law 在近代被翻译为"法治"，采取的是一种不得已的"旧词新义"策略,也由此造成了大众和精英对法治价值理解上的分歧异议。① 可以确定的是,近代中国的法治价值内涵并不等同于西方的原意,但也并非法家主张的法治主义,它更接近于先秦儒家倡导的"礼法之治"。先秦儒家信奉以德、礼教化民众遵守法律、养成羞耻之心,期待"无讼"的理想社会,但也不排斥刑罚的恰当运用。在儒家看来,政刑礼乐,都是治国的手段;唯有仁德,才是立人立国德根本。孟子主张的"王道",即是"以德行仁"的政治,而仁政的核心在于省刑薄赋、安定民生以及以孝弟忠信等儒家价值为本。② 从价值功能上看,儒家倡导的"礼",贬抑的"刑",都是治国不可或缺的"法"。礼是法的价值标准,本身也是一套界限分明的高级规则系统。按照荀子的说法,礼的功能有二:一是"养",一是"别"。"养"是为了确保人们的生活,这是法律存在的基本价值依归;"别"就是"分",通过贵贱、贫富、长幼等范畴的区分,保证"德必称位,位必称禄,禄必称用",③ "使富贵贫贱之等,足以相兼临者",④ 从而解决纷争,给养生民。

在礼崩乐坏的乱世,儒家的礼法价值很难得到实现,法家乘势提出新的法律价值观念,主张"变法不必法古",反对听起来有些高调的"仁义惠爱"。剥离了儒家的德礼仁爱,法家将与权术密切相关的"道"作为法治的价值准则。韩非子反复强调君主守道,虚静无为,以法和术驾驭群臣。"世之学术者说人主,不曰:'乘威严之势以困奸邪之臣',而皆曰:'仁义惠爱而已矣'!世主美仁义之名而不察其实,是以大者国亡身死,小者地削主卑。"⑤ 此种法治之道,受到君主的欢迎,自可想见。但此种法治之道,绝难外化为君主臣民共守的公共价值观,也难以发挥对法令的价值导引和制度规限作用,对政权和国家的长治久安并无长远好处。

其实,儒法两家并非全然对立,至少有一点相通,即他们都不否认"准则法"的存在。⑥ 换言之,他们都不反对在国家法令之上或之外存在一

---

① 李贵连、李启成:《近代中国法治思潮批判》,载《清华法治论衡》2006年第2期。
② [日]西田太一郎:《中国刑法史研究》,段秋关译,北京大学出版社1985年版,第2页。
③ 《荀子·富国》。
④ 《荀子·王制》。
⑤ 《韩非子·奸劫弑臣》。
⑥ 王伯崎:《近代法律思潮与中国固有文化》,清华大学出版社2005年版,第17页。

种有形或无形的价值标准,儒家称之为"德",法家称之为"道",说法和所指不同而已。故而,千年来儒法之争一直未曾脱离既定主流价值框架,"合流"之后,两家在冲突中互补的特性,更为明显。但这种状况,在西方法治价值观进入中国后,有了很大改变。清末"礼教派"和"法理派"的争论,与以往的儒法之争在"性质上截然不同",已不再是"德治"或"法治"的方法路径之争,而已涉及"准则法"层面的目的对立和价值冲突。以沈家本为首的"法理派"落败,今人看来难免面同情叹息,但"在当时的情形,沈派实有不得不败的原因"。[①] 比如,礼教价值系统尚未完全崩解,清廷变法的目的主要是为了应付列强,并无变革祖制之念。在那个思潮纷杂的年代,中国法治的价值论争异常激烈,各种思潮与主义、诉求和主张竞相登场,中国固有的法治文化与西方舶来的价值观念产生了跨越时空的碰撞。

近代中国对西方国家的美好想象和刻意神话,一时间让"法治"成为波及甚广、影响甚深的新思潮。徐继畬在《瀛寰考略》中极力推崇美国的法治,在他眼中,美国总统和各州统领都由百姓民主选举,限期退位,退位后即与百姓平等。冯桂芬在《校邠庐抗议》中大胆陈言:"法苟不善,虽古先,吾斥之;法苟善,虽蛮陌,吾师之。"承认中国法律制度的落后,传统的无力,对国人固有的法律文化心态和价值观念造成了极大的冲击。战争的接连失利,让洋务自强运动破产,变法改制的呼声日渐高涨。维新派人士主张"西学为体""托古改制",唯有西方的法治才是"致治之本,富强之由"。此时期西学影响中国思想界之巨,实难衡量。在以西方法治想象为蓝图的变法运动中,人们津津乐道的西方"大哲",无非是卢梭、孟德斯鸠、华盛顿、斯宾诺莎、边沁这几个。这些生活在17、18世纪的欧美思想家、政治家所贡献的学说和智慧,与当时处于水深火热的中国实际相距甚远。[②] 人们对这些人和思想的兴趣,很大程度上是拯救危难的民族焦虑使然。随着眼界的开阔,不少知识分子发现资本主义制度下的西方法治并非那么完美,相反,其正处于严峻的危机状态。

---

① 王伯崎:《近代法律思潮与中国固有文化》,清华大学出版社2005年版,第23页。
② 杨奎松、董士伟:《近代中国社会主义思潮》,上海人民出版社1991年版,第8—9页。

## 二、革命与法治的辩证法

20世纪初,中国知识分子对待西方法治的态度有了较大转变,相当多的人已经注意到,西方社会并非是人类文明的至善致治状态,未必就是中国最为理想的学习和效仿对象。1897年,孙中山结束了在英国九个月的停留。"在他的周围,到处都是正在到来的骚动和阶级冲突的征兆;英国的社会主义者和费边分子,美国的民粹派和单一税论者,所有这些人都在抗议不公平的财富分配,工会盛行,罢工迭起,甚至非社会主义的政府也在通过社会立法,朝着社会主义方向变革"。[①] 在西方资本主导的现代法治方案之外,是否还有一条更为理想,更为符合中国实际需要的道路?社会主义思潮的流行,代表了时人对西方法治理想的反思和质疑。

俄国十月革命后,主张社会革命主义的思想在中国知识界占据上风。不少人认为社会革命主义虽然显得激进,一般民众难以接受,但恰恰因为它是真的社会主义。革命派并不反对法治的一般价值,只不过在他们看来,要推行理想的社会主义政策,必须首先确立有效的法统和秩序,而要如此,则必须首先改造黑暗腐败的政治,代之以真正的民主共和制度;这又必须首先从根本上推翻现存的军阀政权。[②] 1920年,毛泽东在给蔡和森、萧子升等在法国的新民学会会员的信中谈到,他已经根本放弃曾经相信过的自由主义、无政府主义以及民主主义,这些只是理论上说得好听,事实上是做不到的。俄国式革命,虽不是最佳的选择,但终归"是无可如何的山穷水尽诸路皆走不通了的一个变计,并不是有更好的方法弃而不采,单要采这个恐怖的方法"。[③]

中国特色社会主义法治道路价值探寻的历史起点,与中国共产党开辟的革命道路同根共源。中国共产党诞生在一个外侮内乱、风云诡谲、价值混杂的危难时局。第一批中共党员大多接受过传统教育和近代西学的双重熏染,在马克思主义学说的启蒙下,开始探寻一条救国济世的社会革命新路,而这条道路最终导向的是建国安民的法治理想。

---

[①] [美] 史扶邻:《孙中山与中国革命》,中国社会科学出版社1981年版,第119—120页。
[②] 杨奎松、董士伟:《近代中国社会主义思潮》,上海人民出版社1991年版,第139页。
[③] 转引自中央文献研究室《中国道路》课题组:《中国道路十章:马克思主义中国化经典回眸》,http://www.wxyjs.org.cn/zgdl/201301/t20130119_138267.htm。

对于革命和法治的关系，历来众说纷纭。多数论者将二者对立起来，用一种偏狭的纯粹法学观念割裂其辩证关系。"革命既终结旧的法律秩序，又缔造新的法律秩序，革命乃是法治秩序的守护神，时刻准备拯救法治秩序。法治既终结暴力，但又以权利的名义将暴力正当化，将暴力上升为反抗权，从而奠定了革命的正当性。对于法治秩序而言，'告别革命'与其说是意味着拯救，不如说是法治堕落的开始。"① 在中国共产党的革命斗争活动中，虽没有整体性的制度意义上的法治事业，但并不缺乏法治价值生产和传播，以及局部的法治建设实践。

站在法律与社会运动的关联视角，② 我们甚至可以将中国共产党领导的革命运动，特别是在这些运动中的法律动员活动，视为中共早期的法治道路探索实践的重要内容。从1919年到1920年，毛泽东一直致力推动湖南自治运动，但到最后，他断言："几个月来，已看透了，政治界暮气已深，腐败已甚，政治改良一途，可谓绝无希望。吾人惟有不理一切，另辟道路，改造环境一法。"③ 当时的革命思想先锋认为："世界各国里面最不平最痛苦的事，不是别的，就是少数游惰的消费的资产阶级，利用国家、政治、法律等机关，把多数勤苦的生产的劳动阶级压在资本势力底下，当作牛马机器还不如。要扫除这种不平这种痛苦，只有被压迫的生产的劳动阶级自己造成新的强力，自己站在国家地位，利用政治、法律等机关，把那压迫的资产阶级完全征服，然后才可望将财产私有，工银劳动等制度废去，将过于不平等的经济状况除去"。④ "若不经过阶级战争，若不经过劳动阶级占领权力阶级地位的时代，德谟克拉西必然永远是资产阶级的专有物，也就是资产阶级永远把持政权抵制劳动阶级的利器"。⑤ 1921年，中国共产党的第一个政治纲领明确指出，中国共产党的根本政治目的是实行社会革命。⑥ 蔡和森在与胡适论

---

① 强世功：《革命与法治：中国道路的理解》，载《文化纵横》2011年第3期。
② 相关理论的介绍和评析，参见廖奕：《从情感崩溃到法律动员》，载《法学评论》2014年第5期。
③ 《毛泽东早期文稿》，湖南人民出版社1990年版，第548页。
④ 陈独秀：《谈政治》，《新青年》第8卷第1号，1920年9月1日。
⑤ 陈独秀：《谈政治》，《新青年》第8卷第1号，1920年9月1日。
⑥ 《中共中央文件选集一（1921—1925）》，http：//cpc.people.com.cn/GB/64184/64186/66627/66627/4489306.html。

战的文章中认为：赋予地方军阀以法治上的自治权，无异于走错了第一步。解决中国政治乱源的唯一出路是民主革命，推翻军阀。[①] 社会革命的具体方式是合法斗争和法外斗争相结合，以法外斗争为主。通过革命与法治辩证法的实践，在政党林立的混乱时局，真正能够存在下来并有效致力于社会主义目标的组织，只有中国共产党。[②]

共产党人通过解释中国深层社会问题之根源，提出对时局的科学判断，引导劳苦大众的解放斗争，重整社会秩序，争取世界和平。共产党人并不反对法治的基本价值，正是对其无比的坚执，尤其是对妇女、儿童、农民、工人权利的高度关注，促进了社会斗争的不断发展。出于对法治价值的奉行，中国共产党人反对有法不行、恶法当道的法治异化状态。马克思主义以其科学性和批判性，成为中国共产党建党的理论基础和革命斗争的引路明灯。

经过五四运动的洗礼，中共接受马克思主义的法治观呈现出浓厚的本土化色彩。因而，法治的价值理想和社会主义一样，不再属于传统和西化的范畴，而是具有了一种新的时代内涵。革命时期的法治价值，主要体现为通过全民的解放斗争，实现和平安定、救国济世的诉求。例如，在1922年中国共产党所列奋斗目标的十一项准则中，无一不与法治的价值诉求密切相关。[③] 这些主张在党的"二大"宣言中得到补充，增加了民族自治、联邦共和、特殊群体（工人、农民和妇女）的专门立法、男女平权等社会主义性质的法治主张和要求。[④] "三大"通过的党纲草案，对之进一步拓展，提出大生产事业国有的主张，细化了工农利益的特别要求。[⑤] 如果我

---

[①] 《蔡和森文集》，人民出版社1980年版，第105页。

[②] 杨奎松、董士伟：《近代中国社会主义思潮》，上海人民出版社1991年版，第197页。

[③] 十一项主张为：（一）改正协定关税制，取消列强在华各种治外特权，清偿铁路借款，完全收回管理权。（二）肃清军阀，没收军阀官僚的财产，将他们的田地分给贫苦农民。（三）采用无限制的普通选举制。（四）保障人民结社集会言论出版自由权，废止治安警察条例及压迫罢工的刑律。（五）定保护童工女工的法律及一般工厂卫生工人保险法。（六）定限制租课率的法律。（七）实行强迫义务教育。（八）废止厘金及其他额外的征税。（九）改良司法制度，废止死刑，实行废止内〔肉〕刑。（十）征收累进率的所得税。（十一）承认妇女在法律上与男子有同等的权利。

[④] 《中国共产党第二次全国大会宣言》，载《中共中央文件选集一（1921—1925）》，http：//cpc.people.com.cn/GB/64184/64186/66627/66627/4489288.html。

[⑤] 《中国共产党党纲草案》，载《中共中央文件选集一（1921—1925）》，http：//cpc.people.com.cn/GB/64184/64186/66627/66627/4489285.html。

们对革命年代的中共政纲详细研究,恐怕所发现的法治价值诉求远不止如此。

由于民力局促、民智未开,加之伪法治主义盛行,中国共产党对法治的价值动员、思想凝聚和组织宣传工作成为时事必需。[1]"关税法则、球场规则,原来是中国人新近学来的,也可以说是极粗浅的社会共同生活的公约,而中国人却无福气实行。"[2] 列强推行的法治,前提的不平等、实行上的虚伪及双重标准,让共产党人义愤填膺。与揭露军阀恶法恶政一道,将列强经济政治侵略、搅害殖民地法治的罪行深挖历数。法治精神的大众传导,在革命斗争活动中非但没有中辍,反而形成了一种新的话语风格。

相比于各式各样的救世方案,中国共产党体现了彻底而又灵活的"革命法治辩证法",理念上独具特色,也符合中国社会的实际情况。与改良派不同,中国共产党人看到,当时病入膏肓的政体很难修补整齐。在帝国主义列强的重压下,指望渐进式的内生演化,实难如愿。譬如近代的新法家,大抵是改良主义者,他们的主张最终都被革命的洪流淹没。当时的共产党人已深刻认识到:"什么是国民革命的胜利?必须是:收回海关矿山航权路权为国有,一切帝国主义者无条件完全放弃他们对于中国政治上的经济上的统治权力,及打倒帝国主义在中国雇用的军阀,解除其武装。这个胜利是全国一切被压迫民众的利益,一部分资产阶级,也需要这个胜利。可是,这个胜利决不是什么稳健温和方法能够得到的,只有不断的争斗与牺牲可以得到。"[3] 同时,有别于林林总总的无政府主义者、暴动论者,以及游谈无根的空想家,中国共产党从建立之初就非常强调"严密的集权和有纪律的组织和训练",[4] 党内的治理向来奉行严格的规则标准,并具有不断强化的执行力。

---

[1] 瞿秋白在1926年的向导杂志发表过一篇名为《法统说的由来原来在此!》的短文。从这篇精悍的檄文,我们可以发现中国共产党人对当时的伪法治主义多么反感。在瞿秋白看来,那些打着法治精神旗号的"走狗佣仆",将革命斗争与法治精神截然对立,"这些军阀、政客毁法、贿选无所不做,已经十几年了,如今忽然大谈法统,岂非怪事"。(《瞿秋白文集:政治理论编》,人民出版社2013年版,第569页)

[2] 《瞿秋白文集:政治理论编》第2卷,人民出版社1988年版,第22页。

[3] 《中共中央文件选集三(1927)》,http://cpc.people.com.cn/GB/64184/64186/66630/4489507.html。

[4] 《关于共产党的组织章程决议案》,载《中共中央文件选集一(1921—1925)》,http://cpc.people.com.cn/GB/64184/64186/66627/66627/4489290.html。

在武装斗争中,中国共产党创建并领导属于自己的人民军队,注重军纪,与民无犯;建立革命根据地后,更是博采众长,民主广议,制定了一系列管用的法规,赢得了人心。

1928年,毛泽东指出了中国革命的正确道路选择,同时也开始了革命道路实践的法治价值探寻。在当时的中国,"无议会可以利用,无组织工人举行罢工的合法权利"[①]。"共产党的任务,基本地不是经过长期合法斗争以进入起义和战争,也不是先占城市后取乡村,而是走相反的道路。"[②]但他并没有因此否定资产阶级民权革命的重要性和必要性。针对革命情势低落的状态,毛泽东在《井冈山的斗争》一文中写道:"我们深深感觉寂寞,我们时刻盼望这种寂寞生活的终了。要转入到沸热的全国高涨的革命中去,则包括城市小资产阶级在内的政治的经济的民权主义斗争的发动,是必经的道路。"抗日战争时期,他又号召民主救国,在日本人和国民党统治的地区,开展和平的法律斗争,利用政府法律和社会习惯,特别是其中的很多矛盾、间隙和漏洞,保存革命力量,实现斗争目标。[③]从《中华苏维埃共和国宪法大纲》到《陕甘宁边区施政纲领》《中国土地法大纲》,综观民主革命时期中国共产党的法治价值诉求,莫不是以统一和平的秩序为前提要求的,尽管处于被围剿、迫害的情形,仍然坚持法治的精神理想不变,坚持通过法制管理根据地政权的方针不变。这些事实"本身就有及其重大的意义,表明党是个完全不同于旧式革命者的新型先进政党,对承担的艰巨历史使命有高度的自觉"。[④]归根结底,中国共产党首先确立了一种社会主义方向的良法理想,继而充分运用综合全面、实事求是的战略分析方法,有效利用既有法律系统的可用资源,以达到通过分步革命的策略,扫除法治理想价值实现障碍之目的。

**四、从救国济世到建国安民**

革命战争年代的中国共产党,拯救国难,兼济苍生,既是传统中国救世

---

① 《毛泽东选集》第二卷,人民出版社1991年版,第542页。
② 《毛泽东选集》第二卷,人民出版社1991年版,第542页。
③ 《毛泽东文集》第二卷,人民出版社1991年版,第340页。
④ 姚桓:《中国共产党依法治国的历程及思考》,载《新视野》2015年第2期。

价值的延展，更是社会主义法治理想的价值驱动。此种情状，决定了革命时期法治价值诉求的独特品性。面对国内外各式霸强的压迫欺凌，民众的生死疾苦取决于国族的整体命运。非常时期，非常手段。革命实践锻铸的法治价值观，必定不同于日常生活演进而成的法治理性主义或经验主义。法律的工具价值，被比喻为军事战争中的武器，谁能掌控好，谁就能获得最后的胜利。法律的目的价值，在战乱不断的环境下，首推革命底下的秩序与和平。在五花八门的救国主张中，中国共产党人在毛泽东的带领下，找到了新民主主义的道路，并将之作为实现社会主义的必经阶段。革命乃正义的战斗，为的是合理的法治新秩序和世界长久和平。

当大局确定，中国共产党从革命党变为执政党，"建国安民"成为法治战略的价值依归。新中国成立前夕，毛泽东除了以人民民主为答案，回应了著名的黄炎培之问外，还与沈钧儒就中国法治的未来有过一场有趣的对话。他说：沈老先生，我们要向你请教。现在打败了蒋介石，要建立人民共和国政府，建立人民的法律，还要请你多出力呀。沈钧儒感慨回答：蒋介石政府践踏法律，草菅人命，实行独裁的反动统治，人民活不下去了，必然会起来反对他。这是蒋介石失败的主要原因。中国人民在共产党和您的领导下，取得了伟大的胜利。我虽然年纪大了，但我很高兴，一定要在共产党的领导下做一点力所能及的工作。[①]

建国，是一个比建政更绵长繁复的艰难过程。国家政体的法律构建，是新中国法治的前提和首务。一方面要肃清反革命流毒，与帝国主义、大地主和官僚资本的旧法治划清界限；另一方面还要在尽可能短的时间内建立起新民主主义的法律系统，填补政策和制度的空隙，完成对劳苦大众的政治承诺。新中国建立之初，法治在一些重要文件中被多次提及，其价值诉求集中在惩罚犯罪，镇压反动，保护人民，巩固新社会秩序。[②]

---

① 中共中央文献研究室、中央档案馆《党的言语》编辑部：《共和国走过的路——建国以来重要文献专题选集（一九四九——一九五二年）》，中央文献出版社1991年版，第82页。

② 例如，1950年《政务院关于加强人民司法的指示》指出：各级人民司法机关在各级人民政府指导帮助及有关部门工作的密切配合之下，应组织力量，加速案件审理的期限，坚决革除国民党法院所遗留的形式主义和因循拖延的作风。积极提高审案的质量，同时并应广泛进行法治的宣传教育工作，严格纠正违法乱纪现象的发生。不论政府机关、公务人员和人民，如有违法之事，均应受检察机关的检举。（参见 http://www.china.com.cn/guoqing/2012-09/03/content_26746201.htm）

虽然从中华人民共和国成立到 1954 年宪法颁布，在这五年的过渡时期没有国家的正式宪法，但是，由中共负责起草的《共同纲领》具有完整的规范形态，事实上发挥了建国安民的宪法作用。① 《共同纲领》不仅确定了各项根本和基本制度，经济、文教、民族和外交政策，而且规定了人民的范围及其经济、政治和民主权利。总纲没有明确规定社会主义的价值目标，原因在于，第一，此已无可置疑；第二，为了日后更为郑重的考虑；第三，让民众在党的解释、宣传，特别是实践中得到切身体会。② 社会主义与法治的兼容性，经过探寻，在 1954 年宪法中得到了有力证明。毛泽东在关于中华人民共和国宪法草案的讲话中指出："一个团体要有一个章程，一个国家也要有一个章程，宪法就是一个总章程，是根本大法。用宪法这样一个根本大法的形式，把人民民主和社会主义原则固定下来，使全国人民有一条清楚的轨道，使全国人民感到有一条清楚的明确的和正确的道路可走，就可以提高全国人民的积极性。"③ 宪法的颁布，让社会各界对民主法治价值认识进入新的阶段。大家表示："蒋介石心目中根本没有人民。……但在中国共产党领导下，我们这次大会的召开，却是新中国人民民主制度的更进一步的巩固和发展。""现在是真正的民主，人民有了各项权利，这是中国开天辟地以来第一次。""革命的老前辈给我们打下江山，争来多项民主权利，我们要用宪法把每一项都固定下来，好好保持它们。我们要用实际行动，开展技术革新运动来保证宪法的实施。"④

客观审视，新中国成立初期人们对于要不要以及如何建立社会主义法治国家，在价值观念上存在犹疑和困惑。苏联的社会主义法制片面重视公法，忽视甚至不承认私法，保护公有财产胜过私有财产，领导人带头破坏法制等做法，已经引起中共领导人的关注和反思。包括法治建设在内的未来中国之路，必须靠自己的力量独立探寻，这种观念在毛泽东等领导人心中早已落地生根。但由于马列经典和当时的教科书，对法治基本原理和中国实际状况均

---

① 韩大元：《论 1949 年〈共同纲领〉的制定权》，载《中国法学》2010 年第 5 期。
② 周恩来：《人民政协共同纲领草案的特定》，载《建国以来重要文献选编》第一册，http://cpc.people.com.cn/GB/64184/64186/66655/4492665.html。
③ 《毛泽东文集》第六卷，人民出版社 1999 年版，第 328 页。
④ 袁水拍：《六亿人民心花开》，《人民日报》1954 年 9 月 16 日。

缺少明确指引和充分论述，[①] 而废除国民党《六法全书》后的实践摸索和理论总结，又需要比较长的时间。这些因素都造成了法治价值诉求的障碍。而在政治承诺上，由新民主主义向社会主义的过渡又不能因此而停顿等待。以人民政府的法令及共产党的政策，暂时代替人民的新法律，成为不得已的选择。由于旧法人员被清理改造，新的司法干部只有继续发扬革命斗争经验，通过群众运动的政治治理完成法律实施的任务。

1956年9月，党的八大决议指出："我国的无产阶级同资产阶级之间的矛盾已经基本上解决"。[②] "国内的主要矛盾，已经是人民对于经济文化迅速发展的需要同当前经济文化不能满足人民需要的状况之间的矛盾。"[③] 而也正是在这次大会上，董必武提出了"有法可依，有法必依"的著名论断。但也是从1956年9月开始，"半年时间内，全国发生数十起罢工、请愿事件，每起人数一般有十多人至数十人，多者有一二百人，甚至近千人，共约一万多人；有几十个城市发生大、中学校学生罢课、请愿事件，也共有一万多人；在农村也连续发生了闹社的风潮，如浙江省农村发生请愿、殴打、哄闹等事件1100多起，广东省农村先后退社的有十一二万户。"[④] 中共中央发布了《关于处理罢工、罢课问题的指示》《关于研究有关工人阶级的几个重要问题的通知》等重要文件，作出"理解大多数、惩办极少数"的指示。刘少奇说："我研究了一些地方的闹事，几乎全部是为了经济性质的切身问题。政治性质的罢工、罢课、游行、示威，很少发生。"[⑤] 1957年2月，毛泽东《关于正确处理人民内部矛盾问题》的重要讲话，为"两类矛盾"的法制解决指明了原则和方向。

虽然社会形势紧张、矛盾凸显，但人民民主法制的基本价值方针没有根本变化。用一个例子可以说明。1957年6月，内务部党组向周恩来和中央打报告，反映多地在下派干部担任县长、乡镇长职务时没有按照法律程序办

---

[①] 董必武在中共八大报告上指出："我们的法律工作者，直到今天还没有根据马克思列宁主义的观点，从法学学理上写出一册像样的阐明我国法制的书，现在有的还只是几本小册子。"（《建国以来重要文献选编》第九册，http://cpc.people.com.cn/GB/64184/64186/66663/4493131.html）

[②] 《中国共产党第八次全国代表大会关于政治报告的决议》，人民出版社1956年版。

[③] 《中国共产党第八次全国代表大会关于政治报告的决议》，人民出版社1956年版。

[④] 薄一波：《若干重大决策与事件的回顾》，中共党史出版社2009年版，第439、410页。

[⑤] 《刘少奇选集》下卷，人民出版社1985年版，第305页。

事，引发了群众不满，也让当事者自己提心吊胆，自嘲为"黑县长"，无法安心工作。政策和法律冲突时，中央的回复强调："总以不违反法律为原则"，在此前提下，可灵活采用一些变通办法。① 但反右派斗争已经开始扩大化，在水火不容的阶级斗争洪流下，社会主义法治的价值主张渐趋沉寂。

### 五、走向"均衡"：法治道路的价值形塑

新中国成立后，社会主义法治价值观的确立，并非一帆风顺。"文化大革命"引发的党内动乱及社会混乱，极大破坏了社会主义法治的既定路线，让中国共产党的政治领导和价值引领面临重大抉择。邓小平复出后，竭尽心力矫正过度的阶级斗争路线，重新评价毛泽东思想，通过一系列法制话语和行动，让党、国家和社会建设回到正途。

1978年，党的十一届三中全会就民主与法制问题深入讨论，提出"平反假案，纠正错案，昭雪冤案"的要求，宣布"设立专案机构审查干部的方式，弊病极大，必须永远废止"，强调以民主的方法实现集中统一，"严格执行各种规章制度和劳动纪律"，"坚决保障宪法规定的公民权利"，并"使制度和法律具有稳定性、连续性和极大的权威"。全会号召："从现在起，应当把立法工作摆到全国人民代表大会及其常务委员会的重要日程上来。检察机关和司法机关要保持应有的独立性；要忠实于法律和制度，忠实于人民利益，忠实于事实真相；要保证人民在自己的法律面前人人平等，不允许任何人有超越法律的特权。"②

1979年，在中央关于进一步加强全国安定团结的通知中，"法治"一词出现，但其价值内涵仍偏重于规则下的秩序维护。③ 这个文件多次援引宪法条文，并举了许多生活例子，以突出强调民主与法治相辅相成、不可分离的道理。同年，五届人大二次会议通过了三部组织法、一部选举法、两部刑事法典和一部企业法。中共中央在坚决保证刑法、刑事诉讼法切实实施的指示中强调："各级党组织的决议和指示，都必须有利于法律的执行，而不能与

---

① 中央档案馆、中共中央文献研究室编：《中共中央文件选集》第二十六册，人民出版社2013年版，第23—25页。
② 中央文献研究室编：《三中全会以来》（上），人民出版社1982年版，第7页。
③ 中央文献研究室编：《三中全会以来》（上），人民出版社1982年版，第104—105页。

法律相抵触。如果某些法律的内容确已不适应形势发展的需要，应通过法定程序加以修改。"对党和领导和司法机关独立行使职权的关系，这个指示性文件作了极其重要的强调和非常细致的说明："最重要的一条，就是切实保证法律的实施，充分发挥司法机关的作用，切实保证人民检察院独立行使检察权，人民法院独立行使审判权，使之不受其他行政机关、团体和个人的干涉。""国家法律是党领导制定的，司法机关是党领导建立的，任何人不尊重法律和司法机关的职权，这首先就是损害党的领导和党的威信。党委与司法机关各有专责，不能互相代替，不应相互混淆。"① 也正是在这一法理认知的前提下，中央决定取消各级党委审批案件的制度，以确保党的权威和法律权威的高度一致，即使是政治斗争也一定要在法律范围内进行。

1982年，在中共十二大开幕式上，邓小平指出："把马克思主义的普遍真理同我国的具体实际结合起来，走自己的道路，建设有中国特色的社会主义，这就是我们总结长期历史经验得出的基本结论。"② 从以阶级斗争为纲到以经济建设为中心的国策转变，带来了改革开放初期法律保障价值观念的繁荣。人们以学法懂法用法为时尚，国家也适时制定颁布了一大批新的法律法规。复苏的法学教育、研究和法律宣传工作，让邓小平补充、强化并积极倡导的社会主义法制建设的"十六字方针"深入人心。

20世纪80年代的"文化热"，进一步拉动了知识界对法律价值观探寻的热情，西方各种法制主义和思潮也开始重新涌入。随着国家意识形态的松动，个人主义、物质主义、经济利益至上论在社会流行，社会秩序和国家治理的任务日趋严峻。"严打"政策有效缓解了问题，但也引发了人们对于专政功能过度的警思和不满。

邓小平提出"建设有中国特色的社会主义"，根本上是为了解释社会主义社会发展市场经济的"合法性"，并为改革开放时期的法治建设予以价值定向。"中国特色社会主义，是科学社会主义理论逻辑和中国社会发展历史逻辑的辩证统一，是根植于中国大地、反映中国人民意愿、适应中国和时代进步要求的科学社会主义。"③ "社会主义市场经济"，这个在一些西方经济

---

① 中央文献研究室编：《三中全会以来》（上），人民出版社1982年版，第259页。
② 《邓小平文选》第三卷，人民出版社1993年版，第3页。
③ 《十八大以来重要文献选编》，中央文献出版社2014年版，第418页。

学家以及国内"正统派"眼里的奇怪概念,经过中国共产党的理论解释与价值证立,在中国转型过程中并未遇到太大的阻力。相反,这个概念以及在其基础上建立起来的中国特色社会主义理论,得到了精英和民众的普遍支持和认同,发挥出强大的思想、制度和实践引导功能。法律学者在此概念的基础上,进一步提出市场经济和法治建设在本质上具有统一的价值关联,"社会主义市场经济的本质就是法治经济"。这种认识的出现,与当时社会经济、法制建设的实际成就和发展需求紧密相关。自由与调控相结合的经济发展进程,已经催生出一套有别于他国的中国式规则系统。虽然经济学家发出了"权贵资本主义"的警告,但这正是在坚持社会主义前提下做出的推理论断。经济发展带来的不稳定因素虽然在不断凸显,但抗议者通常会诉诸社会主义价值,以一种理想情态的法治话语来表达自己的主张。

第一,邓小平时代中国特色法制道路,在价值诉求上首先体现于对法律秩序价值的无条件坚守。安定团结压倒一切,中国不能乱,乱中也要求治。法律的治理效能被提升到重要地位。通过法律的治理,成为有别于西方"法律至上""法律的统治"等意识形态口号的独特模式。与传统法家法治主义不同,中国早已废除君主制,"文革"后邓小平反复强调制度和法律的权威,就是不希望将法律的治理权集中于个人,由党的集体以及其代表的人民群众掌握,通过党内民主集中制,确保人民民主专政的国体不变。中国共产党是人民的公仆,必须兢兢业业,悉心照管。中国共产党来自于人民,受托于人民,同时滋养人民,教育人民。坚持以人民为中心,而非法律的统治,这是中国特色社会主义法治价值的中心。中国共产党领导下的人民,通过自己的法律实现对自身权利的保护,这种人民主权原则下的法律治理形态,显然从本质上不同于法家的法治。

第二,邓小平反复强调"四项基本原则"对于法制的重要性。社会主义价值理想为法治原则、规则和各项具体制度确立了宏观的评价标准,从邓小平时代开始,它不是空洞肤泛的。新中国成立后新民主主义法制建设取得了很大成果,但过于急迫的"过渡"打断了社会主义法治的正常演进。"硬着陆"的结果是,国民经济、政治系统、社会生活和思想观念全面紊乱。

其三,也是最重要的,社会主义初级阶段理论,奠定了新时期中国法治战略的基石,化解了长远法治价值目标和短期法治建设目标的紧张。既然已经进入社会主义阶段,人们便不必要为朝着社会主义的经济改造、阶级斗争、政治运动伤筋动骨;既然还只是初级阶段,人们就应当大力发展经济,以生产力的迅速提高,实现社会的发展和进步。法治的价值、任务和目标,在此种阶段战略的指引下,法治首先要限定阶级斗争范围,平定社会动乱,特别是要在经济秩序的整顿和规范上显出实效。其次,法制还不能管得太死、太紧,要与经济发展"收放结合,以放为主"的步调相符。经济立法要着重放松规制,吸收资本,这也为西方法治价值观的重新流行开了一个特别通道。最后,法制建设对于政治体制改革具有重要意义。限制集权、避免专断、保障党内民主和集体领导、团结尽可能广泛的人民群众等政治价值追求,与中国独特的法治文化和国民心理也内在契合。

在建设中国特色社会主义的新潮中,法治,这个抽象的概念,被中国共产党人总结为"依法治国的基本方略",即"广大人民群众在党的领导下,依照宪法和法律规定,通过各种形式和途径管理国家事务、管理经济文化事业、管理社会事务,保证国家各项工作都依法进行,逐步实现社会主义民主的制度化、法律化,使这种制度和法律不因领导人的改变而改变,不因领导人看法和注意力的改变而改变。"这是一个比较切实、科学的概括,反映出中国阶段性法治的价值重心。邓小平之后的中共领导集体对法治价值加以功能拓进,以政治限权、经济放权为主线延展法治的价值区域,全面开掘法治在党建、文化、社会、生态、军队、外交等领域和方面的作用。这就需要更好发挥中国共产党对法治的价值引领主体作用,更好实现法治对社会公平正义、和谐稳定、均衡发展的制度保障作用。

## 第三节　中国特色社会主义法治道路的价值逻辑

以中国共产党的法治观为核心主线,以人民对美好生活的利益要求和理性愿景为主要内容,以政府、国家、社会的全面、立体、均衡型的法治化为战略关切,我们可以对新时期中国法治道路的价值有更为整全的认识。

### 一、新时代中国法治道路的价值生成

党的十八大以来,共产党人矢志创新,奋力开拓,协调推进"四个全

面"战略布局,统筹推进"五位一体"总体布局,全力巩固党的先进性和代表性,不断夯实执政的合法性基础。我们可以政治家的法理思考为典型标本,进一步分析法治价值生产的内在逻辑。

党十八大报告提出"加快建设社会主义法治国家""全面推进依法治国"的战略目标,将"法治"作为治国理政的基本方式和中国特色社会主义政治发展道路的重要内容。① 中国共产党对法治地位的战略强调,并未采用"就法治论法治"的表达方式,而是通过语词微调和语境定位,完成价值意义的转换。与之前的"基本治国方略"相比,"治国理政的基本方式"的定位属于语词微调,着重强调的是对执政党特别是党中央的法治要求,从方略到方式的调整,并没有降低法治的战略地位,实质上强化了法治的一般性,限制了其策略性。将法治放置于中国特色社会主义政治发展道路的语境中,表明执政党已经明确认识到,中国特色社会主义特别是其政治理念必须兼容法治基本价值,并以其为重要内容。

在党的十八大报告中,"中国特色社会主义"继续被称为"伟大旗帜",发挥统摄引领的话语作用。中国特色社会主义道路的战略地位得到了前所未有的重点强调,其价值展现为四个方面:对党而言,关乎其命脉;对国家而言,关乎其前途;对民族而言,关乎其命运;对人民而言,关乎其福祉。"独特的文化传统,独特的历史命运,独特的基本国情,注定了我们必然要走适合自己特点的发展道路。"② 之所以不能走僵化老路和异端邪路,归根结底,这些"道路"都违背了党、国家、民族和人民的共同价值意愿,对于执政兴国、民族复兴、长治久安危害无穷。

对于中国特色社会主义道路的兼容价值取向,习近平总书记讲得很明白:"中国特色社会主义道路,既坚持以经济建设为中心,又全面推进经济建设、政治建设、文化建设、社会建设、生态文明建设以及其他各方面建设;既坚持四项基本原则,又坚持改革开放;既不断解放和发展社会生产

---

① 胡锦涛:《坚定不移沿着中国特色社会主义道路前进,为全面建成小康社会而奋斗——在中国共产党第十八次全国代表大会上的报告》,http://www.xinhuanet.com//18cpcnc/2012-11/17/c_113711665.htm。

② 《习近平谈治国理政》,外文出版社 2014 年版,第 156 页。

力，又逐步实现全体人民共同富裕、促进人的全面发展。"① 如何把握阶段性和长远性、中心工作和全面任务、守成与变革的价值均衡，成为中国共产党整体法治设计的重要战略课题。法治既是开放、变革之路，也是守成、保卫之道。法治必须有起点、有根基，这就要求秩序、稳定和政治团结，是为"守成保卫"；继而在此基础上努力拓展个人、国家和民族的生存空间，改变不适应发展形势和人民意愿的制度、文化和观念，是为"开放变革"。在固有价值和变革价值的战略次序相对确定之后，法治的整合与均衡价值成为焦点，诚属历史演进之必然。

2012年12月4日，习近平总书记在首都各界纪念宪法公布施行30周年的讲话中，提出了"坚持依法治国、依法执政、依法行政共同推进，坚持法治国家、法治政府、法治社会一体建设"②的号召，为依法治国的全面深入拓展指出了方向，明确了基调，有关中国法治道路的概念形成和价值表达也逐步推进。

2013年，习近平总书记在全国人大会议上的讲话，强调中国发展道路必须坚持社会主义法治的根本原则。科学、均衡发展离不开"保证人民平等参与、平等发展权利，维护社会公平正义"，③离不开法治及其公平正义价值的实现。通过对习近平总书记讲话的深入解读，我们可以发现中国共产党的一个重要价值判断正在形成：中国特色社会主义道路，本质上就是法治发展的道路。

党的十八届三中全会作出了《中共中央关于全面深化改革若干重大问题的决定》，证实了这个判断，初步构建了法治中国顶层设计的总体框架。④表面上看，法治建设的表述仍属于政治发展部分，但在实质内容上已经涵盖了各个方面。三中全会明确了城乡均衡发展的法治路径、提出生态文明建设法治化的战略安排，特别是对农民权利和公共资源均衡配置重点强调。中国共产党赋予了法治以更显要的价值定位，对法治价值的认知有了进一步的提升，初步展现了一幅有别于传统法治和西方的图景。以法治思维和法治方式

---

① 《习近平谈治国理政》，外文出版社2014年版，第9页。
② 《习近平谈治国理政》，外文出版社2014年版，第144页。
③ 《习近平谈治国理政》，外文出版社2014年版，第41页。
④ 廖奕：《法治中国的顶层设计》，载《学习时报》2013年11月26日。

协同推进党执政治国和社会管理事业，完成在法治政府初步建成基础上的法治的全面拓展和深化工作，实现依法执政与依法行政、法治国家和法治社会的均衡一体，成为中国共产党业已明确的战略指针。

2014年，中国共产党作出《中共中央关于全面推进依法治国若干重大问题的决定》（下文简称《决定》），正式提出了"中国特色社会主义法治道路"的战略命题，并以之作为新时期法治建设的灵魂与主线，其核心价值目标在于增进党的执政能力，加强党对法治的领导。习近平总书记将中国特色社会主义法治道路的核心要义概括为三个方面："党的领导是中国特色社会主义最本质的特征，是社会主义法治最根本的保证。中国特色社会主义制度是中国特色社会主义法治体系的根本制度基础，是全面推进依法治国的根本制度保障。中国特色社会主义法治理论是中国特色社会主义法治体系的理论指导和学理支撑，是全面推进依法治国的行动指南。"[①] 作为法治事业的领导主体，中国共产党是中国特色社会主义法治道路的最早探索者、成功开辟者、话语生产者、价值坚守者，也是坚持、拓展并完善这条道路的身体力行者、核心组织者和权威监护者。"党是社会主义法治建设的领导者、组织者、实践者，依法治国从根本上讲是对党自身提出的要求。"[②] 中国共产党对法治的价值定位和理念认知，融凝为治国理政的基本方略和具体战略，体现在法律体系和法治体系的各个层级与环节。党对法治的领导，首先是价值观上的引领和指导，这是制度建设、理论发展和实践优化的前提、渊源与根基。在此背景下，中国特色社会主义制度构成了法治道路的根本保障，如同严密周全的无形天网，为道路的安全顺畅提供警示标识和公共服务。由根本制度衍生的基本法律制度、体制与机制构成了法治道路的主干内容，连同宪法确定的根本制度一道，共同塑造了中国特色社会主义道路的制度机体。在"法治道路工程学"视野中，制度既可以自上而下建构而生，也可能是自下而上演进而成，最终各种制度的设计者、行动者、参与者、建设者、维护者甚至破坏者都会在法律规范的"裁决"下各明其分，各得其所，各安

---

① 习近平：《关于〈中共中央关于全面推进依法治国若干重大问题的决定〉的说明》，载《中共中央关于全面推进依法治国若干重大问题的决定》辅导读本》，人民出版社2014年版，第50页。
② 王岐山：《坚持党的领导依规管党治党，为全面推进依法治国提供根本保证》，载《中共中央关于全面推进依法治国若干重大问题的决定》辅导读本》，人民出版社2014年版，第17页。

其位。在价值主体、制度规范的引领和保障下，中国特色社会主义法治道路的理论表达如何全面总结既有内容，淬炼价值体系逻辑，为法治实践提供更好的行动指南？这无疑是中国共产党理论工作的重要方面，也是法学研究和法治理论需要认真对待、深入探析的重大课题。

## 二、法治道路的价值诉求：新政法话语的展开

法学界围绕十八届四中全会的《决定》，已有众多精彩解读。对该决定第一部分的前半部分，研究尚未深入展开。但就本研究而言，总论中的前半段正是该决定"文本的灵魂"，全面论证了当前法治建设总目标的价值依据和逻辑归属，值得重点探析。

第一部分的标题是"坚持走中国特色社会主义法治道路，建设中国特色社会主义法治体系"。从这个语式表达可见，旗帜、方向的重要性，彰显了中国共产党对法治建设明确的价值诉求。为此，《决定》开篇明义："依法治国是坚持和发展中国特色社会主义的本质要求和重要保障。"[①] 在法治顶层设计者看来，中国正处于并将长期处于社会主义的初级阶段，因而中国特色社会主义的价值目标当然就是依法治国的根本价值诉求。不同于以往仅仅强调解放生产力、发展生产力以及消灭贫困、实现共同富裕，十八届四中全会对依法治国的价值目标进行了新的拓展，将之作为实现中国特色社会主义的本质要求，置放于更高的战略层面。这表明，中国共产党对法治价值重要性的认识又有了新的提升。

在此语境下，中国特色社会主义乃是依法治国的价值本体，而依法治国则是坚持和发展这一价值本体的根本要求。全面依法治国的目标，体现在国家治理体系现代化和国家治理能力现代化两大方面。前者是制度构建目标，后者是主体能力目标；前者更为宏观长远，后者更为基础切近。国家治理现代化的根本价值诉求并非其自身，而在于社会主义价值目标的整体实现。

在宏观定位依法治国的重要价值时，《决定》没有采用学界对于法律价值的理论框架，从公平、正义、人权、自由、平等、效率等抽象范畴出发，

---

[①] 本书编写组：《〈中共中央关于全面依法治国若干重大问题的决定〉辅导读本》，人民出版社2014年版，第2页。

而是遵从政治话语的表达惯例,从"党""人民"及"党和国家"三个层面,以价值主体为中心逻辑加以论述。类似费孝通先生总结的"差序格局",主体对环境的认识和定位,总是依照距离自己的关系远近来层层铺展。对中国共产党而言,法治是其一直探寻的伟业,当然要将自身的法治价值诉求首先表述清楚。人民是中国共产党的力量之源,也是法治建设的根本推动力,其对法治需求和要求构成了总体性的法律意志。党和国家不可分离,国家在党领导下的人民法律意志型构中完成权力体系和治理网络的建设,提供公共产品,维护社会秩序,这些核心职能的履行也离不开法治的指引和规范。

对党而言,依法治国的核心价值诉求,《决定》将其归结为"执政兴国"。《决定》对之有详尽表述:"面对新形势新任务,我们党要更好统筹国内国际两个大局,更好维护和运用我国发展的重要战略机遇期,更好统筹社会力量、平衡社会利益、调节社会关系、规范社会行为,使我国社会在深刻变革中既生机勃勃又井然有序,实现经济发展、政治清明、文化昌盛、社会公正、生态良好,实现我国和平发展的战略目标"。[①] 这段表述实际上包含了两个层次:"执政"是手段,"兴国"是目的,两者紧密结合。就执政方式而言,党领导下的依法治国事业不仅包括国内治理,也包括国际治理;不仅包括行为规范、关系调整,而且包括利益平衡、权能整合;不仅包括日常规制,还包括战略统筹;不仅包括秩序维护,也包括活力释放;不仅包括经济发展,而且包括其他各方面和领域的充分均衡发展。全面依法治国战略功能的发挥,不能囿于僵死的教条,必须在通盘考量中抓住矛盾症结,有的放矢,精准施策。中国共产党强调"依法执政",此处的"法"显然是一个比"国家法"更为宽广的"元法"概念。"依法"并不意味着仅仅依靠法律法规的条文,更重要的是遵循其价值目标,亦即法的目的。依法执政的价值目标是国族复兴。民族的复兴、国家的富强直接关乎人民的幸福安康,既是党的执政精义,也是法治的价值依归。与依法执政中的"广义法"对应,"兴国"语境中的"国"也是广义的国族概念,中国人所谓的"家国天下",并

---

① 本书编写组:《〈中共中央关于全面依法治国若干重大问题的决定〉辅导读本》,人民出版社2014年版,第3页。

非狭义的政体国家或民族国家。① 对中国共产党而言，自由活力与权威秩序的社会均衡，可谓"法治兴国"的根本要求，而内外各领域的均衡发展，则是更为具体的法治价值目标。

对人民而言，《决定》将"幸福安康"作为依法治国的总体价值诉求。有人会说，幸福是主观的感受，它很难精确界定，法治怎能将这种可意会而难言传的隐秘人生体验纳入价值范围？换句话说，法治如何破解幸福密码？② 幸福安康，虽然是一种中国传统的生活理想和价值话语，也是一种因人而异的主观价值体验，但当它作为法治的价值目标，便可以呈现相对确定的客观本性。"法律与幸福"（Law&Happiness）研究的成果显示，幸福指标是可以衡量的，法律对幸福的作用至关重要。③ 在社会生活规范有序、公平正义的条件下，幸福作为一种可以客观衡量的价值指标，可以有效矫正物质财富至上和效率中心主义的政策导向，甚至可以改变崇拜金钱的社会风尚。对于新的法哲学研究而言，"幸福"也是具有学术拓展价值的综合性范畴。④ 当前中国不少地方在推进法治建设的活动中，也将幸福指数作为法治绩效的重要依据或参考。⑤ 法治底下的人民幸福，具体表现就是安康。安全、安稳、安乐的生活让健康的人生与人性成为常态，成为规则保障的基本法益，这正是"小康社会"的法理真谛。

对党和国家而言，《决定》将"长治久安"作为依法治国的共享价值诉求。与"执政兴国""幸福安康"的话语渊源类似，"长治久安"也不是搬用西方的法律价值概念，而是直接源自中国的政治传统。贾谊在《陈政事疏》（亦名《治安策》）中有言："建久安之势，成长治之业。"这句话的本

---

① 关于中国传统天下观与西方国家观的法理辨析，参见廖奕：《和谐世界的法学型构及其中国资源》，载《哲学与文化》（台湾）2016 年第 2 期。
② 廖奕：《法治如何破解幸福密码?》，载《法制日报》2014 年 8 月 6 日。
③ Eric A. Posner, Cass R. Sunstein, *Law & Happiness*, University of Chicago Press, 2010.
④ 付子堂、崔燕：《作为法哲学范畴的"幸福"：关于"幸福"在法学理论"学术地形图"中的定位问题之思考》，载《河北法学》2012 年第 10 期。
⑤ 具体例子可参见一些媒体报道：《用法治建设提升百姓的幸福指数：江苏盐城滨海县建设"法治滨海"侧记》，http://www.rmlt.com.cn/2015/0818/399477.shtml；《法治建设提升"幸福指数"》，http://news.163.com/16/0928/11/C2218D9700014SEH.html；《推进法治提升幸福指数》，http://hunanfy.chinacourt.org/article/detail/2014/03/id/1422634.shtml；《十八大代表心声：让法治保障群众的幸福指数不断攀升》，http://newspaper.jfdaily.com/shfzb/html/2012-11/14/content_919012.htm。

义是为了劝谏皇帝区分一时安稳和长久安定,为了长治久安,做到"至孝""至仁""至明",必须用法治的手段解决祸患根源。在他看来,"治""安"的要诀在于用吸纳了礼义廉耻等道德规范的新法制统御臣民,既不能一味实行仁义,也不能刻薄寡恩、像商鞅之法一样破坏风俗。贾谊坚信,"此业一定,世世常安,而后有所持循矣。若夫经制不定,是犹度江河亡维楫,中流而遇风波,船必覆矣。"[①] 就当今中国的法治方略而言,长治久安与局部地区的治理、个别主体的安康相比,具有鲜明的人民主体性,体现出着眼长远利益及全球稳定的战略整合性。中国特色社会主义法治道路指向的治理和安全价值,强调以人民为中心的共享利益,而非特定部门、地区、行业、社会群体或主体的权力、权利与福利。此种整体性的国家安全观,从法理上看,其价值诉求正根系于长治久安的共享价值。

党的执政兴国、国家的治理现代化和人民的幸福安康,三者能否统一于"长治久安"这个共享价值框架,关键在于法律的治理之道能否有效统合整体性的多方利益,实现情欲与理性、自由与规制的社会均衡。

上述三方面的价值诉求,代表了新时期中国共产党对依法治国的战略定位和理论总结,落脚于"长治久安"的"统合性价值"对于法治建设的重要性。这些话语论述为法治道路的价值阐释,创设了一种鲜明的中国化基调。在一系列现实问题面前,《决定》进一步指出:"坚定不移走中国特色社会主义法治道路,坚决维护宪法法律权威,依法维护人民权益、维护社会公平正义、维护国家安全稳定,为实现'两个一百年'奋斗目标、实现中华民族伟大复兴的中国梦提供有力的法治保障。"[②]

从上述分析,我们可获知中国共产党对中国特色社会主义法治道路的具体价值诉求:(1)着重强调法自身的权威价值,这是法治内在价值的基本要求与核心内容;(2)在宪法法律权威的基础上,强调法治对人民权益、社会公义和国家安稳的整体维护功能,这可以视为法治的外部价值。(3)在内外价值均衡一体的局面下,通过实施法治特定的价值战略,为中国梦的实现提供有力的保障。我们可以认为,这是一种对法治内在价值与外在价

---

① 《汉书·贾谊传》。
② 本书编写组:《〈中共中央关于全面依法治国若干重大问题的决定〉辅导读本》,人民出版社2014年版,第4页。

值、本体价值与战略价值的均衡表述,其内在逻辑显现了中国共产党的独特价值思维:经由党、人民和国家的价值共识缔造的法律必须具备足够的权威,在实践中发挥确定性的保障功能。看似一种语言循环,但从政治话语和法律话语的逻辑沟通审视,这样的表达既能强化中心立意,也可补充单调政治话语之不足。

对于法律而言,权威乃是其自身的本体性价值。无论何种类型的法治国,没有权威的法律都是"不燃烧的火,不发亮的光"。法律权威是良法善治的必须和首要,没有权威的法律难以实行,无力长久,甚至缺乏根本的"合法性"资格。依凭法律权威,人们可以对法律主体之间的权力——权利冲突均衡协调、理性裁断、和平解决。在社会主义的价值图景中,法律的权威不是国家强制力所能完全赋予的,需要经由人民大众的从理性到情感的全方位认同。这是中国特色社会主义法治道路的价值基础。

法律权威的基源在于人民权益之赋予、之保障、之卫护。中国宪法规定的"人民主权"原则,表明人民除了具有管理国家和社会公共事务的权力之外,还享有一系列与政治权力配套的公民权利和作为一般意义上的"人"所应具有的底线尊严,人民权力、公民权利、基本人权的总和,构成了法律的主体性内容,也规限了法律自身的权威形成路径。从法律上保障人民权益,本质上是为了实现人民的法益,特别是通过各领域的充分均衡发展全面激活人民的全面发展权能。这是中国特色社会主义法治道路的价值基干。

保障人民法益的权威良法体系,在具体运行过程中,应当以社会公平正义为价值指针。这是中国特色社会主义法治道路的价值基准,也是"法治中国"价值追求的鲜明底色。对于社会主义与公平正义的价值契合,有西方学者如此论述:"如果我们把法治合宜地理解为一套制定和运用法律的程序条件,那么,法治就能提供一些与社会主义要求相契合的道德理由。程序正义与实质正义固然不同,自由与平等也存有差异,但它们都可互相支持。正是社会主义对于积极正义和普遍平等的承诺,才能生发出一个善待法治并渴求法治保障的消极自由社会。"[①] 就中国而言,解放发展生产力、实现共

---

① Christine Sypnowich, *The Concept of Socialist Law*, Oxford: Clarendon Press, 1990, p. 83.

同富裕的社会主义目标,从价值诉求上看,根基还是在于社会公义的目标。法律上的公平,较为具体,主要就个案而言(有时也可指规则公平,此时与法律正义的内涵几无区别)。在法律面前人人平等,立法、执法、司法各个环节都需要奉行公道,处置平正。唯此,人们才能感受到法律的公平精神,尊重法律的权威,养成遵法的习惯。正义,较之公平,更为侧重整体标准。社会主义社会的正义原则通常以经济平等为核心,以人的自由全面发展为归宿。符合社会正义的制度和法律,必须建立在个案公平基础上。如果一个国家冤狱横行,到处都是对司法不公、执法不平的抱怨,无论如何也不能说这是一个正义的社会。人们会由个案的不公平、少数人的不正义推展到某项体制、机制与规则的不正义,由单方面的制度不正义扩展到总体性、根本性的制度不正义。社会公平正义绝非什么抽象、空洞的大词,根系法治价值的深层要求和现实化过程。

国家的安全稳定,在法治运行的各个环节都有具体要求。相比于公民的自由权,法律对国家安全的总体保障是优位的价值选择。国家安全是社会稳定的前提,法律对国家安全的总体维护,实质上也是对公民权利的基础加固。正是在此意义上,习近平总书记在中央政法工作会议上指出,"维权是维稳的基础,维稳的实质是维权。"① 这是中国特色社会主义法治道路的价值基调。

由上,中国共产党对法治道路价值的构造逻辑,可概括为三个"三位一体",从理念、制度和战略上分别支持中国特色社会主义法治道路的价值证成。第一个"三位一体"属于根本理念层面,可理解为一种经过历史实践鉴证过的"合法性"话语。在依法治国事业中,党、国家和人民的价值诉求可以整合为长治久安的目标模式;在此基础上的第二个"三位一体",即党的领导、人民当家作主和依法治国的有机统一。这是根本制度层面的原则,目的是确保党的要求、国家目标和人民期待在法治建设中全面契合。第三个层面,也就是战略上的"三位一体",即坚持依法治国、依法执政、依法行政共同推进,坚持法治国家、法治政府、法治社会一体建设。全面推进依法治国,意味着法治价值诉求的全面拓展,尤其是对执政党的整体法治要

---

① 《习近平关于总体国家安全观论述摘编》,中央文献出版社 2018 年版,第 134 页。

求必须有质的提高,以依法执政、依规治党为主线的全面从严治党成为新法治战略的有机组成部分,也是"依法执政"与"法治政府"形成话语对应的实质逻辑因由。① 在法治政府目标完成的基础上,依法行政才能真正坚持并不断深化,才能让受到法律制约的政府权力产生社会稳定安乐的效果,从而让法治社会目标顺利实现。

《决定》勾画的法治中国价值战略蓝图已然明确:2020 年,完成法治政府的建设目标;2050 年,基本实现社会主义法治国家的现代化建设要求,完成公权系统的整体法治化,初步实现社会主义法治国家的各项要求。就战略目标的设定而言,《决定》立足长远,也留下了一些值得深入研究的后续问题。遵循《决定》的逻辑,法治国家建成并不意味着法治社会目标的实现。社会主义初级阶段之后的中国法治向何处去?从价值目标上看,我们应当提前做好预测和规划。"从现在的情况看,只要国际国内不发生大的波折,经过努力,全面建成小康社会目标应该可以如期实现","全面建成小康社会之后路该怎么走?如何跳出'历史周期律'、实现长期执政?"② 易言之,法治政府和法治国家建成后是否意味着"法治的终结"?习近平总书记的回答坚定而明确:"我们提出全面推进依法治国,坚定不移厉行法治,一个重要意图就是为了子孙万代计、为长远发展谋。"③ 法治规范需要时间的淬炼和积累,法治价值的形塑和弘扬更是如此。2050 年后,法治中国建设的任务或许依然艰巨,甚至会比现今更为复杂。抛开不确定的因素,2050 年后中国还需要 30—50 年的时间深化法治社会,最终全面实现中国特色社会主义法治的战略目标,建成中国价值观意义上的特色型法治国家。

### 三、迈向法治中国的"价值星系"

通过前面的分析,我们可以体察到,中国共产党对法治价值生产和创造

---

① 王岐山同志指出:"在中国历史传统中,'政府'历来是广义的,承担着无限责任。党的机关、人大机关、行政机关、政协机关以及法院和检察院,在广大群众眼里都是政府。在党的领导下,只有党政分工、没有党政分开。"(王岐山:《构建党统一领导的反腐败体制提高执政能力完善治理体系》,载《人民日报》2017 年 3 月 6 日)

② 《习近平关于全面依法治国论述摘编》,中央文献出版社 2015 年版,第 11—12 页。

③ 《习近平关于全面依法治国论述摘编》,中央文献出版社 2015 年版,第 12—13 页。

的基本逻辑正在变革,已经不满足于某种单向的法治价值,而是致力于将有关法治价值的诸种资源均衡一体,形成更为周密宏整的价值链条,继而最终营造一种以中国共产党的领导为核心的法治价值星系(Value Constellation)。① 中国共产党人已经或正在认识到,当今法治发展道路至关重要的战略资源是执政能力和"顾客"要素,前者是内在的根本,后者是力量的源泉。要实现法治价值的更新、重组和再创造,必须重新排列组合原有价值链条中的主体、角色和内容。

官僚科层制与形式法治的价值生产逻辑注重专业分工、遵循线性思维,分权重于协调,局部胜过网络。如何突破现代性法治的官僚思维习惯,从形式法治("薄法治")转向实质法治("厚法治"),诚属治国理政难题。② 在当今新产业聚群创新效应日趋明显,大众解放的能力和愿景几何式激增的背景下,固守老旧意识形态框构的价值名目,单纯期待政府官僚系统对法治的单线推进,已然不合时宜。中国共产党具有的最大优势,对法治而言,并不在于政治,更不在于控制或替代国家政权体系,而在于经由法律的运行,超越国家、政府和社会局限的协调统合能力。这种法治能力首先体现为价值凝聚、创造、动员、争议解决和整合的能力。如同现代企业的价值战略转型,中国共产党的法治价值生产的逻辑也必须正视这样的本质:在专业分工的社会模式和相应的治理框架下,通过多维度的价值传递机制,使价值链上不同阶段、不同专业资源、相对固化的组织及利益相关者团契一体,共同为人民创造价值。这种由利益相关组成的价值生成、分配、转移和使用的关系和结构,可以阐释为中国共产党的法治价值战略网络(Strategic Networks)的原型。

---

① 经济学视野下的价值星系理论评析,参见罗珉:《价值星系:理论解释与价值创造机制的构建》,载《中国工业经济》2006 年第 1 期;傅代国、田小刚:《基于价值星系的战略成本管理研究》,载《中国工业经济》2008 年第 10 期。

② "形式法治与实质法治"的提法似乎比"薄""厚"说更能令人接受。形式法治不对法律本身的正义与否进行判断,而是对法律体系必须具有的特定程序进行界定,以使其符合法治的要求。实质法治超越了形式法治,包含了确定的以法治为基础或来源于法治的实质性权利。See Jeremy Waldron, "The Concept and the Rule of Law", in *Georgia Law Review*, 2008. 转引自於兴中:《"法治"是否仍然可以作为一个有效的分析概念?》,载《人大法律评论》2014 年第 2 期。

"五星共和"的理念表明,[①]中国共产党是各项公共事业的领导核心和价值中心,其主导的法治体系的内容比一般人想象的要复杂庞大得多,战略协调、统揽全局的价值均衡与再创造的任务也比常人预想的要艰难繁重得多。中国特色社会主义法治道路的价值引力,能否让各行各业、各个主体都能在其中发现各自的价值诉求,并通过具体有效的制度、体制和机制实现价值冲突的衡平和协调,事关理想与现实的差距,也牵扯到很多不确定的政治因素。但作为法治的理想目标,中国特色社会主义法治道路从总体上呈现出一种中心明确、多元协调、兼容并包、底线清晰的话语特质。这种价值理想框架可以在法律和治理实践中不断完善,渐趋现实化、实体化、制度化。在各基本主体的法治价值诉求衡量上,均衡战略导向的要求并不意味着和稀泥式的平衡术或无原则妥协,而是以社会经济发展的均衡需求为重心,确立不同阶段的法治战略要点与重点价值,而这正是"均衡型法治"的超出理论理性的实践要诀。

机械的法治进化论者倾向于将法律和社会文明的发展切分为固定的阶段,这些阶段前后相继、有无互替,不可能有什么中间或混合阶段。在此种观念世界中,社会主义就是一种相当确定且无比美好的理性目标,任何有违价值定则的国族特色话语都可能是一种异端。在经济决定论的支配下,社会主义法治文明是机械的"尾随者",它会伴随着社会的线性进步而不断进化,直至发展顶峰,最终出现"历史的终结"。与此不同,有机的法治进化论者不主张采取"独断论"式的价值立场,反对线性进步观,甚至反对作为西方哲学重要根基的线性时间观,此种观念认为,包括法治在内的社会整体发展是迈向均衡的有机过程,多种因素的博弈互动模糊了非此即彼的对立思维,强化了法治文明类型的相对性或曰多元协调的均衡品性。

主张文明类型共存的研究者,往往希望打破国别的界限,开展更为宏大

---

[①] 中华人民共和国国旗为五星红旗,象征人民大团结。在政协会议讨论中,代表们均赞成大星代表中国共产党及其领导的联合政府,四颗小星最初赋意为四个阶级。面对一些代表的异议,毛泽东说:"我看这个五星红旗好,中国革命的胜利就是在共产党的领导下,以工农联盟为基础,团结了小资产阶级,民族资产阶级,共同斗争取得的,这是中国革命的历史事实。今后还要进行社会主义建设。我看这个图案反映了中国革命的实际,表现了我们革命人民大团结。现在要大团结,将来也要大团结。因此,现在也好,将来也好,又是团结,又是革命。"(转引自何虎生:《毛泽东初进中南海》,中共党史出版社2008年版,第59页)

的历史分析。在汤因比看来,"我是从寻找一种历史研究的单位入手,开始自己的研究工作的。这个单位应当相对完整独立,或多或少有别于其他历史成分,对我们来说是可以对其感知并多少加以理解的。我舍弃当前根据国别来研究历史的习见做法。我的单位似乎是某种范围更大的碎片,这就是文明。"① 在此种视域内,法治文明的演进是非线性的。各个国家、民族,不同地区、界别所奉卫的法治理念和制度、遵循的法治模式,追求的法治目的都存在很大差别。面对这些差别,特别是出现如亨廷顿所言的"文明的冲突",不同价值取向的法治道路和文明应当如何和谐共处?倡导所谓的文明共生共存,互相理解与融合来维持没有圆心的法治文明秩序,是否会出现理论正确但现实舛误的悖论?

在太阳星系中,太阳是恒星,行星绕其公转,同时自转,吸引力和逃逸力共同作用。太阳的吸引力必须保持在一定限度,过大或过小都会破坏星系的平衡。只有两种力量处于均衡状态,星系结构才能稳定,运转才能正常。这个基本原理与长治久安的法治之道,根系相通。

在多元价值并存的现实下,中国共产党唯有采取价值兼容的法治均衡战略,才能有效应对风险社会的不确定性挑战。价值兼容的前提是坚固恒稳的价值本体。"培育和弘扬核心价值观,有效整合社会意识,是社会系统得以正常运转、社会秩序得以有效维护的重要途径,也是国家治理体系和治理能力的重要方面。历史和现实都表明,构建具有强大感召力的核心价值观,关系社会和谐稳定,关系国家长治久安。"② 季卫东教授认为,当前中国法治核心价值亟待找寻,现今还没有形成公民广泛认同且具有国际感召力的秩序范式。单靠理性主体的私人博弈,并不能得出对各方和整体均为利益最大化的合理选择。在此意义上,法治核心价值的形成和确立,直接关系到法律的公共品效应以及国家软实力战略。③ 公丕祥教授指出:"在培育和践行社会主义核心价值观的过程中,将'倡导自由、平等、公正、法治'作为社会层面的价值共识,显然有着深厚的法哲学与社会哲学根据。其实,法治价值

---

① [英]汤因比:《历史研究》,刘北成、郭小凌译,世纪出版集团、上海人民出版社 2005 年版,第 1 页。
② 《习近平谈治国理政》,外文出版社 2014 年版,第 163 页。
③ 季卫东:《找寻构建中国法治秩序的核心价值》,载《检察日报》2011 年 6 月 30 日。

要素与核心价值观国家层面的价值目标和公民个人层面的价值准则之间亦都有着密切的联系。这就是说,厉行法治、坚持依法治国、建设社会主义法治国家,这是当代中国国家现代化建设的基本目标指向,因而与社会主义核心价值观国家层面的价值目标内在相连;作为规范体系的法治,对公民个人行为产生明确的指引、评价和预期功用,因而与社会主义核心价值观公民个人层面的价值准则密切相关。"①

中国的"国家"并非西方政体意义上的狭义国家,而是国与家的联合体,公领域与私领域的均衡一体。"社会"的概念更接近于公私界限模糊、交融而形成的"公共领域"或曰"第三领域",它是连接作为集体的家国与个人的桥梁,也是法律现代性和法制现代化的重要空间载体。中国共产党尚未取得政权时,是一个代表人民群众的社会革命组织。执政后,共产党也未将自身完全局限在国家政权公领域,而是立基于公私兼顾的社会空间,发挥中间互动、统筹均衡的领导作用。这种作用由于党执政的政治优势,体现出制度优势。但仅仅有政治领导远远不够,中国共产党的使命完成,还需要思想、组织、工作作风等各方面建设的齐头并进。是故,中国共产党谋划的法治战略必定是整全性的,并非仅作为一种狭义政体国家层面的建设方案,而是涵盖了政权建设、社会治理、个人行为规范等在内的宏大系统。由此不难理解,现今倡导的社会主义核心价值观将"法治"列为社会层面的核心价值,这并不意味着法治价值在社会主义核心价值观体系中地位次要,可能恰好相反,它距离社会主义的本质目标最为接近,并且可以统摄自由、平等、公正这些基本的法律价值要求。

从价值演进来看,社会主义核心价值观中的国家价值和公民价值都属于比较传统的内容,② 唯有第二层面的社会价值更富有现代性色彩。因此,如何将向这些西方价值话语转化为中国法治社会的长远目标,确实是一个值得我们深入思考的重要问题。诚如汪习根教授所言:"法律价值问题是一切法律议题的关键。良好的价值锻造出文明的法律制度,而扭曲的价值则会滋生

---

① 公丕祥主编:《社会主义核心价值观法治篇》,江苏人民出版社 2015 年版,第 3 页。
② 此处"传统"之意包括学者所说的"老传统"和"新传统",前者是中国伦理文化的本土产品,后者是中国转型过程中形成的新道德传统。富强、民主、文明、和谐、爱国、敬业,这些价值导向属于新传统的革命话语范畴,诚信、友爱则比较接近于本土伦理的老传统。

出邪恶的法律规则，给人类带来灾难和痛苦。法治需要良善先进的社会主义核心价值观的甘露滋润，而社会主义核心价值体系的每一个方面，又都离不开法治的守望与呵护。"[①] 无论如何，法治社会的建成，才是法治中国真正的战略归宿。中国共产党的法治价值诉求正向着由单一价值到综合价值，由手段工具价值到本质目标价值、由片段价值到系统价值、由价值链条到价值星系的转变，其价值生产在表达方式和传播能力上都在走向新的高度。

从价值冲突看，现今与法治有关的价值话语不能完全协调，传统话语与现代话语、本土话语与西方话语、政治话语与法律话语组成的复杂链条上存在各种缺口和短板，这的确是个严重问题。社会主义法治价值引力尚未储备充分，所谓的自由主义、"普世主义"、宪政主义、平均主义、专法主义等思潮在开放的价值场上，相互竞斗，纷然杂陈。社会主义与法治主义的中国化结合，虽然在实践中已经形成了制度路径和政治模式，但从民众观念的接受度上，特别是在价值话语的生产和表达上，还处于比较初级的状态。从现实需要的角度考量，虽然社会主义核心价值观体系在话语表达上已经框架初成，但仍需要中国共产党在法治推进过程中以更为精准凝练的话语范式，更为全面深入的价值动员，尤其是更富创造性和均衡感的价值生产和传播，化解法治观念多元混杂、迷思惘然的问题。

道路的具体路径可以灵活调整，指引道路方向的主体却不能轻易改变。中国共产党对法治价值的底线坚守和内容扩充，为的正是让法治道路更具公共通行的特点，对大众更有吸引力。这种法治的价值引力包括价值观自身的观念引力、提供价值实现机制的规范引力和在实践中形成的成员价值共享引力。

此种价值生产和创造的新战略逻辑如下图所示：

中国共产党要创造出法治价值的核心竞争力，必须加强并改善对法治系统的领导。当前的重点是加强，继而通过赋权增能的方式不断优化和改善，这其实也是一种领导力的加强。执政党全面通过法治系统实现整体性治理，完成法治国家和法治社会的建设任务才有了主体保障。党的领导系统与民主、法治系统的高度融合，才能标志特色鲜明、优势凸显的当代中国法治价

---

[①] 汪习根：《法治是价值观的承载者和守护神》，载《北京日报》2014年10月13日。

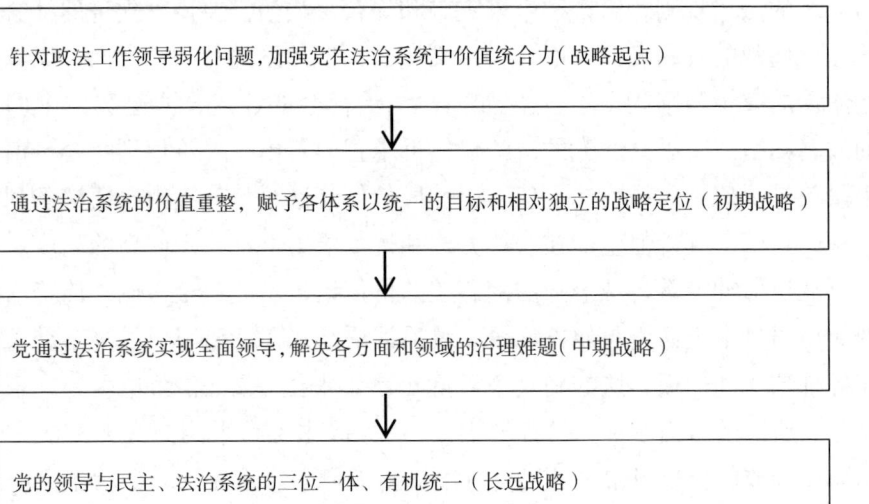

值星系最终定型。

　　中国共产党法治价值创造的出发点和归宿,都在于人民与法律关系的实体化。人民不仅是政治概念,更是法律概念;不仅是拟制的法律主体,更是现实的法律制度。政府不仅要为人民提供法治公共品,而且要寻找人民参与法治价值创造活动的新路径。民主与法治在实践中的关系,并非学者在理论上构想的那般界限清晰、泾渭分明。① 民主与法治的价值均衡需要通过具体的机制实现,强调人民对法治的价值体验,正是中国共产党探索二者有机统一的战略尝试。人民的法治体验中包含了期望、乐于接受的标准和需求满足的各种要素。人民对法治的独特理解和总体需求,是当代中国法治价值的基点。这当然需要人民经常与政府、政党进行积极坦率的对话、沟通无碍的交流,主动挑起话头,从观众席跳上正式的舞台。协商民主从精英到大众的拓展,也表明人民民主与社会主义法治在价值上的一体同构。

　　人民对法治绩效的评价,用政治话语表达,基本标准就是"是否满意"。从法理思维的角度,我们可以对人民对法治的满意标准细化为三层意涵:一是符合其意志。我们常说,社会主义国家的法律是人民意志的体现,

---

　　① 例如,潘维将法治界定为法律至上权威的统治,把民主界定为人民的统治,在此简单化区分的基础上,推导出了未来中国"咨询型法治政体"的主张。[See Wei Pan, "Toward a Consultetive Rule of Law Regime in China", *Journal of Contemporary China*, 2003, 12 (34)]

人民作为一个全权实体，其根本意志由中国共产党的大政方针代表。党的路线、方针经过权力机关的确定，人民意志的法律化实现。也是在此意义上，有学者主张，中国宪法的修辞格式存在瑕疵。① 二是尊重其意思。人民在法律中具体表现为公民、外国人、组织等范畴，它们真实、独立、合法的意思表示具有法律上的效能，也是法治运行效力的源泉。三是满足其意愿。这里的"意愿"与"意思"不同，一方面它强调的是面向未来的合理期待；法律不仅要保障现有的权利要求，解决当下的权属纠纷，还要维护人民大众的合理期待利益。另一方面，意愿在法律上的满足，较之法律意思的保护，具有更强的实际效果导向。

法律设定的价值原则框架不能过高，无度拔升人们对法律的"渴望价值"（Desired Value）。尊重现实条件，从实际出发的科学立法是确保法律品质的首要。于此前提下，通过民主立法的机制，实现法律对人民意志的总体承载。在法律规范架构的运行过程中，人们会逐渐感受到"实收价值"（Received Value），人民转化为具体"法律上的人"，其存在感、获得感的根源在于其意思是否被尊重，这是公民权利与基本人权的要求，也是人民主体法权逻辑的延展。实收价值是否存在及其测量，关键在于"净收益"，但并不局限于此。更重要的是，从实际效果评价人民意愿的满足度，其中包含了情感价值、认知价值、关系情境价值、后续发展价值等在内的一系列全景式价值。归根结底，人民是否在法治运行的场域中获得了真正的法律权能提升，这是衡量人民对法治满不满意的核心标准。只有人民法权能力获得了稳定、均衡、长久的发展，法律结构体系和价值系统的完善才会有不竭活水。党执政能力的提高，也植根于人民权能的厚土。

**四、从路线图到罗盘**

中国共产党对法治事业的领导首先体现在思想领导，思想领导是政治和

---

① 这主要是因为，中国近代以来的立宪史乃是"中国人民"概念的生长和演化的历史；中华人民共和国的立宪史乃是"中国人民在中国共产党的领导下"如何从政治事实上升为根本的宪法原则，以及如何与时俱进被不断定义的历史。要把"中国人民在中国共产党的领导下"这个格式诠释为一个内在和谐的主权结构，必须正确定义"人""人民""公民""代表"这些核心概念。（参见陈端洪：《"中国人民在中国共产党的领导下"：中国宪法的根本原则及其格式化修辞》，http：//www.aisixiang.com/data/39382-2.html）

组织领导的前提。中国共产党对法治价值历经百年的战略抉择，其内蕴的价值诉求代表了一个先进的政党面对纷繁复杂的世情国情科学思维、全面衡准依凭的标尺。尤其是在转型时期中国法治价值观多元并存的情况下，中国共产党领导的社会主义法治道路之所以能够成为历史和实践的首选，成功改变中国千百年来的人治惯习，在于它不仅是外生性的现代化主张，更是内契于中国法治"活的传统"且最为贴合大众要求的"新法治价值"。中国特色社会主义法治道路的价值探索经过了反复的试错、理论反思和经验总结，在不断自身扬弃和超越中完善相关的话语表达和实践模式，是一个内容庞杂、不断变革的动态特征。其内蕴的价值包括法治的一般性价值或曰共识性价值，例如，对秩序和人权的均衡追求、对法律权威和法律良善的同等要求。通过中国特色社会主义的价值演化，及其对自由主义、个人主义和契约论的矫正，当代中国法治价值星系趋向以社会公平正义为中心，多层次、多维度的整体均衡特征日益显现，回应了西方学者针对中国法治道路提出的"多元现代性"的挑战问题。[1]

面向未来的中国特色社会主义法治道路，在战略上应明确价值驱动的重要意义和具体方法。运用以价值为基础的方法，可以看清法治共同体内部利益各方的实际权衡。这类权衡很可能经常基于情绪或政治考虑作出，但权利要求者之间的价值均衡往往决定了一个系统的结构。在中国共产党构建的法治价值星系中，各项价值都具有相应的评估性定位，而基于这些价值诉求的绩效评估，可以成为衡量现代化建设成效的最佳标准。

法治价值驱动的新战略，与法治文化的更新具有紧密关联。法治文化的变革，或许是法治中国面临的最严峻挑战。我们需要的法治价值战略，是要把这种战略作为中心主题予以定向，使其发挥罗盘的作用。我们寻找的是法治的价值罗盘，而不是详尽的路线图。"罗盘的使用者需要机智和团队工作以克服难以预见的障碍，并探索无法预期的通向终点道路的机会。路线图给

---

[1] 例如贡塔·托依布纳曾明确指出，中国的法律改革应该拒斥这样一种根深蒂固的偏见，即中国社会的现代化有一条并且只有一条道路，而中国法应该能够对社会学中的所谓"多元现代性"的挑战进行回应，并在此方向上发展。（参见［德］贡塔·托依布纳：《多元现代性：从系统理论角度解读中国私法面临的挑战》，祁春轶译，载《中外法学》2013年第2期）

出了详尽的说明,但是当地形未知或变化很快时就没有什么用处了。"① 战略是创造价值的艺术。法治价值可以为国家和社会建设提供智识框架、概念模型和理念指引,让执政党紧紧抓住"人民在法律上的权益"这一主题不放松,最大限度谋求国家和社会大系统内的法治共识收益。在此意义上,由具体的法治价值诉求组成的价值战略体系,不仅是中国共产党治国理政的日常遵循,而且也是其不断拓展执政资源、强化合法性能力的关键一招。

---

① [美]乔治·达伊:《市场驱动战略:价值创造过程》,牛海鹏等译,华夏出版社2005年版,第24页。

# 第 五 章

# 中国特色社会主义法治道路的基本原则

　　法治道路的原则生成，并不出自法律理论的"概念天国"。虽然法律原则理论在西方法学发展进程中日臻成熟，但对于非西方文明传统而言，这些理论更多具有间接参照意义。与法律原则的概念不同，法治原则问题更为复杂，它不仅涉及法律本身的良善要求，而且牵连良法如何在行动中奏效的现实考量。而与法治的一般原则相比，法治道路的原则议题更为复杂，通常与政治和社会的整体变迁有关，有些时候甚至就是伟大革命的光荣产物。此种经由历史大事件的淬炼，其内容反映出法治系统的整体要求。面对如此宏大的超级命题，可行的研究理路离不开马克思主义法哲学的指引。立基于此，本章试图通过基本原则的考察，深化对中国特色社会主义法治道路的学理认知。

## 第一节　法治道路的原则问题

### 一、问题的提出

　　不同国家在不同境遇下有不同的"原则问题"（Matter of Principle）。例如，在德沃金眼中，在20世纪80年代的美国，法治的原则问题包括"当犯罪率正在上升时，嫌犯拥有什么权利？社会正义是否意味着经济平等？法官是否应当作出政治判决？"在他看来，原则问题与哲学理论紧密相关，并非纯粹的司法实践问题。① 对于当下中国而言，法官是否应当创制法律，这样的问题也不是现实体制中的原则问题，虽然此等问题的解决在现实中显得比较急迫。德沃金看重的美国总统对联邦最高法院大法官提名权问题，在美国或许与法治原则有关，但亦不具有中国语境下的对射影像。还有法院对政治问题的司法裁量权，也不直接关涉当代中国法治实践的原则争议。可见，西方法理学的"司法中心主义"虽然在当今中国法学界占有广阔的话语空间，但从法治原则及其实践的层面考量，这几乎代表了一个意义相当微弱的论域。

如果仅以形式上的"司法"而论，当前中国司法系统的独立性、权威性、公正性的强化，虽然在中国共产党新的法治战略设计中具有非常显要的位置，但背后的原则问题却不是西方法理学理论指陈的那些。如果将司法的法理本原予以原则实践导向的拓展，稍有政治和法律常识的人都会承认，中国共产党的领导在功能上形成了一种独特的司法场域，执政党对司法的领导权本质上属于一种超越司法权力的司法权威，甚至是一种均衡国家司法系统和社会准司法系统的整合性司法权能构造。这样的制度现实或曰法治国情，一直被理论言说拒之门外，或者仅仅在一些交叉研究的边缘地带模糊化存在。在各种政治修辞与意识形态话语的强光映照下，中国特色的法治运行系统很难展现其真实的骨骼肌体。此种国家—政党—社会三元协同的司法权框架，事实上弥散于"司法治理"的法治实践中，呈现出复杂的多维面向。司法权力的组织载体与赋权主体在形式上分离，但在实质上一体同构，政治权威通过法律赋权融入到司法过程的权力末梢，经由权力与权威关系的现实博弈达成动态的均衡，也留下无数的非均衡空间。最终，人民的司法权能在此过程中得到彰显，构成统摄政党司法权威和国家司法权力的社会司法场域，由此导引而生的法治社会，与社会主义的意识形态不谋而合。阐释此间的原则问题，必定要翻新改造传统的法哲学，至少需要将现有的法理学主流话语予以必要的澄清，回归到中国问题本身。

日常生活的经验告诉我们：问题总是无穷无尽的，解决问题的过程也无明确的终点。倘若每个具体问题的解决都需要耗费大量精力，生活将很难持

---

① ［美］德沃金：《原则问题》，张国清译，江苏人民出版社 2008 年版，"英文版作者序"第 1 页。

续。政治家关注具微，特别善于以点带面、以小见大。法律家喜欢以个案为材料，从具体到抽象，归纳出普遍性的规则。虽然政治家和法律家在思维和行动方式上存在明显差异，但二者对于原则问题的聚焦和关注，甚至战略定位，都有相当程度的重叠共识。有人会说，这不难理解，因为他们都属于上层精英，共同的利益基础决定了其相近的话语结构和思维方向——马克思主义的阶级分析不正揭示了这一亘古不变的真理吗？其实，这样的解说夸大了阶级分析的适用范围，也超越了马克思学说所处的历史背景。马克思主义的经济批判固然可以导向政治批判，但并不必然涵盖中国当下社会日趋庞杂的法律人阶层。随着经济社会的发展，法律家群体在中国开始深层渗透于各个领域和阶层，成为一种总体性的职业系统。对于中国而言，政治家也不是一个以经济标准、政治职务为中心要素的利益集团。政治家的评判标尺，核心在于信仰品格与贡献功绩。以社会主义法治为信仰的政治家，在革命年代"反政治"，在建设和改革时期"讲政治"，在未来的"后改革"时代"去政治"。政治家和法律家的交集化，代表了中国法律社会化和社会法治化双向发展的趋势。

值得注意的是，有关法治道路的自生自发论、演进论、反建构论，一系列主张力图将法治阐释为历史随机性的产物——既然法治道路不能理性设计，何谈政治引领？于是，政治成为与法治无关的外物，政治家及其法律实践也被法治理论抛离，甚至被法学家虚构的法治原则视为对立面。抢占法治原则的话语权，本身就是一种典型的现代性政治。西方法律家群体的职业传统、志趣和利益共同决定了其"去政治的政治"本质，许多法学话语貌似无关政治，其实都是隐蔽的政治实践。更重要的是，知识精英建构的政法主张有其原生的偏向性，逻辑推演的法治理论原则与真实的法治运作难免两相乖离。法治原则固然是理论推演的结果，也是理论建构的起点，但它更是常人经验和权益诉求的观念凝集。政治家建构的法治原则框架若能代表人民意志，且能包容法律家的职业要求，便不失为一种值得认真对待的法理话语范型。

原则与规则不同，其指向的不是常规问题的具体解决，而是疑难困惑的根本化解。原则具有长期的适用性，往往是历史形成的智慧和经验要求。原则要化解的首先是人们对认识对象的本体疑惑，回答人们对认知对象从哪里来、向何处去、存在与否、如何存在等根本发问。对中国特色社会主义法治道路而言，一个普通民众可能会问，这是一条什么样的道路？它是如何形成的？靠谁的力量开辟的？有何优点？以后如何发展得更好？如同人们对一个法条的疑问，其指义、适用条件、具体情形、与当前境况的关联度都会让人追问。哲学源于本体性的"惊奇"，继而产生对寻常事物的不同寻常认识，也即原则的思索。其次，明确了认知对象的本体构造后，人们会对如何操作和实践的方法论原则产生进一步追问的兴趣。就中国特色社会主义法治道路而言，作为推动者、受益者，人们会努力探寻自身在这一历史进程中的角色定位，寻问参与法律制定、实施和监督的方式方法，以及遵守法律的具体方法和理由。最后，面对具体的法律及其治理问题，人们在认识上也应有基本原则的指引。在互联网时代，公共案件中的大众舆论常出现与法律人的价值判断及事实认定冲突的情况，这更加凸显了法律认知路线中"实际"要素的重要性。在客观事实与法律事实之间，在精英现实与大众现实之间，基于有效法理沟通的"重叠共识"通常是化解紧张关系的不二法门。由此，从实际出发的政治原则可以衍生出不同法律主体的事实边际互为沟通的寓意，成为法治推动过程中重要的认识论原则。

## 二、法治中国道路原则的哲学阐释

法治道路与法律规范或技术不同，它归根结底是一个受制于社会经济条件的价值观问题。法治要符合"道"，即更高的正统。每一条法治道路底下都有一种政治立场。法治道路问题，只要我们尊重现实、承认常识，便不能否认它首先是一个政治问题。"法治当中有政治，没有脱离政治的法治。西方法学家也认为公法只是一种复杂的政治话语形态，公法领域内的争论只是政治争论的延伸。每一种法治形态背后都有一套政治理论，每一种法治模式当中都有一种政治逻辑，每一条法治道路底下都有一种政治立场。"[①] 闭关论法式的分析实证主义态度值得欣赏，概念主义法学对于建构规则、解释规则、运用规则不可或缺，但关键在于，其优势或许在于解决具体问题，但对诸多问题幕后共存的原则问题并不友好。作为有别于法律教义学思维的新导

---

① 《习近平关于全面依法治国论述摘编》，中央文献出版社2015年版，第34页。

向，中国的法治战略思维融凝了政治家法理的优长，以人民为中心，为法治道路原则问题的解决提供了新的本体论、方法论和认识论框架。

## （一）本体论原则

从法治道路的本体论视角审视，中国独特的历史命运造就了中国共产党对法治的领导地位。通过价值引领、组织建构、制度创设，中国共产党将革命型法治成功推向建设和改革的新时期，并不断改造深化，使中国特色社会主义法治道路日渐通达，形成了法治中国的独特模式。

执政党之于法治，具有嵌入性、构成性的功能特点。无论从历史传统的合法性，还是从制度规范的合法律性看，中国共产党的领导总体上形塑了法治中国的道路，在法治系统的各个环节发挥着不可替代的本体功用。对法治道路而言，党的领导之核心要义在于其对人民主体利益和意志的合法性代表，经由党的代表权威形成执政权力和行政权能架构。人民当家做主的政治原则与党的领导实质上属于同一法理本体，人民作为法源根基，在党的领导下实现互助、自治、共享，法理团结让一盘散沙式的民众变成有组织、有秩序、有规矩的人民法团，行使国家权力，管理公共事务。在此意义上，奉行依法治国，坚持法律面前人人平等，本质上就是党领导人民依法治理国家和社会，是党的领导、代表性法权与人民的整体、主干性法权契合一体的必然逻辑要求。

## （二）方法论原则

从方法论原则看，中国特色社会主义法治道路因为独特的文化传统，形成了一种法德并举的均衡治理战略。基于法律与道德的紧密关系，依法治国的举措并不是单兵突进的唯一方式。执政党提出的全面推进依法治国战略，从方法论原则上蕴含了"动态法治化"的思路，体现了将法律与政策、法律与伦理、法律与道德、法律与社会习惯整合一体的导向。

国家治理需要正式的法律系统，而执政党内部的治理以及社会治理，需要以更高标准要求的道德作为规范渊源。现代化国家需要的法理型统治，在当前中国具体表现为党规党法、社会习惯法与国家法系统的多元协同，在以国家法系统为中心的动态法治架构下，各得其所，互为补充。作为法律价值标准和实质渊源的道德系统，对治国理政的实践而言，具有极其重要的战略价值。特别是对于中国这样的礼法大国，实现道德引领功能与法律的规范功能有机均衡，无疑是新的系统化法治战略的重要方法论指针。

**（三）认识论原则**

就认识论原则而言，独特的基本国情造就了从实际出发的法治思维路径。当启蒙主义和浪漫主义的各式价值理想崩解，社会大众陷入思想纷争、利益冲突之际，现实主义的浪潮定会如期而至。中国共产党强调的从实际出发，立基的原点乃是社会的不公，其批判和否定的法律体制及其观念，很多正是上层社会对其不正当利益的辩护理由。执政后，中国共产党面临的最大危险也是因为既得利益集团的阻碍，让现行的法律系统成为权贵资本的保护伞。如果党员干部丧失思想警觉，官僚主义、形式主义、个人主义盛行，腐败行为习以为常，势必会让执政的合法性基石遭到严重侵蚀和破坏。

在法治道路的语境中，从实际出发的认识论原则不仅强调从党自身的现实认识出发，更重要的是如何将党所代表的人民群众的意愿真实复现出来。这就要求新的法治理论必须以人民大众的日常生活为出发点，关注普通人的行为逻辑，克服法律精英主义的偏见。在法治实践中，发挥协商民主的作用，将各种利益诉求转化为法律主张，在交流碰撞中形成视阈融合。在各种现实需要和事实主张面前，执政党领导下的法治系统能否中立、公正、无偏私涵摄共识，调停冲突，解决纷争，创新价值，事关改革、发展和稳定大局。法治过程中的具体制度设计、规范实施都不能违反从实际出发的认识论主线，否则，法律自身的人民性以及良法善治的理想都会成为镜花水月。

## 第二节　党领导下的人民法治国原则

### 一、法治中国道路建设的政党引领

**（一）党和法治的关系是中国法治建设的核心问题**

党对法治建设事业的战略规划和实施保障，特别是在关键转折时期对大是大非问题的政治决断，都是现代中国法治得以稳步推进的重要支撑。未来中国的法治道路能否越走越宽广，关键因素也在于能否始终坚持并不断完善党的领导，处理好党与法治的辩证关系。

将党的领导进一步贯彻到法治中国建设的各个方面和领域，诚属法治

"强本固原"之必要,也是民心所向,时势所需。党对法治的全面、科学、系统领导,可谓中国特色社会主义法治道路最本质、最鲜明的特征和保证,既是宪法和法律规定的根本要求和基本原则,也是人民群众根本利益和长远幸福的命脉所系。

根据周梅森小说改编的反腐剧《人民的名义》,为我们的思考提供了一个很好的切入点。① 在这部电视剧中,老干部陈岩石代表的优良革命传统,在改革开放时期并未过时,甚至发挥着更为重要的作用。这是因为,革命的精神品格与法治信仰从根源上具有相通性,在本体上同出于对人民美好生活的价值追求。改革开放以来,一些地方在经济高速发展的同时,少数领导干部的思想松动,手中的公权成为谋私的利器,国家的法律沦为利益集团摆弄的棋子。党的领导在政法战线中的弱化、异化,由此产生严重的司法、执法腐败,成为大规模群体事件数量居高不下的渊薮。"汉大帮""政法系"打着法律正义旗号,干着贪腐杀人勾当,怎么可能成为兼具政治和法律情怀的法理型政治家?让观众印象深刻的,除了党的干部,还是党的干部。那些贪念权力、以公谋私、不择手段者,民众怒之、恨之;那些秉公执法、维护公义、心系百姓者,民众敬之、爱之。

党对法治的领导全面而具体,例如重大案件的请示汇报制度。虽然在1979年中央正式废除了党委审批案件的制度,但出于党管干部、领导政法工作的原则,案件牵涉到一定级别干部违法犯罪问题的,司法机关依循惯例要向党委请示汇报。汇报方式比较灵活,可以是正式的书面请示报告,也可以是非正式的通气会或小范围汇报。对于一些事出紧急的重大案件,司法机关可以自由裁量,选择事后通报,或者采用灵活度更大的非正式方式。《人民的名义》中,正是在检察院向省委政法委的汇报会上,抓捕消息走漏,犯罪嫌疑人出逃。再严密的制度设计,终归也有人为操纵的可能。在宪法和法律上,司法机关独立的办案权得到明确保障,即使是不成文的政治惯例也不否认这种相对独立的司法权。改变汉东政治生态的关键人物,例如新任的省委书记沙瑞金和从最高检反贪总局"空降"的侯亮平,二者的交集代表了党委通过政治保障,让司法机关的办案权在"上不封顶、下不保底"的法律空间

---

① 周梅森:《人民的名义》,北京十月文艺出版社2017年版。

中运行，维护法律的权威，捍卫人民的权益，最终巩固党的执政地位。

（二）党的领导和社会主义法治的一致性

如何分析"党的领导"蕴含的法理内容？党对法治的领导权，究竟是何种性质的权力、权威或权能？如何在法治实践中将党的领导与人民民主、依法治国有机整合、协同一体？这一系列的问题都需要我们从实际出发，特别是在当前中国新法治战略的顶层设计中寻根究底，探察本原。

在《决定》中，党的领导首现于"三统一"的话语中，此理念方针在党的十六大正式提出，之后成为中共治国理政的核心要义。在十八届四中全会上，"三统一"被容纳到"中国特色社会主义法治道路"的概念框架，党领导下的人民民主法治原则得到进一步明确。对此，习近平总书记明确指出："党的领导和社会主义法治是一致的，社会主义法治必须坚持党的领导，党的领导必须依靠社会主义法治。"①

第一，这反映了法学界的理论共识。改革开放以来，围绕执政党和法治关系的理论争议一直存在，法律本土化和法律接轨论的主张都没有从根本上回应这个问题，使得社会主义法治长期陷于意识形态的口号之争。将资本主义和社会主义两种哲学理念和社会制度的差异，不加区分地延展到法治类型层面，显然违逆了法学家看重的"事物之本质"。中国特色社会主义理论的提出，创造性地矫正了二元对立论的偏误，求同存异的现实化处置，让社会主义法治的制度空间得到极大拓展，动态发展的战略机遇也与时俱增。随着"依法治国，建设社会主义法治国家"入宪，党的领导和依法治国关系的理论探讨焦点开始转移到法律实施的环节。人们坚信党对法治的领导不可否认、不容置疑，但对如何完善党对法治的领导方式却认识不一。从1999年到2011年，中国共产党对法治领导的重心集中在完善立法体系，强化国家能力建设，增强法律系统的竞争力和能动性。此时期的法治建设虽然成效显著，但一系列社会矛盾累积的问题丛集并未随之消解。例如，腐败的痼疾有愈演愈烈的趋势，严重破坏了党的威信和国家司法系统的形象，一方面公民对党领导下的法治国家抱以极高的期望值，另一方面在现实的司法不公、政法腐败面前却无力救济，生发出众多恶性群体性事件。此种状况正是习近平

---

① 习近平：《论坚持全面依法治国》，中央文献出版社2020年版，第92页。

总书记提醒全党需要警惕的"中等收入陷阱",当一个国家处于向中等收入行列迈进的阶段,公民对于公平、正义、高效的法律系统期望值不断提升,而国家能力和法律资源条件又相当有限时,极容易产生社会动荡,甚至爆发"颜色革命"。改革让政治、经济主体全面受益的同时,也让一些利益集团利用制度的漏洞攫取非法资本,从最初的改革推动者变成阻碍者、破坏者,歪曲改革、绑架改革、否定改革。为了不成为中等收入陷阱的牺牲者,中国必须在改革进入深水区后厉行法治,将党的领导全面融入。

第二,这是中国特色社会主义法治实践的经验总结。以前走过的弯路告诫全党,削弱党的领导,本身就是对国家制度和法律规则的极大破坏,最终必将导致社会规范的全面崩解。代价沉重,殷鉴不远。中国共产党强大的学习反思能力使其在风云诡谲的年代,保持了应有的定力,通过不断拓展的全方位改革强化自我管理,锻造尊重规则、代表先进、引领潮流的执政党治理系统。党的十八大以来,新的中央领导集体打破以往法治领域改革的部门主导惯习,由中共中央统一规划、整体布局,形成"四个全面"的整体法治动力系统,从依法执政到依法行政,从政党治理到国家治理,从公权法治化到社会法治化全面推进法治中国建设,取得了瞩目的成绩。同时,中共高层继续深化对苏联模式的反思,从东欧颜色革命、中东和北非的阿拉伯之春运动中吸取法治建设的教训,着重反思司法系统在其中的功能和角色。这些现实的法治失败个案让中国共产党坚定了"四个自信",对于打破西方法治模式的"普世性"神话,起到了非常重要的作用。随着中国综合国力的增强,提升法治绩效的软实力,增强中国法治在国际上的话语权和竞争力,也成为法治的新亮点。

第三,这是中国政治制度的要求。宪法和党章规定了党的领导原则,以之为据,党内法规体系进一步编织了党的领导体制之网。人民代表大会制度,确保党的领导与人民民主在法律制度的轨道上相互协调、彼此增进。由人民代表大会制度架构而成的国家政体系统,成为法治实施体系的主要推动体,连同其他基本政治制度一道,构成了社会主义法治实施体系的坚强屏障。国家监察委员会体制改革,表明了中国法治监督体系的制度发展方向,也证明了党的领导与法治建设的高度契合性。当下中国的鲜明制度优势,正是通过党的领导,动员最大范围的社会和政治资源,全面激活党规、法律、社会规范的治理效能，打通"书面中的法"与"行动中的法"在实践中的各层阻隔，在原则性和权变性之间谋求战略均衡。除此之外，宪法和法律规定的基本经济制度以及建立在这些制度基础上的各项具体制度，都是社会主义法治保障体系的主干内容，实现这些制度对法治运行的支持。

第四，这是法治中国建设推向深入的必需。传统中国的法治之路高度依赖君主权威，势治和人治色彩浓厚，法律生长与大众生活疏离，致使长期以来国人养成了"重人轻法"的积习。西方近代形成的法治路径扩大了法治的社会基础，但局限于代表新的工商、资本阶层利益的法律人统治，无形中也造成了精英主义法治观的各种偏失。民众对法律人的印象不佳、评价不高，根源仍在于法律职业主义的精英文化具有天然的优越感，强大的垄断性、排斥力和隔绝效应。政党政治的兴起，让大众和精英的法律沟通成为可能，制度内的变革可以通过和平的机制完成。法律动员在社会运动中的作用不断增强，亦表明现代政治与法律运作的日渐契合。社会运动家、政治家与法律职业人、法律话语生产者在广阔的法律—社会平台上互动转化，在斗争中合作，在合作中博弈，在博弈中均衡——大众与精英的界限不再像从前那般泾渭分明。中国共产党以马克思主义政党的信仰立党，以马克思主义内蕴的法治社会理想动员大众、训练干部、发动组织社会各阶层的力量共同改变落后的局面，取得了革命、建设和改革的巨大成就。新时期的中国共产党如何在继承以往法治遗产的基础上，进一步开拓创新，取得中国特色社会主义法治建设的新成就，关乎其执政基础，牵涉到国家和人民的根本利益。中央高层注意到：近年来，有些人将西方法治作为"金字招牌"，试图借此打开缺口，否定党的领导和社会主义制度。[①] 这样的想法、说法和做法，事实上是通过一种精英主义的法治观误导民众，否定法治道路的多种选择，取消人民大众之于法治的主体地位。在新的形势下，党的领导和社会主义法治只能愈益紧密，而决不能渐趋分离。党如果失去了对法治的领导，法治建设也失去了最强有力的系统保障；法治如果拒绝党的领导，本质上也颠覆了自身的逻辑。更为重要的是，中国共产党对法治的领导和依靠，可以创生出新的法治实践模式，对人类法治文明增添新的砖瓦。具体而言，改变国家法治的单

---

① 栗战书：《坚持走中国特色社会主义法治道路》，载《人民日报》2014年11月10日。

一取向，在社会法的多元视野中开拓更多更新的法治维度，将执政党的法治功能定位于国家和社会之间的恢宏场域，发挥党在政治领导上的突出优势，从思想、组织、制度上引领和保障社会主义法治建设的方向与实效，塑造出一种中国风格的多层次立体法治系统。从政党内部的法治化到国家政府的法治化，再到司法系统的法治化，最终实现社会各阶层、各行业、各领域的法治系统联结，为党的领导提供最强有力、权威且稳定的抓手和依凭。

**（三）将党的领导贯彻到依法治国的全过程**

在《决定》中，坚持全面推进依法治国和坚持党对法治的全面领导，是两条高度交融、贯穿全篇的显隐红线。政治家的思维往往注重宏观整体，以解决现实问题为导向。针对现实的法治建设短板，尤其是党对政法工作的领导弱化，政治和司法腐败对执政合法性的侵损，中国共产党作出了双向加强的战略回应。

党对法治的领导有相互关联的三重意涵：一是经由党领导法治的制度要求，通过推行"四个全面"，重塑社会主义法治系统；二是通过重整的新法治体系，党的领导进一步规范化、法治化，党的依法执政能力得到制度性增强，法治体系由内而外全面拓展；三是党的领导和法治系统融合一体，完成政党、国家和社会治理的整体法治化，党对法治的领导最后体现为依靠法治、贯彻主张。在此阶段，党的领导具有超然道义原则、应然法律规范和实然社会建制的三重特性。就战略原则和操作技术而言，坚持党对法治的全面领导，"必须坚持党领导立法、保证执法、支持司法、带头守法，把依法治国基本方略同依法执政基本方式统一起来，把党总揽全局、协调各方同人大、政府、政协、审判机关、检察机关依法依章程履行职能、开展工作统一起来，把党领导人民制定和实施宪法法律同党坚持在宪法法律范围内活动统一起来，善于使党的主张通过法定程序成为国家意志，善于使党组织推荐的人选通过法定程序成为国家政权机关的领导人员，善于通过国家政权机关实施党对国家和社会的领导，善于运用民主集中制原则维护中央权威、维护全党全国团结统一。"[①]

---

① 本书编写组：《〈中共中央关于全面依法治国若干重大问题的决定〉辅导读本》，人民出版社2014年版，第5—6页。

在立法环节，党的"重点型领导"是提高法律质量，塑造良法规范的必需。党对法治的领导本质上是政治领导，具体表现为组织领导、制度领导和思想领导。将党的领导全面贯彻于法治体系，基本前提是党在执政系统中居于核心枢纽地位，代表最广大人民群众的根本利益，团结一切可以团结的力量，从思想上引领方向，从组织上完善机构，从制度上确立规程。这就需要执政党强化立法者的意识，将人民的意志转化为党的政策主张，继而通过国家权力机关上升为正式的法律。党要从繁杂的政务中解放出来，致力于重点领域的立法领导工作，通过大政方针顶层设计的法律化、规范化，彰显执政功能。党对立法重大问题有决策权，"凡涉及到重大体制和重大政策调整的，必须报党中央讨论决定"。[①] 此种"重点型领导"的原则，表明党的领导与人大主导并不矛盾：前者是政治、思想和组织上的立法引领者，后者履行的是具体的立法权能，通过人大代表和立法工作者中党员干部作用的发挥，二者有机衔接。党的十八大以来，党领导立法卓有成效，在预设的框架和时间节点内完成权力法定、权责一体等法治政府的核心指标任务。

在执法环节，党的"保证型领导"是彰显法律权威，建设法治政府的关键。"党保证执法"内涵丰富，我们可以将其理解为执政党对人民的政治承诺，此种承诺以法律的形式体现，效力溯及于执法体制和过程的各个方面。在当前中国，党政不能分开，只能各有分工。一方面，党的组织和机关不能代替政府职能部门，干预正常的执法活动，为执法提供物质和人员的保障；另一方面，党要通过组织系统对执法行为严加监管，设定明确的规则，避免权力的滥用。

在司法环节，党的"支持型领导"是实现司法公正，培育法治信仰的前提。司法工作具有不同于立法和执法的独特性，党对司法的领导也不同于对重点立法的直接领导，或对执法系统领导的嵌入式保证。执政党对司法的支持，乃是外部支撑意义上的尊重和保障，通过杜绝一切违法干预活动，扩大司法民主化程度和人权保障力度，提升司法职业群体的社会尊荣，确保司法公正。

---

[①] 本书编写组：《〈中共中央关于全面依法治国若干重大问题的决定〉辅导读本》，人民出版社2014年版，第9页。

在守法环节,党的"表率型领导"是建设法治社会,实现立体治理的精核。对党员干部而言,党内法规严于国家法律,依法执政先于依法行政。政党治理法治化是国家治理法治化的核心,也是社会治理法治化的前提。党要模范遵守宪法和法律,必须发挥人民的监督作用。就此而言,国家监察委员会的制度设计必须凸显人民监督的主体地位,充分展现出党的领导与人民民主在法治层面的根本契合。

## 二、法治道路建设的人民主体原则

坚持人民主体地位,以保障人民权益为法治之本,这是法治道路建设必须坚持的根本原则。

人民不仅是"名义",更是"实体"。人民的确定,需要经过政治程序,并不是随机武断的。人民的判定,在中国共产党的政治工作中有一套复杂的标准。从法理上讲,人民包括精英和群众,二者可以相互转化。当群众具备了一定的政治觉悟,形成了明确的政治倾向和诉求,经过组织的审查,可以成为政党的成员。在政党内部,互称"同志",是为了彰显根本志向的一致,而非具体利益的趋同。党内的监督和斗争之所以必要,是为了确保政党组织不被等级化、官僚化,让政党精英维持旺盛的创造力和开拓性。对于违反政党宗旨和内部规则的成员,党内的处分最高可至开除,此时的精英成为群众。经过改正,亦可复归于党,正所谓"惩前毖后,治病救人"。中国共产党的群众基础深厚,并与时俱进,不断扩大其所代表的民众范围。对党员干部的严格管理,以保证人民整体的先进性与合法性。人民内部矛盾取代阶级矛盾,是中国社会主义建设的巨大成就,也表明中国共产党的政法哲学不同于西方的人民主权学说。

在以卢梭为代表的人民主权原则论者看来,人民就是一种不确定的中间范畴,既可以是统治者,也可以是被统治者,全看什么场合,何种名义。对于既成的法律系统,人民无权质疑,只能依法行事。对于人民反对的政府统治,法律势必要全盘推翻。此种人民主权型构的社会契约,很难说是一种理想的政体设计,更难在现实中找到对应的蓝本。美国宪法学家阿克曼所说的"人民",也是法政精英立宪的神灵呼号,一种世俗化的新神建构。现实中的阶级分化、阶层固化、种族与性别斗争让"人民"支离破碎,失去了应有的法权主体地位。

毋庸讳言,当前中国也面临"人民空心化"的危险。法学上对"公民权利"概念的无限夸大,让"人民权力"的制度设计陷于停顿。人民不出场,势必让人民内部的精英群体把持了对法律系统的绝对垄断,群众路线的贯彻也成了一句空话。党的十八大以来,中共加强对党政军系统的全面整肃,根本上也是为了让人民重新出场,让权贵精英的非正当联盟在党领导的群众力量倒逼下,原形毕露,承担法责。这个整肃过程因积重之问题,显出漫长艰难之势。但长远来看,刮骨疗毒、自我革命的法治化方案,乃是当前中国必然之优选。党的领导源出人民的主体地位,各行各业各界之代表精英凝聚在党的路线、方针周围,与群众及其参与的社会组织、团体良性互动,实现国家权力和社会权能的互为补进,共同构筑执政党的法治权威基石。法治至上,也即人民至上,也即党的领导至上,其理甚明:党的组织源于人民的参与和抉择,党领导下的法律系统是人民赋权设定的制度架构,其实际运转和治理过程离不开人民的主体支撑。

公民与人民不同,它仅仅是一个公法概念,是国家治理的对象设定。人民关乎国家治理权力的来源,也涉及社会自治、政党治理的本原基础。人民代表就国家治理而言,体现为立法者角色;就社会治理而言,体现为自治者角色;就政党治理而言,体现为领导者角色。就三者产生的历史逻辑顺序而言,先是由政党角色承担人民代表的功能,当政党取得执政地位,建立起政权系统后,政党所代表的人民权力大部分经由宪法和法律的赋权,委托给国家机关行使,由此产生立法、执法、司法、护法诸项权能。但核心的领导权和原生的代表权,仍由执政党保留并直接行使。国家系统的人民代表能否全面覆盖各行业、各地区、各界别,关乎国家法律的权威性,事实上,必然存在部分特例。于是,自治制度的设计,成为第三种人民代表权落实的关键。此种人民代表权形式上必须服从国家层面的代表权,并最终归位于执政党的代表权。在这样一种以人民全权为基础的多层赋权系统中,人民及其代表的范围界定更为清晰,日趋具体。

法治之本原精核,无论中外,概莫能否弃"群意"。人民之意志,当属群意、公意之列。但人民意志并非群意叠加的汇总,而是一种通过精英代表制呈现的大众文化。卢梭的公意理论并未深入到精英与大众的冲突层面,只是抽象地论述了公意的可能与重要。少数人的利益与想法如若违背群意，必定会承受大众舆论之压力。某些时候，群意未必代表真理，甚至会压制真理，造成"多数人的暴政"。但更常见的是，少数精英利用权力优势，故意煽动群体的仇恨，让非理性的暴力蔓延肇祸。本质而论，此种境遇非人民之过，实乃变质精英、阴谋家、野心狂人之罪衍。人民背负的理论骂名，与所谓"乌合之众"的群体心理无关，实则为精英与大众关系异化之恶果。人民内部的分裂和对抗，根结在于规则不明、法治不彰。群众无力衡平精英的优势，甚至政体蜕变为权贵的私产。公有制不仅是一种经济产权制度，更是一种政治法律制度。权力的公有、共享，是弥合精英与大众裂缝的不变良方。问题关键在于，如何通过一种有效的委托——代表制度保证人民的权力不被私有化，不被代管人鲸吞强占、巧取豪夺？中国共产党在长期的革命和建设实践中，不断追寻其中的奥理，最终选择了中国特色社会主义法治道路。这条道路表明，党的领导与人民民主在依法治国的制度实践中可以完美契合。党没有自身的利益诉求，其组织介于精英和群众之间，既能通过广泛的统一战线联合精英人士，又能不忘初心，代表最底层的社会大众。党不是精英俱乐部，也不是草根议事堂，而是一种立基于人民法理型权威的代表性组织。立党为公、执政为民与奉行法治、保障人权，党的政治宗旨和人民的法治要求，名异实同，契合无间。

对中国特色社会主义法治道路而言，人民主体地位的法理原则可分为四个分析层面：第一，人民主体性原权是逻辑起点。《决定》指出："人民是依法治国的主体和力量源泉，人民代表大会制度是保证人民当家做主的根本政治制度。"[①] 这一论断体现了历史唯物主义的基本原理，是由中国宪法规定的国体、政体决定的，也是解决现实法治难题的客观需要。[②] 这一逻辑起点标明了人民中心的导向，即"为了人民、依靠人民、造福人民、保护人民，以保障人民根本权益为出发点和落脚点"。第二，党的领导和人民代表大会制度是规则核心。如前所述，党的领导本质上是一种原生的人民代表制，在此基础上的人民代表大会制度从国家治理规则层面进一步保证人民主

---

① 本书编写组：《〈中共中央关于全面依法治国若干重大问题的决定〉辅导读本》，人民出版社2014年版，第6页。
② 施芝鸿：《人民是依法治国的主体和力量源泉》，载《求是》2014年第22期。

体地位，并形成人民对执政党活动的制度化监督。党的领导表明了政治精英对群众的引领，人民代表大会制度则确保了群众对精英的权力互动。第三，全方位的法治实践是运行保障。人民主体地位在法律上的实现，具体体现为"人民在党的领导下，依照法律规定，通过各种途径和形式管理国家事务，管理经济文化事业，管理社会事务"。① 人民代表制并不排除人民直接行使管理权，人民的参与权、表达权、监督权、决策权在法理上都是完整的，特别是对于公共事业和社会事务的管理而言，人民民主原则体现为公众参与和社会自治的法律要求。第四，社会治理法治化是发展要求。《决定》指出："必须使人民认识到法律既是保障自身权利的有力武器，也是必须遵守的行为规范，增强全社会学法尊法守法用法意识，使法律为人民所掌握、所遵守、所运用。"② 这实际上是对中国共产党提出的法治要求，也是巩固法治建设中人民主体地位的长远需要。人民法权能力的增进，与执政党的法治能力根源相通。只有在此基础上，国家治理体系和治理能力的现代化才有望实现。

### 三、法治道路建设的法律平等原则

中国特色社会主义法治道路建设，必须坚持法律面前人人平等，为依法治国奠定规则基础。汉语"平等"一词源自东汉佛经翻译，在此后几百年，随着汉传佛教的发展中逐渐成为一个高频词汇。③《阅微草堂笔记》有言："以佛法论，广大慈悲，万物平等。"佛法上"平等"形而上色彩浓郁，意指万事万物在根基上的无差别。此种平等观显然与事实不符。客观差异的存在，让超验的平等在经验层面遇到困阻。天赋个性的差别、资源、权能的各异，都让事实上的不平等成为一种普遍现象。由此，法律上的平等被思想家着力论证，成为近代法律与革命的价值追求。法律面前人人平等的表述，代表了在不平等境况下衡平等级的政治诉愿。当政权重建，新的政治精英的特

---

① 本书编写组：《〈中共中央关于全面依法治国若干重大问题的决定〉辅导读本》，人民出版社2014年版，第6页。
② 本书编写组：《〈中共中央关于全面依法治国若干重大问题的决定〉辅导读本》，人民出版社2014年版，第6页。
③ 秦晖：《传统十论：本土社会的制度、文化及其变革》，复旦大学出版社2004年版，第377—378页。

权又会抬升滋长，造成法律平等价值的空转。如何解决法律平等与事实不平等的矛盾，一直是让人困扰的难题。

像罗尔斯这样的哲学家，为如何将理想上的自由平等社会与现实中不平等安排，统合于社会正义的原则框架穷心竭力。其理论表明，法律平等价值在现实中的各种制约，以至于特定的不平等制度安排也与可能是符合社会正义原则的"善"。西方法治模式极力捍卫的"平等权"，在现实中流变为形式正义优于实质正义的制度趋向，也证实了实现法律面前人人平等之艰难。

卡夫卡著名的《法律门前》寓言，从表面上看，表达的也是这样一种可欲却难行的法律平等困局。乡下人来到法的门前，却被守卫阻拦，不得其门而入。二者之间，看似不平等的权力关系，却隐藏着某种深层次的平等对待。守卫其实也是法律管制的对象，同样要服从法的指令。他和乡下人一样，都处于法的门前，在法面前都是同等的遵从者。乡下人有权见到法，但最终没有进入法的大门，并非他没有得到平等对待，比如同样情形的其他人可以进入，而唯独将他排除在外。守卫和乡下人，在法的面前，承担着不同的角色，因而有不同的规范要求。此种实证主义的法律平等观，与基督教倡导的"十字架前人人平等""上帝面前人人平等"的观念高度吻合。对于负有原罪的人类而言，寻求救赎之道莫过于奉行上帝的指令，当上帝与律法合体，严格服从上帝法的要求，即是法律面前人人平等的真谛。

然而，此种法律平等观割裂了古典法治主义中的"良法"要素。人类对良法的平等追求，当是法律平等的前提要旨。"平等是一种神圣的法律，一种先于所有法律的法律，一种派生出各种法律的法律。""平等是一项原则，一种信仰，一个观念，这是关于社会和人类问题的并在人类思想上已经形成的唯一真实、正确、合理的原则。"① 人们之所以很少谈论立法上的平等，将法律认定为天经地义的权威指令，观念根结还是在于伦理的不独立。就此而言，中国传统丰厚的伦理文化资源，与西方法治依凭的宗教背景相比，更符合人类生活的平等要义。西方的法律人文主义表面上驱散了宗教，其实只是击碎了教会法的体制，虚空的上帝法、自然法这些形而上的"至高超神"，无形中支配着人们的法律行为和心理。一方面，实在法不容置

---

① ［法］皮埃尔·勒鲁：《论平等》，王允道译，商务印书馆1988年版，第20、68页。

疑；另一方面，法律规范实质上保护强者利益。法律"平等"的结果当然因人而异：有的人违法可以不受追究，有的人行为合法却遭受诬陷，或难以生存，有的人在法律的边缘地带长袖善舞、获益无数。

人民权力塑造的法律，虽也有权威、命令和服从的要素，但这只是形式构件上的要求。从主体和内容上看，人民的法律源于共同的意志和根本利益一致，经由整体性的制度协商，形成规则框架。在法律实施过程中，人民有权参与并监督。人民推选的代表，通过政党、政治协商组织、人民团体、法律机构等各种制度路径保证其权力应有的收益。在法律面前人人平等，具体而言，就是人民法律制定和运行的各个环节一律平等，人民的代表与人民在政治上平等，人民的权益在法律实施过程中得到平等对待和保护。这正是中国特色社会主义法治道路的法律平等原则与西方的根本差异。

为了消除阶级差别，实现共同富裕，中国共产党首先要规限自身，绝不允许党内特权存在，让党真正成为法律平等的表率。党内有职务差别，但这只是制度运行的需要，属于组织分工的不同。利用党内职位的便利，形成特权意识、做法甚至阶层，将是对宪法和法律权威的致命威胁。这不仅会让良性的党内治理被破坏，也会毁损国家和社会的法治根基。党内民主和群众路线必须坚持，是为了让党接受内外各方面的监督，保持平等型组织的生命力和战斗力，为其他政党、组织、团体以及广大公民树立典范。作为一个将全心全意为人民服务作为根本宗旨的先进政党，中国共产党在各个历史时期都将法律面前人人平等作为自己的政治主张。[①] 党为实现这一主张长期奋斗，以宪法原则形式予以确定，并在法治运行的各个环节着重保障。

马克思主义的阶级斗争学说强调，无产阶级应当通过斗争消灭阶级差别，这是社会主义法律实质平等属性的必然要求。西方学者认为："正是因为阶级的存在，最骇人、极广泛的不平等和不正义出现并持续存在于我们的社会结构中。"[②] 与此对照，社会主义法律上的"人人"，理念上应是普遍的全面发展的个人及其自由的联合体，其平等原则并不要求消除所有差别，而

---

[①] 潘盛洲：《全面推进依法治国必须坚持法律面前人人平等》，载《人民日报》2014 年 11 月 21 日。

[②] Kai Nielsen, *Equility and Liberty: A Defence of Radical Egalitarianism*, New Jersy: Romman & Allanheld, 1985, p. 80.

是从制度及其社会基础上消灭阶级差别。中国宪法之所以承认阶级斗争仍在一定范围内存在,也是基于社会不平等根源在现阶段尚未完全消除。

　　与掌握政权的"人民"相对应,"敌人"的概念在阶级差别导致的不平等境况下仍在法律上存在。敌人并非一个单纯的政治界定,而是一个因阶级差别获得不平等待遇并从中持续非正当收益的集合,是人民民主政权下的法律重点规制的对象。1982年宪法最初未使用"敌人"这一术语,并不意味着人民在法律上的对立面消失了。1999年的宪法修正案又出现了"国内外的敌对势力和敌对分子"这一更为具体化的"敌人"表述。① 作为法律概念的敌人,可以进一步明确化,坚持以法律平等原则为核心价值标准,对于那些利用阶级特权危害社会整体秩序的犯罪,应归于人民法制规约的对象。例如,"敌人刑法"的理念认为,对于极端的犯罪人,其挑战社会秩序底线的行为不存在宽恕的理由,本质上不是公民,而是公敌。"原则性的偏离者没有提供人格行动的保障,因此,不能把他作为市民来对待,而是必须作为敌人来征伐。"② 中国现行宪法对敌人的界定,主要针对社会主义制度的敌视和破坏行为,其中当然包括对作为社会主义制度灵魂的平等原则之破坏。

　　长远而言,"人民—敌人"这样的法律建构,并非社会主义法治的终极建构。这只是实现社会主义法律平等原则的策略工具,在法律的常规运行中,"敌人法"并不是随处可见的,人民法以及由其衍生的公民法、市民法才是主流。通过人民民主专政的政体构造,社会主义法治的平等原则在操作层面得到夯实,在可预期的未来,"不同个人之间的报酬差别可能依然存在,但是不同阶级文明之间的悬殊差别将会消失"③。

　　中国共产党开辟的社会主义法治道路具有鲜明的本体特色,党的领导与依法治国的本体融合,塑造了党的法理权威,使得党对法治的领导权具有超然性、决断型的特点。党对法治的领导权源于其对人民群众权益的代表权。党领导的革命、建设和改革事业,离不开法治精神与制度的保障。党取得执

---

　　① 左高山:《中华人民共和国宪法中的"敌人"观念》,http://cul.qq.com/a/20160516/009631.htm。
　　② Günther Jakobs, Burgerstrafrecht unt und Feindstrafrecht. in Edited byYu-hsiuHsu, Foundations and Limits of Law and Criminal Procedure-An Anthology in Memory of, Profesor Fu-TsengHung, p. 61. 转引自冯军:《死刑、犯罪人与敌人》,载《中外法学》2005年第5期。
　　③ R. H. Tanney, Equlity, London:Allen&Unwin, 1964, p. 150.

政地位后，组织内的精英与体制外的群众依然存在密切的法理关联。当二者交融一体，产生共同意志，党可以将自己的主张通过立法转化为国家的法律。经由法律的赋权，政府系统和国家机关依法行使公权力，人民群众保留其核心的监督权和受益权。执政党通过领导立法，建立起对国家公权系统的法律规约框架，代表人民行使监督国家政权依法运作。中国共产党直接实施的法规范，类似于凯尔森所说的"基本规范"，它是宪法和法律的效力渊源。人民对于执政党的监督，主要通过法律外的政治和道德监督体现，以合法性认同的方式实现。国家系统的人民代表大会是法律上的权力机关，由其产生行政和司法机关并对之加以法律监督。

人民法治国的原则还体现在法律创生后的平等实施和一体遵循。对人民而言，民主是法治的原则基础；对敌人而言，法治更多体现为专政的职能。民主与专政的结合，根底在于权利与义务的对应性。与资本主义制度不同，法律平等原则在社会主义制度中更强调社会正义和实质平等，不仅是一项法律形式规范原则，而且是全面灌注于立法和法律实施中的本体原则。党的领导把握了中国特色社会主义法治道路的正确方向，人民民主专政的国体明确了道路开辟后的维护、受益和归责主体，法律面前人人平等的原则确保了这条道路运行和管理规则应有的刚性。

在党领导的人民民主法治国原则指引下，政党与人民、国家与社会的关系一体均衡，执政党对法治的领导权威与人民对法治的主体权能经由多重代表制高度契合，国家法治与社会法治、公共权力与公民权利相互补充、协调推进。

## 第三节　法律和道德的均衡治理原则

### 一、法律与道德的关系迷雾

法律和道德的关系，历来是争讼纷纭的法哲学问题。二者从本体重叠到制度分离，代表了传统社会治理与现代国家治理的重大差异。法律和道德如何在治理实践中保持均衡的尺度和状态，一直是法律、政治及道德哲学争议的焦点。

2016 年发生于山东聊城的于欢故意伤害案，一度成为全民热议话题。

舆论场呈现的案情，基本逻辑不外乎：于欢杀人，事出有因，辱母激愤，情有可原。无罪论和轻罪论者除了使用大量的道德论证，都努力从"正当防卫"打开缺口，为二审的改判全面定调。此案的疑难之处不在于法律事实的认定，而在于不同主体对同一法律规范的不同阐释。中国近些年不断涌现的公共案件，大都具有这样的特点。之所以如此，根结是法律规则与道德规范无法完全剥离，法官对法律规范的适用，不能以自我的理解为根据，而是要努力接近立法者的客观原意和真实目的，这就需要认真对待、精确区分、积极涵摄人民大众的道义情感。

如同正当防卫此等非常规意义上的刑法规范，它首先是一种道德与法律原则，其次才是一种具体的刑法裁量规则。什么是正当，这是一个有关正义标准的道德判断。大众心目中的正当往往是伦理意义的，这并不妨碍法律上正当行为的判定，多数时候二者保持着默契。但司法者的局限在于无权将民意中的道德诉求纳入法律论证，通过有效的法律解释改变既定的刑法规则。特别是在"罪刑法定"原则的刚性约束下，正当防卫成为限缩解释造就的例外，多数案件的防卫过当认定带来了大众道德观和法律职业主义的冲突。但在于欢案中，我们发现了某些明显的变化。比如，随着大众法律意识的增强，传统的道德话语也开始走向一种半专业化的法律论证，司法者不再将舆论压力视为洪水猛兽，逐渐学会借助公众的道德逻辑和情感力量完成对"机械司法"的修正。较之于常规的法律规则适用，基于法律原则和政策的裁判更能突显出司法的权威性和能动性。对于当前中国的司法公权而言，牵涉道德与法律冲突的公共案件可以成为展示自身衡平权威的舞台。

"法理情"的兼容和均衡期望，对法治中国的建设而言，无疑是一个理想的目标。但在具体的司法实践中，的确成了不少法官头痛的问题。法律的标尺总有向上延伸的冲动，但在现实条件的制约下，它始于人类社会生活不可或缺的基本需求，顶端终于人类追求美好生活的卓越和崇高。"隔开这两者的是一条上下摆动的分界线，我们很难准确地标出它的位置，但它却是至关重要的。"① 对富勒这样的美国法学家来说，法律标尺的均衡原则需要在愿望道德和义务道德之间把握。但这样的区分并不清晰，毕竟，道德本质上

---

① ［美］富勒：《法律的道德性》，郑戈译，商务印书馆 2005 年版，第 34 页。

是一种欲然和应然的奇怪混合，一些人的愿望对很多人来说就是义务，而他们的义务却成了多数人倾其一生也难以想象的愿望。现代社会细密的分工，特别是不均衡、不平等的客观现实，让笼统的道德日渐失去昔日荣光，而形式上一律的法越来越受到治国者的青睐，法律帝国的扩张已经将道德理想国的疆界蚕食殆尽。某种新道德观的复兴，在全世界范围都在萌动。多元道德本体论的重建，加剧了法律文明的内外冲突，让世界法的理想日益虚渺。法律和道德究竟在治理中如何均衡定位？这是任何一个完整的治国框架、任何一条可行的法治道路，都必须认真回答的原则问题。

## 二、本体论基础上的方法论路径

我们应当承认，现代社会的法律与道德在本体上不能混淆，国家的法律规范与大众的道德要求在制度定位上有着明确区隔。"法律作为主权者所推行或实施的一种规范体系，它自足于自身之上。"[1] 但这并不意味着法律与道德在治理实践中毫无关系。事实上，国家治理与社会治理、政党治理、家庭治理一样，都处于一个复杂的网络中，各种权力的冲突构成了以规则解决纷争的主要对象。作为社会控制的手段和整体治理的资源，法律与道德的关系无比紧密、难以分离。

首先，道德本为人们头脑中的是非对错观念，当多数人的"德"汇聚为整体性的"道"，道德也就有了治理规范的效能。道德要求首先是自律的，但出于各人自律的对等、互惠要求，道德产生公共性，由私德演变为公德，由个人品德上升为集体美德。道德是凝聚人心的利器，它比法律更富有直指人性的感召力和感染力。作为愿望的道德虽然与作为义务的道德有很多不同，但二者都具有规约人心、匡正人性的宏力。道德之功，在于长久。以德治国，不能急功近利，将个别人的道德观强加于多数人。"以德治国"语境中的"德"，准确的定位应是公共道德，此种道德总体上能够为发达的法律体系涵摄。现代社会的道德观念不再是绝对的一元，日渐分层和多元发展的趋势让法律彰显的道德具有最低限度的公共性。

---

[1] 这是庞德对分析实证主义法学核心观点的一个概括，但他并不认同这种理论。（参见［美］庞德：《法律与道德》，陈林林译，商务印书馆2015年版，第13页）

其次，公共道德只能作为治国的参照，而非依据。依法治国与以德治国虽密不可分，但在战略定位上有严格区别。法律涵摄了最低限度的公共道德，作为义务道德的规范集合，应当成为国家治理的权威依据。如果赋予外在于法律的愿望道德以国家强制规范的效力，势必会混淆法律与道德的界限，造成隆德薄法、法外有法的乱局。

最后，道德在治理实践中的功能主要集中于社会领域，当国家法不及之时，道德规范可以"软法"之效，激活市民公约、乡规民约、行业规范、团体章程等社会规范对国法系统的补充作用。这些社会规范本质上是公共性的道德规范，法律理论界将之归于"民间习惯法"的范围。法律与道德的均衡治理可以化解国家法和民间法的紧张关系，让法治的内涵更为立体丰盈、与时俱进。

法律与道德的均衡治理原则，就其方法论要义而言，并不牵涉法律是否必须依循道德原则的本体论问题。关键问题在于，当法律规范与道德规范共生并存，如何在实践中避免冲突，发挥它们共同的合力？儒家"礼法合治"的理念，在现代社会条件下能否创造性转化，为法德并举的治国方略提供规则框架？作为治理规范的道德与一般的个人道德有何区别？

### 三、法治中国道路的战略选择

中国共产党崇尚共产主义道德，坚守马克思主义规律观，怀着真诚信仰不断寻求治国理政、济世安民的普遍真理。法治中国的道路选择，正是此种宏大历史探寻过程中的重要成果。对中国共产党来说，法律作为奋斗成果的权威确定，既是一种规范总结，也是一种道义宣告。贯注其中的实践理性精神，可谓中国共产党推动法治建设的不竭动能。与西方的理性主义法律观不同，中国共产党并不承认永恒真理的存在，实践是检验真理的唯一标准。确而言之，对于法律背后的道德真理，中国共产党并不具有先定的立场，即使是马克思主义的普遍真理也必须同中国实践充分融合，接受中国人民的实践检验。中国共产党倡导的法律理性与道德取向，有望塑造一种中国特色的法治信仰。此种信仰与共产主义信仰一体同构，蕴藏着法治阶段论的丰富内涵。由政党法治向政府法治、由国家法治向社会法治的拓展升级过程，实质上也是由社会主义初级阶段向高级阶段，直至未来没有国家界域的理想法治社会的发展过程。

党领导的人民法治国原则，能否在实践中落成生效，关键在于党的道德要求和人民的道德诉求在法律规范上实现底线契合。在中国共产党的立体法治战略中，"法"的内涵是以国家法律为中心的多层架构或曰拓扑网络，整体性的法治与局部性的法制具有显著区别。对政党治理而言，道德主要体现为政治道德；对于社会治理而言，道德的作用集中于家庭、职业、行业和社区共同体等领域；对于国家治理而言，核心道德规范可以经由程序转化，进入法律规范体系的机体。

法律与道德的本体区分，决定了它们从性质上属于不同的社会规范。二者在实践中的关联，又存在冲突和互补的多种可能。为了让它们的合力更为显著，中国共产党坚持完善"法德并举"的治国方略，这并非历史传统的简单复现，亦非西方自然法与实在法二元框架的变相移植。从法治原则的战略设计角度看，这是一种方法论上的理性策略选择。既然中国是一个道德伦理大国，法律道德化的色彩相当浓厚，武断地将道德排除于法治运行外，既不可能，也不可欲。唯有正视法律与道德的实践关联，将二者加以制度区隔后，再将它们通过立体法治系统加以衔接协调，方有望扬长避短，互为补充，实现二者相辅相成，相得益彰。此种方法论原则若能准确贯彻，中国法治道路定会愈益宽广，在实践上形成不同于其他法治模式的重要特色。

既然中国共产党倡导的"以德治国"不是传统"德主刑辅"式的治理，作为治国途径的道德亦非法律原则化的礼教纲常，用以治理实践的道德规范与作为立法原则的道德准则，理应分属于不同的论域和范畴。当法律规范体系完成了对基本道德观念的涵摄，形成了法律内在道德的稳定结构，法治实质上也是一种道德治理。但反向推理则未必合适。无原则、无基础、无条件的道德治理势必会破坏法律的内在道德秩序。法治体现道德观念，这主要由立法过程实现；道德滋养法治精神，这反映在法律实施的各个环节。

如前所述，中国共产党对法治的直接领导主要在立法环节，执政党的角色与立法者的功能高度重合。作为立法者的中国共产党必须代表人民意志，将精英道德与大众道德整合为科学的法律创生路径，实现理性与信仰、制定法与习惯法、官方法与民间法、国家法律与党内法规的均衡一体。为人民服务的政治道德需要转化为立法道德，立法的内在道德需要贯注于法律的规范体系。对党员而言，道德要求比一般社会成员高，故而应当党规严于国法。对于政府公职人员而言，国法中的行政管理法规也要比其他公权规范严格。没有政治道德的支撑，法治的内在道德便失去了根基，富勒虚构的"雷克斯寓言"可能就会成为现实。① 对于人民大众而言，总是倾向于接受一般性、公开、清晰明确、无矛盾、稳定、可行、官方带头遵守的法律，这些对法律品格的道德要求直接决定了"良法"的标准和规格。立法者应当充分考虑并主动接纳大众对法律的道德设定，对良法的建构不能出自单方面的意见和想象。民主立法是科学立法的前提，科学立法是民主立法的深化。代表了民意，立法者的道德使命并未终结，其还需将民主的成果通过科学的方式表达为一个逻辑分明的规范系统，这往往要由专业化的立法工作者完成。立法活动中有四类主体：立法主权者、立法主权的代表者、立法主权代表者授权或委托的职业工作者以及参与、配合立法工作的公众，国外称之为"立法之友"。一方面，作为法治实践中政治美德之精核，人民的道德原则与执政精英的道德要求必须高度契合。这就需要进一步发挥政治协商和协商民主中立法协商的作用，建立有效的制度对人民和政党的立法权予以均衡保障。另一方面，立法公权主体的道德侧重于形式、程序和技术理性，参与其间的人民群众具体化为"立法公众"，包括广大公民、组织和社会团体，立法公众的实质性道德与立法公权主体的程序性道德也应达成均衡，这就要求立法的技术理性需要形塑动态的框架，及时、全面、准确地涵摄公众的道德要求。

  以道德滋养法治精神，就法律实施而言，首先要强化公权主体的法治道德素养。就中国的实际情况而言，领导干部特别是高级领导干部是关键少数与核心表率，对其应以确立牢固的法治信仰作为职责要求，"怀有对法治发自内心的认同和尊崇"。权威调查发现，84.4%的领导干部违法犯罪都与不懂法有关。② 归根结底，法律知识的欠缺还是因为法治信仰的缺失，这就需要中国共产党在党员干部教育培训的各环节首先注重法律原则、精神和价值的学习和把握，在此基础上全面掌握与职责履行、权力使用有关的法律知识

---

① 关于雷克斯国王造法失败的寓言，参见［美］富勒：《法律的道德性》，郑戈译，商务印书馆2005年版，第40—46页。

② 参见陈希：《提高党员干部法治思维和依法办事能力》，载《人民日报》2014年12月17日。

系统。

在领导干部群体中，政法干部、司法工作者又是重中之重。无论是执法、司法，还是法律监督和保障工作，法律职业伦理对于实施主体都极为重要。由于信仰和伦理的缺失，法律职业伦理满足于自我确信的"想象共同体"，习惯于使用一些故作神秘的技巧来保持封闭的职业利益，其中包括："培养出一种风格含混难懂的话语，以便使外人无法了解这一职业的研究和推理过程；规定了进入这一职业的很高的教育资格要求，以使这一职业拥有专门知识的声称更具有说服力；要求经过专门的职业训练，以显示这一职业与其他职业相比所具有的独特的'技艺'；极力塑造职业者的魅力人格，使其外表、个性或个人背景都给人以他有深厚的或者是无法言说的见识和技术的印象……"① 如此一来，法律职业伦理和大众道德观难免发生激烈冲突，使得法律形式理性和实质理性的矛盾难以调和。法律区别于其他社会规范的基本特征，形成了法律从业者区别于其他职业社群的规则意识、现世主义、时代观点、守成态度和世俗信仰。② "法律从业者总是将对于法律现象的思索，纳入对于自己所处时代的文化命运的整体观照之下，以对这个时代与民族生活的总体语境和根本精神的体察，在事实与规则间恰予措置。"③

解决法律职业伦理危机的根本之策，不是简单强化某一方的道德立场就能遂愿的。对于中国而言，主流价值观一直呈现超稳定的结构，传统道德的优厚禀赋是法治中国的天然良港。建基于法律与道德均衡治理原则的法治文化建设，成为党的十八大后中国新法治战略的长远规划。发挥法治文化对于大众道德的引领作用，可以化解法律内在的矛盾，实现更为坚固的社会共识。

法治文化的核心内涵可界定为一个国家或地区对于法律生活所持有的以价值观、思维方式和行为方式，具体内容包括人们的法治意识、法治观念、法治思想、法治价值取向等。2006 年，习近平同志就曾明确提出，应当重视法治文化的引领作用，将法治文化视为为法治的灵魂。④ 十年后，全国人

---

① ［美］波斯纳：《超越法律》，苏力译，中国政法大学出版社 2001 年版，第 220 页。
② 孙笑侠：《法律家的技能与伦理》，载《法学研究》2001 年第 6 期。
③ 许章润：《论法律的实质理性——兼论法律从业者的职业伦理》，载《中国社会科学》2003 年第 1 期。
④ 习近平：《弘扬法治文化建设法治浙江》，http：//news.xinhuanet.com/local/2006-07/24/content_5381859.htm，2017 年 5 月 20 日最后访问。

大常委会通过了《关于第七个五年法治宣传教育的决议》。该决议要求："把法治文化建设纳入现代公共文化服务体系，繁荣法治文化作品创作推广，广泛开展群众性法治文化活动。"所谓"法治文化公共品"，是指由国家法定机构免费提供给广大公民与法治知识普及、思维塑造、信仰培育有关的专门文化产品，形式载体多样，内容丰富多元。确立法治文化公共品供给的体制，需要对传统普法理念进行反思。普法不是自上而下的宣教式传导，而是内生于法治整体过程中的法律理念运动。从立法开始，普法就已经展开了。经由执法、司法活动的示范，法律普及深度展开。守法与普法也存在显著的正相关。如果我们将立法、执法、司法活动生产的正义产品，也纳入法治文化公共品的范畴，可以想见，这是一个非常大的思想转变和制度创新。

将法治文化纳入到法治社会建设的议程，需要转化道德建设和法治宣传工作形式，通过尽可能多、尽可能强的法治文化服务志愿者，参与法治文化公共品的供给侧改革。转变由政府亲自出面、统一买单，事无巨细大包大揽的不合理做法，尝试公众为本、大众参与的新途径。政府通过行政指导、购买公共服务等方式发挥法治文化建设的职能作用。顺应大众创业、万众创新以及互联网时代风潮，鼓励社会各界推出百姓喜闻乐见的法治文化作品，改变法律在公众中的刻板形象，让广大党员干部和人民群众都能对法律产生真诚的信仰。

## 第四节　从实际出发的法治认识论

毛泽东有过"哲学就是认识论"的著名判断。[1] 他本人秉持"实事求是"的原则，将哲学原理与中国实际紧密结合，创造性地发展了马克思主义。只有在"正确"的认识论基础上，才能对马克思主义所说的特定时代

---

[1] 1964年8月24日，毛泽东和周培源、于光远就坂田文章谈话说：关于从实践到感性认识，再从感性认识到理性认识的飞跃的道理，马克思和恩格斯都没有讲清楚。列宁也没有讲清楚。列宁写的《唯物主义和经验批判主义》只讲清楚了唯物论，没有完全讲清楚认识论。最近艾思奇在高级党校讲话说到这一点，这是对的。这个道理中国古人也没有讲清楚，老子、庄子没有讲清楚，墨子讲了认识论方面的问题，但也没有讲清楚。张载、李卓吾、王船山、谭嗣同都没有讲清楚。什么叫哲学？哲学就是认识论。（参见盛巽昌等编著：《毛泽东这样学习历史　这样评点历史》，人民出版社2005年版）

的"科学"及在这一时代中必须采取的行动充满自信。① 从实际出发的原则,作为指导中国革命的认识论指针,在改革开放的启动进程中也发挥了重要作用。围绕真理标准的大讨论,确立了"实践"的中心地位,实践成为"检验真理的唯一标准"。对法治中国的建设而言,除了要明确历史本体论的"三统一",战略方法论的"两结合",还需要一切从实际出发,特别是从中国实际出发的认识论。当超验、先验式的"法治真理"被经验和现实证伪,我们应当果断放弃,从基本国情出发,通过有效的理论创新,为实践问题的解决提供富有生命力的认识框架。

## 一、法治道路的"认识论断裂"

人们如何认识法律及其相关治理活动?就主体而言,并非所有人都有此需求、兴趣或才能。某人对某部法律的某些条款或特定案件产生知识上的需求,或许是源于偶然的事件,例如卷入到一起难解的纷争,逼迫自己学习相关法律知识以更好维护利益、解决纠纷。或许是职责使然,如一位立法者或法官,必须对法律和法治的诸多层面通透理解。或许,只是一种趋之若鹜的跟风和效仿,为平淡的生活增添一些谈资颜料。不论何种选择,都不可能脱离一个基础性前提:法律是客观存在的,并且适合作为一种大众化的科学认识论对象。

之所以强调这一点,是因为法律在人们的观念中可以多种方式存在:纯粹理念的存在,可称之为"理念法";权威规范的存在,可名之曰"实在法";现实运行的存在,可称其为"行动中的法"。从认识过程上看,只有作为社会实践的法律存在才是大众愿意理解并能够认知的科学对象。只有当法律从"哲学王"理念中的抽象存在逐步转化为权威机构确立的规范,并通过社会强力系统对规范对象产生真实约束力的时候,人们心目中的"法律"才是实践性的完整形态。此种完整形态的法,也许与某些人构想的理想法不相一致,甚至于规范设计的原初样本也颇有差池,但不容否认,只有这样的法律才是多数人愿意并能够通过直接观感加以认识的真实存在。社会主义的国家观和法治观,在认识论上的贡献在于突破了法律理念主义和规范

---

① Paul Hirst, *On Law and Ideology*, Palgrave Macmillan UK, 1979, p. 6.

实证主义的窠臼,将社会实践本体置于政治和法律认识的核心地位,强调社会大众与精英一样,在科学真理面前具有平等的话语权。

中国特色社会主义法治道路的实践开创和理论形成,必定会以认识论上的断裂(质变)为前提。阿尔都塞认为:"断裂的每次出现都使科学同它过去的意识形态相脱离,揭露科学的过去是意识形态,从而创立科学。"① 西方法治理论的认识论逻辑,首先是法律作为权威规范存在的假设,对此种假设的论证通常以虚构的自然状态、社会契约来完成。当这种假设得到逻辑理性的证立,再通过强大的国家系统全力推行,不断丰厚其经验机体,形成一系列混杂性的意识形态、科学、神学标准,以为法治的原则。多数学子和民众接受这样的法律话语,不是因为此种理论的真理性,而是一种认识论上的因循守旧,甚至是对法律强制力的无形恐惧。对法治中国道路话语而言,"反思西方"并非简单直接的质疑,而是立基于社会实践的文化反思和制度重建。

法治道路的形成,往往耗时良久,依赖传统、历史时机、政治机遇、经济社会环境等各方面的条件要素。在中国特色社会主义法治道路的形成史上,留下鲜明印记的文化资源不可胜数,有中国固有文化、外来文化、近代以来创生的新文化等。这些法治文化类型之所以能够产生奇特的混合效应,在认识论上可归因于近代中国法治现实主义的兴盛蓬勃。清末庚子年的切肤之痛,让修律大臣沈家本认识到中国法治必须博采众长、因民为治。"方今世之崇尚西法者,未必皆能深明其法之原本,不过借以为炫世之具,几欲步亦步,亦趋亦趋。而墨守先型者,又鄙薄西人,以为事事不足取。""立法以典民,必视乎民以为法而后可以保民。""我法之不善者当去之,当去而不去,是之为悖。彼法之善者当取之,当取而不取,是之为愚。"② 这些分析,无不展现出法治现实主义者的洞察力。将此种珍贵的法治认识论基因传承发扬,自当是法治中国事业拓展之必需。

在认识论上厘清法治道路的原则,可以化解法律运行中的诸多现实困惑。例如,有法不依的难题,很多时候并非主体不为,而系主体不能。法律难以为人们明悉知晓,总是云山雾罩。不仅对大众如此,执法、司法者也很

---

① [法]阿尔都塞:《保卫马克思》,顾良译,商务印书馆1984年版,第140页。
② 转引自李贵连:《现代法治:沈家本的改革梦》,法律出版社2017年版,第12—13页。

难掌握恢恢法网的无穷结点。再者，即使认清了法律的文意，明确了语词的指向，但在实行操作中缺乏工具、手段、人员和资源，"打折执行"的后果是人们会转而怀疑法律自身的真诚和公正，对有法不行的道德歉疚感不断削弱，直至消亡，习以为常。最坏的结果就是，法律选择性实施的盛行。可以说，法律认识论对于生活在现代社会的人们都有现实的意义。正确理解法律和法治的原则、规则，真正做到以科学的分析澄清疑义、辨明指令、填充漏洞、理性决策，最大限度优化个体和社群的生存发展境遇，应当成为公民法律技能的常态化训练科目，以为法治道路提供坚固的理念支撑。

## 二、从实际出发的认识论原则

法治道路的主题，本身就是一个认识论范例。"法治道路"一词是"法治实践"的借喻，人们看到这个概念一般不会认为，这是有关道路纠纷法律解决的问题。之所以可以避免误解，是因为人们有意区分了本体和喻体，客观实体和主观实体。当喻体形成，原来的本体含义转移到新的喻体中；经过反复的表达实践，喻体自我强化，成为新的本体。但假如人们因此完全割裂本体和喻体的关系，将二者的客观相似性在主观认识中排除，必定故意会造成概念的虚化。科学和意识形态的区别，在于前者的研究对象是贴近现实的可验证事物，而后者制造的话语多数是空洞的口号。如果中国特色社会主义法治道路的理论是一种科学架构，其认识论原则首先应当尊重现实，从实际出发。

"全面推进依法治国这件大事能不能办好，最关键的是方向是不是正确、政治保证是不是坚强有力，具体讲就是要坚持党的领导，坚持中国特色社会主义制度，贯彻中国特色社会主义法治理论。这三个方面实质上是中国特色社会主义法治道路的核心要义，规定和确保了中国特色社会主义法治体系的制度属性和前进方向。"[①] 对研究者和观察者而言，从不同角度和侧重点出发，围绕中国特色社会主义法治道路的丰富内涵会形成不同的定义，有时还会产生认识和理解上的分歧。明确从实际出发的认识论原则，对于解决这些理论争议大有裨益。

---

① 习近平：《关于〈中共中央关于全面推进依法治国若干重大问题的决定〉的说明》，http://news.xinhuanet.com/politics/2014-10/28/c_1113015372.htm，2017年5月20日最后访问。

如果从理念论出发，中国特色社会主义法治道路应当是逻辑推导的理想型构，换名为"法治中国的理想图景"亦可成立。但采取此种认识论路径，我们很难解释这条道路是否已然存在的问题。究竟是因名而立，还是先立后名？化解荀子几千年前论及的名实纷争，单纯的理念论无法回应。[1] 无论从逻辑上还是经验上，我们必须承认，先有了法治实践的母体，才孕生了法治道路的出产。法治实践虽然离不开法治理论的指导，但真实的情形通常是，实践先行，理论殿后。"为了说明世界应该是怎样的，哲学无疑总是来得太晚，作为对世界的思维，哲学只有在现实结束其形成的过程并成为过去后才会出现，哲学的历史告诉我们，观念之物必须在实在完全成熟时才能作为实在物的对立面显现出来，把握世界的本质并将其转变为精神王国里的形象，倘若哲学在自身的灰色中描绘世界，那么生命的形象将是衰老的，它并不能使这一形象变得年轻，而只能认识它。密涅瓦的猫头鹰只有在夜幕降临的时候才开始飞翔。"[2] 从法治实践的历史也不难发现，即使少数天才人物的法治理想设计，也不能违背多数人的真理认知和道德判断。主流的价值观由社会实践样式及需求塑造，其设定的道义标准为法律的内在道德提供了优选尺度。随着现代性的拓展，法律经验现实主义取代逻辑理念主义，不仅西方如此，东方社会亦为同理。从现实出发，成为近现代以来人类流行的认识论原则。

问题在于，这种普遍原则在法治实践中能否具体化？如何运用和操作？人们对现实的认知各有不同，对事实和真相的理解千差万别。即使都是法律现实主义的信徒，但在具体认知路径上肯定存在各式分歧。如果每个人都坐井观天，仅以自身现实要求为准，真理与事实的冲突将永无休止。所幸，此种情况只是观念上的杜撰，因为现实的人大多处于社会关系的网罗中，都承受着不同锁链的相似捆绑。例如，作为社会化产物的前见之约束，主流价值观的道义约束，甚至法律对言论、思想自由的界限划定等。即使存在极少数

---

[1] 荀子在《正名》篇中指出："若有王者起，必将有循于旧名，有作于新名。然而所为有名，与所缘以同异，与制名之枢要，不可不察也。"他认为，王者成名、制名必须与实相符，约定俗成。王者循名责实，才能取得良好的治理效果。名不符实，各种弊端会由此而生。推而论之，人对客观事物的认识和感官对事物的感受是命名的基础。

[2] ［德］黑格尔：《法哲学原理》，范扬、张企泰译，商务印书馆1982年版，前言。

能够完全摆脱社会认知锁链束缚的天才,其思虑表达往往难以为当世理解并认同,卓异思想的伟大效用会因时滞效应延迟后沓。从各人的现实认知交叠区的边际出发,法律可以有效兼容最大限度的真理共识,生产出公共性的行为规范模式。以法律为圭臬的法治则可以最大限度避免特定的认为标准突兀搅扰,维系自由、公平、有收益的社会生活秩序。当法律导向的生活成为常态,法治嵌入社会心理,形成文化惯习,就会筑成一条无形但强效的心路大道,指引无数个体朝向美好生活的方向稳步迈进。

毋庸多言,人们对客观世界的认识有其各自的边际。但社会生活要求人们不断超越既定的边际,扩展自己的知识和行动,将心比心,形成共意。作为客观实在反射的主观实在具有边际变迁的特点,这是人们因应各种变化和不确定性过程中塑造的。基于此种特性的"实在",我们可称之为"实际"。实际论与大而化之的实在论不同,前者强调的实在具有边际冲突和融合的复杂特性,既有客观实在和主观实在的区分,也有主观实在中可知性和不可知的区分,还有对可知实在中现状性实在与历史性及未来预测性实在的区分。更重要的是,即使对现实的认识,实际论也不将个别人的现实认知奉为圭臬,主张通过共意和同情认知生产出公共性的认知模式。在自然科学中,这样的模式被称为科学的范式;在人文社科研究领域,这样的模式通常由大众化的经典理论创构。

为了便于理解,我们可将此种实际论原则作如下推演:第一,客观实在构成的世界是人类主观能力可以有限把握的;第二,不同主体对于在人类主观能力范围内的客观实在具有不同的认知表现,由此产生主观实在上的冲突和歧异;第三,为了调和认知上的冲突,特别是对宏观现实的理解取得基本共识,大众在精英的引导下通过协商、讨论、交流完成各自主观现实边际的调整,确立一个相对公允、平正的均衡点,作为立论和决策的出发点。这样的出发点可称之为逻辑和经验交叠共融的多重起点,它代表了逻辑理性主义和现实经验主义的思维平衡。①

---

① 许多认识论既非严格意义上的理性主义,也非严格意义上的经验主义,而是两者令人惊异的混合与均衡。康德的认识论如此,经典的马克思主义认识论更是如此,它们集中了理性和经验这两种论证的优点。(See Healy, Paul, "Reading the Mao Texts: The Question of Epistemology", *Journal of Contemporary Asia*, 20, 3 (1990), pp. 330-358)

当某人看到一辆汽车疾驶，闯红灯，撞倒一个行人。通过亲眼目睹，他认定这是"现实"，准确地说是"事实"。但对司机而言，或许他处于深度醉酒引起的意识不清状态，对当时发生的事情均无明晰的回忆，即使有残存的记忆碎片，为了规避罪责，他也不愿和盘托出。行人正在过马路，突然被飞速驶来的汽车撞倒，虽未致命，但突发的情形和车祸造成的大脑损伤，都让其对当时的事实认知产生了严重障碍。执法者调查要从实际出发，意味着不能偏听偏信，必须通过固化客观物证，如通过调取监控录像，拍摄现场照片，绘制现场图，采集、提取痕迹，以及听取各方的证言最大程度还原当时现场的真相。以事实为根据的法律原则，出发点正是以科学可以检证的客观事实为法律事实的基点，在此基础上确定法律规范的选择，而非先预设一种违法的理由，再用法条的适用要求去框构现实。为了方便，不少执法者或法官先从设定好的法律规范逻辑出发，有选择地复现事实，造成法律事实和客观事实的紧张和冲突。

在法律人的视野中，绝大部分的事实真相还原，都需要通过依循既定的程序规范确认。当同一实践的不同现实认知产生冲突的时候，法官只能选择那些可信度高、关联性强、证明力充分的证据，但任何人的认知都有其局限，为了避免初审的偏差，二审既应当着重法律审，也不能忽略了事实审。法律原则强调的以事实为根据，并不意味着事实就是全部实在。法官应看到客观实在的多样性，尤其是人们对客观实在认识的分歧，亦即争议焦点究竟何在，围绕这些焦点展开法律推理和论证。司法终局性的西方法治理论并不符合从实际出发的认识论，当客观真实已然呈现，或者有了新的证据足以翻案，在救济渠道上不能因为是终审而放弃对真相的复原。法律人的事实观如果走向褊狭、机械的规范教条主义，势必会动摇法治的根基。

## 三、从实际出发的"法治中国"顶层设计

政治家的法治认识论与法学家不同，前者更看重法治的实际效用，而后者更强调法律的应然效力。政治家将"法治"视为治国强国之机要，法学家将其理解为权利正义之彰显。二者对法治的认识都面临着主观边际的制约，需要打破界限，实现视阈融合。进而言之，由政治家和法学家集体创构的法治战略理论，能否内在协调，形成体系，取决于理论建构能否吸纳治理

精英的智慧经验，回应各方公认的现实挑战。民众能否接纳主流法治观，将国家战略与个人发展统合一体，这取决于法治的顶层设计能否将碎片化的个体法治意识连缀成篇，形成整体。当民众认同了某种标准化的法治定义及制度、理论框架，其现实行动能否与顶层设计匹配契合，又要回归于法治实际运行状况的全面评估。职是之故，法治道路的认识论原则不应采用纯粹的理念主义或褊狭的经验主义，最好是复合型、程序化的思维框架。从实际出发的原则为这样的法治思维框架，确立了一个稳妥的逻辑和经验起点。

"必须从我国基本国情出发，同改革开放不断深化相适应，总结和运用党领导人民实行法治的成功经验，围绕社会主义法治建设重大理论和实践问题，推进法治理论创新，发展符合中国实际、具有中国特色、体现社会发展规律的社会主义法治理论，为依法治国提供理论指导和学理支撑。汲取中华法律文化精华，借鉴国外法治有益经验，但决不照搬外国法治理念和模式。"[①] 中国共产党将一切从实际出发的政治原则转化为法治原则，从认识论上为法治战略思维指明了方向。

如果说"三统一"原则塑造了法治中国的历史本体论框架，法德并举、均衡治理的"两手结合"原则提供了战略方法论的指引，一切从实际出发的认识论原则作为基于历史本体的战略方法，则提供了有关理论和制度、逻辑与经验的多重思维起点。

决定和制约当代中国法治建设的基本国情是出发点。国情是由历史塑造的，但又与历史不同，它是现实指向的总体性客观范畴，是一个国家自然、地理、社会、经济、政治、文化等各方面的实际情况的总汇。对于国情，人们只有通过科学认识的手段加以提炼总结，才能形成相应的知识、意识和观念。除了经济国情，还有政治国情、法治国情，不能用一种机械的框架去分析复杂多变的国情。只有坚持从实际出发的法治认识论，必须强调从当代中国基本国情出发，是为了将各种现实认知置于一个公共性的平台，达成总体性共意对个别认识偏差的矫正。我们不能如某些论者，将"法治国情"视为一个独立的概念。从现实角度看，法律不是自我证成的逻辑循环，法治并

---

① 本书编写组：《〈中共中央关于全面依法治国若干重大问题的决定〉辅导读本》，人民出版社2014年版，第7页。

非自给自足的封闭领域，国情也不应被随意切分。从重要性程度上界分国情，比如基本国情和一般国情的区分，则是一种比较科学的认知方式。根据马克思主义的观点，法律是由社会经济条件决定的上层建筑。因而，推行法治首先要考虑特定的社会经济基础，这才是直接制约国家法治建设的基本国情。

政治家的国情认识处于个人信念与集体认知、理论判断与社会调查、既有制度评价与未来战略规划等多维因素的综合影响之下。毛泽东认为，从半殖民地半封建社会脱胎而来的中国"一穷二白"，但这并非全然是坏事，一张白纸可以画出最新最美的图画。邓小平对中国人口多、耕地少、底子薄的国情判断，导出了以经济建设为中心的社会主义初级阶段理论。改革开放进入深水区后，随着经济快速发展，公民权利观念增强，社会矛盾增多，发展的不均衡后果日渐严峻。科学发展观、"五位一体"总体布局、"四个全面"战略布局、新发展理念等一系列新政策方针的提出，均可表明决策者对当代中国非均衡发展这一基本国情的深切体认。

1956年，米尔斯在《权力精英》一书中指出，美国社会权力结构已极不均衡，经济、政治与军事三大领域垄断了越来越多的权能总量，并且三者还愈益融合——公司富豪、政治领袖和军界大亨共同构成了权力精英层，从事实上统治着美国。① 而反观20世纪90年代以来中国社会权力结构的演化趋势，展现出与1950年美国社会的某些相似："中国社会中的各利益主体快速发育，且力量高度不均衡；不仅政治精英与经济精英身份之间的相互转化日益频繁，而且一个由政治、经济、文化精英组成的高层联盟日益巩固；与此同时，一个庞大的碎片化的底层社会正在形成，社会的中间层发育迟缓，不能充当高层与底层之间的桥梁。"② 如何实现权力精英与普罗大众在社会结构与现实行动上的双重均衡，走出"转型陷阱"的利益锁定，乃是法治顶层设计者不得不认真对待的总体性问题。③ 法治改革顶层设计首先必须从当代中国基本国情的总体性实际出发，着眼于法治与社会经济发展整体的均衡性，实现国家、政府与社会在公权与人权领域的权能交互与制度均衡。

---

① [美]米尔斯：《权力精英》，王崑、许荣译，南京大学出版社2004年版，第56页。
② 吕鹏：《"权力精英"五十年：缘起、争论及再出发》，载《开放时代》2006年第3期。
③ 廖奕：《转型中国司法改革顶层设计的均衡模型》，载《法制与社会发展》2014年第4期。

社会主义法治建设的重大理论和实践问题是突破点。比如，群众路线教育活动如何与民主法治建设有机结合的问题。依循从实际出发的法治认识论原则，我们首先应当明确：群众路线教育实践活动是依法执政的时代要求。群众路线是中国共产党的根本政治路线和组织路线。从革命建国、运动治国到执政兴国，中国共产党始终以"群众"作为历史使命的核心和政治话语的主线。在改革开放新时期，群众路线要成为执政合法性的关键支撑，必须贯穿于党的建设、国家治理与社会管理的各个方面，内涵和外延都要与时俱进、不断丰厚。此外，群众路线教育实践有利于在新时期提高执政党的法治能力，从根源上化解社会矛盾、促进社会和谐。随着物质财富的增长、世俗欲望的勃兴，公权力的行使者容易发生角色错位，由"公仆"变为"主人"，"为人民服务"异化为"为人民币服务""人民为我服务"。因此，新时代的群众路线应当以法治精神为主线，强调权利保障和权力制约。违背群众路线的诸种表现，说到底，在于法治权威与信仰的缺位，在于浓厚的特权意识和权力逻辑坚硬难破。

再如，法治改革的领导机制创新问题。① 党的十八大以来，从中央到地方以及相关部门都成立了的法治改革领导机构。如何制度化整合各方力量，形成公共性的资源投入，以持续深入推动法治改革，成为领导机制创新的实践需要。就当前进入深水区和攻坚期的改革而言，传统的政府主导推进模式，在新的社会条件下已经呈现诸多不足，其中的关键问题包括民意沟通不畅，资源保障不足；等等。制度化整合各方力量，形成公共性的资源投入，持续深入推动全面改革事业，应成为领导机制创新的关键着眼点。一种可行的实践操作办法是，由中央深改组设立官方网站，链接起相互关联的合作网络。合作网络的成员最好以个人身份开展工作，经过授权可以代表组织行为，但最终还是以个人为权利义务的基本单元。因为合作网络并不是享有改改革决策权和执行权的权力主体，只是拓展性的参与主体和监督主体。结合现有领导小组的运行实际，我们可在会议机制上大力完善。在形式上，可以采取年会、工作小组会、特别专题会、项目会议等更为丰富多样的方式；在程序上，应当强化精简、节约和效率意识，扫除浪费、拖沓、无主题漫游等

---

① 廖奕：《转型中国司法改革顶层设计的均衡模型》，载《法制与社会发展》2014年第4期。

不良风气。在信息公开上，改革领导小组的各项会议、计划和活动都应让公众提前知悉、同步参与、事后反馈。领导小组办事机构成员的个人情况，应当向公众全面公开，尤其是公开的联系方式必须可一次性通达。除了个人简历介绍，领导小组的办公地点也应当让公众清晰明确，可以随时与之取得联络。只有从这些细节做起，党对改革事业的领导才能在机制创新中与人民同在，真正体现"三统一"原则。

总结运用党领导人民实行法治的成功经验是着力点。党的十八大以来，党的领导和治理方式发生了那些转变？全面推进依法治国与全面从严治党，究竟有怎样的密切关联？党的权力、职责、任务有哪些新的调整和变化？这些改变说明了怎样的深层问题？会对中国特色社会主义法治道路产生哪些深刻影响？我们可以观察到的一个基本事实是：十八大以来的治国理政新格局的构建，系从维护党章权威和贯行"八项规定"突破。这表明，党的纪检监察职能在新的历史时期得到了重要强化。[①] 比如，坚持纪律检查工作双重领导体制，加强纪委系统的超脱性和整合力。在内部组织结构上，增设纪检监察室，权力划分更为精细，统分结合，相互制约作用更为凸显。纪检监察工作更加注重程序正义，线索处置从源头开始分门别类。[②] 线索由承办部门具体负责，在30日内完成处置。[③] 更加尊重司法和人权保障，注重内部监督和外部协调。纪委不是党内的"公检法"，执纪审查决不能成为"司法调查"。审查期间对被审查人以同志相称，安排学习党章党规党纪，对照理想信念宗旨，通过深入细致的思想政治工作，促使其深刻反省、认识错误、交代问题，写出忏悔和反思材料。审查应当充分听取被审查人陈述，保障其饮食、休息，提供医疗服务。严格禁止使用违反党章党规党纪和国家法律的手段，严禁侮辱、打骂、虐待、体罚或者变相体罚。案件移送司法机关后，执

---

① 王岐山：《推动全面从严治党纵深发展以优异成绩迎接党的十九大召开》，http：//cpc.people.com.cn/n1/2017/0119/c64094-29036550.html，2017年5月22日最后访问。

② 一是信访举报的线索，由纪检机关信访部门分类摘要后移送案件监督管理部门；二是纪委内部相关部门发现的线索，有权受理的备案后自动受理，无权受理的移送转交；三是巡视工作机构和审计机关、行政执法机关、司法机关等单位移交的相关问题线索，由案件监督管理部门统一受理。巡视、司法、审计、信访发现的问题线索，是执纪审查的重要源头，特别是巡视机构，中央纪委立案审查的领导干部案件中，超过一半的线索来自巡视。

③ 原有线索处理标准分立案、初核、暂存、留存和了结。规则将谈话函询列入，剔除了留存，提高了立案审查的标准。

纪审查部门应当跟踪了解处置情况，发现问题及时报告，不得违规过问、干预处置工作。中央领导人反复强调纪法分开，不能以法代纪，要把纪律挺在前面。这些都体现了法治思维的具体运用。

推动社会主义法治理论和制度的全面创新是落脚点。近年逐渐升温的党内法规理论研究和制度实践，可为例证。在中国共产党的政治话语中，党内法规的概念虽在新中国成立后为毛泽东正式提出，与此同时"党的法规""党规党法"等提法不断延续，但真正强调将各种形式的党内法规整合为有机统一的法治系统的主张，始于党的十八大后的政法实践。[①] 担任党的总书记后，习近平同志曾在不同场合多次重申党内法规体系建设的重要性，反复强调"坚持从严治党，依规治党"。[②] 在最近一次对党内法规的论述中，习近平指出："我们党抓党的建设，很重要的一条经验就是要不断总结我们党长期以来形成的历史经验和成功做法，并结合新的形势任务和实践要求加以创新。因此，有必要通过六中全会，对近年来特别是党的十八大以来从严治党的理论和实践进行总结，看哪些经过实践检验是好的，必须长期坚持；哪些可以进一步完善并上升为制度规定，以党内法规的形式固化下来；哪些需要结合新的情况继续深化。所以，党中央决定同时制定准则、修订条例，这是着眼于推进全面从严治党、坚持思想建党和制度治党相结合的一个重要安排。"[③]

从中不难发现："执政党对于建党治党的实践经验，主要有三种处理渠道：一是需要总结后坚持的，当为惯例；二是需要完善后固化的，形成法规；三是需要创新后深化的，继续探索。这三种路径殊途同归，都指向对执政党自我治理能力的维护和提升。党内法规处于中间层面，构成不成文惯例和不确定做法的桥梁：一方面，它以必须长期坚持的基本经验和政治传统为

---

[①] 黄树贤：《大力加强党内法规制度建设》，载《人民日报》2014年12月16日；许耀彤：《党内法规论》，载《中国浦东干部学院学报》2016年第5期。

[②] 中共中央纪律检查委员会、中共中央文献研究室编：《习近平关于严明党的纪律和规矩论述摘编》，中央文献出版社、中国方正出版社2016年版。书中收入200段论述，摘自习近平总书记2012年11月16日至2015年10月29日期间的讲话、文章等40多篇重要文献。其中，有关党内法规制度创新和体系建设的专题论述有40余段。

[③] 习近平：《关于〈关于新形势下党内政治生活的若干准则〉和〈中国共产党党内监督条例〉的说明》，载《人民日报》2016年11月3日。

主要渊源，可以不断根据需要实现惯例的成文化；另一方面，它对改革创新又是一种有形制约和保障，摸索过河时必须依靠的制度之石。"①

对于习近平总书记有关提高党科学执政、民主执政和依法执政的水平，完善党的领导体制和执政方式的战略思想，有学者认为，实现这一目标的最重要的措施就是健全完善中国共产党党内法规体系。② 如此判断有无充分的学理依据？或者说，衡量政治家话语的标准有无特定的逻辑？

从实践效果来看，党的十八大以来，党内法规体系建设的确取得了前所未有的重大进展，包括首次编制党内法规制定工作的五年计划、首次对党内法规进行总体性集中清理、首次出台党内法规制定的总规范、修订制定一批具有重要的主干性、配套性的党内法规，呈现出党内法规与国家法律相结合、目标导向与问题导向相结合、法规科学制定与严格实施相结合的体系化趋势。③

党内法规的体系化，不能仅仅是纸面上的规范完善，更重要的是制度运行和行动效果意义上的改进。《中国法治评估报告2015》显示：我国法治的总体水平达70.1分，在世界范围内处于中等水平。其中，党内法规体系得分68.9分，法治效果体系得分69.5分。④ 2015年，习近平总书记在中共中央政治局第二十四次集体学习时指出，"这些年来，从中央到地方搞了不少制度性规范，但有的过于原则、缺乏具体的量化标准，形同摆设；有的相互脱节、彼此缺乏衔接和协调配合，形不成系统化的制度链条，产生不了综合效应；有的过于笼统、弹性空间大，牛栏关猫，很多腐败问题不仅没有遏制住，反而愈演愈烈。要把反腐倡廉法规制度的笼子扎细扎密扎牢，必须做到前后衔接、左右联动、上下配套、系统集成。"⑤ 对于中国的"政法法学"

---

① 廖奕：《中国特色社会主义法学话语研究反思：以"党内法规"为例》，载《法学家》2018年第5期。
② 姜明安：《习近平依法治党战略思想》，载《人民论坛》2014年第1期。
③ 葛志强：《十八大以来党内法规体系建设的成就、特点及意义》，载《廉政文化研究》2016年第3期。
④ 《全国法治评估报告出炉中共内部法规执行差评多》，http://www.zaobao.com/special/report/politic/cnpol/story20160413-604482
⑤ 习近平：《在十八届中央政治局第二十四次集体学习时的讲话》，载《习近平关于严明党的纪律和规矩论述摘编》，中央文献出版社2016年版，第64页。

而言,近年党内法规的学术话语虽然出现井喷,但法理研究仍很薄弱。[①]"当前,党内法规制度建设理论研究相对薄弱,对党规党纪的历史渊源、地位作用、体例形式、产生程序等均需系统研究、予以确定;有的党规党纪与国家法律交叉重复,有的过于原则、缺乏细节支撑,可操作性不强,亟待完善。要认真总结我们党 90 多年、无产阶级政党 100 多年、世界政党几百年来制度建设的理论和实践成果,联系实际、求真务实,探索适合自己的党内法规制度建设途径。"[②] 一方面,随着党内法规建设在法治顶层设计方案中的地位凸显,专门机构和活动的建制化发展,一直由党建研究主导的党内法规问题开始受到法学界的重视,出现了一批颇有分量的研究成果。[③] 另一方面,以党内法规体系为主题的研究成果只占很小比例,且多系部门法学(主要是宪法学和行政法学)研究者贡献,聚焦于国家法律和党内法规的衔接和协调问题,法理学的整体基础战略研究处于失语和缺席状态。

在以政治家为代表的政党内部治理体系中,党内法规长期是边缘性的可替代话语,当中共由革命党转变为执政党后,党内法规的命运必然与整个国家法治的兴衰息息相关。党内法规概念的勃兴,体系化建设实践话语的提出,也证明了法治意识形态和制度体系的向内深化。理解了特定的话语变迁逻辑,当前学术研究中将党法和国法对立的观点,便很难再有说服力。在执政党与国家治理一体化的政法宪制结构中,党内法规体系化的学术话语应当

---

[①] 在王振民教授看来,以党内法规体系为核心内容的依法执政研究,可以说是"法学乃至整个社会科学发展史上最艰巨、也是最伟大的课题之一"。付子堂教授主张将党内法规纳入法治体系的视野整体研究,这对于法学界尤其是法社会学研究领域,具有十分重要的学术价值和实践意义。(参见王振民:《党内法规制度体系建设的基本理论问题》,载《中国高校社会科学》2013 年第 2 期;付子堂:《法治体系内的党内法规探析》,载《中共中央党校学报》2015 年第 3 期)

[②] 王岐山:《坚持党的领导依规管党治党为全面推进依法治国提供根本保证》,载《人民日报》2014 年 11 月 3 日。

[③] 代表性成果包括:周叶中:《关于中国共产党党内法规建设的思考》,载《法学论坛》2011 年第 4 期;姜明安:《论中国共产党党内法规的性质与作用》,载《北京大学学报(哲学社会科学版)》2012 年第 3 期;王振民:《党内法规制度体系建设的基本理论问题》,载《中国高校社会科学》2013 年第 2 期;付子堂:《法治体系内的党内法规探析》,载《中共中央党校学报》2015 年第 3 期;施新州:《中国共产党党内法规体系的内涵、特征与功能论析》,载《中共中央党校学报》2015 年第 3 期;金成波、张源:《试论党内法规体系的完善》,载《科学社会主义》2015 年第 6 期;强世功:《党章与宪法:多元一体共和国的建构》,载《文化纵横》2015 年第 8 期;《中国法律评论》2016 年第 3 期以"党内法规与国家法律关系的再思考"专题的三篇论文;秦前红、苏绍龙:《党内法规与国家法律衔接和协调的基准与路径》,载《法律科学》2016 年第 5 期;等等。

更注重描述和诠释,而非脱离现实的盲目批判。海外学术话语最大的优点和问题,均源于此。部分学者的实证研究揭示了政党国家的规则运作,但更多的学者出于既定的政治立场,对共产党是否是一个合法合规的政党表示怀疑,对中国法治的真实性和有效性也持有根深蒂固的偏见。

政党的领导者要成为伟大的立法者,第一要务就是创制出能让追随者理性认同并切实遵守和执行的规范体系。而当政党执掌了国家政权,这些内部规范便具有了双重特性,成为连接执政党和国家法的制度桥梁。国家的立法与政党的立规,在过程上呈现互相影响、彼此参照,在冲突互动中不断调试以求和谐的格局。形式上的区别,是正名定分的必要。实质上的合体,则是政治家法理话语实践的根本诉求。

解释政法话语,特别是中国特色的政法话语,不能仅仅从法学家的概念天国出发,采取抽象的形式逻辑方法去归纳、演绎、类比。最好的方式,也是最富挑战性和操作难度的方式,应当是将不同时期、环境、背景下的不同人物、党派、学说的话语表达置于当时的语境,结合总的历史条件加以主客观均衡化的解释。

党内法规,系政党规范之主干和基体,为维系内部一体化之法秩序而设定的一系列具有强制力保障的制度规范。党内法规虽在效力范围上仅及于政党内部的组织和成员,但其功能涵盖政党的设立和运行的各个环节,当然也包括对政党与外部政治实体及社会各团体关系之调节。党内法规是政党法的渊源,属于政治团体自治法的典型形态。对作为法治体系构件的党内法规,要形成内部要素及外在形式相互关联、彼此契合组构而成的统一整体,需要长期的实践过程。

党的十八大以来,中国共产党的执政方略进一步凸显"全面深化型法治"的重要性,提出了"依法治国、依法执政、依法行政共同推进、法治国家、法治政府、法治社会一体建设"的总体推进战略。以党内法规体系建设为主要抓手的依法执政工程,成为整个社会主义法治体系建设的灵魂构架,事关全面依法治国事业的兴衰成败。从法理上讲,党的依法执政包含两层内涵:首先是要依党规治党管党,在此前提下进而依照国家的宪法和法律领导各项事业的开展。正是在这样的法治战略思路的指引下,习近平总书记和其他中央领导同志才特别重视党内法规的先导性、基础性功能,反复强调党规党纪要严于国法。

　　与以往的法治方案相比,党的十八大以来的战略更为注重以问题为导向的治理逻辑,更为注重区分法治建设任务的主次和顺序,更为注重将任务细化为宏观目标系统下的微观操作细则,并在实践中逐一督促落实。在依法执政、依法行政、依法治国并举的战略议程中,2017年是第一个关键节点,在这一年,要完成党内法规体系基本形成的战略目标。2020年是第二个战略节点,要实现法治政府基本建成的目标,与此同时,比较完善的党内法规体系正式形成。2050年是第三个战略节点,社会主义法治国家基本建成,党内法规体系与国家法律体系有机整合为完善的社会主义法治体系。由此看来,党内法规体系建设的任务前所未有的紧迫,已开始进入倒计时阶段。

　　不同于少数学者的乐观主义评价,中央对党内法规体系建设的艰巨性有精准预判和充分准备。完成党内法规建设的预期目标,并无实质性障碍。在党的十九大上,党章作出修改,新的纪律检查和监察体制正式确立,一系列党内法规变动。党内法规体系建设在未来的若干年内,还有大量的工作要完成。

# 第 六 章
# 中国特色社会主义法治道路的指导思想

　　法治道路建设的指导思想是集中体现国家意志、人民意志和执政意志的根本思想原则、理论基础和行动指南。我国已通过宪法这一根本法的形式确认了党的指导思想为国家的指导思想和宪法的指导思想。[①] 根据法治发展的实际，必须坚持当代中国的马克思主义在中国特色社会主义法治道路建设实践中的根本指导地位。而习近平法治思想是当代中国马克思主义法治思想和21世界马克思主义法治思想，是法治中国道路建设的根本遵循。

## 第一节　当代中国的马克思主义法学与法治道路

　　马克思主义法学是马克思主义在法律领域的理论形态，是对法律发展规律的历史把握，是对法律发展时代主题的科学回答，是中国特色社会主义法治道路的理论渊源。马克思主义法学包括理论和实践两个维度：在理论维度上，马克思主义法学揭示了人类社会法律发展的基本规律，把法律牢固地建立在经济基础之上。在实践维度上，马克思主义法学科学地回答了时代的基本法律问题，为法律实践提供了行动指南。

---

[①]　《宪法学》编写组：《宪法学》，高等教育出版社、人民出版社2011年版，第83—84页。

## 一、马克思主义法学与法治道路

马克思主义法学是规律性、目的性和制度性相结合的科学理论体系。这一科学理论体系成为全面认识和科学把握阶级国家与多元社会、经济落后国家与先进法律制度、法治世界与法治中国、法治与人治、依法治国与党的领导、以人为本与法治保障、全面推进依法治国与中华民族伟大复兴等一系列具有根本性的复杂关系的指导思想和行动指南。

### (一) 规律性与法治道路

在马克思主义法学以前,法律要么被认为是神的造物,要么被认为是统治阶级的意志,要么被认为是人性的表现,要么被认为是法学家的创造。这些都建立在唯心主义的唯意志论基础之上的理论,不能揭示法律的存在根据,不能正确地反映法律与社会发展之间的关系,不能把握法律发展的基本规律,不能保障最广大人民的根本利益,不能促进人的全面发展。恩格斯指出,在马克思以前所有的历史观都认为一切历史变动的最终原因应当到人们变动的思想中去寻求。[①] 正是由于马克思主义以前的法律意识形态颠倒了法律意识与社会存在的关系,它们也就只能从上帝的冥想和抽象的人性去寻找法律存在的根据和法律发展的动因。而建立在唯心主义唯意志论基础上的剥削阶级的法律与社会存在之间的虚假关系只能通过暴力、压制和欺骗才能维持。虚假的法律关系不仅不能正确反映人类的社会关系,而且还会成为人类社会发展的桎梏。

马克思主义法学是建立在正确认识思维与存在、意识与物质的唯物辩证关系基础之上的科学理论体系,是把被剥削阶级颠倒了的法律关系再颠倒过来建立的法学理论体系。社会存在最基本的方式是生产方式,法律是建立在生产方式基础上的上层建筑。[②] 只有在物质生活的生产关系中才能找到法律存在的根据,把握法律发展的规律。

揭示法律的存在根据源于物质的生产方式并不否定法律意识在促进法律发展中的能动作用,相反,马克思主义法学承认法律意识对于法律发展具有

---

[①] 《马克思恩格斯选集》第3卷,人民出版社1995年版,第334页。
[②] 《马克思恩格斯选集》第2卷,人民出版社1995年版,第32页。

能动作用。① 马克思主义法学所批判的是马克思主义以前的法律意识形态对法律意识与经济基础之间关系的颠倒，但并不否定法律意识在法律发展过程中的能动作用。只有立足于社会现实的法治道路才会有坚实的物质生活基础和正确的发展方向，只有充分尊重和准确反映自然社会和人类发展客观规律的法治道路，才能引领法治实践沿着正确航向前行。

法律以追求正义为目标，但正义的标准不是神秘的宗教信仰，不是抽象的道德信条，也不是抽象的人性，而是与物质的生产方式相一致的法律制度。法律的正当标准是正义，正义以生产方式为尺度。② 马克思主义给正义赋予了新的科学内涵和判断标准，使法律正义建立在唯物辩证主义的基础之上。这正是我国为何要求法治发展与中国社会发展实际相适应的根本原因所在。

### （二）目的性与法治道路

马克思主义的根本价值在实现人的全面发展。推翻资产阶级政权，实现无产阶级的解放，建立共产主义社会，为人的全面发展提供条件是马克思主义的终极目标。③ 马克思主义的这一论断是对人类发展规律的科学总结，是源于对宗教的批判、对抽象人性论的否定和对资产阶级生产方式固有的不可调和的矛盾的揭露所得出的科学结论。

第一，马克思主义通过对宗教的批判确立了人是人的最高本质的本体论。马克思认为对宗教的批判最后归结为人是人的最高本质。④ 人不是宗教的造物，相反，宗教是人的造物。⑤ 对宗教的批判的目的就是对法的批判。⑥ 黑格尔的哲学和法哲学代表了对宗教和主观唯心主义法律观念的理论良心，⑦ 确立了人是人自身的本质这一根本观念，其表明"人的自由发展"的第一步就是要把人从宗教的桎梏中解放出来，使人回归于人。

第二，马克思主义通过对抽象人性论的批判确立了人的现实性和总体

---

① 《马克思恩格斯选集》第 3 卷，人民出版社 2012 年版，第 261 页。
② 《马克思恩格斯全集》第 25 卷上，人民出版社 1995 年版，第 379 页。
③ 《马克思恩格斯选集》第 1 卷，人民出版社 2012 年版，第 422 页。
④ 《马克思恩格斯选集》第 1 卷，人民出版社 2012 年版，第 10 页。
⑤ 《马克思恩格斯选集》第 1 卷，人民出版社 2012 年版，第 1 页。
⑥ 《马克思恩格斯选集》第 1 卷，人民出版社 2012 年版，第 2 页。
⑦ 《马克思恩格斯选集》第 1 卷，人民出版社 2012 年版，第 9 页。

性。黑格尔运用客观唯心主义的方法论对宗教和建立在宗教基础之上的法哲学进行了批判，论证了"人是人的最高本质"这一学说。但黑格尔的客观唯心主义又使人落入意志和精神的新宗教之中，意识决定存在，人的世界仍然是一个颠倒了的世界。① 费尔巴哈运用机械唯物主义和形而上学唯物主义对宗教和黑格尔的哲学进行了批判。但他首先把每个人看成直观的存在，再把一切人看成每个直观存在的个人的"类"。这就使得他对客观唯心主义批判在两个方面都不能正确理解"人是人的最高本质"这一理论。一方面，他把每个人看成直观的独立的个人，"仅仅把理论的活动看做是真正人的活动"，② 从而脱离了"全部社会生活在本质上是实践的"③ 这一客观事实。另一方面，他把一切人看成每个直观存在的个人的"类"，也就使得一切人成为每个直观的个人的简单相加。④ 个人分析上的形而上学唯物主义和人的"类"的分析上的机械唯物主义使得费尔巴哈看不清每个人与一切人之间的关系。他把个人看成一种形而上学的存在，又把个人与一切人的关系看成简单的机械关系，是对个人和一切人的关系的错误解释。马克思主义认为，每个人是通过实践的对象化与一切人建立真实关系的，实践关系是个人与一切人建立真实关系的唯一途径。

第三，马克思主义通过对资产阶级生产方式的批判，发现必须改变资产阶级的生产方式才能为人的自由发展提供社会条件。对人类历史的研究必须以个人的肉体的存在为前提条件。⑤ 劳动作为个人维护自身生存的手段建立了与他人的联系，从而与其他动物区分开来。因此，"劳动的对象是人的类生活的对象化"⑥。人的类生活的对象化才是人的本质。通过人的类生活的对象化，人建立了人的真实关系。然而，由于财产私有制度，劳动者的劳动和生产的财富被剥削阶级所占有，从而出现了人对人的异化、人自身劳动的异化、人的产品的异化、人的制度的异化，⑦ 从而剥夺了"每个人自由发

---

① 《马克思恩格斯选集》第 1 卷，人民出版社 2012 年版，第 1 页。
② 《马克思恩格斯选集》第 1 卷，人民出版社 2012 年版，第 133 页。
③ 《马克思恩格斯选集》第 1 卷，人民出版社 2012 年版，第 135 页。
④ 《马克思恩格斯选集》第 1 卷，人民出版社 2012 年版，第 135 页。
⑤ 《马克思恩格斯选集》第 3 卷，人民出版社 2012 年版，第 723 页。
⑥ 《马克思恩格斯选集》第 1 卷，人民出版社 2012 年版，第 57 页。
⑦ 《马克思恩格斯选集》第 1 卷，人民出版社 2012 年版，第 57—63 页。

展"的机会和"一切人自由发展"的前提条件,也切断"每个人的自由发展"与"一切人自由发展"的必然联系。资产阶级的现代大生产为"每个人的自由发展"准备了物质条件,但资产阶级的生产关系阻碍了"每个人的自由发展"与"一切人的自由发展"的必然联系。因此,必须首先推翻资产阶级的财产私有制,把每个人从异化中解放出来。在此基础上,建立社会主义制度,使得"每个人的自由发展"成为"一切人的自由发展"的条件,最终实现人的全面发展。这正是中国特色社会主义必须始终坚持"以人为本"根本原则,在社会主义初级阶段必须始终坚持"以人民为主体"的根本原因。中国特色社会主义法治道路如果偏离了这一终极目标就会走向改旗易帜的邪路。

(三)制度性与法治道路

马克思主义的终极目的是使人类得到自由发展。但资产阶级制度阻碍了人的自由发展,因此,必须首先推翻资产阶级制度,建立无产阶级专政的政权,通过法律形式将无产阶级的利益上升为统治阶级的利益,为无产阶级的解放提供政治条件和法律条件,才能为人类的解放和人的自由发展奠定政治基础和法律基础。

马克思主义法学认为,国家和法律是建立在所有制基础之上的上层建筑,而所有制是生产方式的制度形态。在原始社会,生产力极为落后,人们共同劳动,共同占有劳动产品,并按照共同体的要求管理和分配劳动产品,不存在一部分人劳动,一部分人占有产品的私有制形式。到了奴隶社会和封建社会,生产力得到了一定程度的发展,劳动产品有了剩余,面对剩余产品,一方面,少数人通过私有制垄断了生产资料,迫使大多数人从事生产劳动,少数人占有劳动成果,多数人只获得最低限度的维持生存的生活资料;另一方面,少数人通过法律将自己的特权上升为全社会的共同利益,并通过国家暴力维护和巩固私有制的垄断地位,迫使多数人从事生产劳动,以"合法"形式占有和分配劳动成果。恩格斯认为:"至今的全部历史都是在阶级对立和阶级斗争中发展的。"[1] 按照马克思主义历史唯物主义的观点,奴隶社会和封建社会的私有制的根据主要是生产力落后的产物,其存在有其

---

[1] 《马克思恩格斯选集》第3卷,人民出版社2012年版,第724页。

历史的必然性。

然而，在资产阶级社会，生产力已经获得巨大发展，而资产阶级仍然以平等、权利、公平、正义等虚伪的言辞维护着生产资料的资产阶级私有制。马克思、恩格斯认为，在奴隶社会和封建社会，存在着简单的商品生产关系，为适应简单的商品生产活动，出现了私法。尽管私法得到一定程度的发展，但工业和商业发展缓慢，整个社会的生产方式没有改变，私法仍然是奴隶社会和封建社会私有制的补充，商品生产者是作为一个等级，而不是一个阶级存在的，他们对奴隶社会和封建社会还没有产生决定性作用。随着工业和商业的发展，资产阶级力量壮大起来。一方面，工业和商业的发展瓦解了封建社会的生产关系，私法发展进入到一个崭新的阶段，巩固了资产阶级的生产关系。另一方面，资产阶级力量的壮大通过政权形式巩固了资产阶级的统治。这样一来，资产阶级就不是作为封建社会的一个等级存在，而是作为一个阶级存在；不是作为一个地域性组织存在，而是作为一个普遍性的阶级获得了国家政权形式。[①] 当资产阶级取得了国家政权以后，他们不仅通过国家政权维护资产阶级的私有制，而且通过资产阶级的法律体系进一步巩固了对无产阶级的统治和剥削。

现代资本主义的生产方式是资产阶级私有制的基础，资本主义的法律制度是建立在资产阶级私有制基础之上的制度。[②] 对于无产阶级而言，表面看起来他们可以依据法律的规定"自由出卖"自己的劳动力，但实际上，在资产阶级私有制条件下，他们不得不出卖自己的劳动力以换取生活资料，继续受资本家的剥削。[③] 尽管资产阶级法权以正义的面目出现，但它无法掩盖资产阶级通过雇佣劳动剥夺无产阶级生产的剩余价值的实质。资产阶级私有制乃是以无偿剥夺无产阶级生产的剩余价值为基础的剥削制度。

资产阶级落后的生产关系阻碍了现代生产力的发展，代表先进生产力发展的无产阶级第一次走上了历史舞台。无产阶级必须推翻资产阶级的统治才能解放生产力，解放自己，并为人类的解放和自由发展提供物质和制度条

---

[①]《马克思恩格斯选集》第1卷，人民出版社2012年版，第212—213页。
[②]《马克思恩格斯选集》第3卷，人民出版社2012年版，第725页。
[③]《马克思恩格斯选集》第3卷，人民出版社2012年版，第726页。

件。① 就法治结构而言,无产阶级只有通过革命取得国家政权,并通过无产阶级专政的国家政权废除资产阶级的法权,才能根据生产力的发展和无产阶级的需要建立社会主义的法律制度。

首先,社会主义的法律制度必须遵循物质生产方式的发展规律,适应物质生产方式发展的需要,这是马克思主义法学科学性的基础。物质生产方式决定法律的内容和形式,社会主义法律的科学性是建立在对物质生产方式的适应性之上的。因此,在无产阶级领导的政权里,法律首先必须遵循物质生产方式的发展规律,满足物质生产的需要。② 只有建立在遵循物质生产方式的发展规律,满足物质生产方式的需要基础上的社会主义法律制度才能促进物质生产的发展,才能为"每个人的自由发展"和"一切人的自由发展"创造物质条件。这也是中国特色社会主义法治体系为何要以经济建设为中心,并突出科学立法的理论根据。

其次,社会主义的法律制度必须以"一切人的自由发展"为终极目标。这是马克思主义法学正义性的基础。物质的生产活动不是社会主义的终极目的,而是满足人们日益丰富的需要的物质条件。社会主义法治的目的就是要促进人的自由发展。③ 奴隶制度、封建制度和资产阶级制度都是通过少数人对多数人的剥削使少数人获得自由、而剥削和压迫多数人的非正义的制度。他们以法律的形式宣称这种制度的正义性和神圣性,并通过这种法律制度维护他们剥削的权力和统治地位。社会主义制度的终极目的是"一切人的自由发展",但"一切人的自由发展"的实现是一个长期的历史发展过程,需要经过不同的发展阶段。在社会主义初级阶段,由于物质财富仍然难以极大丰富,"一切人的自由发展"的物质条件还不充分。因此,中国特色社会主义法律制度必须坚持创新、协调、绿色、开放、共享的新发展理念,努力为"每个人的自由发展"提供制度条件,并始终以人民为主体。社会主义初级阶段的法治道路只有坚持以人民为中心的发展才具有正义性。

再次,社会主义的法律制度以人民性为根本特征。一切剥削阶级的法律制度都是少数人剥削和压迫多数人的工具。从法律的形成角度来看,法律是

---

① 《马克思恩格斯选集》第 3 卷,人民出版社 2012 年版,第 724 页。
② 《马克思恩格斯全集》第 6 卷,人民出版社 1996 年版,第 292 页。
③ 《马克思恩格斯全集》第 1 卷,人民出版社 1996 年版,第 176 页。

一定物质生产方式决定的经济利益和交往活动的制度化表现,"是事物的法理本质的普遍和真正的表达者"[①]。离开了物质的生产方式,法律就成为纯粹的意识形态的存在。从法律的制定角度来看,由于剥削阶级通过政治统治权掌握了法律制定权,他们所制定的法律只是以社会的名义维护剥削阶级的特殊利益,绝不可能代表绝大多数人的利益。马克思认为,剥削阶级的法权代表的"不是法的人类内容,而是法的动物形式"[②]。它"在实质上是把穷人当做犯人,当做不受法律保护的、丧失人类尊严的、讨厌的、令人憎恶的对象"[③]。无产阶级之所以要推翻资产阶级制度,建立社会主义制度,废除资产阶级法权,建立社会主义的法律制度,就是要维护最广大人民的根本利益,建立人民当家主的民主制度。马克思认为:"在民主制中,不是人为法律而存在,而是法律为人而存在;在这里人的存在就是法律,而在国家制度的其他形式中,人却是法律规定的存在。"[④] 只有推翻了资产阶级的统治,建立了社会主义制度的前提下,人民才能通过法律的形式将自己的利益上升为国家利益,将自己的意志上升为国家意志,从而为人的全面发展提供制度条件。

## 二、马克思主义法学的时代主题与法治道路

马克思主义法学是科学的理论体系,揭示了法学发展的一般规律和普遍原理,是社会主义法律发展的指导思想和行动指南。但各国在建设社会主义法律制度时,都会遇到必须解决的重大理论问题和现实问题,这些重大理论问题和现实问题构成时代的主题。对于列宁来说,时代的主题是如何通过先进的社会主义制度促进生产力的发展。对于毛泽东来说,时代的主题是如何解决一个具有五千年文化传统的中国建设社会主义制度的继承性和现代性问题。对于邓小平来说,时代的主题是在一个经济落后的国家如何建设社会主义和怎样建设社会主义的问题。对于江泽民来说,时代的主题是在建设中国特色社会主义市场经济体制过程中如何坚持和完善党的领导的问题。对于胡

---

① 《马克思恩格斯全集》第1卷,人民出版社1995年版,第224页。
② 《马克思恩格斯全集》第1卷,人民出版社1995年版,第249页。
③ 《马克思恩格斯文集》第1卷,人民出版社2009年版,第488页。
④ 《马克思恩格斯全集》第3卷,人民出版社2002年版,第40页。

锦涛来说，时代的主题是如何解决中国特色社会主义实践过程中的科学发展问题。对于习近平来说，时代的主题是如何实现中华民族伟大复兴的中国梦。时代的主题都是把马克思主义的一般原理与中国特色社会主义的具体实际相结合的产物。每一个时代的法学主题和法治主题都以时代的主题为基础，并以时代的主题为逻辑起点构建符合时代特征、彰显时代价值的法学理论体系和导引法治的实践构建。

### （一）后发国家与法治道路

按照马克思主义的创始人的设想，共产主义是一个历史发展过程，只有在资产阶级的生产力发展到发达的最后阶段，并且资产阶级的生产关系完全不能适应生产力的条件下，无产阶级领导的社会革命的条件才会成熟，无产阶级专政的政权才能建立，世界的无产者才能联合起来组成一个自由人的联合体。[①] 马克思明确地指出得出这种"历史必然性"结论的研究对象限于西欧各国的范围。[②] 对于像俄国这样广泛存在农村公社的国家是否能跨越发达的资本主义阶段而直接进入社会主义阶段的问题，他们则没有运用历史必然性进行解释，而是运用历史可能性进行解释的。[③] 他认为，由于农村公社具有二重性的特点，也就存在两种可能性。[④] 关于俄国是否具备进行社会革命和建立无产阶级专政国家的经济条件，马克思并没有提供现成的答案。

列宁的创造性贡献最为突出的是"一国革命胜利论""新经济政策"和社会主义法制论。这三种理论都是为了解决经济落后国家如何建立社会主义制度以及如何建设社会主义制度这一根本问题的。尽管马克思和恩格斯也关注到俄国的情况，但由于他们的研究对象主要是西欧，对于俄国是否具备社会革命的经济条件以及俄国的农村公社是否能成功转化为建设社会主义的经济力量，答案则是或然的。列宁对资本主义国家之间的关系进行了研究，得出了社会主义可能在少数国家或一国首先胜利的结论。[⑤] 当俄国建立了第一个社会主义国家以后，如何保卫新生的社会主义国家政权是列宁时期面临的

---

[①] 《马克思恩格斯选集》第 1 卷，人民出版社 2012 年版，第 422、435 页。
[②] 《马克思恩格斯选集》第 3 卷，人民出版社 2012 年版，第 820 页。
[③] 《马克思恩格斯选集》第 3 卷，人民出版社 2012 年版，第 825 页。
[④] 《马克思恩格斯选集》第 3 卷，人民出版社 2012 年版，第 840 页。
[⑤] 《列宁选集》第 2 卷，人民出版社 2012 年版，第 554 页。

首要任务。为战胜国内外敌对势力的疯狂进攻和破坏，新生政权建立之初不得不实行战时共产主义政策。战时共产主义政策保卫了新生政权，但也造成极端贫困下的严重社会矛盾，尤其是农民阶级动摇，有从无产阶级阵营倒向资产阶级阵营的现实危险。在此条件下，国家不得不采取特殊的过渡政策，即新经济政策。新经济政策不仅是一个涉及工农联盟的政治问题，也是一个涉及落后国家如何建设社会主义的经济理论问题。[1] 他认为，在俄国这样的国家里实行社会主义需要具备两个条件才能获得胜利。一是得到一个或者几个先进国家的社会主义革命的支援，另一个是与大多数农民之间达成妥协。[2] 列宁在这里主要是从政治角度进行的理论解释，实际上，俄国生产力的落后才是根本原因。尽管在经济落后国家可以利用资本主义国家发展不平衡的矛盾，穿过资本主义政治制度的卡夫丁峡谷，取得社会主义革命的胜利，但要在生产力极为落后的条件下，穿过资本主义经济制度的卡夫丁峡谷建设社会主义，则是一个极为困难的难题。因此，必须在坚持无产阶级专政的条件下，实行国家资本主义的经济制度。

由于列宁时代的政治制度和经济制度的关系不是一种理想的类型，在执行新经济政策过程中，也就容易出现思想混乱和行动失措现象。思想混乱和行动失措有的是由于认识不够的原因造成的，有的则是旧势力恶意利用的结果。认识问题主要依靠说服教育途径解决，[3] 旧势力的恶意利用则必须通过法律方式进行打击和惩处。列宁的法制思想始终是围绕无产阶级革命、保卫新生的无产级政权和适应新经济政策这些重大问题展开的。

首先，必须建立无产阶级专政的政权。针对各种各样的机会主义和无政府主义对马克思主义国家学说的歪曲和误解，列宁进行了逐一反驳，重申了马克思主义的国家学说。他认为，无产阶级必须打碎旧的国家机器，建立无产阶级专政的国家，并通过无产阶级专政的国家对社会的基础进行改造，直到共产主义实现，国家才会自动消亡。[4] 因此，法律的首要任务是保卫和巩固新生的无产阶级政权。

---

[1] 《列宁选集》第 4 卷，人民出版社 2012 年版，第 444—445 页。
[2] 《列宁选集》第 4 卷，人民出版社 2012 年版，第 445 页。
[3] 《列宁选集》第 4 卷，人民出版社 2012 年版，第 572—592 页。
[4] 《列宁选集》第 3 卷，人民出版社 2012 年版，第 220 页。

其次，在战时共产主义政策时期，苏维埃政权主要依靠军事方式和肃反方式打退国内外敌人的进攻和破坏。但当国内外敌人不是以战争和大规模有组织的破坏方式进行时，依靠法律方式就比依靠军事方式和肃反方式更能打击分散的敌人的破坏，更能揭露敌对势力的阴谋，更能教育广大人民，并经最大了能减少对无辜者的伤害。在实行新经济政策以后，惩治政治敌人和资产阶级代理人的任务就转到了国家法制机关。[1] 国家法制机关必须适应这种转变。但实行新经济政策以后，列宁发现国家法制机关并没有认识到自己所肩负的历史使命，也没有认识到国家任务的变化。为了增强国家法制机关的历史使命感，适应国家政治任务的转变，提高法制机关的威信，列宁在逝世前不久，提出了把国家法制机关与党的监察机关进行灵活结合的构想。[2] 他认为这种结合能够提高国家法制机关对政策的理解程度，提高国家法制机关严格按照规定办事的质量。

再次，苏维埃政权必须废除被推翻的政府的法制机关和法律，建立劳动者的法庭。列宁认为，资本主义国家的法权是上升为国家意志的资产阶级的法权，它从根本上否定被剥削的劳动人民的利益和意志。因此，必须废除资产阶级的法权，建立保护劳动人民的法律制度和法庭。[3] 必须"实行无产阶级的意志，运用无产阶级的法令，在没有相应的法令或法令不完备时，要摒弃已被推翻的政府的法律，而遵循社会主义的法律意识"[4]。列宁认为，资本主义国家的民法是用来保护资产阶级私人所有制和剥削劳动人民的法律制度。因此，必须废除资产阶级的民法概念，制定新的民法，把革命的法律意识运用到民事法律关系上去，将经济领域的一切都纳入公法范畴。[5] 列宁认为，实施新经济政策是在经济落后条件下建设社会主义的过渡措施，但在执行新经济政策过程中，既存在认识错误，也存在滥用新经济政策的现象，而且认识错误和滥用现象严重威胁到新经济政策的贯彻落实。认识错误问题应通过政治思想工作解决，但滥用新经济政策则必须运用法律手段进行坚决的

---

[1] 《列宁选集》第 4 卷，人民出版社 2012 年版，第 631 页。
[2] 《列宁选集》第 4 卷，人民出版社 2012 年版，第 780 页。
[3] 《列宁选集》第 3 卷，人民出版社 2012 年版，第 386—388 页。
[4] 《列宁选集》第 3 卷，人民出版社 2012 年版，第 743 页。
[5] 《列宁选集》第 4 卷，人民出版社 2012 年版，第 633—634 页。

斗争。他认为，必须对滥用新经济政策的行为进行示范性审判，发挥审判的教育意义。特别是如果共产党员滥用新经济政策，则社会危害更大，因此，对共产党员的惩办要比非党员加倍严厉。[①] 列宁法制思想的时代主题，不仅是为了正确贯彻新经济政策，更是为了建设和巩固新生的社会主义制度。

列宁从国家法制机关的任务、国家法制机关的组织，国家法制机关与党的监察机关的关系、法制建设、法律运用和法律适用的方法等方面对法制的时代主题进行了系统阐述，为保卫新生政权、完成社会主义建设的任务做出了巨大贡献。由于俄国是在一个经济、政治、文化极为落后的国家建立和建设世界上第一个社会主义国家的，虽然他所选择的法制道路无疑是正确的，但由于苏俄的社会主义制度是一个新生事物，加之形势复杂多变，列宁时代的法制建设也留下了许多需要反思的法律问题。

### （二）古今中外与法治道路

以毛泽东为主要代表的中国共产党人经历了新民主主义革命时期、社会主义革命时期和社会主义建设时期三个阶段，每一个时期的历史任务不同，法制的地位和作用也不相同。但寻求的都是古今中外网络结构中中国问题的解决之道。处在古今中外网络结构中的时代主题既受到积极方面的影响，也受到消极方面的制约。由于三个时期的时代主题不同，对有效国家和正义国家的追求存在阶段性的差异，法治的地位和作用也存在阶段性的差异。新民主主义革命时期的主要任务是争取独立和民主。[②] 社会主义革命时期的主要任务是通过宪法确立民主原则和社会主义原则。社会主义建设时期的主要任务是确立社会主义法制的基本原则。

毛泽东的法制思想是对马克思主义法学的创造性发展，为中国特色社会主义法治理论指明了方向。毛泽东时期的法制建设取得了巨大成就，为法治中国建设奠定了基础。但毛泽东时期的法制指导思想也出现过严重失误，法制建设也遭受过严重挫折，特别是由于领导人错误地估计了形势，"文化大革命"时期使用革命的手段进行斗争，社会主义法制被破坏，法制建设被中断，留下了惨痛的历史教训。

---

[①] 《列宁选集》第4卷，人民出版社2012年版，第632—634页。
[②] 《毛泽东选集》第二卷，人民出版社1991年版，第731页。

自鸦片战争以来，中国逐步沦为一个半封建、半殖民地国家，新民主主义革命的主要任务是推翻封建统治、打倒帝国主义，建立一个民主和独立的民主共和国。土地革命时期，推翻封建统治是新民主主义革命的主要任务。法制建设的任务以马克思列宁主义为指导，在革命根据地推翻封建统治，摧毁封建主义的法制，建立无产阶级领导的劳动人民的政权和新型的法制。中国共产党在革命根据地建立和苏区得到一定发展后，首先摧毁了封建主义的法制，建立了劳动人民的法制，巩固了革命根据地的新生政权，打击了封建势力，保护了劳动人民的权利。土地革命时期的法制思想围绕"破"与"立"展开，"破"的是封建的法制，"立"的是劳动人民的法制。

抗日战争时期，帝国主义和中国之间的矛盾、封建制度和人民大众之间的矛盾在主次上发生了转变。"由于中日矛盾成为主要的矛盾、国内矛盾降到次要和服从的地位"，① 为了团结一切可能团结的力量打败日本帝国主义的侵略，取得抗日战争的胜利，中国共产党根据形势调整了法律策略，放弃了通过暴力方式没收地主土地的政策，转为"用立法和别的适当方法去解决土地问题"②。抗日战争时期法制的指导思想是"废除一切束缚人民爱国运动的旧法令，颁布革命的新法令"③。针对抗日战争时期在执行新的法律政策时少数人产生的认识错误，毛泽东同志在《新民主主义的宪政》的演说中再次阐述了新民主主义宪政的本质和中国特色，④ 指明了中国革命的前途，法制革命和法制建设的方向。

解放战争时期的主要任务是推翻国民党的反动统治，建立工人阶级领导的人民共和国。⑤ 经过工人阶级领导的人民共和国，既不同于资产阶级共和国，⑥ 也不同于苏联的无产阶级专政，⑦ 而是人民民主专政的国家。⑧ 以此为指导思想，各解放区根据实际废除了国民党政权的法制，着手建立代表广大

---

① 《毛泽东选集》第一卷，人民出版社1991年版，第252页。
② 《毛泽东选集》第一卷，人民出版社1991年版，第260页。
③ 《毛泽东选集》第二卷，人民出版社1991年版，第355页。
④ 《毛泽东选集》第二卷，人民出版社1991年版，第731—739页。
⑤ 《毛泽东选集》第四卷，人民出版社1991年版，第1471页。
⑥ 《毛泽东选集》第四卷，人民出版社1991年版，第1471页。
⑦ 《毛泽东选集》第二卷，人民出版社1991年版，第732页。
⑧ 《毛泽东选集》第四卷，人民出版社1991年版，第1472页。

人民群众利益的新法制，至1949年2月22日，中国共产党废除了国民党的《六法全书》，确立了人民司法的原则。

社会主义革命时期的主要任务是实现社会主义改造，为建设社会主义国家奠定基础。以马克思列宁主义、毛泽东思想为指导建立人民司法制度。随着社会主义改造的深入，社会主义的经济成分处于主导地位，我国制定了社会主义宪法（简称"五四宪法"）。尽管"五四宪法"确认社会主义革命时期中国仍然处于新民主主义阶段，但明确指出这只是一个为过渡到社会主义社会的准备阶段。"五四宪法"的根本原则是民主原则和社会主义原则。除通过革命手段和运动方式进行社会主义改造外，社会主义改造时期总体上坚持了社会主义法制原则。

社会主义建设时期的主要任务是解决人民对于经济文化迅速发展的需要同当前经济文化不能满足人民需要状况之间的矛盾。国家中心任务的转变需要改变以前的斗争方法，采用法律方法，制定比较完备的法律，健全国家的法制。[1] 但当时的法制状态远远不能满足社会主义建设的需要：一是没有形成完备的法律体系，无法可依；二是已有的法律也不能得到很好的遵循。为此，董必武同志在作《进一步加强人民民主法制，保障社会主义建设事业》的报告中明确提出"依法办事"的总原则。他认为，"依法办事"首先要制定几种主要的和必要的法律，做到"有法可依"。由于受到革命时期斗争思维和运动思维的影响，已有的法律并没有得到很好的遵循，为此董必武同志提出了"依法办事"的要求，从而确立了社会主义建设初期法制建设的基本原则。八大报告明确提出了逐步系统地制定完备的法律，健全社会主义法制的要求。[2] 自此，以"依法办事"为总要求的"有法可依、有法必依"原则就成为社会主义法制建设的基本原则。

在提出社会主义法制原则以后，社会主义法制体系并没有建立起来，实践中就出现了依政策办事和依法办事的选择问题。这一问题本来可以通过学术讨论在理论上予以澄清，通过法制实践不断改进。但由于"左"倾思想不断上升，一个法制实践问题转化为关于"人治"与"法治"的意识形态

---

[1] 《刘少奇选集》（下卷），人民出版社1985年版，第253页。

[2] 姜华宣、张蔚萍、肖甡主编：《中国共产党重要会议纪事（1921—2006）》（增订本），中央文献出版社2006年版，第258页。

争论,最终转化为将"依法办事"与"党的领导"对立起来的政治问题,结果是极左路线压倒了法制建设,法律虚无主义盛行。[①] 社会主义法制建设处于停滞状态,八大确立的社会主义法制原则被抛弃。"文革"时期则通过"砸烂公、检、法"的方式闹革命,出现了无法无天的混乱状态,给党、国家和各族人民带来了深重灾难。

改革开放以前,党领导人民进行法制建设的指导思想和法制实践总体来讲是积极进步的:人民民主专政的政治前提和基础没变,人民当家作主的方向没变,党的领导没变,社会主义制度的基本原则没变。指导思想上出现的问题,既有路径依赖问题,也有极左路线的根源,但根本原因是处在古今中外交叉路口的新中国还没有完全把握法制发展的基本规律,还没有完全驾驭法制建设的能力。无论是社会主义法制建设取得的成就,还是社会主义法制建设遭受的严重挫折,都为坚持中国特色社会主义法治道路提供宝贵经验和深刻教训。

### (三)民主法制与法治道路

毛泽东时期解决了社会主义法制的经济基础、政治基础、宪法基础、基本原则和发展方向问题。也就是说,毛泽东时期解决了社会主义法制的决定论问题和总体论问题,但没有很好解决社会主义法制的结构论和方法论问题。

从决定论角度考察,毛泽东时期以马克思列宁主义为指导。经过新民主主义革命,推翻了封建统治和帝国主义的压迫,解放了生产力;经过社会主义改造,建立了社会主义的经济基础;建立了新中国,确立了人民民主专政的政治制度,为社会主义法制建设奠定了政治基础;通过制定宪法,确认了人民民主的事实,确立了社会主义法制建设的基本原则和基本制度。

但由于新生政权建立不久,民主和法制建设的经验不足,特别是在极左思想的支配下,以致把党的领导与"依法办事"对立起来、把民主建设和法制建设对立起来、把依政策办事与依法律办事对立起来、把依靠法制机关执法与依靠人民群众办事对立起来,最终演化为法律虚无主义。在"文革"期间,踢开党委闹革命,普遍采用"大鸣、大放、大字报"等极端民粹主

---

[①] 李龙主编:《新中国法制建设的回顾与反思》,中国社会科学出版社 2004 年版,第 52—68 页。

义的方式和群众斗争的政治运动方式解决人民内部矛盾，使整个国家和社会脱离了民主和法制的轨道，陷入无法无天的动乱境地。

民主和独立问题是我国新民主主义革命时期的两个基本问题，中华人民共和国建立以后，独立问题已经基本得到解决，民主和法制问题上升为主要的政治问题。我国的民主制度既不同于西方资产阶级的民主制度，也不通过我国近代以来的资产阶级民主制度，还不同于苏俄的无产阶级专政的民主制度，而是人民民主专政的民主制度，即人民当家作主的新型社会主义民主制度。我国的社会主义法制是以中国新民主革命、社会主义革命和社会主义建设各个阶段形成的法律为基础的社会主义法制。

民主是一个极为复杂的政治制度，存在不同的类型。按照民主的实质进行分类，可以分为自由主义和共和主义的资产阶级民主制度，无产阶级专政和人民民主专政的社会主义民主制度。按照民主的形式进行分类，可以分为直接民主和间接民主制度。按照民主的组织形式进行分类，可以分为权力分立行使和权力统一行使的民主组织类型。按照民主的运行原则进行分类，可以分为简单多数的民主制原则和民主集中制原则。我国实行人民民主专政的社会主义民主制度，通过人民代表大会制度这一根本政治制度把直接民主和间接民主结合起来，由人民代表大会统一行使民主权力，坚持民主集中制的民主原则，从根本上实现人民当家作主的权利。

新中国成立初期，我国很好地坚持了人民民主制度，注重平衡民主与集中的关系，党内民主、国家民主和社会民主形成了良好的政治风气。但在社会主义改造完成以后，由于主客观方面的原因，人民民主制度受到侵蚀或遭到破坏，一些领导干部搞"一言堂"，"文化大革命"时期大搞个人崇拜，以致发展到十年动乱的地步，给国家和人民带来了深重灾难。

从主观方面分析，一方面，长期的战争环境所形成的"集中指导下的民主"原则在和平建设时期没有转化为"民主基础上的集中"原则，一些领导干部搞"一言堂"，以"服从"的名义限制和剥夺党员和群众的民主权利，形成一种"真专断、假民主"现象，严重败坏了政治风气、污染了社会风气。我们知道，战争时期坚持"集中指导下的民主"原则追求的是民主的"有效性"，是为了应对复杂多变的战争环境，有其必然性与合理性。但在和平建设时期，如果仍然贯彻"集中指导下的民主"原则，容易形成

"虚假"的民主现象,掩盖真实的问题,压制人民建设社会主义的积极性,产生消极怠工的严重后果。在和平建设时期,贯彻"民主基础上的集中"原则更具合理性和正当性。坚持"民主基础上的集中"原则,既能更好集中人民的智慧进行社会主义建设,又能暴露建设中存在的问题以便找到解决问题的方案。另一方面,毛泽东同志的巨大威望与其晚年的极左思想结合在一起,形成个人崇拜的氛围,完全依靠人治,导致"文化大革命"时期民主制度完全被破坏。

从客观方面分析,一方面,长期的封建主义专制传统和国际共产主义运动中领导人权力过于集中成为民主制度的内在破坏力量。[1] 另一方面,人民民主制度也与法制运行状况存在紧密联系。从历史唯物主义角度考察,宪法是对民主事实的确认,如果国家没有独立,人民没有民主,就不可能制定宪法,也不可能根据宪法建立法律体系,人民共和国的建立是一切法律体系建立的政治前提,这无疑是正确的论断,但仅仅依靠这一论断是不充分的。从唯物辩证法的角度考察,在和平建设时期,法律是人民意志的反映,法律必须体现民主性,而民主制度依赖法律制度进行保障,也依赖法律制度才能良好运行。

"文化大革命"结束以后,国家开始拨乱反正。对内结束了"以阶级斗争为纲"的极左指导思想,把国家建设的任务转移到"以经济建设为中心"上来。对外认为和平与发展是当今世界的主题,大规模战争一时打不起来,一心一意搞建设具备基本条件,结束了长期以来为摆脱生存论焦虑而安排的"备战体制",在理性和平的条件下建设社会主义国家。[2] 随之进行了关于真理标准的大讨论,开始了声势浩大的思想解放运动,确立了实事求是的指导思想。这场思想解放运动在政治和法律领域的集中表现就是关于"法治"与"人治"的大讨论,[3] 使"法治"思想处于主导地位。最早提出这个问题的是梁漱溟先生。[4] 党内的一些领导同志也从中国的实际出发,站在历史文化和社会实践的双重视角来看待中国的"法治"和"人治"问题,这也成

---

[1] 《邓小平文选》第二卷,人民出版社1983年版,第329页。
[2] 程关松:《反思型宪法观导论》,中国社会科学出版社2013年版,第220页。
[3] 李龙主编:《新中国法制建设的回顾与反思》,中国社会科学出版社2004年版,第68—86页。
[4] 俞敏声主编:《中国法制化的历史进程》,安徽人民出版社1997年版,第242—243页。

为此后"法治"和"人治"大讨论的基本共识。

邓小平同志对极左路线进行了坚决批判，提出了实事求是的指导思想，系统阐述了民主、法制、权力行使、权利保障的地位和关系。首先，他提出了民主的逻辑起点和法制的终极目的问题。[①] 其次，他阐述了民主与法制的关系问题。[②] 再次，他提出了社会主义法制的基本原则。自此，中国紧紧抓住民主建设和法制建设这两个根本问题展开了规模宏大的政治体制改革，取得了举世瞩目的伟大成就。

### （四）党的领导与法治道路

党的十一届三中全会以后，民主化和法制化成为政治体制改革的主题，但在民主化和法制化过程中，也出现了偏离四项基本原则的思潮，甚至出现了以极端民主化为表象的严重政治事件。其后，中国的民主化和法制化改革处于反思期，右倾思潮没有完全消除，"左"倾思潮又开始抬头，中国政治发展处于十字路口，1992年，邓小平同志南方谈话再一次指明了中国政治体制和经济体制改革的方向。

江泽民时期的时代主题是在政治领域如何解决民主建设和法制建设中的"左"倾思潮和右倾思潮问题，在经济领域如何解决经济建设中的市场调节和政府调控问题。政治领域的问题最终归结为党的领导，经济领域的问题最终归结为社会主义市场经济命题。这两个命题实际上是交织在一起的，集中体现在坚持和完善党的领导和党的执政方式上。

"左"倾思潮认为社会主义民主与资本主义民主毫无共同之处，处于绝对对立状态。在新的历史时期谈党在宪法和法律范围内活动，谈依法执政就是否定党的领导，以加强党的领导的名义鼓动党的领导者对法律过程进行直接干预，以言代法、以权压法，限制法律机关依法办事。"右"倾思潮把社会主义民主与资本主义民主混为一谈，以发展民主的名义削弱党的领导，主张"多党政治""权力分立"和"议会民主"；把社会主义法治与资本主义法治混为一谈，认为在新的历史条件下，社会主义法治与资本主义法治共享法治的基本价值，党的领导并不是社会主义法治与资本主义法治的本质区

---

① 《邓小平文选》第二卷，人民出版社1994年版，第144页。
② 《邓小平文选》第二卷，人民出版社1994年版，第146页。

别，以法治发展的名义削弱党的领导，主张"法律自治"和"司法独立"。无论是"左"倾思潮还是右倾思潮，都会削弱党的领导。但党对于右倾思潮一直保持高度警惕，旗帜鲜明，形成了比较成熟的理论和比较稳定的应对方案，而对于"左"倾思潮则相对缺乏警惕性，也没有形成比较成熟的理论和比较稳定的应对方案，以致缺乏甄别能力和应对能力，对"左"倾思潮比较姑息。因此，江泽民时期中国特色社会主义理论建设的主要任务是防"左"。

在法治领域，为清除"左"倾和右倾思潮的消极影响，为法制建设指明正确的方向，1996年2月8日，江泽民同志在中共中央举办的法制讲座上发表《坚持依法治国》的讲话，对依法治国的含义进行了解释。[①] 1996年八届人大第四次会议通过的《国民经济和社会发展"九五"规划和2010年远景目标纲要》确立"依法治国，建设社会主义法制国家"的战略目标。从此，"人治"被彻底否定，法治目标业已确立，这是中国法律发展史上具有里程碑意义的重大进步事件。

依法治国方略和社会主义法治国家建设目标确立以后，"左"倾思潮得到了有效遏制，但右倾思潮进一步抬头，特别是个别持极右观念的人把依法治国与党的领导对立起来，试图以极右的法治观念否定党的领导。对此，党的十六大报告提出了发展社会主义民主的根本遵循，阐明了党的领导、人民当家作主、依法治国三者的关系，澄清了"左"倾和右倾思潮，指明了发展社会主义法治的正确方向。[②] 一方面，它提供了鉴别各种"左"的和右的政治思潮的判准。保证中国政治发展道路是中国特色社会主义政治道路。另一个方面，它的结构是开放性的，目的在于鼓励中国特色政治与法治道路在理论和实践上的探索和创新。党的十九大明确提出建设和完善中国特色社会主义政治道路，把法治逻辑与政治逻辑、法治道路与政治道路结合起来进行全面思考和谋划。

**（五）科学发展与法治道路**

中国特色社会主义建设始终坚持"一个中心，两个基本点"的总方向，

---

① 《江泽民文选》第一卷，人民出版社2006年版，第511页。
② 《江泽民文选》第三卷，人民出版社2006年版，第553页。

物质文明、政治文明和精神文明取得巨大成就,人民的生活条件得到极大改善,但在发展过程中,一些地方和部门由于受错误发展观念的影响,也出现了片面发展、畸形发展和掠夺性发展等不全面、不协调和不可持续的发展现象,背离了人的全面发展目标,物质文明、政治文明和精神文明发展不平衡,城乡之间、工农之间和体脑之间的发展不平衡,阻碍全面建成小康社会目标的实现。

2003年7月28日,胡锦涛同志首次提出科学发展观。[1] 科学发展观就是"坚持以人为本、全面协调可持续的发展观"。[2] 科学发展观提出后在法学界立即引起了强烈反响。2004年9月,李龙教授、张文显教授、吕世伦教授、公丕祥教授对"以人为本"进行了法哲学解读,[3] 初步解释了科学发展观的法学意义与法学内涵。2004年11月,李龙教授在《社会科学战线》上发表《人本法律观简论》一文,首次将科学发展观在法学领域中的理论形态命名为"人本法律观"。[4] 2007年,中国法学会法理研究会年会以"以人为本与法律发展"为主题对"人本法律观"进行了深入研讨。随着中国法治的发展、科学发展观的树立和落实以及人本法律观的研究不断深入,2004年3月,"国家尊重和保障人权"条款入宪,法律的终极价值确立,一些违背科学发展观的法律制度被废除,人权事业迅速发展。2018年,宪法修正案正式确立了科学发展观在根本法中的地位。可见,法治道路不是一个封闭保守的,而是向外部开放、有序循环的大系统。

## 第二节 习近平法治思想与法治道路

党的十八大以来,以习近平同志为核心的党中央接过中国发展的接力棒,始终坚持和创造性发展中国特色社会主义,带领全党全军全国各族人民,为实现中华民族伟大复兴中国梦,披荆斩棘、锐意进取、励精图治,以

---

[1] 《胡锦涛文选》第二卷,人民出版社2016年版,第67页。
[2] 《胡锦涛文选》第二卷,人民出版社2016年版,第166页。
[3] 李龙、张文显、吕世伦、公丕祥:《"以人为本"的法哲学解读——"以人为本"四人谈》,载《金陵法律评论》2004年秋季卷。
[4] 李龙:《人本法律观简论》,载《社会科学战线》2004年第6期。

深谋远虑的雄才伟略、守正创新的理论勇气、卓越非凡的政治智慧、坚韧不拔的担当精神，紧紧围绕"五位一体"总体布局、"四个全面"战略布局、新发展阶段、新发展理念和新发展格局、"构建人类命运共同体"理念等，系统阐述了治国理政、治党治军、外交国防的新理念新思想新战略，形成了新的历史条件下的创新理论。其中，习近平法治思想是习近平新时代中国特色社会主义思想不可分割的有机组成部分。

## 一、时代要求与法治道路

和平与发展是我们时代的主题，中华民族伟大复兴是中华民族近代以来最伟大的梦想。全球化时代给我们提供了全面发展的历史机遇，但国际形势复杂多变，也给我们带来了前所未有的挑战。我国改革开放以来取得的巨大成就为中华民族伟大复兴奠定了坚实的物质基础和制度基础，但改革进入攻坚期和深水区，深层次的矛盾亟待解决，必须更好发挥法治的引领和规范作用。

法治发展与时代主题密不可分。国家的发展、民族的复兴、社会的进步和人民的幸福都离不开法治发展，法治的发展也离不开国家的发展、民族的复兴、社会的进步和人民的幸福。一方面，要更好发挥法治的引领和规范作用，遵法守法学法用法。另一方面，必须在深化改革中改革法治，[1] 使法治更好适应时代的主题。

### （一）民族复兴与法治道路

中华民族是一个伟大的民族，但自近代以来历经艰难困苦与磨难浩劫，无数仁人志士奋起反抗，为了中华民族的生存和复兴抛头颅洒热血，由于没有找到一条正确的道路，一次又一次失败了，最终没有挽救中华民族沦为半封建半殖民地国家的命运。"中国共产党成立后，团结带领人民前仆后继、顽强奋斗，把贫穷落后的旧中国变成日益走向繁荣富强的新中国，中华民族伟大复兴展现出前所未有的光明前景。"[2] 在争取民族独立和人民民主的过程中，中国共产党建立了中华人民共和国，实行社会主义制度，实现了民族

---

[1] 陈金钊：《在深化改革中拓展法治——统合意义上的"法治改革"论》，载《法律科学》2017年第5期。

[2] 《习近平谈治国理政》，外文出版社2014年版，第3—4页。

独立和人民民主。

改革开放以后，我国取得了举世瞩目的伟大成就。[①] 但实现中华民族伟大复兴的中国梦是一项伟大的事业，需要一代又一代中华儿女不懈的努力。实现中华民族伟大复兴的中国梦，离不开全面依法治国，离不开法治的保障作用。在党的发展历史上，习近平总书记首次将依法治国提高到了中国特色社会主义的本质要求的高度。

（二）战略机遇与法治道路

在历史发展的重大转折时期，中国共产党总是能抓住和利用好重要战略机遇，并通过战略和策略相结合的方式，夺取一个又一个胜利。中国共产党领导中国人民建立了中华人民共和国，实现了民族独立和人民民主，建立了社会主义制度，实现了人民当家作主。改革开放以来，在世界风云变幻的条件下，中国共产党紧紧抓住重要战略机遇期，冷静判断和平与发展主题，充分利用和平与发展的国际环境、经济全球化的有利条件、新技术革命的大好机会，加快实现民族复兴的伟大目标。

党的十八大以来，国际环境更加复杂多变，国内改革进入攻坚期和深水区，以习近平同志为核心的党中央审时度势，系统阐述了治国理政、治党治军、外交国防的新理念新思想新战略，形成了新的历史条件下的创新理论。全面依法治国既是以习近平同志为核心的党中央提出的新理念新思想新战略的重要内容，也是重要战略机遇期制定的路线方针政策能通过制度化、法律化、程序化方式贯彻落实的重要保障。与此同时，重要战略机遇期制定的路线、方针、政策为法治建设提供了正确的方向指引和行动指南。

（三）时代难题与法治道路

我国现代化事业面临复杂的国际和国内环境，战争、冲突、矛盾和纠纷的危险无时不在。必须通过推动国际法治秩序和国内法治秩序破解时代难题，促进人类发展。

当今世界正面临前所未有的大变局，不同意识形态、不同发展道路、不同制度模式的较量和博弈深刻地改变着世界格局。中国比以往任何时候更靠近世界舞台的中心，更接近中华民族伟大复兴的中国梦，但所遇到的风险和

---

[①] 《习近平谈治国理政》，外文出版社2014年版，第36页。

挑战也比任何时候更为严峻。法治发展必须把握这一复杂的国际环境，既要适应经济全球化，经济发展一体化的需要，也要发挥中国特色社会主义法治道路和法治体系的优势，为全球法治作出自己的贡献。第一，中国倡导构建人类命运共同体，促进和保障人权，为寻求不同道路和不同制度的国家间的共赢共享治理模式贡献了中国方案。第二，中国致力于维护联合国宪章的权威，致力于发展国际法治秩序，致力于维护国际法治权威，致力于通过国际法治规则阻止战争、核扩散、环境恶化、恐怖主义、全球性传染疾病。第三，中国充分展示了"中国道路"的成就，为其他国家的发展提供有益借鉴。第四，中国提出法治中国建设目标，展示中国法治发展的成就，既为中国现代化事业提供了制度保障，也为国际法治作出了自己的贡献，使中国的法治成为国际法治的重要组成部分。中国在应对人类社会所面临的时代难题时，充分体现了积极包容、共赢共享的精神，为绝大多数国家所赞赏，成为应对时代难题不可或缺的重要力量。

## 二、法治建设与法治道路

党的十八大以来，以习近平同志为核心的党中央基于马克思主义的世界观、方法论和基本原理，结合法治普遍规律和新时代的要求，形成习近平法治思想，[①] 成为建设中国特色社会主义法治国家的指导思想和行动指南。归结起来，习近平法治思想体现为十一个方面：坚持党对全面依法治国的领导；坚持以人民为中心；坚持中国特色社会主义法治道路；坚持依宪治国、依宪执政；坚持推进国家治理体系和治理能力现代化；坚持建设中国特色社会主义法治体系；坚持依法治国、依法执政、依法行政共同推进，法治国家、法治政府、法治社会一体建设；坚持全面推进科学立法、严格执法、公正司法、全民守法；坚持统筹推进国内法治与涉外法治；坚持建设德才兼备的高素质法治工作队伍；坚持抓住领导干部这个"关键少数"。[②]

---

① 张文显：《习近平法治思想研究（上）——习近平法治思想的鲜明特征》，载《法制与社会发展》2016 年第 2 期。
② 《习近平在中央全面依法治国工作会议上强调：坚定不移走中国特色社会主义法治道路，为全面建设社会主义现代化国家提供有力法治保障》，载《人民日报》2020 年 11 月 18 日。

## （一）法治中国与法治道路

党的十八届三中全会首次提出法治中国概念，表明我国法治建设进入了一个新时代，提出了对法治建设的基本标准、基本方式和战略布局，提出了前所未有的新要求新任务。

根据对法治中国的核心含义和内在逻辑结构的理解，可以概括为是一种包容型法治模式。[1] 但放到传统法律文化、中国特色社会主义法治实践和世界法治格局中去分析，放到法治与中国特色社会主义、法治与国家治理体系和治理能力现代化、法治与党的领导、依法治国和以德治国、法治与世界发展的关系框架中去思考，法治中国的含义更为丰富、意义更为重大、地位更为突出、作用更为显著。[2] 法治中国既是中国法治建设发展到更高层次的必然发展趋势，也是中国法治建设具有世界意义的显著表现。"法治中国是一个整体的战略构想，既包括将中国建设成为一个现代法治国家的价值追求，也包括不同层次的法治建设实践；既包括良善法治制度的历时性积累，也包括全面建设法治目标的战略构想。法治中国建设是价值目标、制度结构和基本进路在实践中有机统一的整体安排。"[3] 法治中国是中国特色社会主义法治道路进入一个较高阶段的整体性战略构想。而中国当下的法治道路正是在直面和解决法治中国建设中的多元复杂关系问题之中不断试错、筛选和验证的必然结果。

## （二）法治关系与法治道路

法律是一项重要社会建制，法律在作用于调整社会关系过程中必然会与其他社会建制发生关系，统治阶级必须确定法律在社会建制体系中的地位。习近平总书记指出，凡是"用法律的准绳去衡量、规范、引导社会生活，这就是法治"[4]。因法律的根本目的不同，各国法治的本质存在差异。因法治与其他社会建制的关系不同，各国法治表现出不同的特征。中国特色社会主义法治以习近平法治思想为指导思想和行动指南。

关于法治与人治，现代社会以法治为基本治国方略，但也会受到人治的

---

[1] 程关松：《当代法治实施模式及中国选择》，载《新华文摘》2017年第11期。
[2] 汪习根：《法治中国的科学含义》，载《中国法学》2014年第2期。
[3] 吴家清：《法治中国建设的战略构想》，载《江西社会科学》2014年第8期。
[4] 《习近平关于全面依法治国论述摘编》，中央文献出版社2015年版，第9页。

干扰。因此，在中国现代化进程中都必须坚持法治，反对人治。① 一方面，离开了中国特色社会主义制度，中国的法治建设就会失去制度基础和方向。② 另一方面，中国特色社会主义法治为中国特色社会主义制度提供了根本保障。③ 关于党与法的关系，习近平总书记明确指出，党大还是法大是一个伪命题，权大还是法大则是一个真命题。④ 关于国家治理体系和治理能力现代化与中国特色社会主义法治的关系既是一种种属和包含关系，又是一种目的和实现途径的关系。⑤ 关于依法治国和以德治国的关系问题，习近平总书记指出："治理国家、治理社会必须一手抓法治、一手抓德治，既要发挥法律的规范作用，又要发挥道德教化作用，实现法律和道德相辅相成、法治和德治相得益彰。"⑥ 关于全面深化改革与全面推进依法治国的问题，全面深化改革以"破"为主，全面推进依法治国以"立"为主，改革和法治如鸟之两翼、车之两轮，共同推动全面建设社会主义现代化国家事业向前发展，两者是"破"与"立"的辩证统一，必须同步推进。⑦ "破"必须在"立"的框架内进行，"立"必须在"破"的过程中完善和巩固。

---

① 《习近平关于全面依法治国论述摘编》，中央文献出版社 2015 年版，第 12 页。
② 习近平：《加快建设社会主义法治国家》，载《求是》2015 年第 1 期。
③ 《习近平关于全面依法治国论述摘编》，中央文献出版社 2015 年版，第 5 页。
④ 《习近平关于全面依法治国论述摘编》，中央文献出版社 2015 年版，第 34 页。
⑤ 汪习根：《国家治理体系的三个维度》，载《改革》2014 年第 9 期。
⑥ 《习近平关于全面依法治国论述摘编》，中央文献出版社 2015 年版，第 29—30 页。
⑦ 《习近平关于全面依法治国论述摘编》，中央文献出版社 2015 年版，第 13—14 页。

# 第 七 章

# 中国特色社会主义法治道路的文化传承

建设中国特色社会主义法治道路,不仅要吸收借鉴西方优秀的法治文化和思想,更要吸收借鉴中国优秀传统文化。中国特色社会主义法治道路建设必须融合中西,贯通古今,"传承中华优秀传统法律文化"[①]。传统中国,关于治国理政的思想和实践极其丰富,无论是儒家的德治,还是法家的法治,抑或其他法律思想,都是我们今天建设社会主义法治的历史渊源。儒家与法家为传统中国治国理政策略提供了两种最基础的底色。我们探讨中国特色社会主义法治道路的文化传承问题,也离不开对儒家德治和法家法治思想的分析。

## 第一节 中国传统政法文化的形成与发展

### 一、西周的天命政治观及其影响

#### (一)西周天命政治观

上古时期,"天"代表着一种神秘的自然力量,既伟大又令人敬畏,人类,无论是作为个人还是群体,都难以认知和掌控上天。因此,人类只能臣服和听从于上天的安排,上天主宰世间万事万物,它的力量不可抗拒,这是

---

[①] 习近平:《论坚持全面依法治国》,中央文献出版社2020年版,第3页。

原始人类的天命观。进入国家时期后，夏商周三代次第统领中原地区，政治生活必然刺激着当时人们去思考如下的问题：为什么会有朝代更替？如何保持统治长久？在原始天命观还主导着人们思想的当时，人们很自然地将天命与政治现象联系到一起，于是产生了我国的天命政治观。至西周时，天命政治观已经发展得较为成熟了，这在《尚书》和《诗经》中有很多的体现。具体有"受命""执命"和"革命"思想。具体有以下几点：

第一，王朝的统治是"受命"于天，即受命思想。《诗经》有言曰："有命自天，命此文王。"[1] "文王受命，有此武功。"[2] 意思都是周的兴起，是受命于天的。《尚书》关于这种受命的言论就更多了。《多士》中载周公告诫殷商遗民说："我有周佑命，将天明威，致王罚，敕殷命终于帝。"[3] 在这里，周公将殷丧周兴说成是天命所致，周伐殷是恭行天之罚，殷商遗民应敬畏天命，驯从周朝的统治。《大诰》中周公对劝阻其讨伐东方叛乱势力的各诸侯国的国君和众位大臣说："天休于宁王，兴我小邦周，宁王惟卜用，克绥受兹命。"[4] 在这里周公一再强调，周的兴起和统治是受命于天的，天命可畏，号召各诸侯国的国君和众位大臣按天命指示成就大业。《召诰》中，召公对成王说："呜呼！皇天上帝改厥元子，兹大国殷之命。惟王受命，无疆惟休，亦无疆惟恤。呜呼！曷其奈何弗敬？"[5] 在这里，召公告诫成王，上天革了殷的命，现在周来受命，美好与忧患共存，一定要谨慎啊。从这些言论中可知，王朝必须获得上天的受命，方具有统治的合法性和正统性，方能获得四方诸侯的拥戴。

第二，"以德配天""敬天保民"方能保持统治的长久，即执命思想。西周初期的统治者虽然一再强调自己执政的基础是受命于天，以确立自己统治的合法性，但是，像文王、武王、周公、召公这些西周初期的统治者均是头脑清醒的政治家，他们并没有把天命引向神秘虚无的地方，而是把天命与人事结合起来，执天命就是要尽人事。"天命靡常"[6]，统治者必须勤勉谨

---

[1] 《诗经·大雅·大明》。
[2] 《诗经·大雅·文王》。
[3] 《尚书·多士》。
[4] 《尚书·大诰》。
[5] 《尚书·召诰》。
[6] 《诗经·大雅·文王》。

慎，敬天保民，时时维持"克配上帝"①的状态，如此其统治方可长久。那么，如何才算做到"敬天保民""以德配天"呢？其落脚点主要在人事方面：首先，人君要勤政"无逸"，不可沉迷于逸乐。"呜呼！君子所，其无逸。先知稼穑之艰难，乃逸，则知小人之依。"② 就是说，人君不要沉迷于逸乐，既要知道稼穑的艰难，又要了解小民的痛苦。其次，要尚德慎刑，惠保小民。周公东征胜利之后，把先前由武庚（纣王的儿子）统治的殷民封给康叔，在《康诰》中，周公向康叔讲授了治理殷民的方法，告诫康叔治要尚德慎刑、敬天爱民的道理，强调用德政教化殷民，巩固周王朝的统治。这不仅是治理殷民的方法，也是西周治理所有人民的方法。周公说："若有疾，惟民其毕弃咎；若保赤子，惟民其康乂。"③ 再次，任用贤人，积极进取。周朝的统治是受命而致，但是执天命并不是说周王子孙安于天命不求进展。相反，执天命就是要尽人事，要任用贤人，通力合作，将王朝的功业发扬光大。《君奭》④篇记录了周初统治者的这些思想。周公说，"君奭！弗吊天降丧于殷，殷既坠厥命，我有周既受。我不敢知曰：厥基永孚于休。若天棐忱，我亦不敢知曰：其终出于不祥。"⑤ 在这里周公认为，任用诚信的人为辅佐，可保天命不出现不祥的征兆，可见，天命也可为人事所移。

第三，失德则失天命，"恭行天之罚"是"顺天应人"之举，即革命思想。"恭行天之罚"很久以前就是兴师征伐的理由了，夏启举兵讨伐有扈氏即是以此为理由，《甘誓》载："有扈氏威侮五行，怠弃三正，天用剿绝其命，今予惟恭行天之罚"⑥。汤伐夏桀时，也是以此为理由，"尔尚辅予一人，致天之罚。"⑦ 并且，汤还表示，"夏氏有罪，予畏上帝，不敢不正。"⑧ 意思是对于失去天命的人还必须去讨伐，否则就是不畏天命。武王伐纣时，

---

① 《诗经·大雅·文王》。
② 《尚书·无逸》。
③ 《尚书·康诰》。
④ 见《尚书·君奭》。
⑤ 《尚书·君奭》。
⑥ 《尚书·甘誓》。
⑦ 《尚书·汤誓》。
⑧ 《尚书·汤誓》。

也一再表明自己"惟恭行天之罚"①。可见"恭行天之罚"是一面很有号召力的旗帜,对于丧失天命的君主可以"恭行天之罚",在西周时候的人们看来,失德则会失去天命的眷顾。"惟不敬厥德,乃早坠厥命。"② 那么,失德失命有哪些表现呢?从夏启举兵讨伐有扈氏、汤伐夏桀、武王伐纣等历史事例来看,失德失命主要表现在两个方面:一是暴虐百姓,失去百姓的拥戴;二是破坏氏族传统习惯法③,任用坏人。征伐失德失命之人的举动并不是篡逆,相反是"顺天应人"之举,《易·革·象辞》曰:"天地革而四时成;汤武革命,顺乎天而应乎人;革之时大矣哉!"汤武革命之所以并不被认为是篡逆,反而是顺天应人之举,这跟上古的"民主"思想有关。这里的"民主"是作民之君主,作民之父母的意思,进而可以延伸到君主要察知民情,重视民心民意,为民做主的意思。"天子作民父母,以为天下王。"④ "天惟时求民主,乃大降显休命于成汤,刑殄有夏。……惟夏之恭多士大不克明保享于民,乃胥惟虐于民,至于百为,大不克开。乃惟成汤克以尔多方简,代夏作民主。"⑤ 这两段中的"民主"是作民之君主,作民之父母的意思。"人无于水监,当于民监。"⑥ "天聪明,自我民聪明。天明畏,自我民明威。达于上下,敬哉有土!"⑦《孟子·万章》引《泰誓》说,"天视自我民视,天听自我民听"。这几段表达的是"民主"的延伸义,即君主要察知民情,重视民心民意,为民做主,这也是后来儒家"民本"思想的源头。正因为是皇天把人民和土地托付给天子的,受命天子是人民的主人和父母,理应承担拯救人民于水火(在失德失命的暴虐之君的统治下)的责任。因而"汤武革命,顺乎天而应乎人"。

---

① 《尚书·牧誓》。
② 《尚书·召诰》。
③ "德"这个概念在殷商时尚不是一个很重要的概念,在西周时期,德成了一个非常重要的概念。但德字何解却并不清楚。斯维至以"姓""生""性"释德,并进而释其为"氏族传统的习惯法",这种解释颇有说服力,可做参考。(参见斯维至:《说德》,原载《人文杂志》1982年第6期,改写后收入斯:《中国古代社会文化论稿》,台北允晨文化出版社1997年版,第365—395页)
④ 《尚书·洪范》。
⑤ 《尚书·多方》。
⑥ 《尚书·酒诰》。
⑦ 《尚书·皋陶谟》。

## （二）西周天命政治观在后世的演变与影响

早期人类在物质和技术均非常落后的情况下，对大自然有一种发自本能的恐惧和崇拜心理，认为上天能够主宰人间的一切。春秋战国以后，人类的认识水平和科学技术不断提高，对自然规律的认识也越来越多，对自然的畏惧不断减少，也越来越认识到所谓"天命"的神秘和虚无性质。"天命无言"，真的有一个上天在主宰人间的政治吗？

孔子其实已经意识到天命的虚无，故孔子不愿意多谈当时十分流行的天命鬼神这些事，① 对其个人遭遇以及政治理想的实践等问题，孔子其实并不认"命"，主张"知其不可为而为之"（《论语·宪问》），尽人事以应天命。但孔子似乎很乐意以天命警戒君王。《论语·尧曰》中"天之历数在尔躬"一语即是孔子以天命警戒君主的思想。② 只是孔子这里还没有进一步地作具体的发挥。

到孟子时代，天命进一步具体化了。孟子强调，王者受命于天，虽然天命无言，但会"以行与事示之而已矣"，即"荐之于天，而天受之；暴之于民，而民受之"，而如何表明"天受之"和"民受之"呢？孟子指出，"使之主祭，而百神享之，是天受之；使之主事，而事治，百姓安之，是民受之也"（《孟子·万章上》）。在这里，天命是通过具体的人事来展现的。此外，孟子还借用《尚书·泰誓》的话，"天视自我民视，天听自我民听"，把虚无的天命与具体的民心联系在一起，君王顺应民心，从民之所欲，是天命所归的一个必要条件。

到了西汉，董仲舒"以《春秋》灾异之变推阴阳"，利用阴阳五行来重新论证天命，提出天人感应学说。他提出"屈民而伸君，屈君而伸天"（《春秋繁露·玉杯》）的主张。与孟子的"民心所向即天命所归"思想相比，董仲舒的主张确实有所退却。然而主动的退却未必就是历史的倒退。在大一统时代，皇权已经至高无上，儒者若还坚持战国时代高调、激进、理想

---

① 《论语》中很多地方反映了这一点，如："子罕言命与利与仁"（《论语·子罕》），"子不语怪力乱神"，孔子主张"敬鬼神而远之"（《论语·雍也》），"未能事人，焉能事鬼""未知生，焉知死?"（《论语·先进》）。

② 《论语·尧曰》："尧曰：'咨，尔舜，天之历数在尔躬，允执其中，四海困穷，天禄永终。'舜亦以命禹。"此处"天之历数在尔躬"，即言"天之历数"已降临到你（舜）身上，所以你应该继天子位。这里反映的正是王者受命于天的思想。后面"四海困穷，天禄永终"，意思是若你的统治导致四海之人困穷，则君禄亦永绝矣，这是对君王的告诫。

主义的儒家主张,不仅对儒者个人处境十分不利,在客观上还会损害儒学与政治的结合。这时,在儒家理想和现实政治之间寻找到一种妥协和平衡,是必要的。董仲舒并没有放弃对君王的约束,"屈君而伸天",是假天之威来制衡皇权,要求"王者承天意以从事","欲有所为,宜求其于天"(《汉书·董仲舒传》)。在以后儒学独尊的时代,抽象的天意其实很大程度上已被阐释为具体的儒家教义,而儒家的教义在一定程度上又是民心民意的体现。

在隋唐以后的科举时代,儒学对意识形态的主导地位更加稳固。这个时候,儒家对天命政治的讨论倒是越来越少了。儒家不再以天命来警戒和约束君王,主要是出于两个理由。一是,随着历史的发展,人们认知能力的提高,真诚相信天命的人越来越少了,以天命来警戒和约束君王的行为已经失效或者效果不明显了。二是,此时的儒家凭其对人心道德的掌控,业已成为一种强大的社会力量,其集体的意志已经可以比较有效地约束君主的言行,控制国家政治和法律制度,以及朝政的运转,已无须借助原始的、神秘的、抽象的天命来曲折地表达儒家的政治主张。

## 二、春秋战国儒法思想的出现及对立

春秋战国时代,礼崩乐坏,政治无序,列国间战乱不休,社会上生灵涂炭。在这样一个"乱莫大于无天子"的时代,儒、墨、道、法等各家,都在急切地寻找恢复社会秩序、重建治道的方法。儒家找到"礼",他们倡导"王道",竖起仁义道德大旗。但是在现实政治中儒家礼治学说却被君主们认为"迂远而阔于事情",与这个"以攻伐为贤"的时代格格不入。孔孟奔走游说列国,但其学说却不能真正在政治上被实践。"礼"能令国家富强自存吗?"礼"能终结战乱,一统天下吗?一部分儒生面对政治实践中的遭遇,以及社会形势的变化,及时做出权变和调整,开始尝试礼之外的救世之道,于是一度被儒者排斥的法进入了儒者的视线。礼之效甚微,转而求之以法,这是法家学派之所以会出现的重要原因。

法家学派与儒家学派有极深的渊源关系,"法源于儒"。[①] 法家思想渊源

---

[①] 钱穆说:"法原(源)于儒。"(《先秦诸子系年·自序》)郭沫若也说:"前期法家,在我看来是渊源于子夏氏。"(《十批判书·前期法家的批判》)

可上溯至春秋时期的管仲、子产、邓析那里，而管仲和子产的行为及思想是得到孔子高度评价的。法家的早期创始人，李悝、吴起、商鞅等人与孔子的弟子子夏及子夏所创立的"西河学派"有着直接或间接的师承关系。① 而中后期的法家代表人物如韩非、李斯等人，则是荀子的弟子。虽然，最终法家排斥儒家的"王道"，主张"不务德而务法"，在救世求治的方案上与儒家形成了鲜明的对立，但是治安天下的政治理想则与儒家是一脉相承的。所以，《管子》谓："法出于礼，礼出于治。"② 儒法皆有治安天下的政治抱负，寻求治世之道是他们共同的追求。

作为一个独立的学派，法家是后起之秀，一直到战国中晚期，法家才真正名动天下，形成与儒、墨并立对抗之势。商鞅重法，慎到重势，申不害重术，并且他们的思想都和当时的政治改革实践紧密结合在一起，发展势头强劲无比，使得儒墨等百家黯然失色。战国末期的韩非将"法""势""术"统一起来，集法家之大成。

在战国时期开始登上历史舞台的法家，虽然其与儒家思想存在众多难以割舍的联系，早期法家代表人物很多都有求学于儒门的经历。但是，法家思想的提出就是针对儒家思想的，他们认为儒生们所主张的德治根本不能挽救礼崩乐坏的社会秩序，重建治道。在许多重大问题上，法家与儒家的观点是针锋相对的。概言之，在以下问题上，二者存在鲜明的对立。

（一）道和术的对立

儒家追求"道"，何谓"道"呢？在孔子之前，人们以"天道"的变化来说明人事的吉凶祸福。自孔子时代起，"道"的观念发生了变化，"天道远，人道迩"，③ 道的重心已从"天"转向了"人"。在此情况下，儒家赋予道以新的含义。"道也者，不可须臾离也，可离非道也。"④ "夫道者体

---

① 吴起，"尝学于曾子"（《史记·孙子吴起列传》）；吴起到魏国后，又师从子夏（《史记·儒林列传》）。李悝曾受业于子夏弟子曾申门下。商鞅挟《法经》入秦，而《法经》为李悝所撰，以此认为商鞅学术源出李悝也未为过。"徙木立信"的事件也可说明商鞅立信与子夏"西河学派"的重信尚贤主张有着一脉相承的关系。

② 《管子·枢言》。

③ 《左传·昭公十八年》。

④ 《中庸》。

常而尽变，一隅不足以举之。"① "道者，天理之自然。"② 也就是说，儒家所谓的"道"具有了自然之规律或终极之价值的含义，代表了一种超世间的价值。儒家将这种道作为自身理论所追求的目标。"士志于道"，"从道不从君"。儒家的仁政、德教、隆礼慎刑等主张是必须放在"道"的层面去认识的，这些主张本身具有超越的价值，而不仅仅具有工具的价值。就如西方的自然法那样，这些主张具有了评判世间法的力量。儒家德治就是一种对道的追求，本身是一种价值和目的，而不仅仅是追求其价值的工具。

而法家则相反，法家追求"术"。"术者，路也。"③ 术是达到某个目的的方法或工具。如果说儒家哲学是道德哲学的话，那么法家哲学就是功利哲学。法家的思想只注重治国之术，而很少谈及对道的追求。法家的"法""术""势"理论都服务于某一目的，是达到目的的手段或工具，它们本身并没有被注入一种独立存在的价值。功利的目标（主要是富国强兵）是评价"法""术""势"主张的标准。法家的理论是一种非道德主义的理论。它只关心功利目标（富国强兵）是否已经达到，而不评判秩序的正义与否。

（二）重民和尊君的对立

在儒家德治和法家法治思想中，他们都尊君，但他们的出发点却截然相反。儒家尊君，是针对春秋时期礼崩乐坏、犯上作乱的现实而提出，是为了重建政治秩序和社会秩序，是为社稷和苍生着想，而不仅仅是维护君主利益。儒家的尊君最终是为了重民。所以，孟子说，"民为贵，社稷次之，君为轻"。④ 正是因为儒家是从社稷和苍生的角度思考治国方略的，儒家的理论是天下的公器，而不是帝王的私谋，所以，儒生注重气节，卫道情结浓厚。孔子说，"以道事君，不可则止"⑤，"天下有道则见，无道则隐"⑥。顺着这一逻辑，儒家讨论了王权的合法性问题，在禅让和革命两种学说中，儒家总结出，武力和强制不构成王权合法性基础，德（天命、民心）和能才

---

① 《荀子·解蔽篇》。
② 朱熹：《孟子集注·公孙丑上》。
③ 刘勰：《文心雕龙·书记第二十五》。
④ 《孟子·尽心下》。
⑤ 《论语·先进》。
⑥ 《论语·泰伯》。

是王权合法性的基础。王者应德位合一，在位的君王如果暴虐、昏庸，那么就是失德了，造成德位分离，这时，革命就具有道义性了。也就是说，可以实行孟子所谓的"暴君放伐"或"君王易位"实践了。在儒家学说中，对君权的限制从来都是一个非常重要的方面。天意、民意、礼乐都可对君主的权力进行制约。

儒家的重民，是一种目的论上的重民，也就是说，重民本身是目的，而不是手段。"民为邦本"，在一个国家中，人民才是根本，才是目的。孔子强调为政者对待天下苍生要"庶之""富之""教之"。① 孟子说使民"养生丧死无憾，王道之始也"②。如果不依从民心民意，一味追求国家富强，置人民苦痛于不顾，即使成就了一番霸业，在儒家看来，那也不过是行霸道，根本不值得赞赏。"君不乡道，不志于仁，而求富之，是富桀也。……君不乡道，不志于仁，而求为之强战，是辅桀也。"③ 儒家追求王道理想，王道就是要"以德行仁"，"施仁政于民，省刑罚，薄税敛"。

而法家理论只从君主和国家的角度思考治国策略，他们的理论是君主之私谋。法家的势和术的思想专为巩固君主专制权力而设计。"法家尊君，非尊其人而尊其所处之权位。"④ "凡人君之所以为君者，势也。"⑤ 君主只要掌握了权势，便自然是至尊至贵的了。至于君主是否仁德，是否贤能，法家对此不加考虑。"夫有才而无势，虽贤不能制不肖。……桀为天子能制天下，非贤也，势重也。尧为匹夫，不能正三家，非不肖，位卑也。"⑥ 申不害指出，为了防止君主失势，国君要通过"术"来驾驭臣下。韩非进一步发展"术治"思想。"术"主要包括两个方面：一是任免、监督、考核臣下之术。"术者，因任而授官，循名而责实，操生杀之柄，课群臣之能者也。"⑦ 二是驾驭臣下防范百官之术。"术者，藏之胸中，以偶众端，而潜御

---

① 《论语·子路》。
② 《孟子·梁惠王章句上》。
③ 《孟子·告子章句下》。
④ 萧公权：《中国政治思想史》，新星出版社2005年版，第151页。
⑤ 《管子·法法》。
⑥ 《韩非子·难势》。
⑦ 《韩非子·定法》。

群臣也。"① "势""术"是权势之学,专为君主服务。

法家的法治思想也不带有为民考虑的色彩。法家的法治,就是治民与治吏的结合,且以治民为最终目的。"昔之能制天下者,必先制其民者也;能胜强敌者,必先胜其民者也。"② 法家所谓法治"就是用设置严密有力的法网的方式把民控制在国家手里,最大限度地发掘民耕作和征战的潜能"③。所谓"尽地力"和"刑生力"就是用刑罚逼迫民把力用于农战。"法令者,民之命也,为治之本也,所以备民也。"④ 商鞅的法治就是为达到富国强兵的功利目标而管制百姓和剥削民力的办法。法家认为,"民弱国强,民强国弱,故有道之国,务在弱民。"⑤ 法家总是把"富国"放在首要地位,否定了"富民""足民"的意义,法家讲求"胜民""制民""弱民",高度发达了告奸理论。⑥

### (三) 礼治和法治的对立

在西周"礼"的主要作用是区分统治阶级内部的贵贱尊卑,强调的是"别",即所谓"尊尊"。而"乐"的作用是"和",即所谓"亲亲"。有别有和,以求上下有序,和谐稳固。春秋之世,犯上作乱的事件层出不穷,孔子认为这是礼崩乐坏的结果,要"拨乱世而反之正",必须在精神上改造当时的人,也就是说推行礼治。礼治先是要"正名",即区分尊卑贵贱。"君君,臣臣,父父,子子",社会各阶层的人要各安其位,各守本分,都按照"礼"所规定的要求去做事,不符合"礼"的规定的行为不要去做,"非礼勿视,非礼勿听,非礼勿言,非礼勿动"。⑦ 其次,要兴礼乐,即通过礼乐教化彰显各自的尊卑贵贱秩序,并使其认同,从而自觉遵守。同时,在礼乐教化中,也渲染"亲亲"和礼让的氛围,以缓和政治关系上的上下秩序的尖锐对立,倡导"君礼臣忠""父慈子孝""兄友弟恭"的和谐社会关系。

---

① 《韩非子·难三》。
② 《商君书·画策》。
③ 徐进:《商鞅法治理论的缺失——再论法家思想与秦亡的关系》,载《法学研究》1997年第6期。
④ 《商君书·定分》。
⑤ 《商君书·弱民》。
⑥ 霍存福:《法家重刑思想的逻辑分析》,载《法制与社会发展》2005年第6期。
⑦ 《论语》。

再次，刑罚得当。儒家倡导礼治，绝不是不要法律，礼治还是需要法律来保障。但是在制定和适用法律时，先得把名分和礼乐搞清楚，"礼"是法的灵魂，法是用来维护尊尊秩序和亲亲精神的，离开了礼，刑罚就失去了目的，就不会得当；而刑罚不得当，民众就会不知所措，尊尊亲亲的有序和谐的社会就不可能形成。所以，孔子说："礼乐不兴，则刑罚不中；刑罚不中，则民无所措手足。"①"道之以政，齐之以刑，民免而无耻；道之以德，齐之以礼，有耻且格。"②

法家主张"以法治国"，韩非说："明主使其群臣不游意于法之外，不为惠于法之内，动无非法……故以法治国，举措而已矣。……故矫上之失，诘下之邪，治乱决缪，绌羡齐非，一民之轨，莫如法。属官威民，退淫殆，止诈伪，莫如刑。"③法家认为，只有"以法为本"，才能治理好国家。"治强生于法，弱乱生于阿。"④韩非认为"古今异俗，新故异备"，儒家所宣扬的仁义礼仪绝不能行于当世，儒只会"以文乱法"。所以，韩非把儒家学者列为"五蠹"之首，认为其对社会秩序有害无益。⑤民众只会服从于势，仁爱不能达治，"民者固服于势，寡能怀於义"⑥。"今先王之爱民，不过父母之爱子，子未必不乱也，则民奚遽治哉！"⑦韩非反驳了儒家所推崇的"父子相隐"⑧的孝道伦理。"夫君之直臣，父之暴子也。""夫父之孝子，君之背臣也。"⑨韩非认为，儒家所推崇的孝道伦理与国家利益和法治秩序是相悖的，故而崇尚礼义绝不能治国。

商鞅也认为仁义之不足以治天下。"仁者能仁于人，而不能使人仁；义

---

① 《论语·子路》。
② 《论语·为政》。
③ 《韩非子·有度》。
④ 《韩非子·外储说下》。
⑤ 参见《韩非子·五蠹》，韩非在《五蠹》中指出，社会上有五种人无益于耕战，就像蛀虫（蠹）那样有害于社会。（一）学者（指战国末期的儒家），（二）言谈者（指纵横家），（三）带剑者（指游侠），（四）患御者（指依附贵族私门的人），（五）工商之民。
⑥ 《韩非子·五蠹》。
⑦ 《韩非子·五蠹》。
⑧ 孔子认为父子相隐，"直在其中"。参见《论语·子路》："叶公语孔子曰：'吾党有直躬者，其父攘羊，而子证之。'孔子曰：'吾党之直异于是，父为子隐，子为父隐，直在其中矣。'"
⑨ 《韩非子·五蠹》。

者能爱于人，而不能使人爱。是以知仁义之不足以治天下也。……圣王者不贵义而贵法，法必明，令必行，则已矣。"①

商鞅从富国强兵的功利目标出发，反对宗法礼制。政治上，消灭亲亲尊尊之恩，"宗室非有军功论，不得为属籍"②。彻底废除"世卿世禄"制。在社会政策上，定异子之科，"民有二男以上不分异者倍其赋"③。这与"父母在，不许友以死，不有私财"④ 的儒家之礼是背道而驰的。

（四）重教和重刑的对立

儒家德治非常重视教化问题。孔子说，"不教而杀谓之虐。"⑤ 孟子说，"善政，不如善教之得民也。"⑥ 之所以如此重视教化问题，是因为在儒家看来：第一，教化可以止奸，抑制犯罪，"其为人也孝弟，而好犯上者，鲜矣；不好犯上，而好作乱者，未之有也。"⑦ 第二，教化是德治的基本要求。"圣人之道，不能独以威势成政，必有教化。"⑧ "礼者，禁于将然之前；而法者，禁于已然之后。"⑨ 只有通过教化，人民才能明白"礼"的要求，才会认同由"礼"所赋予的各自的社会角色，并自觉遵从之。第三，礼义文教是夷夏之辨的核心。在儒家看来，华夏之所以为华夏，是因为华夏有礼义文教，而夷狄之所以为夷狄，是因为夷狄无礼义文教。所以，教化问题事关夷夏之大防。从保守的角度来说，教化是为了保存先进的华夏文化，防止夷狄乱华；从积极进取的角度来说，教化是以夏变夷的必须，要使夷狄融入大一统的华夏政权必须首先让先进的华夏文化改造夷狄，而这必须倚重教化。孔子所谓，"远人不服，则修文德以来之"⑩ 正是此义。

法家主张重刑，这个重刑的主张与其对人性的认识有关。商鞅说："人情而有好恶；故民可治也。……夫人情好爵禄而恶刑罚，人君设二者以

---

① 《商君书·画策》。
② 《史记·商君列传》。
③ 《史记·商君列传》。
④ 《礼记·曲礼》。
⑤ 《论语·尧曰》。
⑥ 《孟子·尽心章句上》。
⑦ 《论语·学而第二》。
⑧ 《春秋繁露·为人者天》。
⑨ 《大戴礼记·礼察》。
⑩ 《论语·季氏》。

御民之志，而立所欲焉。"① 商鞅又说，"以战去战，虽战可也；以杀去杀，虽杀可也；以刑去刑，虽重刑可也。"② 社会上之所以"尚有奸邪、盗贼者，刑轻也"。"刑重者，民不敢犯，故无刑也。"③ 韩非对商鞅的重刑主张也是大加赞赏，他说，"轻刑"是"乱亡之术"，只有重刑才能止奸；刑重，民不敢犯，则不会伤民，而刑轻，"奸不止"，"犯而诛之，是为民设陷也"，反而伤民。④

法家的重刑主张还与重赏主张并在一起使用的。在法家看来，刑赏是驾驭人性的两个最好方法，所以，刑赏应该并用。但法家又认为，二者的地位应不同，刑是主要手段，赏是辅助手段。"治国刑多而赏少，乱国赏多而刑少。故王者刑九而赏一，削国赏九而刑一。"⑤

法家以为根据人性的特点，刑赏结合，以刑为主，即可达到天下大治。对于教化问题，法家不仅认为不必要，而且还实行愚民政策。商鞅主张"壹教"，即取缔一切违反法令和不利农战的思想言论。他将"礼、乐、诗、书、修善、孝弟、诚信、贞廉、仁、义、非兵、羞战"当成了"六虱"，有这"六虱"存在，"上无使农战，必贫至削"⑥。商鞅愚民的措施主要有以下几个：其一，去礼乐。其二，禁《诗》《书》，贱学问。其三，废好恶、去享乐。其四，遗贤弃智。其五，一言、一教。⑦ 在法家看来，只有使广大人民愚昧无知、朴实忠厚，人民才更容易治理，君主才能驱使他们按君主的意志从事农战，国家由此可致富强，而君主的地位也就会更加牢固。

### 三、秦汉以来儒法合流，王霸兼用

秦汉时期儒法的对立与合流的过程，并不仅仅是儒法两个学派在思想领域的冲突，其更广大更深层的意义在于，这个对立与合流的过程反映了秦汉时期中国进入天下一统时代后，人们对治国理念、政治制度和意识形态的思

---

① 《商君书·错法》。
② 《商君书·画策》。
③ 《商君书·画策》。
④ 《韩非子·六反》。
⑤ 《商君书·开塞》。
⑥ 《商君书·靳令》。
⑦ 徐奇堂：《试论商鞅的愚民思想》，载《广州大学学报（社科版）》2002年第9期。

考和抉择。儒法从对立走向合流，这使得德法合治统治策略在古代中国最终形成，并延续至明清。

在战国到秦汉这段历史中，中国的两个最重大任务是：一是结束列国征战，统一全国；二是如何治理统一后的大中国。儒家与法家均应去应对这两大任务。在此一历史背景下，政治人物和思想家或主动或被动都展开了各自的探索。

**（一）儒家学派的自我调整**

孔孟奔走游说列国，倡导德政仁政主张，虽也受到个别君主的礼遇，但其学说却被视为"迂远而阔于事情"，不能在政治上被付诸实践。面对这种失败的经历，战国中后期的一些儒者开始尝试"礼"之外的救世之道，于是一度被儒者极力排斥的"法"进入了儒者的视线。遂有荀子隆礼重法、王霸并用的主张。荀子的主张代表了儒家的一种主动调整。

在"以力征经营天下"的战国，法家的法治主张击中了各国君主的痛点，大受欢迎，各国纷纷在法家的指导下，变法图强。秦国变法最彻底，任法而强，进而一统天下。秦始皇废封建，设郡县，以吏为师，又焚书坑儒，法家势力一时如日中天，而儒家则陷入最低谷。不料，暴秦却二世而亡。

这种戏剧化的变化，促使当时清醒而务实的儒者更加理性地思考儒家学说的长处和缺点，从而拉开了儒家自我改造的历史过程。秦朝覆亡的教训，使得汉初的儒者对儒家的仁义道德多了一份自信；同时，敏锐的儒者马上意识到这是儒家获得政治实践的一个千载难逢的机会。儒者陆贾抓住机会提醒刘邦说，"居马上得之，宁可以马上治之乎？"[1] 陆贾乘机著《新语》一书，建议刘邦重视儒学，"行仁义，法先圣"，提出"逆取顺守，文武并用"的统治方略。

紧接着，贾谊认为秦亡国是因为"仁义不施而攻守之势异也"[2]，贾谊并没有否定法家的积极作用，他主张攻守异术。在征战兼并的时候，法家的霸道是必要的，而在统一之后，就应改弦更张，应行王道德政，以仁义为本。同时，贾谊对汉初现实问题的分析和建议，贯穿着黄老法家的权谋策略

---

[1] 《史记·郦生陆贾列传》。
[2] 贾谊：《过秦论》。

思想及追求事功的精神。如为了防止封建割据，提出"众建诸侯，而少其力"的建议；另外，贾谊提出的重本抑末、国家垄断采铜铸币等建议都抓住了社会问题的关键，而不是空言仁义道德的迂阔之谈。所以，司马迁一度把贾谊划入法家。① 但是，贾谊并没有放弃儒家的基本立场，他不过是吸收了法家的一些手段和方法。礼治和德政仍是贾谊所追求的政治目标，不过，法令、刑罚乃至权谋诈术是实现这一政治目标过程中时常要用到的手段和方法。这一点体现了贾谊与孔孟之儒的区别，孟子说，"何必曰利？亦有仁义而已矣！"② 这种主张把道德和功利对立起来，耻于追求事功，以为仁义可以感化一切。贾谊则把法家追求事功的精神吸纳进来了，体现出儒法融合的新儒家的特点。

董仲舒对儒学的改造则更加系统化。董仲舒在保留儒家的要义和理想的前提下，吸取法家、阴阳家、道家、墨家等学派的许多因素，对儒学理论大加改造，使得儒学与现实政治更加切合，最终使儒学成为主流的政治意识形态。董仲舒对儒学的改造有以下两个特点：

第一，调和王权与民权之间的矛盾冲突。在战国时代，在对待王权的问题上，儒家的主张一度非常激烈，无论是"暴君放伐论"，或是"君王易位说"，都让君权感受到莫大的威胁。秦汉时皇帝的权威已经远超战国时代的君主，这时，激进儒者所宣扬的赤裸裸的革命论或易位说无异于与虎谋皮，不仅十分危险，而且在客观上也阻碍儒学与政治的结合。董仲舒对此有清醒的认识，因此，他削弱或者说隐藏了儒学的锋芒。"屈民而伸君，屈君而伸天"③，在君民的关系上，董仲舒强调君王的绝对政治权威，以保障政权稳固为重。同时，董仲舒不放弃对君王的约束，"屈君而伸天"，是假天之威来制衡皇权，要求"王者承天意以从事"。天意无言，在儒家那里，抽象的天被阐释为具体的儒家教义，而儒家的教义一定程度上又是民心民意的表现。董仲舒所提出的天人感应论、三统循环论以及灾异论，一方面可以为皇权蒙上一层神授的合法性光辉，维护皇权的伦理感召力与政治权威性；另一方面也含蓄而坚定地表达了儒家制约皇权的立场，皇权若不能奉天承运，即

---

① 《史记·太史公自序》载："自曹参、盖公言黄老，而贾生、晁错明申、商。"
② 《孟子·梁惠王上》。
③ 《春秋繁露·玉杯》。

遵从儒家教义、以民为本，则天命就会转移，即政权的合法性将丧失。民、君、天三者是层级关系，但其中隐藏一种循环制衡的关系，因为抽象的天很大程度上就是民。儒家创造性地将抽象的天的观念引入到君民关系问题上，既强调了民服从于君的必要性，维护一个政权应当具有的强制力；又表达了君服务于民的观念，昭示了政权的合法性和道义性基础。这样一种君民关系架构比那种激烈的理想主义的君民关系更富有张力，更有利于维护政权的长久稳固。

第二，迎合了大一统政治的需求。董仲舒治《公羊春秋》，非常强调大一统，他说："《春秋》大一统者，天地之常经，古今之通谊也。"他将大一统上升为宇宙间的普遍规律，认为现实的政治秩序也必须与这一规律相符，这就为现实的大一统政治建立起一个哲学上的合法性基础。大一统强调反对诸侯分裂割据，强调加强中央集权，强调意识形态的统一，这些主张既切中西汉社会的主要问题，又对维护王朝政治的稳固具有深远的意义。

### （二）统治者王霸兼用

对于治国策略的抉择而言，秦朝的突然暴亡是一件具有转折意义的事件。西汉初，法家的治国策略不仅被儒、道学者大加批判，儒学、黄老之学借机上位，而且统治阶层也在反思法家的治国策略，寻找新的治国指导思想。不过，汉初的制度基本沿袭秦朝，并没有太多改变。汉朝的《九章律》是在《秦法经》盗律、贼律、囚律、捕律、杂律、具律的基础上增补户律、兴律、厩律而成。除法律制度外，汉朝还承袭了秦朝的中央官制、郡县制、监察制度、官吏选任及管理制度、赋税制度等。汉承秦制，可以说是一种必然。秦朝所形成的一套治国制度是在春秋战国几百年的列国争雄过程中被选择下来的，适应大一统的社会发展形势，其本身就具有很强的历史合理性。秦国自从秦孝公任用商鞅变法以来，就以实行法家的治国策略而富国强兵，并进而统一六国，创立盖世伟业。这个历史进程证明了法家治国策略确有其过人之处。再者，刘邦政权中多数人是都是草莽英雄，短期内也不可能创制出一套系统的治国制度，于是唯有沿袭一途。汉承秦制，汉初在相当程度上保存了秦朝的严刑苛法，二者在制度上并无太多的差别，但在指导精神上，则有重大区别。秦朝以法家学说为指导精神，其推行严刑苛法，是为了行"有为"之政，追求事功。而汉初以黄老学说为指导精神，追求"无为"政治，制度上"无为"就是因循秦朝制度，维持社会秩序；事功上"无为"则是轻徭薄赋，与民休息，放弃事功，奉行收缩策略。法家制度加"无为"精神是汉初治国策略的总体特征。

经过文景两帝几十年的休养生息，至汉武帝执政时，汉朝已经积蓄了充分的力量，为追求"有为"之政提供了坚实的基础，此时，朝廷再无理由奉行收缩无为策略了。黄老"无为"之学再也不能担当起治国指导思想的重任了。于是，黄老"无为"之学渐被排斥，儒家思想被推上了"独尊"的地位，并广泛付诸政治实践，主要表现如下：第一，以儒学来论证汉朝受命的正统性。汉承秦制，起初并没有确定自己的德运系统而改定服色制度，至武帝一朝才最终确定土德为本朝的德运，"色上黄，数用五，定官名，协音律"。[①] 并依儒家学说建立辟雍、封禅、巡狩、明堂等制度，以儒家学说来强化政权的合法性。第二，依儒学选拔和教化人才，推广儒家伦理。置儒家五经博士，罢各家传记博士；黜黄老刑名百家之言，从儒生中选拔人才和官员；中央兴太学，地方设庠序，以儒家经典教化民众。第三，《春秋》决狱，把儒家经义纳入法律。经过武帝及其后面几任皇帝的努力，儒学终于成为主流的政治意识形态。

儒学虽然获得独尊的地位，但是国家的大政方针并没有完全遵从儒家主张。汉武帝为了配合征伐匈奴的大计，在真诚尊儒的大旗之下，反而强化法家的系列举措。如：任用文法酷吏，以严刑峻法治吏，树立法律权威。武帝一朝，酷吏之多，空前绝后。[②] 这些酷吏虽然用刑太酷，伤害无辜，但在打击分裂诸侯、地方豪强等分离力量以巩固中央集权，以及打击贪腐、澄清吏治等问题上，确实起到一定的积极作用。又如，在经济财政政策上，武帝任用商人出身的桑弘羊，先后实行了盐、铁、酒官营、均输、平准、算缗、告缗，统一铸币等经济政策。在昭帝元始六年（公元前81年）的盐铁会议上，这些政策虽被儒家贤良文学指斥为"与民争利""富国而祸民"，[③] 但这些政策的确帮助汉武帝实现了富国强兵的目标，有力地支援了汉武帝的对外

---

① 《汉书·武帝本纪》。
② 《史记·酷吏列传》所载十一名酷吏，竟有十位都是武帝时的，以郅都、赵禹、张汤、王温舒、杜周等最为有名。
③ 《盐铁论·非鞅》。

战争。再如，在对外战争问题上，武帝好大喜功，不惜穷兵黩武，完全是法家作派。

可见，武帝虽然独尊儒术，却没有独用儒术，而是儒法并用，外儒内法。有人或许以为，武帝实行法家措施是在战争状态下采取的权宜之策，非常态。其实不然，统治者从政治现实中，已经认识到儒家的德政与法家的法治各有优长之处，治理大国，势必要求儒法并举，取长补短，偏废任何一方可能都不利国家的长治久安。武帝之后，匈奴问题基本解决，国家少有对外战争。但昭、宣两朝也并没有完全以孔孟之道治国，汉宣帝曾言："汉家自有制度，本以霸王道杂之，奈何纯任德教，用周政乎！"[①] "昭宣中兴"局面之所以能够出现并维持，其重要原因之一恰恰是坚持儒法并举的治国策略。而宣帝之后的元帝，"柔仁好儒"，掌国之后，单崇儒家，纯任德教，治国完全以经学为指导，选官用人完全用儒家标准，宽弛无当。儒法并举的一贯方针被打破，造成君权旁落，宦官、外戚相继为祸。西汉的衰亡正是从元帝开始的。

德法合治统治策略在西汉基本上得以形成，西汉以后的大一统王朝，大都延续这一统治策略。历史上的盛世，从汉武盛世到昭宣中兴，从贞观之治到开元盛世，这期间的帝王都坚持隆礼重法、德法合治的统治策略，从而出现较好的治理和发展局面。德法合治的传统可以说是中国传统法律文化的瑰宝。

**四、儒法在治国功效上的互补性**

如前所述，儒家与法家的治国主张完全针锋相对，其对立程度不可谓不紧张。然而，这两种相互对立的治国主张们之间的互补性也非常明显。如何建立与维护大一统秩序？如何治理大一统的中国？这是中国王朝的两大核心任务，在应对这两大任务方面，儒法各有擅长，而且，己之所短，恰是彼之所长。

第一，儒家思想能更好地解决政治秩序合法性问题，而法家不能。政治秩序的合法性问题，是政治理论的核心问题。一国的政治秩序必须要有合法

---

[①]《汉书·元帝纪》。

性基础，否则人民不会心服，动乱的根源始终不会消除。武力可重建政治秩序，但武力不可能长久地维持一国的政治秩序。故此，无论是儒家还是法家，都必须对政治秩序的合法性问题做出解答。显然，儒家能较为圆满地回答政治秩序的合法性问题，而法家不能。儒家所主张的王道政治不恃暴力，行仁政，修文德，兴教化，省刑罚，薄赋税，为政以民为本，因此，王道政治具有民意合法性，人民能够心悦诚服地服从政治权力与政治秩序。

而法家的主张是一种霸道思维。法家的霸道并没有深入思考政治秩序的合法性问题。霸道崇拜力与刑，不重视人心向背问题。他们对政治秩序合法性的回答是，存在即是合法。"凡人君之所以为君者，势也。"[①] 君主只要掌握了权势，便自然是至尊至贵的了。至于君主是否仁德，是否贤能，法家对此不加考虑。所以，法家是不能解决政治秩序的合法性问题的。

第二，儒家重视伦理教化，能凝聚人心道德，为天下所归往，而法家不能。儒家追求内圣外王，这是一个由内及外，由己及人的过程。儒家相信人性本善，相信通过教化可发挥人的善端。父慈、子孝、兄良、弟弟、夫义、妇听、长惠、幼顺，是儒家对血缘伦理和道德伦理的要求。儒家把血缘伦理和道德伦理升华为政治伦理，以此构建仁政、德政、民本等为政理念。而血缘伦理和道德伦理又是维持儒家王道政治秩序的一个最大保障。儒家在血缘伦理和道德伦理的基础上抽象出的政治伦理就具有很强大的号召力，人们诚心地服膺于儒家的为政理念，并以维护儒家的王道秩序为己任。"王，天下所归往也。"[②] 社会人心道德有了一个凝聚的中心，更能发挥其化人的作用。王道教化并不需要借助国家公共资源去推行，王道教化很大程度上是民间自发地，而且能够长期坚持。

如果说，儒家是本着顺应人情的角度去设计为政理念的话，那么法家则是从违逆人情角度去设计为政理念的。法家对人性的假设是完全的恶，认为，即使是父子、母子、夫妻之间，人也会为了自利而不顾一切。法家崇尚力和刑，认为为了追求富国强兵的目的，必须以刑和力去改造血缘伦理和道德伦理。不相信人性有向善的一面，主张"以战去战""以杀去杀""以刑

---

[①] 《管子·法法》。

[②] 《说文解字·王》。

去刑"。也不相信教化的作用，主张"壹教"，以法令、政策统一人们的思想，去礼乐，禁《诗》《书》，实行愚民政策。以为只有使广大人民愚昧无知、朴实忠厚，人民才更容易治理，君主才能驱使他们按君主的意志从事农战，国家由此可致富强，而君主的地位也就会更加牢固。因此，法家霸道秩序下的人心道德和教化问题，必须始终依靠国家公共资源去维系。而儒家王道教化是"我无为而民自化"，法家霸道教化则须臾不得离开刑和力。

第三，儒家具有理想和道德，从道不从君，主张对君权进行一定的限制，而法家抛弃道德，以维护君主为依归。儒家的王道政治是有理想的政治。在其理论体系中，有判定王权地位合法性的标准。王者受命于天，天命无言，何以展现？只有通过人事来展现，具体化为两个方面：一是要求君主仁德，"天命有德""惟仁者宜在高位"，君主得按此要求进行"正君"。二是天命表现为民心民意，"天视自我民视，天听自我民听""民之所欲，天必从之"，等等。在天命转移的时候，王权就不具有合法性，这时，君主就得禅位，在必要时，人民可以革命，放伐暴君。此外，在儒家的理论体系中，还有许多处理君臣关系和君民关系的主张，如孔子说，"以道事君，不可则止"[①]，"君使臣以礼，臣事君以忠"；[②] 孟子言，"民为贵，社稷次之，君为轻"[③]"是故得乎丘民而为天子"[④]，"君之视臣如手足；则臣视君如腹心；君之视臣如犬马，则臣视君如国人；君之视臣如土芥，则臣视君如寇雠。"[⑤] 孟子还提出了"易位"说："君有大过则谏，反覆之而不听，则易位。"[⑥] 儒家的这些理念虽然是软性的，没有即刻的强制作用，但当儒学成为主流的意识形态之后，特别是这些理念掺入文官系统后，其对君权的制约的作用不可忽视。

而法家理论体系中不含有约束君主的机制。法家理论只从君主和国家的角度思考治国策略，他们的理论是君主之私谋。"法""术""势"只为巩固君主专制权位服务，不带有约束君主的色彩。而人民在法家眼中，只是可

---

① 《论语·先进》。
② 《论语·八佾》。
③ 《孟子·尽心章句下》。
④ 《孟子·离娄章句上》。
⑤ 《孟子·离娄章句下》。
⑥ 《孟子·万章章句下》。

以用来耕战的工具,从来没有获得主体的地位。所谓"有君无民"是也。另外,法家的思想只注重治国之术,而很少谈及对道——即自然之规律或终极之价值的追求,甚至对君主贤与不肖的问题也不加考虑,没有形成对君主的为政行为进行道德评价的标准。

但法家也有其优势:

第一,法家能富国强兵,扫荡群雄,一统天下,而儒家不能。法家以功利目标为依归,一心谋求富国强兵,重农,重智,重力,往往能够及时响应历史潮流的变化,通过政治改革使国家首先强大起来。齐桓公和晋文公的霸业就是建立在改革内政的基础上的。而在战国时期,"天下方务于合从连衡,以攻伐为贤",[①] 法家更是成为列国图存争雄的法宝。魏用李悝,楚用吴起,秦用商君,齐用孙子、田忌之徒,韩用申不害,燕用乐毅,内立法度,外务兼并,均以法术图存争雄,上述列国均有一时之盛,而最后由秦国吞并六国,一统天下。秦之所以能最后一统天下,非是因为关中地势险要,乃与秦自始至终执行法家政策有关。而儒家学说在战国之世,被认为是"迂远而阔于事情"[②]。孟子奔走呼号,游说齐宣王、梁惠王行王道,虽受礼遇,却不见用。这一切均是因为儒家虽有美好理想,却不能有效地帮助列国谋求富强,因而,难以在"以力征经营天下"的时代被付诸实践。因而,在乱世,法家的富强之术能扫荡群雄,终结乱世,一统天下,而儒家仁义道德并不能完成终结乱世、恢复秩序及和平的任务。

第二,法家以明确性的法律规范治吏治民,一断于法,上下知所守,而儒家的礼在明确性和强制性上都不及法律。先秦之时,儒墨老庄之学说,有抽象的理想和原则,但都缺乏行为的具体规范。儒家主张克己复礼,但是礼崩乐坏了,礼又如何能明确?更何谈让人遵守?在大一统的时代,存在于儒学典籍中的礼,其核心内容虽然相对明确,但是在许多具体行为上仍然是模糊的,而且,礼又不是国家所立,强制力有限,更多是依靠"己所不欲,勿施于人"[③] 这样一种人心和道德力量去推行。因此,儒家的礼在未入法之前,始终缺乏推行实施的力量。而法家恰恰长于此道。法家主张"以法治

---

[①] 《史记·孟子荀卿列传》。

[②] 《史记·孟子荀卿列传》。

[③] 《论语·颜渊》。

国"，立法度，严刑罚，饬政教，禁奸伪，乃是法家的看家本领。"明主使其群臣不游意于法之外，不为惠于法之内，动无非法……故以法治国，举措而已矣。"① 法家所立之法具有很强的明确性，并以很强的决心去推行，"法不阿贵，绳不挠曲。法之所加，智者弗能辞，勇者弗敢争。刑过不避大臣，赏善不遗匹夫。"② 故而，法家一断于法，使上下知所守，在明确性上，强于儒家的"克己复礼"的方式。

总之，儒法各有擅长。法家以激烈的变革应对形势的变化，以暴力与法术富国强兵，屡建武功，最终帮助秦始皇荡平了六国，建立了大一统的国家。但是法家专任刑法，有功利目标而无道德追求，在政治秩序的合法性问题以及人心教化问题上毫无建树，故虽然可以建功立业于一时，却不能保障天下太平于久远。而儒家从人心道德着手，隆礼重民，提倡王道，试图以此重建政治秩序和社会秩序。虽然在列国征战时代被认为是"迂远而阔于事情"，不能在政治上被付诸实践，但是，儒家所追求的政治秩序是一种具有道德性的秩序，为"天下所归往"，具有深厚的合法性基础，而不仅仅诉诸武力维持，所以，儒家确实是力图从根源上消除致乱之因素，故而，常能建立长治久安之基业。

## 第二节　传统政法文化的要义与特征

### 一、天下为公，以民为本

天下为公思想在中国源远流长，尤为儒家所倡导。《礼记·礼运》上说，"大道之行也，天下为公，选贤与能，讲信修睦。故人不独亲其亲，不独子其子，使老有所终，壮有所用，幼有所长，矜、寡、孤、独、废疾者皆有所养，男有分，女有归。货恶其弃于地也，不必藏于己；力恶其不出于身也，不必为己。是故谋闭而不兴，盗窃乱贼而不作，故外户而不闭，是谓大同。"这是天下为公，建设大同社会思想的最早体现。在古代中国，天下为

---

① 《韩非子·有度》。
② 《韩非子·有度》。

公理念与具体的政治实践相结合,具有十分丰富制度含义。

首先,为政必须出于公心,而非出于私心。王权或政权不是一家一姓的私物,也不是某一阶级或某一种族的工具,"天下者,天下之天下,非一人之私有也",[1] "王,天下所归往也。"[2] 王权或政权要接纳天下万民的向往之心,假若失去公心,如何维持万民的向往之心?皇位或可在一家一姓之中传承,[3] 但为政不可因阶级或种族的不同而歧视对待,更不能为一家一姓之利益而盘剥天下万民。为政必须出自公心、仁心,符合德性的要求,要从整体和全体的角度出发。其次,为政要依赖具有公心的人。儒家强调为政在人,这里的人除了要求具有相应才能之外,更要具有良好的道德,也即要具有公心。荀子说,"有治人,无治法。"[4] 制度总是要靠人来实施运行的,不得其人,在私心主导之下,虽有好的制度,仍然处处是漏洞,而若得其人,在公心主导之下,即便制度不好,却仍可最大限度地弥补和纠正其中的漏洞。"人存政举,人亡政息",为政高度依赖具有公心的人。若不是具有公心的人在执政,其合法性就要受损。再次,为政要教化和培养具有公心的人。儒家相信人性本善或人性可改善,通过后天的社会环境的教化训练和个人的修身养性,可以提升道德,完善人格,成为君子、仁人,甚至圣人。一个政权对此负有责任,若社会人心浇漓,道德沦丧,其政权的合法性也要受损。

"公天下"也是我们当代执政党的为政之道,"权为民所赋、权为民所用",公权力不是阶级之权而是全民之权,这些理念和制度与我们传统的天下为公思想是一致的。天下为公还可以推展为"仁者与天地万物一体"的观念,可以包含着"天下一家""王者无外"这样的意识,与我们当下倡导的人类命运共同体也是相契合的。

以民为本思想在传统政治哲学中源远流长,并且一以贯之。坚持以民为本就是要在思想上和制度上坚持以下几个方面:一是,"民惟邦本,本固邦

---

[1] 朱熹:《四书集注·孟子万章注》。
[2] 《说文解字·卷一·王部》。
[3] 皇位世袭,并不符合天下为公的精神,但在古代社会,该制度有其社会功能,有助于防止因争夺皇位而引发的残酷政治斗争和社会战乱,并维护权威的形成。在具有可行性的替代制度出现之前,该制度的存在具有一定的合理性。
[4] 《荀子·君道篇第十二》。

宁"。在一个国家的政治生活中,民是根本,是政权最终的依靠力量。《穀梁传》明确提出:"民者,君之本也。"二是立君为民。《尚书·泰誓》说,"天佑下民,作之君,作之师"。设立君主的目的是让他来为民做主,而不是让天下之人供奉皇帝一人。人民又是目的,是政权应当服务的最终对象,执政为民,统治者对民必须怀有仁爱之心,担负起"富之""教之"的责任。三是君主应当体察民心,顺从民意,关心民间疾苦。《礼记》《春秋》等古代典籍中有许多关于广开言路、疏导民怨、纳谏兼听的论述。古代中国,各种言路、谏官的设置,一个很重要的目的就是要广开言路、体察民情、顺因民心。

民本思想与西方的民主思想是有区别的,同时也存在联系。中国古代的民本思想主要内容包括民为邦本、立君为民以及倾听民意等思想成分。民本论主要是从君主立场出发,说明民对君的重要性,进而向君主提出一种道德诉求,要求君主及其各级官吏修身立德,在言行上,在政策上,体察民情、顺应民心,它的核心是爱民利民。民主思想主要内容包括主权在民、法律至上与权力制约思想。民主论主要是从民众立场出发,宣扬主权在民,民众通过民主投票的方式限制和约束政府权力,表达自己的利益诉求,它的核心是主权在民。

## 二、隆礼重法,德主刑辅

隆礼重法的主张是荀子最先提出来的。他说:"人君者,隆礼尊贤而王,重法爱民而霸,好利多诈而危,权谋倾覆幽险而亡。"① 在这里,荀子则把治国之道区分为王、霸、危、亡四个类型。在孟子那里,治国之道只有王、霸两个类型,孟子认为王道与霸道又是对立的,孟子以王为是,以霸为非,孟子尊王黜霸。而荀子认为,王是理想类型,霸虽次于王,然而仍不失为善政,"上可以王,下可以霸"②。危、亡等类型则都是危亡取乱之道,没有可取之处。

荀子秉承王道理想,倡导王道社会,但也深知若要建立事功,霸道更具

---

① 《荀子·强国》。
② 《荀子·王霸》。

可行性。因此，荀子重礼仪，亦重功利，他对霸道也寄予期望，所以他不仅肯定了霸道曾经的功业，而且认真地研究了霸道中蕴含着的实用治国技术，甚至他也把儒家王道的部分理想和制度融入了他的霸道学说中，"重法爱民而霸"，就是一个例子。所以，是荀子开启了王霸结合的思想先河。

在后世政治实践中，无论是儒家学者，还是统治者们，实际上都是采纳了荀子的主张。他们对礼与法的关系做了很好的定位。礼与法必须相互配合，倡导礼治，绝不能不要法律，礼治还是需要法律来保障。"礼以定伦"，法能"定分"，二者可以相互为用。但是礼与法，又并不是并列关系。礼为法之本，礼要高于法。在制定和适用法律时，先得把名分和礼乐搞清楚，"礼"是法的灵魂，是法的纲领，法是用来维护尊尊秩序和亲亲精神的，离开了礼，刑罚就失去了目的，就不会得当；而刑罚不得当，民众就会不知所措，尊尊亲亲的有序和谐的社会就不可能形成。所以，孔子说，"礼乐不兴，则刑罚不中；刑罚不中，则民无所措手足。"[①] "道之以政，齐之以刑，民免而无耻；道之以德，齐之以礼，有耻且格。"[②] 只讲法治，不讲礼治，百姓只是畏惧刑罚，一有机会仍会作乱。礼义是立法的精神，如果人们爱好礼义，其行为就会自然合法，甚至不用刑罚，百姓也能自然为善。因此，必须礼法并重，用刑罚来辅助礼治。

"德主刑辅"也是传统法治的一个重要特征。德主刑辅思想萌芽于西周的"明德慎罚"思想，经过孔子、孟子、荀子、董仲舒等古代思想家的继承、发展和改造，最终使"德主刑辅"上升为历代统治者的基本治国策略。德主刑辅思想是要求统治者要注重德教，慎重使用刑罚。因为德礼是根本，是人们行为规范的精神内核，是刑罚的依据。只有人们内心认同德礼，其才能自觉自愿遵守社会规范。所以，治理百姓，要先德后刑，先教后诛，不能"不教而杀"。孔子说，"道之以政，齐之以刑，民免而无耻；道之以德，齐之以礼，有耻且格。"[③] 用政令和刑罚这种强制手段来治理百姓，只能使人民暂时免于犯罪，却不能使人民感到犯罪可耻；只有以德礼为治，才能使人民有羞耻之心，从而内心归服。在治国方略上，德礼和刑罚是治本和治标的

---

① 《论语·子路》。
② 《论语·为政》。
③ 《论语·为政》。

关系，统治者严刑峻法，滥用刑罚，并不能使社会长治久安。孟子说："善政不如善教之得民也。善政，民畏之；善教，民爱之。善政得民财，善教得民心。"①《唐律疏议·名例》篇中说："德礼为政教之本，刑罚为政教之用，犹昏晓阳秋相须而成者也。"清廷在编纂《四库全书》总目政书类法令目时按语称："刑为盛世所不能废，而亦盛世所不尚，兹所录者，略存梗概而已，不求备也。"可见，在传统中国统治者心中，德主刑辅观念是非常深入人心的。纲常礼教才是治国之本。

中国古代德主刑辅思想上升为治国方略，确实有助于改善社会治理，维护社会秩序，进而巩固帝国的统治。德主刑辅原则是中国历史上统治阶级统治经验中非常重要的一个方面。这个原则也在一定程度上缓和了社会的矛盾，体现了中国对社会秩序进行综合治理的思路，并将治本和治标相结合的辩证思维。这里面的经验值得我们进一步研究和借鉴。

### 三、贤人政治，精英主义

传统中国将人作君子（贤人）与小人的区分，主张贤圣在位。虽然政治上要求以民为本，倾听民心民意，但又对普通民众的理性判断能力持有怀疑态度，推崇贤圣为民做主，具有浓厚的精英主义色彩。贤圣在位，有德者有其位。具体而言，贤圣在位有以下几层意思：

第一，每个人都有同样的机会修炼成贤圣。贤人是道德上和才能上超群的人，在儒家理想中，君子（贤人）与小人的区分，不是基于出身，也不是基于社会阶层，而是任何人任何时候都可以进行的克己修身功夫造就。无论是圣人君子，还是庶人百姓，在人性上并不存在区别。孟子说，人皆有四端②（《孟子·公孙丑上》），"圣人与我同类"（《孟子·告子上》），又说，"人皆可以为尧舜"（《孟子·告子下》）。也就是说，从人性的角度而言，人人都具有成为君子（圣人）的基础和机会，通过个人的后天努力，克己复礼，积善修德，提升人格，人人都可以成为君子，甚至圣人。孔子也说，"为仁由己"，"我欲仁则斯仁至矣"。能不能成仁成圣，取决于个人的主观

---

① 《孟子·尽心上》。
② 恻隐之心，仁之端也；羞恶之心，义之端也；辞让之心，礼之端也；是非之心，智之端也。人之有是四端也，犹其有四体也。

努力，取决于个人的修身程度，跟个人的出身或者社会地位没有关系，甚至与个人能力也没有关系。子曰："有能一日用其力于仁矣乎？吾未见力不足者。"（《论语·里仁》）孔子仁者，人心，为仁用力之处即在己心，只要下定决心，不患力不足，用一天力即见一天功。

君子（圣人）与小人的不同，不在才能，而在于德行。"君子喻于义，小人喻于利。"（《论语·里仁》），君子能够推己及人，"老吾老以及人之老，幼吾幼以及人之幼"，直至"民胞物与"①，"以天地万物为一体"（《孟子·梁惠王》）。故而，君子（圣人）一旦掌握了治理社会和国家的权力，他仍会遵从"天下为公"的理想，而不会以公器去谋私利。当然，贤圣也是相对的，君子也常常难以做到无一毫人欲之私，所以，必要的监督仍是必要的。

第二，培养与选拔贤才。孔子说，"君子尊贤而容众，嘉善而矜不能"（《论语·子张》）。孟子倡导"尊贤使能，俊杰在位"（《孟子·公孙丑上》）。"举贤才"向来是儒家所主张的为政的重要措施之一，举贤才意味着需要打破宗法血缘关系选拔人才。在世卿世禄制盛行的春秋战国时代，列强争雄，各国统治者迫于富国强兵的压力，往往不拘一格地招聘、选拔、任用会理财、打仗、治国的人才。唯才是举在这个时代还被视为一种破格或例外。但是秦汉以后，推举或选拔制就渐渐成为主流，而世袭制则成为例外。隋唐以后，科举制逐渐成熟，在制度层面，对于官员选拔是要求不问身世、唯才是举。培养与选拔是紧密结合在一起的。科举考试只是一道准入门槛，任用和升迁的考核伴随终身。

第三，贤圣在位意味着精英政治，在政治权利上人与人之间是不同的。人人都可以或有机会成仁成圣，但每个人最终修炼到的程度是不同的。社会上，有君子，有小人，有贤与不肖，有中人以上，中人以下，这可能是个人的天赋条件或社会环境造就的，更可能是个人主观努力所造就的。贤圣在位意味着为政的权利只对贤圣开放，而对小人或普通民众是限制的。但小人或普通民众修身成为贤圣的大门始终是开放的。为政以及参政议政都必须具备一定的道德和能力，而小人或普通民众或者被私欲蒙蔽，不能践行天下为公

---

① 张载《西铭》："民吾同胞，物吾与也。"

原则，或者能力不足，不能明辨是非善恶，所以对他们的政治权利要进行限制。所以，孟子才说"劳心者治人，劳力者治于人"。①

### 四、典章完备，注重理性

中国古代制定法十分发达完备，是制定法最发达的国家。这一制定法体系发端于战国时代，至秦汉时代初步成形，又经过三国两晋南北朝近四百年的发展，在隋唐时期，法典式立法达到了顶峰。其标志是《贞观律》《贞观令》和《唐六典》等法典的出现。有学者将其概括为"律令制"架构，"律为主（正），令为辅（副）；律为刑罪法，令为政导法；律为稳固少变之法，令为因时修订之法。"② 律、令、格、式是唐代法规的基本形式，此外还有典、敕、例。把律、令、格、式、典、敕、例多种法律形式结合起来，组成一个完备的法律体系，用来调整各方面的社会关系。《唐六典》说："律以正刑定罪，令以设范立制，格以禁违止邪，式以轨物程式。"《新唐书·刑法志》说："令者，尊卑贵贱之等数，国家之制度也。格者，百官有司之所常行之事也。式者，其所常守之法也。凡邦国之政，必从事于此三者，其有所违，及人之为恶而入于罪戾者，一断以律。"不同的法律形式，承担不同的功能。大体来说，律是刑法典；令是有关国家基本体制的规范；格是国家机关各部门在日常工作中据以办事的行政法规；式是国家机关的公文程式；典是关于官制的法规；敕是皇帝的行政命令；例是过去办案的成例。律令是根本大法，地位最高，格式是从诏敕中选编出来的具有永久性的法规，格式地位次之，诏敕又次之。"唐以后'律令体制'形式有变，但实质仍存。"③

中国古代的律典与令典，结构合理、简要，内容简练，法典化程度很高。以《永徽律》为例，《永徽律》是唐高宗命长孙无忌等人根据《武德律》和《贞观律》编撰的法典，共十二篇，五百零二条，篇名依次为名例、

---

① 《孟子·滕文公章句上》。
② 范忠信：《律令关系、礼刑关系与律令制法律体系演进——中华法系特征的法律渊源角度考察》，载《法律科学》2014年第4期。
③ 范忠信：《律令关系、礼刑关系与律令制法律体系演进——中华法系特征的法律渊源角度考察》，载《法律科学》2014年第4期。

卫禁、职制、户婚、厩库、擅兴、贼盗、斗讼、诈伪、杂、捕亡、断狱等。为了使执法官吏懂得每一条文的精确含义,确保法律适用的统一,永徽三年,又命长孙无忌等人撰写《疏议》,对《永徽律》逐条逐句进行解释。《律疏》与《律》合为一体,《律》和《疏》具有同等的法律效力,统称《永徽律疏》。《永徽律疏》把法律规范与儒家经典有机统一,是自春秋以来,中国人推崇成文法的完美结晶。

唐代首创的义疏,解决了成文法面临的一个普遍问题。法典内容简要,条文抽象,并且需要保持稳定,这就会导致法律适用中不确定性。而义疏的解释使律文具体化、细密化,保证律文的统一理解和执行。"自是断狱者皆引疏分析之",而律文可以无甚改动。经过长期实践,发展到清朝,通过司法案例积累、概括并经立法机关确认的成例在法律体系中占据着重要地位。中国古代法律对成文法典与判例法两种法律形式各自的优点和缺点都有很充分的认识,并将二者结合起来。判例法的出现,不仅在法律形式上弥补了成文法的不足,还在法律适用上有助于实现实质正义。"清朝《大清律例》标志着一种能同时满足稳定性与可变性的法律形式体系的出现。清朝法律形成了成案、通行、条例与律典四层次结构,它们承担了法律适用中不同法律渊源的功能,构成了稳定性与可变性俱备的动态体系。"[①]

中国传统法律的理论与实践都高度理性化,在古代世界,只有罗马法的理性化程度才可与其匹敌。首先,中国古代法律很早就脱离了宗教的控制和影响,高度世俗化。宗教组织对中国政治和法律的影响比较小。至少从西周开始,中国的政权和法律就已经世俗化了。秦汉以后,中国的宗教像佛教、道教等对政治的影响非常小。政教分离,法律是高度世俗化的。而在古印度和古代伊斯兰国家,政教不分,世俗政权深受宗教控制和影响,连立法权都掌握在宗教组织那里。中世纪欧洲,教会与王权是并立关系,并且彼此争斗不休,政治和法律受基督教会的影响非常大。

其次,道德法律化,追求法律的确定性。古代中国是一个伦理型社会,法律也特别重视伦理道德。出礼入刑,一准乎礼。使法律不与伦理相悖,用法律保护伦理。但这并不代表中国古代法律规范与伦理道德规范混同,也不

---

[①] 胡兴东:《中国古代法律形式结构研究》,载《北方法学》2014年第3期。

代表司法审判经常援引道德规范裁判。古代司法也强调形式理性，追求法律的确定性。先秦法家注重成文法的完善，要求凡事"皆有法式"，"一断于法"，严格限制执法者的自由裁量空间。儒家对形式法治的缺陷有较多的认识，强调"有治人无治法"，主张在僵化的法律的形式和条文面前，应给执法者更多变通的空间，以追求好的社会效果和实现公平正义，即所谓天理国法人情相统一。但是这并不意味着儒家主张放弃对法律确定性的追求。"儒家并不是主张法律可以随意或任性，恰恰相反，儒家反对的是：以法律条文形式上的'呆板'损害社会生活中所应有的'确定'。支撑法律条文背后的精神在儒家的法律观中，永远高于法律的条文，那种'确定'是不言而喻的人们心目中共有的准则，是'天经地义'的。"[①]

再次，司法裁判"守文"为主，追求形式理性。依据法家的治国主张，形式主义司法在秦汉时期已经基本确立。东汉末年以及三国两晋的动乱时期，又出现实质主义司法，这种司法符合韦伯所说的"实质非理性"标准，诉诸"法外标准"的"灵魅、情感或未经反思的传统"等，这种司法采取的是"法外标准"，或者裁决案件的依据变化莫测，因而裁决结果往往具有随意性或高度不确定性。周永坤教授认为，"魏晋之际，有识之士开始反思实质主义，证成形式主义司法，这便是发生在魏晋之际的司法哲理之辩。论辩双方就形式主义的'守文'裁判与实质主义的'至善'裁判在方方面面进行了论辩，最终确立了司法者'守文'、疑难案件大臣释法、皇帝法外权衡这一中国古代司法形式主义的基本模式，这对唐以后直至清末的立法、司法产生了极其重大的影响。"[②] 张伟仁教授认为，指责中国传统司法者不遵循法律和先例，仅仅就事论事，凭天理人情作成判决，是"卡迪司法"这一命题，是不符合史实的。[③] 张伟仁教授指出，"大致而言，中国传统的司法者在处理案件时，遇到法有明文规定的事件都依法办理；在没有法或法的规定不很明确的情形，便寻找成案，如有成案，便依照它来处理同类案

---

[①] 马小红：《"确定性"与中国古代法》，载《政法论坛》2009年第1期。
[②] 周永坤：《〈晋书·刑法志〉中的司法形式主义之辩》，载《华东政法大学学报》2017年第6期。
[③] 参见张伟仁：《中国传统的司法和法学》，载《现代法学》2006年第5期。

件。"① "倘若裁决者不以寻求公平正义为目的,任何的规则都可能被他滥用。国法被滥用的可能尤其大,……相对的,某种准则既被认为合乎'天理''人情',可见必定是为多数人公同认可的,可以由一般有常识、理智的人加以验证确认的。当然它也可能被滥用,但滥用的过程和结果都可以很容易地被一般人看出来,所以其滥用反而比较困难。"② 可见,传统司法是非常强调遵循法律和先例的。

## 第三节 传统治国理政思想对社会主义法治建设的启发与借鉴

习近平总书记指出:优秀传统文化是一个国家、一个民族传承和发展的根本,如果丢掉了,就割断了精神命脉。③ 传统治国理政思想中内含许多中国传统文化的优秀基因,比如以民为本、德法合治、修身立德、崇尚和合等。在我们建设中国特色社会主义法治道路过程中,我们需要从中得到启发和借鉴,并将其作为当代法治建设的重要思想文化资源。为此,择其要者,论述如下:

### 一、奉法废私,一断于法

传统中国的一些法律思想不仅在古代世界闪耀着光芒夺目的光辉,即使放到现在,仍然不过时,依然深刻独到。比如,战国法家韩非阐述的治国必须"不务德而务法"、法治能够"不待贤而为治"等观点。

夫严家无悍虏,而慈母有败子。吾以此知威势之可以禁暴,而德厚之不足以止乱也。夫圣人之治国,不恃人之为吾善也,而用其不得为非也。恃人之为吾善也,境内不什数;用人不得为非,一国可使齐。为治者用众而舍寡,故不务德而务法。夫必恃自直之箭,百世无矢;恃自圜之木,千世无轮

---

① 张伟仁:《中国传统的司法和法学》,载《现代法学》2006 年第 5 期。
② 张伟仁:《中国传统的司法和法学》,载《现代法学》2006 年第 5 期。
③ 习近平:《在纪念孔子诞辰 2565 周年国际学术研讨会暨国际儒学联合会第五届会员大会开幕会上的讲话》,人民出版社 2014 年版,第 11 页。

矣。……不恃赏罚而恃自善之民，明主弗贵也。①

韩非认为，"人之情性，贤者寡而不肖者众"，② 社会上有德的人只是少数，道德的约束也只对少数人有效，而法却可以阻止绝大多数人为非，依靠法律来约束，"一国可使齐"。因此，统治者必须使用对大多数人都有效的手段即法律来治国。也就是，"用众而舍寡"，"不务德而务法"。

再如，韩非认为，法治能够"不待贤而为治"，中材可守，优于人治。

且夫尧舜桀纣，千世而一出，……中者，上不及尧舜，而下亦不为桀纣。抱法处势则治，背法去势则乱。今废势背法而待尧舜，尧舜至乃治，是千世乱而一治也。抱法处势而待桀纣，桀纣至乃乱，是千世治而一乱也。③

释法术而心治，尧不能正一国，去规矩而妄意度，奚仲不能成一轮；废尺寸而差短长，王尔不能半中。使中主守法术，拙匠守规矩尺寸，则万不失矣。④

贤人政治，必待贤而为治，不免人存政举，人亡政息，而韩非恰恰认为社会上是"贤者寡而不肖者众"，圣人千世而一出，不遇圣人，国家就会混乱。而法治则是中人之材就可以实现治理。

夫舍常法而从私意，则臣下饰于智能；臣下饰于智能，则法禁不立矣。是亡意之道行，治国之道废也。治国之道，去害法者，则不惑于智能，不矫于名誉矣。……释规而任巧，释法而任智，惑乱之道也。乱主使民饰于智，不知道之故，故劳而无功。

韩非指出法治才是治国之常道，一个重要原因就是法律没有人的私心智巧，法禁立，则公私明。亚里士多德指出法治之所以优于一人之治，一个很重要的原因是法律没有感情，不会偏私，具有公正性。中国古代的法家也是有同样见解的。

另外，在对法律规范本身属性的认识上，法家的理论有很多可取之处的。法家主张以明确性的法律规范治吏治民，一断于法，使上下知所守。比如，在法的公开性问题上，法家主张公布法律，垂法而治。韩非认为"法

---

① 《韩非子·显学》。
② 《韩非子·难势》。
③ 《韩非子·难势》。
④ 《韩非子·用人》。

莫如显",他给法所下的定义是:"法者,编著之图籍,设之于官府,而布之于百姓也。"① 这个定义里就包含了我们现代法律的一些特征,如法律的成文化、公开性、国家性等。"故圣人为法,必使之明白易知,名正,愚知遍能知之;为置法官,置主法之吏,以为天下师,令万民无陷于险危。"② 这里,不仅要求法律公开,而且要求法律普及,要求法律明白易知,还要求设置官员向百姓宣讲法律,使其知法守法。广布法令后,则强调法之必行。"令已布,而罚不及,则是教民不听。"③ 这跟现在我们强调的执法必严违法必究是一样的。

在法的平等性问题上,法家更是有很多创见。商鞅说:"所谓壹刑者,刑无等级,自卿相将军以至大夫、庶人,有不从王令、犯国禁、乱上制者,罪死不赦。有功于前,有败于后,不为损刑。有善于前,有过于后,不为亏法。忠臣孝子有过,必以其数断。"韩非所主张的"以法治国"就是要求官吏和百姓以明确的成文法律为行为依据,任何人不能有例外。他说,"法不阿贵,绳不挠曲","刑过不避大臣,赏善不遗匹夫"。这些思想都是法家在法律平等问题上的创见。这些思想包含了平等义旨,虽然没有将君主包括在内,有其局限性,"但与古代西方关于平等的思想相比,毫不逊色,它的理性气质及其实践的特性,使其更接近于现代的法律面前人人平等。"④

在法律的稳定性和法律的社会适应性方面,法家的思想与现代法律思想也较为接近了。法家反对墨守先王之法,强调时移世异,要利用法律推行改革。"礼、法以时而定,制、令各顺其宜,……治世不一道,便国不必法古。"⑤ 但同时也强调法律应维持稳定,取信于人,不应朝令夕改,变化莫测。"法莫如一而固,使民知之。"⑥ 在韩非看来,一个国家如果"法禁变易,号令数下,可亡也"⑦。

---

① 《韩非子·难三》。
② 《商君书·定分》。
③ 《管子·法法》。
④ 高鸿钧:《先秦和秦朝法治的现代省思》,载《中国法学》2003 年第 5 期。
⑤ 《商君书·更法》。
⑥ 《韩非子·五蠹》。
⑦ 《韩非子·亡征》。

虽然法家这种"奉法废私""一断于法"的法治主义在传统中国并没有贯彻到底,也存在种种缺陷,但这种"奉法废私""一断于法"的法治主义主张在当前时代也并没有过时,也仍是新时代法治的应有之义。

## 二、严以治吏,宽以养民

传统中国对官员的管理和控制与历史上同时代的其他国家相比,无疑是极为成功的。在传统治国理政策略中,在治吏这方面既有非常丰富的思想,又有比较充分的制度实践。其提出的"明主治吏不治民""严以治吏,宽以养民"等主张蕴含深刻的思想,其实施中的经验教训也值得我们认真分析和借鉴。

统治者治理国家都必须解决两大问题,即治吏与治民。战国末期韩非提出了"明主治吏不治民"的主张。韩非不仅回答了为什么治吏要先于治民的问题,还系统地设计了如何治吏的方法。韩非说:"闻有吏虽乱而有独善之民,不闻有乱民而有独治之吏。故明主治吏不治民。"[1] "摇木者——摄其叶则劳而不遍,左右拊其本而叶遍摇矣。"[2] 这并不是说治民不重要,君主可以放弃治民,而是要通过治吏来实现治民的目标。韩非等法家认为,官吏为天下之纲,君主只要抓住根本,便可以纲举目张,以逸待劳,达到很好的治理效果。治吏的目标实现了,治民的目标也就自然实现了。"明主治吏不治民"可以极大地提高君主的统治效率,是最有效的统治方法。另外,韩非子等法家思想家都认为君主的最大危险来自大臣权势太大。"人主之所以身危国亡者,大臣太贵,左右太威也。""大臣得威,左右擅势,是人主失力。人主失力而能有国者,千无一人。"[3] 为了巩固君主的权势与地位,必须治吏,必须用法和术来控制和驾驭臣下。

在治吏的具体方式方法上,法家有一套理论。在权力制约的对象上,韩非提出要以近臣、重臣、朋党为权力防范的重点。在权力制约的方法、手段上,韩非主张法、术结合,要求君主在以法治吏、以法制权,循名责实,"法不阿贵","刑过不避大臣,赏善不遗匹夫"。同时,掌握"术"道,以

---

[1] 《韩非·外储说右下》。
[2] 《韩非·外储说右下》。
[3] 《韩非子·人主》。

"术"察奸止奸。[1]

韩非认为君臣的利益是相互矛盾的，君主必须时刻督责和提防大臣们。他的术可分为两大类，一是强化君权的措施与手段，例如考核和任用臣下的方法。即"因任而授官，循名而责实，操杀生之柄，课群臣之能者也"[2]。这类术很难说就是阴谋。另一类是预防和惩罚削弱乃至篡夺君权的手段，例如治臣、察奸、止奸的措施。如"众端参观""挟知而问""倒言反事"以及打击当道重臣和朋党势力、广设耳目、奖励告奸、审察利害，甚至暗杀等等，这类术更多地带有阴谋权术的味道。通过这些术，使大臣们处于恐惧之地，不敢有二心，也不敢自谋其利。

法家主要是从法、术、势三个方面措施来实现有效治吏，既有规则制度的建设，又有权谋诈术的运用。儒家在治吏也有了许多思想和措施。一是选贤任能和修身养性。"举贤才"向来是儒家所主张的为政的重要措施之一，举贤才意味着需要打破宗法血缘关系选拔人才。从春秋战国的世卿世禄制到秦汉以后的推举或选拔制，再到隋唐以后的科举制，传统中国在官员的选拔和培养上，形成了一套成熟的制度。以儒家经术来取士，不问身世，唯才是举，将培养与选拔紧密结合在一起。科举考试只是一道准入门槛，任用和升迁的考核伴随终身。同时，用儒家的德对官僚阶层进行训导，强调个人的修身养性，提升官吏道德修养，使他们自省自觉，将规范内化为他们自愿的行为。"自天子以至于庶人，壹是皆以修身为本。"[3]

二是儒家赋予治吏以崇高的价值目标。法家对治吏的目的是认识不高的，法家虽然强调治吏不治民，但他们主要是从方法上强调的，在法家看来，治吏还是为了要治民，治吏和治民最终还是为了实现君主的统治。"昔之能制天下者，必先制其民者也；能胜强敌者，必先胜其民者也。"[4] 儒家主张天下为公，以民为本。儒家重民是一种目的论上的重民，也就是说重民本身是目的，而不是手段。"民为邦本"，在一个国家中，人民才是根本，

---

[1] 孙季萍、徐承凤：《韩非子的权力制约思想》，载《烟台大学学报（哲学社会科学版）》2004年第3期。
[2] 《韩非子·难三》。
[3] 《礼记·大学》。
[4] 《商君书·画策》。

才是目的。在儒家看来,治吏是手段,目的是为民。儒家追求王道理想,就是要"以德行仁","施仁政于民,省刑罚,薄税敛"。

儒家主张为政需宽猛相济。"唯有德者能以宽服民,其次莫如猛。……仲尼曰:'政宽则民慢,慢则纠之以猛。猛则民残,残则施之以宽。宽以济猛,猛以济宽,政是以和。'"① 如何恰当地做到宽猛相济却是一件很难的事,因为要根据世事情形而变,要择时,要权变,普通人没有办法恰当地实现宽猛相济的。东汉末年崔寔提出另一个观点,他说,"凡为天下者,自非上德,严之则治,宽之则乱。……盖为国之法,有似理身,平则致养,疾则攻焉。夫刑罚者,治乱之药石也;德教者,兴平之粱肉也。夫以德教除残,是以粱肉治疾也;以刑罚治平,是以药石供养也。"② 由此看来,崔寔是不赞同子产和孔子的宽猛相济的观点的,他认为"严之则治,宽之则乱",针对当时"承百王之敝,值厄运之会"的东汉乱世,他主张重刑治理,认为严刑峻法才可使天下治平,"多行宽政","遂为汉室基祸之主"。

司马光批评了崔寔的观点,他说,"汉家之法已严矣,而崔寔犹病其宽,何哉?盖衰世之君,率多柔懦,凡愚之佐,唯知姑息,是以权幸之臣有罪不坐,豪猾之民犯法不诛;仁恩所施,止于目前;奸宄得志,纪纲不立。故崔寔之论,以矫一时之枉,非百世之通义也。"③

明末清初,王夫之提出了"严以治吏,宽以养民"的观点。他说:"宽之为失,非民之害,驭吏以宽,而民之残也乃甚。……严者,治吏之经也;宽者,养民之纬也;并行不悖,而非以时为进退者也。……故严以治吏,宽以养民,无择于时而并行焉,庶得之矣。"④

王夫之的"严以治吏,宽以养民"观点,是对传统宽猛相济观点的重大发展。他不仅将宽严的对象专门化,而且认为宽严二者可以并行不悖,不必择时。更重要的是,王夫之先生将治吏和养民并列,并且,明显地认为治吏需服务于养民,"将法家的'治吏'说内化到儒家的'养民'说中,赋予

---

① 《左传·召公二十年》。
② 崔寔:《政论》。
③ 《资治通鉴·卷五十三》。
④ 王夫之:《读通鉴论·卷八·桓帝二》。

了'治吏'说崇高的目标和价值追求"①。

### 三、徒法不足以自行，重视人在制度中的作用

为政之要，唯在得人；治国理政，关键在人。得人也是法治实施的关键。孟子说，"徒善不足以为政，徒法不能以自行"。在现实社会，"一个好的制度，可以让坏人变好，让好人变得更好"。但前提条件是要有贤德者执掌权力。历史上王安石变法之所以失败，不仅是制度缺陷所致，很重要的一个原因还在于在人的因素上出了问题，而不是制度本身有多么的不合理。张居正的改革为什么效果就很好，并不是他在制度上有何根本性的改变，而主要是他从人的角度上狠抓制度落实。张居正曾经说过："法之不行也，人不力也，不议人而议法何益？"②

人不同，制度的效果就大不一样。一个好的制度，当面对不同品性的人时，不仅可能会产生截然相反的效果，而且制度本身也会往不同的方向演变。在古希腊城邦政治的演变中，君主制易堕入僭主制，贵族制易沦为寡头制，共和（民主）制易发展为平民（暴民）制。可以说，正是人，特别是起关键作用的少数人，会影响甚至决定制度演变的方向。"人类不可能有永动机式、一劳永逸、包治百病的政制。活人很容易绕过死制度，制度会被由俭入奢的人腐蚀而失效。换言之，建'治本制度'的思想既懒惰又愚蠢。"所以抓"关键少数"是永远不能懈怠的工作。

人的德行和才干对于法的实施效果几乎具有决定性的影响。一个有德行，有人格的人，才能真正理解规范的意义，知道底线和使命在哪里。他会自我驱动，会与制度之间形成良性配合。有德行的人不会利用国家公器去谋私利，即使法律有漏洞，他会以其智慧和才干尽量弥补漏洞，而不是利用漏洞。无德之人，内心没有规范，外在制度纵然再严密，也总会让其找到漏洞。小人以私利为先，社会上，若是小人上位，尤其是小人身居高位的话，制度再完善也难以得到真正实施，甚至轻易被其破坏。而有德行和才干的人位居高位，则有助于以"君子之德"感化教育社会大众，犹如风吹到草上，

---

① 李启成：《治吏：中国历代法律的"宗旨"——读〈法治是什么：从贵族法治到民主法治〉》，载《政法论坛》2017年第6期。
② 张居正：《辛未会试程策》。

"草上之风，必偃"①。

君子（圣人）与小人的不同，主要在于德行，而不是才能。"君子喻于义，小人喻于利。"君子能够推己及人，"老吾老以及人之老，幼吾幼以及人之幼"，直至"民胞物与"，"以天地万物为一体"。故而，君子（圣人）一旦掌握了治理社会和国家的权力，他仍会遵从"天下为公"的理想，而不会以公器去谋私利。当然，贤圣也是相对的，君子也常常难以做到无一毫人欲之私，所以，对君子也是要有监督的。儒家德治重视"得人"，不是不要法律制度，而是要求制度设计时要重视对人的教化，要保证君子在位，而不是小人在位。

人有贤愚不肖的区别，就跟男女老幼一样，这些都是人的自然差别，是客观存在的现象。传统治国理政文化非常重视人的因素，无论是制定制度时，还是实施制度时，都需要将人作为一个极其重要的变量考虑在内，正视人的自然差别对制度实施造成的影响，因人的自然差别而差异化对待。

首先，政治上主张贤圣在位，有德者有其位。孟子说，"尊贤使能，俊杰在位"，"唯仁者宜居高位"。在选人用人上，要求德才兼备，以德为先。司马光说，"夫聪察强毅之谓才，正直中和之谓德。才者，德之资也；德者，才之帅也。……凡取人之术，苟不得圣人、君子而与之，与其得小人，不若得愚人。……故为国为家者，苟能审于才德之分而知所先后，又何失人之足患哉！"

其次，赋予君子（圣人）较大的自由裁量权，信赖君子（圣人）的道德，发挥君子（圣人）经验和才能，这样可以灵活而又高效地补救制度规则的种种缺陷，如僵化教条、烦琐低效、模糊或存在漏洞、落后或封闭等等。

再次，重视修身和教化。德治倡导个人都要克己复礼，积善修德，提升人格，向君子、圣人看齐，这其实是从改造人的因素这一角度来实现社会善治。君子通过问学和修身，克己复礼，正己立德，提高自己的人格修养，磨炼自己的政治技能，使自己成为道德楷模和政治精英，从而获得居于高位的

---

① 陈雅丽、潘传表：《德法合治——中国传统法律文化的瑰宝》，载《中国社会科学报》2017年5月31日。

资格。社会上普通民众，接受政府和君子的教化，知"礼义廉耻"，明"纲常伦理"，民风民德自然纯厚，社会上下阶层形成一致的价值认同。"有治人，无治法……法者，治之端也；君子者，法之原也。故有君子，则法虽省，足以遍矣；无君子，则法虽具，失先后之施，不能应事之变，足以乱矣。"[1] 荀子的这些话深刻地洞察了人的因素对制度的影响，是非常有道理的。

## 四、治吏防腐，德法并用

对于官吏腐败现象，依靠制度去防范和治理是必需的手段。防范官吏腐败的机制通常有以下几种类型：如，分权型防范机制，将权力分散，交由不同的部门或主体行使，在多个部门或主体间形成相互配合，同时也形成相互制约的关系。再如，程序型防范机制，设定权力行使的特定程序，通过时间和方式的约束，减少权力行使者的恣意，增加权力行使的透明性和可监督性。再如，技术型防范机制，利用技术手段避免人的偏私或对资源、利益分配过程的干扰，如对行政审批、公共采购、择校等政府业务流程进行标准化、计算机化的设计，利用网络技术进行招标拍卖等。还有，民主监督防范机制，通过代议机关、社会公众以及新闻舆论等对权力行使者进行监督，防止腐败。还有，如利益回避机制、轮岗交流机制等。这些防范腐败的机制，杜绝或减少了腐败的各种机会、各种通道，提高了腐败的难度或成本，尽量创造出"不能腐"的制度环境。另外，制度上还必须加强对官吏腐败的打击力度，严刑峻法，有腐必究，创造一种"不敢腐"的氛围。

制度上的反腐需要依靠法治的力量，但是反腐不能仅仅依靠法治。要实现"不敢腐""不能腐""不想腐"的治理目标，还必须从滋生腐败的源头入手。腐败的多发，固然与制度不完善，漏洞太多，或打击力度过小有很大关联，但其根源还在于贪欲主宰了个人的行动，使人不能有效地对个人贪欲进行约束和克制。如果个人能够依德行而行动，自然不会让贪欲主宰自己的言行。这就需要个体加强修身，提高道德，完善人格。要实现"不想腐"

---

[1] 《荀子·君道》。

的治理目标，必须加强德治。对于官吏腐败现象，只有坚持德治法治兼用，才能达到标本兼治的目标。在以下几个方面，德治可以实现法治所难以实现的反腐效果。

德治选人用人以德行为重，有利于从源头防止腐败现象。德治主张贤圣在位，有德者有其位。德治的关键在于得人，而其选人用人的标准是要求德才兼备，以德为先。法治之法最终也是要靠人来实施的，人的德行和才干对于法的实施效果具有重要功能。有德行的人不会利用国家公器去谋私利，即使法律有漏洞，他也会以其智慧和才干尽量弥补漏洞，而不是利用漏洞；而小人以私利为先，再严密的法律也不能完全防止他们为恶。荀子说，"有治人，无治法……法者，治之端也；君子者，法之原也。故有君子，则法虽省，足以遍矣；无君子，则法虽具，失先后之施，不能应事之变，足以乱矣。"① 德治倡导和鼓励每个人都要克己复礼，积善修德，提升人格，向君子、圣人看齐。德治主张君子（圣人）掌权。这些主张确实有利于我们在源头消灭腐败。当然，贤圣也是相对的，君子也常常难以做到无一毫人欲之私，所以，必要的监督仍是必要的。

**五、借助德治克服形式主义法治的弊病**

富勒说："法律是使人类行为服从于规则之治的事业。"富勒还说："法治的精髓在于，在对公民采取行动的时候，政府将忠实地适用规则，这些规则是作为公民应当遵守并且对他的权利和义务有决定作用的规则而事先公布的。"② 在富勒看来，具备法治品德的法律制度由八个要素构成：一般性、公布或公开、可预期、明确性、无内在矛盾、可遵循性、稳定性、同一性。③ 富勒把上述八项特征称为法律的"内在道德"或"程序自然法"，在富勒看来，法治是法律制度的一种特定品德。

富勒所说的前述八项规诫为内容的法律的"内在之德"，作为"程序自然法"，在价值上是中立的，他们并没有对法律的实体内容做出要求。工具主义法治观是必要的，她概括了法治本身的形式主义要求，强调了对规则的

---

① 《荀子·君道篇第十二》。
② ［美］富勒：《法律的道德性》，郑戈译，商务印书馆2005年版，第124页。
③ ［美］富勒：《法律的道德性》，郑戈译，商务印书馆2005年版。

确定性要求。但是，对法治仅做工具主义的要求是很危险的。法律内容中所包含的道德原则和法治所要达成的社会目标等实体内容从来都是人们最关心的，也是决定法律是进步还是落后、文明还是野蛮的核心要素。希特勒也是通过合法程序上台的，其法西斯主义政策也是通过各种法律推行的。德国法西斯主义者的确曾以立法多、执法严而标榜法治国。如果不对法治提出一些实体内容和价值的约束，法治就不能避免沦为作恶的工具。"如果不能确认和树立某些绝对的、超越的道德价值，如果不能承认在实在法的体系之外还有一个自然法的、道德法的体系，那么，法治便不可能提供一个谋求广泛的、实质正义的制度框架，尤其是不可能通过法律来遏制蔑视和践踏人类尊严的暴行。"[1]

因此，若不能在法治之上加上道德约束的话，形式主义的法治很可能会走上邪路。不少学者认为，法治不仅是形式性、工具性的，更应该是实体性，即通过对法治实体内容的要求，防止法治走上邪路。然而，如果我们把法治理解为既是一种如富勒所言的法律的内在道德或程序自然法，又理解为一种实体道德，那么法治概念的含义就无所不包了，她就不再仅仅是一项制度主张或治国策略了，也还是一种阐释正义的道德哲学。正如拉兹所认为的那样，那些以应然的或价值的样式来看待法治的人们要落入循环陷阱的危险。他说："设若法治不过是良法之治，那么，阐释法治的性质就是提出一套完整的社会哲学。可是，如果这样的话，法治这个词汇就会缺乏任何有用的功能。"[2] 因此，法治价值的重心总是形式性的和工具性的。尽管我们总是希望法治除形式性工具性价值之外，更有实体性的价值，例如，法治保障人类尊严和自由、法治限制政治权力、法治保护公民财产权、法治保护少数人的权利等，但是这些实体性价值实际上是法治之外的力量赋予的，比如一个国家的民主制度、阶级关系、历史及文化观念等。

要防止法治实体内容为恶则必须依靠法治之外的力量来承担，而传统的德治长处恰是对政治和法律的实体内容及其实际实施情况提出种种要求。从

---

[1] Geoffrey de. Walker, *The Rule of Law*: Foundation of Constitutional Demacracy, 1988, p. 5. 转引自夏勇：《法治是什么——渊源、规诫与价值》，载《中国社会科学》1999 年第 4 期。

[2] John Raz, *The Authority of Law*, p. 211. 转引自夏勇：《法治是什么——渊源、规诫与价值》，载《中国社会科学》1999 年第 4 期。

以德配天到为政以德，这里面包含了极为丰富的实体价值标准。德治还强调要通过教化以及贤者的模范作用，将德的要求培育为整个社会的意识形态，这样德治对法治之法实体内容的制约将是非常强有力的。法治要消除法律自身造成的危险，就需要法律具备特定的理性与德性。

国家哲学社会科学成果文库

NATIONAL ACHIEVEMENTS LIBRARY
OF PHILOSOPHY AND SOCIAL SCIENCES

# 中国特色社会主义法治道路的理论创新与实践探索（第二卷）

汪习根　等著

人民出版社

# 第三篇

## 域外借鉴篇

# 第 一 章

# 英国法治道路的自然演进及其启示

借鉴国外法治有益成果，吸取国外法治惨痛教训，是中国特色社会主义法治道路建设取得成功的基本经验。域外究竟有哪些经验可循，究竟有什么教训可鉴？其深层原因与外部动因又分别是什么？如此等等，在法理上进行反思与探究的脚步不应停歇。为此，既要对历史上经验教训进行纵向分析，又要在横向上通过典型分析以揭示域外法治现实的成败得失。既要理性对待英美法等老牌帝国的法治道路，又要善于分析日本、新加坡、韩国、泰国等亚洲国家的法治道路，还应对埃及等非洲国家的法治模式进行研究，以期为法治中国道路建设提供深刻的借鉴。

法治不是从天而降、一夜生成的。作为当今世界两大法系之一的普通法系的发源地，英国的法治文明具有独特的历史传统和发展道路。早在盎格鲁—撒克逊（Anglo-Saxon）时代，英国的法治传统就开始萌芽。在其后漫长的法治进程中，"王在法下""贤人会议"等原始习俗得以保留，"议会主权""司法独立""法律至上"等原则逐步确立，推动英国法治持续向前发展，直至成功缔造了世界上第一个近代法治国家。作为全球第一个完成工业革命的国家，英国自19世纪30年代起，加快了法治现代化的进程，英国法治文明也随之陆续扩散到世界各地。据统计，当今世界大约有三分之一的人口生活在英国法治文明影响下的国家和地区。[1] 由此可见，法治文明不仅深

---

[1] ［德］K. 茨威格特、H. 克茨：《比较法总论》，潘汉典等译，法律出版社2003年版，第290—291页。

刻地影响着英国政治、经济和社会发展，而且在世界法治文明史上具有特殊的地位，产生了特别的影响。

人类社会发展的历史表明，法治促进了人的发展和社会进步，已经成为现代国家完善社会治理、维护社会秩序的共同选择。世界各国在推进法治建设的过程中，要遵循法治的普遍规律，也要立足国情，走一条符合自身实际、促进本国有序发展的道路。对于当前中国而言，法治建设已经成为全体人民的共同诉求和一致行动，既要立足于中国的法治实践和探索，又要借鉴其他国家优秀的法治文明成果，加以扬弃，为我所用，更好地推动"法治中国"建设。因此，对当下中国来说，探究英国法治道路的成功经验具有现实意义和重要价值。

## 第一节　自然演进的法治道路

英国法律史学家梅因指出，人类社会初期的法律是一个自发展的过程，后世的规则都是社会演进到一定阶段由权威人士总结日常行为而成的。[①] 这在英国表现得尤为明显，其法治传统是一个自然演进、从未中断的历史过程。从公元5世纪盎格鲁—撒克逊人跨过英吉利海峡，在不列颠岛建立了多个王国并且坚守"王在法下"等传统，到"诺曼征服"后逐步建立有效的司法体系来维持社会正常运转，到"光荣革命"后确立"议会高于王权"的君主立宪制，再到19世纪君主立宪制的持续完善和20世纪以来的司法改革，逐步把英国推上了世界法治文明的领先地位。

### 一、英国法治萌生于原始民主传统

公元5世纪，日耳曼人的一支——盎格鲁—撒克逊人入侵不列颠岛，他们入侵的方式非同寻常：在盎格鲁—撒克逊人侵占东南沿海地区的过程中，不是通过军事冲突强行占领，而是以移民方式整体迁入。[②] 他们在不列颠岛定居下来后，仍然保留了诸如尊重规则、"贤人会议"等原始民主习俗，保

---

[①] 李红海：《普通法的历史解读》，清华大学出版社2003年版，第15页。
[②] 蒋孟引主编：《英国史》，中国社会科学出版社1988年版，第41页。

持了社会结构的基本稳定。随着人口逐渐膨胀、阶级开始分化、氏族血缘关系瓦解,盎格鲁—撒克逊时期的英国无法、也无须召集全体自由民参加民众大会,于是在继承了欧洲大陆日耳曼人条顿部落的"马克大会"或民众大会的基础上,召开一种由国王主持召开、由高级教士和世俗贵族参加的"贤人会议"。这种高层会议具有多种重要职能,比如参与税收、外交、防务、分封等重大决策以及审理各种案件等,显示出了尊重规则、协商决策、权力制约等法律传统。实践中,这些法律传统为社会大众普遍认同和遵从,对国王和普通民众具有同样的约束力。国王纵然大权在握,但也不能独断专横,并且必须在法律许可的范围内行使权力。由此可见,"王在法下"的传统已经在英国萌生,并且在实践中体现出了对于王权的有效制约。随着时间的推移,"贤人会议""王在法下"等法律传统逐渐凝结为全民必须遵守和服从的习惯法,为英国法治的发育成长奠定了良好的社会基础。

## 二、英国法治在与欧陆法治的融汇中发展

英国法治在英伦诸岛的法律制度与欧洲大陆的法律制度的交融中发展。1066年,诺曼底公爵威廉率领大军征服英国,将欧洲大陆的法律制度融入英国法之中,由此翻开了英国法治发展的新篇章。虽然威廉一世集大权于一身,但仍然继承法律传统,遵从盎格鲁—撒克逊时期的法律规范,并且建立了由主教、贵族、领主以及高级官吏组成的御前会议机构,不仅议定重大政治问题,而且拥有立法和司法审判职能。亨利一世期间,开始在各地设立巡回法庭,每个法庭选派若干法官。亨利二世继承王位后,先后颁布了《克拉灵顿诏令》和《诺桑普顿诏令》,完善了巡回审判制度,扩大了王室法院的管辖权。在一系列的司法改革之后,英国形成了统一的司法机关,建立了分工明确的法院,引进和发展了陪审制度,产生了令状制度、巡回审判制度,明确了诉讼程序等,为英国普通法和普通法院的诞生奠定了基础。可以说,普通法和普通法院的诞生,孕育了现代司法文明的种子,使英国从此迈上了现代司法文明之路。[①] 为了限制王权无止境的扩张,保护自身的既得利益,英国的贵族们发起了英国历史上第一次规模巨大的反抗国王的斗争,独

---

[①] 徐炳:《世界法治文明史上的华章——英国法治文明史》,载《环球法律评论》2009年第2期。

断专横的英王约翰被迫做出让步,并于1215年签署了《自由大宪章》,对国王的权力、民众的权利进行了法律上的界分,明确了一个基本原则——国王在法律之下。《自由大宪章》包含了控权精神、人权精神等法治基因,奠定了英国法治文明的重要基石,英国也从此逐步确立了君主立宪制度。

### 三、英国法治在王权与议会的冲突与妥协中向前推进

13世纪,英国逐渐形成近代意义上的议会,成为对王权进行制衡的一种力量。此后数百年中,英国没有发生大规模的流血冲突,但王权与议会的斗争从未间断。正如法国思想家托克维尔所指出的,"英国革命不像法国革命那样是一场巨大的社会和经济动荡,而只是一场有关最终控制政府权力的争端。"[①] 最突出的一次冲突发生在17世纪初,当时斯图亚特王朝的詹姆斯一世及其后继者查理一世厉行封建专制统治,不仅极力宣扬"君权神授",残酷迫害"清教徒"等所谓异教徒,而且在经济领域推行垄断制度,还不断增加税收和强行借贷。这极大地损害了资产阶级和新贵族的利益,他们通过议会这一阵地进行了持续的抗争。1628年,议会通过了《权利请愿书》,在征收捐税、人身安全、财产安全等方面对王权进行了限制。1641年,议会又通过《大抗议书》,明确提出政府对议会负责、工商业自由等政治和经济要求,明确表达了资产阶级和新贵族要求建立资产阶级统治的愿望。1685年,英王查理二世去世,詹姆斯二世继任后采取了一系列不利于资产阶级和新贵族的政策,引起了他们的强烈不满。这导致1688年爆发"光荣革命",支持议会的辉格党人与部分托利党人废黜詹姆斯二世,随即邀请詹姆斯二世的女儿玛丽和时任荷兰执政的女婿威廉继位,威廉带兵进入英国,未发一枪便同议会签订协议,并且相继通过了《权利法案》《三年法案》《叛国罪法案》《王位继承法》。这些法律文件确立了议会至上、法律高于一切、王在法下的基本法治原则。至此,英国议会与国王近半个世纪的斗争以议会的胜利而宣告结束。"光荣革命"的胜利后,英国的政治权力结构得到进一步调整和优化,开始确立了以"议会主权"和"法律主治"为特点的法治模式,

---

[①] 转引自詹宁斯:《法与宪法》,龚祥瑞、侯健译,生活·读书·新知三联书店1997年版,第3页。

确立了英国的宪政制度。

**四、英国法治在持续改革中加快现代化转型**

"光荣革命"使英国确立了"议会主权"的宪政制度,国家权力从国王主权转移为议会主权。一方面议会开始分立为上院和下院,议会下院逐步获得了政治主导权;另一方面,特别是18世纪后,国王作为一个政治职位逐步实现了去行政化,在英国呈现出"统而不治"的局面。但是,由于英国议会的选举权受财产限制,获选的议员大都为贵族和大资产阶级。工商业资产阶级随着力量日益壮大,迫切需要与其经济实力相适应的政治权利。1830年7月,法国爆发"七月革命",英国各地群众也纷纷集会,要求进行议会改革。同年11月,辉格党在下议院选举中胜出,查尔斯·格雷出面组阁政府并成立专门机构,提出议会改革法案,最后于1832年6月经议会两院通过、国王批准后成为法律。此次议会改革使英国工业资产阶级在议会中获得了更多席位,确保了资产阶级民主政体的稳定,开启了英国法治现代化的转型进程。在1867年、1884年,英国又相继通过了两个议会改革法案,进一步扩大了资产阶级参政议政的权利,资产阶级民主政治快速发展,成为法治现代化的一个重大推进剂。从19世纪30年代到20世纪初,英国又推行法院体系和司法制度改革,建立了新型地方法院体系,创建了高等法院体系,进一步增强了司法的独立性。英国还进行了以议会选举改革为核心的政治民主化改革运动,形成了现代民主代议制,建立了行政法制度。20世纪以来,英国又持续推进司法改革,进一步改革选举制度、制定和施行贸易保护制度、建立社会保障法律体系、完善经济法等,在法治现代化的轨道上疾驰前行。自1990年代"伍尔夫改革"以来,英国又进行了较大规模的司法改革,建立"法官遴选委员会",提倡"法官来源多样化",司法工作向"服务化"转型,旨在更好地实现司法的公正与效率目标。[①] 2009年7月1日,英国议会通过了《最高法院规则》,并于同年10月1日最高法院成立之时正式生效。最高法院的设立是英国在漫长法治演进道路上的又一个重要里程碑,标志着英国法治发展迈入了崭新的阶段。

---

[①] 龙飞、林娜:《国外司法改革的新发展(上)》,载《法制日报》2016年7月20日第11版。

承认、尊重、保障每一个人的基本权利，是法治社会的核心价值。纵观一千多年的历史进程，英国法治在孕育、萌发、生长、成熟的过程中，始终重视普通民众的权利诉求，并且努力在司法实践中较好地保障了个人权利。因此，英国的普通民众不仅信仰法律、遵从法律，而且在日常生活中习惯运用法律来定纷止争、维护权利，这也促使英国的历代统治者都会被迫最大限度地约束公权力、保障公民权利。正由于大多数人的意愿得到应有的尊重，个人权利得到较好的保护，英国的法治建设得到各阶层的支持和拥护，并且在全社会形成了浓厚的法治氛围。

英国法治持续向前发展，还在于其存续了多元权力共存的社会结构，多种力量既斗争又合作，推动了英国法律体系和制度建设的不断完善。《大宪章》等早期法律文件的签署，实际上就是封建贵族、教士、骑士、市民等多方力量联合斗争的结果，最后实现了"保障人权""限制君权"等目标。"光荣革命"时，资产阶级和新贵族作为日益强大的社会力量，为了更多的权利诉求而掀起一场非暴力政治斗争，最后在同国王达成妥协的基础上，陆续通过了《权利法案》《三年法案》《叛国罪法案》《王位继承法》等文件，推动了英国法治向前快步发展。到了当代，英国的政党政治更加完善，政党之间的竞争与合作不仅促进了英国社会秩序的基本稳定，也为英国法治发展营造了浓郁的社会氛围。

## 第二节 英国法治道路的基本特色

英国以现代法治文明发源地的身份屹立于世界，但其建设法治社会的过程相当漫长，其间不乏曲折斗争，甚至流血牺牲。概而论之，英国走过的这条法治发展道路，主要具有以下几方面的特色：

### 一、理论渊源

法治既体现为生动的社会实践，又有理论的提炼和升华。英国的法治发展虽然是一个自然而然的漫长过程，但也离不开理论的指引，这从其法治萌生时期就得以体现。实际上，英国早期的原始民主习俗中有着深深的西方自然法学派的烙印，而近现代英国法律制度的发展完善也能够从自然法学派的思想里找到理论依据。古罗马思想家西塞罗在其名作《法律篇》中不仅给自然法下了定义,而且把它同理性、正义联系起来,并且指出理性与正义均源于自然。这与盎格鲁—撒克逊时期英国人尊崇并严格遵守原始民主习俗,并将"王在法下"等传统落实在日常生活中的实践不谋而合,促进了英国法治的孕育、生长。作为古典自然法学派的代表,英国伟大思想家约翰·洛克提出了社会契约、权力分立等理论,推动了英国法治现代化发展。洛克认为,早期的人类生活在一种自然状态之中,人们为了制止争斗、抑恶扬善,各自放弃一部分权利,缔结契约,成立了国家和政府,从而更好地保障个人的权利和自由,更好地促进社会有序运行。洛克还认为,国家的立法权应该由议会执掌,国王只行使行政权与对外权,从而实现立法权和行政权的相互制约和权力制衡。[①] 英国漫长的法治进程也表明了这一点,即贵族、教会以及后来的新兴资产阶级前赴后继地奋力抗争,就是要限制王权而不是消灭王权,同时尽可能地保障多数人的权利。事实上,英国历史上多次激烈的权力争夺战,基本上都以法律文件的出台而达成妥协,从而确保了社会运行的平稳有序。洛克还推崇"法律至上"的理念,他明确指出:"法律一经制定,任何人也不能凭借自己的权威逃避法律的制裁。"[②] 这一思想与社会现代化,特别是政治法制化和民主化的潮流相一致,具有重要的社会进步意义。法治的本义就是"依法而治",就是要树立、遵从法律至高无上的权威,即使政府在法律授权范围内行政,又保障民众拥有充分的权利和自由,从而使社会处于一种秩序井然的状态。纵观英国的法治进程,其法治在发展完善过程中始终致力于实现两大目标:一是限制公权力的扩张与滥用,二是保护公民的个人权利和自由。这与古典自然法学派的思想精髓一脉相承,并在数百年岁月洗礼中形成了独立于世的英国法治。

## 二、法律主治

法治是一个国家治国理政的基本方式,也是人民生存发展的根本保障。法治之所以能够实现,主要在于国家公权力得以有效约束,人民的基本权利

---

① [英]洛克:《政府论》(下篇),叶启芳、瞿菊农译,商务印书馆1983年版,第89页。
② [英]洛克:《政府论》(下篇),叶启芳、瞿菊农译,商务印书馆1983年版,第59页。

和自由得以切实保障,推动国家的治理体系和治理能力日益现代化、法治化。从英国的法治传统来看,其最突出的特点就是法律在全社会得到较好的尊崇,在限制王权与保障民众的权利之间实现了动态平衡。作为一个有着悠久的原始民主传统的国家,英国的习惯法先于国家、国王而产生,"王在法下"的观念根深蒂固。自盎格鲁—撒克逊时期以来,法律在英国人的社会生活中始终享有崇高的权威,广大民众在面对利益冲突、社会矛盾、权力滥用等问题时,总是以法律为武器,捍卫自身的正当权利和合法利益。这也说明,英国早期的法律来源于人民的生活实践,又广泛运用于生活实践,由此体现了法律在社会生活中至高无上的地位。在英国,不仅普通民众十分尊崇、遵守法律,而且法官、律师等法律职业群体也为维护"法律至上"而付出了不懈努力。17 世纪初期,英国普通上诉法院首席大法官爱德华·柯克(Edewards Coke)在抨击教会关于詹姆斯一世国王可以亲自听审案件的观点时说过一段惊世名言:"根据英格兰法律,国王无权审理任何案件,所有案件无论民事或刑事,皆应依照法律和国家惯例交由法院审理。"柯克还引用了法学家布莱克顿的名言:"国王不应服从任何人,但应服从上帝和法律,因为法律创造了国王,国王必须遵守法律"[①]。这一精彩论断包含了"王权有限""法律至上""王在法下"等法治思想,有力维护了法律的权威。"光荣革命"后,随着《权利法案》和《王位继承法》的相继签署,英国国王处于"统而不治"的地位,议会成为国家权力中心,逐渐形成了责任内阁制,内阁承担了实际行政职责。"光荣革命"的胜利,体现了国王与议会之间的互相妥协,化解了国王与议会之间持续多年的矛盾和斗争,从而使英国基本确立了"有限王权、议会至上"的君主立宪政体。论及英国法治,牛津大学法学教授阿尔伯特·戴雪在其名作《英宪精义》中指出,"法律是最贵国宝,为君主所有;全国人民以至君主本身都受治于法,倘使法律不能为政,以至全国无法律,必至全国无君主",这实际上提出了"法律主治(Predominance of Law)"的观点。同时,戴雪提出了著名的"法治三原则":一是权利高于宪法,宪法源于权利,宪法之前就有与生俱来的权

---

[①] [美]罗斯科·庞德:《普通法的精神》,唐前宏、廖湘文、高雪原译,法律出版社 2001 年版,第 42 页。

利；二是法律面前人人平等，人民不论贵贱贫富，受且仅受法律的统治；三是法治与专断权力相对，对任何人的权利剥夺必须经过法律程序，经过司法机关公平正义的审判。[①] 戴雪强调个人权利保护和程序正义，实际上是在强调法律的地位和作用，这一论断奠定了英国法治现代化的理论基础。从英国法治实践来看，在国家和社会生活秩序的构建中，法律的权威和作用总是被强调为"至高无上"，而不是以君王的权威、教会的旨意作为社会治理的根本手段，那么法治建设就是一个水到渠成的过程。可以说，英国在漫长岁月中形成了"法律至上"优良传统，让法律成为社会治理最主要的规则，充分体现了英国人对法律的尊重与信仰，为英国法治的发展、完善提供了坚实基础。

### 三、法政互动

法律与政治的关系十分密切，是一种相伴相生、相互促进而又相互制约的关系，二者之间的互动关系决定了一个国家法治建设的成效和进程。法律由国家制定、颁布，并由国家权力提供强大的后盾保障，而国家也需要法律有效发挥作用，从而保证政治有序运行、社会总体稳定。也就是说，社会公平正义，不仅需要完善的法律体系进行有力维护，而且需要政治权力来确保实现，否则正义很难落到实处，国家权力就会演变成暴力。所以，只有法律与政治之间实现持续的正向互动，法治的车轮才能滚滚向前。

多年来，英国社会处于王权与法权的二元架构下，二者在权力和利益的斗争中常常达成了妥协，总体上形成了良性互动关系，推动了英国法治发展。"诺曼征服"后，英王不断强化王权，加剧了教会和贵族的不满和对抗，进而形成均势的社会力量，推动《大宪章》等法律文件签署，对王权形成进一步制约，由此充分体现了政治与法律的互动关系。因此，依靠适度强大的政治权威，推动法律改革与发展，是顺利走向法治的必要前提。同时，政党在英国法治形成的过程中也发挥了强大的作用。英国是现代政党的发源地，其最早的两党（即辉格党和托利党）产生于斯图亚特王朝复辟时期。"光荣革命"后，英国通过的一系列宪法性文件确立了"议会主权"的

---

① [英]戴雪：《英宪精义》，雷宾南译，中国法制出版社2001年版，第227—245页。

原则,两党政治也迅速兴起。《权利法案》颁布后,英王依然大权在握,但辉格党和托利党的力量日益壮大,并且通过议会这一平台,成为对抗王权的主要力量。到18世纪初,在强大的压力下,国王终于妥协并且签署了《王位继承法》《任职法案》等法案,其权力进一步被削弱,呈现"统而不治"的状态,而国家的权力重心也被转移到了议会。随着议会主权地位的确立,政党在国家政治生活中的地位和作用日益凸显,如果一个政党通过选举在议会中获得多数席位,那么就取得了执政地位,负责组建责任内阁,从而执掌国家政权。也就是说,执政党因为赢得了议会选举,不仅控制了议会而掌握了立法权,而且不断强化行政权,从而进一步削弱了君主的权力。由此可见,议会制和责任内阁制的模式促进了英国立法权和行政权的分立,但两党政治的不断发展又推动了立法权和行政权的交织和融合,这也充分说明,法政互动在英国法治现代化发展中发挥了越来越重要的作用。事实上,无论是在盎格鲁—撒克逊时期,还是在诺曼征服之后,英国国王追求的更多是集权,而不是专制。也就是说,国王总是有权力扩张的欲望,但在面临激烈的斗争形势时仍会选择妥协,通过签署法令和自上而下的司法改革等来限制自己手中的权力。这一良好传统使得法律的权威备受全社会尊崇,为英国法治发展营造了良好的社会环境。在19世纪,英国议会相继进行了三次改革,20世纪初英国又颁布《人民代表法》等法案,使得国家的权力重心不断下移,国王的权力进一步被削弱和虚化,在国家的政治生活中并不具有实际权力,而是成为一个礼仪性的国家元首,主要扮演了社会矛盾的"缓冲器"与"调节器"的角色。纵观英国法治发展历程,尽管在不同时期法律与政治的关系呈现出不同的形式和内容,甚至多次出现了剧烈的冲突和斗争,但二者总体上保持了良性互动、实现了动态平衡,由此推动了英国法治不断成熟和完善。

### 四、生成路径

从社会发展进程来看,从习俗到惯例、从惯例到法律规则的动态发展有助于一个国家法律体系的建立和完善,这既有社会规则提炼总结、法律体系自我完善的因素,也离不开多方力量之间的斗争、妥协和推动作用。作为引领法治文明的先行者,英国的法治道路呈现出自身自发与主动推进并存的样态。以往多数观点认为,英国法律的权威来自久远的法律传统,其法治道路是自身自发、民间自然缓慢演进而成的,"借用哈耶克在论述普通法特征时提出的'自生自发'理论来说,英国法治是逐步'生发'长成的,是历史积淀的产物,经验理性的结晶"。① 在盎格鲁—撒克逊时期,英国主要靠原始习俗维持社会有序运转,并且在社会实践中发挥了法律的裁判作用。在英国随后的法治演进道路上,由习俗逐渐形成的习惯法,不是由某个权势人物或机构所刻意制定,然后"自上而下""由外及里"强加于社会的"国家法""制定法",而是人民大众约定俗成的产物,是自生自发的"社会法""大众法"。② 这种背景决定了英国法治具有自下而上的渊源,它从盎格鲁—撒克逊时期的原始民主习俗,逐步凝结成为习惯法,到形成全国普遍适用的普通法,再到议会掌握立法权而大量颁布的制定法,英国在法治的道路上自发推进,显示出了脉络清晰的连续性和渐进性。

但也要看到,英国除了民间自发生成法治外,政治权力的较量以及政党及其所代表的力量的强力主导,也是英国法治成功的不可忽视的重要因素。最突出的是在诺曼征服时期进行的王权争夺战,"征服者"威廉率军同英军在黑斯廷斯激战,英王哈罗德丧命战场,威廉得以加冕为英国国王后,又对一些负隅顽抗的英国贵族进行残酷镇压,从而进一步巩固了王权。而在王权争夺中,最悲惨的莫过于英王查理一世,由于引发了同议会和教会之间的权力斗争,于1694年被拘捕、审判并且最后以叛国罪的罪名被送上了断头台。可见,英国在政治制度、法律制度发展完善的过程中,并非一直风平浪静,在争夺政治权力主导权的过程中也不乏血腥和暴力,在多方力量博弈的过程中推动法治向前发展。正如大卫·克拉克所指出,"他们漫长的现代化的过程,充斥着内战、暴力和革命。这个过程并不是计划着进行的,也不是命中注定一定能成功,应该说,更不是不论时间和体制任何地方都要因循这样的过程。"③ 从实践上看,英国在法治形成的过程中经历了国王、贵族、教会、臣民以及法官、检察官、律师等法律职业共同体之间错综复杂的斗争。比如《大宪章》的签署,就主要源于国王约翰为了应对外敌入侵而不断增加税

---

① 李栋:《英国法治的道路与经验》,中国社会科学出版社2014年版,第2页。
② 程汉大:《法治的英国经验》,载《中国政法大学学报》2008年第1期。
③ 何勤华:《英国法律发达史》,法律出版社1999年版,第16—17页。

赋，使得与贵族们的政治冲突加剧，最后在反叛者和教会的压力下，不得不在贵族们拟好的《大宪章》上签字，从而遏制了王权的扩张和滥用。《大宪章》对英王和贵族的权力边界进行了明确划分，而普通民众则更多采取"请愿"的方式争取自己的权利。此后，1337—1453 年的英法百年战争期间，议会不断向国王提交权利请愿书，最后在 15 世纪形成了由英国国王、贵族主导的上议院和由平民主导的下议院的政治格局，取得了"权力制衡"的效果。此外，法律职业共同体的发展壮大也对英国法治传统形成产生了重要影响。"没有法律职业共同体，就没有成熟的法治。反之，法治的不成熟，也难有发达的法律职业共同体。法治与法律职业共同体应是共生共伴、同长同成的关系。"[①] 产生于 13 世纪的英国法律职业阶层，在数百年来不断发展壮大的历程中，始终高举"法律至上"的大旗，在反对专制的斗争中充分发挥了权力制衡和权利保障的作用，成为英国法治发展进程中的"推进剂"。

**五、分权制法**

法治建设不仅需要艰苦卓绝的实践作为依托，而且还体现在法律制度的设计和执行上。英国是西方近代议会民主制度的发轫国，也是最早创立近代资本主义立法体制的国家之一。英国法的源头是盎格鲁—撒克逊时代的习惯法。1066 年诺曼征服后，英国加强了中央集权制，建立并完善皇家司法机构，逐渐形成了英国法的三大渊源：由普通法院创制的通行于全国的普通法、根据大法官的审判实践发展起来的衡平法，以及由享有立法权的国家机关制定并颁布实施的制定法。根据 1215 年《大宪章》的规定，英国国会逐渐形成，其立法权逐步加强，制定法的数量逐渐增多，国会的地位也逐渐上升。资产阶级革命后，英国国会立法权进一步强化，确立了"议会主权"原则，提高了制定法的地位。作为议会制国家，英国的行政、立法及司法三权的界限也日益明确：议会主要承担立法职能，在制定任何法律或修改已制定的法律上拥有不受限制的权力，任何其他机关或法院无权加以否决；司法机关、行政机关承担着执行法律的职能，司法机关掌握审判权，行政机关负

---

[①] 徐显明：《构建法律职业共同体》，载《人民日报》2014 年 9 月 23 日。

责公共事务管理。同时，英国的立法权与行政权又相互融合：英国首相由下议院多数党的领袖担任，内阁阁员均为该多数党的领袖人物。在形式上，英国议会是最高国家权力机关，但内阁实际控制着议会。英国议会支配着国王，对司法机关也有重大影响。上议院单独行使司法审判权，并且有权审理下议院提出的弹劾案以及审理贵族的案件，甚至在英国设立最高法院以前，最终司法审判权仍然掌握在威斯敏斯特议会的上议院手中。根据英宪规定，除财政案必须由议会下院或政府提出、司法案必须由议会上院提出外，其他议案均可由政府、公共团体代理人或议员个人提出。立法案经过一院"三读"通过后，须送另一院再经过类似的"三读"程序，最后由英王批准，由此体现了立法机关之间的相互制约。2009年，英国议会通过《最高法院规则》，宣告英国最高法院组建，由此打破了英国数百年来司法权和立法权混合的传统。可以说，分权制法的传统，推动了英国的法律体系和法律制度日臻完善，促进了英国法治传统进一步巩固和升华。

### 六、人权保障

法治是实现人权的保障，尊重和保障人权是法治的追求。英国在长期的政治斗争和法律演进过程中，形成了人权保障的重要法治原则。英国没有编撰的成文的宪法，英国公民权利并不是通过宪法的规定而获得相应的保障，而是通过限制权力来得以实现的。在中世纪，英国王权过大，不仅广大人民没有人权，就是上层统治阶级的权利也受到严重损害，英国贵族成为反对王权、争取人权的斗士。诺曼征服后，为争取英国教会、贵族和各阶层人民的支持，征服者威廉于1066年签署了给予臣民一定权利的《王冠宪章》，宣布"用正义统治人民、把国王的一切供给人民"，还强调"禁止各种掠夺、暴力和不公正的审判"。[①] 1215年，英王约翰被迫签署的《大宪章》是英国最早的人权立法，它以王权接受法律限制、国王尊重司法为前提，承认了公民拥有多项权利和自由，比如，未经正当的法律程序，公民不得被拘留、监禁、没收其财产，不得被放逐、搜查或逮捕，等等。而在1297年，国王爱

---

① 李世安：《试论英国大宪章人权思想的产生、发展及其世界影响》，载《河南师范大学学报（哲学社会科学版）》2001年第5期。

德华一世迫于压力，签署了《无同意课税法》，确立了"未经人民同意，国王不得征税"的原则，充分体现了"尊重人民权利"的理念。1628年，在国王查理一世统治时期，英国通过了《权利请愿书》，进一步确认了《大宪章》为国王所承认的各项权利和自由，特别强调国王"不得任意拘捕、监禁任何人；不得剥夺其管业权、各项自由及自由习惯，或置诸法外，或加以放逐，亦不得以任何方式加以毁伤"。1679年通过的《人身保护法》设计了英国特有的人身保护令制度，规定所有受违法拘束的嫌疑人都应提交法院裁决，重视人权保护的司法程序传统也得以进一步加强。"光荣革命"后，议会主权和立宪政体得以确立，英国资产阶级以《权利法案》的形式规定了人民享有的权利和自由，进一步把公权力限定在法律规则之下，加强了对个人权利的保障。到了当代，《人权法案》于1998年11月经议会通过和女王同意并于2000年10月正式生效，成为英国人权立法的一个里程碑事件。英国《人权法案》将《欧洲人权公约》转化为英国的国内立法，并以"公约权利"的形式第一次系统梳理了英国社会存在的人权清单，从根本上解决了英国人权保护中司法适用的法律渊源和宪法基础问题，为防止议会立法侵犯公民权利设置了一道屏障，"精致的制度设计巧妙地平衡了立法机关与司法机关的关系，从而温和、有效地保护人权"。[①] 可以说，《人权法案》的实施，进一步改善了英国人权的司法保障制度，使司法机关在人权保护方面的作用变得更为重要和突出，并且更好地协调了英国人权的区域司法保护与国内司法保护之间存在的分立与冲突，为英国人权提供了更为有效的多元化司法保障机制。

## 第三节　英国法治道路的启示

　　法治发展具有普遍性的规律和共同的特征，但通往法治殿堂的道路应该有所不同。这即是说，任何国家的法治都有其自身的特殊性，这种特殊性只能适合于本国情况，或者是在本国特殊的情况下发展起来的。中国特色社会

---

[①] 唐颖侠、史虹生：《从赫斯特案看英国人权保障机制的演进》，载《南开学报（哲学社会科学版）》2014年第5期。

主义法治道路是随着我国社会发展而不断进步与完善的。改革开放以来，尤其是党的十八大以来，随着中国特色社会主义法律体系日益发展完善，"法治中国"建设步入了快车道。但也要看到，中国的法治建设是一个长期过程，不可能一蹴而就。与人类探求理想法治的漫漫实践相比，中国的法治征程可谓刚刚上路，还有很多问题需要在实践中找到解决方案。英国走过了一条曲折而成功的法治之路，其法治建设的许多经验值得借鉴。当然，任何国家的法治模式都不具有普适性，英国的法治道路具有其特殊性，与我国的社会制度、文化传统不同，不能"全面移植"、照搬照抄，而必须坚持"以我为主、为我所用"。也就是说，要在学习、借鉴英国等国家法治经验的前提下，始终立足于中国国情，坚持从中国实际出发，既与时俱进、体现时代精神，又不照抄照搬别国法治理念和模式，加快推动法治道路建设。

## 一、建立适度强大的政治权威是法治实现的必要前提

美国学者里普森曾指出，"法律的苍穹不是独立存在的，它建立在政治的柱石之上。没有政治，法律的天空随时可能坍塌。"[1] 换言之，如果没有适度的政治权威作为支撑，法律的权威也难以确立。正如习近平总书记所指出："法治当中有政治，没有脱离政治的法治。每一种法治形态背后都有一套政治理论，每一种法治模式当中都有一种政治逻辑，每一条法治道路底下都有一种政治立场。这一点，西方法学家也承认。"[2] 这一精辟的论述深刻揭示了政党政治与国家法治的内在关系，也为"法治中国"建设提供了根本遵循。也就是说，中国的法治实践必须牢牢依靠中国共产党的主导作用，充分发挥宪法权威之于法治的价值功能，坚持走符合自身实际的法治道路。

英国法治道路在表面上看是一条自下而上、民间发动、缓慢生成的法治之路。其实，在1688年光荣革命之前就历经了多次真正的军事革命和流血战争，政权几经更迭。资产阶级作为法治的领导者，发动社会大众，以和平的方式建构了英国的法治道路。没有强大的资产阶级和社会大众的政治联

---

[1] [美] 莱斯利·里普森：《政治学的重大问题——政治学导论》，刘晓等译，华夏出版社2001年版，第201页。
[2] 中共中央文献研究室：《全面依法治国，开启中国法治新时代》，载《人民日报》2015年5月5日。

合，没有代表人治势力的国王的政治妥协，就无法形成英国独特的法治模式。可见，英国特有的政治与社会传统以及利益结构，导致英国的法治道路具有其独特之处。正是在强大的政治力量的攻势下，英国才有了议会、国王、政府、司法之间的权力配置与法治布局。

在中国早已建成社会主义人民共和国的大背景下，法治道路的构建和完善必须统领于以人民为主体的强大的政治权威。中国共产党的领导是总揽社会主义事业全局、推进法治中国建设的根本保证。这主要是因为党领导人民依法治国具有三重合法性：一是符合宪法、法律。中华人民共和国宪法庄严宣告我国的政党制度是"中国共产党领导的多党合作和政治协商制度"，并且在2018年3月11日，全国人大通过的最新宪法修正案中明确载入"中国共产党领导是中国特色社会主义最本质的特征"，作为宪法总纲统领法治全局，这为坚持党的领导提供了强有力的宪法保障。二是符合社会发展规律。中国共产党的领导地位是在长期革命和建设实践中得以确立和巩固的，反映了中国社会发展和文明进步的历史必然。近代以来，中国共产党团结、带领全国各族人民，从一个胜利走向另一个胜利，实现了民族振兴、国家富强和人民幸福，赢得了人民群众的支持和拥护。所以说，坚持中国共产党的领导，符合历史规律和现实国情，也是民心所向、国运所系，符合社会发展客观规律。三是符合法律价值。法治的核心价值在于公平正义，其终极追求是保障人的自由权利、促进人的全面发展。中国共产党始终高度重视人权保障，尤其是党的十八大以来，全面推进经济、政治、社会、文化和生态文明"五位一体"战略，更好地促进社会公平正义，确保实现人民的生存权、发展权、健康权、环境权、社会权等基本人权。

法律与政治是一个相辅相成、相互作用的关系，坚持中国共产党的领导与推进社会主义法治建设是并行不悖的。坚持中国共产党的领导，全面推进"法治中国"建设，能够更好地保障人民当家做主的权利，才能促进社会和谐稳定。当然，坚持党对法治建设的领导，必须认清"党大还是法大"这个伪命题、权大还是法大这个真命题。实际上，党与法的关系，在不同国家体制、不同社会发展阶段，呈现出本质的不同。在西方资本主义国家，政党为了争夺行政权乃至立法权，常常进行惨烈的斗争，由于各个党派利益诉求不一样、拥有的群众基础不一样，"党""权""法"的关系也因各派别力量的变化而有所不同。在社会主义中国，中国共产党和人民群众的利益是一致的，建设社会主义法治国家是中国人民的共同期盼和追求。因此，我们要树立自信、保持定力，不断加强和改善党对依法治国的领导，不断提高党带领全国人民推进法治建设的能力和水平，充分发挥党在领导立法、保证执法、支持司法、带头守法上的政治核心作用和先锋模范作用。

## 二、彰显自身特色是法治成功的根本保证

英国法治既不体现为美国式的绝对均衡的三权分立，也不同于以直接对抗获取政权的法国式法治，而是深深地嵌入英国新旧势力对比的利益关系格局之中，反映了英国特有的制度张力。尽管英国的法治道路在本质上不过是为了维护英国资产阶级的利益，但是，其对英国自身的适应性和现实性是相当显见的。这表明，一个国家的法治道路总是由其政治经济制度、历史文化传统等因素决定的，也就是说，法律制度在一定程度上从属于政治制度，政治制度是法律制度的制度基础，法律制度是政治制度在法治领域的集中体现。世界上一百多个主权国家的国情千差万别，不可能走一条完全一样的法治道路。所以，并没有一种放之四海而皆准的法治模式，只有最适合本国历史传统和现实国情的法治之路。中国是一个社会主义国家，实行的是中国特色社会主义民主政治制度，因此，全面推进依法治国必须符合我国社会主义制度属性。事实上，推进依法治国与坚持社会主义制度是辩证统一的关系：一方面，依法治国为中国特色社会主义制度的确立和完善提供了有力的法治保障；另一方面，中国特色社会主义制度为依法治国的实施提供了根本制度保障。依法治国与中国特色社会主义制度辩证统一于中国共产党的领导，辩证统一于实现中华民族伟大复兴中国梦的奋斗历程中。

中国特色社会主义制度是全国各族人民的共同选择，是我国走向繁荣富强的根本前提，也是推进社会主义法治建设的根本保障。也就说，当前中国推进法治建设，不仅要符合历史传统和现实国情，而且更要坚持中国特色社会主义的社会制度，而不是其他性质的社会制度。其中，人民代表大会制度是中国特色社会主义法治道路最重要的制度载体。人民当家做主是中国特色社会主义制度的本质属性，人民行使当家做主权利的根本制度支柱是人民代表大会制度。世界上不同国家的代议民主的内容和形式是不同的。从实质上

讲，西方的代议民主制度反映了资产阶级的利益，是随着工业革命的推进，新兴资产阶级在同封建王权争夺政治权力的过程中产生的。当他们夺得了国家政权后，立即通过以宪法为核心的法律制度来确立和保障所获得的政治经济利益，通过形式平等、公共参与、吸纳民意等表面形式来强调其统治的合法性和正当性。但这些做法，无论如何都改变不了其维护资产阶级核心利益这一根本属性。社会主义代议民主制在源头上与资产阶级不同，并不是由经济上的新贵族主导的；相反，是由人民大众在共产党领导下建立的。1949年以来，特别是随着1954年宪法的颁布，社会主义代议民主制获得了形式合法性。从实质上讲，无论在权力架构、权利主体还是权利实现上，社会主义代议民主制都与西方存在本质的区别。2014年9月，在庆祝全国人民代表大会成立60周年大会上，习近平总书记发表重要讲话指出："评价一个国家政治制度是不是民主的、有效的，主要看国家领导层能否依法有序更替，全体人民能否依法管理国家事务和社会事务、管理经济和文化事业，人民群众能否畅通表达利益要求，社会各方面能否有效参与国家政治生活，国家决策能否实现科学化、民主化，各方面人才能否通过公平竞争进入国家领导和管理体系，执政党能否依照宪法法律规定实现对国家事务的领导，权力运用能否得到有效制约和监督。"[①] 新中国成立70多年来，特别是改革开放40多年来，中国经济实现飞速发展，成为世界第二大经济体，人民群众的生活水平和质量显著提高，中国社会呈现出和谐安宁、朝气蓬勃的局面。这充分说明，中国特色社会主义制度给新中国带来了翻天覆地的变化，给全国人民带来了巨大福祉；坚持社会主义制度，才能确保法治中国建设的方向和成效，才能带给中国人民无穷无尽的活力和能量。

推进法治建设必须坚持中国特色社会主义制度，这是保持我国社会主义性质的基本要求，也是进一步完善社会主义法律体系的基本原则。法律是一个国家上层建筑的重要组成部分，是促进经济有序运行、维护社会制度的重要力量。中国实行的是社会主义制度，社会主义法治是维护这一根本制度的重要手段。几十年来，我国社会主义制度不断完善，离不开社会主义法治的

---

[①] 习近平：《在庆祝全国人民代表大会成立60周年大会上的讲话》，载《人民日报》2014年9月6日。

重要保障作用；我国社会主义法治体系能够日益完善并且发挥出巨大作用，也是因为坚持了社会主义制度、巩固和发展了社会主义制度。所以，中国全面推进依法治国必须尊重历史传统，必须立足现实国情和法治实践，坚定不移地坚持中国特色社会主义制度，走中国特色社会主义法治道路，着力推进国家和社会生活法治化，开辟法治中国的美好未来。

### 三、建设法治政府是法治道路建设的重要环节

如果说英国法治在早期阶段将重心置于严格依法限制王权，那么，在取得政权之后，则越来越重视对政府公权力的限制。因为，王权与民权、资产阶级权力之间关系已经通过宪法性文件和相关法律予以明确界定，此时的关键已不在于限制王权了，而是转而对政府权力加以管控，防止政府对民众权利的侵犯，法治政府建设成为一个重心。

依法执政、建设法治政府是依法治国的关键。法治政府，从本质上说就是用法律来规范和约束公权力，使之在法治的轨道上有序运行。公权力如何得到有效制约、如何得到科学运用，对整个国家的法治化程度起着决定性作用。可以说，法治政府的建设进程很大程度上决定了一个国家法治水平的高低，更是实现依法治国的关键。党的十八届四中全会《决定》和《法治政府建设实施纲要（2015—2020年）》对法治政府的本质属性和价值精神做出了高屋建瓴的描述，党的十九大报告又进一步强调指出，"坚持依法治国、依法执政、依法行政共同推进，坚持法治国家、法治政府、法治社会一体建设"，这为加快建设法治政府提出了更高要求，指明了前进方向。

概而论之，建设法治政府，就是要建设一个"为民、公正、阳光、诚信、程序、负责"的政府。为民，就是要"听民声、知民情、纾民怨、解民忧、谋民利"，建设服务型政府；公正，就是要重视规则公平、保障机会公平、强调权利公平，维护社会公平正义；阳光，就是要"让权力暴露在阳光之下，让政务暴露在公众视野之中，让权力运行受到充分监督"，建设清正廉明的阳光政府；诚信，就是要构建"互信、互动、共治、善治"的政民关系，打造良好的社会公信力；程序，就是要"按法定程序办事"，让程序约束权力，让程序高效便民；负责，就是要做到"有权必有责，用权

受监督,违法必追究",建设责任政府。① 法治是否真正得到贯彻落实的关键在政府部门自身,还应当大力推进和落实"三张清单"制度:一是建立权力清单制度,做到"法无授权不可为",通过"清权、确权、晒权、限权",构建权力制约的体系,确保"有权而不任性";二是建立负面清单制度,实现"法无禁止即可为",捆绑政府的手,放开市场的腿,让财富和活力充分涌流;三是建立责任清单制度,确保"法定职责必须为",简政不减质,放权不放任,把权力控制在安分守己的轨道上。为此,要深化行政体制改革,持续深入推进"放管服"改革,推进行政组织和行政职能的规范化、法定化,确保政府部门的各项工作都在法律授权的范围内开展,着力建设阳光政府和责任政府。

法律的生命力在于实施,法律的权威也在于实施。正如习近平总书记所指出的:"如果有了法律而不实施、束之高阁,或者实施不力、做表面文章,那制定再多法律也无济于事。"② 全面推进依法治国,重中之重就是各地区、各部门、各群体严格遵守法律,确保法律在社会运行中充分发挥效力。尤其是在中国特色社会主义法律体系日益完善的前提下,保证法律严格实施、确保严格执法,更是推进法治政府建设的重点和关键,在全社会营造尊法、守法、用法的良好风气,切实保障人民群众的合法权益,增强人民群众的法治获得感。为此,一要深化行政执法体制改革,建立权责统一、权威高效的行政执法体制;二要大力推进行政执法规范化、信息化建设,不断提升执法水平和效率;三要加强执法能力建设,严格执法、公正执法、文明执法,严禁以言代法、以权压法、徇私枉法;四要全方位落实重大行政决策合法性审查和普遍建立政府公务律师制度,深入推进法治政府建设示范创建活动,支持社会大众有序参与公共决策,教育、引导广大人民群众依法维权,提升社会矛盾化解能力。

---

① 汪习根等:《治国重器——全面依法治国的法理释讲》,湖北人民出版社 2017 年版,第 131—138 页。
② 习近平:《关于〈中共中央关于全面推进依法治国若干重大问题的决定〉的说明》,载《人民日报》2014 年 10 月 29 日。

## 四、主体法治意识是法治道路建设的社会基础

英国著名法治论者戴雪首创英语语境下"法的统治"（rule of law）即法治一词，提出了英国法治三原则。其中，尊重法律的至上权威以保障人民权利是一条中心线索。法律的权威源自人民的内心拥护和真诚信仰。正如美国法学家哈罗德·J. 伯尔曼所说，"法律必须被信仰，否则它将形同虚设"。换言之，全体民众必须存在着对法律的敬畏，如果丧失对法律的敬畏，法律的规范性作用就无法发挥，法律的生命就无法显现，建设法治国家也就成为一句空话。英国的法治传统，源于早期的原始民主传统和习惯，逐渐演化为代表共同意识的法律规则，广大民众不仅主动守法，而且积极用法和护法，法律真正发挥了其机能。这表明，法治建设离不开人民群众都尊崇法律，都把法律作为心中的一种信仰。法国启蒙思想家卢梭曾说，"一切法律中最重要的法律，既不是刻在大理石上，也不是刻在铜表上，而是铭刻在公民的内心里，它形成了国家的真正宪法。"① 建设法治中国，就必须让法律"铭刻在公民的内心里"，使之成为公民的生活习惯、生活方式。

强化法治意识，首先要强化宪法意识；尊重法律权威首先是尊重宪法权威。确保宪法在全国范围内得到有效实施，是建设社会主义法治国家的首要任务，是大力推进法治中国建设的根本前提。党的十八届四中全会和党的十九大相继对加强宪法实施提出了明确要求、做出了重要部署，各行各业都在深入学习宪法，大力弘扬宪法精神。依法治国的核心是依宪治国，严格遵守宪法规定是依法治国的核心要义。在深入推进"法治中国"建设的过程中，要秉持宪法至上、维护宪法权威，按照宪法确立的民主原则、法治原则、人权保障原则，依程序、按步骤，推进政治、经济、文化和社会以及生态文明建设在宪法的引导下稳步前行，让宪法成为一切政治生活的最高准则，成为一切机关、组织和个人的根本行为准则。一方面，各级机关、企事业单位要以宪法为最高行动指南，将宪法规定和宪法精神落实在日常工作中；另一方面，广大公民要自觉学习宪法、主动了解宪法，并将宪法知识运用于日常生活中，让宪法精神切实融入到法治建设的方方面面。

---

① ［法］卢梭：《社会契约论》，何兆武译，商务印书馆1980年版，第73页。

增强公民的法治观念和法律意识，是推进法治中国建设的必经之路。只有全体公民都真正尊崇法律、学习法律，并且有效运用法律维护自身权益、监督行政执法行为，法治精神才会深入人心，法治文化才会普遍形成，法治中国的建成才会指日可待。同时，强化权力主体依法履职，带头全社会守法尊法。增强全社会的法律意识，需要充分发挥领导干部的示范、引领作用。只有领导干部带头遵守法律、严格依法行事，主动强化对法治的追求、信仰和执守，才能引导广大群众逐步将法治思维和法治方式变成想问题、办事情的思想自觉和行为习惯。对于领导干部来说，凡涉及权力运用，都要考虑是不是有法律依据、有什么样的程序要求、是否符合立法目的、违法时谁应承担什么样的责任等问题。只有领导干部依法用权、模范守法，才能巩固公民认识法律、相信法律的意识，促进公民遵守法律、学习法律，并且运用法律维护自身权利。

同时，拓宽公共治理渠道，引导公民依法有序参与。公民依法参与公共治理是法治社会建设的重要组成部分，是公民法治意识的重要体现，也是提高法治意识的重要途径。首先，要提高公民依法参与公共治理的意识。依法参与公共治理是法律赋予公民的权利和义务，要让公民真正成为公共治理活动中的参与者和合作者，在公共治理中扮演重要的角色，从而提高公共政策的有效性和可实施性，提高工作效率，提升政府形象。其次，要在公共治理中培养公民法治的自觉性。公民法律自觉就是公民要自觉地在宪法和法律的范围内活动，自觉地按照法律的规定办事，在法治实践中深刻感受到"法律至高无上"的事实和道理。

最后，加大普法力度，营造良好法治氛围。加大普法力度，在教育引导中使全民知法、懂法、体悟法治原则、价值与精神，是涵育民众法治意识与法治精神的前提。首先，要积极主动作为，在利用好电视、报纸、广播等媒体的同时，利用网络平台，打造有影响力的普法官方微博、普法官方微信，在政府、新闻、商业等网站运用案例解析、专家讲座、公益广告等多种形式宣传法治文化。其次，要把法治教育纳入国民教育体系。法治教育是一项事关全局和长远的基础性工作，要把法治教育贯穿于基础教育、高等教育、职业教育、成人教育等不同阶段、不同类型的教育中，使之成为全民性、全程性的终身教育，使民众在教育中不断增强法治意识，让守法尊法成为一种内在素质与自觉行为。

# 第 二 章
# 美国法治道路的历程和启示

当前学术界对美国法治问题的研究往往侧重于美国权利法案与宪法层面，而对治理与政治层面的阐释明显不足。在学理上，从民众的人权诉求到国家治理的双重分析，有助于立体化透视美国法治道路的演进脉络，为本土法治道路建设提供启示。在历史上，美国法治道路的发展历程可概括为四个阶段：建国时期（1776—1865）、重建时期（1866—1877）、工业时期（1877—1920）、新政时期（1932—1941）。[①] 本章将研究在上述不同历史阶段，法治在美国国家政权建设和国家治理中的不同角色和不同功能，在此基础上，总结美国法治道路建设的启示。

## 第一节 重新认识美国法治道路

### 一、法治及其权利源头

一直以来，法学界流传着一套权利保障版本的美国法治道路叙事。按照这种叙事，从独立战争开始，权利观念就深深根植于美国政治文化传统中，独立战争起因于英国政府对殖民者权利诉求的否定，为了捍卫权利，不同阶

---

[①] 本部分没有讨论民权运动以来的美国法治，主要考虑是民权运动对美国法治的叙事主要围绕权利尤其是第三代权利展开，对此，权利版本的美国法治叙事已经有很多讨论。

层的殖民者参与独立战争,最终与英国人的专制权力彻底决裂。建国后,1791 年国会批准了宪法第一至第十修正案,总称为《权利法案》。《权利法案》弥补了 1787 年《宪法》中权利条款的缺失,进一步明确了权利在宪法上的地位,规定联邦政府不得侵犯人民的宗教自由、言论自由、新闻自由、集会自由、保留和携带武器的权利;人民不受无理搜查和扣押;只有大陪审团才能对任何人发出死刑或其他"不名誉罪行"的起诉书,保证由公正陪审团予以迅速而公开的审判,禁止双重审判;此外,《权利法案》还规定宪法中未明确授予联邦政府、也未禁止各州行使的权力,保留给各州或人民行使。《权利法案》并没有采用列举条款来一一宣告美国公民享有何种权利,而是规定政府不得侵犯公民所拥有的何种权利。[①] 这里隐含了霍布斯和洛克式的自由主义逻辑:公民权利不是立法者给予的,而是来自于政府成立之前就为人民所拥有的自然权利;人的自然权利是政治国家的起点,政治国家可以弥补自然状态的缺陷,有效保障人的自然权利。[②] 但是,《权利法案》在诞生后的 150 年里对美国法治几乎没有构成什么影响,戈登·S. 伍德说,批准之后,大部分美国人很快忘记了有关宪法前十条修正案的故事。[③] 尽管如此,《权利法案》依然构成了权利保障版本美国法治叙事的起点,"权利来自于何处","公民应当享有哪些权利","如何保障公民权利不受政治权力的侵害"?这些问题始终是权利版本美国法治叙事的主题。

既然权利是首要的,甚至是先于国家权力而存在,成立政治国家是迫不

---

[①] 王希:《原则与妥协:美国宪法的精神与实践》,北京大学出版社 2014 年版,第 8 页。

[②] 在霍布斯社会契约论理论中,人有两种天性,虚荣自负和害怕死亡,前者导致自然状态中出现人与之间的战争,后者则促使人们停止人与人之间的战争;在自然状态里人只有不折不扣的权利,而没有不折不扣的义务,所有人都是自己案件的裁判者;这样的自然状态让人无法忍受,唯一的补救办法就是建立政治国家,由第三方裁判者来停止战争,确保安全。洛克比霍布斯更谨慎,但是他和霍布斯一样偏离了传统自然法理论,洛克的自然权利观念根本上有别于苏格拉底、托马斯主义以及胡克尔的传统自然权利理论。和霍布斯一样,洛克认为在自然状态中,人的自然权利没有保障,必须建立政治国家来保障安全、财产、自由等自然权利。当然,在建立何种政府的具体方案上霍布斯和洛克有所区别,霍布斯的方案是建立权力高度集中的专制政府,而洛克则主张建立有限政府。(参阅 [美] 施特劳斯:《自然权利与历史》,彭刚译,生活·读书·新知三联书店 2006 年版,第 168—256 页)

[③] 《权利法案》经历漫长休眠期的原因或许在于:美国社会经济和文化状况尚未发展至大众观念和司法意见可以接受权利法案相关条款的阶段;美国联邦最高法院的司法兴趣在于平衡政府间的权力;权利法案在较长的历史阶段只限制联邦政府而不对各州产生约束。(See Labunski, *James Madison and the struggle for the Bill of Rights*, Oxford University Press, 2008, pp. 258-259)

得已的选择,那么谁来守护权利免受国家权力的侵犯?权利保障版本的美国法治道路叙事的答案是法院及其法治。[1] 在这种自由主义权利保障的叙事里,立法至上和三权分立与制衡是法治的前提;法治被想象成是一套独立于国家政权建设(State-building)和国家治理(National Governance)的、独立的、中立的系统;既然法院应当独立于国家政权建设和国家治理,那么法院应当尽可能避免成为实现国家政权建设以及国家治理的各种实质目标的工具;同时,保障公民权利,限制国家权力才是法院及其法治内在的、固有的、独立的价值目标;为此,法院应当根据宪法和法律,审查国会和行政机关的决定,法治就是司法审查,法院是美国宪政法治的舞台,法官是这个舞台上的导演。我们在马伯里诉麦迪逊案、纽约时报诉沙利文案、马普诉俄亥俄州案、美国诉尼克松案、五角大楼文件案、布朗诉教育委员会案中都可以看到这种"以权力分立和个体自由对抗国家权威"的美国法治道路叙事。

## 二、权利版本法治的缺陷

上述这些极端的案例并不是美国法治的主流和精髓所在,权利保障版本的法治道路叙事仅仅代表了美国法治的一个侧面,尤其是近50年来的一个侧面。这种对美国法治道路的理解并不完全符合不同时期的美国法治实践:一方面,《权利法案》通过后,美国社会经济和文化状况并没有发展到大众观念和司法意见可以接受《权利法案》相关条款的阶段,联邦最高法院的主要司法兴趣在于平衡政府间的权力、促进经济发展和工业化,在长达150年的时间里《权利法案》仅仅只有宣示意义,并未被激活。另一方面,在美国法治史上,法治也不是站在国家的对立面,而是作为一支重要的政治力量从未缺席美国国家政权建设和国家治理。从建国时期关于国家结构形式的

---

[1] 这方面的代表作有[美]约翰·哈特伊利:《民主与不信任——关于司法审查的理论》,张卓明译,法律出版社2003年版;[美]阿奇博尔德·考克斯:《法院与宪法》,田雷译,北京大学出版社2006年版;[美]亚历山大·M.比克尔:《最小危险部门:政治法庭上的最高法院》,张中秋译,北京大学出版社2007年版;Robert A. Licht, ed., Is the Supreme Court the Guardian of the Constitution? American Enterprise Institute, 1993. 强世功总结了权利版本美国法治道路的两个特征,"律法中心主义"和"法院中心主义",参阅强世功:《"法治中国"的道路选择——从法律帝国到多元主义法治共和国》,载《文化纵横》2014年第4期。

辩论，到重建时期联邦与州关系，到工业时期行政权力的集中与扩张，再到新政时期罗斯福总统依托国家权力极大拓展公民权利的深度和广度……每到重大历史时刻，法治都与其他政治力量一起引导人民，引导国家的种种重大利益，使之在"国家政权建设"和"国家治理"的轨道上运行。同时，实践中法院也未必是国家政治的对抗者，联邦最高法院本身也是美国"国家政治"的组成部分，也是国家政治最强有力的捍卫者以及国家权威合法性的提供者，如在马丁诉亨特租户案中，为了捍卫联邦权威，最高法院确立了对州法院案件的上诉管辖权和司法审查权。此外，活跃在美国法治舞台上的角色也不仅仅是法院，还有国会、总统和各州，也就是说政府各个分支都会通过法治做出决策。

**三、从权利版本到治理版本**

跳出权利保障和司法中心主义的法治界定，从国家政权建设和国家治理的国家政治角度看，法治是美国国家治理体系中的一种具有既有原则性又有灵活性的治理术，以其独有的方式参与国家政权建设和国家治理，是美国国家治理能力现代化的标志之一。在权利保障版本的美国法治道路叙事之外，还存在一个国家政治版本中的美国法治道路叙事，本章试图置身于美国历史，从国家政治的角度梳理美国法治道路。之所以选择从该角度研究美国法治道路，主要基于以下三点考虑：

首先，目前从权利角度梳理美国法治道路的法律史、法律思想史和法理学著述汗牛充栋，本章如果沿着这个思路走并且提不出新的问题，其实是重复前人，没有学术增量和创新性。只有在问题意识上有所突破，才能实现认识论意义上的进步；而问题决定于眼光和视角，体现出研究导向，蕴含着知识上的突破。这就是本文选择国家政治角度切入美国法治史研究的学术考虑。

其次，从国家政治角度来梳理美国法治道路，有助于克服当下学术界对美国法治道路以及美国崛起的浪漫主义想象。政治成熟国家的成长和崛起从来都是以权力、自然秩序以及国家政治为原则来写就的。虽然国家政治版本美国法治道路叙事显得过于现实，回避道德理想问题，无法写出权利版本美国法治道路叙事中有关"人权""民主""宪政""司法审查""有限政府"

等打动世人的故事。但是，正如我们即将看到的那样，对于美国现代国家的形成而言，国家政治版本的话语体系虽然不动听但也是具有解释力的。同时在法理上，这套话语体系也揭示了一个朴素的政治原理：政治生活往往是最严峻但也是最不美好的，因为"政治不是最高的，却是最先的，因为它是最紧迫的"[①]。

最后，但也是最重要的，从国家治理角度梳理美国法治道路，对中国法治道路的选择有一定借鉴意义。现代国家的特征由其内部的历史演变决定。同中国一样，美国是一个超大型的政治文化共同体，建国后经历了漫长的国家政权建设历程，最终以内战方式彻底解决国家分裂问题，建立了一个强有力的联邦政府。国家政权建设完成后，美国进入重建时期，到镀金时代和进步时代，美国已经走完了当下中国正在经历的工业化、城市化的现代化进程；期间以1898年美西战争为起点，美国开始迈向了帝国的征途，并最终在二战结束之后，主导战后新秩序，成为新的全球性帝国。在这一历史进程中，美国法治如何处理联邦与州的关系并成功建立联邦主导的国家政治？如何在保持国家统一、强大和有效率的前提下，同时又能够回应政治参与及各种新兴的权利诉求，从而将国家建立在有效性和合法性的基础之上？[②] 它又是如何用法治化的方式来处理工业化、城市化进程中的各种具体国家治理问题的？这些问题都是美国国家政权建设和国家治理进程的根本性问题，法治如何参与这些问题，对新时代的中国有一定的比较和参照意义。当然，中国作为后发的发展中国家难以复制美国数百年间从容不迫、逐步调适的"先进"经验，不能把美国法治经验奉为圭臬，应当摸索与本国国情相适宜的法治道路。为此，下面将循着法治的历史轨迹，从不同阶段的内容与特征出发来分析与阐释美国法治道路的演进规律。

---

① [美] 施特劳斯：《苏格拉底问题》，丁耘等译，华夏出版社2005年版，第41页。
② 一个国家的稳定性不仅取决于政治体系是否为经济与社会发展创造条件有效性，也取决于政治体系的特性与作为是否能够得到绝大多数民众的认同。有效性指有作用，合法性是确定价值。（参阅林尚立：《有效性与合法性：政治发展的两种路径》，载《复旦学报（社会科学版）》2009年第2期，第46—54页；蔡禾：《国家治理的有效性与合法性——对周雪光、冯仕政二文的再思考》，载《开放时代》，2012年第2期）

## 第二节 建国时期的美国法治道路
（1776—1865）

### 一、漫长的国家构建与作为常规权力的法治

国家政权建设（state-building）也称为政治整合，即主权国家通过有效的行政、政党组织等多种多样的方式来自上而下地实现和巩固国家对地方、社会乃至个人的政治控制、道德教化和财政汲取。① 在现代国家形成过程中，主权者借助政党、官僚科层组织、军队等组织化的力量，通过战争、革命、社会动员、社会运动、法治和治理等方式，将分化的、多中心的社会力量和社会诉求予以整合，从而建立统一、稳固的国家结构形式，确立现代国家对社会和地方的主权权威。从发展规律看，现代国家的国家政权建设往往是一个漫长的政治过程，因为在高度分化的政治、社会和文化中，在各种势力不断分化组合的过程中，要找到一条成功的整合路径绝非易事。② 同样，美国建国后，虽然通过1787年《宪法》"合众为一"，却始终没有解决"定于一"的问题，从1776年美国发布《独立宣言》到1865年南北战争结束，美国经历了漫长的建国时期。③ 在将近100年的时间里，国家政权建设一直是美国现代国家形成过程中的根本性议题，直到南北战争结束，美国才形成稳固的国家结构形式，确立了联邦对州和社会统治的合法性。由此，美国才拉开重建的帷幕。

如果我们将法治视为国家政权建设中的一支重要政治力量，那么从性质上看，法治属于常规权力，它区别于政治动员、战争、革命等专制权力。所

---

① ［美］杜赞奇：《文化、权力与国家：1900—1942年的华北农村》，王福明译，江苏人民出版社1994年版，第2页。
② 关于国家政权建设的漫长时刻的讨论，参见［英］佩里·安德森：《绝对主义国家谱系》，刘北成、龚晓庄译，上海人民出版社2001年版，第1—33、427—464页；［美］查尔斯·蒂利：《强制、资本和欧洲国家》，魏洪钟译，上海人民出版社2012年版，第一章和第三章；章永乐：《旧邦新造》，北京大学出版社2011年版。
③ 田雷：《释宪者林肯：在美国早期宪法史的叙事中"找回林肯"》，载《华东政法大学学报》2015年第3期。

谓常规权力,是指法定主体在其职权范围内,根据宪法法律等规则的规定,按照一定程序来行使的权力,它的特征是稳定、可预测、讲程序、对事不对人,法治和官僚科层制都是典型的常规权力。相反,专制权力往往是非常规的"法外用权",它的启动完全取决于少数决策者的政治意志和政治决断,它的实施往往超越宪法和法治,并不会依照法律规定授权,并遵循一套常规的权力行使程序。与常规权力相比,专制权力的特征是更强调决策者的自由意志,因此它往往是超越常规程序的,也是不可预测的。最典型的专制权力有宪法中的紧急状态制度、良性违宪、群众动员、革命、战争等。[1]

"人类社会是否真正能够通过深思熟虑和自由选择来建立一个良好的政府,还是他们永远注定要靠机遇和强力来决定他们的政治组织?"汉密尔顿在《联邦党人文集》第一篇中就提出了这个问题。回看1776—1865年间的美国国家政权建设,恰好就是通过"深思熟虑和自由选择"的常规权力和"靠机遇和强力"的专制权力的结合,来建立政治秩序,完成国家政权建设的。在接下来的讨论中,文章将以时间为线索,选择1776—1865年这条时间线上的国家政权建设以及国家治理中的重大事件,观察法治这一常规政治权力在其中发生作用的机理。

## 二、国家政权建立中的美国法治

1775年,为了反抗英国对殖民地的压迫,美国人民深思熟虑地选择脱离英国,并最终通过独立战争成功地从英国分离出来。战争使13个北美殖民地彻底摆脱了英国的控制,同时,也迫使美国人继续思考建立何种政府模式的问题,即独立后的各州之间应当建立何种关系?是否有必要建立一个高

---

[1] 在法学中,常规权力和专制权力的区分体现为政治与法律的关系,参见〔美〕波斯纳:《并非自杀的契约:紧急状态时期的宪法》,苏力译,北京大学出版社2009年版;〔美〕施克莱:《守法主义》,彭亚楠译,中国政法大学出版社2006年版。该书对法与政治的关系进行了探讨,施克莱批判法律独立于政治的观点,围绕着政治审判,尤其是第二次世界大战后的纽伦堡审判和东京审判,施克莱指出这些审判无法基于守法主义获得正当性,而只能从自由主义政治的角度加以论证才站得住脚。因此,法"不是凌驾于政治世界之上,而是恰在其中"。在政治学中马基雅维利的《君主论》和《论李维前十书》分别对应了专制权力和常规权力,前者讨论的是为了建立政治国家,专制权力的获取及行使;后者讨论的是稳定政治秩序建立之后,常规权力的行使,以确保人民自由和共和。在实践中,最典型的行使专制权力的实例有:林肯在美国内战期间宣布暂停人身保护令,他的理由是我牺牲了一部法律,从而拯救了整个国家;所谓"良性违宪"就是一种超常规的权力运作的体现。

于各州的联邦政府？联邦政府与州是何种关系？1777 年，大陆会议通过了《邦联条例》，确立了州主权优先于国家主权的邦联国家结构形式。但是，在邦联体制下，美国缺少一个强有力的联邦政府，之后美国一度处于社会动荡、财政亏空、外交无力的危机之中。

为了解决上述弊病，1787 年国父们召开了制宪会议，以违反第一部宪法（《邦联条例》）的方式又重新制定了一部新宪法，初步建立了一个权力分立的联邦共和体制。宪法的制定和批准虽然建立了一个新的中央权威，但并没有完全摆脱邦联体制的影响，国家政权建设并未彻底完成。因此，从1789 年宪法实施到 19 世纪 60 年代，美国的政党政治、联邦与州关系、司法审查、自由市场、西进运动、民主革命、奴隶制等国家治理问题，始终与未完成的国家政权建设问题交织在一起。直到 1861 年，林肯做出了深思熟虑的政治决断，再次用暴力和革命的方式来捍卫国家政治，解决国家分裂危机，接续了建国者们没有完成的国家政权建设。1865 年南北战争结束，美国结束了漫长的建国时期，真正"定于一"。

### （一）1787《宪法》的制定与法治精神

与其说 1777 年《邦联条例》是美国的第一部成文宪法，不如说它是美国 13 州之间的条约。在这个条约之下，13 州保留了自己的主权、自由和独立。它所确立的全国性政府权力仅限于宣战、外交；联邦政府由一个一院制的国会组成，国会没有财政职能，无权征税，无权管理商业活动；各州无论大小在国会都有平等投票权，重大决定需要 9 个州而不是简单多数的批准；此外，在全国政府中没有总统来执行法律，也没有法院适用法律。《邦联条例》不可能产生一个强有力的联邦政府。随后各州各自为政、全国政府外交无力、财政枯竭、州际贸易冲突的事实也证明《邦联条例》是失败的。1786 年马萨诸塞州的自耕农因无法忍受政府的歧视性经济政策，爆发谢斯反叛，反叛者们包围了西部地区的政府机构，扬言进军波士顿，马萨诸塞州政府向邦联国会求援，但国会无能为力。

谢斯反叛让美国政治精英感到恐惧，他们认为美国人民目前最紧迫的威胁不是来自政府权力，而是来自不受限制的人民权力以及无政府主义。麦迪逊说，"联邦权威没有得到任何尊重。""可能因滥用自由而遭到威胁，如同滥用权力会威胁自由一样。"1786 年，来自 6 个州的代表在马里兰聚会，代表们提议修订《邦联条例》。1787年各州代表共55人聚集费城召开制宪会议，他们带着"建立强大的全国政府"和"遏制过度民主"的信念，决定为美国起草一部新宪法。制宪会议经过了四个阶段。第一个阶段（5月25日—6月19日），各州代表向制宪会议提出宪法草案，并确立会议程序和纪律；第二个阶段（6月19日—7月26日），对宪法草案进行逐条辩论和表决；第三个阶段（7月27日—9月16日），由五人委员会对宪法草案进行整理和归类，并进行文字润色；第四个阶段（9月17日），制宪会议举行宪法签署仪式，并将宪法提交邦联国会，由邦联国会作为国会法案交由各州批准。至此，历时近四个月的制宪会议结束。

根据《宪法》第7条规定，宪法需要经过联邦内四分之三的州的批准才能生效。制宪会议代表设计的批准宪法程序将联邦宪法交由各州选民组成特别代表大会而不是州议会批准，这是非常有想象力的制度设计，这意味着选民联邦主权不是建立在州权基础之上，而是建立在各州选民基础之上，州的选民不仅仅是州的公民，也是美国公民。宪法批准从1787年9月到1788年7月结束，支持宪法批准的联邦党人和反对宪法批准的反联邦党人之间展开了激烈全国性辩论。1788年6月，弗吉尼亚州和纽约州这两个重要的大州的特别代表大会以微弱多数批准了宪法，宪法开始生效。

经过上面的讨论，我们可以注意到1787《宪法》制定过程中表现出以下几个重要的特征：

首先，从形式上看，1787《宪法》体现了法治的成文理性精神和契约精神。成文理性意味着高度尊重成文法，即在宪法中对政府的权力来源、配置、运作和程序进行规定，这种成文法意识是法治的前提。制宪者们利用成文法将权力一一明确，将约定俗成的行为规范界定为共同遵守的政治规则，为美国的发展奠定了基本法律基础。对成文法尊重的背后是契约精神。联邦与公民之间、联邦与州之间的关系是理性、独立和具有自我管理能力的主体之间的互相承诺，这既是订立契约的自由，也蕴含遵守契约的责任。值得一提的是，1787宪法所体现的成文理性精神可以追溯到殖民地时期的殖民地公约、合约和盟约。从一开始，殖民者就极为看重成文法，为了确保自身利益，凡是涉及到共同行为和组织的事情都通过约定产生，王室特许状、王室宪章、殖民者公约或者殖民地基本法都是殖民地政府组织的最高法。到了

1787年制宪会议召开时,签字立约成为全体民众约定俗成的传统。[1]

其次,从制定过程看,1787《宪法》体现了法治的沟通理性。战争、革命等无言的暴力可以使得一个崭新的权力体系建立起来,同样理论家们也可以在书斋中规划设计理想的政治模型。但是,如卢梭所言,"一切法律中最重要的法律,既不是刻在大理石上,也不是刻在铜表上,而是铭刻在公民的内心里",权力体系和政治模型的有效运转还有赖于公民认同。宪法只有面向所有公民且得到公民道德共识的支撑,才有正当性,即便有些公民并不接受该宪法。在政治辩论、沟通和协商中寻求共识,将宪法的正当性建立在群体共识的基础上,是美国制宪的重要经验。在宪法制定过程中,制宪者围绕联邦政府性质、联邦主权归属、联邦政府组成、各州参与权分配、五分之三条款、众议院席位的分配、联邦执法部门、总统产生方式、"最高法"原则以及奴隶制等问题,展开了近四个月的辩论、协商和审议。[2] 在讨价还价的过程中,上述重要问题和政治原则得到讨论和锤炼,关于政府问题的抽象观念被普及化、大众化了,成为富有生命力和群众基础的意识形态,奠定了美国宪法的正当性。

再次,从内容上看,1787《宪法》体现了法治的秩序价值。如果说《独立宣言》具有激进的民主主义色彩的话,那么1787《宪法》就是为了遏制这种革命带来的过了头的民主,通过制宪来捍卫秩序所做的努力。当谢斯叛乱发生之后,一些具有影响力的美国人意识到,个人权利面临来自民权利的威胁,当务之急是建立一个强有力的全国性政府,使其能够制定统一经济政策、保护财产拥有者的权利不受地方政府侵犯。基于这一考虑,1787《宪法》创造了联邦制、全国性法院、国会拥有集资的权力、联邦法至上等制度,这些制度极大增强了全国性政府的权力,使得一个不同于邦联制的崭新权力体系初步树立起来。从此,基本的政治秩序成为可能。

(二)联邦至上还是州权至上——建国时期美国司法的政治化

1789年华盛顿就任美国总统后,以汉密尔顿为代表的联邦党人和以杰斐逊为代表的民主共和党人成为建国初期美国的两大党派。汉密尔顿是一个

---

[1] 王希:《原则与妥协:美国宪法的精神与实践》,北京大学出版社2014年版,第23页。
[2] 王希:《原则与妥协:美国宪法的精神与实践》,北京大学出版社2014年版,第81—103页。

典型的国家主义者,他主张美国应当走工商业立国之道,应当建立一个强有力的中央政府、常备军和全国性银行来保证联邦的政治稳定和市场经济秩序。杰斐逊则站在小农、地主和南方蓄奴的种植园主等不动产持有者的一边,认为美国应当是一个以农业经济为基础的国家;现代商业社会发展会带来奢侈、不平等、邪恶和放纵,只有在小型的地方自治共同体中才能形成公民美德。联邦党人和民主共和党人分歧的焦点是,联邦与州的权力划分、联邦的性质以及联邦政府的功能问题。在关于这些问题的斗争中,联邦最高法院发挥了重要的作用。

建国初期,司法分支在美国权力体系中的地位并不高。但是,司法分支是联邦党人和民主共和党人党争的重要舞台,联邦最高法院借助司法权介入政治问题,并成功扩大了联邦最高法院的权力。1803年,在马伯里诉麦迪逊案中,马歇尔建立了联邦最高法院的司法审查权,这是美国宪政机制中最重要的权力之一,是最高法院控制立法和行政分支的有效武器。[①] 在随后党派政治中,联邦党人马歇尔不断借助司法审查捍卫联邦党人的政治主张。在1810年的弗莱彻诉佩克案中,马歇尔大法官以乔治亚州废除土地赠予的法律违反宪法第一条第十款的契约条款和禁止追溯既往条款为由判决乔治亚的该项法律无效,为最高法院裁定州法违宪的权力提供先例。"这个联盟拥有一个宪法,其至高无上性被所有人所承认,它对各州的立法加以某些限制,没有哪个州有权超越,没有哪个州有权超越这些限制。"[②] 1816年,马丁诉亨特租户案中,最高法院确立对州案件的上诉管辖权。对于该案所确立的联邦最高法院的纵向司法审查权,霍姆斯法官高度评价该案在维护联邦政府权威上的重要意义:"假如我们失去了宣布国会法案无效的权力,我并不认为合众国就会寿终正寝。但如果我们不能对各州的法律作出如此宣告,我却真的认为联邦将受到威胁。"1819年的麦卡洛诉马里兰案是捍卫联邦主权限制各州权力的里程碑式案件。[③] 马歇尔法院积极支持用联邦的权力帮助发展国家经济,并在联邦与州发生冲突时,坚决维护联邦权力至上的原则。1824年的吉本斯诉奥格登案,最高法院首次面对解释州际商事条款的难题。在该

---

① Marbury v. Madison, 5 U. S. 137-180 (1803).
② Flectcher v. Peck, 10 U. S. 87-149 (1810).
③ McCulloch v. Maryland, 17 U. S. 316-436 (1819).

案中，马歇尔对"商事"做出了宽泛解释，即商事包含商品交换和"商务流通的所有种类"的解释，使得但凡属于州际商事的调控对象，国会调控的权力即是"完整无缺的，可以行使到最大程度，除了宪法的规定之外，它不承认任何限制"。马歇尔的判决赋予联邦在管理商业问题上前所未有的广泛权力，州际商事条款与必要和适当条款共同成为联邦政府扩张管理权力的重要来源。这种州权至上的立场也体现在处理各州与印第安人的土地纠纷中。在1831年的切诺基部族诉佐治亚州案马歇尔指出印第安人部落与联邦政府签订的条约是最高法，高于州法，佐治亚州的法律违背了联邦政府与切诺基部族的条约，属于违宪。① 在1832年的伍斯特诉佐治亚州案中，马歇尔认为佐治亚州所有关于印第安人的法律都是违反宪法的，要求州释放伍斯特等人。这些判决引起了南部各州的反对，其中亚拉巴马州和密西西比州联合起来拒绝执行判决。②

总之，马歇尔的政治立场是联邦政府至上。他削弱州权的做法遭到了1828年入主白宫的民主共和党人杰克逊的抵制。杰克逊就任不久就宣布要限制联邦政府权力，尊重州权。1835年马歇尔去世，杰克逊总统任命坦尼接任首席大法官。坦尼是杰克逊政治观点的支持者，他所领导的最高法院全面维护州权，挑战马歇尔联邦至上的立场，"如果马歇尔法院的任务是倡导国家主义反对州权运动，坦尼时期最高法院的任务则是倡导克制和理性，反对那种会威胁共和国解体的极端主义"③。

1836年，坦尼法院支持肯塔基州发行类似于纸币的银行股票。1837年，在纽约州诉米恩案的判决中宣布纽约州管理贸易和外国船只的法律是合宪的。1837年查尔斯河桥梁公司案诉沃伦桥梁公司案中，坦尼再次强调州政府的权力至上，州政府存在的目的是为了保障人民的权利。④ 1856年，联邦主义者布坎南当选合众国的总统。1857年3月，在布坎南宣誓就职总统两天后，坦尼法院做出了历史上最有争议的斯科特诉桑福德案的判决。⑤ 该案

---

① The Cherokee Nation v. Geogia, 30 U.S. 1-81（1831）.
② Worcester v. Georgia, 31 U.S. 515-596（1832）.
③ ［美］麦克洛斯基：《美国最高法院》，任东来等译，中国政法大学2005年版，第70页。
④ Charles River Bridge v. Warren Bridge, 36 U.S. 420-649（1837）.
⑤ Dred Scott v. Sandford, 60 U.S. 393-633（1837）.

涉及当时美国最大的政治争议奴隶制问题，对此立法分支和行政分支已经陷入僵局。坦尼法院试图从法院角度解决奴隶制问题。他在司法意见中指出：建国者们认为黑人无权享有白人应该享有的权利，他们压根没有把黑人的公民权利问题"放在心上"……黑人不是联邦宪法意义上的公民，因此，斯科特无权起诉。判决本可以点到为止，但坦尼进一步限制联邦权力，指出在宪法原则下，国会无权禁止奴隶制进入联邦领土，密苏里妥协超出国会的权限而违反宪法，最高法院应当尊重密苏里将斯科特视为奴隶的法律。这样一来，判决从宪法角度将奴隶制这一地方性制度看成美国的普遍制度，将禁止奴隶制变成例外，彻底激化了南北矛盾。

在联邦定位、联邦与州关系问题上，建国时期的美国法院是高度政治化的。但是，即使面对政治问题，即使有坚定的政治立场，法院的处理方式是非政治化的，它是通过法治化的方式介入政治和影响政治的。法治化方式的独特之处就在于，它是一种司法的技艺理性——法官们借助个案，在司法程序中运用文本阅读、法律解释、法律论证、法理推理的方法来塑造联邦与州的关系。正是在这个意义上，法治以其独特影响力推动着美国国家政权建设，在美国国家治理体系中发挥了重要作用，是美国国家治理能力现代化的标志之一。当然，和其他常规权力一样，法治并不能总是国家政权建设问题，当常规手段穷尽后，就只能政治的问题政治解决，这就是南北战争发生的背景。

### （三）法治在土地扩张、市场革命和民主运动中的作用

革命后美国在领土扩张、市场经济和政治民主三个进程同步发展，这些进程都影响了美国社会的发展。[1] 在下面的讨论中，本章将讨论法治对土地扩张、市场革命和民主运动的影响。

1. 法治与土地扩张

领土扩张是美国国家政权建设和国家治理中的重要议程。独立战争刚刚结束，邦联虽然不是一个强有力的全国性政府，但是邦联国会已经着手起草西部土地开发和建立定居点的立法。邦联国会宣布，西部的领土必须属于国家，而不是各州，战争结束后国会即明确印第安人丧失了对西部土地的权

---

[1] ［美］方纳：《给我自由》（上），王希译，商务印书馆2012年版，第399页。

利。随即《1784 年国会法令》规定,西部被划分为不同的领土,由国会进行管理,最终被纳入邦联,成为联邦的成员州。为了控制定居点和为国会筹集资金,《1785 年国会法令》规定了俄亥俄州以北地区的土地买卖程序,据此土地由政府出售,每个城镇会预留一块土地,用来筹建公共教育。但是,定居者们无视该立法,继续向西推进。1787 年国会颁布了《西北土地法令》。这部立法规定在俄亥俄州以北,密西西比河以东地区最终建立三到五个州。在这部立法中,政府首次承认了印第安人能够继续拥有自己的土地。之所以如此规定,是因为国会意识到如果放任个人定居者和州政府夺取印第安人土地,会在边疆地区制造长期冲突。"争取印第安人的好感,比起花钱雇人来消灭他们,要省钱得多。"①

在杰斐逊政府时期,美国土地扩张继续发展。杰斐逊是一个很灵活的人,在他执政后,他修正了自己对联邦和州关系的原有立场,采纳了联邦党人的很多观点。1803 年,杰斐逊总统以 1500 万美元的价格从拿破仑手中购买了路易斯安那,这是一个伟大的决策,不仅将美国领土扩大了一倍,结束了法国在北美的势力范围,而且强化了总统这一分支在国家治理中的权力,证明了联邦政府在土地扩张问题上是有所作为的。

1820 年的密苏里妥协是国会在领土扩张过程中的一次重大决策。在建国初期,联邦政府并没有规定在新获得联邦领土上是否可以实施奴隶制。杰斐逊总统是 1787 年的《西北土地法令》的起草人之一,该法令规定联邦西北部领土上组建的新州不得实施奴隶制。但是他在《1789 西南土地法令》中却默许实行奴隶制。这就导致了从 1791 年至 1819 年期间,在西北和西南领土上组建的新州分别以自由州和蓄奴州的身份加入联邦。对此,各州也没有特别的争议。但是,1892 年 2 月,密苏里要求以蓄奴州的身份加入联邦时,争议浮上水面。南北双方都看到,密苏里领土面积广大,在其上建立自由州还是蓄奴州必将打破政治平衡,对未来的国家政治影响巨大。1820 年3 月,南北达成妥协,即著名的密苏里妥协。② 密苏里妥协体现了美国人力图通过法治化的方式来和平解决政治争议,虽然事后证明这种努力并没有

---

① [美]方纳:《给我自由》(上),王希译,商务印书馆 2012 年版,第 320 页。
② 王希:《原则与妥协:美国宪法的精神与实践》,北京大学出版社 2014 年版,第 201—206 页。

成功。

密苏里妥协暂时平息了区域和党派之争。但是,由于不能从根本上解决矛盾,妥协带来的和平是短暂的。1854年伊利诺伊国会参议员道格拉斯提出在位于美国中心地带的堪萨斯和内布拉斯加建立领土政府的提案,他希望借此能够修建一条穿越北美大陆的铁路。南方坚决反对在此建立自由州,道格拉斯提出使用住民自决的中间原则来决定,而不是由国会决定。但是,在反对奴隶制的人看来,道格拉斯的提案实际上废止了密苏里妥协中的禁止奴隶条款。反对奴隶制的俄亥俄州国会议员吉丁斯和蔡斯发表了《独立民主党人的呼吁书》,呼吁北方人认识到南部领袖将奴隶制延伸和拓展到整个西部地区的意图。但是,道格拉斯还是将提案变成了法律。

国会的土地法令、密苏里妥协以及道格拉斯提案都体现了美国人力图通过法治化的方式来和平解决领土扩张中的政治争议,当然事后证明这些努力并不能从根本上解决国家政权建设的问题。战争是迟早的事情。

2. 法治与市场革命

19世纪上半叶,美国经历了一场被称为"市场革命"的经济转型。这场市场革命是新的技术如蒸汽机船、运河、铁路和电报在交通和通讯领域应用的结果,标志着美国开始从农业社会转向工业社会。交通和通讯的发展也进一步带来了人口流动,大量人口涌入西部,国家边界不断扩大。虽然同样都经历了市场革命和人口西进,南部的奴隶制种植园经济和北部的工商业经济的方向并不相同。南部的市场化主要是围绕如何把棉花和其他商业性农作物运往市场以及如何为奴隶主购置土地和奴隶贷款。而市场革命和人口西进将北部转化为一个商业化农业和制造业城市组成的经济体。西部农场主推动了银行、保险等金融行业的发展;工商业带来城市、产业工人数量的大幅增加。

面对新经济形式,法律也开始转换角色为市场革命提供更多的支持。法律保护产业资本家不受地方政府的干扰,不受到一些风险的伤害。公司出现了,不同于合伙制,投资人和管理者不以个人名义为公司债务负责。19世纪30年代许多州开始采用《通用公司组织法》取代由国会颁布特别法律来颁发公司运营执照的传统做法,只需要缴纳一笔费用就可以获得公司宪章来设立一间公司。最初很多美国人对公司宪章很不信任。在1819年的达特茅斯学院诉伍德沃德案中，法院将达特茅斯学院看成是一个公司，"一个人为的、不可分割的、无形的、只能在法律的思考中存在的实体"，马歇尔法官坚决支持公司宪章的合法性。斯托利法官进一步指出，公司其实是"在一个特定的名称下由单独的个人联合起来的集合体，它具有组成它的自然人的某些豁免权、特权和能力"。这是最高法院最早的涉及企业法人的案例。该判决限制了州政府对私人企业权利的侵犯，鼓励了私人经济的发展。在1824年的吉本斯诉奥格登案中，最高法院否定了州立法机构颁发的蒸汽船航运垄断权。1837年查尔斯河桥梁公司诉沃伦桥梁公司案中，坦尼法院宣布，州对发展交通方面的案件具有管辖权。此外，为了给美国新生的市场经济保驾护航，地方法院法官往往不支持因建设工厂而受到侵害的当事人。法院认为罢工违法，支持雇主对工作场所的严格管理。[①]

3. 法治与民主运动

在美国，投票权与公民资格关系密切。独立后，美国所有州都将财产作为投票资格。1790年，美国人口普查，有390万人，其中150万女性，80万黑人，160万白人男性。最后符合21岁以上，有固定财产的投票人口只有60万—70万。进入19世纪20、30年代，随着工人数量不断增加，各州开始考虑取消财产限制。1850年弗吉尼亚州修宪大会取消了选举权的财产限制。从此，该州公民的独立和自治不再基于财产权，而是基于自身。到了1860年，除了罗得岛州，所有州都废除了选举权的财产资格要求。普选权深刻改变了美国政治生活。1828年，除了南卡罗来纳州之外，各州的总统候选人都是由州立法机关直接选举产生。在1828年的总统大选中，将近57%的选民参加了投票，比四年前的大选投票人数增加了一倍，最终杰克逊以65万张选票获胜。

此外，在建国时期印第安人也被排除在公民范围之外。为了争夺土地，很多蓄奴州都推动立法驱逐印第安人。杰克逊政府的《印第安人迁徙法》为印第安人的五大部落的迁徙提供资金，让印第安人成为美国公民的努力化为泡影。在这些部落中，印第安人向法院提起了诉讼。但是，在一系列诉讼中法院并没有支持印第安人的诉求。在1823年的约翰逊诉麦金托什案中，

---

① [美]方纳：《给我自由》（上），王希译，商务印书馆2012年版，第418页。

最高法院指出，印第安人不是领土的拥有者，因为印第安人采用的一直是游牧民族而不是农业文明的生活方式。在1831年切诺基部族诉佐治亚州案中，马歇尔把印第安人描述成受美国监护的境内依附民族，他们不具有公民地位，法院无法为他们提供保护。在1832年的沃斯特诉佐治亚州案中，法院改变立场，指出印第安人是一个特殊民族，联邦政府有权与他们打交道，而州政府则没有，由此，佐治亚州的行动违反了美国联邦政府与切诺基部族的条约。但是，杰克逊总统却拒绝执行该判决。

建国时期，法治一直致力于推动美国的政治民主。解除财产限制后，更多的成年男性被吸纳到公民中来，深刻地改变了美国政治生态。当然，法治并没有一次性地解决黑人、妇女和印第安人的公民权问题，直到1870年和1920年黑人和妇女才分别获得投票权，成为真正意义上美国公民。可见，在美国并不是所有人一开始都有投票权。这也激发我们思考一个问题：是像美国这样缓慢地将所有人吸纳到公民中来好？还是从一开始就通过宪法赋予所有人投票权好？从现实的角度看，如果宪法设置了一个美好的制度，很有可能这个制度不具备可行性。政治不是理想，政治需要行动，政治是通过试错的方式一步步建立起来的，而不是一开始就策划美好的蓝图。过分理想，结果往往很糟糕。

（四）南北战争：法治的让步与妥协

美国南方和北方之间的矛盾由来已久，1787年宪法在一定程度上标志着美国新兴资产阶级对南部封建社会旧贵族的胜利，但这仅仅是用暂时的政治共识掩饰了根本的政治矛盾。

18世纪90年代中叶，南北矛盾在政治上体现为国会内部的联邦党和共和党之争。联邦党代表北部代表了拥有放贷货币、公债、商品、工厂、士兵票券和航业的动产持有者集团，即新兴资产阶级的利益。共和党则代表了小农、地主和南方蓄奴的种植园主等不动产持有者集体的利益。进入19世纪初，随着美国领土不断扩张、市场经济发展以及政治的民主化，南北之间矛盾日益加深，突出地表现在奴隶制存废这一问题上。南方希望继续维持以农业生产为主，以奴隶制为基础的社会秩序；为了棉花等商业性农作物的出口，南部坚决反对征收高额关税；交通和银行体制始终围绕种植园经济展开，只考虑如何把棉花和其他商业性农作物运往市场以及如何为奴隶主购买土地和奴隶注资。北方则逐渐形成了以商业化的农业、商业和制造业为主体的现代商业社会。19世纪40年代,美墨战争为美国增加了100多万平方英里的土地,奴隶制成为美国政治的核心议题。南北争议的焦点在于:联邦是否允许奴隶制扩展到西部地区。此前,根据密苏里妥协,界线以北的领土,除密苏里州外,一律禁止实施奴隶制。但是,新的土地又重新开启了关于奴隶制扩张问题的争论。

1861年,林肯当选美国第16任总统,此刻南北问题已经高度激化。林肯当选后的几个月中,从南卡罗来纳州开始,南部有七个蓄奴州先后宣布退出联邦。这些州认为,根据美国宪法修正案的第9条和第10条,凡是宪法没有明确授予联邦政府的权力,都归地方政权所有;同时,宪法也没有规定联邦政府有权禁止各州退出。1861年3月4日,林肯发表就职演说,当时他依然希望可以避免战争。在演说中,他呼吁双方冷静,使用和平的方法解决问题:一方面,他拒绝承认州有退出联邦的权利,另一方面,他也否定了联邦政府干扰州既存的奴隶制的可能。林肯还批评了斯科特案,他认为对于奴隶制这样一个关系到全体美国人民命运的重大政策,不能受到最高法院判决的束缚。"如果政府事关全体国民的方针无法逆转地由最高法院来裁断,那么一旦这种用于个人诉讼当事人中间的一般诉讼介入的话,人民就会失去了他们自身的主宰地位,到了这个地步,实际上已顺从地把人民的政府交到显赫的大法官手上。"[①] 当然,他也警告他的同胞,"在你们的手里,我的同胞,不是在我的手里,握有内战的抉择权"。[②] 无奈形势比人强,分裂主义的趋势越演越烈。1861年4月12日南部打响第一枪。1861年4月15日,林肯宣布进入战争状态。美国内战是美国宪政制度对联邦与州关系、联邦性质、奴隶制问题长期迟延决断的必然结果。1787年宪法的妥协性与其说反映了立法者的政治明智,毋宁说暴露出美国这个政治统一体的体质脆弱。当宪法和法治等常规权力无法维系一政治共同体政治秩序的时候,战争是不可避免的。当国家面临分裂的紧急状态时刻,包括法治宪政在内的常规权力不仅无法守护自身,也无力拯救国家。根据美国宪法,宣战权在国会。林肯认为,一个

---

① 林肯在1861年第一次就职演说。
② 林肯在1861年第一次就职演说。

政府为了保证自己的生存，必须诉诸武力，1861年4月15日召集军队宣战的做法并不违反宪法的本义，如果宪法的前提国家都不存在了，那么遵守宪法还有什么意义？林肯宣战说明，民主宪政不足自卫，宪法不能成为自杀的契约，它依然更需要具有远见卓识、德性超迈的政治家的政治决断来守护。

最重大的政治问题往往无法通过宪法手段得到解决。常规权力的妥协和让步不仅体现在林肯用通过违反宪法的方式来解决国家分裂问题，也体现为林肯在内战期间为了联邦的生存，完全不顾宪法和宪政。我们来看林肯在整个战争期间的一系列行动。宣战后，林肯利用总统权力，暂时中止了人身保护令状特权在马里兰等地区的适用，并命令对具有叛乱嫌疑的公民实施拘留，下令扩大征兵，还动用联邦政府的资源来支付战争费用，下令联邦政府发行2500万美元的债券。所有这些行动也都是没有法律依据的。正如林肯所言，"有些措施，原本是违反宪法的，现在却成为捍卫民族并因此守护宪法的必要手段，因此可能变得合法。"林肯是一个违法者，但他也是一个伟大的违法者，他通过违法行为从而拯救了整个国家。在此，我们看到作为常规权力的法治本身是以战争等非常规权力为保障的。同时，一旦分裂危机解决，常规权力法治就要出场了成为常态，并且具有约束力。内战结束后，政治秩序建立起来，分离主义的问题不再是美国的问题。[1]

## 第三节　重建时期的美国法治道路
（1866—1877）

从国家政权建设角度看，南北战争从根本上了结了1787宪法对国家结构形式和奴隶制这两个问题的迟延决断，解决了国家分裂危机，粉碎了州权主义，明确了联邦的性质。同时，战争本身也增强了联邦的权力。战争需要集中、调动、运用和分配资源，根据宪法中的"战争权力"条款，国会通过了《敌产没收法》《法币法》《国民银行法》《关税法》《莫里尔土地赠与法》《宅地法》《强制兵役法》《戒严法》等一系列"必要和适当的法律"。

---

[1] 甘阳：《美国内战引出的四大政治理论难题》，http://www.guancha.cn/GanYang/2011_11_03_86157.shtml，访问日期：2017年5月29日。

这些立法扩大了联邦政府在没收财产、征税、货币管理、控制关税、引导经济发展、组建银行系统、资助教育等方面的权力,加强了政府对人民生活的影响。南北战争结束之后,美国成为一个真正具有统一主权的现代国家。

战争结束后,美国政治的首要问题是如何重建联邦,比如重建的主体是谁?重建的目标是什么?如何重建?如何接纳叛乱退出州重新回到联邦?如何界定以及保护南部解放的 400 万奴隶的权利?美国公民资格是由州来界定还是由联邦来界定?如何划清联邦与州之间的权限,等等。对于上述问题当时宪法并没有规定,实践中也无先例可循,需要决策者以实践为基础来重新设计和建立新的宪政和法律秩序。同时,美国三权分立的政治体制、战败南部精英阶层对联邦的敌意、共和党内部利益分化,也增加了重建的困难。

对于重建问题,南部民主党因失势而没有发言权,但在共和党内部却有不同的声音。具体来说,共和党内部有三种重建思路:其一,重建就是恢复战前联邦宪政秩序的过程,重建的问题实质上不存在。按照这种观点,退出州的退出行为无效,战争结束后,这些州的身份自动恢复;同时,国会也无权过问包括黑人地位和权利在内的州事务。这种理论的问题在于无视黑人解放的现实,没有对战后的奴隶制提出解决方案。其二,虽然南部各州退出联邦的行为是违反宪法的,但是由于他们公然诉诸武力叛乱,他们失去了州的资格,这些州的土地属于未建州联邦土地,由联邦政府管辖。按照这种重建思路,南部叛乱州在战后应当重新组织政府,重新制定州宪法,向国会申请重新加入联邦。在被接纳之前,联邦政府有权对这些州进行管理。这种理论的目的是废除奴隶制。林肯和约翰逊的重建方案和这种思路接近。其三,南部各州退出联邦是一种自杀行为,重建必须彻底,应当完全改变南部的政治基础和结构。一方面,重建应当废除奴隶制,另一方面,重建也应当解决黑人的公民身份,只有将黑人转化为投票公民,允许他们参与重建,才有可能确保新政权掌握在忠于联邦的人手中。持这种重建思路的人大多是激进共和党人,他们希望扩大共和党的代表性,将共和党从一个北部的政党变成一个全国性政党。[①] 上述三种不同的重建思路贯穿了重建过程的始终,让本来就

---

① 共和党内部的三种重建思路,参见王希:《原则与妥协:美国宪法的精神与实践》,北京大学出版社 2014 年版,第 265—266 页。

复杂艰巨的重建工作变得更加困难。具体来说，三种重建思路的分歧体现为以下几个方面：第一，重建主体是国会，还是总统，抑或州？第二，黑人的公民身份以及权利保障是州的事务，还是联邦事务？第三，如何恢复南部叛乱州的政治地位，是自动恢复，还是符合一定条件后由国会批准恢复？

战后，战争这一靠"机遇和强力"的专制权力自然就需要退出历史舞台，相应的，法治这种"深思熟虑和自由选择"的常规权力又重新登上政治舞台。在下面的讨论中，将重建分为三个阶段，讨论在战后复杂的利益和权力关系中，作为常规权力的宪法和法律如何推动美国的法治国家重建。

## 一、法治与初期重建

### （一）林肯的《大赦和重建文告》

林肯认为重建的领导权在总统。1863年12月8日，林肯绕开国会，利用《宪法》第2条第2款规定的总统有权对危害联邦的犯罪行为发布缓刑和大赦令的条款，颁布了《大赦和重建文告》（以下简称《文告》）。《文告》规定，除了高级官员外，所有南部人只要宣誓效忠联邦和联邦宪法，宣誓支持奴隶解放的政策，就可以得到总统的赦免，不会被起诉和惩罚，并且可以恢复除奴隶以外的财产权。此外，林肯提出了"10%计划"。当任何一个叛乱州宣誓效忠联邦的选民人数达到1860年享有选举权公民总数的10%时，该州便可以重建一个新政府，新政府必须无条件接受联邦政府解放黑奴的政策和法律，并为黑人提供受教育的机会。当南部叛乱州在满足上述条件之后，总统可以宣布该州重建结束，该州在联邦国会的代表权得到恢复。值得一提的是，林肯的重建方案虽然废除了奴隶制，但并没有考虑黑人公民资格，也没有考虑黑人权利保障问题，林肯认为这些事项是州权范围，联邦政府无权过问。内战结束前，路易斯安那州、弗吉尼亚州、阿肯色州和田纳西州实施了林肯的重建方案：联邦军队在已经占领的各州建立了临时政府，由林肯任命的军事州长签署和批准效忠联邦的宣誓证书；被赦免的南部人开始选出代表，通过新的州宪法。

### （二）国会《韦德—戴维斯重建法案》

如前所述，对于重建问题共和党内部一直存在分歧。坚持第三种重建思路的激进国会共和党人完全不赞成林肯的重建方案。他们认为将黑人公民身份和权利保障完全交由州来处理并不明智，这么做既不能保障黑人权利，也无助于将解放黑人吸纳为共和党的支持者，更不利于巩固来之不易的联邦领导权。温和国会共和党人虽然支持林肯重建方案，但是，他们并不希望看到重建领导权完全在总统手中。于是温和国会共和党有限度地采纳了激进共和党的建议，携手寻找机会对总统重建方案进行修正。

1864 年 7 月，国会通过了《韦德—戴维斯重建法案》。该法案同意林肯提出的由战前白人选民为新政府选民基础的计划，但要求将林肯提出的 10% 的选民人数提高到至少 50% 以上，也就是说，要有 50% 以上的选民宣誓效忠联邦，南部各州才能组建新政府；法案要求各州宪法应当废除奴隶制；规定对自由民的自由给予具体的法律保护，同时这些法律保护将由联邦法院执行。虽然比林肯的方案更为激进，但是该法案没有完全采纳激进国会共和党的观点，仍然没有赋予黑人平等的投票权，并且将黑人的权利保障留给各州去管理。

国会共和党人几乎一致投票赞成《韦德—戴维斯重建法案》，但是林肯依旧行使了 1787 宪法中的搁置议案条款否决了该法案。林肯否决的理由是：该法案的规定与总统重建计划有冲突，而且该法案会破坏他正在努力扶植的路易斯安那和阿肯色的脆弱的政府。林肯的否决激怒了包括韦德和戴维斯在内的激进共和党人，他们决定阻止林肯的重建方案，拒绝接受路易斯安那州要求恢复国会代表权的申请。总统和国会之间出现分歧，重建陷入僵局。

### （三）第十三宪法修正案

要彻底废除奴隶制，必须动用宪法。1864 年 4 月，美国宪法第十三修正案在联邦参议院以三分之二多数通过；1865 年 1 月 31 日，修正案在联邦众议院通过；1865 年 12 月 6 日，修正案获得宪法第五条所规定的四分之三多数州批准生效；1865 年 1 月，美国国会通过了第十三条宪法修正案。该修正案包括两条内容：第一条，在合众国境内受合众国管辖的任何地方，奴隶制和强制劳役都不得存在，但作为对于依法判罪的人的犯罪的惩罚除外。第二条，国会有权以适当立法实施本条。

第十三宪法修正案正式废除了在北美实施 250 年之久的奴隶制，具有划时代的历史意义。首先，修正案废除了 1787 年宪法对奴隶制的默许，落实了《独立宣言》和林肯的《解放宣言》，使人人生而平等成为美国永久的宪法原则。其次,修正案成功地扩张了联邦的权力,限制了州的权力。"国会有权以适当立法实施本条"这一规定看似平淡,但实际上为了联邦政府实施修正案奠定了执法权力基础,而这些权力原本在 1787 年宪法中是不存在的。随后的第十四、十五修正案都有类似条款,是联邦尤其是国会权力扩张的宪法依据。这说明强有力中央政府的渐进形成("中心化")是一切有序系统的必然规律。

然而,第十三宪法修正案并没有赋予黑人投票权,对此,国会里的激进共和党人极为不满。同时,第十三条宪法修正案也很少被法院引用,"除了屈指可数的几个推翻劳役偿债制、公然的强制劳役和某些情况下基于种族的暴力和歧视行为的里程碑式判决外,第十三条修正案从来都不是权利诉求的一个有力来源。"① 此外,第十三修正案在南部的实施效果也很一般,正式的解放并没有改变留在南方大多数黑人的经济状况。"这 400 万获得自由的人们大部分还是像解放前一样,在同一个种植园做同一份工作,只不过这份工作因战争及其所带来的剧变有所中断而已。此外,他们的工资也没变,只不过以前的奴隶代码修改成了姓名。兵营中、城市的街道上有着成千上万(以前是奴隶而)逃亡的人,他们无家可归,还要面对贫困和疾病的威胁。除了一些特殊情况外,他们是自由了,但没有土地,没有钱,没有身份,也没有任何保护。"②

## 二、积极重建时期的法治

### (一)约翰逊总统的重建方案

1865 年 4 月,林肯遇刺身亡,副总统约翰逊接替了重建的重任。约翰

---

① Amy Dru Stanley. "Instead of Waiting for the Thirteenth Amendment: The War Power, Slave Marriage, and Inviolate Human Rights". *American Historical Review*. 2010-06, 115 (3).

② DuBois, W. E. B. *Black Reconstruction: An Essay Toward a History of the Part Which Black Folk Played in the Attempt to Reconstruct Democracy in America*, 1860 – 1880. New York: Russell & Russell. 1935: 188. Slavery was not abolished even after the Thirteenth Amendment. There were four million freedmen and most of them on the same plantation, doing the same work that they did before emancipation, except as their work had been interrupted and changed by the upheaval of war. Moreover, they were getting about the same wages and apparently were going to be subject to slave codes modified only in name. There were among them thousands of fugitives in the camps of the soldiers or on the streets of the cities, homeless, sick, and impoverished. They had been freed practically with no land nor money, and, save in exceptional cases, without legal status, and without protection.

逊来自南部,他自认是南部中下阶层白人的代表,十分仇视南部大种植园主阶层。约翰逊也是狂热的州权主义者,他认为南部各州拥有管理自己事务的自治权。此外,约翰逊虽然支持林肯废除奴隶制,但是,他依然是一个种族主义者,在他的重建思路中,并没有黑人公民权和权利保障的位置。作为个人,约翰逊性格孤僻强硬,不够灵活和柔韧,对公众意见也缺乏足够的敏感。上述种种因素使得约翰逊总统深深卷入与国会的冲突之中。

1865年5月,约翰逊总统在国会休会期间颁布了一系列总统宣言,启动他的重建方案。他宣布几乎所有宣誓效忠联邦的南部白人都可以获得大赦,恢复政治权利和除奴隶以外的财产权。同时,南部叛乱的领袖人物和财产在20000美元以上的大种植园主不在特赦范围之内。但是,很快约翰逊总统又赦免了这些大种植园主。约翰逊任命了各州的临时州长,要求依据1860年选举法选举制宪代表大会,修改或制定州宪法,选举州议会,建立新的州政府,这实际上是赋予南部各州全权处理内部事务的自治权。此外,他还免除了南部邦联政府的战争债务。

约翰逊重建方案的问题在于:第一,没有惩罚南部叛乱州,仿佛南部各州的叛乱是一场误会、一个意外,现在误会和意外消除了,联邦与州的关系就自动恢复到战争结束之前。第二,这种重建方案实施的结果是,南部叛乱领导和大种植园主阶层重新掌权,并开始制订一系列法律来让解放黑人重新沦为合法的奴隶。如1865年密西西比州通过《赋予自由民公民权利的法案》要求黑人工人在每年1月1日与白人农场主签订合同,否则将面临流浪罪的惩罚。南卡罗来纳州议会制订了黑人法令,对所有拥有超过一位黑人曾祖辈的人规定了单独的一套法律、惩罚和可以接受的行为准则。根据这样的法令,黑人的宪法权利已所剩无几,终身只能做农民或仆人。第三,作为一名州权主义者和种族主义者,约翰逊坚持认为联邦政府无权规定黑人公民资格,拒绝以联邦政府的名义保障黑人权利。

**(二) 国会的激进重建方案**

1. 1866年《民权法案》和《自由民局法案》

国会激进共和党人对约翰逊的重建方案极为不满,他们既担心新成立的州政府对联邦不忠,也担心流血和牺牲所赢得的联邦权力付诸东流。1866年,国会根据第十三修正案第二条,通过了延长联邦自由民局期限的法案,明确规定由联邦来保障各州黑人的民权。同年国会共和党人又通过了《民权法案》，这是 1791 年《权利法案》通过后国会通过的首个关于公民权利的联邦立法。该法案规定所有在美国出生的人（除印第安人外）都是美国公民，这一规定彻底推翻了最高法院在 1857 年斯科特案判例中对黑人公民权的否定。该法案还详细列举了联邦公民资格的权利，并明确所有公民的人身权和财产权都受到法律平等保护，各州不得通过黑人法令限制黑人的签订合同、到法院起诉以及其他与个人财产相关的权利。虽然该法案没有规定黑人的选举权利，但是借助保障公民权利免受州权侵犯，联邦政府又进一步扩张了自身的权力。

约翰逊总统否决了自由民局法案和《民权法案》。他的理由是，这两个法案都限制了州权；同时，他还强调黑人已经解放了，他们要通过自己的努力去创造自己的发展空间，而不是被动地等待法律为他们创造平等的环境；此外，约翰逊总统还认为，联邦权力的扩张会导致国家走向集权之路，与民主共和背道而驰。

总统的否决使总统和国会共和党彻底决裂，国会内部的温和派和激进派决定联合起来来反对约翰逊重建方案。国会共和党人的联合削弱了约翰逊总统权力，从 1866 年 4 月开始，重建领导权开始转移到国会。共和党在国会成为绝大多数，有足够的权力来对抗总统。国会制定了一系列激进的重建政策。1866 年 4 月，国会通过了《民权法案》。1866 年 7 月，国会通过了《自由民局法案》，延长了该局的有效期。这两部法案为南部黑人提供了有效的、但也是暂时的权利保障。

2. 第十四宪法修正案和《重建军事法》

为了对黑人公民权利提供长期稳定的保障，1866 年 6 月，国会通过了第十四宪法修正案。该法案第一条规定，"所有在合众国出生或归化合众国并受其管辖的人，都是合众国和他们居住州的公民，任何一州，都不得制定或实施限制合众国公司的特权或豁免权的任何法律；不得不经正当程序而剥夺任何人的生命、自由和财产；也不得在州管辖范围内拒绝给予任何人以平等的法律保护。"这套修正案将所有出生在美国的人都享有美国公民权的原则写进宪法，并授权联邦政府对所有美国人的权利进行保护。同时禁止各州剥夺公民的特权和豁免权或者拒绝给予公民平等法律保护。法案第二条规定,"众议院的议员名额按照各州人口比例分配;但在联邦和州的选举中,除因参加叛乱或者其他犯罪外,如果一个州内年满 21 岁或 21 岁以上的男性公民的选举权遭到拒绝或受到任何方式的限制或剥夺,该州在众议院的议员席位将根据被剥夺选举权公民数与该州男性选民总数的比例而相应削减。"这条修正案旨在促使南部各州将选举权赋予本州的男性黑人公民。当然通过削减代表权而非直接赋予黑人投票权来回避黑人公民身份,也是国会中激进共和党人和温和共和党人之间妥协的结果。

1867 年 3 月,国会通过《军事重建法》,将南部 10 个州分为五个军事区,由联邦军暂时军管,负责保护公民的权利和财产;同时命令各州制定新的州宪法,各州年满 21 岁的男性公民不分肤色均有权参加州制宪会议代表的选举,各州新政府必须批准第十四条宪法修正案。《军事重建法》全面推翻了约翰逊总统的重建计划,开启了激进重建的计划。到了 1867 年底,除了得克萨斯之外,南部各州都举行了选举,总共有 75 万黑人和 63 万白人参加了各州制宪大会选举。在各州批准了自己的宪法之后,国会在 1868 年 6 月到 1870 年年初逐步批准南部 10 个州回归联邦。值得一提的是,在这一阶段,联邦最高法院积极支持共和党的重建方案,如在 1867 年的密西西比州诉约翰逊案和 1868 年的佐治亚州诉斯坦顿案中,最高法院宣布《军事重建法》没有违反宪法。① 同时,法院普遍认为重建是政治问题,司法分支最好不要介入。

3. 弹劾约翰逊总统

约翰逊和南部白人极力反对国会的激进重建方案,既然无法否决国会激进重建方案,约翰逊总统就怠于执行国会重建计划,并且将支持国会重建计划的官员解职或调离。1867 年春天,国会通过了《政府官员任期法》,禁止总统在未经参议院同意的情况下,将包括内阁成员在内的某些政府官员解职。1868 年 2 月,在国会休会期间,约翰逊总统将国会激进共和党人的盟友埃德温·斯坦顿解职。国会认为总统的这一行为违反了《政府官员任期法》,向众议院提出了弹劾约翰逊总统的决议。随后众议院立刻通过了弹劾条例。1868 年春天,弹劾审判在参议院开庭,由最高法院首席大法官蔡斯

---

① Mississppi v. Johnson, 71 U. S. 475-502(1867);Georgia v. Stanton, 73 U. S. 50-78(1867).

主持。1868 年 5 月 26 日，参议院进行表决，约翰逊被宣布无罪。但自此后，约翰逊总统再没有有意与国会作对。1868 年，南部 7 个州回归联邦。1868 年 7 月，第十四条宪法修正案得到批准。

4. 第十五宪法修正案

1868 年格兰特赢得大选。1869 年 2 月，国会通过了第十五条宪法修正案，"合众国公民的选举权，不得因种族、肤色或者以前是奴隶而被合众国或者任何一州加以拒绝和限制。国会有权以适当立法来实施这一修正案。"1870 年第十五宪法修正案生效。当然从内容上看，第十五修正案并没有直接赋予黑人选举权，而只是禁止联邦和州政府以种族和肤色的名义剥夺公民的政治权利，它只能为黑人选举权提供间接的保障。此外，该修正案也没有赋予妇女选举权。

### 三、重建后期的法治

重建方案确定后，剩下的工作就是执行，到了后期，重建工作的重心转移到实施层面。和确立重建方案一样，重建实施工作依然困难重重。南部上层的传统政治精英一直反对重建，绝大部分南部白人也无法接受黑人成为美国公民。为了阻止重建方案实施，南部白人建立了各种秘密组织如 3K 党去阻止黑人投票，暗杀地方政治领袖，教唆、强迫白人雇主解雇投票给共和党的雇员。为了恢复政治秩序，确保重建方案落地，国会又根据第十三、十四、十五宪法修正案的规定，制定了一系列新的立法来强制实施宪法修正案。它们包括：《1870 年实施法》，该法禁止各州的选举执法和监督官员以肤色和种族为由拒绝接受黑人的选票，将有组织的贿选、恐吓等活动定义为触犯联邦法律的行为，并由联邦法院审理。此外，还建立一套联邦执法机构。《1870 年移民法》，该法规定联邦执法官在选举时对选民的身份和资格进行选举前审查。《1871 年实施法》规定，人口在两万以上的城镇举行联邦选举时，必须有联邦执法官的现场监督，选举才有效。《惩治 3K 党强制法》，该法打击个人的侵权和犯罪行为，并授权总统在必要时使用联邦军队镇压任何阻止联邦法实施的行动。但是随着共和党内部分裂，在 1874 年中期选举中，共和党失去了对众议院的控制，联邦政府不再有力实施法令。

到了重建后期，最高法院也改变之前立场，不再支持重建。其中影响最深远的案件是 1873 年的屠宰场案。作为一种妥协，该案判决限制了联邦政府对黑人公民权利的保护，又将公民权利的管理交还给了州政府。"我们的政治家们仍然相信州的存在以及州继续拥有管理本州和地方政府的权力——包括对民权和财产权的管理——对于我们复杂政体进行完美运作是至关重要的。""如果将第十四修正案理解为联邦政府可以管理原来由州管理的一切公民权利，那么就彻底改变了我们体制的结构和精神，束缚了州的权力。"① 在此后的一系列案例中，联邦最高法院沿着屠宰场案的思路，进一步削弱联邦政府的权力。1882 年，在美国诉哈利斯一案中，最高法院认定打击 3k 党的《实施法》无效，并指出反个体公民侵犯他人权利的案件只能由州法院来审理，联邦法院只有在州侵犯和损害了公民权的时候，才有权干涉。② 1883 年，最高法院在五个民权案例中将屠宰场案所确立的原则推到极端，宣布 1875 年《民权法案》违反宪法。③ 随着最高法院对《民权法案》的否决，南部各州也开始实施种族隔离措施。在 1896 年的普莱西诉佛格森案中，最高法院宣布南部的隔离政策是平等的，没有违反宪法的规定。④ 在普莱西案之后，南部 11 州，加上西弗吉尼亚州和俄克拉荷马州，都通过了种族隔离法，规定州内一切公用设施中应当实行种族隔离。

　　1877 年重建落幕。重建方案所设想的权利保障要留待 20 世纪 60 年代的民权运动来解决。实践中的政治总是处于复杂的利益和关系中，在这里从来没有彻底的胜者。重建虽然不彻底，但是在废除黑人奴隶制、确立联邦公民资格、取消公民选举权的种族和肤色限制、赋予联邦保障公民权利的责任和权力等方面的改革都深深嵌入了美国政治的基因，并永远地改变了美国政治。"尽管它有其内在局限，重建仍然是美国自由故事中的一个辉煌篇章。"⑤

---

① The slaughterhouse Cases, 83 U. S. 36–130（1873）.
② United States v. Harris, 106 U. S. 629–644（1883）.
③ The Civil Rights cases, 109 U. S. 3–62（1883）.
④ Plessy v. Ferguson, 163 U. S. 537–564（1896）.
⑤ ［美］方纳：《给我自由》（上），王希译，商务印书馆 2012 年版，第 740 页。

## 第四节　工业时期的美国法治道路
（1877—1917）

　　重建结束标志着美国国家政权建设工作基本完成。重建虽不彻底，但它进一步明确了美国工商业资本主义的发展战略，奠定了国家发展所需的基本政治秩序，明确了国家政体性质和国家结构形式，强化了联邦政府规制经济的能力，开发了广袤的西部领土；此外，解放了黑人奴隶并解决了他们的公民身份问题，战后涌入的大量移民也为资本主义的发展提供了必需的人力资源。所有这些都为美国即将来临的工业资本主义的发展提供了优越的条件。

　　从内战结束到第一次世界大战爆发，美国参与了世界第二次工业革命，完成了从农业社会向工业资本主义社会的转型，从荒岛小邦成长为世界工业大国。到了19世纪下半叶，美国的经济高速发展，国力蒸蒸日上，科学技术得到了广泛应用，生产日益集中，不同行业中涌现了各种垄断大企业，纽约、波士顿、芝加哥、底特律、匹兹堡、旧金山等大城市兴起，移民滚滚而入……这时的美国，城市、工厂、机器、高楼大厦取代了草原、农场、猎枪和圆木小屋，工业文明彻底胜利，美国人面对着一个和欧洲相似的世界。①在历史上，这个时代被称为"镀金时代"，它来自马克·吐温的同名小说。②"镀金"意指在资本主义高速发展的时代，美国整个社会除了金钱以外，什么都没有了。这是美国历史上唯一一个因贬称而得名的时代。正如"镀金"所暗示的，工业资本主义是一把双刃剑，它带来了财富和社会发展，但也带来了很多弊病，如贫富差距扩大、拜金主义弥漫、劳工状况恶化、大企业垄断、政治贪腐、城市治理难题、社会达尔文主义盛行等。为了诊治这些"工业文明综合征"，推动社会改善进步，重建遭到工业资本主义摧毁和破坏的社会价值体系，寻求一种适应工业社会的政治、经济、社会和文化的新秩序、新制度和新价值，从1900年到1917年，美国社会开始了一场以中产

---

① 李剑鸣：《大转折的年代——美国进步主义运动研究》，天津教育出版社1992年版，第一章。

② 马克·吐温：《镀金时代》，李宜燮、张秉礼译，上海译文出版社1979年版。在该书中，马克·吐温不仅批评这一时期经济扩张，而且也批评了大公司控制政府所带来的腐败现象，还批评了这些权力财富控制者对被排除在财富分配之外的普通人的压迫。

阶级为主，由社会各阶层广泛参与的资本主义改革运动，掀起了在政治制度、经济、劳资关系、社会贫困和文化教育等各个领域的改革，史称进步主义运动（Progressive Movement）。①

在建国和重建时代，美国政治的主题是"主权建构""国家性质""统治的合法性""谁掌握权力""政府的价值目标""联邦与州的关系""国家发展方向的路线之争"等宏大的国家政权建设问题。可以说，建国和重建时代的问题几乎全部都与国家政权建设有关。建国时代、重建时代与镀金时代、进步时代的区别在于：前两个时代关心的是宏大的国家政权建设问题（主权问题），其目的是为了以共同的善打造坚固稳定的政治共同体；后两个时代关心的是国家治理者如何回应具体治理过程中经济发展、人口增殖、劳资关系、管制大企业、食品安全、公共卫生与健康等具体治理问题。和目标导向型的国家政权建设不同，国家治理是问题导向的。治理就是要搞定在国家治理过程中涌现出来的各种细节问题。福柯说马基雅维利的《君主论》是一篇关于君主保持君权能力的文章，而具备保持君权的能力并不等于掌握了治理的艺术，这一判断道出了国家政权建设和国家治理的关系和区别。②只有当"君主"完成国家政权建设后，城邦拥有了稳固牢靠的城墙，国家治理才可能成为普遍问题。"治理艺术，不是在超验的规则、宇宙论的模型或一种哲学—道德的理想中寻求奠定自己的基础，而必须在构成国家的特定现实的东西中寻找自己理性的原则。"③ 在国家政权建设已经完成的镀金时代和进步时代，美国面临的首要政治问题就是治理。"当你明白国家每天应该应该做的事情后，接下来你也就明白了国家应当如何去做。"④

为了回应具体治理过程中涌现出来的问题，国家治理者会在治理过程中积极、灵活地采用、发明各种不同的治理机制。⑤ 法治也是国家治理武器库中的一种重要武器。但是，与公共政策、行政管理、社会运动、利益交换等

---

① 李剑鸣：《大转折的年代——美国进步主义运动研究》，天津教育出版社1992年版，第一章。
② ［法］福柯：《治理术》，赵晓力、李猛译，未刊稿。
③ ［法］福柯：《治理术》，赵晓力、李猛译，未刊稿。
④ ［美］威尔逊：《行政之研究》，载［美］弗兰克·古德诺：《政治与行政》，王元译，北京大学出版社2012年版，第221页。
⑤ ［法］福柯：《治理术》，赵晓力、李猛译，未刊稿。

权威型治理机制不同，法治介入国家治理的方式和深度都是不同的。[①] 一方面，法治通常会坚持用法治的方式来回应国家治理问题，具体表现是：有条件地遵从规则、追求稳定性、对事不对人、注重程序、通过法律解释、法律推理和事实来说理，等等；与之相对照，公共政策制定、行政管理等治理手段，往往更主动，更积极，更富有创造性，更强调效率、灵活性。另一方面，在回应国家治理问题中，法治还会保持相对的独立性，而不是完全被裹挟到治理中，沦为国家治理的工具，以至于在某些特定的案件中，法治甚至沦为阻碍社会进步的保守落后力量。当然，从积极方面看，恰恰是这种距离感使法治在"行政国家"中依然能够坚守权力制约和权利保障的价值底线，在一定程度上牵制着一往无前奔向中心化的国家权力——这是美国意义上的"儒法之争"。

在接下来的讨论中，文章将研究在法治如何介入镀金时代和进步时代的美国国家治理，以及在这一过程中法治治理手段的相对独特性和独立性。

## 一、镀金时代的美国法治

战后镀金时代的美国造就了人类历史上最迅速和最深刻的经济革命之一，同时也导致了美国政治、经济和社会文化等领域一系列的社会问题。当时的思想观念和包括法治在内的公共治理机制其实还没有准备好如何面对这些新的社会问题。主要原因在于：一是自由竞争资本主义是当时美国社会的主流意识形态，受这种观念影响，社会普遍认为，政府管得越少越好，不需要国家管制市场活动。这种社会观念的核心体现为契约自由。二是工业化导致政治结构和经济结构之间断裂，并产生了巨大的权威真空。政府权威还未建立，而企业权力腾空而起并主宰社会。面对大量复杂的、新型的问题，立

---

[①] 林德布洛姆基于行为动机的理性化程度、组织结构的科层化程度以及不同手段中体现的分工与专业化程度的不同，指出存在交换、权威和说服三种不同的社会治理机制。"花钱买平安""购买第三方服务"等治理手段属于"交换"机制，它隐含着交换逻辑的工作方法和市场化处理措施；社会运动、政治动员、群众路线属于"说服"机制，其特点是透过社会纽带进行耐心细致的说服与情感工作；公共政策制定、行政管理和法治属于"权威"机制，其特点是由专业化的官僚科层组织来依据规则和程序处理问题。但是，和公共政策制定、行政管理不同，法治有其独特的运作逻辑。（参见汪卫华：《群众动员与动员式治理——理解中国国家治理风格的新视角》，载《上海交通大学学报（哲学社会科学版）2014年第5期》）

法者、司法者和行政分支没有来得及发展出足够的国家能力和治理技艺来回应这些问题。[①] 美国国家治理的观念、能力和机制的变革还要等到进步时代和新政时代才能彻底完成。尽管如此，这一时期的法治已经试图在自己能力范围内来处理新的社会问题，虽然在观念、能力和方法上还算不上现代化。

### （一）1883年《文官制度改革法》

自1828年杰克逊总统入主白宫以来，分赃制成为美国政治制度的重要组成部分。分赃制是指，在总统或国会选举中获胜的政党有权组织政府，选举国会的领袖（众议院议长和各重要委员会的主席等），并提名任命联邦政府的公职人员。分赃制将政党在竞选中的成功与该党支持者的预期利益挂钩，成为推动政党政治的重要动力。但是，分赃制也带来很多问题。其一，在分赃制之下，官职分配的原则是论功行赏，而不是个人能力，结果导致政府公职人员素质低下。其二，在分赃制之下，政府公职成为政党可以随意分配的囊中私物，结果是以权谋私、任人唯亲现象层出不穷。其三，为了参与立法过程，从上游控制资源分配，大企业通过各种方式来俘获政党，来任命他们自己的公职人员，确保做出对自己有利的公共决策和立法，政府被商业集团俘获严重损害了政府的公共性。其四，分赃制还让政党政治投入大量的时间和资源到竞选中，把获胜作为政党目标，从而忽略了政党自身的政治目标。其五，每次选举之后，政府职位都要根据选举结果大换血，影响了新政府政治决策稳定性和一贯性。其六，分赃制产生的社会经济基础是农业社会，在农业社会，需要国家治理的社会问题数量不多，专业性也不强，非专业训练的官员足以应付。但是在工业社会，社会问题不仅数量繁多，而且内容复杂，需要专业化的文官来处理。

1883年，国会通过了《彭都顿文官制度改革法》，内容包括：第一，联邦政府建立文官委员会，负责制定文官法规，组织公开竞争考试，监督和调查文官法规的执行情况。委员会由三人组成，同党成员不得超过两人；委员

---

[①] "政府的任何单一职能现在几乎都变得纷繁复杂了，而以前却是比较简单的；政府以前只有少数的支配者，而现在择优众多支配者。以前是大多数人听命于政府，而现在则是多数人管理着政府。政府曾经唯宫廷的异想天开是从，而现在则必须顺应一国民意。"（参见［美］威尔逊：《行政之研究》，载［美］弗兰克·古德诺：《政治与行政》，王元译，北京大学出版社2012年版，第220页）

会委员经参议院同意由总统任命；委员会每年通过总统向参议院报告工作情况。第二，文官的选拔实行公开竞争考试择优任命，受任命的文官必须从最低级别开始工作；文官的晋升需经文官内部的竞争考试。第三，把美国文官分为政务文官和业务文官，政务文官是由总统任命并随政府共进退的高级文职官员；除政务文官外的所有政府文官都属业务文官（简称文官）。彭德尔顿法只适用于业务文官，而且在开始时仅适用于分类列举出来的业务文官，分类列举范围可由总统扩大。第四，文官政治中立，任期常任。文官可以是某党党员，但不得参加该党政治活动；任何官员都不能因政治性党派理由罢免文官或胁迫文官捐献和参加政治活动。第五，按各州人口比例分配联邦政府各部文官职位名额。在同等条件下，优先录用退伍军人。被录用文官有半年试用期。

1883年《文官制度改革法》废除了由政治活动决定文官任免升降的分赃制，代之以凭个人能力决定其任免升降的功绩制，奠定了美国现代文官制度的基础。从宪政的角度看，《文官制度改革法》增强了行政分支的力量，总统实际上从国会手中夺得了一部分联邦人事任免权，这是行政国家出现的前奏。此外，该法的实施，也提高了文官的专业化水平和行政管理质量，标志着美国国家治理能力升级的开始。同时，业务文官与政党政治保持了距离，对遏制政治腐败具有一定的作用。

**（二）1887年《州际贸易法》和州际贸易委员会**

在美国，经济管理事务是州的事权。在工业化初期，州政府积极参与经济管理。1869年马萨诸塞州议会建立了第一个管理州内铁路的委员会，到1900年有28个州都建立了类似的管理机构。此外，1887年到1897年间，各州通过了1600多项立法，对劳资关系、工人的工作时间、童工的使用、工资、工厂安全都做了规定。但是，由于这些州缺乏强有力的执行机制，这些立法大都没有落实。

但是，随着工业化的深入，许多经济活动都跨越了州的范围，同时大的垄断集团也是跨越州的，州的管理权限已经不能适应全国性市场的需要了。为此，联邦政府开始尝试对全国性经济进行管制。19世纪80年代联邦政府对铁路运输行业的管制就是联邦政府扩张联邦权力的开始。早期铁路管理是州权，很多州都设立了铁路管理委员会，专门管理州内的铁路运输。但是，随着全国铁路联网,铁路管理变成了全国性问题,州权跟不上需要。1886年联邦最高法院在沃巴石、圣路易斯与太平洋铁轮公司诉伊利诺伊州案中判决,伊利诺伊州的铁路运费管理法违反宪法,理由是该法规定了属于联邦政府管理的州际贸易事项。"州立法机构企图规制构成州际运输业务的在本州路段铁路公司的收费标准是有效的,这种看法现在不是,而且从来不是本院深思熟虑的多数意见。"① 1887 年,国会制定《州际贸易法》,规定铁路公司在为农场主和商人运送产品时的收费是合理的,同时设立州际贸易委员会来执行该立法。这是美国联邦政府创立的第一个专门委员会,尽管这个委员会的执行能力有限,但它明确了联邦政府有权规制经济的观念,标志着联邦行政权力继续扩张。

### (三) 1890 年《谢尔曼法案》

如前所述,工业资本主义带来生产规模不断扩大和生产日益集中,形成了庞大的垄断企业。19 世纪末,20 世纪初,美国出现了一个企业兼并的高潮。1904 年,300 余家公司控制了全国五分之二的制造业资本。② 企业界宛如弱肉强食的丛林,面对垄断大企业,小企业在竞争中处于极为不利的局面,垄断成为美国经济发展的主流,自由竞争实际已经不存在了。

为了遏制垄断企业,1890 年美国国会通过了《谢尔曼法案》。这是美国历史上第一个授权联邦政府控制、干预经济的法案。该法规定:一切合约和由托拉斯方式组成的企业合并,只要其阴谋阻挠和限制州际和国际间的贸易和商业,都是非法的;违反该法的个人可被罚款 35 万元,违法的公司会被罚款 1000 万元;如发现违法行为,受到损害的公司或者联邦政府可以要求联邦法院对违法者发出禁令,并寻求三倍于所遭受损失的经济赔偿。该法奠定了美国反垄断的制度基础,至今仍然是美国反垄断的基本准则。但是,该立法对什么是垄断行为、什么是限制贸易活动没做出明确解释,为司法解释留下了广泛的空间,而司法解释必然要受到经济背景的深刻影响。1890 年到 1901 年间,联邦法院总共审理了 18 个涉及《谢尔曼法案》的案件,在这些案件审理过程中,联邦最高法院大部分采取保守的态度,对该法的实施和

---

① Wabash, ST. Louis & Pacific Ry Co. v. Illinois, 118 U. S. 557 (1886).
② 李剑鸣:《大转折的年代——美国进步主义运动研究》,天津教育出版社 1992 年版,第一章。

适用范围做了极大限制。① 直到进步运动时期，最高法院才改变了自己的立场，转而对国会反垄断的权力予以有限支持。

**（四）摇摆的司法分支**

在贸易管制权归属问题上，司法分支态度并不明朗。在1887年恩曼诉伊利诺伊案中，最高法院以7：2的多数票支持了伊利诺伊州的一项电梯管制法的合宪性，支持州对商业管制的治安权。② 法院指出，伊利诺伊州限制电梯操作收费的法律是合宪的，因为州有权就本州人民的健康、安全、道德和社区福利问题而立法，这是州的治安权的一部分。但是，在1890年芝加哥、密尔沃基和圣保罗铁路公司诉明尼苏达州案中，最高法院又改变了这一立场，宣布明尼苏达州的一项铁路管理立法违反宪法第十四修正案中的正当程序条款。③ 此后，1896年的沃巴石、圣路易斯与太平洋铁轮公司诉伊利诺伊州案中，最高法院认为只有联邦才有权对铁路进行规制，再次限制了州的治安权。④

但是，一旦当案件涉及工时和工作场所安全等问题，法院坚持当时主流社会观念，显得相当保守。按照这种观念，人与人之间的差距不是因不公正的社会结构或外在环境导致，而是由个体的自由意志强弱决定的。人必须为自己的命运负责，人会遭遇不公的结果，原因不在社会结构不公，而在于他的个人主动性不足。要改变不公的结果，首先要改变自身，比如应该节俭自律、辛勤工作、避免欠债，用市场经济的原则来教育子女，而不是总是寄希望于政府通过立法来改变。甚至在立法中对工人和穷人提供额外的保护和救济和限制大企业，都被认为是错误的，因为这种立法从根本上违背了个人自治、自由竞争和社会自然进化的原则。

基于这种社会观念，法院借助宪法第十四修正案，以保护个人劳动自由

---

① 在1895年的美国诉奈特公司案中，最高法院首次对《谢尔曼法案》进行解释。首席大法官富勒宣布了8：1的判决意见，指出各州有权管理州内贸易，包括有权将本周公民从垄断的重压下解放出来。同时，富勒强调，应当商品制造和销售区分开来，买卖和运输的销售问题不应当适用《谢尔曼法案》。基于这个区分，谢尔曼指出《谢尔曼法案》的适用范围是制造领域，而不是所有商业领域。United States v. E. C. Knight Co., 156 U. S. 1（1895）.

② Munn v. Illinois, 94 U. S. 113-154（1877）.

③ Chicago, Milwaukee and St. Paul Railway Co. v. Minnesota, 134 U. S. 418-466（1890）.

④ Wabash, ST. Louis & Pacific Ry Co. v. Illinois, 118 U. S. 557（1886）.

为名，频频推翻州管制工时和劳动场所的立法。比如 1885 年纽约州巡回上诉法院宣布本州一项禁止在居民住宅生产香烟的立法无效，理由是这项立法剥夺了公认的自由选择工作场所的权利。1895 年，伊利诺伊州最高法院以违反妇女的选择自由权为名，宣布该州议会的一项每周 48 小时工时的立法违反宪法。在前述 1895 年美国诉奈特公司案中，最高法院判决 1890 年《谢尔曼法案》不能用来分解一个糖业垄断加工企业。因为宪法只授权国会管制买卖和运输过程，没有授权它管制制造过程。所以，在宾夕法尼亚州内进行的糖业托拉斯的合并没有直接涉及州际贸易，不属于联邦政府管辖范围。这家控制了全国 95% 白糖产生的糖业托拉斯是否只在宾夕法尼亚销售它的产品则不关最高法院的事。① 更糟糕的是该法变成了发布罢工禁令的依据，理由是罢工会非法地干预贸易自由。最高法院后来承认这一判决使"《谢尔曼法》成为一纸空文"。

此外，在镀金时代，联邦最高法院对总统权威也给予了有限支持。在 1892 年的菲尔德诉克拉克案的判决中，大法官哈伦肯定了总统执法裁量权的重要性。所谓总统裁量权是指，总统在法律执行中对细节问题的决策权。在该案中哈伦大法官指出，国会不能将立法权给总统，但一定要给总统行政裁量权；如果没有这种裁量权，总统便无法执行法律；在决定是否停止对某一种外国进口商品征收关税时，总统需要对一个具体事实进行估计和判断，判断"该商品对美国商品的影响"，这种判断以及相关的决定权，就是总统的裁量权；这种权力应当得到宪法的承认。通过该案，最高法院认可了总统的裁量权。

## 二、进步时代的美国法治

如前所述，进入 19 世纪末期，美国已经完成了工业化，垄断公司制已经确立，资本主义暴露出了企业垄断权力、贫富差距扩大、阶级对抗和政治腐败等各种社会弊病。从 19 世纪末 20 世纪初到 1917 年，美国社会中一些有远见的商业家、工会领袖、农民运动组织者、妇女儿童保护组织成员、社会科学家和中产阶级开始启动了一系列社会运动，后来人们使用"进步"

---

① United States v. E. C. Knight Co., 156 U. S. 1（1895）.

一词来描述这场社会运动。在进步主义运动的推动下，美国社会在政治民主化、机会平等、妇女权益保障、加强政府能力、改善贫困、推动文化教育发展等方面都取得了巨大的成就。1905年到1916年是进步主义运动最活跃的时期，改革的主要成果就是在这个阶段取得的。进步主义运动是资本主义建制派对资本主义的自我调整和自我修正，这种现实的改良主义极大地缓解了资本主义的矛盾。同时，进步主义运动提升了社会的文明程度，它意味着美国已经完全跨入现代社会的大门，是美国作为现代文明国家形成的标志。作为国家治理的重要机制之一，法治是推动进步主义运动目标实现的重要手段。

### （一）大众民主的制度化

镀金时代美国政治风气败坏，党魁擅权，大财富集团操纵政治。进步派认为，精英政治已经蜕变为少数权贵的金钱政治，政治的理性和公共性消失殆尽，这些对民主政体构成了极大威胁，必须制约精英民主，修复分裂的社会。改革的思路是大众民主，所谓大众民主是指让政治权力回归公民大众，通过各种方式来扩大公民对民主过程的参与，比如由选民来选举他们的代表、赋予妇女选举权等。

在政治民主改革中，创制权、复决权、直接预选、民选参议员、罢免权、妇女参政权等政治民主措施开始在中西部各州试行。1898年南达科他州实施创制权和复决权。[①] 犹他州于1900年、俄勒冈州于1902年相继跟进。直到第一次世界大战结束，另有19个州实施了这两项民主制度。1902年密西西比州实行直接预选，1903年威斯康星州也实行该制度。到1904年，除了4个州以外，各州都实行了官职的直接预选。其中32个州制定了强制性的直接预选法案。[②] 1906年俄勒冈州就选民直接罢免选举性官员进行了尝

---

[①] 所谓创制权是指，一定数量的公民群体通过适当的程序提出议案或主张，交由立法机关审议通过而成为政策的一种政治制度，实际上就是公民对决策的参与。它主要应用于两个方面，一是提出或批准对宪法的修改；二是提出批准或者修改普通法令。复决权是指，选民对议会立法进行审议表决的方式。议会通过的法林个，在生效前必须经过一段时间的冷处理，在此期间，一定数量的选民可以提出要求，要求对该法令进行公民表决。如果表决结果不利于该法令，该法令无效。如获通过，则该法令生效。这实际上是对政府决策的监督与制约。

[②] 直接预选是指，由选民或者普通党员直接选举参加各级政党代表会议的代表，或对候选人提名者进行直接表态，这项制度可以部分打破政党机器和权贵对选举的操纵。

试,此后 6 年之内,有加利福尼亚州、亚利桑那州、爱达荷州等 10 多个州开始采纳该制度。① 此外,俄勒冈州还首次由选民直接选举国会参议员。地方层面的政治民主改革实验推动了宪法修改,1913 年宪法第十七修正案,正式规定联邦参议员不再由州议会,而由各州选民直接选出。1920 年宪法第十九修正案规定了妇女的选举权。

当然,进步时代的政治民主仍然是有局限的。许多州通过使用识字能力测试、居住和登记等方面的规定,限制穷人的投票权。同时,南部黑人的选举权依然被剥夺了。此外,利益集团仍然试图通过控制大众来实现自己的政治目标。

### (二) 现代市政管理体制

工业化引发了城市管理混乱、市政设施缺乏等城市问题。当时的美国作家说,"美国城市政府很少例外,都极为奢靡、低能和腐败,乃是基督教国家中最糟糕的城市政府","城市政府乃是美国的一个显著失败"。在进步时代,城市管理的突出成就就是城市管理体制和管理能力的提升。在实践中,城市创立了城市委员会制和城市经理制度,来解决市长制的问题。城市委员会制是指,由城市企业界人士组成委员会,履行政府职权,其特点是立法与行政合二为一,权力集中于少数地位平等的委员,这些委员由全体市民直接选举产生。该制度创建于 1908 年的得梅因市,到了 1916 年,有 160 多座城市设立城市委员会。但是,很快城市委员会制的效率低下,专业性不足等弊端暴露。各地不再实行该制度。城市经理制则将立法与行政分开,设立一个小型的城市参议院制定城市立法和政策,批准预算,并任命城市经理。城市经理则由管理经验丰富的专业人士担任。1908 年弗吉尼亚的司汤达顿市首先试行城市经理制,效果良好,后来推广到全国。这两种城市管理体制是美国进步时代的重要政治遗产,标志着美国城市管理的现代化。

### (三) 社会立法

20 世纪早期,社会主义运动席卷西方世界,为了解决城市问题和工人阶级的生活问题,欧洲出现了养老年金、最低工资法、失业保险和工作场所

---

① 罢免权是指选民对他们以前选举的官员进行信任表决的一种形式,使得选民得以有效监督和制约选举性官员。

安全等社会立法。为了寻求社会与工业正义，进步派在消费者权益保障、劳工保护、自然环境保护等问题上，也开始从欧洲立法实践中汲取经验，推动各个领域的社会立法。

1. 消费者保护立法

和所有工业国家一样，食品安全一度是美国的突出社会问题。1906年，作家辛克莱小说《屠宰场》一书关于肉类加工企业的生产环境和加工的描述，暴露了肉类的食品安全问题。罗斯福总统读完此书后，命令农业部长去芝加哥做了两次秘密调查，发现小说的描述属实。1906年，罗斯福以公开该调查报告来威胁国会，要求国会通过《肉类检查法》和《食品与药物法》。[1] 1906年《肉类检查法》提高了肉类检查费的拨款，规定凡是进入州际贸易、对外贸易的肉类及制品，都要接受联邦检查。随后的《纯净食品与药物法》更突出地体现了消费者权益保障。该法禁止在州际贸易中生产和销售假冒和掺假的食品与药物，并详细列举了假冒和掺假的情形。该法由财政、农业与商务三个政府部门执行。《纯净食品与药物法》是美国历史上第一部保护消费者权益的全国性立法。各州随即也制定或者修改了自己的食品与药物法。1912年、1913年国会又分别制定了《谢利修正案》和《古尔德修正案》，进一步完善这方面的立法。[2]

2. 劳工立法

随着产业工人的兴起，劳资矛盾和冲突日益严重。无论是资本家，还是中产阶级，还是政府都达成共识，认识到为了维护资本主义制度，抵制无政府主义运动，不能让工人游离出去成为社会的对立力量，有必要通过立法等各种措施来保障工人的诉求和利益。

与欧洲相比，美国劳工立法起步较晚，童工、女工、工时工资标准、工业事故赔偿等劳工领域的很多立法都是先在州一级开始的，然后再制定联邦立法。1902年马里兰州首先通过了工人工伤赔偿法。此后在1910年到1913年间，马萨诸塞、罗德岛、康涅狄格、纽约、新泽西、俄亥俄、威斯康星、密歇根、伊利诺伊等州先后制定了工人赔偿法。但是，这些立法的执行都是

---

[1] 李剑鸣：《大转折的年代——美国进步主义运动研究》，天津教育出版社1992年版，第154页。
[2] 李剑鸣：《大转折的年代——美国进步主义运动研究》，天津教育出版社1992年版，第156页。

选择性的，而且适用范围有限，赔偿金额也很少。1903年俄勒冈州通过了第一个十小时工作法。1911年伊利诺伊州建立了第一个由州向单身母亲提供补助的规定。1912年马萨诸塞州议会制定法律给予女工最低工资保障。

联邦政府随后也跟进相关立法。一直以来，美国工会的法律地位并不明确，资本家总是指责工会是垄断组织。对此，1914年国会通过了《克莱顿反垄断法》，该法规定："人类劳动不是商品或贸易中的产品，反托拉斯不禁止劳工组织的存在，劳工组织及其成员不得按反托拉斯法而被宣布为限制贸易的阴谋。"这是美国首次规定工会法律地位的立法。在劳资协商方面，1913年国会制定了《纽兰兹法》，设立了一个永久性的协调与和解局，专门负责调解铁路劳资纠纷。1916年国会通过了《基廷—欧文法》，这是美国第一个全国性的童工法。该法禁止在州际贸易中装运部分或者全部由14岁以下的儿童生产的货物或者有16岁以下儿童参与生产的矿产品，以及一切由工作8小时以上的16岁以下儿童生产的货物。但是，这部立法并不受法院支持，1918年最高法院在哈默诉戴根哈特案中判决该法违反宪法。1918年国会进步派推动通过了《岁入法》修正案，对违反童工雇用标准的企业产品，在法定税收之外额外增加10%的附加税。在工时立法方面，1916年《亚当森法》是第一项涉及工人工时与工资的全国性立法，规定铁路工人实行8小时工作制而不削减工资，对于超时工作应当支付报酬。1917年最高法院判决该法合宪。这是进步时代劳工立法的少有成就。在工伤赔偿方面，1906年国会通过了《雇主责任法》，规定州际贸易中运输业主与哥伦比亚特区的企业主，对雇员的工伤事故负有赔偿责任。但是，1908年最高法院宣布该法违反宪法，理由是它过分扩大了国会管理州际贸易的权力。①

劳工立法是进步主义时代的重要成就之一，它是进步派的"社会与工业正义"的标志。但是，总体上看，进步时代的劳工立法成就在各州而不在联邦。最高法院依然固守契约自由的观念，阻碍了劳工立法。

3. 自然环境保护立法

美国是一个自然资源丰富的国家，但是工业化仍然对自然环境造成了极大的破坏，同时由于工业化污染，环境问题也日益严重。进步时代，国会和

---

① 李剑鸣：《大转折的年代——美国进步主义运动研究》，天津教育出版社1992年版。

各州议会在罗斯福总统的推动下通过了一系列的保护自然资源的立法。1902年国会通过了《纽兰兹法》，规定联邦政府用出售其他公有土地的收入来扶持西部贫瘠地带的公地上建立水库和水坝。对开垦者实行收费服务，再用这些收入来开垦更多的土地。此外，罗斯福总统还通过行政手段来建立野生动物保护区、国家历史和风景纪念地，向国人宣传自然保护理念。

### （四）以总统为核心的行政国家

对进步运动的最大推动来自联邦政府。进步时代的罗斯福、斯脱夫和威尔逊三位总统都致力于强化总统权力，扩大以总统为核心的联邦政府在进步运动中的作用。从此，在美国权力结构中，总统不再是一个执行者，而是国家权力的集中代表和主导者。[1] 在1901年至1909年，罗斯福利用总统职权，主动扩大联邦管制权。他的继任者斯脱夫总统继续使用总统权力，通过一系列管制经济的法律来推进联邦权力对经济、社会的干预。他提出了建立全国性预算体制的设想，虽然没有成功，但是为1921年的联邦预算法的出台奠定了基础。1912年威尔逊当选总统，他继续扩大总统权力，全力打造以总统为核心的政治体制。威尔逊是宪法学家，又是现代公共行政学的创始人。他深知在社会矛盾日益多元化和复杂化的时代，需要的是一个强有力的政治核心解决权力多中心的所带来的问题。随着总统权力的扩张，美国开始出现行政国家的雏形，联邦管理权不断扩大，通过了一系列的监管经济、劳工、食品和药品的立法。可以说，进步主义运动改变了传统小政府观念，扩大了行政分支（尤其是联邦政府）的权力，总统开始在政治舞台上扮演重要的角色。

### （五）继续摇摆的司法分支

面对国家治理的滚滚洪流，进步时代的最高法院依然摇摆不定，时而积极主动，时而消极保守。

在总裁裁量权问题上，在1911年的美国诉格里姆德案中，最高法院判决，总统部门的行政裁量权具有法律效果，违反这些裁决也应当受到刑法的惩罚。这是对1892年菲尔德诉克拉克案所确立的总统裁量权的进一步推进。

在反垄断问题上，在1903年的北方证券公司诉美国案的判决中，最高

---

[1] 王希：《原则与妥协：美国宪法的精神与实践》，北京大学出版社2014年版，第366页。

法院支持了罗斯福政府解散控制 3 条铁路干线的北方证券公司的决定。哈伦大法官指出，《谢尔曼法案》没有损害契约自由，也没有侵犯州的权力。"契约自由决不隐含一个公司或一群人有蔑视公开宣称的国家意志的自由；而实施一个国会制定的法律也不会在任何正常的意义上损害每个人争取和保持财产的那种普遍的自然权利，因为与所有其他权利一样，这种权利必须在法律的管理之下运用。"[1] 在 1911 年的标准石油公司诉美国案中，首席大法官怀特一方面同意下级法院的判决，认为石油公司违反《谢尔曼法》。但是，怀特法官也认为，《谢尔曼法》的依据在于禁止那些阻碍贸易发展的、不合理的企业和商业合并；"合理的"垄断是合法；为了保护自由竞争，联邦法院应当区分"合理的"垄断和"不合理"的垄断，保护前者，限制后者。对于这种区分，哈伦大法官表示反对，他认为判断是否合理的标准不应当来自法院的解释，而应当来自立法机关，法院的功能是宣布法律，制定法律是立法机关的权限。[2] 总之，在这一时期，法院对反垄断的支持是有限的，法院试图在自由竞争和公共利益之间寻求一条现实的中间路线。

在政府监管权方面，1898 年的霍尔登诉哈迪案中最高法院首次提出法院有权对政府监管权的合理性问题做出判断。布朗大法官宣布，契约自由应当受到限制；保护本州公民健康和安全的立法是"合理的"，因为存在的事实和数据都表明煤矿对于工人身体健康确实有害，基于这种"合理的"的根据，法院认定州有权限制矿工工作时间。[3] 但是，在 1905 年的洛克纳诉纽约州案中，法院采用了屠宰场案和芒恩案中建立的"实质正当法律程序"理论，支持了洛克纳的上诉，维护大企业利益和自由竞争，认定纽约州限制工时的法律侵犯了洛克纳的"实质性正当法律程序"原则。[4] 佩克汉姆法官在判决书中指出，自由订立劳动合约的权利，包括对工作时间的约定，属于第十四修正案保护的个人自由，因此纽约州的劳动立法构成了一种"干预"；任何成年人可以根据自己的自由意志来处理自身事务，包括付出劳动换取报酬，纽约州关乎最低工作时间的立法是对第十四修正案保护的未经正

---

[1] Northern Securities Co. v. United States, 193 U. S. 197-406（1904）.
[2] Standard Oil Company v. United States, 221 U. S. 1-106（1911）.
[3] Holden v. Hardy, 169 U. S. 366-398（1898）.
[4] Lochner v. New York, 198 U. S. 45（1905）.

当程序不可剥夺的不合理、非必要且任性专断的干预。契约自由和自由劳动本来是一个人独立的标志,但最终被转化成捍卫不受约束的资本主义的武器,这真是非常荒诞!不过,在该案中霍姆斯的反对意见非常有力和著名。霍姆斯认为,宪法要保护的不是契约自由及其背后的自由市场这种特定的经济理论以及由此衍生出来的经济特权,"一部宪法并非旨在弘扬某种特定的经济理论,无论是家长主义以及公民和国家之间的有机论,还是放任自由的学说"。"第十四修正案并没有将赫伯特·斯宾塞先生的《社会静力学》写入宪法。前不久,我们维持了马萨诸塞州的疫苗接种立法(Jacobson v. Massachusetts, 197 U. S. 11)。对于本院来说,联邦和各州的立法以及司法判决以种种方式去限制合同自由,也是为我们所司空见惯的(Northern Securities Co. v. United States, 193 U. S. 197)。就在两年前,我们还基于加利福尼亚州的宪法维持了该州的一部立法,该法禁止用保证金购买股票和远期交割(Otis v. Parker, 187 U. S. 606)。我们也曾在判决中维持了一部矿工八小时工时的立法,也是并不久远的历史(Holden v. Hardy, 169 U. S. 366)。"[①] 霍姆斯对"自由"的全新理解,奠定了罗斯福新政自由主义的先声。此后,在1908年的马勒诉俄勒冈州案中法院又转而支持限制工时的州立法。布兰代斯是该案原告律师,他搜集了大量关于妇女健康和长工时之间联系的数据和报告,他的目的是用社会科学调查研究数据来说明妇女限时工作法是合理的。在布兰代斯搜集的丰富资料面前,大法官们一致认为,"妇女的身体结构及生育功能使她们在为生存的奋斗中处于不利的地位;长时间工作会导致妇女早亡;由于健康的母亲是健康后代的根本,考虑到妇女本身健康和我们种族的健康;妇女身体健康是公共利益的一部分",宣布俄勒冈州限制工作时间的立法是有效的。[②]

### 三、镀金时代和进步时代美国法治的启示

如果要类比的话,当下中国发展阶段类似于美国镀金时代和进步时代,当下中国所面临的问题和这一时期美国面临的问题类似,我们在城市管理、

---

① 霍姆斯:洛克纳诉纽约州案反对意见。
② Muller v. Oregon, 208 U. S. 412-423 (1908).

食品安全、安全生产、公共卫生、环境保护、工人消费者妇女儿童权益保障、社会道德等领域面临与美国镀金时代同样的问题。同样相似的是，当下中国也没有发展出一套成熟的治理观念、能力、技术。正是在这个背景下，十八届三中全会提出了国家治理能力现代化，这其实是工业化、城市化的历史进程敦促国家和社会在治理观念、治理能力和治理技术升级。因此，研究镀金时代和进步时代的法治对于当下中国是有一定启示的。

第一，工业社会的问题数量繁多，需要国家扩大权力，更积极主动地介入经济、管理市场和保护公共福利。同时由于这些问题的处理和执行分支直接相关，因此，行政权力的扩张和强化是不可避免的。同时，权力不仅要扩张也要集中，对于正在进行现代化的国家里，权力如果没有核心，只会陷入内耗，无法成事。在进步时代，行政权力扩张的标志是总统职位性质的转变：总统不仅仅是执行立法的高级执行官，而开始成为国家的政治领袖、国家权力的代表；总统可以建立联邦管理机构；围绕总统选举，各政党必须准备更具体、更实际的竞选提纲和施政方案，这有利于将政党政治从利益交换的泥潭中拯救出来，变成具有公共性和全国性的政治运动。在总统权力和权威大增的同时，联邦行政分支的重要性也日益明显，到了20世纪初期，联邦政府已经成为了与普通公民衣食住行密切相关的机构。这为罗斯福新政时期"行政国家"奠定了基础。

第二，国家权力还应当具有公共性，成为超越各种社会利益的独立力量。"政府机构的合法性和权威并非视其在多大程度上代表人民的利益或其他什么集团的利益，而是视其在多大程度上具有区别于所有其他组织的自身利益"。[1] 国家权力的公共性是公民对其产生认同感的基础。镀金时代的文官制度改革、进步时代的州一级的民主政治改革、各种社会性立法的出台，这些都在确保国家权力避免受到来自资本主义、官僚主义和党派利益的腐蚀，最大可能地将权力的合法性建立在公共性的基础上。

第三，工业时代的社会问题不同于农业社会，像环境保护、安全生产、产品质量、食品安全、城市规划和管理等问题都具有高度的复杂性和专业性。复杂的问题必须用复杂的技术应对，解决这些需要专业的技术官僚以及

---

[1] ［美］亨廷顿：《变化社会中的政治秩序》，王冠廷译，三联书店1986年版，第26页。

执法者的专业治理技术。为了解决这些问题,进步时代的美国在联邦管制、城市管理、劳工问题等领域开始升级国家治理能力,并发展出相应的治理技术,运用各种手法(法律也是一种手法)来处理问题。这段历史的启示是:国家政权建设完成后,国家面临的主要问题不再是主权问题,而是治理问题,必须要将国家发展的方向调整到治理的轨道上,在提供足够的工作岗位、公共卫生、城市管理、环境保护、创造财富等"实践中的细节问题"里发展各种治理技术。主权问题和治理问题的区别在哪里?福柯指出,前者和领土征服、保持君权相关,后者和如何处理好具体的事情相关。他还用了一个形象的对比:"我们把俄国同荷兰比较一下吧,在所有欧洲国家中,俄国的领土面积最大,但大都由沼泽、森林和荒漠组成,在上面居住的不幸人群完全缺乏活力和勤劳精神;而荷兰呢,领土狭小,同样大部为沼泽,我们却发现它拥有如此惊人的人口、财富和商业活动和船队,使它成为一个重要的欧洲国家,俄国只是刚刚开始成为这样的国家。"[1] 我们不妨从这个角度来理解党的十八届三中全会提出的"国家治理能力现代化"。

第四,在工业时代国家治理问题解决得好不好关系到人民的获得感,进而关系到国家政权的合法性。镀金时代,美国出现巨大的贫富差距,垄断企业事实上控制了社会资源、劳资对抗日益升级、政治腐败层出不穷、社会达尔文主义观念盛行、拜金主义和物质主义成为主流价值观。这时期的普通大众是极度不安的,他们对政府和社会极其失望,充满了深深的被剥夺感,如果不着手解决这些社会问题,整个社会道德沦丧、丛林法则盛行,赢家率众食人,穷人弱者毫无尊严,最终会导致社会不稳定和动荡。为此,必须重建社会价值和道德体系,重建具有公共性的政府,实实在在地解决资本主义的问题,确保人民群众的基本获得感,进而稳固国家政权的合法性基础。

第五,面对镀金时代和进步时代的新型国家治理问题,司法分支的态度并不明确,法院时而保守(甚至反动),时而积极。这种不明确未必是坏事,相反,它意味着司法的相对独立性和中立性。也就是说,在国家和社会总体治理化的时代里,法治并没有完全被裹挟进治理的各种具体目标中,法治并没有完全成为众多治理手法中的一个,法治依然保留了对个人自由和经

---

[1] [法]福柯:《治理术》,赵晓力、李猛译,未刊稿。

济自由这些传统价值的关切。面对治理问题，态度暧昧的司法分支固然不利于甚至阻碍了治理问题的解决，但是，这也说明在法治与治理之间，美国政体具有一种内在的张力，具有一套内在的平衡机制，具有一种反理性化的保守性，这就是前文所说的，美国式的儒法之争。

## 第五节　新政时期的美国法治道路（1932—1941）

### 一、法治道路的革命性转型

20世纪是美国世纪。从20世纪上半叶到20世纪中期，美国的国家和社会继续深化转型。这一期间美国经历了历史上最大的经济危机。为了挽救国家命运，从1932年到1941年，罗斯福政府实施新政，他希望超越"左"倾的社会主义和右倾的纳粹主义，在民主和自由、计划和市场之间找到一条中间路线，来解决美国危机。新政结束后，美国于1941年12月7日对日本宣战，最终放弃了一直以来坚持的孤立主义外交政策，加入这场人类历史上最大的一场战争中。第二次世界大战结束后，美国成为世界上最强大的国家，1945年至1953年，美国又迎来了美苏冷战。不同时期的重大历史进程在不同程度地塑造美国法治，与此同时，法治也会积极或者消极地回应这些重大的历史进程。本节将集中讨论1932年至1941年罗斯福新政这一历史进程中的美国法治实践，选择这一历史片段的主要考虑在于：新政时期的美国法治道路经历了一次革命性转型。阿克曼教授将新政称为"宪法时刻"：罗斯福总统经过美国人民的授权，向坚持自由竞争观念的最高法院施加政治压力，改变了宪法教条。[1] 而桑斯坦教授则认为，新政改变了美国人建立在自由竞争基础上的权利概念，进一步将权利概念建立在免于匮乏的自由基础之上，为美国带来了第二部权利法案。[2]

与上述研究进路不同，本部分将从国家治理的角度来理解新政时期美国

---

[1] [美]阿克曼：《我们人民：转型》，田雷译，中国政法大学出版社2014年版。
[2] Cass Sunstein, *The Second Bill of Rights：FDRs Unfinished Revolution*, Basic Books, 2006.

法治实践的革命性转型。亨廷顿指出，与英国、法国和德国等欧洲国家的集权政治制度不同，美国政治制度带有旧时代都铎政体的特点，"人的权威或主权从未集中于某个机构或某个人，而是分散于整个社会和政治机体的许多器官之中。"[①] 也就是说，美国历史上并没有集权的传统，它的权力处于多元化和多中心化的状态中。因为新大陆不同于旧大陆，它没有经历封建社会，更没有根深蒂固的封建社会制度，如此一来，美国也没有走上近代欧洲国家去封建化的专制国家之路。"既然没有贵族需要清除，也就无需建立一个荡涤它们的政权。"虽然美国没有遇上封建贵族，但是却遭遇了史上最大的经济危机。为了应对经济危机这一特定时期的国家治理需求，罗斯福领导下的联邦行政分支改变了美国权力多中心的政治传统，打破了1787年宪法所确立的分权制衡的权力格局——既打破了横向上的三权分立与制衡机制，也打破了纵向上的联邦与州的二元联邦主义。正是在这个意义上，我们说新政带来了一次宪法革命。如果说这也是一场儒法之争的话，那么在这场斗争中，代表儒家的立法、司法、州权向代表法家的联邦行政分支让步，代表法家的行政分支取得了胜利，权力逐渐汇集到了联邦行政分支，最终形成了以总统为核心的联邦行政主导体制。

　　循着这种问题意识，本部分首先将描述在解决经济危机这一具体国家治理问题的过程中，联邦行政分支如何逐渐主导立法分支和司法分支，如何逐渐超越联邦二元主义，并最终形成以总统为核心的联邦行政主导体制的过程。文章将试图呈现，不同类型的国家权力是如何处理国家治理问题的，同时国家治理的现实需求又是如何重新塑造权力的。更进一步，文章将站在国家治理的角度思考，在美国这种拥有分权制衡传统的国家里，联邦行政主导政治体制的优势何在？另一方面，文章也会站在国家治理的对立面来思考，当包括司法在内的所有国家权力都被裹挟到国家治理中，是否会导致托克维尔所担心的通往奴役之路的集权国家？在行政国家已经不可避免到来的时代里，美国政治体制内部是否有足够的机制来处理好法治与治理、分权和集权、计划和市场、民主和自由、国家与地方之间的紧张，当下中国从中获得何种启示？

---

① ［美］亨廷顿：《变动社会中的政治秩序》，王冠华等译，三联书店1996年版，第92页。

## 二、新政下法治转型的历史背景

20世纪20年代美国经济高度繁荣，人们对未来充满信心，他们相信只要技术不断发展、市场不断拓展、生活水平就可以不断提高，经济就会不断增长。但是，危机潜伏在繁荣的泡沫之中。在房地产方面，早在1929年之前，南加州和佛罗里达州经历了房地产暴涨，然后出现投机泡沫爆裂，银行大量破产。在个人消费方面，由于个人收入高度不平等和农业地区的长期萧条大大降低了美国人的购买力。在出口方面，欧洲战争结束后工业能力恢复，也减少了对美国进口商品的需求。在股票市场，大量的投机者涌入股市，股市也虚空，不到300万的美国人拥有华尔街的股票，而其中只有50万人是经常性的交易者。1929年10月21日，胡佛总统前往密歇根州，参加电灯节的纪念活动。三天之后美国股票市场崩溃。恐慌式的股票抛售出现之后，5个小时之内，100多亿美元市场价值的财产消失。美国长期累积的资本主义问题终于爆发了。随着股票市场的崩溃，1930年，大约有26000家商业公司倒闭，幸存的公司开始缩减投资和裁员，进一步压抑了消费需求。1929年到1932年间，美国钢铁公司的股票从每股262美元跌到22美元，通用汽车公司的股票从每股73元跌至8美元。1932年美国经济衰退到谷底。国民生产总值比1929年下降了67%，物价下降了40%，只有12%的工厂继续运作，失业人数高达1200万，占就业人口的25%。[1]

胡佛政府被迫开始着手解决问题。但是，胡佛总统仍然坚持自由竞争资本主义的理念，他并没有试图从根源上解决自由资本主义的问题。他采纳了他的顾问百万富翁、财政部部长梅陇的建议，将国会的20亿美元拨款借给大的银行、保险公司及铁路公司，至于那些小公司，既然它们没有能力，经济危机正好让将它们淘汰出局。对于失业者，胡佛总统也接受了这些坚持自由竞争理念的商界精英的建议，拒绝救济，理由是这样会打击个人的自救行为，并且干预州权，"政府不应该为人民提供救助……联邦资助……将会削弱我们民族性格中坚忍不拔的特征"。虽然后来胡佛政府陆续推出了提高关税的立法、增税法，但这些立法不但没有解决问题，反而加剧了问题。可以

---

[1] [美]方纳：《给我自由》（下），王希译，商务印书馆2012年版，第1016—1020页。

说，胡佛政府对经济危机的应对是无力的。

面对经济危机，思想界开始延续进步时代的思考，反思自由竞争资本主义及其理念，他们逐渐意识到这种自由观的表层是契约自由，实质是企业尤其是大企业不受任何制约。1932年，许多人们开始接受新的自由观念，这种观念认为，干预经济，创造公正是政府的职责；政府不能干预个人和群体的行为、思想的表达自由。这两方面构成了20世纪30年代新政自由主义的内核。

### 三、行政主导立法和司法：国家主义的法治道路

1932年，共和党人在总统大选中失败，民主党总统候选人罗斯福大胜，成为新一任的美国总统。在竞选纲领中，罗斯福宣布他要给美国人民带来一个新政（New Deal）。1933年，罗斯福任总统上任，他坚决摆脱了自由竞争资本主义的自由观对新政府的束缚，开始着手实施全面干预市场的政策，试图将美国联邦政府改造成一个全国性的管制政府。当然，罗斯福总统也没有完全放弃美国的民主、个人自由等传统价值观，他仍然坚持了进步主义时代的修正资本主义路线，试图在市场与计划、个人自由与政府监管之间找到一条平衡之道。新政从1933年3月罗斯福上任开始，一直延续到1938年第二次世界大战前夕，包括了两个阶段：复兴（1933—1935）和改革（1935—1938）。

如果我们从国家政治的视角来观察新政，它的"新"就新在：这是一场以罗斯福总统为核心的联邦政府主导的新政。在这一过程中，以总统为核心的美国联邦行政分支成为美国政治舞台的主角，最终形成了联邦行政主导的政治体制。按照1787年宪法的设计，美国是典型的三权分立政体。但是，新政却造就了一个全新的、以总统为核心的联邦政府主导立法和司法的行政主导型政治体制。所谓行政主导，是指以总统为核心的联邦政府在整个政权运作中处于支配性地位，行政分支控制国会立法议程和流程，甚至法院也要受到行政分支的限制。从性质上看，行政主导就是权力中心化。如前所述，在美国的政治传统中，威权政府从未有过一席之地，三权分立、联邦与州分权、强大企业权力以及社会自治习惯等都构成了威权政府权力中心化的阻力。权力之所以要中心化，很大程度上是对经济危机的一种自然反应，多元

化的权力体系无法处理矛盾重重、利益复杂的经济危机。这时的美国需要一个富有高度凝聚力和整合力的主体，来摆平、超越各方利益之争，从而解决经济危机，捍卫国家政治。同时，权力中心化也和罗斯福总统的个人能力有密切关系。他要求国会赋予他"战胜危机所需要的巨大权力，相当于我们在遭遇外敌入侵时我应用拥有的权力"。在罗斯福的推动下，在民主党国会的支持下，美国利用经济危机这一契机，打破了分权的政治传统，造就了一个强有力的联邦政府，罗斯福本人也成为美国历史上拥有最深刻和最广泛权力的总统，在一定程度上实现了汉密尔顿在《联邦党人文集》中所设想的总统制。

在接下来的讨论中，我们将从行政主导立法、行政主导司法这两个方面来研究这一时期以"联邦行政主导"为特征的美国国家主义法治道路。

## （一）联邦政府主导国会立法

### 1. 复兴时期的行政主导国会立法

1933年3月就职后，罗斯福总统首先面对的是一个崩溃中的金融系统，大量银行因挤兑而倒闭，1933年3月的时候大多数州银行停止运营。罗斯福总统立即动用了宪法中的非常时期总统权力来稳定金融，他宣布实施"银行假日"，关闭所有银行，并暂停黄金出口和外汇兑换。3月9日，罗斯福总统要求国会召开特别会议，迅速批准了《紧急银行法》，这部法律给予了总统极大的裁量权来管理金融和银行业，并规定所有银行需要获得联邦财政部许可后才能重新开业，并为有可能倒闭的银行提供救助金。同时，罗斯福总统还说服国会建立了大量的新的机构。1933年5月，罗斯福又推动国会通过了《联邦证券交易法》，对股票和证券进行管理，要求证券交易公司将一切涉及州际和公共交易的证券信息公布，要求所有上市的新证券都必须向联邦贸易委员会登记。1933年6月，罗斯福总统又通过了一部《格拉斯—斯蒂高尔法》，禁止银行介入股票的买卖业务，这部立法阻止了许多导致股市崩溃的不负责任的市场行为。该法还建立了联邦储备保险公司，这是一个为个人储蓄账户提供保险的政府系统。上述立法挽救了美国的金融秩序，也极大增强了政府对金融制度的管理权力。到了1936年，美国没有一家银行倒闭。

同时，罗斯福政府开始建立起联邦对经济资源的分配和管理权。1933

年，国会通过了《工业复兴法》，这是罗斯福政府应对大萧条的核心立法，他说这是"美国国会制定的最重要的和最有影响力的立法"。这部立法是由罗斯福的经济顾问起草的，可见总统对国会立法介入之深。该法的直接目的是，赋予政府监管权，限制企业间"不惜血本"的不合理竞争。除了解决恶性竞争，该法在事实上扩大了总统的权力，它建立了隶属于总统的全国复兴管理局，实质上是授予总统管理全国经济的权力。全国复兴管理局在纺织、钢铁、采矿和汽车等产业内建立了生产、价格和工资的标准。同时，该法规定各行业的贸易和产业协会负责制定本行业在生产与商业操作方面公平竞争的行为规则，如果规则是按照相关的法律原则制定的，总统必须批准，这导致了大公司主导规则制定权；当然，如果企业不能主动制定规则，总统将任命专人制定规则，这实际上将国会的立法权转移到总统手中。

为了解决农场主面临的灾难性困境，罗斯福新政的另一个重要内容是农业。1933 年 5 月，在罗斯福总统的要求下，国会通过了《农业调整法》。该法授权联邦政府为主要农作物规定生产限额、向同意减产的农产主支付资金等方式，来提高农产品的价格。结果是：一方面，许多长在地里的庄稼被毁掉，许多猪被宰杀销毁；另一方面，饥饿四处蔓延。这部立法成功地提高了农产品和农场主的收入。但是，该立法主要考虑的是大农场主的利益，忽略了小农场主的讨价还价能力，并导致大量农民佃户失业。

在新政初期，罗斯福的经济复兴计划还包括发起和主持各种渠道的社会救济和再就业项目。1933 年 5 月，联邦政府建立著名的田纳西河流域管理局，由联邦政府出资，在田纳西河流域 7 个州内建立大坝和防洪设备，防止了田纳西河流域内的洪水灾害和砍伐森林的现象，并为这些州的居民和工厂提供廉价的电力。田纳西河流域管理局第一次使得美国联邦政府进入与私人公司竞争的、出售电力的商业领域。同年，国会在罗斯福的要求下，拨款 5 亿，一部分用来开展各州的社会救助工作，另一部分用来建立联邦性的公共事业。此外，根据罗斯福总统的建议，联邦政府还建立了民间资源保护队，雇用了 200 万城市青年，参加公共设施建设。1933 年，罗斯福总统建立了公共工程管理局和国民工程管理局，主持了 20 万个就业项目，专门负责解决失业人员的再就业问题。这些就业项目都促进了公共设施的建设和环境保护，也解决了部分失业问题。1935 年，联邦政府拨款 20 亿美元，建立工程振兴局，希望通过联邦工程项目，来解决失业问题。

2. 改革时期的行政主导国会立法

复兴时期的新政目标是经济复苏，改革时期的新政目标是为每个人提供经济保障，这是免于匮乏的自由的内涵。在改革时期，罗斯福政府认识到，应该想办法对国家收入进行再分配、以保证消费者经济中拥有可持续的大众购买力。为此，国会通过了社会保障制度、劳工权益和税收方面的改革。

1935年，罗斯福政府推动国会通过了《社会保障法》。这项立法代表了新政自由主义的核心精神：联邦政府有义务保障普通美国人享有免于匮乏的自由。该法创立了失业保障、养老金和对残疾人、贫困老人和拥有未成年子女家庭救助的一些社会福利制度。这部立法是美国式福利国家的产生的标志，它建立一套联邦的保障制度，从根本上改变公民和联邦之间的关系，也从根本上改变了联邦政府的功能和定位。至此，主张国家不干预市场和社会的自由竞争资本主义观念终于退隐，取而代之的是福利国家的政府责任观念。

1935年7月，罗斯福政府推动国会通过了《全国劳工关系法》，建立了全国劳工关系局。该法授权全国劳工关系局监督雇员选举工会代表的选举，从而将民主带到工作场所。同时该法规定，雇员有权利组成和加入工会，有权联合起来通过自己选举的代表就工资、福利、工作条件和环境等与雇主进行集体谈判，"经验证明对劳工组织工会和举行谈判的权利给予法律的保护可以保证商业免受伤害、破坏或干扰"。所以，联邦政府必须保护雇员的谈判权利。该法还规定，禁止法院对工人罢工和组成罢工纠察线发出禁令，从而推翻了20年代最高法院在工人罢工问题上作出的保守判决。1938年国会通过了《公平标准法》，建立了最低工资制（每小时工资不得低于40美分）与最高工时制（每周不超过44小时）。

为了促进社会平等，调节收入分配，罗斯福还推动国会制定税法。1935年，罗斯福在给国会的咨文中指出，美国的税法在许多方面都不合理，不能阻止财富和经济权力不合理的集中。他建议提高对富人的税收。1935年，国会通过了《税收法》，对年收入高于五万美元的人征收附加税，将年收入超过500万的人的税收提高了75%，同时提高了一些高盈利公司的税收。1937年，国会又通过了《国民住房法》，为城市建造廉价房屋计划提供低息贷款。

从上述描述我们可以看到，罗斯福政府主导了新政时期的国会立法，联邦政府不断推动国会通过一系列有关金融、银行、商业、农业、基础设施建设、解决失业和社会救助问题的立法，并通过这些立法授权，逐渐扩大联邦政府的权力。在1933年3月9日—6月16日的"百日新政"期间，罗斯福总统向国会共提交了15项重要提案，民主党国会全部批准。为了提高立法效率和立法的专业性，罗斯福甚至自己主动组织起草小组起草立法，然后直接交由国会批准，完全能改变了过去由总统建议、国会立法的做法，从而使得总统在事实上成为立法者。[1]

（二）从抵制到支持：行政主导下的司法分支

1. 1933—1936：司法分支对新政的抵制

为了应对经济危机，民主党国会对以罗斯福为首的行政分支的立法要求一一同意。但是，在新政初期法院并没有配合罗斯福实施新政。从1935年到1936年，固守自由竞争资本主义信念的司法分支在一系列案例中宣布《工业复兴法》等新政的核心法律违反宪法，试图阻止罗斯福政府的经济和社会改革，避免罗斯福打破美国三权分立政治体制，走向高度行政集权。

1934年，在美国最高法院9名大法官中，除了布兰代斯和詹姆斯·麦克雷诺兹之外，其他7名法官都是共和党总统任命的。9名法官的政治立场大概可以分为三派：一派是布兰代斯、卡多佐和斯通，他们是支持和同情新政的自由派。其中，布兰代斯是一位坚持进步主义理念的法官，一直与他那个时代的托拉斯、垄断和其他大企业的商业利益集团作斗争，在司法中他坚持法律现实主义，经常与霍姆斯一道，对最高法院的保守判决结果发表少数意见。一派是休斯和罗伯茨，他们是中间派。剩下4名法官都是强硬的保守派，他们经常援用宪法第五条修正案的保护财产权条款和第十条修正案中的正当法律程序条款，坚决反对罗斯福新政，极力阻止美国出现集权政府，强调保护私有财产权以及州权与联邦权划分的二元联邦主义。从1934年开始，最高法院开始审理与新政有关的案件，最高法院中的保守派法官通过这些案件来阻止罗斯福新政。

---

[1] 王希：《原则与妥协：美国宪法的精神与实践》，北京大学出版社2014年版，第409页。

在1934年的住宅建筑与贷款协会诉布莱斯德尔案中，最高法院认定明尼苏达州的立法违反了契约自由而无效。明尼苏达州立法规定，在经济危机等紧急状态中法院有权免去无法如期偿还的贷款，而不必根据贷款机构的要求强行收缴房屋。根据这一立法，明尼苏达州地方和州最高法院允许布莱斯特德尔夫妇延期偿还房屋贷款。贷款协会将案件上诉到联邦最高法院，上诉人认为：明尼苏达州的这一规定是否符合宪法第一条第二款的契约自由条款，以及宪法第十四修正案的正当法律程序和平等法律保护条款。首席大法官休斯、罗伯茨和布兰代斯三位法官支持布莱斯德尔夫妇延期偿还房屋贷款的请求，认为明尼苏达州的立法没有违反宪法。而四位保守派的法官则认为，紧急状态不能改变法律，更不能改变宪法原意。最终，最高法院勉强维持了该州立法的合宪性。

在1934年耐比尔诉纽约州案中，自由派和保守派的对立再次出现。① 该案的争点是：纽约州的一项立法，设定了牛奶控制委员会，并授权该委员会对牛奶零售价格进行定价。和住宅建设和贷款协会诉布莱斯德尔案一样，为了应对大萧条给社会带来的影响，法院再次表明支持政府干预经济。法院以5∶4的多数意见认为，任何有损公共利益的商业和产业都应当受到州的管制，因此，他们支持纽约州立法。"在我们的政府形式之下，财产的使用和契约的缔结一般是私人而非公共领域关注的问题。一般情况下，二者都不受政府干预。但是财产和契约权利都不是绝对权利。因为，如果公民运用财产伤害他的同伴，或者运用他的自由危害他人，政府就无法继续"。"州可以自由地制定任何符合合理预期、可促进公共福利的经济政策，并通过适合其目的的立法来执行这一政策。"

上述两个案件涉及的都是州立法机关对经济的干预，休斯和罗伯茨对新政的支持仅仅停留在对州法的支持上，一旦当案件涉及联邦权力的时候，他们就和保守派站在一起了，他们担心的是，罗斯福的高度行政集权会破坏原有的三权分立的宪政体制，导致通往极权之路。从1935年开始，最高法院对10个和新政有关的案件做出了判决，宣布根据《工业复兴法》制定的规章，《工业复兴法》本身以及《农业调整法》《城市破产法》《农场房屋贷

---

① Nebbia v. New York，291 U. S. 502.

款法》等立法违反宪法。

从 1935 年 1 月开始，最高法院的保守派就开始全力反对新政。保守派最担心的是美国走向高度行政集权，破坏传统的三权分立的政治体制。在 Panama Refining Co. v. Ryan 案中，最高法院以 8：1 的多数宣布根据《工业复兴法》制定的石油规章无效。[1] 在几个月后的谢克特家禽公司诉美国案中，最高法院则进一步一致认为《工业复兴法》违反宪法无效。[2] 首席大法官休斯在判决书中阐述了法院的三点理由：首先，紧急状态并不能创造和增加联邦政府的权力，《工业复兴法》的立法缺乏宪法依据。"宪法未授予联邦政府并且未禁止各州享有的权力，皆由各州保留"，宪法授权政府行使权力，政府在行使这些权力时，必须受到宪法授权的限制。其次，《工业复兴法》将大量的立法权授予给总统，而总统却将这些立法权再转授给私人企业，这种权力的转移与宪法精神背道而驰。《工业复兴法》第三节中的授权规定"没有为任何商业和其他活动提供任何标准，也没有要求制定这些规则需要经过正当行政程序。相反，它却授权企业通过制定规章这种方式来规定这些行为规则……同时，总统为了管制商业和制造业，在批准或制定规章的过程中，他的裁量权实际上不受任何约束。我们认为这种授予规章制定权是一种违宪的立法授权。"最后，家禽行业的规则是地方经济行为，而不是国会管制的州际贸易行为。尽管国会有权管理与州际贸易有直接联系的贸易，但如果布鲁克林这家家禽公司从外州进口了"不合适的鸡"也被看成是在从事州际贸易的话，那么等于说联邦法可以深入到州经济的每一个角落去了。"我们国家的成长和发展要求联邦政府运用更加广泛的贸易管制权来管理日益扩张的州际贸易，保护其免受阻碍和干扰……但是，不应该将联邦政府的权威推到极端，以至于摧毁贸易条款本身已经确立的'州际贸易'与'州内事项'之间的区分。"谢克特家禽公司诉美国案对新政时期以及后来的许多案例都有影响。谢克特家禽案本身并不复杂，最高法院选择这个案件的主要目的是质疑《工业复兴法》的合宪性，进而警告罗斯福政府所表现出来的集权趋向。但是，罗斯福仍然坚持新政立场，无视最高法院

---

[1] Panama Refining Co. v. Ryan, 293 U. S. 388.
[2] Schechter Poultry Corp. v. United States, 295 U. S. 495.

判决，随后又推动国会通过了《全国劳工关系法》《公平劳动标准法》《全国烟煤管理法》。

在1936年1月的美国诉巴特勒案中，保守派以6：3否决了罗斯福的《农业调整法》。该法是新政处理农业经济危机的重要法律，通过限制生产来调整农产品价格。本案被告巴特勒认为，联邦无权征收加工税，《农业调整法》所规定的对某些农产品征收加工税违反宪法，此外，对农业的规制违反了宪法第十修正案，干预了州的保留权力。大法官罗伯茨在判决书中宣布：首先，联邦有权征税以用于"支付债务、公共防御及美国的公共福利"，因此，征收加工税是合乎宪法的。其次，对农产品的补助违反了宪法第十修正案，设立该补助的目的实际上是一种对产品的资源的变相控制，在《农业调整法》的规定下，农场主事实上没有什么选择余地，只能接受补贴。罗伯茨指出，政府可以为实现公共福利而征税，但是不能对接受资助的人附加资助条件。自由派法官斯通在反对意见中指出，保守派扭曲了宪法原意，滥用了司法权，法院不能自以为是地以为自己是"拥有唯一管理政府权力的机构"，最高法院必须要自我约束。民主党的国会并没有跟随最高法院的立场，几周后通过的《土壤保护法》依然是一个限制农业生产的法律。

2. 罗斯福改组最高法院及最高法院的转向

1936年罗斯福以60%民选票的优势赢得了总统大选，除了缅因州和佛蒙特州之外，他赢得了其他所有的州。罗斯福的成功基于组织起来的劳工阶层，也归功于他将南部白人和北部黑人选民、新教徒农场主、都市天主教徒、犹太族裔、产业工人和中产阶级等联合起来的能力，这些群体构成了"新政联盟"。同时，在国会两院中民主党继续拥有多数席位。尽管罗斯福政府得到了大众和国会的支持，但是，罗斯福深知，如果想新政有效执行，必须得到最高法院的支持。而此时的最高法院，笃信传统自由竞争原则的保守派法官是多数派，他们固守传统的教义，已经成罗斯福继续改革的重大障碍。

为了扫除新政道路上的障碍，大选结束后，罗斯福向国会提交"填塞法院"法案，要求改组联邦最高法院。根据该议案，总统有权在一名现任最高法院大法官年满70岁之后任命一位新的大法官。在当时最高法院的9位法官中，有6名超过了70岁。这意味着，只要国会通过罗斯福的议案，他就可以向最高法院任命6位自己人。这样,新政改革派在最高法院中成为无可动摇的多数派。但是,罗斯福的提案并不顺利。首先是民主党控制的众议院拒绝提出该动议。随后的1936年7月20日,参议院也驳回了填塞方案。参议院指出,这个议案可能会在宪政上造成极坏的影响,使宪法成为立法和执法部门任意解释,为自身利益服务的工具。罗斯福填塞计划失败了,他低估了美国社会对三权分立与制衡这一政治体制的信念。

但是,正如伦奎斯特法官所言,"罗斯福总统输掉了填塞法院这一战役,但却赢得了控制最高法院的这场战争"。此后,最高法院开始改变立场。在1937年3月29日的西海岸旅店公司诉帕里斯案中,罗伯茨法官倒向自由派,同布兰代斯、斯通、卡多佐和休斯组成了新的多数派,形成了5∶4多数,支持了华盛顿州的女性最低工资立法的合宪性。[①] 在该案中,法官完全放弃了从自由竞争的角度解释契约自由。"近年来经济发展历程已经使得一种额外的、迫切的考虑成为众人瞩目的焦点。工人阶级在谈判能力方面处于不平等地位,从而对于雇主拒绝支付其赖以生活的工资,也缺乏相应的防卫能力,对他们的压榨不仅对其身心健康有害,而且为资助他们直接给社会增添了负担……"此案与1936年莫尔德黑诉纽约州案的性质是一样的,都是涉及州的最低工资立法的合宪性,但是两个判决的结论截然相反。此案建立了一个新的审查模式,在审理政府对雇佣和经济进行管理的案件中,法院不再以契约自由作为主要基本原则。此后,最高法院出现了以自由派原则为主导来审查新政政策的局面。

1937年4月,在全国劳工关系委员会诉琼斯—洛夫林钢铁公司案中,最高法院以5∶4多数推翻了一直以来占主导地位的二元联邦主义原则,宣布《全国劳工关系法》是合乎宪法的。[②] 1935年,国会通过了《全国劳工关系法》,该立法保障劳工享有组织权和集体谈判工资的权力,并建立了联邦管理机构,同时严禁雇主因工人参加工会或工会活动而解雇工人。保守派坚持之前的自由竞争原则,认为该法侵犯了雇主的财产权;而多数派则认为政府有权保障工人组织工会的权利。休斯法官强调,工人通过工会与雇主谈

---

① West Coast Hotel Company v. Parrish, 300 U.S. 379.
② National Labor Relations Board v. Jones and Laughlin Steel Corp., 301 U.S. 1-103.

判是保证工业界安定的条件之一,拒绝工人组织工会以及拒绝与工人谈判一直是引发工业界纠纷的最经常原因,工会活动影响了州际贸易。因此,应当扩大了联邦政府管制州贸易的范围,联邦不仅可以管制州际贸易,也有权管理影响州际贸易的活动。

1937年到1941年,罗斯福获得了7次大法官任命机会,最高法院的人事变动日益频繁。到了1941年最后一名保守派大法官麦克雷诺兹退休时,罗斯福将自己的司法部部长杰克逊送入最高法院。同年休斯退休,自由派的斯通接任首席大法官,伯恩斯接替斯通的位置。至此,最高法院已经完全掌握在自由派手中。此后,新政就开始写在最高法院一系列里程碑判决中了。1938年,在圣克鲁斯水果包装公司诉全国劳工关系委员会案中,最高法院宣布,虽然该公司只有37%的业务与州际商业有关,联邦全国劳工关系委员会仍然有权对其进行管理。同年在爱迪生诉全国劳工关系委员会案中,爱迪生公司指出该公司的电力生产完全在本州之内,联邦无权插手管理该公司的劳资关系。但最高法院指出,该公司的电力卖给了广播电台、飞机场等从事州际贸易的企业,其劳资关系也将影响这些企业,所以联邦政府有权对该公司实施《全国劳工关系法》。在1942年的维卡特诉菲尔伯恩案中,最高法院支持《农业调整法》。杰克逊法官指出,决定联邦是否有权对某一地方贸易行为进行管制的标准不在于管制的客体是否为"生产""销售"或者"消费",而在于它是否对州际贸易造成实质的经济影响,并且不管这种影响是"直接的"还是"间接的"。菲尔伯恩自己种植的小麦也影响了小麦市场流通,这种家庭生产的小麦也会进入小麦市场,对市场价格造成影响,与商贸的小麦之间产生了竞争,因此,联邦政府有权管制。

最高法院的这一系列决定有力地支持了罗斯福新政。经过这一系列的判决,联邦政府的权力扩张了,联邦政府进入了劳资关系、社会保障、物价控制等各个领域。随着最高法院的转向,美国社会开始完全进入联邦主导的行政国家时代。

透过法治道路的转型,可以得到以下启示:一是法治道路的背景性。法治从来不是从天而降的,总是与特定的经济社会政治条件的变化相适应,每当外部背景发生转换,法治道路的行进方向就必须随之进行调整。二是法治道路的政治性。法治具有自身的自足性、规范性、技术性,似乎与政治无涉。但是，法治道路的行进方向永远都是与社会发展进程相一致的，没有绝对超越政治的法治。美国法治的起源与发展本身就是政治权力之间相互斗争及其与公民权利之间相互较量的结果。没有摆脱殖民统治、南北平等、资本扩张的政治诉求，就不可能产生美国现有的法治结构；而如果没有保守派和激进派在司法上的辩论与分野，就没有司法发展道路的曲折与困惑。围绕一系列重大案件的违宪审查，鲜明地反映了政党政治在法治中的作用。三是法治道路的结构性。法治道路包含着目标预设、规范设计、路径选择与实施方式。其中，价值是道路结构的灵魂，规范是依据，路径是前两者相互结合付诸实践的纽带。在目标预设上，以权利与权力的互动为依托，以民有民治民享为归宿；在规范依据，奉行宪法至上、司法独立，同时，法治的政策要素较为显见。两党政治主张或倾向或明或暗地影响着法治的走向。在路径选择上，采取自上而下与自下而上相结合，民间社会与国家强力相互结合。在方式方法上，起初采取革命、命令与动员的方式，为法治奠定基础，随后通过各派政治与利益集团的谈判与妥协达成一致，且较为重视公共参与。四是法治道路的适时性。法治建设随着社会运行的不同历史任务和阶段特征而不断调整。在"左"与右、保守与激进之间不断摇摆。其所依存的三权分立、权力均衡制约的制度模式就其自身而言具有一定的适应性，但无论选择何种路径，在本质上依然是资产阶级的利益和意志的根本反映。

# 第 三 章

# 法国的法治道路探索及其意义

无论是从法治思想还是法治实践来看，法国在西方世界的法治道路探寻上都具有典型代表意义。以孟德斯鸠、卢梭等人的思想为基础，以法国大革命为最主要的手段，以制宪会议于1789年8月26日颁布的《人权和公民权宣言》及其宪法化为依据，法国法治呈现出与众不同的独特性，对西方世界产生了深远的影响。梳理法国法治道路的演进历程，总结其发展轨迹与成败得失，对中国法治道路建设具有一定的借鉴意义。

## 第一节 法国法治道路选择的历史背景

大革命为什么发生在18世纪末的法国？法国又是为什么选择或者注定以这种大革命的方式与过去彻底决裂？选择革命最为古老的理由，就是"以自由对付暴政"[1]，意味着以暴力的方式来争取自由和解放，但正如汉娜·阿伦特所揭示的，"革命"一词的隐喻义更接近其原义，即复辟，"人们终将相信，即将到来的革命，目的不是推翻旧政权，而是政权的复辟"[2]，法国大革命的烈火在一次次王朝复辟中燃烧、覆灭、重燃，最终这场大革命

---

[1] [美] 汉娜·阿伦特：《论革命》，陈周旺译，译林出版社2007年版，第1页。
[2] [法] 托克维尔：《旧制度与大革命》，巴黎1953年版，vol.ll，第72页。转引自 [美] 汉娜·阿伦特：《论革命》，陈周旺译，译林出版社2007年版，第33页。

建立起了"比起它所推翻的任何政府"都"强大百倍"的政府①,"创造了使'当代'法国能在其中被识读的政治文化"②,诞生了法国新时代法治的精神内核。

## 一、法治道路的市场基础

### (一)经济危机引发社会危机

社会的动荡和变迁往往与经济的发展状况密不可分。18世纪城市商业的快速发展,大量农民涌入巴黎,导致失业率升高;严重的通货膨胀和繁重的税收导致社会购买力下降;宫廷挥霍无度,对外战争又耗费了大量钱财,财政赤字增加,导致财政乏力;大革命前夕的旱灾,农业连年歉收,导致严重的食物短缺,财政的不足又使得政府无法将食物运送至灾区,法国最终陷入大规模的饥荒和不可调和的经济危机之中,成为大革命发生最为直接的导火索。在资本主义经济已经得到发展的前提下,人民对生存和发展的迫切需求和法国滞后的封建专制制度之间存在巨大的矛盾冲突,形成了大革命爆发的经济动因。

### (二)工业革命催生社会革命

欧洲在18世纪发生的最重大的发展变化之一就是影响了全球经济和政治格局的工业革命。工业革命的发生需要社会革命所造就的政治背景、文化背景、市场条件、资本、资源、人力等因素,社会革命又孕育于工业革命所呼唤的社会条件之中。就经济发展水平而言,法国是欧洲的传统强国,18世纪80年代之前,法国与英国在商业和人均收入上不相上下,农业增长亦势均力敌,至法国大革命前,法国和英国"工业生产年均增长率大约都在1%左右",③且各有优势领域。18世纪60年代以后,英国开始第一次工业革命,经济开始飞速发展,工业化水平大幅度提高。反观法国,在大革命前尽管法国也在某些工业部门开始引进先进的机器,试图朝向工业化发展,但相对强大的封建割据,严重束缚了法国生产力的发展和商品的自由贸易,导

---

① [法]托克维尔:《旧制度与大革命》,冯棠译,商务出版社1997年版,第48页。
② [法]弗朗索瓦·傅勒:《思考法国大革命》,孟明译,生活·读书·新知三联书店2005年版,第11页。
③ 王章辉:《英国和法国工业革命比较》,载《史学理论研究》1994年第2期。

致工业化进展缓慢。法国在大革命后,特别是1830年七月王朝建立后,工业化发展再一次提速,后又在19世纪中叶之后迎来二十年的持续增长,尽管"法国在一个世纪里的变化在许多方面还不如德国1871年后40年间所经历的变化彻底"①,但1875年"最终顺利完成了工业革命"的法国在社会革命中树立并巩固了"自由""平等"的理念,并在"高涨的革命形势"以及迫切的"社会现实需要"下催生了对法律的推崇,制定并编撰法典,限制"法院的司法权,特别是法律解释权"。②

## 二、法治道路的政治动因

### (一)人治模式导致政治危机

中世纪的法国实行森严的等级制度,分有三个等级:由国王和教士组成的第一等级,由贵族组成的第二等级,其他市民为第三等级。由三个等级参加的会议被称为三级会议,主要作用是增加新税、扩张王权和削弱教会权力,最早受到了市民的高度认可。"君权神授"的思想在16世纪建立,并在17世纪持续发展,"王权直接来自于上帝"③,在受到启蒙思想的质疑和颠覆前,王权被认为是"唯一的、不可转让的和绝对的"④。在法国国王高度集权,开征新税已无需通过三级会议时,三级会议亦不再召开,长期中断。"路易十四时代"的绝对君主专制发展到登峰造极的地步,路易十四有绝对的裁决权,又将大贵族以优厚俸禄和荣誉职位变成完全顺服的臣子,并发出"朕即国家"的演讲⑤,对外发动争霸战争,对内独行独断。18世纪的法国仍是一个封建专制的农业国家,绝对君主专制在路易十五和路易十六

---

① [美]亨德森:《欧洲的工业革命:德国、法国、俄国,1815—1914年》(W. O. Henderson, *The Industrial Revolution in Europe. Germane, France, Russia, 1815-1914.*),芝加哥1968年版,第92页。转引自王章辉:《英国和法国工业革命比较》,载《史学理论研究》1994年第2期。
② 李晓兵:《法国法治发展的多维考察:"法之国"的法治之路》,载《交大法学》2014年第4期。
③ [法]乔治·帕热斯:《旧制度时期的君主政体》,巴黎1932年版,第3—4页。转引自洪波:《法国政治制度变迁:从大革命到第五共和国》,中国社会科学出版社1993年版,第2页。
④ 洪波:《法国政治制度变迁:从大革命到第五共和国》,中国社会科学出版社1993年版,第2页。
⑤ 洪波:《法国政治制度变迁:从大革命到第五共和国》,中国社会科学出版社1993年版,第4页。

时期逐步走向衰落,挥霍无度、放荡奢靡的宫廷生活,海外战争的失利,使法国陷入内忧外患和财政危机之中。

君权神授的思想与宗教观念密不可分,法国三个等级的划分也体现了僧侣在法国崇高的地位。天主教作为国教,僧侣"以祷告为国王服务","是最高贵的等级"①,他们一面绝对服从国王,"占据全国10%的最好土地,向农民征收什一税"②,一面严密控制法国社会政治、经济、思想、文化以及人民生活的各个领域,对人民进行精神统治,教会同时设有法庭,对人民进行残酷迫害。

绝对的君主专制与严酷的宗教统治在内忧外患的经济、政治和社会问题下越发凸显其严重性和不可调和性,"一切迹象都表明即将爆发一场反对政府和宗教的大革命"③。"法国革命的最初措施之一是攻击教会"④,农民在大革命中占领寺院,拒绝缴纳什一税,夺取教会及僧侣占据的土地。

(二)等级会议激起武装革命

自13世纪开始,为弥补国库空虚,国王常常出售贵族爵位。一些新兴的资产者通过捐款购得贵族的身份,因公干服式被称为长袍贵族,一方面引得传统佩剑贵族的不满,另一方面通过联姻和职业网络相互融合,形成了法国上流社会特有的"一部分资产阶级的贵族化和一部分贵族的资产阶级化"⑤。第三等级包括人口最多的"无套裤汉"农民以及城市平民。随着经济的发展,第三等级中的资产阶级积聚了大量的财富,新兴的资产阶级力量增强,第三等级经济地位提升,思想意识觉醒,他们寻求在经济、政治和社会问题中获得更多的权利,但教会、佩剑贵族、长袍贵族三位一体的贵族体制已经"占据了公共事务各部门的所有要津"⑥,第三等级同特权等级之间的矛盾日渐加深。政治理论家西耶斯在大革命前撰写并先后出版的小册子《论

---

① 郭华榕:《法国政治制度史》,人民出版社2005年版,第20页。
② 洪波:《法国政治制度变迁:从大革命到第五共和国》,中国社会科学出版社1993年版,第8页。
③ 杨真:《基督教史纲(上册)》,生活·读书·新知三联书店1979年版,第408页。转引自李宏图:《法国大革命与宗教》,载《徐州师范学院学报》1989年第3期。
④ [法]托克维尔:《旧制度与大革命》,冯棠译,商务出版社1997年版,第45页。
⑤ 刘文立:《法国革命前的三个等级》,载《中山大学学报(社会科学版)》1999年第6期。
⑥ [法]西耶斯:《论特权·第三等级是什么?》,张芝联、冯棠译,商务印书馆1990年版,第28页。

特权》《第三等级是什么?》传播甚广,西耶斯在"发行了3万多本"的《第三等级是什么?》的书册中振聋发聩地提出"第三等级是整个国家","是一切",但迄今为止"什么也不是",在三级会议中也没有真正的代表,"政治权利等于零",[①] 将第三等级长久的不满激起,不同等级间的冲突一触即发。

1789年,路易十六为了解决财政危机,希望通过召开已经中断了175年的三级会议向第三等级增税,而第三等级则要求制定宪法,限制王权。这次三级会议成为大革命最直接的导火索。第三等级以微弱优势取得投票的胜利,路易十六的加税企图落败后,仍然强行要求加税。同年6月17日,第三等级宣布成立国民会议,7月9日改名为制宪会议。路易十六调集军队企图推翻议会,获悉消息的巴黎人民愤而起义,攻占象征封建权力的巴士底狱,一夜之间打破旧制度的大革命突然降临了。

### (三) 欧洲一体化引领法治走向

第二次世界大战后,为制约联邦德国,也为了保证国家安全和地区经济的发展,1952年,法国、意大利、荷兰、比利时、卢森堡与联邦德国签订《巴黎条约》,组成欧洲煤钢共同体。1958年,该六国又签订《罗马条约》,组成欧洲经济共同体和欧洲原子能联盟。1967年,六国发起并建立欧洲共同体(简称欧共体),之后,英国等国家先后加入欧共体。1993年,由法国、德国、意大利、荷兰、比利时、卢森堡六国发起的欧洲联盟(简称欧盟)正式成立。[②] 成员国将部分国家主权移交欧盟行使,进而在成员国之上形成了一个新的权力体系,世界政治格局形成了新的形态。欧盟既具有联邦制国家的某些特征,又区别于联邦制国家。欧盟法律制度对欧盟各个成员国的法律制度产生了重大的影响,除了欧盟法律规范具有直接适用性以外,还通过欧盟法具有优先地位对成员国发挥作用。

法国现行宪法规定:"条约或协定都需要国家最高权力机关来承认,并予保证实施。"[③] 法国的法律渊源包括国内法和国际法,国内法包括宪法及宪法性文件、法律和行政法规、司法判例、习惯法,国际法包括国际公约、

---

① [法]西耶斯:《论特权·第三等级是什么?》,张芝联、冯棠译,商务印书馆1990年版,第20—28页。
② 欧盟目前有28个成员国。2016年经全民公投后,英国正式启动"脱欧"程序。
③ [法]皮埃尔·特鲁仕:《法国司法制度》,丁伟译,北京大学出版社2012年版,第46页。

国际条约、双边协议，另外还有欧盟的法律规范。欧盟法优先原则是在司法实践中确立的。法国最高行政法院分别在 1989 年、1990 年的三个判例中承认了欧盟法的优先地位：在 Nibolo 案中，肯定了《罗马条约》对国内法律有优先地位，在 Alitalia 案中承认欧共体指令对政府法规具有优先性，在 Boisdet 案中肯定了欧共体规则对议会通过的法律具有优先地位。① 在法国形成了国内法和欧盟法并行的治理模式。

欧洲六国共同体根据《巴黎条约》组建了欧洲法院（Court of Justice）。② 欧洲共同体在卢森堡设立了欧洲共同体法院和欧洲共同体一审法院，另外还建立了附属于一审法院的专门法庭。欧洲理事会在斯特拉斯堡设立了欧洲人权法院，针对违反《保护人权与基本自由权利公约》的行为，欧洲理事会成员国的公民，在穷尽国内救济之后，得以向欧洲人权法院寻求救济。法国的两个司法体系的最高司法机关，最高行政法院和最高法院均援引欧洲人权法院的判例作为裁决依据，欧洲人权法院的判例对法国司法机关的裁判产生着重要的影响。欧共体的判例在法国具有约束力，是非常重要的法律渊源。

### 三、法治道路的文化启蒙

发生在 18 世纪法国的启蒙运动是一场声势浩大、影响深远的反封建、反教会的思想解放运动，启蒙思想的"理性崇拜"为法国法治道路注入了强大的文化基因：孟德斯鸠的"三权分立"是法国行政法治的根本出发点、卢梭的"人民主权""社会契约论"被直接写进了《人权宣言》③。大革命前夕，西耶斯尖锐地提出"唯有国民拥有制宪权"④，并直接发出"第三等级清洗贵族"的号召，因此有人说是"西耶斯开始了法国大革命"⑤。

---

① 金邦贵：《法国司法制度》，法律出版社 2008 年版，第 30 页。
② 1951 年依据《巴黎条约》设立，原名欧洲共同体法院，1958 年依据《罗马条约》更名为欧洲法院。
③ 《人权宣言》第六条第一句"法律是公意的表达。"被认为来源于卢梭的《社会契约论》。
④ [法] 西耶斯：《论特权·第三等级是什么?》，张芝联、冯棠译，商务印书馆 1990 年版，第 56 页。
⑤ 张源：《连续与断裂：法国大革命是一场怎样的革命？——从弗朗索瓦·傅勒的〈思考法国大革命〉说起》，载《南京大学学报（哲学·人文科学·社会科学）》2015 年第 1 期。

## （一）近代法国启蒙思想

18世纪的法国，出现了以孟德斯鸠、卢梭等为代表的一大批启蒙思想家，对法国的政治、文化、历史都产生了深远的影响，在哲学、自然科学、法学等各个领域揭开了崭新的世界观，为法国反抗专制的王权提供了强大的思想武器。

孟德斯鸠是法国近代著名的启蒙思想家、法学家，曾出任律师，担任波尔多法院顾问，世袭波尔多法院院长职务，后辞去院长职务，专门从事研究。孟德斯鸠的代表作有《波斯人信札》《罗马盛衰原因论》《论法的精神》等。《论法的精神》一书是其集大成之作，表达了其关于政体、法律、民族精神、宗教、贸易及其相互之间关系的深刻见解。在书中，孟德斯鸠总结出了国家和人民的三种权力：立法权、行政权和司法权。近代分权理论最早由英国的约翰·洛克创立，在《政府论》上篇中，洛克开篇即提出了人的"自然自由""天赋自由"的观点，并以激烈的言辞抨击奴隶制度和绝对君主制，反对"王权""父权"或"父亲身份的权利"，强烈抨击关于"没有人是生而自由的"的学说，[1] 并在《政府论》下篇中提出政治权力的一切"都只是为了公众福利"[2]，并以自然状态为基本假设，创造性地提出国家享有的三种权力："立法权，执行权和对外权"[3]。孟德斯鸠创造性地对洛克的"分权理论"加以发展和完善。孟德斯鸠首先阐明其自由观，他认为，在一个有法律的社会（即国家）中，自由的意义仅在于"一个人能够做他应该做的事情，而不被强迫去做他不应该做的事情"[4]。而一个政治宽和的国家，其直接目的就是要实现政治自由。孟德斯鸠认为，"如果司法权不同立法权和行政权分立"[5]，也就没有了自由，因此要使公民享有这样的政治自由，就要建立这样一种政府：其立法权、行政权和司法权不能由同一个人或者相同的机关来同时行使。

法国启蒙运动先驱卢梭在《论人类不平等的起源和基础》一书中肯定

---

[1] ［英］洛克：《政府论》上篇，瞿菊农、叶启芳译，商务印书馆1982年版，第4页。
[2] ［英］洛克：《政府论》下篇，叶启芳、瞿菊农译，商务印书馆1996年版，第3页。
[3] ［英］洛克：《政府论》下篇，叶启芳、瞿菊农译，商务印书馆1996年版，第89页。
[4] ［法］孟德斯鸠：《论法的精神》，张雁深译，商务印书馆1976年版，第102页。
[5] ［法］孟德斯鸠：《论法的精神》，张雁深译，商务印书馆1976年版，第103页。

了"人民主权"原则,称其愿意生活在一个"主权者和人民只能有唯一的共同利益","人民和主权者是同一的"国度,其所崇尚的自由,是"我或者任何人都不能摆脱法律的光荣的束缚"的自由,① 提出了一种具有法治意义的自由观。卢梭在《社会契约论》一书中提出"人是生而自由的,但却无往不在枷锁之中"② 的论断,以"自然状态"为出发点,认为人民订立"社会契约"所要解决的最终问题是找到一种结合的方式,这种结合既能保护每个结合者的人身和财富,同时因为这一结合符合结合者的意愿,所以每一个结合者"仍然像以往一样地自由"③。卢梭的"社会契约"理论,运用契约关系来界定国家与公民的关系,主张"自由平等",反对压迫,提出"天赋人权"。

伏尔泰是法国启蒙运动的思想家、哲学家、文学家,开创了理性主义史学,其一生主要从事戏剧创作,但在政治、哲学、历史等领域亦有卓越贡献,代表作有《哲学通信》《形而上学论》《路易十四时代》等。伏尔泰信奉自然法学,崇尚自由,其在《哲学通信》中赞颂英国通过内战、通过革命获得了自由,"换来了善良的法律",使"人民心安理得地参与国事"④。自笛卡尔以降,法兰西便推崇理性主义。伏尔泰崇尚理性主义,《形而上学》正是其对哲学的范围、词类、本体、物质、宇宙动因和至善等的思辨。伏尔泰以理性主义精神撰写史学著作,关注社会生活的各个领域,注重人类精神文化的成果,其认为"唯有良好的法律、各种研究机构、科学和艺术的不朽成就才与世长存"⑤。伏尔泰将法律分为自然法和制定法,认为自然法是制定法的基础,其接过霍布斯、洛克"天赋人权说"的旗帜,将自然法论、天赋人权说作为抨击当时法国社会现实的重要理论武器,并以唯理主义为自由、平等寻找合理性的哲学根基。

---

① [法]卢梭:《论人类不平等的起源和基础》,李常山译,商务印书馆1962年版,第51页。
② [法]卢梭:《社会契约论》,何兆武译,商务印书馆1980年版,第8页。
③ [法]卢梭:《社会契约论》,何兆武译,商务印书馆1980年版,第23页。
④ [法]伏尔泰:《哲学通信》,高达观等译,世纪出版集团、上海人民出版社2005年版,第37页。
⑤ [法]伏尔泰:《路易十四时代》,吴模信、沈怀洁、梁守锵译,商务印书馆1982年版,第492页。

## 第二节　法国法治道路的基本特征

法国的法治道路以革命的方式拉开序幕。位于巴黎的巴士底狱被视为封建王朝的象征。1789 年 7 月 14 日，法国巴黎市民首先攻占巴士底狱，给了旧制度"一张正式的死亡证书"[①]，以暴力、恐怖、屠杀的激烈方式和非常手段宣告了旧时代的结束，宣示了新时代的开始。在大革命和王朝复辟的斗争中，路易十六被推上断头台，吉伦特派统治，雅各宾派专政，热月政变，雾月政变，路易十八波旁王朝复辟，查理十世血洗革命者，七月王朝建立，尽管大革命何时结束，何时取得最终的胜利尚存争议，但无争议的是大革命彻底推翻了封建专制，在战火中将自由、平等、博爱的精神永远刻印镌刻在法国法治旗帜之上。

### 一、自下而上：法治道路的路径取向

法国大革命是第三等级争取权利无果下的集中爆发，在等级森严的旧制度下，第三等级的诉求通过三级会议都无法实现，第三等级的政治、经济、宗教权利受到国王、教会和贵族阶级的压制，启蒙运动所倡导的平等和自由无从谈起，当人数最为众多的第三等级群众深刻地意识到这一点时，浪漫的法兰西人民毫无征兆地选择了最为血腥和暴力的方式来推翻过去的一切。大革命前，第三等级成立了国民会议，后改为制宪会议，随后通过了人类历史上第一部《人权宣言》。法国现代法治的起点是由巴黎民众从社会底层发动的，目的是直接捣毁封建专制的统治机器，那就是国王、教会和贵族，以摧毁封建人治集权与专制统治。现代法治一个典型标志是尊重宪法，崇尚宪法权威。但与美国宪法的稳定所截然不同的是，法国政治风云多变，宪法经过了多次的更替，被称为"宪法实验场"[②]。

---

[①] ［法］弗朗索瓦·傅勒：《思考法国大革命》，孟明译，生活·读书·新知三联书店 2005 年版，第 6 页。

[②] 法国学者莫里斯·德朗德尔曾写道："从1789年至1871年，法国可以说是世界上唯一的宪法实验场。81 年中，它实行过多种多样的政治体制，这在任何其他民族的历史上是找不到的。"转引自洪波：《法国政治变迁史：从大革命到第五共和国》，中国社会科学文献出版社 1993 年版，第 105 页。

## （一）大革命时期的宪法

1791年宪法是法国历史上第一部成文宪法，其以《人权宣言》作为序言，第三篇规定了国家权力的分配制度，包括"国民主权原则""代议制""三权分立原则""君主立宪制"。该篇第一条规定主权的国民属性，"主权是统一的、不可分的、不可剥夺的和不可动移的；主权属于国民，任何一部分人民或任何个人皆不得擅自行使之"。该篇第二条规定代议制宪政体制，"法国的宪政是代议制，代表就是立法议会和国王。"该篇第三条至第五条分别对立法权、行政权、司法权的行使作出了规定。1791年宪法体现了启蒙思想家孟德斯鸠关于君主立宪和分权的思想，符合大革命背景下反对王权和重新进行权力配置的资产阶级和公民诉求。

1793年宪法，即雅各宾宪法，因宣布法兰西为"共和国"，故又称为法兰西第一共和国宪法，是由国民大会通过的新宪法，以新的《人权宣言》作为序言，突出了"人民主权"，规定"主权的人民包括法国公民的全体"，明确了公民所享有的各项权利并强调保障一切的人权。[1] 1793年宪法体现了启蒙思想家卢梭关于天赋人权和主权不可分割的思想，体现了民主的进步和人权、主权观念的胜利，但在严峻的斗争形势下，最终没有被实施。

## （二）拿破仑时期的宪法

1795年宪法，又称为"共和三年宪法"，是拿破仑上台之前，由国民公会通过的第三部宪法。宪法以《人和公民的权利和义务宣言》为序言，保留了"共和制"，取消了"普选制"，提高了选举人的年龄限制和财产资格限制，因此备受诟病，有学者认为其是"反民主的第三年宪法"[2]，也有学者称之为"新的反人民宪法"[3]。

1799年宪法，又被称为"共和八年宪法""拿破仑宪法"，宪法共七章95条。拿破仑将其意志渗透到该宪法中，尽管在形式上保留了"共和制"和"代议机构"，实际上为其实施军事独裁和个人专政披上了"合宪性"的

---

[1] 1793年《宪法》第122条规定："宪法保障全体法国人民的平等、自由、安全、财产、公债、信教自由、普通教育、公共救助、无限的出版自由、请愿权、结成人民团体的权利并享有一切的人权"。

[2] [苏]亚·德·柳勃林斯卡娅等：《法国史纲》，北京编译社译，生活·读书·新知三联书店1978年版，第374页。

[3] [苏] A.E.罗琴斯卡娅：《法国史纲：十七世纪——十九世纪》，生活·读书·新知三联书店1962年版，第131页。

外衣。

1802 年通过了 1799 年宪法的修改案,又被称为"共和十年宪法"。该宪法赋予了终身第一执政拿破仑极大的权力:有权任命后继人,有权指定元老院、最高法院、第二和第三执政候选人等等,明确承认拿破仑的绝对权力,为其恢复帝制提供了更充分的准备。1803 年,元老院向拿破仑提出,"元老院认为把共和国委托给世袭皇帝拿破仑掌理,是法国人民的最大利益"[①]。

1804 年宪法,又被称为"共和十二年宪法",该宪法宣布法兰西为"帝国",法兰西第一帝国成立,拿破仑成为世袭的"法国人的皇帝"。

1814 年,拿破仑放弃帝位,法兰西第一帝国结束。1815 年,拿破仑重登帝位,这次统治仅维持了近百日,史称"百日王朝"。在此期间,拿破仑王朝颁布了《帝国宪法补充法案》。

### (三) 过渡时期的宪法

1814 年,拿破仑退位后,元老院和立法院组建的法国临时政府吁请逃亡英国的路易十六之弟(即路易十八)回国即位,波旁王朝在法国复辟。在保皇派与资产阶级自由派的激烈争论和相互妥协之下,路易十八签发了法国第一部"钦定宪法",一方面该宪法肯定公民权利平等和保障人权,体现了其进步性;另一方面否定"人民主权",宣扬君权神授。该宪法确立了君主立宪政体,规定国王既是国家最高元首,又是行政首脑,与议会分享立法权。在拿破仑"百日王朝"结束后,路易十八再次复辟,继续实施这一宪法直至 1830 年波旁王朝被推翻。

1830 年,查理十世颁布一系列敕令,破坏了钦定宪法的精神,否定了资产阶级和劳动人民在钦定宪法中取得的胜利成果,引发巴黎群众的强烈不满,导致"七月革命"的爆发,查理十世的统治被推翻。路易·菲利普被拥护登上王位,开始了"七月王朝"的统治,并颁布了 1830 年宪法,也被称为"七月王朝宪法",该宪法"是由议会两院议决、国王同意的协定宪法","是一部改良主义的宪法"[②]。

1848 年人民推翻了七月王朝的统治,建立了临时政府,宣布建立共和

---

① [法] 米涅:《法国革命史》,北京编译社译,商务印书馆 1981 年版,第 354 页。
② 何勤华:《法国法律发达史》,法律出版社 2001 年版,第 141、142 页。

制度，成立法兰西第二共和国。同年，法兰西第二共和国制宪会议通过了1848年宪法，又称为"法兰西第二共和国宪法"。1848年宪法强调博爱精神[1]，恢复了普选制度，并规定立法权属于一院制的国民议会，行政权属于总统，总统无权解散国民议会，也不对国民议会负责，国民议会亦不能罢免总统，体现了分权原则。

1851年"雾月十八日政变"后，路易·波拿巴颁布了1852年宪法。宪法名义上保留了共和制，实际上总统享有极大的权力，"立法权、行政权、司法权集于总统一人"[2]。1870年，路易·波拿巴对1852年宪法做了部分修改以应对统治危机，但依然没能抵挡巴黎人民的起义。第二帝国结束，法国恢复共和制度。

1871年，法国的无产阶级成立巴黎公社。1873年，宪法起草委员会成立，并于1875年间先后通过了三个宪法性法律——《参议院组织法》《政权组织法》《政权关系法》，主要规定国家机构方面的内容，如立法权由众议院和参议院行使，总统的选举方式及总统的权力。尽管1875年宪法从内容上看并不完整，既没有直接规定公民权利，也没有专门规定司法权，但其实施时间比以往的法国宪法实施时间都长。

（四）第四共和国的宪法

1940年，德国法西斯入侵法国，由德国法西斯控制的"维希政权"起草了宪法性法案，但未获得通过和实施。1944年法国解放后，建立了战后法国临时政府，并选举组成制宪会议。1946年10月发布了法兰西第四共和国宪法，其重申了1789年《人权宣言》所规定的公民自由权利，并特别规定"法国放弃以征服为目的的战争，为了国际和平，愿意对主权作必要的限制"[3]，体现了第二次世界大战后现代国家对法西斯统治的反思。正文规定了宪法的基本原则，包括法国的国体、政体和主权原则[4]；设立了宪法委

---

[1] 洪波教授曾说，"如果说1791年宪法强调自由，1793年宪法强调平等，那么1848年宪法更强调博爱。"（洪波：《法国政治制度变迁——从大革命到第五共和国》，中国社会科学出版社1993年版，第88页）

[2] 何勤华、张海斌：《西方宪政史》，北京大学出版社2006年版，第400页。

[3] 何勤华：《法国法律发达史》，法律出版社2001年版，第149页。

[4] 包括"法兰西是不可分的、非宗教的、民主的和社会的共和国"，"共和国原则为'民有、民享、民治'的政府"，"主权属于全体国民"等规定。

员会，由宪法委员会在法律颁布之前，对法律进行合宪性审查。宪法规定由最高司法会议行使司法权，法官实行终身制。

（五）1958 年宪法

1958 年宪法即法国现行宪法，史称"法兰西第五共和国宪法"，也被称为"戴高乐宪法"。1958 年，戴高乐接管政府组阁，议会通过了戴高乐提出的法律，授以戴高乐六个月的全权，戴高乐得以重新修宪。该宪法开历史立宪全民公投之先河，重拾了法国自下而上发动的大革命群众传统之优秀品质，宪法经政府起草后，由全体公民投票通过并经总统签发。全民公投为新宪法收获了最为广泛的群众基础，也确保了其保障全体公民权利的根本使命。宪法由序言和十五章 92 条组合。序言再次重申了 1789 年《人权宣言》和 1946 年宪法序言所确认和补充的人权和国家主权原则在法国受到尊重。正文对主权、总统、政府、宪法委员会、司法机关、高级法院等分章予以规范。在权力配置上，扩大了总统的权力，缩小了议会的权力。宪法第九章规定了"宪法委员会"的组成和职能。关于司法，1958 年宪法"不再有指称司法权（Pouvoir judiciare），取而代之的是拥有审判权（pouvoir de juger）的司法机关（autorité judiciare）"[①]。宪法规定总统保障司法机关独立，审判官为终身职。其后 1958 年宪法虽经过多次修改，但总体而言是稳定的，是法国历史上施行时间较长的宪法。

## 二、剧烈革命：法治道路的构建方式

法国法治道路的剧烈革命方式，与英国的法治改革道路由自上而下与自下而上相结合的方式不同，英国光荣革命后实行君主立宪制度，是贵族与新兴资产阶级相互妥协的产物，以和平的方式削弱贵族权力，为资产阶级和工人阶级谋取政治权力和经济利益；与我国的法治改革道路也不同，我国当前早已经推翻了旧政权，是在党的领导下，在人民群众共同参与下，以顶层设计与地方实践相结合的法治道路建设。但法国法治道路实践中的成功经验同样也值得我国借鉴学习。

法国的法治道路是革命式的、抗争式的，是自下而上，从社会底层，由

---

[①] 金邦贵：《法国司法制度》，法律出版社 2008 年版，第 47 页。

人民群众发动，推翻国王统治。1789 年巴黎市民攻占巴士底狱，揭开革命的序幕，各个城市纷纷效仿，通过武装起义夺取政权，全国燃起革命的熊熊烈火，大革命爆发当年即颁布《人权宣言》，1791 年颁布以《人权宣言》为序言的法国第一部《宪法》，自由、平等、博爱的精神由此注入法国人民的血液当中。其时，普鲁士、奥地利联合攻打法国，法国内忧外患。1793 年 1 月，吉伦特派统治时期成立的国民公会经过审判将国王路易十六推上了断头台。与此同时，普鲁士、奥地利、西班牙等多国组成反法同盟。巴黎人民再次发动起义将吉伦特派打倒。雅各宾派专政后，实行恐怖政策，在罗伯斯庇尔领导下先是平息地区武装叛乱，将吉伦特派及其支持者逮捕、斩首，其后又陷入内部斗争中。1794 年，热月党人发动热月政变并处死罗伯斯庇尔，结束了恐怖时期，但时局并未稳定。拿破仑·波拿巴在远征意大利、数次对抗反法联盟中威信越来越高，1799 年发动雾月政变。滑铁卢战役后，1814 年路易十八复辟波旁王朝，宣布实行君主立宪制，而部分革命成果得以保留。查理十世即位后推行反民主政策，限制出版自由，企图恢复特权等级，恢复贵族权力，1830 年 7 月巴黎人民再次发动七月革命，占领王宫，七月王朝颁布了 1830 年宪法。其后法国大革命结束，但战火纷争不断，而宪法历经更迭，最终在 1958 年以全民公投的方式奠定了近现代法国法治的宪法基石。

### 三、个人本位：法治道路的理论基础

#### （一）以人权号召民众支持

法国启蒙运动以个人主义为理论基础，卢梭提出了"天赋人权"学说。大革命摧毁了封建制度，揭开了法国近代史的序幕。不论是受美国《独立宣言》的启发，还是受法国启蒙思想运动的影响，《人权宣言》以个人本位为基础构建法治的逻辑框架，以"自由""平等""博爱"三面大旗作为法治的核心价值，以人权来号召社会底层的平民大众。《人权宣言》"以自然法和自然权利为武器"[1]，第一条指出，"人生来就是而且始终是自由的，在

---

[1] 陈林林：《从自然法到自然权利——历史视野的西方人权》，载《浙江大学学报（人文社会科学版）》2003 年第 2 期。

权利方面一律平等",明确了人的自由权利和平等权利,人权是自然的,且是平等的;第三条规定,"整个主权的本原根本上乃存在于国民",阐述了人民主权原则;第十六条所表述的"一切社会,凡权利无保障或分权未确立,均无丝毫宪法之可言",阐明了法国对于宪法的认识,即宪法的本质在于保障个人权利以及确立分权制度。《人权宣言》第五条至第九条进一步明确"法无禁止即自由""法律面前人人平等""程序正义""罪刑法定""无罪推定""禁止酷刑"等一系列具体法治原则。

### (二)从人民主权到公共服务

#### 1. 主权理论夯实国民基础

让·博丹,法国著名的政治思想家、法学家,是近代资产阶级主权理论的创始人,其撰写的《国家论六卷》影响深远,其中《论主权》一卷集中体现了其主权理论。博丹在君主政体的前提下,从君权神授的思想中发掘了"主权"的理念,"不仅对主权(sovereign)进行了分析,而且还把它融入进了宪政理论之中"①。博丹认为,"国家是以主权力量对于无数家庭及其共同事务的正当处理"②,是不受法律约束的对公民进行统治的最高权力;同时认为,"国家主权要受自然法和神法约束、不得侵犯人类的自由和财产","公(国家的)私(个人的)绝对分离"③。这些关于主权至高无上,受自然法和神法约束,以及主权具体内容的理念和观点,奠定了法国等近代资本主义国家关于"人民主权"理论的基础。法国的《人权宣言》和宪法无不体现了主权的观念。

#### 2. 公共服务转变政府角色

莱昂·狄骥,法国社会连带主义法学派创始人,其思想渊源来自于孔德的实证主义哲学和涂尔干的社会连带主义理论。狄骥在《公法的变迁》一开篇就提出"主权理论的衰落"④,认为当统治者需要提供国防、治安和司法之外的服务时,就应当抛弃主权理论,用"公共服务的概念"取代"主

---

① 萨拜因:《博丹论主权》,邓正来译,载《河北法学》2008年第9期。
② 谷春德、吕世伦:《西方政治法律思想史(上册)》,辽宁人民出版社1986年版,第188页。
③ 何勤华:《西方法学史(第二版)》,中国政法大学出版社1996年版,第112—113页。
④ [法]莱昂·狄骥:《公法的变迁·法律与国家》,郑戈、冷静译,辽海出版社/春风文艺出版社1999年版,第14页。

权的概念"作为公法的基础①,既然公法的基础不再是命令,政府的角色发生了转变,"政府存在的意义就是为社会提供公共服务"②。狄骥通过社会连带学说对古典的国家观念进行完全的驳斥,在《法律与国家》中再次强调了"国家必须使用强制力来创设和管理公共服务"③,以及公共服务的概念是现代公法基本概念的观点。

### 四、违宪审查:法治道路的宪法保障

大革命时期的《人权宣言》第十六条提出,"一切社会,凡权利无保障或分权未确立,均无丝毫宪法之可言",然而,由什么机构来确保权利的保障和分权的遵守呢?1803年,美国最早通过马伯里诉麦迪逊一案确立了宪法的司法审查制度,但作为"近代世界宪法文化的发源地之一"的法国④,其违宪审查制度并未伴随着大革命或者宪法的诞生而产生,由于"法国传统政治和法律理论对违宪审查制度的排斥"⑤,法律的违宪性审查制度建立得很晚,直到《人权宣言》颁布后的一个半世纪"才于1958年在宪法典里作出规定"⑥。基于三权分立原则,法国没有参考美国设立法院的违宪审查制度,尽管法国有两套法院系统,然而"法国这两个法院系统的最高法院都没有违宪审查权,仅宪法委员会才有违宪审查权"⑦。1946年宪法就设立了宪法委员会(Comité Constitutionnel)⑧,但其立法基础是议会拥有的立法权和制宪权,宪法既没有给宪法委员会相应的合宪性审查的具体职权,也没有设置合宪性审查的具体程序,宪法委员会没有发挥真正的作用。1958年

---

① [法]莱昂·狄骥:《公法的变迁·法律与国家》,郑戈、冷静译,辽海出版社/春风文艺出版社1999年版,第40页。
② 吴子凡:《论狄骥的公共服务理论与中国经济法的发展》,载《绥化学院学报》2014年第8期。
③ [法]莱昂·狄骥:《公法的变迁·法律与国家》,郑戈、冷静译,辽海出版社/春风文艺出版社1999年版,第446页。
④ 吴天昊:《法国违宪审查制度的特殊经验及其启示》,载《法国研究》2007年第1期。
⑤ 王芳蕾:《论法国的违宪审查程序》,载《财经法学》2017年第4期。
⑥ [法]皮埃尔·若克斯:《法国合宪性审查的五十年》,赖荣发译,载《厦门大学法律评论》第十八辑,厦门大学出版社2010年版,第171页。
⑦ 沈宗灵:《比较宪法——对八国宪法的比较研究》,北京大学出版社2002年版,第344页。
⑧ 也有将其称为"宪法理事会",参见吴天昊:《论法国违宪审查制度的政治平衡功能》,载《法学》2006年第10期。

之前，法国议会专权，"除了不能把男人变成女人以外可以做任何事情"。1958年宪法一改过去"议会至上"的原则，宪法起草者旨在设立新的宪法委员会（Conseil Constitutionnel）"监督议会和政府间的权限划分"[1]，架起"一门对准议会的大炮"[2]；赋予了宪法委员会相关重要职权，如"审查法律合宪性""接受关于立法选举、总统选举和公民公决的诉讼案""接受对国际条约和宪法是否相冲突的审查"[3]，以及"根据有关国家机关的请求提出咨询意见"[4]。自此，法国宪法委员会才真正具备了违宪审查职能。宪法委员会的性质存在争议，它到底是属于"调整公共权力运行的"、不属于司法审判机关的组织，还是其"角色具有司法性质"，宪法委员会委员能否被认为是宪法"法官"？法国的违宪审查，也常常被称为合宪性审查。宪法委员会的职能、法律审查范围、审查模式、提请审查的主体范围在违宪审查实践中数次进行修改和完善，最终以渐进的方式形成了独具特色的宪法审查模式。

### （一）职能转变

宪法委员会最早的设立目的是监督立法机构，确保议会不要僭越行政权力的职能范围，保障总统及政府权力行使。1971年结社自由案，宪法委员会直接援引宪法序言作为法律文件合宪性审查依据，将"结社自由"定性为"共和国法律所确认的基本原则"，裁决"提交本委员会审查的补充1901年7月1日法律第7条条文的该法律的第3条和第1条违宪"，以及"上述法律文本的其他条文合宪"。[5] 这一裁决的意义深远，宪法序言不仅具有宣示意义，也具有法律价值，宪法委员会通过上述裁决树立了极高的权威，因此有学者将结社自由案与美国的马伯里诉麦迪逊案相提并论，它不仅保障了行政权力正常运作，而且将其职能范围扩大到公民由宪法确认的基本权利和

---

[1] 张丽：《试论法国宪法委员会的司法性》，载赵海峰主编：《欧洲法通讯（第一辑）》，法律出版社2001年版，第84页。

[2] Décision no 74-54 DC du 15 janvier 1975, Loi relative à l'interprition volotaire de grossesse. 转引自李晓兵：《论宪法委员会合宪性审查实践的创造性》，载《东岳论丛》2008年第5期。

[3] 朱国斌：《法国的宪法监督与宪法诉讼制度：法国宪法第七章解析》，载《比较法研究》1996年第3期。

[4] 李滨：《法国违宪审查制度探析》，载《北方法学》2008年第3期。

[5] 李晓兵：《法国宪法委员会1971年"结社自由案"评析——法国的"马伯里诉麦迪逊案"乎？》，载《厦门大学法律评论》第十八辑，厦门大学出版社2010年版，第226页。

原则之上，实现了从确保分权制度到保障基本人权的职能转变。

(二) 审查范围及审查模式转变

法国宪法委员会违宪审查的方式，最早只是进行程序性和形式性的事先审查，即在法律公布实施之前，由宪法委员会审查法律是否存在违宪的情形，如果经审查被认为违宪，则该法律不得颁布实施。从这个角度讲，宪法委员会以一票否决的方式参与了立法过程。法国对法律进行合宪性审查的目的似乎在于避免实施与宪法不一致的法律，而不是宣布其违宪或无效。但事先审查的局限性在于一旦某个法律颁布施行，即使存在违宪问题，宪法委员会也无权予以审查，囿于审查期限较短和宪法委员会委员的判断能力、预知能力有限，事先审查模式"无法应对法律颁布之后可能存在的违宪情况"[①]，同时无法审查宪法委员会成立前颁布之法律的合宪性问题，也无法审查没有向宪法委员会提出审查请求之法律的合宪性问题。因此，针对事先审查模式的不足，违宪审查制度逐步增加了事后审查的因素。直至 1971 年，宪法委员会才真正开始对法律进行实质性审查。2008 年，法国国会两院以微弱多数通过对宪法的一个重大改革，其中一项是改变违宪审查方式，当事人可以在普通诉讼案件中向受案法院提出对特定法律的违宪性审查的请求。

(三) 提请审查主体范围扩大

1971 年结社自由案不仅实现了宪法委员会职能转变，还催生了审查主体范围的修改。此前，有权向宪法委员会提起审查请求的主体范围为总统、总理、国民议会议长和参议院议长几名政治首脑，1974 年的宪法修改对违宪审查制度作出第一次重大变革，将提请审查主体扩大，六十名国民议会议员或六十名参议院议员亦有权提出违宪审查请求。2008 年的宪法改革不仅是对审查模式的巨大转变，更是对审查主体范围的重大扩展，将提请审查主体范围扩大至案件诉讼当事人，包括公民个人和公司法人，使得公民或法人可以在诉讼中对生效的法律提出违宪审查的请求，请求符合规定时，由宪法委员会对有关合宪性问题先行作出裁决。这一主体范围的扩大，意味着宪法

---

[①] 吴天昊：《从事先审查到事后审查：法国违宪审查的改革与实践》，载《比较法研究》2013 年第 2 期。

委员会事务类型、工作方式和工作量的改变。"从 1958 年到 2009 年的 3 月 31 日，宪法委员会共审查了 576 件法规"①，年均 7.5 件；从 2010 年 3 月 1 日至 2012 年 1 月底，"宪法委员会共收到 1022 个由最高行政法院和最高法院提交的案件"。②

## 五、行政法治：法治道路的权力治理

法国认为宪法的关键在于分权，然而，法国对三权分立的有其独特的见解，三权分立法律原则和权力制衡理念对法国法治实践的影响与美国有巨大的差异。在美国，司法权被赋予极大的权力，形成对行政权的制约，在美国，几乎所有的政治问题最后都可以转变为法律问题，例如同性恋婚姻问题。而法国认为，行政机关、司法机关无权立法或者干预立法。法国严格界分司法权与行政权的界限，禁止司法权干预立法，严格限制法律解释权，禁止司法机关介入行政机关与被管理者之间的纠纷，认为司法无权干涉政府行使行政权力，不允许法院受理或者裁决有关行政事项。司法机关不应行使行政权，即不得干涉行政机关对行政权的行使。法国有两套相互独立的法院系统：属于司法机关的普通法院系统，行使行政事项裁决权的行政法院系统。法国设立独立的行政法院体系的目的，是为保障行政权的行使，也为保障人民的权利，缓解双方的紧张关系，处理人民与行政部门之间的矛盾纠纷。法国不主张通过司法机关来制约立法权和行政权，更强调立法权、行政权、司法权的独立行使，在各个权力系统内部实现对各权力的监督。基于依法行政的法治要求，基于对行政权力严格制约的重视，实行由专门的机构来审查行政争议问题，最终创造性地构建了系统的行政法院制度，对世界行政大权制约方式和模式创新作出了重大贡献。

### （一）法国行政法院的历史和变迁

法国的法院系统自成一格，呈两个独立金字塔型结构，有两个不同的法院体系：普通法院体系和行政法院体系。"当今法国法院结构的渊源可以追

---

① 吴天昊：《从事先审查到事后审查：法国违宪审查的改革与实践》，载《比较法研究》2013 年第 2 期。

② 吴天昊：《从事先审查到事后审查：法国违宪审查的改革与实践》，载《比较法研究》2013 年第 2 期。

溯到1789年法国革命刚结束的时期。"①《1790年8月16日和24日法》确立了法国独特的三权分立体制，由于普通法院的保守和法国政府对普通法院的不信任，催生了法国的行政法院体系。法国的行政诉讼是法国行政法治最主要的、最有特色的保障方式，法国也因此被称为"行政法母国"。

1. 国王参事院和行政官法官

大革命前的法国，其国王参事院辅助国王统治，行使国王保留的审判权，具有行政法院的萌芽色彩。大革命时期，法国取消了普通法院对行政争议的管辖权，对行政机关的申诉由该行政机关的上级机关受理裁决，最终决定权属于国家元首。行政官行使法官职能，即"行政官法官"，实际上是行政救济，而非司法救济或诉讼救济。

2. 从国家参事院到最高行政法院

1799年，拿破仑成立国家参事院，除作为咨询机关外，还逐步发展出司法职能——处理行政争议。但国家参事院最初对行政案件没有裁决权，而是以国王名义作出裁决，凡司法权未明确委任于法院者，为国王所保留，故被称为"保留的审判权"②，实际上行使国王参事院的大部分权力。

1872年，国家参事院被法律授予司法权，以"法国人民"的名义行使审判权，确立了国家参事院的独立审判地位。③ 此时，在行政案件诉讼管辖上，行政法院法官只是授权法官，仅在法律有明确规定情况下具有管辖权，各部部长是具有一般权限的法官，法国仍然实行部长法官制。1889年，最高行政法院通过卡多案的裁定，废除了在提起行政诉讼前需向部长申诉并得到部长法官裁决的惯例。法国的行政法院系统"从行政发展而来，但完全具有法律技术"④。法国的行政法院既行使行政职权，也行使司法职权。行政法院既是行政机关的"顾问"，同时行使解决争议的职能，"同一个机关起着两重性的作用"，"正是使它能够在政府里面发生影响的原因，并且是

---

① 最高人民法院中国应用法学研究所：《美英德法四国司法制度概括》，人民法院出版社2008年版，第399页。
② 王名扬：《法国行政法》，中国政法大学出版社1989年版，第580页。
③ 为从职能上进行区分，取得独立审判地位的国家参事院被翻译为最高行政法院。
④ [英]威廉·韦德：《行政法》，徐炳等译，中国大百科全书出版社1997年版，第29页。

它取得成绩的奥妙"①。

3. 权限争议法院

1872年法律设立了权限争议法庭（tribunal des conflits，首次设立在1848年，四年后被废除）。由于法国存在两个法院系统，不可避免会出现管辖权限的争议，因此，需要一个法庭来区分两个法院系统的管辖权限。权限争议法庭设在最高行政法院，由包含司法部部长在内的9名法官组成。权限争议法庭主要行使以下两种职能：第一种职能是处理普通法院与行政法院的管辖权争议。权限冲突解决机制的目的在于保护行政部门的权限，防止行政权受到司法权的干涉。行政机构认为普通法院受理的案件属于其管辖范围，"行政机关可以使司法法庭移交该案件。而司法机关没有任何可用的司法手段可以使行政法庭移交案件"②。第二种职能是普通法院和行政法院就同一案件或同类案件作出不同判决时，权限争议法庭得以对该案直接作出实体裁决，经由权限争议法庭审理作出的判决具有终审的法律效力。

4. 一审行政法院和上诉行政法院

一审行政法院和上诉行政法院的设立可以说都是源于一个主要原因：案件的大量积压使最高行政法院不堪重负，当然，造成行政诉讼的增加原因是多重的，包括经济、社会的发展与政府对经济领域和社会方面的干预之间的矛盾关系，人们法律意识的增强，等等。因此，1953年的行政司法改革中，法国改变了省际参事院的地位，将其更名为初审行政法院，除法律明确规定外，其余所有一审行政案件均由初审行政法院受理。这一改革举措，在一定时期内缓解了最高行政法院的审判压力。但好景不长，由于二审案件的长期大量积压，1987年的行政诉讼改革中，法国创设了上诉行政法院，受理原由最高行政法院审理的大部分上诉案件，最终形成了二审终审及最高行政法院复核审的行政法院体系。

（二）法国行政法治的重点案例及法治原则

大陆法系还被称为成文法法系，欧洲大陆很多国家都通过颁布法典来规范相关法律领域，而一般认为，英美法系国家的判例法在国家的法律体系中

---

① ［法］莫里斯·拉朗热：《法国行政法院》，张鑫节译，载《环球法律评论》1980年第1期。
② ［法］莫里斯·奥里乌：《行政法与公法精要》（上册），龚觅等译，辽海出版社、春风文艺出版社1999年版，第1179页。

占主导地位。然而，不仅仅是在现代的法治化发展过程中两大法系在相互借鉴学习，而是两大法系可能从一开始就不存在实际的、本质的区别。在大陆法系中，"判例和先例如同普通法一样具有巨大的影响力。不再有法学家所设想的纯粹的制度"[1]。法国是典型的成文法国家，但法国行政法的基本原则，是通过最高行政法院在行政审判实践过程中以判例的形式确立，又由其行政法治原则发展出一整套行政审判体制。"行政法的重要原则不存在于成文法中，而存在于判例之中。"[2] 2000 年，法国颁布《行政诉讼法典》，分散的法律渊源逐步走向法典化。

1. 布朗戈诉国家案

1873 年的布朗戈诉国家案在法国行政法发展史上具有重要的意义，被学界称为"行政法发展的里程碑"[3]。这一判例的重大意义在于确立了划分行政审判权限的"公务标准"，而这一标准构成了法国独特的行政法院系统构建的基石。布朗戈的女儿被法国纪龙德省国营烟草公司雇佣的工人在工作时撞伤，布朗戈向普通法院提起诉讼，要求该省省长依照《法国民法典》的有关规定进行赔偿。普通法院受理后，省长提出管辖异议。案件的管辖由权限争议法院进行裁决，权限争议法院认为："因国家在公务中雇佣的人员对私人造成损害的事实而加在国家身上的责任，……这种责任有其固有的特殊规则"[4]，权限争议法院"排除了普通法院对公务诉讼案的管辖权"[5]，尽管公务标准是国家参事院在 1855 年提出的，但直到布朗戈案却真正确立了公务标准，且至今仍然是行政审判管辖确定的重要标准之一。另外，该案开创了国家赔偿的先例，确立了国家赔偿制度及其法律规则。在此之前，受国家主权观念的影响，除极个别的情形外，国家不承担赔偿责任。布朗戈案承认政府对雇员过失负有责任，否定国家豁免原则，建立了现代的国家赔偿责任制度；同时还确立了国家赔偿的适用规则，认为国家公职人员在公务活动中对其他个人造成的损害不受民法原则支配，"这些规则根据公务的需要和

---

[1] ［法］皮埃尔·特鲁仕：《法国司法制度》，丁伟译，北京大学出版社 2012 年版，第 168 页。
[2] ［法］弗德尔：《行政法》，1984 年法文版，第 107 页。转引自王名扬：《法国行政法》，中国政法大学出版社 1988 年版，第 22 页。
[3] 何勤华：《法国法律发达史》，法律出版社 2001 年版，第 206 页。
[4] 胡建淼：《外国行政法规与案例评述》，中国法制出版社 1997 年版，第 606 页。
[5] 何勤华：《法国法律发达史》，法律出版社 2001 年版，第 207 页。

平衡国家权力和私人权利的必要性而变化"①,以此建立与国家赔偿制度相对应的赔偿规则。

2. 卡多诉内政部长案

1889年的卡多诉内政部长案的判决是由法国行政法院作出的。卡多因法国马赛市撤销市立道路与水源公司总工程师的职位提出损害赔偿请求,向普通法院提起诉讼后,与布朗戈案恰恰相反的是,普通法院认为自己没有管辖权。卡多转而向省政府提出申诉,省政府也认为自己没有权限处理。卡多又向内政部长提出申诉。在此案之前,在诉讼管辖上法国实行"部长法官制"。自最高行政法院通过立法委任取得行政审判权后,行政司法仍然存在,"部长法官制"意味着"各部部长才是具有一般权限的法官"②,个人提出行政申诉首先应当向部长提出。在本案中,内政部长拒绝受理卡多的申诉。卡多继而向行政法院提出诉讼。行政法院认为,卡多诉内政部长案件的审理审理权限属于行政法院。这一裁决"实际上取消了部长法官制"③,最高行政法院通过卡多案取得了行政诉讼的普遍管辖权限。此后,私人请求追究政府责任,无需首先向部长提出申诉,而可以径行向最高行政法院提起行政诉讼,最高行政法院对行政诉讼具有一般管辖权。

3. 行政法治原则

关于"行政法治",由于历史发展和法治实践的具体差异,各国有不同的理解和称呼,在英美国家称为"法治",在德国称为"依法行政",在日本称为"行政法治主义",在法国称为"行政法治"。行政法治是现代法治国家在行政领域的具体要求和具体实践。行政法治是法国法治最突出的特点。

胡建淼教授认为,"行政法治是法国行政法的基本原则"。④法国斯特拉斯堡罗伯特舒曼大学 Trescher Bruno 教授指出,虽然行政权有自由裁量权,

---

① 应松年:《国家赔偿法研究》,法律出版社1995年版,第38页。
② 夏新华:《法治:实践与超越——借鉴外域法律文化研究》,中国政法大学出版社2004年版,第157页。
③ 何勤华:《法国法律发达史》,法律出版社2001年版,第209页。
④ 胡建淼:《比较行政法——20国行政法评述》,法律出版社1998年版,第198页。胡建淼教授归纳出行政法治原则的三项内容:"行政行为必须有法律依据","行政行为必须符合法律","行政机关必须以自己的行为来保证法律的实施",很多学者都以此为基础阐述法国的行政法治原则。

但行政权仍然受到约束,"行政行为必须遵守合法性原则"①,行政行为要受到规范这些行政行为的法律规则的约束。法国借由"宪法委员会"确立了其特有的合宪性审查制度,这与美国的违宪审查制度看起来有相似,但实际上有重大的差别。法国行政法院在推行法国行政法治发挥了巨大的作用,法国行政法院法官莫里斯·拉朗热认为,法国的政府频繁更替,宪法也经常更改,但行政法院却是稳定的,行政法院所创立的原则及其所赖以建立的原则,实际上构成了"真实的不成文的宪法"②,行政法院所发挥的作用,使得这个经常爆发革命的国度,得以保持了"国家的永久性和民族的连续性"③。

## 六、共和政体：法治道路的制度支撑

"自由与专政是法国革命的两个面向",④ 自大革命推翻绝对君主专制制度,法国先后经历"三次君主立宪制、两次帝制和五次共和制"⑤（其中,法兰西第三共和国期间巴黎公社短暂统治巴黎）。频繁的政治制度更迭使法国人民苦不堪言,也充满了迷思和困惑。政治思想家托尔维克通过研究美国的民主,认识到当今的民主国家的"统治者们可能比古代的任何一个统治者更容易把一切公权集中在自己一个人手里,使其习以为常地和无孔不入地深入到私人利害领域",⑥ 绝对的"人民主权"理论将带来"暴政、独裁和中央集权","以人民的名义来实行暴政和主事不公,暴政也能成为合法的,不公也能变成神圣的"⑦,正是人民主权所导致的中央集权使法国不断陷入革命与反革命当中,美国成功的共和国制度实践,既证否了"启蒙哲人关于共和国只适于小国寡民之城邦国家的论断"⑧,也证实了唯有"通过自由

---

① [法] Trescher Bruno：《法国行政法精要》，沈军译，载《公法研究》2005 年第 2 期。
② [法] 莫里斯·拉朗热：《法国行政法院》，张鑫节译，载《环球法律评论》1980 年第 1 期。
③ [法] 莫里斯·拉朗热：《法国行政法院》，张鑫节译，载《环球法律评论》1980 年第 1 期。
④ 潘丹：《"自由"与"专政"的思想谱系：法国大革命前后政治——社会学说的转变》，载《社会》2015 年第 2 期。
⑤ 李旦：《戴高乐主义与第五共和政体——法国政治"不能承受的轻和重"？》，载《欧洲研究》2017 年第 4 期。
⑥ [法] 托克维尔：《论美国的民主》（下卷），董果良译，商务印书馆1991 年版，第 868 页。
⑦ [法] 托克维尔：《论美国的民主》（上卷），董果良译，商务印书馆1991 年版，第 461 页。
⑧ 潘丹：《"自由"与"专政"的思想谱系：法国大革命前后政治——社会学说的转变》，载《社会》2015 年第 2 期。

达到平等而非通过专制达到平等的民主"①。托尔维克对民主、自由的见解在法国社会大受欢迎,也最终引导人民彻底放弃君主专制和帝国制度。1875年宪法以法律的形式肯定共和制,法国"共和政体最终确立"。② 第二次世界大战后,法国经过全民公投,建立法兰西第四共和国。1958 年,戴高乐开创性地首次通过全民公投修改宪法,并建立法兰西第五共和国,延续至今。自大革命伊始,法国人民先后建立第三共和国、第四共和国、第五共和国,以此作为法治的政治制度载体。

### 七、法国法治模式的问题与症结

近现代资产阶级国家存在两种主要的法治模式:英国的"法的统治"(rule of law)模式,以及德国的"国家依法进行统治"(Rechsstat)模式③,各国多从这两种法治模式中参考、借鉴来发展本国的法治模式。两大法系在法典化和遵循先例上互相学习借鉴,逐渐呈现了一定程度上的趋同化。在英国、德国两种法治模式之外,法国最早提出了法治模式的更新。1981 年,法国学者对法治模式进行了广泛的讨论,法国学者蒙别里埃大学教授德·卢梭和热·勒·克尔蒙提出法治模式的更新应当从三个角度着手:"1. 法国秩序观念在社会中实现的状况;2. 国家受法的约束的状况;3. 现行法的内容在科学论证和技术完善方面所达到的水平。"④ 这个观点,体现了法国法治中对法律秩序和立法技术的看重。1984 年,法国总统委托全国科研中心研究员提出国家制度发展的详细报告,该报告指出,国家现代化的法治模式应当在五个方面进行加工:"1. 三权分立;2. 法律至上;3. 法律秩序;4. 国家机关严格按法律授权进行活动;5. 多元政治"。⑤ 这五个方面的总结,除了对三权分立、法律至上的进一步肯定外,再次强调对法律秩序的重视,以及要求国家权力机关在法律的范围内活动。法国的法治化发展,同其历史上

---

① 聂露:《从人民主权理论到自由主义民主观念:法国现代共和政体原理的形成》,载《教学与研究》2015 年第 10 期。
② 施成:《19 世纪晚期法国共和政体最终确立的原因》,载《历史教学》2003 年第 7 期。
③ 李龙:《法治模式论》,载《中国法学》1991 年第 6 期。
④ [苏] 斯·弗·鲍鲍托夫,德·伊·瓦西里耶夫:《法国模式的法治国家》,载《环球法律评论》1991 年第 1 期。
⑤ 李龙:《法治模式论》,载《中国法学》1991 年第 6 期。

革命频发以及宪法多变一样，表现出反传统和追求创新性，倾向于法条主义、科学主义、技术主义。报告也反映出法国法治存在诸多固有的缺陷，亟待进一步改进。

　　法国的法治道路在总体上适应了法国自身的国情。但是，从实质上看，法国并没有完全按照孟德斯鸠所设计的权力制衡理论进行法治构建，其权力之间并非完全均衡；政党政治对法治的影响十分明显，法治的政治情节与政治的法治融合日盛；对法律秩序与至上权威的维护难以完全落实，多元政治力量的纷争制约着法治效能的最大化。从上述提交总统的报告之中也反映出法国法治存在诸多固有的缺陷，亟待进一步改进。

# 第 四 章

# 日本"法治国家"的理念和现实

用比较的方法清晰地探究"法治（rule of law）、法治国家（Rechtsstaat）"迄今为止所具有的意义及其在未来所发挥的作用，具有深远的意义和广泛的影响。在此将在宏观意义上的理论架构中，阐述日本法治国家的建构和日本法治的普遍性与特殊性。从历史选择上看，日本法治在漫长的域外借鉴中逐渐演变，不断生成。古代中国的唐律对日本法的成熟产生根本性影响。近代通过欧陆转向，日本开始奉行大陆法系的法治模式。现代日本又开始将视野投向美国，对美国法治进行了一定的引进。当然，其中的教训与失败也是十分明显的，值得深刻总结和反思。

## 第一节 "法的支配、法治国家"所拥有的意义和日本的特殊性

### 一、宪法中无界定的法治与法治国家

法治国家这一概念并没有出现在日本的宪法基本原理当中，因此，对法治国家这一概念需要扩大范围来进行理解。[1] 在日本宪法（1946年）中，并

---

[1] 小林直樹『憲法講義 上』（新版・東京大学出版会・1980年）148 頁、161—168 頁は、日本国憲法の三大原理（国民主権、人権尊重、平和主義）と並べて第4の基本原理として法治主義を挙げる点で徹底している。

没有规定日本是一个法治国家，也未明确规定必须要建设法治国家。这就和德意志联邦共和国基本法（1949 年）中第 28 条所规定的"各邦之宪法秩序应符合本基本法所定之共和、民主及社会法治国原则"[①] 等规定形成了鲜明的对比。可是并没有人会因此认为德国是法治国家而日本并非是一个法治国家。德国基本法第 28 条并未直接规定只有各个州的宪法秩序与联邦基本法一一对应才是法治国家，而是将整个德意志联邦的宪法秩序看做法治国家的必要前提。同理，在其之后的诸多国家所采纳的譬如保护人权、权力法定、司法独立等一系列原则都可以看到"法治、法治国家"所蕴藏的基本原理。

与德意志联邦相比，日本法治国家的原理可以称得上真正意义上的宪法原理。这个原理指明日本这一国家权力体系在根本上拥有怎样的性质，以及与基本人权和权力分立相关的宪法规定，并且可以在解释法律时提供一些法治国家的思想基础。

另一方面，法治国家能够以意识而不是语言文字的方式存在于宪法的内容和框架当中。日本作为一个法治国家在如何行使国家权力方面并没有做过多的明确规定。多数情况下，国家权力的行使并不是将法治国家的原理直接规定成法律规范，而是将这些原理运用在个别宪法规范当中（比如言论自由以及财产权、法官的独立）。这些个别规定的解释必须要符合法治国家的理论。通过这些特殊规定的解释实现法治国家，而如果不理解这些特殊规定的内涵就无法很好地阐释和建设法治国家，这样就形成了一个十分微妙的循环。

当今社会，很多国家都形成了法治国家或者法治的框架。但是，这些原理的基本内容在很多情况下并不能被很好地理解和接受。正因如此，有必要对比这一组概念。在这种情况下比较的问题无非是法到底是什么、到底该如何适用法、国家权力和法之间有无关系以及其中包含的社会意识等。这些问题都是在历史中形成的，并且以多种文化、宗教、思想为基础逐渐积累的。对比这种文化共同意识下的各个时代以及不同国家的法治和法治国家的原理是一个庞大的工程。

---

① Art. 28 Abs. 1 S. 1 GG，"Die verfassungsmäßige Ordnung in den Ländern muß den Grundsätzen des republikanischen, demokratischen und sozialen Rechtsstaates im Sinne dieses Grundgesetzes entsprechen".

## 二、"日本人的法律意识"以及法治与德治

要在日本挖掘讨论法律意识这一论点,你将会发现在西欧看不到的关于法律意识的某种特殊性。这种特殊性我们把它称作法律的渗透性。

"日本人的法律意识"这一观点是日本法社会学中的一个重要概念[①]。注重协调和合力的"日本式"纠纷解决方式在社会中得到极高的重视。当双方产生纠纷,特别是在权利主张上有纠纷碰撞时,很多人不会认可权力拥有者在正义这一大框架之下做出的决定。举例来说,在大学的教授会当中,有教授提出要制定惩戒学生的规则。但是有些教授认为这样的行为模式过于僵化,并且会阻碍一些老师的思维判断。但是又有教授说,出现特殊情况时要是没有明文规定,那么就会出现罚而无所依的情况。因此,对于法律和规则的定位和评价是十分混乱的。

而且,根据在日本的观察,当双方的权利主张发生碰撞时,人们所呈现的意识形态、意识构造和西欧完全不同,是一种亚洲式的意识构造。关于这一点,则是因为中国人的思维方式对日本人的思维方式产生了深刻的影响。

《论语》中有云:"子曰,道之以政,齐之以刑,民免而无耻。道之以德,齐之以礼,有耻且格。"这句话是日本高中生必须学习的。在孔子的思想当中,法和德是相互对立的,这就好像无德的统治者想要控制民众(或者是无德的大学老师想要控制自己的学生)就需要运用一种低水平的权力手段,这种手段就是法律或者是规则。

受这种思想文化的影响,西欧那种以权利主张和法定裁量为基本解决方式的思维模式在日本并没有被很好地运用。立足于问题的特殊性并不属于墨守成规,运用道德方法来解决问题是日本人的选择。在这方面亚洲人和欧洲人是截然不同的。倘若这样理解,那么就会很容易理解成"法治和法治国家的原理"在日本并没有那么重要。

在这里我要把结论部分提前一下进行说明:20世纪后半段开始,诸多国家在法律当中融入了道德的观念,形成了通过法治自然形成德治的框架。虽然这两者的相互运作可能不是那么完美,但是仍然可以说明在法治社会下

---

① 川島武宜『日本人の法意識』(岩波書店・1967年)。

德治仍然可以自然而然地发挥其应有的作用。① 日本宪法就是一个很好的例子：国家通过宪法保护人权，侵犯公民基本人权的法律无效，等等。只是在诸多自由主义的国家中，并没有将法治和德治相互结合从而实现保护人权的目的。令社会全体拥有更加有意义生活的基础是建立一个值得信赖的法律体系，同时这个法律体系也是道德高尚之人生存下去的基础。这一点我认为非常重要。在多种多样的文化背景和历史背景之下，德治可能以各种形态存在于法治当中。但是无论怎样，我认为现在的法治和法治国家的基本原理应当与一定的德治相互融合，并且通过法律所特有的稳定性和人身信赖性让民众强化对于国家这一存在的认识。

## 第二节　形式上法治国家的形成和阻碍

### 一、日本儒教的特殊发展和近代早期法律构造的不成熟性

日本首次建立的完备的法律体系当属大宝律令（公元 701 年）。像大宝律令一样完备的法律体系一直延续到 19 世纪末，时间跨度有 1150 多年。这是日本向中国学习（从唐朝开始）产生的结果。

纵观日本过去和现在的法律运行制度，由日本自己建立的制度都是随着时代和社会需求的变化从而进行相应的补充，随时注入新鲜的血液。与其相对的，那些以完成态被引入到日本的社会制度在运作时都缺少修改以便适应日本的国情，并且随着时间的推移变得越来越形式化。日本长期以来沿袭的律令制虽然维持着律令制的基本构造但是也变得越来越形式化。比如说，那些明法博士②们的作用在不断减少。

12 世纪后半段开始，武士阶级的控制不断加强，1192 年镰仓幕府

---

① 個人の自律条件を確保するための基本的な人権の保障が組み込むことによって、法秩序は、それぞれ異なる正義観を持って個人が行動しても法律との衝突が生じにくい構造となっていく。その基本的人権の保障を確保するための裁判所による違憲立法審査は、個人の自律性に対する立法時に意識されていない侵害が貫徹することを可能にする。西原博史『良心の自由』〔増補版・成文堂・2001年〕401—410 頁。

② 译者注，明法博士是日本近代负责勘验的官职。

(1192—1333年)建立以后,确立了武士阶层实际掌权的模式。其之后的室町幕府和战国时代也沿袭了这种权力模式,并且一直持续到江户幕府时代(1603—1857年)。虽然是天皇任命将军,且天皇和将军都有权力,并且形成了民众听令于将军,将军听令于天皇的双层统治模式,然而权力实际上却集中在幕府阶层。在儒家思想对统治阶级的影响下,武士阶级将道德进行分类,并且偏向以"忠"为中心。这种思想在武士阶级产生了深刻影响。但是,并没有通过道德思想来约束将军和各个城邦主的权力。因此,我们无法考证幕府或者城邦在行使权力时,是否遵循了特定的法律体系或者伦理体系。就权力而言,在武士家族内部遵循封建制的结构实现了一定的权力分立,但是在此之上行使权力时,却没有遵循一定的秩序。[①]李氏统治之下的朝鲜就以儒家的道德为基础,通过一定的进言次序对君主的行为进行究问。这就和之前所说的武士阶级形成了鲜明的对比。另外,中国古代往往是因为前一个王朝的道德沦丧才有了新朝代建立的基础,这种必须遵守权力统治的伦理体系给了武士阶层一定的参考,他们认为只要有权力的统治就可能成立一个国家。但是,权力自身应当服从法律和规范这一点却未被认识到。因此,在近代以前的日本政治当中就无法找到与法治国家相关的要素。

## 二、近代日本与法治的接触

日本初次接触法治国家的思想是在明治维新(1868年)之后。明治维新的目的是推翻锁国体制下的幕府阶级,并且使天皇之下的权力趋于集中。并且使具有封建性质的身份制和在此基础上建立的联邦制国家解体。并且,政府希望在对抗欧美帝国主义势力的同时,为建立近代资本主义做好准备。第二次世界大战结束之后,我们可以看到那些解放之后的殖民地因为权力者

---

[①] これは、たとえば李朝時代の朝鮮において、支配的道徳としての儒教に基づき、制度化された諫言を通じて、王の行いそれ自体の倫理性が問われる構造が成り立っていたのと対極に立ちます。また、中国において、前王朝において徳の失する状態に陥っていることが新しい王朝を立てる倫理的正当化根拠を提供する形で、権力の支配が守らなければならない倫理体系の存在が潜在的には意識し得る構造が成り立っていたのとも対照的です。もっとも、国家権力よりも特定の規範体系が優位するか否かは、後世から見て国家支配の質が高いか否かとは別の問題ではありますが。

盲目地追求近代化，从而出现了"开发独裁"① 模式的权力集中。日本在 19 世纪后半段为了不被殖民化，同时要压制人民的反抗、完成向近代社会的体制转变，这种权力集中在这一时期显得十分必要。

这个时期，欧美列强已经形成了宪政主义这一全新的国家结构模式。从 18 世纪末到 19 世纪前期，欧美各国已经开始追求改变国家结构。这种结构需要有一定的实质性的内容来进行全方位的保障。而这种保障方法就是宪法典。同时，通过确保宪法的最高统治力，形成了将宪政主义作为最理想状态的想法。对于重新进入国际社会的日本来说，为了谋求平等和尊重，就必须采取宪政主义的体制。这就是日本立宪的外部条件。

而且，关于统治的实质性内容这一观点，日本同时也引入了批判性理论。为了实现近代化而采取的权力集中受到了冲击。就我们熟悉的自由民权运动而言，自由民权运动中宪法的制定和议会制的建立都是以民众问题为基础的。卢梭（Jean-Jacques Rousseau）的社会契约论（"Du contrat social"）经中江兆民的介绍和传播成为了日本建立制度的理论基础。但是，以宪法为国家基础，及伴随着保障基本人权所产生的议会制，就会导致天皇在这些变化中成为改革的目标。这对于萨摩藩和长州藩出身的维新派来说是很危险的。因为压制人民的抵抗，同时强力推进近代化这才是维新派推崇的，但是在议会选举当中，这种体制无法让他们获得足够多的支持从而控制议会实现自己的统治目的，这就是他们感到自身危险的原因。

如此一来，武士阶级维新派的目标就是在制定宪法和设立议会的同时，确保天皇及其天皇身边的权力集中不会受到阻碍。这样一来，武士阶级的维新人士开始针对 1881 年宪法的制定运作起来，并且要让天皇明白他们心中的蓝图。为了实现这个目的，他们要把大隈重信（早稻田大学的创立者）逐出内阁，因为他提出了要以英国的议院内阁制为基础，建立日本的立宪君主制。这完全不符合武士阶级的预期，于是武士阶级的替代品就变成了普鲁士 1850 年宪法。德意志联邦将自由主义势力和三月革命的成果相结合，起草了法兰克福宪法草案（1849 年），在此基础上建立统一的德国。为实现统

---

① 译者注：所谓的"开发独裁"是指那些脱离了殖民命运的发展中国家，为了快速地达成近代化，官僚和军队相互结合，由少数人独掌权力的强权政治体制。

一联邦,众人去恳请普鲁士国王认可草案却遭到了拒绝。与此同时,普鲁士国王在国内颁布了钦定宪法,维持了以土地贵族为社会中坚力量的保守体制。当时的日本就是想参考这种反自由主义的宪法。普鲁士宪法中规定,立法权由国王和议会共同行使,削减了议会的势力,另外,国民所享有的权利也并非普遍性权利,而是仅享有由宪法和法律做出明确规定的权利。同时,由于阶层差异造成的差别选举制度继续维持,当时宪政主义所设想的国家构造被肆意践踏,仅仅是把宪政主义既存的权力框架进行简单的维持运作,这就是普鲁士宪法的特点。作为已经落后于他国的帝国主义势力,德国希望通过推进自上而下的改革以强化资本主义,从而建立了这种宪政主义框架。这也深刻影响了为制定日本宪法而被派遣到欧洲的伊藤博文等人。

### 三、与法治国家的接触和偏颇接受

伊藤博文等人在柏林听取了 Rudolf von Gneist 的演说,Rudolf von Gneist 是世界上著名的法治理论家。[1] 但是很不幸,日本法治的发展并没有和法治国家的理论发展相同步,而是完全采纳了争议极大且在理论斗争史上有着特殊地位的普鲁士保守法理论。

在德国,法治国家这一概念把 19 世纪前期的启蒙思想作为基础,同时遵循理性观念为个人的自由生活奠定基础,进而以法律的形式展现在世人面前。这些就是法治国家的思想基础[2]。法治国家最典型的本质是由 Robert von Mohl 提出的。他认为,法治国家的本质就是"一国之内,国民通过自己的力量和手段来保护和实现个人以及全社会的最终目标,并且通过一切力量保护它,使之不断发展进而实现"[3]。若以此去理解法治国家,那么需要将法的内容特定化并且需要在立法时遵守一定的程序,那么议会制的政府在这

---

[1] Rudolf von Gneist, *Rechtsstaat*, Berlin 1872.

[2] 高田敏『法治国家観の展開』〔有斐閣・2013 年〕125—145 頁における法治国家の法思想史研究がこの点について詳しい。

[3] Robert von Mohl, *Encyklopädie der Staatswissenschaften*, 2. Aufl., Freiburg u. Tübingen 1872, S. 106. また、「法治国家、そして特に議会をもった統治体の本質は、国民が単に元首の目的のための手段であったり、元首に対する義務を有するというだけではなく、国民にも不可侵の権利が帰属しているという点、および国民もまた自己目的であるという点に存する」。Von Mohl, *Das Staatsrecht des Königreiches Württemberg*, Bd. 1, 1840, S. 323.

时就显得尤为重要了。

可是在德国，法治国家的理念在 19 世纪中叶已经逐渐脱离自由主义的人权保障观念，演变成了单纯地由国家设立发展目标，并且逐步建立以实现既定目标为核心的国家结构（Friedrich Julius Stahl[①]）。Gneist 主张把 Stahl 提出的这种形式法治国家观念与议会制批判相结合，在这种制度下，官僚阶级作为法治国家的实现主体，应当把重点放到特殊的普鲁士式理论上，因为普鲁士宪法就是把贵族作为了社会中坚力量。

这样一来，明治时期的日本通过官僚层进行的一系列改革，确立了振兴工业和富国强兵的计划，并且在其中融合了普鲁士式的宪政主义体制，还吸收了法治国家的重要理论。这是实现国家目标的重要途径。在此背景之下，1889 年颁布的大日本帝国宪法就是以普鲁士宪法为模板起草的宪法草案。另一方面，大日本帝国宪法为了掩盖关于国家正统性的漏洞，以日本神话为基础，用神的属性来装点天皇的至高无上，并且把国民对天皇的义务放在了第一位，同时把天皇和国民的关系定位为臣民关系，正因如此，原本普鲁士宪法中规定的国民权利在这里就变成了"臣民的权利和义务"，从这一方面来说大日本帝国宪法在某种程度上不仅仅是依靠普鲁士宪法，而且对其进行了改变。

### 四、"法律保留"的误解：以公民法治国家为基本原理的曲解接受

由于种种原因，19 世纪前期形成的以自由主义为核心的法治国家的某些理念在传入日本时发生了脱胎换骨的变化，变成了压迫自由的理念。其中最典型的就是"法律保留（Vorbehalt des Gesetzes）"这个概念。

法律保留是 19 世纪初期形成的公民法治国的基本构成要素。罪刑法定主义、租税法律主义等法学理论都和法律保留有着密切联系。进入 20 世纪以后，Carl Schmitt 将公民法治国进行了全面的概括并将其理论化：所谓公民法治国，即原则上不限制公民的个人权利，另一方面，要限制国家权力[②]的一种国家形式。我们可以来举例说明一下这个理论，为了实现人与人之间

---

[①] Friedrich Julius Stahl, *Philosophie des Rechts*, Bd. 2, Abt. 2, 5. Aufl. , 1878, S. 137 f.

[②] Carl Schmitt, *Verfassungslehre*, Berlin 1928, S. 126.

的和平共处,国家要对犯罪者进行处罚,但此时国家也不可以无条件地动用其权力。为了保证社会秩序,国家权力应当在法律规定的范围之内行使。

这其中既重要又具体的表现就是罪刑法定主义。这个原理揭示了法无明文规定不为罪,法无明文规定不处罚的原理。在国民中通过选举选出国民代表,这些国民代表可以在议会上通过议案,我们可以认为在此国民代表通过的议案范围之内,国家权力可以让个体负担起严厉的刑罚制裁。因此,刑罚就是在国民同意的基础之上,充分行使国家权力的表现。法以及将法律概念以法律条文的形式加以运用,并且通过国民代表的认可,这种模式排除了权力行使的肆意性,并且对于法律的服从者来说,这是认可法律的理想状态,这就是罪刑法定的表现。另一方面,如果没有通过议会来得到国民的同意就不可以征收税款,租税法定主义也有着相同的内涵。如此一来,法律保留就可以解释为:具有限制人权性质的法律需要由议会制定并认可,以此防止国家权力的滥用,同时保护国民所享有的基本权利。

但是,法律保留的概念在运用到大日本帝国宪法时,却演变成了只要有法可依,个人权利无论被如何限制都不为过这一偏颇的理念。大日本帝国宪法第 29 条写道:"日本臣民在法律之规定范围内,有言论、著作、出版、集会及结社之自由。"很久之前,作为对天皇忠诚的回报,同时还为了实现天皇保护权利这一社会构架,在当时还未知晓法治国理论时,日本就采用了这一偏颇的理念。1941 年,为了维护天皇制秩序(国体),同时也为了否定资本主义体制,制定了禁止结社活动的治安保护法,随后,确定了该法的法定最高刑为死刑,这一法律成为了镇压宗教活动和反政府活动的基础。大日本帝国宪法将法律保留这一基本要件和公民法治国理念分离,把众多法治国理念进行了偏颇性地概括理解,这对于思想、内心以及表达的自由都造成了极大破坏。此情此景之下,和普鲁士宪法一起传入日本的德国法治国家概念,就彻底地变成了这样一种形式:法律在此时变成了实现国家目的的手段,一切国家目的都以法律为中心,不论适合与否。

即便是这个以大日本帝国宪法为基础建立起的体制,在 20 世纪前半段这个制度的实质仍是议会制,而且立宪君主制也发挥了相应的作用。但是最终的结果是因为支持天皇享有统兵权(大日本帝国宪法第 11 条)并且支持军队的鲁莽行为,对中国发动侵略和对美国发动突袭,于是走上了自取灭亡的道路。这也是权力的拥有者因为肆意用权,没能将理性支配和宪法体制互相融合的结果。

## 第三节 通过日本宪法向实质法治国的转换

### 一、通过人权思想的渗透和违宪审查形成实质法治国

现在我们可以很清晰地了解到,大日本帝国宪法的失败主要是由于对法治国家的误解和错误运用。日本在第二次世界大战后需要以新宪法为基础建立全新的社会秩序,当务之急就是重新对公民法治国进行构建。

"宪法第13条 全体国民都作为个人而受到尊重。对于谋求生存、自由以及幸福的国民权利,只要不违反公共福利,在立法及其他国政上都受到最大的尊重。"

通过宪法第13条我们可以看到法律保留被重新规划。原则上,国家公权力是不可以对基本人权进行限制的,但是依照法律或是法律明确规定委托的国家公权力机关以行政规范为基础、以保护他人权利和社会公共利益为目的,国家公权力则可以对公民权利进行限制。这种组织框架通过宪法规定得到认可("依法行政")。

但是,日本国民因为大日本帝国宪法对于法律保留的偏颇理解,导致他们的基本权利曾受到过严重侵害。因此,就算宪法对此条进行了重新修订,他们也无法坦然接受。因为他们开始认识到:倘若国会通过的法律以不正当的手段侵犯人权,那该如何是好?基于此,日本宪法确立了宪法具有最高的法律效力。

"宪法第98条第1款 本宪法为国家的最高法规,与本宪法条款相违反的法律、命令、诏敕以及有关国务的其他行为的全部或局部,一律无效。"

为了保证宪法具有最高的法律效力,宪法的修改与其他法律相比要严格得多(具体来说,本宪法的修订必须经过各议院全体议员三分之二以上的赞成方可提出修改议案,并且获得一半以上的国民支持)。另一方面,为防止再次出现对于法律保留的偏颇理解,规定最高法院拥有违宪审查权。

"宪法第81条 最高法院为有权决定一切法律、命令、规则以及处分是

否符合宪法的终审法院。"

关于"宪政主义",历史上有两种理论。其一是法国在 19 世纪完成的理论。该理论认为,议会制定的法律具有一般的意思表示,因此议会在立法时要根据宪法以及宪法解释遵守宪法所规定的人权保障以及其他特殊规定。这种模式以议会超过半数人的同意作为提出议案的条件,在宪法修改时也并没有其他的特殊规定和特殊程序。而且,这种模式也未规定法官作为特定权力者对于议会制定的普通法律享有否决权,因此更不用说对于违宪审查的规定了。

然而这种模式的宪政主义却有与形式法治国相结合的可能性。因为 20 世纪宪政主义模式下的议会多数派仅把集中社会意见作为自己的任务,对其他问题不会有跨越式的思考和长远考虑。因此议会也有可能犯错,同时议会做出的宪法解释也是唯一正确的宪法解释,在这种情况之下,法院如果认为该法律违宪,认定该法律无效的同时需要防止议会多数派对宪法进行肆意践踏,法院就将最终的判断决定权交付给了民众。于是,议会想要实现的目标倘若国民也想要实现,那么第一步就是运用国民的力量修改宪法,在此之上实现立法基础的改变。但是由议会过半数通过就可以解决的普通政治问题和修宪问题存在着本质上的差异,所以要对宪法问题进行专门的审查,这是宪法修改的基本前提。同时要将宪法问题和普通政治问题进行正确的区分,并且通过努力一步步实现理想的国家状态。在法国,这种行为被称作"转折(aiguillage)"[1]。

当然,行使该权力的法院是独立存在的,并且有义务去解释和运用立法机关制定的法律,但是对个案的判断不受立法机关和行政机关的干涉。以司法权独立为核心的权利分离成为了法治国家中最重要的构成要素。

### 二、通过保障社会权达到实质上的社会法治国

日本宪法并不仅仅是把 19 世纪公民法治国那种个人自由无限制的原理进行简单的翻新,而是在思想、内心以及表达等精神方面也维持了自由的本质。另一方面,所有权和经济自由权已经不在原则上的自由之列,作为经济秩序的一环,国家开始考虑所有权和经济自由等权利需要在国家制定的框架

---

[1] Louis Favoreu, "La politique saisie par le droit; alternances, cohabitation et conseil constitutionnel", *Economica* 1988, p. 578.

内行使。于是，日本的宪法秩序开始从 1919 年制定的魏玛宪法和 20 世纪 30 年代美国推行的罗斯福新政中找寻理论基础，开始朝着福利国家迈进，并且继承了资本主义国家的发展历史，将其运用于自己的宪法体系当中。

其中最典型的要属于生存权。

"宪法第 25 条　全体国民都享有健康和文化的最低限度的生活权利。

（2）国家必须在生活的一切方面为提高和增进社会福利、社会保障以及公共卫生而努力。"

魏玛宪法中写道"人类最值得尊重的就是其生存的权利（Menschenwuerdiges Dasein）"，因此魏玛宪法规定了国家的关怀义务[①]。日本宪法为了更好地诠释国家的关怀义务，明确规定了国家保障公民的生存权。另外，宪法第 22 条和 29 条所保障的经济自由权和生存权这两项权利在现实生活中容易产生冲突。为了实现两者的协调发展，日本在立法时强调了要保障两者的均衡性。德国基本法第 28 条论述了社会法治国的概念和形成的社会关系，在魏玛宪法规定的范围中运用行政手段进行生存关怀。于是宪法中规定的对于生存的关怀就需要基本法律对此进行详细规定并且负担相应的义务[②]。日本宪法更加保护生存权这项基本的人权，在国民生活方面，国家对公民的关怀义务作为基本条件来支持和保障公民的自由权，这一点也成为了法治国家的要素之一。

在此意义之上，现在日本法治国家的实际状态并不是重新建立的公民法治国，而是采用了公民法治国的基本框架，在其中强调个人的精神自由以及自我支配，同时，被法律约束的国家责任可以自由变化。

---

[①]　ヴァイマール憲法 151 条 1 項：「経済生活の秩序は、すべての人に対する人間の尊厳に値する生存の保障という目標をもった正義の原則と一致していなければならない。この限界の中において個人の経済的自由が確保される（Die Ordnung des Wirtschaftslebens muß den Grundsätzen der Gerechtigkeit mit dem Ziele der Gewährleistung eines menschenwürdigen Daseins für alle entsprechen. In diesen Grenzen ist die wirtschaftliche Freiheit des Einzelnen zu sichern.）。」

[②]　Ernst Forsthoff, *Begriff und Wesen des sozialen Rechtsstaat*, in: ders., Rechtsstaat im Wandel, Stuttgart 1964, S. 32–33. Forsthoffによるこの確認は、社会国家は自由を守るための形式としての法治国家と矛盾するため、基本法下の社会国家条項には実体的な法的意味を認めてはならないという立場と結びついていたのですから、問題は本来、とても複雑です。本文は、法的基準による統制に成功すれば社会国家と法治国家はなお一致し得るという理解に基づきますが、後述（4.2）のように、日本でその試みに成功したと言えるかどうかは微妙です。

## 三、是"法治国家"还是"法治"

在提出问题时用了"法治/法治国家"这一说法,把大日本帝国宪法所创立的那种具有特殊形态的国家体制称为法治国家,以及受其影响创立的新理念称为市民或社会"法治国家"。但是,关于"法治和法治国家"这两个一并记载的概念在日本宪法学当中也进行过讨论。比如,这两者是完全不同的概念,再比如构成日本宪法的中心思想并不是法治国家而是法治,等等。

在开始制定日本宪法时,有一时期十分强调"法治"这一概念。[①] 当然,这并不是对权力制约正当化和法律保留以及法治国家这些概念的否定,也不是选择了法律绝对主义这种歪曲的法治主义概念,"法治"在当时具有诸多实际意义。同时,"法治国家"这一概念在相当长的一段历史时间内被不断地审视,在其发源地德国,基于基本法第 28 条发展起来的理论也逐步成为了诸多学者研究的对象。与其脱离法律绝对主义去理解,倒不如将"法治国家"与英国宪法学中"法治"这两个有共同点的概念了解清楚。高田敏将"法治国"这个意思繁多的概念进行整理,并且,把和公民法治国与社会法治国相互衔接的实质法治国的概念描述了出来。[②]

尽管如此,还是有些受英美宪法学影响的人认为,法治这个概念比法治国家更能诠释日本宪法体系的特征。比方说佐藤幸治基于日本宪法的体系展望全新的法治理念,同时参考美国宪法研究者 Richard Fallon[③] 的学说,将法治的构成要素归纳为 5 点,这样一来就和德国流派的观念产生了很大的分歧。佐藤幸治归纳的要素如下:(1)法律上的准则和原理可以作为人们生活的指南针。(2)法律对指引大部分人的生活具有实际效果。(3)公民的生活规划具有稳定性。(4)法律权威具有优越性,法律可以制约一般公民和包括法官在内的公务员。(5)公平审判。[④] 如此理解的话,在国王法和普

---

[①] 伊藤正己『法の支配』〔有斐閣・1954 年〕2 頁。佐藤功『日本国憲法概説』〔第 4 版・学陽書房・1991 年〕65—67 頁は、平和、国民主権、基本的人権と並ぶ日本国憲法の第 4 の基本原理として法の支配を挙げる(初版・1959 年)。

[②] 高田・前揭書(注 7)。

[③] Richard H. Fallon Jr., "The Rule of Law as a Concept in Constitutional Discourse", 97 *Columbia Law Review 1* (1997).

[④] 佐藤幸治『日本国憲法と「法の支配」』〔有斐閣・2002 年〕64—68 頁。

通法的权威之下，基于 1885 年 Albert V. Dicey 提出的"Introduction to the Study of the Law of the Constitution"① 的概念，这种理论在英美法世界中就确立了优势地位。近些年来，继承了佐藤理念的土井真一将法治国家概念中的"垂直下降型的秩序形成"与在法治的观念基础上形成的"司法型秩序"（即自由和自律型的秩序形成）进行比较。当然，这两种观念都是以国家的存在作为当然的前提。土井真一发现两种观念存在着很大的差异，而日本宪法中则是更强调司法型秩序。②

这里值得注意的是，立足于法治的概念，法治国家在法律保留中省略了社会群众（即守法者）明示同意这一过程。戴斯强调从当时英国宪法的本质特征出发就会国会具有极其重要的意义，但是仍然没有将国会放在法治这个大框架当中。在英国，既然确定了由法院创造和继承普通法的支配地位，那么议会和国民代表的参与在本质上就显得没有那么必要。那么，不是由议会决定通过的实定法在这种情况下，它的制定者就可以期待该法可以在审判领域这个竞技场上发挥其想要实现的目的，发挥其应有的作用。这样的话，通过探究法治的原理，让国家秩序的合理性在立法领域发挥其应有的作用，这样的理论还是具有一定的道理的。

另一方面，戴斯将罪刑法定主义这类关于同意权利侵害的理论予以排除，这样一来，以英国的法治理念为基础，对日本的宪法体系进行说明时，其说明能力和说明范围都要受到一定的限制。③ 因此，我认为在描绘日本宪

---

① Albert V. Dicey, *Introduction to the Study of the Law of the Constitution*, 4th Ed., London 1894（1st Ed. 1885）.

② 土井真一「法の支配と司法権——自由と自律的秩序形成のトポス」佐藤幸治ほか編『憲法五十年の展望Ⅱ』〔有斐閣・1988 年〕80—140 頁。

③ 近時、この説明能力の限界を踏み越えて「法の支配」を「正しい内容の法」による行政の拘束と読み替えて理想化するとともに、現代における本質性留保の考え方に至る法律の留保論の発展を無視して法治国家概念を不当に絶対王政的な権力構造と同視する、通俗化された法治国家/法の支配の対比が大浜啓吉によって明らかにされました。大浜啓吉『「法の支配」とは何か』〔岩波新書・2016 年〕。長く司法貴族に独占されたコモン・ローの体系で実質的平等の実現に向かう社会改革が妨害されてきた歴史に目を閉ざした根拠のない美化であり、特に「法律の目的」による行政の拘束が機能する前提を掘り崩すために、論者の意図に反して行政権の暴走を止める歯止めを失う構図となっています。译者译注：根据大浜启吉『「法の支配」とは何か』〔岩波新書・2016 年〕的观点，普通法系因为其在很长一段时间都是由司法贵族干预司法，所以压制社会改革等方面被他们完美地正当化。特别是为实现"法律目的"而进行的行政拘束，这和笔者所进行阐述的观点是不同的。

法体系时，需要注重概念的有用性，不可轻视法治国家的原理和意义。

## 第四节 21世纪法治国家的界限和问题

### 一、因违宪审查制度不完善导致对法治国家的破坏

上一节中，围绕日本建立的宪法体系进行了一定说明。日本的宪法体系是以公民法治国为基础，并且通过修正的社会法治国这一概念提出了现代法治国这一理念，在世界范围内受到了一定的关注。尽管这个体系被描述得绘声绘色，但是这个体系具体已经实现到了哪一步，这个问题仍然值得思考。

之所以说它值得思考是基于以下原因。在最高法院是否发挥出了其作为违宪审查机关应当发挥的作用上，很多人认为法院应该更加积极地做出违宪判决，现在做出的违宪审查还是过少。作为法治国家，若以权力的分立和相互制约为前提，那么法律的合理性会变得更高。如此想来，显得最拘谨最沉默的最高法院可能是阻碍法治国家实现的一大原因。现在的日本人对运用法律手段解决问题抱有一定的拒绝心理，因此最高法院的沉默可能与此相关。这一点暂且不论，重点要研究的是在以日本宪法为中心的社会环境中，阻碍法治国家理念发挥其现实作用的原因到底是什么。

围绕宪法第9条的讨论成为了当今日本国民所热衷的事情。宪法第9条规定了放弃战争、不拥有军队，因此我坚持日本解禁集体自卫权是违宪行为。

"宪法第9条　日本国民衷心谋求基于争议与秩序的国际和平，永远放弃以国权发动的战争、武力威胁或武力行使作为解决国际争端的手段。"

"（2）为达到前项目的，不保持海陆空军及其他战争力量，不承认国家的交战权。"

日本于1950年设立警察预备队，并且经过保安队这一演变之后，于1954年成立了当今的自卫队。在自卫队不断强化的过程当中，很多人提出质疑，认为这违反了宪法第9条关于集体自卫权的规定。但是政府解释道：第9条第1款并没有明确表明放弃个别自卫权，自卫是很有必要的，而且我们自卫队的实力并不强大，没有战斗力。因此自卫队所拥有的并不是战斗

力，而是为了保卫国家拥有必要的实力。这个解释如此难以理解，甚至很多日本国民都表示难以接受。针对这个解释，脱离文字本身，其正当性的解释恐怕也无法令人信服。在自卫队问题进行重新审查时，很多人提出自卫队的存在是一种违宪行为，然而最高法院迄今为止也没有对自卫队的存在是否违宪做出肯定或否定的说明。最高法院一直在回避自卫队是否违宪这个问题，理由也千奇百怪。比如说：就该事件的性质来看，原告提起诉讼其本身不具有原告资格；最好基于其他理由在下一级法院进行诉讼，没有必要涉及宪法问题等等。

于是，安倍政府趁机变更宪法解释，扩大了自卫队的活动范围。安倍首相于 2014 年 7 月 1 日在内阁会议上表示，如果事关日本安危，倘若没有其他方法，那么行使集体自卫权是不违反宪法第 9 条的。在此基础上，由自由党和民主党主导的国会于 2015 年 9 月 19 日通过了包含自卫队法修改在内的和平安全法制整备法。

的确，内阁和国会具有解释宪法的权利，我们可以想象国会通过的法律在是否违宪的问题上事先应当是进行了审查。一般情况下，随着时代的不断发展，对于宪法的解释也是有可能改变的。但是问题在于，关于宪法第 9 条这一条日本宪法体系中极其重要的条文，政府从很久之前就打算宣布其违宪，但是并没有进行系统的说明，而内阁和国会方面一直表示仅仅需要对此条文进行重新解释即可，这种说法并不能得到民众的认可。很多民众批判道，通过安保法案的行为是对宪法、甚至是对国家的破坏行为，这是在滥用公权力。

在日本民众当中，对于宪法第 9 条的支持率依旧高涨，很多人将此条解释为消极防卫（不主动发动攻击；日本率先使用武力是绝对不可以的）。此后，假如自卫官为了行使集体自卫权决定对"禁止防卫出动"进行诉讼，那么法院就不得不对和平安全防卫整备法的合宪性进行审查。但是最高法院有没有勇气进行违宪审查还存在疑问。法治国家之所以是法治国家是有前提的，法院作为宪法的守护人倘若不想承担自己的使命，那么法治国家就绝对不会成立。

安倍政权现在所进行的宪法解释活动其真正的目的是制定宪法修正案，然后让民众接受宪法修改。法治国家无论从法律上来说还是从本质上来说都应当具有其合理性，倘若国民进行了错误的判断，在辨明法律时降低了自己的标准，那么就无法实现法治国家的机能。到此为止是基于法治国家这条线索论述的第一条界限。

## 二、日本社会法治国的现状和问题

接下来讨论一个普通的政治问题，那就是社会法治国对社会弱者的权利保护这个问题能否成功地被法律吸收。在此意思之上，向社会法治国家的转变有无现实的基础。最高法院认为，关于宪法第 25 条所保障的"健康和文化的最低限度的生活权利"的具体指代需要基于立法裁量来解决，因此对法院来说，生存权实际上是不具有可诉性的。权利能否实现取决于国会是否想要帮助国民实现，然而日本并没有约束权力者的法律存在。

通过理解法院做出的解释，宪法第 25 条就剥夺了那些弱势群体的个人权利。替代它的则是被委托去实现该权利的政府部门所描述的"国民生存权"。为了尽可能地减少弱势群体的数量，政府决定采取均衡的经济政策和社会政策，另一方面，经济增长带来的资源扩大最终会使劳动者的收益增加。这已经不在法学理论所控制的范围之内了，而变成了一个政治问题。

尽管如此，直到 20 世纪 80 年代末，日本的官僚层对经济极高的统治能力让他们感到十分自豪，在民众之间基本形成了利益所得平均分这种高度福利国家的局面。这种模式被称作护送船团方式，或者叫日本式的股份公司。官僚层对各个企业进行主导，使之进行最有效的经济活动，从而使经济运营达到最成功的目的。但是，20 世纪 90 年代的经济不景气导致泡沫经济崩坏，这时候官僚层控制经济的这种方式已经无法发挥作用了。这种现象产生的背景就是经济全球化。经济活动的参加者对于官僚层指导经济这种方式感到越来越不合理，并且经营者也想发挥其自身更大的作用。然而这并非是法律所支持的。基于企业经营者和官僚层之间默契的配合所产生的组织结构并不需要明确且规范化的准则，而是把追求自身利益放在了优先考虑的位置，这是那些在日本进行经营活动的外资企业所无法理解的。

由此产生的结果就是 20 世纪 90 年代之后，日本经济陷入了长期不景气的局面。进入 21 世纪以来,特别是小泉纯一郎的执政时期(2001 年至 2006 年)和安倍第二次执政时期(2012 年开始),通过修改劳动者派遣法等方式降低对劳动者的保护,并且从企业的角度出发,制定一系列的企业保护政策,改善日本的企业大环境。如此这般,国家对于民众生活具有关怀义务这种观点一下就退出了舞台,完全变成了民众自己对自己负责这一观点。这样一来,日本社会两极分化越来越严重,贫困,特别是儿童、年轻人以及老年人的贫困变得十分棘手。

这里我们可以发现,法和国家之间再一次演变成了 Friedrich Engels 所说的"剥削阶级为了维持外在的生产条件,通过现有的压迫式的生产方式尽可能地压迫被剥削阶级"[①] 的现象。从形式上来理解法治国家,我们会发现国家目的无论如何改变,最终都会得出国家是阶级压迫的产物这一基本结论。实际上,Gneist 被拘泥在法治国家的形式当中,是因为在议会制这一问题上,他刻意去压制了社会主义的某些思考方法。而且,国家权力的持有者倘若只是毫无同情心地去贯彻实现所谓的国家目的,便无法发挥法律的真正作用,也不是真正的法治国家。通过法的形式来表达民众之所想,且国家作为一个理性的主体去理解民众,同时又能将民众的追求反映在国家秩序当中,这才是对法治国家最实质性的理解。在 21 世纪的日本,倘若抛开法治国家的实质性及其价值性,那么日本很有可能会从人类历史的发展长河中偏离出来。

### 三、法治"国家"的界限

我们从 21 世纪的日本可以看到社会性的实质法治国其具有的机能及界限,这种局面的产生也有其形成的背景。除日本之外,其他国家也有同样的问题。

日本社会性的法治国功能并没有完全实现是因为经济全球化导致在日本设立的各国企业势力不断增强。而当今社会的经济活动并不是以国家为单位来进行的,于是,国家权力在其控制经济方面就有了一定的界限。如果为了

---

① Friedrich Engels, *Herrn Eugen Dühring's Umwältzung der Wissenschaft*, 3. Aufl., Stuttgart 1894 (MEW 20), S. 263.

国内的收入再分配而提高企业的税金,那么企业就会拒绝在此经营,从而转向低税国进行生产经营。另一方面,股份公司为了给股份持有者分红而进行各种非法活动却不会受到惩罚。在这种情况下,所谓的国民国家这个制度体系就会丧失其应有的功能。于是,解决法治"国家"产生的问题,自然而然地也会有了界限。

在考虑这个问题时,我们会想起法治国家最开始提出的人权保障制度,以及17—18世纪成立的近代国家所具有的属性,同时还要认识到这些国家已经实现了人权保障这一制度。在中世纪时,各种各样的社会团体(教会、行业组织、城市中的商人、封建领主)都具有一定的既得权利,国家=国王这种模式也为权力的平衡起到了一定的作用,建立了比较安定的社会秩序。这种模式也被称作中世纪的立宪主义。在此情况之下,随着生产能力的提升,王权开始慢慢增加,开始拥有立法权,于是就迎来了王权绝对主义时代。于是,那些残留的中间团体最终解散,国王开始独享国家权力。同时,个人可以自由地和他人订立契约,为资本主义的实现奠定了基础。这就是所谓的近代化和本书所称的法治国家的形成过程。

现如今,国家想要独占权力在活动范围十分广阔的跨国公司面前缺乏现实基础。于是,法(宪法)→国家、国家(法律)→国民这种权力制约模式就可以发挥其作用解决相应的问题,但是对于可以摆脱国家控制的跨国公司来说,作用并不大。

那么,这难道说是法治国家已经开始复古了么?从长远来看,最终可能还是会变成法治"国家"。但是,法治的思想或者说法治所构建的蓝图却并不是这样的。合理地构想人们社会生活的理念,用具体的准则记录这些构想,并且以准则为基础形成社会制度,这种法治国家的组织构架在今天仍然可能发挥其良好的作用。因此,与法律→国家→私权利这种架构相类似,法→私权利→共同社会这种社会结构的组织构建对社会的发展和意思实现是很有必要的。①

这里所说的私权力不仅限于跨国资本。作为这种在私权力的中间应当加入的力,国外的学习、研究能力也是十分值得重视的。当然,不仅仅是学

---

① Gunther Teubner, *Verfassungsfragmente*, Frankfurt/M. 2012.

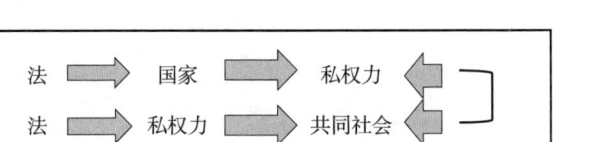

习，运用各种各样的文化、思维运动来解决问题也属于这种能力。

的确，生活在21世纪的我们要面对到20世纪末仍解决不完的国家问题。人们可以再一次将这些问题解决，而且不仅仅是通过与国家合作，更需要通过与外国的力量，让国家权力自主地去协作，这一点也是十分重要的。另外，我们现在在思考法治时，应当突破国家的框架，应当考虑人们通过团结协作建立起来的法律的目的和功能到底是什么。这样考虑的话，才能真正地在21世纪通过人们自己的力量解决之前存在的且还未解决的问题。

# 第 五 章
# 韩国法治道路的构造及其启示

韩国在第二次世界大战后于1948年建国，仿效西方推行法治和宪制整整70载。起初以美国为样本建立了三权分立制度，构建了以总统行政权为主导的法治道路，后来改为以责任内阁制为主的法治模式，晚近再改回到总统制。韩国在经济上曾经创造了"亚洲四小龙"的东亚奇迹，但是法治历程却步履艰辛，屡屡出现宪法危机。为什么选择西方民主政治和私有制的韩国，在法治道路上无法稳步推进？其间究竟潜藏着什么样的玄机？对此，我国学界从民主、文化、国际政治、国际关系、地缘政治等不同专业和领域开展研究并取得了重大成果。我国法学界也注意到这一现象，与韩国法学界直接开展了多次学术交流。但是不足之处在于，尚未从法治道路选择的角度研究韩国的法治教训。作为亚洲国家，韩国与中国是近邻，又在传统上同属于亚洲儒家文化圈，具有历史上的某些文化共性。研究韩国法治道路演进轨迹及其经验教训，具有一定借鉴意义。

从韩国总统制、多党竞争、普选制、三权分立的法治实践难题来看，韩国最重要的法治教训有三点：总统制及其他重大法治制度孕育于西方文化之中，简单的移植和模仿无法融入本国历史文化传统，法律尤其是宪法文本与实践存在巨大反差，反复酿成宪法危机；腐败是现代法治的头号杀手；选举制度离不开成熟的政党制度，如果政党缺乏一以贯之的纲领和政治立场，那么容易沦为政治强人攫取权力的工具。一言以蔽之，在法治成为各国共同追求目标的当今时代，法治并非"西天取经"一条路，法治道路的选择应该在吸收、借鉴全人类法治优秀成分的基础上，以本国法治禀赋结构为基础进行制度设计，实现法治的民族化，取得民族认同，然后才能够谈论法治的现代化。否则，罔顾本国历史与现实社会结构，妄图一步跨过鸿沟通过西方化实现法治的现代化，不仅达不到目的，反而给本国法治建设带来严重不利后果甚至造成灾难。

## 第一节　韩国总统制的初建与法治乖戾

第二次世界大战后独立的韩国，以美国为样本设计了三权分立制度，其中总统是权力的核心。在美国扶持下当选总统的李承晚两次修改宪法，谋求"帝王式"的终身总统地位，从西方移植而来的法治道路立即表现出"水土不服"的症状。李承晚修改宪法，改变总统选举方式，取消总统任期制，操纵国会，实行军事威权统治，其专制统治终结于"4·19"运动。此后，韩国宪法再次大修，改总统制为责任内阁制，但是韩国政府陷入党派内斗之中，引起社会秩序混乱。

### 一、对美国总统制法治模式的借用

韩国的法治道路基本上借鉴了美国模式，其中在早期的最主要表现在于《大韩民国宪法》确立了以美国为样本的总统制。

第二次世界大战结束后，朝鲜半岛从日本的殖民统治中获得解放。在冷战思维主导下，《雅尔塔协定》确立的世界秩序新格局深刻地影响了朝鲜半岛未来的政治制度设计。1945年9月，美国军队进入南部朝鲜，将总督府更名为军政府，在朝鲜南部建立了直接的军事统治。在美国军政府的主导下，韩国按照三权分立的原则，建立起自己的法治道路和模式。美国军政府主张"只与有组织的政治团体对话"的政治政策，催生了韩国建国初期政党林立的局面。美国大力扶持右倾势力，将朝鲜半岛视为其在东亚地区对抗以苏联为首的社会主义阵营的桥头堡。韩国右倾势力由三派组成，各派政治主张存在差别，以李承晚为代表的右倾势力主张总统制，被称之为"总统派"；以金性洙为代表的右倾势力主张实行责任内阁制，被称之为"内阁派"；以金九为代表的"临政派"，以韩国独立党为组织基础。临政派反对在朝鲜半岛南部单独成立政府，但是没有得到美国军政府的支持，李承晚派和金性洙派成为权力之争的主角。1946年9月17日，美国私自把朝鲜问题提交第二届联合国大会，强行通过了相关决议，设立了朝鲜临时委员会。1947年10月，第二次美苏联合会议谈判破裂，美国加快了在朝鲜南部单独成立政府的步伐。1948年2月26日，美国操纵联合国部分成员国家召开会议，通过了在南朝鲜进行单独选举的"决议"。1948年5月10日，在美国主导下，"三八线"以南地区举行制宪国会大选。同年7月17日，制宪国会通过了《大韩民国宪法》。李承晚由于得到美国的大力支持，并且利用制宪国会议长的职务便利，操作制宪会议通过宪法确立了总统制，并且在制宪国会中以间接选举方式当选为韩国首位总统。8月15日，在国际社会普遍质疑其合法性的前提下大韩民国政府宣布正式成立。

美国和韩国乐观地认为，随着大韩民国的建立和宪法的颁行，韩国即将进入所谓真正的民主法治时代。但是实践证明从美国移植而来三权分立法治道路很快就走上了畸形发展道路，李承晚大力强化总统权力，以总统为中心重构国家制度，建立了"帝王式"总统制。在当时复杂的政治背景下，以总统为中心的行政权力日益扩张，宪法确立的三权分立制度徒有形式，李承晚为了谋求连任推动了两次宪法修改。

（一）第一次修宪将总统选举方式由国会间接选举改为全民直接选举

在国会中，韩国民主党占据了多数席位，李承晚的支持势力成为少数党派，韩国民主党利用在国会中的优势地位与李承晚展开了权力争夺。而李承晚当选为第一届总统后也罔顾国会和政党的主张，大力排斥韩国民主党。1950年5月30日，任期两年的首届国会结束，韩国举行了第二届国会选举，李承晚的支持势力只得到210名国会议员中的57个席位，形势对其连任总统极为不利。李承晚决心组建政党，加强与韩国民主党在议会中的权力争夺，以确保总统连任。1951年8月15日，李承晚提出组建以民主主义为基础，以劳动者和农民为主体的大众政党。1951年12月23日，韩国自由党正式成立，这是韩国第一个执政党。但是刚刚组建的自由党并没有为李承晚谋求连任带来直接帮助。李承晚于1951年11月30日和1952年5月14日两次向国会提交了宪法修改案[①]，要求将总统选举方式由国会间接选举修改为全

---

[①] 参见杨永骆、沈圣英编著：《南朝鲜》，世界知识出版社1985年版，第52—53页。

体国民直接选举,但是由于韩国民主党占优势地位,国会否决了宪法修改案。为继任总统,1952年7月4日,李承晚以反共为由实施戒严,逮捕在野党议员并要求解散国会,迫使国会强行"通过"了以总统直选制为主要内容的宪法修正案。① 同时还修改了国会组成方式,由一院制修改为两院制,即民议院和参议院。另外还强化内阁责任制,国会有权提起对国务委员的不信任案。这次宪法修改,虽然部分满足了韩国民主党关于加强责任内阁制的主张,但是最主要的是修改了总统选举方式,为李承晚连任总统提供保障。1952年8月5日,在第二届总统选举中李承晚以74.6%的得票率实现连任。

(二) 第二次修宪取消首任总统连任的限制

李承晚连任总统成功后,继续推进在国会中的议会席位争夺。1954年5月,第三届国会议员选举,李承晚的自由党获得了总共203个议席中的114席,超过长期占据多数席位的民主党成为国会第一大党,而民主党只获得了15个议席,丧失了组成交涉团体的资格,国会中自由党"一党独大"的局面由此形成,李承晚实现了对行政权和立法权的绝对控制。在此背景下,李承晚继续推进宪法修改进程。宪法规定总统任期四年,连任不得超过一次。自由党向国会提交宪法修正案,要求宪法允许首届总统连任。1954年11月27日,国会表决,203名议员中,135票赞成,60票反对,7票弃权,1票缺席。按照当时的韩国宪法,宪法修正案需要2/3以上多数赞成才能通过。据此计算,需要135.55张赞成票,实际上应为136票才能通过宪法修正案,投票结果尚差1票不符合宪法要求的2/3多数,从而遭到否决。但是,李承晚的自由党不顾国会反对,按照"四舍五入"方式迫使国会重新宣布宪法修正案通过,成为韩国宪政史上的耻辱。② 这次韩国宪政史上著名的"四舍五入修宪"主要内容为:废除对首任总统连任的限制;废除民议院对国务院的不信任权和连带责任制;取消国务总理制。这次宪法修改授权总统直接任命国务委员,大幅度削弱国会的立法权,减少国会对总统的制衡,进一步强化了总统的行政大权,使总统权力凌驾于国会之上。

---

① Jongsuk Chay, *Unequal Partners in Peace and War: The Republic of Korea and the United States, 1948-1953*, London: Praeger Publishers, 2002, p. 279.

② Juergen Kleiner, *Korea: A Century of Change*, New Jersey: World Scientific Publishing Company, 2001, p. 111.

第三次总统选举前夕，反对党虽然不满李承晚的威权统治，但是党派林立，势力分散，具有竞争力的民主党总统候选人申翼熙在大选前不久突然"病逝"。1956年5月，李承晚以55.6%的得票率第三次当选为韩国总统。在这次选举中，民主党候选人张勉战胜自由党的李起鹏当选为第三届副总统。在1958年5月2日举行的第三届国会选举中，虽然自由党获得了126个多数席位，但是民主党也获得了79个席位，拥有超过1/3的席位。1960年，已经三次出任总统的李承晚继续谋求第四届总统任期。李承晚出动警察，采取暴力威胁、伪造选票、操纵选票统计等各种舞弊行为，最终在1960年3月15日第四届总统选举中以92%的支持率高票当选韩国第四届总统。但是这一结果没有得到在野党的承认，在野党立即发表了"选举无效宣言"，号召反对李承晚，强烈抗议自由党的舞弊行为和李承晚的个人独裁统治。1960年4月19日，韩国爆发了反对李承晚和自由党独裁统治的示威活动，首尔十几万大学生走上街头，李承晚政权发动军队进行镇压，导致186人死亡，6026人受伤。但是迫于压力，1960年4月27日，李承晚向国会提出辞呈，5月29日逃亡夏威夷，独裁政权坍塌，韩国历史上的民主运动第一次取得成功。

## 二、内阁责任制代替总统制

### （一）第三次全面修宪建立了内阁责任制

"4·19"革命结束了李承晚个人的独裁统治，自由党政府于1960年4月21日集体辞职。此时，韩国民主党主张的内阁责任制再次占据上风。1960年6月10日"宪法改正起草委员会"向国会提交宪法修改案，6月15日，国会以绝大多数赞成票的结果通过了宪法修改案。

第三次宪法修改是一次全面修改，不亚于重新制订一部宪法，涉及条文多达55项和15项附则。这次宪法修改反映了韩国当时对李承晚"帝王式"总统制的深刻反思以及对总统强权的畏惧，因而重构了韩国的法治制度设计。新宪法将总统制修改为责任内阁制，实位国家元首制度改为虚位国家元首制度，总统是名义上的国家元首，不享有实际行政权力，不隶属于某一政党，也不能行使否决权。宪法规定实行内阁责任制，行政权从总统转移至总理。国务总理由总统提名经民议院同意产生；以总理为首的国务院集中行使行政权，向民议院负责。如果国会对政府不信任，政府有权解散国会，以此保持对国会的制衡。新宪法加强了司法独立，宪法规定法官由法官选举人团选举，为司法独立奠定了制度基础。新宪法废止了弹劾裁判所与宪法委员会，新设了宪法裁判所。这次宪法全面修改，韩国国家权力重新配置，国家元首变为虚位元首，立法权、行政权、司法权在国会、国务院和司法机关之间重新分配，并且加强了国会立法权对行政权的控制，突出了议会至上的思想。

在政党政治方面，李承晚的自由党开始分裂并最终瓦解。1960年6月，自由党分裂为再建派和革新派两个派别。再建派指望召开全党大会统一思想、加强党内团结，而革新派则主张解散自由党重建新的政党。再建派的主张并没有得到实现，临时全党大会召开前，138名自由党议员中104人宣布脱离自由党，自由党再建已无可能。随后，在第五届国会议员选举中，再建派提名的54名民议员候选人只有2人当选，自由党彻底退出了韩国政治舞台。自由党的解散客观上给民主党提供了极佳的历史机遇。1960年7月29日，第五届国会议员选举中，民主党在民议院和参议院中获得了绝对多数的席位，分别获得175个席位和31个席位，民主党在国会中第一次形成了"一党独大"局面。按照第三次修改的宪法，内阁总理也将由民主党人出任，民主党的执政将迎来历史上的最佳机遇。但是民主党在国会中的绝对优势不仅没有为执掌政权提供便利，反而促进了内部分裂。民主党内部新旧两派围绕总统、总理人选和内阁成员任命问题展开了激烈的争夺。新派提名旧派的尹潽善出任总统，寄希望换取旧派同意代表新派的张勉担任内阁总理。但是尹潽善担任总统后却提名旧派的金度演出任总理，旧派试图完全排斥新派的做法引起了新派的极度不满，8月17日民议院了否决这一提名。尹潽善只得重新提名张勉担任内阁总理，这一提名也因为旧派的阻挠仅仅以超过半数2票的微弱多数获得通过。8月23日，张勉以新派为主组建了韩国第一届责任内阁。张勉担任内阁总理后完全排斥旧派人士，大量任用新派人员，又进一步加剧了新旧两派之间的冲突。旧派随即在国会中成立"民主党旧派同志联合会"，自我宣称为在野党，并于10月12日决定脱离民主党另行组建新的政党，民主党正式分裂。11月8日，旧派召开"新党发起筹备大会"，成立新民党，新旧两派彻底分裂。1961年2月20日，新民党正式成立。

### （二）第四次修宪解决追溯效力

第三次宪法全面修改颠覆了韩国的法治道路，将总统制修改为内阁责任制。但是新制度并没有给韩国带来稳定，再次显示出"水土不服"的严重反应。韩国民众要求张勉政府严惩李承晚时期的选举舞弊、贪腐等行为，韩国宪法第四次修改提到日程，这次宪法修改主要是回应韩国民众对李承晚专制统治的不满。1960年10月17日，国会表决通过了宪法附则的修改。第四次修改宪法在宪法附则中增加了具有追溯效力的条款，目的是惩罚"3·15"选举舞弊以及镇压民众的主要责任者的犯罪行为。韩国学者认为，宪法附则中增设"追溯效力"条款的合宪性值得商榷，显示了政治报复的目的。但是这次宪法修改迎合了韩国民众的要求，为追溯李承晚专制统治行为及贪污腐败提供了宪法依据，因此得到了韩国民众的认可。

"4·19"革命推翻了专制统治，新宪法重新确立的政治制度在党派之争中左右摇摆，无政府主义盛行，韩国政治、经济和社会形势恶化。张勉任内阁总理期间，执政的民主党从对立走向分裂，政府在政党内斗中进退两难，推翻李承晚专制统治重新构建的责任内阁制并没有为韩国带来社会稳定，民众的期待再次落空，社会不满情绪增加。韩国处于社会动荡不安之中，大规模的游行示威持续不断。张勉执政不满一年，四次改组内阁，政府管理混乱。民众期待的民生问题毫无起色，韩国经济陷入比李承晚时期更糟糕的状况，大量依靠美国的经济援助。韩国的历史事实再次表明民主党移植的责任内阁制走入了死胡同，第二共和国处于风雨飘摇之际，法治实验的失败预示着威权政府的再次出现。

## 第二节　朴正熙军事威权统治时期的法治

以朴正熙修改宪法重新建立"帝王式"总统制、"自我政变"终结宪法实施、在国会之外重新制定"维新宪法"为线索，可以发现朴正熙时期总统制的重新确立、异化与终结过程及其对韩国法治的影响。张勉内阁政府统治之下韩国陷入动荡不安状况，客观上需要更加强有力的政府，朴正熙以军事实力为后盾，通过"5·16"军事政变推翻了张勉内阁责任政府，通过组建政党和开展选举的方式为政权披上了合法外衣。当选总统后,第五次宪法修改重新确立了总统制。为谋求连任总统,朴正熙利用其执政党,避开国会中的在野党,第六次修改宪法允许其第三次连任总统。面对法治浪潮,朴正熙通过"自我政变"的方式终结宪法实施,在国会之外成立"非常国务会议",制定"维新宪法",宪法丧失了程序和实质上的合法性,构建不受任何限制的总统权力。

## 一、宪制变革下的法治

### (一)"5·16"军事政变推翻张勉内阁政府

张勉政府无力回应韩国民众对社会秩序的期待,韩国内忧外患,客观上需要一个强力政府解决社会问题。在此背景下,1961年5月16日,朴正熙利用韩国民众的不满情绪趁机发动军事政变,宣称"旨在把我们的国家从动乱和毁灭中拯救出来"[①]。朴正熙成立"军事革命委员会"代替政府行使最高国家权力,停止国家法律实施,发布戒严令,解散国会,禁止一切政党和社会团体活动。"军事革命委员会"以稳定社会秩序为名,禁止一切集会活动,限制公民权利,实行出版审查制度,严格审查报刊、杂志以及评论、政治性漫画、照片和国外新闻报道。1961年5月20日"军事革命委员会"发表了"革命公约",宣称革命任务完成之后,将"归还民政",把政权移交给有良心的政界人士等。1961年6月6日,"国家再建非常措施法"实施,该措施法具有与宪法同等的效力,并规定与"国家再建非常措施法"相抵触的宪法内容丧失效力。根据"国家再建非常措施法"设立"国家再建最高会议"。1962年3月22日,尹潽善被迫辞去总统职务,朴正熙代行总统职务。

朴正熙先后通过立法的方式限制其他政党活动,为其在总统选举中获胜奠定基础。1962年3月,军政府通过《政治活动净化法》限制参加政治活动人员的资格。1962年12月31日,军事政府颁布《政党法》,不仅规定总统候选人必须由其所属的政党提名,而且增加组建政党的难度。此外,还大幅度地修改了《国会议员选举法》,规定议员候选人只能由政党推荐,禁止

---

[①] 玄雄:《朴正熙》,红旗出版社1993年版,第9页。

无党派人士参选。根据《国会议员选举法》，推行比例代表制，这一制度旨在降低小党参加选举获得议席的机会，方便朴正熙组建大党赢得选举。1963年初，为谋取国会选举胜利，朴正熙以"民族的民主主义"为指导思想，成立了民主共和党，将其作为"御用执政工具政党"。1963年2月6日，民主共和党（简称"共和党"）宣布成立。1963年8月30日，朴正熙宣布加入共和党，担任该党总裁并被推选为总统候选人。

（二）第五次宪法修改韩国重回总统制

朴正熙掌握国家大权后，立即着手修改宪法，为总统选举做准备，希望通过选举为其掌握政权提供合法性。1962年12月6日，"宪法修改审议特别委员会"起草的宪法修改案获得通过。12月17日，宪法修改案获得全民公投通过，12月26日，新宪法公布，史称第三共和国宪法。第五次宪法修改是在朴正熙解散国会的前提下由军政府修改通过，回避了宪法修改程序。新宪法在国家权力配置上出现重大变革，主要是贯彻了朴正熙加强总统权力建立强力政府的思想。宪法废除两院制国会，重新回到早期的一院制。宪法最重大的变化是废除内阁责任制，重新确立总统制，不再设置副总统制度，总统独揽行政大权，既是国家元首又是政府行政首脑，总统由国民直接选举，任期四年，可以连任一次。

这次宪法修改赋予总统广泛的行政权力，削弱了国会的立法权和监督权。宪法不仅将行政大权集中在总统一人身上，而且总统无需立法机关批准有权任命和撤换国务总理和国务委员。国会地位和权力下降，失去了选举总统和任命总理的权力，也丧失了宪法修改权以及对各部长官任命的批准权等。在立法权上，总统分享立法建议权，宪法授权行政机关有权与国会议员一样提出各种立法议案。在议员组成上，宪法规定国会议员候选人必须由政党提出，独立人士不得担任。韩国第五次宪法修改从程序上来讲，是在国会被解散的情况下制定的，根据"国家非常措施法"由国民投票通过，因此存在程序违法嫌疑。从内容上来讲，这次宪法虽然从形式上确立了三权分立制度，但是"三权"并没有实现真正的制衡，总统独揽行政大权，并分享国会的立法权和财政预算权。实际运行中，总统通过其组建的"民主共和党"控制国会，并通过法律规定严格限制其他政党的竞选能力。因此，总统实际上统揽了立法权和行政权。这种制度设计客观上有利于朴正熙强力维护社会秩序、推动经济发展的现实需要。

在朴正熙完成宪法修改并组建政党之后，总统选举和国会选举正式开始。在此之间，前民主党和前自由党等在野势力也在积极谋划，通过组建新政党的方式为总统选举和国会选举做准备。但是在野势力始终难以组建统一的政党，组成"统一战线"的计划也中途夭折。1963年10月15日，共和党总统候选人朴正熙战胜了民政党总统候选人尹潽善，正式当选韩国第五届总统。公开选举的结果弥补了朴正熙执政的合法性问题。1963年11月26日，第六届国会议员选举中，朴正熙的"共和党"赢得了110个席位，在175个议席中占据绝对多数，达到了朴正熙组建政党控制国会的政治目的。朴正熙总统选举和"共和党"国会选举的双获胜，标志着朴正熙军事威权统治的正式确立。

（三）第六次宪法修改允许朴正熙第三次连任总统

1967年5月总统大选中，共和党战胜在野党新民党，朴正熙成功连任总统。紧接着6月的国会大选中，共和党又获得129个席位，再次以绝对优势控制了国会。为继续连任总统，朴正熙开始酝酿再次修改宪法，取消总统连任一次的宪法限制。1969年8月7日，共和党向国会提出宪法修改案，在野党议员提出强烈反对，因此共和党采取了不正当手段避开在野党议员，9月14日凌晨2点30分单方面通过了宪法修改案。随后，在10月17日举行的全民公投中宪法修改案获得了超过700万的多数赞成票。[①] 这次宪法修改允许朴正熙连任总统，为朴正熙继续执政提供了宪法依据。同时，增加了国会议员人数，规定了更加严格的总统弹劾条件，目的是为朴正熙加强集权统治进一步扫清制度障碍。

## 二、对权力的松绑与法治的不胜任

（一）"自我政变"停止宪法实施

20世纪70年代，国际政治关系发生重大变化，尼克松访华缓和了中美对抗关系，韩国担心其反共桥头堡的作用将大大下降。1972年，南北韩两

---

[①] 参加表决的122名共和党议员全部投票赞成，在全民公投中，因为朴正熙开展了"新村运动"以及在经济发展方面的巨大成功，获得了韩国民众的广泛支持。

方开始政治接触，同年7月4日发表了共同声明，南北半岛进入对话时代。朴正熙充满了对当时国际局势的不安，朴正熙认为原来"胜共统一"的政策不仅无法实现，而且可能造成国内矛盾激化，动摇和打乱韩国的社会秩序，导致严重的社会混乱局面。在国内方面，1971年4月27日第七届总统选举中，朴正熙利用执政优势和经济绩效赢得总统大选，但是在野党候选人金大中赢得了46%的支持率，朴正熙的得票率仅仅比金大中高出7.9%。1971年5月选举的第八届国会，在总共204个议席中在野党新民党获得89席，占44.4%，成为第一大反对党，而朴正熙所在的共和党仅获得113席，占48.8%。1971年总统选举和国会选举的结果，直接威胁到朴正熙的统治，朴正熙认为如果任由此种形势发展，结果可能会非常不利，甚至有可能失去统治地位。国际国内形势迫使朴正熙寻求加强集权统治的方式。

1971年12月6日，朴正熙借口朝鲜"南侵威胁"，排除反对党议员参加会议，强行通过"国家保卫特别措施法"。"国家保卫特别措施法"授权总统享有超越宪法的国家紧急权力，总统有权宣布国家紧急戒严令及国家动员令。1972年10月17日，朴正熙以朝鲜侵略为借口，宣布实行戒严，解散国会，取缔政党，禁止社会团体活动。朴正熙通过"自我政变"的方式宣告了其第三共和国的终结。

（二）"维新宪法"取消总统任期限制

1972年10月27日，"非常国务会议"提出了宪法修正案，11月21日宪法修正案在全民公投中获得通过，史称"维新宪法"。第七次宪法修改是在解散国会的情况下由"非常国务议会"制定的，指导思想是加强朴正熙的个人集权统治，为继续统治清除宪法障碍。主要内容是建立不受任何限制的"帝王式"终身总统制，同时还能够直接控制立法机关。宪法修改延长了总统任期，从四年延长至六年。将总统选举方式由国民直接选举改为由"统一主体国民会议"选举。这次宪法修改赋予总统不经国会同意和不受法院司法审议的紧急措施权，紧急状态下总统拥有代行立法权、司法权和行政权。总统有权解散国会，有权发布命令禁止政党活动，有权修改宪法。

在立法机构上，修改后的宪法在国会之外设立"统一主体国民会议"，行使最高国家权力，从制度上排除了在野党干政的渠道。全国划分为1630个选区，代议员从选区中由选举产生，总统直接兼任会议议长。议长任期六年,与总统同时进退。"统一主体国民会议"凌驾于国会之上,成为最高决策机构。为保证朴正熙对"统一主体国民会议"的控制,宪法禁止"统一主体国民会议"的代议员参加政党,也不得担任国会议员。"统一主体国民会议"主要功能是选举总统,表决通过总统议案。在国会议员选举上,1/3的议员由总统提名推荐经"统一主体国民会议"产生。"统一主体国民会议"为朴正熙无限期担任总统提供了制度渠道。通过此种制度设计,国会地位下降,国会中的在野党发挥不了监督执政党的作用,国会完全成为总统的权力附庸。这次宪法修改严重破坏了司法独立,宪法授权总统有权任命和罢免法官。在公民政治权利方面,宪法严格限制罢工、游行等活动,公民只享有非常有限的言论自由,禁止传播共产主义思想。通过这次宪法修改,朴正熙总揽行政权、立法权、司法权,在内政、外交、国防、经济、财政和司法等领域享有不受限制的权力,国会有名无实,形成了军事武力之下的个人权威主义独裁体制。宪法程序合法性和实质合法性已经彻底丧失,宪法沦为个人专权统治的工具。

（三）无法胜任法治之责

20世纪70年代后期,朴正熙的集权统治虽然创造了经济奇迹,但是国内政治抗议持续发酵,共和党内部也出现了严重分化。朴正熙没有回应韩国民众对法治的诉求,反而通过高压手段一味压制反对势力。从1974年4月3日朴正熙根据"维新宪法"发布"第1号紧急措施"开始,朴正熙总共发布9次紧急措施,通过连续发布紧急措施的方式严格限制民众政治活动,拒绝韩国民众修改宪法的请求。1979年10月,韩国釜山和马山爆发了以学生为主的大规模抗议活动,朴正熙采取了严厉的镇压措施,但是共和党内部对镇压方式存在严重分歧,并导致内部分裂。在国内政党政治方面,1978年12月12日第十届国会议员选举中,共和党候选人大量落选。在野党新民党反对维新体制、要求恢复民主秩序的主张得到大量选民的支持,成功赢取了32.8%的选票,超过共和党约1.1个百分点。第十届国会议员选举结果和国内政治形势表明,朴正熙的军事集权统治越来越失去支持。1979年10月26日,朴正熙被中央情报部部长金载圭刺杀,朴正熙维新体制之下的个人专制统治结束。

## 第三节　韩国后军事威权统治时期的法治

朴正熙遇刺身亡之后，韩国进入了短暂的过渡政府时期，但是全斗焕很快通过"双十二"军事政变掌握了韩国政权。韩国宪法迎来了第八次修改，从文本内容上，这部宪法重新确立了三权分立思想之下的总统制，弱化总统权力，将其置于国会的控制之下，同时增强了司法权的独立地位。但是出身军部的全斗焕政权延续了军事威权统治模式，韩国总统权力依然在文本与实践之间呈现巨大的张力。

### 一、法治面临政变的严峻挑战

1979 年 12 月 6 日，"统一主体国民会议"选举崔圭夏为韩国第 10 任总统。为尽快结束社会混乱状况，崔圭夏宣布废除朴正熙的"第 9 号紧急措施"[1]，表示将尽快修改宪法，推行民主法治，进行法治改革。但是文官出身的崔圭夏在复杂的局势下无法掌控韩国局势，特别是无力掌控军事势力。而韩国经济出现负增长，社会动荡不安。军部强硬势力利用了民众对社会稳定的心理需求，于 1979 年 12 月 12 日发动了"肃军政变"，史称"双十二政变"，实际上掌握了政权。执政党共和党在朴正熙死后走上了分裂的道路，1979 年 11 月 10 日，共和党第 3 任总裁金钟泌宣布不提名总统候选人，标志着共和党退出政治舞台，已经名存实亡。全斗焕的军事政变引发了大规模的民主抗议活动，要求对宪法进行修改，并要求全斗焕辞职。1980 年 5 月 17 日，全斗焕发布"紧急戒严令"，在全国范围内实施戒严，解散国会和政党，禁止诽谤国家元首，逐渐掌握了政权。但是反对全斗焕的抗议活动持续升级。1980 年 5 月 18 日，光州地区的学生和市民发动了大规模的示威游行，要求取消戒严令，全斗焕通过军事手段严厉镇压，史称"光州惨案"，造成 154 人死亡，四千多人受伤。5 月 31 日，"国家保卫非常对策委员会"成立，全斗焕任"国家保卫非常对策委员会"委员长，崔圭夏被迫辞去总统职务，

---

[1] 朴正熙于 1975 年 5 月 13 日发布"第 9 号总统紧急措施"，主要目的是严厉打击反对党废除维新宪法的需求，惩治反对军事独裁统治斗争的行为。

"统一主体国民会议"选举全斗焕为韩国第11任总统。

## 二、法治在第八次修宪中艰难前行

全斗焕当选总统后立即着手修改宪法。1980年10月22日,第五共和国宪法由全民公投通过,10月27日正式公布。新宪法的思路是废除朴正熙集权式总统制,分散立法权、行政权和司法权,重新确立三权分立制度。在总统选举方式上,取消"统一主体国民会议"选举总统制度,改为选举人团选举方式。先由选民选举产生5000人以上的选举人团,再由选举人团选举总统。在国会议员选举上,新军部保留了1区2人的选举制度,并恢复了比例代表制。这种议会议员选举制度,表面上恢复了政党选举自由,但是当时韩国政党林立,力量分散,实际上分化了在野政党,有利于新军部组建的政党在选举中获取多数席位。宪法修改将总统任期规定为7年,并且不得连任。吸取朴正熙在任期间反复修改宪法的教训,这次宪法规定总统在任期之内不能提议修改宪法规定的总统任期制度。针对朴正熙长期动用不受限制的紧急措施权力,新宪法限制了总统的紧急措施权,将总统的紧急措施权纳入司法审查的范围。宪法明确规定,紧急措施应当在达到发动目的的最短时间内实行,总统宣布实施紧急状态应当立即通告国会取得国会追认,否则紧急措施将失去效力。

在国会与总统的关系上,新宪法规定总统解散国会,须经国务会议审议和国会议长的咨询。为限制总统解散国会,宪法规定国会未满一年总统无权宣布解散。在宪法修改上,总统或过半数的国会议员有权提出宪法修正案,但是修正案需要通过国会议决和国民投票。新宪法加大了司法独立的保障力度,总统有权任命大法官,但是其他法官由大法院长任命,宪法保障法官的独立身份。在公民基本权利方面,新宪法强化了人权保障,体现了基本权利的自然法属性,而不仅局限于现行法律规定的实定权利。这次宪法修改,从文本角度来看,体现了三权分立和主权在民思想,弱化和限制了总统权力,将其置于国会的控制之下,突出了立法至上思想,同时增加了司法权的独立性。这部宪法为政权的和平交替奠定了基础,在韩国法治进程中是一部进步的宪法。但是韩国的法治实践仍然保留了巨大的历史惯性,威权统治模式并没有消除。

1981年1月15日，军事势力组建成立民主正义党（简称民正党），全斗焕担任党总裁和总统候选人。民正党依靠军事势力的支持，成立伊始未经选举就取得了执政党的地位。通过组建政党，全斗焕将权力从军部转移至民正党，不仅为全斗焕政府增加了合法性，同时为新宪法之下的总统选举和国会选举创造条件。另一方面，允许政党活动正常化之后，在野势力纷纷重新组建政党。到1981年3月第十一届国会选举之前，韩国先后成立了十多个政党。

在以全斗焕为核心的军事势力组建政党之后，总统选举开始。1981年2月11日，按照总统选举人团选举方式，民正党人在5278名选举人中所占比例高达69.95%，民主韩国党占7.79%。2月25日，全斗焕以90.23%的优势当选韩国第12届总统。1981年3月25日，第11届国会选举中，民正党赢得了总数276个议席中的151个席位，取得了在国会中的优势地位。

## 第四节 现行宪法出台与韩国法治时代的开启

韩国经济和民主政治的发展，迫使全斗焕政府无法继续使用军事手段明目张胆地实行军事威权统治。"民主化宣言"预示着韩国法治时代的开启，以此为指导思想，韩国宪法再次进行了修改，经过第九次修改形成了韩国现行宪法。现行宪法的修改过程超越了党派之争，体现了朝野各方意志，克服了以往宪法修改程序的违法性，在宪法生成上取得了正当性。现行宪法之下，总统虽然继续享有很大的权力，但是出身军部的卢泰愚当选总统后和平地将总统权力交接给金泳三，由此韩国结束了军人总统时代，进入了文人政治时代。

### 一、"民主化宣言"

韩国宪法经过全斗焕的第八次修改，从宪法文本上取得了进步，但是军人出身的全斗焕政府仍然延续了军事威权统治，全斗焕作为国家元首，同时兼任了政府首脑和执政党党首，对国会和司法部施加着巨大的压力。但是此时韩国经济快速发展，中产阶级逐渐成熟，韩国的教育水平和人口素质有了较大的提高，韩国民主法治运动蓬勃发展，全斗焕政府不敢再次使用武力镇压手段重复"光州惨案"式的镇压。在国内政党政治方面，全斗焕政权在法治进步的压力之下，逐步解除了对政治活动的限制。1985年1月18日，在野势力联合组建了新韩国民主党，简称新民党。在1985年2月12日的第12届国会选举中，虽然执政党民正党获得了148个席位，但是新民党也获得67个席位，成为最大的在野党。国会选举后，在巨大的压力之下，全斗焕特赦了一大批在野党民主人士，金大中无期徒刑改为二十年有期徒刑，金泳三恢复政治自由。在野党势力极力推动宪法修改，修改总统选举方式，实行总统直接选举制度。

1987年6月，韩国民众要求修改宪法的呼声不断高涨，发起了全国范围内的反政府示威运动。面对此种情况，执政党民正党的党代表卢泰愚在6月29日发表了"民主化宣言"。宣言承诺：第一，执政党联合在野党共同修改宪法，实行总统直接选举。第二，修改总统选举法，确保自由公正选举。第三，释放政治犯，赦免金大中并恢复其政治自由。第四，扩大和保障公民基本权利。第五，实行言论自由，修改新闻基本法，废除记者审查制度。第六，实行地方自治，保障大学自治。第七，政党活动合法化，推行政党政治，保障政党参加选举的权利。第八，创造彼此信任、充满活力的社会共同体，保证公共福利。

## 二、法治下的宪法再变革

"6·29民主化宣言"快速推动了宪法修改，由10人组成的"宪法修改案起草委员会"具体负责宪法修改工作。1987年10月12日，国会表决通过修改案。1987年10月27日，全民公投以93.1%的支持率通过新宪法。韩国这次全面修宪在韩国宪政史上的分水岭，其出台过程表现出以往宪法修改所不具有的特点，全斗焕执政当局与在野各党派协商共同修改宪法，由相对中立的专门机构负责宪法修改草案的起草，宪法修改得到各方势力的赞同，顺应了韩国法治发展的要求，起草和公投过程体现了宪法的程序合法性。

在内容方面，总统制是修改的核心，新宪法规定，总统由国民直接选举产生，实行普遍、平等、直接、秘密的选举原则，任期五年，不得连选连任。总统有权采取紧急措施，宣布戒严令，但是受到严格限制。总统是国家元首,对外代表国家。总统是行政首脑,负责执行国会通过的法律,有权发布命令。总统是武装力量总司令,有权宣战。总统享有立法建议权。宪法规定,国会由国民选举产生,是由议会组成的国家代议机关和立法机关,有权制定法律,监督国家行政,审议财政预算,等等。针对朴正熙时期总统权超越立法权造成的弊端,这次宪法提高国会地位,加强国会权力,恢复了国政监察权,实行听证制度,听取政府工作报告并对其进行监督。1/3以上议员可以成立"特别调查委员会",就政府权力行使进行合法性调查。在国会与总统的关系上,大幅度削减了总统权力,加强并提升国会权力和地位。总统不能解散国会,但是国会有权弹劾总统。总统虽然可以实施紧急措施,但是必须在规定时间内向国会报告,并且要取得国会同意,否则将失去效力。鉴于以往宪法频繁修改造成宪法权威丧失等情况,新宪法规定了严格的宪法修改程序,总统、半数以上的议员一致同意可以提请修改宪法,但是宪法修改必须经2/3以上的赞成票以及超过半数的全民公决才能通过。在司法独立方面,宪法规定,大法院院长和大法官任命的批准权由国会行使。大法官和法官均可连任,司法机关独立性进一步加强。新宪法完善宪法裁判制度,废除"宪法委员会"而改设"宪法裁判所"。"宪法裁判所"拥有法律合宪性审查权力,有权审查宪法诉愿事项,有权审理总统弹劾案、政党解散案、国家机关权限争议案等,韩国正式建立了违宪审查制度。新宪法进一步扩大了公民权利和自由,这些权利包括言论、出版、集会、结社等。这次宪法修改是韩国历史上第九次修改,修改过程超越了党派之争,克服了以往宪法修改程序的违法性,在宪法生成上取得了正当性。

### 三、新宪法之下总统权力和平交接

这次宪法修改之后,总统大选如期而至。在野党的主要代表人物金泳三和金大中无法达成一致,分别以两个党派的候选人参加选举,因而分散了选票。来自执政党民正党的候选人卢泰愚在1987年12月16日以36.6%的微弱优势当选韩国第13届总统,而金泳三和金大中则分别获得了28.0%和27.1%的选票。在接下来的韩国第13届国会议员选举中,民正党只获得了125个席位,成为第一个未获半数议席的执政党。对执政党民正党而言,由于在国会中不占据多数席位,无法控制国会,其执政也将受到限制。卢泰愚提出三党合并的建议，得到民主党和共和党的响应。民正党与在野的民主党、共和党正式合并，成立民主自由党（简称民自党），一跃成为第一大党，占据了国会2/3以上的多数议席。1992年的第14届总统选举是韩国现行宪法实施以来第二次总统大选，也是新宪法的第一次真正考验。作为执政党民自党候选人的金泳三以42%的得票率战胜民主党候选人金大中，当选为韩国第14届总统，也是韩国32年来的第一位文职总统，这次总统选举是现行宪法的第一次大考，标志着军事威权统治退出韩国宪政历史，韩国从此进入了全新的"文人政府"主导的法治时代。

金大中于1995年8月11日新组建了新政治国民会议（简称国民会议），其本人被推选为该党总裁。1996年5月4日，金大中与金钟泌领导的自由民主联合（简称自民联）合作应对总统大选，由金大中出任两党共同候选人。执政的民自党被金泳三改组，于1995年12月6日改名为新韩国党。但是在总统大选前，新韩国党内部发生分裂，李会昌作为新韩国党的总统候选人参加总统大选。在总统大选来临之前，李会昌吸收了其他党派，将新韩国党改名为大国家党。1997年12月18日第15届总统大选中，金大中以40.3%的微弱优势战胜执政党候选人李会昌当选韩国总统，金大中也因此成为了韩国法治史上第一个成功当选总统的在野党候选人。[①] 1998年2月25日，金大中就任韩国第15届总统，这是韩国现行宪法之下总统选举的标志性事件，这次总统大选在韩国历史上实现了第一次总统权力在执政党与在野党之间的和平转移。2002年12月19日，第16届总统大选中，民主党的卢武铉以48.9%的支持率当选韩国第16届总统。此后，李明博和朴槿惠分别以选举方式当选为韩国第17届总统和第18届总统。

## 第五节　对韩国法治道路变迁的思考

美国总统制建立在西方文化基础之下，韩国具有深厚的传统儒家文化，移植过来的西方制度与自身传统文化之间的不兼容，是韩国总统制困境的深层文化原因。腐败伴随着韩国现代化的进程，多位总统陷入腐败丑闻，轻则

---

① 陈周旺：《金大中政治思想与韩国政党政治的转型》，载《当代亚太》2000年第8期。

执政受困,向国民道歉,重则被迫自杀、被判入狱。韩国仿照西方国家实行多党制。但是如果政党并没有统一的宗旨和政治主张,政党更替频繁,容易沦为政治强人谋求总统权力和控制国会的"工具政党"。

## 一、权力制约是法治的关键

权力制约是法治的关键,而韩国的法治道路选择与实践表面上似乎建立在三权分立、权力制衡、民主选举的制度框架下,但制度设计与实践成效发生了最上层的整体性断裂。韩国部分总统从法治的主导者沦为法治的受审者,便是在法治道路选择上危机频发的最生动写照和最集中反映。韩国总统情况概述如下:

| | 姓名 | 任期 | 结局 | 下台事件 | 政权类型 |
|---|---|---|---|---|---|
| 第1位(第1、2、3届) | 李承晚 | 1948年7月—1960年4月 | 逃亡 | 1960年3月15日,李承晚在第四任总统大选中通过舞弊手段获得90%的选票,引发示威活动。镇压"4·19"民主运动造成186人死亡,被迫宣布辞职。 | 威权统治 |
| 第2位第4届 | 尹潽善 | 1960年8月—1962年3月 | 军事政变后辞职 | 遭遇朴正熙"5·16"政变,此后不久被迫辞职。 | 民选过渡性质政府 |
| 第3位第5—9届 | 朴正熙 | 1963年10月—1979年10月 | 被暗杀 | 1979年10月26日被中央情报局局长暗杀。 | 威权统治 |
| 第4位第10届 | 崔圭夏 | 1979年12月—1980年8月 | 军事政变被辞职 | 1979年12月12日全斗焕发动"双十二"军事政变,军事政变后辞职。 | 民选过渡性质政府 |
| 第5位第11、12届 | 全斗焕 | 1980年8月—1987年12月 | 被判刑入狱 | 1995年11月被捕。1996年8月,汉城地方法院以主动参与军事叛乱和内乱罪、谋杀上司未遂罪以及受贿罪,被判死刑,后终身监禁。1997年12月获得金大中特赦。 | 威权统治 |
| 第6位第13届 | 卢泰愚 | 1988年1月—1993年2月 | 被判刑入狱 | 1995年11月被捕。1997年4月17日,韩国大法院判处17年徒刑,罚款2628亿韩元。1997年12月,获金大中特赦。 | 威权统治向民选政府和平过渡 |
| 第7位第14届 | 金泳三 | 1993年2月—1998年2月 | 卸任,但是卷入受贿丑闻 | 卷入"韩宝钢铁公司贷款丑闻",儿子金贤哲因收受非法政治献金两次入狱。 | 结束了军人执政的历史,进入"文人政治"时期 |

续表

| | 姓名 | 任期 | 结局 | 下台事件 | 政权类型 |
|---|---|---|---|---|---|
| 第8位<br>第15届 | 金大中 | 1998年2月—<br>2003年2月 | 卸任，但是卷<br>入受贿丑闻 | 因为儿子逃税和受贿被判刑，金大中5次向国民道歉。 | 民选政府 |
| 第9位<br>第16届 | 卢武铉 | 2003年2月—<br>2008年2月 | 跳崖自杀 | 2004年3月12日，韩国国会议会宣布，以193：2票通过弹劾案，但是最高宪法法院否决了弹劾案，继续执政。卸任后，因家人被指控接受贿赂，卷入受贿丑闻，受到检方调查。 | 民选政府 |
| 第10位<br>第17届 | 李明博 | 2008年2月—<br>2013年2月 | 卸任，目前受审 | 任期内长兄李相得、总统府官员、甚至夫人和儿子都卷入"私宅案"，多次向国民道歉。2018年3月22日被捕，以涉嫌贪污受贿等罪名受审。 | 民选政府 |
| 第11位<br>第18届 | 朴槿惠 | 2013年2月—<br>2016年12月 | 被国会弹劾，<br>接受宪法法院<br>审理 | 因为闺蜜干政，2016年12月9日，国会以234票赞成、56票反对、2票弃权、7票无效的投票结果通过弹劾案，交由宪法法院审判。 | 民选政府 |
| 第12位<br>第19届 | 文在寅 | 2017年5月9日以41.08%的支持率当选至今 | 执政中 | 执政中 | 民选政府 |

在美国的主导下，韩国自建国伊始设立了三权分立制度，总统是国家法治道路制度的核心，政治实践也形成了以总统行政权为中心的运作模式，韩国建国以来的法治变革始终围绕总统制度以及总统权力的实际运行而展开。迄今为止，除现任总统文在寅之外其他11任总统中，1人逃亡、2人被军事政变颠覆下台、1人被暗杀、2人被判刑入狱、1人跳崖自杀、2人卷入受贿丑闻、1人被国会成功弹劾、唯一的"幸运儿"李明博虽然成功卸任，在任期间因为长兄李相得、总统府官员、甚至夫人和儿子都卷入"私宅案"多次向国民道歉，最近其曾经的"大管家"金伯骏被法院批准逮捕，开庭受审。[1] 韩国总统成了最危险的职业。[2] 如果以现行宪法为分界线，此前的总

---

[1] 和讯新闻网：《太惨了！刚刚韩国前总统全军覆没》，http：//news.hexun.com/2018－01－18/192264586.html. 最后访问时间：2018年6月21日。

[2] 人民网新闻：《韩国总统成"高危职业"？11任中10人结局惨淡》，http：//world.people.com.cn/n1/2017/0401/c1002-29185498.html. 最后访问时间：2018年6月21日。

统下场以逃亡他国、被军事政变颠覆下台和被刺杀为主,现行宪法以来总统则受困于"法之害",第5位和第6位总统被判刑入狱,以民主斗士和政治清廉著称的第7位和第8位总统在任内即卷入经济受贿丑闻,第9位和第11位先后被国会弹劾①,第10位总统前途未卜。韩国总统的悲惨下场,不仅是其个人的悲惨命运,从制度设计和法治实践角度来讲,暴露了韩国总统制度及法治道路设计的缺陷。总统个人的悲惨下场是韩国法治道路探索的一个缩影,不仅再一次说明西方三权分立制度及其法治模式的局限性,也深刻地揭示了法治后发展国家在法治道路选择及法治实践上必须遵从的基本规律,即法治没有固定统一的模式,法治道路必须坚持与本国国情、传统文化相适应。深刻总结韩国总统制的缺陷,汲取韩国法治道路探索的教训,不无重大借鉴意义。

## 二、西方法治无法直接融入本国传统文化

二战后美国为了谋求全球霸主地位,将韩国视为其在东亚对抗苏联及社会主义阵营的桥头堡,以美国三权分立为蓝本,对韩国法治制度进行了改造,扶植亲美右翼势力代表李承晚当选总统,试图通过制度的趋同性设计纳入其全球战略体系。但是美国无法改造韩国的文化基础,韩国的传统文化根基并没有动摇,形成了西方法治制度直接嫁接到韩国传统文化基础之上的离合状态。西方文化的总统制度与韩国传统文化的不兼容是韩国总统制运行困境以及总统个人悲惨下场的重要原因。

韩国文化是一个复合体,既有近代以前中国儒家文化,又包含了现代日本和西方文化。从传统上看,重视亲情伦理、共同体的利益、社会和谐;从现代看,则崇尚个人自由、福利与民主价值观。儒家伦理观念是社会架构的内核,是维护社会秩序的精神主线,其核心架构是"三纲五常",强调"忠恕"思想。"君使臣以礼,臣事君以忠。"② 曾子曰:"夫子之道,忠恕而已矣。"③ "忠恕"后经程朱理学的发展,被其崇尚为"天理",视为无需证明

---

① 2004年3月12日,韩国国会议长朴宽用宣布,国会以193:2通过弹劾案,但是最高宪法法院否决了弹劾案,继续执政的第11位总统朴槿惠的弹劾案被宪法法院受理,随后被法院判处徒刑。
② 《论语·八佾》。
③ 《论语·里仁》。

必须遵守的礼制,这种思想在封建社会有助于维护君主的无上权威,要求自下而上地绝对服从,有助于强化中央集权制度,从而为社会秩序提供思想基础。中国是儒家文化的原产地,儒家文化不仅是中国传统思想文化的主流,也极大地影响了韩国。

据考证,中国儒家思想传入韩国经历了四个阶段:第一,殷末周初。殷商灭亡后,作为殷末"三仁"之一的箕子避地朝鲜,《后汉书·东夷列传》记载"昔箕子违衰殷之运,避地朝鲜",以商朝礼仪教化朝鲜。第二,秦汉时期。孔子的"六经思想"传入朝鲜半岛。第三,高丽末期和朝鲜王朝初期。中国的朱子思想传入朝鲜半岛。第四,朝鲜王朝后半期。实学思想在朝鲜半岛流行。[①] 儒家思想在朝鲜半岛一直是传统的主流思想和价值观念。"儒家思想中的国家观和权威观在韩国等东亚国家中转化为'秩序原理'。"[②] 高句丽时期,小兽林王于公元 372 年在朝鲜建立太学,讲授中国儒家思想,"忠恕"被视为保家卫国的伦理宗法。"在三国部族国家时代,朝鲜半岛引进并效法中国的学制和法制,将儒教思想应用于政治、教育思想等各个方面,把忠孝精神分别恰如其分地应用到了国民伦理和兵役伦理中。"[③] 朝鲜三国时期重视孔孟经典《论语》和《孝经》的讲授,积极接受儒家"忠恕"思想,并作为社会实践的指导,形成了"事君以忠,事亲以孝,交友以信,临战无退,杀生有择"的"五戒"思想。[④] 在李朝后期,朝鲜发生祸乱,在国家存亡关头,儒家的"忠恕"思想发挥了积极作用。18 世纪之后,朝鲜同中国一样受到西方文明的冲击,对西方科学虽然采取了积极的态度,但是在对待两种文化的基本态度上,朝鲜主张"东道西器论",主张儒家传统文化是主体,是精神之"道",西方技术是"器"。[⑤] 近代以来,儒家文化

---

① [韩] 柳承国:《韩国对儒教思想的吸收和发展》,李东哲、贺剑城译,载《孔子研究》1995 年第 12 期。
② 刘志东:《论儒家文化对韩国崛起的影响》,载《辽宁大学学报(哲学社会科学版)》2000 年第 4 期。
③ [韩] 柳承国:《韩国对儒教思想的吸收和发展》,李东哲、贺剑城译,载《孔子研究》1995 年第 12 期。三国时期是指朝鲜半岛高句丽、百济、新罗三国鼎立时期。
④ [韩] 柳承国:《韩国的儒教思想》,贺剑城、李东哲译,载《孔子研究》1992 年第 7 期。
⑤ [韩] 柳承国:《韩国的儒教思想》,贺剑城、李东哲译,载《孔子研究》1992 年第 7 期。

在韩国社会表现得较为完整。① 20世纪以来，尤其韩国建国后，韩国的政治和社会制度经历了根本性的变革，建立了西方式的总统制度，但是韩国的儒家传统文化依然充满了活力，作为社会的思想基础继续存在，并深刻地左右了韩国法治制度的运行。韩国李氏王朝崩溃后，虽然官方传授儒家经典的做法一度中断，在西方科学主义涌入背景下，韩国传统儒学受到很大程度的冲击，但是韩国儒家传统文化并没有受到根本性的否定，儒学在韩国依然是法治制度及政府统治的一个思想基础，实际上影响着韩国的历代总统及其国民对总统的认可。韩国历届总统及政府一直利用儒家的"忠恕"思想为权威披上现代爱国主义的外衣，为其统治寻求深层次的文化正当性，从而获取韩国民众的认可。② 韩国第一任总统在经济方面毫无建树，坚持所谓的"先统一、后建设，不统一、不建设"的方针。韩国建立初期，李承晚执政的经济绩效非常不好，但是在美国支持下利用总统权力实行专制统治。李承晚政府利用朝鲜战争以及美国反共前沿阵地的作用，依靠美国的军事和经济援助生存。"李承晚的整个政治是失败的，它没有使新独立的韩国建立起有效的政治和经济秩序，相反却把旧李朝的官僚体制与作风恢复起来了。"③ 韩国自独立以来，在文化上始终没有经历过文化层面的"现代化"运动。朴正熙以威权统治稳定社会秩序，致力于韩国经济发展，为韩国的经济腾飞奠定了基础，但是仅限于经济领域，而法治方面却表现出倒退的趋势，通过军事手段加强威权统治。对于西方的法治及民主思想，朴正熙公开承认，"我们从来既未曾体验过真正的民主，也从来未曾建立过一个真正的代议制政府。"④ 此后的卢泰愚继续实行军事威权统治，全斗焕当选总统后"把'纪律'和'公共利益'说成儒学好的一面，肯定儒家精神是韩国文化的基础。"⑤ 直到金泳三当选总统韩国才进入文人政治时代。但是韩国以"忠恕"

---

① ［韩］朴永焕：《反思韩国儒家文化的当代表现》，载《浙江大学学报（人文社会科学版）》2010年第3期。
② ［美］迈克尔·罗宾逊：《儒家传统与当代韩国社会》，李怀印译，载《世界经济与政治论坛》1993年第4期。
③ 尹保云：《韩国为什么成功——朴正熙政权与韩国现代化》，文集出版社1993年版，第38页。
④ ［韩］朴正熙：《我们国家的道路》，华夏出版社1988年版，第135页。
⑤ ［美］迈克尔·罗宾逊：《儒家传统与当代韩国社会》，李怀印译，载《世界经济与政治论坛》1993年第4期。

为核心的儒家文化影响着法治探索,正如韩国学者评价,"韩国建国之后,从第一任总统到李明博总统,虽然各个政权之间存在差别,但是众多媒体和韩国人仍然把总统与国务委员以及各部长的关系比作古代君臣关系。"[1] 韩国完整的儒家文化传统要求总统"内圣外王",总统言行必须具备较高的文化修养,否则得不到文化上的认可。2004 年 3 月 12 日,韩国国会通过了对卢武铉总统的弹劾案,是韩国法治史上的第一次。其弹劾理由是:卢武铉总统违背了《选举法》规定的中立义务;亲信涉及不正当业务;政治混乱导致经济萧条。弹劾案被宪法法院驳回,法院审理认为:卢武铉在记者招待会上的发言虽然违背了《选举法》规定的中立义务,但是并不构成宪法规定的重大渎职行为;经济发展不景气也不能构成弹劾总统的理由;总统亲信的不正当行为,无法确定与总统职务的直接关系,并且其严重程度也达不到弹劾的要求。在野党弹劾总统除去政党倾轧的因素之外,从韩国传统文化的角度来看,在野党认为卢武铉总统达不到儒家文化对总统的要求,认为"总统不像总统"。卢武铉总统被称为"平民总统",没有读过大学。在野党认为卢武铉的言行缺乏总统应有的体面,行为不够庄重威严。[2] "韩国的情况说明,尽管在法律制度等上层建筑方面韩国亦步亦趋地追赶发达国家,但是最基本的身份关系及其相关观念上并没有发生根本的变化。韩国社会至今仍保持着传统习惯以及长幼有序等社会习惯。"[3] 文化是一国法治道路的基础,法治必须立足于本国传统文化基础,法治的现代化必须考虑本土文化,否则将西方文化基础之上的法治制度简单移植到东方儒家文化基础之上,意图跨越式地实现法治的现代化,实际上是一种"现代化"的陷阱。现代化与西方化是完全不同的两个概念,全盘西化不仅不能实现现代化,反而会造成法治的倒退或长期停滞不前。在关于法治道路的现代化上必须清醒地认识到,现代化的法治道路必须考虑到制度生成的文化环境,必须实现法治道路的本土化,只有将法治融入本国文化禀赋结构,构建适合本国的法治道路,才能

---

[1] [韩] 朴永焕:《反思韩国儒家文化的当代表现》,载《浙江大学学报(人文社会科学版)》2010 年第 3 期。

[2] [韩] 朴永焕:《反思韩国儒家文化的当代表现》,载《浙江大学学报(人文社会科学版)》2010 年第 3 期。

[3] 金东日:《韩国"三流政治"的一种解读:革命与意识形态视角》,载《学海》2011 年第 1 期。

为本国乃至世界法治作出贡献,才是真正的法治现代化。

### 三、腐败是困扰现代法治的难题

在现行宪法之前,韩国经济开始腾飞的朴正熙时代,就曾经爆发"三粉暴利事件"和"四大疑惑事件"。朴正熙以威权体制为保障,通过政府政策扶植大型企业集团,致力于推动韩国经济现代化建设,由此形成了众多垄断企业,政府与企业财团之间保持了密切关系。在此过程中,滋生了较严重的腐败现象。1963年,垄断白糖、面粉和水泥"三粉"产业的大型企业集团,利用自身优势地位操纵市场价格,偷税漏税,这些企业集团通过向政府捐献大量秘密政治资金换取政府的默许和容忍。1964年,中央情报部通过非法进口日本汽车、操纵证券市场、贪污国家基建投获取大量政治资金。① 三星、大宇等企业受益于政府扶植政策,也形成了政府与企业之间的复杂关系。三星创始人李秉喆的父亲与李承晚是好友关系,现代集团创始人郑周永与朴正熙保持了深厚的私交。② 这种复杂关系使此后的韩国部分总统屡陷腐败丑闻。

全斗焕时期,韩国经济继续保持高速发展。到20世纪80年代,韩国成为亚洲第二个工业化国家。但是卸任后全斗焕的腐败行为被揭露并被追究刑事责任。东亚集团、国际集团向全斗焕行贿获取国家重大项目的优惠建设权。全斗焕的家族成员全面贪腐,其兄长、弟弟和堂弟先后贪污、偷税漏税、侵吞公款。全斗焕家族被认为是韩国最出名的"贪污舞弊家族"。全斗焕的继任者卢泰愚在贪腐上有过之而无不及,公开宣称"从经济界收取资金已是最高当权者的惯例。"③ 三星集团向卢泰愚行贿20亿韩元获准承揽开发军队新型战斗机和商用汽车生产项目,大林集团在承揽火力发电厂工程后向卢泰愚酬谢20亿韩元。据事后媒体披露,卢泰愚接受10亿韩元以上的贿赂36次,1988—1993年征集政治资金5000亿韩元。④ 全斗焕和卢泰愚这两位曾经的战友,成为韩国历史上贪腐最严重的总统,卸任后同时被判刑入

---

① 权赫秀:《世纪大审判》,中央编译出版社1997年版,第177页。
② 王志民:《韩国政治改革基本走势预判》,载《人民论坛》2016年12月(中)。
③ 孙晓翔、刘金源:《韩国现代化进程中的腐败问题》,载《东北亚论坛》2010年第1期。
④ 孙晓翔、刘金源:《韩国现代化进程中的腐败问题》,载《东北亚论坛》2010年第1期。

狱。金泳三当选总统结束了韩国军人执政的历史，开启了韩国"文人政治"时期。金泳三以清廉著称，对贪腐行为深恶痛绝，执政后将清除腐败与振兴经济视为同样的执政任务。在其宣誓就职的第三天，1993年2月27日，金泳三在第一次内阁会议上公布了自己与夫人、父亲、两个儿子的全部财产，合计17.8亿韩元，推动打造廉洁政府。① 同年5月20日，国会制定专门法律开始实施公职人员财产申报制度，总统、总理、内阁各部部长、国会及地方议会议员、四级以上公务员、警察和军队的军官、司法系统负责人等全部申报财产。从金泳三总统宣誓就职到当年5月中旬，因公布个人财产被整肃或革职的高级官员就达千人之多。但是金泳三总统任期后期，韩宝钢铁公司为获取贷款非法挪用2000亿韩元从事其他活动，用于行贿金额高达300亿韩元，其中金泳三总统的三名亲信和内务部长因为接受贿赂被捕入狱②，儿子金贤哲也因收受非法政治献金被判入狱。③ 金泳三就韩宝钢铁公司向国民道歉。1998年就任总统职务的金大中向韩国国民承诺彻底清除腐败。但是金大中内阁成员及其家属相继卷入腐败丑闻。金大中的政策企划首席秘书朴智元接受韩国现代集团受贿，总理朴泰俊因收受贿赂、逃税、私置房产而被迫引咎辞职，金大中次子、三子相继因受贿和逃税被判入狱并处罚款。④ 卢武铉号称"平民总统""清廉总统"，致力于消除韩国弥漫的腐败之风。但是卸任后其亲信和妻子因为接受企业行贿接受司法调查，卢武铉声称对此完全不知情，为家人的不良行为公开道歉。在司法调查的压力下，卢武铉选择了跳崖自杀的方式自证清白。⑤

　　韩国从金泳三当选总统之后，不可谓不重视腐败问题，先后从法律制度和机构设置上加强腐败预防和惩治力度。在立法上，从金泳三总统开始，实施了公职人员财产公开制度，实行金融实名制。2000年韩国国会通过了《腐败防止法》，此后相继制定了《公务员行为守则法》《公职人员伦理法》《公益举报人保护法》以及《关于腐败防止与国民权益委员会设立运营法》

---

① 曹丽琴：《韩国的政治改革和肃贪倡廉风暴》，载《东北亚论坛》1993年第4期。
② 姬新龙：《金融丑闻震动韩政坛》，载《瞭望》1997年第13期。
③ 漓源：《金泳三后院起火，爱子锒铛入狱》，载《经济世界》1997年第8期。
④ 孙晓翔、刘金源：《韩国现代化进程中的腐败问题》，载《东北亚论坛》2010年第1期。
⑤ 孙晓翔、刘金源：《韩国现代化进程中的腐败问题》，载《东北亚论坛》2010年第1期。

等相关法律。在机构设置上，2002年韩国成立了隶属于总统的腐败防止委员会，2005年7月腐败防止委员会改编为国家清廉委员会，李明博将国家清廉委员会转变为国民权益委员会。① 但是李明博之后的朴槿惠总统再次陷入腐败丑闻，执政期间爆发"闺蜜干政"事件，实际上仍然是政商利益交换，政府官员向特定企业提供资源，三星、乐天等企业向崔顺实操纵的财团提供800亿韩元的巨额赞助。② 2016年12月9日，国会通过了对朴槿惠的弹劾案。2017年3月10日，韩国宪法法院宣布国会提出的总统弹劾案成立，朴槿惠成为韩国首位被弹劾下台的总统。③ 其原定于2018年2月届满的任期提前结束。

### 四、政党不能沦为权力专断的工具

二战独立后的韩国，美国军政府实行"只与有组织的政治团体对话"的政治政策④，催生了韩国政党林立的形势。到1945年10月，在美国军政府登记注册的政党多达54个，一年后韩国境内有超过300个政治团体，由此开启了韩国多党政治的局面。但是从李承晚政府至今，韩国的政党始终处于新建、分裂、重组、消失等动荡循环之中，虽然政党众多，在特定历史阶段也曾出现过一些大党，但是始终没有自己明确的执政纲领。

李承晚在美国支持下当选韩国总统，民主党则控制了国会，韩国两派最大的势力分享了韩国的最高权力。二者虽然同属于亲美右倾势力，但是在政治主张上并不一致，民主党利用在国会中的优势地位主张内阁责任制，李承晚当选总统后一心加强总统权力，两大派别陷入了权力倾轧的境地。民主党联合其他在野党以及从李承晚派系中分裂出来的部分势力，把韩国民主党改组为民主国民党，加强对国会的控制，接连否决李承晚的人事任命提案，利用在第二届国会选举中大获全胜局面，推动宪法修改实行内阁责任制，试图

---

① ［韩］韩相敦：《韩国反腐败法述评》，载《环球法律评论》2013年第2期。
② 牛林杰：《韩国亲信政治的深层原因》，载《人民论坛》2016年12月（中）。
③ 网易新闻：《朴槿惠被弹劾下台，韩宪法法院8名法官全员赞成》，http：//news.163.com/17/0310/12/CF5RQEK7000187V5.html. 最后访问时间2018年6月22日。
④ C. I. Eugene Kim and Young Whan Kihl, (eds.), "Party Politics and Elections in Korea", Silver Spring, *MD*：*The Research Institute on Korean Affairs*，1976，p. 8. 转引自宋国华：《韩国政治转型中的政党政治研究》，山东大学2009年博士学位论文，第41页。

架空李承晚政府的权力。而李承晚为谋取总统连任,试图避开国会控制总统选举的不利局势,两次向国会提交宪法修正案,试图将总统选举制度改为直接选举方式,但是都被民主国民党控制的国会否决。李承晚转而通过组建政党的方式加强与民主国民党在国会中的权力争夺,积极组建政党。1951年12月23日,韩国自由党正式成立,该党一成立就获得了执政党的地位。李承晚以韩国自由党为基础,利用总统优势地位,在1954年第2届国会议会选举中获得114席的多数席位,控制了国会,从此实现了对总统权力和立法权力的双重掌控,开启了通过修改宪法谋取终身"帝王"总统宝座的专制之路。自由党在国会选举获得胜利后,李承晚立即强迫国会通过了废除首届总统连任限制的宪法修改案。自由党"一党独大"之下,其他在野政党在反李的共同目标下,开展了新一轮的政党重组高峰。民主国民党联合一部分反李势力组建了民主党,另一部分反李进步势力成立了进步党推进委员会,并创建了进步党。

"4·19"革命推翻了李承晚的专制统治,其所在的自由党分裂为再建派和革新派,在第5届国会议会选举中再建派只有2人当选议会,李承晚一手组建的自由党从此退出政治舞台。民主党虽然在国会选举中大获全胜,但是内部分裂为新旧两派,围绕总统、总理和内阁成员的提名开展了激烈的权力争夺。旧派尹潽善担任总统,新派张勉担任内阁总理,新派组阁导致旧派脱党,成立"民主党旧派同志联合会",自我宣称为在野党,此后成立了新民党,民主党昙花一现之后陷入分裂。

"5·16"军事政变推翻了韩国短暂的内阁责任制政体,朴正熙事实上掌握了韩国的最高政治权力。为谋取统治的合法性,朴正熙在军事统治时期着手组建政党,通过选举方式为统治披上合法性外衣。1963年2月26日,民主共和党(简称"共和党")宣告成立。1963年10月15日,共和党总统候选人朴正熙当选为韩国总统,在随后第6届国会议员选举中赢得国会议席的绝对多数,朴正熙组建的共和党赢得了总统和国会选举的双重胜利,共和党作为执政党成为朴正熙政权的重要工具政党。1971年4月第7任总统选举和5月第8届国会议员选举中,在野党异军突起,直接威胁到朴正熙和共和党的统治地位,1972年朴正熙实施戒严,解散国会,停止政党活动。1972年"十月维新"之后,朴正熙的共和党沦为个人专制独裁统治的附庸。

1979年10月26日，朴正熙被刺杀身亡，崔圭夏当选为第10届总统，但是1979年"双十二"后全斗焕事实上掌控了韩国最高权力。1979年11月10日，朴正熙组建的共和党宣布不提名总统候选人，共和党退出了韩国政治舞台，此后因为党内整风运动走上分裂的道路。1980年5月17日，全斗焕临时政府发布"第10号非常戒严令"，解散国会，停止政党活动，逐渐正式掌握了韩国最高国家权力。全斗焕组建民主正义党（简称民正党），被推选总裁和第12届总统候选人。在修改后的总统选举方式下，全斗焕当选为韩国总统，民正党也获得了第11届国会选举中的绝对胜利，获得了151个多数席位。1985年第12届国会选举中，全斗焕的民正党再次实现了对国会的绝对控制，获得了148个席位。全斗焕统治后期，最大在野党新民党再一次出现分化，金泳三和金大中于1987年4月脱离新民党，组建统一民主党（简称民主党）。二金在总统候选人上无法达成共识，民主党在1987年11月再次分裂，金大中退出民主党，成立和平民主党（平民党），民主党分裂为两个独立的政党。在野党势力的分散再次给了民正党候选人卢泰愚机会，1987年12月，卢泰愚以微弱优势战胜金泳三和金大中，当选韩国第13届总统。卢泰愚的执政党民正党虽然赢得了总统大选，但是在1988年4月第13届国会议员选举中，没有获得过半数席位，导致卢泰愚执政受限。为此，卢泰愚提出三党合并的倡议，执政党和国会中的最大在野党合并为民主自由党（简称民自党），卢泰愚借此巩固了执政地位。其他在野势力为加强与卢泰愚的权力争夺，再次组建新党，统合力量建立民主党。1992年3月，第14届国会选举中，在野党民主党获得了97个席位，而执政党民自党获得了不过半数的149个席位。

　　金泳三当选总统后，其执政党民自党内部再次分裂，金钟泌退出民自党，成立了自由民主联合（简称自民联），三党合一的执政党彻底分裂。而原来的在野党民主党人士金大中宣布脱党，成立了新政治国民会议（简称国民会议）。在执政党方面，金泳三强势反腐，将前总统卢泰愚和全斗焕送入监狱，金泳三为改善执政党形象，将民自党改名为新韩国党。在1995年第15届国会选举中执政党和在野党均未单独获得议会中的优势地位，在野党国民会议与自民联恢复合作关系，金大中出任两党共同候选人。在执政党方面，新韩国党内部因为总统候选人问题陷入分裂，李会昌获得党内提名，李仁济退出新韩国党,并成立了国民新党并被推举为总统候选人,执政党新韩国党完全分裂。继续留在新韩国党内部的李会昌则联合其他在野势力,于 1997 年 11 月将执政党新韩国党改名为大国家党。最终在 1997 年 12 月第 15 届总统大选中,金大中以 40.3%的支持率战胜执政党李会昌,成为韩国第一位当选总统的在野党候选人。

金大中当选总统后,提名统一联盟的金钟泌出任总理,但是遭到国会中大国家党的反对,韩国政局进入对抗局面。为此,金大中采取了分化吸收在野党的策略,国民会议吸收了国民新党,又成功策反了大国家党的部分议员,执政联盟在国会中的数量从 128 个席位上升到 153 个,达到过半数席位。执政联盟内部却出现分裂,联盟内部的金钟泌在政治上主张实行内阁责任制,谋取内阁总理职务。1999 年 7 月,国民会议宣布整合力量,建立一个全国性的政党。2000 年 1 月,以国民会议为基础创建了新千年民主党(简称民主党)。金钟泌因为政治主张与执政党分道扬镳,于 2000 年 2 月宣布退出联合政府,执政党联盟结束。2002 年 12 月第 16 届总统大选中,民主党总统候选人卢武铉战胜大国家党总统候选人李会昌。2003 年 11 月,卢武铉的支持者宣布退党组成了开放国民党,卢武铉宣布退出新千年民主党,支持开放国民党。2004 年 5 月卢武铉加入开放国民党,成为执政党。2007 年 12 月大国家党候选人李明博当选为韩国第 17 届总统。

纵观韩国建立以来 70 年的法治历史,先后有 300 多个政党,但是这些政党的最大特点就是存续时间都不长,而且不少政党相互倾轧、争权夺利,无法真正彰显法治的民主与人权精神。朴正熙时期,其执政党存在时间相对较长,但是也不足 20 年,其他政党的平均寿命在 5 年以下。[①] 韩国历史上,无论是执政党还是在野党,无数次上演分分合合的政治戏法。韩国政党的变动率比东南亚其他"亚洲式民主"要高得多,比长期遭受政党变迁之祸的泰国还高。[②] 在国会选举中获得 3%以上议席的政党,平均寿命不到三年,没有一个政党可以在同一名称之下连续两次参加国会选举,韩国政党始终处于频繁的组建、合并、更名、分裂、解散之中,韩国多党制不仅没有为韩国

---

[①] 郭定平:《韩国政治转型研究》,中国社会科学出版社 2000 年版,第 185 页。
[②] 孙宇峰:《论韩国政党政治的演变及其对民主化进程的影响》,延边大学国际政治专业学位论文,2012 年,第 13 页。

法治道路发展贡献稳定力量,反而催生了很多不稳定因素。

最后,必须强调说明的是:其一,本章重点以韩国宪法这一最根本的法治制度文本为规范依据,以韩国总统制的生成逻辑与实践反差为中心线索,探讨韩国的法治道路建设问题。所以,限于篇幅与研究旨趣,并未对法治所涉及的全部内容进行全景式的阐释。其二,总结和分析韩国法治道路探索过程存在的问题与教训,并不意味着全盘否定韩国法治制度与实践进展,而是侧重于揭示法治演进中面临的挑战、困惑及其对我国法治道路选择的可资借鉴之处。

# 第 六 章
# 新加坡的法治道路建设及其启示

　　独立前夜的新加坡，由于长期处于西方殖民主义和日本帝国主义的重重压迫之下，经济发展严重滞后，生存面临严峻挑战。然而，仅用了数十年时间新加坡却创造了经济发展的奇迹，一跃成为国际金融中心、服务中心和航运中心，还完成了从发展中国家向发达经济体的跨越，这一历史进程的背后是新加坡法治建设所带来的制度红利的有力支撑。与其邻国相比，新加坡国土面积狭小，自然资源匮乏，先天条件乏善可陈，正是由于新加坡以发展为重心，以"生存政策"为导向，不盲目照搬西方模式，通过结合本国实际，探索出了适合本国发展道路的法治模式，从而促进了经济的发展、社会的进步。与西方发达国家的发展模式与经验不同，新加坡经济转型过程中的经验教训更贴近中国实际，其独立自主探索法治道路的尝试以及"亚洲价值观"的构建对新时代中国法治道路建设无疑也有着某些借鉴作用。当然，其本质上依然是西式的法治道路。

## 第一节　独立之路与法治现代化历程

　　新加坡早期法治的基础主要来自于对西方殖民者法律的移植，由于殖民政府对殖民地人民的奴役、剥削与真正的法治精神相背离，殖民地实际上无法形成真正的法治社会，殖民地人民的权利也无法得到有效的保障。历经两次世界大战的洗礼，殖民地人民民族意识开始觉醒，由此引发的民族独立运

动加速了全球殖民体系的瓦解。新加坡人民通过不懈的努力，最终于 1965
年实现了国家的独立，从而开始了法治本土化、现代化的建设进程。随着法
治理念渐入人心，法律体系日渐完备，新加坡经济与社会的发展环境得到了
进一步的改善，形成了多民族和谐的国家"共同价值观"，其法治成就也逐
渐为世界所承认。

### 一、殖民地时期法律移植与法治社会的初创

在 1819 年 1 月 29 日，英国东印度公司代表斯坦福·莱佛士爵士在新加
坡岛与该岛实际上的统治者天孟公（Temenggong，当时马来半岛王国主管军
事及司法的官员）阿卜杜尔·拉赫曼第一次会面时，当地居民不过数百人，
主要包括马来人、华人和被称为"海滨人"（Orang Laut）的最早移居该岛
的南方人种（Australoid）的后裔，这些居民主要以捕鱼和种植为生，通行
法律为马来西亚及印尼本土的传统法律和习惯法。为了对抗当时在该地区主
要贸易竞争对手荷兰，英国殖民者迫切需要在东印度群岛开辟一个新的港
口，而新加坡正是这样一个理想的地点，"谁占领了新加坡，谁就控制这个
海峡和印度与中国人之间的贸易通路"①。为了达到这一目的，英国殖民者
通过一系列的金钱收买和武力威胁，最终将天孟公及柔佛傀儡苏丹东古·隆
驱离新加坡，从而正式将新加坡纳入与马六甲、槟榔屿合并成立的海峡殖
民地。

就其本质而言，殖民主义者对殖民地的侵略、占领以及对殖民地人民的
奴役、剥削和压迫，目的是为了将不发达国家、民族和地区变成自己的商品
市场、原料产地、投资场所，以及廉价劳动力和帝国主义战争炮灰的来源
地，但在建立殖民地，维护并加强殖民主义统治的同时，殖民主义者也为殖
民地带来了建成法治社会和实现经济现代化的社会革命。正如马克思评价英
帝国主义者在印度的殖民统治时所言："如果亚洲的社会状况没有一个根本
的革命，……那么，英国不管是干了多少罪行，它造成这个革命毕竟是充当
了历史的不自觉的工具。"②

---

① [英]哈·弗·皮尔逊：《新加坡通俗史》，福建师范大学外语系翻译小组译，福建人民出版社
1974 年版，第 9 页。
② 《马克思恩格斯选集》第 1 卷，人民出版社 1995 年版，第 766 页。

英国殖民者正是在这种"历史的不自觉中",在为追求自身利益的同时,将新加坡这一生产方式落后的传统农耕、渔猎社会打造成为一个自由贸易港和商业重镇,同时也为新加坡带来了以英国本土制度为蓝本的政治、法律体系,从而开启了新加坡现代法治社会建设的进程。1826 年,根据英国国会颁布的《第二司法宪章》(*The Second Charter of Justice*) 的条文"建立了一个裁判法庭,由市邑法官在新加坡执行英皇的法律"[1],殖民地司法体系在新加坡初步建立。尽管《第二司法宪章》并没有明确要求新加坡必须适用英国法律,殖民地政府依然通过司法解释确立了"法院应当依据英国法进行判决"的原则。[2] 英国法律制度的移植,为新加坡带来了相对完备的法律体系和先进的法治理念,为其根据自身情况建立起保障多种族、多宗教融合的移民社会的稳定和法律秩序奠定了坚实的基础。在此基础之上,新加坡逐步形成了具有自身特色的普通法体系,从而使社会稳定和经济繁荣得以实现。

## 二、法律继承与法治本土化

从 19 世纪 20 年代新加坡开埠初期的一系列立法,到 1867 年《海峡殖民地宪章》颁布后殖民地政府机构和法律体系的不断完善,新加坡的形式法治已逐步形成。仅就立法技术而言,殖民地时期的法律多采用英国本土立法模式,其现代性、先进性是显而易见的,很多法律如《1878 年民事统一法令》《刑事法令》《民事诉讼法令》《刑事诉讼法令》等甚至为独立后的新加坡共和国继承和沿用。政府结构方面,行政会议、立法会议和包括最高法院与各级法院在内的司法体系也已经相当完备,英式的三权分立体制在形式上已经建立。[3] 然而,为了最大程度地实现英国对殖民地的有效控制,这一体制从最初设计开始就极不平衡,无法真正起到其在英国宪政体系中的分权和权力制约的作用。

首先,代表英王进行统治的总督是殖民地一切合法性的源泉,所有法案必须经过他的批准方能生效,他不仅掌握着殖民地最高的行政权力和军事指

---

[1] [英]哈·弗·皮尔逊:《新加坡通俗史》,福建师范大学外语系翻译小组译,福建人民出版社 1974 年版,第 40 页。
[2] 何勤华、李秀清:《东南亚七国法律发达史》,法律出版社 2002 年版,第 458 页。
[3] 何勤华、李秀清:《东南亚七国法律发达史》,法律出版社 2002 年版,第 460—462 页。

挥权,直接领导行政会议,还兼任着立法会议议长,可以通过任命议员来控制立法机关,这一权力的设置使得立法会议和殖民地司法体系对其无法真正起到制约作用。其次,尽管殖民地司法体系已经建立,但即使是独立后相当长的一段时间内,新加坡都没有享有完整的司法主权。作为殖民地最高司法机关的最高法院,在制度的设计中并没有终审权。在1993年新加坡正式废除国内案件向英国枢密院司法委员会上诉的相关制度前,"新加坡的最高法院是大英帝国的枢密院司法委员会",[①] 20世纪60年代新加坡成为马来西亚联邦的成员,最高法院甚至一度为马来西亚新加坡高等法院所取代,其上诉终审法院是位于吉隆坡的联邦法庭。再次,普通市民参与政治的能力受到严格的限制。新加坡地域狭小,自然资源匮乏,作为一个移民社会,人口结构相当复杂,加上长期以来的殖民地教育的恶果,使得新加坡民族意识的觉醒受到很大的制约,从而导致法治本土化进程举步维艰。

尽管这些不利因素严重地制约着新加坡本土法治的发展,但是在外部世界发生重大变革,殖民统治发生松动的时候,新加坡人民总是能够利用机会,推动法治事业的进步。一般而言,殖民地法治的本土化进程主要包括两个方面:一方面在法律制度层面将从宗主国移植的法律制度分别加以继承和改造,逐步建立起形成适应本国或本地区实际情况的法律体系;另一方面在政治的参与层面,逐步扩大殖民地人民的政治参与度,最终使其能够在权力制约和权利保障方面占据决定地位,从而结束殖民统治,在自己的土地上当家作主。

殖民地开埠初期,民众只能通过两种方式表达自己的意愿:一是在法院开庭时通过大陪审委员团向殖民地政府申诉疾苦;二是在殖民地政府试图征收捐税时,要求召开郡长会议,将自己的不公待遇写成请愿书,向总督乃至英国政府请愿。然而,这两种方式通常效果甚微,因为即使意见被殖民地政府置之不理,市民们也完全没有影响和监督政府的权利和手段。换言之,在殖民地"总督独断专行,总督的话就是法律,人民不得参与政事"[②]。

---

① 陈新民:《反腐镜鉴的新加坡法治主义——一个东方版本的法治国家》,法律出版社2009年版,第96页。

② [英]哈·弗·皮尔逊:《新加坡史》,《新加坡史》翻译小组译,福建人民出版社1972年版,第133页。

对新加坡而言，法治本土化的第一个机遇期是 1857—1859 年印度人民反抗殖民统治的"印度兵变"。新加坡以此为契机，历经 10 年的不懈努力，最终于 1867 年摆脱英国东印度公司的统治，成为英国直属殖民地，并根据《海峡殖民地宪章》建立了立法会议，虽然获得的权利有限，但却为新加坡"独立后法律的发达奠定了坚实的基础"①。太平洋战争爆发后的 1942 年 2 月，驻守新加坡的英军向日本侵略者投降，英国在新加坡的殖民统治被迫中止，而日本占领军对新加坡人民的残酷压迫也彻底激发了新加坡民族意识的觉醒。在积极抗日的斗争中，新加坡人民"民族主义情绪逐步上升，对新加坡的认同感也渐渐增强"②。战争是民族觉醒最好的催化剂，它不仅揭示了殖民主义者无能，也使殖民地人民认清了自身的力量。正如新加坡政治家拉贾拉南在回忆录中所说，要不是战争的冲击，相信再过 155 年，新加坡民族主义还是一样的低潮。③ 第二次世界大战结束后，卷土重来的英国人发现他们面对的已不再是原来殖民地恭顺的臣民，而是对独立、自由充满渴望的新加坡人民。殖民政府试图调整策略来延长其殖民统治，从给予新加坡直属殖民地地位（1946 年《马来西亚和新加坡——关于未来宪法的声明》），增加直选议员名额（1948 年 22 名议员中直选议员 6 名，1951 年直选议员增至 9 名），到最终抛出的《伦德尔制宪报告书》，承诺将权力逐步"从殖民当局移交至经过民选产生的立法会议，并由立法会议产生政府"④，希望借此来继续维持新加坡的殖民化。然而此时新加坡人民争取国家独立、民族独立的社会革命已经星火燎原不可逆转了。1956 年 3 月，在依照伦德尔宪制框架组成新政府不到两个月的时间内，新加坡爆发了声势浩大的"独立周"运动，开始了推翻殖民统治、争取国家独立的斗争。其后经过数年的社会运动和政治谈判，终于迫使英王于 1958 年颁布了《新加坡自治宪法》，向自治政府移交除外交、国防外的大部分权力，由此新加坡获得了自治邦地位。1965 年 8 月，在与马来西亚短暂合并两年后，新加坡正式发布独立宣言脱

---

① 何勤华、李秀清：《东南亚七国法律发达史》，法律出版社 2002 年版，第 460 页。
② 何勤华、李秀清：《东南亚七国法律发达史》，法律出版社 2002 年版，第 463 页。
③ 黄松赞：《简论"新加坡特色"》，载《东南亚研究》1992 年第 3—4 期。
④ 厦门大学东南亚研究所《新加坡简史》编写组：《新加坡简史》，商务印书馆 1978 年版，第 9 页。

离马来西亚联邦,确立了独立的国家地位,并依此制定了《新加坡独立法》(该法于 1979 年和《新加坡州宪法》正式合并为《新加坡共和国宪法》[①]),将新加坡法治本土化进程以法律的形式加以确认。

在新的体制下,立法会议改名为议会,全体议员均由民选产生,总统由议会选举(1991 年新加坡宪法改革,总统改由全民直接选举)。1993 年 11 月,《英国法适用法令》正式生效,该法令对英国法律制度在新加坡的适用做出了严格界定。同年,新加坡废除了所有向英国枢密院司法委员会上诉的条例,设立了一个永久上诉法庭。1994 年 11 月新加坡颁布的《对司法先例的应用意见》,明确规定枢密院的判决对永久上诉法庭不再具有法律的约束力,[②] 至此新加坡获得完全政治独立和司法主权,法治的本土化进入了新的阶段。此后,新加坡进行了大量的立法活动,通过制定法律法规来对国家各个领域进行规制,逐步建立起了具有新加坡本土特色的法律制度体系。

### 三、价值多元与民族融合

开放为自由港的政策使新加坡成为东南亚最重要的国际贸易港口城市,这不仅为当地带来了经济的繁荣,同时也吸引了来自世界各地的新移民,到 1911 年,新加坡人口虽然只有 25 万人,但已经有"48 个民族,操 54 种语言"了[③]。殖民地初期,大部分移民们只是将新加坡当作从事贸易活动的集市和补给站,他们的最终目的是将贸易所得带回祖国,这显然对新加坡的进一步发展是极为不利的。殖民地政府为应对这一局面,逐步对非欧洲移民开放了国籍许可,这一政策被证明是卓有成效的。如自 1853 年起,因国内太平天国运动引发战乱而移民新加坡的华人被允许加入殖民地当地的国籍,到 1860 年人口普查,新加坡居民八万人中华人就首次占到了半数以上。[④] 在新加坡经济腾飞的过程中,成为当地永久居民的新移民做出了巨大的贡献和牺

---

[①] 杨联华:《新加坡法初探》,载《现代法学》1993 年第 3 期。
[②] 谢青霞:《法治与民生——新加坡法律制度分析》,中国政法大学出版社 2011 年版,第 14—15 页。
[③] [英]哈·弗·皮尔逊:《新加坡通俗史》,福建师范大学外语系翻译小组译,福建人民出版社 1974 年版,第 121 页。
[④] [英]哈·弗·皮尔逊:《新加坡通俗史》,福建师范大学外语系翻译小组译,福建人民出版社 1974 年版,第 76 页。

性。尽管殖民地人民给殖民当局带来了可观的政治和经济利益，但出于统治的需要，殖民当局仍对其治下的亚非各族人民采取敌视和警戒的态度，特别是占人口比例过半的新加坡华人，更是其孤立、打击和压迫的主要对象。到新加坡独立之时，尽管华人占到全部人口的了四分之三，而国家的治安却必须完全依赖由马来人占据主体地位的军警来维持。① 这一不平衡的局面正是殖民地当局长期以来实行造成殖民地人民彼此隔绝、相互制约殖民政策的后果。

新加坡早期的华裔居民，由于文化传统和血缘关系等原因，对祖国有着难以割舍的怀恋之情。如在 1889 年，他们举行庆祝会，祝贺光绪皇帝大婚和登基，还为同一时期在华北发生的饥荒发起过募捐。② 虽然这一切在当今价值多元化的世界中显得合乎情理，但却无法为当时殖民政府所接受。殖民当局一方面通过割断民族血脉的方式，达到其对华人进行孤立、压迫的目的。1877 年，清政府通过《中英新定条约新修条约善后章程》获得了在新加坡设置领事、保护华侨的权利。为了继续加强对新加坡华人的压迫，英国殖民当局赶在领事馆建立之前设置了华民护卫司署，将领事管理华侨一切事务的权利完全侵夺，这个护卫司"名为护卫华人，实则事事与华人为难"③。在这种情况下，新加坡华人权益无法得到有效保护，其受奴役、受压迫的地位也丝毫无法改变。④ 另一方面，殖民当局在新加坡推行殖民教育，对华人精英进行分化、拉拢。以新加坡师资力量与基础设施最负盛名的莱佛士学院为例，其最大的特点就是以完备的英式教育而著称。这所为新加坡培养了一代又一代社会精英的学府，其办学模仿英国公学模式，课程大纲依照英国各地举行的剑桥初级文凭和高级文凭而设置，课本也是改编自英国学校教材，"所有科目都以英语为教学媒介语"⑤，很多人在毕业后去了英国著名高校继续深造。反观新加坡的华文教育，长期以来完全被排斥于社会主流文化之

---

① [新加坡] 李光耀：《经济腾飞路：李光耀回忆录》，外文出版社 2001 年版，第 15 页。
② [英] 哈·弗·皮尔逊：《新加坡通俗史》，福建师范大学外语系翻译小组译，福建人民出版社 1974 年版，第 104 页。
③ 李钟珏：《新加坡风土记》，中华书局 1985 年版，第 3 页。
④ 王文钦：《新加坡与儒家文化》，苏州大学出版社 1995 年版，第 93 页。
⑤ [新加坡] 李光耀：《风雨独立路——李光耀回忆录》，外文出版社 1998 年版，第 31 页。

外,"在官方领域,受华文教育者没有地位,扮演不了什么角色",[1] 官方开办的小学使用英语和马来语,中学则只使用英语授课。很多华人精英在这种教育制度之下,甚至失去了使用母语的能力。

对于新加坡其他少数民族,殖民当局长期采取"分而治之"的手段,在各民族之间制造人为的隔阂,防止民族融合。在殖民地初期,英国殖民当局就沿袭了葡萄牙殖民者的"甲必丹"制度,利用殖民地当局官方认可的各族侨领和上层人士作为其"间接统治"殖民地人民的工具,从而人为地将殖民地人民按照种族划分成彼此孤立的社会群体,这些种族隔离的殖民主义政策的延续,无可避免地导致了新加坡社会中长期存在的族群对立和民族矛盾的加剧,最终还引发了导致新加坡退出马来西亚联邦的种族暴乱,并在相当长的一个时期内对独立后的新加坡产生着严重的负面影响。

独立后的新加坡,周边局势复杂、敏感,面临着短期内将饱受殖民主义流毒侵害的各民族整合为团结、统一的新兴国家的迫切要求。为了达成不同种族间的和谐,实现"一个民族,一个国家,一个新加坡"[2] 的最终目标,新加坡政府致力于促进、保障国内不同民族、不同宗教信仰公民之间的权利平等。尽管华人占到了新加坡人口比例的绝大多数,新加坡在独立之初就强调:独立后的新加坡并不应该是某一个民族的国家,"而是一个综合的民族国家"[3]。在这一原则之下,新加坡以立法形式将英语、马来语、华语和泰米尔语都列为官方语言,并成立了"保护少数民族权利总统委员会",该委员会的职能是就国会和政府任何涉及种族及宗教社区利益的事务提出报告,并对部长作出的禁令进行审议和提出建议。[4] 此外,该委员会的一名成员还可以参与总统选举委员会对总统候选人资格的审查。[5] 在不同宗教和谐相处方面,新加坡成立了由国内 9 个主要宗教领导人组成的宗教间协调机构——新加坡宗教联谊会(The Inter-Religious Organization,简称 IRO),并发布

---

[1] [新加坡] 李光耀:《风雨独立路——李光耀回忆录》,外文出版社 1998 年版,第 176—177 页。
[2] 张建立:《中国能从新加坡学什么》,华文出版社 2006 年版,第 51 页。
[3] 谢青霞:《法治与民生——新加坡法律制度分析》,中国政法大学出版社 2011 年版,第 109 页。
[4] 韩大元:《外国宪法(第二版)》,中国人民大学出版社 2000 年版,第 368 页。
[5] 周柏均:《若干海外国家的政府体制:新加坡》,香港特别行政区立法会秘书处资料研究及图书馆服务部 2004 年版,第 4 页。

《宗教和谐声明》,明确了国家世俗性以及对不同信仰的尊重。[1] 在独立后的数十年中,新加坡政府通过在国家立法和政策安排层面做出的不懈努力,促进了和谐、稳定多民族社会的构建,并在这一进程中通过帮助所有族群完全融入主流社会,逐步完成了建立"共同价值观",使每个人都成为"具有新加坡人特质的新加坡人"[2] 的民族融合之路。

## 第二节 实用主义法治模式的构建

尽管继承了作为殖民地遗产的普通法传统,但在法治的本土化过程中,新加坡并没有将西方模式奉为圭臬而一成不变,针对本国所面对的具体问题,新加坡探索出了适合本国发展的法治模式。"生存政策"为主导模式下,发展权的优先地位得以确立,而促进社会稳定、民族和谐则成为社会经济发展的前提。面对西方的批评和意识形态的渗透,新加坡从传统价值、"亚洲价值"中汲取营养,坚持独立自主地选择发展道路,其实用主义法治模式成为非西方选项的一个成功案例。

### 一、以发展为重心的法治模式

新加坡的法治是建立在继受英国普通法传统的基础之上的,这在殖民地独立进程中是比较常见的现象。一方面,原宗主国法律制度在殖民地实行多年,有一定的社会政治基础;另一方面,掌握政权的前殖民地精英通常在殖民教育环境中成长,比较容易接受、认同西方的价值观。以新加坡为例,长期执政的人民行动党在1954年成立时的14名发起人就包括律师、新闻记者、教师和工会活动家[3]等社会精英,该党的领导人李光耀就曾在1955年提出要建立一个"为人民说话、撤销有违人权"的《紧急法令》的政府[4],这与现代西方法治模式中个人权利优先,倡导对公权力进行有效制约的价值观

---

[1] 谢青霞:《法治与民生——新加坡法律制度分析》,中国政法大学出版社2011年版,第113页。
[2] 胡灿伟:《新加坡现代化中的马来人》,载《东南亚》2001年第4期。
[3] [新加坡]冯清莲:《新加坡人民行动党》,苏宛蓉译,上海人民出版社1975年版,第1页。
[4] 李路曲、赵莉:《论新加坡法制社会建立的途径和原因》,载《山西大学学报(哲学社会科学版)》2004年第6期。

是一脉相承的。

然而，国家独立后的新加坡在政治、经济层面不得不面对其特殊的国情：在政治层面，国防完全依靠英国驻军的新加坡与其最主要的两个邻国，马来西亚和印度尼西亚关系十分紧张，冲突一触即发；其国内由脱离马来西亚联邦引发的余震未了，华人与马来族人严重对立，社会动乱时有发生。在社会经济层面，资源贫乏的小国新加坡在长期的殖民统治下，并没有形成完整的经济体系。独立之初的新加坡百废待兴，失业率高达14%，其唯一的战略资产——位于世界最繁忙航道的具有战略意义的世界级天然港口，也因国际紧张局势和国内的社会动荡而受到严重威胁。新加坡政府清醒地认识到，处于不同发展阶段的东西方，对于基本权利、核心权利的侧重因各自的发展阶段而有所不同。西方法治模式的成功有其特殊的历史和社会政治条件，它不是放之四海而皆准，也不能解决新加坡当前所面临的问题。对于新加坡而言，迅速建立社会秩序，从而促进社会和经济的发展，这事关国家的生死存亡，远比个人权利导向的法治理想主义更加符合新加坡的实际。

对于夹缝中生存的新兴国家新加坡而言，所要建立的司法制度"并不在于其理想概念的伟大或崇高"，而是在于它能不能够在"人与人之间以及人与国家之间，产生社会秩序"，换而言之，"没有秩序，法律便不可能运作"。① 正是基于生存的需要，新加坡法治道路"断然摒弃了英国的模式"②，转向实用主义的法治之路，其核心内容就是人民行动党保证其执政合法性的"生存政策"：一方面，"生存政策"就是通过国家社会和经济的发展，使新加坡达到富国强兵的目的，从而改善新加坡的国际生存环境；另一方面，社会和经济的发展，也将大幅改善新加坡国内各种族人民的生活水平，从而促进社会的和谐和稳定以及个人权利的实现。简而言之，生存政策的唯一目标，就是"新加坡的社会和经济发展"，其他一切都是为这一目标服务。③ 正是基于这样一种清醒的认识，新加坡的法治社会建设以及经济社会发展都取得了举世认可的成就。发展权重心地位的确定，保障了新加坡人

---

① ［新加坡］李光耀：《李光耀40年政论选》，现代出版社1994年版，第320页。
② ［新加坡］李光耀：《李光耀40年政论选》，现代出版社1994年版，第320页。
③ ［新加坡］冯清莲：《新加坡人民行动党》，苏宛蓉译，上海人民出版社1975年版，第145页。

民"均有权参与、促进、享受经济、社会、文化和政治发展"①的权利,这不仅使新加坡创造了令人振奋的经济成就,也使其法治水平受到了国际社会的广泛承认。对社会稳定、发展孜孜以求的新加坡等东亚国家的成功经验表明,"发展权之法律重心定位,理应成为法律在未来发展进程中的优先选择"。②当然,发展与发展权是两个不同的概念,但是,发展是解决发展中国家问题的关键。法治发展中存在的问题同样需要依靠改革与发展来解决,只有坚持符合自身实际的法治发展之路,才能确保制度的适应性和适宜性。

## 二、和谐:多民族国家法治模式的核心价值

美国当代政治学家塞缪尔·亨廷顿认为,冷战结束后的全球政治第一次呈现出多极化和多文化并存的态势,而在这个新世界里最普遍、重要和危险的冲突是建立在文明认同基础之上的"属于不同文化实体的人民的冲突"③。东南亚各国,包括新加坡,无一例外都是多民族国家,国内人民语言、文化、宗教、种族各异,其文明的多样性为东南亚带来了丰富多彩的民族文化谱系,也带来了种族纠纷和民族矛盾的风险,加上近代以来殖民当局长期奉行利用民族矛盾、对各殖民地民族分而治之的殖民政策,新加坡及其他东南亚国家国内都不同程度地存在着主体民族与少数民族、原住民族与外来民族之间的矛盾,这些矛盾不仅是国内社会稳定的隐患,还往往跨越边境,成为国与国之间矛盾的导火索。④

新加坡在独立过程中,由于国内两大民族,华裔与马来族人之间的对立和冲突,国家数次面临着生死存亡的考验,这一经历使新加坡领导人意识到,消除种族隔阂、促进民族和谐对于社会稳定、经济发展的至关重要的意义。经过数十年的多民族和谐社会的建设,新加坡逐渐形成了一套卓有成效的法律、制度,主要包括以下几个方面:1. 立法维权。通过《新加坡共和

---

① 1986年《发展权利宣言》。
② 汪习根:《法治社会的基本人权——发展权法律制度研究》,中国人民公安大学出版社2002年版,第244页。
③ [美]塞缪尔·亨廷顿:《文明的冲突与世界秩序的重建》,周琪等译,新华出版社1998年版,第7页。
④ 梁英明、梁志明等:《东南亚近现代史(上册)》,昆仑出版社2005年版,第10页。

国宪法》及《维护宗教和谐法》等一系列法律文件的制定,保障新加坡公民在法律面前一律平等并受法律平等保护的法律地位,保障任何人都不得因宗教、种族、出身和出生地而受到不公平对待的法律权利。2. 政策倾斜。由于长期殖民统治人为制造的种族隔阂,新加坡各民族的发展是极不平衡的。针对新加坡马来人农村人口比例高、受教育程度低的具体情况,新加坡政府采取减免学费、提供补助和专业技能训练等方式,对欠发达人群"授之以渔",从而使其弱势群体的社会地位得到了改变,民生也由此得以改善。3. 促进融合。为了打破殖民统治所遗留在各民族间的藩篱,增进各民族相互间直接的交流和对社会政治的参与度,新加坡政府依法推进强制比例原则以促进民族融合:(1)在政治生活中引入集选区(Group Representation Constituency,简称为 GRC)制度,要求每个集选区必需最少有一位候选人为少数民族,从而保证少数民族的政治参与度,使其意愿始终能够有表达的渠道,其合法权益始终能够在国家体制中得以体现;(2)在社会生活中,新加坡政府推行社区各种族入住比例制度,规定每一居住区马来人入住比例应占 25%,印度及其他少数民族为 13%,从而将原来以民族为单位的民族聚居区改造成为多民族混居社区,营造出各民族互相交流、共同生活的社会环境。[①]

1990 年,新加坡政府正式发布了"共同价值观白皮书",其内容包括:国家至上,社会为先;家庭为根,社会为本;关心扶助,尊重个人;求同存异,协商共识;种族和谐,宗教宽容。国民共同价值观体系的提出以及被新加坡人民接受和认同,为增强社会凝聚力,促进社会继续向稳定、繁荣发展创造了良好的氛围。

### 三、"亚洲价值观"与独立自主法治道路的选择

新加坡在传统上属于西方政治版图,其法治基础也源于对英国法律制度的继受,然而新加坡出于对自身特殊国情的考虑,以自主、开放的态度,对西方法治模式加以取舍,为解决本国所面临的特殊问题发展出了一条颇具新

---

[①] 谢青霞:《法治与民生——新加坡法律制度分析》,中国政法大学出版社 2011 年版,第 108—111 页。

加坡特色的法治之路,这也招致了一些国家对其"偏离"西方模式的批评乃至非议。

随着苏联及东欧集团的解体,西方被一些学者视为处于一种"压倒一切的、成功的、几乎是完全的支配"的地位①,而它的制度和传统也被西方学者自封为"整个文明世界的典范"②。正是出于这样一种制度的傲慢,"历史终结"的论调一时间甚嚣尘上。在一些西方学者看来,西方的自由民主制度是"唯一的一个竞争者作为具有潜在的全球价值的意识形态"③,它代表着人类社会制度发展的最终阶段。基于这样一种认识,以美国为首的西方世界在冷战结束后加剧了意识形态的扩张,这是有别于领土扩张的旧殖民主义的一种新的殖民主义方式,它试图通过价值观的输出,来消解其他文化传统下制度选择的可能性,从而保证西方中心主义意识形态的统治地位。美国前国务卿戴维·D.纽瑟姆在1966年出版的《人权外交》一书中就曾提出"联系原则",将外交政策中的人权、价值观和意识形态因素与援助、制裁或贸易待遇等政策手段相联系以推进外交政策中具体的人权目标。④ 在高压之下的新加坡看来,"美国人是名副其实的传教士。对于改变别人的信仰,他们有一股压抑不住的欲望"。⑤ 对此,非西方文化传统的国家以及像新加坡这样希望在社会制度选择上保持独立自主的新兴亚洲国家是保持警惕的。

1990年,为了对抗西方意识形态的侵蚀,东南亚国家就"亚洲价值"(Asian Values)进行了涉及诸多领域的国际性文化辩论。亚洲价值或东亚模式就"法的最根本价值在于实现人权"⑥这一原则而言,与西方国家的主张并无根本的冲突,二者分歧所在是对于不同制度多元共存、相互借鉴的认知,以及对人权体系中权利价值位阶的不同而产生的价值冲突。随着1997

---

① [美]塞缪尔·亨廷顿:《文明的冲突与世界秩序的重建》,周琪等译,新华出版社1998年版,第75页。
② [英]弗雷德里希·奥古斯特·冯·哈耶克:《自由宪章》,杨玉生、冯兴元、陈茅等译,中国社会科学出版社1998年版,第232页。
③ [美]弗朗西斯·福山:《历史的终结与最后之人》,黄胜强等译,中国社会科学出版社2003年版,第47页。
④ 朱锋:《人权与国际关系》,北京大学出版社2000年版,第131页。
⑤ [新加坡]李光耀:《李光耀40年政论选》,现代出版社1994年版,第563页。
⑥ 汪习根:《发展权视角下的法律移植方法新探》,载《武汉大学学报(哲学社会科学版)》2005年第2期。

年全球性金融危机的爆发，西方模式遭遇自苏联解体以来最为严重的挑战，并引发了对其优越性广泛的质疑与反思。一方面，西方式放任型经济制度及无节制提高社会福利的选举政治使得主要发达国家的潜在经济危机加剧，政府债台高筑、难以为继；另一方面，作为西式民主标杆的西方各国，选举制度频频经历宪法危机，造成族群撕裂，严重影响了社会政治的稳定。依靠投票机制运行的西方民主制度中的一些痼疾，如少数人权利保护和国家政策连续性的缺乏等问题，也一直无法通过其体制内部的调整而缓解。

反观亚洲，特别是东亚国家，进入 21 世纪以来，经济发展水平蒸蒸日上，政治制度和法治水平在平稳的本土化改革中逐步得到发展。随着全球本土化和非西方文化的复兴，"西方主宰天下的时代正在终结"。[①] 由于本土文化的复兴"更强调各主体的地方性知识和内源性发展，以增强主体自身内在的发展能力和发展水平"[②]，在对西方法律制度加以取舍过程中，新加坡政府改革与创新并举，形成了适合自身发展特点的法治模式，也逐步确立了对自身独立、自主发展道路的自信。

## 第三节　新加坡法治建设的实践与经验

新加坡在经济成就为人瞩目同时，其多项法治指数的国际排名也位列亚洲前茅，由此可见它的法治模式已逐渐为国际社会所承认，这在非西方国家中是为数不多的。作为一个法治社会的成功范例，新加坡在法律实践中积累了不少可供发展中国家借鉴的宝贵经验。新加坡一方面通过完善立法与机构设置，建立反腐反贪制度体系以促进高效廉洁政府建设；另一方面通过提升人民政治参与度，加强了对公权力的有效监督和制衡，使得"法不阿贵"，法律面前人人平等的法治理念不仅深入人心，而且在司法实践中也能够得到切实的践行，从而在全社会确立起公众对法律的信仰。

---

[①]　[美] 塞缪尔·亨廷顿：《文明的冲突与世界秩序的重建》，周琪等译，新华出版社 1998 年版，第 87 页。

[②]　汪习根：《发展权视角下的法律移植方法新探》，载《武汉大学学报（哲学社会科学版）》2005 年第 2 期。

## 一、新加坡法治的"严""平"之道

新加坡是一个以盛世重典著称的国家,这在发达的经济体中是比较特殊的。由于自然资源匮乏,新加坡经济的发展主要依靠对外贸易与金融服务,稳定的社会环境和完善的法律制度体系是新加坡吸引外资,保证经济稳定增长的生命线。对新加坡而言,"一个国家在发展时所需要的是纪律多于民主"。[1] 在这一思想指导下,新加坡确立了以严刑峻法促进法治社会建设的发展之路,逐步建立起了一个获得国际广泛认可的,体系严密、立法严谨、执法严明的法治环境。

新加坡的法律之严,首先体现在其法律制度体系的严密和完善。新加坡在原有普通法传统基础之上,先后颁布法律达数百部之多,内容除传统的部门法律外还涉及包括民族宗教、公共卫生、环境资源等社会生活的各个方面,规定相当完备、细致,为整个社会精确依法运行提供了充分的法律依据。其次,新加坡的法律之严体现在其立法思想和立法技术的成熟和严谨。新加坡法律"规定十分明确,在是与非、罪与非罪的问题上界限清楚;在某一违法犯罪该适用何种法律、给予什么处罚的问题上一目了然"。[2] 一方面,法律规定的严谨和明确使社会公众更容易加深对法律的理解,从而使其免于因无知而犯法的困境,从而促进法治社会的建设;另一方面,法律的严谨和明确也增强了司法与执法的透明度,有效压缩了暗箱操作的空间,从而促进了政府的廉洁高效。再次,新加坡法律之严还体现在其法律规定的严厉。新加坡刑法不仅保留了死刑以应对严重犯罪行为,对于扰乱公共秩序、破坏公物以及其他不检行为也可处以罚金、监禁甚至鞭刑,新加坡的重刑化倾向有效地提升了法律对犯罪的震慑力,在对维护社会秩序起到了重要促进作用同时,也引发了外界广泛的争议。

尽管新加坡是一个法网严密、法律规定较为严厉的国家,但其国内社会对于法律的信仰、尊重和接受程度却一直居高不下,究其根本就在于新加坡法律的另一个特点:法律之平。新加坡法律之平主要表现在两个方面:一是

---

[1] [新加坡]李光耀:《李光耀40年政论选》,现代出版社1994年版,第350页。
[2] 吕元礼:《新加坡为什么能》下卷,江西人民出版社2010年版,第142页。

公民法律地位的平等。除了在立法层面充分保障公民在法律面前一律平等并受法律平等保护的法律地位,以及不得受到不公平对待的法律权利外,新加坡政府在司法和执法层面还保持着"法不阿贵"的优良传统。1995 年,新加坡最高领导人李光耀、李显龙父子因涉嫌以特价购买房屋,并接受房地产商的特殊优惠受到反贪局调查,其后调查结果被提交国会公开辩论。在新加坡"没有人可以超越法律,不然,人们就会对法律的意义和公正感到怀疑"。① 正是对法律面前人人平等原则的贯彻,新加坡社会的法律信仰才得以确立;新加坡法律之平还表现在法律适用的公平。如果说公民法律地位的平等是实行法治的基础,那么法律适用的公平就关乎法治理念的最终实现。1993 年,美国青年迈克尔·费伊因违反新加坡《破坏公物法》(Vandalism Act),被法院判处 4 个月监禁,罚款 3500 新元,并鞭笞 6 下。这一判决在西方世界引起了轩然大波,时任美国总统克林顿甚至亲自向新加坡政府求情,希望能赦免迈克尔·费伊的鞭刑。尽管美国作为唯一的超级大国,与其保持友好关系对于新加坡的战略意义非常重大,新加坡政府依然维持了法院的判决,仅将 6 下鞭笞减为 4 下,从而维护了法律的尊严。由于新加坡法律之平的特点,减少了法律实践中徇私枉法和冤假错案发生的几率,使犯罪分子能够罪当其罚,将法律之严所带来的负面影响降到了最低,从而使社会法治得到了人民的普遍认可和接受。

## 二、以廉洁、高效行政促进社会发展

同人权保障一样,对公权力的有效制约是法治国家建设的核心内容。对致力于社会及个人发展权利改善的新加坡政府而言,制约权力、建立廉洁高效公务员队伍有助于完成改善投资环境、增强国家竞争力、促进经济社会发展的重要任务。经过 50 多年的经济发展,新加坡已经由原来"亚洲黑暗角落里的一个狭小市场"②,一跃成为人均国民生产总值位列世界前列的发达经济体,在其经济奇迹的背后,法治、廉洁社会环境的建设显然是功不可没的。在对世界各大经济体投资环境及政府效率进行研究、评比的瑞士洛桑国

---

① 张建立:《中国能从新加坡学什么》,华文出版社 2006 年版,第 87 页。
② [澳]芬斯顿:《东南亚政府与政治》,张锡镇等译,北京大学出版社 2007 年版,第 266 页。

际管理学院（IMD）推出的世界竞争力排名（2016）中，新加坡在亚洲各大经济体中排名仅次于中国香港，位列全球第4位。

新加坡廉政建设主要包括三个方面：首先是在制度层面加以完善，为廉洁政府建设提供充分的法律依据。从独立之初，新加坡就非常注重权力监督机制的建立，早在1960年就颁布了《防止贪污法》（The Prevention of Corruption Act），此后陆续颁布了包括《没收贪污贿赂所得利益法》、新加坡公务人员《行为与纪律准则》和《公务惩戒性程序规则》等在内的一系列法律法规，从而在制度层面建立了一个行之有效的防治腐败的法律体系；其次是通过机构设置，加强对公务人员的队伍管理，使之成为高效、廉洁的服务团队。新加坡建立了直属总理办公室领导、直接向总理负责的贪污行为调查局（CPIB），局长由总理直接任命。贪污行为调查局是新加坡反腐肃贪的重要核心部门，被赋予很大的执法权力，包括"可以在没有逮捕令的情况下，逮捕涉嫌违反《反贪污法》的人员；对犯有贪污罪的人，调查局可依法没收受贿财物，还可判7年以下徒刑"，对于国家公务人员，调查局还"有权暗中调查他们的私生活是否正常"。[①] 此外，新加坡还设有审计局和中央举报局等"文官的监督机构"，其职能也是"保证政府的高效、廉洁"；[②] 再次是通过严格执法，有效打击、防止贪腐行为，从而保证政府的廉洁、高效。新加坡对于贪污腐败的防治没有仅仅停留在制度的创立和机构的设置，而是通过切实有效的执法行为使之真正得以实现。同时，新加坡注重执法团队自身建设，其清廉、高效，不畏强权，有着骄人的反腐战绩，因贪腐受到调查并最终落马的高官中不乏开国元勋、执政党的国会议员以及政府部长、局长等高级官员。时至今日，新加坡"虽然不能说完全杜绝了贪污腐败行为，但是，集体性的贪污行为可以说完全杜绝，犯贪污罪的公务员仅占公务员总数的万分之一"，[③] 新加坡也因此连续10年被香港政治经济风险咨询公司（PERC）的《亚洲经济政治报告》排在清廉度最高的亚洲国家榜单的首位。

---

[①] 张建立：《中国能从新加坡学什么》，华文出版社2006年版，第27页。
[②] 金湘：《腾飞的东盟六国》，时事出版社1995年版，第122页。
[③] 张建立：《中国能从新加坡学什么》，华文出版社2006年版，第28页。

### 三、新加坡法治实践的取舍之道

新加坡法治模式是建立在以发展作为"重心和本位"[①]的"生存政策"基础之上的,它重实效、求发展,并不墨守其所继受的普通法传统,而是更为灵活地善于利用法律制度为社会经济的发展需要服务。面对西方价值观的输出,新加坡以本土文化、亚洲价值予以应对。事实上,新加坡并不排斥民主政治,但是坚持"一个国家必须先有经济发展,民主才会随之而来"。[②]基于这种认识,新加坡走出了一条颇具特色的法治道路。

在政治制度层面,新加坡虽然仍保留着西方选举政治的内核,即"强调自由选择原则和由选举确定的过半数规则"[③]的政党政治,但"执政党人民行动党牢牢控制选举委员会、高等法院、传媒与国家财政拨款机构,通过这些机构来影响选民投票的方向"[④],始终保持在议会中一党独大的地位。事实上,长期执政并没有使人民行动党独占政治资源,滋生权力的傲慢,相反,它仍然要面对选举的压力,通过为选民积极服务获得执政地位的合法性基础,在历次选举中,"人民行动党连续赢得大选的根本原因,就在于该党较为真实地实现了对人民的誓言,兑现了向人民的承诺"。[⑤]在新加坡的实践中,"好政府"理念一直是其法治模式的重要内容。"什么是好政府?这要看人民的价值观而定。亚洲人所重视的东西未必就是美国人或欧洲人所重视的"。[⑥]对于新加坡而言,一个好政府应当为人民带来社会秩序的稳定以促进社会经济的发展的实际好处,至于是否具备西式主流的多党制形式,则在所不论。此外,新加坡政府及执政党还在日常管理、服务职能之外发展出

---

① 汪习根:《发展权视角下的法律移植方法新探》,载《武汉大学学报(哲学社会科学版)》2005年第2期。
② 汪习根:《发展权视角下的法律移植方法新探》,载《武汉大学学报(哲学社会科学版)》2005年第2期。
③ [美] L.文森特·帕吉特:《墨西哥的一党制——再评价》,载《美国政治评论》1957年第51期。转引自[新加坡]冯清莲:《新加坡人民行动党》,苏宛蓉译,上海人民出版社1975年版,第152页。
④ 萧功秦:《新加坡的"选举权威主义"及其启示——兼论中国民主发展的基本路径》,载《战略与管理》2003年第1期。
⑤ 吕元礼:《新加坡为什么能》上卷,江西人民出版社2007年版,第100页。
⑥ [新加坡]李光耀:《李光耀40年政论选》,现代出版社1994年版,第570页。

了包括人民协会（People's Association）、人民行动党社区基金会、"我们的新加坡"全国性对话会以及"议员接待日"制度和议员回访选民制度在内的一系列沟通、对话和协商机制，卓有成效地提供了"执政党和政府疏导民意、协助民众缓解困境和压力的理性渠道"①，同时也弥补了传统政治管理方式的不足。

在法律制度层面，新加坡法治模式以发展权为重心的法律制度作为人民自由及政治权利的保障的基础，充分体现了其"共同价值观"中以"国家至上、社会为先"的价值导向。对于西方模式所珍视的新闻自由，新加坡宪法并没有明确规定。在新加坡，政府更强调新闻责任（responsible journalism），"新闻被看作是国家建设的重要工作而不是对政治权力的制衡"。②

新加坡在法治建设中保留了《内部安全法》，该法允许将可能危及国家安全的可疑分子直接逮捕并不经审讯予以长达 2 年的预防性拘留（preventive detention），此外殖民时期遗留的鞭刑（canning），从 1960 年首次适用于非暴力犯罪——破坏公物罪以来，其适用的罪名目前已经扩大到 40 多个。③ 与此同时，新加坡却于 1970 年完全废除了英美法系引以为傲的陪审团制度。新加坡对继受法律体系的取舍，固然有着威慑犯罪、促进社会稳定的积极贡献，但一度被认为是对西方现代法治理念的离经叛道，因而饱受争议。

尽管对于新加坡法治建设的发展模式目前依然争论不断，但随着其实效逐步显现，确实为新加坡社会带来了丰厚的回报。几十年间，新加坡无论是经济发展、社会稳定还是人民福利事业都有了长足的进步，政治、法律制度在其国内也有着坚实的群众基础。目前，包括一些西方主流机构，对于新加坡的法治状况都有了比较客观的评价。2014 年，位于美国本土的"世界正义工程"（The World Justice Project）推出的"法治指数排名"报告中，新加坡以 0.79 分排名亚洲第一；2008 年香港智库"政治经济风险咨询公司"（PERC）基于对商界看法的调查，则将新加坡司法制度评为亚洲最佳；国际管理与发展研究院（IMD）所发表的《2008 年度世界竞争力年鉴》，也将

---

① 廖健：《法治视阈下新加坡社会治理模式及启示》，载《理论视野》2015 年第 4 期。
② 韩大元：《外国宪法（第二版）》，中国人民大学出版社 2000 年版，第 367 页。
③ 谢青霞：《法治与民生——新加坡法律制度分析》，中国政法大学出版社 2011 年版，第 4 页。

新加坡法律与监管架构排名世界第一。进入 21 世纪以来，随着全球范围本土化、多元化的兴起，新加坡法治道路也逐步受到国际社会的广泛承认。当然，必须承认，新加坡的法治只是契合了其自身的历史与现实客观条件与民众主观需求，并不一定完全适合于其他地区或国家。

# 第 七 章
# 泰国法治道路的探索及其启示

1932年"六月革命"之后,泰国仿照英国建立了近代君主立宪制,在亚洲最早走上了法治道路,一度被称之为亚洲法治建设的标杆。但是行宪80多年,泰国先后颁布过20部宪法,发生军事政变19次,平均四年有一部新宪法面世,绝大部分时间在军人政府统治之下,至今军政府尚未"还政于民"。泰国法治道路历程异常艰辛,其过程令人唏嘘。泰国法治道路的探索历程,为研究法治道路选择及实践提供了很好的样本和素材,深刻总结其法治教训,对泰国及其他亚洲国家的法治道路选择和法治建设具有重大借鉴意义。

目前,泰国政治现象的学术研究主要集中在政治学领域,从政党制度、政治文化、市民社会、社会运动等方面聚焦于泰国的民主建设,还有学者从军事、历史、国际关系,甚至民族、宗教等角度开展研究。泰国本土学者较多关注军政府统治之下的民主进程研究。[1] 泰国法治问题引起了国际关注,丹麦政治学教授约根·莫勒发表了"The Third Wave: Behind the Numbers"(Jergen Moller, 2013),加拿大政治学家教授库恩塔发表了《泰国民主的倒退:公民社会与政治体制的矛盾角色》(Eric Martinez Kuhonta,姚键等译,2014),英国凯文·休伊森出版了《泰国的政权、反对派和民主化》(Kevin·Hewson, 2001)。我国台湾地区有学者出版了《军人与政治:泰国

---

[1] [泰国]刘嘉玲:《对泰国军政府实行民主的探讨》,载《东南亚纵横》2015年第9期。

的军事政变与政治变迁》（陈佩修，2004），香港地区有学者出版了《泰国：独特的君主立宪制国家》（朱振明，2006）等研究成果。

我国张锡镇等学者长期致力于泰国政治问题研究，《泰国民主政治论》（张锡镇等，2013）、《王权·威权·金权：泰国政治现代化进程》（周方冶，2011）、《泰国政治体制与政治现状》（史学栋等，2016）是其中的代表性成果。塞缪尔·亨廷顿的第三波民主化理论提供了民主化的视角，刘瑜、包刚升等人以此为理论分析框架对泰国民主进行了个案式的研究。现有研究中，也有少量学者研究泰国民主教训对中国的启示意义，发表了《从泰国民主政治困局看中国特色社会主义道路自信》（王文平，2016）等论文。在法学研究领域，近来有学者开始关注泰国法治建设中一些具体领域，发表了《从"政治司法化"到"司法政治化"——论泰国宪法法院的功能退化及原因》（朱学磊，2017）等论文，但是整体来讲关注程度不够，尤其是缺乏对泰国整体法治建设，特别是法治道路的研究。泰国一些学者对泰国的典型宪法进行过个案式的研究，比如"The Thai Constitution of 1997 and its Implication on Criminal Justice"（Kittipong Kittayarak，2003）、"The Thai Constitution of 1997 Sources and Process"（Borwornsak Uwanno and Wayne D. Burns，1998）、《关于泰国上议院的宪法论争：1997—2014 年》（迈克尔·H. 纳尔逊，2015）。上述成果为本研究提供了很好的参考资料和基础，本章透过泰国法治的表象，概述泰国法治道路的历史背景，建立理论基础，凝练基本模式，构建基本权力结构，以历史发展为线索梳理行进轨迹，总结法治教训，为泰国和其他法治后发展国家的法治道路的选择和建设提供借鉴。

## 第一节　泰国法治道路的历史背景

探寻泰国法治道路的基本模式、发展轨迹，总结泰国法治发展的教训，建立在一个共同基础之上，这就是泰国法治道路的历史背景。泰国作为亚洲最早走上法治道路的国家，一度被视为亚洲法治建设的标杆。但是泰国先后实行过绝对的军事独裁统治，"半法治"的温和军事统治，也经历过政党选举产生的文官执政，既实行过上下两院制，也实行过一院制，议员选举更是在民主选举和任命之间轮转，其法治诚可谓乱象丛生，令人迷乱。但是泰国作为一个法治后发展国家，探寻其法治基本模式和法治行进轨迹，总结其教训，对其他后发展国家的法治建设仍是一件有意义的探索。泰国法治道路的历史背景主要包括四大方面。一是不彻底的近代资产阶级革命，泰国虽然建立了近代君主立宪制，但是保留了较多的封建因素。二是泰国根深蒂固的王权观念，不仅得到泰国社会大众的认可，而且是泰国任何政府执政合法性的最终庇护，也是屡次军事政变合法性的背书依据。三是强势的军事势力，泰国军事势力从1932年"六月革命"正式登上法治舞台，始终扮演了强势的关键角色，其执政方式虽然日渐温和，但是始终占据泰国法治舞台的中心，保持了随时能够问鼎政权接管最高国家权力的实力。四是不成熟的政党政治，政党在王室与军队的共同压制下，难以获得自主性发展，在政党制度化方面存在明显的不足之处，因而虽然是泰国法治发展的积极力量，但是时至今日并没有发展成熟。上述四大方面构成了泰国法治道路的宏观历史背景，深刻地影响和塑造了泰国法治道路的基本模式，左右着泰国法治道路的行进轨迹。基于此，本节以1932年以来泰国的历史事实为基础，总结泰国法治道路的历史背景。

## 一、不彻底的资产阶级革命

近代泰国是一个封建君主制国家，具有浓厚的封建统治基础，君主专制长达700年之久，在此基础上发生的资产阶级革命虽然推翻帝制建立君主立宪制，但是对王权作出重大让步，保留了较多的封建统治因素。一直到19世纪中期，泰国仍然实行封建专制统治，国王通过少数王室贵族自上而下管理国家，农奴耕种土地向王室缴纳税赋，战时充当士兵组成军队。"泰国形成了一个全国范围内的层层分封的等级分封制，……国王和各级封建主虽然拥有土地，但是并不耕种土地，土地主要由农民或者农奴来耕种。"[1] 19世纪中期以后，泰国的社会状况发生了重大变化。1855年泰国被迫与英国签订友好通商条约（the Treaty of Friendship and Commerce），接着又与其他欧洲列强以及美国和日本签订条约，泰国被迫向世界开放经济。[2] 朱拉隆功国

---

[1] 何平：《泰国历史上的封建制与奴隶制》，载《东南亚研究》2007年第3期。
[2] Borwornsak Uwanno & Attorney Wayne D. Burns, "The Thai Constitution of 1977: Sources and Process", *Columbia Law Review*, Vol. 32, Issue 2 (1998), p. 231.

王继承王位之后,发起了一场自上而下的改革运动。泰国经济领域的变化对泰国社会产生了深刻影响,朱拉隆功逐渐消除奴隶制度。劳动力的解放导致传统封建等级制度的崩溃,泰国创建了职业化的军队。友好通商条约的签订不仅影响了泰国的经济和社会,还推动了泰国的司法制度改革。西方国家不信任泰国陈旧的司法体制,条约单独为泰国创建了一套不受泰国原有法院体系约束的法律制度。朱拉隆功意识到如果不废除泰国的法律制度,泰国的法律体系将被迫现代化。于是,朱拉隆功聘请西方国家的法律专家,修订泰国法律体系使之适应西方法律模式。随着法律和司法体系的改革,朱拉隆功发起了更加广泛的泰国政府制度改革。1894年,泰国建立了国家议会制度,公务员遴选制度取代了原有的以捐助为基础的封建官员任命制度。但是与此同时,泰国经济陷入低迷,拉玛七世继承王位后,接受西方教育的青年势力日渐崛起,泰国国王越来越难以驾驭政治局势。

在此过程中,西方近代民主法治思想逐渐传入泰国,为泰国资产阶级革命奠定了思想基础。泰国国内民族资本主义也得到一定程度的发展,新兴的民族资产阶级逐渐要求政治领域的变革,泰国封建统治制度受到严重冲击。到20世纪20年代,一些接受西方君主立宪思想的青年,开始组建青年军官联合会,开展以推翻封建君主制为目的的政治活动,组建了泰国近代第一个资产阶级性质的政党——人民党。人民党以新兴的民族资产阶级、接受了西方思想并经历近代军事训练的军事军官为主,联合了一部分要求变革的大商人、地主阶层,制定了政治纲领,明确主张推翻封建帝制,主张仿照英国建立近代立宪君主制。在此期间,泰国受到第一次世界经济危机和第一次世界大战的影响,国内要求变革的思潮暗流涌动。1932年6月24日,人民党发动革命,军队占领了王宫等要害部门,逮捕了40多名王室成员,成立了临时政府,发表了施政纲领。[①] 人民党在《迎王奏章》中说,如果本党受到任何威胁,就会伤及所囚王室成员作为报偿。[②] 泰国国王拉玛七世面对人民党的威胁采取了妥协策略,6月27日签署了人民党起草的临时宪法,下诏实施君主立宪制。人民党仿照英国革命发动的这次不流血革命史称"六月革

---

① "Politics of Thailand", https://en.wikipedia.org/wiki/Politics_of_Thailand, last viewed on February 27, 2018.

② 范军、孙洁萍:《千古兴亡九朝事:泰国王室》,社会科学文献出版社1998年版,第201页。

命"。临时宪法体现了主权在民思想,规定了"年满20周岁以上的泰国公民具有选举权利"①。临时宪法确立了分权制度,但是与英国分权制度的不同之处在于,王权作为立法权、行政权和司法权之外的第四种实质性权力予以保留。由人民党指定的70名成员组成人民议会行使立法权;由15名成员组成的人民委员会行使行政权;法院行使司法权;国王行使王权。临时宪法规定,人民议会和人民委员会最初由任命产生,大约十年之后,待一半的泰国人口接受了初级教育之后,人民议会实行全面选举。② 临时宪法还规定,国王并非"不能为非",仅仅享有有限程度的主权豁免权,普通法院虽然不能起诉国王,但是人民议会有权弹劾审判国王,国王无权特赦。但是,临时宪法的内容遭到王室成员的强烈反对,在组建新政府时人民党作出很大让步。人民委员会的四名成员由保皇人员而非人民党成员担任,原君主制下的高级官员占立法机构的半数以上,人民党只占半数以下的席位。③ 同年12月10日,泰国实施了正式宪法,面对人民党内部的分裂以及国王的反对,正式宪法扩大了国王的权力。宪法继续坚持了主权在民思想,但是与临时宪法不同的,国王在人民议会、内阁和法院的同意后,可以直接行使权力。与临时宪法相比,正式宪法规定国王是神圣不可侵犯的。正式宪法实施后,内阁由20名成员组成,其中10人来自于人民党。人民议会扩展到156人,选举和任命产生的议员各占一半。

关于泰国"六月革命"的性质,国内外学者存在不同的争论,有人认为这是一次封建统治内部革新派同顽固派之间的"宫廷政变"④,但是多数人这是一场"不彻底的资产阶级革命"⑤,这主要是从"六月革命"的任务及纲领得出的结论。人民党的首要目的是改变泰国的绝对君主制,代之以立宪君主制。人民党为避免引发更广泛的社会革命,没有使用"革命"一词,而是委婉地表述为"改变目前国王居于法律之上的政府体制,建立国王居

---

① 全李彬:《泰国民主化历程及其特点》,载《延边党校学报》2010年第5期。
② "Constitution of Thailand", https://en.wikipedia.org/wiki/Constitution_of_Thailand#cite_note-Stowe-2., last viewed on February 27, 2018.
③ Paul M. Handley, *The King Never Smiles*, Yale University Press, 2006, p.124.
④ 陈碧笙:《关于暹罗1932年政变的性质问题》,载《厦门大学学报》1983年第3期。
⑤ 陈建民:《论泰国1932年政变的性质》,载《世界历史》1986年第4期。

于法律之下的政府体制"①。人民党宣布了六大纲领：维护包括政治、司法和经济等在内的国家独立；维护国内公共安全，大幅度降低刑罚；新政府通过为所有人提供就业机会、制订国民经济发展计划，提高人们经济生活水平，不让人们陷于饥饿；为人们提供各种平等的权利；为人们提供不与上述四项原则冲突的自由；为人们提供充分的教育机会。② 1932 年泰国"六月革命"，是一场资产阶级革命，推翻了封建君主专制制度，建立了近代君主立宪制，产生了泰国近代历史上第一部宪法，是泰国近代政治制度的开端。革命中封建君主权力虽然受到严重打击，但人民党仿照英国建立的君主立宪制并非现代意义上的虚位国家元首制度，保留了较多的封建因素。

## 二、根深蒂固的王权观念

泰国 1932 年"六月革命"虽然推翻了泰国封建君主专制制度，但是王权观念在泰国根深蒂固，并且在随后 80 多年的法治道路发展中日渐复兴，尤其是拉玛九世期间，王权在军权与政党权力的斗争中左右逢源，王室权威恢复至极致，王权逐渐成为泰国法治道路的主导者。任何权力都必须具有合法性基础，寻求正当性的自我辩护。马克斯·韦伯认为，权威（authority）就是建立在合法性基础之上的权力。根据权力来源权威分为三种理想类型：法理权威、传统权威和卡理斯玛权威。法理权威建立在理性基础上，"基于对已经制定的规则之合法性的信仰，以及对享有权威根据这些规则发号施令者之权力的信仰"。③ 传统权威建立在传统基础上，"基于对悠久传统的神圣性以及根据这些传统行使权威者的正当性的牢固信仰"。④ 卡理斯玛权威建立在超凡魅力基础上，"基于对某个人的罕见神性、英雄品质或者典范特性

---

① Pridi Banomyong, "Some Aspects of the Establishment of the People's Party and Democracy (1972)", p. 124. 转引自"Constitution of Thailand", https://en.wikipedia.org/wiki/Constitution_of_Thailand#cite_note-Stowe-2。
② 朱振明：《泰国：独特的君主立宪制国家》，香港城市大学出版社 2006 年版，第 37 页。
③ ［德］马克斯·韦伯：《经济与社会》第一卷，阎克文译，上海人民出版社 2010 年版，第 322 页。
④ ［德］马克斯·韦伯：《经济与社会》第一卷，阎克文译，上海人民出版社 2010 年版，第 322 页。

以及对他所启示或者创立的规范模式或者秩序的忠诚"。①在三种理想权威类型基础上,韦伯又提出了官僚制、家产制和卡理斯玛制三种"权力支配形式"(form of domination)。不同的支配形式有着各自不同的合法性基础。官僚制建立在法理权威基础之上,即其合法性以正式规章制度和程序为依据,以官僚组织的"即事性"②和结构地位而不是以个人秉性为行使权力的基础。家产制支配形式以人们对家长或者首领权力遵从的传统习俗为合法性基础。卡理斯玛支配形式建立在领袖的超凡禀赋之上,通过政绩获得合法性。

在马克斯·韦伯意义上的权力合法性,是一种超越实在法的合法性,更深层次上构筑在传统权威观念之上。以此看来,泰国王权之所以能够在1932年"六月革命"之后得以延续,并且在此后的法治发展道路中逐渐恢复,主要取决于泰国王权观念在泰国社会中的传统地位,取得了泰国社会大众的认可。其现实表现是"六月革命"之后,泰国宪法屡经变迁,但是每一次泰国军事政变之后,执政者首先要取得泰国国王的认可,以此为新政权提供合法性背书。在泰国的社会传统中,国王是"一国之父",具有至上权威。在君主立宪制建立的初期,泰国王权暂时处于被压制地位,但是泰国国王及王室得以延续,无论是銮披汶的第一轮军事独裁统治还是此后比里·帕侬荣建立的自由政府,泰国王权观念都是执政合法性的背书依据。一旦失去王权观念的庇护,泰国政府立即失去稳定性。比里·帕侬荣执政期间,拉玛八世被刺身亡,在巨大的舆论压力之下,比里被迫辞职流亡海外。泰国历史上最长的军事独裁统治期间,泰国几乎陷入无宪法时代,尤其是沙立—他侬统治时期,军事政府公开否定法治,建立了独树一帜的"父权式"绝对军事独裁统治。但是军事政府为了寻求合法性转而寻求与王室的联合,客观上促进了王权的复兴。1959年4月27日,沙立宣称,不管现代政治科学取得了多大的进步,传统泰国政府的一个原则仍然是有用的,这个原则就是Phoban Phomuang(家庭之父,国家之父)。沙立坚持认为,古代泰国的父亲

---

① [德]马克斯·韦伯:《经济与社会》第一卷,阎克文译,上海人民出版社2010年版,第322页。

② "即事性"是指以规章制度为本,按部就班,循规蹈矩。参见周雪光:《中国国家治理的制度逻辑——一个组织学研究》,生活·读书·新知三联书店2017年版,第60页。

治理原则在当今仍然是适用的，政府官员应该服从上级，人民应该对此俯首听命。① 区别于以往军事政府统治，沙立建立了一套较为完整的统治哲学，核心是强调泰国传统的父权社会理念，以"国王、民族、宗教、统一"为指导思想，主张父权制专制统治，公开反对近代法治思想，认为公民滥用宪法赋予的权利将会阻碍国家进步，造成政治冲突，导致国家瓦解。沙立以武力为后盾实行赤裸裸的军事独裁统治，回避了现代法治的代议制民主制度，但是其政权毕竟要寻找合法性辩护，为此沙立推出了泰国传统的国王权威，以此取代会议权威。而泰国国王及王室为了自身利益，也愿意为沙立的政变及军事统治提供合法性授权。1958年10月，沙立政变当日，拉玛九世签发了特赦令，为"革命委员会"的行动提供合法性辩护。沙立对王室权威的依赖为泰国王室的政治复兴提供了重要的契机和有利的条件，拉玛九世与沙立达成了持久的政治默契。沙立也给拉玛九世前所未有的特权和礼遇，为王权复兴铺平了道路。沙立主动恢复了卡辛仪式、春耕节仪式、佛诞节仪式等传统的庆典仪式，把国王的生日定为国庆节，将国王的新年致辞作为正式的官方发言。②

1973年7月，泰国国家学生中心发起了"争取宪政运动"，要求他侬政府结束军事独裁统治，重新制定宪法。同年10月6日，他侬命令泰国警方逮捕了11名成员。10月8日，他侬再次逮捕了两名学生。10月12日，泰国国家学生中心发动学生举行更大规模的抗议活动，示威者人数超过5万，曼谷17%的大中学校罢课加入示威活动。10月13日，抗议活动进一步升级，人数升至40万，成为泰国自1932年以来规模最大的示威活动。③ 普密蓬国王召见学生领袖，给他侬施压。④ 10月14日，他侬命令对抗议者开枪，造成71人死亡。在压力之下，他侬被迫辞职，国王任命法政大学校长汕耶·探玛塞出任临时总理。"10·14"学生运动终结了泰国历史上长达26

---

① 贺圣达：《沙立—他侬的统治与泰国的现代化进程——当代泰国史研究之一》，载《云南社会科学》1993年第5期。
② 杨世东：《泰国王室与泰国民主关系研究》，云南大学国际关系研究院2013年版，第29页。
③ Anand Panuarachun et al., *King Bhumibol adulyadej: a Life's Work*, Bangkok: Editions Didier Millet, 2011, p. 129.
④ 杨世东：《泰国王室与泰国民主关系研究》，云南大学国际关系研究院2013年，第32页。

年之久的军事独裁统治,国王利用泰国民众对传统王室权威的支持,在此次事件中走上前台,高调干政,迫使他侬辞职,开启了干政的"先例",提升了王权,强化了"国父"的王权观念。

炳·廷素拉暖军人政府期间,炳与王室保持了高度的默契和配合,通过抬升国王地位获取了权力的合法性基础,而王权在廷素拉暖的支持下恢复至极致。在此期间虽然发生过两次军事政变,但是炳·廷素拉暖利用王室权威始终掌握着权力。1981年,炳·廷素拉暖第二次延长军职,遭到少壮派军官组织的反对,于是少壮派军官组织在3月31日扣押了炳·廷素拉暖,但是国王普密蓬以召见为由命令政变军人交出炳·廷素拉暖,普密蓬国王随后与炳·廷素拉暖一同前往第二军区。两天后,史称"4·1"的政变被镇压。1985年平定政变之后,炳·廷素拉暖坦陈其制胜秘诀:致力于对国王的效忠,而不是对自己的唯命是从。① 炳·廷素拉暖通过极力推崇国王,巩固了自己的政治地位,以国王的背书为其执政提供合法性。

1997年泰国宪法史称"人民宪法",但是此时泰国王权观念已经恢复至极致,王权地位巩固,宪法第一章详细地规定了泰国国王的地位和权力,将其置于国家机构及公民权利之上。2006年9月泰国军事政变推翻了他信政府。在此宪法危机中,泰国国王普密蓬召见他信之后,他信立即宣布将不在新一届政府中担任总理职务,以化解危机。他信公开表示:"没有人能够让我下台。但只要国王说一句话,我将立即辞职。"② 1932年以来,"泰国传统上是一个中央集权国家,而中央的权力牢牢地掌握在国王手中,上千年的王权思想深深影响着当代泰国"③。由此可见,泰国王权观念在泰国法治道路中的地位和作用。

## 三、强势的军事势力

在泰国法治道路的发展过程中,军事势力始终是泰国法治中的强势力

---

① William Warren, *Prem Tinsulanonda*: *Soldier & Statesman*, Bangkok: M. L. Tridos yuth Devakul Press, 1997, pp. 128-132.
② 余瀛波:《白象王国之"宪政风云"》,http://news.163.com/08/1204/20/4SBJVRCC0001121M.html,最后访问时间:2018年2月27日。
③ 孙玉刚:《当代泰国国王的政治作用及其形成原因浅析》,载《东南亚纵横》1997年第1期。

量,是泰国国家权力结构中的重要主体之一,自1932年"六月革命"以来,先后发生19次军事政变,其中成功12次。

表1 泰国军事政府统治时期统计表

| 起止年份 | 期限 | 军人政府主要代表 |
| --- | --- | --- |
| 1933—1944年 | 11年 | 銮披汶·颂堪 |
| 1947—1973年 | 26年 | 銮披汶·颂堪、沙立·他那叻、他侬·吉滴卡宗 |
| 1976—1988年 | 12年 | 炳·廷素拉暖 |
| 1991—1992年 | 1年 | 素金达·甲巴允 |
| 2006—2007年 | 1年 | 颂提·汶耶拉卡林 |
| 2014—至今 | 4年 | 巴育·占奥差 |

表1显示,泰国君主立宪制建立至今86年来,军政府统治时间合计55年,近64%的时间处于军人的直接统治之下。相比之下,文官执政总计31年,仅占36%,其中很多文官政府受到军事势力的干涉而无法有效执政。泰国军事势力的强势具有长期的历史传统,同时在不同的历史发展阶段具有不同的阶段性特征。

从朱拉隆功国王以来,面对西方国家入侵,泰国发起了一场自上而下的改革运动,创建了职业化的军队就是重要内容之一。此后的拉玛六世和拉玛七世继续推动改革,大力推动军队职业化发展。在此过程中,形成了以青年军官为主的青年军官联合会,在1932年"六月革命"中发挥了骨干作用。从此,泰国军事势力登上泰国法治道路的舞台,扮演了重要角色。在长期的历史发展过程中,泰国军事势力形成了一个相对封闭的群体,在高级军官任命、财政等方面拥有较高的自主权,即使是国王也要很少直接插手军队内部高级将领人员任免等核心事务,其他国家机关更是难以染指军队内部事务。从政治上讲,军队宣称效忠国王,屡次军事政变都祭出维护国王权威和王室地位的旗号,其所发动的军事政变,只要获得国王的认可即获得了合法性。军队与王室势力形成了联盟关系,成为泰国法治道路中的保守势力。即使是在政党通过合法选举的方式执政期间,泰国军事势力虽然名义上退回军营,但是始终保持着随时走向政治前台,接管泰国最高国家权力的能力。在政党执政时期最长的泰爱泰党期间，炳·廷素拉暖担任枢密院主席，同时在军队内部保持着崇高地位。在他信通过插手军队高级将领人员任命，试图将军队纳入管理范围之时，炳·廷素拉暖视察军队，发表讲话要求军队只听从国王的命令。趁他信出国期间，军队再次走出军营发动军事政变，不费一兵一卒，推翻了他信政府，"和平"实现军事政变。

在泰国法治发展过程中，强势的军事势力在不同阶段表现出不同的阶段性特点。20 世纪 70 年代之前，是泰国军事统治的第一阶段。在此阶段，军事势力的强势表现非常明显，其特点是军人代表直接掌握最高国家权力，出任泰国总理等关键性要职；在统治方式上，直接实行军事统治，甚至军事独裁统治，公然否定法治，与法治发展呈现对抗性局面。在第一轮军事统治期间，1938 年 12 月，銮披汶·颂堪担任总理，兼任国防部长、内务部长和陆军总司令等职，集大权于一身，开始军人专制统治，开启了泰国军人主政的先例。1939 年 10 月，銮披汶修改宪法，将训政期从十年延长至二十年，建立了军事独裁统治。第二轮军事统治时期，是泰国法治的最低谷，先后经历銮披汶、沙立、他侬三位军人统治，虽然军事政府也曾制定过装潢门面的宪法，但是宪法沦为军事统治确权的工具。尤其是沙立—他侬统治时期，军事政府公开否定法治，建立了独树一帜的"父权式"绝对军事独裁统治。1958 年 10 月 20 日，沙立发动军事政变，解散国会，废止了宪法，取缔政党，禁止政治集会，组建"革命委员会"接管国家权力，不仅担任武装部队总司令、陆军司令、警察总监，而且亲自执政，总揽国家军政大权。沙立认为泰国 1932 年以来从西方移植的法治以及英国式的君主立宪制并不适合泰国，不仅不能为泰国带来繁荣和稳定，反而使泰国陷入持续性的社会动荡。因此泰国必须回归传统，必须建立强势政府。沙立死后，他侬接替了总理职务，几乎沿袭了沙立的军事独裁体制。1971 年 11 月 17 日，他侬发动了一场"自我政变"，推翻原政府，废除宪法，解散议会和内阁，宣布军事戒严，成立由他侬、巴博和纳隆为首的全国执行委员会（National Executive Council）代行管理国家事务。①

从 20 世纪 70 年代到 90 年代之前，是泰国军事统治的第二阶段。其特

---

① 黄琪瑞、刀书林：《泰国历次政变简介》，载《国际研究参考》1991 年第 4 期。

点是实行温和的"半军人"军事统治,典型代表是炳·廷素拉暖将军,其执政基础来自于军队和王室的双重支持,执政方式较为温和,军方主动保持了在权力格局中的谦抑性,政党制度合法化,政治局势稳定。炳·廷素拉暖担任泰国总理长达八年,是泰国第三轮军人政府的代表,是他侬之后执政时间最长的军人,也是第三次军人执政的主动终结者。其法治建设虽无明显建树,但是保持了泰国较长时期的政治稳定,并且区别于以往沙立—他侬等其他军人政权,炳·廷素拉暖执政温和,得到泰国国王以及王室、泰国军界、各政党及泰国民众的一致支持,是泰国自1932年以来实行军事统治但不独裁的领袖。在法治建设方面,炳·廷素拉暖最大的贡献在于使政党政治合法化,强调议会、选举制度,减少军人对政务的干涉,注重利益平衡。同时,泰国经济稳步发展,人们生活水平逐渐提高。炳·廷素拉暖改变了人们对军人政府蛮横专制的看法,得到泰国民众的普遍接受。[①]

2014年之后是泰国军事统治的第三阶段。其特点是军事势力与国王及王室高度契合,共同维护在他信执政中受损的权力。但是军事统治方式变得委婉柔和,军事势力发动军事政变之时宣称是为了维护泰国社会稳定,认为严重的社会冲突给泰国带来了深重的灾难,民选政府无力保持泰国法治稳定发展,因而接管国家权力。并且宣称,将在最短时间内"还政于民",尤其是巴培将军担任总理之后,拟定并公布"还政路线图",着手制定宪法,公开宣称其使命在于维护泰国社会政治稳定,争取早日实现民主大选,走上正常的法治发展道路。但是,时至今日泰国仍在军政府统治之下,尚未"还政于民"。

### 四、不成熟的政党政治

泰国虽然较早建立了近代第一个资产阶级性质的政党,并领导了"六月革命",但是由于长期军政府统治等内外原因,泰国始终没有发展出成熟的政党政治。衡量政党政治是否成熟的主要标准在于政党的制度化建设,塞缪尔·亨廷顿认为,只有通过制度化,政党才能获得稳定的发展。按照这一路径,政党制度化可以通过政党存续时间长短、政党执政时间、政党执政纲

---

[①] 李雅洁:《泰国现代政治发展模式研究》,广西师范大学政治与行政学院,2012年,第18页。

领是否明确等观测点进行评估。以此考察泰国政党可以发现，泰国政党制度化程度较低，虽然在某些特定历史时期出现过一些大党，也有一些政党存续时间较长，但是整体来讲泰国政党政治始终处于不成熟的发展过程中。具体表现在以下方面。

第一，政党连续存在时间短。在1932年"六月革命"中，人民党作为泰国第一个资产阶级性质的政党领导了这场近代资产阶级革命，但是人民党的表现非常软弱。革命爆发后，人民党立即寄希望取得国王的认可，以此实现这场革命的合法性。人民党向国王致信："人民党无意以任何手段夺取王位，主要宗旨是实行宪政，因此欢迎陛下返京，在君主立宪之下继续作为国王进行统治。"[1] "六月革命"之后组建的内阁成员中，人民党成员仅占10名。领导"六月革命"的人民党在革命之后很快发生分裂，一派以比里·帕侬荣（Pridi Phanomyong）为代表，是人民党的"文官派"；一派以陆军上校批耶·帕凤（Phot Phahonyothin）为代表，是人民党内部的"军事派"。两派在泰国此后的法治发展中明显不成比例，军事势力日渐崛起，成为泰国法治发展中举足轻重的重要力量，但是保留下来的文官派别不仅没有继续将人民党发展为成熟的政党，反而很快在1933年4月被解散，其领导人物比里·帕侬荣被迫流亡海外。其他政党整体上也表现出连续存在时间短的特点，在泰国特定历史时期，政党数量一度激增到160多个，但是大部分是在大选之前临时组建，大选结束之后往往自行解散或者被军政府解散。

第二，执政时间短。在泰国80年的法治发展过程中，由于受到王权和军权的联合压制，军事政府动辄实行党禁，取消政党活动，政党合法化的时间仅占23%，而政党通过合法选举执政的时间更短。"黑色五月"推翻了素金达的军事政府之后，泰国进入了较长时期的政党执政，但是在他信的泰爱泰党执政之前，泰国政党林立，政府更迭频繁。从1992年至2001年短短10年间，先后经历了四届政府，最长的执政时间为3年，最短的仅1年，没有一届政府能够完整地完成任期，没有任何一个政党能够单独执政。

---

[1] 孙玉刚：《当代泰国国王的政治作用及其形成原因浅析》，载《东南亚纵横》1997年第1期。

表 2　泰国 20 世纪 90 年代政党执政情况统计

| 时间 | 执政党 | 执政联盟的其他政党 | 执政时间 |
| --- | --- | --- | --- |
| 1992.10—1995.5 | 民主党 | 新希望党、正义力量党、社会行动党、团结党 | 2 年半 |
| 1995.7—1996.9 | 泰国党 | 新希望党、正义力量党、社会行动党、泰国市民党、纳泰党、民众党 | 1 年多 |
| 1996.11—1997.11 | 新希望党 | 国家发展党、社会行动党、泰国市民党、自由正义党、民众党 | 1 年 |
| 1997.11—2001.1 | 民主党 | 泰国党、社会行动党、泰国市民党、自由正义党 | 3 年 |

泰国政党发展的高峰出现在 1997 年"人民宪法"出台之后，他信组建的泰爱泰党赢得大选，成为泰国 80 多年法治发展中唯一一个通过大选赢得议会多数席位的政党，不需要与其他政党联合，实现单独执政，也是唯一一个政党连续赢得两届大选胜利的政党。但是他信推行的政策打破了泰国权力结构的基本格局，王权和军权受到严重威胁，因此军队再次走出军营，发动了军事政变，推翻了他信政府，军事政府通过宪法法院裁决解散了泰爱泰党。此后，他信势力再次组建的人民力量党和为泰党，虽然赢得了大选胜利，但是不稳定的法治环境下，无法长久执政，并且也没有避免再次被宪法法院裁决解散的命运。

第三，缺乏明确的纲领。泰国政党林立，在有限的政党执政时期内，大多数政党缺乏明确的纲领，往往在大选之前匆忙组建，以获取议席为目的，没有坚定的立场。一些小党为了能够进入执政联盟获取一定的议会席位，临时改变纲领与第一大党组建临时联盟，试图成为"关键少数党"，缺乏长久规划和发展目标。在组成联合政府的过程中，以退出执政联盟为由向执政联盟中的第一大党提出议席要挟。有些政党在军事势力的威胁之下，主动退出执政联盟，造成泰国政府更替频繁。

## 第二节　泰国法治道路的构成要素

泰国法治道路在汲取西方法治思想成分的基础上，结合本国历史文化传统，形成了自身的理论基础。王权至上和有限法治是泰国法治道路的两大理论基础，根本上决定了泰国法治道路的基本模式和发展方向。在王权至上和有限法治的影响下，泰国法治道路形成了以独特的君主立宪制政体和屡经变革的多党制度为主的基本模式。泰国法治权力结构是由国王权力、军队权力和政党权力构成的三元结构，其中王室权力与军队权力在利益驱动之下逐渐结为同盟，形成了"王室—军队"保守势力，王权成为法治道路的主导权力，军队权力代表了威权统治的面向。政党权力长期受到"王权—军权"的联合压制，代表了泰国法治发展的方向，倾向于倒向王权，但是与军队权力始终处于对立博弈关系。

## 一、泰国法治道路的理论基础

### （一）王权至上

在漫长的封建社会，无论中西方国家王权都是至高无上的权力，王权本来是封建君主专制制度的理论基础。王权与专制密切相关，二者很大程度上具有同质性。王权的英文词源是"kingship"，具有两种含义。一是指君主的权力，这是 kingship 的本意，二是国王依其地位实施的政治统治。王权的基本特点是：国王是国家的元首，受人崇拜；国王有权管理国家事务；王权的合法性超越实定法的限制，具有道德或者宗教的正当性，因而可以不受法律的约束；王权是其他权力的合法性基础。专制经常在统治或者治理方式的意义上使用，是指国家权力集中于一个人或者特定少数群体手中，实行不受法律约束的统治。王权与专制存在密切的联系，在长期的封建社会中，王权与专制经常密切纠缠在一起，国王或者君主依靠其统治地位对国家进行统治。但是二者也存在一定的区别。王权虽然可以不受实定法的约束，但是必须获取马克斯·韦伯意义上的权力合法性，更深层次上源于神授，因而产生了"君权神授"的思想，即从宗教或者上帝那里获得合法性，进而取得社会认同和民众崇拜。因而，君主的封建统治也就获得了合法性，可以获得社会认同，取得较好的国家治理效果，在历史上推动国家和民族进步，甚至被称为"开明治理"。这在中国历史上和西方国家历史上都曾经不止一次出现，比如汉代的"文景之治"、盛唐的"贞观之治"等。但是专制作为一种统治方式，往往不具有宗教或道德上的合法性，权力的行使往往和恣意、专断联系在一起，无法取得社会认同，被认为是一种应该得到否定评价的权力运行和治国方式。因此，君主既可以凭借王权进行开明的统治，也可能出现专制统治。在一定程度上，专制是王权发展到不受限制程度的产物，但是王权并非都发展成为专制。

因此，王权可以与法治取得契合，而专制必然意味着与法治的对立。在现代国家，很多国家的王权得以保留，但是专制被普遍否定。王权在泰国法治发展道路得以保留，并逐渐复兴至极致，有其内在的逻辑发展过程和现实表现。"六月革命"发生后，人民党仿照英国实行君主立宪制，请求泰王下诏认同革命，并且将第一部宪法命名为御赐宪法。王权至上在泰国"六月革命"之后经历了短暂的低迷期，很快显示出强劲的恢复势头，在沙立军事统治时期恢复，在炳·廷素拉暖的温和"半法治"军事统治时期恢复至极致。1932年"六月革命"之后颁布的正式宪法规定，国王对政府部门的组成没有发言权，王室不拥有否决权。经历了銮披汶·颂堪第一轮军事统治之后，比里·帕侬荣为领袖的文官势力再次掌握了泰国最高权力，比里·帕侬荣以拉玛八世摄政王的身份亲自出任泰国总理，制定了"1946年民主宪法"。出于打击军事力量的现实需要，比里·帕侬荣主导的这部宪法提升了王室在国家政治生活的地位，废除了王室成员参加选举的禁令，从法律上确认国王是泰国的国家元首和宗教保护人，是立法、司法和行政权力的最高代表。但是这一阶段的文官政府治理绩效欠佳，泰国军事势力以拉玛八世的意外身亡为借口，在陆军中将屏·春哈旺与銮披汶·颂堪以及沙立·他纳拉的率领下，于1947年11月8日以"革命团"的名义发动军事政变，推翻了文官政府。政变后的军事政府需要为推翻"1946年民主宪法"之下的民选政府寻找合法性理由，因而转向寻找王权的庇护。此时刚刚登基的拉玛九世（普密蓬国王）也需要凭借军事势力巩固王权，因此公开表示："那些参与政变者不是为了他们自身的利益，而是旨在构建高效的新政府，从而引领国家走向繁荣，消除所有民众所面临的苦难。"[1] 因此，拉玛九世为此次军事政变提供了合法性背书，开启了泰国历史上第二轮，也是时间最长的一轮军事统治。沙立统治时期的泰国，法治荡然无存，明目张胆地废弃1932年"六月革命"以来的法治道路，以武力为后盾实行赤裸裸的军事独裁统治。沙立回避了现代法治的代议制民主制度，但是其政权毕竟要寻找合法性辩

---

[1] Kobkua Suwannathat-Pian, *Thailand's Durable Premier*, Oxford University Press, 1995, p. 39.

护，为此沙立推出了泰国传统的国王权威，以此取代会议权威。1958年10月，沙立政变当日，拉玛九世签发了特赦令，为"革命委员会"的行动提供合法性辩护。沙立对王室权威的依赖为王权复兴提供了重要契机，普密蓬国王与沙立达成了持久的政治默契。沙立也给拉玛九世前所未有的特权和礼遇，为王权全面复兴铺平了道路。在礼仪方面，沙立恢复跪拜礼等曾经被废止的传统礼仪。在第三轮温和军事统治之下，炳·廷素拉暖将军大力提升王权，与王室高度默契，正式形成了军事与王室结盟的关系，拉玛九世在此期间将王权提升到前所未有的高度。

王权至上作为泰国法治道路的理论基础之一，不仅在思想观念层面获得高度的社会认同，也被泰国历部宪法所确认。王权至上在泰国历部宪法上有具体的体现，由一系列权力构成。泰国宪法规定，国王是国家元首，国王作为国家元首通过议会、内阁以及根据宪法成立的法院行使权力。国王受人尊敬崇拜，不得被侵犯，任何人不得将国王置于任何形式的指控之下。国王是佛教徒和宗教的守护者。国王是武装部队的最高指挥者。国王选拔并任命有资格的人担任枢密院主席，枢密院有责任向国王提供有关他需要咨询的所有事宜，并享有宪法规定的其他职权，国王独立自主地拥有选拔和任命或取消枢密院成员的权力。在议员任命方面，泰国大多数宪法赋予国王有权任命一定比例的上议院议员。在行政权方面，宪法赋予国王处理国家行政管理事务的决定权。在司法权方面，法院以国王名义审理案件，国王可以建议法院重审案件并作出裁决。

（二）有限法治

法治在当今社会，无论是发达国家还是发展中国家，无论是西方还是东方，已经超越不同政治制度和意识形态成为一种共识。西方先哲亚里士多德是提出"法治"概念并对其进行系统阐述的第一人，"已经成立的法律获得普遍的服从，而大家所服从的法律又应该本身是制定良好的法律"[①]。此后法治得到诸多思想家的深入阐述，得到进一步的丰富和发展，大体上分为形式法治和实质法治两大进程。

在德语语境中，法治（Rechtsstaat）是法（Recht）与国家（Staat）的

---

① 亚里士多德：《政治学》，吴寿彭译，商务印书馆1965年版，第202页。

合写。形式法治强调法律的规则之治,而不考虑法的实质价值。魏克等人强调实证法律的重要性,认为法治就是依法而治,是一种规范的"客观之法",以区别于人内心的道德律。莫尔认为法治是国家的最高形式,国家权力的行使以及对人民自由的必要限制,必须具有明确的法律依据,必须为权力披上"法律的外衣",此即形式意义上的法治国家观点。[1] 史塔尔同样认为,法治的概念不在于国家权力实践的目标和内容,而仅在于完成此目标的方式,因此法治的关注重点是国家依靠"实证法律"的实践方式。戴雪的法治思想包括三层含义:首先,除非经过法院判决某人违反法律,否则任何人不得受到非法的损害;其次,所有公民都应当受到法律的平等约束,接受法院的管辖,除此之外不得存在超越法律之上的任何特权;最后,宪法是保障人权的结果,并非是人权的根本来源。[2] 新自然法学家富勒的法治思想包括八项原则:法的一般性、公开性、明确性、不溯及既往(可预见性)、稳定性、无矛盾性、可操作性、官方行为合法性。[3] 形式法治的思想基础是古典自由主义,认为人类真实的目的,便是以最大限度及妥当方式全力发展自我,这是人类文化的多样性和进步之源。国家的任务是消极地消除罪恶,国家实行积极的福利措施来影响人民生活,就会使人民生活造成"一种制式化",社会进步会被压缩甚至毁灭。[4] 其历史进步意义在于将国家治理方式从"人治"走向"法治",将法律视为维系社会秩序的工具。因此,国家权力是消极意义上的"必要之恶",不得以公共福祉的名义扩大国家权力,必须接受由立法机关制定的"实证"法律之拘束,强调法律在权力规制中"工具"功能,而不考虑法律的"内在内容"或者"价值",尚未体现宪法理念及其拘束力,也未提及法治国家应受到任何价值因素的约束。[5] 简而言之,形式法治强调法律的规则之治,而不注重法治的价值。

二战期间,"法律就是法律"的实证主义无力抵抗纳粹暴政。卡尔·施密特反对任何有法律规范的国家都称之为法治,"法治的法律之治必须讲求

---

[1] 陈新民:《德国公法学基础理论》上卷,法律出版社2010年版,第15页。
[2] 参见[英]戴雪:《英宪精义》,雷宾南译,中国法制出版社2001年版,第180页。
[3] Lon L Fuller, *The Morality of Law*, Connecticut: Yale University Press, 1969, p. 49.
[4] 陈新民:《德国公法学基础理论》上卷,法律出版社2010年版,第7页。
[5] 陈新民:《德国公法学基础理论》上卷,法律出版社2010年版,第30页。

法律的概念，换言之，某些法律的质量是作为法治国的特征"[①]。此后的德国公法理论认为，权力在法律规则上建立的只是必然，更应该建立在一种价值之上，由此发展到实质法治阶段。权力不仅要体现安定性，还要体现合目的性以及正义等价值，"法就是实现法的安定性和追求正义的东西，且最重视对人民有利的"[②]。实证法的安定性在与正义冲突"达到一个难以容忍的程度时，作为'不正当法'的法律必须向正义让步"[③]。德国《基本法》将法治概念予以确认，并赋予实质含义，认为法律并非权力的唯一来源，源于自然法的人性尊严与正义等超越法律的"法"，是法治的最高渊源。由此，法治思想从形式法治上升到实质法治，国家权力不仅应当符合法律之"法"，更应该符合正义之"法"，更应该达到良法之治。但是，实质法治并不是对形式法治的否定，而是在汲取形式法治合理成分基础上的进一步发展。由是观之，法治至少包括以下五个方面的内核：一是法治的前提，必须具有完善精良的法律规范体系，并且体现正义、公平等法的实质价值；二是法律规范得到普遍的遵守，全民守法，不仅普通公民遵守宪法和法律，国家机关更要遵守法律；三是法治需要有明确的统筹主线和灵魂，一个国家的法治需要由特定的政党或者组织通过制定法治规划引领法治建设，指明法治发展方向和实施战略；四是法治需要公平司法，筑牢法治的最后一道防线，优化司法权力配置，建立公正高效的司法权力体制，提高司法化解社会矛盾的能力，取得公众认同；五是法治的终极追求在于能够通过限制和规范国家权力的运行，达到保护公民权利的目的，全体公民将法治作为一种信仰和美德，让法治作为一种公权力的运作方式。

  法治本质上是一种文化产物，在不同历史阶段和不同国家具有不同的存在形态。对后发展国家来讲，法治作为一种"外生性"产物，在实践过程中衍生出不同的形态，法治内涵出现某种程度上的缺失，由此形成了"有限法治"思想。即这些国家虽然引入了法治思想，并以此为理论基础建立现代法治制度和国家权力体系，但是法治的某些重要内涵遭遇本土文化的抵触，以一种非完整性状态呈现出来。泰国的法治道路即是建立在有限法治的

---

[①] 陈新民：《德国公法学基础理论》上卷，法律出版社2010年版，第96页。
[②] ［德］古斯塔夫·拉德布鲁赫：《法哲学》，王朴译，法律出版社2013年版，第258页。
[③] ［德］古斯塔夫·拉德布鲁赫：《法哲学》，王朴译，法律出版社2013年版，第258页。

思想基础之上。泰国有限法治的理论基础和法治实践突出表现以下三个方面。第一，法律规范的缺失。泰国虽然先后制定过20部宪法，但是在多次军事统治时期，军人政府不止一次地废除宪法，解散议会，实施军事管制，宪法等基本法经常处于缺位状态。第二，权力制约的缺位。法治区别于人治的最根本之处在于将国家权力纳入法治的轨道，借以驯服其恣意行使给公民权利带来的侵犯。因此，法治内在地要求所有的国家权力受到法治的约束，在法治轨道内行使。泰国君主立宪体制之下，至少有两种权力游离于法治的约束之外。首先是享有崇高地位的王权，国王超越了君主立宪制之下的虚位国家元首地位，在立法、行政和司法等领域都享有实实在在的权力，并且多次以泰国民众庇护者的角色出现在政治危机中，要么为新政府提供合法性背书，要么对民怨极大的政府施加政治压力迫使政府垮台。其次，是军事势力在国家管理中享有几乎不受限制的权力。泰国反复发生军事政变，动辄推翻民选政府，除去民选政府自身治理能力低下等问题之外，军事势力始终保持了几乎不受制约和责任追究的权力是一个重要原因。泰国军事势力自成体系，法律规范对军队起不到应有的约束作为，军人在发动军事政变后只要获得国王的认可，无需受到法律责任追究。因而，泰国法治的发展一旦触及军队利益，致使其利益受损，军队随时有可能走出军营，为维护"陆军荣耀和王室荣耀"而发动政变。他信政府自恃民选政府的合法性，曾经试图插手军队内部事务，尤其是高级军官的任命，试图将军队纳入其管辖范围，触犯了军队利益，是其政府被推翻的重要原因之一。再次，法律遵守的缺位。法治意味着法律规则必须得到充分的尊重，全体公民遵守。在泰国法治发展道路中，法律实施状况不良，有限的法律规范不能成为公民行动的指引，尤其是在社会层级分化和对立的形势下，泰国公民往往基于其政党或者政治立场，选择支持一方政治势力，而非基于法律立场表达政治参与。在泰国早期的法治实践中，泰国民众参与法治的热情不高，法治实际上成为少数人参与的政治游戏。但是他信领导的泰爱泰党赢得大选，改变了泰国民众参与法治的状况。泰国底层社会大众第一次意识到可以通过手中的选票决定自己的法治代表，从而参与法治，从法治发展中收益。他信政府通过政策倾斜改善泰国底层社会大众的民生，提高医保覆盖范围和农民收入，先后实施"30泰铢治百病"等惠农计划，坚定其底层民众路线，赢得了广大民众的认可和支持。应当说,泰国民众的法治参与热情第一次被他信激发出来,但是这种法治参与逐渐演变为脱离法治约束的无序参与,泰国逐渐步入"红衫军"和"黄衫军"的暴力街头对抗时代,社会逐渐陷入无政府主义状态,本质上有违法治的内在精神,法律得不到应有的尊重和实施。

## 二、泰国法治道路的基本模式

### (一)独特的泰国君主立宪制

泰国1932年"六月革命"之后,人民党仿照英国"光荣革命"建立了君主立宪制,泰国从此开启了80多年的法治发展道路。在长期的艰辛探索中,泰国法治道路一波三折,历经反复,唯有君主立宪政体保持不变,成为泰国法治道路的基本模式之一。但是由于政治、文化以及本国现实情况的不同,英国式的君主立宪制在泰国呈现了水土不服的景象,最终这一基本模式既不同于其继受母体样本英国本土的君主立宪制,也不同于美国式的三权分立等其他基本法治模式。

泰国的君主立宪制与其母本英国君主立宪制之间的区别是明显的。英国经历了长期的资产阶级革命,1688年发生了"光荣革命",1689年英国议会通过了旨在限制王权的《权利法案》,1701年英国议会又制定了《王位继承法》。二者规定,未经议会同意,国王不得擅自更改、废除法律,从法律上对王权作出限制,确立了议会作为最高国家权力机构的地位,将国王置于法律的统治之下。从此国家权力的中心从英国国王转移至议会,建立了国王"统而不治"君主立宪制,开创了英国近代法治道路,也为世界法治道路贡献了基本模式。英国君主立宪制之下,英王作为国家元首,是国家主权的象征,但是其本质是虚位国家元首,"临朝不理政",在国家权力格局中不享有直接的实际管理国家事务的权力。议会是国家权力的中心,首相由议会选举产生。首相名义上向国家元首汇报工作,但是英王并不具有否决权。英国的君主立宪制是在长期的资产阶级革命过程中逐步确立起来的,是适合英国历史传统的政体。其确立的过程,是一个王权下降议会地位上升的过程,最终王权从封建式的君主权力下降为象征意义的近代国家元首权力。君主立宪政体不再是封建君主统治之下的政体,根本属性是资产阶级掌握国家权力,行使国家管理事务的近代政体。泰国人民党领导革命取得成功之初,虽然也仿照英国建立君主立宪制，但是其君主立宪政体不仅在形式上保留了国王，而且国王在国家权力格局中仍然享有较大的权力。与英国君主立宪制相比，泰国君主立宪制创建伊始，国家权力格局即呈"四权鼎立"之势：立法权、行政权、司法权和王权，并且王权置于其他三权之上，国王通过议会、内阁、法院行使权力。国王不仅是名义上的国家元首，而且是国家武装力量的统帅，享有实实在在的国家权力。在立法权方面，国王享有实际的否决权，可以否决议会通过的法案。在议会组成上，国王有权任命参议院议员。在行政权方面，国王有权任命由议会选举产生的总理，总理人选如果不得到国王的任命，无法真正履职。因而，国王对总理人选的产生和任命享有实质性的权力，而不仅仅是名义上的任命。在他信的泰爱泰党赢得第二次大选之后，他信作为泰爱泰党的总理人选，理应出任总理，但是拉玛九世拒绝签署任命，因而造成他信的泰爱泰党虽然赢得了泰国大选，但是泰国内阁无法履职的尴尬局面。因此，泰国的君主立宪制之下，不再是"统而不治"，而是"且统且治"，不再是"临朝不理政"的虚位国家元首，而是实实在在享有国家权力的实位国家元首。泰国历部宪法明确规定，泰国国王"不能为非"，任何人不得以任何方式将国王置于法律控诉之地。除此之外，基于泰国深重的宗教文化，宪法规定泰国国王是宗教的守护者，泰国国王在泰国民众中享有崇高的声誉。

泰国的君主立宪制与美国式的总统制之间也存在明显区别。美国总统制以三权分立为理论基础，总统、国会、法院分别行使行政权、立法权和司法权。总统既是国家元首，也是政府首脑，又是武装力量的总指挥。总统由选民选举产生，独立于国会，是实位国家元首，对内行使行政权，对外代表国家。三种国家权力在行使过程中，既互相独立又相互制约。总统行使行政权，但是受到国会的监督，总统对外宣战和缔结条约需要取得国会同意或者认可。国会行使立法权，但是法案需要经过总统签署方能生效。联邦法院独立行使司法权，总统有权提名法官人选，需经国会同意，但是法官一经任命即独立于总统而终身任职。联邦法院可以审查国会立法是否合宪，又有权审理弹劾总统案件。泰国君主立宪制之下，泰国国王是国家元首，但是不兼任政府首脑，政府首脑由总理担任。在国王与议会的关系上，泰国国王独立于议会，不受议会的制约和监督，国王享有超越议会的独立地位和权力。国王可以任免一定比例的议员，有权签署议会通过的法案，并且有权否决法案，而议会对国王没有任何制约功能。在国王与法院的关系上，法院以国王名义行使司法权并作出裁决，基于"国王不能为非"的理念，司法权不得对国王进行司法监督，不能将国王置于任何控诉之下。在司法权的行使过程中，国王可以指令宪法法院介入政治纠纷，裁决争议。比如，他信的泰爱泰党第二次赢得大选之后，因为反对党的抵制，导致议席空缺，议会无法召开会议。此时泰爱泰党向拉玛九世提出宪法解释请求，要求在议席空缺的情况下召开国会。拉玛九世发表讲话明确指出，选举是为了保障民主，如果众议院达不到法定人数，那就不是民主，同时要求宪法法院和最高法院提出化解宪政危机的方案。

（二）屡经变革的多党制度

政党制度在法治道路选择和法治发展中发挥着举足轻重的作用，现代政治就是政党政治。政党制度是法治模式的核心构成要素，政党通过制定法治蓝图指明法治发展方向，从而引领法治发展。泰国虽然较早建立了政党，但是始终并没有发展出成熟的政党制度。泰国政党制度的发展大致可以划分如下几个阶段：

表3 泰国政党制度发展时期表

| 时间 | 时期 | 标志性事件和阶段特征 |
| --- | --- | --- |
| 1932—1947年 | 政党制度的初创期 | 1. 建立了第一个政党——人民党，是"六月革命"的领导力量；<br>2. "1946年宪法"第一次规定政党条款，泰国恢复了政党制度，建立了多党制。 |
| 1948—1972年 | 政党制度的低潮期 | 1955年制定了《政党法》和《选举法》，但是在长期的军事独裁统治之下，政党制度屡次被禁止。 |
| 1973—1988年 | 政党制度的突破期 | 1. 1981年，泰国国会通过新的《政党条例》，先后举行过三次大选，在军事政府容忍限度内引导政党合理发展；<br>2. 炳·廷素拉暖实行温和的军人统治，长期允许政党合法化，积极鼓励政党发展，邀请政党领袖参加内阁，担任多个部长职务，争取政党对军人政权的支持。 |
| 1989—2006年 | 政党制度的快速发展期 | 1. 政党始终处于合法状态，泰国历史上第一次产生民选总理；<br>2. 1997年"人民宪法"扶植大党发展，泰爱泰党"一党独大"，连续两次赢得大选，第一次实现一党执政，不需要通过组建执政联盟的方式执掌政权。 |

续表

| 时间 | 时期 | 标志性事件和阶段特征 |
|---|---|---|
| 2007—至今 | 政党制度的混乱发展期 | 1. 泰爱泰党被解散,他信势力先后组建人民力量党和为泰党,与军队王室保守势力展开权力争夺;<br>2. 军队王室保守势力忌惮于多年的法治进步,不直接禁止政党活动,但是通过制定新宪法压缩他信势力的政党活动空间,并通过宪法法院先后裁决解散人民力量党和为泰党。 |

1. 第一阶段：1932—1947 年，政党制度的初创时期

人民党是泰国历史上第一个现代意义上的政党，是"六月革命"的主要领导者，但是泰国君主立宪制建立之后，人民党分裂为军人和文人两大派别，没有发展成现代意义的成熟政党。1933 年 3 月，人民党创始人——文官领袖比里·帕侬荣提交的社会经济发展计划草案遭到王室势力和军事势力的反对。4 月 1 日，军队派兵包围并解散了国会，比里·帕侬荣被迫流亡海外，民党文官势力遭到重创。1933 年 4 月 14 日，披耶·玛奴巴功下令解散人民党。泰国此后进入銮披汶军人专制统治时期。1939 年 10 月，銮披汶修改宪法，延长训政时期。泰国已经变成了一个纯粹军事独裁政府，至 1944 年銮披汶被迫辞去总理职务，十二年的法治动荡中，军事独裁统治占据了一半时间以上，泰国政党活动几近绝迹。[①] 泰国从 1944 年开始了为期三年的短暂文人政府时期，也是第一轮文官执政时期。1946 年 3 月 23 日，泰国举行大选，比里·帕侬荣获得国会多数支持，以拉玛八世摄政王的身份亲自出任泰国总理，在其推动下国王于 1946 年 5 月 9 日签署了新宪法，史称"1946 年宪法"。这部宪法被认为是泰国 1997 年宪法之前最民主的宪法。"1946 年宪法"在泰国宪法史上第一次规定政党条款，泰国恢复了政党制度。1946 年 8 月 5 日，泰国举行大选，有 11 个政党参选。"1946 年宪法"之下，泰国第一次从宪法层面使政党合法化，第一次出现多党制局面，开启了多党制的源头。此时，已经距离"六月革命"十四年之久。

2. 第二阶段：1948—1972 年，政党制度的低潮时期

由于文官政府治理效能低下，1948 年 4 月 6 日，泰国军方再次发动军

---

① 张锡镇、宋清润：《泰国民主政治论》，中国书籍出版社 2013 年版，第 63 页。

事政变,銮披汶第二次出任泰国总理。面对军队内部其他势力的挑战,銮披汶"主动"推动泰国政党制度发展,于 1955 年制定了《政党法》和《选举法》,试图通过选举提高执政的合法性,将执政基础从军事权威转变为选举权威。这是泰国历史上第一部专门的政党法。銮披汶亲自建立了玛兰卡西自由党,泰国政党一夜之间突然爆发,短时间内注册了 25 个政党。銮披汶的本意并不在于推动泰国法治进步,而是假借推动政党选举之名增加执政权威基础。銮披汶的军事政府被沙立等人推翻,沙立执政初期,泰国政党制度在低潮中缓慢发展,沙立试图借助政党选举制度提高其军人统治的合法性。1957 年 12 月 15 日,泰国举行国会大选,沙立的民族社会党联合其他政党组成执政联盟共同组阁。沙立的执政联盟虽然执政成功,但是民主党在国会中占据 39 个席位,执政联盟仅获得 44 个席位,在选举产生的议员总数中不到三成,国会陷入纷争之中。军事政府不仅要面对国会中的反对势力,还面临着内部的权力纷争。1958 年 10 月 20 日,沙立再次发动军事政变,这次自我政变推翻政府,解散国会,废止了宪法,取缔政党,开启了赤裸裸的军事统治时期。沙立之后,他侬继续沿袭军事统治,但是面对日益发展的法治力量,于 1968 年制定了一部宪法,宪法允许政党活动,他侬政府解除党禁,颁布新的政党法。1969 年 2 月,时隔二十年之后,泰国举行民主选举,他侬的执政联盟赢得了参议院的多数席位。通过宪法和民主选举,他侬的军事独裁统治披上了合法性外衣。但是新宪法仅实行三年,就被他侬的自我军事政变所废止。1972 年 12 月,他侬起草并颁布了临时宪法,进一步加强军事独裁权力,禁止任何政党活动。[1]

3. 第三阶段:1973—1988 年,政党制度的突破时期

1973 年 7 月,泰国发生了以泰国国家学生中心(National Student Centre of Thailand)为主的"争取宪政运动",要求他侬政府制定新宪法,结束军事独裁统治。10 月 14 日,他侬命令军警对示威者开枪,流血冲突造成 71 人死亡。在内外压力之下,他侬宣布辞职,国王普密蓬任命法政大学校长汕耶·探玛塞出任临时总理,临时政府开始了宪法起草工作。新宪法恢复了政

---

[1] "Constitution of Thailand", https://en.wikipedia.org/wiki/Constitution_of_Thailand#cite_note-Stowe-2, last viewed on August 27, 2018.

党制度。1975年1月,泰国举行国会选举,22个政党无一赢得多数席位,民主党(The Democrats)的社尼·巴莫(Seni Pramoj)组成了联合政府。"从1973年10月到1976年1月的三年民主开放时期,政党活动合法化,泰国在此阶段先后出现57个政党。"① 但是泰国法治动荡不安,军队再次发动军事政变,泰国历史上进入第三轮军人统治时期,其典型代表是炳·廷素拉暖。炳·廷素拉暖担任泰国总理长达八年,是他侬之后执政时间最长的军人。在此期间,炳·廷素拉暖执政温和,泰国保持了较长时期的政治稳定,炳·廷素拉暖允许政党合法化,积极鼓励政党发展,邀请政党领袖参加内阁,担任多个部长职务,争取政党对军人政权的支持。在其统治期间,1981年泰国国会通过新的《政党条例》,在军事政府的容忍限度内引导政党合理发展。

4. 第四阶段：1989—2006年,政党制度的快速发展时期

炳·廷素拉暖在法治发展浪潮中,主动辞去总理职务,泰国再次进入文官执政时期。这一时期,泰国法治虽然曾经被素金达军事政府打断,但是政党始终处于合法状态,政党制度快速发展。炳·廷素拉暖辞去总理职务后,差猜·春哈旺领导的泰国党赢得大选中的最多席位,成为1976年以来首位民选总理。差猜依仗民选政府的合法性以及执政的经济效应,开始与军方展开权力争夺。王室也不能容忍几十年以来,尤其是炳·廷素拉暖执政八年期间内建立起来的崇高威望,鼓动支持者开展抵抗政府的活动。② 1991年2月23日,军方以"反腐败"为名反动政变,推翻差猜政府,解散国会,但是并未解散政党。政变后泰国成立了以素金达为首的军事政府,但是素金达的执政引起了泰国社会公众的强烈反对,大众民主运动、泰国学生联合会等组织率领民众举行示威活动。泰国发生了"黑色五月"时间,造成至少52人死亡,600人受伤,3000多人被捕。③ 素金达被迫宣布辞职,流亡国外。此后,泰国进入频繁更迭的文官执政期间,短期内先后经历了川·立派政府、班汉·西巴阿差政府、差瓦立·永猜裕政府。但是这一时期泰国政党制度始

---

① 高奇琦、张佳威：《试论政党制度化与政治发展的关系：以泰国为例》,载《南洋问题研究》2015年第4期。
② 张锡镇、宋清润：《泰国民主政治论》,中国书籍出版社2013年版,第91页。
③ 张锡镇：《当代东南亚政治》,广西人民出版社1995年版,第140页。

终处于合法状态，政党活动极为活跃，积极参与大选。"民主党、泰国党和新希望党等为代表的政党先后上台执政……这一时期政党的制度化水平有了一定程度的提升，甚至民主党通过建立基层组织、加强与社会团体的联系以及培养基层政治精英等方式进阶为全国性政党。"[1]

泰国政党制度的真正快速发展是在1997年"人民宪法"实施之后。基于政党林立造成的政府不稳定问题，1997年宪法大力扶植大党发展。宪法规定，一个政党获得公共资金的数量取决于该党在前一次选举中获得的席位，大党可以获得更多的公共资金。[2] 1997年"人民宪法"引入政党比例代表制度和政党名单制度，压缩小党发展空间，大力扶植大党发展，试图为执政党长期稳定施政提供政党制度基础。1997年"人民宪法"之下，他新组建的泰爱泰党成为泰国第一大党，连续两次赢得泰国大选，逐渐形成了"一党独大"的格局。但是，泰国政党制度的快速发展，破坏了泰国传统的权力格局，2006年泰国再次发生军事政变，政党制度在经历了较长时期的快速时期之后再次受挫。

5. 第五阶段：2007年至今，政党制度的混乱发展时期

他信政府被军事政变推翻之后，泰国法治再次陷入混乱时期，但是基于多年来泰国法治发展积累的力量，泰国军方不敢直接实行赤裸裸的军事统治，而是通过改革政党制度，限制他信势力在泰国法治中的地位。泰国形成了他信势力与"王室—军队"组成的保守势力之间的对决。保守势力利用掌握政权的有利机会，重新制定宪法，限制大党发展，改革选举制度，试图阻断他信势力再次回归权力中心。但是他信势力利用多年执政积累的底层民众支持，先后组建人民力量党、为泰党等政党，在保守势力的压制之下仍然强势问鼎总理宝座，上演了"屡选屡胜"大选奇迹。而保守势力借助其民意代表"黄衫军"和宪法法院，接连解除他信阵营两位总理的职务，并裁决解散人民力量党和为泰党。2014年，泰国宪法法院再次裁决英拉违宪，解除看守内阁总理职务。宪法法院判决解除英拉总理职务，引发了"红衫

---

[1] 高奇琦、张佳威：《试论政党制度化与政治发展的关系：以泰国为例》，载《南洋问题研究》2015年第4期。

[2] [澳]约翰·芬斯顿：《东南亚政府与政治》，张锡镇等译，北京大学出版社2007年版，第326页。

军"和"黄衫军"之间的大规模暴力对抗冲突,泰国政局再次陷入动乱之中。2014年5月20日,陆军司令巴育宣布在全国实施戒严,实施军事管制法,组建全国维持和平与秩序委员会(National Council for Peace and Order)(简称"维和委 NCPO"),接管国家权力。

### 三、泰国法治道路的权力结构

泰国法治道路纷繁复杂,屡经变迁,在法治发展过程中多种权力主体都曾经粉墨登场。其中有些权力主体显赫一时,但是很快如流星闪过,由此导致权力结构也呈现出复杂多变的局面,探寻其权力结构中的基本要素实属不易。但是如果透过权力争夺的表象,以权力主体为线索,采取政治结构学的分析思路,可以窥探出泰国权力结构中始终占有重要地位的三种权力。国王权力代表了王室势力利益,简称王权;以军队为主要力量代表的军队权力以及泰国政党体现的普遍性政党权力。三者共同构成泰国法治道路中的权力结构。其中国王权力是权力结构中的恒常力量,也是泰国法治道路的主导权力;军队权力始终是泰国权力结构中的重要变量,代表了泰国法治道路中的军事威权统治趋势;而政党是泰国权力结构中的另一重要变量,但是相对于军事权力,整体上代表了泰国法治道路发展的法治化发展趋势。

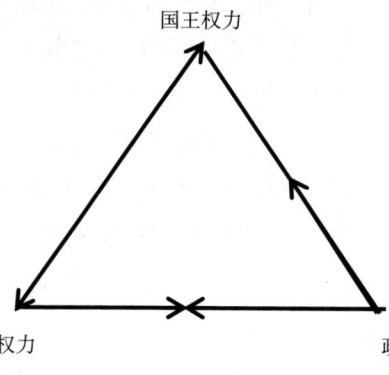

三种权力形成三角形关系,国王权力处于权力的塔尖。在三种权力关系中,国王权力与军队权力二者形成结盟关系,国王权力需要军队权力来巩固其地位,依靠军队来维护王室权威和荣耀。军队权力以维护军事势力的利益为根本目的,但是军队权力一旦走向政治舞台的前台,需要国王权力为其提供合法性背书。政党权力是权力结构中的最大变量，价值取向上试图将其权力构建在法治基础上，以宪法等基本法的授权为权力来源，但是在王权与军权的双重压制之下，倾向于依附王权，需要取得王权的同意，一旦对王权构成潜在威胁，王权将视政党权力为对立性权力，借助军队权力打压甚至颠覆政党权力。军队权力与政党权力始终处于对立状态，军事势力在确保自身利益的时期，能够采取隐忍态度，容忍政党权力的存在和运行，但是政党权力一旦危及军事势力的利益，将立即推翻政党权力。

### （一）泰国法治道路的国王权力

从泰国历部宪法来看，王权至上在权力结构中的表现非常明显，尤其是拉玛九世将王权恢复至极致以后，泰国宪法确认的王权主要有以下内容。

1. 国家元首的地位和权力。宪法规定，泰国是一个不可分割的王国，国王是国家元首，是泰国武装力量的统帅。国王作为国家元首通过议会、内阁以及根据宪法成立的法院行使权力。

2. 宗教守护者的权力。泰国是一个宗教国家，泰国宪法明确规定，泰国国王是佛教徒，是宗教的守护者。

3. 免于法律控诉的权力。宪法明确规定坚持君主立宪制政体，维护以国王为首的王室的最高利益，国王受万人崇敬，王权不得冒犯，任何人不得将国王置于控诉之地。

4. 享有专属咨询机构的权力。国王有权独立遴选枢密院主席，任命枢密院成员。宪法规定，枢密院有责任向国王提供其所需要的各种咨询建议。宪法明确规定，枢密院成员的遴选和任命全部赖由国王个人喜好，代表国家最高立法权机构的国会主席必须副签国王任命或者撤销的枢密院主席命令，为国王任命枢密院主席的行为提供合法性背书。为保证枢密院成员只服从于国王一人，宪法规定枢密院成员不得担任参众议两院议员、任何其他政治职务、宪法法院法官、独立机构职务、国有企业官员、其他国有单位的官员、政党的成员或者领导，不得向其他任何政党表示忠诚。

5. 国王的其他权力，包括颁发敕令、缔结条约、授予荣誉以及其他政府官员的任免。

泰国王权的实际权力并非仅限于宪法明确规定的上述法定权力，在法治实践中经常超越实定法的限制，以受泰国人民崇拜的角色出现在法治危机的关键时刻。一是发挥泰国民众庇护者的角色，调停政治冲突。在素金达执政期间，军政府执政引发泰国社会公众的强烈反对，大众民主运动、泰国学生联合会等组织率领民众举行示威活动。暴力活动严重，素金达采取武力镇压方式，造成严重"黑色五月"事件，在冲突中 52 人死亡，600 人受伤，3000 多人被捕。[①] 事件发生后，拉玛九世召见素金达和反对派领袖占隆，素金达承诺辞职，释放被捕者。二是为军事政变提供合法性背书。军事势力推翻的往往是民选政府，因此其权威备受争议，需要王权为其提供背书。在屡次军事政变中，国王立即认可军事政变。

### （二）泰国法治道路的军队权力

军队权力在近代泰国法治道路中始终存在，但是从 1932 年以来，军队权力的表现方式有所不同。大致上以 20 世纪 80 年代为界分为两大历史时期。在 20 世纪 80 年代之前，军队权力表现非常强势，往往直接接管或者执掌国家最高权力，20 世纪 80 年代之后，军队权力对泰国法治的操控逐渐从前台转向幕后，淡化直接垄断权力的做法。从 1932 年 "六月革命" 到 20 世纪 80 年代，泰国军人直接统治居多，先后经历了三轮军事政府时期。銮披汶开启了第一轮军事独裁统治，时间长达 12 年之久。第二轮军事统治以銮披汶再次执掌政权开始，此后又经历了沙立和他侬开创的 "泰式法治" 时期，实际上仍然是军事独裁统治。第三轮军事政府以炳·廷素拉暖为主要代表，炳将军担任总理长达八年，在法治浪潮中主动辞去总理职务。20 世纪 80 年代之后，泰国军事权力主动采取了谦抑态度，从前台转向幕后。期间经历了短暂的素金达军事统治，但是其军事统治不得人心，酿成了 "黑色五月" 事件。此后，泰国法治迎来了最长的春天，军人回归军营。但是军队内部始终是一个独立王国，法治力量难以染指，一旦其他权力试图插手军队内部，军队立即表现出强烈的不满。他信基于民选政府的合法性以及长期执政的绩效，曾经试图插手军队内部管理，任命军队高级将领，引发军方的强烈反抗，为此后发动军事政变埋下伏笔。整体而言，军队权力在泰国权力结构中的表现主要有两种方式：第一，直接担任总理，任命国会议员。这种方式往往发生在军事政变之后建立军事统治时期。第二，推选代理人

---

[①] 张锡镇：《当代东南亚政治》，广西人民出版社 1995 年版，第 140 页。

担任总理，比如沙立刚刚发动军事政变之后，以"为民请愿"的角色走上政治前台，沙立宣称军官出任总理并不合适，这一职位应当赋予得到民众衷心爱戴的人士，因此推举享有较高政治声望但是缺乏政治根基的朴·沙拉信（Pote Sarasin）担任总理，以此回避泰国民众对政变合法性质疑。但是这种政府极不稳定，很快军人以"社会稳定"为理由直接接管最高国家权力。

（三）泰国法治道路的政党权力

在泰国法治道路中，政党是法治进步的力量代表，在王权和军队权力的双重压制之下，泰国的政党政治未能成熟。但是不可否认的是，政党是泰国法治道路中的一支重要变量，艰难地推动泰国法治进步。政党权力在泰国法治道路发展可以分为三大历史阶段：一是被压制阶段。时间上从1932年到20世纪80年代之前，泰国政党大部分处于非法状态，军事统治之下，军人政府动辄实施党禁，禁止政党活动，取缔政党。期间虽然有两次短暂的文人统治，但是政府极不稳定，文人政府更迭频繁。在最后一次较长的温和的"半法治"军事政府时期，炳将军采取了开明的统治方式，允许政党存在，甚至主动邀请一些政党的领袖担任政府内阁部长，但是并没有进行大选，政党始终无法问鼎总理宝座。二是20世纪90年代之后至2006年，是泰国政党权力的鼎盛时期，泰国政党表现非常活跃，政党通过选举的方式问鼎总理宝座，泰爱泰党甚至一度形成了"一党独大"的格局，连续两次成功获得大选胜利。第三个时期是2007年至今，泰国政党权力再次受到打击，但是这一时期，泰国政党始终存在，军队推翻他信政府之后，通过修改宪法，改变选举制度，加强对司法权力的控制等方式打压他信势力。但是他信势力先后组建人民力量党、为泰党等政党通过选举的方式参与权力争夺。

## 第三节　泰国法治道路的行进轨迹

泰国80多年的法治道路发展，虽然屡经演变，但是也有其内在的行进轨迹。君主立宪制始终是泰国法治道路的主线，在君主立宪制政体之下，国王权力、军队权力和政党权力此消彼长，斗争、妥协、结盟互相交织，共同演绎了泰国法治道路发展的当代篇章。按照泰国法治道路发展呈现的阶段性特征,泰国法治发展可以划分为六大历史阶段:君主立宪制的初建与变异、君主立宪制下军权的崛起、君主立宪制下王权与军权的结盟、君主立宪制下政党权力探索、君主立宪制下政党权力与军队权力的对峙、君主立宪制下法治道路重新探索。1932年"六月革命"发生之后,泰国仿照英国建立了君主立宪制,但是在王权和军权的双面夹击下,泰国的君主立宪制很快发生变化,泰国国王由虚位国家元首向实位国家元首转变。在"六月革命"中登上泰国法治舞台的军事权力开始日渐崛起,并开启了军事统治的先河。沙立、他侬的军事独裁公然否定法治,但是需要王权为其提供合法性基础,因而开始推崇王权,军权正式崛起。炳·廷素拉暖实行"半法治"军事统治期间,王权与军权真正结为同盟,共同形成保守势力。素金达短暂的军事统治之后,泰国法治迎来了最好的发展时期,在1997年"人民宪法"之下,政党权力得以充分展示,他信的泰爱泰党"一党独大",两度赢得大选,泰国政党制度探索取得重大进展。但是物极必反,跨越式的法治发展对王室和军队构成了重大现实威胁,民选政府再一次被军事政变颠覆。此后,泰国政党权力与"王权—军权"展开了多年的权力争斗,各自阵营的民众支持者走上街头,"红衫军""黄衫军"屡番上演暴力冲突,泰国法治演变为街头政治之乱象。保守势力利用手中掌握的制宪权,改革政党制度,试图断绝他信势力重返权力中心的合法途径。但是他信势力重新组建的人民力量党和为泰党利用多年在泰国底层社会大众中建立的群众基础,连续上演"屡选屡胜"的神话。保守势力最终祭出司法权大旗,通过宪法法院连续裁决解散人民力量党和为泰党,解除沙马、颂猜、英拉等他信势力代表的总理职务,通过最高行政法院对他信、英拉作出有罪判决。巴育为代表的军方接管泰国最高国家权力之后,公布了"还政于民"的施政路线图,先后三次制宪,最终形成了泰国第20部宪法(2017年宪法),泰国法治道路重新开始了新的探索。

## 一、君主立宪制的初建与变异

### (一)"六月革命"建立了君主立宪制

20世纪20年代,泰国一些接受西方君主立宪思想的青年,开始组建青年军官联合会,开展以推翻封建君主制度为目的的政治活动,组建了泰国近代第一个资产阶级民主性质的政党——人民党。人民党制定了政治纲领，主张推翻封建帝制，仿照英国建立近代立宪君主制。1932年6月24日，人民党发动革命，军队占领了王宫等要害部门，逮捕了40多名王室成员，成立了临时政府，发表了施政纲领。[1] 泰国国王拉玛七世面对人民党的威胁采取了妥协策略，6月27日签署了人民党起草的临时宪法，下诏实施君主立宪制。泰国资产阶级性质政党仿照英国革命发动的这次不流血革命史称"1932年六月革命"。

临时宪法体现了主权在民思想，规定了"年满20周岁以上的泰国公民，具有参加选举的权利"[2]。临时宪法确立了分权制度，但是与英国分权制度的不同之处在于，王权作为实质性权力予以保留。由人民党指定的70名成员组成人民议会以人民名义行使立法权；由15名成员组成的人民委员会行使行政权；法院行使司法权；国王行使王权。1932年的泰国"六月革命"，是一场资产阶级革命，推翻了封建君主专制制度，建立了近代君主立宪制，是泰国近代法治道路的开端。

（二）泰国君主立宪制的变异

临时宪法的内容遭到王室成员的强烈反对，在组建新政府时人民党作出很大让步，泰国君主立宪制开始变异，逐渐偏离"六月革命"的初衷，国王向实位国家元首转变，军权登上泰国法治的舞台。原君主制下的高级官员占立法机构中的半数以上，人民党只占半数以下的席位。[3] 同年12月10日，泰国实施了正式宪法，面对人民党内部的分裂以及国王的反对，正式宪法扩大了国王的权力。宪法继续坚持了主权在民思想，但是与临时宪法不同的，国王在征得人民议会、内阁和法院的同意下可以直接行使权力。与临时宪法相比，正式宪法规定国王是神圣不可侵犯的。正式宪法实施后，内阁由20名成员组成，其中10人来自于人民党。人民议会扩展到156人，由选举和任命产生的议员各占一半。

---

[1] "Politics of Thailand", https://en.wikipedia.org/wiki/Politics_of_Thailand, last viewed on February 27, 2018.

[2] 全李彬:《泰国民主化历程及其特点》, 载《延边党校学报》2010年第5期。

[3] Eiji Murashima, "Democracy and the Development of Political Parties in Thailand, 1932–1945", *Institute of Developing Economies*, Tokyo, 1991. 转引自 "Constitution of Thailand", https://en.wikipedia.org/wiki/Constitution_of_Thailand#cite_note-Stowe-2.

1932年正式宪法通过之后，君主立宪制继续背离人民党的初衷，快速向变异方向发展。革命中的领导者——人民党，很快分裂为军人和文人两大派别：以比里·帕侬荣（Pridi Phanomyong）为代表的"文官派"；以陆军上校批耶·帕凤（Phot Phahonyothin）为代表的"军事派"。革命后的泰国政府，由保皇倾向的法官披耶·玛奴巴功（Phraya Manopakorn）担任总理。1933年4月14日，披耶·玛奴巴功下令解散人民党，国王和王室势力企图恢复君主专制统治。王室势力试图采取武力方式恢复昔日王权。1933年10月，亲王室的保守势力集结武力，试图推翻披耶·帕凤政府，銮披汶·颂堪（Plaek Phibunsongkhram）带领军队击退了王室军队。1938年12月，銮披汶·颂堪在国会投票中以111票赞成、2票反对的压倒性多数成为披耶·帕凤的继任者，成为泰国第三位总理，兼任国防部长、内务部长和陆军总司令等职，集大权于一身，开始了军人专制统治，开启了泰国军人主政的先例。[①] 銮披汶·颂堪对内加强专制独裁统治，以阴谋推翻政府为名打击排斥异己，先后逮捕40多名政敌，处决18人。1939年10月，銮披汶修改宪法，将训政期从十年延长至二十年，建立了军事独裁统治。[②] 泰国1932年"六月革命"以后，虽然制定实施了第一部正式宪法，但是在王室势力以及军事独裁的双重冲击下，从第一任保皇派人士披耶·玛奴巴功任总理开始，泰国的法治建设就逐步开始萎缩，君主立宪制逐渐变异，法治因素减低，王权上升，军权登上泰国法治发展的历史舞台。

　　在经历了十二年的军人政权之后，泰国进入了为期三年的短暂文人政府时期。比里·帕侬荣领导的"自由泰运动"推翻了銮披汶军事独裁统治，文官势力再次掌握了泰国最高权力。1946年3月23日，泰国举行第四次大选，比里获得国会多数支持，以拉玛八世摄政王的身份亲自出任泰国总理，在其推动下国王于1946年5月9日签署了新宪法，史称"1946年宪法"。宪法提升了王室在国家政治生活的地位，废除了王室成员参加选举的禁令，从法律上确认国王是泰国的国家元首和宗教保护人，是立法、司法和行政权力的最高代表。

---

[①] 杨世东：《泰国王室与泰国民主关系研究》，云南大学国际关系研究院2013年版，第22页。
[②] 张锡镇、宋清润：《泰国民主政治论》，中国书籍出版社2013年版，第63页。

## 二、君主立宪制下军队权力的崛起

### (一) 銮披汶强化军队权力

1948年4月7日，銮披汶·颂堪（Plaek Phibunsongkhram）再次出任泰国总理，开始了泰国法治发展道路上的第二次军事统治。在此时期，军队权力开始强化。1951年11月29日，銮披汶为了压制军队内部海军反对势力以及民主党在国会中的优势，发动了一场"自我政变"，废除了1949年宪法，解散国会，取缔政党。[①] 1952年泰国军事政府重新制定宪法，采取一院制国会，恢复议员任命制。宪法规定国会议员的一半席位由选举产生，一半由总理任命。这种任命方式主要是加强军队权力在权力结构中的地位。总理由军人担任，议员任免权从国王手中转移到政变的军人手中，銮披汶借总理职位控制立法权。该部宪法还废止了1949年宪法规定的军人和官员不得担任内阁成员的规定，为军方打通政府、国会、军队的贯通控制消除了制度障碍。此后，陆军司令屏出任副总理，警察总监炮出任内部副部长，沙立出任国防部副部长。1952年宪法加强了銮披汶的军事统治，军队权力在国家权力格局中的地位大大提高，同时作为对王室的妥协，宪法规定国王有权管理王室财产，有权自主任命最高国家会议（枢密院）的成员，客观上为王权复兴奠定了基础。

### (二) 沙立—他侬建立"父权式"军队权力

銮披汶主政后期，其对军队的控制力大大降低。作为銮披汶的曾经支持者，沙立逐渐走向了銮披汶的对立面。1955年，銮披汶"主动"制定了《政党法》和《选举法》，意在通过选举提高自身执政的合法性，试图将合法性基础从军事权威转变为选举权威，并且打击军队内逐渐失控的沙立势力以及帕敖控制的警察力量。但是銮披汶的"法治秀"在短时期内不仅没有为其赢得民众支持的效果，反而催生了众多反对力量。朱拉隆功大学的学生开展了声势浩大的抗议活动，并举行示威集会来反对政府。1957年3月，銮披汶宣布国家进入紧急状态，并任命沙立为武装部队最高司令，负责平息事态，试图将其推向风口浪尖。但沙立转而支持学生。1957年9月13日，

---

[①] 周方冶：《王权·威权·金权：泰国政治现代化进程》，社会科学文献出版社2011年版，第107页。

沙立联合多名陆军军官向政府发出最后通牒，要求解散政府。9月16日，陆军发动政变，解散国会，接管了国家权力。1959年2月，沙立任泰国总理，并兼任三军司令和警察总监，独揽大权。①

沙立认为泰国1932年以来从西方移植的法治模式以及英国式的君主立宪制并不适合泰国，不仅不能为泰国带来繁荣和稳定，反而使泰国陷入持续性的社会动荡。因此泰国必须回归传统，必须建立强势政府，其实质是建立"父权式"军事独裁统治。"我们认为，应建立切合泰国特点和现实的民主制度，我们将致力于建立泰式民主。"② 1959年3月，《曼谷邮报》在沙立的授意下发文声称："过去我们政治不稳定的根本原因，就在于未经过充分的准备，特别是没有考虑到我国的环境和我们民族的全部特征，就把外国的制度移植进来。结果这些机构职能混乱。"③ 1959年4月27日，沙立宣称，不管现代政治科学取得了多大的进步，传统泰国Phoban Phomuang（家庭之父，国家之父）原则仍然是有用的。沙立坚持认为，古代泰国的父亲治理原则在当今仍然是适用的，要求政府官员应该服从上级，人民应该对此俯首听命。沙立区别于以往军事政权的一个显著特征就是其建立了一套较为完整的统治哲学，核心是强调泰国传统的父权社会理念，以"国王、民族、宗教、统一"为指导思想，主张"父权式"专制统治，公开反对近代法治思想，认为公民滥用宪法赋予的权利将会阻碍国家进步，造成政治冲突，导致国家瓦解。在治理工具上，沙立依靠军队，废除宪法，解散国会，禁止政党活动，独揽警察、军队等大权，实行全面军事独裁统治。沙立统治时期是泰国法治建设的最低谷，仅仅在1959年制定了一部临时宪法，该宪法被认为是"泰国历史上最不民主的宪法"，是泰国历史上条文最少的宪法。宪法授予沙立几乎没有任何限制的绝对权力，包括授权总理立即执行权力，总理有权召集由其任命产生的一院制国会。④ 国会议员全部由任命产生，行政权力

---

① 黄琪瑞、刀书林：《泰国历次政变简介》，载《国际研究参考》1991年第4期。
② 周方冶：《王权·威权·金权泰国政治现代化进程》，社会科学文献出版社2011年版，第122页。
③ 贺圣达：《沙立—他侬的统治与泰国的现代化进程——当代泰国史研究之一》，载《云南社会科学》1993年第5期。
④ "Constitution of Thailand", https://en.wikipedia.org/wiki/Constitution_of_Thailand#cite_note-Stowe-2, last viewed on February 28, 2018.

凌驾于国会立法权之上。沙立不仅废除政党制度，而且还通过"革命委员会"颁发命令，以反共为名随意逮捕异见人士。沙立执政期间，只颁布上述一部临时宪法，直到1963年12月沙立死亡，泰国仍然没有一部正式的宪法。整体而言，沙立统治时期的泰国，法治荡然无存，明目张胆地废弃1932年"六月革命"以来的法治道路，以武力为后盾实行赤裸裸的军事独裁统治。

沙立死后，他侬接替了总理职务，继续沿袭和加强沙立的"父权式"军队权力。他侬执政时期，泰国国内外形势发生巨大变化，逐渐成长的中产阶级要求通过法治方式提高政治地位，法治呼声不断增高。王室保皇势力也不断要求提升政治地位，恢复王室权力，尤其是1967年6月拉玛九世访美归国后，敦促他侬重新制定宪法。[1] 国际上，美国认为长期以来对泰国提供了巨额援助，但是泰国政府独裁专制，贪腐盛行，民众贫困，社会动荡不安。美国国内反战抗议活动促使政府减少对泰国军事政权提供援助，约翰逊总统敦促他侬恢复永久宪法，举行民主选举。[2] 在此背景下，他侬极不情愿地于1968年6月20日正式颁布永久宪法，结束了泰国自沙立以来无宪法的时代，以平息来自各方面的批评和反抗。在法治的表面之下，1968年宪法承认他侬军事独裁统治的合法性。根据新宪法，泰国建立了两院制议会，众议院由选举产生的219名议员组成，参议院由国王任命的164名议员组成。[3]拉玛九世完全同意了他侬提名的几乎全部由军人组成的参议院计划。新宪法承认军事政府制定的所有立法。同年10月，他侬政府解除党禁，颁布政党法。1969年2月，时隔20年之后，泰国举行民主选举，他侬的执政联盟赢得了参议院的多数席位。通过宪法和民主选举，他侬的军事独裁统治披上了合法性外衣。但是议会中的其他反对党开始以议会为阵地，公开批评他侬政府的腐败以及亲美的政策。无论是国家政策的制定审核还是贯彻落实，代表王室保皇势力、新兴政商集团的议员开始提出自己的主张，对他侬不再俯首听命。心存不满的泰国王室也开始公开批评他侬，国王拉玛九世鼓励学生追

---

[1] Paul M. Handley, *The King Never Smiles-a Biography of Thailand's Bhumibol Adulyadej*, New Haven and London: Yale University Press, 2006, pp. 194-195.

[2] 朱振明：《泰国：独特的君主立宪制国家》，香港城市大学出版社2006年版，第96页。

[3] 张锡镇：《泰国军事政变和军人政权的发展及其特点》，载《东南亚纵横》1992年第1期。

求民主和法治。国王的支持大大激发了社会大众反对他侬的热情。1971年11月17日,他侬发动了一场"自我政变",推翻原政府,废除宪法,解散议会和内阁,宣布军事戒严,成立由他侬、巴博和纳隆为首的全国执行委员会(National Executive Council)代行管理国家事务。① 新宪法仅实行三年,就被他侬的自我军事政变所废止。纳隆是他侬的儿子、巴博的女婿,因此政变后的全国执行委员实际上是他侬的家族式统治。他侬任命自己为总理、最高军事指挥者、国防和外交大臣。面对风起云涌的抗议浪潮,1972年12月,他侬起草并颁布了临时宪法,进一步加强军事独裁权力,禁止任何政党活动,任命了由299名成员组成的议会,其中200名来自军队和警察,行政权凌驾于立法权之上。②"父权式"军队权力的过度加强,导致临时军政府不仅失去民心,也失去了王室的支持,同时也激起了其他军事力量的反感,他侬的军事统治岌岌可危。

### 三、君主立宪制下王权与军权的结盟

#### (一)"半法治"温和军事统治为王权与军权结盟奠定基础

他侬"父权式"军队权力被"10·14"学生运动终结,此后泰国政权在文人政府和军事政府之间左右摇摆。1977年10月20日,江萨·差玛南(Kriangsak Chomanan)领导军队发动军事政变,推翻了他宁的政府。1977年11月11日,江萨被军方推举为总理。1978年,江萨·差玛南起草了一部较为民主的宪法,这部宪法最显著的地方在于创设了一个过渡时期,直到1983年4月21日结束。宪法规定,过渡期结束之后,军队和高级官员将被禁止提名为总理和内阁人选。1979年4月,泰国选举产生了一个联合政府,联合政府继续任命江萨·差玛南为总理。虽然江萨政府开明、务实、讲求效率,但是在其执政期间,由于党禁初开,政党内斗严重,江萨三次改组内阁,政府始终居于剧烈动荡不安之中。江萨·差玛南于1980年2月辞去总理职务,但是国会并没有被解散。联合政府任命炳·廷素拉暖上将(Prem Tinsulanonda)为总理,由此开启了泰国第三轮军事统治,也是"半法治"

---

① 黄琪瑞、刀书林:《泰国历次政变简介》,载《国际研究参考》1991年第4期。
② "Constitution of Thailand", https://en.wikipedia.org/wiki/Constitution_of_Thailand#cite_note-Stowe-2, last viewed on February 28, 2018.

温和军事统治。

炳·廷素拉暖担任泰国总理长达八年，是泰国第三轮军人政府的代表，是他侬之后执政时间最长的军人，也是第三次军人执政的主动终结者。其法治建设虽无明显建树，但是保持了泰国较长时期的政治稳定，并且区别于以往沙立、他侬等其他军人，炳·廷素拉暖执政温和，得到泰国国王以及王室、泰国军界、各政党及泰国民众的一致支持，是泰国自1932年以来实行军事统治但不独裁的领袖，为王权与军权结盟奠定了基础。在法治建设方面，炳·廷素拉暖最大的贡献在于使政党政治合法化，强调议会选举制度，减少军人对政务的干涉，注重利益平衡。同时，泰国经济稳步发展，人们生活水平逐渐提高。炳·廷素拉暖改变了人们对军人政府蛮横专制的看法，得到泰国民众的普遍认同。

(二) 王权与军权正式结盟

在此期间，炳·廷素拉暖与泰国国王普密蓬的关系密切，通过抬高王室地位，不仅获得泰国国王及王室的支持，而且通过泰国民众对王室的传统崇拜获取了民众的认可。王权在得到恢复之后，借助军队权力重塑王室权威，二者正式结盟。炳·廷素拉暖执政期间发生过两次军事政变，但是在王室的支持下炳将军始终掌握着权力。1981年，炳·廷素拉暖第二次延长军职，遭到少壮派军官组织的反对，于是少壮派军官组织在3月31日扣押了炳·廷素拉暖，但是国王普密蓬以召见为由命令政变军人交出炳·廷素拉暖，普密蓬国王随后与炳·廷素拉暖一同前往第二军区。普密蓬明确对炳·廷素拉暖承诺，"现在不是发动政变的时候。"[1] 两天后，史称"4·1"的政变被镇压。这次政变的主要原因是政变的最高领导人、炳·廷素拉暖曾经的亲密顾问汕·集巴滴玛认为炳·廷素拉暖延长军职阻碍了他通向权力顶峰之路。1985年9月9日，少壮派军官集团头目马侬·律卡宗再次发动企图推翻炳政府的军事政变，但是在王权的支持下，炳将军在几小时之内迅速平息了政变。

整体而言，炳·廷素拉暖主政泰国八年，其本质是一个军事政府，始终通过军人控制泰国政权，然而尽量淡化军事专制色彩。同时，通过极力推崇国王巩固自己的政治地位，以国王的背书为其执政提供合法性。炳·廷素拉

---

[1] 龙晟：《泰国国王宪政地位的流变》，载《东南亚研究》2010年第1期。

暖是由军人担任并且是非民主选举的过渡时期总理,根据 1978 年宪法,1983 年 4 月 21 日过渡时期结束后,军人将被禁止任命为总理。1983 年过渡时期即将到期,炳·廷素拉暖计划修改宪法延长过渡时期,其军队内部的支持者表示,如果修改计划不被国会批准,将发动军事政变来支持炳·廷素拉暖。国王普密蓬也明确支持炳·廷素拉暖延长军职。[①] 1983 年 3 月 19 日,炳·廷素拉暖解散了国会,在过渡条款之下组建新政府,这样就允许炳·廷素拉暖继续担任总理。作为一名军人,炳·廷素拉暖始终利用军事做统治的后盾,以此维护统治地位。作为 1978 年宪法之下的过渡时期总理,炳将军实现了王权与军权的结盟,维护了王室与军队的共同利益。

## 四、君主立宪制下政党权力的探索

### (一) 1997 年"人民宪法"对政党制度的改革

1992 年"黑色五月"运动推翻了素金达军事政府,军事势力在泰国中陷入低迷,忌惮于其广受非议的非法性,不再对文人政府动辄使用武力。因此从 1992 年以来到 1997 年,泰国文人政府虽然更迭频繁,甚至没有一届政府圆满完成任期,但是泰国保持了政权在文人政府之间更迭。多轮"试错式"的文人政府将泰国法治建设的众多疑难症结暴露殆尽,客观上为宪法制定提供了现实素材。这一时期文人政府频繁更迭的重要原因是,没有一个政党单独获得过半数议会席位,形成了"大党不大、小党不小"的对峙格局,在议会选举中获得第一大党地位的政党必须要联合其他政党组成执政联盟,而执政联盟内部的各政党并不存在统一的政治主张。这一时期的执政联盟全部由五个以上的政党组成,一旦任何一个政党退出执政联盟,政府立即陷入困境。而沦为在野党的其他政党力量并不弱小,在议会中获得的席位仅比获得执政党略低。在野党又联合其他政党利用国会发起反对执政联盟的活动,通过提起对政府的不信任案、启动弹劾程序、揭露政治腐败等行为发起对执政联盟的致命攻击。因此,泰国政党林立、政府更迭频繁、政府缺乏监督导致腐败丛生等症结是新宪法必须要解决的政治难题。在没有军事政变之虞的氛围中,新宪法由此获得了"立足当下、面向未来"的面向。重新制

---

[①] 张锡镇、宋清润:《泰国民主政治论》,中国书籍出版社 2013 年版,第 87 页。

定宪法的目的非常明确,核心内容在于改革政党制度,加强政党权力。

1997年9月27日,制宪委员会(the Constitution Drafting Assembly)投票以578票赞成、16票反对、17票弃权的结果通过了新宪法,10月11日公布实施。[1] 1997年"人民宪法"是泰国法治进程中一项标志性成果,是泰国法治发展的一个重要环节。这部宪法之前,自从1932年泰国推翻了君主专制以来,泰国已经产生了15部宪法,但是该宪法是泰国历史上第一次全部由直接选举产生的委员会起草的宪法,委员的权力来自于直接选举和非常严格的选举程序,因此被广泛地称之为"人民宪法"。[2]

政党制度改革是1997年"人民宪法"的重中之重,宪法大力扶植大党发展。宪法规定,一个政党获得公共资金的数量取决于该党在前一次选举中获得的席位,大党可以获得更多的公共资金。政党代表制和单选区制度的确立也加强了大党的优势地位。[3] 政党名单制将全国视为一个选区,各政党依据得票率分得相应比例的席位。宪法规定,得票率低于5%的政党,不得参与议席分配,目的在于抑制小党扶植大党。从制度设计来看,1997年"人民宪法"旨在构建"两党对峙"的大党竞选格局,加强政党权力,为执政党长期稳定施政提供基础。

在内阁组成上,"人民宪法"第201条规定,国王任命的总理和35名部长组成了部长会议,负责实施国家行政管理。总理必须从众议院议员中任命。内阁对众议院负责,只要获得众议院的信任即可留任。总理有权解散众议院,但是无权解散参议院。议会对总理的不信任案必须有2/5众议院多数才能提起,并且在发起不信任案的同时必须提出代替现任政府总理的人选。众议院必须至少一半赞成票方能通过不信任案。对政府各部长的不信任案设置了相似的程序,要求征得众议院至少1/5的赞成票方能提起议案。[4] 部长

---

① "1997 Constitution of Thailand" https://en.wikipedia.org/wiki/1997_Constitution_of_Thailand#cite_note-Thanet-2, last viewed on February 28, 2018.

② Kittipong Kittayarak, "The Thai Constitution of 1997 and its Implication on Criminal Justice Reform", p. 106. https://en.wikipedia.org/wiki/1997_Constitution_of_Thailand#cite_note-Criminal_Justice-1, last viewed on March 3, 2018.

③ [澳]约翰·芬斯顿:《东南亚政府与政治》,张锡镇等译,北京大学出版社2007年版,第326页。

④ Borwornsak Uwanno & Attorney Wayne D. Burns, "The Thai Constitution of 1997 Sources and Process", http://www.thailawforum.com/articles/constburns1.html, last viewed on March 5, 2018.

履职之前必须在国王面前神圣地宣誓:"我庄严宣布,为了国家和人民的利益,我将效忠于国王,忠诚履职。我全面维护和支持泰国宪法。"这些制度旨在增强执政党执政的稳定性。

### (二) 1997 年"人民宪法"之下政党权力的法治实践

2001 年初,泰国迎来了 1997 年"人民宪法"之下的第一次众议院大选。成立不满三年的泰爱泰党赢得了众议院 500 个席位中的 248 个,而老牌的民主党则赢得了 128 个席位,泰国党赢得了 40 个席位,新希望党赢得了 36 个席位。他信·西那瓦(Thaksin Shinawatra)领导的泰爱泰党成为泰国众议院中名副其实的第一大党,改写了泰国大选中"大党不大、小党不小"的政治版图,是政党权力的第一次完美展示。2001 年 2 月 9 日,众议院选举他信为泰国第 23 任总理。泰爱泰党联合了自由正义党等其他小党组成执政联盟,占据众议院 325 个席位,获得绝对多数优势地位。此次选举达到了 1997 年宪法扶植大党发展的目的。

2005 年,泰国举行 1997 年"人民宪法"实施以来的第二次大选。泰爱泰党利用其执政四年以来积累的民意支持,赢得了众议院 377 个席位,成为泰国历史上第一个一党过半席位的政党。而民主党仅获得 96 个席位。[①] 这次大选,他信不仅圆满完成第一个民选任期,而且得以连任。泰爱泰党在这次选举中,真正实现了"一党独大"的格局,不再需要与其他政党组成执政联盟,结束了 1992 年以来多党联合执政的历史。

他信第一次当选总理后,稳定的执政根基为泰国社会经济发展奠定了基础。在议会中,虽然泰爱泰党没有占据绝对优势,但是通过组建执政联盟,控制了议会 60%以上的席位,同时得益于 1997 年"人民宪法"规定的议会对政府不信任案提案和通过门槛的提高,民主党等反对党无法对他信政府构成实质性的阻挠。在执政联盟内部,他信的泰爱泰党占据优势地位,其他小党也无力改变局面。泰国历史上民选文人政府第一次圆满完成任期。第一任任期期间,他信带领泰国迅速走出亚洲金融危机的影响,于 2003 年泰国提前偿还了国际货币基金组织的 172 亿美元债务。2002—2005 年泰国年均经

---

① 高奇琦、张佳威:《试论政党制度化与政治发展的关系:以泰国为例》,载《南洋问题研究》2015 年第 4 期。

济增长率恢复到5%—6%。他信执政唤起了泰国社会底层对法治的信任,也给泰国社会底层带来了实惠。他信大力振兴农村经济,推行"一村一产品"计划,推广"30泰铢治百病"计划,农民收入提高60%。他信政府向毒品宣战,击毙毒贩2700多人,毒品在泰国几乎绝迹。[1] 政党制度在泰国经历了初步检验,政党权力在泰国法治舞台上大放异彩,泰爱泰党执政时期是泰国法治发展的最快时期。

## 五、君主立宪制下政党权力与"王权—军权"的对峙

### (一) 政党权力遭到"王权—军权"的联合抵制

1997年"人民宪法"之下,他信带领泰爱泰党两度赢得大选,是泰国历史上执政时间最长的民选政府。但是随着他信政府的执政,1997年"人民宪法"规定的政党选举制度逐渐暴露出一些弊端,政党权力的过度发展逐渐遭到"王权—军权"的抵制。2001年大选获胜后,泰爱泰党先后兼并了自由正义党、新希望党、国家发展党等小党。第二次大选后,泰爱泰党在国会中获得霸主地位,他信利用强大的政党势力,行政权逐渐超越了立法权,国会对政府的控制能力减弱,他信执政几乎不受国会的任何制约。根据1997年"人民宪法"的规定,参议院本来应该超越党派之争,保持独立地位,以便更好地行使监督权。但是他信通过亲属关系、商业联系开始向参议院进行势力渗透。2002年,他信将萨哈·平图塞尼推举为参议院副议长,2003年他信迫使亲民主党的参议长辞职,逐渐控制了参议院。

2006年他信第二次当选总理后,遭遇到了王室、军队、反对党以及改革中受损的城市中产阶级的联合抵制。导火索是"售股丑闻",2006年1月,泰国政府通过新法案,放宽外资对泰国电信业持股比例的要求,他信家族将其拥有的电信公司西那瓦集团的49.6%的股份以18.8亿美元的总价卖给了新加坡政府控股的淡马锡公司。在交易过程中他信利用股票交易收入免纳所得税,引起了泰国社会各界的强烈反响,被指责为"政策舞弊"。[2] 2006年2月,以城市中产阶级为主的非政府组织"人民民主联盟"身着黄

---

[1] 麦楠:《他信的24小时》,香港明报出版社有限公司2007年版,第130页。
[2] 张锡镇:《他信政府的危机及启示》,载《东南亚研究》2006年第5期。

衫，宣誓效忠国王，开始在曼谷举行大规模示威活动，要求他信辞职。① 2月24日，他信解散众议院，宣布提前大选。大选中，泰爱泰党赢得了众议院500议席中的460个席位。但是由于反对党的联合抵制，有多达278个选区仅有泰爱泰党的候选人参加选举，根据宪法规定，选区仅有唯一候选人时，必须赢得20%以上的选票方可当选，因此泰国全国范围内有38个选区出现议席空缺。议席空缺意味着国会无法召开，新政府也无法如期组建。但是宪法规定众议院应在选举后30日内举行首次会议。② 这样，他信的泰爱泰党虽然赢得了大选，却无法执政，泰国宪政危机凸显。泰爱泰党向拉玛九世提出宪法解释请求，要求在议席空缺的情况下召开国会。拉玛九世明确表示不会违反宪法任命总理，国家应当依法行事，要求宪法法院和最高法院提出化解宪政危机的方案。③ 5月8日，宪法法院下达判决书，裁定4月2日大选因为"程序违宪"而无效，宣布重新大选。7月21日，拉玛九世批准在10月15日举行大选。

（二）政党权力被军队权力颠覆

泰国法治陷入危机之中，军方加强了活动。6月中旬，炳·廷素拉暖视察军校，发表演讲要求军校学生效忠国王，而非他信政府。9月19日，他信出访美国参加联合国大会，军方趁机发动政变，宣布推翻他信政府。军方发表声明，决定推翻现任政府，废除1997年"人民宪法"，解散泰国宪法法院，解散泰国参众两院和他信领导的内阁。④ 军方宣称发动政变目的是保卫王室，军队不能容忍蔑视王室的政治领导人，但军方无意掌控国家权力。⑤ 这次政变得到了王室保皇势力、中产阶级、保守官僚的一致认可。最为关键的是，这次政变得到了国王的认可。9月19日晚，拉玛九世接受颂

---

① 人民网：《他信支持者与反对者曼谷对峙》，http：//citiccard. world. people. com. cn/GB/1029/42354/4224582. html.，最后访问时间：2018年3月2日。

② 网易新闻：《解读泰国议会选举后的政坛僵局》，http：//news. 163. com/06/0414/16/2EMC9A8I0001121M. html.，最后访问时间：2018年3月2日。

③ 腾讯新闻：《泰国司法部门三巨头将遵谕会商，化解议会危机》，https：//news. qq. com/a/20060427/002082. htm.，最后访问时间：2018年3月2日。

④ 新浪网新闻：《两小时全盘接管政权，泰国军事政变全程实录》，http：//news. sina. com. cn/c/2006-09-21/081210071966s. shtml.，最后访问时间：2018年3月2日。

⑤ 人民网：《泰国军事政变全程实录》，http：//military. people. com. cn/GB/42967/4854654. html.，最后访问时间：2018年3月2日。

提等人觐见,讨论成立临时政府。9月22日,国王委任颂提担任"国家民主政治改革委员会"主席,在临时政府产生之前,委员会行使行政大权。[①]

### (三)政党权力与"王权—军权"展开权力争夺

军方在推翻他信政府后,承诺重新制定宪法,恢复大选,实质上是利用重新制宪的机会恢复和加强王权和军权,途径是改革政党制度和选举制度。2007年7月6日,制宪会议通过宪法草案,但是前泰爱泰党呼吁抵制宪法公投。2007年8月19日,泰国举行新宪法全民公投,合格选民的投票率为55.6%,其中赞成票为56.69%,反对票为41.37%,无效票为1.94%。[②] 拥有一半人口的北部和东北部地区,60%以上的选民投了反对票。2007年8月24日,拉玛九世签署了宪法。

2007年宪法改革了政党制度,试图通过"合法途径"压缩政党活动空间,压制他信势力的政党权力。第93条规定,众议院由480名议员组成,其中400名根据选区代表制由民主选举产生,其余80名根据比例代表制由选举产生。相比1997年"人民宪法",众议院人员从500名降低至480名,降低的名额是由比例代表制度产生的议员。同时将选区由原来单一选区改为八个选区,每个选区拥有10个议席,从而弱化了大党根据政党名单制度有可能出现的"赢着通吃"的100个议席。宪法取消了"得票总数不足5%的政党不得参与议席分配的规定",小党也有机会参与议席分配,进一步分化大党优势,避免出现超级霸主政党。2007年宪法进一步降低了参议院人数组成,参议院由150名议员组成,其中76名议员由全国76个府直接选举产生,任期六年。其余74名议席由专门委员会遴选产生,首届任期三年,其后任期六年。为加强对政府行政权力的监督制约,2007年宪法将对总理提起不信任案的要求从"不少于2/5众议院议员"降低到"不少于1/5众议院议员",对内阁部长提起不信任案要求从"不少于1/5众议院议员"降低到"不少于1/6众议院议员"。

泰爱泰党被解散之后,他信组建了人民力量党,以此为基础展开与

---

[①] 360百科:《2006年泰国军事政变》,https://baike.so.com/doc/5434799-5673099.html.,最后访问时间:2018年3月2日。

[②] "2007 constitution of Thailand." https://en.wikipedia.org/wiki/2007_constitution_of_Thailand.最后访问时间:2018年3月10日。

"王权—军权"的权力争夺。2007 年 12 月 23 日,泰国举行新宪法之下的第一次大选。25 日,大选结果公布,人民力量党赢得众议院 480 个席位中的 233 席,占据 48.5%,再次成为议会第一大党。沙马·顺通卫(Samak Sundaravej)政府正式成立,沙马公开宣称是他信的代言人。大选之后,军人集团失去了对众议院的直接控制,人民力量党以议会为舞台,与保守势力展开新的权力争夺。沙马执政后,决意修改宪法第 237 条和第 309 条的规定,试图解除 2007 年宪法对他信回归的阻碍,重新回归 1997 年"人民宪法"的政党制度,试图获得一党独大的地位。宪法第 237 条规定,政党没有制止选举过程中的舞弊行为,该党将被解散,该党中央执行委员五年内不得从政。宪法第 309 条规定,此前军事政府根据临时宪法制定的一切法律均具有永久合法性。上述规定成为套在他信势力头上的紧箍咒。5 月 29 日,沙马征集到 131 名议员的联名,启动宪法修改程序。但是其中 8 名议员在军政府的威胁之下很快退出,导致修宪计划终止。

　　保守势力失去对议会的控制,逐渐将其民意代表"黄衫军"推向前台,用以对抗人民力量党的执政。非政府组织"人民民主联盟"(people's Alliance for Democracy)身着黄衫,宣誓效忠国王,组织反对他信的抗议活动。2008 年 8 月 26 日,"黄衫军"暴力攻占国家电视台、总理府和财政部,要求沙马辞职。9 月 2 日,"黄衫军"与支持政府的"红衫军"发生冲突,造成 1 人死亡,40 人受伤。[1] 保守势力把守的司法机构也开始深度参与权力冲突。2008 年 9 月 9 日,宪法法院判决沙马总理主持电视烹饪节目并收取 8 万泰铢报酬(约合人民币 1.6 万元)违宪,认定违反宪法第 267 条规定,剥夺总理职务,沙马成为泰国首位因为司法判决被解除总理职务的民选总理。[2] 但是人民力量党领导的执政联盟没有破裂,2008 年 9 月 17 日,众议院表决 298 票对 163 票,人民力量党的颂猜(Somchai Wongsawat)战胜民主党党首阿披实·威差奇瓦(Abhisit Vejjajiva)继任总理职务。但是权力冲突依然不断,10 月 7 日,"黄衫军"包围并冲击国会大楼,阻止颂猜发表施政

---

[1] "Politics of Thailand." https://en.wikipedia.org/wiki/Politics_of_Thailand#2008_political_crisis, last viewed on March 10, 2018.

[2] 朱学磊:《从"政治司法化"到"司法政治化"——论泰国宪法法院的功能退化及原因》,载《南洋问题研究》2017 年第 4 期。

报告。"黄衫军"的街头行为得到王室的支持，10月13日，泰国王后出席"黄衫军"成员在"10·7"事件中遇难者的葬礼。2008年10月21日，宪法法院判决他信因为涉嫌非法购地判处其有期徒刑两年。11月26日，军方公开要求人民力量党政府下台。12月2日，宪法法院就大选贿赂案件提前作出判决，裁定人民力量党、泰国党、中庸民主党在选举中存在舞弊行为，解散三个政党。随着颂猜被迫下台，"黄衫军"主导的街头政治冲突暂时告一段落。

2011年7月3日，泰国再次举行大选，这次大选依然是政党权力和"王权—军权"之间的争夺。7月5日，选举委员会公布大选结果，为泰党获得了265个席位，为泰党总理候选人英拉在第24届国会众议院第二次会议上当选为泰国第28位总理，也是泰国历史上第一位女总理。2013年为泰党议员向国会提出"特赦法案"，特赦曾因参与政治集会而被法律制裁的民众。但是反对派势力认为根据草案赦免2006年9月军事政变至2013年8月之间涉及政治集会的罪犯，他信也被包括在赦免之列。这一法案，被认为是英拉发起的旨在"救回哥哥"的特赦法案，引起了反对势力的强烈不满，由此引发了英拉执政危机。2013年12月9日，英拉宣布解散国会众议院，现任政府将作为临时看守政府继续履行职责直至重新选举。2014年2月2日，泰国大选在政治动荡中举行，由于反对者的干扰，在泰国全国所有选区中，曼谷33个选区以及南部56个选区因遭示威者干扰而无法完成投票，在注册参加提前投票的200万名选民中，44万人没能行使投票权。[①] 根据宪法第108条规定，泰国大选必须在同一天内完成。宪法法院认为本次大选没有在同一天内完成因而违宪，以6∶3的表决结果裁决泰国大选无效。[②] 2014年3月10日，他汶等27名参议院议员上书议长尼空，要求就英拉调动他汶职务一案是否违宪作出裁决。4月2日，宪法法院受理该案，并于4月18日传召英拉，5月7日，宪法法院裁决英拉在调离他汶属于职务上滥用职权，

---

① 搜狐网：《泰国大选2月2日举行，部署13万警力严阵以待》，http://roll.sohu.com/20140202/n394461862.shtml.，最后访问时间：2018年3月14日。
② 中国新闻网：《泰国宪法法院裁决大选无效，要求重新举行选举》，http://www.chinanews.com/gj/2014/03-21/5979581.shtml.，最后访问时间：2018年3月15日。

违反宪法，解除看守总理职务。① 政党权力再次被"王权—军权"压制，泰国法治发展经历了一段权力争斗的乱象时代。

## 六、君主立宪制下的法治道路重新探索

### （一）"维和委"制定"还政路线图"

2014年5月20日，陆军司令巴育宣布在全国实施戒严，组建全国维持和平与秩序委员会（National Council for Peace and Order，以下简称"维和委NCPO"），实施军事管制，亲自担任总指挥、武装部队最高司令、海军司令和空军司令顾问。② 5月22日晚，巴育发表讲话，宣称持续不断的政治僵局、示威和暴力导致泰国政治动荡，暴力冲突造成多人死亡和受伤，而看守政府无法有效履行职责，为了避免更多人员伤亡和局势进一步升级，决定发动军事政变，推翻看守政府，"维和委"接管国家权力，巴育担任"维和委"主席，代行总理职务。③ 5月30日，"维和委"公布了"还政路线图"。④ "还政路线图"分为三个阶段：第一阶段，预计两至三个月，任务是暂停国内矛盾，召集政治人物并进行问询，组织工作团队，建立协调改革中心等，重点是确保全国范围内的安全；第二阶段，预计一年，任务是成立过渡政府，进行改革，完善当前的制度和法律；第三阶段，组织各方在绝对民主制度下进行各方都能接受的选举，选出新政府。

### （二）"维和委"三度制宪

1. 2014年临时宪法

按照该路线图，7月22日，"维和委"颁布临时宪法，这是泰国1932年以来第19部宪法。2014年临时宪法仅仅48条，临时宪法赦免了所有过去和未来涉及军事政变的军事行动，授权"维和委（NCPO）"以广泛的权力，

---

① 中国新闻网：《泰宪庭裁定英拉调职案违宪，终止其看守总理职务》，http://www.chinanews.com/gj/2014/05-07/6145251.shtml.，最后访问时间：2018年3月15日。

② 新华网新闻：《泰国军事政变80年19次》，http://www.xinhuanet.com/world/2014-05/23/c_126537053.htm.，最后访问时间：2018年3月16日。

③ 新浪网新闻：《泰国陆军司令发动军事政变，英拉下落不明》，http://news.sina.com.cn/w/2014-05-23/024030204760.shtml?sina-fr=bd.ala.xw.，最后访问时间：2018年3月17日。

④ 和讯新闻：《巴育公布"三步"治国路线图》，http://news.hexun.com/2014-06-01/165308592.html.，最后访问时间：2018年3月20日。

"授权'维和委'(NCPO)的领导有权为了改革和安全的需要随意颁发命令,所有的命令都是合法的和最终的"[①]。临时宪法目的在于追认政变之后的军事统治秩序的合法性。临时宪法一经出台即受到广泛批评,被认为旨在进一步加强和巩固军事权力。特别是宪法第44条,赋予"维和委"几乎不受任何限制的广泛权力,第47条和48条特赦了过去和未来所有军事政变行动,从而使军事政变免于责任追究,消除后顾之忧。2014年7月31日,国王拉玛九世任命了200名国家立法议会成员,其中105名是军方领导,10名是警察领导,其他成员是曾经反对英拉政府的学者、政治家和商业人士。8月21日上午,泰国国家立法议会如期召开,陆军总司令、"维和委"主席巴育毫无悬念地以全票当选为泰国第29届总理,国王拉玛九世于2014年8月24日正式任命巴育为泰国总理。[②] 8月30日,由32名成员组成的内阁产生,内阁中有11名军人和1名警察,占内阁成员的1/3。10月2日,国王批准了国家改革委员会,其成员大部分是他信的反对者。

2. 2015年宪法草案

2015年8月29日,宪法委员会完成了新宪法起草工作,提请国家改革委员会审批。宪法草案规定,议员依据混合比例选举原则选出,以确保小党获得更多机会,意在避免出现强势的民选政府。宪法草案规定成立新的机构——国家战略改革委员会(National Strategic Reform Commission,简称NSRC),国家战略改革委员会类似决策指挥机构,有权监督和控制民选政府,它有权启动改革政策,将政府活动置于监督控制之下。更加严重的是,国家战略改革委员会如果认为国家出现危机,在与宪法法院院长和最高行政法院院长协商后,可以在"必要时"介入政府管理。对于这种终极性的紧急权力,宪法草案用语模糊,缺乏足够明确的界限规定。而且,这种紧急权力在新宪法之下享有免受责任追究的绝对特权。该宪法草案意图建立的所谓的国家战略改革委员会将拥有绝对的权力,独立于行政部门、立法机构和司法部门之外。总理不需要经过选举可以由任命产生,参议员任命制度颇受争

---

① "2014 interim constitution of Thailand." https://en.wikipedia.org/wiki/2014_interim_constitution_of_Thailand. 最后访问时间:2018年3月21日。

② 新华网:《泰国国王正式任命巴育为总理》,http://news.xinhuanet.com/world/2014-08/25/c_1112215466.Htm.,最后访问时间:2018年3月22日。

议。尽管国家改革委员会及宪法委员会由军方主导，人员主要由军方任命产生，但是泰国毕竟经历了多年的法治实践，一些深受法治思想熏陶的委员难以接受这一明显有违法治精神的制度设计，明显不能接受总理和参议院议员的任命制度，尤其是不能接受凌驾于法治权威之上的国家战略改革委员会。因此，这部宪法草案被军政府自行否决。

3. 2017年泰国宪法

2015年10月5日，"维和委"任命新的宪法起草委员会。2016年3月29日，宪法草案起草完成。2016年8月7日，泰国举行全民公投。合格选民共5007.1589万人，实际参与投票的选民共2974.0677万人，投票率达到59.40%。8月10日，全民公投结果公布，1682.0402万人投票赞成，占61.35%。① 这是泰国自1932年以来第20部宪法。

2017年4月6日，泰国新国王拉玛十世玛哈·哇集拉隆功签署宪法，泰国第20部宪法正式生效。② 宪法延续了泰国1932年以来的君主立宪制。与1997年"人民宪法"相比，这部最新宪法试图改变他信势力"屡选屡胜"的局面以及由此造成的动荡局势，消除"一党独大"的政党权力。新宪法重构了王权、立法权、行政权和以宪法法院代表的司法权之间的关系。

新宪法再次确立了王权至上思想。泰国这部最新宪法继续巩固和加强了王权。宪法明确规定，国王受万人崇敬，王权不得冒犯，任何人不得将国王置于控诉之地。国王是佛教徒，是宗教的守护者。泰国国王在国家政治事务中具有更多的实际权力，是泰国武装力量的统帅，享有专属于王室的授予或者剥夺荣誉等特权。国王有权独立遴选和任命枢密院主席，有权任命由18位成员组成的枢密院。根据宪法规定，枢密院有责任向国王提供其所需要的各种咨询建议。为保证枢密院成员只服从于国王一人，宪法规定枢密院成员不得担任参众议两院议员、宪法法院法官、独立机构职务、国有企业官员、其他国有单位的官员、政党的成员或者领导，不得向其他任何政党表示忠诚。

---

① 泰国中央选举委员会：《选举结果公告第133本，第69甲》，2016年8月11日。转引自常翔、张锡镇：《新宪法出台与泰国政治走向分析》，载《东南亚研究》2017年第3期。

② "Thailand's 2017 constitution officially promulgated," http://www.pattayamail.com/thailandnews/thailands-2017-constitution-officially-promulgated-169924, last viewed on March 24, 2018.

新宪法削弱政党权力，加强"王权—军权"对议会和内阁的控制。1997年"人民宪法"旨在培育大党，大党通过大选赢得议会多数席位，从而为总理执政提供稳定的政党基础，免于被议会弹劾或"倒阁"的宿命。但是物极必反，令人意料不到的是他信势力一党独大，屡选屡胜，不仅登上了总理宝座，而且反过来控制了国会。2007年宪法虽然有所矫正，但是他信的继任者在"一人一票"的选举制度下，依靠泰国广大草根阶层的支持，依然能够连续问鼎总理宝座。这次新宪法改变了选举制度，分化大党优势，实行政党名单制度与选区选举制度相分离、总理选举与议会大选分立的制度。在选区制选举中政党获得的席位越多，在政党名单制选举中分得的席位越少，小党有了参与众议院议席分配的法律保障。1997年"人民宪法"之下，政党赢得了众议院大选，就赢得了总理宝座。但是这部新宪法提升了参议院的地位，在总理选举上参议院享有与众议院同等的投票权力。同时，非议员总理候选人提名合法化，即使赢得了议会大选，也不一定赢得总理宝座。同时，新宪法还赋予参议院有弹劾政治人物、参与修改宪法的权力，参议院议长还是其他多个重要机构的参与人，有权召集各方解决国家政治危机。在参议院人员构成上，议员提名制确保了"王权—军权"保守势力对参议院的把持，尤其是过渡时期"维和委"掌握参议员的遴选任命大权，军队领导是参议院席位的法定参加者，获得了宪法确认的法定地位。

## 第四节 对泰国法治道路的思考

对泰国的法治发展道路探索进行思考，为泰国的法治发展和其他法治后发展国家的立宪行宪提供借鉴和警醒，是关注泰国法治的依归。泰国与我国同属于亚洲国家，与广大亚非拉国家同属于法治后发展国家，法治思想和制度设计不具有本土性和内生性。为了追求法治，泰国在艰辛的法治探索中付出了沉重代价，泰国法治道路探索带给我们的启示有三点。首先，必须树立宪法权威，真正遵守和维护宪法。泰国80多年的法治探索中从来不缺乏宪法，甚至诞生过堪称宪法文本典范的1997年"人民宪法"，但是宪法屡遭颠覆，先后产生了20部宪法，平均4年一部宪法，有些宪法属于临时宪章，有些宪法草案甚至胎死腹中，除去极端军事独裁无宪法时期以及制宪准备时期，泰国真正拥有宪法，而又真正实施宪法的时间为数不多。民选政府制定的宪法屡遭军政府废止，军政府制定的宪法往往以确认其军事统治合法性为主要目的，导致泰国法治发展反复中断，宪法权威大大降低，一旦遇有法治危机，权力主体不是在宪法框架内寻求解决方案而是诉诸权力争斗，甚至街头暴力，背离了法治的基本发展方向。其次，立宪行宪的根本目的在于实现社会公平正义，真正保障公民的基本权利得到实现。泰国王权、军队权力和政党权力构成了基本的三元权力结构，各自代表了特定社会阶层的权利和利益。但是无论哪一方获取国家权力之后，其主导的法治道路都力图挤压其他权力主体在法治发展中的基本参与，利用重新制宪等途径，剥夺其他社会成员参与法治的机会，建立仅仅保护自身利益的规则体系，实质上破坏了公平正义，并没有真正遵守法治的真谛。2007年之后，在"红衫军"和"黄衫军"暴力冲突中，泰国民众甚至付出了生命代价。最后，政党在法治道路的选择和法治发展中的地位和功能举足轻重，但是泰国政党由于受到"王权—军权"外部的压制以及政党自身缺陷等问题的限制，始终没有发展出成熟的政党政治，没有为法治贡献稳定力量。通过制度主义的视角，建立有利于政党健康发展的规则体系，推动实现政党在法治发展中的引领功能，是法治发展的必要条件。

## 一、必须树立宪法权威，遵守和维护宪法

法治是立宪国家共同的追求，法治的本意在于使权力获得正当性和合法性，确保权力在法治的轨道内运行，使公民免受权力僭越带来的侵犯。宪法在法治中居于统帅地位，是法治的基础和前提。践行法治必须有一部宪法，但是更重要的是树立和维护宪法权威。所谓宪法权威就是指"宪法得到社会普遍认同、自觉遵守、有效维护的理念与理由，尤其体现为宪法对公权力和所有国家生活产生的拘束力和规范力"[1]。宪法权威体现在规范层面和现实运行两大层面。在规范层面，宪法作为一国根本大法，具有最高的法律效力，是其他法律规范的基础，规定了国体和政体、政权组织形式、国家权力配置、公民基本权利等最根本最重大的问题，同时通过严格的宪法修改程序

---

[1] 韩大元：《论宪法权威》，载《法学》2013年第5期。

表达宪法的至上性和支配性。在现实运行层面，宪法权威表现为宪法是一切国家机关、公民、政党和其他组织的根本行动准则，一切违反宪法的行为不仅是无效的，而且应当受到法律责任追究。"徒法不足以自行"，宪法的生命在于权威，宪法的权威在于遵守。宪法权威在法治发展中具有举足轻重的地位和功能。

宪法权威有助于凝聚共识，塑造共同的法治认同，为社会稳定提供基础。法治后发展国家需要一部宪法确立共同遵守的规则，凝聚社会各界共识，形成价值观念和法治追求。这种社会共识的形成和凝聚，离不开宪法的统合作用。泰国立宪行宪80余载，期间不乏制作精良的宪法文本，但是泰国社会阶层日益分化，社会对立严重，甚至发展为严重的街头政治。在权力结构中占据主导地位的一方一旦掌握最高国家权力，立即废除宪法，利用手中掌握的制宪权重新为自己的利益集团"量身打造"一部宪法，同时试图断绝其他社会力量参与管理事务的法治渠道。特别是泰国历届军政府，发动军事政变之后第一件事就是废除宪法，解散国会，甚至发布党禁，禁止其他一切政党活动，视宪法为儿戏，宪法权威丧失殆尽。泰国80多年的法治发展历史，就是一部宪法变迁史，宪法频繁地被废止。泰国先后颁布20部宪法（包括临时宪法），平均4年一部宪法。在20世纪80年代之前，军事政府占据主导地位，宪法在法治中经常处于缺位状态，宪法得不到遵守，宪法权威丧失。在个别历史时期，尤其是沙立、他侬独创的"泰式法治"时期，更是公开否定法治，建立"父权式"军事独裁统治，偶尔制定的宪法，不仅内容条文极少，而且其主要功能在于确认军事统治的合法性，为独裁统治披上合法性的外衣。20世纪80年代之后，泰国虽然曾经出现过法治的快速发展时期，制定实施过从文字和结构上来讲堪称宪法文本典范的"人民宪法"，也曾经取得较好的法治实践效果，但是他信政府并没有真正信仰法治，并没有足够尊重宪法权威。他信政府依靠其民选政府的合法性，行政权超越立法权，控制国会，通过保护其利益集团的法案。他信政府的执政最终葬送了泰国法治发展的前程，客观上给军事政变提供了理由，军队在时隔多年之后再次走出军营，最终导致泰国法治发展遭受重创。纵观泰国法治发展的历史，最重大的法治借鉴之一就是必须坚定不移地树立和维护宪法权威，切实尊重宪法权威，使宪法成为全体公民的信仰，为权力行使划定界限，通过宪法凝聚各社会共识，使宪法得到真正的遵守和实施，成为一切国家机关和公民的行动指南。尤其是在法治危机时刻更不可抛弃宪法，而应该在坚持维护宪法权威的前提下，在宪法框架内通过法治途径解决危机。

## 二、必须坚持公平正义，切实保障公民权利

从法的概念起源上，拉丁文 jus 的本意暗含了正义、权利等多种含义，柏拉图、亚里士多德、西塞罗等人认为法是正义的化身，法就是关于正义的科学，正义是法的最高价值。古罗马法学家塞尔苏斯曾经说过，法就是善良公正之术。通过法治的方式实现公平正义，是现代法治社会的普遍选择。公平正义是人类崇尚法治、践行法治的理想目标，是法的本质要求。公平正义作为法治的目标，归根结底落实在尊重和保障公民权利上。公民正义至少包括机会公平、规则公平以及结果公平等方面。

法乃天下之公器，而非维护少数人利益之私器。通过法治途径，社会大众获得公平参与民主政治建设的机会，从而实现公民权利保障，这是法治的最低要求，也是基本要求。法治不能成为少数人的工具，成为当权者维护自身利益的工具，剥夺社会大众参与法治的机会，造成严重的社会不公。在国王权力、军队权力和政党权力构成的权力结构中，三种权力之间或者结盟，或者对峙，无论某一权力主体掌握国家机器，立即推行"赢者通吃"的法治计划，通过立法途径排除其他权力主体在国家权力配置中的地位。在长期的军政府统治时期，这种现象表现极为明显。20 世纪 80 年代之前，军事统治长期占据统治地位，文人政府统治时间不足三分之一。无论是銮披汶的军事独裁统治，还是沙立、他侬独创的"父权式"军事统治，抑或炳将军推行的"半法治"温和军事统治，一个共同之处在于法治成为少数人的游戏，占人口绝大多数的社会大众失去了参与法治的机会。即使是在"半法治"温和军事统治时期，政党活动获得许可，但是这种合法化是在军事统治宽容之下有限度的合法化，军政府只邀请一些政党的领袖参与内阁组成，担任部分内阁部长，这些政党并不真正代表社会大众的普遍利益。炳将军在长达八年的时间内也没有真正进行过大选，而是在过渡条款之下三次解散议会，在王权支持下反复延长任职，巧妙地避开大选。一言以蔽之，自 1932 年以来至 20 世纪 80 年代，泰国法治实际上是"王权—军权"玩弄的游戏，泰国法

治并没有真正惠及泰国民众。20世纪80年代之后，泰国法治一度好转，他信组建的泰爱泰党坚持底层大众路线，采取一系列惠农政策，让泰国北部广大农村地区的民众感受到法治的力量，在泰国历史上第一次唤醒了普通民众参与法治的热情，广大民众第一次意识到通过选举自己的政府代言人可以为自己带来实实在在的利益。但是他信泰爱泰党所代表的新资本势力本质上仍是狭隘的政党利益，不仅对王室、军事势力步步紧逼，严重破坏了泰国权力结构，而且其惠农政策的本质是剥夺城市中产阶级的利益，将其转移惠及至社会大众。因而，他信执政虽然形成了强大的社会大众基础，但是由于剥夺了王室和军事势力参与法治的机会，激发了"王权—军权"的强烈反抗，同时也引发了泰国中产阶级的不满，由此引发了以效忠王室名义的"黄衫军"的大规模抗议活动。他信执政期间的法治发展，对泰国法治的贡献是巨大的，但是其本质仍是剥夺一部分人公平参与法治，破坏了公平正义的机会公平、规则公平，更没有真正实现结果公平，而其广大支持者组成的"红衫军"在与"黄衫军"的多年暴力对抗中，付出了财产乃至生命代价，公民权利保障荡然无存。

### 三、必须加强政党制度建设，培养成熟的政党政治

政党在现代法治中普遍存在，政党是现代法治的中心，并且在法治发展中扮演着决定性和创造性的角色。政党在法治中的功能首先表现在，政党是公民行使权利的工具，是公民利益的代表。随着社会的发展，社会成员日益分化，国家管理日益专业化，公民直接管理国家事务不具有现实可行性。因此，通过组建政党，政党推举候选人参与国家事务管理就成为现代法治的必然选择，政党就成为公民与国家联系的中枢和纽带。政党在法治中的功能还表现在政党通过自己的纲领，凝聚共识，制定法治规划和蓝图，从而引领法治，推动法治进步。

泰国的法治发展过程中，从来不缺少政党，早在1932年"六月革命"之前就组建了第一个近代意义上的政党，并且领导了泰国近代资产阶级革命，建立了君主立宪制，开启了泰国法治的先河。但是此后泰国政党时断时续，始终未能通过制度化的途径发展到成熟阶段，严重制约了泰国法治的发展。究其原因，既有外部"王权—军权"长期的压制，也有政党自身存在

多种缺陷。"王权—军权"结盟关系下,长期占据泰国最高国家权力,废除宪法,实施党禁,政党长期处于非法状态,严重制约了政党的健康发展。从政党自身来讲,泰国除民主党等少数几个政党之外,大部分政党存在时间较短,在选举前匆忙组建。如泰国1974年4月选举前有39个政党,为了选举临时注册的政党有12个。泰国政党大都缺乏长远规划,没有明确的党章和指导思想,没有坚定的立场和原则。为了赢得大选获得席位分配,一些政党在大选前后临时改弦易张,有些政党为了在执政联盟中获得更多的席位,往往以退出执政联盟为借口要挟议会第一大党,并不能真正代表特定群体的利益。政党党员跳槽在泰国政党中多次出现,在泰爱泰党中一些重量级的党员也曾出现退党和跳槽现象。从政党与法治的关系来看,必须通过制度化的途径推动政党发展,实现政党制度的制度化,培训成熟的政党政治。

# 第 八 章
# 埃及法治道路的演进及其启示

作为与中国同为四大文明古国之一的埃及，在1925年独立，1953年成立埃及共和国。1971年，埃及通过了历史上第一部宪法，开始探索自己的法治道路。但随后，其变幻无常的修宪与政权更迭，给法治道路探索带来巨大挑战。1980年、2005年和2007年，埃及对宪法进行了三次修订，2011年穆巴拉克下台后，该部宪法亦被废止。2012年和2014年，经过全民公投又分别通过了两部宪法。埃及仿照西方式法治模式，实行三权分立制度，推行总统大选和议会选举制度。但是法治在畸形中发展，制度异化严重，最终"一月革命"终结了穆巴拉克政府，埃及从此进入了多年法治动荡时期。西式法治道路不仅没有为埃及带来繁荣和稳定，反而给埃及的国家发展和人民生活造成了灾难性后果。为此，有必要以1971年"永久宪法"为起点，着眼于2011年之后至今埃及的法治道路变革，以宪法变迁为中心线索，解读埃及短短几年内废黜两任总统、废弃两部宪法的法治现象，总结埃及法治道路探索的启示。

## 第一节 埃及西式法治道路的初建和反转

穆巴拉克担任埃及总统三十年之久，在内外压力之下，通过修改1971年的"永久宪法"，建立了总统选举和议会选举制度，为其威权统治披上了法治的外衣。但是2011年爆发了"一月革命"，30年的威权统治毁于18天的街头政治,事实表明西式法治并不能为穆巴拉克的个人威权统治提供合法性基础。埃及1932年建立君主立宪制,1952年纳赛尔"七月革命"之后建立共和制度,至今已经有近90年世俗统治历史,穆巴拉克政府虽然被推翻,但是这一基本国情对当今及以后埃及法治道路的选择具有深刻而现实的影响。

### 一、1971年埃及"永久宪法"确立的法治道路基本格局

1971年9月,埃及第一部宪法《阿拉伯埃及共和国永久宪法》(简称为"永久宪法")颁布实施。"永久宪法"确立了共和制度,借鉴了美国宪法的权力分立制度,但是在权力格局中总统享有较大的权力,是国家权力的核心。实行总统制,总统既是国家元首,也是政府首脑,同时还兼任武装部队最高统帅。宪法规定总统还是埃及警察最高委员会主席、国防委员会主席和全国司法机构最高委员会主席。在行政权方面,总统不仅享有最高执行权,还掌握重大人事任免权,副总统、总理和副总理等所有内阁成员由总统任命;总统召集和主持政府会议;有权提议举行公民投票。在立法权方面,总统与国会分享立法权,有权提出立法草案,有权否决国会的法案,国会通过法案需要经过总统颁布才能生效,国会委托总统在行政管理领域较大的行政立法权;总统还享有紧急状态下的紧急立法权;在议员人事任免方面,宪法赋予总统直接任命10名议员的专属权力。宪法原则确认立法权属于人民议会,议员经秘密投票和普选产生,任期五年。总统行政权超越议会的立法权。宪法授权总统在议会解散或休会期间,有权颁布具有法律效力的命令,实际上代行了立法权,总统还有权解散议会。"永久宪法"规定的司法权实际上属于一种相对独立原则,总统可以通过全国司法机构最高委员会影响着司法权力的运行。

1980年,萨达特总统提议修改宪法,在人民议会之外增设协商会议,满足民众广泛参与国家政治的期望,但是协商会议是咨询机构而非立法机构,并不享有立法权,政府也不对协商会议负责。这次宪法修改增加了政党制度的规定,改变了1971年以来实行的一党制,实行多党制。在总统权力方面,此次修宪取消总统只能连选连任一次的限制,总统可以连选连任,不受次数限制,每届任期延长至六年,实际上进一步扩大了总统的权力。

## 二、穆巴拉克修宪仿行西式法治模式

根据 1971 年"永久宪法"第 76 条的规定，总统候选人由人民议会提名，必须得到 2/3 以上议员的支持。穆巴拉克的民族民主党（NDP）始终牢牢控制着议会，其他党派候选人不可能得到议会 2/3 以上议员的支持，事实上丧失了竞选总统的可能性。穆巴拉克担任总统期间，利用宪法授权实施紧急状态，紧急状态命令期满，穆巴拉克通过其政党对议会的控制，由议会延长紧急状态期限。萨达特之后将近四分之一世纪的时间内，穆巴拉克一直实施紧急状态，埃及的政治改革始终处于搁浅之中。反对党的代表和独立候选人（很多来自"穆兄会"）虽然参加了 1984 年以来的议会选举，但是有限的代表不足以改变穆巴拉克民族民主党对议会的绝对控制。

但是这一情况在社会压力之下，尤其是美国推行"大中东民主计划"之后有了改变。2005 年 2 月 26 日，穆巴拉克提议修改宪法 76 条，选举程序允许超过一名候选人参加总统选举，选举实行普遍、自由、秘密原则。2005 年 5 月 10 日，宪法修正案在全民公投中通过。此次宪法修改实现了历史性的突破，实行总统直接选举制度。"这一事件的意义已经超出了对宪法中一个条款本身的修改，标志着政治制度的全面转变。"[①] 但是宪法对总统候选人设置了很多限制性条件，要求获得 250 名以上议员的支持。议员支持需要同时来自人民议会和协商会议，其中人民议会议员不少于 65 名，协商议会议员不少于 25 名。其目的在于通过民族民主党对议会的控制，利用反对党在议会中占据议席较少的劣势，增加提名总统候选人的难度，从而减少竞争。总统候选人需要由政党提名，但是提名总统候选人的政党资格设置了较高的门槛条件，要求政党必须成立满五年，并且在上次选举中同时获得人民议会、协商议会 5% 以上席位。根据修改后的总统选举制度，2005 年 9 月 7 日，埃及总统大选顺利举行，注册选民 3200 万，实际投票率 22.9%，大约 706 万参加投票。穆巴拉克获得了 88.6% 的支持率，获得 631 万选民的支持。2005 年 11 月，根据议会选举制度，埃及又进行了议会大选。经过三轮

---

[①] 埃及新闻部国家新闻总署：《2005 年埃及年鉴》，埃及驻华使馆新闻处 2006 年版。转引自孔令涛：《埃及宪法的创设、沿革及修订》，载《阿拉伯世界研究》2009 年第 5 期。

选举，穆巴拉克领导的民族民主党（NDP）获得 70% 的议会席位（311席），"穆兄会"成员获得 20% 的议会席位（88 席），其他少数党派获得剩余为数不多的席位。① 此次选举中，民族民主党虽仍牢牢控制着议会，但是穆兄会经过多年的努力，事实上已经成为议会中的第二大党，成为埃及最大的反对党。这为 2011 年埃及"一月革命"之后穆兄会成功问鼎政权奠定基础。

2006 年 12 月 26 日，穆巴拉克再次提议修改永久宪法。2007 年 3 月 13 日，人民议会和协商会议批准了宪法修正案。2007 年 3 月 26 日，全民公决通过宪法修正案。此次修宪内容广泛，总计修改条文达到 34 款。删除埃及阿拉伯社会主义性质的宪法规定，适应埃及西方化法治道路转变的要求；满足反对党的要求，强化议会对政府的监督职能；改变协商会议咨询机构的性质，赋予立法职能，议会变成两院制；加强公民权利和自由；实行多党制度，但是政党不得以宗教教义为基础；保护公共自由，打击恐怖主义；提高妇女地位，增强妇女权益。在总统选举制度上，2007 年修宪再次放宽了条件，在候选人推荐工作开始之前成立时间满五年的政党，如果成立之后长期开展活动，且该党成员在人民议会和协商会议中拥有至少 3% 的席位，可以提名总统候选人。②

1971 年埃及的"永久宪法"经过穆巴拉克时期的两次重大修改，从宪法文本层面确立了美国式的三权分立制度。人民议会和协商议会形成了上下议院，行使立法权。总统行使行政权力，是国家元首和政府首脑。法院行使司法权。改革总统和议会制度，实行"公开选举、秘密投票、自由投票"的总统选举制度。由此埃及具有了西式"法治"的外观。但是基于埃及的历史国情，埃及的三权分立制度中，总统权力独大，几乎可以不受任何限制地解散议会，总统有权介入司法事务，通过一个由司法部门首长组成并由总统领导的理事会控制司法运行，通过国家紧急状态的实施可以排除公民享有的宪法权利和自由。

---

① Khair Abaza, "Political Islam and Regime Survival in Egypt", *The Washington Institute for Near East Policy*, January 2006, p. 10. 转引自王泰：《2011，埃及的政治继承与民主之变：从宪政改革到政治革命》，载《国际政治研究》2011 年第 1 期。

② 乔建平：《埃及与南非宪政制度比较研究》，湘潭大学哲学与历史文化学院 2009 年国际关系专业学位论文，第 27 页。

## 三、法治道路选择的动因

### (一) 迎合埃及长期以来奉行的亲西方路线

穆巴拉克在对外政策上继续萨达特的亲美路线,积极寻求美国的支持,经济援助是埃及寻求支持的中心内容。20世纪80年代以来,埃美经济关系尤为密切。从1981年到1987年,美国每年向埃及提供10亿美元的经济援助。到1992年,美国累计向埃及提供经济援助180亿美元。1999年美国国家开发署要求经济支持基金给予埃及8.15亿美元的经济援助。2000年至2010年美国对埃及的的经济援助总共60亿美元。此外,美国从20世纪80年代开始还向埃及提供了大量的军事援助。1979年至1984年,美国对埃及的军事援助总额达56亿美元。2000年至2010年,美国向埃及提供的军事援助多达142亿美元。美国先后向埃及提供的军事援助总额仅次于以色列,是中东地区第二大军事援助国家。[1]但是美国对埃及的援助附加了大量的政治、法治、人权条件,是美国全球扩张计划的一部分,要求埃及必须根据美国的指导思想进行法治改造,目的是将埃及打造成中东地区的法治国家样本,使埃及在法治道路上与美国同质化,以此使埃及成为一个亲美国家,从而能够主导中东地区乃至伊斯兰宗教国家。

### (二) 满足美国"大中东"计划的要求

穆巴拉克先后于2005年和2007年修改宪法,建立了总统直接选举制度,改造了议会选举制度,以美国法治为样本建立了三权分立制度。纵观埃及20世纪70年代以来的法治发展,埃及法治变革主要动力来自于美国等西方国家推行的"大中东"计划。长期以来,美国以经济援助附带政治要求的计划收效甚微,美国没有看到埃及在法治体制方面做出实质性的变革,以经济援助推动法治变革的目的始终没有达到。因此到小布什时期,美国改变了中东战略计划,推出了"大中东"计划,试图按照美国法治模式强行对中东阿拉伯国家进行改造,要求埃及改革法治制度。2002年6月24日,美国总统小布什在白宫玫瑰园发表讲话,宣布了美国的新中东政策,根据该计

---

[1] 王振琴:《穆巴拉克时期美国对埃及的援助、特点及影响》,载《牡丹江大学学报》2013年第12期。

划,美国推动巴以和平进程,消除来自中东伊斯兰极端势力对美国国家安全的威胁。埃及是实施该计划的"支点",为此美国要求埃及首先进行法治改造。"大中东"计划的本质是美国直接用法治改造取代经济援助,试图快速改造中东地区,既加强对中东地区的控制,又有效解除伊斯兰极端势力对美国的恐怖威胁。2005年2月,小布什公开提出:"伟大而骄傲的埃及人民,在实现中东的和平方面已经走在前列,在中东通向民主法治的道路上也应该走在前列。"[1] 2005年春天,巴勒斯坦、伊拉克、沙特等中东国家先后举行选举,英国首相布莱尔声称,中东选举为埃及带来了法治气息。2005年6月,美国国务卿赖斯访问埃及,并在开罗美国大学发表演讲,敦促埃及推进改革。赖斯明确表示,过去60年美国在中东推行的"以牺牲民主而换取安全"的政策即将改变,以民主法治为代价来寻求中东的稳定,但是既未得到稳定,也未实现民主法治。[2] 她要求埃及进一步推进民主法治改革进程。从以上情况来看,埃及穆巴拉克推行总统和议会选举制度、实行多党选举制度,走向西式法治道路,其最主要的动因是以美国为首的西方国家的推动。2005年穆巴拉克改革总统和议会选举制度,是埃及划时代的重大法治事件,激起了阿拉伯国家法治改革的激烈讨论。在此次总统选举中,穆巴拉克赢得了压倒性的88.6%支持率。埃及境内外无数媒体认为,埃及的总统选举制度改革并没有为尼罗河这片土地带来任何改变。纽约时报发表了题为"埃及伪造的总统大选"的新闻,认为这场选举是一次故意的、毫无意义的赝品。此后的议会大选,相似的评论再次出现。事实上,在埃及国内权力斗争中,这次总统和议会选举确实没有在穆巴拉克政党与反对派之间的权力关系中产生实质性的重大变化。美国以反恐为名加紧对中东地区的控制,但是真实目的是追求本国利益,向中东阿拉伯国家强行推行美国的法治道路。

### (三)缓解长期威权统治绩效下降的合法性危机

穆巴拉克执政之初,也曾以改革者面目示人,反腐倡廉,改善经济,塑

---

[1] Yoram Meital, "The Struggle Over Political Order in Egypt: the 2005 Election", *Middle East Journal*, Volume 160, No. 2. Spring 2006, p. 264. 转引自王泰:《2011,埃及的政治继承与民主之变:从宪政改革到政治革命》,载《国际政治研究》2011年第1期。

[2] 殷罡:《埃及宪政发展及穆兄会的与时俱进》,载《当代世界》2012年第10期。

造了埃及的魅力型领导人格,形成了威权统治。① 卡理斯玛支配形式建立在领袖的超凡禀赋之上,不断创造"奇迹"以显示其超凡禀赋并保持追随者对这一禀赋的认可和服从,成为其合法性基础的关键所在。威权统治的合法性源于领导人的个人魅力以及政绩,随着时间的推移威权统治的合法性基础逐渐减弱,表现为新生代力量对魅力型领导人的认可度下降。因此威权统治需要不断通过政绩加强合法性,而政绩主要表现之一就是经济领域。"在一个民主价值已被广泛接受的世界中,威权体制的合法性问题逐渐加重,那些政权的合法性日渐依赖于绩效合法性。"② 然而,以绩效作为合法性基础的努力会逐渐引发所谓的绩效困境。在西方国家的推动下,穆巴拉克先后两次实施私有化,但是整体来讲穆巴拉克的经济政策不仅没有有效巩固威权统治的合法性,反而滋生了严重的经济腐败和贫富分化。埃及贫困率在1981年达到40%,2007年增至48%。③ 埃及推动经济私有化改革,低价出售国有财产,使国有资产流失,财富快速集中到少数人手中,私有化改革导致财富分配两极化,到2007年工人月平均工资下降到250埃镑,约合36美元。④ 到"阿拉伯春天"革命前夕,埃及财政赤字严重,通货膨胀达到14%,失业人口900万,失业率10%,贫穷率70%,其中赤贫率6%。⑤ 穆巴拉克执政以来当初民族英雄的形象已经不被埃及的年轻一代认可,而贫困和失业等社会现实严重削弱了威权统治的合法性基础。"当威权统治者的政绩合法性出现下降时,他们常常会遭到不断增加的压力,因此尝试通过选举来使他们的合法性获得新生的这种动力也就与日俱增。"⑥ 在内外压力之下,穆巴拉克试

---

① 王猛:《后威权时代的埃及民主政治建构:回顾、反思与展望》,载《西亚非洲》2013年第3期。

② [美]塞缪尔·P. 亨廷顿:《第三波——20世纪后期民主化浪潮》,欧阳景根译,中国人民大学出版社2013年版,第40页。

③ Tarek Osman, *Egypt on the Brink*: *From the Rise of Nasser to the Fall of Mubarak*, Yale University Press, 2011, p. 127. 转引自田文林:《埃及"强国梦"受挫的深层根源》,载《现代国际关系》2017年第1期。

④ Nadine Abdalla, "Egyptian Labor and the State", http://www.Theepochtimes.com/n3/788628-Egyptian-labor-and-the-state/. 转引自田文林:《埃及"强国梦"受挫的深层根源》,载《现代国际关系》2017年第1期。

⑤ 刘中民、张卫婷:《"阿拉伯之春"后的埃及》,载《社会观察》2011年第6期。

⑥ [美]塞缪尔·P. 亨廷顿《第三波——20世纪后期民主化浪潮》,欧阳景根译,中国人民大学出版社2013年版,第156页。

图通过法治改革,建立总统选举制度和议会选举制度缓解合法性危机,继续延续其个人威权统治。

### 四、"一月革命"终结了西式法治道路

2011年1月25日,埃及首都开罗等多个城市发生大规模抗议活动,民众要求穆巴拉克下台。1月27日,埃及再次爆发大规模集会游行示威活动,抗议演变成骚乱,造成多人伤亡。在压力之下,穆巴拉克先后尝试任命副总统,民族民主党执行委员会辞职,承诺进行宪法改革等方式试图缓解危机。随着民众抗议行动的持续,穆巴拉克不得不宣布辞职,将权力移交军方。军方宣布中止1971年"永久宪法",解散议会。至此,穆巴拉克政府在推行多年西方法治道路后,在街头抗议中轰然坍塌。

## 第二节 埃及"政教合一"道路的尝试与折戟

"一月革命"之后,临时政府与穆尔西及其代表的"穆兄会"展开了以制宪权为中心的权力争夺。临时政府利用合法地位大幅度修改了"永久宪法",面对在议会选举和总统大选中即将获胜的"穆兄会",临时政府快速发表"补充宪法声明",解散议会,收回立法权,旨在限制即将当选的穆尔西。出身"穆兄会"的穆尔西通过大选成为埃及历史上第一位民选总统,雄心勃勃宣称要与埃及人民同甘共苦。穆尔西执政后,以其人之道还治其人之身,先是针锋相对地抛出"宪法声明",这激起了大规模的群众抗议活动,继而主持制定了"2012年宪法"。这代表了历经磨难终于成功问鼎政权的穆尔西及其"穆兄会"为埃及开出的药方——"政教合一"的政治与法治发展道路。但是仅仅一年之后,穆尔西即被军方罢黜,随后又被判死刑,"穆兄会"也遭到来自现政府的毁灭性打击。穆尔西执政的失败,深刻说明了具有长期世俗统治基础的埃及不可能重回以宗教教义为基础的法治发展道路。

### 一、过渡政府与"穆兄会"关于制宪权的争夺

#### (一)过渡政府修改"永久宪法"

2011年2月13日,临时军事过渡政府中止1971年"永久宪法"。2011

年2月25日,武装部队最高委员会组织宪法起草委员会负责宪法修改草案的起草工作。2011年3月19日,宪法修正案在全民公决中高票通过,武装部队最高委员会随后正式公布。"永久宪法"第75、76、77、88、93、148、179、189条内容进行的重大修改,主要涉及总统选举制度及总统权力、议会议员资格以及司法制度。主要包括以下几个方面:第一,降低了总统候选人的年龄限制。第75条规定总统候选人必须具有埃及国籍,年满40周岁。第二,降低总统候选人的提名条件。第76条规定,总统候选人有三种提名方式:获得议会30名议员的同意;获得15个省3万选民的支持,并且每省至少要有1000名支持者;获得至少拥有一个议会席位的政党提名,但是该政党只能提名本党成员。与穆巴拉克对总统候选人的高门槛规定相比,宪法修改大大降低了总统候选人的提名条件,给各党派提供了提名机会。第三,缩短总统任期,增加连任限制。针对穆巴拉克时期6年的总统任期制并且可以连选连任的规定,修改后的第77条规定,总统任期缩短至4年,并且只能连任两届。第四,加强对总统和议会选举的司法监督。第88条规定,从选民注册到结果宣布,总统选举和全民公投的全部过程必须在由法官组成的高等选举委员会的管理和监督下,高等选举委员会的人员组成和职权由法律规定。[①] 本次宪法修改针对穆巴拉克长期执政的弊端进行修改,从文本内容来看具有明显的进步之处,迎合了埃及社会各界的法治改革需求。同时,这次宪法修正也强调"伊斯兰法是埃及法律的主要基础",因此得到了"穆兄会"及其支持者的赞成,因此此次宪法修正案在全民公决中获得多数赞成。

(二)过渡政府颁布"补充宪法声明"

面对"穆兄会"的迅猛发展势头和即将流转的权力,军方出于保护自身利益的需要而改变了宪法修改的方向。2011年11月16日,过渡政府重新提出一份宪法修改文件,赋予武装部队最高委员会更大的权力,授权临时政府在制宪过程中拥有绝对权力,有权否定议会议案。此后,2011年11月28日至2012年1月11日,埃及进行了议会选举。"穆兄会"组建的"自由与正义党"在选举中取得开创性胜利,赢得127个人民议会席位,108协商会

---

① Egyptian constitutional referendum, 2011. https://en.wikipedia.org/wiki/Egyptian_constitutional_referendum,_2011, last viewed on November 26, 2017.

议席位，分别占据人民议会 47.2% 和协商会议 59% 的席位，掌控了新选出的埃及议会。"穆兄会"利用议会多数席位优势加紧了与埃及军方关于制宪权的争夺。2012 年 5 月 23—24 日，埃及举行了自 2011 年以来首次总统选举。经过两轮选举，2012 年 6 月 24 日，来自"穆兄会"的穆尔西战胜了具有军方背景的沙菲克，成为埃及历史上第一位非军方民选总统。

穆尔西胜选在即，面对即将流转的权力，武装部队最高委员突然发布了一份"补充宪法声明"。根据这份补充声明，军方解散议会，收回立法权。临时政府的这次"补充宪法声明"，主要目的是利用现有的合法地位，通过行使制宪权制定宪法性文件，加强对即将当选为总统的穆尔西的限制。"补充宪法声明"规定，军方掌握埃及最高国家权力，有权自主决定军队的一切事务。"补充宪法声明"赋予军方解散人民议会的权力并收回立法权，同时通过控制的最高宪法法院裁定人民议会选举结果无效，立即解散人民议会。"补充宪法声明"赋予军方武力干涉行政管理事务的合法权力。经埃及武装部队最高委员会批准，埃及军队有权采取行动维护社会治安。另外，"补充宪法声明"还直接作出很多旨在限制总统权力的规定，比如将总统就职置于最高法院法官的监视之下，总统宣战权力需要征得武装部队最高委员会的批准。这是埃及"一月革命"之后，军方和"穆兄会"围绕制宪权开展的第一轮权力争夺。

## 二、"穆兄会""政教合一"发展道路尝试

### （一）"穆兄会"的历史发展与基本理念

"穆兄会"是埃及乃至中东规模最大、历史最久的伊斯兰宗教组织。1928 年 3 月，哈桑·班纳受《古兰经》中"穆斯林皆兄弟"的启示，在伊斯梅利亚创立了"穆斯林兄弟会"，简称"穆兄会"。当时的埃及虽然名义是独立的，但是受英国影响很大。班纳将埃及政治腐败、社会动荡等状况归结于英国的殖民统治，认为改变这一局面的根本出路在于使埃及回到伊斯兰教的怀抱。其创建初期的目标是复兴伊斯兰价值观，反抗英国占领，争取民族独立，建立哈里发国家。"穆兄会"公开宣称伊斯兰教有能力为其信仰者创建一种规范政治、经济和社会生活的制度，其宗教主张得到广大社会大众的支持和认可，组织机构迅速发展。到 1938 年成立 10 周年时，"穆兄会"

已经在埃及各地拥有300多个分支机构,① 到1948年"穆兄会"发展到2000个支部,发展成员200万人,建立了秘密武装力量。② 因此,"穆兄会"从产生之日起,就是宗教组织和政治组织的混合,这种特点又被称之为政治性伊斯兰,成为埃及国内的"第二政府"。"穆兄会"早期试图通过暗杀等暴力方式实现政治理想。1945年2月24日,一名"穆兄会"成员暗杀了反对哈桑·班纳及其他"穆兄会"重要成员的埃及首相艾哈迈德·麦西尔。1948年12月8日,首相诺格拉西下令取缔"穆兄会",没收其资产,随后不久诺克拉希被"穆兄会"成员刺杀。

"穆兄会"早期的政治目标之一是推翻法鲁克国王的统治,这一目标上与以纳赛尔为代表的埃及中下层军官势力一致,成为自由军官组织的重要政治盟友。1952年埃及"七月革命"中,"穆兄会"帮助纳赛尔取得革命胜利。革命成功后,纳赛尔邀请"穆兄会"三名成员入阁。但"穆兄会"向纳赛尔政府提出明确的权力主张,要求政府决策应事先交由"穆兄会"审议,这些要求超出了纳赛尔政府的容忍范围,表现出"穆兄会"试图监控政府的野心。此后,"穆兄会"与纳赛尔政府逐渐分道扬镳。1954年1月,"穆兄会"被列为非法组织并遭到严厉镇压,总训导师哈桑·哈蒂比等450人被逮捕。同年10月,"穆兄会"成员在亚历山大暗杀纳赛尔未遂。同年12月,6名"穆兄会"领导人被纳赛尔政府处死,6000多名"穆兄会"成员被判入狱。1964年,纳赛尔政府大赦"穆兄会"成员,但是1965年"穆兄会"再次试图刺杀纳赛尔。1966年纳赛尔政府逮捕1.8万多名"穆兄会"成员,库特布等宗教领袖被处死。③ 萨达特任埃及总统后,对纳赛尔时期的内外政策进行了一系列的纠偏。萨达特采取怀柔政策,宪法修改将伊斯兰教明确规定为立法渊源,"穆兄会"得到一定程度的发展。此时,"穆兄会"内部发生分裂,分成激进派和温和派。激进派以伊斯兰教为中心,明确反对世俗政权,反对西方国家对埃及的干涉,政治上主张通过暴力手段推翻世俗

---

① 网易新闻:《穆兄会到底是个什么样的组织》,http://news.163.com/17/0612/09/CMNI90CR000187UE.html. 最后访问时间:2018年6月21日。
② 余建华:《宪法公投对后穆巴拉克时代埃及社会政治的影响》,载《阿拉伯世界研究》2013年第2期。
③ 殷罡:《埃及宪政发展及穆兄会的与时俱进》,载《当代世界》2012年第10期。

政权。温和派主张通过伊斯兰教义改造埃及,推行渐进式的伊斯兰化路线,积极参与政治生活,希望得到世俗政权的承认和认可,主张通过自由的政治选举参加政治生活,谋求执政地位。1971年埃及"永久宪法"将伊斯兰教确立为国教,伊斯兰教法是立法的主要渊源之一。此后,萨达特政府释放"穆兄会"成员,允许"穆兄会"出版报刊,扩大社会影响力。但是萨达特政府坚持了纳赛尔确立的"政教分离"原则,不承认"穆兄会"是合法的宗教组织,"穆兄会"成员只能以个人身份参加政治活动。"穆兄会"大力兴办企业,壮大经济实力,通过社会服务和慈善事业,扩大在底层社会大众中的影响力。第三任"穆兄会"总训导师奥马尔·塔勒萨姆尼将"穆兄会"的主流派改造成温和派,声明反对暴力,放弃建立"政教合一"目标,愿意接受埃及法律。[①] 在对外战略上,萨达特倒向西方,与美国、以色列签署《戴维营和平协议》,伊斯兰极端势力认为这是对伊斯兰宗教教义的背叛,极端分子采取暴力恐怖袭击的方式攻击政府。1981年10月6日,伊斯兰狂热士兵枪杀了萨达特总统。此后,穆巴拉克就任总统对"穆兄会"采取了分化策略。一方面严厉打击激进派的恐怖主义暴力行为,一方面吸收温和的"穆兄会"成员参与政府管理。一些极端宗教组织暴力反抗政府,遭到穆巴拉克政府的严厉镇压。温和派在"穆兄会"内部占明显主导力量,通过竞选方式参政。穆巴拉克政府否认"穆兄会"的合法政党地位,但是允许其成员参加议会选举。1984年,"穆兄会"首次与新华夫脱党合作参加议会选举,8名"穆兄会"成员进入议会。1987年大选中,"穆兄会"成员与社会劳动党、自由社会主义党组成竞选联盟,"穆兄会"成员赢得37个席位。[②] 2000年大选中,"穆兄会"成员作为独立候选人获得17个议会席位。2005年,埃及修改宪法,实行总统选举和议会选举,"穆兄会"成员以独立候选人参加议会选举,在人民议会选举中获得88个席位,占分配给独立候选人160个席位的55%,占全部444个席位的20%,成为当时埃及人民议会中最大的合法反对派力量。

"穆兄会"在长期的历史发展中逐渐形成了独特的宗教理念和政治理

---

① 殷罡:《埃及宪政发展及穆兄会的与时俱进》,载《当代世界》2012年第10期。
② 哈全安:《埃及史》,天津人民出版社2016年版,第206页。

念。其宗教理念主要包括三个方面：第一，安拉是"穆兄会"的目标，信使是"穆兄会"的领袖，《古兰经》是"穆兄会"的法律。第二，认为伊斯兰教是解决埃及所有问题的根本，能够为埃及社会重建提供根本规范指引。第三，尊崇圣战，认为"为真主而战"是最神圣的责任。①"穆兄会"的政治理念包括两点：第一，调和世俗政权与伊斯兰教，认为二者并不矛盾，国家政府权力的合法性来源于民众在宗教信仰上的认同。第二，主张实行多党制，通过选举的方式实现国家权力转移，不得排斥任何个人或组织自由参加选举。倡导现代伊斯兰信仰、主张建立"政教合一"的政府和遵循伊斯兰教法，是"穆兄会"自成立以来形成的基本纲领。②"穆兄会"的温和派与激进派在基本纲领方面并没有根本性的区别，其不同之处在于实现政治理想的途径。温和派主张通过和平的方式，致力于政党选举，以此来获取和分享国家权力。比如"穆兄会"领袖尤玛·提米萨尼（Uma Tilmissany）提出，"穆兄会"在遵守法律的前提下开展政治活动，采取被政府认可的合法方式表达主张。③ 而激进派始终坚持暴力方式推翻现有政府。"穆兄会"的宗教理念和政治理念兼具有改良性和保守性。④ 其改良性是指"穆兄会"试图改变埃及被英国殖民统治以来国家衰落的状况，致力于推动社会变革，实现民族复兴。其保守性是指反对世俗主义，主张用传统的伊斯兰教抵御西方文化对伊斯兰世界的侵蚀，主张在埃及建立伊斯兰宗教政权。

（二）"穆兄会"的问鼎与制宪

2011年4月30日，"穆兄会"在开罗总部召开"协商会议"，宣布组建"自由和正义党"，该党宣称其并非伊斯兰党，而是向全民开放的现代政党，吸收了100名科普特人和1000名女性，宗旨是建立民主国家，无意建立伊斯兰政权。⑤ 训导委员会成员穆尔西被推举为党主席。其目的是在世俗化政权之下，掩盖其宗教性质，同时规避了埃及对政党的法律限制——不允许建

---

① 赵建明：《穆斯林兄弟会与埃及政治变局》，载《现代国际关系》2011年第6期。
② 哈全安：《埃及史》，天津人民出版社2016年版，第202页。
③ Umaral-Tilmissany, *Memories Not Memoirs*, 1985, p. 22. 转引自赵建明：《穆斯林兄弟会与埃及政治变局》，载《现代国际关系》2011年第6期。
④ 丁隆：《埃及穆斯林兄弟会的崛起及其影响》，载《国际政治研究》2011年第4期。
⑤ "Egypt deeply polarised as Morsi marks first year", http://www.bbc.couk/arabic/middleeast/2011/04/110430_ egypt_ brotherhood.shtml, last viewed on April 27, 2018.

立宗教性质的政党。该党成立后,"穆兄会"曾经承诺不参加总统选举,以此缓解国内外忧虑。该党包容性极强,联合中间党等 20 多个党派组成了"民主联盟",宣布参加议会大选。但是在总统候选人登记的时候,"自由和正义党"提出了自己的候选人。在总统候选人提名的过程中,"民主联盟"发生分裂,党派骤减至 10 余个。依靠"穆兄会"的广泛影响力,加之其他政治力量弱小等有利条件,穆尔西领导的"自由和正义党"先是获得议会选举胜利,继而在总统选举中获胜。这是"穆兄会"80 年来第一次通过竞选的方式在议会和总统大选中获得全面胜利,其竞选的过程一直伴随着与军方关于制宪权的斗争。穆尔西当选总统后立即宣布军政府的"宪法声明"无效,要求议会重新工作。针对此前过渡政府颁布"宪法声明"的做法,穆尔西在制定出新宪法之前,也同样采取了颁布宪法声明的做法,规定总统发布的法令在新宪法颁布前具有最终效力,任何方面无权更改。针对司法机关被军方控制的局面,穆尔西的"新宪法声明"宣称,任何司法部门无权解散协商会议(议会上院)和制宪委员会。穆尔西的"新宪法声明"与此前临时政府的宪法声明针锋相对,引发了各自支持者之间的暴力冲突。穆尔西的支持者与反对者连续爆发剧烈冲突,造成数人死亡,600 多人受伤。[①] 面对严重的社会冲突,穆尔西的多名顾问提出辞职,穆尔西被迫宣布废除"新宪法声明"。

与此同时,穆尔西加快了制宪进程。穆尔西通过"制宪委员会"人员组成控制宪法修改,100 名"制宪委员会"委员中有 90 名伊斯兰成年男性。新宪法草案制定后,2012 年 12 月 15、22 日分两轮公投。宪法公投遭到世俗派等其他势力的反对,引发了大规模的集会示威活动,阿盟前秘书长穆萨号召埃及人民对宪法草案投反对票。[②] 自由反对派认为该宪法内容允许伊斯兰宗教机构及其人员有权审查立法草案,是对立法权的严重干涉,更有可能以此为根据对埃及的法律体制进行全面的伊斯兰宗教化改革。同时宪法缺乏对公民言论自由、妇女和少数民族权利的保护。虽然宪法草案以 63.8% 的支持

---

[①] 网易新闻:《埃及冲突升级数百人死伤》,http://news.163.com/12/1207/03/8I3H4QIF-00014AED.html,最后访问时间:2017 年 11 月 26 日。

[②] 《埃及今日开始宪法公投,社会分裂状态仍难终结》,http://news.sina.com.cn/w/2012-12-15/035025816972.shtml,最后访问时间:2018 年 3 月 20 日。

率获得通过,但参投的人数只占总选民人数的 32.9%。① 宪法内容及公投的冲突实质上是世俗势力和"穆兄会"宗教势力关于埃及法治发展道路的一次博弈。也就是说,埃及以伊斯兰宗教教义来建立宗教发展道路,还是继续建立世俗法治道路。② 分析埃及宪法(2012年宪法)的起点是它令人怀疑的合法性,源自于由伊斯兰势力主导的排他性起草进程,以及全民公投中的极低投票率。③

2012年12月26日,穆尔西正式签署了宪法,这是自穆巴拉克政府被推翻以来埃及制定的第一部宪法,称之为"2012宪法"或"穆尔西宪法"。该宪法代表了穆尔西及其"穆兄会"为解决埃及未来道路问题开出的最终药方,即建立"政教合一"的伊斯兰宗教发展道路。该宪法由国家与社会、权利与自由、国家权力机构、独立机构和监督机构、最终条款和过渡条款五部分组成,共计234条。"2012宪法"具有强烈的宗教属性,明确规定伊斯兰教法原则是埃及立法的主要渊源。宪法赋予伊斯兰宗教组织解释伊斯兰教义的权力。宪法中规定了大量的伊斯兰宗教教义,以伊斯兰宗教教义为基础限制公民权利和自由。根据新宪法,伊斯兰"舒拉议会"(上议院)取得实质立法权和制宪权。埃及上议院原本只具有协商作用,改革之后的"舒拉议会"取代人民议会成为立法机关,享有完整的立法权。穆尔西利用总统地位和"自由和正义党"在议会选举中的胜利,操纵制宪程序,试图建立一个"政教合一"的伊斯兰宗教政权,其修改宪法明显具有"工具性",是为了实现宗教性政党的政治抱负。该宪法忽略了世俗派的诉求,也打压了占全国人口10%的基督徒与极少数犹太教徒的基本权利,通过宪法将国家大权集中"穆兄会"的"自由与正义党"手中。利比亚首个民主政党"利比亚民主党"党首艾哈迈德·沙巴尼认为:"卡扎菲上台后等待了8年才敢于通过修改宪法的方式全部揽取利比亚立法权、行政权和司法权;但穆斯林兄

---

① 《埃及宪法草案公投获通过》,http://news.sohu.com/20121227/n361737275.shtml,最后访问时间:2018年3月20日。

② 余建华:《宪法公投对后穆巴拉克时代埃及社会政治的影响》,载《阿拉伯世界研究》2013年第2期。

③ Mara Revkin, "Egypt's Constitution in Question". *Middle East Law and Governance*, Vol. 5, (2013), pp. 331-343.

弟会仅仅等待了 5 个月,便迫不及待地推行其新宪法,巩固其刚刚到手的权力。"① 因此宪法修改在埃及引发了非常大的争议,引发了世俗派和宗教团体之间的激烈斗争。"全民公投通过后没有生效前,宪法被大部分人认为是一个有严重缺陷的文件,不仅公众对宪法采取怀疑甚至鄙视态度,而且埃及当局的领导人也多次显示出对宪法的漠视。"②

## 第三节 埃及法治道路的重回与未来

历史的吊诡之处在于,穆尔西在大刀阔斧军事改革中任命的塞西,竟成为后来逼宫的主角。埃及历史上第一次由民选产生的总统再一次被以塞西为代表的军方强行罢黜。按照新的过渡时期临时政府制定的新宪法,塞西高票当选总统。塞西执政后对穆尔西及其"穆兄会"痛下杀手,力图断绝"穆兄会"重回权力中心的可能。新宪法废除了穆尔西"政教合一"的宗教发展道路,埃及重回世俗法治发展道路。埃及的未来,是重回威权统治还是走向一条适合本国国情的法治道路?

### 一、临时政府主持修宪

#### (一) 民选政府被推翻

穆巴拉克威权统治的终结,客观上给了"穆兄会"问鼎政权的机会。穆尔西当选伊始承诺维护埃及的共和制度,确保国家政权的世俗形式,声称是"所有埃及人的总统"。③ 对于穆尔西通过选举方式就任埃及总统,美国高度赞成,认为埃及是阿拉伯世界唯一实现民主选举的国家。④ 但是其执政表现差强人意,并没有比被推翻的穆巴拉克统治取得更好的效果。穆巴拉克政府之所以被推翻,很大程度上受制于其不佳的执政绩效。穆巴拉克政府后

---

① 罗铮:《埃及政局的恶性循环》,载《南风窗》2013 年第 9 期。
② Mara Revkin. "Egypt's Constitution in Question". *Middle East Law and Governance*, Vol. 5, (2013), p. 331.
③ 中国日报新闻网:《埃及新总统穆尔西参加解放广场集会并宣誓就职》,http://www.chinadaily.com.cn/hqgj/zbyt/2012-06-30/content_6318166.html,最后访问时间:2018 年 3 月 23 日。
④ 《埃及政变会损害中东国家推动民主改革的意愿》,http://news.ifeng.com/shendu/nfc/detail_2013_07/17/27593076_0.shtml,最后访问时间:2018 年 3 月 23 日。

期,贫困线以下人口占40%,失业率高达20.4%。穆尔西的执政并没有改善这一状况。2013年埃及货币较2012年贬值10%,财政赤字占到GDP总量的11.8%,比上一财政年同期飙升50%,2013年2月至4月,埃及CPI同比上升8%,5月更达9%。[1]

"2012宪法"实施半年之后,穆尔西执政进入了死胡同。"全世界为专制政权的轰然倒塌欢欣鼓舞,纷纷帮助建立新的民主制度。但是一个可行的民主政府并不会自动建立起来。新政权举步维艰,经济困顿,国家处于以往的糟糕状态。这就'阿拉伯春天'之后发生的情况。"[2] 2013年6月,埃及发生大规模抗议行动,要求穆尔西下台。穆尔西执政一周年之际,"萨拉菲光明党"拒绝参加庆典活动,并且退出"民主联盟"。7月1日,反对势力向穆尔西政府发出辞职通牒,埃及军方也向穆尔西提出要挟。穆尔西声称,"人们选了我,选举是自由和公平的,为维护国家秩序愿献出生命"[3],坚决拒绝了辞职要挟。

(二)临时政府主持制宪与塞西当选总统

面对穆尔西的不妥协,2013年7月3日晚,埃及军方宣布解除穆尔西的总统职位,暂停宪法实施,由最高法院院长曼苏尔就任临时总统。2013年7月8日,过渡政府发表了过渡时期的"宪法声明"。根据"宪法声明",过渡政府制定了详细的过渡时期路线图,成立了由50人组成的宪法修改委员会,要求在30日内完成宪法修改工作,全民公投宪法草案后举行会议选举。

这是埃及自2011年"一月革命"以来第二次进入临时过渡政府时期。军方以暴力方式推翻埃及民选总统,临时政府宣布暂停宪法实施,在埃及国内外引起强烈反响。在国内,这种做法首先激起了"穆兄会"的愤怒和抗议。政变后,穆尔西谴责军方行动,号召埃及公民抵制军事政变。"穆兄会"认为军方的政变行为是"叛国大罪",发动"穆兄会"组织举行暴力抗

---

[1] 《埃及政变,谁哭到最后》,http://www.nfcmag.com/article/4154.html,最后访问时间:2018年3月23日。

[2] "What's Gone Wrong with Democracy?", in *Economist*, Mar. 1, 2014. 转引自 http://www.ecocn.org/thread-197548-1-1.html. 最后访问时间:2018年3月23日。

[3] 《埃及政变,谁哭到最后》,http://www.nfcmag.com/article/4154.html. 最后访问时间:2018年3月23日。

议行动，埃及陷入全国性的暴力冲突局面，37 人死亡，1400 多人受伤。①军方、埃及大众媒体和大部分自由主义政党和激进政党领袖宣称，塞西的行动拯救了埃及人民，符合 2011 年起义的宗旨。② 在国外，叙利亚对此持赞成和支持态度，认为穆尔西被军方罢免，是"政治伊斯兰"的失败。③

制定宪法并实行宪法公投是埃及过渡政府的第一要务。过渡时期临时政府在修改宪法的过程中，力图弥补穆尔西的极端化做法，曼苏尔宣布了由 50 人组成宪法修改小组，负责修改 2012 年宪法。但是"穆兄会"拒绝参加这次宪法修改，认为暴力推翻穆尔西政府是非法的。"穆兄会"组织社会力量抵制宪法公投，连续制造暴力恐怖袭击，多次暴力袭击埃及内部部长等政府官员及警察机构，造成大量平民伤亡。临时政府认为暴力恐怖袭击事件暴露了"穆兄会"反动本质，将"穆兄会"认定为恐怖组织。④ "穆兄会"经营的慈善和社会福利机构也遭遇"非法化"。⑤ 埃及《金字塔报》认为，"穆兄会"以伊斯兰宗教教义为名骗取埃及民众的信任，穆尔西当选总统后将国家宗教化，导致动荡不安，将"穆兄会"列为恐怖组织理所当然。⑥ 2014 年 1 月 14—15 日，在"穆兄会"的抵制中，新宪法付诸全民公投，以 98.1% 的支持率获得通过。

2014 年 5 月 26—28 日，埃及举行总统选举。5400 万注册选民中有约 2558 万选民参与投票，塞西获得约 2378 万张选票，以 96.91% 的高支持率当选总统。⑦ 塞西通过发动军事政变的方式推翻了"一月革命"之后首位民

---

① 《埃及政变，谁哭到最后》，http：//www.nfcmag.com/article/4154.html，最后访问时间：2018 年 3 月 23 日。
② 《政变后的埃及》，http：//www.dooo.cc/2014/09/31471.shtml，最后访问时间：2018 年 3 月 23 日。
③ 《叙总统赞扬埃及人民推翻穆尔西》，http：//www.zaobao.com/special/report/politic/peacetalk/story20130705-224117，最后访问时间：2018 年 3 月 23 日。
④ 《埃及宣布穆兄会为恐怖组织》，http：//www.china.com.cn/military/2013-12/27/content_31018168.htm，最后访问时间：2018 年 3 月 23 日。
⑤ 人民网：《埃及正式宣布穆兄会为恐怖组织》，http：//world.people.com.cn/n/2013/1227/c1002-23953980.html，最后访问时间：2018 年 3 月 23 日。
⑥ 中国网：《埃及宣布穆兄会为恐怖组织》，http：//www.china.com.cn/military/2013-12/27/content_31018168.htm，最后访问时间：2018 年 3 月 23 日。
⑦ 商务部网：《塞西当选总统埃及强人回归？》http：//www.mofcom.gov.cn/article/i/jyjl/k/201406/20140600617589.shtml，最后访问时间：2018 年 3 月 23 日。

选总统穆尔西,但在总统选举中却得到了大部分埃及民众支持。这体现了后穆巴拉克时代,埃及人民在宗教发展道路和法治发展道路之间的审慎决策,标志着埃及重回世俗法治发展道路。在经历了长期的社会动荡之后,埃及迫切期待出现一支能为埃及带来稳定的力量,迫切期待有序的政治生活。就目前的政治生态而言,塞西所代表的军队已成为民众的"必选之选"。[①]

## 二、"2014 宪法"重回世俗法治道路

### (一) "2014 宪法" 的总体概况

该宪法除序言外,共六篇。第一篇国家。第二篇"社会的基本构成",包括三章。第三篇"公共权利、自由与义务"。第四篇"法治"。第五篇"政体",包括十一章,内容上涵盖了立法权、行政权、司法权、最高宪法法院、司法机构、法律职业、专家、武装力量和警察等。第六篇"普通和过渡条款"。全文共计247条。

第一部分"国家篇"规定了埃及的国体、政体、宗教等基本原则。第1条规定,埃及阿拉伯共和国是一个主权、统一、不可分割的国家,任何部分不得放弃,拥有一个建立在公民权利和法治基础上的民主共和制度。第2条规定,伊斯兰教是国家宗教,阿拉伯语是官方语言,伊斯兰教教法是立法的主要来源。第3条规定,埃及基督教徒的基督教原则和犹太人的犹太教教法是立法的主要来源,规范他们相应的个人地位、宗教事务以及精神领袖的选举。第4条规定,主权属于人民,由人民行使和保护。人民是国家权力的来源,建立在平等、正义和所有人机会均等基础之上的统一国家由人民来保卫。第5条规定,政治体制的基础是政治和政党多元化、权力和平转移、权力分立和制衡、权力和责任不可分离、尊重人权和自由。第6条是关于国籍的规定。

该宪法经历了2011年"一月革命"以来的法治反复,各种力量通过多种方式展示了其政治主张。埃及最大的政治宗教组织"穆兄会"也曾问鼎执政,但是在暴力冲突中终归收场。由此可见,2014年宪法面临的挑战是

---

[①] 观察者网:《埃及前军方领导人塞西当选总统得票率96.91%》,http://www.guancha.cn/Third-World/2014_06_04_234770.shtml,最后访问时间:2018年3月23日。

极其严峻的,必须在妥善平衡各种政治主张的基础上回答埃及向何处去的重大法治问题。该宪法第一篇可以看出端倪。第一,该宪法继续规定伊斯兰教为埃及的国教,但是同时也规定基督教原则和犹太教教法的宪法地位,他们与伊斯兰教教法同样都是立法的主要来源。在处理伊斯兰教问题上,"2014宪法"体现了原则性和灵活性的结合,尊重了埃及的宗教历史和现实国情,赋予了伊斯兰宗教作为国家宗教的地位,也赋予基督教和犹太教应有的宪法地位。在序言中,该宪法规定伊斯兰教法是立法的主要来源,但是这些原则的解释存在于最高宪法法院的相关裁决中。也就是说,伊斯兰教教法作为立法来源的解释归属于世俗的宪法法院,而不再归属埃及伊斯兰宗教机构。第二,该宪法规定埃及是一个建立法治和公民权利之上的世俗政权。这既是对2012年穆尔西宪法关于埃及宗教发展道路的纠偏,也是对埃及历史和现实国情的充分尊重。埃及自20世纪初脱离英国的殖民统治以来,先是实行君主立宪制。1952年"七月革命"之后,埃及废除了君主立宪制,实行共和制。无论是君主立宪制还是共和制,埃及已经经历了上百年的世俗政权统治。2012年穆尔西及其"穆兄会"试图建立一个"政教合一"的国家,使埃及重回伊斯兰教,这种做法既是对埃及世俗统治历史和现实的否定,也无法兼容埃及的其他宗教和政治力量。第三,埃及实行多元化政党政治制度。从2011年"一月革命"革命爆发以来,埃及政治舞台上展现了多种力量,"穆兄会代表"的伊斯兰宗教势力、世俗派、自由派、军方等不同力量都展示各自的政治主张和诉求,事实上形成了多元化的格局。宪法作为国家根本大法,必须要能够容纳和平衡不同政治力量,2014年宪法对多元化的政治现实予以尊重。

(二)"2014宪法"的议会制度

该宪法第五篇第一章规定了立法权,即埃及议会。基于对2012年宪法的纠偏,2014年宪法改两院制为一院制。根据立法至上和权力分立制衡的原则,宪法将立法权置于第五篇之首。总统行使行政权,对议会立法权的制衡体现在:享有少数议员的任命权、审批和签署法律草案的权力等。

第101条规定,根据宪法,议会被授权行使立法权,审议通过国家政策、经济和社会规划以及国家预算,议会监督行政权的行使。第102条规定,议会由不少于450人组成,议员通过直接、秘密、公开的方式选举产生。议员候选人必须具有埃及国籍，享有民事和政治权利，接受基本教育，在选举登记时年满25周岁。其他候选要求、选举制度和选区划分由法律规定，应该能够公平代表全体人民、各省以及适格的选民。总统可以任命不超过5%的议员，提名方式由法律规定。第103条规定，议会成员必须全职履行职务，其岗位应该依法保留。第104条规定，作为履职的条件，议员宣誓如下："我向全能的上帝发誓，忠于共和制度，尊重宪法和法律，维护人民利益，保卫国家独立、统一和安全。"第105条规定，议会议员依法接受薪酬。如果薪酬发生变化，这种变化只有在变更通过之后的立法期开始生效。第106条规定，议会成员任期五年，从第一次会议开始起算。议会届满之前60日内应当举行新的议会选举。第107条规定，最高上诉法院对众议院成员选举的有效性有管辖权。上诉应在宣布最终选举结果之日起30日内提交最高法院。上诉应当自收到之日起60日内作出裁定。如果判决宣布无效，成员的无效应自法院判决通知议会之日起生效。第122条规定，共和国总统、内阁和每个议员都有权提出法律草案。第123条规定，如果总统反对议会通过的法律草案，总统必须在议会通知要求总统签发之日起30日内将法律草案返还议会，否则法律草案即被视为法律而颁布实施。如果总统将法律草案返还给议会，但是议会再次以2/3多数通过，法律草案也将被视为法律而颁布实施。

（三）"2014宪法"的总统制度

总统制度是"2014年宪法"必须妥善解决的一项重要制度设计。"一月革命"暴露出埃及总统制度的严重缺陷，从某种程度上是埃及发生变革的主要原因。穆巴拉克时期总统每届任期6年，并且可以连选连任，事实上形成了"长老统治"。根据权力分立制衡的原则，新宪法在总统与议会的关系上规定，总统解散议会的权力受到严格限制。第137条规定，总统除非基于充分的决定或者根据全民公投的决定，否则不得解散议会。总统可以发布决定中止议会会议，在不超过20天内举行关于解散议会的全民公投。如果获得有效票数的多数赞成，总统可以发布解散决定，并且在不超过30天内举行重新大选。

第139条规定，总统既是国家元首，又是政府首脑。总统致力于维护全体人民的利益，维护民族独立和领土完整，确保国土安全，遵守宪法。第

140 条规定,总统任期 4 年,任期从上任总统任期结束之日开始。总统只能连任一次。该条第 3 款规定,总统在任期内不得持有任何党派立场。第 142 条规定,总统候选人必须得到至少 20 名议会成员的推荐,或者获得至少来自 15 个省的至少 2 万 5 千名选民的投票支持。第 143 条规定,总统选举实行秘密直接选举,获得有效票的绝对多数。共和国总统选举程序由法律规定。

为解决腐败问题,第 145 条规定,总统的薪酬由法律规定,除此之外总统不得接受任何其他工资或者薪酬。总统任期之内有关工资的变动不得对其本人生效。在全部总统任期内,总统不得以个人或者其他代理人名义直接经营或者从事商业、金融或者工业活动,不得购买、租赁属于国家、社会组织或者公共财产部门的任何财产,不得向国家出售任何个人财产,也不得作为供应商、合同缔约方或者法律规定其他角色与国家订立合同。总统任期内每任职年度和卸任时必须提交一份职务经济评估披露书,经济评估披露书必须以政府公报的形式印刷。整个总统任期期间,总统不得向自己发布任何命令、颁发奖章或者荣誉。上述情况下,无论是个人还是代理人收受的现金或者其他馈赠礼物,只要是与总统职务有关,应该收归国有公共财产。第 146 条,总统应该任命总理组成政府,并向议会说明其规划。如果政府在 30 天之内没有得到来自议会成员多数的信任,总统应该任命一位由在议会席位中占据多数或者最高席位的政党或者政党联盟提名的总理。如果这样的政府在 30 天内不能得到议会多数成员的信任,议会应该被视为解散,总统有权要求议会从宣布之日起 60 日重新举行大选。议会被解散之后,总理应当向新的议会在第一次会议上汇报政府构成及其工作规划。一旦发生由占议会多数席位或者最高席位的政党或者政党联盟产生政府的情况,总统应该就选任国防、内政、外交和司法部部长与总理协商。第 147 条规定,总统可以解散正在履职的政府,但是必须要得到议会成员多数的同意。总统可以改组内阁成员,但是事先要与总理协商,并且要取得占绝对多数议会成员的同意。第 148 条规定,总统可以将其部分职权授予给总理、特别代表、部长或者地方长官,但是上述权力不得再次授权其他人。第 151 条规定,总统在外交中代表国家,在取得议会同意后有权缔结和批准条约。上述条约在不违反宪法的情况下公布后取得法律效力。有关和平与结盟、国家主权的条约必须进行全民公决，这些条约必须在全民公决中获得同意之后才能批准。任何情况下，条约都不得与宪法内容相违背，也不得导致国家领土被割让的结果。第 160 条第 5 款规定，过渡时期总统不得谋求总统职位，也不得要求对宪法进行任何修改，也无权解散议会或者政府。

（四）"2014 宪法"的司法制度

第三章规定了司法权，第一节是一般条款，包括四条内容。第 184 条规定，司法机关通过不同类型和等级的法院行使职权，是自治性独立权力机构。法院依法作出裁定，法院的管辖权由法律规定。干涉法院事务或者正在审理的诉讼案件，构成不受诉讼时效限制的犯罪。第 185 条规定，各级司法机关或组织依法管理本部门事务，拥有独立的财政预算，预算的内容应由众议院全面审查。预算经批准后，将纳入国家预算的下一个预算项目。有关管理自己事务的法案应当征求司法机关或者司法组织的建议。第 186 条规定，法官个人独立，无正当理由不得解雇。除法律外不受其他权力制约，平等地享有权利和义务。法官任用的条件和程序、交流和退休依法规范。法律应进一步规范纪律问责。除法律规定的机构和执行其任务外，法官不得拥有全职和兼职性质的第二份工作。以上所有内容应当保持司法机关和法官的独立性和公正性，防止利益冲突。权利、义务和法律保护应当由法律特别规定。第 187 条规定，法院审理公开进行，但是维护公共秩序或公共道德法庭决定秘密审理的除外。在任何情况下，法院判决都应在公开审判上宣布。

第二节规定了司法审判与审查起诉。第 188 条规定，司法机关依法审理争议案件和犯罪行为，属于其他司法机关管辖的除外。司法机关只对与其有关的案件享有管辖权。司法机关的事务由最高委员会管理，其组成和管辖权由法律规定。第 189 条规定，公诉是司法权力的内在组成部分，依法对刑事案件进行侦查和起诉，但是法律例外规定的除外。总检察长负责公诉，由最高司法委员会从最高法院副院长、上诉法院院长或总检察长助理中任命。

第三节是规定了国家委员会，内容只有 1 条。第 190 条规定，国家委员会是一个自治性的司法机关，具有解决行政纠纷和执行有关裁决的专属管辖权。对纪律案件和上诉享有管辖权，对法律规定的行政机关的相关法律问题提供法律咨询意见。还应当审议、起草立法性质的法律和法规，审查国家或者其他公共权力机构的合同草案。其他管辖权由法律规定。

第四章是最高宪法法院。第 191 条规定，最高宪法法院是一个具有自治性和独立性的司法机关，总部设在开罗。但是在紧急情况下，征得最高委员会的同意，可以在埃及任何地方举行审判活动。它拥有独立的预算，预算应该由议会全面审查。议会审批后，其预算应该纳入国家预算并作为一个预算项目。法院的最高委员会处理其事务，并且就有关自己事务的法案接受咨询建议。第 192 条规定，最高宪法法院有权独立决定法律和法规的合宪性、有权解释法律条款、裁决与其成员事务有关的争议、处理两项互相矛盾的判决的执行（其中一项判决由拥有司法管辖权的司法机构或者部门作出）、解决判决执行和决定相关的争议。

### 三、"2014 宪法"的整体评价

"在 20 世纪后期和 21 世纪，从冲突到稳定的国家转型总会有新的宪法被创造出来，作为政治转型的重要组成部分。"[①] 相应的，现代立宪主义通常扮演着双重角色，创造一部属于不同人群的权利盟约，创造一个结束政治转型冲突的程序。在 2011 年爆发的"阿拉伯春天"革命中，遍及中东和北非的抗议群众反对他们的政府，表达对长期经济和政治的不满以及对国家腐败和滥用职权的愤怒。抗议者要求推翻专制独裁当局，创造一部作为政治转型的新宪法。埃及自推翻穆巴拉克统治以来，各方政治力量始终围绕制宪权进行权力争夺，纷纷暂停和修订旧宪法，制订和出台新的宪法性文件或者宪法。宪法是各派争夺国家权力的工具，抑或是维护国家稳定的利器，从超越党派斗争的角度来看，很大程度取决于宪法的起草过程和宪法对基本政治制度的架构设计。宪法起草程序的广泛参与性是现代宪法合法性的特征。"过渡政府追求宪法制订过程中的广泛参与性具有多重目的：培育关于重大国家基本原则的共识，整合此前革命中被边缘化群体的诉求，加深宪法制订者对公民质疑的理解，通过为民主实践建立基础打破专制的历史，让宪法和未来的政府在公众和世界看来更加合法。"[②] 穆尔西政府被推翻之后，过渡时期

---

[①] Darin E. W. Johnson, "Beyond Constituent Assemblies and Referendum: Assessing the Legitimacy of the Arab Spring Constitutions in Egypt and Tunisia", *Wake Forest Law Review*. Vol. 50, (2015), p. 1009.

[②] Darin E. W. Johnson, "Beyond Constituent Assemblies and Referendum: Assessing the Legitimacy of the Arab Spring Constitutions in Egypt and Tunisia", *Wake Forest Law Review*. Vol. 50, (2015) p. 1010.

临时政府组织修宪，宪法修改过程汲取了穆尔西修宪教训，注重起草程序的广泛代表性，为新宪法的合法性奠定基础。在宪法的基本内容上，"2014宪法"重回世俗法治道路，延续了穆巴拉克时期形成的三权分立格局，但是对总统权力进行了严格限制，特别是突出了立法权，将总统权力置于立法权的控制和监督之下，同时接受司法权的制约。通过对行政权的限制，解决埃及历史上长期以来存在的总统行政权力独大的不均衡格局，由此消除了造成埃及法治动荡的重要根源。

## 第四节　对埃及法治道路的思考

2016年1月，习近平主席出访埃及会见塞西总统时强调：一个国家或民族选择什么道路，不能脱离历史文化传统和经济发展现实，应该由这个国家人民自主探索，有序推进。[①] 穆巴拉克构建了西式法治外观下的威权统治模式，在经济领域实行私有化改造，试图用威权统治模式统一埃及，但是统治葬送于街头政治，从此埃及陷入多年的动荡之中。具有深厚伊斯兰宗教背景的"穆兄会"试图使埃及重回宗教国家，但是仅仅一年零三天即被军方终结，埃及再次经历临时过渡政府之后，制定了"2014宪法"。新宪法之下，塞西成功当选总统，埃及重新开始了法治道路的探索。埃及法治道路的曲折过程，源于穆巴拉克的威权统治之路，实则是埃及法治道路探索上西式法治道路和宗教道路的失败，埃及寻找一条适合本国历史文化传统和现实国情的法治发展道路仍在进行之中。

### 一、法治道路必须立足于本国国情

西方的法治道路有其自身的内在生成逻辑和运行基础，有着深刻的思想基础，并且经历了长期的酝酿发展阶段和不断完善的过程，最终形成了各自不同的适合本国国情的法治道路。西方从17世纪以来，经历了近代思想启蒙的洗礼，在两个多世纪的过程中积累了深厚的思想基础。在此思想指导下

---

① 新华网：《速读习主席埃及之行》，http://news.xinhuanet.com/world/2016-01/23/c_128659172.htm，最后访问时间：2018年3月23日。

西方主要国家历经流血革命牺牲，付出了巨大的探索成本，经过反复的长期的实践"试错"探索，也仅仅只有英国、美国和法国等少数几个国家建立了适合本国历史国情的近代法治制度。英国近代资产阶级革命从 1640 年开始，经过多次内战，中间经历了克伦威尔独裁统治的反复。1660 年，查理二世复辟，严重损害侵犯了新兴资产阶级的利益。1688 年，支持议会的辉格党人与部分托利党人邀请詹姆士二世的女儿玛丽和时任荷兰执政官的威廉回国执政，通过发动宫廷政变的方式推翻斯图亚特王朝的封建统治，这场不流血的革命获得成功，史称"光荣革命"。此后英国建立了近代资产阶级性质的君主立宪制。1689 年，英国颁布《权利法案》，确立了议会主权原则，将封建君主权力置于资产阶级法治思想的控制之下，议会拥有立法权、财政权和对行政权的监督，自此英国在世界范围内最早建立了近代资本主义民主制度，走上了近代法治道路。从 1640 年革命开始到 1689 年《权利法案》的颁布，英国经历了 49 年的法治探索，建立了君主立宪制，走上了适合本国的法治道路。

为了反对英国的殖民经济政策，1775 年，美国开始了独立战争。1776 年，《独立宣言》宣布美利坚合众国诞生。1777 年，大陆会议通过了《邦联条例》，宣布美国是一个松散的邦联国家。1783 年英美签订美英凡尔赛和约，英国被迫承认美国独立。1787 年 9 月 17 日，美国制宪会议批准了宪法草案，美国成为一个由州所组成的主权国家，从此联邦体制取代了松散的邦联体制。直到 1789 年，独立战争胜利后的第 6 年，美国宪法才被各州通过。美国宪法以三权分立和制衡为原则建立了法治道路。亨廷顿提出了关于民主法治的两个最低标准：50%的成年男性拥有投票权；政府首脑要么通过获得议会多数的支持并对其负责，要么由定期举行的普遍选举产生。以此标准，美国大约是在 1828 年或者 1840 年才真正走上法治道路。[①] 如果从独立战争开始，美国用了大约 65 年的时间建立了法治道路。此后，美国在法治道路探索上又经历了南北内战和多次宪法修改。由此可见，西方主要资本主义国家法治道路的建立是在思想启蒙的基础上，并且经历了长期实践探索才建立

---

① ［美］塞缪尔·P. 亨廷顿：《第三波——20 世纪后期民主化浪潮》，欧阳景根译，中国人民大学出版社 2013 年版，第 11—12 页。根据 Walter Dean Burnham 的证据，美国在 1828 年符合这一标准。根据 Jonathan Sunshine 的标准，美国在 1840 年才符合这一标准。

起来的。从西方主要国家的法治实践来看,法治道路没有一个统一的模式,而是具体的、实践的,最关键的是要适合本国具体国情的,法治思想虽然具有共同性,但是没有任何超越历史发展阶段的法治,也没有可以适用其他一切国家形态的法治道路。

  西方主要资本主义国家建立了近代法治道路之后,其法治思想呈现出全球化的扩张趋势,出于本国利益的需要和全球化战略考虑,开始向广大法治后发展国家进行思想输出,通过经济援助和各种法治计划,在全球范围内推广西方法治道路,这实际上是一种继经济殖民之后的法治道路殖民。对于广大的后发展国家来讲,在所谓的"第三波"民主化浪潮中,仿照西方国家尤其是美国权力分立思想进行制度设计,是一种超越本国历史发展阶段、脱离本国实际的法治追求。法治西方国家通过法治建立起来的法治道路,是一种西式模式,"是社会经济、政治和文化发展到一定程度的产物,任何先于一定程度的经济、政治和文化水平的民主都不是水到渠成、瓜熟蒂落的民主"[1]。穆巴拉克通过两次宪法修改,按照美国民主制度实行总统选举制度,仿照美国在多党制的基础上实行"普通、秘密、直接"总统选举,同时对埃及议会制度进行改革,实行两院制。按照修改后的总统选举制度,穆巴拉克虽然成功当选埃及总统,开启了其第五届总统任期,但是在其任期的最后一年,18天的街头政治冲突导致其黯然下台,其本人也一度以多种罪名被判入狱,其所在的政党——民族民主党——也于2011年4月16日被最高行政法庭宣布解散,党产充公。埃及不仅没有收获照搬西方法治道路给国家带来的繁荣富强,反而陷入了连续的法治动荡时期,给国家和人民带来了深重的灾难。从2011年开始,埃及经济状况持续恶化,但是2014年以来随着埃及政局的稳定,埃及的经济逐渐好转。"2011年以来,受政局动荡的影响,埃及经济的年均增长率只有2%左右,但随着形势的好转,2015年的增长率有望达到3.8%。"[2] "2016/2017财年埃及经济增长率为4.1%(第四季度增长率为4.9%),财政赤字与国民生产总值之比为10.9%,低于2015/2016财

---

[1] 邱慧青、郑曙村:《发展中国家的"民主化失灵"表现、原因及教训》,载《当代世界与社会主义》2012年第2期。
[2] 凤凰网:《埃及局势稳定有助中埃深化经济合作》,http://news.ifeng.com/a/20141225/42798089_0.shtml,最后访问时间:2018年3月23日。

年水平（12.5%），2016/2017 财年第三季度埃失业率下降至 12%。"[①] 埃及的这一段动荡历史，深刻说明法治道路选择是一个具体的发展过程，必须与本国的历史传统和现实国情密切结合。否则，追求超越历史发展阶段的法治，即使能够建立起具有"直接选举、一人一票"等西方法治道路的外观，但是缺乏现实基础的法治道路注定要失败的，其结果必然是造成经济停滞甚至倒退，失业率增加，给人民生活带来灾难。

## 二、西式法治道路的非普适性

### （一）西方法治道路的内在缺陷

西式法治道路在全球范围内的扩张，其实是西方国家推广和兜售自己的一套文化价值观念和制度构造，将其作为改造其他国家的政治工具，达到掌控全球话语权地位的政治目的。广大的后发展国家没有全面深刻理解法治思想及其制度，更没有深刻理解西方法治道路的内在缺陷以及可能带来的弊端，将西方法治道路认为是一服包治百病的济世良药。法治思想虽然是人类文明的结晶，但并不表明西式的法治道路是国家治理和发展的唯一方案选择。

法治与民主密不可分，法治的精神在于对国家权力的控制和约束，需要通过作为政府组织形式的民主表达出来。西方长期标榜自己为民主国家，但是其实践已经暴露出严重的缺陷。西方学者对此已经有了深刻的认识和总结。美国学者菲利普·施密特和特里·林恩·卡尔归结为四点：第一，民主制度无法保证短期内的经济成长，更不能保证经济效率。第二，民主制度下的行政效率可能不高，而民主程序甚至可能拖延政府决策的过程。第三，民主制度无法在一夜之间建立政治秩序与社会稳定。第四，民主政府未必会选择自由开放的经济政策。[②] 2014 年 3 月 1 日，英国《经济学人》杂志刊登了《民主出了什么问题？》，深刻反思了西式民主法治道路在当代西方国家和发

---

① 商务部网站：《2016/2017 财年埃及经济增长率为 4.1%，财政赤字下降 1.6%》，http://www.mofcom.gov.cn/article/i/jyjl/k/201708/20170802624690.shtml，最后访问时间：2018 年 3 月 23 日。
② Philippe C. Schmitter and Terry L. Karl, "What Democracy Is and Is Not", *Journal of Democracy*, Vol. 2,（1991），pp. 75-88. 转引自阎小骏：《当代政治学十讲》，中国社会科学出版社 2016 年版，第 86 页。

展中国家实践中暴露的问题,认为"阿拉伯之春"表明西方民主法治制度在全球范围内正在经历困难。"在独裁者被赶走的国家,赶走独裁者之后大都没能建立行之有效的民主政权。甚至就连成熟的民主政体也变得令人担忧,制度的漏洞已然显现,对政治的幻灭感大行其道。"广大发展中国家缺乏对西方法治道路内在缺陷的认识,在西方国家的推销下,将西方法治道路作为解决本国问题的一服济世良药,但是照搬照抄后表现出"水土不服"的诸多症状,经济社会发展停滞不前,国内阶层对抗并发展为严重的暴力对抗,无序的"街头政治"对社会稳定造成致命性的打击。

### (二)法治道路必须立基于民主

法治寄托了人类对美好生活的向往,被注入无限的价值期待。在长期思想演变中,法治思想融入了多种有益的思想,其中最主要的就是民主,民主是法治思想的基础和法治制度的基石。民主的思想渊源可以一直追溯到古希腊时期,但是现代意义上的民主是近代资产阶级革命的产物,是18世纪之后资产阶级在反封建的过程中建立和发展起来的。关于民主的界定有不同的进路。现代意义上的民主,西方当代观点多将其视为一种政府组织形式,分别从政府权威的起源、政府所服务的目的以及组建政府的程序三个方面加以界定。[①] 亨廷顿认为,起源和目的意义上的民主虽然能够极大地丰富民主思想的内涵,但是却造成了民主思想本身的模棱两可和诸多不确定性,不可避免地带来操作上的不便,因此亨廷顿主张采取了程序意义上民主的定义,并以此来衡量一个国家的民主状态。"民主的核心程序是,由民主政府所管制下的人民通过竞争性选举来选拔领袖。"[②] 这种思路下的民主区别于古典民主,被认为是一种经验的、描述的、制度的、有用的定义方式。根据此种定义方式,民主的精髓在于通过自由、开放和公开的选举途径产生最高决策者,并且由其行使最高管理权力。[③] 据此,现代意义上的作为政府组织形式的民主有两个核心要件:建立在多党政治基础上的选举制度;通过这种途径

---

[①] [美]塞缪尔·P.亨廷顿《第三波——20世纪后期民主化浪潮》,欧阳景根译,中国人民大学出版社2013年版,第3页。

[②] [美]塞缪尔·P.亨廷顿《第三波——20世纪后期民主化浪潮》,欧阳景根译,中国人民大学出版社2013年版,第4页。

[③] [美]塞缪尔·P.亨廷顿《第三波——20世纪后期民主化浪潮》,欧阳景根译,中国人民大学出版社2013年版,第6页。

获取最高权力的管理者真正行使权力。以此来分析 1971 年"永久宪法"之后的埃及法治实践,可以发现埃及虽然通过修改宪法的方式实行多党政治、总统大选、议会大选,构建了三权分立的基本格局,具备了西方民主法治的外观,但是并不符合亨廷顿所说的民主标准,埃及的法治并没有建立在民主基础之上。

### 三、法治道路必须立足于共识

法治道路需要基本的法治共识基础。法治凝聚了人类对法治文明的共识,这些共识包括建立一套结构严谨的法律体系,合理配置国家权力,确认国际公认的公民基本权利,建立解决纠纷的司法体系和机制,有效实现对国家权力的控制,达到人权保护的终极目的。法律体系由不同位阶和具有不同法律效力的法律规范构成,是一个内在协调统一的有机体。宪法具有最高的法律效力,规定国家的基本政治制度,确认公民的基本权利和自由,在法律体系中具有最高地位,在法治实践中具有举足轻重的作用。

宪法的合法性和正当性来源于三个方面:包容性的宪法起草过程和批准过程体现出的程序正当性;充分体现人权法律规范的实质合法性;为全面和公平实施宪法保护,通过制度性机制体现的实质合法性。[①] 穆尔西宪法采取了排他式的起草程序,制宪委员会的构成清楚地表明了其起草程序的非正当性。100 个制宪委员会席位伊斯兰男性独占 90 席,制宪委员会的人员构成由议会指定,议会完全在"穆兄会"的掌控之下,事实上整个宪法起草过程完全处在以穆尔西为代表的伊斯兰宗教势力的控制之下。宪法起草和公投充满了各种反对声音,遭到反对派的强烈抵制。宪法通过之后不久,来自美国大西洋理事会的中东问题研究专家对穆尔西宪法的起草过程进行了总结和评价。在宪法起草过程中,开罗和其他城市爆发了反对游行,号召联合抵制穆尔西宪法公投。在公投过程中,宪法仅仅获得了 64% 的支持率,仅占有资格投票人员的 21%。[②] 宪法公投后正式生效前,宪法被大部分人认为是一

---

[①] Darin E. W. Johnson, "Beyond Constituent Assemblies And Referenda: Assessing the Legitimacy of The Arab Spring Constitutions in Egypt and Tunisia", *Wake Forest Law Review*, Vol. 50, (2015), p. 1008.

[②] Darin E. W. Johnson, "Beyond Constituent Assemblies And Referenda: Assessing the Legitimacy of The Arab Spring Constitutions in Egypt and Tunisia", *Wake Forest Law Review*, Vol. 50, (2015), p. 333.

部有严重缺陷并导致极端分化的文件。不仅埃及的社会大众对宪法充满怀疑和蔑视，当时穆尔西政府的领导也表现出对宪法实施的忽视。

从实质合法性方面来讲，宪法内容模糊容易被穆尔西政府操纵，第 236 条文字表达的模糊性以及互相矛盾的规定给公众形成一种印象，这部宪法仅仅是一个空洞的容器，其内容似乎只能在实践中才能得到界定，这样很容易被歪曲为一部不民主或者限制公民权利的宪法。① 穆尔西宪法最极端化的内容包括：伊斯兰教法在埃及国家政治生活的角色定位、妇女地位、表达自由、紧急权力以及司法独立。这些内容非常模棱两可，给"穆兄会"操纵的议会留下巨大的解释空间，这激起了对由"穆兄会"领导的政府以及由伊斯兰宗教主导的议会用伊斯兰教义填充法律漏洞的巨大担心。伊斯兰成员占据上议院（协商议会）的 80%席位，通过了一系列具有伊斯兰宗教特征的立法，降低女性法定最低结婚年龄，2008 年穆巴拉克政权已经废除的女性割礼再次合法化，议会撤销了 2000 年的一项赋予妇女无需得到丈夫同意即可无条件离婚的法律。穆尔西宪法第二条规定伊斯兰教法原则是立法的主要渊源，这与穆巴拉克时代的宪法规定并无二致，但是增加了重要的其他规定。第 219 条在埃及宪法史上第一次明确规定了伊斯兰教法原则的定义，这一定义包括了更多的伊斯兰宗教的具体规则和证据标准。而且第 219 条还特别规定了逊尼派伊斯兰教的司法教义，使穆尔西宪法成为埃及第一部具有明显宗教特征的宪法。非伊斯兰主义的反对者认为，对伊斯兰教法原则的重新定义有可能使宪法第 219 条为埃及民事法典和家庭婚姻法的全面伊斯兰化提供合法性基础。第 2 条和新的第 219 条、第 4 条，赋予伊斯兰学术机构爱资哈尔大学立法权，爱资哈尔大学有权就议会立法草案的伊斯兰化提出立法建议，并授权爱资哈尔大学审查立法草案。

在实践合法性方面，穆尔西宪法关于权力的配置打破了权力平衡，引发了国家机关在权力运行方面的严重冲突。第 177 条要求埃及最高宪法法院行使对总统、议会和地方选举方面法律草案的事先司法审查权，这一条的目的是扩大最高宪法法院对立法程序的影响。但是这一规定并没有明确说明最高

---

① Darin E. W. Johnson, "Beyond Constituent Assemblies And Referenda: Assessing the Legitimacy of The Arab Spring Constitutions in Egypt and Tunisia", *Wake Forest Law Review*, Vol. 50. (2015), p. 333.

宪法法院是否具有立法审查的最终权力,由此引发了总统权和司法权关于立法程序的冲突。2013年2月,最高宪法法院将埃及议会选举法律草案返回协商会议重新修改,协商会议修改后拒绝将法律草案再次返回最高宪法法院,而是直接送交穆尔西总统公布实施。这次事件被反对派认为是对司法独立以及最高宪法法院作为合宪性审查者角色的严重破坏,由此引发了一系列法律诉讼事件。2013年3月,埃及最高行政法院发布裁决,取消选举活动,命令协商会议将选举法修改草案送交最高宪法法院终审。但是,穆尔西总统质疑最高行政法院这一决定的有效性,议会不仅没有送交最高宪法法院审查法律修改草案,而且直接重新起草了一个新的选举法案,这是对司法权的明显蔑视。这次争议明确表示宪法第177条在埃及高级法院系统与"穆兄会"控制的总统和议会之间形成了敌对关系。另一项引起争议的宪法内容是改变了最高宪法法院的构成。第176条将最高宪法法院法官由18名减少到11名,并且授权总统有权直接任命新的法官。这一规定被认为是对司法权的严重破坏,通过任命和减少最高宪法法院法官人数,穆尔西清除了最高宪法法院中反对"穆兄会"的法官。人权研究者认为,宪法变成为执政党利益服务的工具,这改变了司法权在权力配置体系中的平衡,有利于穆尔西建立强大的行政权。

"徒法不足以自行",为此需要构建一套行之有效的司法体系和权力运行机制,需要国家机关和全体公民对法律的全面遵守,以此为国家发展创造稳定的社会秩序。穆尔西宪法不仅没有给埃及带来法治应有的秩序,解决2011年"一月革命"以来的社会无序状况,反而导致了普遍性违法行为,而缺乏独立性的司法机关也不能通过司法程序实现正义,无力维系法律秩序。2013年3月,开罗发生一起致命的体育踩踏事故,法院判处21名足球球迷死刑,这一判决引起巨大争议,导致开罗等其他城市发生了大规模的暴力骚乱事件,几乎陷入内乱状态。抗议者认为法院判决偏袒警察,认为警察没有及时制止球迷骚乱行为。这一事件标志着群众失去对司法权维护法律秩序的信任,要求穆尔西政府启动政府内部改革。与此同时,警察也发生了集体罢工,抗议内政部的警察政策改革,这种情况进一步加剧了普遍性的违法行为。警察罢工导致社会秩序出现管理上的"空白"地带,一些党派成立"人民委员会"等私人民兵组织来代替警察部门行使职权。穆尔西政府内政部谴责了这些行为,认为任何私人组织都无权行使国家法律职权。私人性的"治安委员会"等机构的出现,反映了人们法律信仰的进一步恶化以及对政府维护法律秩序能力的不信任。

埃及西奈半岛是埃及社会秩序失范的缩影,是缺乏安全的地方,军火商、毒品分子等泛滥成灾,伊斯兰宗教组织成立非官方司法机构行使国家司法权力。西奈半岛的北部和南部,经济一贫如洗,人们没有法律权利,法治无从谈起,公众对埃及中央政府的信任降到历史最低点。在经历了长达数年的经济失衡之后,成千上万的贝都因人被监禁——几乎占西奈半岛北部和南部省份70%的人口——埃及毫无安全可言,有的只是政府无能、压制和腐败。政府官员成为公众鄙视和愤怒对象的地区,司法权力运行真空的出现导致西奈半岛的居民从其他渠道寻求安全保障。越来越多的非官方伊斯兰宗教法庭出现,这些法庭逐渐取代被认为腐败和无能的官方司法体系。2011年"一月革命"以来,非官方的伊斯兰宗教法庭承担了75%的本来应该由官方司法体系处理的案件,这些法庭在地下室或者放学后的学校教室里开展审判活动,成功地使伊斯兰教义成为唯一合法的选择,填补了国家法律规范和官方司法体系的缺失。北西奈半岛的伊斯兰法官没有接受过任何正式的法律职业培训,他们适用通过口头方式从祖辈传下来的习惯法,这些习惯法不以埃及任何法律规范为基础。西奈半岛的一名伊斯兰法官阿尔贝克说,(穆尔西)宪法规定伊斯兰教义原则是立法的主要渊源,这是对伊斯兰宗教的支持,但是国家法律尚未根据伊斯兰教义进行及时更新。阿尔贝克的观点表明,埃及(穆尔西)新宪法将伊斯兰教义作为埃及法律体系的"基础规范",所有其他的法律规则都要遵守并从中获得有效性。阿尔贝克将伊斯兰法庭视为实现埃及法律体系伊斯兰化的重要途径,但是阿尔贝克认为司法体系存在两方面的问题:第一,埃及法律没有及时更新,未能充分体现宪法规定的具有法律地位的伊斯兰教法,从伊斯兰法官和其他伊斯兰支持者的角度来看,埃及法律体系的合法性也是值得怀疑的。第二,除了上述法律有效性存在问题,官方司法机构也完全不能实施这些法律。①

---

① Darin E. W. Johnson. "Beyond Constituent Assemblies And Referenda: Assessing the Legitimacy of The Arab Spring Constitutions in Egypt and Tunisia", *Wake Forest Law Review*, Vol. 50, (2015), p. 337.

### 四、法治道路需要明确的统筹主线

适合一国国情的法治道路固然需要一部设计精良的宪法，但是更需要一条主线，以此来统领法治建设，这是法治道路选择和法治实践的灵魂。埃及是一个中东大国，又是一个以伊斯兰宗教为主其他宗教并存的宗教国家。埃及自身具有源远流长的历史文化，在中东伊斯兰国家中又面临着西方文明和西方国家的渗透。埃及自从1971年宪法至今，在法治道路的探索中，先后经历个人威权统筹法治道路、宗教统筹法治、最终又逐渐重新回到世俗法治道路的探索上来，中间夹杂了民粹主义倾向和武力统筹的因素，可谓是一条历经曲折的法治道路探索之旅。埃及法治道路的艰难探索中最缺乏就是法治统筹，这是法治道路上主心骨的缺乏，也是埃及法治道路探索的最深刻教训。

穆巴拉克在内外压力之下，相继在2005年和2007年两次修改1971年"永久宪法"，建立了总统选举制度和议会选举制度，按照美国式的法治模式，实行"直接、秘密、普通"总统选举制度，建立人民议会和协商会议相结合的议会选举制度，从此埃及的法治建设具有西方法治的外观。但是其实质终究还是威权统治，试图用个人威权统筹埃及的法治建设，是一种个人威权统治之下的法治道路。威权统治的合法性很大程度上来源于统治绩效，需要不断创造新的绩效来巩固个人威权统治。威权绩效主要表现在经济领域和社会改革方面。穆巴拉克通过修改宪法的方式建立的总统选举制度和议会选举制度，并没有为威权统治创造更多的威权绩效，反而随着经济私有化的改革以及由此产生的严重政治腐败，其威权统治基础在不断下降。2011年埃及"一月革命"前夕，埃及糟糕的经济状况已经动摇了穆巴拉克威权统治的合法性基础，最终造成了威权统治的崩溃。"如果发生了不稳定的增长或者经济危机，却又没有实现转型地带的富裕，那么也许会造成威权政权的崩溃，但指望用一个历史悠久的民主体制来取而代之却极成问题。"[①] 这就很好地解释了为何"一月革命"虽然推翻了穆巴拉克的威权统治，但是此

---

① [美]塞缪尔·P.亨廷顿：《第三波——20世纪后期民主化浪潮》，欧阳景根译，中国人民大学出版社2013年版，第62页。

后的埃及并没有走上法治道路，没有收获西方法治模式带来的繁荣和稳定，反而陷入了连续多年的政治动荡。2011年，穆巴拉克的威权统治无法继续维系，最终在无序的街头政治中终结，其所在的"民族民主党"也被最高行政法院裁决解散。

穆巴拉克统治失败后，以"穆兄会"为基础成立的"自由和正义党"成为埃及第一大党，虽然同时存在数量众多的其他政党，但是力量单薄，并不具有赢得总统选举和议会选举胜利的可能。因此，穆尔西带领的宗教性政党赢得总统选举和议会选举的胜利，"穆兄会"以伊斯兰宗教教义为指导，用宗教来指导埃及的法治建设。"自由和正义党"通过竞选执政后，穆尔西成为埃及历史上第一位民选总统，不仅无意为埃及注入法治因素，反而将宪法作为工具，通过制定宪法的方式自我授权，为埃及开出了"政教合一"的宗教发展道路药方。穆尔西政府建立不受立法权控制和司法权监督的总统制度，授予宗教组织凌驾于议会和司法机构之上的权力，试图用宗教教义全面改造埃及法律体系和法治制度。埃及不仅没有走向法治，反而连穆巴拉克时期建立的"外观法治"也消灭殆尽。埃及这一段历史表明，西方国家认为的"阿拉伯之春"会让中东遍开民主法治之花的希望彻底破灭。

穆尔西被军方强行废黜后，埃及再次经历了临时过渡政府时期，出身军方的塞西在2014宪法之下通过选举当选为埃及总统。2014宪法深刻汲取了穆尔西用宗教统领埃及法治建设的失败，重回世俗法治道路，重构了基本法治制度。2014宪法规定，埃及以其独特的地理位置和历史，居阿拉伯世界的中心，是世界文明和文化的汇聚点，是世界海运和交流的交汇点，是地中海地区非洲的心脏，是最伟大的尼罗河的河口。宪法用优美的语言树立了埃及作为中东大国的自信心。在对待伊斯兰宗教的基本态度上，该宪法充分尊重历史，保持了1971年"永久宪法"对伊斯兰教义的一贯认可，但是去除了宗教极端化的内容规定，尤其是删除了伊斯兰宗教学术机构在国家权力配置中的相关规定，将穆尔西宪法规定了"四权宪法"——立法、行政、司法和宗教——重新修改为"三权宪法"，伊斯兰宗教教义虽然作为国家立法的主要渊源，但是伊斯兰宗教教法并不能直接代替法律适用，埃及的法律体系也避免了全面伊斯兰化的颠覆。三权分立的基本架构中，汲取了穆巴拉克和穆尔西失败的重大教训，对总统权力进行了严格限制，确立了立法至上的原则，总统受到议会和法院的制约，总统行政权不再凌驾于立法权和司法权之上。议会仅保留了人民议会，取消了协商议会（上议院），议会对总统具有绝对的控制权力。2014宪法整体保持了埃及的社会稳定，塞西政府致力于社会经济改革，调整了对外政策，埃及逐渐恢复了正常的社会秩序。

# 第 九 章

# "自由模式"和"正义模式":世界法治主义的两种道路模式比较及启示

  法治道路是一种显性的存在,而潜藏于内的则是导引法治道路建构的法治甚至政治理念、价值与文化。所以,有必要从形式到实质,以理性的眼光探究法治道路的精神气质。法治是与人治相对立的,在初始意义上可以说法治是为了防止统治者任意地滥用权力,所以事先制定所有人应该遵守的一般法规,任何统治者和权力执掌者都不可以无视法律,由独立的法官公正地判断是否违反法律。这种一般法规范的存在,法规范的普遍适用,法规范适用的独立性与公正性可以说是法治的基本结构。所以,很多法哲学者将其视为是法治的核心。在西方,代表性观点包括:美国的富勒提出法治八原则,即所谓法的内在道德性[1]:法应该具有一般性、法应该公布、不溯及既往、法应该可以理解、法应该没有矛盾、法不可以要求不可能的事情、法应该具有持续性、法应该按照规定执行。另外,英国的拉兹也提出了下列法治的内容[2]:法不可以溯及既往,应该公开、明确,法应该比较稳定,具体的法命令应该公开、稳定、明确,且依据一般规则、应该保障司法部的独立,应该保障自然正义,即公开、公正的辩论程序和审判人员的中立性,司法部应该具有可以审查法治是否正确施行的权限,法院应该容易靠近,警察和检察等

---

[1] Lon Fuller, *Morality of Law*. New Haven: Yale University Press, 1969, p. 39.
[2] Joseph Raz, *The Authority of Law: Essays on Law and Morality*. Oxford Scholarship Online, 2012, pp. 217-218.

刑事司法结构不应该行使歪曲法律的自由裁量权。

这些法的形式和程序即是法治的必要条件。如果在任何法律体系中可以坚持这些要素的话，该法律体系大体可以有效地发挥功能，可以有效抑制统治者的专横。

但不能说这就是法治的全部。因为上述原则大体上只是形式上的原则，并没有提到法的实质内容。这样的法治称为形式性法治。虽然形式性法治是法治的必要条件，但不能说是充分条件。例如，形式性法治可以阻止阴险的权力专横，但不足以抑制德国纳粹的组织性反人权法律体系。

因此，有必要超越地域与流派，从全球化的视角，全方位探析法治道路与法治模式的类型及其可能的共性特征，以期发现其间的经验教训。

## 第一节　实质性法治主义的探索

### 一、体制意义的法治道路模式之分

形式性法治是关于法的形式和程序的，所以在不同文化国家之间也大体上呈现类似的形态。但实质性法治则是关于法的目的与内容的，所以随着国家的世界观和价值观的不同，也可以呈现不同的形态。

最具代表性的有 Peerenboom，他将法治的种类分为下列四项，即结合经济、政治和人权等的不同观点，提出实质性法治的各种可能性。他说明的四个类型如下。[①]

——自由民主法治（liberal democracy）：自由市场资本主义、多数政党民主主义、个人主义与自由主义人权概念。

——国家社会主义法治（statist socialism）：命令计划经济、权威主义、集团主义人权概念。

——共同体法治（communitarianism）：国家调控的自由市场经济、多数政党民主主义、亚洲价值或共同体主义人权概念、民主非自由主义体制。

---

[①] Randall Peerenboom, *China's Long March toward Rule of Law*. Cambridge University Press, 2002, pp. 71-109.

——软权威主义法治（soft authoritarianism）：国家调控的自由市场经济、权威主义统治体制、共同体人权概念。

Peerenboom 的法治区分论是基于历史和经验，结合东西方文化圈进行的整体性分析，或许有些许借鉴意义，但是在本质上是不科学的。而且，其并没有明显体现出法治的固有本质与目的。所以，有必要从实质上尝试按照法的理念区分法治道路的类型。

## 二、价值意义的法治道路模式之别

西方历史传统中，法的理念被认为是正义（justice）。从古希腊到现代，"各得其所"的正义原则被认为是法的最终目标。但近代资产阶级革命以后，倾向于将自由（liberty）视为法的目的，即法的目的在于在权力运行中保障人类自由权利。

这种不同的法治倾向可以与法的价值相联系。正如法的中文来源[①]，法旨在去除不正当力量，维持正义。即，法具有控制任意专横力量的意义。

法的首要使命是纠正社会关系的不当性，维持公正性。法纠正人们的身份关系、财产关系、相互交流中的不当性，而且公平分配共同体的利益和负担。笔者将这样的为了公正地进行社会控制的法治称为"正义模式"。

但为了发挥这样的作用，法需要国家的力量支配，从而超越社会"恶"的力量。但强大的公权力如果不受制约，国家反而可能变成专制和不当特权的源泉。因此法具有控制国家力量之不当运行的历史重任。反过来讲，也就是法治应当以切实保障公民自由权利为依托和归宿。笔者将这样的为了公民自由权利而控制国家力量的法治称为"自由模式"。西方的法治道路尽管被学者归结为是政府强力主导和民间自发演进两种不同类型，但是，如果从法价值的高度进行分析，可以发现，无论是哪一种路径，在法治道路选择的背后所潜藏的法治精神层面则无外乎是自由模式或者正义模式。而不管选择哪种模式，都深深地嵌入各国特有的社会价值、制度特性与自然条件之中。"西方各国的法治道路建设是其传统势力与革命力量碰撞、角力后最终形成

---

[①] 胡适：《中国哲学史大纲》，中国画报出版社 2014 年版，第 310 页。

的结果。在这过程中有妥协、有斗争,反映出的是法律对于本国社会经济、民族文化和历史传统的依赖和改革的关系。"① 可见,对法治道路模式的分析应当置于特定的语境下展开,否则,便难以从历史和现实生活中获得关于法治的真知。

## 第二节 "正义模式"和"自由模式"的原型

### 一、柏拉图(Platon)的正义国家

法治渊源之一的"正义模式"可以追溯到柏拉图时代。柏拉图的宪制哲学体现在其两本著作中。《理想国》(*Republic*)② 中指出了基于理想统治者的理想国家,《法律篇》(*Law*)③ 中指出了基于优秀法律的优秀国家。关于柏拉图的政治哲学,一般认为是将人治转变为法治。但柏拉图对良好的国家秩序的关心和热情则一如既往。

《理想国》中柏拉图论述了正义的人与正义的国家。柏拉图所指的正义是人类道德完全得以体现的状态。柏拉图重视的道德是克制、勇气、智慧。所有的市民都应该克制,公安及国防人员应在克制的基础上具备勇气,而统治者具备克制、勇气以及智慧。

为了维持统治阶级的道德性,柏拉图要求应建立严格的制度,这就是放弃私生活。私有财产应该被严格限制,家庭也应该禁止。统治阶级应该得到基本生活所需的报酬,不可以对其他私有财产据为己有。父母是所有孩子的父母,孩子是所有父母的孩子。丈夫是所有妻子的丈夫,妻子是所有丈夫的妻子。夫妻关系也由共同体管理,完全排除了统治者追求私人利益以及个人娱乐的可能性。

柏拉图的理想国家论延续到其最后著作《法律篇》中。但《法律篇》

---

① 沈国明等主编:《法治中国道路探索》,上海人民出版社2017年版,第82页。
② Plato, *Republic*, trans. Paul Shorey, eds. Edith Hamilton & Huntington Cairns, Princeton University Press, 1961).
③ Plato, *Law*, trans. A. E. Taylor, eds. Edith Hamilton & Huntington Cairns 编, Princeton University Press, 1961.

中再没有主张《理想国》中的财产和家庭共有制，反而更加重视成员之间的社会、经济平等。在《法律篇》中的理想国家，作为最重要资产的土地由所有家庭共同分配。而且被分配的土地不能转让，成为每一家庭的共同财产。另外，还规定各户之间动产的差距不能超过4倍。

柏拉图在《法律篇》中并没有主张《理想国》中的理想的统治者治理国家，反而提出了基于优秀的法律形成的"法治国家"。柏拉图的"法治国家"被认为是"混合政体"，即混合了君主制（哲人政治）、贵族制（选举制）、民主制（抽签制）等。他将议会分为宪法议会和法律议会，各自由市民选举产生。宪法议会的最重要的使命是维持和监督各户的土地等财产秩序。

该混合政体的目的是建立遵守道德的市民以及良好的共同体，即向往友爱、克制、和平、有智慧的国家。为了这样的国家，柏拉图提出了社会体制的正常构造，即将成员之间社会经济的同一性视为是国家的基本条件，认为贫富的两极化是社会堕落的罪魁祸首。在这样的层面上，柏拉图对商务、货币持否定态度。柏拉图的理想国中，较之于市民的自由，道德性更加得到重视。

## 二、哈耶克的自由国家

哈耶克比前人更加强烈支持法治的"自由模式"。哈耶克本身是一名经济学家，后来将研究领域扩大至宪政秩序的研究。哈耶克对"自由模式"的研究从《通往奴役之路》（Road to Serfdom）[1]开始，经过《自由宪章》（The Constitution of Liberty）[2]，直到《法律，立法与自由》（Law, Legislation and Liberty）[3]。

在《通往奴役之路》中，哈耶克认为人的认知能力有限，所以任何政府都不能计划和组织整个社会的经济。如果政府强制实施某一经济计划的话，就意味着政府构建了特权和差别的体制。而且其结果会是对自由的剥夺和经济崩溃。哈耶克强调个人主义，即，政府的计划无法取代个人的选择和竞争。

---

[1] F. A. Hayek, The Road to Serfdom: Text and Documents. eds. Bruce Caldwell, The University of Chicago Press, 2007.

[2] F. A. Hayek, The Constitution of Liberty. London and Henley: Routledge & Kegan Paul, 1960.

[3] F. A. Hayek, Law, Legislation, and Liberty. London: Routledge and Kegan Paul, 1982.

在《自由宪章》中，哈耶克批判福利国家政策。例如，关于工会和累进税的法律是将不当特权和差别制度化。哈耶克的核心主张是自由。他设想的自由是"免于强制的自由"，即消极的自由。该消极的自由确立了"自律的领域"。在自律的领域中人们通过错误发展认知程度，社会才可以进步。这样的自由延续到对所有权的保障和对契约自由的保障，构成竞争体系市场原则。每个人的所得会在这样的自由市场体系中自然形成。哈耶克否认与功绩和价值相应的分配份额，认为每个人的功绩和价值是无法客观判断的，最终只能通过市场的评价加以判定。

在《法律，立法与自由》中，哈耶克提出了"自由模式"法治的概括性理论，以市场原理为核心。市场既是自然发生的秩序，也是人类社会的根本秩序。市场是发现社会上的所有可用知识的过程，是将这些知识相互联系创造社会财富的过程。市场是找出最佳的状态逐步加以调整的进化过程。除了这样的自我调整进化过程之外，其他任何"社会正义"都是不可能的。哈耶克对世界人权宣言中阐明的社会经济人权也持怀疑的态度。

哈耶克将保障私有财产权和自由契约的普通法（common law）理解为是市场的本质性组成部分。哈耶克认为真正的法是人们相互交易的过程中自然形成的法。哈耶克认为真正的法是被发现的，而不是被制定的。政府的立法不能违背真正的法。同样，哈耶克将议会分为两种类型：一种是立法议会，是为了真正的法存在的议会；另一种是政府议会，是为了政府的事务得以处理而存在的议会。后者在前者委任的范围内活动。

有趣的是，哈耶克同意对社会最底层阶级的最小限度的社会保障。支持对最低收入者和老弱者的医疗保险等。但哈耶克对社会保障持有多大比重，不太明确。哈耶克并没有将其视为是共同体成员的基本权利，只将其视为是扶贫或慈善。

## 第三节　法治主义两种道路模式的变迁

### 一、西方现代立宪史

近代法治主义初期的主流是限制国家权力，强调个人自由与市场原则。

这样的法治成为了自由主义与资本主义发展的伙伴。近代以后，自由主义、法治主义、资本主义形成了世界体制。

英国资产阶级革命时期柯克（Edward Coke）法官主张国王也应该守法，议会制定的法律如果违反普遍合理的法原则的话也无效。[1] 约翰·洛克（J. Locke）[2] 提倡政府权力是市民委托的社会契约论，而且还主张政府应按照议会制定的正式法律进行统治活动。进而，如果政府威胁市民的自由、财产、生命，市民可以撤回委托颠覆政府，即可以进行革命。

法国启蒙主义时代，孟德斯鸠（Montesquieu）主张"免于恐惧的自由"[3]，反对专制主义。为此，他主张立法权、执行权、司法权之间的权力分立、相互牵制以及均衡。孟德斯鸠尤其强调了司法的独立。这成为了后来美国等国家宪法中的自由立宪主义的重要原则。

"自由模式"法治认为市民社会市场的作用特别重要。它将市场视为将每个人的努力相结合，从而创造社会公益的。亚当·史密斯（Adam Smith）将其说明为是"无形的手"的作用。在此之前，"正义模式"法治认为人的私心是有害的，因此应该控制。[4] "自由模式"打破了这一传统观念。

后来，边际效用学派（Marginal Utility Theory）提出了按照市场价格分配社会资源的原理，补充了下述内容，即每个人投入至市场的生产因素（劳动、资本）的边际生产能力的增加程度决定社会公益的增加程度，且每个人会得到相应的收入。

"自由模式"法治通过限制国家权力，试图将资本主义市民社会带进自由领域。从历史上看，的确也产生了进步意义，通过鼓舞个人和企业的自由创意与经济活动，取得了惊人的经济成果。但在建立公正的自由领域的过程中，并没有获得成功。政府权力无处不在，经济权力支配了市民社会。

随着时间的推移，经济权力的滥用破坏了自由市场的机会均等原则。为了资产阶级自身的利益，造就了大量的社会弱势群体。社会的财富增加，但

---

[1] Brian Z. Tamanaha, *On the Rule of Law*: *History*, *Politics*, *Theory*. Cambridge University Press, 2004, p. 29.
[2] John Locke, *Two Treatises of Government*. eds. Peter Laslett, Cambridge University Press 1967, p. 294.
[3] Judith *Shklar*, *Montesquieu*. Oxford University Press, 1987, p. 69.
[4] Adam Smith, *Wealth of Nations*, *Book 1*, Chapter 2. Andrew Skinner（edited）, New York：Penguin, 1999.

贫困反而加剧。富裕阶层的华丽的生活日益繁盛，但人民的生活则日益悲惨。资产阶层充分利用资本和权力不劳而获，占有了几乎全部机会，剥夺了社会弱势群体的正当利益。

"自由模式"对如此不幸的社会两极化应当承担历史的责任。为了社会公正性和人们的福利，自由主义必须让位于"正义模式"。当然，这一新的"正义模式"并不是单纯地重复柏拉图的古代"正义模式"，而是以市场秩序和个人自由为前提的"正义模式"。换句话说，是包括"自由模式"的合理部分的宽泛的"正义模式"。

19世纪后期，英国出现了密尔（J. S. Mill）[1]和霍布豪斯（L. T. Hobhouse）[2]等新自由主义者（New Liberals）。他们区分自由和放纵，重视个人自由和各阶层之间的和谐，主张资产阶层的不劳所得应该返还给共同体。就这样，古典自由主义转变为社会自由主义。

20世纪前期，德国魏玛（Weimar）共和国的社会民主主义者们也追求"正义模式"法治。Hermann Heller提倡"社会法治国家（der Soziale Rechtsstaat）"[3]。主张法并不是形式上的规则，而应是伦理原则。市民的自由不再停留在形式上的，应该通向实质性的力量强化。法治国家原理也应该重构为社会民主主义的方式。因此强调人民之间的社会经济的同质性。这也是对当时极权主义（totalitarianism）法学家施密特（Carl Schmitt）主张的民族同质性的批判。

在美国，20世纪初，威尔逊总统提出了限制经济放任主义的"新自由（New Freedom）"。20世纪中叶，美国的富兰克林·罗斯福（Franklin Roosevelt）总统再次解释了自由的概念。为了构建二战后的新世界秩序，他提出了四个自由，即舆论自由、信仰自由、免于贫困的自由、免于恐惧的自由。其中免于贫困的自由被包含在后来世界人权宣言中的社会经济权利中。罗斯福总统通过新政（New Deal）重新调整了美国社会。通过新的薪金政策，减

---

[1] J. S. Mill, *Principles of Political Economy*: *and Chapters on Socialism*. Jonathan Riley (edited), Oxford University Press, 1998.

[2] L. T. Hobhouse, "The Historical Evolution of Property, in Fact and in Idea", *Liberalism and Other Writings*. James Meadowcroft (edited), Cambridge University Press, 1994.

[3] Hermann Heller, *Rechtsstaat oder Diktatur*. Tuebingen, 1933.

少了贫富之间的收入差距。因此，这一时期被称为"大压缩（Great Compression）时期"。

但20世纪70年代以后，"正义模式"面临危机。经济停滞、生产力下降、失业率上升，特别是青年失业率上升。"正义模式"法治没有找到解决方法，"正义模式"的资源分配并不高效。基于政府立场的不当得利日益积累，政府行政费用支出过多。也有人批判福利国家体制导致道德松弛。于是，最终出现了主张恢复市民社会自由领域的新自由主义（Neo-liberalism），西方世界再次进入了"自由模式"法治时代。英国的玛格丽特·撒切尔（Margaret Thatcher）首相所属的保守党政府和美国的罗纳德·里根（Ronald Reagan）共和党政府站了出来，消除了价格控制、解除了资本市场的规制、降低了交易壁垒，即减少了国家对市场的干预。从理论上讲，哈耶克是新自由主义哲学的中心人物。

但新自由主义也未能维持很长时间。新自由主义不仅没有促进经济恢复，反而造成了投机泡沫。1997年发生了亚洲金融危机，2008年在美国和欧洲也发生了金融危机。至此，世界进入大停滞时代。资本主义将其责任与危机转嫁给弱势群体和不发达国家，全世界的社会两极化更加严重，贪婪的竞争更加激烈，挫折的伤痛更为加剧。

## 二、亚洲的例证

对西方法治的仿效，在亚洲国家的近代表现主要有日本、韩国、泰国等。以韩国为例，在摆脱殖民统治和美军政权后，韩国于1948年制定宪法，产生了独立的政府。1948年宪法是正义模式法治和自由模式法治相结合的宪法。

首先，试图体现正义的社会经济目标。该宪法规定实现可以满足所有国民的生活基本需求的社会正义，并促进均衡的国民经济发展（1948年宪法第84条）。宪法规定农地分配给农民（同法第86条），从而旨在实现耕者有其田原则。重要的运输、通讯、金融、保险、电、水利、水道、燃气和具有公共性质的企业为国营或公营企业（同法第87条），从而由所有国民分享公共财产的利益和负担。宪法规定财产权的行使应符合公共福利（同法第15条），从而抑制经济权利之滥用。对于私营企业，宪法规定劳动者可以根据法律规定公正地分配利益（同法第 18 条），从而限制了资本家的利益独占。

而在另一方面，试图保障国民的自由，控制国家权力的滥用。宪法保障财产权（同法第 15 条），承认经济自由（同法第 84 条），禁止所有差别，保障法律面前人人平等，还保障人身自由、居住自由、通讯秘密保障、宗教信仰自由、出版集会结社自由、文化艺术自由等（同法第 8—14 条），从而确保市民社会的自由领域。宪法将国会和政府牵制与均衡制度化，并规定可以弹劾总统，从而限制国家权力，防止出现绝对权力。宪法规定审判的独立性（同法第 72 条），并规定法官除了被弹劾的情形外不被罢免，从而保障其身份独立（同法第 79 条）。对违反宪法的法律，宪法规定宪法委员会可以进行违宪审查（同法第 80）。

上述法治的基本结构在之后 1987 年修改的宪法中得以承继下来。只不过在经济秩序原则中，比社会正义更加重视"个人和企业的经济自由和创意"，删除了私营企业劳动者的利益公平分配权。在统治机构部分新设宪法法院取代之前的宪法委员会。其实，之前的宪法委员会是有名无实的。但，现在宪法法院实质性地发挥着作用，试图以此保障基本权利。

因此，可以说韩国宪政史是以正义模式和自由模式的并行为目标。但，1987 年宪法颁行之前，"正义模式"法治只是得到了局部的体现，而"自由模式"法治则在独裁政权下几乎没有得到施行。

新韩国将"正义模式"法治作为国政的首要课题，在殖民时期的荒废与朝鲜战争的废墟中开始了由政府主导的国家重建，通过农地改革废除了残酷的佃农制度，而且在朴正熙时期开始实现经济成长。但劳动者并没有获得应得的回报，为劳动者制定的勤劳基准法和劳动组合法被无视。经济发展的成果伴随的地价上升的部分全部归属于土地所有人。

"自由模式"法治被大幅限制，导致韩国经济成为了官治经济，不允许市民社会领域进行自主安排。国家权力无所不为，对国家权力的控制与监督日渐式微。尤其是 1972 年朴正熙总统的维新宪法使总统可以永久执政，并规定总统可以组织 1/3 议会，也可以行使国会解散权；所有法官也由总统任命；总统可以发动紧急措施，即使没有国会法律也可以任意限制国民的自由和权利。1987 年韩国军事独裁结束，韩国宪政史迎来了新的局面。"自由模式"法治获得了令人瞩目的发展，自主的市民社会开始出现，从政府主导经济转变为民间主导的经济，私营企业的作用与市场原则成为了国民经济的主要结构。对公共部分开始进行民营化，韩国电力、浦项制铁、韩国通信等基础产业和国民银行等金融资本向民间出售，受市场原则支配。总统由国民选举产生，国民的人权得到一定保障。司法部门的独立性更加明确，宪法法院的作用也日益增加，从而巩固了对国家权力的司法审查制度。

"正义模式"法治也得到了发展。通过劳动法的修改，劳动者的雇佣更加稳定，工资也有所提高。通过积累的国家财富，医疗、失业、年金、老龄保险等社会保障制度也有效实施。但随着时间的流逝，"正义模式"法治不仅没有获得进一步发展，反而退步了。大型企业和中小企业之间的差距越来越大，正式职工和非正式职工之间的差距也越来越大。城市的地价急速上涨，其利益全部归属于土地所有人，不动产所有人与非所有人之间的资产差距也日益加大。因不动产投机，房价和房租骤增，生活费上涨，工资虽也有所提高，但企业的生产能力不断下降。现在的韩国，"自由模式"法治有所深化，相反"正义模式"法治则退步了。

## 第四节　法治主义的展望

目前，世界再次迎来了快速变换的新时期。国际关系正在发生变化，世界经济也需要新的规范，全球治理面临诸多挑战。对我们所向往的法治理想，也需要重新思考。为此，下面再次整理"正义模式"和"自由模式"的优缺点，以阐述对21世纪法治道路的建议。

### 一、"正义模式"和"自由模式"法治的优缺点

1. "正义模式"法治

"正义模式"坚持社会正义的价值，使人与人之间的人际关系和物质关系变得公正，以强化人们的社会责任，建立社会新秩序。

"正义模式"旨在消除人们之间不当的优劣关系。禁止基于财产、阶级等社会身份的差别，使所有成员享有同等的人类尊严并获得法律保护。

"正义模式"旨在让所有成员公平地享有共同体的利益与负担，防止社

会分化。可以让所有人都享受土地、自然资源、传统文化遗产、人类知识等共同资源带来的好处，且对国家和共同体维持承担各自应尽的义务。

由于"正义模式"比经济层面的利益追求，更重视社会公正性和社会责任，所以生产能力可能不太高。但正义模式追求公平的改善，而不是财富无条件的增加。遵循"不患寡而患不均"的格言①，培养人们的连带意识，提高道德性。

但这样的"正义模式"赋予国家巨大的使命，不断强化国家权力。由政府判断公正和正义，可能受权威主义的支配。因此，可能会出现诸多弊端。主要体现在：

根据与国家权力的亲疏关系，形成新的社会身份体系。对国家权力的监督与控制较弱。把国家当作正义的化身成为权力滥用的根源。没有制约的、傲慢的权力加大了国家侵害人权的可能性。

因对土地、自然资源、文化遗产和知识信息的国家统治权的强化，可能会导致效率低下和不公正性。因缺乏资源的有效分配，经济生产能力亦可能会降低。人们的经济活动依赖国家分配和许可，因此发生贪污腐败的几率大为增加。

公共权力对社会关系的介入逐渐增加，国家对公共性的判断得到重视，人们的主体性和责任性逐渐下降，创意性和挑战意识也会减弱。过于依赖政府权力，会出现寻找政府关系的机会主义者。

2. "自由模式"法治

"自由模式"热衷于保障个人自由，缩小国家部分权力而培养市民社会的自主力量，通过权力限制减少权力滥用的危险。"自由模式"以自由竞争为原则，最大限度地发挥利润动机和自我责任的刺激功能，增加经济效率。按照"若不禁止则允许"的原则，可以激活人们的创意性和企业家精神。"自由模式"缩小国家公共部分，税收最小化，降低了公共财产管理上的混乱程度，阻止基于政治权力利害关系对资源的歪曲配置，防止政府利用国家资产支配和控制国民。"自由模式"否认国家独占与判定正义与真理的权力，从而减少国家权威主义的弊端，保障国民的批判自由，通过权力分立、

---

① 《论语·季氏篇》："有国有家者，不患寡而患不均，不患贫而患不安。"

司法独立、宪法审判纠正国家权力的错误。但，这一模式的弊端也是相当明显的，集中体现在以下层面：

国家权力的限制与市民社会和市场自由领域的扩大，使得可以纠正市民社会不公正性的国家力量大大削弱，导致私人的经济权利侵占公共领域，从而，国家机构有可能变为经济权利的工具。

不受限制的自由市场原理必然形成富人越富穷人越穷的结果，最终导致社会的两极化，使得基于社会阶级的差别结构固定化。上等阶级可以通过个别合同或国家财政金融政策等，直接或间接掠夺下等阶级，上等阶级过度享有共同体财富，过小承担经费负担。

支配性经济权力可以对学界、舆论界等造成影响，从而使社会舆论变得对自己有利（cognitive capture）。进而，因政府的诸多机构由对资本经济示好的人员组成，从而确保做出对自身有利的决定（regulative capture）[1]。正如马克思说的那样，政府权力可能会成为资本家集团的代理人。

由于市场价格和财富大小成为所有评价的标准，共同体的自由平等价值光环可能褪色。而且不劳所得的泛滥，导致不公正不公平，使得劳动和诚实的道德可能被轻视。

## 二、"正义模式"法治主义

"正义模式"法治和"自由模式"法治互补，当两者相结合时会称为良好的法治。但如前所述，20 世纪后期的新自由主义（Neoliberalism）一味地追求自由市场的"自由模式"法治。结果，反而导致了严重的两极化，共同体生活也逐渐崩溃。对此是值得反思和重新认识的。

1. 罗尔斯的财产所有民主主义（property-owning democracy）

约翰·罗尔斯的正义论（Theory of Justice）[2] 可以说是现代新"正义模式"法治的典型代表性理论。罗尔斯的正义论一般是与柏拉图的正义论相比较而论的，两者都主张理想国家论。但，柏拉图的正义论被怀疑具有极权主义或权威主义倾向。相反，罗尔斯的正义论是自由主义正义论。罗尔斯设

---

[1] Joseph Stiglitz, *The Price of Inequality*. Paperback, New York and London：Norton & Company, 2013.
[2] John Rawls, *A Theory of Justice*. Harvard University Press, 1999.

想的正义社会是自由平等的人们互惠的联合体系。

在罗尔斯的正义论中"自由模式"法治主义是重要的组成部分。罗尔斯拥护市场原则，重视政府的责任感、权力分立、合法程序、罪刑法定主义以及思想和良心的自由与宽容。但罗尔斯的正义论不仅包括了对自由的献身，还包括了对平等和博爱的献身。他认为一个社会的社会经济体制的目的在于增大处于该社会弱势地位的群体的生活能力，以实现最大限度平等下的自由（greatest equal liberties）。

罗尔斯将自己所向往的理想体制称为财产所有民主主义。而财产所有民主主义和福利国家资本主义是严格区分的。在罗尔斯看来，福利国家资本主义是指由少数人占有共同体的资产并控制经济，国家的运营被这些资本家所左右的体制。其中，再分配福利只不过是优越势力对劣等民众的施惠。这样的体制与自由市民相互联合的正义社会有很大的距离。

罗尔斯提出的财产所有民主主义并不是上述的再分配模式，而是社会经济的根本性重组。罗尔斯追求生产资源和人力资本（human capital）均匀地散布于所有成员的体制，即"事前分配（predistribution）"。因此，他追求所有市民可以获得最大限度自由下的社会经济的平等。[1]

2. 孙中山的三民主义与平均地权论

孙中山是近代中国和东亚民主革命的领导人。孙中山并不只是革命家，还是近代国家的优秀策划者。他试图综合中国传统儒教价值和西方近代自由主义的价值。孙中山的三民主义，特别是其民权和民生原理揭示了"正义模式"法治主义体制的另一种可能性。

孙中山在其民权思想中容纳了西方的民主主义思想，并将这些制度进行修改和发展。他试图加强人民的主权地位，并且主张五权分立，即立法权、行政权、司法权、考试权、监察权的相互牵制和均衡。

在这里有必要注意孙中山的民生原理。孙中山的民生原理与平等思想相关。孙中山的民生原理中没有任何划一的平等，但主张共同体财源的平均化。即承认个人的固有财产属于个人，但共同体的共同财产应该由共同体成员均等享有，尤其强调的是平均地权。孙中山的平均地权思想受亨利·乔治

---

[1] John Rawls, *Justice as fairness*: *A Restatement*. Erin Kelly（edited），Harvard University Press，2001.

(Henry George)土地思想的影响,其根源是中国古代的井田制等儒教大同理念。

孙中山认为土地地租是根据共同体生产、流通发展的结果自然增加的,特定人不能所有。通过土地价值税回收土地地租,还给所有成员,从而完全消除不道德的不劳所得,预防富人越富穷人越穷的两极化。如果可以回收土地价值税的话,可以用来提供所有社会公物(public goods),即减少其他税金负担,扩大社会福利。

孙中山的三民主义对韩国也产生了较大影响。日本帝国主义时代,韩国临时政府的重要人士赵素昂提出了三均主义,与三民主义相呼应,通过均权、均富、均智,探索解放后韩国的新法律秩序。如上所述,建立政权前后,韩国实施了土地改革,有偿没收地主的土地,向农民有偿分配。这样的土地改革对韩国社会发展做出了巨大贡献。但现在韩国的独占土地现象再次变得日益严重,土地和不动产问题成为了韩国最严重的社会问题。

## 第五节 西方法治道路面临的危机

### 一、西方法治道路的理论迷失

以上考察了法治的"正义模式"和"自由模式",这是按法律秩序目的进行的区分。"正义模式"将重点放在整个社会制度的正确构造之上,而"自由模式"是将重点放在对国家权力的限制。

国家权力作为最有力的权力,一旦滥用,对全部国民都会造成致命的危害。限制国家权力,保护国民的生命健康财产以及自由的"自由模式"成为法治的永恒主题。

但,不仅是国家权力,社会经济权力也是危险的。特别是一个社会的经济资产不公正地分布,由少数人独占社会财富的话,其危害也是很严重的。而且社会经济不平等被结构化的话,政治权力当然也无法公正地加以配置与运行。

因此,"正义模式"法治将公正地把建构社会成员之间的关系视为首要目标。为此,最重要的是共同体财富的公正分配。这是从古代柏拉图到现代的孙中山、约翰·罗尔斯等的所有正义论共同强调的部分。其实，公平的实现可以有很多方法。一般来说，正义原则被理解为是"各得其所"。而"自由模式"法治可以理解为"给所有人自由"。但笔者认为在此之前应该确定"共同体产出的财富由共同体成员共同享有"即共同富裕原则。如果共同体产出的财富由特定人所有的话，社会纪律便会倒塌，人们便会堕落。土地地租问题是典型例子。因土地地租，几乎世界上所有西方国家的法律秩序的公共性受到毁损。土地地租是随着共同体整体的发展上涨的，其上涨部分应该属于共同财富。而将其全部归属于特定土地所有人是不道德的不劳所得，这样的法制是有悖于公共性的。

共同富裕的正义原则应该成为任何法律秩序的基本原理。只有确立这一基本原理，才有可能实现成员的自由、平等权利。而西方社会的法治无法真正做到这一点。

**二、西方法治道路的全球危机**

在 21 世纪的今天，尤其是美国特朗普执政以后，保护主义和单边主义大行其道，无论是"自由模式"还是"正义模式"都遭到重创。从国内看，政府权力对经济社会甚至全球事务的强势介入，使自由主义的法治传统受到严重冲击；而且，随着对奥巴马社会保险制度改革方案的废除，社会正义模式也难以运行。所以，今天美国所奉行的实质上是一种国家至上主义的法治模式。

就国际社会而论，特朗普提出"美国优先"战略，逆全球化而上，连续退出 5 个国际组织或国际议程：2017 年 1 月 23 日，特朗普签署行政命令，正式宣布美国退出跨太平洋伙伴关系协定（TPP）；2017 年 6 月 2 日，特朗普宣布美国退出应对气候变化的《巴黎协定》；2017 年 10 月 12 日，决定退出联合国教科文组织；2017 年 12 月 3 日，宣布退出由联合国主导的《移民问题全球契约》制定进程；2018 年 5 月 8 日，退出伊朗核问题全面协议；2018 年 6 月 19 日，美国退出联合国人权理事会。特朗普在 2016 年竞选总统时就攻击世界贸易组织（WTO）对美国而言简直就是一场灾难，2017 年签署行政命令，要求重新评估美国与其他国家的所有贸易协定，掀起"贸易战"，甚至扬言要退出 WTO。而英国宣布退出欧盟使基于平等正义的欧洲法治模式面临深层次危机。

除了经济贸易上的保守封闭,在政治文化上,西方大国故意曲解人权之于法治的价值意义。自卡特政府打出人权外交旗号以来,西方一直以人权为武器打压非洲、亚洲和拉丁美洲的一些所谓政治异己者,培植政治亲信,干预和操控他国政权,甚至武装干涉他国事务,严重破坏国际法治和这些国家的法治进程。所有这些无疑是西方大国国内法治及其经济社会危机在国际社会的反映。

## 第六节 对中国的启示

尽管法治主义在当代面临着巨大的实践挑战和理论困惑,但也无可否认,西方以及后发国家的典型法治道路模式就其在各国内部的成长历史而言,无疑是具有一定的适应性和适宜性的,为我们留下了值得吸取的经验教训。在构建法治道路时,应当充分考虑外部适应性、价值融通性和理论自足性。

### 一、法治的外部适应性

法治道路是建立在实实在在的现实基础之上的,所以,在选择走何种法治道路以及如何建设法治道路时,必须高度重视国情因素的重要性。

世界上没有两条完全相同的法治道路。无论是西方还是后发国家或发展中国家,在法治道路选择上均存在不同甚至根本区别。之所以如此,国情因素在法治建构过程中始终发挥着无可替代的作用。在历史上,孟德斯鸠在《论法的精神》中提出了"地理环境决定论"。这一理论遭到马克思主义的尖锐批判,因为经济基础决定着上层建筑,而不是地理环境起着决定作用。当然,马克思主义绝不否认自然环境对法治的影响。在探讨中国特色社会主义法治道路时,有学者注意到了"自然环境的差异"构成了"西方各国法治道路相异的原因"[①]。其中,法国由于身处欧洲大陆腹地,与外界交往频繁,形成"开放、包容、激进"的民族特性,由此选择了革命式的法治道

---

① 沈国明等:《法治中国道路探索》,上海人民出版社2017年版,第82页。

路。作为不列颠群岛组成的岛国,英国"具有一定的封闭性和保守性",从而选择了温和的妥协式的法治道路。美国是"多国移民组成的合众国",需要不断调和与平衡民族种族利益纠纷,致使美国的法治发展道路"更具开放性和包容性"。作为"资源匮乏的东亚岛国",日本始终走的是一条后发追赶型法治道路,只不过在古代模仿处于极盛时期的中国,在近代则倒向欧洲。[①] 其他后发国家在推行法治时也无不顾及本国自然条件。除了自然国情,还有经济社会发展和政治文化国情更是在根本上制约着法治道路建设。一个高度工业文明的国家和一个农业国的法治需求和法治文化是不同的,法治建设的模式和道路也不相同。所以,中国当代法治道路,只能深深地植根于五千年中华文化的传统与现实国情相互融合、相互交织而形成的当代社会关系网络体系之中。从全域视角分析,三个关键因素需要加以深度思考:中国优秀民族法律文化传统如何与当代法治需求相互结合?马克思主义法律理论的当代化中国化和现实化成果如何得以系统化并成为法治中国的根本指导思想?法治道路如何真正适应经济社会发展水平与层次?只有深入研究并形成科学的理论,才能走好中国特色社会主义法治道路。

### 二、法治的价值融通性

与理念之于建筑设计一样,法治道路的设计与构筑,必然体现特定的理念与精神风格,彰显对社会政治价值的回应性。"不同的法治类型,既有其基本价值取向和承载价值的制度构建,表现出具有包容性的法治一般原则,也有其丰富的个性特征。"[②] 英国保守主义的历史传统与君主立宪的制度模式,催生了"议会主导"的法治模式;美国自由多元的价值理念使其逐步形成了"分权制衡"的法治道路;法国激进的大革命运动造就了"议行双轨"的法治构架;德国的民族历史与集权主义衍生出"以国为重"的法治道路;日本脱亚入欧后形成了复合型法治。[③] 至于第二次世界大战后新独立的民族国家,在法治道路上的探索进程极其艰辛曲折,但无一不与特定民族的精神价值息息相关。中国特色社会主义法治道路只有立足于以执政党领导

---

① 沈国明等:《法治中国道路探索》,上海人民出版社 2017 年版,第 82—84 页。
② 李林:《中国特色社会主义法治发展道路》,中国法制出版社 2017 年版,第 67 页。
③ 李林:《中国特色社会主义法治发展道路》,中国法制出版社 2017 年版,第 40—65 页。

为核心、以公有制为制度载体、以共同富裕为社会价值观的基础之上,才能克服自由主义和正义主义这两类不同的西方法治模式的局限性,从而获得持久的生命活力。

归结起来,法治中国的价值理念在融通古今中外的前提下体现出以下三个层面的鲜明特色和时代内涵:一是宏观层面的核心价值。法治是社会核心价值的制度表达和实践运用,核心价值则是良法善治的根本指引。法律规范在技术层面似乎是中性的,但是良法善治所欲求的良善则表达着特定的价值需求与价值指向。富强、民主、文明、和谐、自由、平等、公正、法治、爱国、敬业、诚信、友善作为社会主义核心价值观,从国家、社会和公民三大层面全方位阐释了价值的意蕴与内涵,而将之融入法治之中[①],是新时代国家治理现代化的必然要求。为此,应当探讨如何实现核心价值的进一步优化、提升核心价值的涵摄力,以及核心价值融入法治的制度性构建这两大问题。二是时代层面的社会价值。十九大对中国社会国情做出了一个重大判断,即中国社会主要矛盾已经由人民群众日益增长的物质文化生活需求和落后的生产力之间的矛盾,转化为人民日益增长的美好生活需要和不平衡不充分的发展之间的矛盾。这是最基本的法治国情,法治道路建设应当立足于这一国情,设定价值重心和价值目标,即应对"不平衡不充分的发展",面向"美好生活需要",不仅保障全体人民在"物质文化生活"方面的"更高要求"得以满足,而且还要促进"在民主、法治、公平、正义、安全、环境等方面的要求日益增长"。[②] 可见,"民主、法治、公平、正义、安全、环境"成为新时代主要矛盾转化背景下的新型价值,其中,法治既是价值形态之一,又是其他价值的根本保障。"民主""公平""正义""安全""环

---

① 为了实现社会主义核心价值观融入法治建设,2013 年 12 月 23 日,中共中央办公厅印发《关于培育和践行社会主义核心价值观的意见》提出,"要把社会主义核心价值观贯彻到依法治国、依法执政、依法行政实践中,落实到立法、执法、司法、普法和依法治理各个方面,用法律的权威来增强人们培育和践行社会主义核心价值观的自觉性";2016 年 12 月 25 日,中央发布《关于进一步把社会主义核心价值观融入法治建设的指导意见》,提出,"核心价值观是社会主义法治建设的灵魂;把社会主义核心价值观融入法治建设,是坚持依法治国和以德治国相结合的必然要求,是加强社会主义核心价值观建设的重要途径";2017 年 3 月 15 日通过的《中华人民共和国民法总则》,第一条规定"弘扬社会主义核心价值观"。

② 习近平:《决胜全面建成小康社会,夺取新时代中国特色社会主义伟大胜利——在中国共产党第十九次全国代表大会上的报告》,载《人民日报》2017 年 10 月 28 日。

境"与法治相互关联、相得益彰,法治建设应当始终将这些新型价值作为新时代的优先关切。三是人类层面的共同价值。2015 年 9 月,习近平主席在联合国大会上提出,"和平、发展、公平、正义、民主、自由,是全人类的共同价值。"① 法治中国既是中国的,也是世界的。应当秉持这些共同价值,促进国内法治与国际法治相统筹,积极回应全球治理与国际法治的现实需要,致力于提升中国法治话语的国际影响力和对全球问题的回应能力。

### 三、法治的理论自足性

以自由主义为根本,自由主义和正义主义相互交织构成了西方法治道路的理论基调。但是,仔细探究各国具体情形,可以发现西方不同国家所秉持的法治理论存在着一定的差别。在美国,在承继英国清教徒自由理念的同时,民族独立与个性自由的理论诉求融为一体。强调自由的"力量在于联合,而政权本身的使命在于保护这种自由"。② 这种联合政权与自由民主的结合及其对文化的渗透,衍生为所谓的"美国精神"。在独立战争的催生下,那种"强烈的独立、自由、平等的民族主义精神,进一步强化了主权在民、法律面前人人平等、公民权利神圣不可侵犯的法治理念"。③ 在英国,则奉行"法律主治论",具体体现为自由主义论、议会主权论以及王权与法权共存论。就权力与权利的关系而言,强调"王在法下""习惯法先于国家和国王""重视程序诉讼主义,以遵循先例来约束王权、保障臣民权利"。④在法国,作为启蒙运动的策源地,以自由、平等、博爱为法治的始源性理论基础,以人民主权和分权学说为直接的理论导引来构建法治。而作为后发国家的典型,日本现代法治理论的形成是一个相当痛苦的过程,在吸取中华法系的文化精华的历史基础上,把理论的触角直接伸向西方,学习了自由民主思想,实现了破旧立新。所谓"破",是指借用法国孔德的实证主义、英国穆勒的功利主义来破除封建等级特权思想;所谓"立",是指以欧陆资产阶级法治思想尤其是天赋人权和三权分立思想为指引,建立了君主与宪法共

---

① 《习近平谈治国理政》第二卷,外文出版社 2017 年版,第 522 页。
② [法]托克维尔:《论美国的民主》(上),董果良译,商务印书馆 1988 年版,第 47 页。
③ 沈国明等:《法治中国道路探索》,上海人民出版社 2017 年版,第 89 页。
④ 沈国明等:《法治中国道路探索》,上海人民出版社 2017 年版,第 88 页。

存，立法、行政和司法权分立与制衡的法治模式。所以，其理论色彩是相当复合多元的。其他民族独立国家深受西方法治理论影响，并试图结合国情进行理论转化。如拉丁美洲国家的法治受到依附理论、后殖民主义思潮的影响；非洲不少国家虽然是在西方理论主导下立国治国的，但也深受其民族传统文化影响。例如，"Ubuntu-ism"（人道主义、人性论）就是一种地道的非洲本土哲学理念。Ubuntu 是指人道、人性，被翻译成为"我存在于我们之中"或"人道地对待他人"。Ubuntu-ism 则从更为高级的哲学对人性的解读，是指"联合全体人类共同分享的普遍信仰"[1]，强调个人在整体中的存在价值，这一理论在消解文化普遍主义与相对主义之间的冲突上发挥着一定的作用。[2]

由上观之，没有定于一尊的普适性法治理论可以为每一个国家共有共用，只有经过创造性转换，才能契合自身民族特性、历史传统与现实需求。只有在科学理性而自足的法治理论指导下，法治道路建设才能取得预期的成就。否则，倘若生搬硬套外来理论，则不仅不能成功，反而会给法治发展造成新的障碍。近代中国对西方法治理论的生吞活剥，带来的是社会的剧烈动荡和秩序断裂。而在传统文化与专制政治下展开的清末预备仿行宪政更是一场所谓法治的闹剧。历史告诉我们，中国特色社会主义法治理论的创构不仅十分必要，而且具有现实的紧迫性。

---

[1] *Official Ubuntu Documentation*. Canonical. Archived from the original on 23 February 2013.
[2] Wang Xigen, *The Right to Development*: *sustainable development and the practice of good governance*, Brill, Nijhoff, 2019, p. 5.

# 第四篇

# 党法关系篇

# 第一章

# 党的领导与法治的价值关联

坚持党的领导是中国特色社会主义法治道路三层核心要义中的第一要义。坚持党对全面依法治国的领导,居于习近平法治思想中"十一个坚持"之首。"党的领导是推进全面依法治国的根本保证。国际国内环境越是复杂,改革开放和社会主义现代化建设任务越是繁重,越要运用法治思维和法治手段巩固执政地位、改善执政方式、提高执政能力,保证党和国家长治久安。全面依法治国是要加强和改善党的领导,健全党领导全面依法治国的制度和工作机制,推进党的领导制度化、法治化,通过法治保障党的路线方针政策有效实施。"[1] 从经验到逻辑,在法理上探寻坚持党的领导之于法治道路的价值意蕴,对于强化中国特色社会主义法治道路建设具有重大理论与现实意义。

## 第一节 党的领导对法治的根本价值

法治是人类共同的生活方式,也是迄今为止人类社会探索出来的治理国家的理想模式。任何组织和个人都无法离开法律的庇护,更脱离不了法治而独立存在。对于当代中国而言,法治的意义极其重大且深远。法治是中国共产党永葆政治本色的根本力量,而中国共产党作为中国人民和中华民族的先

---

[1] 习近平:《论坚持全面依法治国》,中央文献出版社2020年版,第2页。

锋队，同时也肩负着法治建设的历史使命。可以说，自新中国成立，尤其是改革开放以来，"依法治国"四字成为中国共产党领导人民治国理政的核心方针。

## 一、倡导法治

"依法治国"虽然仅有短短四字，但却是一种治国思想体系、原则体系和制度体系的总和，蕴含着丰富的内涵。依法治国是实现国家长治久安的重要保障，也是发展中国特色社会主义事业的前提和基础，更是全体中国人民最大利益之所在。搞建设、谋发展，必须始终保持稳定的政治环境和社会秩序，从而确保国家长治久安。而法治正是促进社会进步、稳定社会秩序、捍卫国家尊严、实现人民权利与自由的重要保障，是一个国家治国理政的基本方式。在我国，"依法治国"的主张最初是由春秋战国时期的法学思想家管仲、慎到、商鞅、韩非等人提出的，其中尤以韩非为代表性人物。韩非在其著作《韩非子》之中，"主张'霸道'和'以法治国'。他把慎到的'势'、商鞅的'法'、申不害的'术'融为一体，强调必须行法、执术、持势，使法、术、势三者密切结合，提出'抱法处势则治'，形成了一整套的治国理论，规定一切都'断于法'"[1]。以上论述虽然蕴含着法制的思想，但与现代法治精神仍然存在本质上的区别。社会主义法治是更全面、更完善、更高级别的现代法治，也是我国人民在历经种种痛苦磨难后的最终和最佳选择。党在执政过程中始终高度重视法治建设，"依法治国"的理念最初正是由中国共产党提出的。

一是法制建设的恢复与发展阶段。中国共产党与中国人民在十年"文革"时期遭受重创，为了使国家和人民生活步入正轨，邓小平同志在党的十一届三中全会（1978）上提出了加强社会主义法制建设，并阐述了一系列有关社会主义法制的理论、方法、政策。可以说，本次会议的圆满召开正式拉开了重建法制的序幕。基于此，党的第十二次全国人民代表大会（1982）在理论层面上解决了党与法的关系问题，集中体现在党的十二大报

---

[1] 侯欣一：《中国法治思想史》，中国政法大学出版社2008年版，第22页。

告之中。① 三个月之后,通过了"八二宪法",其确立的法治原则②为我国法治建设实现质的飞跃奠定了坚实基础。

二是依法治国方略的形成与发展阶段。1997年,党的第十五次全国人民代表大会首次明确完整地提出"依法治国,建设社会主义法治国家"的方略,意味着从法制向法治根本转型的开端。这不仅契合了发展市场经济建设之急需,更有利于促进国家的长治久安,提升治国理政水平。党的十五大报告对依法治国的基本内涵进行了高度概括和科学界定③。在该报告起草过程中,王家福、李步云等一批法学家建议将"法制"改为"法治",且这一提法最终被中央采纳。十五大第一次用"法治"代替"法制",提出了"法治"目标,这无疑是一个重大的历史性突破。虽然仅一字之差,但含义区别很大。法治的"治"意指治理,是一个动态过程,不仅强调依法治理,还强调弘扬法治的精神、理念与价值;而法制的"制"是指制度,主要存在于文本中的静态制度形态,且无法彰显法律的权威性和至上性。依法治国方略的提出,是党治国理政经验的全面总结与升华,标志着中国共产党执政方式和执政理念的一次飞跃,具有里程碑式的意义。1999年,九届全国人大二次会议通过了宪法修正案,将"依法治国,建设社会主义法治国家"正式写入宪法,④ 从而赋予了这一治国基本方略最高级别的法律效力。宪法中的这些明确规定为中国共产党在当下和未来中国社会发展中所处的领导地位提供了重要的法律保障,党的领导不仅是中国人民的必然选择,更是法治的诉求,受到宪法的保护。某些社会思潮主张和宣扬在中国搞西方的多党制,在法理上毫无根据可言,明显违反宪法规定。2002年,党的十六大为推进我国法治建设指明了正确的发展道路,依法治国方略得以更

---

① 党的十二大报告指出,"社会主义民主的建设必须同社会主义法制的建设紧密地结合起来,它们是不可分割的,使社会主义民主制度化、法律化。"(《中国共产党第十二次全国代表大会文件汇编》,人民出版社1982年版,第10页)

② 1982年《宪法》序言指出,要"发展社会主义民主,健全社会主义法制"。

③ 党的十五大报告指出,"依法治国,就是广大人民群众在党的领导下,依照宪法和法律规定,通过各种途径和形式管理国家事务,管理经济文化事业,管理社会事务,保证国家各项工作都依法进行,逐步实现社会主义民主的制度化、法律化,使这种制度和法律不因领导人的改变而改变,不因领导人看法和注意力的改变而改变"。

④ 《中国共产党第九届全国人大二次会议文件汇编》,人民出版社2009年版,第4页。

全面的落实。① 2007 年，党的十七大在肯定过去五年依法治国基本方略取得的显著成果的同时，进一步强调应继续促进该方略的贯彻落实。

三是依法治国方略的全面推进阶段。我国如今正处于改革发展的关键时期和攻坚阶段，社会矛盾和发展压力与日俱增。自党的十八大以来，党对全面推进依法治国做出了重要部署。2012 年，党的十八大明确了依法治国的新任务②，并将"依法治国基本方略基本落实"③作为全面建成小康社会在民主政治方面的首要目标。2013 年，党的十八届三中全会提出了推进"法治中国"建设。2014 年，党的十八届四中全会在我党历史上第一次以全会形式专门研究推进依法治国的问题。这次会议通过的决定对全面推进依法治国的必要性与指导思想，全面推进依法治国的总目标、任务，党的领导在依法治国中的地位，以及如何在具体执法司法守法和法律监督工作中落实依法治国等问题进行了全面阐述。④ 尤其是决定中提出的"社会主义法治必须坚持党的领导，党的领导必须依靠社会主义法治"，高度概括了两者之间的辩证统一关系，这对于我们在法治建设实践中，摒弃某些把党的领导和依法治国割裂开来甚至对立起来的错误认识，自觉坚持和维护党的领导，具有十分重要的指导意义。此外，十八届四中全会还提出，在全面建设法治中国的进程中，中国共产党自始至终发挥着坚强的领导核心的作用。

十九大报告则进一步指出，"全面依法治国是国家治理的一场深刻革命"，这意味着法治国家建设的长期性和复杂性。对此，"必须把党的领导贯彻落实到依法治国全过程和各方面"，"成立中央全面依法治国领导小组，加强对法治中国建设的统一领导"。具体而言，一方面，全面依法治国要求

---

① 党的十六大提出，要将依法治国作为"党领导人民治理国家的基本方略"，并把依法治国作为是"发展社会主义民主政治"的一项基本内容。

② 党的十八大会议将依法治国的基本要求概括为"科学立法、严格执法、公正司法、全民守法和坚持法律面前人人平等"五个方面的建设目标，为今后法治社会的发展指明了方向。（《中国共产党第十八次全国代表大会文件汇编》，人民出版社 2012 年版，第 6—7 页）

③ 党的十八大报告指出，"依法治国基本方略全面落实，法治政府基本建成，司法公信力不断提高，人权得到切实尊重和保障"。

④ 该会议做出的《中共中央关于全面推进依法治国若干重大问题的决定》提出了推进依法治国方略的总目标，其中最重要的就是坚持中国共产党的领导，即"坚持党的领导，是社会主义法治的根本要求，是党和国家的根本所在、命脉所在，是全国各族人民的利益所系、幸福所系，是全面推进依法治国的题中应有之义"。

坚持党的领导。只有在党的全方位统一领导下，才能调动全党、全军、全社会的力量推动法治建设，才能更好地协调立法、执法、司法、普法工作；另一方面，党的领导也必须以法治为基础，从而为权力划定明确的边界，促进国家治理体系和治理能力的现代化。综上，党是依法治国和法治国家建设的坚定主张者和倡导者。

## 二、引领法治

纵观世界文明史，我们不难发现，任何国家法治体系的建立都必须依靠一个坚强有力的领导核心。在我国这样一个历史悠久、幅员辽阔、人口众多、民族多样、发展不充分不平衡的社会主义大国推进依法治国建设，势必会遇到各种新问题、新矛盾，也就更需要具有能够进行自上而下坚强领导的政治核心。作为我国法治建设的推动者、坚守者和捍卫者，这一核心无疑就是中国共产党。中国共产党的领导地位不是外部赋予的，而是被实践证明了的历史和人民的最优和正确选择。

一方面，中国共产党是强有力的领导核心。在当代政党政治的条件下，由执政党来组织政府和领导国家政权已是世界各国的普遍做法。在现代中国，之所以在社会发展进步的历史进程中选择了中国共产党，关键因素之一就是其本身所具有的先进性。首先，中国共产党的性质和纲领[①]反映了中国共产党是由中国工人阶级和中华民族的先进分子组成的，是时代的先锋，是中国社会发展的领导力量，具有鲜明的先进性，其最高理想和最终目标是实现共产主义。其次，党的宗旨具有先进性。党的宗旨是我党一切行动的根本出发点，中国共产党自诞生之日起，就将人民的利益置于至高无上的地位，将"全心全意为人民服务"作为根本宗旨。该宗旨是由党的性质所决定的，是中国共产党先进性的重要体现，也是中国共产党有别于剥削阶级政党的重要标志。最后，党领导法治工作具有先进性。世界各国的依法治国，都是统治阶级依法治理社会的过程，脱离政治意识和政治逻辑的"宪法至上""司

---

① 我国《宪法》第一条规定："中华人民共和国是工人阶级领导的、以工农联盟为基础的人民民主专政的社会主义国家。"中国共产党是中国工人阶级的先锋队，同时也是中国人民和中华民族的先锋队。作为中国特色社会主义事业的领导核心，中国共产党代表着中国先进生产力的发展要求，代表着中国先进文化的前进方向，代表着中国最广大人民的根本利益。

法独立"是不存在的。在我国,党的领导的一个重要方面就是将党的意志上升为国家意志,以法律法规的形式推动并保障经济增长、政治稳健、社会进步、文化发展、生态良好。一言以蔽之,中国共产党先进性的根本体现在于其能够有效遵循社会发展的客观规律,始终走在时代潮流的前列。也正是党的这种先进性,使其能够带领中国人民取得一项项瞩目的改革成就。

另一方面,党的领导与依法治国在本质上具有统一性,两者统一于人民的利益与社会主义民主。其一,作为中国各族人民利益的忠实代表,中国共产党是彻底为人民的利益工作的。因此,在现代法治国家建设中,作为一个在全国人民心中具有崇高威望,能够代表和保障人民群众根本利益的有力政党,中国共产党将"依法治国"作为治国理政的基本方略,一心为人民服务。其二,坚持党的领导和社会主义方向是依法治国的一条重要准则。党的领导最本质之处在于执政,这不仅是党的十五大报告所确立的内容,[①] 也是依法治国的本质规定和基本内容。党的十六大报告指出,中国共产党是"领导人民掌握全国政权并长期执政的党",必须"坚持加强和改善党的领导","不断提高党的领导水平和执政水平";党的十七大报告强调,"必须把党的执政能力建设和先进性建设作为主线,坚持党要管党、从严治党,贯彻为民、务实、清廉的要求"。而民主与法治是发展社会主义民主政治的核心理念,二者相辅相成、不可分割。中国共产党是我国政治生活的核心,同时也是民主与法治的有力倡导者。中国特色社会主义法治国家的建成,党对法治的引领是使"法治"真正成为人民权利与自由保护伞的核心和关键。其中,党对法治的"引领"既是思想领导与方向导航,又是道路指引和行为导引。

## 三、总揽法治

法治中国的发展成就,最根本的经验就是始终坚持党"总揽全局、协调各方"的领导核心地位,实现了党的领导、人民当家作主与依法治国的三者统一。法治的各项工作都离不开党的领导,而加强党的领导,关键要做

---

① 党的十五大报告指出,"共产党执政就是领导和支持人民掌握管理国家的权力,实行民主选举、民主决策、民主治理和民主监督,保证人民依法享有广泛的权利和自由,尊重和保障人权"。

到"把依法治国基本方略同依法执政基本方式统一起来"。① 在当代中国，党总揽法治涉及法治构建的各个领域和各个方面，涉及作为执政党的中国共产党和国家权力的各个层面。具体而言，体现在以下四个方面：

坚持党领导立法。亚里士多德曾指出法治的两层意义，即"已成立的法律必须获得普遍的服从，而大家所服从的法律本身又应该是制定的良好的法律"。坚持党的领导，是立法工作必须遵循的根本原则与不断取得新成绩的基本经验，其中一个重要方面就是将党的意志转化为国家意志，把党的路线、方针和政策转化为法律，最终推动经济社会的全面可持续发展。具体而言，党对立法工作的领导主要体现在对立法方向的引领上，突出立法重点，使所立之法更加务实有效、更能想群众之所想、更加符合广大人民的根本利益，而这正是"良法善治"的具体要求之所在。

坚持党保证执法。中国共产党对执法工作的领导并不是干预具体的执法工作，执法的主体仍然是政府。党主要是通过设立在国家机关的党组织来监督其严格执法，保证执法不受其他机关、团体和个人的干涉。而各级政府必须坚持在党的领导下，坚决杜绝执法领域存在的各类突出问题，从而保证执法活动能够真正在"阳光下运行"。

坚持党支持司法。党支持司法，就是要确保法院的审判权、检察院的检察权能够独立行使，并将党的领导切实贯彻到司法之中。在实践中，应强化对司法改革的领导，不断推进司法权力优化配置，督促司法机关人员严格依法判案，切实纠正当事人不服司法裁判反复向行政机关施压的现象，更好地领导和推进政法工作的建设和改革，从而促进一支忠诚可靠、执法为民、务实进取、公正廉洁司法队伍的最终建成，使人民群众在每一个司法案件中都感受到公平正义。

坚持党带头守法。党带头守法，就要求全体党员充分发挥先锋带头作

---

① 《中共中央关于全面推进依法治国若干问题的重大决定》指出，"必须坚持党领导立法、保证执法、支持司法、带头守法，把依法治国基本方略同依法执政基本方式统一起来，把党总揽全局、协调各方同人大、政府、政协、审判机关、检察机关依法依章程履行职能、开展工作统一起来，把党领导人民制定和实施宪法法律同党坚持在宪法法律范围内活动统一起来，善于使党的主张通过法定程序成为国家意志，善于使党组织推荐的人选通过法定程序成为国家政权机关的领导人员，善于通过国家政权机关实施党对国家和社会的领导，善于运用民主集中制原则维护中央权威、维护全党全国团结统一。"

用,坚持依法治国、依宪治国,在法定权限之内、依照法定程序办事,积极运用法治思维和法治方式推进发展、深化改革、维护稳定和化解矛盾。同时,以广大党员干部和青少年为重点,开展普法教育、加强法治宣传,提升公民的法治信仰,使公民学法、知法、懂法,营造全社会尊法、信法、用法的良好氛围。只有这样,才能为我国法治建设奠定良好的社会基础。

### 四、协调法治

党的领导与依法治国二者辩证统一于我国法治实践之中。其要求我们必须不断加强并改进党对全面推进依法治国的领导,切实做到"三统一"①,使其"协调各方"②的作用能够得到充分发挥。

(一)在构成上,协调法治诸要素诸环节有序运行,保障党领导立法、保证执法、支持司法、带头守法四者的有机统一。

一是坚持和改善党对人大工作的领导。人民代表大会制度是我国的根本政治制度,党和党的各级组织要适时将党的路线、方针和政策,例如党就我国经济建设、社会进步、文化繁荣、生态发展等重大问题所作出的决策,通过人民代表大会的机制转变为法律。此外,党还可以就各级国家机关领导人的人选向人民代表大会提出建议,并由人大予以讨论决定,从而促使其任免权的充分有效行使,提升其在人大各项工作中的话语权。

二是坚持和改善党对政府执法工作的领导。该层面关键是要着力解决"党政不分""以党代政"的弊端,从制度上杜绝权力过度集中的现象,使政府能够真正在法治范围内各司其职。此外,还应秉承积极的态度,正确处理政府和党委之间的各类矛盾与问题,求同存异、加强团结,从而维护大局、确保政府和党委的职能得到充分发挥。

三是坚持和改善党对司法工作的领导。习近平总书记指出,各级党组织与领导干部要"支持政法系统各单位依照宪法法律独立负责、协调一致开

---

① 《中共中央关于全面推进依法治国若干重大问题的决定》指出,"必须坚持党领导立法、保证执法、支持司法、带头守法,把依法治国基本方略同依法执政基本方式统一起来,把党总揽全局、协调各方同人大、政府、政协、审判机关、检察机关依法依章程履行职能、开展工作统一起来,把党领导人民制定和实施宪法法律同党坚持在宪法法律范围内活动统一起来"。

② 具体来说,"协调各方"是指在党委的集体领导、统一协调下,人大、政府、政协以及人民团体和其他方面要各司其职、各尽其责、相互协调、相互支持,形成共同推进全局工作的整体合力。

展工作"①。具体到司法活动中,一方面,要求其支持审判机关和检察机关依法独立行使审判权和检察权,坚决杜绝其不当干涉,违者将会受到严厉的法律制裁与党纪政纪处分;另一方面,要求其不断推动司法体制改革,充分发挥各级党组织的作用,正确处理全局和局部、长远和当前的关系,满足人民群众对公正司法的合理期待,增强人民群众的法治信心。

总的来说,各部门机关应各司其职,按照宪法确立的权力分工原则来配置职权规范、确立权力界限,不能相互代替、僭越职权。各机关应相互配合、彼此协调。不同于西方国家三权分立的权力制衡模式,全国人民代表大会是我国最高国家权力机关,其他国家机关都由它产生、对它负责,并受它监督。党的协调功能应得到充分彰显,其主要通过组织、政治、思想三种方式进行,且须始终依靠并严守法治制度规范和法治程序要求。

(二)在主体上,协调法治机关准确定位、优化权力配置、相互分工、相互制约与相互配合,系统推进法治一体化发展。具体体现在三大层面:

一是实现政党法治与国家法治的有机协调。十八届四中全会决定明确指出:"把依法治国基本方略同依法执政基本方式统一起来。"② 依法治国作为基本方略,是宪法设定的基本原则,也是一个上位概念;依法执政作为基本方式,表明党的执政方式的根本转变,基本"方式"较之于"方略"而言,虽然属于下位概念,但其重要性是不言而喻的,其核心在于把依法治国与党的领导之间的关系统一于法治的轨道之上,融汇于法治中国的实践之中。

二是实现权力集中与权力分工的辩证统一。十八届四中全会决定明确指出:"把党总揽全局、协调各方同人大、政府、政协、审判机关、检察机关依法依章程履行职能、开展工作统一起来。"③ 民主集中制是中国特色宪法原则,党的集中统一领导是法治中国的关键。党对立法、执法、司法以及社会组织的领导是宪法和党章所确立的一条根本法治原则和政治原则。但是,这并不等于以党代政、以党代法。国家立法机关、政治协商会议、行政机关、司法机关根据宪法、组织法所配置的权力,按照各自的规范要求行使法

---

① 中共中央文献研究室编:《习近平关于全面依法治国论述摘编》,中央文献出版社2015年版,第69—70页。
② 《中共中央关于全面推进依法治国若干重大问题的决定》,载《人民日报》2014年10月29日。
③ 《中共中央关于全面推进依法治国若干重大问题的决定》,载《人民日报》2014年10月29日。

定职权、履行法定职责,从而做到分权与集中、制约与协调的相互统一,防止因为集中领导而背弃法治或者因为分权制衡而四分五裂的两极不良局面。

三是实现领导主体与守法主体的相互一致。十八届四中全会决定明确指出:"把党领导人民制定和实施宪法法律同党坚持在宪法法律范围内活动统一起来。"[①] 党既是法治的领导与决策主体,也是法治的遵循与实践主体,协调这一双重身份既彰显了充分的中国特色,又展示了法治中国构建的独特艺术价值。

### 五、统筹法治

中国共产党统筹规划依法治国各领域的工作,严格依照宪法法律行使权力和权利、履行义务和职责,从而充分发挥各级党组织战斗堡垒和党员先锋模范作用,凝聚全社会力量,促进和保证各机关依照宪法法律独立负责、协调一致地开展工作,将法治理念深入贯彻到经济、政治、文化、社会和生态文明建设中,做到依法治国、依法执政和依法行政协调发展,法治国家、法治政府和法治社会一体建设,形成政党法治、国家法治、政府法治、社会法治四位一体、统筹并进的良好局面。

从政党层面看,坚持和完善党对法治建设的领导,既要强化党的领导权威,又要创新执政方式,探索依法执政的运行模式与技术路线,提高政党建设的法治化水平和执政法治化能力。从国家层面看,法治国家建设是总目标,旨在实现立法权、行政权、司法权、监察权在内的整个国家权力配置与运行的法治化,从而促进有效的国家治理。具体而言,在国家层面要加强顶层设计,设定权力与权利的边界及其互动模式、权力体系内部的结构安排与关系形态、权利系统内在的构成要素与运行保障。从政府层面看,不能仅仅停留在依法行政的层面,而是厘清依法行政、政府法治与法治政府三者关系,以法治政府为目标,依法界定、规范、制约行政权。政府不仅承担着国家经济、政治、社会、文化、生态等方面的建设与发展责任,而且是实践中大部分法律法规及政府规章的执行者,可以说是与人民群众联系最为密切的国家机关,其法治化程度的高低在很大程度上决定着法治国家能否顺利建

---

① 《中共中央关于全面推进依法治国若干重大问题的决定》,载《人民日报》2014年10月29日。

成。其中,"法治"二字要求各级政府落实法无授权不可为的权力原则,严格依法行政,深化"放管服"改革,加快政府职能与行事作风的转变,使其工作能力得到质的飞跃。从社会层面看,要促进全体社会成员依法而行,实现社会依法治理,提升社会治理法治化水平,在全社会营造尊崇法治、信仰法治、践行法治的良好氛围。

### 六、保障法治

中国共产党能否坚定不移地践行法治、秉承法治观念治国理政,在很大程度上决定了法治国家能否最终得以建成。因此,中国共产党应立足新的历史起点,改革创新,破除一切障碍,保障依法治国全面落实。

一是制度保障。依法治国的核心在于要求任何组织和个人,都必须在宪法法律规定的范围内活动,作为执政党的共产党也不例外。维护宪法法律的权威要靠党,脚踏实地地践行法律要靠党,使法律效能得到最为充分的发挥也要靠党。在一切力量中,最为可靠的就是制度。"制度好可以使坏人无法任意横行,制度不好可以使好人无法充分做好事。"[1] 完善完备的政治与法律制度体系,是保障法治有序构建和有效运行的前提。在新时代,对制度之于法治的意义认知与阐发达到了新的高度,体现为:一是要有良法善治的制度体系。良法是善治的前提,这里的良法在广义上就是一整套完备严谨优良的制度体系。制度是"治国理政的本根",[2] 要"为党和国家兴旺发达、长治久安提供更加完善的制度保障"[3]。二是不断完善制度构建,"把坚定制度自信和不断改革创新统一起来"。[4] 而制度改革不能是小修小补或"碎片化"改革,而是全面系统改革。三是彰显制度优势,做到"立治有体、施治有序"。[5] 四是防止制度上的"颜色革命",制度改革不是"西化分化"。[6]

---

[1] 《邓小平文选》第二卷,人民出版社1994年版,第333页。
[2] 《习近平谈治国理政》第三卷,外文出版社2020年版,第165页。
[3] 习近平:《在庆祝全国人民代表大会成立六十周年大会上的讲话》(2014年9月5日),载《十八大以来重要文献选编》(中),中央文献出版社2016年版,第63—64页。
[4] 习近平:《在庆祝全国人民代表大会成立六十周年大会上的讲话》(2014年9月5日),载《十八大以来重要文献选编》(中),中央文献出版社2016年版,第62页。
[5] 《习近平关于严明党的纪律和规矩论述摘编》,中央文献出版社2016年版,第64页。
[6] 《习近平关于总体国家安全观论述摘编》,中央文献出版社2018年版,第26页。

二是组织保障。毛泽东曾指出,"政治路线确定之后,干部就是决定的因素"。① 加快建设法治中国,关键在于各级领导干部。组织建设对于保持全党步调一致和增强政党凝聚力、战斗力,以及人民群众的向心力,具有重要价值和深远意义。因此,要充分发挥广大党员干部的模范带头作用,党员干部要严以修身、严以用权、严以律己,逐步提高推进依法治国的意识和能力,为国家各个方面的建设贡献自己的力量。

三是思想保障。"意识形态工作是党的一项极端重要的工作","必须一刻也不放松和削弱意识形态工作,把意识形态工作领导权和话语权牢牢掌握在手中"。② 思想是导向和灵魂,是保证政党正确政治方向的根基。早在百年前,梁启超就说过:"法治主义,为今日救时唯一之主义。"③ 美国当代著名法学家伯尔曼也曾言:"法律必须被信仰,否则它将形同虚设。"④ 法律具有至高无上的权威性,乃是法治国家最直接、最显著的标志。而作为一种现代性思维,法治思维拥有着人治思维所无可比拟的天然优势,其崇尚法治、相信法律,并尊重、维护法律制度的权威性和严肃性。对于党员干部来说,法治思维有利于促进其执政思维的转变,进而增强其执政方式的科学化与法治化。

四是人才保障。领导干部的依法执政能力作为一种综合能力,其重要价值就在于鲜明的实践性与明确的操作性,因而是实现国家治理现代化、全面实现依法治国的重要支撑。只有以马克思主义建党思想和相关评价理论为指导,以科学的法律发展观为引领,建立领导干部"法治 GDP"即依法执政能力评估体系,展开程序性和制度性的反馈和审视,才能以科学的、客观的分析与评价促使各级领导干部在依法执政能力建设中找准努力方向和奋斗目标,从而更好地改进和提升能力及其绩效,不断将依法执政能力建设提升到新的高度。与此同时,也只有这样,才能增强社会对执政党的信心与认

---

① 《毛泽东选集》第二卷,人民出版社 1991 年版,第 526 页。
② 中共中央宣传部:《习近平总书记系列重要讲话读本》,学习出版社、人民出版社 2014 年版,第 105 页。
③ 范忠信:《梁启超法学文集》,中国政法大学出版社 2000 年版,第 71 页。
④ [美]哈罗德·J. 伯尔曼:《法律与宗教》,梁治平译,中国政法大学出版社 2003 年版,导言第 3 页。

同感。

五是政策保障。宪法和法律是党和人民意志的共同体现。任何一部法律的制定、废止与修改,都不得与党的基本路线、基本原则和大政方针相抵触,法律必须代表党的主张、代表人民的共同利益,从而确保各类政策的科学性和民主性,从而对我国经济、政治、文化、社会和生态建设起到实质性的促进作用。

## 第二节 法治对党的领导的价值优化

党的领导是倡行法治的根本,而法治对实现党的领导亦具有积极的能动作用。法治固化党的领导意志,确立党的执政权力、强化党的执政地位、实施党的执政纲领、完成党的各项使命。

### 一、核心:强化党的领导地位

中国共产党是我国政治生活的核心,同时也是民主与法治建设的领导者。中国特色社会主义法治国家的建成,政党价值与法治价值的统一是关键。"历史的经验证明,凡是党坚持依法治国的时候,党的领导就比较顺畅、成功,凡是法治不彰的时候,党的领导就会被削弱。"[1] 首次赋予依法治国科学含义的就是党的十五大报告,该报告提出了"依法治国,建设社会主义法治国家"的历史任务。该举措标志着党的领导方式的彻底转变,同时,现代法治观念也得到全面彰显。正如习近平总书记一再强调的,"全面推进依法治国,要有利于加强和改善党的领导,有利于巩固党的执政地位、完成党的执政使命,决不是要削弱党的领导"。[2] 党的领导权是每一个政党固有的权力,现代政党依照其党章均有其内在、独特的领导方式和领导艺术。当代社会,法治是政党治理的最优方式和最佳艺术,要实现党的领导,必须全面依法治国。具体体现为两方面:

一是秉承法律至上的原则与理念。衡量一国法治程度高低的一个重要标

---

[1] 韩震:《党的领导是社会主义法治最根本的保证》,载《光明日报》2014年1月2日。
[2] 习近平:《加快建设社会主义法治国家》,载《求是》2015年第1期。

准,就是看法律在一国范围内是否具有至高无上的权威,是否有人会凌驾于法律之上行事。法治中国在处理党的领导与宪法法律的关系时的独特精神在于奉行"宪法至上、党章为本"。① 一方面,宪法高于其他一切社会规范,例如政策文件、批示讲话等,都要遵循法律的相关规定;另一方面,法律高于任何组织、个人,领导个人权威必须服从国家法律权威,确保法治制度"不因领导人的改变而改变,不因领导人的看法和注意力的改变而改变"②。也就是要求我们党必须在宪法和法律的范围内活动,不得逾越红线一步,始终保持着对法律的敬畏之心。

二是领导与法治的有机结合。随着法治中国建设的加快推进,党的领导方式及执政模式也应随之进行调整、不断予以完善优化。具体来说,关键的一环在于将"法治"(rule of law)与"领导"(leadership)有机结合起来,以法治的方式来实现执政、理政,从而实现国家治理的现代化与法治化。然而,这种结合并非易事,也并非是一朝一夕便可达到的。党领导人民,应充分依托于法定之序、法律之力、法治之利,使其自身的内在优势得到最直接的体现和最充分的发挥。

## 二、能力:优化党的领导方式

依法治国的实施,要求执政党运用法治思维和法治方式,将法治的理念、原则与方法落实到我国经济、政治、文化、社会与生态各方面的建设中去,以促进经济的稳步发展、政治的稳定清明、文化的繁荣进步、社会的和谐公正与生态环境的良好。同时,该举措对于提高中国共产党的法治化领导和法治化执政能力也大有裨益。

一方面,依法治国有利于提高中国共产党的法治化领导和法治化执政能

---

① 《中央党内法规制定工作五年规划纲要(2013—2017年)》,载《人民日报》2013年11月28日,第10版。

② 邓小平在一九七八年十二月十三日发表的《解放思想,实事求是,团结一致向前看》一文中早就提出了这一原则。1997年,江泽民在党的十五大报告中再次确立了这一法治原则。党的十八大以来,习近平总书记一如既往地重申并发展了这一原则(参见习近平:《在首都各界纪念现行宪法公布施行三十周年大会上的讲话》,载《人民日报》2012年12月5日,第1版;习近平:《在庆祝全国人民代表大会成立六十周年大会上的讲话》(2014年9月5日),载《十八大以来重要文献选编》(中),中央文献出版社2016年版,第55页)。

力。在当代中国，法治政党建设涉及我国社会的各个领域和各个方面，涉及作为执政党的中国共产党和国家权力的各个层面，而首先无疑是中国共产党对中国社会的领导方式和执政方式的法治化。实现依法执政，最重要的就是将党的意志转化为国家意志，把党的路线、方针和政策转化为法律，最终推动经济社会的全面可持续发展。具体而言，党对立法工作的领导主要体现在对立法方向的引领上，突出立法重点，使所立之法更加务实有效、更能涵摄法的人民主体地位这一本质属性、更加符合以人为本的科学发展观，保障全体人民平等参与、平等发展权利的全面实现。也只有这样，才能具有最为广泛的社会基础，得到所有社会成员的坚定支持与真心拥护。同时，党对执法司法的领导，并非取代执法司法主体——政府和司法机关，而是主要通过设立在国家机关的党组织来监督政府严格执法和公正司法，不受其他机关、团体和个人的干涉。其中，最为核心的就是要正确处理好党和政府、司法机关之间的关系，各级政府必须坚持在党的领导下，坚决杜绝执法领域存在的有法不依、执法不严、违法不究甚至以权压法、权钱交易、徇私枉法等突出问题。党的各级组织要确保法院的审判权、检察院的检察权能够独立行使，维护司法公正，督促司法机关人员严格依法判案，坚决纠正司法机关有法不依、违法不究的现象，更好地领导和推进政法工作的建设和改革，从而促进一支忠诚可靠、执法为民、务实进取、公正廉洁司法队伍的最终建成。

另一方面，依法治国有利于消除"以党代政""以党代法"的错误思想。我国的国家政权是在中国共产党的领导下建立起来的，我国的宪法和法律是在中国共产党的领导下制定执行的。在国家政权和法律制度尚不健全的情况下，党的组织和党的政策曾代行国家政权和法律的功能，发挥过重大作用。但是，随着法治的实践推进，逐步从政策为主转变为依法办事。为此，必须矫正以党代政、以党代法的历史惯性。要实现依法治国，建设社会主义法治国家，就必须改善党的领导，在党与政之间架设起使党内法规和国家法律相互连通的法治桥梁，提升党领导法治的能力。法治能力是一个大的系统性概念，可以分解为：

其一，在宏观上的治国理政能力。在国家治理和社会治理中，党的领导是第一原则。法治是党治国理政的基本方略，无论是国家治理还是社会治理，法治是一条必由之路。那么，究竟如何提升依法治理的能力？这是摆在党的建设面前的紧迫问题。就国家治理而言,应当建设国家治理的法治体系,以法治价值精神导引治理能力现代化。就社会治理而言,应当完善社会治理的法治制度构建,使国家法律规范和社会规范相互补充、相得益彰。当然,尽管对国家法律与民间规范也就是硬法和软法之间的关系应当如何定位存在不同观点,但我们认为应循着两点论和重点论相互结合的思路,同时发挥两者的功能,而又明确主次之分,以国家法律为主要的治理依据,以民间规范为补充,而不能也无法用民间法取代国家法,甚至民间法也不能高于国家法。在完善制度构建的同时,铸造社会的法治之魂,强化法治的文化建设,彰显法治软实力的社会效应,从而构建真正的法治社会。

其二,在微观上的依法执政能力。依法执政是依法治国的关键和核心,依法执政的内在奥妙在于找准法治与党的领导的连接点和发力点,实现党的意志、国家意志、人民意志的高度统一。其中的基本法理体现在:党纪严于国法、国法权威至上、党法国法衔接、规范面前平等、高扬法治价值、人人奉公守法。只有坚持以上基本理念,才能切实提升依法执政能力。在习近平系列重要讲话数据库中,以依法执政为关键词进行搜索,共发现有 44 条记录。[①]对依法执政的必要性和紧迫性、依法执政与依法治国的关系、依法执政对领导能力建设的意义、通过依法执政提升党领导能力的路径四大方面的问题进行了高屋建瓴的论述。有必要循着这些思想脉络和理路,深化研究如何提升领导者的依法执政能力的战略、路径、方式与方法。

其三,在主观上的法治思维能力。严守规则思维、程序正义思维、人权保障思维、法律权威思维、公平正义思维,是党领导法治之思维能力的集中表现形式,也是党强化自身法治能力时应着力提升的思维形态。除了重视依照宪法和法律分析思考和解决问题的国家法治思维外,还必须强化以上五种思维在党内法规领域的运用。而这正是以往重视不够甚至被忽视的重大问题。党的能力建设是党建的实体内容,法治思维能力又是其中的重要组成,而在国法和党规两个层面双向提升法治思维则是重中之重。忽视了其中的任何一面,法治中国都将是不健全的。

---

① 习近平系列重要讲话数据库:http://jhsjk.people.cn/result?title=&content=依法执政&year=0&button=搜索,访问日期:2019 年 4 月 8 日。

其四，在实践上运用法治方式的能力。从动态分析，党的领导能力体现于战略、决策、实施和监督以及矫治五大连续的程序性环节之中。由于其中的每一个环节都必须在法治轨道内运行，无论哪一个环节在法治上脱轨，都必然表现为法治能力之不足或缺失，势必引发全局性的法治断裂，因此，法治方式的精准运用对于提升党的领导能力具有十分重大现实意义。

### 三、固本：强化党的执政地位

历史证明，一个政党的执政地位是否牢固与其执政的合法性基础是否坚实息息相关。依法治国是中国共产党在社会主义初级阶段基本纲领的重要内容，是党治国理政思想重大转变的体现。历史证明，在中国共产党的领导下，我国结束了四分五裂、积贫积弱的局面，综合国力日益增强，民族团结、国家统一、社会进步，人民生活正在向全面建设社会主义现代化国家社会的目标迈进，一个富强、民主、文明、和谐、美丽的现代化主义强国正在逐步崛起于世界民族之林。由此可见，中国共产党始终是一个致力于实现最广大人民根本利益的政党，是一个善于总结经验、不断提高自己的政党，是一个有能力带领全体中国人民把中国建设好的政党。也正是由于中国共产党具有先进的理论品质和实践品格，才能够走在时代的前列，始终代表人民成为执掌全国政权，并长期执政的马克思主义政党。由此可见，它的先进性与执政地位是实现依法治国和建设社会主义法治国家的根本保证，是实现人民当家作主的力量源泉，是实现中华民族伟大复兴中国梦的重要保障。

依法治国方略的提出和全面实施，对中国共产党的执政方式而言，既是对执政方式的一种规范化引导，也是在法治要求下对党的执政能力的一种挑战。如何面对依法治国带来的一系列挑战和变革要求，促进党的建设和执政方式的完善，是当今政党建设和法治发展所面临的共同的重要议题。作为在我国改革发展关键时期召开的一次重要会议，党的十六届四中全会抓住了治国理政的根本，研究探讨了关于"党执政能力建设"这一关键性问题。[①] 全会指出，"执政能力建设是党执政后的一项根本建设"；"党的执政地位不是

---

[①] 党的十六届四中全会通过的《中共中央关于加强党的执政能力建设的决议》中指出，要"按照党总揽全局、协调各方的原则，改革和完善党的领导方式"，坚持科学执政、民主执政、依法执政，并在历史上首次从法治的战略高度作出了加强党的执政能力建设的决定。

与生俱来的,也不是一劳永逸的";要"做到权为民所用,利为民所谋,情为民所系,做到领导带头守法,公正执法"。科学执政、民主执政、依法执政"三大执政"① 理念的推出,彰显了以胡锦涛同志为总书记的中央领导集体,面临新形势、新问题,对党的历史定位和历史使命的高度认识,这对于完善法治体系、实现依法治国的战略目标具有重要意义。而依法治国的全面推进,则关键在党。这一立论的逻辑前提,是党的领导与执政地位使然。依法治国是党的先进性与执政地位的根本体现,是巩固党的执政地位的根本保障。法治政党是作为执政党的中国共产党不断巩固、拓展其执政合法性,实现长期执政和国家长治久安的根本保证。

同时,应当进一步加强并巩固中国共产党的执政合法性。对于现代中国而言,法治政党无疑是作为执政党的中国共产党不断拓展和巩固其领导与执政合法性的基础,同时也是最为顺民意、最能得民心的存在。随着改革开放的展开,特别是全球化时代的到来,经济、社会、文化环境在潜移默化中发生着改变,中国共产党执政合法性的基础遭到一定程度的侵蚀和削弱,因而需要不断加以拓展和强化。在新时期、新阶段,要进一步明确党的执政地位,科学规范党的各类执政行为,强化党的法律意识、服务意识、效率意识,提高其执政的民主法治性;进一步增强执政透明度,加大对党员干部的廉政教育,促进其执政的廉洁公开化,从而增强党的凝聚力、向心力与感召力。

为此,在党的十八大以来关于全面依法治国的十大新理念新思想新战略中,首当其冲的便是"坚持加强党对依法治国的领导"。其中的根本出路在于从领导制度、机制、依据、程序和保障"五位一体"中进行法治建构:

一是领导制度。党对依法治国的领导必须立基于制度规范体系之上,为此,有必要"健全党领导全面依法治国的制度和工作机制"。② 从政治领导到法治领导、从价值引领到规范引领、从政策引导到法律引导,是强化党的领导地位的必由之路。

---

① 2018 年 8 月 24 日,习近平总书记在中央全面依法治国委员会第一次会议上的讲话,参见习近平:《加强党对全面依法治国的领导》,载《求是》2019 年第 4 期。

② 2018 年 8 月 24 日,习近平总书记在中央全面依法治国委员会第一次会议上的讲话,参见习近平:《加强党对全面依法治国的领导》,载《求是》2019 年第 4 期。

二是领导机制。制度是抽象的,工作机制则是具体的,党领导法治既要靠制度规范,也要靠实施机制予以落实。党领导法治的具体模式、方式与方法,应当有别于以往的政策、思想或组织意义上的工作机制,而应当符合法治自身的规律、遵循法治与政治二者有机结合的思路加以策划和完善。

三是领导依据。党的政策、党内法规是党领导法治的依据,同时,党的意志以法律的程序和方式上升为国家意志、形成宪法法律之后,宪法法律同样是党领导法治的依据。也就是要做到政治依据与法律依据的有机统一,克服以往重视政治价值上的合法性考量而轻视法律规范上的合法性确认的局限。

四是领导程序。党领导法治的程序既要严守党的统一领导这一政治规矩与政治程序,又要按照法治程序。法治程序与法律程序息息相关,但法治程序较之于法律程序则意义更为深远、适用范围更广泛。法治程序离不开程序法,但是,除了程序法之外,法治程序还包括立法、执法、政治决策、党内法规的执行实施各方面的程序的正当性、合法性。党在领导法治时,重视程序规范、强化程序意识,对强化党对法治的领导必不可少。

五是领导保障。"通过法律保障党的政策有效实施,确保全面依法治国正确方向。"① 党的政策是法律的灵魂,法律则是政策的可靠保障。这一政策与法律关系的经典论断在新时代应被赋予新的内涵。在法治的辩证法中,法律之治与政策之治似乎大异其趣,其实,在中国特色社会主义法治模式中,有必要探寻此两者的内在关联性与差异性及其统一性。从传统意义上看,随着现代法治的不断演进,法律已成为社会控制的主要工具。但是,这并不意味着其他调控形式的彻底退场。恰恰相反,在共产党领导多党合作的法治模式下,党的政策与法治的融通性得到突出体现。由于政策与法律在存在形式、规范组成、强制效力与实施方式诸方面均存在诸多区别,所以,两者既不能互相取代,也不可完全同一。为了保障政策的实施,在法治模式下,有三种方式能够达致两者的融通:一是政策法律化,即通过立法确认高度规范化了的政策,通过实施法律来落实政策。二是法律政策化,即以司法

---

① 2018年8月24日,习近平总书记在中央全面依法治国委员会第一次会议上的讲话,参见习近平:《加强党对全面依法治国的领导》,载《求是》2019年第4期。

政策、执法政策的形式将政策与司法执法连为一体。如党的政策运用于司法之中、形成司法政策，通过在各级司法机关实施司法政策而保障党的政策以规范化的方式得以贯彻。三是政策与法律双向互动。以法律原则吸收政策精神，为法律行为提供宏观指引；在政策中体现法治价值理念，保障政策的制度与运用符合法治的实体与程序要求。如法不溯及既往作为一条形式法治的基本原则，在立法、司法实践中得到广泛确认和运用，但是，对政策的创制和执行而言则并无法律上的强制拘束力，在该原则尚未上升成为宪法原则和合宪性审查制度尚不完备的前提下，政策领域的溯及既往问题如何处理则没有一定之规。为此，应当秉持法治精神，以法治方式保障政策的实施符合法治的精神，从而增强党在政策和法律两者相互统一的过程中领导法治的合法性。

**四、价值：完成党的执政使命**

法治之于执政的价值使命可以归结为以下几点：

（一）价值提纯。法治与执政在价值形态与外在使命上具有同源性与同构性。法治的终极价值在于人权，党的执政价值也在于人权，即全体人民平等参与、平等发展的权利。所不同的是，法治通过强制性规范制度形态确认人民主体地位和保障人权实现，而执政则通过政治纲领、党内法规和政策主张实现以人民为中心、全心全意为人民服务的人权价值。

那么，如何解决这种二元分立的问题？学术界和实践上一直致力于从政策与法律的相互关系原理来探讨这一解决问题的思路，也产生了不少成果。但以往没有从根本上给出答案。我们认为，在承继现有研究成果和政法实践经验的基础上，应当更进一步，从"法治中国"而非单纯的"法治国家"[①]层面来加以解读，在法治体系的大视野下探寻新的路径，这就是：在全面依法治国和全面从严治党相结合、国家法律和党内法规相衔接的中国特色法治体系内，通过法治价值的释放来实现党的执政价值功能，做到法治价值与政党价值的完美结合，并在这一结合中夯实执政价值根基。展言之，可以归结

---

[①] "法治中国"是一个涵摄性更广的概念，包括了法治国家、法治政府、法治社会以及政党法治诸多环节与层面。在这一意义上，"法治国家"只是"法治中国"的一个方面（参见汪习根：《论法治中国的科学含义》，载《中国法学》2014年第4期）。

为两个方面：一方面，全面从严治党，是"提高执政能力、完成执政使命的迫切要求，为全面建成小康社会、全面深化改革、全面依法治国提供根本保证。"[1] 另一方面，"全面推进依法治国，要有利于加强和改善党的领导，有利于巩固党的执政地位、完成党的执政使命，决不是要削弱党的领导。"[2]

（二）素养优化。法治中国的现实关注如果只是投向法治的客体而轻视或忽视了主体性构建，则必然是残缺不全的。法治的主体是人民，但是法治的实施与执行主体则是法治机关及"法治队伍"[3]。法治虽然抛弃了人治论将国家治乱兴衰寄希望于个人尤其是领导者个人的德性才能这一做法，但是法治队伍素养如何，对法治的实现则是不可忽视的。法治的执行主体包括领导者个人、立法、执法、司法、律师、公证各类法治人员，其内在素养和外在表现对法治实施具有至关重要的意义。在上述法治队伍中，绝大多数都是共产党员，其素养的提升既是法治中国建设之急需，又是党的依法执政能力增强之前提。其中的关键问题在于：必须澄清法治的主体与客体也就是治者与被治者之间的细化关系。对此，理论界存在不同认识：有的认为法治的主体是人民，有的认为法治的主体是法治机关及其工作人员。其实，就后者而论，没有法治机关及其工作人员，法治的确无法运行。试想，连立法执法司法人员都缺失，法治怎么能够得以构建呢？！但是，我们认为，决不能据此认为，法治的主体就是上述机构和人员。回答这一问题的关键，在于跳出就事论事的表层而深入到法治的深层看问题。法治的本质在于，依法控制公权力而保障人民权利。中国式的表述是"全体人民在党的领导下依据宪法法律管理国家"。无论作何表述，都无一例外地表明，法治的主体是人民而非官员，法治的客体是公权力及经济社会文化等事务。那么，究竟如何对法治机关及其工作人员加以定位？我们认为，一个更符合法治初衷和中国实际的理论解答便是：法治机关及其工作人员不是法治的本源性主体而只是执行性主体，也就是在人民主体的下位，执行人民主体赋予的法治权力。在这一本

---

[1] 《新的历史条件下治国理政总方略——关于协调推进"四个全面"战略布局》，载《人民日报》2016年4月22日。

[2] 习近平：《加快建设社会主义法治国家》，载《求是》2015年第1期。

[3] 党的十八届四中全会使用了"法治队伍"一词，较之于以往的立法执法司法"人员""政法队伍"等而言，无疑是一个实质上的进步。

源性主体与执行性主体二者互动统一的"法治主体论"指导下,在提升主体法治素养时,认清这一关系、摆正自身定位并内化为主体素养的必要成分,对强化法治之于执政使命的价值功能具有前提性意义。唯有奠定此一基础,才能为法治专业与技术素养提升指明前行的方向。否则,若徒有满身技艺而无法治精神与情怀,则最终难成法治大业。

总而言之,可构建"内涵""外延"和"标准""三维互动"的法治素养要素体系:一是在内涵上,包括"法治信仰""法治理念"与"职业道德"方面的要求[①];二是在外延上,包括"政治""业务""责任""纪律""作风"[②]五大方面的素养;三是在标准上,包括政党、国家、人民和法律四个方面的"忠于",即"忠于党、忠于国家、忠于人民、忠于法律"。[③]

(三)思维文明。法治文明既是宏观意义的制度文明,又是个体意义的思维文明。理想信念乃是精神之钙,解决理想信念问题乃是提升依法执政能力之根本。在影响国家治理能力的诸多因素中,领导干部作为治理主体,其法治素质极其重要。然而,加强领导干部依法执政能力建设是一个极具实践性的课题。与法治素养相对,个别领导干部在行使权力过程中仍存在着严重的"官本位思维""父母官思维"和"管控式思维",严重背离法治精神与法治原则,严重违背党的执政本质,严重影响国家的高效治理。法治思维是"以法治理念和法治精神为导向,运用法律原则、规则和方法思考和处理问题的路径与过程"。[④] 这就要求各级领导干部崇尚法治,加强法治修养,秉承法治理念,善用法治思维,遵循法定程序来促进发展、深化改革、化解社会矛盾、维持社会和谐稳定、确保国家长治久安、达到治理最佳状态。一个文明的法治思维必定是崇尚法律、严守程序、以人民为中心、坚守理性、维护正义的思维。在这一思维统领下的执政党必定能够融政治理念与法治思维于一体,在治国理政中无往而不胜。

(四)能力提升。坚持依法治国有利于提升法治执政力,优化政治生

---

① 习近平:《加快建设社会主义法治国家》,载《求是》2015年第1期。
② 习近平:《加快建设社会主义法治国家》,载《求是》2015年第1期。
③ 习近平:《加快建设社会主义法治国家》,载《求是》2015年第1期。
④ 江必新:《领导干部的法治思维与法治方式》,中国法制出版社2014年版,第5页。

态,以法治之制度规范与强制效能来锐化执掌者的政治价值、提高执政能力。要"坚持全面从严治党","发展积极健康的党内政治文化,全面净化党内政治生态"。① 与自然生态一样,政治生态如果遭到破坏,受到侵蚀污染,便会减损政治环境的原生活力与内在能量,从而抑制经济、社会、文化、自然层面的可持续发展。而营造良好政治生态,首先在于强化法治执政力。法治执政力,即运用法治思维和法治方式执掌政权、破解发展中突出矛盾和棘手问题的能力。提升法治执政力,优化政治生态环境,应当从以下两大层面全面展开:

一方面是宏观强化。充分发挥各级党委的核心领导作用,牢固树立"四个意识",及时高效地对突出问题进行整改;加强队伍建设,树立正确用人导向,强化各级领导干部遵纪守法意识,自觉依法用权;加强党风廉政建设与监督执纪问责力度,从严查处腐败分子,促进健康良好党风政风的最终形成。

另一方面是微观构建。强化完成执政之使命担当的能力建设,在实践上体现为提升八种"本领"②。在此,我们从法治视角归结为以下八种执政能力:

一是自主学习的法治能力。构建学习大国,培育对法治精神的体悟感知与内化的习得能力,练就把依法而治、为民而治和领导法治真实地连为一体的本领。

二是政治领导的法治能力。实现"战略思维、创新思维、辩证思维、法治思维、底线思维"③ 五种思维相互统一的原则,确保执政的科学性、高效能和法治化。

三是改革创新的法治能力。改革在本质上就是"变法",而法治制度创

---

① 习近平:《决胜全面建成小康社会,夺取新时代中国特色社会主义伟大胜利——在中国共产党第十九次全国代表大会上的报告》,载《人民日报》2017年10月28日。
② 十九大报告设专章论及执政能力问题,第一次进行了全面归纳,共分为"学习本领""政治领导本领""改革创新本领""科学发展本领""依法执政本领""群众工作本领""狠抓落实本领""驾驭风险本领"八种本领(习近平:《决胜全面建成小康社会,夺取新时代中国特色社会主义伟大胜利——在中国共产党第十九次全国代表大会上的报告》,载《人民日报》2017年10月28日)。
③ 习近平:《决胜全面建成小康社会,夺取新时代中国特色社会主义伟大胜利——在中国共产党第十九次全国代表大会上的报告》,载《人民日报》2017年10月28日。

新是科学技术创新的前提与保障。所以,法治能力与改革创新能力互相关联、缺一不可。

四是科学发展的法治能力。发展的不协调不均衡不充分在实质上就是不公平、不稳定和能力不足的问题。而公平正义和秩序安定正是法治的基本价值,权利能力和行为能力则是能力在法律上的表现形式。所以,科学发展能力离不开法治能力。

五是依法执政的法治能力。法治是党治国理政的基本方略,党内法规和国家法律是党依法执政的基本依据。其中,"党内法规制度体系"必须"涵盖党的领导和党的建设"[1] 各领域,方能为提升党的执政水平和执政能力提供系统化的制度保障。

六是社会治理的法治能力。法治社会是法治构建的薄弱环节,也是党领导法治应当高度重视的领域。要善于将政治话语转化为法治话语、把群众工作与法治工作相结合,在法治创建中"创新群众工作体制机制和方式方法"[2]。善于使法治成为连接执政党与基层自治组织、社会组织的纽带,在法治轨道内彰显工会、共青团、妇联等群团组织在社会治理法治建设中的功能。善于把政党法规、国家法律与民间软法连接起来,增强党领导群众推进社会治理工作的规范性、艺术性、人本性和长效性。

七是执政实践的法治能力。执政价值的设定固然重要,但价值的外在化现实化更为重要。在国家法治实施体系和党内法规实施体系中谋划执政价值实践的深入推进,不断实现从精神王国到实践王国的飞跃,通过螺旋式上升累积法治正能量。为此,澄清在"政党行为"与"法治行为""政治机关"与"法治机关""法律行为"与"法治行为"这三对概念上的理论误解。政党并非国家法律机关,但政党可以也应当成为法治机关,只不过不是专门的立法执法司法机关即法律机关,而是法治的领导机关或者法治领导机关。这就是"中央全面依法治国委员会"这一党的法治领导机关的合法性之法理依据。循着这一理据,强化在执政实践中的法治能力既是一个战略问题,

---

[1] 习近平:《决胜全面建成小康社会,夺取新时代中国特色社会主义伟大胜利——在中国共产党第十九次全国代表大会上的报告》,载《人民日报》2017年10月28日。

[2] 习近平:《决胜全面建成小康社会,夺取新时代中国特色社会主义伟大胜利——在中国共产党第十九次全国代表大会上的报告》,载《人民日报》2017年10月28日。

又体现在具体法治实践之中。

八是驾驭风险的法治能力。法的初始功能在于定分止争、化解矛盾。而从执政能力上看，则不只是一般意义的个体纷争与矛盾，而是社会意义的各种风险。化解风险是确保国家安全的根本需要，因为当前国家安全的"内涵""外延""时空领域""内外因素"在历史上处于最为特别的时期，要防止全局性、系统性风险，坚持"总体国家安全观，以人民安全为宗旨"，确保"政治安全""经济安全""军事、文化、社会安全"和"国际安全"。[①] 而法治通过设定风险预防机制、应对机制和救济机制三大机制，可以最为可靠地化解风险；法治通过形式理性和实质理性为国家安全提供规范化路径和人民性价值引导，在运行轨迹和运行方向两大层面确保有序高效理性地消解风险、维护安全，从而构建中国特色国家安全法治保障道路。如果不从这个理论高度来定位法治之于风险驾驭的功能，则总体国家的法治保障屏障便难以最终建立。

**五、技术：提供党的行为规范**

实践表明，运用法治思维与法治方式来定分止争、破解难题、规范行为，才是保障社会和谐、维系社会秩序、确保国家长治久安的一计良策。同理，只有以法治的形式为各级党委及领导干部指明工作方向、明确工作权限、规范执政行为，才能真正促使党"总揽全局，协调各方"的作用得到最为充分的发挥。

一是规范行为运行。法治有利于确保党在宪法法律范围内活动。作为国家的根本大法和治国安邦的总章程，《中华人民共和国宪法》第五条[②]赋予了党治国理政的责任和使命；作为党内根本大法、管党治党的总章程，《中国共产党章程》在"总纲"中也指出，"党必须在宪法和法律范围内活动"。以上规定鲜明地体现出，中国共产党在执政过程中，务必在理论、观念和规

---

[①] 《习近平主持召开中央国家安全委员会第一次会议上强调：坚持总体国家安全观，走中国特色国家安全道路》，载《人民日报》2014年4月16日。

[②] 《中华人民共和国宪法》第五条规定："中华人民共和国实行依法治国，建设社会主义法治国家。……一切国家机关和武装力量、各政党和各社会团体、各企业事业组织都必须遵守宪法和法律。一切违反宪法和法律的行为，必须予以追究。任何组织或者个人都不得有超越宪法和法律的特权。"

范上尊重法律的价值和权威,严格遵守国家的宪法和法律始终高于党,而不是党凌驾于宪法和法律之上。否则,"依法治国"也只能沦为一句空谈,令人扼腕叹息。

二是限定行为边界。法治有利于完善权力制约机制,强化领导干部法治责任能力。孟德斯鸠曾指出:"一切有权力的人都爱滥用权力,这是万古不变的经验。"[1] 自近代以来,法治便堪称"人类社会所能建构的相对理想的一种制度安排,是'最好的人治'永远不可企及之下的最优选择"。[2] 法治的内涵极其丰富,其核心价值之一便是有效规范公权力的运作,保障平等享有私权利。这就要求领导干部在管理国家和社会事务过程中,一切活动都应以人民的意志和利益为根本出发点与落脚点,不得有所僭越。而监督制度作为现代民主政治的一个重要支柱,对于领导干部违纪问责机制的构建与实施大有助益,从而确保守住权力底线、恪守权力本分。

三是优化组织行为。法治有利于改善党的组织状况、加强党员队伍组织管理,保障在组织行为法治化规范化。首先,法治与执政相互交织而成的依法执政之网有利于在宪法和党章的精神感召和规范统领下纲举目张,把社会上各阶层的优秀分子都聚集到党内来,进一步巩固党的执政基础,增强党的主体力量。党领导法治是一项人民的事业,执政党应当凝聚一切可以凝聚的力量,动员一切可以动员的人,共同投身于法治国家的建设之中。其次,有利于发挥党员在实现党的执政过程中的作用,促进其确立正确的政治理念与大局意识,强化先进的法治观念,坚定不移地维护宪法法律的权威,从而不断推进党员队伍的正规化、专业化、职业化建设,党的执政基础也因此得到进一步夯实与巩固。

对执政行为不能仅仅满足于从政治、思想和组织领导三大方面进行的一般分析,在全面依法治国大背景下,有必要进行法理上的发掘,对执政行为进行法治意义上的技术性解读与细分,为依法施政和依法施治奠定技术规范基础,切实防止流于形式的空洞解说或口号式解读。具体而言,在逻辑上可以分为三大类型:

---

[1] [法]孟德斯鸠:《论法的精神》(上册),张雁深译,商务印书馆1982年版,第154页。
[2] 王保民:《法治的局限——从频繁出现的"泛法治"倾向谈起》,载《唯实》2009年第6期。

一是实体行为与程序行为。执政之法治行为在实体上是指政党及其机关与成员主体运用党的政策法规作用于具体的客体的过程与活动的总称，而程序行为则是做出实体行为所采取的步骤、方式和经过的环节与途径。就实体行为的逻辑构成标准而言，党的实体政治与执政行为以契合立党宗旨为本，以符合纲领规范为体，以严守纪律为重，以坚持党的领导为要，从而形成"本""体""重""要"四位一体的行为标准。就程序行为的内在要求而言，其核心价值在于使法治的程序正义理念融入政治行为与执政行为之中，夯实行为在程序上的合法性基础。

二是决策行为、执行行为和监督行为。从运行过程对行为进行分类，决策行为是执政行为的起始点，执行行为则是对决策的具体实施，而监督行为在于制约、督促决策与执行行为在规范设定的范围并以规范化方式运行。

三是原则性行为和规则性行为。党的执政行为与一般的法治行为不同，既是具体的，也是抽象的，体现了原则性与灵活性、概括性与具体性的高度统一。原则性行为往往没有具体的规范性逻辑要求而只是基于抽象性规范指引而实施的一种具有号召性、宣誓性、纲领性的行为，而具体行为则是根据具体规范指引在政治生活或执政过程中贯彻落实具体政策法规的行为。可见，区分两者的关键在于行为依据和行为性状两个方面的标准。

# 第 二 章

# 党领导法治的作用机理

法治中国道路建设的领导核心是执政党,而"提高党领导依法治国的能力和水平""健全党领导全面依法治国的制度和工作机制"[1] 又是重中之重。为此,有必要解决一个前提性问题,即探明党领导法治的作用机理。[2] 从词源层面看,"作用机理"一词多用于理学领域,指变量(要素)作用于特定客体的必然规律及效应;后引申到人文社会科学领域,强调特定要素的作用原理及机制。具体到党领导法治的作用机理,指党领导法治作用的基本原理、特性、作用媒介及作用机制,其核心是通过完善党对国家政权机关的领导,实施党对法治建设的领导。只有深入揭示党领导法治的作用基础、作用规律、作用机制,才能在法治的轨道内科学定位党法关系,强化党对法治的领导能力,全面深入推进依法治国实践。

## 第一节 党的领导在法治道路建设中的价值作用

"党的领导是社会主义法治最根本的保证"[3]。在法治道路探索中,党法关系是根本问题。[4] 如果党和法的关系得到正确的处理,就会有利于全面推

---

[1] 习近平:《加强党对依法治国的领导》,载《求是》2019 年第 4 期。
[2] 肖贵清等:《全面从严治党的时代意义及基本途径》,载《山东社会科学》2015 年第 7 期。
[3] 习近平:《加强党对依法治国的领导》,载《求是》2019 年第 4 期。
[4] 莫纪宏:《党法关系是根本问题》,载《人民日报》2018 年 8 月 31 日。

进依法治国的发展和兴盛；反之，则会制约法治的发展。法治建设的推进，涉及到深层次的矛盾和问题，需要坚持和完善党的领导，提高党领导法治的能力和水平，为法治发展提供强有力的政治保证。

## 一、党领导法治的作用属性

坚持党的领导是全面推进法治的第一原则。从属性上看，党的领导是根本的、全面的、科学的，这奠定了将党的领导贯彻落实到法治建设各个环节的坚实法理基础。[①]

一是根本性。党的领导是法治中国发展道路的最本质特征，法治中国建设离不开党的正确领导。党执政70多年来，虽历经坎坷但对法治矢志不渝。党始终如一地领导民主法治建设，与时俱进地直面现实治理问题和矛盾风险，持续推进宪法法律制度发展，从根本上指明了法治的前行方向，为人类法治文明的发展做出了重要历史贡献。从本质上看，中国共产党代表人民的根本利益，党对法治的领导作为一种工具性价值，实质是为了实现人民当家作主这一目的性价值。坚持党对法治建设的领导，对于中国法治及治理现代化建设具有根本性和决定性的意义。

二是全局性。中国共产党自成立以来，一直高度重视对法治建设规律的探索和总结。中国共产党领导法治建设，从顶层设计和整体战略出发，牢牢把握全局性的关键问题，提纲挈领、总揽全局、全面筹划、统筹协调，为法治现代化提供了坚实的组织基础、制度保障和机制支持。新时代的法治是在与全面小康社会、全面深化改革和全面从严治党各领域、各方面、各环节相互联系之中进行的系统性构建，而不是局部的、片面的、零碎的变革。就基本纲领而言，是建设富强民主文明和谐美丽的现代化强国；就阶段性目标而言，则要在2035年基本建成法治国家、法治政府和法治社会。可见，在外部，法治中国建设是与从大国到强国的价值预设融为一体的；在内部，则是国家、政党、政府和社会四位一体的法治构建的统一体。可见，坚持党的领导较之于抛开党的领导，对于法治而言更加有全面性、系统性、综合性和融贯性，更有利于为建设社会主义法治国家确定整体的规划图景和科学的战略

---

[①] 《党的领导是最根本保证》，载《人民公安报》2018年11月16日。

部署，从而引领法治中国道路通往中华民族伟大复兴的理想之国。

三是科学性。中国共产党在领导法治建设中的科学性是由党的先进性决定的。在作为工人阶级先锋队的党的领导下，社会主义法治建设以人民幸福、人类解放为终极目标，共产主义理想信念贯穿于法治发展的全过程，形成了系统的思想理论。党对法治领导作用的科学性表现在：一是理念的科学性。在执政治国的生动实践中，把党的领导、人民当家作主和依法治国有机统一起来，实现政治理念与法治理念的相互融合，党逐步提炼和创造了一系列领导法治建设的新理念新思想新观点，经过实践不断检验形成真理性的科学原理，为自身法治实践发展提供科学指引。二是规范的科学性。在法治发展史上，占据主流的理论一直认为国家法是治国的唯一法律依据。到现代社会，美国现实主义法学提出了民间法这一补充性规范理论。中国共产党人超越西方一切法学流派，史无前例地提出，国家法律和党内法规共同构成完整的治国理政之规范性体系，为领导法治建设奠定了科学的规范依据和制度基础。三是程序的科学性。党领导法治既要依据实体制度规范，又要切实遵循程序性规范，切实做到实体与程序的一体化。程序的科学性保证了领导法治的科学性。四是思维的科学性。思维是行动的先导。好的法治实体与程序制度离不开良法善治的思维导引，以尊重法治、严守规范、克制权力、法治为民、捍卫法律的法治思维推进法治和社会发展，是确保党对法治进行领导的科学性的根本保障。五是方法的科学性。马克思主义既是科学的世界观，又是科学的方法论。准确把握和正确运用马克思主义的方法论，[①] 解放思想，实事求是，坚持依宪治国、依宪执政，始终把法治作为治国理政的基本方式，是党领导法治取得成功的关键。

## 二、党领导法治的作用客体

党领导法治的作用客体，即党在领导法治过程中发生作用时所指向的对象，党对法治的领导作用，首先是直接作用于法治本身，在范围上既包括法治政府与法治社会，更包括宏观层面的法治国家，归结起来，就是全局意义上的法治中国建设。其次是作用于党的建设本身，党领导法治的对象除了国

---

① 《邓小平文选》第三卷，人民出版社1993年版，第382页。

家法治外，还包括党内法规体系建设所指向的规范关系，通过从严治党和党内法规建设来指向党的建设所涵盖的所有事务和党内外关系。这些事务和关系构成党领导法治的重要客体。再次是作用于国家和社会事务，确保法治原则贯穿于治理现代化的全过程。总之，法治中国、党的建设和国家与社会事务共同构成党领导法治的作用对象。

首先，作用于法治中国建设。以习近平法治思想为指导，党领导法治作用的核心内容即体现在为法治中国建设提供根本保证方面。1997年，党的第十五次全国人民代表大会首次明确而完整地提出了"建设社会主义法治国家"的目标，将依法治国视为广大人民群众在党的领导下对于国家事务、经济文化事业、社会事务的依法管理。2002年，党的十六大则提出，"党领导人民治理国家的基本方略"即是依法治国；与此同时，依法治国亦是社会主义民主政治的重要体现，从而为推进我国法治建设指明了正确的方向。2007年，党的十七大强调，要"保证党领导人民治理国家"，并从依法执政高度提高党的领导水平，推进依法治国方略的贯彻落实。2013年党的十八届三中全会首次提出"法治中国"这一崭新概念，大大拓展了党对法治对象的认识和作用范围；2014年党的十八届四中全会全方位规划了全面推进依法治国的路线图、时间表和战略部署，提出全面推进依法治国、建设法治中国的伟大目标。事实上，党的领导既是中国人民的必然选择，又是法治建设的时代诉求。这要求在对象上切实加强党总揽法治中国建设全局、协调各方的领导核心地位。

其次，作用于党的自身建设。根据唯物辩证法的基本原理，党的领导对法治建设起到积极的引导作用，法治发展也反作用于党的建设本身，为全面从严治党提供法治保障。党的建设与法治发展不可分割。从根本上看，无论是民主执政还是科学执政，都与依法执政密不可分。法治能力建设是党的能力建设的关键之一。这为党领导法治的全面实现奠定了重要基础，为党的领导的贯彻落实提供了重要保障。党的领导由主要依据政策到主要依据国家法律和党内法规的转变本身既是执政方式的转变，促进了党领导法治作用的时代进步，也是党自身建设的发展和进步。[①]

---

① 谭彦德：《不断提高党的建设质量》，载《学习时报》2019年1月21日。

再次,作用于国家和社会发展。党的领导最终通过国家政权机关作用于国家和社会发展,起到推动国家发展、组织和管理社会的积极作用,在法治经济、民主政治、先进文化、社会和谐及生态文明建设层面,形成协同治理格局。作为中国特色社会主义的最本质特征,党对国家和社会领导的实现,在具体实践领域,需要通过国家政权机关,以及特定的组织和制度机制来实现,并严格遵照宪法法律的规定施行,从始至终最大限度地保障党和国家充满生机和活力,实现党对法治建设全过程的积极领导。

### 三、党领导法治作用的面向

党的领导是真正实现国家治理、政府治理、社会治理层面法治化的根本保障。坚持党对法治建设的领导,通过法定途径和法定方式,形成国家、政党、政府、社会协同格局,激发社会活力、凝聚主体力量,有效应对新时代社会矛盾,使党的路线、方针、政策贯彻落实到国家治理、政府治理、社会治理各个方面。①

**(一)国家面向**

在法治国家建设方面,党领导法治的作用以国家战略与方针政策引领为核心;党的领导并非是直接的政务管理,而是在党政分离基础上的政治、组织、思想领导。党的十八届四中全会指出,坚持党的领导构成了全面推进依法治国过程中的核心要义,从根本上为法治中国建设提供坚强保障,是关系到党、国家、人民利益的根本所在。党的十九大提出要"深化依法治国实践"。为此,在国家战略层面,将全面推进依法治国作为国家治理革命的基本方式,由党统领国家治理与法治国家建设;在权力配置上,以科学立法、严格执法、公正司法、全民守法为原则优化国家立法权、行政权、司法权之间的关系,通过设置专门的国家监察权来强势推进权力制约;在领导机制上,设置中央全面依法治国领导委员会这一党领导法治的专门组织机构,发挥党统一领导法治国家建设的原创性作用;在法治权威上,完善合宪性审查机制,深入推进宪法实施、切实维护宪法权威。总之,党对国家层面法治的领导作用是多维、高层、复合和具体的,而非单一抽象的。

---

① 姚建宗:《新时代中国社会主要矛盾的法学意涵》,载《法学论坛》2019年第1期。

## （二）政府面向

党在领导法治政府建设方面发挥着不可替代的重要作用，其根本任务在于保障依法决策，推动决策科学化、民主化，促进依法行政，打造法治政府。党的十九大报告对"建设法治政府"做出了重要部署。在新时代中国特色社会主义背景下，坚持民主集中制，充分保障政府依法行政与全面履职，需要切实加强党对法治建设的领导。《法治政府建设实施纲要（2015—2020年）》将坚持中国共产党的领导确立为法治政府建设的基本原则，充分发挥各级党委的积极作用，重视全面提升党政主要负责人的依法行政能力，通过严格规范公正文明执法，保证法律严格实施。

为了督促法治政府的决策部署得到落实，应当构建一套严密的执政党检查监督与责任机制。第一，在机构上，设置专门的督查职能，由"中央全面依法治国委员会办公室"和"地方各级党委法治建设议事协调机构的办事机构"作为党领导监督法治政府建设的"督察单位"。[①] 第二，在目标上，对政府落实依法行政和法治政府建设情况进行监督、监察和究责，重点是根据《中共中央关于全面推进依法治国若干重大问题的决定》《法治政府建设实施纲要（2015—2020年）》和其他有关规定，对法治政府建设战略的实施和具体举措的落实及其成效进行督查。第三，在对象上，地方党委和政府是重点督查对象，即督查地方党委履行推进本地区法治建设领导职责，督查地方各级政府和县级以上政府部门履行推进本地区、本部门法治政府建设主体职责。第四，在责任上，分为领导责任和主体责任。前者是指地方各级党委应当承担的推进所在地方的法治政府建设职责情况，后者是地方政府和县级以上政府部门应当承担的实施法治政府建设战略方案的具体成效。通过两者的结合，建立"从党政主要负责人到其他领导干部直至全体党政机关工作人员的闭环责任体系"。[②]

## （三）社会面向

在法治社会建设方面，党领导法治的作用以党执政的坚强民意支持为前

---

[①] 中共中央办公厅、国务院办公厅：《法治政府建设与责任落实督察工作规定》，载《光明日报》2019年5月7日。

[②] 中共中央办公厅、国务院办公厅：《法治政府建设与责任落实督察工作规定》，载《光明日报》2019年5月7日。

提，形成历史传统与"公共话语"相结合的支撑结构，奠定党领导法治的文化基础与民意基础。具体而言，在价值共识上，以社会公平正义凝聚起强大的民族自豪感与社会向心力，引领社会全体成员德法兼修、奉公守法，达致善治的境界；以集体认同形式，最大限度地增强党领导法治社会建设的实效性，使群体不是将个人享乐与效益计算置于至高无上的地位，而是将对于美好社会的共同理想贯穿于其选择的全过程。① 从现实性角度看，只有在个体权利与集体权利的共同保障中，才能有效防止个体自由的无限扩大对他者权益的侵害，提升整个社会的法治意识。② 而党正是社会利益的最大代表者、协调者和维护者，通过加强人权法治保障，在确保全体人民平等参与平等发展权利的实现中激发活力、增进和谐，达致社会善治的佳境。

## 第二节　党领导法治的作用基础

中国共产党是中国革命与国家建设的领导力量，是工人阶级的先锋队，是国家治理现代化的捍卫者和领导者。中国共产党的执政主体地位经历了历史的检验，成为全体中国人民的自主自觉选择。2018年宪法修正案明确将党的领导作为"中国特色社会主义最本质的特征"，这一宪法规范与法律、党内法规的相关规定共同构成了党领导法治发生作用的法律基础。

### 一、党领导法治的宪法基础

"党的领导"写入宪法的历史转变奠定了党领导法治的根本法基础，其不仅是形式上的转变，更具有深刻的法治内涵与时代意义。我国的第一部《宪法》（1954年）即肯定了党的领导对中国革命和建设事业的积极作用，但在这一时期，"党的领导"是写在宪法的序言部分的；在序言当中，"中国共产党领导"共出现了两次。通过宪法序言确立"党的领导"的方式一直沿用到1982年宪法当中，从内容上看，"党的领导"写入宪法序言，以史实性记载为主要形式。例如，在1982年宪法中，"中国共产党领导"共

---

① ［美］道格拉斯·C. 诺斯：《经济史中的结构和变迁》，陈郁、罗华平译，上海三联书店、上海人民出版社1994年版，第59页。
② 陈柏峰：《中国法治社会的结构及其运行机制》，载《中国社会科学》2019年第1期。

出现了 4 次，记述了中国共产党领导中国革命与建设的历史进程。其后，1988 年、1993 年、1999 年、2004 年、2018 年先后经过五次修订；2018 年宪法修正案成为首个涉及"党的领导"这一根本制度的宪法修正案。其中，"中国共产党领导"共出现了 6 次；在宪法序言中，除 1982 年宪法关于中国共产党领导中国各族人民取得中国新民主主义革命的胜利和社会主义事业的成就，在长期的革命和建设中，结成了中国共产党领导的最广泛的爱国统一战线，中国各族人民将继续在中国共产党的领导下，不断完善社会主义的各项制度的表述外，增加了党领导下的多党合作和政治协商制度将长期存在的内容。在宪法第一章"总纲"第一条，明确了党的领导作为"中国特色社会主义最本质特征"的法理属性和核心地位。从更深入的层次看，"党的领导"载入宪法方式的历史转变，在最上位规范效力层面保障党的领导贯穿于法治建设各领域和层面发挥着无可替代的价值作用，奠定了党领导法治的坚实基础。[①]

中国共产党的建党宗旨和立党原则是全心全意为人民服务，以这一原则为指引，共产党坚持人民主体地位，将人民意志贯穿于法治建设的全过程，领导、推动和捍卫着这一价值目标在法治发展中的深入贯彻与积极践行。从意义层面看，党和国家的长治久安密切相连，坚持和完善党对法治的领导，实现长期执政，直接关系到全面建设社会主义现代化国家的实现；坚持党的领导，才能真正最大限度地凝聚起合力，切实推进"四个全面"战略部署的贯彻落实，为实现中华民族伟大复兴提供坚实保障。

## 二、党领导法治的法律基础

党领导法治的法律基础是宪法规范在法律层面的具体贯彻落实。从法律层面分析，党的领导广泛地得到法律的确认、规范与保障。例如，《中华人民共和国国家监察法》第二条将坚持党的领导作为国家监察治理的基础性原则。《中华人民共和国立法法》第三条在宪法规定的立法基本原则的框架内，进一步将坚持党的领导放在与坚持社会主义道路、坚持以经济建设为中心的同等高度。《中华人民共和国国防法》第十九条则将党的领导作为国家武

---

[①] 周叶中等：《"党的领导"的宪法学思考》，载《法学论坛》2018 年第 5 期。

装力量的根本遵循。《中华人民共和国国家安全法》第四条同样规定了在国家安全工作中坚持党的领导原则，强调要从体制层面深入推动国家安全领导体系的"集中统一、高效权威"；该法第十五条将坚持党的领导与坚持中国特色社会主义制度放在了同等重要的地位。《中华人民共和国高等教育法》第三十九条明确了依照党的章程及有关规定推动中国共产党高等学校基层委员会运行，"统一领导学校工作"的基本规范。《中华人民共和国公务员法》第四条规定，要"坚持党管干部原则"，深入贯彻落实党的干部路线和方针。这些规定为党的领导贯穿到治理的各个方面奠定了重要的法律基础。

更进一步分析，党领导法治的作用基础在于党领导立法与人民群众根本利益的高度一致性。党的十一届三中全会提出"必须要加强社会主义法制"，坚持做到完善立法、有法必依、严格执法、违法必究。1981年，党的十一届六中全会强调法制建设对于国家发展的重要性。1982年召开的党的第十二次全国人民代表大会，对于党的自身建设做出了明确的规定，强调政党行为"不能逾越法律的界限"，要严格依照宪法法律的规定展开活动。2012年，党的十八大将依法治国的基本要求概括为五个方面的建设目标，即提升立法层面的科学性、执法层面的严格性、司法层面的公正性，并坚持法律面前人人平等这一原则，推动全体社会成员严格遵守法律规范。[①] 党的十八届三中全会指出政治体制改革的深化要坚持党的领导，并将保障人民根本利益，推进法治建设三者有机统一起来展开，从而在依法协同推进治国、执政、行政层面形成整合效益。习近平总书记在十九大报告中指出，要将坚持党的领导贯穿到一切工作当中去，增强"四个意识"。更进一步分析，一方面，党对法治建设的领导具有必要性，社会主义法治与党的领导高度统一；另一方面，党领导法治具有合法性，党领导立法及法律的执行，与此同时党在法律的框架内展开活动，严格遵守法治原则，实现领导法治与遵循法治、厉行法治与法治改革的辩证统一。

### 三、党领导法治的党内法规基础

党领导法治的党内法规基础进一步细化了相关规定，在主要内容层面强

---

① 《中国共产党第十二次全国代表大会文件汇编》，人民出版社1982年版，第11、6—7页。

调坚持党的领导须从政治、组织、思想三个方面展开。《中央党内法规制定工作五年规划纲要（2013—2017年）》确立了党内法规体系建设的指导思想，也即在中国特色社会主义事业推进过程中，保证党始终成为坚强的领导核心，并将其与全面推进党的建设，加强制度保障相结合，提升党建的科学化水平密切结合起来，推动党领导法治建设的制度、体制、机制的发展为重要任务，完善党领导法治的党内法规。《中央党内法规制定工作第二个五年规划（2018—2022年）》在思想建党和制度治党有机结合的基础上，强调要完善党的"组织法规""领导法规""自身建设法规"和"监督保障法规"，以"增强依法执政本领，提高管党治党水平，确保党在新时代中国特色社会主义的伟大实践中始终成为坚强领导核心"。这一规划进一步夯实了党领导法治的党内法规基础。①

党领导法治的党内法规基础以党章为本。在《中国共产党章程》中，"中国共产党领导"共出现9次，总纲规定中国共产党是中国特色社会主义事业的领导核心，在法治经济、民主政治、先进文化、和谐社会、生态文明、军队建设、民族关系、统一战线的维护和发展中发挥着至关重要的作用，中国共产党的领导在"四个全面"协调推进高度进一步释放内在的力量。此外，亦通过一系列规范进一步明确了坚持党的领导的重要性。《中国共产党党内法规制定条例》第六条规定，要在中央统一领导下推动党内法规的制定和完善。《关于新形势下党内政治生活的若干准则》强调党和国家事业的关键在于坚持四项基本原则，其中，最为根本的是坚持党的领导，必须旗帜鲜明反对和抵制否定党的领导的言行；首要的是坚持党中央的集中统一领导，提高党的领导水平和执政水平，强化对于权力运行的制约和监督。《中国共产党党内监督条例》第一条将坚持党的领导确立为党内监督的根本原则，第五条指出要重点解决党的领导弱化的问题，并将维护党中央集中统一领导确立为党内监督的重要内容，从而使推进党内法规制定的规范化与党领导法治基础的加强有机统一起来。②

---

① 张晓燕：《新时代党内法规制度建设的顶层设计》，载《中国党政干部论坛》2018年第3期。
② 姜明安：《论中国共产党党内法规的性质与作用》，载《北京大学学报（哲学社会科学版）》2012年第3期。

## 第三节　党领导法治的作用规律

党领导法治的作用规律体现为通过国家政权机关实施党对法治建设的领导。从政治、组织、思想三个层面出发，坚持和完善党的领导，一方面，要保证党委的领导核心作用；另一方面，又要充分发挥国家政权机关的积极作用。十八届四中全会提出"四个善于"，其中，再次重申了这一主张的重要性。与此同时，指明了党的领导需要通过国家政权机关来实现。这揭示了党领导法治的作用规律。[1]

### 一、党的领导与国家机关的法治关系

在党领导法治的实践运行中，形成了这样一条基本规律，即通过国家政权机关实施党对法治建设的领导。国家政权机关是行使国家职能，管理国家事务的机关的总称。按照不同的标准可以分为不同的种类。随着国家监察体制改革试点的深入推进，十三届全国人大一次会议审议通过《国家监察法》及国务院机构改革方案，明确了监察委员会作为国家机构的法律地位，我国的政权机关按照职能划分为立法机关、行政机关、司法机关、监察机关。其中，立法机关也即权力机关，指全国和地方各级人民代表大会；行政机关即中央和地方各级人民政府；司法机关包括审判机关和检察机关，分别指行使审判权的法院和行使检察权的检察院；监察机关指监察委员会，行使对公职人员的监督权、调查权和处置权。探讨党对法治的领导，应当揭示党对国家机关的作用机理。

#### （一）通过人大实施党对法治建设的领导

通过人大实施党对国家和社会的领导集中表现为党领导立法。坚持人民代表大会制度，是党领导中国特色社会主义建设的根本基础。一方面，中国共产党代表最广大人民的根本利益，在履行国家权力机关职能方面为人大提供最大限度的支持；另一方面，法治领导机制与一国的政权组织形式紧密相依，党领导法治与捍卫人民政权具有本质上的一致性，正如邓小平同志指出

---

[1] 李景治：《依法执政是依法治国的关键》，载《社会科学研究》2015 年第 2 期。

的，党在做出决定的过程中通过人民代表大会讨论，接受人民代表大会的监督，从而保证党的方针政策的有效执行，以及各项任务的顺利完成。① 具体而言，党通过人民代表大会实施领导主要表现在两个方面：一是对于国家的重大事务，党委有权依照法定程序提出建议，推动党的意志转化为国家意志，但不能代行国家政权机关的权力；二是对于国家政权机关领导人员的选举和任命，党组织有权向人民代表大会推荐经过组织考察的优秀人才。正因为如此，江泽民同志明确指出，人民代表大会制度是党实施领导的"一大特色和优势"。为此，习近平总书记指出，应当"坚持党总揽全局、协调各方的领导核心作用，通过人民代表大会制度，保证党的路线方针政策和决策部署在国家工作中得到全面贯彻和有效执行"。②

### （二）通过政府实施党对法治建设的领导

应当"善于通过国家政权机关实施党对国家和社会的领导"。③ 政府是党领导法治的重要支撑。邓小平同志强调，党对于政权的领导责任，指的是总的原则层面的领导，而非直接决策管理，主要表现为政治定位、思想引领、组织领导，在此基础上，通过法定程序将党的主张上升为国家意志，推动党的主张贯彻落实，促进党的方针政策在法治运行本身及经济社会文化事务中全面执行，协同推进依法治国、执政、行政的伟大进程。一方面，通过民主程序巩固党的执政地位，夯实党长期执政的法理基础，并通过民主集中制确保党对政府行政与执法活动的统一领导；另一方面，以法治思维和法治方式引领政府依法行政，保证政府执法高效公正有序开展，保障党的领导核心作用与政权机关依法履职的有机协调。既坚持党的领导，又防止以党代政，实现依法执政与依法行政的高度统一。

### （三）通过司法机关实施党对法治建设的领导

通过司法机关实施党对国家和社会的领导集中表现为党支持司法。司法机关是党领导法治的重要力量。然而，仍需注意的是，党领导政法工作仅指

---

① 《邓小平文选》第一卷，人民出版社1994年版，第233、340页。
② 习近平：《在庆祝全国人民代表大会成立60周年大会上的讲话》，载《人民日报·海外版》2014年9月6日。
③ 习近平：《在庆祝全国人民代表大会成立60周年大会上的讲话》，载《人民日报·海外版》2014年9月6日。

对于方向、原则及干部的管理,而不能够去包办具体的政法事务;通过实施领导干部违法干预案件究责制度,依法区分党委领导与独立办案的界限,防止将党对政法工作的领导当做领导干部不当干预司法的借口。依法独立行使审判权、检察权,改进党对司法机关的领导是关键。① 党的领导是建设法治中国的根本保证,通过国家政权机关实施党的领导是党长期执政的法治保障。具体到司法实践,党的领导体现为至少三大层面:一是在思想政治和组织上自觉接受党对司法机关的领导。无论是司法运行的价值目标预设,还是司法制度与组织保障,都离不开党的统一领导。二是党统一领导司法权力配置、司法制度构建和司法体制机制改革。司法改革实质上是司法权力的优化配置,牵一发而动全身,绝不只是司法机关一己之职能,仅凭司法机关是无法完成司法改革大任的。司法改革的对象表面上似乎只是司法本身,其实不然,司法改革广泛涉及司法权与其他国家权力、司法权与社会力量以及司法权内部诸要素层次之间三大方面的关系,只有党的领导才能自上而下、全面系统地超越权力局限、协调和优化上述这些关系。三是司法机关在具体的司法活动之中应当通过司法解释、司法政策贯彻落实党的路线、方针和政策。党对司法的领导应当通过司法机关的司法政策和司法解释加以转化,以法律方式和法定程序有效推进。

(四)通过监察机关实施党对法治建设的领导

党的十九大之后,国家监察体制改革在全国推开,各地监察机构的组建迅速推进。第十三届全国人民代表大会第一次会议通过宪法修正案,确立了国家监察委员会作为国家最高监察机关的根本法地位,从而为通过监察机关实施党对法治建设的领导奠定了组织基础。《中华人民共和国国家监察法》第二条规定了坚持党的领导在国家监察权力运行中的基础性地位,这也为通过监察机关实施党对法治建设的领导奠定了规范基础。监察委员会体制改革在党的领导下展开,监察机关成为党领导下深入推进国家监督法治发展进程的根本力量。监察治理现代化的实现体现党的领导对于严密的法治监督体系建设的积极作用,在整合国家监督力量层面发挥总体效应。②

---

① 《习近平关于全面依法治国论述摘编》,中央文献出版社 2015 年版,第 112 页。
② 肖存良:《中国特色政党监督的体系结构及其内在逻辑》,载《中央社会主义学院学报》2019 年第 1 期。

## 二、法治建设与党的建设的有机统一

党领导法治的能力是党的执政能力的重要组成部分，是马克思主义政党建设的重要内容。法治建设与党的建设的有机统一亦构成了社会主义法治与资本主义法治相区别的标志之一。[①] 近代西方资产阶级提出的法治思想，在"三权分立"与多党政治的格局下，成为实现精英统治的工具。而中国特色社会主义法治，在代表人民根本利益的党的领导下，成为人民依法治理国家的重要途径。从这个意义上讲，只有坚持党对法治建设的领导，才能真正实现以人民根本利益为本质追求的法治发展。

### （一）依法治国与依规治党

党领导依法治国是立党为公、执政为民之实质理性和依法治理之形式理性有机统一的必然结果。其中，依法治国从制度上巩固党的领导地位，立党为公从根本上确立党的宗旨、彰显党的价值优越性，构成了党发挥领导核心作用的价值基础。依法治国离不开党的领导，以立党为公、执政为民为指导，以依法协同推进治国、执政、行政的进程为路径，在党总揽全局、协调各方的引领下，充分支持各级人大、政府、司法机关严格依法依章程履行职能，分工合作，共同推动中国特色社会主义法治国家建设，实施党对法治建设的领导。事实上，党的领导在保证国家机关、社会组织、人民团体相互协调、独立积极地开展工作方面发挥着不可替代的重要作用。如果没有政党，"现代民主是不可想象的"[②]。党的领导严格依照宪法法律进行，贯穿于决策、实施、监督各个阶段，并在法治理念、法治道路、法治制度和法治队伍诸方面形成合力，充分发挥党领导法治的积极作用。

### （二）依法执政与从严治党

党对法治的领导作用机制包含着深刻的辩证法，其中的关键便是领导的必然性与可能性、必要性与现实性、合理性与合法性的辩证统一，在政党治理层面表现为依法执政与从严治党的有机统一。依法执政从领导方式转变上奠定党的领导的合法化基础，从严治党在先进性与人民性方面为党的领导核

---

① John N. Hazard, "Guyana's Alternative to Socialist and Capitalist Legal Models", *American Journal of Comparative Law*, Vol. 16, Issue 4, 1968, p. 509.

② E. E. Schattshneider, *Party Government*, Holt, Rinehart & Winston, 1942, 1.

心地位的巩固提供坚实保障。在依法执政与从严治党有机结合的基础上，提升党领导立法、带头守法、保证执法的能力和水平，推动国家治理、政府治理、政党治理、社会治理的法治化、规范化。中国共产党的党建原则是马克思主义建党学说中国化的集中体现，作为工人阶级的先锋队，党的领导作用的发挥应当从自身建设做起，以身作则，充分发挥先锋模范作用，用实际行动推进党和国家事业的发展；通过深入推进全面从严治党，确保依法执政，促进中国特色社会主义法治建设在正确轨道上运行、发展和完善。领导权不是口号或服从，而是以党的正确政策和先锋模范作用实现正确的引领。

### （三）依法执政与加强党建

以通过协同推进法治建设与党的建设的方式，坚持和完善党对法治建设的领导，在政权建设层面表现为依法执政与加强党建的有机结合。依法执政从体制机制建设层面促进党总揽全局、协调各方积极发挥作用，加强党建从新型党政关系构建及履职保障层面改进和完善党的领导。需要注意的是，早在抗日战争时期，董必武同志即明确指出，要区分党和政府这两个不同的系统，党不能够包办政府的工作，否则会产生极端不利的后果。① 毛泽东同志指出，党的领导的实现需要通过政府机构来推进；② 彭真同志指出，必须要加强党对政权的领导；但是，党委与政权机关并不存在组织层面的上下隶属关系。对于政权机关依法做出的决议，"所有人都要服从"；而"属于国家的事情"，就需要通过政权机关展开管理。③ 因此，应当正确处理党的领导核心作用与国家行政机关依法充分履职之间的关系，一方面，对党的职能权限做出明确的法律规定与制度安排，实现党政关系的制度化；另一方面，以民主管理为路径，在党政关系协调发展中发挥党对法治的领导作用。

## 第四节　党领导法治的作用机制

在长期实践中我国已经形成一套坚持党的领导的制度规范和工作机制，

---

① 《董必武选集》，人民出版社 1985 年版，第 307—308 页。
② 《毛泽东选集》第一卷，人民出版社 1991 年版，第 73 页。
③ 《彭真文选》，人民出版社 1991 年版，第 226—227 页。

并成功转化为社会主义制度的最大优势。① 党领导法治的作用机制之构建，应当从中国实际出发，遵循法治发展客观规律，与中国特色社会主义法治体系建设总目标相适应，围绕法律规范、法治实施、法治监督、法治保障和党内法规体系建设，在根本价值、制度载体、实践运行和实施效果诸方面形成党领导法治的立体化、全方位及具有可行性的体制机制和作用路径及方式。

## 一、党领导法律规范体系建设的引导机制

党的十八届四中全会提出"四个善于"，其中的前提是善于使党的主张通过法定程序成为国家意志。中国共产党代表人民的根本利益，通过构建党领导法律规范体系建设的引导机制，保障党的路线、方针、政策在国家政权体系中得以全面体现和充分落实，确保实现"以人民为中心的发展"。任何国家法治体系的建立都必须依靠一个坚强有力的领导核心，在处理改革、发展、稳定的关系，以及解决各种新问题、新矛盾时，党的领导以高瞻远瞩的战略思维与宏观布局引领法治的发展方向，引领法治中国建设。加强和改善党领导立法，以提高立法的科学性、民主性为核心，引领立法为民，形成成熟的组织及法律制度保障，从立法顶层设计层面，贯彻落实党的决策部署。②

党领导法律规范体系建设的引导机制以宪法法律为依据，以《中共中央关于加强党领导立法工作的意见》《中共中央关于加强对国家立法工作领导的若干意见》为支持，以重点领域立法为关键环节，主要包括请示报告机制与按照法定程序将党的主张上升为国家意志的机制保障两个方面。其中，请示报告机制建设，确保在人民代表大会制度运行过程中，相关的重要事项、重大问题及时向党中央请示报告，并按照法定的程序做出正确的判断和处理。从这个意义上讲，坚持党对人大工作的领导，就是要保证立法正确的政治方向，使法治建设的成果真正回归到人民根本利益的实现上来。而将党的主张上升为国家意志的机制保障则进一步将这一核心目标贯彻落实到法律法规体系建设的各个环节，并从充分发挥民间规范作用，推动依法治国与

---

① 孟祥夫：《强化党的领导的法律权威——访中央党校党建部副主任祝灵君》，载《人民日报》2018年3月8日。

② 陈俊：《依法立法的理念与制度设计》，载《政治与法律》2018年第12期。

以德治国相结合的高度,推动党领导法治的制度化、规范化。

## 二、党领导法治实施体系建设的促进机制

法治是一种社会调控方式,是民主社会的选择,建设社会主义法治国家是全国人民的选择,也是全国人民达成的一种共识。因此,其实施过程即是党通过执法司法机关实施对国家和社会的领导的历程。我国幅员广、人口多的国情决定了,党领导法治实施体系建设的促进机制对于全面推进依法治国目标的落实必不可少,中国共产党是法治中国坚定的领导核心与捍卫主体,更是社会主义法治的坚强推动者,从抗日民主根据地时期的人权条例,到新中国成立后以人民根本利益为出发点的法制建设实践,中国共产党在推动法治建设,保障人民权益方面做出巨大努力。这也构成了法治实施体系建设的根本价值追求。但是,在法治实施的过程中难免遇到问题,甚至出现跨区域的乃至影响到全国范围的法律适用困境。在这一背景下,以正确处理党政关系为基础,协调不同机关之间、不同地域之间的关系,需要党的坚强领导和前所未有的魄力;并在此基础上,在党的领导下坚定推进法治实施体系的建立和完善。其中,党领导法治实施体系建设的促进机制重点在于对于宪法实施的促进机制建设,这也是全面推进依法治国的重中之重。"法律的生命在于实施",只有从根本大法的层面,确保法治国家、法治政府、法治社会一体建设,以及使审判权和检察权的依法独立公正行使,在党领导下,坚定不移推进各项工作依据宪法法律有序推进,并在法治的轨道上开展,真正树立起宪法的效力和权威,才能够推动以宪法为基础的整个法律法规体系的实效性的提升,不断完善宪法法律实施体系的制度建设与机制保障。[①]

## 三、党领导法治监督体系建设的协同机制

党领导法治监督体系建设的协同机制从国家监督体系建设高度,整合监督力量,形成监督合力。"党对政权要实现监督的责任",与对于民主集中制原则的善于运用相结合,以人民民主为基础,将党的建设、制度建设、惩治腐败及反腐倡廉建设统一到(党政)治理体制改革(包括责任制)上来,

---

① 李少葵:《法律的生命在于实施》,载《人民法院报》2011 年 8 月 20 日。

以制度建设（包括党和国家的制度）为着力点，实现决策科学、务实高效。① 十八届六中全会提出，"各级党委应当支持和保证同级人大、政府、监察机关、司法机关等对国家机关及公职人员依法进行监督。"在法治轨道上，把党内监督与国家监察有机结合起来，形成法治监督层面的整体合力，坚决纠正有法不依的现象，保障严格依规办事，是党领导法治监督体系建设的协同机制建设的基础。更进一步分析，从协同机制建设角度加强党对法治建设的领导，更有力于使人大监督、党内监督、司法监督、行政监督、审计监督、社会监督在国家监督高度凝聚起强大的合力，形成更加严密的法治监督体系，对法律实施的情况进行全方位、系统化、全过程的有力监督，并以法治监督的制度化、规范化、程序化，在党领导下真正实现立法、执法、司法、守法的有序推进，确保良法善治的良性运行。

**四、党领导法治保障体系建设的支持机制**

党领导法治保障体系建设是党作为中国特色社会主义事业领导核心的重要体现，既包括组织保障、人才保障、职业保障，也包括思想保障、政治保障、制度保障。这也从三个方面支持着党领导法治的历史演进。在组织保障、人才保障、职业保障层面主要表现为员额制改革、职业化建设与保障，科学配置权力，并提升法治运行机制的科学性。在思想保障、政治保障、制度保障层面主要体现为队伍建设与素质提升，并按照民主集中制处理党组织之间、个体之间及党组织与个人、集体领导与个人负责之间关系，常抓不懈、久久为功。② 2014 年至今，《习近平谈治国理政》已发行至 160 个国家（21 个语种）；2017 年，《摆脱贫困》英文和法文版发行，获得国际社会高度评价；以习近平同志为核心的党中央在新的历史时期对人类文明发展的做出重大贡献。在中国特色社会主义法治国家建设的探索中，深化理论思考，推进实践发展的重要性日益凸显。以之为指导，坚持民主集中制、严格的组织纪律和制度规则，健全常态化的责任追究机制、重大决策终身责任追究制度及责任倒查机制、责任人员党纪政纪和法律责任追究机制，完善执法人员

---

① 《邓小平文选》第一卷，人民出版社 1994 年版，第 215 页。
② 张尚兵：《习近平党建思想内涵缕析》，载《河海大学学报（哲学社会科学版）》2015 年第 3 期。

资格管理与行政执法罚缴分离、收支两条线管理制度,将法治建设成效纳入政绩考核指标体系,构成了治国理政战略部署的重要组成内容。与此同时,从聚合组织保障、人才保障、职业保障、思想保障、政治保障、制度保障的层面,全面提升党领导法治监督体系建设的水平,有效防范"不符合法治运行规律"现象的出现,在公权力运行层面确立沿着法治轨道和法治方式化解矛盾的机制保障,在社会中广泛形成解决问题用法的良好氛围,使法治意识深入人心,成为全民的自觉行动;并通过相应的激励约束机制建设,巩固党领导法治的建设成果,通过高水平的法治人才和队伍建设(包括法律服务人才和队伍建设在内),为中国特色社会主义法治体系的发展和完善提供坚强保障。①

**五、党领导党内法规体系建设的创新机制**

中国共产党的领导以人民根本利益的高度一致性开拓党内法规体系建设的创新路径。党领导党内法规体系建设的创新机制建设以党内法规清理为基础,以党政分开为前提,以党内法规与国家法律的有效衔接为保障,在"统筹推进依法治国与依规治党和制度治党"高度推动党领导党内法规体系建设的创新发展。邓小平同志明确提出了"党政分开"是政治体制改革的重要内容,正确处理党政关系问题是"解决党如何善于领导问题"的关键,强调要有效防范以党代政、"损害各级党和政府的民主生活"现象的出现。在从"革命型的政党向执政党的转变"中,党政关系(建设)成为关系党和国家事业发展的重中之重。党的领导以管党(各级党委、党组)、管方针、管政策为主要特征,对于属于政府职权范围的由国务院或地方政府决定,从而在党政分开的基础上形成"强有力的工作系统"。② 与此同时,通过国家政权机关实施党对国家和社会事务的领导,是通过各个党组、党团和党员来实现的;党的建设对于党政(职能)分开,以及各级政权机关依法行使权力具有重要的思想引领作用,而这些积极作用的发挥以党内法规为重要支撑。从内容上看,党规要严于国法,一方面,从坚定共产主义理想信念

---

① 韩庆祥:《习近平治国理政思想的四大基础》,载《中国特色社会主义研究》2016年第2期。
② 《邓小平文选》第二卷,人民出版社1994年版,第327—328、341、339页。

角度确保人的自由与全面发展的正确方向，构成了巩固党的执政地位与道路自信的重要思想基础；另一方面，从权力监督制约角度确保政党的人民属性与政治本色，坚持党内制度与国家法治相结合，坚持纪严于法，树立党章权威。从价值上看，以党领导党内法规体系建设的创新机制，全面深化中国特色社会主义制度的人民属性，充分发挥人民的治党智慧与监督力量，与党内监督等机制形成合力，落实各级党委从严治党责任，保证权为民所用，利为民所谋；并以更加成熟更加定型的制度为人民生存权与发展权的实现提供坚强支持。以马克思主义为指导，坚持党的领导，推动党内法规体系的不断发展和完善，保证人民当家作主，保证国家政治生活既充满活力又安定有序，从而切实保障党的意志与人民根本利益的一致性，凝聚中华民族伟大复兴的强大力量；这也构成了党领导党内法规体系建设创新机制的核心价值追求。①

---

① 《善为国者必先治其身》，载《光明日报》2015年2月13日。

# 第 三 章

# 党领导立法的实现方式

　　立法在中国特色社会主义法治体系中具有核心地位和基础作用。从立法的核心地位角度看，立法是国家意志的法律表达。我国是人民当家作主的国家，人民行使权力的机关是人民代表大会，人民代表大会最重要的职能是立法，因此，我国的立法是人民意志和国家意志的有机统一。这种统一是人民当家作主和依法治国在立法领域的具体表现。从立法的基础作用角度看，法律体系包括立法、执法、司法、守法各环节，立法是基础。在我国，如果没有法律，执法、司法和守法就无法可依，也就不能建立法律秩序。中国是成文法国家，立法是中国特色社会主义法治体系的核心内容，立法活动是国家治理和法治建设中最重要的活动。

　　中国共产党领导是中国特色社会主义最本质的特征。我国的国家治理体系和治理现代化是一场深刻的革命，法治建设的规模和进程前所未有，国家治理现代化和法治建设都是在中国共产党领导下进行的。立法不仅是国家治理现代化的重要内容，也是法治建设的基础，党领导立法是党的领导的应有之义。党领导立法是党的领导、人民当家作主、依法治国有机统一的具体体现。当然，党领导立法，党也必须在宪法和法律范围内活动，这是依法治国本身的含义，反映了依法治国、依法执政、依法行政的内在逻辑。党领导立法是一个总的原则，需要通过依法执政予以具体落实；需要遵循科学立法、民主立法、依法立法原则；需要通过运用法治思维和法治方式立法；需要正确处理党的立法领导权与人大的国家立法权的关系；需要正确处理立法领导权与立法施行权的关系。

## 第一节　党领导立法的合法性分析

党的领导是中国特色社会主义最本质的特征。这一特征具有对内的定位功能和对外的区分功能，对内的定位功能在法治领域表现为党领导立法、保证执法、支持司法、带头守法四个方面，其中最核心的是党领导立法；对外的区分功能在法治领域表现在我国旗帜鲜明地反对西方立法权、行政权、司法权三权分权制衡原则，我国坚持的是权力分工与权力运行制约原则，统一于党的领导这一根本原则。由于受到各种法律意识形态的影响，我国也出现了"党大还是法大""权大还是法大"的疑问。

"党大还是法大"是一个伪命题。宪法和法律是在党的领导下制定的，党也必须在宪法和法律范围内活动，不存在坚持党的领导就否定法治的事实和逻辑，也不存在党的领导就是"人治"的事实和逻辑。"权大还是法大"分两个层面。第一个层面是一切权力属于人民，法律是人民意志的表达，是同一个问题的不同表现方式，不存在谁大谁小的问题。中国共产党是执政党，执政权就是领导人民当家作主，并通过人民代表大会将人民的意志通过法律表达出来，是同一个问题的不同实现方式的问题，也不存在谁大谁小的问题。第二个层面是各级党的组织和党员按照宪法和法律的要求履行执政职责，党和国家依据宪法和法律授予其具体权力，这个权力属于宪法和法律下的具体权力，必须符合宪法和法律要求。按照宪法和法律的要求运行。

### 一、价值上的正当性

从法的价值角度讨论党领导立法的正当性包括三个层面的内容：党领导立法是保证人民当家作主、尊重和保障人权、保障公民权利实现的根本途径。

我国是人民当家作主的国家，人民当家作主是社会主义民主政治的本质和核心。人民当家作主最基本的方式就是将人民的意志通过法律转化为国家意志，使经济、政治、社会、文化、生态环境各个方面都法律化。人民的意志不是不同阶层、不同界别、不同群体的意志，而是不同阶层、不同界别、不同群体意志的集中表达和最高体现。党领导立法就是通过党对立法工作的领导广泛凝聚共识，更好体现人民的意志，即党通过领导立法把党的意志、国家意志和人民意志统一起来。

人权是人之为人的权利，不同时代人权的内涵不同。尊重和保障人权最有效的途径是人权法治化，使立法、执法、司法、守法都以人权保障为终极价值。人权法治化最核心的内容是通过立法保障公民的基本权利。党领导立法尊重和保障人权就是要以人民为中心，使最大多数人的人权能通过立法转化为法律的终极价值，为使每一个人的人权最终实现奠定法治基础。

在主权国家，人权主要表现为公民基本权利，公民基本权利的实现不是自然而然实现的，公民基本权利的实现需要社会条件、制度条件和个人条件。党通过领导立法不断改善经济、政治、社会、文化、生态环境条件，为实现和发展公民基本权利提供社会条件。[1] 党通过领导立法建立法律体系，为公民基本权利的实现提供制度条件，党通过领导立法为公民个人实现和保护自己的权利提供法律依据。

### 二、规范上的合法性

在规范论上，党领导立法体现了党的意志、人民意志和国家意志的统一，党领导立法是宪制的制度安排，党领导立法是宪法的明文规定。

党领导立法的实体性内容是将党的意志、人民意志和国家意志统一起来，这是党领导立法的规范性根据。从本质上讲，党的意志、人民意志和国家意志是广义的人民意志的三种表现形式，其内涵是同一的。党领导立法的合法性渊源是党的先进性本质，党的先进性本质在社会的时空结构中表现为党的意志，党的意志通过党的路线、方针和政策表现出来。通过党领导立法，党将其路线、方针和政策转化为法律，使国家和人民具有努力的方向和行为规范。[2] 党领导立法不是用党的意志代替人民意志和国家意志，而是根据现实条件把党的意志、人民意志和国家意志统一起来。

党领导立法是宪制的制度安排。党的宪制地位是历史的选择和人民的选

---

[1] 《中共中央关于全面深化改革若干重大问题的决定》，载《人民日报》2013年11月16日。

[2] 李贵敏：《从政策到法律：中国共产党执政依据的转型》，载《河南师范大学学报》2005年第5期。

择。自中国共产党成立以来，就以领导人民实现民族独立、人民解放、国家富强为己任。党领导中国人民经过艰苦卓绝的斗争推翻了帝国主义、封建主义和官僚资本主义，取得了新民主主义革命的胜利，建立了中华人民共和国，使人民成为国家的主人，实现了人民当家作主，为国家富强奠定了政治基础。通过社会主义改造，建立了社会主义制度，在经济、政治、文化各方面为人民当家作主，参与社会主义建设提供了政治条件。在中国特色社会主义建设阶段，党领导人民在经济、政治、文化、社会、生态环境建设方面取得了举世瞩目的伟大成就。在新时代，国内外环境错综复杂，不同群体的利益多元分化，矛盾纠纷多种多样，必须通过法治思维和法治方式妥善协调，有序解决，而立法是解决上述问题最基本的方式。回溯历史、正视当代、面向未来，坚持党的领导都是我国宪法最重要的制度安排。在法治国家，立法是最重要的政治议程和宪法活动，党领导立法是建设社会主义法治国家的关键所在。

鉴于党的本质、历史和现实，我国宪法阐明了党的本质、确认了党的领导地位，规定了党领导建立社会主义法治国家的原则和基本方式。宪法阐明党的领导是中国特色社会主义最本质的特征，其宪法含义是中国特色社会主义建设必须坚持党的领导，否定党的领导就是否定中国特色社会主义。党的领导集中体现在对国家政权的领导，党领导国家政权的基本方式是依法治国，依法治国要求党依法执政，依法执政最重要的方式是领导立法。党领导立法不是要代替国家立法机关立法，而是对国家立法机关的立法活动和重大立法事项进行领导，保证立法的正确方向，保证立法反映人民意志和国家意志。

## 三、历史上的合法性

中国共产党领导立法是中国共产党领导中国人民进行新民主主义革命、进行社会主义改造、进行社会主义现代化建设的重要组织形式。在新民主主义革命时期，党领导立法是把马克思主义普遍原理与中国革命具体实践相结合所形成的路线、方针、政策通过法律形式上升为根据地的法律活动；在土地革命时期，党领导成立了中华苏维埃共和国，组织了中央临时政府人民委员会，制定了《中华苏维埃共和国宪法大纲》《中华苏维埃共和国土地法》《中华苏维埃共和国劳动法》《中华苏维埃共和国关于经济政策的决定》等基本法律;在抗日战争时期,党领导建立了边区参议会,作为边区代议机关,通过了若干法律,选举了常驻议员、议长和边区政府、法院组成人员。

早在抗日战争时期,以毛泽东同志为核心的党中央就开始思考中国未来的政权组织形式。在 1940 年的《新民主主义论》一文中,毛泽东同志就提出未来中国的政权组织形式的建立应不同于西方资产阶级共和国的议会制度,也不同于苏联的无产阶级专政的苏维埃制度,而是各革命阶级联合的,建立在民主集中原则基础上的人民代表大会制度。

中华人民共和国成立时,国家处于新民主主义向社会主义转化的过渡阶段,中国共产党领导召开了包括各民主党派、人民团体和社会民主人士在内的新政治协商会议,制定了《中国人民政治协商会议共同纲领》,起临时宪法作用。同时,党制定了过渡时期的总路线用于指导社会主义改造。在社会主义改造基本完成,社会主义成分占绝对优势的条件下,中国共产党于 1954 年召开了第一届第一次全国人民代表大会,标志着中国人民代表大会制度作为中华人民共和国的政权组织形式正式确立。自此,在党的领导下,人民代表大会以及常务委员会行使宪法职权,通过了一系列法律,为社会主义建设奠定了法律基础。

党领导立法不仅是党的先进性地位决定,也是历史经验的科学总结。[①] 在党领导中国人民进行新民主主义革命、社会主义改造和社会主义建设过程中,法制建设取得了巨大成就。党领导立法在政治方向、政治保障、思想保障、组织保障各方面都建立了具体制度。政治方向上就是把人民的愿望提炼为党的路线、方针、政策,将党的路线、方针、政策上升为法律。政治保障就是带头在宪法和法律范围内活动,按照依法执政的要求治国理政,起模范带头作用。思想保障就是始终将马克思主义作为宪法和法律的指导思想。组织保障就是通过在立法机关中设立党组,由党组在立法活动中贯彻党的路线、方针、政策。

---

① 习近平:《加快建设社会主义法治国家》,载《求是》2015 年第 1 期。

## 第二节　党领导立法的基本原则

党领导立法是依法执政的一种基本方式。现代政治最突出的特征是政党政治，执政党将自己的主张通过国家立法机关的立法活动上升为法律是现代政治的突出特点。西方国家尽管实行多党政治，但通过选举的执政党都会通过自己的议会党团提出立法议案，再通过法律程序上升为法律。尽管多党轮流执政存在政策上的差异，但执政的党将自己的主张上升为法律这一规律没有改变。中国共产党是执政党，其他民主党派是参政党，基于中国共产党的执政地位，将党的政策通过人民代表大会的立法活动上升为法律既是我国治国理政的基本经验，也是依法执政的一种基本方式。党领导立法也要按照宪法和法律确立的原则从事立法活动，即必须按照依法立法、民主立法、科学立法原则的要求领导立法。

### 一、依法立法原则

依法立法包括三个方面的内容：一是立法要贯彻落实党的路线、方针、政策；二是立法要符合宪法法律规定；三是立法要维护国家法制统一。

依法立法是依法治国、依法执政的内在要求。党领导立法是基于宪法所确立的执政地位，通过依宪执政和依法执政与人民代表大会的立法权衔接起来。因此，依宪执政、依法执政具有两个方面的含义：一是党领导立法是宪法确立的职权，二是党领导立法是宪法所确认的职责。前一个命题表明党有依照宪法规定领导立法的权力，后一个命题表明党应当按照宪法的规定领导立法。党领导立法是通过立法活动把党的路线、方针、政策通过立法活动予以贯彻落实，把握立法的正确政治方向，将党的意志、人民意志和国家意志统一起来，使法律成为全社会一体遵循的行为准则。

党领导立法也必须符合宪法法律规定。宪法和法律是党的意志、人民意志和国家意志的统一，宪法和法律规定了我国立法的原则、体制、权限和程序。党领导立法也必须遵循立法原则，尊重立法体制，在立法权限范围内，按照立法程序领导立法活动，所立之法不得与宪法法律相抵触。① 即使根据社会发展需要，要对宪法法律进行修改、废止、解释，也必须符合法定程序。

党领导立法必须保证国家的法制统一。法制统一的本质是党的意志统一、人民意志统一、国家意志统一在法治领域的必然要求。党的意志统一是党内民主集中制的必然要求。中国共产党是按照民主集中制原则建立起来的政治组织，也是按照民主集中制原则建立起来的执政党，遵循在民主基础上的集中原则；党员服从组织、下级服从上级、全党服从中央是民主集中制的根本要求；党的意志是按照民主集中原则集中体现的统一意志。各级党的组织在领导立法活动过程都必须坚持民主集中制原则，各级党的组织在领导立法活动过程中坚持民主集中制原则是国家法制统一的政治保证。我国的政权组织形式是人民代表大会制度，人民代表大会是按照民主集中制原则建立起来的权力机关，也是立法机关，全国人民代表大会是我国的最高权力机关和最高立法机关，其制定的法律具有最高效力。同时，我国在国家结构形式上是单一制国家，但由于地域辽阔、人口众多，民族多样，立法上也要考虑不同区域的差异性，故宪法和立法法也授予了不同层级的国家机关适应其社会实际的立法权。因此，我国宪法和立法法根据国家组织形式和国家结构形成建立了一元多层的立法体制，同时按照上位法与下位法，立法机关制定的法律与行政机关制定的法律的关系建立了效力等级原则，目的在于保证国家的法制统一。党领导立法是国家法制统一的根本保证。② 依法立法的一项重要功能就是为了防止地方保护主义、部门保护主义对国家法制统一的破坏，维护宪法法律权威，保障国家法制统一。各级党的组织在领导立法过程中都必须防止地方保护主义、部门保护主义，维护宪法法律权威，保障国家法制统一。

## 二、民主立法原则

中国共产党是建立在民主集中制基础上的政党，中华人民共和国是建立在民主集中制基础上的人民共和国。我国的民主原则与西方的民主原则不

---

① 邹庆国：《党领导依法治国的推进路向与制度构建》，载《新视野》2015 年第 2 期。
② 《把抓落实作为推进改革工作的重点，真抓实干蹄疾步稳务求实效——习近平主持召开中央全面深化改革领导小组第二次会议并发表重要讲话》，载《光明日报》2014 年 3 月 1 日。

同，西方的民主政治强调多党轮流执政，我国坚持党的领导；西方强调权力分立制衡，我国强调权力分工与权力运行的相互配合和相互制约；西方强调司法独立，我国强调司法为民和司法权独立行使。

中华人民共和国是人民当家作主的国家，人民是国家的主人，国家的一切权力属于人民，人民行使权力的机关是全国人民代表大会和地方各级人民代表大会。全国人民代表大会和地方各级人民代表大会都由民主选举产生、对人民负责、受人民监督；国家行政机关、监察机关、审判机关、检察机关都由人民代表大会产生，对它负责，受它监督。这种宪制安排构成一个完整的民主体系和民主体制，始终以人民为中心，人民为主体。党的宗旨是全心全意为人民服务，党领导立法必须遵循民主原则，遵循宪制的民主制度安排，表达人民的根本利益、保障人民的民主权利、化解民众的纠纷。

民众的利益有个人利益和公共利益、短期利益和长远利益、局部利益和整体利益，党领导立法就是要通过立法的表达功能和凝聚功能，把民众的各种不同类型、不同层次、不同阶段的利益提炼出来，以宪法和法律方式表达人民的根本利益，尊重民众的合法利益，维护弱势人群的利益，使个人利益不损公共利益，短期利益不伤长远利益，局部利益不侵整体利益，只要是合法利益，都能得到法律保护。

现代社会利益高度分化，不同利益错综复杂，党领导立法就是要通过人民参与立法的方式，让民众充分行使参与权、知情权、表达权，让民众把自己的利益充分表达出来；① 在此基础上，引导民众沟通、协商、妥协，分辨出个人利益与公共利益、短期利益和长远利益、局部利益和整体利益，在引导、说服、商谈基础上达成共识，形成统一意志，再通过法律程序转化为法律。

在错综复杂的个人利益和公共利益、短期利益和长远利益、局部利益和整体利益面前，不可能每个民众都能完全守法，依法办事，社会生活中会出现纠纷矛盾，影响社会安宁和法律秩序。党领导立法还要建立国家基本司法制度，发展多元化纠纷解决机制，构建基层社会治理体制，按照法治思维和法治方式化解纠纷矛盾，实现社会稳定，维护法律秩序。

---

① 王建华：《坚持依法执政，重在领导立法》，载《理论探讨》2011 年第 5 期。

### 三、科学立法原则

科学立法包括两个方面的内容，一是立法必须反映中国社会的实际，二是立法必须符合立法的基本规律。前一个问题是立法的对象问题，后一个问题是立法的技术问题。

按照马克思主义的法律观，立法活动不是创制法律，不是发明法律，而是对社会活动的规律性进行把握，通过法律形式表达出来成为全社会遵循的行为规范。社会活动的规律藏于社会现象之中，必须进行理论提炼，理论提炼是否能反映社会活动的规律涉及到理论的科学性问题。中国共产党是以马克思主义为指导思想的政党，马克思主义揭示了人类社会发展的基本规律，是科学的思想体系。同时，中国共产党在领导中国人民进行革命和建设的实践中，把马克思主义的普遍原理与中国实际相结合，实现了马克思主义的中国化，使之符合中国社会的发展规律。党领导立法的科学性源于马克思主义的科学性，并能将规律性与合目的性有机统一起来。[①] 立法所要求的科学性是客观性、规律性与系统性的统一，党领导立法必须符合我国社会的客观事实，反映我国社会的发展规律，并运用马克思主义的科学世界观和方法论对我国的实际进行系统概括和总结，然后通过立法程序上升为法律。

立法活动有自身的规律，立法体制的确立、立法权力的分配、立法事项的筛选、权利与权力关系的制度安排、权力与权力关系的体制安排、权利与义务关系的配置、立法程序的运用、立法语言的使用、立法技术的选择、立法效果的评估等立法活动都有自身的规律，党领导立法必须符合立法的规律。各级党的组织在领导立法过程中必须按照宪法和立法法的立法体制安排领导立法活动；按照立法权限领导立法，既不能违规使用权力，也不能放弃宪法职责；立法事项的筛选必须符合党领导立法的范围，既不能包办代替，搁置立法机关的立法权，也不能放手不管，虚置党的立法领导权，凡涉及重大立法事项、宪法修改事项、立法总体情况掌握事项的立法活动，都应纳入党领导立法的范围，除此之外的立法活动由立法机关按照宪法法律规定行使；权利和权力关系的制度安排是宪法的基本制度安排，是公民权利和国家

---

① 彭真：《论新时期的社会主义民主与法制建设》，中央文献出版社1989年版，第190页。

权力关系的重大制度安排，涉及公民基本权利与国家机构的重大制度安排应属于党领导立法的范围；权力与权力的体制安排涉及国家有效运行和良好治理，应属于党领导立法的范围；权利与义务的配置是立法的核心问题，凡涉及公民基本权利和基本义务的配置，都会影响到公民的法律境况，涉及公民的切身利益，应属于党领导立法的范围[①]；程序是防止恣意的有效工具，我国宪法和立法法都规定了严格的立法程序，党领导立法必须按照立法程序进行立法活动；立法语言的使用、立法技术的选择、立法效果的评估绝大多数属于高度技术化的立法事项，由党领导的专业立法人员按照职责要求履行职务不会影响立法的政治方向，原则上各级党的组织不直接进行领导，但需把握总体情况，及时进行指导。

## 第三节 党领导立法的规范性文件创制对策建议

### 一、党领导立法工作规程的总体构架

国有国法，党有党规。而国法和党规的相互衔接、协调是确保实现建设中国特色社会主义法治体系这一全面依法治国总目标的基本前提。为了强化和优化党对立法的领导，应当制定一部党领导立法的工作规程。总体设想如下：

其一，在性质上，这是一部党内法规而非国家法律。其二，在分类上，主要涉及程序性事项，属于党内法规中的程序法规。其三，在依据上，除了《中国共产党章程》和《中共中央关于加强对国家立法工作领导的若干建议》这两部党内法规外，还有党的政治决议，其集中而明确地体现在《关于全面推进依法治国若干重大问题的决定》之中。[②] 其四，在名称上，为了细化《中共中央关于加强对国家立法工作领导的若干意见》，加强党领导立

---

[①] 许崇德：《中国共产党指引宪法与时俱进》，载《中国法学》2006年第6期。
[②] 《关于全面推进依法治国若干重大问题的决定》指出，"加强党对立法工作的领导，完善党对立法工作中重大问题决策的程序。凡立法涉及重大体制和重大政策调整的，必须报党中央讨论决定。党中央向全国人大提出宪法修改建议，依照宪法规定的程序进行宪法修改。法律制定和修改的重大问题由全国人大常委会党组向党中央报告。"

法的可操作性,可以考虑制定一部名为《中国共产党领导国家立法工作规程》的党内法规,进一步明确共产党领导立法的内容与程序,确保党领导立法工作的规范化、制度化、程序化。其五,在程序上,根据《中国共产党党内法规制定条例》第 22 条第 1 款的内容,凡涉及重大立法事项的,应该由党的全国代表大会审议批准。① 由于该《规程》涉及党的中央组织职权,应由党的全国代表大会审议批准。其六,在结构上,笔者认为,该部《规程》应包括总则、党的重大立法事项决定权、党的修宪建议权、党的立法规划与计划审定权、党的听取立法报告权、保障措施和责任机制共七章内容。

## 二、《中国共产党领导国家立法工作规程》建议稿及说明

第一章,总则。

第一条,为了加强党对立法工作的领导,完善党对立法工作中重大问题决策的程序,使党的领导同依法治国与人民当家作主更好地统一,根据《中国共产党章程》和《中共中央关于加强对国家立法工作领导的若干意见》,制定本规程。

【说明】本条阐述了整部规程的根本宗旨和指导思想,即加强党对立法工作的领导,坚持社会主义法治道路,坚持三统一的中国特色社会主义总原则,具有统领全局的作用。

第二条,坚持党的领导与立法职能分工相统一的原则。

【说明】本条旨在说明立法过程中,既要坚持党的领导,又要防止将党领导立法和国家立法机关的立法这两种不同程序混为一谈,国家立法不能超越党之外。两者既相辅相成、相互统一,又要有所区分。

第三条,坚持民主性和科学性相统一的原则。

【说明】本条旨在强调立法活动既要发扬民主,又要坚持真理、尊重规律。

第四条,坚持贯彻党的方针政策,把握立法工作的政治方向和政治

---

① 《中国共产党党内法规制定条例》第 22 条规定:"党内法规的审议批准,按照下列职权进行:(一)涉及党的中央组织、中央纪律检查委员会产生、组成和职权的党内法规,以及涉及党的重大问题的党内法规,由党的全国代表大会审议批准。"

原则。

【说明】该条旨在强调立法是一项政治活动，必须始终坚持党的领导，坚持正确的立法方向和立法原则。在政治上与党中央保持高度一致，是政法工作必须坚持的首要政治原则。

第五条，领导立法工作应在法定权限范围内依照法定程序进行。

【说明】该条明确了党领导立法工作的程序法定原则。程序是法治的基本保障，程序法治是达至实质法治的必由之路。党的领导与社会主义法治是一致的，社会主义法治必须坚持党的领导不动摇，党的领导必须依靠社会主义法治来实现。

第二章，党的重大立法事项决定权。

第六条，党中央对法律起草工作实行统一领导，凡由全国人大及其常委会起草的重要法律，由全国人大常委会党组报党中央讨论决定；全国人大及其常委会在制定其他法律时，遇有需要党中央讨论的问题，可由全国人大常委会党组报请党中央讨论决定。

【说明】该条旨在进一步完善十八届四中全会决定的内容，即"凡立法涉及重大体制和重大政策调整的，必须报党中央讨论决定"。此外，其他重大立法事项在必要时，也须报党中央讨论决定。

第七条，重大立法事项是包括政治、经济、科学、教育、文化、卫生、社会、环境和资源保护、民族等涉及国家和社会根本利益的，事关我国改革发展稳定大局，影响公民、法人和其他组织根本权益的重大体制和政策措施。

【说明】该条对重大立法事项的范围、内容和形式进行了界定：从范围上看，是遍及全国或区域性的利益关系调整；从内容上看，是包括政治、经济、科学、教育、文化、卫生、社会、环境和资源保护、民族等涉及国家和社会根本利益的事项；从形式上看，是有关重大体制和重大政策的调整。

第八条，重大立法程序的启动或由党中央直接主动作出决定，或由全国人大常委会党组就有关重要问题向党中央汇报，由党中央作出是否受理的决定。

【说明】该条对重大立法程序的启动方式进行了说明，主要分为主动和被动两种模式。在我国，但凡涉及国家体制与政策重大调整的立法活动，在立法程序启动之前或由党中央直接主动作出决定，或者由全国人大常委会党组就有关重要问题向党中央汇报，由党中央作出是否受理的决定。

第九条，党中央委员会将受理的意见稿列入议事日程，组成专门小组或者全体会议集体讨论，形成决定草案。经过党内和全社会的充分讨论，在决定正式通过后，党中央应当及时提交全国人大。

【说明】该条明确了党中央行使重大立法事项决定权所应遵循的程序，弥补现有法律的不足。

第三章，党的修宪建议权。

第十条，修宪建议程序的启动应遵守稳定性与灵活性相结合原则、现实性与前瞻性相统一原则和重大核心利益原则。

【说明】该条阐释了启动修宪建议程序所应当遵循的三个原则，以保证修宪活动的科学性与规范性。

第十一条，对于宪法的修改，在提请全国人大审议前，须经过党中央政治局与中央全会的审议；其他法定机关提出的修宪议案，也需经全国人大常委会党组报送党中央。

【说明】该条旨在明确，在宪法的修改工作上，党中央通过向全国人民代表大会提出修宪建议的方式实现党对立法的领导。

第十二条，宪法修改小组向中共中央提出关于修改宪法部分内容的建议后，中共中央政治局常委会会议和中共中央政治局会议须进行充分讨论研究，形成修宪建议草案并向全国人大提出议案，启动修宪程序。

【说明】该条明确了党中央提出宪法修改建议的程序。纵观四次修宪实践，在宪法修改小组向中共中央提出关于修改宪法部分内容的建议后，中共中央政治局常委会会议和中共中央政治局会议要进行讨论研究，形成修宪建议草案。

第四章，党的立法规划与计划审定权。

第十三条，在国家整体性立法工作问题上，党中央通过对立法机关编制和报送的立法规划与计划进行讨论、审定，实现党对立法工作的领导。

【说明】该条旨在强调党对立法规划和立法计划具有审定权。立法规划和立法计划是实现立法体系合理化、科学化的必要手段。"立法体系是国家制定并以国家强制力保证实施的规范性文件的系统,以及政府依其职权范围颁布的具有规范性的决定、命令等。"①

第十四条,国家和地方层面的重大立法规划、计划由人大常委会党组报送同级党委。

【说明】本条旨在进一步细化人大常委会党组向党委报告立法工作的范围,限定在"法律制定和修改的重大问题"而非一般问题。而且,这里只是规定了"报送"的要求而不是必须得到"批准"。其基本依据是党的十八届四中全会决定指出的"法律制定和修改的重大问题由全国人大常委会党组向党中央报告。"

第十五条,中央委员会讨论重大立法规划和立法计划时,由全国人大常委会党组向中央委员会作说明,必要时可以邀请相关部门列席会议,发表意见;省、自治区、直辖市、设区的市和自治州的党委讨论重大立法规划和立法计划时,由地方人大常委会党组向省、自治区、直辖市、设区的市和自治州的党委作说明,必要时可以邀请相关部门列席会议,发表意见;中央和地方的重大立法规划和立法计划,应当报中央和地方的党组和党委备案。

【说明】本条旨在解释中央委员会讨论重大立法规划和立法计划时的程序性规范和审查原则。注意,这里所规定的是向党中央或党委报告而非必须经过审批,而且仅限于重大立法事项。

第五章,党的听取立法报告权。

第十六条,对于法律制定和修改中的重大问题,全国人大常委会党组应及时向党中央请示报告。

【说明】该条指出,在法律制定和修改的重大问题上,党中央通过"党组"依照党内程序来实现并保证党对立法的领导。这样,既防止了以党的机构代替立法机构,又有利于坚持党的组织原则。

第十七条,法律制定和修改的重大问题应当是重点立法领域的重要问题和关键环节,是涉及方向性、政治性、原则性和全局性的问题。

【说明】该条明确了立法报告的内容,全国人大常委会党组须向党中央

---

① 沈广明:《论立法规划制度的必要性》,载《人大研究》2014年第10期。

报告法律制定和修改的重大问题。

第十八条，党组向党中央汇报工作，要在经过认真调查研究的基础上提出方案，进行风险评估和合法合规性审查。在经过充分讨论做出决策后，党组应尽快将书面报告提交党中央审议决定。

【说明】该条阐述了立法报告的程序。对于法律制定和修改的重大问题，一般都须由全国人大常委会党组向党中央汇报，然后将中央讨论后的决策体现在法律草案之中。

第六章，保障措施。

第十九条，严格遵守《立法法》的相关规定，支持和保障立法机关依法履行立法工作职责，推进人大立法基础性工作的规范化、常态化。

【说明】本条旨在强调党对立法工作的领导必须遵守《立法法》的相关规定。2015年3月15日，十二届全国人大三次会议表决通过了《全国人民代表大会关于修改〈中华人民共和国立法法〉的决定》。该举措充分表明我国《立法法》是与时俱进、值得信赖的，因此党领导立法，必须遵守其规定，不得超越法律设立的权限。也只有在《立法法》规定的框架内，按照《立法法》规定的程序领导立法工作，才能大力推进人大立法工作的规范化、常态化。

第二十条，建立健全人大立法工作年度报告制度。

【说明】本条旨在规范保障党领导立法工作的配套制度，建立健全人大立法工作年度报告制度，包括立法工作总结备案制度。人大立法工作年度报告制度的建立，有助于立法科学化、规范化、民主化、常态化，让我国立法工作迈向新台阶。但在年度报告制度的构建方面需要明确报告的制定主体、具体内容、公示时间等，严格厘清权责，增强可操作性，并优化细节规定，提高适法效果。

第二十一条，严格党组对人大立法决策执行情况的督查落实，保证立法规划和法律草案切实执行。

【说明】本条旨在强调党组对立法决策执行和落实情况的监督，以确保人大的立法规划和法律草案能够及时有效转化为法律。党组作为党的组织机构，在国家机关中，具有核心领导作用，因此有权实施监督。同时，党组监督立法亦具有现实可操作性，因为党组需要负责贯彻执行党的路线、方针、政策，并且指导本机关和直属单位党组织的工作，所以党组监督人大立法决策执行情况，也是其职责所在。

第二十二条，健全党领导立法的队伍建设，提高业务素养，强化责任意识，严守纪律要求，促进立法工作的科学性与规范性。

【说明】本条旨在强调党员队伍建设，提高党的队伍的业务素养和责任意识，从而使立法工作科学化、规范化。中国共产党自成立以来，始终视党的队伍建设为生命发展线。只有加强队伍建设，才能使党组织和党员干部政治过硬、业务过硬、责任过硬、原则过硬、纪律过硬，始终坚持党和人民的利益高于一切，心中敬畏宪法和法律，将党的主张通过法律程序变成国家意志，真正实现良法善治。

第七章，责任机制。

第二十三条，有下述情形之一的，应当根据情节轻重，依照《中国共产党纪律处分条例》对违反党纪的党员予以警告、严重警告、撤销党内职务、留党察看或开除党籍处分，对违反党纪的党组织予以改组或解散的处分：（一）党委工作部门和工作人员玩忽职守，不按照有关规定或工作要求，及时受理应当纳入党组织议事日程的立法意见建议的；（二）未及时作出决定、提出建议、审定规划、听取报告的；（三）对于应上报人民代表大会及其常委会的决议应上报而未上报或上报不充分、不及时；（四）违反民主集中制原则，拒不执行或者擅自改变党组织作出的重大决定，或者违反议事规则，个人或者少数人决定重大问题的。

【说明】本条是在参考《中国共产党章程》《中国共产党纪律处分条例》的基础上做出的规定。本条列明了应当被给予处分的四项行为。第一项主要是针对党委工作部门及其工作人员，其必须严格依照党章及法律法规的规定开展相关工作，尤其应注重对立法意见、建议的受理。第二项主要是针对党的重大立法事项决定权、修宪建议权、审定立法规划和立法计划权、听取重大立法报告权，督促党组织和相关人员及时、完全履行职责，杜绝"怠权""拖延"现象。第三项可分为两个层面理解，第一层是说，应该上报给全国人民代表大会及其常委会的决议，必须要上报；第二层是说，对于这些应上报的决议在时间上也有明确要求，必须"及时"，该词具有一定灵活性，为加强该法条适用上的可操作性，可对"及时"作出一定解释，即根据不同事项，规定相应的具体时间，超过期限即为"不及时""不作为"，应当予以处分。第四项内容则在《中国共产党纪律处分条例》第七十条①中进行了明确规定。

---

① 《中国共产党纪律处分条例》第70条规定："违反民主集中制原则，有下列行为之一的，给予警告或者严重警告处分；情节严重的，给予撤销党内职务或者留党察看处分：（一）拒不执行或者擅自改变党组织作出的重大决定的；（二）违反议事规则，个人或者少数人决定重大问题的；（三）故意规避集体决策，决定重大事项、重要干部任免、重要项目安排和大额资金使用的；（四）借集体决策名义集体违规的。"

# 第 四 章

# 党保证执法的基本途径

党的十九大报告对于行政执法提出了明确的要求:"建设法治政府,推进依法行政,严格规范公正文明执法。"[1] 执政党既要实现对法治的领导,又要善于运用法治思维依法执政,"支持人大、政府、政协和法院、检察院依法依章程履行职能、开展工作、发挥作用"[2]。实际上,这就给党的集中统一领导活动提出了原则性要求,即必须按照依法执政的基本要求[3],依靠法治方式来保证党政关系的科学化、规范化、制度化。党支持政府依法履行职能就是要支持、保证和督促政府依法行使权力,在法治的轨道上推进工作。如何实现党和政府关系的法治化,如何把握好党督促、支持和保证政府依法行政的限度,既是一个重大的理论问题,又是事关法治道路建设的根本实践命题。

## 第一节 党保证执法关系的优化

### 一、执政党与政府关系定位的理论梳理及评析

在我国,执政党与政府的关系,统属于党—政关系。"党政体制萌芽于

---

[1] 习近平:《决胜全面建成小康社会,夺取新时代中国特色社会主义伟大胜利》,载《党的十九大报告辅导读本》,人民出版社2017年版,第38页。
[2] 习近平:《决胜全面建成小康社会,夺取新时代中国特色社会主义伟大胜利》,载《党的十九大报告辅导读本》,人民出版社2017年版,第36页。
[3] 傅思明:《领导立法带头守法保证执法——依法执政的根本要求》,《党建》2004年第12期。

新民主主义革命时期,形成于共产党的革命年代和社会主义建设时期,改革开放后不断发展成熟。"① 我国的党政体制经历了党的一元化领导的党政不分,再到党政分开,改进党的领导与执政方式,强调党的集中统一领导,凸显党的核心和最高政治地位的历史演进过程。执政党和政府之间关系如何定位,执政党的领导权与行政机关的施政权如何行使都受制于既有的党政体制。反之,依法规范党与政府关系,规范党督促、支持和保证政府依法行政有利于促进既有党政体制的优化与改进。

**(一)执政党与政府关系定位的理论梳理**

中国共产党组织与政府的关系,即"党与政"的关系,② 通称为"党政关系"。"党政关系是……中国政治中最复杂和最难解的政治关系"③,正是由于其复杂性,在理解党政关系时会产生不同的见解,马克思主义认识论是我们凝聚共识、追求真理的基本方法论。学者宋俭提出"主体—中介—客体"的人民政协民主监督模式,以之分析高度浓缩和抽象反映中国社会政治实践活动的党政关系,具有高度适洽性。因此,党政关系的逻辑构成包括党政关系主体、党政关系客体和党政关系的中介。党政关系主体是指中国社会政治实践活动的"发起者和实行者",客体是指中国社会政治实践活动"内容的总和",中介则是指主体开展社会政治实践活动的"组织载体和具体实现形式"。④ 从学理上讲,党政关系主体包括党和政两个方面的主体。"党"指政党,政党有执政党和非执政党之分;"政"指政府,政府有广狭义之别,"中国历史传统中,政府历来是广义的,承担着无限责任。党的机关、人大机关、行政机关、政协机关以及法院和检察院在广大群众眼里都是政府。"⑤ 狭义上的政府,通常指中央和地方各级国家机关的执行机关。⑥ 饶有兴味的是,国内学者对于中国政府的狭义解释几乎没有大的分歧,但对于

---

① 陈柏峰:《党政体制如何塑造基层执法》,《法学研究》2017 年第 4 期。
② 严存生:《法治的观念与体制——法治国家与法治党政》,商务印书馆 2013 年版,第 592 页。
③ 张桂琳:《规范党政关系的新视角》,载《探索与争鸣》2010 年第 5 期。
④ 宋俭:《论人民政协民主监督的主体、客体和中介》,载《统一战线学研究》2018 年第 2 期。
⑤ 《王岐山谈党政关系:只有党政分工、没有党政分开》http://www.360doc.com/content/17/0308/07/33003862_634891538.shtml。
⑥ 谢庆奎主编:《当代中国政府过程》,辽宁人民出版社 1991 年版,第 2—6 页。

广义政府的解释却有着各自的理解。[1] 从主体角度来理解党政关系，理论界基本达成共识：狭义的党政关系更为可取。因为，"将党政关系理解为党与政府的关系，既符合中国实际，也更符合邓小平及党的十三大论述的党政关系的本义"，[2] "有助于更为全面、深入地分析当前我国政治中的根本性问题"[3]。

党政关系问题一直是中国的政治实践中的老问题同时也是新问题，支撑中国政治实践的核心所在是现有的党政体制，党政关系模式正是对中国党政体制的理论抽象，是认识中国党政体制的方法论，因此，围绕我国党政体制的现实运行，党政关系模式的理论构建大致经历了三种形态：

1. 党政合一模式：党政不分

中国共产党在领导全国人民推翻蒋介石政权的战争年代形成了党管一切的一元化领导，"党政职能不可能分得清清楚楚"；新中国成立后，"形势变了，目标也变了，但党的领导方式却没有改变，依然采取党管一切的一元化领导方式"。[4] 一元化领导方式形成高度集权的结果，导致国家权力高度集中于党，党的权力高度集中于中央，中央权力高度集中于领袖。早在20世纪90年代邓小平有言："权力过分集中的现象，……不适当地、不加分析地把一切权力集中于党委，……党的一元化领导，往往因此而成了个人领导。全国各级都不同程度地存在这个问题。"[5] 正是积弊如斯，引起了对党的领导与执政职能的实现方式改进的探讨，党政分开论成为不二选择。

2. 党政分开模式：党政分工

党的十六大以来，就改革和完善党的执政方式问题，思想理论界给予了密切关注，形成了两种理论思潮：一是党政活动彻底分开论，一是新的党政融合论。[6]

---

[1] 景红：《党政关系动态构建问题研究》，山东大学博士学位论文，2004年，第14页。
[2] 张桂琳：《规范党政关系的新视角》，载《探索与争鸣》2010年第5期。
[3] 林鸿潮：《坚持党的领导和建成法治政府：前提和目标约束下的党政关系》，载《社会主义研究》2015年第1期。
[4] 孙国华：《中国特色社会主义民主法治研究》，中国人民大学出版社2015年版，第412页。
[5] 《邓小平文选》第二卷，人民出版社1994年版，第328—329页。
[6] 李良栋：《改革和完善党的领导方式执政方式问题研究》，中共中央党校出版社2013年版，第118—123页。

"党政活动彻底分开论"主张不仅党的活动与政府分开，与国家政权也要分开。该主张的理论依据有二：① 一是将政党与政权看作两个不同的政治主体，政党是代表一定阶级或者阶层的政治利益的政治组织，政权则是国家权力的政治象征和组织形式，政府是国家政治权力的执行机关，应该严格划分政党活动与国家权力机关、国家权力执行机关活动的界限②。同理，中国共产党作为政党组织，绝不能将自己等同于国家权力机关和国家权力执行机关，更不能插手这些机关的具体工作。二是对邓小平同志所提出的"党政不分""党政分开"的理解。邓小平同志强调原有政治体制存在权力高度集中、党政严重不分的弊端，这里的党政不分就是指党委的职能与政府的职能发生混淆给我国的政治生活带来不少问题，邓小平所讲的"党政分开"主要是党和政府的职能分开，不能包办代替政府的职能。但邓小平"从来也没有说过党和国家政权要彻底分开"，"作为执政党，中国共产党及其成员要在宪法和法律的范围内活动，就不能置于国家政权之外，置于人民代表大会和政府、司法机关之外"。③ 因此，国情不同，党的领导方式和执政方式就不同，单纯地讲党政分开是不合适的。④ 非但如此，中国共产党作为执政党必须融入国家政权实行执政。⑤

执政党融入国家政权实行执政实际上就是党政关系逐步实现规范化的过程，这个过程要求党与政这两个主体遵照既定规则，充分发挥各自的主体作用，相互配合、分工协调，形成二元互动的关系形态。⑥ 要达到这样的关系形态，就需要进行党政分工。"党政分工论"力图使"党"和"政"在职

---

① 李良栋：《改革和完善党的领导方式执政方式问题研究》，中共中央党校出版社2013年版，第118—120页。

② "党政分开"的特征在于：一是西方国家政党被排除在国家机关或公共机构组成序列之外。二是政党的活动场所只限定在议会和社会，即政党只能在议会里和社会上公开活动，不能在政府、司法机关和军队中开展活动，也不能在企业、公司、农场等生产单位和文化等部门中建立组织、开展活动。三是西方国家政党的主要作用是向国家政权输送政治官员。（参见许耀桐：《党政关系的论点与新说》，载《领导科学》2012年6月中）

③ 李良栋：《改革和完善党的领导方式执政方式问题研究》，中共中央党校出版社2013年版，第119页。

④ 张荣臣：《准确把握"党政分工"概念》，载《北京日报》2017年4月10日。

⑤ 李良栋：《改革和完善党的领导方式执政方式问题研究》，中共中央党校出版社2013年版，第120页。

⑥ 潘同人：《党政结构：中国党政关系的新视角》，载《中共成都市委党校学报》2011年第1期。

能上进行合理的分工,在载体上分开,对党政权力进行分割,但在权力的行使范围、权力载体、职能分工上并没有明确地讲清楚。① 学者张荣臣认为,"当前不是简单地党政分开或党政合一",② 关键是让"党"和"政"在职能上实现科学合理的分工;对党而言,就是党要"以适当的方式领导或参与政权","组织或监督政府",在群体利益和政府之间充当稳定的"通道"。③ 但是,"党政分工"的要求与实际的情况确实存在一定的差距,正如学者许耀桐所指出:"党政是一家,不过在内部做些分工,其实质还是'党政合一'"。④ 有学者提出"高层党政合一,其他层次党政分开",表现为中央和地方在"党政合一"和"党政分开"上一半对一半,这种设想只是把"党政合一"和"党政分开"生硬地捏合起来,并不能够"实现中央的相对集权和地方的放开分权之间的有机结合",因此,并"不能构成独立的模式"。⑤

3. 党政融合模式:党政分合

历史和现实已经证明:在社会主义国家,执政党与国家政权从来都无法分开,中国共产党作为执政党必须融入国家政权实行执政。⑥ 党政分开是针对执政党简单地把自己等同于国家政权,以党代政、党政不分而言的。由上述可知,党政合一体制弊大利小,不符合社会发展的要求和趋势,是一条走不通的路;党政分开虽然方向正确,但在中国现阶段难以全面推开,因此,构建"有分有合、分合有度"的新型党政关系⑦实乃必然趋势。学者许耀桐在《党政关系的论点与新说》一文中进一步提出了"党政分合"新模式论⑧。从字面的意思上讲,"党政分合"指党与政之间的关系是"既分又合、有分有合"的关系。所谓"党政分合"中的"分"是基于对向来的"党政合一"的"党凌驾于政府之上、党高政低、党实政虚"的反动而致,"分"

---

① 许耀桐:《党政关系的论点与新说》,载《领导科学》2012年6月中。
② 张荣臣:《准确把握"党政分工"概念》,载《北京日报》2017年4月10日第14版。
③ 张荣臣:《准确把握"党政分工"概念》,载《北京日报》2017年4月10日第14版。
④ 许耀桐:《党政关系的论点与新说》,载《领导科学》2012年6月中。
⑤ 许耀桐:《党政关系的论点与新说》,载《领导科学》2012年6月中。
⑥ 李良栋:《改革和完善党的领导方式执政方式问题研究》,中共中央党校出版社2013年版,第120页。
⑦ 张君良:《构建"分合有度"的新型党政关系》,载《科学社会主义》2006年第4期。
⑧ 许耀桐:《党政关系的论点与新说》,载《领导科学》2012年6月中。

的目的是解放政府的行政权,让政府的职能实现独立行政,政府依据法律法规行政。所谓"党政分合"中的"合"是党在治国理政时基于执政资源整合的需要,对于"党政关系中那些必须联系的部分"①必须把党和政有效的整合起来。在法治的框架下处理党政之间的分与合,需要通过"党"与"政"两条腿走路,开展工作:在"政"的方面,党领导政就要求通过人民代表大会去掌握和落实立法决策权和重大人事任命的推荐权;在"党"的方面,党领导政通过党在政府、企业、事业单位以及社会团体中的各级组织,开展思想政治工作和检察监督工作,掌握监督权和解释说服权。②

也有学者站在哲学高度指出:我国政治与行政关系应该摒弃分离或者融合的"一分为二"两极道路,选择"一分为三"的"中和"关系,即建构"对立面——中介——对立面""此物——亦此亦彼物——彼物"模式,赋予"中"以协调、统领其余二者的突出地位,在二者之间寻求一种平衡二者又超越二者的"中和"状态,从而塑造"有分有合,分合有度;良性互动,相互贯通,协调并进"的新内涵。③

### (二)执政党与政府关系定位的评析

对中国党政关系的调整,既牵扯到多元利益主体的复杂诉求,还涉及意识形态的碰撞。④政党与政府的复杂主体之间通过相互作用、相互影响而建立广泛、普遍的联系,从而形成了"剪不断理还乱"的利益关系。对党政关系的理解上存在逻辑分歧的关键在于执政党如何看待"政",也就是执政党如何治国理政。中国共产党既是领导党,也是执政党,在治国理政之中肩负领导与执政两项职能,这两项职能的行使形成了我国的党政关系模式,这个模式包含了执政党从事领导和执政的政治实践活动内容的总和(党政关系客体),以及把执政党和政府开展领导、执政、施政的政治实践活动连接起来的组织载体和具体实现形式(党政关系的中介)。以党领导和执政职能为基础所形成的党政关系模式(党政体制)构成了我们分析、理顺、改进

---

① 诸如:重大政策的决策权、重大人事的推荐权、思想政治工作和监督权等事项。
② 许耀桐:《党政关系的论点与新说》,载《领导科学》2012 年 6 月中。
③ 杨志军:《中和而非分合:当代中国政治与行政关系的新解读》,载《学习与实践》2012 年第 6 期。
④ 潘同人:《党政结构:中国党政关系的新视角》,载《中共成都市委党校学报》2011 年第 1 期。

既有党政关系的政治前提和理论基础，单纯狭义上的党与政府之间的关系讨论必须服从于这个前提。模式只是认识的抽象，现实中的党政关系并非单指执政党与政府之间的关系，而是表现为"政党与政府及公共科层机构组成的联合体间的关系"①。

要想让党政关系中的主体—客体相互作用就少不了连接二者的中介，这个中介就是支撑和保障党政体制运行的载体、渠道、途径、方法、手段、工具等。党政关系模式是分析党政关系和改进党政体制的方法论，在党政关系的认识上不应该把目光局限于党政关系这一点，不再简单地用二元对立的思维来处理此类问题，应该构建起把系统性、整体性、协同性统一起来的主体——中介——客体的党政关系体系。党的十九大指出，通过经济、政治、文化、社会、生态文明等体制建设和党的制度建设的"六位一体"改革来推进国家治理体系和治理能力现代化，把"着力增强改革系统性、整体性、协同性"作为全面深化改革取得重大突破的一项重要经验。这充分凸显了系统性、整体性、协同性在党领导全面深化改革过程中的战略性意义，也给我们认识和构建科学的党政关系、改革党政体制提供了方法论的指引。

1. 党政关系的系统性。党政关系呈独立的系统结构，作为独立系统的党政关系处在社会政治环境之中是一个开放的系统。要理解党政关系必须注意其所处的大背景，这个大背景就是党政关系的先行问题。只有解决好党政关系的先行问题，才能为和谐党政关系的形成造就良好运行环境。就像我们党确立依法治国的基本方略，坚定践行全面依法治国战略，带头守法，营造法治社会环境，就是为中国的民主政治的发展创造前提性条件和顶层设计方向，应该说是"正确把握了党政关系与先行问题之间的关系"。②另外，党政关系作为独立的系统不仅具有能够与周围的事物相融洽的开放性，也要注意自洽性。有学者指出应该用"党政结构"一词替换"党政关系"一词，"党政结构"更能排除争论，更契合中国党政关系（党政体制）的合理化发展方向。③认识论上讲究名实相符，用"党政结构"替代"党政关系"是否

---

① 王智军、桑玉成：《中国当代党政关系史研究初探》，载《毛泽东邓小平理论研究》2016年第10期。
② 潘同人：《党政结构：中国党政关系的新视角》，载《中共成都市委党校学报》2011年第1期。
③ 潘同人：《党政结构：中国党政关系的新视角》，载《中共成都市委党校学报》2011年第1期。

妥当？在理论逻辑上可以作这样的"名"的区分，但关键还是要厘清"实"的差别。笔者认为，"党政关系"更多地强调"关系"，马克思主义社会实践理论的核心范畴就是"社会关系"，对中国社会科学影响深远。党政关系的物化形态是"党政体制"，党政体制之中已经涵摄了"党政结构"，党政体制才是"党政关系"的"实"。党政关系作为系统性概念包括党政关系主体、中介、客体诸要素，以每一个要素作为研究对象可以形成独立的子系统，这些子系统和要素的相互作用和关联，构成了党政关系主体—中介—客体的关系体系。

2. 党政关系的整体性。党政关系系统中作为主体的党与政各有不同的职能和分工，党的领导职能从宪法的规定中可以清楚地看出：党的职能和权限是"领导"，而政府只能用"管理"的方式。[①] 这种党与政的差异性体现了各自的系统独立性，但这种差异与独立并非让党与政彻底分开，党对政放任自流，党和国家政权之间是一种领导和被领导的关系。坚持党的领导是党治国理政的一条总原则，是总纲，是党政关系的统领，在它的统领之下型构了我国的党集中统一领导的党政体制整体。从党的十六大确立了要按照"总揽全局、协调各方"的原则进行领导以来，"总揽而不包揽，协调而不代替"就已经成为保持党的领导活动上下整体一致性的原则。正如在"共同推进"和"一体建设"战略中的政党、国家、政府都是社会大系统之中的一部分，把法治政府从法治国家中抽取出来，这就凸显了建设法治政府的重要性，体现了全面推进依法治国的新布局，[②] 从而形成法治中国建设的整体性布局。

3. 党政关系的协同性。党政关系的协同是国家治理中的至关重要的方面，其核心要素是权力的治理，也就是通过对权力主体的制度规约，产生制度协同和结构协同的"协同效应"，形成政治系统整体稳定有序。周叶中教授提出的"权力分工协调"论，科学地体现了党政关系的协同性。"权力分工协调"论的基本内涵：一是分工上强调合理分工、明确分工、权责一致；二是决策上强调科学决策、民主决策、依法决策；三是执行上强调坚决执

---

① 曾志云：《党政关系的新视角：党的领导、政府的管理》，载《长春工程学院学报（自然科学版）》2011年第3期。

② 张文显：《习近平法治思想研究（下）》，载《法制与社会发展》2016年第4期。

行、顺畅执行、高效执行;四是监督上强调全面监督、正确监督、有力监督。在定型的"权力分工协调"理论中,国家机关实行决策权、执行权、监督权的"既合理分工又相互协调","是对权力关系及其运行规律的深刻把握,体现了对中国特色社会主义制度优越性的根本追求"。① 党政关系的协同形成政治系统结构秩序的稳定依赖于党和国家机构的改革。党的十九届三中全会明确提出:"加强党对各领域各方面工作领导,是深化党和国家机构改革的首要任务"②,新一轮的党政机构改革自此铺开。正确理解和落实党政职责分工,就必须紧紧围绕坚持党中央集中统一领导的要求,理顺党政机构的职责内容。首先是对党政机构进行准确定位并科学设定其职能;其次是明确机构之间的分工,形成合力;再次对资源进行统筹调配,减少多头管理,减少职责分散交叉;最后通过科学的方式进行资源整合,形成具有"以党统政"和"党政协同"特色的大部制③。

　　系统性、整体性、协同性是科学、和谐党政关系的内质特征,也是构建"中国式的党政民主"的目标。和谐的党政关系是系统性、整体性、协同性的有机统一的理想状态,在内在结构上包括"党政领导系统与外部系统之间的关系和谐""党政系统各自内部的和谐""党政相互之间的关系和谐"。④ 和谐的党政关系在实质内容上具有法治化、规范化、科学化三项基本要求,其具体实现路径包括"在党政关系法治化的思路上促进党政职能分开""在党政关系规范化的思路上形成党政合作机制""在党政关系科学化的思路上形塑党政分合有度"。⑤ 由是观之,构建新型党政关系的最高原则是实现党、人民和国家治理的有机统一。申言之,要实现这种统一就必须理顺坚持党的领导与改善党的领导的关系、处理好人治与法治的关系以及分

---

① 周叶中、胡爱斌:《中国特色的"权力分工协调"论》,载《南京社会科学》2018年第6期。
② 《中共中央关于深化党和国家机构改革的决定》,http://wemedia.ifeng.com/50423930/wemedia.shtml。
③ 赵立波:《统筹型大部制改革:党政协同与优化高效》,载《行政论坛》2018年第3期。
④ 王智军、桑玉成:《中国当代党政关系史研究初探》,载《毛泽东邓小平理论研究》2016年第10期。
⑤ 王智军、桑玉成:《中国当代党政关系史研究初探》,载《毛泽东邓小平理论研究》2016年第10期。

清执政的科学性和合法性的关系。① 由此可见，新型党政关系以坚持党的领导、人民当家作主和依法治国的统一为原则遵循，系统性、整体性、协同性是其内质特征，法治化、规范化、科学化是其基本实现路径，最终实现权威—民主—法治的动态平衡。

## 二、执政党与政府关系模式之重构

在中国特色社会主义民主政治体制之中党居于领导一切的总统领地位，同理，在中国特色社会主义法治建设的立法、执法、司法、守法的诸环节中党的领导必须贯彻到一切环节和全过程。人大、政府、法院和检察院、民众都是法治的实践者，也是法治建设任务的分担者，"党领导立法、保证执法、支持司法、带头守法"是对党在法治建设实践环节上的具体要求和个性标准，体现了法治建设中的党政之间的统分协调关系，"党保证执法"则是执政党与政府关系的法治定位。党和政府之间的"保证"关系如何定位和构建，目前还是一个模糊不清的问题，现实中的问题出在党对政府统得太死，管控式不利于发挥地方和基层政权的积极性。显然，光"统"不行，缺乏自由度。如果对于党保证政府施政功能发挥的方式和途径还没有统一且明确的认识，这必然直接影响到对"党保证执法"这一复杂命题的认识，直接关系到党和政府和谐关系的构建。

### （一）关于党和政府之间的"保证关系"的内涵厘定

党和政府之间的"保证"关系如何定位，关键看党实施对政府的领导时是如何当好"保证人"，既不缺位也不越位。"保证"一词在我国的现代汉语词典的解释之中有两个核心意思：（1）担保，担保做到；（2）作为担保的事物。② 从这两个核心意思来看，第一个意思是"担保做到"，强调主体通过积极行动、主动追求而达到目标或者实现承诺；第二个意思是"作为担保的事物"，强调客体的保障功能。这两个意思共同凸显出核心词"担保"，一方面要求主体积极作为、勇于担当、不忘承诺才能起到令人放心的

---

① 牛余庆：《政党政治视角下中国党政关系研究》，中共中央党校博士学位论文，2005 年，内容摘要。

② 中国社会科学院语言研究所词典编辑室编：《现代汉语小词典》，商务印书馆 1982 年版，第 18 页。

保证效果；另一方面表明，客体物"作为担保的事物"，能够充当保证的砝码，必须具备令主体认同从而选择的分量。笔者理解，"保证"当是"保"在先、"证"在后。先有保护、有保障，才能有证明力、有公信力，从而有威望。

学术上把党与政府关系定位于"分"与"合"，容易产生"党"与"政"之间是"非分即合或非合即分"的误解，带来实践上的混乱。历史经验告诉我们，分合治乱形成了一个怪圈。我党的执政经验也表明：一统就死，一放就乱。基于我国党与政的本质性差异以及党政关系的复杂性，我们只能从党政的发展历程和党政体制的运行中才能准确研判和把握党政关系的发展趋势。我们认为党政关系宜有分有合、良性互动，形成统分协调的关系模式。

（二）我们的观点

在统分协调的党政关系模式之中，执政党要保证政府良性运行，除了支持、督促政府依法行政、依法行权之外，还需要充分发挥党的领导职能，建立完善的"以党领政"的体制机制。笔者认为，建立具有系统性、整体性、协同性的党政关系应该遵循主体—中介—客体的认识模式。在主体维度坚持"以党统政"，凸显党的集中统一领导和党中央的权威；在客体维度保持"以统带分"，在"统"的前提下进行划分，在维持"统"的过程中带动分（工）、分（职权）；在中介维度追求"党政协同"，党政分工不分家，分责不分（主）权。具体而言：

1. 党对政府的"保证关系"的主体维度："以党统政"

在主体关系上，"党"和"政"的关系不存在谁高谁低的问题，既不是上下关系，也不是平行关系。当一个党执政时，党政关系应该是"渗透"关系，是"你中有我，我中有你"的关系，一个在前台，一个在幕后，携手合作，形成共同体。[①] 从宏观上看，政党和政权有着天然的、密不可分的联系，政党以夺取、掌握和参与政权为目标，党和政府不可能完全分离。不同的国家有不同的党与政府关系模式，但都是在肯定这种密切关系的基础上

---

[①] 马岭：《我国党政关系浅析》，载《金陵法律评论》2011年春季卷。

形成的。① 在我国,党的领导核心地位是在领导我国革命和建设的实践过程中形成的,是居于领导地位的执政党,党与政府更不可能分开。另外,从我国的民主政治体制的运行机制可以清晰地展示"以党统政"的理路。党的领导、人民代表大会、统一战线和群众路线四个部分构成我国的民主体制,其中党的领导是核心要素,党的领导发挥着整合、运作和协调人大、统一战线和群众路线的作用。② 民主政治体制的核心和灵魂就是解决"民主"与"集中"紧张关系的民主集中制,民主集中制就是贯穿在党的领导、人民代表大会、统一战线和群众路线之中的共同原则和运作机制。党的领导核心地位的形成源于"作为先锋队政党的根本组织原则的民主集中制完全契合了社会革命在民众参与基础上实现集权的逻辑"。③ 我党提出构建和谐社会的目标需要凝聚社会力量,形成人民整体力量,在新的历史条件下建构新的超稳定结构,然而,这个超稳定结构的基本支撑必须首先重建政治大一统。④ 中国的政治大一统的"统领"者只能是中国共产党,因为革命、建设、改革和发展的历史逻辑和实践逻辑已经证明了"党的领导是社会主义的本质特征",是社会主义制度的最大优势。

"以党统政"中的"统"指向哪里?在当前,就是指向"党的领导、人民当家作主和依法治国的有机统一"这个最高原则,但在实现的侧重点上存在分歧。有学者认为,"统一于党的领导",如果只做狭隘的理解会产生与民主政治建设的本质和法治理念的要求难以吻合的现象,也容易走向以党治国的歧途;如果"统一于人民当家作主",看似符合主权在民的理念,但是在中国这样的大国,当家作主的权利不可能由分散的单个人来行使,缺乏可操作的依据;如果"统一于依法治国"则具有鲜明的针对性和指向性,表明了从法律和制度上保证党的领导和人民民主实现的使命担当。⑤

"以党统政"的"统"并非单一的一统了之、定于一尊,它是一个系

---

① 朱光磊:《"党政关系规范化"与党的执政能力建设》,载《中国党政干部论坛》2005 年第 1 期。
② 汪仕凯:《政治体制的能力、民主集中制与中国国家治理》,载《探索》2018 年第 4 期。
③ 汪仕凯:《政治体制的能力、民主集中制与中国国家治理》,载《探索》2018 年第 4 期。
④ 汪仕凯:《政治体制的能力、民主集中制与中国国家治理》,载《探索》2018 年第 4 期。
⑤ 陈淑娟:《保证党的领导、人民当家作主有机统一于法律和依法治国的实践》,载《人大研究》2016 年第 2 期。

统，系统内各要素协同互动，形成动态平衡。中国共产党治国理政是一个系统工程，中国共产党作为工程的总设计师，总的设计理念和施工线路是"统一"的，这个"统一"是党的领导、人民利益、宪法法律的共同至上。这三个至上的统一在意志上把党的机关和行政机关的意志，统一归宿到人民意志上来；在依据上统一到宪法和党章，遵循"宪法至上、党章为本"原则。这里有一个问题值得探讨，就是三个至上能不能统一到国法和党规上来？众所周知，党内法规体系是中国特色法治体系的有机组成部分，但并非意味着党内法规就是法律，可以作为行政执法和司法的依据。宪法和党章是管总的东西，是代表政治方向的"政治法"，所以针对图谋分裂国家的行为和危害国家安全的行为都可以统到宪法和党章之中。行政执法和司法的依据只能是国家法律而不是党法，党法是只能适用于党员的规范，并不对全体社会成员有当然的约束力，因此，针对党员的违法犯罪行为最终适用法律来裁决，但党的政治先进性决定了党要管党、从严治党，用党内法规来管党治党，把党纪挺在法律的前面，党纪严于国法。用党内法规来管好手握"权力"的关键少数，以此保证法律的严格执行。党内法规在实行过程中形成的制度性成果可以依照法定程序上升为法律，实际上，党为了支持和督促政府施政行权采取了行之有效的措施、方法、程序、步骤都及时地吸纳进入了法律。在全面依法治国的背景下，依法执政和依宪执政是党治国理政的基本方式，关键是要实现党内法规的制度化、程序化、法律化。

2. 党对政府的"保证关系"的客体维度："以统带分"

在客体关系上，执政党从事领导和执政的政治实践活动内容的总和实际上就是执政党治国理政的过程，涉及国家、社会和政党建设等诸多领域，贯通于政府、社会和市场治理等各个方面。上有千条线，下有一根针。执政党就是穿针引线之人。执政党统领政权这是政治的铁律，但执政党在穿针引线织就国家治理的锦绣华章之时，在方式方法上还是要讲究提纲挈领，抓紧要，不能事无巨细。执政党治国理政的核心是抓两个紧要的权力，一个是政权，一个是党权。党政关系的和谐与否、党政体制的运行是否顺畅都取决于这两者之间的张力的消解。权力具有扩张性、侵犯性、易腐性，因此，权力必须制约，而制约权力的最有效手段就是实行法治。政权与党权内嵌于党政体制之中，随着体制机制的运行释放出威力。支撑这个运行体制的党的机关和政的机关代行这些权力,如果权力之间的冲突无法消除,张力不能消解只能有两个结果,要么党权吞食政权,要么政权吞食党权。党权吞食政权就是以党治国,以党代政,这个教训已经明了;政权吞食党权只在历史中的家国王朝出现过,现代文明社会不复有存活的土壤。职是之故,政党作为国家和社会的组织力量凝聚人心、组建政府、引领人民有序生活是现代文明社会发展的通律。因此,执政党作为党政关系中的统领者,在治国理政之中需要协调好"党权"与"政权"的关系。

执政党如何统领政府的活动,真正做到保证政府施政行权,而不干预政府工作,在统分协调的党政关系模式的客体维度要注意:保持"以统带分",在"统"的前提下进行权力划分,在维持"统"的过程中带动分(工)、分(职权)。这里的"以统带分",首先是法治框架下的法律层面的统与分。

所谓"法治框架"是指为贯彻实施依法治国的基本方略,执政党和政府都必须遵循法治原则行使各自的权力,也就是执政党依法执政、政府依法行政。在法治框架下如何处理执政党的"统"与政府的"分"的关系,在实践之中必须遵循一定的法律标准:(1)政府的行政权由政府依法行使,执政党的党权与执掌国家的政权均在宪法法律的范围之内行使;(2)政府应当以法律而非党的政策为依据来行使职权;(3)政府行使行政权和实施国家政策之时,只向人大负责而不向党组织直接负责。[1] 其次是坚持党集中统一领导的前提下的政治层面的统与分。执政党对政府的施政活动的统领一般是站在政治层面,通过党组织实施影响来进行,这种影响的实现主要有以下的保证环节:(1)前提性环节是党制定方针政策,提出倡导建议或者列出中心工作,从宏观上引导政府施政;(2)过程性环节是党动用执政资源,通过政治、组织和思想工作保证党员干部发挥作用、践行党的方针政策、完成中心工作;(3)保障性环节是在党政机关中设立党组,通过党组的有效运作来监督党员干部使之严格履职。

最后是全心全意为人民服务的执政宗旨下的社会层面的统与分。政民关

---

[1] 林鸿潮:《坚持党的领导和建成法治政府:前提和目标约束下的党政关系》,载《社会主义研究》2015年第1期。

系是政治生活之中的关键议题,党、政府和人民之间关系的实质就是保证人民当家作主。党领导政府,通过政府保证人民当家作主的根基在于建立起有效政府、维持基本的公共秩序。如果政府权威不足,则公共秩序难以维持。百年中国社会政治史的公共秩序建构外显为:一盘散沙——全权统制——释放社会自由,[①]党和政府适应经济社会转型,逐步还权于社会,还权于民众,唯其如此,才能实现政民均衡的状态。政民关系均衡趋向,政府法治化是不可忽视的力量。政府法治化推进政民均衡有两个基本途径:一是指令性计划式的政府权力退出社会经济生活领域;二是重建社会经济生活领域的公共规范,政府转变为中立、超越的规范守护者。[②]

3. 党对政府的"保证关系"的中介维度:"党政协同"

党与政两个主体能够在既有党政体制中各安其位、各守其份、各司其责,而不相互僭越,就实现了政治正义。"以党统政"和"以统带分"的党政协调的实现离不开枢纽与中介,这个中介就是支撑和保障党政体制运行的载体、渠道、途径、方法、手段、工具等的综合。讨论我国的党政关系离不开既有党政体制,而既有党政体制所呈现的高度嵌入式的政治架构是基础性存在。这种"高度重合的相互依存状态"[③]的嵌入式政治架构的基础性存在决定了党政关系的中介维度追求"党政协同"。所谓"党政协同"就是在党政(包括军群等)各类组织中,党是统是主,政是分是次[④],党政分工不分家,分责不分(主)权。"以党统政"的内驱力形成在于"党政协同",而"党政协同"的形成取决于是否符合历史逻辑、理论逻辑、实践逻辑相统一的原理。

从历史逻辑看,在党的十三届四中全会上就已经明确了执政党与政府的关系并指出党执政不仅在于政府,根本与关键还是为人民执政,即执政的实质是人民当家作主,关于这一点学术界已经达成共识[⑤]。党的十六届四中全会提出了"科学执政、民主执政、依法执政"的基本要求,自然而然,对

---

① 王人博:《中国特色社会主义法治理论研究》,中国政法大学出版社2016年版,第273页。
② 王人博:《中国特色社会主义法治理论研究》,中国政法大学出版社2016年版,第274页。
③ 刘杰:《党政关系的历史变迁与国家治理逻辑的变革》,载《社会科学》2011年第12期。
④ 赵立波:《统筹型大部制改革:党政协同与优化高效》,载《行政论坛》2018年第3期。
⑤ 王焕清:《改革开放以来中国共产党与政府关系的历史考察》,新疆师范大学硕士学位论文,2008年,第9页。

党政关系也就提出了制度化、法律化的要求。党政关系的制度化、法律化要求依据"职权法定"原则,用制度和法律明确规定"党""政"各自的职能、职责范围、活动边界以及党介入、运作公共权力的途径、程序、方式和方法,其要义是通过党执政行为的法治化来"保证党始终发挥总揽全局、协调各方的领导核心作用"。[①] 至此,党和政府之间的"保证关系"的基本定位已经形成:党居于领导核心地位,领导与执政的方式是科学执政、民主执政、依法执政。

从理论逻辑看,党的十六大已经明确了党与政府的关系,从制度和法律上保证坚持党的领导,建立党与政府"分合有度"的新型关系。依法治国的基本方略确立后,处理好党的领导和法治的关系是法治建设的核心问题,而党法关系成为党政关系中的关键问题。党和政府如何克服"性质、职能、功能、组织形式和权力运作的规律"等方面的差异寻求协调互动,关键是党与政府各自守住本分、各安其位,明确界限,做到"分合有度"。也就是说,党对政府的领导既要放得开又要收得拢。如何能做到收放自如?苏长和教授提出的"合解"思维可资借鉴。所谓"合解"思维就是正确区分"合"与"分"的关系,遵循事物发展的对立统一的规律。认识中国法治道路,必须要学会用"合"的思维而不是"分"的思维。党依据宪法领导人民依法治国凸显了"合解"的智慧。"党大还是法大"的问题就是陷入了"分"的思维或者对立思维,鼓吹西方宪政及司法独立,也是"分"的思维,对立思维的问法本身就是个陷阱,所以,这些极端对立的问题纯粹是政治陷阱。共产党人最讲究一个"公"字,公正司法与党"立党为公"的精神是一致的。其实,不只是法治体系,中国制度体系都是以"合"为核心价值的,不同于西方制度的"分",正是"合"铸就了中国制度的优势和生命力。[②]

从实践逻辑看,"分合有度"的新型党政关系,其实现的关键在于"度"的把握。分合有度的"度"指"分"与"合"都要做到恰到其分,"分"与"合"都有法理依据。在国家治理现代化进程中,党领导国家治理

---

① 邓仕仑:《执政能力建设与党政关系的调适》,载《中共福建省委党校学报》2005年第9期。
② 翁淮南:《"党的领导是社会主义法治最根本的保证"十人谈》,载《党建》2014年第12期。

的逻辑契合于党政关系的定位。这种契合性来源于党与政府的高度重合特征，党在国家治理之中是国家制度的设计者和社会实践的领导者，居于合法的创制性地位；党领导政府依法行政，通过政府的施政活动来实现国家治理目标，政府是党的意志的贯彻者，是党的意图的执行者，正是政府的强力执行不断地巩固执政党的领导地位。[①] 党的十九大明确了深化依法治国、执政、行政共同推进，国家、政府、社会的法治建设一体的法治实践路径，要求在多个层面和领域进行深度治理；在国家治理层面就是要解决依法治国的问题，在政府治理层面就是要解决依法行政的问题，在政党治理层面就是要解决依法执政的问题[②]。

## 三、执政党与政府关系的根本定位

把党与政府的关系定位到"保证"，"保证"的前提在于要做到"统分协调"，"统"要求坚持党的统一集中领导，"分"要求党不能代替政府行使行政权力，党和政府统一在法治的框架下依法执政和依法行政。中国的法治建设必须坚持党的领导，法治实践的深化必须依靠党的领导已然成为社会共识，法治政府建设是法治中国建设的重要组成部分，法治政府的建成是法治中国建成的关键，党领导法治政府建设是党与政府关系的根本定位，但是，这一价值定位的实现必须基于以下几个前提性共识。

### （一）坚持法治精神

当代中国法治精神的要素主要有法律至上精神、权力制约精神、自由平等精神、权利精神、民主精神、共和精神、公正精神、和谐精神、人权精神等。[③] 结合党领导法治政府建设的实际，党要保证行政权力的行使，要求自觉遵照法治精神，运用法治思维和发展方式治国理政，带头守法，树立法律的权威和公信，从而带动政府依法行政，督促政府公务人员依法办事。要建成法治政府最大的阻力来自于行政权力的盲目扩张和滥用，建设法治政府的根本目的在于依法保障公民、法人的合法权益和公共利益，党保证行政权行使的核心精神就是一切行政行为依法规范、一切行政权力依法而行、一切违

---

① 刘杰：《党政关系的历史变迁与国家治理逻辑的变革》，载《社会科学》2011年第12期。
② 伊士国、尚海龙：《由"法律体系"到"法治体系"》，载《政法论丛》2014年第4期。
③ 王守贵：《论当代中国的法治精神》，吉林大学博士学位论文，2010年，内容摘要。

法后果依法担责、一切合法权益依法保障。因此,党保证法治政府建设可以从如下方面着手:①

1. 以新发展理念作为建设法治政府的指导。通过创新发展理念引领新政策、新办法、新措施的出台;通过协调发展理念指导行政立法、行政决策、行政执法、行政服务、行政复议、行政监督等工作的开展;通过绿色发展理念打造政府依法行政的法治生态;通过开放发展理念构建全方位的对外开放新格局;通过共享发展理念促进政府的放管服改革。

2. 构建完备有序、运行规范的依法行政制度体系。牢牢贯彻"凡属重大改革都要于法有据"的原理,根据法治建设和深化改革需要,做好政府立法工作,尤其是加强重点领域立法,让制度精准、管用。

3. 推进行政决策科学化、民主化、法治化。行政决策以造福于民为根本目标,以实现社会认同、政治正确和法律有效的统一为实质标准,以符合法定程序为形式标准,以落实终身责任追究和责任倒查为制度保障。

4. 坚持严格规范公正文明执法。明确执法主体的行政执法权责,加强对执法人员执法资格的管理;加大对规范性文件进行备案审查的力度;加强行政复议与信访的衔接,落实政府法律顾问制度,有效解决矛盾纠纷;强化法制监督,完善问责机制,提升政府的公信力。

5. 加强政府法治能力建设。增强基层政府法制机构的人员、经费等硬件保障;强化责任,严格考核,优化细化量化法治政府建设考核指标等制度保障;加强法治宣传教育、社会主义核心价值观教育、正风肃纪教育、反腐倡廉教育等活动,形成法治政府建设的软件保障。

6. 提升"关键少数"的法治素养。在全面推进依法治国的伟大实践中党员干部要以"三严三实"的要求为标准,在实际工作中努力提升法治素养,作一个法治型领导干部。一是认真学习宪法法律,真正知法懂法;二是强化法治意识,切实尊法信法;三是自觉接受监督,严格带头守法。②

---

① 张绍明:《大力弘扬法治精神加快建设法治政府》,载《湖北日报》2017年4月6日。
② 汪火良:《以"三严三实"提升领导干部法治素养和能力》,载《前线》2016年第2期。

### （二）彰显中国特色

"总揽全局、协调各方"这一提法，始见之于党的十二届七中全会。① 十三大提出真正发挥党"总揽全局、协调各方"的作用②。十五大强调，要"保证党始终发挥总揽全局、协调各方的领导核心作用"③。十六大对"总揽全局、协调各方"这一原则作了具体的阐述，其中心主旨在于党的领导主要是政治、思想和组织领导④。十七大报告强调："要坚持党总揽全局、协调各方的领导核心作用"⑤。党的十九大报告对这一思想进行了发展："……自觉在思想上政治上行动上同党中央保持高度一致，……确保党始终总揽全局、协调各方。"⑥ 党的十九届三中全会进一步指出，"建设总揽全局、协调各方的党的领导体系。"⑦ 由此可见，"总揽全局、协调各方"的党政体制的贯彻重点集中体现为"党管全局管长远"和"党委统一协调"的结合。

1. "党管全局管长远"。"总揽全局"就是指党管全局管长远，有三项基本要求：一是观全局，高屋建瓴、审时度势、掌控态势、谋定而动；二是想长远，不局限于眼前，而是着眼于将来，科学预见、把握趋势、指引方向；三是定方略，抓大放小，抛开琐碎"小事"，定好根本、区分轻重、拿捏关键、务实重行。各级党委要立足于全党工作的大局，重点管好对各个领域的政治、思想、组织的领导，保证党的路线方针政策的贯彻和全面地落实。⑧ 新时代强化了对党的领导地位的宪法保障，也为"以党统政"奠定了坚实的制度基础，有利于把党的领导全面落实到各项工作当中去，确保党始

---

① 周义顺：《把握和落实党"总揽全局、协调各方"之原则的困境与思考》，载《湖南师范大学社会科学学报》2009年第5期。
② 《中国共产党第十三次全国代表大会文件选编》，北京文汇报编辑部，1987年，第25页。
③ 江泽民：《高举邓小平理论伟大旗帜，把建设有中国特色社会主义事业全面推向二十一世纪——在中国共产党第十五次全国代表大会上的报告》，载《人民日报》，1997年9月22日。
④ 江泽民：《全面建设小康社会，开创中国特色社会主义事业新局面——在中国共产党第十六次全国代表大会上的报告》，载《光明日报》，2002年11月18日，第1版。
⑤ 胡锦涛：《高举中国特色社会主义伟大旗帜 为夺取全面建设小康社会新胜利而奋斗——在中国共产党第十七次全国代表大会上的报告》，载《光明日报》，2007年10月25日。
⑥ 《党的十九大报告辅导读本》，人民出版社2017年版，第20页。
⑦ 黄坤明：《建设总揽全局协调各方的党的领导体系》，载《思想政治工作研究》2018年第4期。
⑧ 周义顺：《把握和落实党"总揽全局、协调各方"之原则的困境与思考》，载《湖南师范大学社会科学学报》2009年第5期。

终总揽全局、协调各方,确保党和国家事业始终沿着正确方向前进。①

2. "党委统一协调"。"协调各方"是指各级党委从整体上推进全局工作,协调好与所在地的国家机关领导班子之间的关系,统筹兼顾经济、组织、宣传、监察、统战、政法等部门,建立起部门职责明确、归口管理顺畅、分工合作高效的工作机制。② 政府工作的推进离不开党委的统一领导和协调,协调推进又离不开运作的载体,这个传动载体具体表现为党员介入、思想沟通、路线指导、政策说服等方式。政府部门中的党组织保证党委下达的政府工作指示和决定得到执行,主要的执行方式是充分贯彻向党委请示报告制度,通过这个制度实现党对政府工作的领导协调而不是直接干涉,也从而避免行政机关的党组织化和党组织的行政化。

"总揽全局"与"协调各方"是不可分割的有机整体。"总揽全局"为"协调各方"确定方向和目标;"协调各方"为"总揽全局"提供实践基础、工作方法和根本动力。总揽全局、协调各方要求调动各个方面和各条战线的积极性。真正做到党委总揽而不独揽,协调而不替代,使之各司其职,各负其责,相互配合,形成合力,达到在国家治理体系的大棋局中"党中央是坐镇中军帐的'帅'",其他党政机关如同"车马炮各展其长",一盘棋大局分明。③ 所以,整体观和系统性思维是党在协调推进战略布局和统筹推进总体布局时必须保持的全局观和战略思维,正如要解决好发展不平衡不充分问题,更好地满足人民日益增长的美好生活需要,就必须"不断提升和持续彰显党总揽全局、协调各方的能力"。④

另外强调一点,"总揽全局、协调各方"原则与依法执政是统一的。要实现党的领导方式和执政方式的规范化和制度化,就要有明确的法律依据、充分的法律保障和遵守法定程序,尤其要逐步形成主要依靠法律解决社会矛盾和现实问题的习惯。党员干部,要带头维护宪法和法律的权威,保证党在

---

① 孙来斌:《确保党始终总揽全局、协调各方》,载《经济日报》2018年3月10日。
② 周义顺:《把握和落实党"总揽全局、协调各方"之原则的困境与思考》,载《湖南师范大学社会科学学报》2009年第5期。
③ 《习近平关于全面建成小康社会论述摘编》,中央文献出版社2016年版,第224页。
④ 刘吕红:《论坚持和加强党的全面领导》,载《湖湘论坛》2018年第4期。

宪法和法律的范围内活动。①

（三）发扬民主集中制

1. 民主集中制契合于党政统分协调的政治逻辑。我国政治模式的核心是确立了严密有效的党的组织原则，并且把这个原则适用于国家的组织原则之中，形成党政一体的政治体制。在这个政治体制中发挥作用的正是民主集中制，它把党和国家有机地联系起来。民主集中制既是"党的组织原则"，也是"国家机构的组织原则"，正是通过它把党和国家的领导体制"有效地组织起来"。②"民主基础上的集中，集中指导下的民主"的辩证统一关系暗含了把党和国家领导体制有效地组织起来的政治逻辑，契合于党政统分协调关系。其基本要求就是要让这个制度能集中"众意"形成民意，保证国家机关顺畅运转、高效整合社会资源办大事，真正实现党的集中统一领导与公民有序参与、国家政治稳定与社会可持续发展的高度和谐。

2. 民主集中制有助于党的领导权威的树立。党的领导是"权威性秩序的来源和保障"③，人民代表大会制度是民主集中制的制度载体。这就告诉我们，正确处理党与人大关系的基本途径就是通过遵循法定程序之上的民主集中制来释放人民代表大会制度的生命力和优势④，它体现在以下几个方面：人民代表大会统一行使国家权力，人民通过人民代表大会行使国家权力，这一权力运行逻辑体现了民主与集中的统一；各级人民代表大会由人民代表选举产生，并受人民监督，从而集中实现人民当家作主；国家机关在决策权、执行权、监督权的行使上做到"民主基础上的分工和集中基础上的协调"⑤，而这一切都集中统一于党的领导。

3. 民主集中制是落实管党治党的治本之策。民主集中制作为中国共产党的根本政治原则用于指导国家机构的组织和活动，在实际政治生活中日益表现为一种议事与决策制度，其直接后果是推动了民主集中制从制度文本向

---

① 王庭大：《按照党总揽全局、协调各方的原则改革和完善党的领导方式》，载《党建研究》2004年第11期。
② 杨光斌、乔哲青：《论作为"中国模式"的民主集中制政体》，载《政治学研究》2015年第6期。
③ 杨光斌：《国制度优势：权威民主法治的有机统一》，载《学习时报》2017年6月14日。
④ 杨光斌：《民主集中制是我国根本政治制度的优势所在》，载《光明日报》2014年9月30日。
⑤ 辛向阳：《习近平民主集中制思想的科学内涵》，载《前线》2015年第3期。

实践机制的转型。在一项题为"深入贯彻落实民主集中制的现实途径"的调研中显示：针对民主集中制原则的实践机制主要涉及四项制度。一是集体领导制度。主要明确了集体的决策程序和议事流程，努力让议事决策实现细化、量化。二是党委常委会（或党组）议事规则和决策程序。重大问题由党委"集体领导、民主集中、个别酝酿、会议决定"。三是常委会向全委会定期报告工作并接受监督制度。包括明确报告时限、报告内容、如何报告以及监督对象、监督范围、监督方式等。四是征求下级组织意见制度。明确哪些决策属于征求意见的范围以及征求意见的方式、操作程序和结果运用。①应该说，此四项实践民主集中制的机制是在新形势下应对党自身建设所面临的挑战、落实管党治党任务的经验成果，有了这些经验成果作为保证，就可以从指导思想上与党中央保持高度一致，"准确把握民主集中制的原则和内容"并"不断健全和完善民主集中制的贯彻执行"②。此外，将责任制引入到民主集中制中，形成民主集中负责制的理论与制度，从顶层设计视角将民主集中负责制上升为执政党与国家的基本政治制度形态、将组织与决策主体以及权力运行过程纳入到民主集中负责制的责任追究制度框架、将民主集中负责制的责任形态纳入到法治的基本框架，为执政党领导社会主义现代化建设提供根本保障。③

### （四）保持适度张力

在实际的政治生活中，政党已经是国家民主政治生活之中不可缺少的元素和力量，政党主导政府也已经是现代治理的普遍模式，并且"政党的活动和影响已渗透到各个国家政府过程的各个环节和各个方面"④。当然，现代政治中政府并非是政党的"从属变量"，在很多领域政府具有独立性和主动性，政府也会给政党压力与影响。⑤ 因此，执政党和政府之间不可能是一方完全控制另一方，但二者之间的相互依赖和双向作用却是客观存在的。我们在民主政治生活之中必须"衡量政府的政党性"和"衡量政党

---

① 周颖：《各级党委贯彻民主集中制的现状、问题及对策》，载《红旗文稿》2018年第3期。
② 周颖：《各级党委贯彻民主集中制的现状、问题及对策》，载《红旗文稿》2018年第3期。
③ 唐亚林：《论民主集中制向民主集中负责制的转型》，载《新疆师范大学学报（哲学社会科学版）》2015年第2期。
④ 郭定平：《政党与政府》，浙江人民出版社1998年版，第1页。
⑤ 封丽霞：《政党、国家与法治》，人民出版社2008年版，第131页。

的政府性",① 保持二者之间的适度张力是明智之举。但是,在执政党领导政府的模式下要进行二者之间的张力调适,"通常使执政党对政府的影响被保持在一定限度之内"② 是关键举措。

党与政府之间的关系是一个历史的范畴,从 20 世纪 80 年邓小平提出"党政分开"以来,完全由党代行政府职能的情形得到改观,党和行政机关之间的关系概括为领导与被领导、监督与被监督的关系,党的领导与监督体现为权威性、间接性、法治性的特色③。但是,党的机构仍然行使着重要的行政权,在公共事务管理中扮演行政管理的主要角色,形成了行政管理的"二元化"结构④,基层政治张力客观存在。党政二元权力结构之中,一元权力过于强大,另一元权力过于弱小的现象普遍存在。⑤ 政治探索与实践告诉我们,如果党政二元权力中的一元过强或过弱,形成两个极端,其后果必然是导致党的权力或者行政权力的衰败。⑥ 通说认为党政分开可以有效消解党政二元权力结构的张力,实际上,党政职能的分工及规范化只是消除结构化张力的必要条件,并非充分条件。在长期的革命、建设和改革的实践中,党对社会的权力延伸、渗透、指导和控制,形成了对社会全方位、立体化的领导方式,党对社会公共事务事实上行使着管理权,基层组织中的党政二元权力结构的张力随着时代和外部环境的变动会一直互动和调整下去⑦。

党的十八届三中全会提出了改革党政二元一体的传统治理体系,形成更加开放多元和更富互动性的现代治理模式的要求⑧,要达到这个要求和目

---

① [法]让·布隆代尔、[意]毛里奇奥·科塔:《政党政府的性质——一种比较性的欧洲视角》,曾淼、林德山译,北京大学出版社 2006 年版,第 43 页。
② 汪火良:《党领导法治中国建设的逻辑进路研究》,武汉大学博士学位论文,2016 年,第 95—96 页。
③ 郭榛树等:《政党民主与法治——当代中国政治文明中的"三统一"问题研究》,中共中央党校出版社 2008 年版,第 150—151 页。
④ 林鸿潮:《坚持党的领导和建成法治政府:前提和目标约束下的党政关系》,载《社会主义研究》2015 年第 1 期。
⑤ 斯君、王娜娜:《情系虎头山——访大寨村党支部书记郭凤莲》,载《领导科学》2000 年第 1 期。
⑥ 戴长征:《当代中国基层政治二元权力结构分析》,载《江苏行政学院学报》2009 年第 3 期。
⑦ 戴长征:《当代中国基层政治二元权力结构分析》,载《江苏行政学院学报》2009 年第 3 期。
⑧ 胡庆亮:《推进国家治理体系现代化的逻辑与理路:从党政二元一体到主体多元共治》,载《求实》2015 年第 9 期。

标,从根本上就是进行党政二元权力结构张力的调适。这种调适的完成,只能落实到党政的组织机构和工作机制之中。我国现有的"以党统政"体制可以概括为"一个党委、六个党组",是行之有效的执政载体。"一个党委"在同级国家政权组织中发挥领导核心作用,"六个党组"是在人大、政府、政协、监察委、法院、检察院机关中分别设立党组。党组受同级党委领导,对党委负责,同时又分别在其所在的机关中发挥政治核心作用。[1] 党委的领导核心作用绝不是直接对人大、政府、政协、监察委、法院、检察院发号施令,而是通过相应机关的党组保证党的方针政策的贯彻落实,支持这些机关在宪法和法律范围内独立自主地开展工作。

另外,我们还要注意一点。在政府的行政系统之中,各部门之间的行政权力行使存在一定的张力,调适政府行政权力张力的有效途径是进行适度分权,深圳市目前正在酝酿实施。政府的权力主要包括决策、执行、监督三块,长期以来政府集三权于一身,既当运动员,又当裁判员,还是监督员。现实中出现被老百姓诟病的"报喜不报忧""乡忽悠县、县忽悠省、一直忽悠到最上层"的"数字政府",就是政府过于集权的结果。相关调查显示:政府腐败大多与权力过分集中有关。比如,腐败高发的海关、税务、金融、电力等部门大都是集三权于一体。因此,将政府的决策、执行、监督三权进行适度分离,是消除权力结构张力,避免行政内耗与低效的有效做法。

## 第二节 党保证执法的"保证"途径

执政党治国理政活动大致可以分为两个维度:一是执政党的领导行为,二是执政党的监督行为。从执政党掌控国家权力的角度而言,执政党拥有领导权和执政权,同时拥有监督权。权力必须受制约,法治是权力的最佳规约方式。执政党依法执政和国家依法而治是现代社会的基本方式,党保证执法作为依法执政的重要环节,从内在逻辑上更要求党处理好领导和监督行政权力运行的关系。"党保证执法"命题中涉及两个主体的不同活动,执政党从事领导和执政活动,政府从事行政执法活动。党领导政府,但不能代替政府

---

[1] 杨绍华:《中国共产党执政方式研究》,首都师范大学博士学位论文,2008年,第6页。

决策。法治原则告诉我们：党的领导需要法治化。因此，党领导政府、支持政府行政工作的法治界限在于：党必须依据宪法法律所规定的程序和权限，通过党的基层组织督促各行业、各单位活动，实施政治、思想和组织领导，承担领导责任。① 而党要发挥领导核心的组织保障功能，在政府行权系统的外围发挥强有力的监督作用，其中的法治界限在于：各级党委对政府推进执法体制机制的改革创新、改进执法程序、完善综合执法、营造法治文化环境等工作主要起支持作用，"督促和保证行政机关严格规范公正文明执法"。②

综上所述，"党保证执法"的实施当从两个向度着力：一是从"党"的角度，重点发挥党支持政府依法行政、建设法治政府；一是从"政"的角度，重点发挥党督促政府职能机构的行政执法，让行政权力不能任性。

### 一、从"党"的角度：党支持依法行政

依法行政的内在要求在于：政府要依照宪法法律的设定和组成，政府的权力法定并依法行使和担责，通过重点领域的执法，及时回应人民群众的诉求，从而提升行政权力的公信，树立政府执法严格、高效、权威的形象。③ 因此，党与政府之间的领导关系实质上就是党支持政府依法行政，这里有两个层面的要求：一是要求党要在宪法法律范围内活动，严格按照法定程序来领导、监督、督促行政机关工作；二是党要保证政府依法行政，其具体要求在于党在依法执政理念指引下，对行政机关的领导，主要是着眼于全局问题，提出大政方针政策、明确工作任务、提供行政权力体系使之得以充分实现，尤其注重通过人民代表大会制度将自己的主张和政策法律化，从而实现党的领导。④ 在《加强和维护党中央集中统一领导的若干规定》中形成了十二项"加强和维护党中央集中统一领导"的具体工作制度和要求，即基于党的政治、思想和组织领导而形成的制度体系。⑤ 由此可见，党的领导就其性质而言表现为党的政治权威，党对国家政权的领导是政治权威的领导。通

---

① 王洪叶：《论习近平法治思想体系中的几大关系》，载《遵义师范学院学报》2015年第4期。
② 张文显：《习近平法治思想研究（中）》，载《法制与社会发展》2016年第3期。
③ 张文显：《习近平法治思想研究（中）》，载《法制与社会发展》2016年第3期。
④ 孙国华：《中国特色社会主义民主法治研究》，中国人民大学出版社2015年版，第171—172页。
⑤ 程竹汝、李熠：《论新时代"加强党的集中统一领导"的战略意义》，载《探索》2018年第4期。

常而言，这种领导的实现主要是通过政治、思想、组织领导进行的，因此，党保证执法的基本途径主要是通过政治保证、思想保证和组织保证进行。

（一）执政党对依法行政的政治保证

从政治学的基本原理来看，执政党的政治保证是通过政治领导实现的，而要真正贯彻党的政治领导必须有一套科学的、可以实际操作的运作机制，这套运作机制包括宏观层面的顶层设计、中观层面的组织依托和微观层面的工作方式。

1. 宏观层面的政治保证：把握领导大局。党在领导法治政府建设的大局中，在宏观层面有三个方面的政治保证功能需要加强：一是对政府立法工作的政治领导。2016年2月，中共中央印发了《关于加强党领导立法工作的意见》，重申党对立法工作"主要实行政治领导，即方针政策领导"。基于这个原则性意见，各级政府在出台方针政策、制定规范性文件之时事先必经党委会、党组的议决程序，确保政府工作的方向和政治正确。二是对行政执法工作的领导。当前，加快建设法治政府，提升政府的依法行政能力从而促进党依法执政能力的提升实乃当务之急，其现实路径就是深入贯彻实施《全面推进依法行政实施纲要》。三是对公共权力的政治领导。党的领导地位是否稳固取决于社会认同，政府施政是对执政党意志的贯彻，政府的威信和公信力直接影响到党的执政权威。政府是公共权力的代行者，是公共产品的提供者，服务型政府和法治政府的建设扎根于法治社会的土壤。因此，党对公共权力的政治领导只能通过制度化、法律化的合乎民主政治要求的渠道进行，努力推进国家政治社会生活的法治化是根本发展方向。

2. 中观层面的政治保证：依托党政组织。要切实保证和充分发挥党在依法行政中的领导核心作用，必须依托各级党组织。中央委员会、中央政治局、中央政治局常委会构成了中央决策核心，各级党的组织、宣传、统战、政法部门，各级设在人大、政府、政协、法院、检察院中的党组和事业单位、人民团体等的党组织[1]都是贯彻落实党的领导决策的重要组织保障，其职责主要在于：[2]（1）负责党的路线方针政策的实现，研究制定贯彻执行中

---

[1] 井建斌：《为党和国家各项事业发展提供坚强政治保证》，载《求知》2017年第10期。
[2] 谢春涛：《中国共产党为什么能?》，新世界出版社2012年版，第287—288页。

央和批准其成立的党的委员会决议、决定的措施；（2）对本部门的重大问题作出决策；（3）按照干部管理权限和程序推荐、提名、任免、管理干部；（4）指导机关和直属单位党的组织工作；（5）领导本部门的思想政治工作和精神文明建设；（6）团结非党群众和干部。

3. 微观层面的政治保证：规范工作方式。党对政府工作的政治领导不是以命令和强制服从为基础的直接的权力领导，而是以自觉服从为基础的间接领导。党对政府工作的政治领导的工作方式主要包括工作开展和工作报告。以党领导中央人民政府工作为例，中央人民政府的工作开展主要包括重大问题的报请、中央决策部署的落实、重大问题和任务落实进展的报告等等。中央人民政府的工作报告包括委员的工作报告和组织的工作报告。中央委员的工作报告要求委员每年向党中央和总书记书面述职；中央组织的工作报告包括中央的党组织（中央书记处和中纪委）、中央的政权机构中的党组（全国人大常委会、国务院、监察委员会、"两高"）以及全国政协的党组每年向中央政治局常委会、中央政治局报告工作。[1] 中央层面的党对政府工作的政治领导方式对地方具有推广意义，其原则性要求在于：各级各类党组织"自觉向党委报告重大工作和重大情况""各地区各部门党委要加强向党中央报告工作"。[2]

### （二）执政党对依法行政的思想保证

执政党对依法行政的思想保证统属于领导法治建设的思想之中。当前，党要领导法治政府建设，在思想保证上要做到：牢固树立"四个意识"，坚决服从党中央集中统一领导，确保党中央令行禁止。[3]

1. 让法治成为社会的主流意识形态。关于意识形态的理解，可以简单地下一个定义：不需要加以论证，也不需要加以思索就被理所当然地认为是正确的论断。关于法治的理解："法律界人士和学者均承认，即使在西方社会和自由市场经济体制中也缺乏真正的一致意见。"[4] 但"面对诸多新的不

---

[1] 程竹汝、李熠：《论新时代"加强党的集中统一领导"的战略意义》，载《探索》2018 年第 4 期。
[2] 井建斌：《为党和国家各项事业发展提供坚强政治保证》，载《求知》2017 年第 10 期。
[3] 井建斌：《为党和国家各项事业发展提供坚强政治保证》，载《求知》2017 年第 10 期。
[4] ［美］巴里·海格：《法治：决策者概念指南》，中国政法大学出版社 2005 年版，前言。

确定性,在一点且只在一点中出现了一种超越所有裂痕的普遍共识:'法治'有益于所有人。"① 法治的性质和标准因地域、国家、文化而不同,但法治本身却几乎获得全球性认同。法治优于人治已经成为人们不假思索就被理所当然接受的、无须论证的结论。法治本身已经成为一种意识形态,具有被人们不加质疑就能接受的逻辑惯性②。但是,中国当前的法治实践所产生的强烈的直观感受需要有一种统一性的观念模式来涵摄诸多的不和谐因素,这个统一性的观念模式可以凝聚主体共识、塑造社会目标、凝练价值观念,形成统一的意识形态。"意识形态已成为现代国家的道义基础和权力核心"③,"社会主义意识形态塑造了当代中国法治发展的自主品格"。④ 由党来领导中国的法治建设也应该是中国特色的主流意识形态,因为,党的领导与法治关系的逻辑证成已经表明党领导推进全面依法治国是中国社会的主流意识形态。党领导法治建设作为主流意识形态还要参与国际法治的话语权的竞争,"中国法治道路"如同"中国道路"一样具有中国特色,是符合中国实际,符合人民意愿的价值观,中国特色的法治发展道路正是社会主义意识形态的形塑之果。我们党从上至下统守社会主义法治理念,把党员的理想信念教育与法治信仰教育紧密结合起来,让法治成为社会的生活方式。

2. 建设法治型政党。随着国家和社会治理的转型,政党治理法治化成为题中之义。经验告诉我们,政党从传统的克里斯玛型转变为法理型绝非靠自然演进而达成,政党行为的法治化是法治型政党建设的重要考核指标。结合世界政党法治的实践来看,"法治先发国家的法治建设都由政治权威主导和推动,其过程表现为政治权威的量减和法治权威的量增直至法治权威完全确立的过程"⑤。我国"党与法治的关系"命题是对这一历史经验和客观规律准确把握并及时提出的。中国社会主义革命、建设和改革的历史逻辑、理论逻辑、实践逻辑都充分表明:"中国共产党是具有历史主动性的政党,应

---

① [美]布雷恩·Z. 塔玛纳哈:《论法治——历史、政治和理论》,武汉大学出版社2010年版,导言,第1页。
② 叶青等:《加强和改进党对全面推进依法治国的领导》,上海人民出版社2016年版,第25页。
③ 侯惠勤:《意识形态的变革与话语权——再论马克思主义在当代的话语权》,载《马克思主义研究》2006年第1期。
④ 蒋传光:《中国特色法治路径的理论体系》,中国法制出版社2013年版,第64—72页。
⑤ 汪火良:《党领导法治中国建设的逻辑进路研究》,武汉大学博士学位论文,2016年,第59页。

适应法治化的发展趋势,以传统合法性的量减换取现代合法性的量增从而转变为法理型政治权威"①。建设"法治型执政党"有两个层面的问题需要解决:一是政党运作的法制化,即用法律和党规规范政党的活动;二是政党制度法治化,就是制定的政党制度"必须符合现代民主政治的基本精神以及法治的基本理念与原则"②;结合这两个层次问题的要求,"法治型执政党"就要求确立"党在法下、政党民主、保障党员权利和以国家和公共利益为重等法治理念"③,在制度支撑和处事依据上"应依据国家法律对政党行为进行规范,依据党内法规对政党自身进行约束"④。结合我国治国理政的实际,"依法治国首先是依宪治国"表明当前"最为紧迫的是利用宪法对政党身份进行确认和保护、赋予政党的政治活动权、政党活动要受宪法法律的约束"⑤;"依法执政关键是依宪执政"表明"未来要通过推进党的领导权法制化、深化党的机构改革、深化党委决策制度改革和推进党内治理法治化等重点举措来完善执政党依宪执政的体制机制"⑥。

3. 建设法治文化。文化是一个国家、民族的灵魂,是人民的精神家园。中国特色社会主义法治文化是中华优秀传统文化的重要组成部分,也是马克思主义的法治理论融贯于我国的革命、建设、改革中创造的文明成果,其植根于中国法治实践。中国法治文化以社会主义核心价值观为价值统领,融贯于社会发展的方方面面,维系着人民群众的情感认同,转化为人们的行为习惯。当前,中国特色社会主义法治文化的供给还不能满足人民过上美好生活的新期待,尤其在社会基层存在严重的供给不足。要解决法治文化资源在基层的供给不足,满足人民群众的法治文化需求,我们可以从以下方面着手:第一,加强法治教育宣传,提升群众法治素养和能力,培养全社会的法治信仰,让法治方式成为人们的行为习惯;第二,积极实施普法教育,把法治思维和法治方式融贯到法律运行的诸环节之中,让依法办事成为人们的首选方

---

① 汪火良:《党领导法治中国建设的逻辑进路研究》,武汉大学博士学位论文,2016年,第59页。
② 汪火良:《党领导法治中国建设的逻辑进路研究》,武汉大学博士学位论文,2016年,第59页。
③ 汪火良:《党领导法治中国建设的逻辑进路研究》,武汉大学博士学位论文,2016年,第59页。
④ 汪火良:《党领导法治中国建设的逻辑进路研究》,武汉大学博士学位论文,2016年,第59页。
⑤ 汪火良:《党领导法治中国建设的逻辑进路研究》,武汉大学博士学位论文,2016年,第59页。
⑥ 汪火良:《党领导法治中国建设的逻辑进路研究》,武汉大学博士学位论文,2016年,第59—60页。

式;第三,夯实社会治理的制度支撑,完善社会的基础制度尤其是建立起社会诚信制度体系,"完善守法诚信褒奖机制和违法失信行为的惩戒机制"①,树立起爱国、敬业、诚信、友善的社会风尚;第四,牢牢掌握意识形态工作的领导权,增强法治文化资源的供给,尤其是向社会基层倾斜,努力打破城乡隔阂,创新送法下乡的方式方法,"向基层输送优质的法治文化资源"②;同时,培养一支扎根基层、贴近底层的法治文化创造、传播队伍,"就地取材,用群众喜闻乐见的方式,创造出具有乡土气息、符合中国百姓口味的法治文化产品"③。

### (三) 执政党对依法行政的组织保证

党对行政执法的组织保证,就是党在组织体系、组织架构中实现对政府行政的领导。在全国组织工作会议上,习近平总书记提出新时代党的组织路线:夯实党的组织体系、建设高素质干部队伍、集聚优秀人才、培养可靠接班人。④ 因此,党对行政执法的组织领导主要是通过推荐重要干部,加强执法机关党的组织建设,充分发挥党组织的作用,推动党的路线方针政策在依法行政领域得到贯彻落实。

1. 坚持党管干部原则,建设高素质干部队伍。中国共产党作为"居于领导地位的执政党",在推荐党政干部的方式上有鲜明的特色:从推荐干部任职的广度上来看,党组织统一负责干部的管理、调遣,"范围涉及立法、行政、司法、军队等全部国家权力结构中的重要职位"以及"各级各类公有制企业、事业单位的重要领导职位";⑤ 从推荐干部任职的高度上来看,"从中央到地方各个层级政府的党政领导干部"⑥ 统一由党管理和推荐。党管干部是党的工作的一项基本组织原则,也是党进行政治领导的组织保障。中国共产党通过严密的精英录取机制,掌控着国家政治机器,对于干部选拔一直遵循德才兼备的原则,任人唯贤是我党的干部路线,不断培养干部始终是党的一项战略任务。党培养干部采取由党委统一管理的原则,尤其是主要

---

① 汪火良:《党领导法治中国建设的逻辑进路研究》,武汉大学博士学位论文,2016年,第70页。
② 汪火良:《党领导法治中国建设的逻辑进路研究》,武汉大学博士学位论文,2016年,第70页。
③ 汪火良:《党领导法治中国建设的逻辑进路研究》,武汉大学博士学位论文,2016年,第70页。
④ 颜晓峰:《为实现新时代党的历史使命提供坚强组织保证》,载《天津日报》2018年7月16日。
⑤ 商爱玲、周振超:《执政党与政府关系的比较分析》,载《云南行政学院学报》2008年第4期。
⑥ 商爱玲、周振超:《执政党与政府关系的比较分析》,载《云南行政学院学报》2008年第4期。

党政干部的培养、选拔、推荐、任用都由党委决定,"各级领导班子由党委管理"[1]。培养领导干部,一是选人不拘一格,用人用其所长;二是干部自身努力,此为内因,党组织培养是外因,把内外因紧密结合;三是形成各方面人才百舸争流、各显其能的局面。

2. 加强党的组织体系建设,为党执政提供坚强保障。构建党的组织体系、提供执政保障要注意以下方面:一是不断完善党的各级组织,形成严密的组织体系。全面推进依法治国要求加强党委和党组的组织领导,保证党的意志在法治领域得到充分体现。二是强化依法执政,确保政权运行法治化。(1)理顺党政关系,党组织不能包办具体行政事务,不能代替行政机关行使职权。(2)准确定位行政机关是国家权力机关的执行机关,并非党组织的执行机关。(3)党要通过国家权力机关依法控制行政权力。三是加快完善党内法规体系,推动管党治党法治化。(1)组织专门力量进行党内法规的全面系统的清理,把滞后于实践发展和形势任务需要的、同党章和党的最新理论路线方针政策不一致的、同宪法法律相抵触的、重复交叉、冲突打架的及时废止。(2)重点改革、理顺和完善党内法规的制定体制机制。严格遵照执行《中国共产党党内法规制定条例》,进一步加大党内法规备案审查和解释力度,确保党内法规的合宪性和权威性。(3)加大对党内法规的合法性审查,把党内法规纳入国家法律体系之中。[2]

## 二、从"政"的角度:党督促行政执法

党"保证严格执法,为行政机关执行法律提供后盾和保障"[3],由此可知,党与行政执法之间存在着保证关系。这种保证关系的主要内涵在于:一是党的各级组织支持国家机关依法行使职权,不干涉行政事务的处理;二是如果国家机关不能依法行使职权,党组织(各级党委、党组)要加以督促

---

[1] 肖贵清、田桥:《政党治理引领国家治理:中国共产党治国理政的逻辑理路》,载《山东社会科学》2017年第7期。

[2] 秦志龙:《中国共产党法治能力建设的基本问题》,山东大学硕士学位论文,2016年,第61—64页。

[3] 汪习根:《坚定不移走中国特色社会主义法治道路》,载《人民日报》2014年11月6日。

并纠正违法行政行为。① 当前行政执法存在以下问题：在执法体制上，条块关系交错、执法主体混乱、执法机构权责不清；在执法机制上，缺失长效管理机制、管理新常态的效果没有显现；在执法管理上，缺乏对执法部门的有效评价和监督，部门利益化倾向严重；在执法监督上，缺乏对执法部门和执法人员的违法责任追究机制。基于构建服务型政府和法治型政府的内在需要以及树立党政光辉形象的长远要求，我们认为，党保证政府依法执法应从执法理念、执法原则、执法主体、执法作风、执法权威、执法机制、执法监督等环节入手，顶层设计、上下联动、整体推进。

**（一）优化执法理念**

党的十八届四中全会确立了"严格、规范、公正、文明"的执法理念。所有这一切都服务于社会主义法治的本质要求——执法为民。执法为民的根本出发点和落脚点都在"民"，顾名思义，执法为民就是执法造福人民，执法依靠人民，执法保护人民。

1. 忠于宪法党章的理念。在依法治国伟大工程的推进之中，"宪法至上、党章为本"是根本遵循。宪法是治国安邦的根本大法，党章是管党治党的最高依据，我国党政一体的政治体制决定了治国理政的根本遵循只能是宪法和党章。宪法之于国家治理和政党治理的意蕴可以概括表述为："依法治国首先是依宪治国，依法执政首先是依宪执政"。党章之于中国特色社会主义法治体系的现实意义已然明了，党章作为党内法规体系的"根本法"，其统帅整个党内法规体系，中国特色法治体系是国家治理的制度支撑，更是制约权力的有效手段，其制约权力遵循"宪法至上、党章为本"的原则，宪法和党章的联合正是法律体系和党内法规体系相与为用的体现。无论是中国共产党党员还是非党员，执法的依据必须是以宪法为统领的法律制度体系，但执法的价值追求和实现标准是严于法律的党规党纪，只有这样才能够达到政治效果和法律效果的统一。因此，执法者要绝对忠于宪法和法律，把宪法法律这条"链子"套在权力傲慢的头颅上，执法者在挥舞法律链条时要讲究方式方法、拿捏好分寸，这就要求"链子的长度需要在法治建设与

---

① 张恒山：《坚持党领导下的依法行政》，载《辽宁日报》2014年11月4日。

市场经济动态平衡中收缩或放松"①，执法者既不能乱作为、不作为，也不能慢作为，要善作善成。执法者也要向党规党纪看齐，真正践行执法为民的工作准则。

2. 改善民生的理念。民生的改善关乎人民群众的愿望诉求和直接利益，是新时代社会矛盾的集中反映。执法者在执法时增进和服务民生要注意以下方面：一是维护社会稳定，给人民群众以安全感。保护人民群众的人身和财产安全是当前社会治理要重点着力的紧迫问题。营造安定有序的经济社会发展环境。二是关注人民群众的诉求，保护民生权利。针对百姓对上学难、就业难、看病难、住房贵、恨腐败等社会问题的诉求，加强民生保障领域的执法，保障老百姓的各项经济社会权利，保障社会公平。三是切实维护好人民群众的切身利益。执法者要妥善处理好群众所关心的直接、现实的利益纠纷，促进社会和谐发展。

3. 文明执法理念。文明执法是落实执法为民的客观需要，是把社会主义核心价值观融入执法过程的基本要求，是社会政治文明和法治进步的外在显现。其基本内容有：一是执法理念文明，执法者当本着以人文本思想，追求执法为民并将之践行于执法活动之中；二是执法制度文明，就是把以人为本、便民利民、和谐等价值融入执法制度之中，使执法制度既有利于规范高效执法，又有利于保障民权；三是执法行为文明，执法者在执法时方式方法符合法律规定，对待执法对象不偏不倚、态度亲和、用语文明；四是执法形象文明，要求执法者仪容整洁、举止有度、有亲和力。

4. 尊重与保障人权理念。当前，在我国某些地方频频发生公民的人身自由、人格尊严、通信秘密、教育权、生命、财产等人权和公民权利受到侵害的事件，诸如聂树斌案件的平反、城管打死人、正常人被精神病、贵州留守儿童喝农药死亡、生火取暖窒息死亡事件等，充分说明尊重和保障人权还没有真正深入国家和社会治理的底层，还没有赢得执法者的敬畏。人权并非抽象的字眼和空洞的口号，其内容、实现程度和享受范围都受特定社会历史条件的制约，在一个国家的特定历史时期就是该国公民的基本权利，国家和

---

① 段瑞群：《法治中国建设与我国人权理论体系完善——以"党的领导、人民当家做主、依法治国有机统一"为视角》，载《人权》2016年第4期。

政府是否确立尊重和保障人权的治理理念直接关系到官民关系的和谐和社会稳定,正如张文显教授所言:"只有政府认真对待人权和公民权利,人民才会认真对待政府、法律和秩序",官民和谐型社会才能形成。①

**(二)信持执法原则**

一般来讲,依法行政既包括合法性,也包括合理性,因此,合法行政与合理行政构成了依法行政的两个基本方面,除此以外,在新时代对行政执法还有权责统一、行政公开、行政参与等原则要求。

1. 合法行政原则。也就是职权法定原则,法治政府的基本特征就是"法无授权不可为""法定职权必须为",任何行政职权的取得和行使都必须符合法律规定②,这里实际上包含着行政机关的"法律优先"原则和公民、法人及其他社会组织的"法律保留"原则。合法行政所依之"法",应该为体现民意、符合规律的良法,合法行政的"合法"之"合",是指合乎实体法和程序法。中国社会素来重实体轻程序,程序正义观念还不够牢固,在行政执法过程中还缺乏依程序行政的观念,因此,合法行政原则的贯彻重心是要求执法人员牢固坚守法定程序,按程序办事。执法人员作出不利或者减损行政相对人利益的行为时必须符合法定程序,面对执法对象要遵照程序平等对待,如果与行政相对人有利害关系应该主动提出回避,作出执法决定时应当给予相对人陈述和申辩的机会。③

2. 合理行政原则。合理行政要处理好三个方面的关系:一是做到平等对待。它要求同等情况同等对待,即执法者在作出具体行政行为之时,不论是授予权益还是要求履行义务都要平等对待当事人;另外,它还要求不同情况区别对待,对于社会弱势群体要给予特殊优待和保护。二是遵循比例原则。它包括行政机关所选择的行政方式和措施与立法目的相适应、行政机关必须选择对相对人损害最小的方式,其所采取的行政行为对个人造成的损害与所获取的公共利益之间应成比例、保持均衡。④ 三是符合一般人的常识标

---

① 张文显:《法治与国家治理现代化》,载《中国法学》2014年第4期。
② 李强:《坚守法治精神 建设法治政府》,载《人民论坛》2014年3月(上)。
③ 牛余庆:《政党政治视角下中国党政关系研究》,中共中央党校博士学位论文,2005年,第101页。
④ 封丽霞:《中央党校学员关注的法治问题》,中共中央党校出版社2014年版,第114页。

准。基于行政执法行为的价值判断的复杂性,某个执法行为的合理性判断难以量化,而此时一般人的常识判断就成为最终选择,普通人的判断力更能被广泛接受。

3. 权责统一原则。权责统一的基本要求有:一是法律法规对行政机关的授权既要充分又要严格。行政权力严格法定,行政自由裁量也要求于法有据。二是必须对行政执法权进行监督。不受监督的权力必然泛滥而致滋生腐败,严管执法权等于厚爱执法者,让其职业生涯更长久、更幸福。当前,健全以行政首长为重点的行政问责制度尤为紧迫,是提高政府执行力和公信力的重要抓手。

4. 行政公开原则。行政公开是阳光政府的必然要求,是权力寻租、暗箱操作的克星。行政公开有几个具体要求:一是行政相关政策以及行政立法的公开。就是政府在制定行政法规、规章时要征询民意。二是针对行政裁决和行政复议行为的裁决、复议的依据、标准、程序应予以公开,让当事人知晓,以保证行政相对人的权益和行政行为的正当性,便于实现司法公正。三是执法信息公开。公开执法信息同样遵循"公开为原则,保密为例外"的原则。对于行政机关及其工作人员的遵纪守法状况和工作状况,让新闻媒体早报道真实准确的前提下进行公开,便于社会舆论的监督。[①]

5. 行政参与原则。就是指行政机关在施政行权的过程中,行政相对人能够参与到这个过程中来,并能够发表自己的看法来保证行政行为的合法性以及监督行政主体。行政参与改变了行政行为作出的法律关系的单一性和管理行为的单向性,有效地实现了"政社互动",便于公民和社会组织对政府行为的监督,保证行政行为和行政决策的合理性和可接受性,发展了社会治理理论,更新了社会治理模式,让现代行政法跟上国家治理现代化的步伐。

(三)锤炼执法主体

执法主体包括行使国家行政权力的国家行政机关及其公职人员。习近平总书记一贯强调:全面推进依法治国,需要信念坚定、执法为民、敢于担当、清正廉洁的优秀政法队伍。

---

[①] 曹海晶、方世荣:《国家治理体系与治理能力现代化中的行政法问题研究》,长江出版传媒、湖北人民出版社 2015 年版,第 23—24 页。

1. 加强行政执法队伍建设。行政执法面对企业和基层,是行政管理权力的末梢神经,执法队伍的执行力直接影响群众利益、关乎政府和法律的威信。因此,执法队伍建设必须纳入法治化轨道,为法治政府建设提供可靠保障。执法队伍建设可以从以下几个方面展开:一是规范执法人员的资格管理,要求执法人员只有通过相应执法资格的考试、考核并获取相关证书才能持证上岗执法,同时必须严格管理执法资格考试的过程;二是推行行政执法绩效考核制度,强化行政执法责任制;三是科学配置人员编制,充实和加强市县和基层执法力量,保证重点领域执法;四是落实执法经费保障制度,一方面要禁止将收费罚没收入变成部门的可支配利益,另一方面对执法经费实行罚缴和收支分别管理。

2. 提升执法人员的执法素养。要提升执法人员的执法素养可以从以下途径契入:一是培育和提高执法人员的法律意识,执法人员要具有职权法定和权责统一的观念,要对法律有敬畏之心,带头尊重法律遵守法律,维护法律权威;二是大力推进执法人员学法用法工作,推进法治培训长效机制建设,将执法人员法治培训考试结果作为岗位考核的重要依据,加强优胜劣汰机制,同时,严格执法资格考试,强化教育管理制度,以此规范和倒逼执法人员提升执法素养和能力。

### (四) 纯净执法作风

2018年8月24日,中央全面依法治国委员会第一次会议召开,习近平总书记强调:确保立法、执法、司法工作者信念过硬、政治过硬、责任过硬、能力过硬、作风过硬。要回应人民群众的期待,在利益诱惑面前有定力,处理矛盾纠纷有担当,就必须自身"硬气",这个"硬气"来自于"五个过硬"的修炼。

1. 信念过硬。(1) 只有信念过硬,才能保持思想政治定力。执法者是社会主义法治的实践者,只有坚定理想信念,深学笃用新时代新思想,牢固树立马克思主义的价值观和正确的权力观、地位观、政绩观,才能经受住各种风险和困难考验,自觉抵制各种腐朽思想的侵蚀,保持思想政治定力。(2) 只有信念过硬,才能保持攻坚克难谋发展的定力。党员干部要直面全面建成小康社会这一紧迫任务、民族复兴这一伟大梦想,以崇高理想信念为支撑,牢记入党时"为共产主义奋斗终身"的铮铮誓言,遵循"功崇惟志,业广惟勤"的实干准则,以时不我待、只争朝夕的精神状态,以永不懈怠、一往无前的奋斗姿态投入工作,踏踏实实,稳扎稳打,攻坚克难、闯关夺隘,在笃行中推进中国特色社会主义事业不断向前,实现人民对美好生活的向往。(3)只有信念过硬,才能保持踏实工作干净干事的定力。善始易,善终难,尤其是面对日益复杂和不断变化的风险和挑战,唯有加强自律,久久为功,才能始终保持"金刚不坏之身"。

2. 政治过硬。法律和政治的共生性决定了法治工作的政治性和政策性,优良的政治品格和较高的政治素养是每个执法者不可或缺的基本品质。[①] 执法者的政治过硬的标准在于:(1)政治立场坚定。始终坚持"党的事业至上、人民利益至上、宪法法律至上";始终"忠于党、忠于国家、忠于人民、忠于法律";始终保持政治清醒,在大是大非问题上不含糊,经得起考验,旗帜鲜明,不当"骑墙派";在日常执法活动中,依法办事,时刻准备着为人民群众服务。(2)一身正气。执法者只有做到清正廉明、为人正直、克己奉公,严守法律人的道德操守和法律底线,面对各种诱惑不动摇,面对歪风邪气敢亮剑,面对人情关系不委蛇,面对强权威压不退让,才能做好惩恶扬善的行动者、法律权威的捍卫者、公平正义的守望者。(3)敢担当。执法者的担当就是在执法过程中坚持原则、认真负责、排解民怨、乐于成事。尤其是面对改革发展中的深层次矛盾,不回避,迎难而上,攻坚克难;面对事关人民群众根本利益的大事、难事、合理的事绝不推诿,豁得出来,顶得上去。(4)心底无私。执法者在执法之时秉持公平、公正、公开的原则,不把手中的权力作为挟制相对人的条件和利益交换的筹码,趁机捞取好处,进行权力寻租;执法之时乐于奉献,不挑肥拣瘦,避重就轻,敢于战斗,在一线去挑战条件艰苦、情况复杂、矛盾集中的难题,以无私的正气赢得群众的信任与支持。

3. 责任过硬。对行政权力的制约与控制必须依赖于严格的责任体制和监督机制,执法者被赋予权力就必须担责。因此,执法者在进行执法之时应该有良好的责任意识和接受监督的意识。良好的责任意识在当前要求时刻牢

---

[①] 汪习根:《治国重器——全面依法治国的法理释讲》,长江出版传媒、湖北人民出版社2017年版,第197页。

记自己肩上的任务和职责所在，牢记人民群众的信任与嘱托，明确权力乃人民赋予必须正确、谨慎行使。在行权之时，严格规范公正文明执法，开诚布公，对事不对人，虚心接受群众监督、批评，执行中出现错误勇于改正，执行时造成群众利益损失给予赔偿，执行裁量时尽可能减少相对人损失、符合比例原则，执行方式勤于创新、兼顾效率和方便群众办事。总之，在执法全程之中，真正做到"事前提醒，事中监督，事后惩戒"，将履责、问责、担责视为工作常态。

4. 能力过硬。执法者的执法能力体现为执法者的业务水平，执法者的业务水平包括任职资格、执法效果、业务能力等方面。（1）任职资格。执法者任职应当通过专门的执业职格考试，以此来检测执法者是否具有足够的法律专业知识，以及对法律的运用能力，必须把法律职业资格的考试作为执法者任职的准入条件和选任标准。（2）业务能力及效果。对执法者在工作岗位的执法效果评价可以基于执法者在执法过程中是否具备规范文明廉洁应变的能力进行考核[①]。规范执法能力包括执法者的具体行政行为在内容和程序上是否合法以及所实施的具体行政行为是否合理、适当两个评价标准；文明执法能力包括执法者外在仪表文明和语言表达文明两个评价标准；廉洁执法能力就是看执法者是否接受行政相对人的宴请、收受财物、发生权钱交易，执法时能做到自重、自省、自警；应变执法能力考察执法者在面对"硬暴力"和"软暴力"抗法及突发事件时，能否有高超的应变能力和敏锐的洞察力，果断、冷静、灵活处置紧急情况，敢于执法并善于执法，确保执法目的的实现。

5. 作风过硬。执法者站在社会的前沿阵地，直面群众的忧患得失，经常面对"疾风""烈火"，作风的纯正与过硬是对执法队伍和执法人员的政治要求。（1）保持过硬执法作风要求走群众路线，始终代表人民群众的意志和利益，始终依靠人民群众共建法治事业；（2）保持过硬执法作风要求牢固树立正确的群众观、权力观和政绩观，发扬求真务实的作风，坚决反对"四风"，坚决摒弃一切劳民伤财的"形象工程"和"政绩工程"，把人民利益放在第一位，自觉站在人民的立场上想问题、办事情、做决策，始终做

---

[①] 汪玉田：《行政执法能力建设的几点思考》，载《新闻世界》2015年第3期。

到权为民所用、情为民所系、利为民所谋。(3)保持过硬执法作风要求执法的形象威严、程序透明、方式柔和、态度亲和、用语文明、处断公正。

**（五）维护执法权威**

1. 严格规范公正文明执法，提高执法威望。行政执法机关执法范围的广泛性、与群众利益的密切相关性决定了执法者只能"依法履职"，"依法履职"的核心要求就是执法者在执法时以"严格规范公正文明"为标准。执法机关要达到"严格规范公正文明"的执法标准，其前提是提高执法机关的公信力，不能以党代法，对行政决定的纠正要严格依法，行政复议和行政诉讼严格按程序进行，严格依法办事，提高办事效率，正确处理信访事件，认真对待群众诉求，树立勤政亲民形象；执法人员严格按照法定条件和程序履行职责、行使职权，执法时持证上岗、配备执法记录仪、严守执法操作规程、习惯于在镜头下执法、保持廉洁正派文明的作风。值得注意的是，执法威望来自于社会公众的认可，要获得公众认可就必须增强执法的透明度，转变单向管理和服从的思维，增进群众对执法的理解，建立与群众的有效沟通机制。

2. 创造良好执法环境，维护执法权威。执法者的行权特点及要求，决定了其会产生众多的对立面，安全风险大，执法权威必然受到侵害。而这里的对立面和安全风险都来自于社会环境，构成了执法的现实环境。维护执法权威的关键还在于党组织和领导干部带头守法和依法办事，支持执法机关及执法人员严格规范公正文明行使行政权力，帮助执法机关抵御各种影响执法的不良因素，尤其是地方保护主义和部门本位主义的影响。增强党员干部尊崇宪法和法律的意识，支持执法机关依法行政、依法办事。发挥社会舆论和新闻媒体的宣传作用，坚决遏制侵害行政机关及其工作人员执法权益案件的发生。在全社会深入开展普法教育，提高社会遇事找法的意识，把行政机关及工作人员执法为民、执法为公的典型事例向社会推介，弘扬正气，增进行政机关与社会各界的理解和支持；同时，对无理取闹、暴力抗法、拒不执行行政决定、侵害执法人员人身权利的违法犯罪行为要敢于亮剑、依法惩戒、以儆效尤。

**（六）健全执法机制**

1. 完善执法程序。一是规范执法流程，重点针对容易发生问题的环节和缺乏程序规制的事项实施严格管理,领导在审批、受案、立案、处罚、结案等主要环节严格把关。二是规范执法现场管理,规范使用执法记录仪,对现场执法实时记录、台账和制作法律文书,对调查取证、立案、监督检查等进行全程跟踪并留有痕迹。三是严把执法审核关口,对重大的执法决定的主体资格、认定事实、证据、程序、法律适用、处罚幅度等进行法制审核。[①] 四是严格限时办理,执法人员依照规定期限办结案件,超期办理者给予差评或者扣分,与绩效考核挂钩。

2. 规范执法自由裁量权。在国务院的推动下,全国各地行政机关几乎都颁布了自己的行政执法裁量基准,对自由裁量权进行自我约束、自我规制,这是一种重要的制度创新。这项制度要求:一是制定行政裁量标准。行政裁量标准的总原则是科学、合法、合理。行政裁量必须符合行政处罚法的规定处罚幅度,在结合当地经济社会发展、行政案件发案率、造成的后果等情形综合考虑,尽可能细化、量化裁量标准、范围、种类、幅度等指标。二是准确适用裁量标准。依据合法行政与合理行政的原则,结合违法行为的性质、情节、社会危害程度以及执法相对人的悔过态度等情形,秉持公正、善意之心,依法处罚。三是建立行政裁量案例指导制度。针对法律规定不明、疑难、典型、新型、经过行政复议和行政诉讼、争议较大等情形的行政案件和在执法过程中容易出现问题的执法环节进行分类指导,形成成文化的行政案例指导意见,避免执法的随意性。

3. 创新执法方式。执法方式的创新要紧密配合政府的"放管服"改革,服务于便民、利民的执法目的。一是为了凸显执法民主,让执法透明,树立执法诚信,在执法活动中建立行政执法和解制度、行政执法公示制度、预警提醒制度和失信联合惩戒制度。二是为了方便群众办事,维护群众利益,提高执法效率,在执法活动中紧密依托互联网和信息化技术手段,线上线下并举,实现执法信息共享,在确保信息安全之下,积极整合执法信息资源,增进跨地区、跨部门执法,实现互联互通,让数据跑腿,方便群众办事。

4. 落实行政执法责任。一是明确执法责任,全面梳理行政执法依据,严格确定不同部门、机构、岗位的执法者的执法责任,建立执行权力清单制

---

[①] 彭道伦等:《新常态下的法治国家建设研究》,红旗出版社2016年版,第132页。

度；二是建立健全执法评议考核机制，明确评议考核的要求、主体、内容、方法，督促执法者履行法定职责；三是完善执法责任追究机制，追究责任前保障被追责者的陈述和申辩权，追究责任中实行行政层级管理，追究责任错误的要及时纠正，对执法绩效突出的部门和个人要给予奖励。

（七）常态监督执法

有效的制约和监督国家权力离不开科学有效的监督体制，科学有效的监督体制依据监督主体的不同可以分为内部监督和外部监督两个方面，内部监督包括"党内监督、人大监督、行政监督、司法监督和审计监督",[1] 外部监督包括民主监督和社会监督。行政执法权具有侵略性、扩张性、易腐性，建立常态化的执法监督机制，有效制约行政权是建设法治政府的关键。

1. 党对行政权的监督

我国的国体和政体决定了党在政治生活中的特殊地位，党监督行政权的方式大致有两个途径：一个途径是"党通过立法机关对行政机关依法实施监督"来控制行政权的行使；第二个途径是"党通过管理党政干部"来有效行使行政权。[2]

（1）通过人大监督行政权的行使。在我国的党政体制中，党与行政机关是领导与被领导、监督与被监督的关系。这种关系表现为党对行政机关的领导与监督具有权威性、间接性和法治性[3]。关于党对行政机关的领导与监督的权威性和法治性是紧密联系在一起的，从党领导一切的政治地位来看，党领导法治建设的地位不可动摇，党领导人民制定宪法法律，党带头遵守和实施法律，领导法治实践的深化，党具有领导权威性。从党带头实施依法治国方略，实现国家治理现代化来讲，党作为一个社会组织体都必须在宪法法律范围之内活动，在法治框架内治国理政，党的执政行为又都要求具有法治性，法治是国家和社会治理的权威。从党与法治都最终服务于人民当家作主来讲，党与法具有高度的统一性。党监督行政权的行使是执政行为必须符合

---

[1] 汪习根：《治国重器——全面依法治国的法理释讲》，长江出版传媒、湖北人民出版社2017年版，第116页。
[2] 汪火良：《党领导法治中国建设的逻辑理路研究》，武汉大学博士学位论文，2016年，第72页。
[3] 郭榛树等：《政党民主与法治——当代中国政治文明中的"三统一"问题研究》，中共中央党校出版社2008年版，第150—152页。

法治原则,必须遵循宪法法律的规定。虽然说党政一体,但党与政府并非职能不分,国家和社会治理必须充分赋权于政府,由政府主政才符合宪法要求,充分体现人民民主。历史上由于"党与行政机关的关系尚未完全规范化,导致以党代政与党的领导被削弱的危险"[①],这是有历史教训的。基于党对行政机关的间接领导关系,党监督行政权的行使是通过人民代表大会实施对政府的监督,从而掌控国家行政权。

(2)党通过管理干部来监督行政权行使。一是通过完善和创新干部管理制度来保证行政权的依法行使。党政干部是党的路线方针政策的践行者,是社会主义法治的实践者,是行政权依法行使的落实人。党对行政权的控制是通过党政干部严格执行党的组织原则和依照法律的规定实施而实现的,因此,要保证我国的党政体制的有效运行,其关键还是坚持党管干部的原则,党组织向人大推荐优秀人才和骨干,通过人大行使人事任免权使党推荐的骨干担任政府部门的重要领导职务,并通过他们贯彻人大的决定和议案,从而实施党的方针政策,实现党的统一领导,这样就把党的意志、人民的意志和法律的意志有机统一起来。为了达到政治效果、社会效果和法律效果的统一就必须创新干部管理制度,以充分发挥党政干部的工作能动性。首先是要求党政干部"'严'字当头、'用'好权力、管得住'权'"[②]。其次是要求党政干部"谋事要实"。谋事对领导干部而言就是决策,依法决策是谋实事的前提。这就要求:党政干部在贯彻重大行政决策时严守决策程序,依靠专家论证、公众参与、风险评估等程序保证科学决策;在针对社会公共问题做决策时必须广泛吸纳社会公众的意见并畅通公众参与的渠道;建立保障依法决策的体制机制,诸如,法治绩效考核机制、决策问责机制、纠错机制等。[③]二是为党政干部廉洁从政营造良好氛围。首先是在保证廉政上严格实施廉洁自律准则和纪律处分条例,以之严格对标党政干部的从政行为。其次是认真落实党风廉政的主体责任,明确和压实各级党委(党组)的主体责任、各级纪委监察委的纪律监督责任和党委(党组)书记第一责任人的责任。三是提升党政干部的从政能力和素养。首先是"通过理想信念教育引导党员

---

① 汪火良:《党领导法治中国建设的逻辑理路研究》,武汉大学博士学位论文,2016年,第73页。
② 汪火良:《党领导法治中国建设的逻辑理路研究》,武汉大学博士学位论文,2016年,第74页。
③ 汪火良:《以"三严三实"提升领导干部法治素养和能力》,载《前线》2016年第2期。

干部坚定对马克思主义的信仰"[1],不断"深化对中国特色社会主义的政治认同、思想认同和感情认同"[2],只有补足这些"思想之钙"才会有扬鞭奋蹄的动能。其次是加强党政干部的道德品行修养,养成"慎独"淡泊的生活习惯,从政时就能戒绝贪欲、远离诱惑,做到奉公守正、有耻且格。最后是"党员干部尤其要自觉提高运用法治思维和法治方式深化改革、推动发展、化解矛盾、维护稳定能力,争做践行社会主义核心价值观的模范",[3]通过自身的党性德行修养、清廉勤政、率先垂范,以务实亲民的朴素工作作风认真践行依法治国和以德治国的两手齐动,从而感召群众、砥砺前行!

2. 国家机关对行政权的监督

政府所拥有的行政权力具有公共性,其更容易产生对社会的损害,而当前我国通过国家机关之间的以权力制约权力的途径实行对行政权的监督还存在机制上的障碍。立法机关(人民代表大会及其常委会)会议制性质决定了其监督难以做到经常性;司法机关提供审判方式对行政权力的监督由于其独立性不强、司法审查范围有限等制约导致司法监督缺乏权威性;政府部门的行政监督由于其依据的非制度化、非规范化以及监督的随意性都直接削弱了监督效率。

(1)立法机关对行政权的监督。人大监督指各级人大及其代表依据宪法赋予的监督权,对"一府一委两院"和特殊个人实施的监督。立法机关对行政机关的监督主要包括立法监督和工作监督两个方面,立法监督主要包括"全国人大常委会有权撤销国务院制定的同宪法、法律相抵触的行政法规、决定、命令。县级以上的各级人民代表大会常委会,有权撤销本级人民政府不适当的决定和命令"[4];《立法法》中赋予的对法规进行备案审查的权力。工作监督表现在:每年人大开会,对政府提出的预算草案进行审查,对决算方案进行审核;听取"一府一委两院"的工作汇报、专题汇报;对"一府一委两院"进行质询;展开对特定问题的调查等。

(2)行政机关自身的监督。行政监督一般指在行政机关内部通过行政

---

[1] 汪火良:《党领导法治中国建设的逻辑理路研究》,武汉大学博士学位论文,2016年,第74页。
[2] 汪火良:《党领导法治中国建设的逻辑理路研究》,武汉大学博士学位论文,2016年,第74页。
[3] 汪火良:《党领导法治中国建设的逻辑理路研究》,武汉大学博士学位论文,2016年,第75页。
[4] 李龙:《中国特色社会主义法治理论体系纲要》,武汉大学出版社2012年版,第170页。

权力之间的制约来监督行政主体及其工作人员。行政机关自身的监督包括上级对下级的监督、行政监察、审计监督、行政复议、行政监管等方式。按照宪法规定，上级行政机关享有对下级行政机关不适当命令、决定的撤销权以及对下级行政机关实施法律、法规的情况的检查监督权。政府内部的行政监察部门行使行政监察权，包括检察权、调查权、建议权、处分权。审计监督是指"专门的审计机关及其审计人员依法对财政收支与国有资产有关的财务收支的真实性、合法性与有效性实施的经济监督"。[①] 行政复议指行政相对人认为行政机关的具体行政行为侵犯其合法权益向行政复议机关提出复议申请，复议机关对原具体行政行为进行复查依法作出处理，这实际上是在行政相对人的参与下，上级行政机关对下级行政机关的一种监督。行政监管是行政机关依据法定职权，针对行政相对人遵守法律、法规和执行行政命令、决定的情况进行监督，这实际上是一种行政管理手段。国家行政机关的监督关键在加强内部自我约束与控制，保障依法行政。

（3）监察委员会的监督。监察法明确了监察委员会的机关性质、法律地位、监督职能。监察委员会机关性质的法律定位为国家监督机关；监察委员会的法律地位为经由人大产生，与行政机关、司法机关相平行的国家机关；监察委员会的监督职能是行使反腐败职能，注重对公职人员的监督，当然包括对政府公务人员的监督。监察委员会的监督职能具有特殊性，其监督特性在于：一是进行廉政监督。原来行政监察机关所享有的勤政监督、效能监督职能都依附于廉政监督职能。二是整合国家机关的监督职能。把行政监察机关的行政监督、中国共产党纪律检查委员会的纪律监督和国家检察机关的反贪反渎的监督整合到国家监察委员会。三是归口中国共产党监察委员会党委（党组）统一领导。纪委与国家监察机关合署办公实现党的统一领导。

（4）司法机关对行政权的监督。司法监督指司法机关对党和国家机关及其工作人员遵守和执行法律的情况进行的监督[②]，包括检察机关的监督和审判机关的监督。检察机关对行政权的监督主要包括：一是对公安机关的侦

---

① 汪习根：《治国重器——全面依法治国的法理释讲》，长江出版传媒、湖北人民出版社 2017 年版，第 119 页。

② 汪习根：《治国重器——全面依法治国的法理释讲》，长江出版传媒、湖北人民出版社 2017 年版，第 120 页。

查活动、批捕的监督；二是对行政诉讼案件提起抗诉；三是对监狱、看守所、劳教机关活动的合法性进行监督。审判机关对行政权的监督主要通过"民告官"案件（行政诉讼案件）的受理，对行政机关所做的行政决定和行政处罚是否合法进行审查，并以判决或者裁定的方式作出结论。

3. 社会对行政权的监督

（1）民主监督。民主监督是指民主监督主体通过提出意见、建议和批评，对中国共产党和国家机关及其工作人员进行的监督[①]，主要包括民主党派的监督和人民政协的监督。民主党派的监督通过充分发挥民主党派的参政议政职能，政府部门聘请民主党派成员担任特约检查员、审计员、税务监察员等参与有关执法检查、执法监督、参谋咨询和联系群众等，尽可能拓宽民主党派在经济、社会、文化领域的监督范围，让民主政治、依法行政、依法执政的监督同步推进，不断丰富和健全法治监督体系。人民政协通过政协提案、对各级政府工作报告发表意见、对"一府一委两院"的工作评议等渠道发挥对国家机关及其工作人员的监督。

（2）社会监督。社会监督是指"社会团体、自治组织以及公民个人对公权力机关及其工作人员的权力运行行为进行的监督"[②]，主要包括公民、社团和舆论的监督。公民监督是公民依据宪法法律所赋予的权利对国家权力主体进行监督，行使直接民主权利。人民主权是我国宪法的基本原则，"人人参与、人人监督"是人民主权的生动反映，是监督行政权力的有效途径。正如毛泽东所言："只有依靠人民的监督，政府才不敢懈怠。"社团监督就是社会团体依据宪法法律所赋予的权利对国家权力进行的监督，主要包括三个方面的内容：通过弥补政府职能空白进行分权、表达弱势群体利益进行参权、提出意见建议的方式监权。[③] 社会团体是社会管理的重要依靠力量，一方面通过加强对社团的管理进行"他律"和"自律"，另一方面通过社团活动的法治化和规范化来健全社团意愿表达机制，提高社团监督技能和绩效，

---

① 汪习根：《治国重器——全面依法治国的法理释讲》，长江出版传媒、湖北人民出版社2017年版，第120页。

② 汪习根：《治国重器——全面依法治国的法理释讲》，长江出版传媒、湖北人民出版社2017年版，第121页。

③ 汪习根：《治国重器——全面依法治国的法理释讲》，长江出版传媒、湖北人民出版社2017年版，第122页。

让社团工作对标"党委领导、政府负责、社会协同、公众参与、法治保障"的社会治理体制。舆论监督泛指新闻媒体、网络等各种舆论形式的监督。新闻舆论监督被戏称为"第四种权力",就是指它的影响力。社会舆论的监督是一柄"双刃剑",依法、客观公正、建设性的舆论有利于政府改进执法作风、提高执法水平,缺乏制约或者不当监督的舆论则会给行政执法造成负面影响。

# 第 五 章

# 党支持司法的理性路径

党与司法的关系是法治道路建设在司法领域具体展开而必须回答的一个关键问题。"坚持党的领导是我国社会主义司法制度的根本特征和政治优势"[1]，既要坚持党对司法的领导，又要确保司法机关依法独立行使职权，实现党章规范与宪法规范的有机统一。在这一大前提下，党与司法的关系究竟是指导关系，还是独立关系，抑或监督关系或其他关系？对此，存在不同认识。在新的历史时期，随着法治中国理论探索和实践创新的深入发展，党与司法的关系应当定位为"支持"关系。"要支持司法机关依法独立行使职权，健全司法权力分工负责、相互配合、相互制约的制度安排。"[2] 党"支持司法"成为"党在处理与司法权关系时的最新和最科学的表述"[3]。这标志着对党的领导与司法之间关系的理论认识迈入到一个新境界。所以，探究党支持司法的科学依据、内在逻辑和外在方式，成为法治道路建设的重大现实问题。

## 第一节 党的领导和司法文明的关系

### 一、司法文明是执政价值的实践形态

司法作为政治文明的重要载体，与党的领导在内在价值、外在条件上高

---

[1] 《习近平谈治国理政》第二卷，外文出版社2017年版，第131页。
[2] 习近平：《加强党对全面依法治国的领导》，载《求是》2019年第4期。
[3] 张书勤：《加强党对司法工作的领导和支持》，载《人民法院报》2018年12月18日。

度一致，司法机关依法独立行使职权必须坚持党的领导。

从价值上看，共产党的领导是中国政治的根本特点和最大优势，这是由中国共产党的先进性和中国共产党所处的执政地位决定的。从本质上看，党的领导同民主法治精神完全吻合。[1] 党的民主性、人民性、正义性、公平性与司法为民、司法公正的核心价值相辅相成、融为一体。只有在党的领导下，才能建设高度民主和完备的法治，全面推进依法治国。司法作为全面依法治国的重要组成部分，唯有在执政党的价值统领下，才能适应日益变化的国内国外形势，克服司法自身能力不足的缺陷，增强改革的全局性、革命性和有效性。具体体现为：一是整合社会价值分化。在全面改革的新时代，社会急剧转型，利益分化与关系重整加速，迫切需要既适应改革大势又及时调适社会的矛盾关系，一个民主集中的执政党对包括司法在内的整个法治的统领尤为必要，否则，势必导致价值分化、对立与冲突，与司法对秩序修复与正义矫正之价值取向背道而驰。二是优化价值形态。党的执政价值对司法价值具有前提性、基础性和源头性导向功能，而司法价值是党的执政价值的工具性价值。充分涵摄党的执政价值，司法才能不断克服价值目标的偏差，在规范性与人民性、政治性之间保持最佳的整合态势。三是彰显价值优势。执政权与司法权是两种性质不同的公权力，不可互相取代。那么，这两者究竟是何种关系呢？对此，存在平行论、等价论、吸收论、替代论之类的观点。在本质上，契合中国特色法治道路性质的关系模式既不是平行等价的也不是吸收替代的，事实上，既是相互依存相互独立的，又存在上下位之别。党的执政价值优于先于司法的价值，司法价值反映执政价值。惟其如此，才能找准两者有机统一的最佳结合点，让司法释放最大最优的法律价值与社会价值。

从理论上看，司法文明与执政价值高度一致。对此，循着执政理论探索和实践历史进程的轨迹可以发现其间蕴藏的深刻道理。邓小平指出，司法机关依法独立行使职权与党的领导不是相互排斥的，相反，党的领导是司法独立稳健公正运行的关键。"只有共产党领导，才能有一个稳定的社会主义中

---

[1] 黄韬：《中国共产党领导与法治》，载《依法治国，建设社会主义法治国家》，中国法制出版社1996年版，第242页。

国。"① 党的十五大作为在党史上首次确立"依法治国"和"法治国家"目标的里程碑，提出了一个法治的中国原则，即在中国，"发展社会主义民主政治，最根本的是要把坚持党的领导、人民当家作主和依法治国有机统一起来。"② 其中，"党的领导是人民当家作主和依法治国的根本保证"③。党对民主法治建设的创新性认识，构成人类法治与司法文明史上的独特理论风景线。十六大以来，通过继承和发展上述思想，提出从政治文明的角度阐释司法的定位与意义，为政治文明与司法相互融合而形成司法文明新理念奠定了基础，其中，重点强调建设社会主义政治文明必须坚持党的领导。④ 而司法文明是政治文明的有机组成部分，所以中国的司法改革与发展必须坚持党的领导。新时代，习近平总书记也重申了新时期继续坚持三者统一的思想，并且把三者的有机统一确定为"中国特色社会主义政治发展道路"⑤ 的关键，这无疑为司法文明与执政文明的高度统一谱写了理论新篇章。

　　从国情上看，大多数资本主义国家的司法制度，是经过长期的启蒙运动和资产阶级革命而形成的。司法独立的观念及其制度是资本主义条件下的产物，生成并契合于特定的历史与社会语境。对于西方司法独立思想的批判性借鉴应当符合我国的实际国情和基本政治制度，而不应罔顾国情、照搬照抄。中国国情与大多数资本主义国家不同，在新中国成立之初，中国共产党接手的是满目疮痍的半殖民地半封建的烂摊子，完全缺乏生成法治的自然土壤。这一现实情况就决定了法治中国道路建设只能立足国情，在党的领导之下，由上到下有步骤地进行。推进司法改革是一个系统工程，这就需要在中央统一谋划与领导下，全国上下协力合作、共同配合、共同努力才能够完成。"明者因时而变，智者随事而制。"依法治国，建设社会主义法治国家，国家尊重和保障人权是我们这个饱受几千年专制之苦的民族摆脱被压迫命运的需要，有机和谐地将中国共产党的领导、司法机关依法独立行使职权与人

---

① 《邓小平文选》第三卷，人民出版社 1993 年版，第 357 页。
② 《江泽民文选》第三卷，人民出版社 2006 年版，第 553 页。
③ 《江泽民文选》第三卷，人民出版社 2006 年版，第 553 页。
④ 胡锦涛：《在党的十六大二中全会上的讲话》，载《人民日报》2003 年 2 月 26 日。
⑤ 习近平：《在首都各界纪念现行宪法公布施行 30 周年大会上的重要讲话》，载《人民日报》2012 年 12 月 5 日。

权保障相协调,是党的领导与支持司法相互结合的价值基础。党的十八届三中、四中全会以及十九大对深化司法体制改革作出了重大部署。深入推进司法体制改革,建立公正高效权威的司法制度,既是全面深化改革的重要组成部分,又是全面依法治国的必然要求,司法体制改革对推进国家治理体系和治理能力现代化具有基础意义。2014年1月,习近平总书记在中央政法工作会议上强调指出:"要加强领导、协力推动、务求实效,加快建设公正高效权威的社会主义司法制度,更好坚持党的领导、更好发挥我国司法制度的特色、更好地促进社会公平正义。"①

从结构上看,司法本身是一个大系统,司法文明的发展既涉及司法价值理念的优化,又呼唤司法体制机制在整体意义的改革,还要求优化司法权力配置,厘清司法权与其他权力、司法权力内部在横向和纵向两个层面之间的关系,也涉及司法的制度基础、社会基础、经济基础和民意基础、文化基础建设等一系列问题。所以,司法文明建设是一个牵涉面广、结构复杂、要素繁多、矛盾叠加的战略性与战术性相结合的重要任务。这样一个纷繁复杂的系统工程,只有在中国共产党的领导下,才能够动员全社会的一切力量,协调各部门的工作,有秩序、有步骤地推进。因此,在中国要实现依法治国,实现司法改革的成功进行,就必须坚持中国共产党的领导,把司法改革放在党的统一领导下,这样才能够完成。

## 二、党的领导是司法文明的根本保障

坚持和加强党的领导,可以为司法权的理性配置与有序运行营造良好的社会和政治环境,从而更好地保障司法改革与司法发展遵循司法规律,沿着社会主义道路进行。美国政治学家亨廷顿指出:"达到政治高度稳定的处于现代化之中的国家,至少拥有一个强大的政党"。② 改革开放以来,中国的司法改革始终恪守司法的独立性、法律性与政治性相统一这一最基本原则,彰显了十分鲜明的中国特色与中国气质。因为,共产党人坚信:"只有坚持

---

① 《习近平谈治国理政》,外文出版社2014年版,第150页。
② [美]塞缪尔·P.亨廷顿:《变化社会中的政治秩序》,王冠华等译,上海人民出版社2008年版,第130页。

和完善党的领导,由此带动其他工作,我们的任务就能够完成"。① 党的领导是司法文明快速发展的根本保障。

在规范上,从宪法视角进行分析,我国的司法体制改革坚持党的领导是我国宪法的基本要求。当前,我国正处在社会转型期,司法改革与发展面临着多重挑战,要坚持司法改革的正确方向,就需要加强和完善党对司法的领导,恰当把握党的领导在司法改革体制中的作用与定位。具体分析如下:

在方向上,我国宪法规定了中国共产党在国家政治生活中的地位和基本的组织活动原则,这表明党对司法部门的领导不仅仅只是思想和意识形态方面的领导,还包括政治领导和组织领导。

在意志上,中国共产党作为执政党将自己的意志转化为国家的意志,制定法律和政策,司法机关通过遵守法律法规的形式,从而坚持中国共产党的领导。在组织上,司法机关的人员组成和产生,由中国共产党组织推荐,人民代表大会选举与任命,这表明,中国共产党代表人民行使对司法人员的组织推荐权。

在监督上,中国共产党通过监督自己在司法机关的组成人员遵纪守法方面的情况,确保党的纯洁性、司法队伍的廉洁性,通过保证党发挥模范带头作用而确保司法公正。

在方式上,党通过依法执政而不断优化自身对司法的领导模式,从而为司法文明提供强有效的保障。中国的司法改革要想获得长足的发展,就必须始终坚持以中国共产党的领导为前提。党领导司法,作为一个真命题,不仅是规范的而且是正确的,这一命题不仅包含着中国共产党的领导的必要性,它还更多地包含着我国要实现司法改革取得成功的方式、路径等理论问题。作为公共权力系统中的特殊关系,党的领导与司法的关系不仅必须与司法权的性质相适应,而且还必须依系统环境的改变而改变,完全适应社会主义市场经济和法治发展的要求。党对司法机关的领导决策机制一直处于不断调适和自我优化的进程之中。通过完善党委依法决策的机制,坚持法定职责必须执行,法无授权的不可作为,将党规和国法作为形成决策的基本依据和决策的基本尺度,并探索形成一套运转协调、权责明确、奖罚分明的决策落实机

---

① 《邓小平文选》第二卷,人民出版社1994年版,第266页。

制，最大限度地减少人为因素干扰，使决策执行更加科学、更富效率。

总之，司法文明的发展应当置于党规和国法所共同蕴含的法治逻辑之中。既要全面把握党纪党规在推进依法治国中的保障作用，又要加快推进党纪国法内容衔接功能互补，实现党纪国法的共同之治。司法发展经验表明，只有坚持党的领导，司法改革才能够真正做到顶层突破、宏观优化，否则，便永远只是在原地兜圈子或局部零打碎敲，无法达致国家治理所要求的体系性、革命化构建的新高度。

## 第二节　党的领导和司法权独立行使关系之实证分析

党既全面领导司法又支持司法机关独立行使职权，既是党长期以来进行不懈探索的一个重大政治议题，也是新时代党领导中国特色社会主义法治道路建设中的核心问题之一。为此，有必要从历史的纵向和现实的横向两个维度进行全方位分析。

### 一、党领导司法权独立行使的历史轨迹

经验分析是还原认知真实的前提。梳理党与司法关系的历史展开过程，探知党的历次文献关于党与司法关系的真实记录，对全面总结历史并在此基础上进行创新具有重大意义。

法院独立审判是五四宪法确立的一条基本原则。1954年宪法第七十八条规定："人民法院独立进行审判，只服从法律。"这一规定初步确立了司法权独立行使作为我国宪法的基本原则。但是，随后的反右派斗争扩大化导致司法权独立行使原则被视为资产阶级的法治原则，给予了彻底否定。在"文化大革命"时期，在"砸烂公检法"的声讨之中，国家法律的尊严和司法的权威荡然无存，革命委员会集党政军大权于一身，党委以"党"或者"人民"的名义，而非"法律"的名义进行审判，国家的司法隶属于党委，毫无独立可言。反思"文革"的十年浩劫给司法带来的毁灭性打击，改革开放之后，党和国家以此为鉴，深刻认识到倡法治、反人治的重要性，正确把握和定位党的领导和司法机关独立行使职权的关系，以解决司法工作朝着

什么方向发展这一根本性问题。

1978年,党的十一届三中全会公告将司法权独立行使作为健全社会主义法治的一项重要内容,对此明确了司法机关应该保持其应有的独立性。同年,在全国人大五届二次会议上通过的《人民法院组织法》规定,最高人民法院是国家最高审判机关,并重新确定了"人民法院独立进行审判"的内容,明确法院审判独立的原则。1979年通过的《人民检察院组织法》明确规定,人民检察院依照法律规定独立行使检察权,不受其他机关、团体和个人的干涉。这两部关于司法体系的组织法均规定各级人民法院、各级人民检察院对人大负责并报告工作,这标志着被"文革"严重破坏的司法权独立行使原则被重新确定下来。

1979年,中共中央发布《关于坚决保证刑法、刑事诉讼法切实实施的指示》。在这一指示中,党正确地认识到,"文革"时期党委代替司法进行直接审判案件的错误做法,指出"党委与司法机关各有专责,不能互相代替,不应该相互混淆","加强当地司法工作的领导,最重要的一条,就是切实保证法律的实施,充分发挥司法机关的作用,切实保证人民检察院独立行使检察权,人民法院独立行使审判权,使之不受其他行政机关、团体和个人的干涉。"[①] 这次会议第一次全面地、科学地确立了中国共产党对司法工作领导的指导方针和原则界限。该指示还明确提出了取消各级党委审批案件的制度,成立政法委员会统一领导和协调政法工作。总之,这一指示科学地回答了党的领导和司法权独立行使相结合的问题,有力地推动了中国司法制度的现代化进程。

1982年宪法再次以国家根本大法的形式规定了我国司法权独立行使的原则,同年修改的党章明确了党和其他国家机关的关系,规定党必须保证国家立法、司法、行政机关等积极主动地、协调一致地、独立负责地工作。规定中明确包含了对党和司法机关要"分开"的要求,为党正确处理党组织与法院、检察院的关系提供了基本原则。[②]

1982年《中共中央关于加强政法工作的指示》进一步强调党委领导政

---

[①] 中共中央整党工作指导委员会编:《十一届三中全会以来重要文献简编送审本》,人民出版社1983年版,第76页。

[②] 封丽霞:《政党、国家与法治》,人民出版社2008年版,第361页。

法工作的必要性和重要性,指明了领导方式主要体现为方针、政策、思想政治的领导,关键在于监督所属政法机关依照国家的宪法和法律履行职权。其中,"党委审批案件"制度的存废是解决党的领导与司法权独立行使的一个难题,这里存在一种错误的观念,认为党委审批案件是党对司法领导的具体体现。对此,党中央曾经多次强调,不能以党代替司法。在前述1979年的《指示》中党中央早就已经明确指出党委不能审批具体案件,但是在20世纪80年代,政法委审批案件的做法还较为普遍。对此问题,邓小平在1986年的政治局常委会议上讲道:"有些属于法律范围的问题,由党来管不合适,党干涉太多就会妨碍在人民群众中树立法制观念。……法律范围的事情由党来管,把一些犯罪问题也放进端正党风的范围,由中纪委这个口来管,这不利于全体人民树立法制观念。"[①] 在这次会议上,明确提出党不应该管属于法律范围的事情,那么我们很自然地就能够得出党委不应该直接审批案件这一结论。1986年7月,中共中央发布《关于全党必须坚决维护社会主义法治的通知》,对党如何领导司法作出明确指示:一是强调党应该在多方面帮助司法机关"坚持原则,秉公执法,排除障碍,冲破阻力干扰"。[②] 二是依法和政策发表意见。在讨论研究重大或者疑难案件时,"党委可以依照政策和法律充分发表意见,但是在具体案件的具体处理过程中就必须要司法机关依法做出决定,而且任何党政军领导机关和领导干部都无权改变司法机关依法做出的决定和裁判。"[③] 三是党委应该加强司法队伍建设。对司法干部的管理是实现党对司法领导的重要手段,各级党委要特别重视国家权力机关、行政机关和司法机关干部队伍的建设,"对于这些机关领导干部的任免、调动,必须坚持党的干部政策和原则,严格按照干部管理权限进行审批,按照宪法和法律规定的程序进行办事"[④]。

1987年,党的第十三次全国代表大会报告提出要按照党政分工的原则,正确理顺党组织和司法机关的关系,做到各司其职,坚持党对司法工作的方针和政策领导。到1990年以后,虽然各级政法委又重新恢复起来,但是党

---

① 《十二大以来重要文献选编》(下),人民出版社2011年版,第13页。
② 《十二大以来重要文献选编》(下),人民出版社2011年版,第25页。
③ 《十二大以来重要文献选编》(下),人民出版社2011年版,第25页。
④ 《十二大以来重要文献选编》(下),人民出版社2011年版,第25页。

委和政法委干预司法，直接进行审批案件的做法基本上在全国范围内不再发生，除了极个别少数重大案件之外党委不再过问具体案件的审判。1990年4月2日，党中央发布的《关于维护社会稳定加强政法工作的通知》要求"各级政法部门要增强党的管理和组织纪律性。我们的党组织和全体党员，都要在宪法和法律的范围内活动"①1992年，党的十四大报告指出："保障人民法院和检察院依法独立进行审判和检察。"1997年提出推进司法改革，从制度上保障司法机关依法独立和公正的进行审判和检察，明确保障司法机关依法独立行使职权应该"从制度上"下功夫，从而把党保证司法提上一个新的层次。2002年，党的十六大报告重申了"从制度上"保证司法机关依法独立行使职权的实现。此后，党的十七大、十八大均强调"保证审判机关和检察机关依法独立公正地行使审判权和检察权"。2014年党的十八届四中全会决定明确指出，"完善确保依法独立公正行使审判权和检察权的制度。各级党政机关和领导干部要支持法院、检察院依法独立公正行使职权"。

## 二、新时代党领导和支持司法机关依法独立行使职权的总体考虑

在历史纵向对五四宪法至今党的历史文献进行梳理分析之后，还有必要在横向对党领导和支持司法机关依法独立行使职权进行理论概括。

坚持党的领导和司法职权依法独立行使相统一是党领导司法的基本原则。党的领导是司法健康发展的最基本前提，任何试图以"司法独立"为理由来排斥党的领导的观点都是不现实的。而司法机关依法独立行使职权是司法公正最基本的保障，任何人试图以党的绝对领导为借口对司法活动进行不当甚至非法干预都是违背现代法治国家基本原则的，也与我国宪法规定的依法治国基本方略是相违背的。从法律层面而言，宪法作为国家的根本法，明确规定了中国共产党在社会主义事业中的领导地位，正因如此，党对国家各项工作的领导具有了正当性和合法性。正是在这个前提下，司法工作也应当接受党的领导和宪法规制。因此，任何行政机关、社会团体和个人对司法进行不当干涉都是与司法机关独立行使职权原则相违背的。党领导我国司法

---

① 《十二大以来重要文献选编》（下），人民出版社2011年版，第404页。

改革，保障司法机关独立行使职权可从以下方面进行：

（一）把握三个基本目标。一是更好地坚持党的领导，更好地发挥我国司法制度的特色，更好地促进社会公平正义；二是不断提高司法公信力，让司法真正发挥最后一道防线的作用；三是着力解决影响司法公正、制约司法能力的深层次问题。这是全面深化改革的三个目标，这三个目标从宏观到中观再到微观，具有内在的逻辑关系。

（二）坚持三项基本原则。一是必须坚持党对司法审判工作的领导，拒绝资产阶级的司法独立；二是必须以建设公正高效权威的社会主义司法制度为目的；三是必须符合国情，解决本国实际问题，尤其是本国司法审判中突出的问题。

（三）领会三个基本理念。一是司法权从根本上说是中央事权，地方法院检察院不是隶属于地方的司法机关，也不是地方公共权力，而是中央统一行使的国家公共权力；二是司法权在实质上是判断权，司法权的运行应当反映和遵循司法活动的特殊性质和内在规律，确保终局裁判经得起事实检验、法律检验和人民检验；三是司法主体属性的独立性，司法人员具有与其他公权力执掌者不同的定性与定位，司法人员管理理念与模式应当多元化，改变"司法人员"这一模糊不清的概念，而代之以审判人员、辅助人员和管理人员、监督人员。这三个基本观念，是进行司法改革的强大思想武器，把握了司法权的根本属性、司法审判的根本属性、司法活动的根本属性。

（四）完成三项基本任务。一是完善确保依法独立公正行使审判权检察权的制度机制。要用制度防范和排除对司法的各种干扰，确保司法不受权力、金钱、人情、关系的干扰。在这里要特别指出的是，要用"制度"防范和排除各种干扰，充分彰显制度效能，而司法不受外在"权力"的干扰，强调的不是某部分机关及个人权力的干扰而是所有机关及个人的权力干扰。二是健全司法权力运行机制。司法权力运行机制亟需解决的是优化司法职权的配置，全面推进司法责任制改革，"让审理者裁判，让裁判者负责"。"要全面落实司法责任制，让司法人员集中精力尽好责、办好案，提高司法质量、效率、公信力。"[①] 三是建立健全司法人员履行法定职责的保护机制。

---

① 《习近平谈治国理政》第三卷，外文出版社2020年版，第354页。

在待遇、任期、免受外部不当干预诸方面构建完善的司法人员职业保障制度。

（五）抓住三个关键。一是建立符合职业特点的司法人员管理制度。习近平总书记曾强调这一制度改革具有基础性地位，是必须要抓住的"牛鼻子"。对此，存在不同观点，但必须统一思想，统一到十八届三中全会的精神上来。这实际上是司法"去行政化、地方化"的问题。二是司法机关的人财物应当由中央统一管理和保障，司法机关人财物不能受制于当地。在目前，中央统一管理和保障的条件还不成熟，只能统一到省级，由省一级统一管理和保障司法机关的人财物，以解决司法"地方化"的问题。三是实现司法管辖与行政区划的相对分离。可以采用指定管辖、交叉管辖、提级管辖、集中管辖，成立跨行政区划法院等司法管辖与行政区划相对分离的方式排除干扰。这是这次司法改革的一个难题和关键所在。通过改革最终形成"易受干扰"或具有"主客场"问题的特殊案件由跨区法院管辖，一般案件由普通法院管辖的格局。

## 第三节 政党支持司法的科学含义与实现之道

党支持司法在内涵上表现为在正向从政治、组织和思想上全面领导和指引司法权的配置及其运行与发展，在反向严禁直接代替或非法干预司法权的具体运作和案件审判，其关节点是保证司法机关依法独立公正行使职权。从外延上分析，可以归结为八个方面的内容：

### 一、党委全面领导司法的意义发掘

司法的政治思想指导原则、司法机关的组织管理、司法活动的政策导航，都来自于党执政理念及其基本路线、方针与政策。一是以外在输入的方式优化司法理念，完善司法政策，引导司法改革，促进司法管理，保障司法发展；二是以司法政策和司法解释的规范化制度化形式实现党的政治主张在司法领域的具体化和现实化。司法政策与解释是党的政策的司法版和党内法规的司法版，司法机关的政策解读、解释与运用能力，直接关系到司法接受党的领导的能力，党领导司法既是理念原则上的领导，又是能力建设上的领导。

## 二、党委切实保障独立行使司法职权的基本路径

司法机关既要服从党的领导,又要独立行使职权,那么,究竟如何处理"领导"与"支持""服从"与"独立"的关系?从本质上分析,与西方司法独立在本质上不同,在执政党领导、广泛法律监督下,司法机关依法独立行使职权是中国司法的最大制度特色。以此为前提,党委在加强领导的同时,应当依法支持司法机关在办理案件时独立行权、独立思考、独立判断,只在事实和法律的指引下客观理性公正地进行法律推理、做出司法裁判。从组织行为学意义上可以分解为两条领导路径:一是自上而下主动领导,通过政策和党内法规以及社会动员方式作用于相关司法机关与司法活动。二是自下而上接受领导,通过汇报信息、处理信息、形成决策、监督干预不当不公司法活动以保障公正司法。例如,党委为了充分掌握领导干部干预司法和司法机关内部相互干扰的信息,实施司法机关向党委政法委报告、党委政法委向党委报告的制度,便于科学决策、及时矫正与治理不当干预。对此,对于领导干部干预司法活动、插手具体案件的,应当由司法机关及时向党委政法委报告。该报告制度的具体设计如下:一是在程序上,实施两级报告制度。第一级是司法机关应对上述情况"进行汇总分析,报送同级党委政法委和上级司法机关",第二级是政法委在研究后"报告同级党委,同时抄送纪检监察机关、党委组织部门"。二是在时间上,分为每一季度报告一次和及时报告两种形式。一般是一季度报告一次,但在情况特殊却有必要时,可"立即报告"[①]。此外,对于司法人员与当事人、律师、特殊关系人、中介组织不正当接触、交往的,司法机关每一季度应当"进行汇总分析,报告同级党委政法委和上级司法机关"[②]。

## 三、司法机关独立行使职权的法理定性

司法独立在广义上意味着司法权、司法机关、法官的独立,与这些理解

---

[①] 《领导干部干预司法活动、插手具体案件处理的记录和责任追究规定》(2015年3月中央全面深化改革领导小组第十次会议审议通过)第7条。

[②] 《关于进一步规范司法人员与当事人、律师、特殊关系人、中介组织接触交往行为的若干规定》(中央全面深化改革领导小组审议,最高人民法院、最高人民检察院、公安部、国家安全部、司法部于2015年9月21日联合印发)第10条。

不同，中国特色司法发展道路既吸收人类司法文明的优秀养分，重视司法的独立性，又与自身的制度国情和核心价值紧密契合，形成自身的理论特色和制度特色。这一特色究竟是什么？可以简单地归结为四个字："职权独立"。我国不是司法独立，而是司法职权的独立行使。为此，应当厘清"司法职权独立"与"司法权独立"的关系。前者不是司法权在整体意义上的独立，因为司法权独立是一种彻底的外部独立，本质上是三权分立在司法领域的运用。而"司法职权"只是"司法权"在司法具体运行过程中所体现的一种工作职能或职权，在动态上表现为是在裁判过程中具体运用法律裁判案件的技术性活动。

## 四、司法职权独立行使的基本形式

在具体运行上表现为两种运行方式：检察院依法独立行使检察权，法院依法独立行使审判权。在价值指向上表现为两个基本诉求：独立和公正。其中，"独立"是工具性价值，"公正"是目的性价值。独立运行司法职权是基本前提，只有独立思考、独立判断，才能免于法律和事实以外的外部因素的限制或阻碍。法官除了法律以外在没有别的什么上司，当然，这里的法律既包括法条的字面含义，也包括法的价值精神，是实在法和理性法的统合。当然，在梳理历史文献和法律文本时，我们发现，宪法法律文本和党的文献对这一问题的规定存在细微差别，前者一般只是规定了依法独立行使职权，而后者则增加了公正一词，全面要求依法独立公正行使职权，这表明党的要求更高，旨在将形式价值与实质价值有机结合起来，进一步明确"独立"本身并不是最终目的，其目的在于公正。

## 五、党保证司法不受外部干预

十九大修订的党章明确规定："党必须保证国家的立法、司法、行政机关，经济、文化组织和人民团体积极主动地、独立负责地、协调一致地工作。"党委保障行政机关、团体和个人不得干预司法、妨碍司法机关依法独立行使审判权、检察权。党的领导和司法机关依法独立行使职权是有机统一的："国家法律是党领导制定的，司法机关是党领导建立的，任何人不尊重法律和司法机关的职权，在某种意义上来说，就是损害党的领导和党的威信"。① 党保证司法不受外部干预的基本路径包括：一是政策规范。通过党内政策形式确立党领导司法以及司法机关独立行使职权的基本原则，明确领导与独立的界限，为党组织和党员提供清晰的行为规范指引。二是主体教育。组织党的领导干部和全体党员进行法治学习，明确行为取向，领会政策精神，把政治自觉与法治自觉有机地统一起来。三是社会动员。在全体社会成员中进行法治教育、提升社会法治精神、营造法治文化氛围，监督公权力依法运行，捍卫司法正义。四是纪律惩戒。在权力边界设定之后，对凡是超越边界或违规用权的越权滥权怠权行为，进行党纪国法上的惩治，以彰显党与法之间正当关系模式之理性光芒。

## 六、设定党领导支持司法的权力界限

严禁党政机关及领导干部妨碍司法公正，要求司法人员违反法定职责违法办案。司法人员不得执行党政领导、司法机关内部人员违规干预司法的不法要求。具体划分为三大权力边界：第一类，领导干部的权力边界。司法领导机关的领导权力限于："了解案件情况，组织研究司法政策，统筹协调依法处理工作，督促司法机关依法履行职责"共四项。禁止性事项为："不得对案件的证据采信、事实认定、司法裁判等作出具体决定"。② 第二类，外部关系的权力边界。司法人员与当事人、律师、特殊关系人、中介组织不得存在"不正当接触""交往行为"以及"利益输送"。③ 具体行为模式为：泄露案情、推荐、介绍律师等中介人员、接受请客送礼或其他利益、与中介组织恶意串通、在非工作场所和工作时间不当接触。④ 第三类，内部人员权力边界。司法机关领导干部和上级司法机关工作人员对司法活动可以行使的权力包括：在履行领导、监督职责确实需要时，可以对正在办

---

① 《十二大以来重要文献选编》（下），人民出版社 2011 年版，第 13 页。
② 《领导干部干预司法活动、插手具体案件处理的记录和责任追究规定》（2015 年 3 月中央全面深化改革领导小组第十次会议审议通过）第 3 条。
③ 《关于进一步规范司法人员与当事人、律师、特殊关系人、中介组织接触交往行为的若干规定》（中央全面深化改革领导小组审议，最高人民法院、最高人民检察院、公安部、国家安全部、司法部于 2015 年 9 月 21 日联合印发）第 3 条。
④ 《关于进一步规范司法人员与当事人、律师、特殊关系人、中介组织接触交往行为的若干规定》（中央全面深化改革领导小组审议，最高人民法院、最高人民检察院、公安部、国家安全部、司法部于 2015 年 9 月 21 日联合印发）第 5 条。

理的案件"提出指导性意见"。在实体上,这里仅仅是指导而不是命令,是否采纳,由办案人员独立判断。在程序上,上述指导下意见应按照法定程序以书面形式提出,如果采用口头行使提出的,具体办案人员应该"记录在案"。①

### 七、党主导构建司法与外界的隔离墙

建立和严格执行领导干部干预司法活动、插手具体案件处理的记录、通报和责任追究制度,理顺司法人员与外部关系人、司法机关内部人员之间的关系。② 为此,一是确立干预司法的行为表现,在概括式设定干预司法的规范标准后,采取列举式在规范文本中列明领导干部干预司法的行为表现。二是确立插手案件处理的行为方式,明确哪些行为构成"插手"、达到何种程度后"插手"行为从一般违纪行为演变为一般违法行为甚至犯罪行为。三是建立"记录"制度。对干预司法、插手案件的行为,应当予以记录。那么,究竟谁是记录的主体?如何记录?记录的线索从何而来?记录后如何核实与处理?这些问题应当在制度上予以有效解决。四是建立"通报"制度。对干预司法插手案件的领导干部,在查证属实之后,应当对有关行为进行通报。那么,究竟在何种情形下应该予以通报而在何种情形下不予通报?通报的范围究竟要不要限制以及应当如何限制,其限度究竟在哪里?应当及时研究解决上述问题,才能便于实际执行。五是建立"究责"制度。在明确了行为规范的模式之后,凡是违反禁止性规定的,应当按照情节和后果予以惩戒和处理。那么,究竟应该如何设定责任类型和究责方式?对此,我们认为,应当与现有的纪检监察制度有机结合,以教育预防、内部处理为主,严重者则应依法查处。

---

① 《司法机关内部人员过问案件的记录和责任追究规定》(2015 年 3 月 26 日,中央政法委员会第十六次会议审议通过)第 4 条。
② 中共中央发布的《领导干部干预司法活动、插手具体案件处理的记录和责任追究规定》(2015 年 3 月中央全面深化改革领导小组第十次会议审议通过)、《司法机关内部人员过问案件的记录和责任追究规定》(2015 年 3 月 26 日,中央政法委员会第十六次会议审议通过)、《关于进一步规范司法人员与当事人、律师、特殊关系人、中介组织接触交往行为的若干规定》(中央全面深化改革领导小组审议,最高人民法院、最高人民检察院、公安部、国家安全部、司法部于 2015 年 9 月 21 日联合印发)。

## 八、强化党纪政纪法律上的责任追究制度

党政领导干部干预司法的,情节一般尚未造成严重后果的给予党纪政纪处分;造成冤假错案或者其他严重后果的,依法追究刑事责任。一是违纪责任。依照《中国共产党纪律处分条例》和其他国家机关工作人员"处分条例"① 给予纪律处分。二是法律责任。上述有关文件都明确规定对于构成犯罪的,依法追究刑事责任。但是,对于是否还应当追究其他责任,则无明确规定,我们认为,除了追究刑事责任外,如果由于非法插手案件、干预司法造成人身、财产等方面损失,应当由国家机关和有关干预者承担相应民事或行政责任,如撤销违法判决所确定的行政决定、赔偿损失等。

---

① 其他处分条例包括《行政机关公务员处分条例》《人民法院工作人员处分条例》《检察人员纪律处分条例(试行)》《公安机关人民警察纪律条令》等。

# 第五篇

## 制度保障篇

# 第 一 章
# 中国特色社会主义法治道路的制度基础

"坚持中国特色社会主义制度"是法治道路的核心要义之一。习近平总书记在关于十八届四中全会决定的说明中明确指出:"中国特色社会主义制度是中国特色社会主义法治体系的根本制度基础,是全面推进依法治国的根本制度保障"。① 中国的法治道路建立在社会主义制度而非其他的社会制度之上。改革开放以来,建立社会主义市场经济体制,发展社会主义民主政治制度,为法治构建奠定了独特的制度基础,在世界上逐步开创出一个崭新的法治制度模式。那么,究竟如何认识和定位法治道路的社会主义制度属性和价值功能?社会主义制度与法治的兼容性究竟如何?中国特色的市场经济法治道路究竟何去何从?社会主义政治制度的法治价值功能如何最大限度地得以释放?如此等等,都迫切需要从理论高度进行深入阐释。

## 第一节 法治和社会主义的兼容性

法治似乎是西方资本主义的专利,而被人认为与社会主义无缘。其实,从根本上讲,法治是人类走向文明进步的产物,蕴含着自由、平等、民主、人权的价值理念。而现代中国社会奉行富强、民主、文明、和谐、自由、平等、公平、正义、法治等核心价值观,不仅内在地涵摄了法治,而且具有历

---

① 《习近平关于全面依法治国论述摘编》,中央文献出版社2015年版,第23页。

史的飞跃性和价值的超越性。作为在本质上有别于西方的社会主义国家，我国提出全面推进依法治国，"把依法治国确定为党领导人民治理国家的基本方略，把依法执政确定为党治国理政的基本方式"①，反复表明了法治道路的社会主义性质这一根本制度属性。法治与社会主义的兼容性，不仅表现在二者之间兼容的可能性、必要性，还表现在兼容的全面性和深入性。

## 一、兼容的可能性

探讨法治与我国社会主义的兼容性，首先是二者之间兼容的可能性问题。因为，长期以来，理论和实践中流传着一种"法治与社会主义不相容"的思想，其大致意思是：近现代"法治"是属于西方资本主义产物，只有在三权分立之上的资产阶级国家才有法治，而资本主义与社会主义是针锋相对和格格不入的，因此，"法治"不可能成为社会主义的选择。的确，对近现代法治而言，无论是其思想理论的最初产生，还是社会实践的展开，都与西方启蒙运动和资本主义纠缠在一起。一方面，尽管古代亚里士多德即已提出了法治的正式学理定义②，但法治思想的发展成熟及其实践是西方资产阶级革命的产物，法治制度的确立更是在近代西方资产阶级革命取得成功以后。早期资产阶级为了反对和推翻残酷的封建专制统治与"人治"制度，举起了"法治"大旗，在取得了资产阶级革命的胜利之后，以宪法固化胜利成果，以分权制衡来对抗封建人治专权，从此使"法治"这一概念在资本主义社会深入人心，取代"人治"而成为资产阶级国家的治理制度。另一方面，法治为当今西方国家所普遍奉行。当今西方发达资本主义国家都以"法治国家"自相标榜，在宪法法律中确立法治原则，强调推行"宪政民主""三权分立"和"司法独立"等。这些就使得"法治"这一概念被深深地打上了"资本主义社会或资产阶级国家"的烙印，一些人也不自觉地就将法治与资本主义国家和社会等同起来。而传统观点过于强调无产阶级与资产阶级的矛盾、对立及斗争，以至于要求由无产阶级建立的社会主义国家应全盘否定由资产阶级建立的资本主义国家。在此之中，与资本主义国家和

---

① 《习近平谈治国理政》第二卷，外文出版社 2017 年版，第 133—134 页。
② [古希腊] 亚里士多德：《政治学》，吴寿彭译，商务出版社 1983 年版，第 199 页。

社会联系紧密的"法治"也一并被广泛批判和否定,认为社会主义国家"不应讲法治",而且,法律是统治阶级意志的体现,西方资本主义国家的法律及其法治是虚伪的,所倡导的自由、平等、民主和法治观点,都只是徒有形式而已,它掩盖了实质上资产阶级对工人阶级的剥削与压迫,自然,社会主义国家要反对这种形式的法治。

从社会主义国家的历史发展来看,也存在着"不讲法治"的问题。苏联是世界上建立的第一个社会主义性质的国家,在建国后不久,苏联就出现了"法律虚无主义"泛滥的现象。虽然革命导师列宁是重视法律的,由他主持制定了苏俄第一个宪法,明确规定了劳动者的权利而被誉为具有里程碑意义,但是他也说过一句非常有争议的话:"无产阶级对敌对分子实行专政的时候是不受任何法律约束的"。[①] 这在革命年代是千真万确的,但在取得政权以后则值得讨论。实际上,认为说列宁因为强调专政就否定法治,宣扬无产阶级专政是不受任何法律约束的"暴政",是完全站不住脚的。[②] 到了斯大林时代,苏联社会情况骤然发生变化,虽然不能否定斯大林为保卫、巩固社会主义国家建立的不朽功勋,但是其采取的所谓"大清洗"和"大整肃"等手段,存在着严重扩大化的问题:把一些仅有不同社会主义观点、看法或意见但并没有严重刑事犯罪的人,以种种反革命的名义进行了审判、关押或处决,而这些审判、关押或处决等,都不是依法进行的,这就留下了似乎可以不讲法治的祸根。

然而,这种法治与社会主义不相兼容的观点是极其错误的,是一种将社会主义制度与法治相对立的误解甚至曲解。这是因为:一是将社会主义国家在革命、建国及保卫、巩固政权中的法外施法活动,误解为社会主义国家不讲法治。历史经验早已说明,一个国家在其建立的过程中,往往充满了暴力革命与斗争而不可能表现为一种和平的依法进行的样式。马克思主义告诉我们,无产阶级只有通过暴力革命,才能推翻资本主义制度和建立社会主义国家。虽然无产阶级革命导师马克思恩格斯曾有明确的和平实现共产主义的初衷和愿望,但是当时的社会条件和革命斗争形势,使他们清醒地认识到:在

---

[①] 《列宁选集》第 3 卷,人民出版社 1995 年版,第 594—595 页。
[②] 汪亭友:《列宁宣言无产阶级专政是无法无天的暴政吗?——兼论法治同专政、党的领导的关系》,载《中国社会科学报》2016 年 11 月 20 日。

大多数文明程度较高的国家里，无产阶级的发展都遭到了本国资产阶级的暴力压制，无产阶级也就剩下暴力革命这条路。[①] 1845 年，革命导师就曾预言英国在 1847 年危机时要爆发暴力革命："英国面临着一场按一切迹象看来只有用暴力才能解决的危机"，因为当时英国并不具备和平的、合法斗争的条件，所以他得出的结论是：暴力革命是唯一的出路。[②] 即采取暴力革命手段夺取政权建立社会主义国家，具有历史的正当性，所彰显的合法性表现为合乎历史演进的必然趋势和客观规律性。而建国之后对新生政权的保卫、巩固，显然可视为无产阶级革命建国不可分割的组成部分，在此期间使用暴力革命而非完全依靠法治手段，不仅必要，而且是历史的必然。二是将社会主义国家在一定时期内所犯的法律虚无主义问题，误解为社会主义在本质上排斥法治、不讲法治。从历史来看，苏联建国之后相当长一段时期，曾出现严重的法律虚无主义错误，甚至有时表现为全面否认法律在维护社会秩序和阶级统治中的作用，而以各种名义对违法犯罪者包括不同持异见者和无辜者，进行法外镇压和处决。但实事求是地讲，这其中也并非全部是冤假错案，而即使是冤假错案，这也只是由于在社会主义实践没有先例、没有经验教训可资借鉴的情况下，社会主义国家在其成长初期所犯的错误，是在特定历史时期所走的弯路。而如果由此得出社会主义国家不讲法治的结论，显然是一种简单的武断看法，因为将社会主义国家在特定历史发展时期的错误，等同于社会主义国家历史的全部，就犯了以偏概全的错误，决不可"一叶障目，不见森林"，以个别时期的错误来进行整体评价。

　　1978 年党的十一届三中全会开启改革开放新航程以来，对新中国成立以来党的若干历史问题做出决议，将"文革"所犯的错误与党的全面评价、毛泽东同志个人与毛泽东思想进行实事求是的区分，对"文革"的否定并不是对社会主义的否定，对毛泽东同志个人所犯的错误的否定绝不会否定毛泽东思想，相反，应当坚持毛泽东思想这一社会主义建设事业的指导思想。其实，毛泽东思想中包含了丰富的法治思想，毛泽东在他的第一篇论文

---

[①] 陈宇翔、余文华：《准确理解马克思主义暴力革命学说》，载《湖南师范大学社会科学学报》2016 年第 5 期。

[②] 孙代尧：《从暴力革命到"和平过渡"——马克思恩格斯革命策略思想演进之探讨》，《武汉大学学报（人文科学版）》2007 年第 6 期。

《商鞅徙木立信论》中明确指出:"商鞅之法良法也","法令者,代谋幸福之具也"。① 新中国成立后,他作为宪法起草小组组长,领导起草了新中国第一部宪法,奠定了新中国社会主义法治大厦的四梁八柱。

可见,那种将法治和社会主义相对立起来的做法,实际上是一种误解。在我国,社会主义作为国家的根本制度,与法治作为一种治国理政的方式是不相冲突的,相反,法治与社会主义高度的融合性和良好的兼容性。除了上述分析之外,这一兼容的可能性还具体表现为以下层面:

一方面,从历史发展来看,社会主义政治理论及其实践具有丰富的法治内容。如上所述,尽管社会主义国家在其革命、建国及保卫、巩固政权的特定历史时期,曾出现过法律虚无主义的问题,造成了大量的冤假错案,但是这并不能否定社会主义国家讲求法律及其对法治的追求。事实上,马克思和恩格斯在早期的社会主义开创性研究中,就大篇幅阐述了法律思想,并逐步形成了马克思主义法律基本原理。只不过,马克思和恩格斯是在批判、否定资本主义国家法律的基础之上,深刻揭示社会主义国家法律本质的。具体表现为:首先,在法的本质及其发展规律上,马克思主义法学思想批判了资本主义国家的唯心主义法律观及将法律归结为抽象的社会自由、公平与正义观念等,而明确提出法是国家意志的产物,法不是从来就有的,是随着国家阶级的出现而产生的,是国家阶级矛盾不可调和的产物和表现。其次,在法的职能与价值上,马克思主义法学思想批判了资本主义国家法律意在维护资产阶级的特权和垄断权,实现资产阶级对无产阶级的剥削,而阐述了社会主义国家法律的"两种职能观"——管理公共事务的职能和政治统治的职能,由此奠定了法的阶级性和社会性相统一的思想基础;同时,马克思主义法学将法的职能与法的价值紧密联系在一起,强调从"法的职能"到"法的价值"的升华,而且形成了丰富的法的价值思想,涉及自由、民主、人权、平等、正义等方面,并将人权保障、实现"人的全面发展"作为马克思主义追求的根本价值目标。最后,马克思主义经典作家也提出了社会主义法治的初步设想,形成了无产阶级政党对法治的领导、实施以及维护法律权威的

---

① 唐振南:《〈商鞅徙木立信论〉初显毛泽东法治意识》,中国共产党新闻网,http://dangshi.people.com.cn/n/2015/0514/c85037-27000741.html。访问日期:2019年7月5日。

重要思想。伟大导师恩格斯就表达了在革命取得胜利之后推行法治的设想,他指出,所有政党和阶级在革命胜利,取得政权之后,都会在本性上将由革命创造的法律上升为绝对承认的,被奉为神圣的东西。[①] 并且,他特别强调一切官吏都要守法,认为所有的官吏在从事任何职务活动时都要遵循普通法律,并"向全体民众负责"[②] 等等。可见,"马克思主义经典作家具有丰富的法治思想",[③] 马克思和恩格斯对资本主义国家法律的批判与否定,并不是要批判与否定法律制度本身,而是在此基础之上提出社会主义国家性质的法律。从毛泽东的"人民立宪"论[④],到邓小平的民主法制思想[⑤],再到新时代的全面依法治国、建设法治中国论,无一不是对马克思主义法律和法治思想的继承、创新和历史性发展,所有这些无疑为法治与社会主义的兼容可能性奠定了深厚的理论基础。

另一方面,从实质价值上,法治蕴含着丰富的社会公平正义、人权保障、人道主义理念,而这些正是社会主义国家制度的价值追求,这为法治与社会主义的兼容可能性提供了现实条件。虽然现代社会完备的法律制度和司法体系及其法治实践,是开端于近代资本主义建国时期,但是法治的思想却源远流长,最早在古希腊和古罗马时期就由先哲们所提出并加以阐发。柏拉图在《共和国》《政治家》和《法律》中阐释了丰富的政治法律思想:围绕着国家统治者应如何统治国家、究竟是采用各种刚性的法律,还是凭借自己的智能来治理国家等问题,柏拉图先是主张由"哲学王"治国,轻视法的作用,后转而推崇以法治国,从"人治"转为法治论者。另一圣贤亚里士多德在柏拉图提出法治思想的基础之上,进一步明确阐述了法治的含义并形成了至今影响深远的法治论断,即法治具有两重含义:一是民众对法律的普遍遵从,二是法律本身应该是"善良之法"。[⑥] 在他看来,良好的国家治理必须根据法律,奉行法律至上的原则,法律应该得到普遍的尊重;同时,

---

① 《马克思恩格斯全集》第 36 卷,人民出版社 1974 年版,第 238 页。
② 《马克思恩格斯选集》第 3 卷,人民出版社 1995 年版,第 324 页。
③ 王会军、李婧:《社会主义法治理念的理论溯源——对马克思主义经典作家法治思想的认识与思考》,载《思想理论研究》2013 年第 11 期。
④ 徐显明:《人民立宪思想探原:毛泽东早期法律观研究》,山东大学出版社 1999 年版。
⑤ 李龙:《邓小平法制思想研究》,江西人民出版社 1998 年版。
⑥ [古希腊] 亚里士多德:《政治学》,吴寿彭译,商务印书馆 1965 年版,第 152—153 页。

法律本身是良法而非恶法等。而支撑这些古圣先贤法治主张的是社会公平正义观念,即什么行为是正当的或正义的?如何实现国家统治的公平正义?如"《共和国》以讨论'什么是正义'为理论起点"①。在柏拉图和亚里士多德的著述中,社会公平正义显然是一个永恒的话题,也形成了丰富的正义观思想。此后,伴随着社会历史的发展,社会公平正义思想不断丰富,及至近现代社会又赋予了其人权保障和人道主义等思想意蕴。这些思想观念与一个国家的政治体制是紧密相连的,是国家治理文明进步的标志。而且,历代思想家们在阐述这些法律思想时,也是将其作为政治统治的有机组成部分,以证成政治统治的正当性与合法性。虽然西方社会自近代以来奉行"三权分立",强调以法治权。但是,每一个法律制度后面都隐藏着一条政治逻辑,每一个政治逻辑都与法律文明不可分离。② 法治中国之路是通往共同富裕、公平正义和人权保障以及人的全面自由发展权利得以实现的道路。

## 二、兼容的必要性

社会主义理论及其实践具有丰富的法治内容,这为法治和社会主义的兼容奠定了可能性,而我国现代社会主义事业的发展更彰显了两者兼容的必要性。在我国,从改革开放初期的"法制"表述,到法治概念的提出、依法治国入宪、全面推进依法治国及社会治理法治化,法治与社会主义的兼容日具必要性。现代社会,法治就是根据法律来进行治理,是与人治相对而言的,法治强调依法治国、法律至上,法律具有最高的地位。而在国家和社会治理中推行法治,也是充分发扬民主的要求——由人民代表制定法律再让法律付诸实践;也能充分体现法律的理性,法律是多数人意志的产物,可以避免出于个人意志的专权。因此,如亚里士多德所言"法治应当优于一人之治"。而在今天,这种"法治更优"的观点已经深入人心,成为民主法治国家的基础观点。当前我国正全面推进依法治国,开启了国家法治新时代。③自然而然,在我国,法治和社会主义兼容的必要性也日益突现。详述如下:

---

① 张乃根:《西方法哲学史纲》(第四版),中国政法大学出版社2008年版,第14页。
② 《习近平关于全面依法治国论述摘编》,中央文献出版社2015年版,第34—35页。
③ 《全面依法治国,开启中国法治新时代》,人民网,http://opinion.people.com.cn/n/2015/0505/c1003-26949460.html。访问日期:2019年7月10日。

第一,中国未来的发展道路要求法治必须与社会主义相兼容。我国选择走社会主义发展道路,这是在历史发展之中人民的唯一和必然的选择。中国是有着悠久历史的文明古国,但在 1840 年之后饱受列强侵凌,沦为半殖民地半封建国家,近代中国的屈辱历史是最不堪回首的。英勇的中国人民为救亡图存"抛头颅、洒热血",壮志感天泣地。在中国走什么道路的选择上,历经封建国家改良运动、中华民国和国民党的统治,但均以失败告终。直至 20 世纪中叶,中国共产党领导各族人民推翻了人治与专制制度。新中国成立之后,中国共产党又领导全国人民对生产资料私有制进行社会主义改造,确立了社会主义制度。改革开放以来,应对新的社会形势,党和国家领导人邓小平明确提出要"坚持四项基本原则",并且将其作为实现四个现代化的根本前提。其中,党的领导是我国革命取得胜利和现代化建设各项事业顺利发展的重要基础和保障。这就要求当前我国全面推进依法治国,必须坚持党的领导。如有学者就从历史发展和法治本质等视角详细论述了党领导法治中国建设的必然性与必要性。[1] 与之相随,社会主义道路是国家最根本的道路,这也为我国《宪法》第一条所确认。由此,我国未来社会发展的社会主义道路,必然要求法治与社会主义相兼容,我国的法治只能是"走社会主义道路"下的法治,法治建设必须服从和服务于我国的社会主义性质及其发展道路。

第二,国家的长治久安要求法治必须与社会主义相兼容。长治久安,"治"即"太平"之意,"安"即"安定"之意,长治久安是形容国家长期安定、巩固。长治久安为人们所孜孜追求,也是当前我国全面建成小康社会、全面推进依法治国等的重要保障。2013 年 1 月,习近平总书记在主持十八届中央政治局第三次集体学习时的讲话强调:"中国人民怕的就是动荡,求的就是稳定,盼的就是天下太平。"[2] 同年 5 月中央召开"深化平安中国建设工作会议",习近平总书记再次强调:平安是人民幸福安康的基本要求,是改革发展的基本前提;要"着力建设平安中国,确保人民安居乐

---

[1] 周叶中、庞远福:《论党领导法治中国建设的必然性与必要性》,载《法制与社会发展》2016 年第 1 期。

[2] 《习近平谈治国理政》,外文出版社 2014 年版,第 247—248 页。

业、社会安定有序、国家长治久安"。① 同年12月在会见澳门特区行政长官时，也对澳门特区的发展和长治久安做出了重要表述，谈到越是在发展取得了成绩的时候，越要居安思危，并通过优化经济结构达到长治久安。② 此后，还对进一步推进新疆社会稳定和长治久安做出重要指示。当前，保障国家的长治久安具有重大的意义。如学者所言，只有实现国家长治久安的"大治之世"，百姓才能安居乐业，也"只有天下大治，国家才能繁荣昌盛"③。而要实现国家的长治久安，就要求法治和社会主义的兼容。一方面，法治已成为现代社会进步的基本要求，法治蕴含的民主自由、权利保障及对公权力制约等思想，是实现国家长治久安的重要手段和保障；另一方面，社会主义是人民历经艰苦卓绝的革命斗争和奋斗而取得的伟大成就，是我国社会历史发展中人民群众必然的历史选择。这就体现了我国广大人民群众对社会主义的"人心所向"。中国共产党的执政合法性主要来源于历史，是由人心向背所决定的，换句话来说，合法性主要取决于人民的选择。④ 在我国，社会主义为广大人民群众所认同和支持，自然是人心所向；而如果为人心所背，或失去了人心，就必然会失去执政合法性以至酿成社会动荡。由此，我国的法治建设必须与社会主义国家性质相兼容。这是我国社会主义法治与西方国家法治的根本性区别。而且，现代社会法治因其诞生于西方资本主义国家的土壤，难免带有为资产阶级利益服务的色彩，也决定了社会主义国家的法治建设必须坚持法治与社会主义兼容的必要性。

第三，创新社会治理要求法治必须与社会主义相兼容。当前，我国正处于急剧的社会转型时期，社会阶层群体分化严重、冲突增加，同时社会流动性增加，社会失范引发风险问题突出。应对这些新情况新形势，党和国家提出了"创新社会治理"，从2004年的十六届四中全会"加强社会建设和管理，推进社会管理体制创新"，到2007年十七大报告"建立健全党委领导、政府负责、社会协同、公众参与的社会管理格局"，再到2009年全国政法工

---

① 《习近平关于总体国家安全观论述摘编》，中央文献出版社2018年版，第131页。
② 刘冬杰、赵卫：《习近平关于澳门发展和长治久安的表述引发澳门社会热烈反响》，载《光明日报》2013年12月21日第3版。
③ 胡鞍钢：《天下大治是最大公益产品》，载《人民日报》2013年3月6日。
④ 刘淑君：《李永忠解读：王岐山首次明确论述中共合法性》，载《同舟共济》2015年第12期。

作会议将"社会管理创新"作为全国政法工作三项重点工作之一。[①] 与之相伴,"社会治理"的概念应运而生,而其表述从"社会管理"到"社会治理"的转变本身就意味着一种新的社会管理理念。著名的社会治理领域专家罗茨教授指出:"目前的用法没有把治理看作政府管理的同义词。相反治理标志着政府管理含义的变化,指的是一种新的管理过程,或者一种改变了的有序统治状态,或者一种新的管理社会的方式。"[②] 社会治理这种新的社会管理方式强调管理者和被管理者的沟通协商、多方社会主体共同参与到社会管理活动之中。即社会管理创新以及社会治理概念的提出,都强调改变过去的单线条形的"主从关系"而代之以不同主体之间的沟通协商。其中所张扬的显然是自由、民主、主体的权利意识及人格尊严等价值理念,这与法治精神是息息相通的。社会治理法治化更是当前我国全面推进依法治国的应有之义。而当前我国的社会管理创新以及社会治理,无疑是我国社会主义制度在新的历史时期的自我创新与完善,并构建中国特色社会主义制度的重要内容。由此,社会管理创新以及社会治理要求法治必须与社会主义相兼容。

第四,法治历史发展要求法治必须与社会主义相兼容。人类社会法治思想源远流长,法治是人类文明的标志。在西方,有古希腊时期的先哲们柏拉图、苏格拉底和亚里士多德等创立的原始城邦法律思想,首次明确法治优于人治;古罗马政治家西塞罗提出法治思想;中世纪时期神学家阿奎那将法治思想融入神学之中;近代社会历经思想家霍布斯、康德、黑格尔的发展,法治从神学到理性的转变和法治回归理性;及至现代社会资本主义国家法治思想取得迅猛发展而大放异彩,自由主义和社会正义观等炙手可热、被奉为圭臬。在我国,法治思想同样历史悠久,呈现出丰富多彩的发展态势。有春秋战国时期的法家、儒家和墨家都有对法律的阐述,尤以法家的严刑峻刑和重刑主义为典型;封建社会时期从先秦的法家重刑主义到汉代"引儒入法"、法律儒家化,并由此奠定了我国漫长封建社会的法律思想基础;清末修律以"中学为体、西学为用",仿照西方资本主义国家的法律制度,并大量引入

---

[①] 2009年底全国政法工作电视电话会议所强调的三项重点工作是:社会矛盾化解、社会管理创新和公正廉洁执法。

[②] [英] R. A. W. 罗茨:《新治理:没有政府的管理》,杨雪冬译,载《政治学研究》1996年第154期。

了西方法律理论、原则、制度和法律术语；及至新中国成立初期，我国明确废除了国民党的《六法全书》，借鉴苏联建立了社会主义法律体系。可见，从古今中外的历史来看，法治显然是一个历史发展的概念，在不同的历史时期，"法治"有着不同的表现形式。在我国法学理论中就有"奴隶制法、封建制法、资本主义法和社会主义法"的类型划分。法治总是与一定时期的社会制度紧密联系在一起的，当法治已经迈进到社会主义时期，就必然要求法治与社会主义相兼容。

### 三、兼容的全面性

在我国社会主义制度背景之下，法治与社会主义制度呈现出全面兼容，并由此形成了中国特色的社会主义法治精神与法治道路。

首先是价值的全面融合。法治全面融入社会主义核心价值观是法治与社会主义相互融通的根本保证，无论是公平正义，还是社会秩序，抑或自由与平等权利，都是法治的基本价值，也是社会主义核心价值。社会主义核心价值的弘扬必须合乎法治发展规律，法治构架也必须建立在社会主义核心价值基础之上，只有这样，才能既确保法治之社会主义方向，又保障社会主义各项事业在法治轨道内运行，实现社会主义民主的法律化、制度化和规范化。

其次是对象的全面关联。第一，依法治国与经济、政治、社会、文化和生态文明"五位一体"建设战略息息相关，无可分离。市场经济实质是法治经济，社会主义市场经济迫切需要法治的规范、引领和保障；现代政治本质是法治政治，每一个法治逻辑后面都潜藏着一条政治逻辑；而法治保障是社会治理的基本原则，也是社会和谐有序发展的基本要求；文化法治对于文化产业和公共文化的同步发展具有重大意义；生态文明是最重要的民生福祉，只有用最严格的法治制度和方式才能消除生态破坏，维持良好生态，美丽中国与法治中国是相得益彰、双向互动的。第二，依法治国在当代中国具有独特的定义，即全体人民依法管理"国家事务""社会事务""经济和文化事业"，"保证国家的一切工作都依法进行"。第三，全面依法治国与全面深化改革、全面建设社会主义现代化国家和全面从严治党密不可分，前者是后者的规范依据、行为引导和根本保障。无论是改革、发展、稳定，还是管党治党、保障民主，都离不开法治。

再次是主体的全面涵摄。在权力与权利体系中，最基本的主体包括政党、国家、政府和社会（公民）四大类型。全面依法治国意味着社会主义国家的公权力和私权利主体都受到法律的调控、制约和保护。全面依法治国的基本格局是依法治国、依法执政和依法行政的协调推进，法治国家、法治政府和法治社会的一体建设。这充分彰显了以人为本和人民主体地位这一社会主义本质属性。党、国家和政府存在和运行的最根本目标是实现人民利益、维护人民权利。社会主义政党除了人民的利益之外不应该也不可能有什么其他的利益和权利。这一本质属性决定了社会主义与法治在根本性质是具有一致性。

**四、兼容的深入性**

法治不仅与社会主义具有全面系统的兼容性，而且这种兼容具有内生性和深入性，法治与社会主义融合生长，形成中国特色社会主义法治道路。

第一，从法治的历史演变来看，在中国法系的漫长演进和自我扬弃中，法治与社会主义深度融合在一起。我国古代社会的传统思想中就具有丰富的法律理念，重视运用法律来调整各种社会生活，形成了"以民为本""以法治国""刑无等级""执法如山""一断于法"等至今仍影响深远的思想观点。由于封建人治专权的长期统治，古代法治道路最终在西方列强的入侵下而流产。近代模仿西式民主宪政的改良主义法治道路和完全照搬西方法治的自由主义道路均以彻底失败而告终。共产党领导的革命与建设时期，开始探索自身新的法治发展道路，先后通过对马克思主义法治思想的引入与吸收，结合成功经验以及"文革"的失败教训，逐步实现马克思主义法治道路理论的中国化、现实化和当代化。当然，对现在我国社会主义法治建设影响最大、最具有直接联系的是改革开放以来我国法治建设顺利推进并取得蓬勃发展，逐步提出和形成了构建有中国特色的社会主义法治理念与实践，使法治与社会主义制度的兼容日益深入发展。首先，在改革开放之初，"民主和法制建设"开始被提上议程，邓小平明确指出"必须使民主制度化、法律化"，这被载入党的十一届三中全会决议，逐渐形成了著名的法治"十六字方针"——"有法可依、有法必依、执法必严、违法必究"，至今具有深远的影响。其次，1992年10月中国共产党第十四次全国人民代表大会报告明确指出我国经济体制改革的目标是"建立社会主义市场经济体制",而随着市场经济建设的发展,人们逐渐认识到"市场经济就是法治经济",法治是推动和保障市场经济发展的重要武器。1997年9月中国共产党第十五次全国人民代表大会报告就首次将"依法治国,建设社会主义法治国家"作为中国共产党治理国家的基本方略。最后,2002年11月中国共产党第十六次全国人民代表大会报告将依法治国的核心和灵魂归结为依宪治国,进一步发展了依法治国思想。应该说,在党的十六大以后,我国社会主义法治建设收获了一个重大的阶段性成果:中国特色社会主义法律体系基本形成,并最终确立了我国的社会主义法治理念。2012年11月中国共产党第十八次全国人民代表大会又提出了依法治国"新十六字方针"——"科学立法、严格执法、公正司法、全民守法。"在这一时期的我国法治建设中,诸如"法治理念""法治方式""法治思维""法治共识""法治中国"等法治表述如同雨后春笋般争相迸放,更进一步助力我国社会主义法治建设的发展。可见随着时间推移,我国法治建设与社会主义制度的兼容不断深入发展,从最初提出的"社会主义国家也要讲法制""还是要靠法制,搞法制靠得住些",到法治"十六字方针",依法治国至今天的中国特色社会主义法治体系和法治国家建设等等,无一不深刻地表明了法治与社会主义兼容的深入性,这是显著区别于我国古代传统以法治国和西方自由主义法治的新的适应我国国情的具有中国特色社会主义性质的法治。

第二,从法治建设的成就来看,我国法治与社会主义的兼容具有很强的深入性。正是因为党把法治作为治国理政的基本方略,坚持依法执政,才使得从法律体系到法治体系、从法律到法制再到法治、从以法治国到依法治国再到依法治国、依法执政、依法行政协调并进,法治中国建设在中华大地如火如荼、有序推进,取得一次次根本性飞跃,实现法治与社会主义的深度兼容。党的十八届四中全会通过的《中共中央关于全面推进依法治国若干重大问题的决定》对此做出深刻阐述:"我们党高度重视法治建设。……提出为了保障人民民主,必须加强法治,必须使民主制度化、法律化,把依法治国确定为党领导人民治理国家的基本方略,把依法执政确定为党治国理政的基本方式,积极建设社会主义法治,取得历史性成就。目前,中国特色社会主义法律体系已经形成,法治政府建设稳步推进,司法体制不断完善,全社会法治观念明显增强。"近年来，我国法治建设的丰硕成果具体表现在：（1）依法治国被确定为我国治国理政的基本方略。反思历史惨痛教训，改革开放以来党和国家提出要加强社会主义法制建设，使民主制度化和法律化，党的十五大则将依法治国确立为党领导人民治理国家的基本方略，此后依法治国方略得到不断继承与发扬。（2）中国特色社会主义法律体系得以建成。改革开放以来，我国法制建设取得了迅速的发展，2011年3月10日吴邦国同志在向第十一届全国人民代表大会第四次会议作全国人大常委会工作报告时，就庄严宣布：我国有中国特色社会主义法律体系已经形成。根据统计，截止2014年9月，我国已经制定有效法律242件、行政法规737件、地方性法规达8500多件、自治条例和单行条例800多件。[①] 经过十多年尤其是十八大以来的发展，截至2019年3月，所制定的法律数量达到272部。如此庞大的法律数量，即表明了各种法律制度的丰富、齐备及精细，为我国各项事业建设发展提供了良好的法律支撑。（3）法治政府建设加快推进。建设法治政府是法治的题中应有之义，依法行政是依法治国的重要环节。近年来，我国法治政府建设同样成绩斐然。表现为，我国已经进行了多轮行政体制改革，行政职能转变进一步深化，而通过改革强调更加注重政府的社会管理和公共服务职能，政府权力的运用得到有效规范，行政监督与问责机制得以加强。尤其是在法理上明确了对于政府权力而言，应当坚持法无授权不可为；对公民权利而言，则实行法不禁止皆可为这一基本原则，在中国法治史上第一次科学地厘清了权力与权利的界限，并将其制度化和规范化，实行权力清单、负面清单和责任清单制度。（4）司法体制不断完善。持续不断的改革有效完善了我国的司法制度，突出表现为：司法职权配置得到优化、司法公正廉洁得到提升、政法队伍建设得到规范，社会大众对司法的认可和满意度不断上升。这些法治建设成绩的取得，正反映了法治与社会主义的深入兼容。

第三，从国内外对我国法治建设的积极评价来看，法治与社会主义的兼容具有很强的深入性。自改革开放以来，社会主义法治建设不断推进，受到了国内外媒体及有识之士的积极评价，也在一定程度上反映了我国法治与社

---

① 乔晓阳：《社会主义法治建设取得的历史性成就》，载《人民日报》2014年11月20日。

会主义兼容的深入性。就国内而言,有学者将社会主义法治建设实践称之为"法治的中国模式",认为在中华民族多元一体的基本格局下,逐步形成具有"包容性增长"特色的独特法治话语体系和话语权。[①] 有学者指出,政法工作之于国家社会的发展意义重大,其有力保障着人民的安宁和稳定生活,并积极服务于促进国家经济社会的发展,以及维护国家社会的安全等,我国社会主义法治建设将大力推进"建设法治中国,实现公平正义"。[②] 在党的十八届四中全会正式确定"全面推进依法治国"之际,就有学者指出这一决定具有无比重大的历史意义——绘就了全面依法治国的新蓝图,为法治中国建设标定新的里程碑,法治将让国家治理迈向新境界。[③] 十八大以来,祭起重拳以反腐,打破传统社会"刑不上大夫"的潜规则,在新时代树立和彰显了法律尊严与权威,使我国法治建设获得了国外学者的充分肯定。例如:美国的中国问题专家兰德尔·帕伦勃评给出这样的评价——"现在中国紧跟其他东亚国家步伐并在经济发展上取得了持续增长,施行法治国家道路并建立了以宪法和权利为基础的民主国家。"[④] 德国学者孟文理,对中国的法治建设进程进行研究,发表了《20世纪中国的法制建设和发展》一文,他得出结论认为:中国事实上已经选择了奉行"法治建设"的基本路线;而且在短短的20年时间之内,已经建成了现代国家的法律制度,这不仅可以满足其经济高度发展的要求,也达到了现代国家的法制标准。[⑤] 而且,我国司法实践的发展也得到了国外社会的广泛关注与肯定,诸如对重大腐败案件的审判,一些国外媒体予以充分肯定,美国《华尔街日报》称:公审所展示出的公开性、透明性和程序正义是要写入中国法治史的;俄罗斯《独

---

[①] 姜福东:《法治的中国模式》,人民网,http://legal.people.com.cn/GB/17551111.html。访问日期:2019年7月10日。

[②] 《人民日报评论员:建设法治中国 实现公平正义》,人民网,http://opinion.people.com.cn/n/2013/0108/c1003-20124542.html。访问日期:2019年7月10日。

[③] 《人民日报评论员:法治让国家治理迈向新境界——四论协调推进"四个全面"》,国务院网,http://www.gov.cn/zhengce/2015-02/27/content_2822821.htm。访问日期:2019年7月10日。

[④] Peerenboom R., "Law and Development of Constitutional Democracy: is China a problem case".*Annals of the American Academy of Political and Social Science*, 2006, p.192.

[⑤] [德]孟文理、曾见:《20世纪中国的法制建设和发展》,载《中德法学论坛》2003年第2期。

立报》称：此次审判意在表明，谁都不能凌驾于法律之上。[①] 应该说，当前我国社会主义法治正稳步推进，社会主义国家法治与社会主义的兼容也将日益深入。

## 第二节　法治道路的根本制度基础

法治与社会主义制度的良好兼容，为社会主义国家进行法治建设奠定了基础。不仅如此，我国社会主义也为法治道路提供了根本制度基础，涵括了社会主义法治的理念、载体和支柱诸方面。

### 一、制度理念

任何制度都是建立在一定的价值理念之上的。社会主义法治制度立基于社会主义的价值理念之上，为社会主义法治道路奠定深厚基础。通常，理念是指思想，是表象或客观事物在人脑中留下的概括形象；理念与观念紧密关联，上升到理性高度的观念就是"理念"，即理念是被赋予某种崇高价值的概念。自原始蒙昧时期的朴素形态，过渡到奴隶社会、封建社会、资本主义社会乃至社会主义社会，人类文明理念不断向前发展，通过一次次质变孕育了现代文明。近现代社会以来，从法国宪法到德国魏玛宪法率先规定社会福利权，从欧洲人权条约到欧洲社会宪章，标志着现代国家向社会本位和福利国家的转型，实现了从早期的国家本位到近代个人本位再到现代社会本位的历史性蜕变。而社会主义公有制的产生与发展，彻底颠覆了基于改良的社会本位论，为国家法治理念进行了一次革命性洗礼，成为社会主义法治道路的根本价值依托。

纵观人类社会的历史发展，古代社会制度是以团体（国家）为本位的，统治者是国家的君主，"家国一体"即"国"就是扩大了的"家"，国家本位往往表现为统治者为了维护和巩固其专制统治，不惜动辄暴力威吓，横征暴敛，思想上则借助宗教或封建迷信等加以遮掩。现代社会人权保障和人道

---

[①] 相关评论参见：《外媒关注并评价薄熙来案》，载《人民论坛》，http://www.rmlt.com.cn/2013/0828/110698.shtml。访问日期：2019年7月10日。

主义观念已经深入人心，而这种国家本位的社会制度业已臭名昭著而被时代所抛弃。在现代民主国家，人类社会的制度构建的理念基础，或者说社会制度构建的价值目标何在？对此的回答大致可分为个人本位和社会本位两种不同的理念。个人本位强调社会发展为单个个人服务，主张在政治或者法律制度设计上，个人既是社会的出发点也是社会目的，个人是主体而非客体，不能把人当作实现某种社会价值的工具和手段。西方个人本位的思想具有悠久的历史，有学者提出，雅典时期经过德拉古和梭伦变法活动，就产生了雅典公民本位法，典型表现为"五百人议事会"的政治法律制度，该制度规定雅典的一切事务皆由雅典公民来决定，法律全面维护公民的权利。[①] 只不过，在中世纪宗教统治之下，这种个人本位思想遭受无情地扼杀。直到14世纪欧洲文艺复兴时期罗马法被重新发现，古典自然法学说应运而生并借此对封建社会展开了猛烈地批判，才使个人本位思想得到复兴并迅速传播。17世纪的启蒙运动是欧洲近代第二次思想解放运动，个人本位思想得到前所未有的发展，资产阶级早期的人权法律文件《权利请愿书》（1628年）和《权利法案》（1689年）都在其开头明确写道："一切人生而平等、自由、独立，并享有某些天赋的权利……"其后的1776年美国《独立宣言》和1789年法国《人权宣言》以及一些国家人权文件，都充分肯定和继续强化了对个人权利的保障，"自由、平等、独立"等观念滥觞于世，并且这些权利被认为是自然的、不可让与的、神圣的人权。"资本主义的人本主义虽然几经变化，但它的灵魂却始终是以个人为本位的。"[②] 时至当今社会，资产阶级思想家提出了所谓的"人性复归"的问题，并产生许多不同的资本主义人本主义学说流派，但在以个人为本位这一点上却一脉相承，没有丝毫的改变。[③] 应该说，个人本位思想产生于资产主义社会的上升时期，其张扬着国家社会对个人权利的尊重与保障，是资产阶级批判与推翻专制封建社会的锐利思想武器，唤醒了人的主体意识，极大地推进了人类社会文明的发展与

---

① 张中秋：《西方个人本位法变迁述论》，载《江苏警官学院学报》2005年第3期。
② 王进：《试论人本主义由个人本位到集体本位的转化——社会主义必然性的一种新证明》，载《改革》1989年第6期。
③ 王进：《试论人本主义由个人本位到集体本位的转化——社会主义必然性的一种新证明》，载《改革》1989年第6期。

进步。然而，随着社会经济文化的发展，因资本主义社会具有的无可避免的阶级和时代局限性，个人本位的弊端日益显现出来，社会本位思想随之产生并取得迅速发展，国家社会呈现出从个人本位向社会本位的转变。支撑这种社会转变的是：现代社会对社会性及集体主义的重视，人们认识到人是社会的动物，离开了人的社会性而片面地强调个体，便不可能正确理解人的本质；而且，资本剥削的固有存在、"经济危机"及大规模社会化生产的需要迫使社会转变思想以构建起适应现代要求的社会制度。正是在这一历史大背景下，19世纪30—40年代马克思和恩格斯继承和发展了历史上"空想社会主义"思想，提出了科学的社会主义，并掀起了声势浩大的社会主义运动，最终推动社会主义从理论变成社会实践，开创了人类历史的社会主义国家时代。社会主义所强调社会本位，但与资本主义根本不同，此即恩格斯所言："只有一种有计划地生产和分配的自觉的社会生产组织，才能在社会方面把人从其余的动物中提升出来，正像一般生产曾经在物种方面把人从其余的动物中提升出来一样。"[①] 这种自觉的社会生产组织，就意味着社会主义制度，是人类从"个体人"到"集体人"转化的需要；因此，社会主义国家奉行生产资料的公有制，由劳动者共同占有生产资料，劳动者之间形成互助协作的平等主体关系，从而结成命运共同体。这些都是对资本主义社会本位价值理念的根本超越。具体言之，体现为：

其一，以社会合力克服以往个人的无能。尽管西方试图通过社会本位缓解社会紧张，但是无法在根本上消除个人与社会的对立。社会的碎片化、原子化和高度分化，导致社会无序和失范，矛盾纷呈、周期性危机挥之不去。但是，社会主义以公有制为基础，凝聚成有效的社会合力，有助于提升法治效能、避免内在危机、抵御外部风险，在人与人的关系网络中确保每一个人的基本权利与自由得到最大化实现。

其二，以全面发展实现人的本质的复归。马克思在批判机器大生产时指出严密的社会分工肢解了每一个人，因为人们被固定在每一道机器生产工序之中而无法全面发展自己。而未来的理想社会则把人从机器生产中解放出来，把人的本质复归给人自己，实现人的全面自由发展。人的全面发展理论

---

[①] 《马克思恩格斯选集》第3卷，人民出版社1995年版，第860页。

是法治道路建设的根本价值指引。当今中国，奉行人民主体地位原则和以人民为中心的发展理念，旨在实现人的全面发展。不仅保护公民人身人格和财产权利，而且保障经济社会文化权利，彰显了法治制度的社会主义本质属性。

其三，以社会正义消解形式理性的弊端。社会主义的本质是解放和发展生产力，消除贫穷，消除两极分化，通过一部分人先富起来最终实现共同富裕。一切资本生产的本质都不过是以流通领域的形式平等掩盖实质平等，通过所谓精巧的程序制度设计达到表面的等价交换，可谓形式理性有余而实质理性明显不足。社会主义法治制度应以社会公平为核心价值，实现起点的机会公平、过程的规则公平和结果的权利公平三者的有机统一。

其四，以法治文明固化社会制度的优势。法治是最好的制度载体。社会制度必须通过宪法法律和党章党纲加以记载和展示。执政党奉行依宪治国、依法执政，把法治作为治国理政的基本方略。可见，国家治理、政党治理、社会治理都离不开法治。良法善治的价值理念为社会主义政治经济社会文化制度的法治化奠定了价值基础。法治有助于民主的社会主义制度不因人而变、因人而异，从而永葆生命活力。

其五，以文化自信推促制度文明的升华。"我国今天的国家治理体系，是在我国历史传承、文化传统、经济社会发展的基础上长期发展、渐进改进、内生性演化的结果。"[①] 5000年中国文明蕴含着法治文明的古老基因。"缘法而治""以人为本""民贵君轻""民惟邦本""天人合一""天下大同""兼相爱交相利"，如此等等，标志着当代法治制度文明源远流长，为当代中国特色社会主义法治道路自信奠定了深厚的文化基础。对此，一要"挖掘和阐发"，二要"转化"和"发展"，三要"弘扬"和"传播"。[②]

## 二、制度载体

载体即物质、信息和文化等的承载物，任何事物都需要由一定的载体来

---

① 《习近平在省部级主要领导干部学习贯彻十八届三中全会精神全面深化改革专题研讨班开班式上发表重要讲话》，载《人民日报》2014年2月18日。
② 《习近平在省部级主要领导干部学习贯彻十八届三中全会精神全面深化改革专题研讨班开班式上发表重要讲话》，载《人民日报》2014年2月18日。

承载、表达与展示,而良好的载体将有利于事物充分的自我表现与发展完善。法治显然需要与一定的合适载体相结合,才能够得以真实地构建起来,否则就可能难以外在化和现实化。

从某种程度上讲,事实上正是由于法治载体的问题,人类历史上的不少法治设计往往流于形式。我国虽然早在春秋战国时期就出现了法家,主张用法律来治理国家,提出了"君臣上下贵贱皆从法""法不阿贵""刑过不避大臣,赏善不遗匹夫"等法治思想,但是由于所处阶级社会及统治者为维持封建专制统治的需要,法律的治理最终成为了统治者以法律来统治人民的工具,而统治者却超越于法律之上。现代社会法治的核心要素诸如自由、平等、天赋人权等权利保障和人道主义精神内核,根本不可能在封建专制社会得到承认,而是到了近代,随着资产阶级对封建专制制度革命的深入推进,才构建起了现代意义上的西方法治。然而不能否认的是,由于自由竞争发展到垄断阶段,资本所带来的固有社会弊病日益显现,严重制约了社会的发展。在马克思和恩格斯看来,资本主义社会代替封建主义社会,只是人类社会中的暂时进步,并不表明它已消除了先前社会的所有矛盾,更不表明它本身没有矛盾,恰恰相反,资本主义社会本身的矛盾性是与生俱来的。① 人类社会从资本主义社会发展到社会主义社会,第一次实现了广大劳动人民的当家作主,即由共产党执政,以马克思列宁主义为指导思想,以工农联盟为基础,实行人民民主专政。中国特色社会主义制度为我们走中国特色社会主义法治道路提供了良好的载体和强大的支撑。具体分析如下:

第一,从历史规律来看,中国特色社会主义法治道路是历史逻辑和现实逻辑有机统一的必然结果。"一个国家实行什么样的主义,关键要看这个主义能否解决这个国家面临的历史性课题"。② 当代中国的法治建设是不可能完全脱离中国自身传统历史影响的,并且必须置身于当代中国特色社会主义制度大背景之中。这是"法治中国"命题的历时态规定性要求。③

---

① 袁杰:《马克思恩格斯对资本主义社会和谐虚伪性的批判》,载《马克思主义研究》2008年第10期。
② 习近平:《关于坚持和发展中国特色社会主义的几个问题》,载《求是》2019年第7期。
③ 付子堂、朱林方:《中国特色社会主义法治理论的基本构成》,载《法制与社会发展》2015年第3期。

历史和实践选择了社会主义这一当代中国法治道路的制度载体。在反人治专制的民族革命与大变革时代，在"师夷长技以制夷"的美好设想中，直接引进西式"资本主义道路没有走通，改良主义、自由主义、社会达尔文主义、无政府主义、实用主义、民粹主义、工团主义等"① 均以失败而告终。历经了近百年的不懈探索与实践，中国特色社会主义引领中国从站起来到富起来并正在走向强起来的美好境地，不仅解决了中国的前途与命运这一根本问题，而且发现了未来的发展规律。国际上各式各样的"中国崩溃论"不仅没有唱衰中国，恰恰相反，中国特色社会主义的历史合法性和现实合法性为新民主主义革命、社会主义革命、"文化大革命"、苏联解体、东欧剧变、改革开放所反复求证。中国特色法治道路是社会主义的法治道路，而"不是别的什么主义"②，社会主义是中国法治道路的制度载体。

第二，从思想理论来看，马克思列宁主义、毛泽东思想为中国特色社会主义法治道路提供了最根本思想遵循。马克思列宁主义、毛泽东思想是与法治道路相融相生的。马克思列宁主义坚持历史唯物主义和自然辩证法的立场，提出了阶级斗争学说，揭示了国家的阶级统治职能和公共管理职能，对资本主义国家与法的虚伪性进行无情批判的同时，深刻论证了法是阶级性与社会性统一、人民性与规律性结合的产物，决定于特定社会的客观物质生活条件。俄国"十月革命"胜利以后，建立了第一个社会主义性质的国家，在国家建设中，领导者列宁高度重视法治建设，确立了党对立法指导的原则、法制统一原则、宪法至上原则以及人民利益至上原则。列宁指出："工人阶级夺取政权之后……，要实行新宪法来掌握和保持政权，巩固政权；这是我的第一个无可争辩的基本论点。"③ 在新中国成立之初，毛泽东十分重视国家法治建设。他主持制定了我国第一部人民宪法，指出："宪法就是一个总章程，是根本大法。用宪法这样一个根本大法的形式，把人民民主和社会主义原则固定下来，……就可以提高全国人民的积极性。"1962年3月毛泽东对全国政法战线做出指示，强调"没有法律不行，刑法、民法一定要

---

① 习近平：《关于坚持和发展中国特色社会主义的几个问题》，载《求是》2019年第7期。
② 习近平：《关于坚持和发展中国特色社会主义的几个问题》，载《求是》2019年第7期。
③ 《列宁全集》第38卷，人民出版社1986年版，第299页。

搞。不仅要制定法律，还要编案例。"① 及至"文革"结束之后，我国法治建设重新走上正轨。尤其是十八大以来，在马克思主义当代化、现实化和中国化发展的征程上，法治中国建设迈入全面依法治国新境界。这一科学社会主义理论体系包括：一是主体力量，即坚持人民主体和党的领导；二是基本格局，即立足国情，以经济建设为中心，坚持四项基本原则，坚持改革开放；三是总体目标，即解放和发展生产力，建设富强民主文明和谐美丽的社会主义现代化强国；四是制度体系，即人民代表大会根本政治制度，共产党领导的多党合作和政治协商制度、民族区域和基层群众自治这一基本政治制度，公有制为主体多种所有制经济共同发展的基本经济制度。这就是中国特色法治道路的思想理论基础。

第三，从经济基础来看，中国特色社会主义市场经济是法治道路的经济制度基础。自改革开放以来，大力推行经济体制改革和发展社会主义市场经济，基本上建立起了较完备的市场经济体制，而"使市场在资源配置中起决定性作用……既是一个重大理论命题，又是一个重大实践命题"②。市场的决定性作用必须依存于法治的规范与导引，以消解市场的无序竞争带来的社会问题甚至危机。所以，市场与法治的内在关联性应当受到高度重视。随着我国社会主义市场经济体制建设的不断发展，对市场经济与法治的关系展开了深入的探讨，逐步认识到"市场经济就是法治经济"。③ 其实，习近平同志早在 2006 年就论证了"市场经济必然是法治经济"。④ 一方面，市场经济体制奉行各方参与主体地位平等、自由交换、规则主义和开放包容原则，是适应社会化大生产的有效机制，这些特点与法治主义具有良好的相融性。另一方面，现代社会市场经济的实践与法治建设是紧密联系、相辅相成的，要维护市场经济的有序运行，离不开完备有效的法律制度。首先，市场经济主体地位的确立需要法治保障，市场经济要求具有产权明晰、自主经营、自

---

① 梁松林、晏涌涛：《略论毛泽东的法学思想》，载《湖南师范大学社会科学学报》1992 年第 1 期。

② 《习近平谈治国理政》，外文出版社 2014 年版，第 116 页。

③ 刘武俊：《"市场经济就是法治经济"再认识》，载《北京日报》2012 年 5 月 14 日；卫兴华：《社会主义市场经济与法治》，载《经济研究》2015 年第 1 期。

④ 习近平：《市场经济必然是法治经济》，载《浙江日报》2006 年 5 月 12 日。

负盈亏的独立市场主体，法治可以保证市场主体的财产和人身权利，为参与市场经济活动提供前提基础。其次，市场公平竞争规则的形成需要法治，只有实行法治，才能形成公平竞争的市场规则秩序，防止权力对市场的不当干预，保障市场经济活动正常进行。最后，法治是对市场经济进行宏观调控的基本手段。现代社会只有把宏观调控纳入法治轨道，才能有效提高宏观调控的科学性和有效性，保证市场经济正常运行和健康发展。由此，社会主义市场经济成为我国法治道路的经济制度载体。

第四，从运行机制来看，我国实行人民代表大会制和民主集中制，强调民主是基础并在此基础上进行集中，这为我国法治建设提供了有效的运行机制载体。"徒法不足以自行"，法律制定出来之后还需要人们在社会实践中予以执行或运用，才能产生积极的社会法律效果。现代社会，法律往往有"纸面上的法律"与"生活中的法律"之分，强调法治社会要将纸面上的"死法"变成现实社会生活中的"活法"。这显然需要一定的国家制度及相应运行机制予以承载和支撑。而人民代表大会制度和民主集中制度，正好可以为法治中国建设提供可靠而厚实的载体。在我国的人民代表大会制度和民主集中制度运行机制中，先由广大人民群众选举产生人民代表来进行管理国家事务的活动，所选举的人民代表对人民负责，受人民监督；再在这一民主的基础之上，以全国人民代表大会和地方各级人民代表大会审议、表决和通过等形式对民主予以的集中，既有利于充分发挥人民民主，又利于迅速集中意见并以少数服从多数为基本原则而形成统一的决策，因此受到全国人民的拥护与支持。如学者所指出：我国民主集中制的最大优势就是兼取民主和效率两者之所长，相对于西方政治被"选票政治"所绑架，我国实行人民代表大会制度和民主集中制度"有效整合社会资源，……避免各种掣肘和牵扯，很有助于国家的兴旺发达"[1]。而如果"离开民主集中制"，党的领导、人民当家作主和依法治国"三者统一就成了无法操作的空洞原则"[2]。

---

[1] 王传志：《民主集中制：我国政治制度的核心机制》，载《求是》2013年第10期。
[2] 王传志：《民主集中制：我国政治制度的核心机制》，载《求是》2013年第10期。

## 第三节　法治道路的根本制度保障

中国特色社会主义是我国法治道路的根本保障。社会主义制度属性的人民性、制度活力的鲜明性、制度机理的整合性和制度合力的强效性，决定了法治道路最为社会主义道路之必要组成部分的内在价值与客观必然。

### 一、制度属性与法治道路

制度属性的人民性决定了法治道路必须依存于社会主义这一根本制度。"近代以来中国社会发展的历程表明，是历史和人民选择了社会主义道路，选择了中国特色社会主义道路。"[①] 在价值的人民性上法治道路与社会主义内在地连为一体。其一，在逻辑起点上，人民是法治道路之力量源泉。全面依法治国必须"以人民利益为根本出发点"而非以掌权者的个人意志为依据。其二，在主体力量上，人民主体地位是法治道路建设的基本原则。对何为法治的主体，历来存在争议。有的认为是法治机关，有的认为是法官，有的认为是代议机关，如此等等，不一而足。法治中国的主体始终是人民而非任何公权力机关或其执掌者。人民是法治的主体，是法治中的"治者"而非"被治者"。其三，在构成要素上，法治道路是一个系统工程，由道路的主体力量、领导力量、制度载体和理论支撑组成。其中，党的领导、人民主体和法治制度三位一体，构成法治道路的核心。而无论是领导力量抑或制度规范，都始终必须围绕人民及其利益的最大化这一本源性主体与目标运行。其四，在根本归宿上，法治道路的运行目标在于一切依靠人民、为了人民、保护人民和造福人民，保证人民过上美好的幸福生活。人民幸福生活是最大的人权，也是法治和社会主义共同的核心价值。正是在人民性上的价值同一，才决定了社会主义法治道路的先进性、文明性和优越性。

### 二、制度活力与法治道路

焕发社会主义的制度活力，对于赋予法治道路以内生动力和自我修复能

---

[①] 张立学：《中国特色社会主义道路选择的三个维度》，中国社会科学网，http：//www.cssn.cn/zzx/zzxzt_zzx/mz/ylyj/201609/t20160919_3205793.shtml。访问日期：2019年7月10日。

力具有重大开创性意义。这一制度活力集中地表现在：一是主体能力。赋能（empowerment）是活力培植的基本方式。而通过制度赋能较之于单项的行动计划赋能更具有根本性长远性，可以有力地调动社会主体的积极性，调动一切积极因素，保证以饱满的热情和高昂的斗志提升法治道路建设，有利于推动优化法治理念、更新法治观点、发展法治理论，指导前所未有的中国特色法治实践。二是创新能力。"坚持社会主义，一定要有发展的观点"；要"着眼于新的实践和新的发展"，以科学的发展观应对历史上未曾出现的风险挑战，"清醒认识世情、国情、党情的变和不变"[1]，在理论、实践和制度上不失时机地进行创新。社会主义制度本身就极其强调理论发展与制度创新，而反对思想僵化，反对教条主义；对待社会新鲜事物，我们要坚持用发展的眼光来看待；我国走社会主义道路即马克思主义思想中国化的产物，自然也应当坚持一种发展的眼光，强调紧密结合现实社会的发展而不断丰富和发展马克思主义思想。事实上，从我国革命与现代化建设的历史来看，我们什么时候能够坚持发展的眼光，就会使社会事业发展充满活力和取得事业发展的成功；而一旦抛弃了发展的眼光，就会丧失活力而导致事业发展的严重受挫。这同样值得在当前全面推进依法治国中引以为戒。在借鉴古今中外一切先进的法治文明思想的同时，应当旗帜鲜明地反对法治教条主义、反对法治本本主义，反对抄袭外来法治、邯郸学步、囫囵吞枣。事实上，在社会主义条件下，从对法的意义的重新发现到法制概念的提出，从法制到法治，从以法治国到依法治国，从法治到良法善治，不断赋予法治以新的内涵、拓展法治的外延，使中国的法治理念得到极大发展，确保法治发展模式与制度与时俱进、契合国情、充满活力。三是精神动力。坚守法治的社会主义信念，是法治道路得以成功的"政治灵魂"。[2] 在社会主义理想信念中，法治信仰是一个重要的内容。对依法治国理政、依法制约公权、依法维护人权的坚定信心和信念，是全面依法治国和法治中国建设取得成功的精神支柱。如果对法治失去决心和恒心，在矛盾叠加和改革受阻时望而生畏、退却不前，法治改革势必会半途而废。所以，不能看到西方法治至今依然具有较强的"自

---

[1] 习近平：《关于坚持和发展中国特色社会主义的几个问题》，载《求是》2019 年第 7 期。
[2] 习近平：《关于坚持和发展中国特色社会主义的几个问题》，载《求是》2019 年第 7 期。

我调节能力"① 和适应能力而自惭形秽,而应当"认真做好两种社会制度长期合作和斗争的各方面准备"②,以开放之精神,直面外部压力,及时应对挑战,增强文化自信与道路自信。

### 三、制度机理与法治道路

事物的机理是一种蕴藏在事物内部的决定着事物功能及其发挥的重要的规定性,是事物的灵魂与精神之所在。我国的社会主义制度作为马克思主义中国化的产物,历经新中国成立之前的革命斗争和新中国成立之后的社会主义改造、巩固政权以及改革开放、大力发展社会主义市场经济不同阶段的不断优化过程。众所周知,由于我国社会主义建设尚没有成功的经验可循、又面临着极其复杂的国内外环境,也曾遭受到一定的挫折而发展曲折。当前,我国社会主义现代化建设的各项事业取得了迅速的发展,特别是国家经济发展快速,令世界瞩目,2010 年就超过日本成为了世界第二大经济体,广大人民群众的生活水平得到了极大的提高,从新中国成立初期的解决吃饭穿衣的"温饱"问题,到全面建成小康社会,社会经济发展成绩斐然、民主政治和社会文化建设亦取得公认成就。法治道路之所以坚持中国特色社会主义,其内在的制度机理在于:

一是价值优化。把最高理想与现实价值融为一体,从远大理想到脚踏实地、结合不同发展阶段特有国情,审时度势,立足当下,以渐进性累积最终实现根本性质变与飞跃。法治道路建设的过程就是从立法到执法、司法,从制度规范构建到良法善治再到社会法治意识与法治信仰培育逐步推进的漫长进程。在这里,社会主义集中力量办大事的比较优势得到充分展现和彰显。二是自我调适。在法治道路建设的征程上,对于究竟奉行什么主义与制度,的确存在着不少争议甚至面临着质疑。面对"中国现在搞的究竟还是不是社会主义的疑问,有人说是'资本社会主义',还有人干脆说是'国家资本主义'、'新官僚资本主义'。这些都是完全错误的"③。其实,对法治道路的反复追问和不懈探索本身就表明,法治中国的道路问题作为一个根本问题,

---

① 习近平:《关于坚持和发展中国特色社会主义的几个问题》,载《求是》2019 年第 7 期。
② 习近平:《关于坚持和发展中国特色社会主义的几个问题》,载《求是》2019 年第 7 期。
③ 习近平:《关于坚持和发展中国特色社会主义的几个问题》,载《求是》2019 年第 7 期。

其社会主义属性是不容置疑和挑战的。三是自我革命。"全面推进依法治国……是国家治理领域一场广泛而深刻的革命。"① 对国家权力配置的自我更新、对依法执政的原创性制度优化、对市场与政府权力的重新界定、对法治改革体制的再造，无一不体现了勇于和善于自我革命的决心和能力，彻底改变了西方靠政党外部竞争而相互倾轧的混乱局面。

**四、制度合力与法治道路**

法治中国要立足自身历史与现实，"走适合自己的法治道路，决不能照搬别国模式和做法，决不能走西方'宪政'、'三权鼎立'、'司法独立'的路子。"② 无论是分立、鼎力还是独立，其中的关键在于这些制度始终是以"分立"—"分离"为主线的，公权内耗严重、政治丑态百出、民意遭受绑架。当然，这绝不是说这一制度没有任何适应性，也无意否认其具有一定的现实性。与上述情形不同，法治的中国道路构建既要重视法治规律，更要将一般规律与特殊情形、法治制度与社会制度结合起来加以科学认识、进行理性选择。具体言之，表现在：

从发展阶段看，发展中的大国与发达国家不同，应当以时不我待之精神，自上而下地强力主导和有效推进，方能实现法治的快速发展。这既不同于英国的自下而上缓慢自发演进，也不采取法国大革命的激变论模式，而是根据自身需求与外部条件，在现有制度框架内通过自我革命自上而下地高效率展开。这既是作为后发达国家的追赶型法治特性使然，也是由我国社会主义制度的容错纠错和自我调节机制所决定的。这一法治选择在我国现实社会发展中表现出强大的制度合力。

从价值预设看，我国的社会主义制度之所以具有强大的合力，是因为这一制度渊源于先进的代表人类社会最优秀成果的当代中国的马克思主义。中国特色社会主义制度紧紧围绕着核心价值理念，追求实现人的全面自由发展，由此奠定了形成合力的基础。在政治上奉行人民民主价值理念，实行人民代表大会制、政治协商制度、民族区域自治制度和基层群众自治制度，克

---

① 习近平：《关于〈中共中央关于全面推进依法治国若干重大问题的决定〉的说明》，载《求是》2014年第21期。

② 习近平：《加强党对全面依法治国的领导》，载《求是》2019年第4期。

服了"三权分立"模式的局限性。"三权分立"思想将国家权力分为立法、行政和司法三种权力，通过制度设计使这三种权力相互监督、相互制约，旨在确保权力不被滥用，虽有利于实现对民众的权利保障和促进社会公平正义，但权力分立与制衡必然导致权力的冲突和运行效率的低下，不仅难以形成制度合力，反而会因产生严重的内耗而损坏法治的效能。

从社会基础看，应该说，我国历史上强调"形成合力"的传统由来已久，普通民众极其重视社会和谐、安定有序而反对分裂与冲突；从现实来看，制度合力使国家能够有效动员各种社会力量和集中各种社会资源以进行现代化建设，为法治道路建设提供重要的制度保障。而从相对的视角来看，这种社会合力就意味着对社会矛盾、社会分化、社会不公和社会张力的强大消解、整合与磨合能力。由此，我国社会主义制度所具有的内生合力和对社会张力的消弭能力，为法治道路提供了坚实的力量基础。

# 第 二 章

# 人民代表大会制度与法治道路构建

人民代表大会制度是法治中国道路的根本政治制度架构。厘清法治道路与人民代表大会制度之间的内在逻辑联系及其互动方式，对法治中国的道路建设具有根本性前导意义。2012年12月，在纪念宪法公布施行30周年大会上，习近平总书记指出，要最广泛地动员和组织人民通过各级代表大会行使权力。2014年9月，在庆祝全国人民代表大会成立60周年大会上，习近平总书记深刻阐释了人民代表大会制度的定性与定位、坚持与完善问题。"习近平总书记就坚持和完善人民代表大会制度、发展社会主义民主政治发表一系列重要论述，拓展了人民代表大会制度的科学内涵、基本特征和本质要求，标志着我们党对人民代表大会制度的规律性认识达到了一个新的高度。"[①] 人民代表大会制度既是法治道路的根本制度基础，又是法治中国的核心内容。全面阐释新时代关于中国特色社会主义人民代表大会制度的新理念新思想新战略，无论是对于完善人民代表大会制度还是对于全面推进依法治国都具有深远意义。

## 第一节 人民代表大会制度科学定性的新命题

名正则言顺，人民代表大会制度的科学定性是我们认识和明确人民代表

---

① 栗战书：《推动新时代人大制度和人大工作完善发展——在深入学习贯彻习近平总书记关于坚持和完善人民代表大会制度的重要思想交流会上的讲话》，载《人民日报》2018年5月23日。

大会制度之于法治道路构建意义的基本前提。事实上，何为人民代表大会制度的科学定性？习近平新时代中国特色社会主义思想从国情实际、政治体制和国家治理方面做出了高度概括，提炼和发展出三个新命题：

### 一、人民代表大会制度是一项"好制度"

"善制"是"善治"的前提。"好制度"是良法善治的应有之义和根本保证。习近平总书记在《庆祝全国人民代表大会成立60周年大会上的讲话》中指出："60年的实践充分证明，人民代表大会制度是符合中国国情和实际、体现社会主义国家性质、保证人民当家作主、保障实现中华民族伟大复兴的好制度。"[①] 这一关于"好制度"的总命题，蕴含着以下四个基本判断：

（一）人民代表大会制度是符合中国国情和实际的"好制度"。应当正视两大基础性问题：

一是"历史性课题"[②] 与正确答案。对于国家政治制度模式的选择，正如习近平总书记所说，"世界上没有完全相同的政治制度模式，政治制度不能脱离特定社会政治条件和历史文化传统来抽象评判，不能定于一尊，不能生搬硬套外国政治制度模式"[③]。人民代表大会制度的选择是同我国近代以来的革命斗争与道路选择紧密联系在一起的。面临内忧外患，为了救亡图存，近代国人进行了艰辛的尝试，以寻找适合国情的政治制度模式。旧中国的农民阶级、开明的封建统治者和资产阶级都先后登上历史舞台，进行了轰轰烈烈的起义运动和改良活动，但都以失败告终，这也宣告了改良的资本主义道路、复辟的封建主义道路以及资产阶级议会制度的破产。"君主立宪制、帝制复辟、议会制、多党制、总统制"都不是法治道路的"正确答案"[④]。

---

① 习近平：《在庆祝全国人民代表大会成立60周年大会上的讲话》，载《人民日报》2014年9月16日。

② 习近平：《在庆祝全国人民代表大会成立60周年大会上的讲话》，载《人民日报》2014年9月16日。

③ 《习近平谈治国理政》第三卷，外文出版社2020年版，第28页。

④ 习近平：《在庆祝全国人民代表大会成立60周年大会上的讲话》，载《人民日报》2014年9月16日。

二是"根本性问题"[1]与理性回答。从革命到立国是一个根本性的社会转型，选择何种政权组织形式，是中国共产党掌权后面临的一场大考，这一问题具有根本性、基础性。在缔造新中国的过程中，中国共产党将马列主义基本原理同中国实际相结合，从而创造形成了中国特色的人民代表大会制度。如学者所讲，多少先贤们不畏牺牲以在中国建立三权分立制度，但都失败了，一个重要的原因是我国自古就崇尚大一统思想而缺乏分权传统，相比之下，人民代表大会制度很好地契合了这一传统思想，易于被人民接受。[2]资本主义个人私有生产资料，因而崇尚个人主义，推行分权制衡，而我国社会主义公有生产资料，崇尚的是集体主义。[3]"我们中国大陆不搞多党竞选，不搞三权分立、两院制。我们实行的就是全国人民代表大会一院制，这最符合中国实际。…避免很多牵扯。"[4] 人民代表大会制度是实践理性和科学理论有机结合之后得出的最合适的答案。在这一根本制度模式下，国家的一切权力属于人民，广大人民群众当家作主，参与对国家公共事务的管理。其法律文本上的合法性和价值理性上的合法性得到不断求证与强化，从1949年通过的具有临时宪法性质的《中国人民政治协商会议共同纲领》到1954年宪法以至当下，70多年政治与法治实践演进，固化了这一制度的历史合法性，展示了这一制度是规律与国情、理论与制度矛盾运动而得出的"基本结论""历史结果"和"必然选择"。[5]

（二）人民代表大会制度是体现社会主义国家性质的"好制度"。法治道路与政治道路是相辅相成的，每一条法治道路后面都潜藏着一条政治逻辑。人民代表大会制度是社会主义制度的重要组成部分。在人民代表大会制度框架内构建法治道路，是中国特色社会主义属性的本质要求。而人民代表大会的社会主义属性集中体现在"始终坚持中国特色社会主义道路、理论、

---

[1] 习近平：《在庆祝全国人民代表大会成立60周年大会上的讲话》，载《人民日报》2014年9月16日。

[2] 李龙、潘传表：《论人民代表大会制度在中国的必然性与优越性》，载《湘潭大学学报（哲学社会科学版）》2008年第1期。

[3] 周叶中：《论人民代表大会制度的优越性》，载《法学评论》1990年第5期。

[4] 《邓小平文选》第三卷，人民出版社1993年版，第195页。

[5] 习近平：《在庆祝全国人民代表大会成立60周年大会上的讲话》，载《人民日报》2014年9月16日。

制度、文化",包括"一个中心、两个基本点"的总路线、"五位一体"总体布局、"四个全面"战略布局、"人的全面发展""共同富裕""建设富强民主文明和谐美丽的社会主义现代化强国",从而形成为一个完整的理论体系。① 人民代表大会制度对于实现上述制度具有根本性的意义,无论是制度预设、法律规范的创制,还是社会主义制度实践行动规划的制定与通过,以及宪法法律和规划的监督实施,都离不开人民代表大会。

为此,应当注意防止两种倾向:一是"欠缺"论。凡是认为西方国家有而中国没有的制度或做法就是我们的缺陷,应当引进。这显然是按照西式的标准来衡量一切。二是"多余"论。认为中国奉行的制度或实践方式与西方相比无法找到对应物就是多余的,应予以抛弃。这两种观点都是"脱离特定社会政治条件来抽象评判"②的结果,陷入形而上学的误区。

从制度实践与法治中国的历史连接点进行分析可知,法治的社会主义制度构建是历史的必然和现实的要求。新中国成立之初至1956年进行的社会主义"三大改造",标志着我国社会主义政治制度的基本确立。对此,在1954年9月15日第一届全国人民代表大会第一次会议上,刘少奇同志在《关于中华人民共和国宪法草案的报告》中指出:"宪法草案第二条规定:'中华人民共和国的一切权力属于人民。人民行使权力的机关是全国人民代表大会和地方各级人民代表大会。'这一规定和其他条文的一些规定表明我们国家的政治制度是人民代表大会制度。"③ 虽然这是一种高度概括的规定,但由此将人民代表大会制度与社会主义性质紧密联系在一起并拉开了人民代表大会制度实践的序幕。党的十八大以来,作为马克思主义在中国的最新发展成果,新时代中国特色社会主义理论"立足新的历史方位,续写马克思主义中国化最新篇章"④,对人民代表大会制度这一特殊法治制度发展具有

---

① 中央宣传部:《习近平新时代中国特色社会主义思想学习纲要》,学习出版社、人民出版社2019年版,第27页。

② 习近平:《在庆祝全国人民代表大会成立60周年大会上的讲话》,载《人民日报》2014年9月16日。

③ 转引自阚珂:《人民代表大会制度的内涵究竟是什么?》,载中国人大网,http://www.npc.gov.cn/npc/xinwen/rdlt/rdjs/2014-04/21/content_1859920.htm。访问日期:2019年7月1日。

④ 蒋文龄、郝彤、周晓军:《习近平新时代中国特色社会主义思想的理论特色和实践意义》,载《光明日报》2018年2月28日。

根本指导意义，而且也已经产生了史无前例的法治实践效应。随着新时代人民对美好生活需求的不断提升，应当深入思考和理性回答人民代表大会制度如何及时回应社会主要矛盾的新变化、彰显社会主义优越性这一时代之问，以进一步强化人民代表大会这一根本法治制度的应有社会属性。

（三）人民代表大会制度是保证人民当家作主的"好制度"。人民当家作主是社会主义民主政治的本质特征。[①] 对此，《宪法》进行了根本性制度设计和规范确认。其中，无论是国家权力的配置、国家性质的确定，还是政党价值的确立、政党模式的选择，都始终是围绕人民主体的地位固化、工农联盟的法定事实而展开的，都合乎逻辑地对应着人民当家作主的法治根本价值。而所有这一切，都离不开人民代表大会这一民主与法治的神经中枢。人民代表大会制度是实现人民当家作主的根本保障和制度支撑。易言之，从实质来看，人民代表大会制度就是人民当家作主及由人民自己来管理自己的事务。这正是法治的实现之道，即全体人民在党的领导下依照宪法和法律治理国家和社会，其核心要义在于依法治制约权力保障人权。但是，依法治国关键在于依法治"权"，但是这种对权力的训诫与规约，绝不是无视权力的存在价值，更不是否定权力秩序，相反，需要在特定的权力与权利二元互动架构内有序运行。而人民代表大会制度正好满足了这一互动性的要求，既可以有效防止所谓的大民主带来的社会无序性，也可以契合法治的价值初衷，充分彰显民意。

（四）人民代表大会制度是保障实现中华民族伟大复兴的"好制度"。一是在主体上，全体人民是民族复兴的本源性力量。人民主体地位原则是对古典自然法人民主权原则的根本突破，近代"人民主权"原则的提出是一个重大的历史进步，对摧毁人治专制政体产生了革命性作用，其解构性价值功能是无可否认的。但是，其解构性有余、建构性不足。而与之不同的是，"人民主体"原则不仅是解构性的，更是建构性的，对公权力的价值归属进行了科学定位，为权力的人民性、民本性奠定了法理基础。而且不只是仅停留于理论分析的框架，还由此进入实践王国。人民代表大会制度正好满足了理论与实际、需求与满足相衔接的现实要求，成为主体与客体的最佳连接

---

[①] 《人民当家作主是社会主义民主政治的本质特征》，载《福建日报》2017年11月27日。

点。二是在客体上，民族复兴与现代化的过程是主体作用于客体并对客体进行积极改造从而不断累积文明进步成果的伟大进程。其中，人民的主动性和创造性具有决定性的作用。无论是物质世界还是精神世界的改造，无论是制度客体还是社会客体的改造，都依存于人的主观能动性和能力的不断提升。人民代表大会制度有助于最大限度地集合众人之"智"，实现众人之"治"——法治。三是在内容上，富强、民主、文明、和谐、美丽的现代化强国是实现中华民族伟大复兴中国梦的五大根本目标，也是人民代表大会制度的最重要社会价值。为此，通过发挥人民代表大会的最大制度合力，激发主体创新能力、不断增强综合国力；通过强化人民代表大会制度的民主功能，增强民主政治与法治的社会适应性和先进性；通过发挥人民代表大会制度的文化传承和创新作用，促进教育科学文化建设以实现文明的不断飞跃；通过增进人民代表大会制度的整合功能，建设和谐社会；通过优化人民代表大会制度的调节功能，促进美丽中国建设，充分实现人民的美好生活需求。

## 二、人民代表大会制度是党的领导、人民当家作主与依法治国有机统一的根本制度

习近平总书记在《庆祝全国人民代表大会成立60周年大会上的讲话》中明确指出："人民代表大会制度是坚持党的领导、人民当家作主、依法治国有机统一的根本制度安排。"[①] 这不仅仅重申了党、人民和国家"三统一"的基本原则，而且把这一原则发展到了一个新的境地，指明了三者统一的根本立足点、制度载体和基本途径。

统一的领导核心。习近平总书记指出："坚持和完善人民代表大会制度，必须毫不动摇坚持中国共产党的领导。"[②] 那么，人民代表大会制度和党的领导之间的逻辑关联究竟应当如何理解？这是必须要予以理性回答和认真对待的首要问题。从法理上看，民主意味着自由、自主和权利，而任何自由权利都必须限定在一定范围之内。所谓自由，即是做法律所许可的事情，

---

[①] 习近平：《在庆祝全国人民代表大会成立60周年大会上的讲话》，载《人民日报》2014年9月16日。

[②] 习近平：《在庆祝全国人民代表大会成立60周年大会上的讲话》，载《人民日报》2014年9月16日。

每个人的自由都止于他人的权利，否则便会构成对他人自由的侵犯。作为人民行使民主权利的机构，人民代表大会应当坚持民主集中制这一基本原则，而党的领导是实现民主集中制的根本保障。从功能上分析，由党总揽全局和协调各方，有利于保证党和国家机关的有机衔接以及各种政策方针的协调一致，从而促进人民代表大会发挥最大的制度功效。而且，通过思想教育、政治引领和有效组织来保证人民代表大会制度的社会主义性质和方向。

统一的力量源泉。习近平总书记指出："坚持和完善人民代表大会制度，必须保证和发展人民当家作主。"[①] 人民代表大会制度的魅力在于突出人民主体地位，正是通过人民这一纽带，才使党的领导、人民当家作主和依法治国连为一体。从价值上分析，人民作为三者统一的力量源泉，在价值主体、价值指向和价值整合上具有无与伦比的独特地位。无论是执政与治国还是行政与管理，都最大限度地集合民意、形成广泛地公众参与。从文本上分析，《宪法》第二条确立了人民主体对于三者统一的核心地位。该条的规定主要包含两层意思：一是"国家的一切权力属于人民"，这就确立了人民当家作主本源性主体地位，即是治国理政的力量之基；二是"行使权力的机关是人民代表大会"，这就确定了人民代表大会制度是人民当家作主的实现手段与根本途径。

统一的制度载体。习近平总书记在《庆祝全国人民代表大会成立60周年大会上的讲话》中明确指出："坚持和完善人民代表大会制度，必须全面推进依法治国。"[②] 这揭示了人民代表大会制度与依法治国的内在关联。人民代表大会制度之所以能将三者统一起来，其奥妙在于：无论是党的领导还是人民民主都需要法治进行规范上的确认、引导、保障和强化。没有法治，便不可能实现依法执政和依法维权。法治是把党的领导和人民民主结合起来的规范依据和有效手段。只有把法治作为根本治理方式，才能最大限度地发挥人民代表大会制度的价值功能，通过依法治国、依规治党和法治为民把党、国家和人民的利益融为一体。

---

① 习近平：《在庆祝全国人民代表大会成立60周年大会上的讲话》，载《人民日报》2014年9月16日。

② 习近平：《在庆祝全国人民代表大会成立60周年大会上的讲话》，载《人民日报》2014年9月16日。

### 三、人民代表大会制度是支撑中国治理体系和治理能力的根本政治制度

习近平总书记指出:"人民代表大会制度是……支撑中国国家治理体系和治理能力的根本政治制度。"[①] 这回答了人民代表大会制度同国家治理体系、治理能力之间的逻辑联系。人民代表大会制度支撑着国家治理体系。国家治理体系即国家借以管理、统治以及规范各种国家活动的方式方法所形成的有规律性的集合体。这与人民代表大会制度调整和规范国家的权力运行及决定国家与社会发展的重大事项紧密相关,由此决定人民代表大会制度具有支撑国家治理体系及其完善的重要功能。2013 年 11 月,十八届三中全会通过的《中共中央关于全面深化改革若干重大问题的决定》指出:"全面深化改革的总目标是完善和发展中国特色社会主义制度,推进国家治理体系和治理能力现代化"。2015 年 10 月,党的十八届五中全会通过的《中共中央关于制定国民经济和社会发展第十三个五年规划的建议》进一步提出"加强和创新社会治理",并将其视为加强和改善党的领导和实现"十三五"规划的重要抓手。2017 年 10 月,党的十九大报告强调要"加强和创新社会治理","打造共建共治共享的社会治理格局","提高社会治理社会化、法治化、智能化、专业化水平"。从而指出了国家治理面临的新形势、新任务和新要求。为此,应当在理论上澄清人民代表大会制度与国家治理之间的关系。具体来说,这一关系表现在以下三个方面:

一是支撑。人民代表大会制度是国家治理体系的力量支撑,国家治理体系构建和治理战略决策都必须通过人民代表大会制度集思广益、寻求最佳方案。没有民主的代表大会制度,就不可能形成良法善治的良好局面。人民代表大会制度通过立法和护法支撑法治大厦。良善之法是治理的前提。"立善法于天下,则天下治;立善法于一国,则一国治。"[②] 而法治实施是治理的关键。"天下之事,不难于立法,而难于法之必行。"[③] 无论是法的创制、修

---

[①] 习近平:《在庆祝全国人民代表大会成立 60 周年大会上的讲话》,载《人民日报》2014 年 9 月 16 日。
[②] 王安石:《周公》。
[③] 张居正:《张居正奏疏集》。

改与完善，还是法律的监督实施，都必须依靠人民代表大会制度的高效理性运作。

二是强化。国家治理能力的增进和提升依托于人民代表大会制度的高效运转，只有通过民主的制度形式才能优化治理权力配置、理性选择治理模式，从而有助于焕发治理活力、激活治理潜能、强化治理动能。人民代表大会制度的独到之处在于借鉴分权与民主之形式而摒弃三权鼎立的做法，实行立法权力与行政权力、司法权力及其监察权力的分层设置，最终统一于人民代表大会，确保高效率组织国家政权和治理国家与社会。

三是固本。国家治理离不开人民代表大会制度这个根本政治制度，治理的过程就是强基固本的过程。其中的关键在于理顺权力和权利的关系，维护良好的政党秩序、国家秩序和社会秩序，形成天下大治的良好局面。无论是什么样的治理模式，如果偏离了以人为本的轨道，最终必将导致治理失灵以至彻底失败。古代人治社会尚且意识到"民贵君轻""水可载舟亦可覆舟"的重要性，在当今社会更应该坚守人民权利的至上性。人民代表大会制度是夯实治理之民意基础的根本制度安排，应当通过不断改革和优化这一制度的内在结构和外在功能，切实保障其释放最佳价值效应。

## 第二节　人民代表大会制度的基本遵循

人民代表大会制度的基本遵循，是人民代表大会在制度设计与构建以及组织运行实践中应当遵守的基本原则和总体要求。人民代表大会制度主要是由国家宪法这一根本大法予以规定，具有一定的抽象性与概括性。而作为国家根本的政治制度，人民代表大会制度的实际运行则是具体而现实甚至具有政策的灵活性。因此，构建科学合理的人民代表大会制度必须与时俱进地揭示这一制度的内在价值与精神实质、时代意义与现实诉求，保证在宪法、党章和社会主义制度框架内健康有序发展，实现作为人民行使权力的法定机关的应有要求。那么，新时代人民代表大会制度应当遵循哪些基本原则呢？习近平总书记在《庆祝全国人民代表大会成立60周年大会上的讲话》提出了坚持和完善人民代表大会制度的"四个必须"[1]。即必须坚持党的领导、保证和发展人民当家作主、全面推进依法治国以及坚持民主集中制。由此，可以将人民代表大会制度的基本遵循概括为以下四个方面：

## 一、坚持党的领导

人民代表大会制度第一位的基本遵循就是要坚持党的领导。当今世界，政党政治是各个国家政治的普遍特点。就我国而言，中国共产党的领导地位在革命事业中建立，又在社会主义建设事业中历经考验，已经成为中国社会主义最本质的特征和最大的优势。在新时代，习近平总书记在十九大报告中指出要"坚持党对一切工作的领导。党政军民学，东西南北中，党是领导一切的"[2]。这无疑包括党在人民代表大会制度中的领导。在宏观上的定性表现为两个方面：一是"领导核心"，即党总揽全局、协调各方；二是"领导权威"，即维护党中央权威和集中统一领导。这是政治权力与政治责任、政治制度与政治实践的统一。在党的领导下，可以有效协调各方行动以同党中央保持高度一致，从而自觉维护党中央权威和集中统一领导。不仅如此，党的领导内在地要求党通过自我发展、自我完善，不断强化自身建设，有利于不断提高党的领导能力。[3] 在法治意义上看，党的政治实践就是原创性的政法制度设计和实践模式选择的过程。在革命、建设、改革与发展四大领域的一次次质的飞跃反复求证了这一定理：党的领导是中国的法宝，也是法治道路成功选择的法宝。正因为此，我国人民代表大会制度的首要遵循就是要坚持党的领导。

党的领导与人大制度的关系问题，一直是困扰不少人的关键问题。必须认清这两者关系的本质。党是最高的政治领导权威，而人民代表大会是国家的最高权力机关。两者都有"最高"这一共同属性。可见，两者的关系在实质上是如何理解最高国家权力与最高政治权威的关系？我们认为，这两者

---

[1] 习近平：《在庆祝全国人民代表大会成立60周年大会上的讲话》，载《人民日报》2014年9月16日。

[2] 习近平：《决胜全面建成小康社会，夺取新时代中国特色社会主义伟大胜利——在中国共产党第十九次全国代表大会上的讲话》，载《求是》2017年第21期。

[3] 丁俊萍、李雅丽：《党的政治领导与政治建设之关联》，载《思想理论教育》2019年第7期。

在政治价值、权能配置和运行方式上既相互一致又明显不同。何为"党的领导"[①]？历经几十年的革命斗争和现代化建设实践，共产党在漫长的执政实践探索中逐步发展形成了一套完备的领导制度，即主要表现为领导方式上的政治领导、思想领导和组织领导，并实行党政分开的原则，建立健全党内民主和人民民主制度。党的政治领导是党将马克思主义基本理论同国家的客观实际相结合，确定党和国家的政治纲领、目标和任务，制定正确的路线方针和政策，引导国家和人民沿着正确的政治方向前进；党的思想领导是理想信念、价值观念、理论观点、思想方法以至精神状态的领导，以便统一思想认识，形成合力谋发展；党的组织领导则是对党的组织及党员干部的培养、选拔、使用和监督上的领导，确保将德才兼备的优秀党员选拔任用到领导岗位。通过这三种方式实行领导，既有利于保障党政分开，明确党政的职权划分，又有利于形成集体领导和分工负责的良法善治。人民代表大会制度是党在长期实践中对制度进行理性选择的结果。党遵循宪法法律关于人民代表大会的制度规范，确保人民代表大会依宪依法行使法定权力，而非包办代替人大的职权。

那么，在我国，人大是否可以"独立"行使职权？对此，回到宪法文本进行分析可知，在配置国家权力时，分设了权力机关、司法机关和行政机关以及监察机关。对各机关行使职权的方式，宪法第五十八条规定："全国人民代表大会和全国人民代表大会常务委员会行使国家立法权"；第一百三十一条规定："人民法院依照法律规定独立行使审判权，不受行政机关、社会团体和个人干涉"；第一百三十六条规定："人民检察院依照法律规定独立行使检察权，不受行政机关、社会团体和个人干涉"。从宪法条文进行文义解释可以发现，人大行使职权时并没有"独立"的权限，只有司法机关可以独立行使职权。而且，即使是司法机关独立行使职权，也只是不受行政

---

[①] 我国学者对"党的领导概念"作过细致的研究，指出应将党的"领导"与"执政"加以区分，并认为领导是前提，执政是关键（详见林尚立：《领导与执政：党、国家与社会关系转型的政治学分析》，载《毛泽东邓小平理论研究》2001年第6期）。还有学者指出"中国共产党的领导"是一个不同于"中国共产党的执政"的概念，其关键是党的领导不是一种简单的由强制力而形成的既定地位，而表现为一种由中国共产党对人民群众和其他党派的榜样引导而形成的特定关系（详见张恒山：《中国共产党的领导与执政辨析》，载《中国社会科学》2004年第1期）。

机关、社会团体和个人的干涉,并没有涉及政党问题。[①] 可见,人民代表大会实行民主集中制,既要发扬广泛的民主,又要集中统一。其中,党的领导至关重要,对于确保价值定位准确、运行方向正确、科学民主立法和监督宪法法律实施具有不可替代的重要意义。

人民代表大会制度坚持党的领导在总体上的要求是:在政治思想组织上坚持党的领导,确保人民代表大会制度的社会主义性质不变,彰显党的领导这一中国特色社会主义最本质的特征,用党的思想政治路线来引导人民代表大会制度的有序运行。具体体现为:一是通过宪法法律的修改完善坚持党的领导。现行立法体制表现为党委领导、人大主导、公共参与和专家建议相结合,其中,党对立法的领导权体现为修宪建议权、听取人大党组汇报权、重大立法事项决定权三个方面。二是通过规划纲要的起草建议贯彻党的意志。有关国家发展战略、国民经济和社会发展规划纲要的制定,首先由党中央向人大提出建议稿,由人大在征求各方意见的基础上表决通过后付诸实施。为此应当把这一宪法惯例予以法定化,建议制定党内法规,对这一事项加以确立和规范。三是通过向人大推荐干部的方式实施党对人大的领导。使党组织推荐的人选通过法定程序成为国家政权机关的领导人员,保证党领导人民有效治理国家。

### 二、保证和发展人民当家作主

坚持和完善人民代表大会制度,必须保证和发展人民当家作主。为此,必须科学回答两大问题:一方面,人民当家作主之于人大制度的价值意义。从本质上看,民主政治的实质价值是人民当家作主,即人民自主、自决。享有独立的人格和人身自由权利,是当家作主的基本前提。同时,自我支配、自我主张的实现是核心要求。当然,这不是指某个人或某一些人的局部利益与意志的反映,而是全体人民共同享有的权能。这正是当代中国政治文明的关键,也是中国特色的独特优势之所在。从核心上看,以人民主体地位和人民利益为核心价值追求,是民主政治的根与本。人民导向和个人导向具有本

---

[①] 中共中央办公厅、国务院办公厅印发:《领导干部干预司法活动、插手具体案件处理的记录、通报和责任追究规定》(中办发〔2015〕23号),2015年3月18日。

质的本体,个人导向最终倒向了个人集权专制和人治,与法治背道而驰。人民导向则立足于每一个人,集合社会大众的共同意志,谋求利益的最大化。从性质上看,"人民民主是社会主义的生命"。人民是社会文明的力量之基,也是法治发展的主体力量,所以,离开人民的主人地位和全面参与,便不可能保持和强化社会主义属性。从价值上看,"没有民主就没有社会主义,就没有社会主义的现代化,就没有中华民族伟大复兴"[1]。人民代表大会制度的活力在于通过最大限度彰显人民性和代表性实行最充分的社会动员,实现国富民强,让人人共享美好生活。

另一方面,如何通过人大制度来保障人民当家作主?为此,应当强化人民主人价值作用,具体体现为:一是地位的主体性。"坚持人民主体地位,支持和保证人民通过人民代表大会行使国家权力。"[2] 二是权利的广泛性。权利既要写在法律文本上,更要能付诸实施。对于公民的人身人格权利和财产权利,与经济社会文化权利应当给以同等重视,改变以往重视经济社会文化权利而对公民政治权利重视不够的观念误区,认清所有人权都是不可分割、不可剥夺、相互依存的一个整体,切实尊重和保障所有人权。三是参与的公共性。"从各层次各领域扩大公民有序政治参与"[3] 是民主的基本要求。参与是享有实体性权利的基本前提,参与发展是享受发展权利的入口。为此,应确保机会公平、实现起点平等,为实质理性和实现民主创造积极条件。四是形式的多样性。民主的形式是多样的、民主的内容也是多元的。民主的发展有赖于民主形式的日益丰富和民主渠道的不断拓展。五是保障的有效性。不仅要重视物质保障、思想保障、政治保障和组织保障,而且要强化制度保障尤其是法治制度保障,因为制度更具有长远性根本性和有效性。

### 三、全面推进依法治国

全面推进依法治国是我国人民代表大会制度又一基本遵循。在《庆祝

---

[1] 习近平:《在庆祝全国人民代表大会成立60周年大会上的讲话》,载《人民日报》2014年9月16日。

[2] 习近平:《在庆祝全国人民代表大会成立60周年大会上的讲话》,载《人民日报》2014年9月16日。

[3] 习近平:《在庆祝全国人民代表大会成立60周年大会上的讲话》,载《人民日报》2014年9月16日。

全国人民代表大会成立60周年大会上的讲话》中,习近平总书记明确提出"必须全面推进依法治国",并将其作为解决"坚持和完善人民代表大会制度"问题的一个重要策略。

全面推进依法治国是当前及今后一段时间国家的首要战略任务之一,而人民代表大会制度作为根本政治制度,自然肩负着基础性的引导和整合职责,应当遵循全面推进依法治国的基本要求。党的十八届四中全会通过《关于全面推进依法治国若干重大问题的决定》,赋予法治中国建设更加丰富深刻的内涵外延与更高更严的标准要求,首先明确了法治体系和法治国家是全面推进依法治国的总目标。从中国特色法治道路选择、法律体系完善、依法行政与法治政府建设、公正司法和提高司法公信力、法治观念与队伍建设以及党的领导诸方面全面设计出实现总目标的对策措施。概括言之,即要做到科学立法、严格执法、公正司法、全民守法,从而打造现代化的国家治理体系,不断提升治理能力。应该说,"全面推进依法治国"战略的提出,既是总结和回应过去法治建设经验教训的急需,又是法治中国漫长的探索历程在当下的现实具体展现和最新表达,必将推动我国法治建设迈上新的台阶。由此,全面推进依法治国的方针政策及其具体要求,理所当然是我国人民代表大会制度应当遵循的。在"全面推进依法治国"的新时代,应当用"全面推进依法治国"基本原则来丰富、完善和发展人民代表大会制度。

从法理上看,人民代表大会制度的实质是发展人民民主,而民主与法治相辅相成,不可分离。民主与法治辩证统一关系原理强调,民主是法治的基础,法治是民主的保障。只有民主立国,才能依法治国;而只有依法治国,才能实现民主。坚持全面依法治国,对人民代表大会制度下的人民民主具有重大意义,具体可归结为:一是民主的法律确认。"发展人民民主必须坚持依法治国、维护宪法法律权威,使民主制度化、法律化,使这种制度和法律不因领导人的改变而改变,不因领导人的看法和注意力的改变而改变。"[①]只有在宪法上被赋予最高的法律效力和法律地位,民主的理念与设想才能外在化为制度形态,具有一体遵循和强制执行的法律权威。二是民主的法律规

---

[①] 习近平:《在庆祝全国人民代表大会成立60周年大会上的讲话》,载《人民日报》2014年9月16日。

范。宪法法律创设民主制度和民主权利的逻辑构造和运行方式,以行为模式和法律后果的规范预设实现民主的具体化、精细化,增强民主的可操作性与可执行性。三是民主的法律制度。民主的高级形态是被上升为国家制度,此所谓民主的国体与政体。在宪法中确认人民民主的国体和人民掌权的政体,形成民主的宪法制度,有助于民主与法律制度融为一体,成为法治体系的有机构成。四是民主的法律保障。民主既是一种制度,又是一种权利。有权利必有救济,而法律是权利救济的最有效方式。法治保障体系既是法治体系的五大构成要素之一,又是救济权利的保障体系,以其强制性、统一性、权威性和说服力提供最可靠的权利救济方式与渠道。

从实践论看,应当通过以下途径在发展人民民主中坚持全面依法治国原则:一是弘扬法治价值。"通过人民代表大会制度,弘扬社会主义法治精神",树立学法、尊法、守法、用法的法治信仰和法律权威,造就法治素养高的法治队伍和领导干部。二是依法治国理政。"依照人民代表大会及其常委会制定的法律法规来展开和推进国家各项事业和各项工作",依法执政、依法立法、依法行政、依法治理。三是依法保障人权。"保证人民平等参与、平等发展权利,维护社会公平正义,尊重和保障人权。"[①]

**四、坚持民主集中制**

坚持民主集中制是人民代表大会制度的基本遵循。这是因为,人民代表大会制度由人民选举代表来对国家社会中的重大事项进行管理,其本身就是一个实践和发扬民主集中制的过程。习近平总书记明确把"必须坚持民主集中制"作为当前坚持和完善人民代表大会制度的重要内容,基于"民主集中制是我国国家组织形式和活动方式的基本原则"这一规律性认识,提出"必须坚持人民通过人民代表大会行使国家权力……要对人民负责、受人民监督。"这就强调坚持人民代表大会制度应当践行民主集中制原则。在长期以来的政治与法治实践中,民主集中制一直受到充分肯定并被视作党的根本组织和领导原则。在国家社会治理中实行民主集中制,将民主与集中有

---

① 习近平:《在庆祝全国人民代表大会成立60周年大会上的讲话》,载《人民日报》2014年9月16日。

机结合起来,既有利于充分发扬民主,尊重民意,又有利于提高决策的效率,有效防止和克服议而不决、决而不行的分散主义。由此,习近平总书记将贯彻执行民主集中制上升到了全党共同政治责任的高度,进一步深化了对人民代表大会制度应当遵循民主集中制原则的认识。

民主集中制,简而言之即包括民主与集中两个方面,如学者指出的,就是从"民主基础上的集中"走向"集中指导下的民主"的完整过程。[1]我国《宪法》第三条就是对民主集中制的专门规定[2],立法除明文规定实行民主集中制原则,还具体规定了民主集中制原则的内容,即一方面是人民代表大会制度中的民主集中制原则,即民主选举以及对人民负责、受人民监督的关系;另一方面是国家机构职权划分中的民主集中关系,即遵循中央国家机构的统一领导与充分发挥地方国家机构的主动性、积极性的关系。由此,民主集中制就是要既充分发扬民主以全面反映和实现人民意志,又做到有效的集中以形成统一权威的结论。这正是人民代表大会制度的应有之意。

综上所述,在新的历史时代,党的领导、保证和发展人民当家作主、全面推进依法治国和民主集中制原则这四大方面,构成了我国人民代表大会制度的基本遵循。党是领导主体,党的领导保证了人民代表大会制度政治上的正确方向,人民当家作主则成就了人民代表大会制度的根本价值追求和使命所在,全面推进依法治国则构成了人民代表大会制度的法治保障,民主集中制原则是人民代表大会制度的行动指南。这四大方面紧密相连、相互补充,共同推动人民代表大会制度的发展完善。

## 第三节　与时俱进完善人民代表大会制度

如前所述,人民代表大会制度是我国根本的政治制度,其萌芽于革命年代中国共产党在根据地将马克思主义理论与我国革命斗争实践相结合而实行

---

[1] 许耀桐:《民主集中制是中国共产党的制胜法宝》,载《前进》2019年第6期。
[2] 《宪法》第三条规定:"中华人民共和国的国家机构实行民主集中制的原则。全国人民代表大会和地方各级人民代表大会都由民主选举产生,对人民负责,受人民监督。国家行政机关、监察机关、审判机关、检察机关都由人民代表大会产生,对它负责,受它监督。中央和地方的国家机构职权的划分,遵循在中央的统一领导下,充分发挥地方的主动性、积极性的原则。"

的参议会制度,及至新中国成立之后,从最初的共同纲领到1954年的第一部宪法,正式确立了我国的人民代表大会制度。而在我国确立人民代表大会制度之后,随着社会历史的发展,特别是在改革开放以来,我国人民代表大会制度也在不断地发展与完善以适应新的形势要求。如在改革开放初期的1979年,就修订在县以上地方各级人民代表大会设立常务委员会并赋予相应职权,将直接选举的范围扩大至县和县级的人民代表大会;此后又陆续对全国人大常委会的职权、人大代表的选举规则及名额产生比例等,做出了一定的修订,使人民代表大会制度较好契合了我国社会的发展。可见,人民代表大会制度本身也是一个历史发展的概念。在此意义上,党的十九大明确提出我国社会主义进入到了新时代,面临着新的情况、新的形势,显然应当与时俱进完善人民代表大会制度。而要如何与时俱进完善我国的人民代表大会制度呢?尽管不乏理论上的真知灼见,但总体而论,习近平总书记在庆祝全国人民代表大会成立60周年大会上的讲话中进行了全面谋划和精心设计,给出了高屋建瓴的现实答案,即加强和改进立法工作、加强和改进法律实施工作、加强和改进监督工作、加强同人大代表和人民群众的联系以及加强和改进人大工作这五大方面。由此,这里主要从这五大方面展开阐述。

## 一、加强和改进立法工作

良法是善治之前提。立良法于天下,则天下才能达致善治。在新时代,与时俱进地完善人民代表大会制度的首要任务就是加强和改进立法工作。科学立法,构建完备的法律规范体系,实现有法可依,这是依法治国的前提条件。为此,应当重视以下几点:一是法随时变。在以往法律体系建设成就这一新的起点上,与时俱进,推进"法律体系必须随着时代和实践发展而不断发展。"二是突出重点。在经济、政治、社会、文化和生态文明建设的重点领域和关键、薄弱环节,应当加快立法进程,确保法律调控的全面覆盖和有效有序。三是法治改革。保障"重大改革于法有据,把发展改革决策同立法决策更好结合起来。"四是问题导向。法律作为社会关系的调控器,应当具有强大的回应性和调控力。为此,要"提高立法的针对性、及时性、系统性、可操作性,发挥立法引领和推动作用。"四是提升质量。"抓住提高立法质量这个关键,深入推进科学立法、民主立法"。以立法的科学性、民主性、合法性确保立法的高质量。五是立法规范。加强立法的规范性,是提升立法质量的基本要求。为此,要"完善立法体制和程序",增强立法的规范性、程序性和可持续性。六是立法民主。立法是人民意志的集合,应当创新立法机制,实现立法为民,坚决克服和防止部门利益法制化的倾向,变闭门立法为开门立法,"努力使每一项立法都符合宪法精神、反映人民意愿、得到人民拥护"①。

## 二、加强和改进法律实施工作

完善人民代表大会制度要求加强和改进法律实施工作。法律的生命力在于实施,法律的权威也在于实施。"法令行则国治,法令弛则国乱。"构建高效的法治实施体系,严格实施法律、执行法律,是全面推进依法治国的重点所在。法律实施主要包括国家机关的执法与司法活动以及社会民众的守法方面,是将"纸面上的法律"转化为"生活中的法律"的重要过程,只有法律的实施才能使法律文本发挥应有的规范和调整现实社会关系的功效。为此,重点在于明确:

一是法治实施的准则。人权保障、法律平等、公平公正是法治实施的基本原则。"要全面落实依法治国基本方略,坚持法律面前人人平等,加快建设社会主义法治国家。"坚持法律平等,反对任何组织或者个人有超越法律的特权。

二是法治实施的体系。法治实施的基本格局是"科学立法、严格执法、公正司法、全民守法"。立法虽然不属于法律的执行,但从法治体系上看,其本身也是法治实施的重要环节进程。

三是法治实施的要领。要深入推进依法行政,加快建设法治政府;推进公正司法,深化司法体制改革。优化行政与司法权力配置,理顺权力与权利的关系,在全面深化改革中实施法治。

四是法治实施的要求。对于行政机关而言,应当"坚持法定职责必须为、法无授权不可为";对司法活动而言,通过司法制度公正高效权威的运

―――――――――――
① 习近平:《在庆祝全国人民代表大会成立60周年大会上的讲话》,载《人民日报》2014年9月16日。

行,加强权力的司法约束和人权的司法保障,"让人民群众在每一个司法案件中都感受到公平正义"。

五是法治实施的主体。"国家行政机关、审判机关、检察机关是法律实施的重要主体",全体人民是法治实施的本源性主体。为此,应当处理好人民这一本源性主体与国家机关这一执行性主体的关系,明确后者的执行权源自于前者的授权,以免本末倒置,有违法治之精神。

六是法治实施的责任。作为执行主体的实施机关"必须担负法律实施的法定职责,坚决纠正有法不依、执法不严、违法不究现象,坚决整治以权谋私、以权压法、徇私枉法问题,严禁侵犯群众合法权益"[①]。

## 三、加强和改进监督工作

完善人民代表大会制度离不开加强和改进法治监督。习近平总书记在庆祝全国人民代表大会成立60周年的讲话中指出:"人民代表大会制度的重要原则和制度设计的基本要求,就是任何国家机关及其工作人员的权力都要受到制约和监督。"即明确了人民代表大会制度作为权力监督机关的角色定位。因此,坚持与完善人民代表大会制度理应包括加强和改进监督工作。

一是关于监督主体。人民代表大会是宪法设定的法律监督机关,"要担负起宪法法律赋予的监督职责"。其监督的评价标准是要看是否有利于"维护国家法制统一、尊严、权威",监督的内容是加强行政权、审判权、检察权运行的监督,确保法律法规得到有效实施。

二是关于监督体系。严密的法治监督体系是法治体系的主要内容,也是法治的根本保障。要实行国家监督与社会监督的统一,一方面,强化"党纪监督、行政监察、审计监督、司法监督和国家机关内部各种形式的纪律监督"。另一方面,要拓宽人民监督权力的渠道。

三是关于监督方式。就国家监督和党的监督而言,包括法律和纪律、德治和法治两大类形式;就社会监督而言,公民通过行使对国家机关及其工作人员的批评、建议权,申诉、控告或检举权,实施法治监督。确保建立全天

---

[①] 习近平:《在庆祝全国人民代表大会成立60周年大会上的讲话》,载《人民日报》2014年9月16日。

候、全覆盖、零容忍的监督体系。

四是关于监督重点。习近平总书记指出:"人民群众反对什么、痛恨什么,我们就要坚决防范和打击。人民群众最痛恨腐败现象,我们就必须坚定不移反对腐败。"① 监督的重点在当下即是权力的滥用和腐败。为此,筑牢权力制约的制度笼子,有腐必反、有贪必肃,下最大气力解决腐败问题。

## 四、加强同人大代表和人民群众的联系

完善人民代表大会制度应加强同人大代表和人民群众的联系。习近平总书记指出:人民代表大会的"基本定位"是"为人民服务"。② 用权为民、履职为民是国家工作人员的基本行动准则。人民代表大会制度是实现广大人民群众当家作主的制度安排,在运行上表现为由人民或由人民推选出的代表,来行使管理国家社会重大事务的权力。在某种意义上,人民代表大会制度的运行过程就是同人大代表和人民群众发生紧密联系的活动过程,如果没有这种紧密联系,事实上也就不存在人民群众及其代表的选举与参政议政活动。而人民代表大会制度的强大生命力和显著优越性之关键就在于深深植根于人民之中。因此,完善我国的人民代表大会制度应重视加强同人大代表和人民群众的联系。

如何继承和发扬同人民群众保持密切联系的优良传统?这是当下必须持续予以正视的问题。在革命战争年代,形成了一切为了群众,一切依靠群众和从群众中来,到群众中去的群众路线,并体现在了我国的人民代表大会制度之中。但不能忽视的是,由于种种原因,现实社会中的群众工作还出现了一些领导干部脱离群众、官僚主义和形式主义严重、干群关系不和谐以及听取、征求群众意见不够充分等问题。为此,加强同人大代表和人民群众的联系,要坚持群众路线的方针政策,用群众路线来指导加强人民代表大制度同人大代表和人民群众的紧密联系,此为其一。其二,是要推动各级国家机关加强同人大代表和人民群众的联系,使这些国家机关的权力运行真正实现为

---

① 习近平:《在庆祝全国人民代表大会成立 60 周年大会上的讲话》,载《人民日报》2014 年 9 月 16 日。

② 习近平:《在庆祝全国人民代表大会成立 60 周年大会上的讲话》,载《人民日报》2014 年 9 月 16 日。

人民用权,为人民服务。其三,是人民代表大会及其产生的国家机关要自觉接受人民监督,虚心听取人民群众的建议和意见。

### 五、加强和改进人大工作

完善人民代表大会制度还应加强和改进人大工作。为此,一是要认清制度完善的意义。习近平总书记指出:"新的形势和任务对各级人大及其常委会工作提出了更高要求。"面对社会矛盾的变化,人民对美好生活需求的日益增长和发展不平衡不充分的矛盾,人民代表大会应当及时调整立法和监督工作思路,切实发挥国家权力机关在改革、发展中的引领和促进作用。二是坚持正确的原则加强和改进人大工作。习近平总书记提出了"总结、继承、完善、提高"四大原则要求,即在提炼和继承已有经验的基础上,不断创新思路、拓宽渠道、发展理论、适时改革,推动人大工作提高水平。三是要坚持人大工作的正确政治方向,增强人大工作的政治责任感,使人民代表大会成为全国各族人民行使当家作主权利的制度载体和根本依托。四是完善实体制度和程序规范。要进一步健全人民代表大会及其常务委员会的职责权限和相应的议事规则程序,"支持和保证人大代表依法履职,优化人大常委会、专门委员会组成人员结构,完善人大组织制度、工作制度",[①] 使人大工作更好地适应建设新时代有中国特色社会主义的要求。

---

[①] 习近平:《在庆祝全国人民代表大会成立60周年大会上的讲话》,载《人民日报》2014年9月16日。

# 第 三 章

# 法治道路的政党制度架构

在中国特色社会主义法治道路的核心要义中,共产党领导的多党合作和政治协商会议制度作为必须长期坚持和发展的基本政治制度,具有重要价值功能。我国是社会主义国家,人民当家作主是社会主义的本质特征。作为现代国家的常见现象:"在理想的民主和现实的民主之间,鸿沟都实实在在地存在。"[1] 如何填补这一鸿沟是现代国家民主政治建设的重要课题。与西方不同,当今中国探索和发展出一套独特的政党制度,日益强化和巩固着民主政治的合法性根基。在这一制度模式中,中国共产党是执政党、领导党,各民主党派是参政党,中国共产党与民主党派之间的这种关系决定了发展政党协商对于坚持和完善中国特色政党制度、坚持走中国特色法治道路具有根本价值意义。在共产党领导下的政治协商制度中,政党协商具有关键意义。党的十九大报告强调"发展社会主义协商民主"[2]。习近平总书记明确指出:"政治协商,主要是中国共产党同民主党派协商"。[3]

在新时代,社会主要矛盾发生变化,市场经济不断发展,社会主体的利益诉求多元化,公民的民主法治意识不断提高,所有这些对政治协商提出了

---

[1] [美]罗伯特·达尔:《论民主》,李柏光等译,商务印书馆1999年版,第35页。
[2] 习近平:《决胜全面建成小康社会,夺取新时代中国特色社会主义伟大胜利——在中国共产党第十九次全国代表大会上的报告》,载《人民日报》2017年10月28日。
[3] 《习近平关于社会主义政治建设论述摘编》,中央文献出版社2017年版,第75页。

更高要求。要把"政党协商作为社会主义协商民主的首要形式"①，关键是"继续加强政党协商"②。为此，笔者从共产党领导的多党合作和政治协商制度这一基本政治制度的大前提出发，重点研究新时代政党协商的法理基础、内在构造、时代特征与实现之道。

## 第一节  政党协商及其基本特质

俗话说："欲行大道，必先晓义。"研究政党协商问题，首先必须厘定其含义。概念分析，是"运用逻辑方法以图澄清概念或观念的意义的活动。它力图发现组成一个概念的要素和这些要素是怎样相互联系的。它也陈述某些概念之间的关系，以及某些给定概念之运用的充分必要的条件"③。政党协商是一个内涵丰富的概念，对政党协商的概念分析，需要把握以下方面：

### 一、政党协商以多党并存为前提

政党协商包含着这样的含义：以政党的产生和存在为前提，而且政党不是唯一的而是多个并存的，政党协商以多个政党并存为必要条件和基本前提。这是不言而喻的：如果没有政党，何来政党协商？如果政党是唯一的，则是协商是不必要的。在我国，《关于加强政党协商的实施意见》不仅将中国共产党和各民主党派确立为政治协商的主体，而且规定"无党派人士是政治协商的重要组成部分，参加政党协商。工商联是具有统战性的人民团体和商会组织，参加政党协商。"④鉴于中国共产党和各民主党派是政党协商的主要参与者，因而笔者仅就两者进行分析。

（一）政党及其产生

对于政党，马克思主义学者和非马克思主义学者有着不同的看法。在非

---

① 许奕锋：《政党协商的文本研究考察》，载《湖南省社会主义学院学报》2018年第6期。
② 《中共中央关于加强社会主义协商民主建设的意见》，新华网，http://www.xinhuanet.com//politics/2015-02/09/c_1114310670.htm，访问时间：2019年4月21日。
③ [英]尼古拉斯·布宁、涂纪元：《西方哲学英汉对照辞典》，人民出版社2001年版，第178页。
④ 中共中央印发《关于加强政党协商的实施意见》，载《人民日报》2015年12月11日。

马克思主义学者看来,"政党是为赢得执政权力(通过选举或其他手段)的人们组织而成的团体",是"由正式成员组成的组织化团体"。[①] 而马克思主义学者则认为,"政党是阶级的组织。由阶级的积极分子组成,为本阶级利益而采取共同的行动,旨在执掌和参与国家政权,以实现其政纲"[②]。当然,不论是马克思主义学者和非马克思主义学者,对政党的理解也有共同性:首先,政党是一种政治组织;其次,政党有自己的纲领和章程。

尽管政党在当今时代是一种普遍的政治现象,但是古代社会并不存在政党。关于这一点,有学者曾做过如下说明:"尽管奴隶社会和封建社会,由于利益冲突,也有各种相互对立的政治派别和集团,如古希腊、古罗马的贵族党和平民党,12—15世纪意大利的教皇派、皇帝派等,但这些并不是有纲领、有组织、有纪律的现代意义的政党。"[③] 政党随着资本主义商品经济、议会斗争和自由民主思想的发展而产生。近代最早出现的政党是17世纪70年代英国的辉格党和托利党,它们萌芽于英国议会中观点对立的两大派别:代表地主、贵族利益、拥护君主特权、维护旧制度的议员形成托利党;代表资产阶级和新贵族利益、要求限制王权、扩大议会权力的议员形成辉格党。19世纪30年代,这两个党派演变为保守党和自由党,完成了由近代意义的政党向现代意义的政党的转型。随着资本主义生产关系的形成和发展,欧美及其他资本主义国家的资产阶级政党,也先后纷纷建立起来。政党的产生使"依靠血缘纽带和君臣依附关系控制国家政权"的君主政治被"以利益和思想的趋同性为基础的政治集团控制着国家的权力机构"[④] 的政党政治所取代,这是人类政治文明的重大进步。

(二)西方国家的执政党与在野党

现代政治是政党政治,政党执政是现代政治的显著特征。然而,在任何实行政党政治的国家,都不会只允许一个政党的存在,而是多个政党并存。但是,并不是所有的政党都享有执政权力,即便是多党制国家,享有执政权

---

[①] [英]安德鲁·海伍德:《政治学的思维方式》,张立鹏译,中国人民大学出版社2014年版,第207页。
[②] 王邦佐:《新政治学概要》,复旦大学出版社1998年版,第182页。
[③] 周叶中:《宪法》,高等教育出版社、北京大学出版社2000年版,第335页。
[④] 许洁明:《论近代英国政党制度的形成与特征》,载《历史研究》1997年第4期。

力的政党也是少数。所以"在西方,所谓执政党,主要指的是控制了国家行政权力的政党"①。在资本主义国家,不享有执政权力的政党,在不同国家有不同的称谓,有的国家称之为在野党,有的国家则称之为参政党。

19世纪中叶以前,虽然某个政党能在一段时间内执掌政权,但由于派别纷争和政党行为缺乏法律调整,倒戈现象时有发生。执政党为了维护执政权往往采用极端手段,导致政治生活走向更小集团统治的专制暴政,如托利党、辉格党的土地贵族派别统治、雅各宾党的"红色恐怖"等。这种情况促使资产阶级对政党政治进行反思,将完善政党政治作为民主法治建设的内容。例如,在美国,"党派问题从美国独立战争之时起就一直是宪法性法律和理论主要关注的事,麦迪逊把对党派的控制作为他替美国宪法草案辩护的中心内容"②。

随着资本主义民主政治逐步发展,政党制度日益完善。到19世纪中叶,形成了近代意义的政党制度,表现为政党通过竞选进入议会的原则的制定、政党通过竞争获得议会多数而执政的方式的采用、政党轮流执政的安全程序的设立等。如今,大多数西方国家的执政党是通过竞选获得执政权力,政党领袖以总统、总理或首相的身份组织政府、管理国家。

(三)当代中国的执政党和参政党

在我国,"政党协商,即中国共产党与各民主党派的政治协商",在各种协商民主形式中"历史最长、发展最为成熟、制度化程度最高"③。《中共中央关于加强政党协商的实施意见》指出:"政党协商是中国共产党同民主党派基于共同的政治目标,就党和国家重大方针和重要事务,在决策之前和决策实施之中,直接进行政治协商的重要民主形式"④。

在当代中国,不仅以共产党为领导,也强调政党并存,即中国共产党与八个民主党派并存。但与西方国家政党竞争关系不同,中国共产党与各民主党派是合作关系,中国共产党是执政党、领导党,各民主党派是参政党。各

---

① 范毅:《"修宪建议"与共产党执政》,载《南京财经大学学报》2004年第2期。
② [美]斯蒂芬·L.埃尔金等:《新宪政论——为美好社会设计政治制度》,周叶谦译,三联书店1997年版,第212页。
③ 许奕锋、张彩云:《政党协商的内在逻辑和发展方向》,载《观察与思考》2018年第10期。
④ 孟燕、方雷:《政党协商与民主监督的逻辑衔接及协同共进》,载《中共中央党校(国家行政学院)学报》2019年第1期。

民主党派在中国共产党领导下履行政治协商、参政议政、民主监督等职能。中国共产党是执政党，各民主党派是参政党。

共产党作为执掌国家政权的执政党是从领导中国新民主主义革命的革命党转化而来的。毛泽东说过："民主主义革命是社会主义革命的必要准备，社会主义革命是民主主义革命的必然趋势。"[1] 作为领导中国民主主义革命的中国共产党，在领导人民建立政权之后成为执政党，这是中国人民在长期的革命斗争中作出的必然选择，也是对中国民主革命最基本经验的总结。随着1954年宪法的制定，中国共产党在国家的领导地位得到宪法确认。而2018年宪法修正案明确规定"中国共产党领导是中国特色社会主义最本质的特征"。中国共产党执政地位的宪法化，既使共产党执掌国家政权具有合法性，又表明共产党是社会主义国家唯一的执政党，其他政党不得拥有和行使国家执政权。

为了理顺中国共产党与各民主党派的关系，宪法不仅确立中国共产党的执政地位和领导地位，而且构建多党合作与政治协商制度，使民主党派的参政地位得到根本法保障。这一政党制度是中国共产党与各民主党派在中国革命、建设和改革的长期实践中确立和发展起来的，是中国共产党同各民主党派风雨同舟、团结奋斗的成果，它有别于西方国家的两党或多党竞争制，具有鲜明的政治优势：既能实现广泛的民主参与，集中各民主党派、各人民团体和各界人士的智慧，促进执政党和各级政府决策的科学化、民主化，又能实现集中统一，统筹兼顾各方面群众的利益要求；既能避免一党执政缺乏监督的弊端，又可避免多党纷争、互相倾轧造成的政治混乱和社会无序状态。

## 二、政党协商以政治协商为要义

政党协商是随着我国社会主义民主法治建设的推进而不断发展的民主实现形式，这一民主实现方式不仅在社会实践中日益受到重视，而且在理论研究中不断得到拓展，形成了政党协商的实践和理论。在对政党协商的研究中，对政党协商进行概念诠释是研究者们首先要做的事情，当然研究者们的观点不尽相同。不论学者们如何界定，都将政党协商与政治协商联系在一

---

[1] 《毛泽东选集》第二卷，人民出版社1991年版，第651页。

起。不论政党协商,还是政治协商,其核心要义都在于"协商"。离开了"协商",政党协商和政治协商就成为无源之水、无本之木。

(一) 协商

协商作为一种政治观念和政治实践在人类历史上源远流长,在古希腊城邦的公民大会及五百人议事会、古罗马的元老院及人民大会中,都可以找到其踪迹;而协商作为一种系统的民主法治理论直到20世纪末才正式形成;"作为一种社会治理方式则是工业社会的专属"[1]。

在英语语境中,协商(deliberative/deliberation)一词的基本含义包括思考、沟通和对话、审议、讨价还价,以及聚集或组织起来进行辩论、制衡等;而协商民主(Deliberative democracy)则表达出一种参与主体地位平等、普遍参与、对话和交流、权力制约、批判性反思、自由而开放的讨论、妥协与共识等基本内涵。[2] 在我国的汉语词典中,"协商"是指共同商量以便取得一致意见,不仅反映出中国传统的优秀品质,也能体现出协商主体之间的平等对话与沟通,并最终达到令人满意的共识。

中西方的不同文化传统导致协商存在本质的区别,但作为一种民主实现形式,中西方协商也有共同的内容。协商是具有平等自由权利的公民通过交流、沟通、对话、辩论、审议等形式解决矛盾和纠纷的活动。协商是一种民主决策机制,在这一机制之下,"民主决策是平等公民之间理性公共讨论的结果,正是通过追求实现理解的交流来寻求合理的替代,并做出合法的决策"[3]。无论我们对协商作出怎样的界定,都必须将"通过共同商量从而形成一致意见"赋予其中。

(二) 政治协商

协商可以是不同公民就生活中的私人事务和公共事务进行商量以达成共识,也可以是不同经济主体就经济活动中的具体事务进行商量以形成各方满意的方案,还可以是不同事业单位就合作事宜进行商量以形成有利于协商各

---

[1] 张康之、张乾友:《现代民主理论的兴起及其演进历程——从人民主权到表达民主再到协商民主》,载《中国人民大学学报》2011年第5期。

[2] 郑慧:《中国的协商民主》,载《社会科学研究》2012年第1期。

[3] Carolyn Hendricks:"The Ambiguous Role of Civil Society in Deliberative Democracy". *Refereed Paper Presented to the Jubilee Conference of the Australasian Political Studies Association*, Australian National University, Canberra, October 2002.

方的决定。这些协商都不具有政治属性，都不属于政治协商的范畴。

何谓政治协商？从字面意义看，政治协商就是政治组织之间通过商量、达成共识的活动。政治协商是自国家这一政治现象产生以来就有的现象，在当今时代政治协商的内容更加繁杂，且不同国家因政治制度相异而表现出不同特征。在当今中国，政治协商是我国宪法构建的中国共产党领导的多党合作和政治协商制度的基本功能，而对于政治协商这一概念，《中国人民政治协商会议章程》作出权威解释，该章程第3条第2款指出："政治协商是对国家大政方针和地方的重要举措以及经济建设、政治建设、文化建设、社会建设、生态文明建设中的重要问题，在决策之前和决策实施之中进行协商。"[1] 政治协商是中国人民政治协商会议各级委员会的首要职能。由于"中国人民政治协商会议是实行中国共产党领导的多党合作和政治协商制度的重要政治形式和组织形式"[2]，因而政党协商就成为政治协商的题中之义。

何为政党协商？顾名思义，政党协商就是不同政党之间的政治协商。应该说，自政党产生以来，政党协商作为一种民主决策方式就已经产生和存在。在当今时代，政党政治成为各国政治的突出特征，而政党政治的一个重要表现是执政党就国家生活中的重大问题与其他党派、社会组织和公民进行协商以达成共识。在当今中国，政党协商具有特殊性，它是"中国共产党同民主党派基于共同的政治目标，就党和国家重大方针政策和重要事务，在决策之前和决策实施之中，直接进行政治协商的重要民主形式"[3]。从性质上说，政党协商是一种政治协商、一种"重要民主形式"，具有政治属性。从内容上说，政党协商具有多样性，可以是宏观方面，也可以是微观方面的，但必须是"党和国家重大方针政策和重要事务"。从时间安排上说，政党协商在何时举行可以根据具体情况而定，可以是"决策之前"，也可以是"决策实施之中"。

---

[1] 《中国人民政治协商会议章程》（1982年12月11日中国人民政治协商会议第五届全国委员会第五次会议通过、2018年3月15日中国人民政治协商会议第十三届全国委员会第一次会议通过的《中国人民政治协商会议章程修正案》修订），载《人民日报》2018年3月28日。

[2] 《中国人民政治协商会议章程》（1982年12月11日中国人民政治协商会议第五届全国委员会第五次会议通过、2018年3月15日中国人民政治协商会议第十三届全国委员会第一次会议通过的《中国人民政治协商会议章程修正案》修订），载《人民日报》2018年3月28日。

[3] 中共中央印发《关于加强政党协商的实施意见》，载《人民日报》2015年12月11日。

## 三、政党协商以民主政治为基础

有学者言:"在任何一项事业的背后,必然存在着一种无形的精神力量;尤为重要的是,这种精神力量一定与该项事业的社会文化背景有密切的渊源。"① 如果对政党协商进行考察,不难发现它的无形精神力量是人类对自由平等的追求和向往。政党协商是自由平等的重要载体,自由平等是政党协商的精神底蕴。

### (一)民主政治的诠释

民主是一个美好的字眼,很早的时候就被人追求。古往今来,无数政治思想家将它作为研究课题,呕心沥血著书立说;众多政治活动家将它作为奋斗目标,殚精竭虑奔走呼号。从古代的直接民主到近现代的间接民主,民主政治演变的历史表明,民主政治是人类永恒的向往。在近代,资本主义市场经济的崛起使人类对民主政治的要求比以往任何时代都要强烈,并引发了资产阶级民主革命,随着革命的胜利,资产阶级将民主事实法律化、制度化为宪法规定,并依此建立资本主义民主制度。在现代,无产阶级在夺取政权后建立了社会主义民主制度。总结民主政治的理论和实践,可以发现其内涵主要有以下几个方面。

第一,民主政治是人民当家作主的政治。民主政治的根本特征是人民当家作主,是政权掌握在人民手中。"人民当家作主"意味着人民对政治活动的参与,即"在广大人民群众直接或间接的参与下,按照少数服从多数、多数尊重和保护少数的民主原则行事"②,因而民主政治是一种参与政治。当然,"公民参与"可以是直接的,也可以是间接的,因而民主有直接民主和间接民主之分。"人民当家作主"按照一定的程序进行,因而又可以将民主界定为程序民主,"它作为实体民主的操作层面,法制化、公正与效率是它的基本追求"③。"人民当家作主"把民主政治与专制政治区别开来,使民主政治成为一种文明的政治。

---

① [德]马克斯·韦伯:《新教伦理与资本主义精神》,黄晓京等译,四川人民出版社1986年版,"译者絮语"。
② 张文显:《法理学》,高等教育出版社等1999年版,第384页。
③ 韩强:《程序民主与政治文明》,载《山东师范大学学报》2003年第1期。

第二，民主政治是权利政治。民主不仅是国家的政治制度，而且是公民的政治权利，"政治权利其实就是民主权利"[1]。民主作为公民的政治权利，具有重要的政治文明意义。民主权利意味着公民以主人翁的身份参与社会管理，也意味着公民平等地享有参与政治生活的机会和资格，它是人的价值与尊严的表现，是公民反抗专制独裁的重要武器。公民对民主权利的获取，意味着政治上的解放，标志着政治生活的进步。发展民主政治，建设政治文明，归根到底就是要使人民群众能够充分行使其民主权利。

第三，民主政治是法治政治。对于人民来说，民主政治当然要优越于专制政治。然而，民主政治也不一定是完美无缺的，民主政治可能造成多数人的暴政，"一百七十三个暴君必然与一个暴君一样具有压迫性"[2]。防止民主政治异化，需要实现民主政治的法律化、制度化，加强对民主政治的法律规制。法治对民主政治的规制不是要消弭民主，只是要防止一些人假借民主而恣意妄为。从历史看，法治作为民主政治的诉求，"最早是在古希腊时期出现的"[3]。从近代开始，宪法成为民主事实法律化的基本形式。在现代社会，宪法不仅规定参政是公民的政治权利，而且规定公民行使这项权利的方法和程序，从而使公民参政具有根本保障。

第四，民主政治是责任政治。依据《现代汉语词典》的解释，责任具有"分内应做的事情"和"没有做好分内应做的事情，因而应当承担的过失"两种基本含义，[4] 前者可称为积极责任，后者可称为消极责任。不论哪一个意义上的责任，都是驾驭权力的缰绳。责任和权力如影随形，有权必有责，用权受监督。掌权者对人民承担责任是民主政治的必然要求，"只有当受治者同治者的关系遵循国家服务于公民而不是公民服务于国家，政府为人民而存在而不是相反这样的原则时，才有民主制度存在"，而"如果公民控制着他们的领导人，就可以假定后者对（必须对）前者负责"。[5] 在民主制度下，掌权者必须向人民负责，履行"维护宪法尊严、履行宪法义务、保

---

[1] 许崇德：《宪法》，中国人民大学出版社1999年版，第157页。
[2] 转引自林广华：《论宪政与民主》，载《法律科学》2001年第3期。
[3] 唐士其等：《热话题与冷思考——关于政治现代化的对话》，载《当代世界与社会主义》2003年第5期。
[4] 中国社会科学院语言研究所词典编辑室：《现代汉语词典》，商务印书馆1982年版，第1444页。
[5] ［美］乔·萨托利：《民主新论》，冯克利等译，东方出版社1993年版，第38页。

证宪法实施的职责"①。

（二）政党协商与民主政治相勾连

尽管政党协商因具有政治属性而有别于生活协商、合同商谈等，但政党协商与生活协商、合同商谈等协商形式一样以自由平等为底蕴。政党协商的自由平等精神根植于协商的民主性。政党协商发源于民主政治的理论创新和实践发展，专制政治之下不会产生民主的政党政治，更谈不上政党协商。政党协商是民主政治的产物，也是民主政治的实现方式，它以民主政治为基础、前提和要件，因其如此，有学者以"政党协商民主"称之②。

考察人类政治发展的历史，可以发现：人类从专制政治的恶中认识到民主政治的善，并在民主思想指引下推翻专制集权、在宪法中建立民主制度并转化为选举民主的形式以保障其实现。然而，选举民主具有局限性，它主张"握有最高权力的人民应该自己做他所能够做得好的一切事情。那些自己做不好的事情，就应该让代理人去做"③，在一定条件下可能造成人民与其代表的分离、导致国家治理中"谈论"与"行动"的脱节。这种局限性为集权统治埋下伏笔，希特勒的法西斯统治就是一个典型例证。

资产阶级协商民主以所谓公共领域为基础，诚如詹姆斯·博曼所言："随着直接影响交往结构的新的政治权威形式的出现，新的公开性形式和新公共领域也出现了，它们为协商实践提供了相应的基础。"④ 协商民主在形式上是公民通过自由而平等的对话、讨论、审议等方式参与公共决策和政治生活，其突出特点是意见的双向乃至多向的交流，这种交流"无论在作出决策的政治实体之外或之内，都构成了一个舞台，好让关于整个社会重大议题和需要管理的内容的意见和意志能够形成"⑤。可见，协商民主体现了民

---

① 蔡放波：《论政府责任体系的构建》，载《新华文摘》2004年第12期。
② 例如，孟凤英：《我国政党协商民主保障机制的内在特质与价值性探析》，载《广西社会主义学院学报》2016年第4期；黄丽萍、赵宬斐：《中西方政党协商民主契合与差异：制度架构与路径选择》，载《中央社会主义学院学报》2016年第4期；王振娟：《论中国政党协商民主的基本经验》，载《上海市社会主义学院学报》2017年第2期。
③ [法] 孟德斯鸠：《论法的精神》上册，张雁深译，商务印书馆1961年版，第9页。
④ [美] 詹姆斯·博曼：《公共协商：多元主义、复杂性与民主》，黄湘怀译，中央编译出版社2006年版，中文版序。
⑤ [德] 尤尔根·哈贝马斯：《包容他者》，曹卫东译，上海人民出版社2002年版，第289页。

主政治的要求，比选举民主以及以此为基础的代议民主更具包容性。

自约瑟夫·毕赛特于20世纪80年代在《协商民主：共和政府的多数原则》一书中首次提到"协商民主"之后，有关理论和实践如雨后春笋般出现，哈贝马斯的观点尤为引人关注，"正是由于哈贝马斯的影响，围绕偏好转换而不仅仅是聚合的民主观念，已经成为民主理论的主要观点"①。

在批判的基础上，合理借鉴协商民主的形式，赋予崭新的内容与特质，形成中国特色社会主义的协商民主制度。如今，协商民主不仅是西方民主建设的重要课题，更是中国社会主义民主的基本形式。中共中央《关于加强人民政协工作的意见》指出："人民通过选举、投票行使权利和人民内部各方面在重大决策之前进行充分协商，尽可能就共同性问题取得一致意见，是我国社会主义民主的两种重要形式。"②

### （三）我国政党协商的民主性

中共中央《关于加强政党协商的实施意见》在对政党协商作出概念界定时，将它与民主联系在一起，指出"政党协商是中国共产党同民主党派……直接进行政治协商的重要民主形式"。作为我国社会主义协商民主的核心组成部分，政党协商必然具有民主性。

我国政党协商的民主性，首先表现为中国共产党与民主党派具有平等的法律地位。在组织关系上，中国共产党领导与民主党派是领导与被领导的关系，但在法律地位上，中国共产党与各民主党派是平等的关系，它们都必须遵守宪法和法律，违反宪法和法律的行为都必须予以追究。现行《宪法》指出："各政党……都必须以宪法为根本的活动准则，并且负有维护宪法尊严、保证宪法实施的职责"（现行《宪法》序言），"各政党……都必须遵守宪法和法律。一切违反宪法和法律的行为，必须予以追究"（现行《宪法》第五条第四款）。在政治协商中，中国共产党与各民主党派在表达政见、提出立法建议或决策建议等方面享有同等的机会，对于其他党派提出的政见或建议享有提出不同看法的权利。

其次表现为中国共产党与各民主党派在政治协商中的表达自由。不同的

---

① 陈家刚：《协商民主》，上海三联书店2004年版，第2页。
② 《中共中央关于加强人民政协工作的意见》，载《中国统一战线》2006年第4期。

政党代表不同群体的利益,具有不同的利益诉求,各政党在政治协商中可以自由表达代表本党的观点、意见、诉求、偏好,通过理性对话形成共识。虽然中国共产党是领导党,也可以确定政治协商的主题,但在具体操作时则是通过理性对话达成共识。这一点,曾有学者作出过如下说明:"协商主体的态度、行为一般不受先在权威的操纵、限制和影响,参与协商的主体主要是基于理性的审视做出公共判断。"[1] 政党协商的方式是商谈,它是各参与者自由地表达各自的利益和偏好的过程,具有公开性、平等性、程序性等特征,参与者在充分掌握信息、发言机会平等与决策程序公平的条件下进行公开的讨论。

### 四、政党协商以公共利益为目的

公共利益的价值目标对于政党协商来说是事关宏旨的,"探讨公共利益的观念并不只是一种有趣的学术追求。我们对治理和公共利益的思考方式规定了我们的行为方式"[2]。公共利益是政党协商产生和存在的目的宗旨,是政党协商民主运行和发展的方向指南。离开公共利益的价值目标,政党协商就"只是一个空的手推车,它可以轻易地被推向任何方向,而它自己却没有动力向任何方向走"[3]。

公共利益的内涵十分丰富,对它进行明确定义是一件困难的事情。由于对公共利益存在不同理解,因而各国宪法文本和学术研究对它的表述也不尽相同,诸如"公共利益""社会幸福""公共福利""公共安全""社会公共利益""公共政策""国家利益""公共事物"等。从各国宪法法律规定以及理论成果看,公共利益的基本含义有两个方面:"一是规范性含义,核心在于说明公共利益总是与一个社会共同体存在和发展所必需的公共价值相关;二是经验性含义,意在描述公共利益的外在特征,即公共利益是一个社群中不确定的任何个人都可以享有的公共价值。"[4] 公共利益既不同于国家

---

[1] 邱家军:《选举民主与协商民主:技术路线的沿革及协同》,载《人大研究》2008年第3期。
[2] [美]珍妮特·V.登哈特、罗伯特·B.登哈特:《新公共服务:服务,而不是掌舵》,丁煌译,中国人民大学出版社2004年版,第65页。
[3] 张宏生、谷春德:《西方法律思想史》,北京大学出版社1990年版,第461页。
[4] 张方华:《协商民主与公共利益的困境》,载《理论探讨》2009年第1期。

利益,也不同于私人利益。从性质上讲,国家利益主要是以国家为主体而享有的利益,私人利益主要是以单个人为主体而享有的利益,而公共利益主要是以绝大多数社会成员为主体而享有的利益,"公共性"是公共利益的典型特征。

由于人具有自利性,而社会存在和发展又要求对这种倾向进行限制,因而对公共利益的确认和维护就十分重要。"在公共利益的判断中最核心的问题是明确判断公共利益的主体与具体程序的设定,即由谁通过何种程序具体判断公共利益"①,因而作为公共意志集中反映的法律在确认和维护公共利益方面承担着十分重要的任务。

公共利益的美好图景总是引人向往,为了实现公共利益,人类不停地进行理论和制度创新。由于选举民主因为"服务于排他性的个人主义企图与私人目的"②而容易导致公共利益价值目标的失落,于是,协商民主作为拯救公共利益价值目标的民主形式受到推崇。在政党协商这一协商民主的实现形式中,尽管各政党有着代表其社会群体的利益诉求,但平等自由对话、理性交流沟通能够使参与者从个体利益、部分利益、局部利益、少数人利益的思维局限中解放出来,在利益发生矛盾时进行价值权衡、作出合理选择。政党协商的结果是达成公共利益的共识,各政党在充分的对话、沟通和妥协的基础上对协商问题作出的一致性判断。这是民主的要求和体现,"当且仅当它们是平等公民之间的自由、理性一致的结果时,这些结果才是民主合法的",兼顾了参与者各方利益,"意味着所有相关利益都平等地表现在集体结果之中"。③

政党协商的公共利益目标依存于人的公共理性中。人是社会的人,"人的本质不是单个人所固有的抽象物,在其现实性上,它是一切社会关系的总和"④,因此人类需要社会交往,需要社会合作,需要参加有关公共利益的某些公共活动。"事实上,人类自有一种与生俱来的能力,它使个人得以在

---

① 韩大元:《宪法文本中"公共利益"的规范分析》,载《法学论坛》2005年第1期。
② [美]本杰明·巴伯:《强势民主》,彭斌等译,吉林出版社2006年版,第4页。
③ [美]詹姆斯·博曼等:《协商民主:论理性与政治》,陈家刚等译,中央编译出版社2006年版,第201、225页。
④ 《马克思恩格斯选集》第1卷,人民出版社1995年版,第60页。

自我之外设计自己,并意识到合作及联合的必要"。① 与西方任何一个政党不同,中国共产党立党为公、执政为民的本质属性决定了党领导下多党合作和协商民主的价值优越性。

协商民主的公共利益目标实现于政党公共协商中。公共协商是参与者在充分掌握信息、发言机会平等与决策程序公平的条件下参与公共讨论、对影响自身利益的公共问题进行公开而充分的辩论、对话、沟通,寻求能够最大限度地满足各参与方愿望的公共决策的活动。公共协商是政党协商的精髓,是实现政党协商公共利益目标的关键。没有共同协商的具体行动,政党协商的公共利益目标就只能是泡影。一方面,政党公共协商意味着各政党参与。众所周知,各政党代表的利益群体不尽相同,中国共产党代表最广大人民的根本利益,而各民主党派则代表各自党派成员、各自所联系群体的具体利益。各政党参与公共协商,意味着多数人利益和少数人利益在平等的基础上得到表达,"在经过充分协商之后,使各方面的政见在基本上达成适当的集中和统一"②。另一方面,政党公共协商是公共理性的运用,"协商是理性的,因为参与各方在提出、反对或支持其观点时,都需要陈述他们的理由"③。政党公共协商拒绝"沉默的羔羊",也排斥"话语的垄断",它要求参与协商的各政党在公共论坛中充分地表达自己的偏好,"摆事实、讲道理",通过商谈、讨论和沟通,各方的利益要求相互融合最终达到整合,形成有利于各方的公共决策。

## 第二节 政党协商的思想文化基因

习近平总书记指出:中国的协商民主具有"优秀政治文化"基因。④ 文化之于社会的意义需要重新加以定义,以至于有的学者提出,"保守地说,

---

① [美]博登海默:《法理学——法哲学及其方法》,邓正来等译,华夏出版社1987年版,"作者致中文版前言"。

② 《李维汉选集》,人民出版社1987年版,第321页。

③ [美]詹姆斯·博曼等:《协商民主:论理性与政治》,陈家刚译,中央编译出版社2006年版,第151页。

④ 习近平:《在庆祝中国人民政治协商会议成立65周年大会上的讲话》,载《人民日报》2014年9月22日。

真理的中心在于，对一个社会的成功起决定作用的，是文化，而不是政治。"① 政党协商作为现代民主政治的典型表现形式，具有丰富的思想文化基因。对政党协商的思想文化基因进行梳理，有助于更深入地理解政党协商的价值合理性。"一旦生活与思想在历史中不可分割的联系得到体现以后，对历史确凿性和有用性的怀疑立即就会烟消云散"②。因此，对政党协商的思考，就不仅要立足于当下的政治理论和实践，还要把视野扩展到整个历史领域，不仅让我们看到不同制度下政党关系的理论支持，而且还要探寻支撑政党协商的思想文化渊源。事实上，协商民主绝不是西方的文化专利，在博大精深的中国文化中生长着自身的协商民主基因。

## 一、西方协商民主理论之分化

在西方，"协商民主"产生于古希腊时期。公元前594年梭伦改革使得雅典的民主政治形成，协商民主的观念在民主政治的发展下也逐渐发展起来。正如美国学者埃尔斯特所言："协商民主的观念及其实际应用与民主本身有着同样长的历史。它们都是公元前5世纪在雅典产生的。"③ 费什金曾指出，雅典的民主制度体现了协商民主的特征④，其典型形式是五百人会议⑤。此外，古希腊的亚里士多德也提倡公民参与国家政治生活的思想，认为协商是公民公开辩论和商讨法律的过程⑥。在中世纪，神权和封建君主制度占据主导地位，民主制度下的协商也被执政者放弃。近代以后，民主思想再次兴起，但是此时的民主不同于希腊的直接民主，而是把民主作为选举领

---

① ［美］塞缪尔·亨廷顿、劳伦斯·哈里森：《文化的重要作用》，程克雄译，新华出版社2002年版，第3页。
② 汪太贤：《西方法治主义的源与流》，法律出版社2001年版，"引言：一种思考的维度"，第3页。
③ ［美］约·埃尔斯特：《协商民主：挑战与反思》，周艳辉译，中央编译出版社2009年版，第2页。
④ ［美］詹姆斯·S.菲什金：《协商民主》，陈家刚译，上海三联书店2004年版，第24页。
⑤ 五百人会议由五百个年满三十岁的公民组成，每个部落皆平均的派出五十个议员。五百人会议主要安排公民大会的所有议程，包括向公民大会起草议案及预先审查提交公民大会的议案，并且也负责某些外交事项，如接待外交使节，而会议最重要的责任是执行公民大会的决议。这些职责是五百人会议在开会协商的基础上形成的决议，是重要的民主政治形式。
⑥ ［澳］何包钢：《协商民主：理论、方法和实践》，中国社会科学出版社2008年版，第16页。

导人的一种手段,这种情况一直持续到20世纪80年代。随后,西方民主政治发生很大转变,出现了公众政治冷漠、社会利益分配格局变化、种族与宗教冲突加剧和多元文化发展等状况,这种情况要求克服近代以来选举民主的缺陷。① 对这样社会状况作出反应,20世纪后期一些西方学者提出协商民主理论。对西方协商民主理论进行考察,有助于在批判中反思,在反思中坚持和彰显中国特色政治协商制度。

### (一)自由主义协商民主理论

西方的协商民主理论中,以美国著名政治哲学家约翰·罗尔斯为代表的自由主义协商民主理论产生着重要的作用。随着现代化社会的不断进步与发展,社会阶层开始变化、利益集团兴起以及社会组织的不断扩展使得社会呈现出一种多元化的趋势。面对社会力量多元化、社会价值多元并存等情况,罗尔斯提出"把各种相互冲突的无公度性学说之间的理性多元论看作是持久的自由制度下实践理性长期产生特殊作用的结果"②。由于社会的多元化以及人们价值观的差异,人们会有不同的政治的观点和见解,但是政治的发展又需要消融多元的理性,不过罗尔斯也强调,如果用国家权力纠正或惩罚与我们观点不同的人是不正确的或者不理性的。因此,应该找出能够和平化解矛盾的民主形式。为此,罗尔斯提出自由主义的协商民主理论。

罗尔斯提出自由主义的协商民主理论主要包括以下三个方面的内容。其一,协商民主有其理想的条件,这种背景条件就是原始状态和无知之幕。这种理性背景假设是在正义的基础上追求公平。在理想条件的基础上,自由主义的协商民主要有自己的主体,处在这种主体的公民不仅具有政治美德,还要有理性的品质。罗尔斯从公平的正义出发,"把处在原初状态中的各方都设想为是有理性的和相互冷淡的"③。其二,自由主义协商民主要以正义原则作为指导。而这一原则是,"理性的人们,在作为谁也不知道自己在社会和自然的偶然因素方面的利害情形的平等者的情况下都会同意的原则"④。其三,自由主义协商民主的目的是追求政治的稳定性与合法性。理性的重叠

---

① 高建:《两种不同的协商民主》,载《山东社会科学》2014年第2期。
② [美]罗尔斯:《政治自由主义》,万俊人译,译林出版社2000年版,第143页。
③ [美]罗尔斯:《政治自由主义》,万俊人译,译林出版社2000年版,第13页。
④ [美]罗尔斯:《政治自由主义》,万俊人译,译林出版社2000年版,第19页。

共识理念、内涵公共正当性的稳定性理念和合法性理念是罗尔斯协商民主理论中的三个核心理念。[①] 在《政治自由主义》一书中强调稳定性的重要作用，"稳定性问题从一开始就铭记在我们心中"[②]。而在公共证明中基于重叠共识的政治观念及其政治产物也将具有更高的合法性，因为"……它诉求于公共理性，因而诉求于被目的理性而合理、自由而平等的公民"[③]。

### （二）批判主义商议民主理论

在自由主义协商民主理论传播的同时，批判主义商议民主理论也快速地发展着。批判主义商议民主理论是在对竞争性民主理论和实践的反思与批判的基础上产生的，以哈贝马斯为主要代表人物。他认为现代社会已是一个非中心化的社会。在这个社会中，"政治公共领域已经作为一个感受、辨认和处理影响全社会的那些问题的论坛而分化开来"[④]。公民通过话语交往参与政治意志的形成。参与过程中，公民"有必要诉诸对理性的偏爱"[⑤]。因此，哈贝马斯提出以理性为特征的实质民主的观点。

在哈贝马斯看来，公民通过参与社会与国家事务的形成过程使公共权力与公民社会结合起来，最终达到实质性民主。但是，这个过程却不简单，必须经过批判主义的商议民主路径。商议性政治的图景"一方面是用民主程序来调节的取向于决策的协商，另一个方面是公共领域中非正式的意见形成过程"[⑥]。其中，"非正式的公共领域是'发现的背景'，而正式的公共领域是'正当性的背景'"[⑦]。协商既包括正式的协商和非正式领域的协商，但是无论在何种情况下，在协商的过程中，表达的意见和观点都要平等地受到批判。因为在批判的过程中，各种价值不仅会得到发现还能得以发展。因此，

---

① 王洪树、李敏：《国外关于协商民主理论的研究综述》，载《云南行政学院学报》2009年第5期。

② [美] 罗尔斯：《政治自由主义》，万俊人译，译林出版社2000年版，第150页。

③ [美] 罗尔斯：《政治自由主义》，万俊人译，译林出版社2000年版，第152页。

④ [德] 哈贝马斯：《在事实与规范之间：关于法律和民主法治国的商谈理论》，童世骏译，三联书店2003年版，第374页。

⑤ [德] 哈贝马斯：《合法化危机》，刘北成、曹卫东译，上海人民出版社2000年版，第187页。

⑥ [德] 哈贝马斯：《在事实与规范之间：关于法律和民主法治国的商谈理论》，童世骏译，三联书店2003年版，第380—381页。

⑦ [南非] 毛里西奥·帕瑟林·登特里格斯：《作为公共协商的民主：新的视角》，王英津等译，中央编译出版社2006年版，第85页。

商议民主中参与主体的"政治价值和政治态度的转变并不是一个盲目适应过程,而毋宁是建构性的意见形成和意志形成过程"①。哈贝马斯指出,商议民主能够促进制度的不断完善。在商议民主的过程中,参与各方自由表达,理性沟通,讨论商议,最终形成诸如议会等正式领域的国家意志以及社会论坛等非正式领域的社会意见等,从而带动制度的发展与完善。

### (三)合作主义的协商民主思想

合作主义是西方社会重要的社会经济政策模式,它产生于两次世界大战期间,其理论目的是希望建立一种由国家通过工会、生产协作组织控制工人群众的一种社会结构或制度。20世纪80年代以来,合作主义理论成为诸多社会科学领域的学者用来阐明社会政策主张、解释社会结构与国家和社会关系的又一种重要的理论分析框架。② 尤其是19世纪末至20世纪上半叶,资本主义社会的劳资矛盾不断激化,对国家的社会管理提出严峻的挑战。并且此时凯恩斯的国家干预理论也为国家对劳资双方的对抗管理提供了新的思维。为了解决愈演愈烈的矛盾,在民主政治实践中需要引入合作主义。

在现实中,部分欧美国家在政府、资方和劳工之间建立起合作委员会,就工资、福利等社会政策进行国家层面的三方(劳方、资方和政府)或两方(劳方和资方)的协商谈判,引导参与各方在公共政策制定上进行体制化的协商合作。这既规范了各方的有序政治参与,又使国家能够保持基本的社会稳定和维持必要的社会秩序。③ 合作主义在现实的实践"标志着资本主义社会民主理论和实践的一种令人感兴趣的但也是有限的发展"④。合作主义在民主政治领域具有重要的思想,它提倡协商民主、建构和谐稳定的社会秩序。针对国家和社会权力日趋二元分化的社会现实合作主义以垄断性的代表特许权对日益分散的社会力量进行组织化整合,将它们吸纳到国家设计的协商民主渠道之中,就公共政策进行平等、公开、理性的协商。具体来说,在处理劳资矛盾时,国家处于中立者的角色,并进行裁决,而劳资双方是重

---

① [德]哈贝马斯:《在事实与规范之间:关于法律和民主法治国的商谈理论》,童世骏译,三联书店2003年版,第419页。
② 王威海:《西方合作主义理论述评》,载《上海经济研究》2007年第3期。
③ 王洪树、李敏:《国外关于协商民主理论的研究综述》,载《云南行政学院学报》2009年第5期。
④ [美]赫尔德:《民主的模式》,燕继荣等译,中央编译出版社1998年版,第292页。

要的参与者。三者平等协商，充分发表自己的意见和观点，在综合各方意见的基础上最终形成三方都认可的公共政策，保障社会的稳定。

总而言之，西方的协商民主理论伴随着社会矛盾的加剧而呈现多元分化之特征，在一定意义上适用了不同国家的历史状况与现实需求，有助于舒缓社会紧张关系。但是，这些理论在本质上无法彻底解决根深蒂固的社会矛盾与日益加剧的社会分化。

**二、中国协商民主的文化基因**

我国政党协商的理论和实践扎根于中国土壤，"从中国历史的文明绵延中走来"①。中国传统文化中包含着丰富的协商民主因子，发展政党民主应该了解和掌握我国的历史文化传统，探寻其中与政党协商相契合的文化基因。那么，中国传统文化中有着怎样的协商民主基因？

习近平总书记的下列观点成为我们分析和研究的指路明灯："协商民主是中国社会主义民主政治中独特的、独有的、独到的民主形式，它源自中华民族长期形成的天下为公、兼容并蓄、求同存异等优秀政治文化。"② 毫无疑问，天下为公、兼容并蓄、求同存异是我国政党协商的重要文化基因，在这里笔者将这些文化基因具体化为"人"与"仁"、"和"与"合"。

**（一）"人"与"仁"**

在春秋战国时期，社会动荡，矛盾不断激化，社会危机不断加重，在这种背景下人们的观念悄然发生着变化。在人们心中，"天"一直是人们的寄托，他们对"天"毫无保留的崇敬，把生活中的一切事物的发生都归结于上天。但是动荡导致人们的生存面临着严峻的考验，人们开始对"天"产生了怀疑，越来越关注"人"本身。纵观我国的历史发现，从殷商以来，社会的发展趋势已经从"神""天"转向"人""民"。《孝经·圣治》里强调："天地之性，人为贵"，《尚书·五子之歌》里也提到"民为邦本，本固邦宁"。因此可以看出人在中国政治中的重要作用。

但是，我国传统文化中的"人"并不是指单独的个体，而是作为人与

---

① 杨凯：《中国新型政党制度的启示》，载《人民日报·海外版》2018年3月5日。
② 《习近平谈治国理政》第二卷，外文出版社2017年版，第293—294页。

人共同存在的主体。人的本性与特质在于以"仁"为核心。在这种情况下，发展出了"仁、义、礼、智、信"的政治价值，其中"仁"是关键。人与人共存的政治主体所形成的关系模式不同于西方的"个体政治"，而是一种旨在解决人与人和谐共处的"两人政治"。这也是中国共生政治的起点。在共生政治中，"仁"是重要的核心价值。在《论语·颜渊》中孔子说："仁者，爱人"，"己所不欲，勿施于人"，所以，"为仁由己"，而"爱人"的关键就是做到"己欲立而立人，已欲达而达人"，首先应该做到克己复礼，最终达到《论语·阳货》里所言的行五者于天下，即："恭、宽、信、敏、惠。恭则不侮，宽则得众，信则人任焉，敏则有功，惠则足以使人。"有"仁"就会有"爱"，有"仁爱"，人们之间就能够和谐相处，在相互帮助下不仅能够不断加强自身的能力，也能为社会的稳定做出重要的贡献，并最终实现大同社会。[1]

由此可见，我国的政治社会起源于"人"，即从个人出发，在人与人的相处中会产生友情、会产生爱，也通过不断地惠及他人而不断提升自己的价值。在这个过程中人们不再是单独的个体，而是把自己融入他人、融入群体、融入社会，这种从自我出发，但又超越自我的政治，虽萌生于古代社会，但具有现代性，在现代民主政治实践中具有非凡的意义。孟子也强调"民为贵，社稷次之，君为轻"。[2] 人是协商民主的主体，而人最重要的品质就是"仁爱"，因此，古时的"人"与"仁"与新时代协商民主理论相契合，为我国的协商民主奠定了深厚的文化基础。

（二）"和"与"合"

在影响协商民主的历史文化中，我国传统的"和合"思想独具特色。传统文化中一直倡导"和为贵"，强调"君子和而不同"，把"和"放在至高无上的地位，并作为国泰民安的重要特征。"和"并不是指完全的相同，而是不同因素的相互融合，并且达到和谐共处、共生共长。这是中华民族辩证思想和和谐观念的重要体现。要达到"和合"，就要做到"和而不同"，既坚持原则又尊重差异，既相互碰撞又形成共识，兼收并蓄、博采众长，以

---

[1] 林尚立：《协商民主：中国特色现代政治得以成长的基础》，载《湖北社会科学》2015年第7期。

[2] 杨伯峻译注：《孟子译注》，中华书局2005年版，第328页。

实现"和谐而不千篇一律,不同而又不相互冲突,和谐以共生共长,不同以相辅相成"。① 尽管当时的"和"是建立在等级制度上,但是"和合"所强调的对利益主体多元共存的发展是与现代民主政治具有一定相似性的。所以说,"和合"思想是协商民民主重要的精神资源。②

古代的传统思想,强调"民本"政治,并且强调君主是人民的父母。而君主的职责就是推行"仁政",并且"民本"政治的一个典型特征就是君主要善于听取人民的意见,并且主张政治需要协商。比如春秋时期郑国思想家子产就主张政治需要协商,并且鼓励国人议论朝政,允许公众对国家的政策进行讨论、批评和辩论。子产的这种治国之道得到儒家的推崇,也影响了秦汉以后的历代王朝。一个很明显的例子就是历代皇朝中建立的谏官(言官)制度。谏官的主要职责就是对君主的过失直言规劝并使其改正,他们有批评朝政得失的权力。西汉设谏大夫,负责议论朝政得失,东汉有谏议大夫,唐朝在设置谏议大夫的同时,还设置了专门负责对皇帝进行规谏的补阙、左右拾遗等官职。宋朝又专门在朝廷设置了一个名为谏院的机构,以左右谏议大夫、司谏、正言为谏官,专门负责规谏朝政缺失,谏官可以对大臣和百官的任用、朝廷各部的政策措施提出意见。这种政治协商的传统得到很多思想家的赞同与接受。这种言官是法律赋予他们有权对皇帝作出的决定提出批评建议的权力,他们可以提出自己批评的理由,据此和皇帝或官员进行辩论,虽然最终的结果还是皇帝说了算,他们只是一种咨询式的协商,但是这种协商辩论的制度对民主政治产生较大的影响,也为现代化的协商民主奠定坚实基础。③

而无论是基于人与人之间的兼相爱、交相利,还是仁爱,抑或和谐大同与和合共生,协商的根本价值在于"天下为公""以人为本",即从孤立的个体走向对人与人关系的社会性思考,彰显人性、理性与德性,以公共利益为根本依托与归宿,即谋求利益的最大公约数奠定了文化根基。

---

① 庄聪生:《协商民主:中国特色社会主义民主的重要形式》,载《马克思主义研究》2006 年第 7 期。
② 林尚立:《协商政治:对中国民主政治发展的一种思考》,载《学术月刊》2003 年第 4 期。
③ 陈剩勇:《协商民主理论与中国》,载《浙江社会科学》2005 年第 1 期。

### 三、近现代中国的协商民主实践

政党协商是我国社会主义民主的重要实现形式,其制度基础是中国共产党领导的多党合作与政治协商制度,政治协商会议是重要的表现形式。政治协商会议形成于新中国成立之前,这一制度形式经过不断实践的经验总结而日益成熟,从革命战争年代到第一次国共合作时期、一直到抗日民族统一战线时期与重庆政治协商会议时期等许多阶段,最终在中国共产党的努力下成为适应中国社会、促进中国政治发展的人民民主统一战线组织。"政治协商会议"的历史实践为我国的政治建设作出重大的贡献,为新中国中国共产党处理与民主党派的关系提供了历史经验。

#### (一)新中国成立之前的协商民主

1947年前,中国当时的主要任务是集中全力解决抗日的问题,尤其是到了1945年前后,抗日战争即将胜利,中国共产党和国民党之间的矛盾急需解决,加强合作是重要的选择。虽然在中共二大以及国民革命和抗日战争期间国共之间都有过合作,但是当时却从未提出过关于政治协商会议等相关名称。西安事变后两党也曾进行过多次谈判,但是也都是围绕着共产党的合法性以及地域、军队等的讨论。1944年国共两党进行谈判之前,周恩来在为中央起草并经毛泽东修改过的文件《目前紧急要求》中提出:"立即召开各党派及无党派代表人物的政治会议,商讨抗战结束后的紧急措施,制定民主的施政纲领,结束训政,成立民主的举国一致的联合政府,并筹备自由无拘束的普选的国民大会。"[1] 随后毛泽东也提出改组政府、成立联合政府的主张。由此可以看出,是共产党最先提出"党派政治会议"的主张,即通过召开党派会议,成立民主联合政府。[2]

中国共产党主张召开国是会议、成立联合政府的主张遭到以蒋介石为首的国民党的反对,而共产党为了合作与和平只能妥协,提出与国民党进行"党派会议"的主张。提议"党派会议"不仅能够集合各民主党派一起召开国民大会,也是为制定宪法做准备。但是蒋介石从来没有成立联合政府的想

---

[1] 中共中央文献编辑委员会:《周恩来选集》(上卷),人民出版社1980年版,第204、222页。
[2] 虞崇胜、周理:《"政治协商会议"名称的六次转变》,载《中共中央党校学报》2016年第2期。

法，所以他不可能赞同召开"党派会议"，他认为"党派会议"就是分赃会议，而联合政府就是为了推翻政府。随后国民党单方面召开国民大会，而此时的共产党人以成立联合政府、召开党派会议为目标召开解放区的人民代表大会。国共矛盾越演越烈。以民主同盟为代表的中坚力量决定出面调解两党的关系，因此召开国共两党的政治会议被提上日程。

1945年的国共重庆谈判，最终双方签署了《双十协定》。国民党方面也同意了召开合作会议，但是却不用党派会议或政治会议的名称。这时国民党代表提出政治协商会议的名称，最终这一名称写进了政治协商会议纪要里。1946年，由国民党代表8人、共产党代表7人、民主同盟代表9人、青年党代表5人、社会贤达（无党派人士）代表9人组成的38人代表召开政治协商会议。但是政治协商会议形成的决议并未得到贯彻，因为国民党对此并未真心诚意，他们诋毁协议，肆意散播不实言论，并最终推翻所有的协议，继续国民党的一党专政。1949年新中国成立之前，中国人民政治协商会议召开。这次会议具有重大的历史意义，选举产生了中央人民政府，并且这个政府是民主联合性质的，也通过《共同纲领》形成了政党协商民主，实现各革命阶级的联合专政。[①]

### （二）新中国成立之后的协商民主

中华人民共和国成立后到社会主义改造之前的一段时间，政党协商民主不断发展，各民主党派在中国共产党的领导下参与政治协商，并具有法律规定的参政议政的权力。但是，从1957年下半年开始，国内反右运动和"左"的思想抬头，政治协商民主遭受挑战。在"文化大革命"期间，政治协商民主更是受到巨大冲击。随着改革开放的发展，我国的政治协商民主又焕发出新的生机和活力，在依法治国背景下走向制度化、法治化、程序化的道路。

我国的协商民主是具有中国特色的社会主义协商民主制度，它是中国共产党把中国具体实际与马克思主义统一战线理论、政党和民主理论结合，团结各民主党派和无党派人士、人民团体共同创建的伟大制度。以毛泽东同志

---

[①] 童庆平：《当代中国政党协商民主政治价值论》，载《上海市社会主义学院学报》2007年第4期。

为核心的中共第一代领导集体创建了政治协商制度,并对政协的性质、任务、工作方针、地位及作用都提出了独创性的建议,最终形成毛泽东的人民政协思想。以邓小平同志为核心的中国共产党人在继承毛泽东人民政协思想的基础上继续发展和完善政治协商制度,明确提出新时期人民政协的性质和任务,确立中国共产党同各民主党派长期共存、互相监督、肝胆相照、荣辱与共的方针,推动以宪法确认人民政协的性质、地位与作用。以江泽民同志为核心的第三代领导集体,向全国人大提出宪法修改建议,明确中国共产党领导的多党合作和政治协商制度的性质、主题和职能,并且把政协制度确立为我国的基本政治制度。《关于加强人民政协工作的意见》等文件是以胡锦涛同志为总书记的党中央颁发的重要文献,为新世纪的中国人民政治协商制度的发展提供重要的政策依据和制度保障。

党的十八大首次提出"健全社会主义协商民主制度"[1],由此开始了从民主形式向制度形式的转变。以习近平同志为核心的新一代领导集体继续高度重视我国的政治协商制度,科学地回答了在新时代建设什么样的人民政协、怎样建设人民政协的重大课题,强调加强党对政协工作的指导,将我国政治协商民主建设推向一个新阶段。[2]

## 第三节 政党协商的中国特色

中国共产党领导的多党合作和政治协商制度是一项具有中国特色的基本政治制度,政党协商是社会主义民主的重要内容和重要形式,既不同于西方国家的两党或多党竞争制,也有别于一些国家实行的一党制,"我们是中国共产党执政,各民主党派参政,没有反对党,不是三权鼎立、多党轮流坐庄"[3]。这一制度"具有鲜明中国特色、明显制度优势、强大自我完善能力"[4],实

---

[1] 胡锦涛:《坚定不移沿着中国特色社会主义道路前进,为全面建成小康社会而奋斗》,载《人民日报》2012 年 11 月 9 日。
[2] 张庆黎:《新时代人民政协工作的行动指南——学习习近平总书记关于加强和改进人民政协工作的重要思想》,载《求是》2019 年第 5 期。
[3] 《习近平关于全面依法治国的一组论述》,载《党的文献》2015 年第 3 期。
[4] 习近平:《在庆祝中国共产党成立 95 周年大会上的讲话》(2016 年 7 月 1 日),载《人民日报》2017 年 7 月 2 日。

现了一元与多元的统一,既有利于实现广泛的民主参与,集中各民主党派、各人民团体和各界人士的智慧,促进执政党和各级政府决策的科学化、民主化,又能实现集中统一领导,统筹兼顾各方面群众的利益要求;既能避免一党执政缺乏监督的弊端,又可避免多党纷争、互相倾轧造成的政治混乱和社会无序状态。

## 一、领导关系

中国共产党对民主党派的领导是协商民主之中国特色的根本标志。在第一节中,笔者已经指出,政党协商以多党并存为前提。在中国,并存的多个党派在法律地位上是平等的,但是在政治地位上则存在着领导与被领导的关系,即:中国共产党对各民主党派进行领导,各民主党派承认并接受中国共产党的领导。这一关系表明,在政党协商中,中国共产党居于主导地位,掌握着主动权。

中国共产党在政党协商中的领导地位是由中国共产党的身份和威望决定的。这是客观的历史事实:在中华民族谋求独立、中国人民追求解放的过程中,中国共产党发挥了领导作用。正如现行《宪法》"序言"所指出的:"一九四九年,以毛泽东主席为领袖的中国共产党领导中国各族人民,……建立了中华人民共和国。"[1] 新民主主义革命的历史也使得各民主党派认识到,不论其本党或其他党派都不能代替中国共产党的领导地位,也不能跟中国共产党平分秋色,更不能跟中国共产党轮流执政。在社会主义建设中,各民主党派要有所作为,必须坚持共产党领导,必须在中国共产党领导的多党合作与政治协商制度的框架下开展活动。

不同党派代表不同群体、不同社会集团的价值观念和利益诉求,政党协商作为一种党派之间的联系、对话、沟通,需要有一个领导者来把握方向、协调行动。这个领导者必然是中国共产党,只有中国共产党才能引导各方面力量在各种价值理念、观点主张和具体利益基础上求同存异,并通过协商讨论达成最大共识。此外,我国是人民民主专政的社会主义国家,中国共产党既是执政党,也是领导党。因此,政治协商民主制度必须坚持中国共产党的

---

[1] 《中华人民共和国宪法》,载《人民日报》2018年3月22日。

领导，而也正是在中国共产党的带领下，我国协商民主形式从新中国成立初期创造的双周座谈会、协商座谈会和最高国务会议等协商方式到改革开放以来不断探索完善的政治协商、立法协商、行政协商、社会协商等多种形式，使得协商民主在全国范围、在各个层次广泛运用。协商民主制度是中国共产党领导下的重要政治制度，也只有中国共产党才是社会主义协商民主顺利发展的根本保障。[①]

中国共产党的领导是政党协商的首要前提和根本保证，但这种领导不是简单的包办，而是政治领导，即政治原则、政治方向和重大方针政策的领导。这一政党制度是中国共产党与各民主党派在中国革命、建设和改革的长期实践中确立和发展起来的，是中国共产党同各民主党派风雨同舟、团结奋斗的成果，是当代中国的一项基本政治制度。1993年第八届全国人大一次会议通过的宪法修正案将"中国共产党领导的多党合作和政治协商制度将长期存在和发展"载入宪法。2005年2月，中国共产党颁发《中共中央关于进一步加强中国共产党领导的多党合作和政治协商制度建设的意见》。中国共产党与各民主党派都以宪法为根本活动准则，负有维护宪法尊严、保证宪法实施的职责。中国人民政治协商会议是中国共产党领导的多党合作和政治协商的重要机构，也是中国政治生活中发扬民主的重要形式。人民政协围绕团结和民主两大主题开展工作，履行政治协商、民主监督、参政议政职能。中国共产党就大政方针以及政治、经济、文化、社会生活中的重要问题，在决策之前和决策执行过程中同各民主党派进行协商，广泛听取意见，集思广益。这是中国共产党实现决策科学化和民主化的重要环节。

## 二、合作关系

民主党派与共产党的合作是中国协商民主的又一特色。当代政党制度具有不同的内容，大体可分为一党制、两党制和多党制：一党制是指一个国家只存在一个政党，或存在多个政党但只有一个政党执掌国家政权的政党制度；两党制是指一个国家内两个旗鼓相当的政党通过竞选赢得议会多数席位

---

[①] 张献生、吴茜：《试论中国社会主义协商民主制度》，载《政治学研究》2014年第1期。

或总统选举从而轮流执政的制度;① 多党制是指一个国家内三个以上政党互相争夺政权的制度。中国共产党领导的多党合作和政治协商制度具有其独特性，民主党派与共产党之间不是恶性竞争关系，而是合作关系。

众所周知，在中华人民共和国成立后，存在着多个政党并存的局面，除了作为领导党和执政党的中国共产党外，还有其他民主党派。这一政党状况决定了多党合作与政治协商制度的主体条件。换言之，我国的多党合作和政治协商制度以多政党并存为前提。从数量上说，我国的民主党派有八个，它们是：（1）创建于的1925年10月10日的中国致公党；（2）创建于1930年8月9日的中国农工民主党；（3）创建于1941年3月19日的中国民主同盟（创建时的名称是中国民主政团同盟，1944年9月10日改为此名）；（4）创建于1945年12月16日的中国民主建国会；（5）创建于1945年12月30日的中国民主促进会；（6）创建于1946年5月4日的九三学社；（7）创建于1947年11月12日的台湾民主自治同盟；（8）创建于1948年1月的中国国民党革命委员会。可见，中国的各政党成立于新中国成立之前，多党并存有着历史传统。

八个民主党派虽然其组成人员来自不同的群体，但它们"代表民族资产阶级和小资产阶级及其知识分子的利益"②，新中国成立后作为参政党存在和发展。《中国人民政治协商会议共同纲领》（1949年9月）指出："由中国共产党、各民主党派、各人民团体……所组成的中国人民政治协商会议，就是人民民主统一战线的组织形式"（序言）。新中国第一部《宪法》（1954年9月）进一步明确："我国人民在建立中华人民共和国的伟大斗争中已经结成以中国共产党为领导的各民主阶级、各民主党派、各人民团体的广泛的人民民主统一战线"，这一统一战线"今后在动员和组织全国人民完成国家过渡时期总任务和反对内外敌人的斗争中""将继续发挥它的作用"。以后的历部宪法民主党派的地位作出了规定。如今，"长期共存、互相监督、肝胆相照、荣辱与共"已经成为中国共产党处理同各民主党派关系的基本方针。

---

① 在这类国家中往往还同时存在若干较小党派，如英国的自由民主党，只是小党的力量过于弱小，难以与大党抗衡。因此两党制并不是指一国之内只有两个政党。
② 周叶中：《宪法》，中国高等教育出版社2000年版，第345页。

民主党派在参与新中国的政权建设中获得双重身份，一方面"作为共产党的亲密友党"而"成为人民民主统一战线的重要方面"，另一方面"作为参加国家政权的政党"而"成为帮助共产党更好地实现民主执政的政治力量"。① 2015 年 5 月，正如中共中央印发《中国共产党统一战线工作条例（试行）》第 11 条第 2 款所指出的："民主党派是接受中国共产党领导、同中国共产党通力合作的亲密友党，是中国特色社会主义参政党。""亲密友党"和"参政党"的双重身份是统一的，从而决定了民主党派与共产党的合作关系而不是竞争关系，而中国共产党领导的多党合作与政治协商制度又将这种合作关系制度化、规范化、明确化，使各民主党派与共产党的合作有章可循、有法可依。

### 三、民主集中

民主集中制是我国国家机构的组织和活动原则，现行《宪法》明确指出："中华人民共和国的国家机构实行民主集中制的原则。"中国共产党领导的多党合作和政治协商制度民主作为我国的基本政治制度，要坚持和贯彻民主集中制原则。2006 年中共中央发布的《关于加强人民政协工作的意见》指出："在我们这个幅员辽阔、人口众多的社会主义国家里，关系国计民生的重大问题在中国共产党领导下进行广泛协商体现了民主与集中的统一。"②

政党协商坚持民主集中是历史的选择。民主化社会是人类社会的普遍追求，民主也是一个国家特定历史的产物。社会主义现代化建设需要实行广泛而有效的社会动员，这就要求政治制度一方面具有保障公民权利的功能，能够把人民的积极性释放出来、调动起来，增强社会的活力，另一方面具有组织和集中的功能，能够听取民意、集中民智，为实现跨越式发展提供智力支持。概言之，当代中国的历史环境和历史使命决定了保护人民权利和集中人民力量是中国政治制度必须具备的双重功能。民主集中制顺应了当代中国历史环境和历史使命对政党协商的要求，成为政党协商的基本原则。在庆祝中国人民政治协商会议成立 65 周年大会上的讲话时，习近平总书记强调："面

---

① 任世红：《改革开放 40 年多党合作制度建设的三重境界》，载《上海市社会主义学院学报》2019 年第 1 期。

② 《中共中央关于加强人民政协工作的意见》，载《人民日报》2006 年 3 月 2 日。

向未来，发展好各项事业，巩固国家安定团结的政治局面，促进政党关系、民族关系、宗教关系、阶层关系、海内外同胞关系和谐发展，一个很重要的条件就是必须通过民主集中制的办法，广开言路，博采众谋，动员大家一起来想、一起来干。"①

民主集中制是民主与集中辩证关系的制度化，"党的领导，既需要通过集中来进行，这体现着党中央的权威和集中统一领导，也需要通过民主来进行，这意味着党中央的集中统一领导是以民主为基础的"②。政党协商中的民主集中制，实质上是中国共产党和各民主党派之间辩证关系的政治表达。在政党协商中，一方面，各民主党派就中国共产党提出的大政方针和重大认识问题发表看法、提出观点、表达识见。这是政党协商的民主体现。另一方面，中国共产党听取意见、集思广益，求同存异，实现决策的科学化。政党协商的民主集中制体现了中国共产党决策的"多谋"和"善断"的辩证统一。"多谋"以"善断"为目的，"善断"以"多谋"为前提。"如果不征求或者根本听不进大家的意见，只是凭个人或少数几个人'拍脑袋'决定问题，这样的决断就可能变成武断。如果关键时刻不当机立断，犹犹豫豫，延误了时机，那样就变成了优柔寡断。"③

## 四、方式多元

从政协的制度规定看，我国的政党协商民主可以采用多种多样的形式。根据《中国共产党统一战线工作条例（试行）》第 12 条的规定，我国中国共产党与民主党派协商的形式，从实施方式角度，可以分为会议协商、约谈协商、书面协商等；从实施领域角度，可以分为民主党派参与人大协商、政府协商、政协协商及其他方面的协商。④

### （一）会议协商、约谈协商、书面协商

会议协商是指通过举行会议的方式就政治生活中的重要问题进行协商，

---

① 习近平：《在庆祝中国人民政治协商会议成立 65 周年大会上的讲话》，载《人民日报》2014 年 9 月 22 日。
② 韩庆祥：《从马克思主义哲学角度深刻认识民主集中制》，载《党建》2019 年第 3 期。
③ 《江泽民论有中国特色社会主义》（专题摘编），中央文献出版社 2002 年版，第 320 页。
④ 《中国共产党统一战线工作条例（试行）》，载《人民日报》2015 年 9 月 23 日。

既是"协助党委政府实现科学决策、民主决策的重要手段",亦是"政协履行职能的有效载体"[①],协商会议的种类,从会议参加者的角度,可以分为有政协主席会议、政协全体会议、政协常务委员会会议、政协党组受党委委托召开的座谈会、各专门委员会会议、秘书长会议以及由政协各组成单位和各界代表人士参加的内部协商会议等;从会议内容的角度,分为专题协商座谈会、人事协商座谈会、调研协商座谈会和其他协商座谈会。[②]

约谈协商是指通过约谈的方式就政治生活中的重要问题进行协商。按照中共中央印发《关于加强政党协商的实施意见》的规定,约谈协商可以由中共中央负责人主持,也可以委托中共中央统战部主持,在时间上没有规定,可以"不定期"进行,邀请的对象是民主党派中央负责人,协商的内容是就共同关心的问题,沟通情况、交换意见。此外,民主党派中央主要负责人也可以与中共中央负责人进行"个别交谈","就经济社会发展以及参政党自身建设等重要问题反映情况、沟通思想"[③]。从性质上说,约谈协商是"中国共产党与各民主党派间的直接协商,是属于小范围的、私密性的党际协商",从特点上说,约谈协商"不受时间、场合、形式的约束,更具灵活性和直接性"[④]。因此,约谈协商是有效发挥民主党派政治功能的重要途径。

书面协商是指通过书面的方式就政治生活的重要问题进行协商。作为政治协商的基本形式,书面协商既可以中共中央以书面形式就需要协商的事项征求民主党派的意见、民主党派中央以书面方式表达自己的观点和看法,也可以是民主党派中央负责人个人名义向中共中央和国务院直接反映情况并提出建议。[⑤]

---

① 夏宁:《提高主席会议质量力求协商民主实效》,载《江苏政协》2013年第6期。
② 专题协商座谈会就党和国家重要方针政策以及事关全局的重大问题进行协商的会议,由中共中央主要负责人主持召开;人事协商座谈会是就重要人事安排在酝酿阶段进行协商的会议,调研协商座谈会是就民主党派中央的重点考察调研成果及建议、邀请有关部门参加的协商议会,由中共中央负责人主持召开;其他协商座谈会是通报重要情况、听取意见建议的会议,中共中央负责人或委托中共中央统战部主持召开。(参见中共中央印发《关于加强政党协商的实施意见》,载《人民日报》2015年12月11日)
③ 中共中央印发《关于加强政党协商的实施意见》,载《人民日报》2015年12月11日。
④ 沈金强:《政党协商之约谈协商初探》,载《团结报》2016年12月6日。
⑤ 中共中央印发《关于加强政党协商的实施意见》,《人民日报》2015年12月11日。

## (二) 民主党派参与人大协商、政府协商、政协协商

协商作为民主的实现形式，不仅体现在政协工作中，而且体现在人大工作中，所谓人大协商，是指在人民代表大会运用"征求意见、听证、专家论证、会议讨论辩论、网议互动、座谈会、民主恳谈会、民意调查等形式"① 就立法、监督、人事任免和重大事项决定及相关的工作等进行协商，其主体具有多样性和广泛性。当民主党派成员中的人大代表以联名方式或以个人名义提出议案或建议，就产生了民主党派参与人大协商。民主党派参与人大协商的内容具有法定性，尤以立法工作中的协商为重。

将协商机制引入政府工作中，政府协商应运而生。所谓政府协商，是指政府在作出决策之前与民众、专家和相关利益方进行对话和商议、听取意见和建议。② 政府协商的必要性首先在于政府工作纷繁复杂，政府决策需要集中民智；其次在于政府权力的人民属性，政府工作必须以人民为中心，政府决策必须反映民意、为民谋利，"多谋民生之利，多解民生之忧，解决好人民最关心最直接最现实的利益问题"③。民主党派参与政府协商，有利于政府决策集中民智、反映民意，有利于消除习近平所批评的"脱离实际、脱离群众，高高在上，漠视现实，唯我独尊、自我膨胀"④ 的官僚主义现象，从而提高政府决策、政府工作的科学化、民主化和法治化水平。

人民政协是中国共产党领导的多党合作与政治协商的专门机构，它的定位经历了从"代行人大职能"到"各党派的协商机关"、从"民主协商机构"再到"专门协商机构"的转变，⑤ 如今，作为"社会主义协商民主的重要渠道和专门协商机构"⑥，政治协商是它的基本职能，政治协商的参与主体有诸多方面，包括中国共产党、人民团体、无党派人士、民主党派、爱国

---

① 陈黎:《人大协商研究综述》，载《人大研究》2018 年第 4 期。
② 宋雄伟:《政府协商的逻辑起点、基本内涵与完善路径》，载《江汉论坛》2016 年第 6 期。
③ 胡锦涛:《坚定不移沿着中国特色社会主义道路前进，为全面建成小康社会而奋斗——在中国共产党第十八次全国代表大会上的报告（2012 年 11 月 8 日）》，人民出版社 2012 年版，第 26 页。
④ 《习近平谈治国理政》，外文出版社 2014 年版，第 369 页。
⑤ 邢邦志:《人民政协作为专门协商机构"专"在哪里》，载《联合时报（理论与实践）》2018 年 12 月 25 日。
⑥ 《中国人民政治协商会议章程》（1982 年 12 月 11 日中国人民政治协商会议第五届全国委员会第五次会议通过、2018 年 3 月 15 日中国人民政治协商会议第十三届全国委员会第一次会议通过的《中国人民政治协商会议章程修正案》修订），载《人民日报》2018 年 3 月 28 日。

人士等。关于民主党派参与政协协商,《中国共产党统一战线工作条例(试行)》作出了明确规定,该条例第12条第4款指出:"支持民主党派和无党派人士参与……政协协商……"

此外,民主党派还可以参与基层民主协商。由于人民群众都生活在基层,而涉及人民群众切身利益的事情大多发生在乡镇、街道以及农村、社区和企事业单位等,可以说,协商民主在基层有广泛的需求。中央也曾印发的《关于加强社会主义协商民主建设的意见》强调"稳步推进基层协商"的重要性,明确规定:"要按照协商于民、协商为民的要求,建立健全基层协商民主建设协调联动机制,稳步开展基层协商,更好解决人民群众的实际困难和问题,及时化解矛盾纠纷,促进社会和谐稳定。"[1] 各民主党派的成员参与基础协商中,在社区民主议事会、村民民主议事会中共同商讨解决涉及居民利益、村民利益的事项,有助于推进基础群众自治、实现社会的和谐稳定。

## 第四节 政党协商在新时代的发展

随着社会主义民主法治的发展,我国的政党协商不断发展和完善。但是,毋庸讳言,我国政党协商在个别地方还存在需要完善的方面,"政党协商民主实践在地方上存在'四多四少'现象,通报情况多协商少,民主党派听得多讲得少,表态多建议少,表扬多监督少"[2]。当今中国已经进入新时代,"人民日益增长的美好生活需要和不平衡不充分的发展之间的矛盾"成为这个时代的社会主要矛盾,"坚持党的领导、人民当家作主、依法治国"成为这个时代社会主义政治发展的必然要求。新时代的新形势、新使命对政治协商民主提出了新要求,实现协商民主的创新发展是新时代社会主义政治文明建设的重要课题,必须"发挥中国特色社会主义政党制度优势,坚持长期共存、互相监督、肝胆相照、荣辱与共,加强中国共产党同民主党

---

[1] 《关于加强社会主义协商民主建设的意见》,人民出版社2015年版,第2页。
[2] 梁丽萍:《关于提高政党协商实效性的思考》,载《山西社会主义学院学报》2015年第4期。

派的政治协商,搞好合作共事,巩固和发展和谐政党关系"①。

## 一、加强政党协商的主体建设

根据中共中央印发的《关于加强政党协商的实施意见》的规定,政党协商主体由共产党、各民主党派、无党派人士、工商联四个方面构成。在这四个方面的主体中,共产党因其领导党的身份、民主党派因其参政党的身份而在政治协商中居于突出地位、具有特殊功能,甚至有学者认为,"中国特色政党协商的主体是中国共产党和各民主党派"②。在这里,笔者仅就共产党和民主党派的建设进行说明。

### (一)加强中国共产党建设

中国共产党领导既是中国特色社会主义最本质的特征,也是推进政党协商不断发展的最根本保证。中国共产党作为领导党的地位以及与民主党派的合作关系决定了加强共产党建设是政党协商主体建设的重中之重。

众所周知,中国共产党已经走过了100年的风雨旅程,在这波澜壮阔的历史进程中,中国共产党不仅团结和依靠人民,战胜无数艰难险阻,为中华民族发展和中国人民解放作出伟大贡献,而且不断加强自身建设,成为一个人数众多、追求卓越的政党。中国共产党的发展史表明,"质量强党是中国共产党的一贯追求"③。在当今新时代,中国共产党建设也必须走"质量强党"之路。首先,治党的要求在"严格"。党规严于法律,通过党规建设,形成一个内容科学、程序严密、系统配套、行之有效的党内法规体系,要求中国共产党党员不仅要严格遵守国家法律,而且要严格遵守党内法规。其次,治党的基础在"全面"。以政治建设为核心,覆盖思想建设、组织建设、作风建设、纪律建设、反腐倡廉建设和制度建设等各个领域;以领导干部为重点,覆盖到全体党员。再次,治党的要害在"治理"。加强纪检、监察、审计、司法部门之间的协调配合,优化权力配置和权力流程,用廉政理论引导人,使党员特别是党员干部恪尽职守、秉公用权。

---

① 《中共中央关于加强社会主义协商民主建设的意见》,新华网,http://www.xinhuanet.com//politics/2015-02/09/c_1114310670.htm,访问时间:2019年4月21日。
② 张淑娟:《多维视野下中国特色政党协商制度析论》,载《理论导刊》2017年第10期。
③ 李雨檬:《质量强党是中国共产党的一贯追求》,载《北京日报》2019年4月1日。

加强中国共产党建设、实现"质量强党",虽然是中国共产党自身内部的事情,但内因是变化的因素,外因是变化的条件,吸收民主党派的合理意见是必要的。中国共产党具有"海纳百川"的胸怀,"有则改之,无则加勉"是中国共产党对待党外监督的光荣传统,如今,接受民主党派监督已经为中国共产党的党内法规所明确规定,《中国共产党统一战线工作条例(试行)》第14条指出:"中国共产党处于领导和执政地位,更需要自觉接受民主党派的监督。"中共中央和各级党委在就方针政策、人士安排等重大事项作出决策之前,邀请民主党派进行讨论、商议,听取民主党派的观点和看法、接受民主党派的合理建议。由于人民政府是中国共产党领导的,因而政府机关的重要决策也应该接受民主党派的监督,一方面防止中国共产党的路线方针政策在政府工作中变样走形,另一方面提高政府决策的科学性。为了更好地发挥民主党派在中国共产党建设中的功能,中国共产党"党委(党组)领导班子成员应当带头学习宣传和贯彻落实党的统一战线理论、方针、政策和法律法规",中国共产党的统战部门切实履行"了解情况、掌握政策、协调关系、安排人事、增进共识、加强团结"等方面的职责。①

(二)加强民主党派建设

民主党派加强自身建设,是切实履行其职能的必然要求,是推进政党协商良性运行的客观需要。事实上,自新中国成立以来,特别是改革开放以来,民主党派自身建设在中国共产党领导下不断推进。在新中国成立初期,民主党派不论是组织还是规模都不能适应社会主义民主政治发展的需要,各民主党派在中国共产党的协助下加强自身建设而得到发展,不仅机构日益完善、规模日益扩大,而且与中国共产党之间的合作在"长期共存,互相监督"方针的指导下不断发展。1989年,中国共产党在其历史上第一次在其文件中对民主党派建设作出明确规定②。以后,在中共中央发表的文件中,都有支持民主党派自身建设的规定。

---

① 《中国共产党统一战线工作条例(试行)》第15条规定,载《人民日报》2015年9月23日。
② 《中共中央关于坚持和完善中国共产党领导的多党合作和政治协商制度的意见》以专章形式规定"支持支持民主党派加强自身建设",指出:"为了坚持和不断完善中国共产党领导的多党合作和政治协商制度,民主党派需要加强思想建设和组织建设,首先是民主党派各级领导班子的建设。"(参见《中共中央关于坚持和完善中国共产党领导的多党合作和政治协商制度的意见》,中国共产党新闻网,http://cpc.people.com.cn/GB/64162/71380/71387/71589/4855193.html,访问时间:2019年4月17日)

民主党派建设是一个由思想建设、组织建设、制度建设、机关建设诸多方面构成的系统工程[①]。在新时代,民主党派建设应该在加强思想建设、组织建设、制度建设和机关建设的基础上以提高四种能力为重心:一是政治把握能力。民主党派成员尤其是领导干部应该对清楚地认识当今中国的政治制度,正确把握中国共产党和民主党派的地位及其关系,自觉在中国共产党的领导下履行其职能。二是参政议政能力。民主党派成员尤其是其领导干部应该加强政治理论、中国共产党党内法规以及国家法律法规等各方面的学习,掌握参政议政的必备基本知识和技能,通过开展调查研究、开展党内民主等方式提高向中国共产党和政府机关提交的提案的质量;将本党中的优秀成员推荐到国家机关。三是组织领导能力,各民主党派应该加强本党纪律建设,其中央机关应该增强凝聚力,能够"最大限度地动员组织本党派成员积极参政议政,为国家的建设发展提出意见建议"[②]。四是合作共事能力。各民主党派应该深刻认识和准确把握其与中国共产党的关系是合作而不是竞争,与中国共产党同心同德、共商国是,进入国家机关的民主党派成员依法依规履行其因分管工作而享有的决定权、建议权。

## 二、推进政党协商的制度建设

制度是调整和维系社会关系的规则,它是一系列权利和义务或责任的集合,由法律、法规、政策、团体规章以及习俗等形式加以表现。制度具有稳定性,但稳定性是相对性。作为时代的产物,制度也随着时代变迁而发展,"作为社会组织基础的民主制的一大长处,就在于它有可能使所有的社会的各种制度适应发展的过程,并通过它使这些制度经常与该国民众的思想发展相适应"[③]。政党协商制度是我国民主制度的构成部分,这一制度适合中国国情,因而必须坚持;同时新时代社会主要矛盾的变化、人民对美好生活的追求等对政党协商制度提出了更高要求。有学者通过过问卷调查发现,"不断加强和完善政党协商的体制机制,促进政党协商的规范化、程序化、制度

---

[①] 《中国共产党统一战线工作条例(试行)》,载《人民日报》2015 年 9 月 23 日。
[②] 华正学:《民主党派加强"五种能力"建设的四大逻辑》,载《中央社会主义学院学报》2016年第 2 期。
[③] [日]佐藤功:《比较政治制度》,刘庆林、张光博译,法律出版社 1984 年版,第 10—11 页。

化、法治化发展"是"政党协商的着力点"之一。① 推进政党协商制度建设是新时代实现政党协商创新发展的必由之路。

### （一）完善政党协商制度的法律规定

"法律是治国之重器，良法是善治之前提。"②《中共中央关于全面推进依法治国若干重大问题的决定》的这一宣告表明完善政党协商制度法律规定的重要性。首先，完善宪法的相关规定。宪法是国家的根本大法，宪法对政党协商制度的规定使该制度获得根本法保障。我国现行《宪法》规定了政党协商制度，确认"中国共产党领导的多党合作和政治协商制度将长期存在和发展"，但这一规定较为笼统，应该完善宪法规定，就政党协商的性质、共产党和民主党派的协商职责等作出进一步的规定。其次，将实践成熟的中国共产党关于协商民主的党内规定转化为党内法规和国家法律，可以考虑制定《政协组织法》，将《宪法》对政党协商制度的原则规定转化为具体的法律规定，构建科学合理完整的政协规程，完善政党协商的内容、形式和程序，明确中国共产党与民主党派的职责，构建民主党派履行职责的考核指标体系。③《中国人民政治协商会议章程》中关于政协制度的规定、中共中央关于政协制度的指导性意见、全国政协会议和地方政协会议在工作中形成的工作条例等，可以为制定《政协组织法》提供有益的借鉴。

### （二）完善中国共产党领导体制

中国共产党的领导地位决定了完善中国共产党领导体制是推进政党协商制度建设的关键和核心。中国共产党领导体制首先解决中国共产党对民主党派进行领导的合法性问题，这个制度为我国宪法所构建，现行《宪法》不仅在第2条中规定"中国共产党领导是中国特色社会主义最本质的特征"，而且在序言中宣告"中国共产党领导的多党合作和政治协商制度将长期存在和发展"。④ 中国共产党领导下的多党合作和政治协商制度既是共产党领

---

① 张彩云、许奕锋：《政党协商的实践探索与制度建构——基于问卷调查的统计分析》，载《天津市社会主义学院学报》2018年第4期。
② 《中共中央关于全面推进依法治国若干重大问题的决定》，载《人民日报》2014年10月29日。
③ 汪洋、黄大熹、莫桑梓：《推进国家层面协商民主法治化管理的原则与进路》，载《华侨大学学报（哲学社会科学版）》2016年第3期。
④ 《中华人民共和国宪法》，载《人民日报》2018年3月22日。

导民主党派的合法性依据,也是中国共产党领导民主党派的制度性保障。这一制度为中国共产党领导并参与各民主党派协商提供价值基础和规范依据,彰显政党协商和民主政治的中国特色。

完善中国共产党领导制度,要求遵行民主集中制原则。前面已经指出,民主集中制是政党协商的基本原则。在民主集中制原则指导下,政党协商是中国共产党领导与各民主党派共同商讨、各民主党派各抒己见、最终由中国共产党在吸纳各民主党派合理意见的基础上做出决策。可见,坚持民主集中制,不仅有利于增强民主党派参与协商的积极性、加强中国共产党与参政党之间的合作,也有利于优化中国共产党的政治决策、提高中国共产党领导的权威性。民主集中制作为一项原则具有抽象性,只有转化为具体制度才能增加其明确性、可操作性。

这些具体制度包括共产党领导和支持民主党派履行职能机制、中国共产党与民主党派协商程序机制、中国共产党与民主党派相互监督机制、民主党派参政议政机制、各民主党派之间的交流和沟通机制、协商成果采纳和实施机制、民主党派协商权利(包括表达权、知情权、参与权、调查权和监督权等权利)保障机制等。

### (三)完善民主党派参与机制

依据《关于加强政党协商的实施意见》,新时代的政党协商制度建设尤其要完善民主党派参与协商的机制,主要有四个方面:(1)知情明政机制。知悉和明确政情民情是政协委员履行职能、完成职责的基础,"离开了知情明政,一切将无从谈起"[1],因此建立知情明政机制十分必要。党的有关部门向民主党派发送有关情况的电子邮件、纸质资料,也可以定期举行有民主党派参加的情况通报会。(2)考察调研机制。实践是认识的来源,知情明政有赖于调研,考察调研机制为政治协商中的知情明政提供制度保障。在这一制度下,中共中央可以委托民主党派中央就经济社会发展重大问题开展重点考察调研,民主党派中央也可以结合自身特色开展经常性考察调研。(3)工作联系机制。工作联系机制是中国共产党与民主党派交流和沟通情况和看法的制度基础,中共中央政治局的成员开展的内政外交工作可以根据需要、

---

[1] 李笑利:《政协委员要在知情明政上下功夫》,载《人民政协报》2017年7月12日。

经统一安排邀请民主党派中央负责人参加，中央国家机关可以根据情况需要邀请民主党派列席有关工作会议、参加专项调研和检查督导工作。（4）协商反馈机制。这一机制有助于明确"到底哪些协商结果转化成了决策依据？哪些意见建议是认为不适合采纳或者另有考虑的，其原因是什么？"[①] 等问题。

### 三、厘清民主党派的职能定位

依法治国是中国共产党领导人民治理国家的基本方略，依法执政是中国共产党执掌中国社会主义国家政权的基本原则。依法执政不仅要求将党的意志法律化，而且要求党支持"一府两院一委"依法履行职能，支持民主党派、人民团体、社会组织和公民个人依法开展活动。可见，中国共产党支持民主党派依法履行职能，既是政党合作和政治协商的重要内容，也是依法执政的基本要求。明确职能是履行职能的前提，中国共产党支持民主党派履行职能，必须对民主党派的职能作出明确界定。民主党派的职能在我国政治协商制度和政党协商实践的不断发展中不断清晰和完善，目前，《中国共产党统一战线工作条例（试行）》《关于加强政党协商的实施意见》等党内法规将民主党派的职能规定为政治协商、参政议政和民主监督三个方面，在以后完善党内法规可以将这些职能进一步加以精细化、明确化。

就政治协商看，《中国共产党统一战线工作条例（试行）》第11条将"参加中国共产党领导的政治协商"纳入民主党派的基本职能中，该条例第12条将"中国共产党同民主党派的政治协商"确定为政党协商的内容。[②] 从协商对象来看，政治协商包括两个方面：一方面是中国共产党就国家和地方的大政方针以及政治、经济、文化和社会生活中的重要问题在决策之前与各民主党派进行协商；另一方面是中国共产党就决策执行过程中的重要问题与各民主党派进行协商。具体而言，政治协商的内容主要有以下方面：中国共产党各级代表大会、各级党委的有关重要文件；宪法的修改、重要法律和地方性法规的制定和修改等方面的建议；国家机关和政协的领导人的建议人

---

[①] 何维：《加强协商成果采纳反馈机制建设》，载《团结报》2015年5月12日。

[②] 《中国共产党统一战线工作条例（试行）》，载《人民日报》2015年9月23日。

选；关系统一战线和多党合作的重大问题。①

就参政议政来看，参政议政由参加政治活动和议论政治活动两个方面构成。关于参加政治活动，《中国共产党统一战线工作条例（试行）》规定：民主党派可以"参加国家政权，参与重要方针政策、重要领导人选的协商，参与国家事务的管理，参与国家方针政策、法律法规的制定和执行"，可以"就经济社会发展重大问题进行考察调研"，可以"开展社会服务活动"。关于议论政治活动，民主党派可以"就各级政府拟提交人民代表大会审议的政府工作报告、有关重大政策措施和重大建设项目提出意见和建议"，民主党派负责人可以"参与有关政策、规划的制定和检查工作"。②

就民主监督看，我国政党制度决定了中国共产党与民主党派之间着"互相监督"关系，但由于"中国共产党处于领导和执政地位"，因而"更需要自觉接受民主党派的监督"。民主党派对中国共产党的监督在性质上属于政治监督，在实施中要注意以下方面：一要遵守宪法法律、中国共产党党内法规、各民主党派章程；二要坚持四项基本原则；三要明确监督内容主要包括宪法和法律法规的制定和实施、中共及其领导的政府制定和贯彻执行重要方针政策、各级机关及其工作人员履行职责和廉政勤政等；四要运用正确的监督方式，包括"提出意见、批评、建议等方式"。③

**四、明确政党协商的多元统一**

一致性和多样性的辩证统一是我国统一战线的题中内容，"只有一致性、没有多样性，或者只有多样性、没有一致性，都不能建立和发展统一战线"④。在我国政党协商体中，也存在中一致性与多样性关系。政党协商的主体有九个，即作为领导党的中国共产党和参政党的八个民主党派，每个党派都有自己的宗旨，确定了自己的纲领，制定了自己的章程。这些情况决定了政党协商必然具有多样性。然而，政党协商是在中国共产党领导下各政党之间的合作而不是竞争，依据国家法律和中国共产党法规进行，针对中国社

---

① 《中国共产党统一战线工作条例（试行）》第12条规定，载《人民日报》2015年9月23日。
② 《中国共产党统一战线工作条例（试行）》第13条规定，载《人民日报》2015年9月23日。
③ 《中国共产党统一战线工作条例（试行）》第14条规定，载《人民日报》2015年9月23日。
④ 《习近平谈治国理政》第二卷，外文出版社2017年版，第303页。

会发展中的重大问题而展开。这些情况决定了政党协商的一致性。

"正确处理一致性和多样性关系,关键是要坚持求同存异"[1]。中国共产党和各民主党派必须明晰自己的地位、牢记自己的职责,以"大团结大联合"为基本原则,以"长期共存、互相监督、肝胆相照、荣辱与共"为基本方针,在有关国家政治、经济、文化、社会、环境等方面建设的重大问题畅所欲言、理性沟通、形成共识,"找到最大公约数,画出最大同心圆"[2]。在政党协商过程中,需要注意以下方面。

第一,各民主党派应该基于本党的立场和宗旨切实履行职能,在协商事项上发挥各自优势,由此展现多样性。如果千篇一律、人云亦云,则政党协商形同虚设,落入形式主义窠臼,对中国共产党的决策不会产生助益。

第二,政党协商的基础是共产党同民主党派的"共同的政治目标"[3],政党协商的目的是实现合作、形成共识、达到和谐。因此,在具体事项的协商中与各民主党派居于平等地位,将平等协商作为政党协商的重要特质,"采用平等协商、以理服人、和风细雨、开诚布公、依规合矩、求同存异的方式方法"[4]。

第三,共产党是领导党,在政党协商中必须居于主导地位,发挥主导作用。各民主党派不能"各唱各调、各吹各号",应该树立和践行大局意识、看齐意识,坚持四项基本原则,拥护共产党的方针、路线、政策,在核心价值观念上与共产党保持一致性和共同性。

## 第五节　新时代中国特色政党协商理论体系构建

习近平新时代中国特色社会主义思想中蕴含着丰富深刻的政党协商要素,有必要从理论上加以深刻把握。归纳起来,这一思想科学地回答了政党

---

[1]《习近平谈治国理政》第二卷,外文出版社2017年版,第304页。
[2] 习近平:《决胜全面建成小康社会,夺取新时代中国特色社会主义伟大胜利——在中国共产党第十九次全国代表大会上的报告》,载《人民日报》2017年10月28日。
[3] 中共中央印发《关于加强政党协商的实施意见》,载《人民日报》2015年12月11日。
[4] 杨君武:《论当前中国政党协商中一致性与多样性关系的确当处理》,载《中央社会主义学院学报》2016年第4期。

协商的根本性、深层次问题，解决了政党协商制度发展中的重大理论问题。

## 一、政党协商的本质属性

政党协商是社会主义协商民主的首要形式，在本质上是在中国共产党领导下基于团结合作的政治协商，是一种非竞争性协商而非两党或多党为达到执政目的而相互竞争、轮流坐庄式的竞争性政党制度形式。长期深层次团结合作是中国特色社会主义政党协商的基本特征，与西方的政党短暂、浅层合作存在本质区别。"长期共存、互相监督、肝胆相照、荣辱与共"，是中国共产党与民主党派之间进行协商的根本原则和指导方针。在新时代，坚持和实践这一基本指针，是完善协商民主的根本立足点和落脚点，彰显了政党协商的民主性、人民性、有序性、高效性，克服了西式协商民主的对抗性、竞争性、失范性、低效性。

非竞争性政党协商与竞争性协商的根本区别在于，在实质理性上，非竞争性协商是最大限度体现和维护全体人民意志和利益，以实现最广大人民根本利益为轴心的协商民主，而竞争性协商制度尽管在一定意义和一定层面表达民意和防止专权，但是无论是民意的范围还是程度都大打折扣，即使打着全民利益代表的旗号，由于受到党派利益和夺取执政权的偏狭目的所限制，而最终会成为一部分人、少数利益集团的代表者。在形式理性上，协商程序的和谐性、平等性、民主性决定了非竞争性政党协商具有高度的民主性和有序性。既能充分释放不同党派政治价值功能，又能严守程序规范，"避免了一党缺乏监督或者多党轮流坐庄、恶性竞争"并进而"囿于党派利益、阶级利益、区域和集团利益决策施政导致社会撕裂的弊端"。[①] 对此，习近平总书记归结为三个"新就新在"：即新就新在代表"最广大人民的利益""紧密团结"各政党和无党派人士和实现"决策民主化科学化"，从而夯实了我国政党制度的现实基础，彰显了这一制度的本质属性。

总之，以政党协商为主要内容的中国共产党领导的多党合作和政治协商制度是我国的一项基本政治制度，是中国给世界政党制度的原创性贡献，是

---

① 聂月岩、侯辰龙：《习近平关于中国特色社会主义政党协商的重要论述》，载《治理现代化研究》2018 年第 6 期。

解决发展中大国政治构架的中国方案,是新型政党制度。而政党协商则为确保这一制度特色奠定了基础。

## 二、政党协商的内在依据

中国特色政党协商"具有深厚的文化基础、理论基础、实践基础、制度基础"[1]。从文化上分析,作为中国特色社会主义协商民主的重要形式,政党协商具有深厚的文明与文化历史基础。习近平总书记指出,在中华文明的古老基因中,"天下为公、兼容并蓄、求同存异"为政党协商提供了"优秀政治文化"[2]来源。政党协商的中国特色绝不是从天而降、共产党随意而为而形成的,具有历史的必然性,符合历史与文化演进的客观规律。从理论上看,习近平揭示了民主理论的时代含义,指出:"有事好商量,众人的事情由众人商量,是人民民主的真谛"。[3] 政党协商正是为了解决国家、民族和全体人民的富强、发展与幸福之类的根本性全局性长远性关键问题,所以,必须依靠众人的智慧。而众人如果没有领导者,势必会一盘散沙,陷入无序与混乱状态。所以,中国作为一个人口众多的大国,只能选择符合自身国情与民意的协商模式。不仅在民主本质上如此,在民主形式上也证明了中国特色政党协商制度的合理性。伴随资本主义代议制的兴起,西方政党"越来越变为从事和赢得选举的首要工具"。[4] 但是,随着二战后新兴独立国家的兴起,民主正在发生悄悄的改变。尤其是中国作为社会主义民主政治建设的成功国家,昭告世人:"民主的形式是丰富多样的,不能拘泥于刻板的模式"。[5] 从实践上看,中国特色政党协商制度是深厚的实践知识与经验累积之必然结果。纵观中国历史近百年,其实践基础包括三大向度:"源自中国共产党领导人民进行革命、建设、改革的长期实践,源自新中国成立后各

---

[1] 习近平:《在庆祝中国人民政治协商会议成立 65 周年大会上的讲话》,载《人民日报》2014 年 9 月 22 日。
[2] 习近平:《在庆祝中国人民政治协商会议成立 65 周年大会上的讲话》,载《人民日报》2014 年 9 月 22 日。
[3] 习近平:《决胜全面建成小康社会,夺取新时代中国特色社会主义伟大胜利——在中国共产党第十九次全国代表大会上的报告》,载《人民日报》2017 年 10 月 28 日。
[4] [英]代维·赫尔德:《民主的模式》,燕继荣译,中央编译出版社 2004 年版,第 215 页。
[5] 习近平:《在庆祝中国人民政治协商会议成立 65 周年大会上的讲话》,载《人民日报》2014 年 9 月 22 日。

党派、各团体、各民族、各阶层、各界人士在政治制度上共同实现的伟大创造,源自改革开放以来中国在政治体制上的不断创新。"[1] 从制度上看,中国特色社会主义制度为民主协商和政党协商提供了深厚的制度基础。今天,"共同的思想政治基础就是中国特色社会主义"。[2]

### 三、政党协商的价值定位

应当把握"一个价值判断""两大价值特色"和"三大价值内容":

首先,就价值判断而言,作为社会主义协商民主的首要内容,政党协商是"中国特色民主政治的特有形式和独特优势"。[3] 对此,应当明确这是一个"重大判断",必须加以"全面认识"。[4] 可见,习近平总书记把协商民主"提升到了重大判断的高度","要从本体论的高度认清……内在属性"[5]。究其实质,这一判断是一种深层次的重大价值判断,即理性地回答了政党协商之价值建构的根基和高度、来路与去路、起点与归宿这三个根本性问题。

其次,就价值特色而言,表现为:一是"特有形式"。这一特有形式生存于中国特有的政治生态和文化传统之中,体现为,中国政党协商中的共产党与民主党派是领导与被领导、执政与参政而非在朝与在野党的关系,协商的范围与内容极为广泛普遍,形式多元开放,效率得以极大提升。二是"独特优势"。独特的优势体现为在实质上的人民主体和形式上的高效兼容之间的完美结合,寄托于当下中国所特有的"四个全面"和"两个一百年"价值目标之中。

最后,就价值内容而言,表现为:一是在本质上,价值是利益的集中表达。这里的利益绝不是西式的政党党派自身的利益或者党派所代表的特有利益,而是整个人民的全体的利益。在利益主体、利益范围和利益程度三个向

---

[1] 习近平:《在庆祝中国人民政治协商会议成立 65 周年大会上的讲话》,载《人民日报》2014 年 9 月 22 日。

[2] 《习近平同党外人士共迎新春》,载《人民日报》2013 年 2 月 8 日。

[3] 习近平:《在庆祝中国人民政治协商会议成立 65 周年大会上的讲话》,载《人民日报》2014 年 9 月 22 日。

[4] 习近平:《在庆祝中国人民政治协商会议成立 65 周年大会上的讲话》,载《人民日报》2014 年 9 月 22 日。

[5] 董树彬:《习近平社会主义协商民主思想的理论架构》,载《高校马克思主义理论研究》2017 年第 1 期。

度上实现了根本飞跃。二是在形态上，价值体现为秩序、正义、权利与效率，其中，秩序是基础价值、正义是核心价值、权利是根本价值、效率则是必要的价值形式。政党协商在意志的人民性、运行的高效性、秩序的稳定性诸层面具有明显的特质和优势。我国政党协商的核心价值在于实现人民民主权利，确保实现人的全面发展。在共产党执政和民主党派参政的政治秩序价值关系中，高效率地展开协商，而非相互攻击、尔虞我诈，彻底否定了西方多党民主以无休止的争斗为基本样态的政治运行模式。以人民为主体，一切依靠人民、为了人民、造福人民、保护人民是协商的最根本价值形式，与西方的党派纷争、各为其主、相互倾轧、利益对立存在本质区别。三是在运行上，价值分析的关键不在价值本身，而在探知价值差异、分歧甚至冲突，寻求价值整合之道。协商民主的价值目标在于通过广泛协商，消除矛盾、统一认识、整合分歧、求同存异，寻找"最大公约数"，实现全体人民平等参与平等发展的权利。

### 四、政党协商的权力架构

中国特色的政党协商在权力结构安排与配置上明显不同于西方国家，既强调法律地位平等与协商自由，又分解为不同的权力层次、有序配置权力。在这个权力体系中，共产党始终是领导者和执政党，民主党派始终是参政党和支持党。具体而言，这一权力构造关系体现在以下层面：

一是地位平等与自由协商。共产党和各民主党派都是协商的参与主体，在政党协商上享有平等的法律地位和自由的表达权力。协商的前提是平等与自由。没有自由表达的机会，便无法进行协商；同样，没有平等的地位，也难以理性客观地表达意见，达到协商的理想效果。基于这一法理，中国特色政党协商制度赋予政党以自由和平等的权力。从法律上看，我国宪法确立了共产党领导的多党合作制和政治协商制度，赋予"多党"即包含了共产党和各个民主党派以"合作"的宪法地位。作为根本大法的宪法，以最高的法律效力确立了民主党派和共产党的合作关系。由此，其他一切法律法规、政策规范都必须符合这一最高规范。从历史上看，这一制度的形成经历了漫长的演变，具有历史的合法性。民主党派的性质厘定历经了起初的代表民族资产阶级和小资产阶级利益的政党、到新中国成立初期认同社会主义的新民主主义政党、再到改革开放初期的代表一部分劳动者利益的政党,直到当下作为参政党的演进过程。这一历史脉络表明,民主党派的政治主张和利益取向日益升华,日益摒弃了狭隘的资产阶级利益或仅作为一部分劳动者的片面性。对此,习近平总书记指出:民主党派是"同中国共产党通力合作的中国特色社会主义参政党"。① 既然是合作的党,就必然享有平等的宪法和法律地位。但是,这里的平等不是一般意义的平等,不是在政权掌握和执政上的平等,而是在参政议政上的平等。

二是政治领导与被领导。在中国的政党制度和政党协商中,共产党始终是领导党、执政党,民主党派始终处于被领导的地位。有人认为,既然是多党合作,就不存在不同政党之间的领导与被领导这一层级关系;还有的以宪法只是规定"共产党领导的多党合作"而并没有直接确认"共产党领导民主党派"为由,而看不清共产党对民主党派的领导关系。为了避免语义理解的分歧,克服规范上的模糊性,2015年通过的《中国共产党统一战线工作条例》第十一条明确指出:"民主党派是接受共产党领导"的政党②。2018年中共中央通过《关于加强新时代人民政协党的建设工作的若干意见》开宗明义地指出:"中国共产党领导……是人民政协这一制度安排和政治组织最本质的特征""坚持中国共产党领导是人民政协必须恪守的根本政治原则。"③ 这无疑是对宪法文本的进一步解释。从法律解释上看,尽管宪法解释机关是全国人大常委会,但是,这不妨碍在不违反宪法的前提下,以党内法规的新形式对宪法中有关政党的规范加以细化解释,以进一步明确界限,厘清认识。

三是执政与参政。共产党自始至终都是执政党,执掌国家政权,而"民主党派……是中国特色社会主义参政党"④。这表明,在中国,政治参与被赋予了特定的含义,而不是执掌政权。民主党派的参政党角色定位决定了民主党派享有广泛的政治参与权,但始终是参政党而非执政党。从法理上看,权力与权能是辩证统一的关系,领导与执政是一种权力,其中的决策

---

① 《习近平关于社会主义政治建设论述摘编》,中央文献出版社2017年版,第53页。
② 中共中央:《中国共产党统一战线工作条例(试行)》,2015年5月18日。
③ 中共中央:《关于加强新时代人民政协党的建设工作的若干意见》,2018年10月14日。
④ 中共中央:《中国共产党统一战线工作条例(试行)》,2015年5月18日。

权、执行权、人事任免权等等则是具体的权能，而每一种具体的权能本身又是可以再次细分的。同时，为了实现具体的权能，可以也应当集合社会不同政治组织和力量，集思广益，形成合力，确保执政地位与执政职能的实现。所以，民主党派的参政权具有合法性的法理基础。

四是亲密友党与相互监督。民主党派不仅是一般的参政党，还是"同中国共产党通力合作的亲密友党"①。这表明，两者是友好关系而非对抗关系，在国家富强、民族兴旺和人民幸福这一总体价值目标上完全一致，共同价值观确保内在的情感认同和行为的友好取向。这正是对"肝胆相照"原则的时代诠释。当然，亲密友好并不意味着完全同化与同一。在民主党派是否具有独立性这一问题上，存在不同的观点。有的认为，民主党派是共产党的附庸，有的认为任何政党都是独立的，民主党派也不例外。其实，这都是片面的。一方面，民主党派与共产党不可分离，在领导、合作两个面向长期共存；另一方面，民主党派具有自身的党章党纲与宗旨，显示出相对的独立性。而正是这种相对独立性，才决定了其具有参与政治、监督政治的作用。民主党派的监督对共产党强化领导与执政能力意义重大。

五是合作党与执政党。"中国共产党同个民主党派和无党派人士团结合作"是政党协商必须遵循的基本原则，民主党派是参政党、亲密友党与合作党，具有参政、友善和合作的三重定位。合作是协商的基本态度，即齐心协力、相向而行、协同创新，共同致力于中国特色社会主义事业，为全体人民幸福生活谋福祉。当然，合作不是无原则地妥协，更不是超越领导党与执政党之上讲合作，而是在执政党领导下的合作。实现在合作中协商，在协商中合作，以合作谋发展、以发展促民生福祉的不断改善。

### 五、政党协商的构成要素

政党协商的构成要素可以分解为主体、客体和内容三大方面。其中，主体是共产党和民主党派，前者是领导者，后者是参与者。客体是指党和国家重大事务和重大决策，也就是经济社会政治文化和生态文明建设中的重大关系和重大事务，涉及国家和社会治理、民族发展与民生福祉、全体人民美好

---

① 中共中央：《中国共产党统一战线工作条例（试行）》，2015年5月18日。

生活需求的实现等重大问题。内容则可归结为四大方面：一是"政"，即对中国共产党的中央和地方的权力机构以及中央和地方各级领导机构的有关重要文件的起草、制定与修改进行协商；二是"法"，即对国家宪法的修改建议，国家有关重要法律和重要地方性法规的制定、修改建议进行协商；三是"人"，即对国家机关主要工作人员的建议人选进行协商；四是"事"，即专门就统一战线和多党合作的重大问题进行协商，广泛征求民主党派的意见和建议，确保决策科学、程序民主，最大程度反映社情民意。

任何内容总要通过一定的形式表现出来，政党协商的内在构成要素必须采取合适高效的形式加以展示才能发挥应有的作用。习近平总书记对政党协商的内容与形式进行了科学地论证，指出要完善政党协商的内容和形式，从制度上保障和完善参政议政、民主监督，探索有效形式。[①]"建立健全提案、会议、座谈、论证、听证、公示、评估、咨询、网络等多种协商方式，不断提高协商民主的科学性和实效性。"[②] 对此，中央通过党内法规加以明确与规范，将我国的政党协商分为会议协商、约谈协商、书面协商三类基本形式。会议协商主要包括共产党主持民主党派参与的专题协商座谈会、人事协商座谈会、调研协商座谈会等，约谈协商主要是指中央不定期邀请民主党派负责人小范围个别交谈，书面协商则是指中共中央就相关重要文件、事项书面征求民主党派的意见与建议。

## 六、政党协商的体系构建

习近平总书记指出：有事多商量、有事好商量、有事会商量。[③] 从范围、立场和能力三大方面建构政党协商体系，是新时代中国特色政党协商理论的重大发展，可归结为是一种"包容性、全时段和效能型协商民主"。

其一，在协商的范围上突出"多"。在一切重大国家与社会事务的决策与处理上，都可以也应当进行协商，确保协商的广泛性和覆盖面。与西方自

---

[①]《习近平在中央统战工作会议上强调：巩固发展最广泛的爱国统一战线，为实现中国梦提供广泛力量支持》，载《人民日报》2015年5月21日。

[②] 习近平：《在庆祝中国人民政治协商会议成立65周年大会上的讲话》，载《人民日报》2014年9月22日。

[③] 习近平：《在庆祝中国人民政治协商会议成立65周年大会上的讲话》，载《人民日报》2014年9月22日。

由主义和批判主义协商理论不同,中国特色社会主义协商理论强调要"扩大团结面、增强包容性",是"群众路线"[①] 在政治协商领域实践运用的理论成果和生动体现。共产党应当"容得下尖锐批评""主动接受、真心欢迎"[②] 民主党派的监督,既融汇社会大众意愿又强调多元统一,这种协商民主可以称之为是一种崭新的"包容性协商民主"。

其二,在协商的立场上突出"好"。"有事好商量"展示了对待协商民主的态度与立场,即凡事都持对外开放、兼收并蓄的态度,真诚开展协商,彰显有容乃大之精神。治理是众人的事业,国家治理和社会治理必须立基于广泛的社会参与之上。对待协商的态度决定了协商民主能否以及在多大程度上有效推进,是衡量政党协商性状与水平的重要尺度。而在民主国家,政治参与"是通过政党,对公民们是开放的"[③]。对此,习近平总书记明确指出:"人民只有投票的权利而没有广泛参与的权利,人民只有在投票时被唤醒、投票后就进入休眠期,这样的民主是形式主义的"[④] 既要重视选举民主,又要重视协商民主,还要强调两者的有机关联性。可见,中国特色的政党协商旨在建立的是一种"全时段协商民主"。

其三,在协商的能力上突出"会"。诚然,对一个成熟的政党协商体制而言,民主的立场与包容的态度是基本前提,但是,尚不能仅仅停留于此,还需要进一步从政治正确迈向科学理性,于是,能力建设便成为关键的一环。"会商量"聚焦于共产党和民主党派之间的协商能力提升,对完善和发展新时代的协商民主具有根本的保障功能。而且,这一能力建设路径绝非空洞的软弱的,而是实在的厚实的。具体分为五大能力:"政治把握能力、参政议政能力、组织领导能力、合作共事能力、解决自身问题能力"[⑤]。其中,关于政治方向、政治路线与价值取向的定位与定力是逻辑起点,也是最起码的协商能力。参与能力是关键,对社情民意的收集分析与反馈能力、科学民

---

① 习近平:《在庆祝中国人民政治协商会议成立65周年大会上的讲话》,载《人民日报》2014年9月22日。
② 《习近平同党外人士共迎新春》,载《人民日报》2013年2月8日。
③ [美]科恩:《论民主》,聂崇信、朱秀贤译,商务印书馆2004年版,第23页。
④ 习近平:《在庆祝中国人民政治协商会议成立65周年大会上的讲话》,载《人民日报》2014年9月22日。
⑤ 《习近平谈治国理政》第二卷,外文出版社2017年版,第266页。

主的研判与决策能力、高效公正民主理性的问题解决能力，对于政党协商的实质有效推进具有重大意义。组织领导能力主要体现在对党员、党组织的建设能力、党员尤其是党员干部的培养教育能力、组织自身的行动力等，对于强化协商效能极为重要。合作共事能力的提升有赖于弘扬开放包容的协商精神，营造优秀协商民主文化，拓展政党沟通协商渠道和优化协商方式方法。解决自身问题能力则要求强化政党在自我改革、自我发展、自我完善、应对挑战与危机诸方面的能力。唯有强化能力建设，方能构建真实高效的政党协商制度，实现从理念到现实的蜕变。可见，中国特色政党协商民主是一种"效能型协商民主"。

**七、政党协商的法治保障**

政党协商纳入法治体系是新时代全面依法治国的应有之义。良法善治是政党协商的基本要求，也是政党协商的必由之路。习近平总书记反复强调，"加强社会主义协商民主制度建设"、促进协商民主的"制度化发展"、确保"程序合理、环节完善"、实现"有制可依、有规可守、有章可循、有序可遵"[1]，全方位展示了协商民主的实质法治与形式法治相得益彰、实体规范和程序规范共同构建的理论气质，对于完善政党协商法治体系建设意义深远。

在规范上，应当做到国家法律与党内法规体系的有机衔接。宪法是政党协商的最高法律规范，党章是最重要的党内法规。宪法至上、党章为本，是坚持和完善政党协商的根本法治原则，在新的历史时代，中共中央制定了一系列关于协商民主与政党协商的政策文件与党内法规，主要包括：2015年2月《关于加强社会主义协商民主建设的意见》，2015年5月《中国共产党统一战线工作条例（试行）》，2015年6月《关于加强人民政协协商民主建设的实施意见》，2015年12月《关于加强政党协商的实施意见》，2018年10月《关于加强新时代人民政协党的建设工作的若干意见》，如此等等，对于规范政党协商具有重大的法治保障功能。

在行动上，共产党作为领导党，应当在全面依法治国基本方略下，积极

---

[1] 中共中央文献研究室：《十八大以来重要文献选编》，中央文献出版社2016年版，第163页。

践行宪法法律和党内法规关于政党协商的规范要求，不断提升法治能力，运用法治思维和法治方式推进政党协商活动依法有序展开。民主党派、工商联和无党派人士应当"树立法治思维、运用法治方式、依法参政议政"。[①] 共产党应当依法推进协商、依法保障民主党派和无党派民主人士参与协商、依法强化统一战线，从制度上保障和完善参政议政、民主监督，依法依规协调政治利益关系，确保政党协商在法治轨道内运行。

在结果上，依法保障参与协商主体运用法律武器维护自身合法权益，充分实现合法合理利益诉求。政党协商既是一个政治道德问题，也是一个民主法治问题。法治作为利益关系最可靠的协调者，在利益确认、利益维护、利益实现方面具有独特优势，可以克服各种非理性、无序与混乱状况的发生，引导全体协商参与主体依法有序维护权益。所以，应当树立尊法、学法、守法、护法的法治信仰，为全面依法治国贡献法治智慧与力量。

---

① 《中共中央召开党外人士座谈会》，载《人民日报》2014年12月6日。

# 第 四 章
# 法治道路的经济制度逻辑

任何法学家对法治道路的解读永远都无法脱离经济关系与经济基础。法治道路建设与经济制度的内在关联性正是立足于经济基础与上层建筑关系的一般原理，结合法治内生的理性逻辑与外在的路径依赖而加以形成、展开与固化的。对法治道路的"中国"之问即如何"问道"法治中国，在本源论上的答案只有从经济学的奥妙之中才能加以探知与回答。以公有制为主体、多种所有制并存的经济制度格局，是中国特色法治道路发展的大逻辑。无论是什么样的经济改革与制度重构，都必须围绕这一经济制度的宪法安排展开；同样，无论何种意义上的法治改革与路径选择，都无一例外地反映、规范、保障甚至要引领经济关系在这一基本构架下的展开与演进。法治中国的道路设计如何立基于中国特有的经济制度并维护、保障、规范与发展现实经济关系进而推动经济发展，是当下中国法治理论与实践建设中必须解决的重大问题。

## 第一节　法治道路的经济制度架构

法治中国的道路选择与道路建设应当在中国自身特有的经济制度基础上进行，经济逻辑是法治逻辑的前提。在这一意义上，坚持中国社会的基本经济制度、理顺法治与经济的关系，是法治道路的核心要义之一。为此，应当在科学阐释经济制度含义的基础上探讨如何将法治与经济制度及其运行深度融合的内在机理。

## 一、经济制度的法治意涵

关于经济制度的概念，多数字典、词典以及专著都是从描述两对基本关系，即经济基础与上层建筑、生产力与生产关系的视角来展开的。通说认为，社会的经济基础是各类社会生产关系的有机复合，这种经济基础投射于法律上的表现形式，就是通常意义上所述的经济制度。

要理解经济制度，首先要从分析制度的科学含义出发。任何制度都是内在和外在制度的统一，内在制度主要有四种类型：一是习惯、二是内化规则、三是习俗和礼仪、四是正式化的内在规则。外在制度即人类以理性主动设立的规则，它是被自上而下地强加和执行的。内在制度是人类的感性认知，也是指导人们日常生活的主要制度；外在制度则体现了人类的设计创造，它应该尽量与内在制度契合。正如亚当·斯密强调指出，"在人类社会这个巨大的棋盘上，每个人都有着他自己的运动原则，而且这些原则还与立法机构可能强加给他的运动原则不同。"[1] 内在制度和外在制度都是理解制度的一体两面，正如新制度经济学的头面人物诺斯所言，"我对正式约束（如人为设计的规则）和非正式约束（如惯例）与行为准则均感兴趣。制度可以是由人们创造出来的，如美国宪法；也可以仅仅是随着时间推移而演化出来的，如普通法"。[2]

立足于制度内在与外在的划分视角来理解经济制度，可以认为，经济制度是调整生产、交换、分配、消费诸方面经济关系的制度规范体系，既体现为以宪法、法律和政策规范的形式存在的外在经济制度，也体现为以经济习惯、行规、经验、风俗加以表征的内在经济制度。经济内在制度关注于"是什么"，而经济外在制度则侧重于"应是什么"。两者不可偏颇，如果我们把焦点集中在制度"是什么"方面，会引致一种短视和局促的工具使用主义；而如果我们片面强调制度"应当是什么"，又会跌入一种形而上学的

---

[1] 转引自[英]哈耶克：《法律、立法与自由》，邓正来、张守东、李静冰译，中国大百科全书出版社 2000 年版，第 35 页。
[2] [美]道格拉斯·C. 诺斯：《制度、制度变迁与经济绩效》，杭行译、韦森译审，格致出版社 2008 年版，第 5 页。

寻求至善论的陷阱。

经济制度之于经济活动的关系，在马克思主义经典作家的论述中，早就已经用生产力与生产关系、物质基础与上层建筑之间的关系进行了高屋建瓴的阐释："生产关系的总和构成社会的经济结构，即有法律的和政治的上层建筑竖立其上并有一定的社会意识形式与之相适应的现实基础……社会存在决定人们的意识。"① 古典经济学中注重经济增长中资本、技术等要素的作用固然重要，但经济增长的关键问题不是能否获得足够的资本和技术，而是对经济主体的激励以及如何正确使用资本和技术的问题，也就是制度问题。一个有效的制度能使资本和技术容易获得；而一个无效的制度，不仅不能形成资本和技术，而且已有的资本和技术也不会有效地促进经济发展。总结起来，经济制度的功能主要集中在以下方面：一是有效协调人们的行为和增进彼此信任，增强人们的信心，使随机多变的人们之间的交往活动与过程变得更有预见性，减少彼此之间的沟通成本和交流障碍。二是保护和限制个人自主的领域，使其免受外部不恰当的干预。三是防止和化解冲突，有助于缓解个人间和群体间的冲突。四是利益和权势平衡作用，恰当经济制度的一个中心作用是在不同的社会集团之间，建立利益和权势平衡，并确保较下层的集团拥有杠杆，即它们能从上层权势集团那里得到支持。②

社会主义经济制度，反映着社会主义的生产关系，与资本主义经济制度从本源上相区别和对立。社会主义的宗旨是把生产资料私有制改造为有组织的社会所有制，改造为公有制。社会主义国家拥有和支配全部物质生产要素。③ 要全面理解社会主义经济制度，就要从理论与实践两个层面进行把握，以窥其内涵精髓。马克思主义经典理论认为，在社会发展的历史过程中，经济制度是整个社会制度结构的基础，社会制度的发展在实质上就是生产力和生产关系相互作用、经济基础和上层建筑对立统一的能动过程。生产力对生产关系、经济基础对上层建筑的决定主要是围绕着生产资料所有制这一基础展开。生产资料所有制制约着或决定着人们在生产中的地位和相互关

---

① 《马克思恩格斯选集》第2卷，人民出版社1995年版，第32页。
② 桂宇石：《中国宪法经济制度》，武汉大学出版社2005年版，第27—28页。
③ [奥] 路德维希·冯·米瑟斯：《社会主义：经济与社会学的分析》，王建民、冯克利、崔树义译，中国社会科学出版社2012年版，第22页。

系，并从根本上决定着上层建筑乃至整个社会制度的性质。资本主义经济制度大厦建立在私有制的基础上，两极分化不断加剧，社会的财富的膨胀和贫困扭曲都进入了一个前所未有的畸形状态，这种情况甚至被视为一种永恒终极（对应着私有制的终极基础），人们对现状感到极度失望。"这个曾经仿佛用法术制造了如此庞大的生产资料和交换手段的现代资产阶级社会，现在像一个魔法师一样不能再支配自己用法术呼唤出来的魔鬼了"[1]。在这种条件下，只有彻底与传统的资本主义私有制生产关系进行彻底决裂，才能在根本上消除弊病。我们无意否认资本主义私有制在反封建反人治的历史斗争中所起的社会的进步作用；但同样，资本主义经济制度在释放了生产力后，也面临着内在不可逾越的桎梏而被否定的历史宿命。马恩经典理论敏锐地指出，与社会化大生产相适应的必然是生产资料共同所有的公有制。公有制克服了社会的无序化生产，使得社会经济的组织发展受到集体理性的控制，使整个社会生产转移到实现人的能力、需要、交往和自由全面发展。公有制是社会主义经济制度与资本主义经济制度的分水岭，"是私有财产即人的自我异化的积极的扬弃，因而是通过人并且为了人而对人的本质的真正占有"[2]。从实践层面，社会主义经济制度就是在社会主义经济运行的生产、分配、交换、消费四个环节中的经济关系的总和，它通常载于宪法、法律、行政法规、部门规章或各类规范性文件甚或政党纲领政策文件之中，是以宪法、法律等调整的以生产资料所有制为核心的各种经济关系的规则、原则和政策的总和。例如，我国《宪法》第六条规定："国家在社会主义初级阶段，坚持公有制为主体、多种所有制经济共同发展的基本经济制度，坚持按劳分配为主体、多种分配方式并存的分配制度。"社会主义经济制度至少应包括三方面的内容：一是产权制度，规定财产所有权性质和关系；二是经济体制，主要调节国家与市场之间的关系；三是分配制度，主要包括分配的标准以及财税、社会保障等再分配制度。

**（一）产权制度**

党的十八届三中全会决定（以下简称《决定》）提出："产权是所有制

---

[1] 《马克思恩格斯选集》第1卷，人民出版社1995年版，第277—278页。
[2] 《马克思恩格斯全集》第3卷，人民出版社2002年版，第297页。

的核心。健全归属清晰、权责明确、保护严格、流转顺畅的现代产权制度。"[1] 在经济学上,"产权"是一个非常抽象的概念,并不单指财产的归属,而往往指与财产权相关的"一束权利",周其仁教授在《产权与制度变迁——中国改革的经验研究》中写道:"产权是私人谋取自我利益的社会性制度约束,这项约束可以解释人的经济行为和经济增长的业绩,因为不同的产权约束对一个经济的交易费用水平有决定性的影响。"[2] 而从法律的角度看,产权与所有权既相互联系又有区别,产权指的是由法律确定的人们对财产的行为权利的总和,既包括财产所有权,又包括在所有基础上衍生出的对财产的占有、使用、处分和收益等行为权利。产权制度就是指在各产权主体之间对产权关系和产权运行所做出的一种制度安排,它是在财产所有权的基础上,对各产权主体在财产占有、使用、收益和处分等各项权能上所形成的关于责、权、利相互关系的法律制度和习惯性规则安排,是有关产权界定、保护、流转等环节的一系列政策和法律规定的总称。

对基本产权制度中的自然资源产权制度、企业产权制度、私有财产权保护制度,《宪法》及党的纲领性文件做了如下规定:(1)自然资源产权制度。《宪法》第九条、第十条规定,我国的自然资源所有权主体只有国家和集体。其中,土地的使用权可以依法有偿转让。(2)企业产权制度。在我国,很长一段时期内实行的都是单一公有制的所有制形式,国家的企业形式采取的是统一的国有或集体所有制。自改革开放以来,以公有制为主体、多种所有制共同发展已成为党和国家、人民的共识,这也是中国特色社会主义经济制度的核心。在此背景下,建立健全现代企业产权制度,尤其是国有企业产权制度,有助于维护公有产权和公有制经济的主体地位。国有企业是最终产权归全体人民共同所有,由国家(或政府)出资建立的企业。国有企业与一般企业相比,其特殊性主要体现在国有企业是国民经济和国家安全的重要控制力量,是国家战略性产业和高新技术产业的主干力量,是民族产业中起决定性作用的力量,是社会生产和生活基础设施的主要供应者,是非国有企业不宜进入的特殊产业的替代生产者。《宪法》第十六条规定,国有企

---

[1] 《中共中央关于全面深化改革若干重大问题的决定》(二〇一三年十一月十二日中国共产党第十八届中央委员会第三次全体会议通过),载《人民日报》2013 年 11 月 16 日。
[2] 周其仁:《产权与制度变迁——中国改革的经验研究》,北京大学出版社 2004 年版。

业在法律规定的范围内有权自主经营。这一规定奠定了国有企业遵循现代企业管理所有权与经营权分离的前提，企业产权中的所有权归国家、经营权由企业内部以民主形式管理。《决定》对推动国有企业完善现代企业制度又作了进一步细化，首先，明确国有企业改革的目标是"规范经营决策、资产保值增值、公平参与竞争、提高企业效率、增强企业活力、承担社会责任"；其次是明确外部价值定位，加大国有资本对"公益性企业"的投入，提供更多"公共服务"，防止行政垄断，"推进公共资源配置市场化"；再次是从国有企业的内部出发，要求"健全协调运转、有效制衡的公司法人治理结构"、加强薪酬待遇管理；对于国有企业的产权转让，《宪法》并未作出明确规定，仅在第12条确立了"国家保护社会主义的公共财产""禁止任何组织或者个人用任何手段侵占或者破坏国家的和集体的财产"这一基本原则。现代产权理论表明，一种财产或资源，只有能够自由流动，才能形成市场价格。有了市场价格，资源才可以在价格机制的引导下实现合理配置。因此，建立现代企业产权制度的一项重要内容就是产权的自由流动。只有自由流动，国有经济才能从竞争性的领域退出，国有企业才能进行战略性重组。《决定》对国有产权的流转提出了"流转顺畅"的要求，在国有产权的流动上，《决定》重点指出了以发展混合所有制经济、完善国有资产管理体制的方式来实现国有产权在参与市场竞争中的进退有序。一方面，非国有资本可以参股国有资本投资项目，混合所有制企业员工可以对企业持股，调动劳动者积极性，国有资本通过向非国有资本、企业员工个体资本让渡、稀释股权比例的形式，实现国有资本的放大与间接退出。另一方面，要"以管资本为主加强国有资产监管，改革国有资本授权经营体制"，此处"授权"经营为今后国有产权的表现形式开辟了一条新的路径。在法理上，就是要合理界分国家公权力与市场自由权之间的关系。在国家直接介入领域上，国有资本重点投向的领域主要是"国家安全、国民经济命脉的重要行业和关键领域，重点提供公共服务、发展重要前瞻性战略产业、保护生态环境、支持科技进步、保障国家安全"，在运营方式上完全可以采取更加市场化、现代化的资本管理模式，如设立国家主权投资基金、国有产业、行业投资基金的方式，通过保障和履行国有投资人的权利，探索在现代工业社会中公有制经济的新的实现方式。(3) 私有财产权制度。随着新中国成立初期社会主义改造的完成，公民的私有财产权的范围大大缩小。改革开放以后，在确保公有制主体地位的大前提下，发展非公有制经济，健全公民个人的私有财产保护制度，最集中体现在非公有制经济的基本产权制度的确立和完善。1982年《宪法》首次写入发展和保护个体经济这一非公有制经济形式，明确"个体经济"的"合法"和对公有制经济的"补充"这两个法律定位。1988年《宪法修正案》进一步规定"私营经济"的合法地位。1999年《宪法修正案》将非公有制经济的地位提高到一个新的高度，从"补充"地位转变到"市场经济的重要组成部分"。2004年《宪法修正案》则一方面扩大非公有制经济的范围、适应新经济环境下可能出现的新的非公有制经济形式，"国家保护个体经济、私营经济的合法的权利和利益"；另一方面，进一步明确对非公有制经济的五种宪法态度：鼓励、支持、引导、监督和管理。规定"国家鼓励、支持和引导非公有制经济的发展，并对非公有制经济依法实行监督和管理。"非公有制经济的产权制度主要具有如下特点：一是产权主体与财产的结合更加直接和紧密，二是产权运行的决策主体和决策目标更加集中和单一，三是产权收益的分配由产权主体按资产份额进行。正是由于非公有制经济产权主体剩余索取和剩余控制权的合一性，使得非公有制经济以利润最大化目标的实现成为其行动的基本取向，在经济效率上比公有制经济更加有效。对非公有制经济的产权保护，《决定》重点突出了"平等"这一宗旨。具体体现为：

其一，依法平等保护财产权。"公有制经济财产权不可侵犯，非公有制经济财产权同样不可侵犯"。其二，依法平等使用生产要素。无论是哪一种所有制经济形式，在法定范围内，都享有在使用劳动力、生产资料和市场份额利用诸方面的平等权益，共同促进经济发展。其三，依法平等参与市场竞争。对不同主体行为的平等保护，是市场经济高效率的基本前提，为此，要加大法治制度构建的力度，切实防止垄断与不正当竞争，形成权利平等、机会平等、规则平等的良好法治环境。其四，进一步取消或削减行政许可。允许非公有制经济进入部分特许经营领域，同时，对现有的经济法规进行全面清理，凡是不合理、不公平限制非公有制经济发展的规定，应该予以废除。[①]

---

[①]《中共中央关于全面深化改革若干重大问题的决定》（二〇一三年十一月十二日中国共产党第十八届中央委员会第三次全体会议通过），载《人民日报》2013年11月16日。

这些规定无疑为我国非公有制经济产权的保护揭开了一个新的篇章，对于提升经济发展质效、夯实社会主义经济基础具有重大意义。

中国特色社会主义法治道路应当坚持社会主义公有制为主体的经济制度，防止偏离公有制的轨道而搞所谓法治。当然，这并不意味着消灭或遏制非公有制经济的发展。市场经济实质是法治经济，自由竞争、平等保护是市场经济的魅力所在，法治作为规则之治与良法善治，对于发展公有制经济的基础上保障多种所有制经济竞相迸发活力具有无可替代的作用。

### （二）经济体制

经济体制是一定社会一定时期生产关系的具体形式，是整个社会经济互动中所有经济要素（包括经济主体要素和客体要素在内）的组合方式及其所形成的组织体系和制度秩序的综合。按照国家或政府在经济活动中所起到的作用大小进行划分，经济体制可以分为市场经济体制、计划经济体制和混合经济体制。市场经济体制的特征是以契约自由为基础，由市场决定价格；计划经济体制的特征则基本上是人类理性涉及的产物，"整个社会将变成一个管理处，成为一个劳动平等，报酬平等的工厂"[1]；混合经济体制则是既有市场又有计划的经济体制，"私有制度通过市场机制的无形指令发生作用，政府机构的作用则通过调节性的命令和财政刺激得以实现"[2]。以中国共产党的十一届三中全会召开为标志，我国的经济体制经历了从新中国成立后的计划经济体制向混合经济体制转变。三中全会前，在经过城镇私有化改造和农村土地改革运动后，国家全面控制了经济的运行，计划经济成为当时调节经济运行生产、分配、交换、消费四大核心环节的唯一手段。客观地看，计划经济体制是在当时历史条件下发展经济的一种探索，但"任何人都根本不可能知道人们在这种计划中所能够动用的资源总和，因此对这些资源不可能进行集中控制"[3]，因此在改革开放后，我国逐步确立了市场经济体制的发展目标。《宪法》第十五条确定了"社会主义市场经济"的最高法

---

[1] ［英］哈耶克：《通往奴役之路》，王明毅、冯兴元等译，中国社会科学出版社1997年版，第116页。

[2] ［美］保罗·A.萨缪尔森、威廉·D.诺德豪斯：《经济学》（第12版），中国发展出版社1992年版，第68页。

[3] ［英］哈耶克：《致命的自负》，冯克利、胡晋华等译，中国社会科学出版社2012年版，第96页。

律地位。党的十八届三中全会《决定》进一步把市场在资源配置中的定位从以往的"基础性作用"修改为"决定性作用"①。建立国家宏观调控下的社会主义市场经济体制虽然已成为各方共识,但实践中还依然存在着市场主体活力不足、市场体系不够健全、竞争机制没有得到完全实现、宏观调控有待改进等亟待解决的问题。学者指出,市场经济是一个有机的体系,这个体系主要是由自主经营、自负盈亏的市场微观主体(主要是企业)、竞争性的市场体系和主要通过市场进行调节的宏观管理体系三者组成。② 作为一个体系,以上三个方面是相互联系密不可分的,只有当这三个支柱框架树立起来,也就意味着自主经营、自负盈亏的企业体制或微观市场主体体制的形成、竞争性的市场体系或市场流通体制的建成以及主要通过市场进行调节的宏观管理体制的完善。因此,仅仅要求经济的商品化和货币化以及其他部分内容的市场化是远远不够的,重要的是要建立这一整套机制,使市场制度在资源的配置中发挥决定性的作用。

目前问题的关键不在于在理论上确立市场的决定性作用,而是设计出一套成熟的法治制度,保障市场在法治规则之下自由地运行,也就是除了法治制度规则之外,市场再也没有别的"上司"进行干预。这就要求把"全面深化改革"与"全面依法治国"这两者有机地整合为一个统一体,既保证在法治经济下市场具有决定性作用,又防止自由经济导致的无序与混乱。这正是中国法治道路选择进程中致力于解决的二元关系问题以及经济体制的症结之所在。从法哲学视角看,在实质上体现为公权力与私权力在经济上的配置模式,也就是权力对经济自由的介入限度、介入方式、介入程序与介入后果。法治道路的经济特征首先是坚持社会主义公有制,同时,要明确自由与平等、市场与政府的关系,进一步厘清法无授权不可为的实现形式,明确究竟哪些必须由法律来授权、哪些无需法律授权、何者由法律干预、何者由法律限权或彻底放权。

### (三) 分配制度

分配是指主体为了实现一定的经济政治目的和自身利益,对一定时期内

---

① 《中共中央关于全面深化改革若干重大问题的决定》(二〇一三年十一月十二日中国共产党第十八届中央委员会第三次全体会议通过),载《人民日报》2013 年 11 月 16 日。
② 吴敬琏:《当代中国经济改革战略与实施》,上海远东出版社 1999 年版,第 93 页。

的社会产品或财富，按一定的方式与比例，在不同的社会组织、团体和个人之间进行分割与配置。分配制度旨在调整分配主体之间、分配主体与生产主体之间、生产主体之间的矛盾关系。一般而言，分配制度包含分配对象、分配主体和分配接受者三个要素。分配对象是可供分配的社会产品，它包括用于生产消耗的生产资料产品和用于生活消耗的消费资料产品，在表现形式上既可以是实物形态的，也可以是价值形态的。社会产品是分配的必要前提，没有实物或价值的创造，也就没有分配的前提；但社会产品也只有被提供给分配领域，进入具体的分配运行之中，并完成了从一个占有主体到另一个接受者手中的转移过程，才称之为分配对象。分配主体是指将社会产品按照一定的原则进行分配的社会集团、部门或者个人。分配主体在分配过程中居于主导地位，在社会的基本分配方式确定以后，分配主体对于把社会产品分配给谁、分配多少、采取怎样的具体分配形式等，具有重大的影响力和决策权。分配主体对分配对象所具有的分配权，是以他们对社会产品的占有权为基础的，"一定的分配关系只是历史规定的生产关系的表现。"[1] 在社会主义国家，由于公有制的确立，广大的劳动者共同享有了生产资料。因而，劳动者作为一个整体，理应成为分配主体。但在实际的经济运行中，分配的职能却往往由劳动者的代表——实际管理者执行。这个代表就是国家。企业、单位和个人都成为隶属国家的利润和财富的创造者，而财富和利润最终归属于国家，再由国家对其进行统一分配。分配接受者是指通过分配获得分配对象的社会集团、部门或个人。综上，分配制度就是划分各分配主体对分配对象所享有的决定权，规定其分配方式以及分配接受者参与分配权利的法律制度的总和。

我国现阶段的分配基本制度，在《宪法》层面上主要体现在第六条"坚持按劳分配为主体、多种分配方式并存的分配制度"。党的十三大报告最早在党的代表大会文件中提出了这一分配制度，随后，党的十四大报告强调了"一主一辅"的分配制度，即以按劳分配为主体，其他分配方式为补充。党的十八届三中全会通过的《决定》则要求形成合理有序的收入分配

---

[1] 《马克思恩格斯全集》第 25 卷，人民出版社 1974 年版，第 997 页。

格局，提高劳动报酬在初次分配中的比重。①

如果从分配主体、分配对象和分配接受者三个维度分析，我国现阶段的分配制度又可以细化为以下方面的子制度。（1）分配主体。一是中央政府与地方之间的分配权限，主要体现在《预算法》《关于实行分税制财政管理体制的决定》中规定的中央和地方之间的财政收支两条线、分家吃饭等制度安排上。《预算法》规定，我国实行一级政府一级预算，全国预算由中央预算和地方预算组成。地方预算可以划分为省、自治区、直辖市，设区的市、自治州，县、自治县、不设区的市、市辖区，乡、民族乡、镇四级预算。中央预算和预算执行情况由全国人大批准；地方预算和执行情况，由同级人大批准。中央与地方对本级预算有向上报告和向下监督的职责要求，但无越级批准的权限设置；中央与地方之间的资源流转，通过地方政府向中央政府上缴收入、中央政府对地方政府的税收返还和转移支付进行。根据国务院《关于实行分税制财政管理体制的决定》，我国税种划分为中央税、地方税和共享税，分设中央与地方两套税务机关分别征管。中央税收入和地方税收入分别由其征管机关划入中央金库和地方金库；共享税收入中属于中央收入的部分划入中央金库，属于地方分享的部分，由中央税务机构直接划入地方金库。分税制从 1994 年实施起到 2018 年，历经了 24 年的发展，其弊端日益显现，效率低下、相互矛盾、重复提交报税资料、因为人口流动导致的监管死角之类的问题，严重制约着制度效能的发挥。所以，在 2018 年，改为中央层面国税与地税分离、省级及以下国税与地税合并，这种统分结合的模式既有利于集中又具有一定的灵活性。二是政府与企业之间的分配关系，这又可以细分为政府与公有制企业、政府与非公有制企业之间的分配关系。政府与公有制企业之间的分配关系，根据《企业国有资产法》规定，国有独资企业分配利润，由履行出资人职责的机构决定；其他国有企业分配利润，只需要遵守法律、行政法规以及企业章程的规定。政府与非公有制企业之间的分配关系，则主要体现在商品税制度、所得税制度、财产税制度方面规定的非公有制企业向国家纳税义务方面。（2）分配对象。我国现阶段的

---

① 《中共中央关于全面深化改革若干重大问题的决定》（二〇一三年十一月十二日中国共产党第十八届中央委员会第三次全体会议通过），载《人民日报》2013 年 11 月 16 日。

分配对象就是国家在一定时期所创造的产品和服务的总和，也就是经济学上所讲的国民收入。对分配对象采取初次分配和再次分配相结合的分配方式。初次分配即直接与生产要素相联系的分配，体现效率原则，根据各生产要素在生产中对国民收入的经济效率贡献进行分配，高效率获得高回报；再次分配是在初次分配的基础上，国家运用税收调节、财政支出、金融措施以及社会保障等方式，对初次分配后的社会财富进行的再次分配。党的十八届三中全会通过的《决定》对今后改革初次分配、再次分配指明了方向，重点是保护劳动报酬，提高其在初次分配中的绝对比重，使劳动报酬的增长与劳动生产率的提高保持一致。劳动报酬体现为工资和津贴，一方面是要健全工资增长机制，完善最低工资和工资支付保障制度；另一方面是要改革机关事业单位工资和津贴补贴制度。此外，对上市公司回报投资者的机制等居民财产性收入的渠道要扩展，并利用税收和转移支付为收入再分配调节的手段，努力增加低收入者收入、扩大中等收入比重，缩小收入分配差距。目前，在初次分配和第二次分配之外，开始更加重视第三次分配，通过大力发展慈善、捐赠等社会事业，进一步优化社会财富分配结构，更好实现分配正义和共同富裕。(3) 分配接受者。分配接受者可以通过有偿的劳动作为交换，获得一定的社会财富。由于我国特殊的城乡二元结构，城市劳动者获得社会财富的典型形式就是工资，而对于农业劳动者而言，其表现为通过经营土地而获取的收益。此外，分配接受者还可以通过非劳动的其他生产要素（如资本、知识、技术、管理）的投入获取一定的收入，对于一部分丧失劳动能力的公民，将得到国家或社会法定抚养和救济，接受无偿的分配，失业人口也能得到最低生活保障。目前，城乡二元结构已经成为制约我国城乡经济发展一体化的主要障碍，农民经营土地方面的制度缺失，减少了农民的财产权利，制约了广大农民平等参与现代化进程、分享现代化成果。此外，社会保障制度不健全、社会保险资金匮乏，也在一定程度上加剧了贫富差距、激化了社会矛盾。社会保障制度是国家依法采取强制手段对国民收入进行再分配，建立防范国民经济风险的制度，具有维护社会稳定、保持社会公正、促进社会发展等功能，可分为社会保险、社会救济、社会福利等。例如，2010年，我国制定了《社会保险法》，要求建立覆盖城乡全体居民的社会保险制度，明确了社会保险中的国家义务尤其是财政补贴义务，对实现公民的基本人权——社会保障权，切实保障人民群众共享改革发展成果具有重要意义。

总之，良法善治视野下的分配制度，与西方自由市场经济下的分配制度是不尽一致甚至是完全不同的，自由市场经济的分配以效率为核心、以资本与劳动为根本分配标准；而社会主义法治下的分配，则始终以公平正义为核心，以效率为基本标准。正是在公平正义的基础上通过不断彰显效率价值，法治与社会主义经济制度才得以内在地融为一体。这正是经济制度之于法治道路的意涵之所在。

## 二、法治的市场经济逻辑

无论是法与市场经济的演进历史，还是法与市场经济的内在关系，都一再求证了市场经济实质是法治经济这一结论的真理性。法的产生与完善与经济具有历史的、天然的联系。从法律史考察可知，"在社会发展某个很早的阶段，产生了这样一种需要，把每天重复着的产品生产、分配和交换用一个共同的规则约束起来，借以使个人服从生产与交换的共同条件。这个规则首先表现为习惯，不久便成了法律"[1]。马克思则认为先有商品交换、然后出现法律，法律的最初形式就是契约，"先有交易，后来才由交易发展为法制……这种交换和在交换中才产生的实际关系，后来获得契约这样法的形式，等等"[2]。

马克思主义经典理论作家为我们指出了法产生于商品交换的过程之中这一前提。法在经历漫长的演进过程中，即从自发到自觉，由个别规范到一般调整，由习惯到习惯法的过程，深深扎根于商品经济中。在东西方繁多的古代法中，无论从体系、内容，还是从调整范围、方法来看，其典型代表应首推罗马法，恩格斯称赞它为"商品生产者社会第一个世界性的法律"。中世纪以来，西欧各国完成封建化过程伊始，窒息多年的商品经济开始活跃，没落数百年的城市也随之复苏。航海事业的发达，同东方贸易的加快与繁荣以及政治、文化上的需要，催生了罗马法复兴的浪潮。19世纪以降，资本主义发展到近现代市场经济阶段，凯恩斯主义"国家干预"代替了"自由放

---

[1] 《马克思恩格斯选集》第3卷，人民出版社1995年版，第211页。
[2] 《马克思恩格斯全集》第19卷，人民出版社1963年版，第423页。

任",法律社会化成为发展的主流。传统放任自由资本主义所奉行的所有权无限制使用、契约自由和过错责任原则也修订为所有权有限制使用、契约自由限制和过错原则与无过错原则并用。① 时代的变化,造就了大陆法系与普通法系相互靠拢,各国加强了立法活动,特别是社会立法形成了高潮,一个更庞大的法律体系业已形成。

从上述法与经济发展的历史回顾中可以看出,法与市场经济有以下关系:一是法律的发展及其程度直接受到市场经济发展的制约,市场经济越是发达,法律就越是兴旺并逐步形成体系;二是市场经济的发展,使法律的覆盖面越来越大,法律权威也随之树立;三是市场经济的发展使法律的功能进一步拓展,遍及国家生活、政治生活、经济生活等各个领域,使法律成为人们之必需。学者研究指出,法与商品市场经济之间存在着共生共荣、消长并存的必然联系,市场经济在品性或本能上与法律的形式理性相契合。以法律程序为例,市场经济是以交换为核心和目的的经济,因而在根本上是互动性、交涉性的,而程序的本质正在于交涉性。正是法律程序的交涉性与商品经济的互易、交涉本性的内在同一,构成法与商品市场经济之间不可分割的内在关联。②

法对市场经济发挥着引导、促进、保障、制约和协调作用。具体而言:法律的引导是具体的引导,它向人们提供具体的行为模式,即"可为""应为""非为",使人们可以明确预测到行为的直接后果。法律通过秩序构建与秩序维护以及权利确认与保护,保障市场经济发展,提供制约市场的盲目性、无序性、自发性,促使市场经济沿着法治的轨道正常运行。法律通过化解各种经济利益矛盾与纠纷,协调利益关系,促进经济协调发展。

从法理上看,市场经济符合法治的精神与实践逻辑。因为,市场经济是一种平等、自由、公平竞争、权利至上、讲求规则的经济形态,而平等、公正是法治的核心价值,权利、人权是法治的根本追求,规则与秩序则是法治的最起码要求,效率与效益是法治的必备要件,所以,法治与市场经济在价值形态、精神理念与运行目标上高度契合。这一原理在我国当下及未来的法

---

① 李龙、汪习根:《法理学》,武汉大学出版社2011年版。
② 张文显:《法理学》(第三版),高等教育出版社、北京大学出版社2007年版,第361页。

治实践运用，必然要求把全面深化改革对市场经济的新要求同全面推进依法治国战略有机结合起来，以全面的法治构建推促全面的市场经济改革，为市场经济改革奠定规则基础与制度框架。

可见，法治道路的经济内涵绝不是一个简单的政治口号，也不只是一个政治原则，还应当立足现实，做到细致入微，润物细无声。在市场经济的外部条件、产权界定、劳动力制度、契约自由与交易安全、消费制度、分配正义六大层面进行系统化改革，完善现有法律制度，并与外部的政治社会文化以及生态制度构建相互协调。惟其如此，才能保持法治道路的经济制度属性，保证社会主义法治道路的经济本色。否则，势必是一种空谈。

## 第二节　法治道路的经济价值释放

美国著名法学家博登海默指出："任何值得被称之为法律制度的制度，必须关注某些超越特定社会结构和经济结构相对性的基本价值。"[1] 法治价值是法治得以成立的根据所在，也是实施法治所必须遵循的基本目标、形式要求与评价标准。社会主义经济法治的价值理念主要体现在发展正义、经济自由与经济民主以及经济效率方面的共同追求与辩证统一。

### 一、发展正义

法律应当公道正义，这是人类自古以来的坚定信念。一部法律要获得社会的普遍接受，就必须标明自己的正义观。法律作为社会价值观的载体，也是正义发挥作用的重要途径，正义只有转化为具体的法律，才能成为指导社会行动和改造客观世界的力量。正义，从汉语字义上讲，包含有"正当""合理""应然"的含义，但要对其做一个准确全面的定义，却是一件难之又难的事情，诚如博登海博所言，"正义有着一张普罗透斯似的脸，变幻无常。"[2]

---

[1] ［美］博登海默：《法理学——法律哲学与法律方法》，邓正来译，中国政法大学出版社 2004 年版，"作者致中文版前言"。

[2] ［美］博登海默著：《法理学——法律哲学与法律方法》，邓正来译，中国政法大学出版社 2004 年版，第 261 页。

正义是"良法"的重要价值乃至最高价值形态。[①] 一方面，法律是一种对社会行为具有普遍约束力的规范体系，承担着实现社会正义的主要责任；另一方面，正义所蕴含的权利保障和社会制度正当性的构想，带有对现实的批判性和超越性，引导人们为建立一种更加合理完善的法律制度而奋斗。"法律的实现固然需要依靠国家强制力，但最根本的还是在于法律所蕴含的价值，在于法律所体现的公平正义的精神。"[②] 早在古罗马法律和法学中，正义就与法律相结合产生了权利的概念。在古罗马时代，"正义""法""权利"概念并没有严格区分，都可以用"Jus"表示，"也许正是这种概念上的模糊却成了罗马法律发展的动因之一"。[③] 经过漫长的以神学为统治的中世纪，受"罗马法复兴""文艺复兴"和"宗教改革"运动的影响，以自然权利为正义的自然法走上了历史舞台。自然法追寻实在法之外的超验"理性主义"，而以"唯理论"哲学为基础构建的形而上的法律的"理性主义"，经不起实践的检验。同时，经培根、霍布斯、洛克发展，至休谟集大成的"怀疑论"哲学，彻底动摇了"理性主义"的哲学根基。虽然康德提出具有普遍性、必然性特征的"形而上学"是经由先验狭义上的理性形成，不依赖于外部世界，"法权乃是道德的外壳，是社会政治生活中的'普遍必然'"，"国家与法必须建立在先验的理性原理上，经验不能告诉人们什么是法权"[④]，尽管解救了"正义"概念并使它成为一种超验的"价值理念"，但也导致了随后百余年法律研究中的"正义虚无论"。随着二战审判中"恶法非法"与"恶法亦法"的论战，正义又重回法律研究的视野。至20世纪后半叶，罗尔斯作为当代西方正义论的集大成者，提出作为公平的正义新论，试图克服西方原有正义论的局限性。

正义是多元的，也是多层次的，体现为主体与客体的统一、理性与经验的统一、形式与实质的统一。首先，正义是主体与客体的统一，是人这一主体在认识、批判、改造世界过程中，运用主体性的尺度提出的关于某些价值正当性的追问。正义通过将世界划分为有高低层次之分的两个世界，或者，

---

① 李龙主编：《良法论》，武汉大学出版社2005年版，第78页。
② 李龙：《宪法基础理论》，武汉大学出版社1999年版，第101页。
③ 江平、米健：《罗马法基础》，中国政法大学出版社1987年版，第6页。
④ 李泽厚：《李泽厚哲学文存》（上编），安徽文艺出版社1999年版，第343—345页。

在现实世界之上想象和建构出另外一个真实完美的世界,来批判现实世界而张扬真实完美世界,从而树立某些价值的正当性,并在习俗、习惯、传统、法律等之上寻找共同永恒的规范基础,并将后者作为正确准则置于前者之上对其进行审视、批判和纠正。其次,正义是理性与经验的统一,理性代表了人向上超越的一种追求,正如阿奎那所说,"在人类事务中,当一件事情能够正确地符合理性的法则时,它才可以说是合乎正义的。"[1] 正义又是经验的,人类追求正义不仅仅是对某段历史、某个制度、某种行为进行形而上的抽象评价,更是为了使每个具体的人都能获得发挥创造性的机会,拥有生活的意义,促进人的全面发展。但正因为受到经济、政治、文化等客观条件制约,每个人认识和体会的正义往往是片面和不充分的,"双方个别认识的正义观念,实际上都是局限的偏见,却各自认为是绝对而完全的道理"[2]。所以,正义必然是理性与经验的辩证统一,在历史进程中既维护本时代的稳定秩序,又超越本时代的局限进行时代转折。再次,正义是形式与实质的统一。通俗而言,形式正义重视手段、程序与方式,是指类似情况类似处理;实质正义则关注结果本身,强调具体情况具体对待。罗尔斯不满意康德的形式主义,他坚持内容确定性与普遍性的统一,"一种程序的正义总是依赖(除赌博这种特殊情况之外)于其可能性结果的正义,或依赖于实质性正义……程序正义与实质正义是相互联系而非相互分离的"[3]。而哈贝马斯则认为,"什么是正义的"不是先定的,而是通过对话、协商、交流、谈判形成的。为此,提出了公平的对话的三项规则:平等参与、质疑与主张、禁止强迫。[4]

正义既不能过分超前于社会关系,否则就成为乌托邦式的至善论,将我们引入形而上的思辨歧途;同样,正义也不能过分落后于社会关系,否则就成了制约发展的理念桎梏。作为一个历史范畴,正义呈现出个体正义、社会正义、全球正义向发展正义的转变态势。经济发展权所捍卫与追求的正义是将个体正义、社会公平与发展正义及代际动态正义融为一体的发展正义。

---

[1] [意] 阿奎那:《阿奎那政治著作选》,马清槐译,商务印书馆1964年版,第116页。
[2] [古希腊] 亚里士多德:《政治学》,吴寿彭译,商务印书馆1965年版,第151页。
[3] [美] 约翰. 罗尔斯:《政治自由主义》,万俊人译,译林出版社2000年版,第449页。
[4] Jurgen Habermas, *Moral Consciousness and Communicative Action*, The MIT Press, 1990, p. 89.

发展正义"是旨在确保处于不同发展层级的全体社会成员公平地享有发展权利的机会均等、规则公平和分配正义的总合，表现为在起点上参与发展的机会公平、在过程上促进发展的规则公平、在结果上公平地分享发展成果的分配正义。"[1] 发展正义的产生，有其深厚的理论与现实背景。从理论背景看，人类理性发展经历了重视整体理性到工具理性与价值理性相分离，再到工具理性与价值理性相统一的过程，发展正义正是呼应了这一理性发展的进程，强调发展是主体与客体齐头并进的产物，对于发展问题的解决必须采用综合的知识和手段。从现实背景看，人类发展在造就巨大财富的同时，也引发了环境危机、社会危机等一系列危及人类生存的问题。以增长为单一目的的发展，已经使人类陷入了"为发展而发展"的泥潭，增长刺激着人类的贪婪，使人类失去敬畏自然、社会的精神，最终的结果必定是作茧自缚，自毁家园。发展正义正是基于这一越增长、人类越深感不安的现实进行批判与反思的产物。

具体到经济发展正义，又可以分为发展合理性、维护人的尊严、发展权利化、发展公平四个维度：

维度一，经济发展合理性。合理性的含义抽象而复杂，黑格尔认为，合理性的内涵就是合乎规定，"按其内容是客观自由（即普遍的客体性意志）与主观自由（即个人知识和他追求特殊目的的意志）两者的统一；按其形式就是根据被思考的即普遍的规律和原则而规定自己的行动"[2]。马克斯·韦伯认为，合理性就是摆脱迷信愚昧，经过认真思考和计算而实现的控制。他把合理性分为"实质合理性"与"形式合理性"，前者指价值、信仰合理性，后者是一种纯形式的工具合理性。经济发展的合理性包括发展实践合理性、发展成果合理性与发展制度合理性。经济发展实践合理性又包括经济发展目的合理性，即经济发展以促进人的全面发展为目标，不能颠倒主客体之间的发展关系；经济发展手段合理性，即经济发展的手段必须是正当、科学、有效的。经济发展成果的合理性既包括产生经济成果的过程合理性，也包括经济成果在不同主体之间分配的合理性。经济发展制度的合理性，重点

---

[1] 汪习根、朱林：《新常态下发展权实现的新思路》，载《理论探索》2016年第1期。
[2] ［德］黑格尔：《法哲学原理》，范扬、张企泰译，商务印书馆1961年版，第254页。

体现为经济法治制度的构建，应该符合并促进经济发展的现实，不能盲从"法律帝国主义"，而是要顺应时代变化和国内国际经济市场的统一而对经济立法、执法、司法环节的功能进行动态调整。

维度二，经济发展维护人的尊严。维护人的尊严是经济发展正义的基本原则。人的尊严强调人应该受到平等的尊重和关怀，在康德看来，"目的王国中的一切，或者有价值，或者有尊严。"[①] 经济发展正义所倡导的维护人的尊严，一是维护人的生存及发展尊严。生存与发展，是人的最基本需要，经济发展必须首先满足对人之生存基本保障（如社会保险、医疗保险）以及人之发展基本保障（如助学贷款、创业贷款）。二是维护人的自主、自治与自决（如在上市公司治理中建立中小股东累计投票制、重组过程中异议股东的现金选择权）。三是尊重人的自律与责任感（如发展信用贷款，减少抵押保障）。四是保护人的隐私（如个人征信记录、消费记录）。五是发挥人的创造力，实现自我价值。

维度三，经济发展权利化。发展正义不能停留在道德说教的层面，必须与有强制力的法律制度结合起来，成为社会遵守的普遍规范。阿玛蒂亚·森指出，当代社会，权利缺失和能力不足是发展失败的重要原因。一方面，人们要成就自身，必须经由制度保障实现经济、政治、教育等方面的权利；另一方面，要拥有权利，人们又必须构建可以保障其自身自由参与公共决策和社会选择的程序制度。上述观点指出了经济发展权利化的两个维度，一个是经济发展的实体性权利，这些权利直接决定了人们所拥有的经济发展所必需的资源和利益；另一个是经济发展的程序性权利，这些权利是型构第一类实体性权利的基础。一定程度而言，第二类权利更加重要，只有构建起一个民主的经济制度，保障人们可以在这个过程中自由表达自身的发展利益诉求，才有可能不断去发现、完善、救济第一类经济发展实体权利。

维度四，经济发展公平。经济发展公平包括代内公平和代际公平两方面。其中，代内公平指同代人之间的横向公平，是发展公平空间之维的要求；代际公平是当代人与后代人在经济发展上的权利均等，是发展公平的时间之维的要求。不论是代内还是代际公平，经济发展公平主张的都是一种实

---

① ［德］康德：《道德形而上学原理》，苗力田译，上海人民出版社2005年版，第53页。

质意义上的公平，它要求刺破传统形式公平背后所掩盖的各主体之间在能力、经济条件、社会地位等方面存在的实质性差异，要求关注强势群体与弱势群体之间因不可互换性而造成的身份性不平等，要求通过倾斜性的制度保障来消除弱势群体在主张权利过程中存在的实质障碍。经济公平首先是机会公平，强调给每一个参与经济市场的竞争主体提供均等的机会；同时，经济公平是相对富有效率的公平。经济公平理念推动了经济法治研究范式从过去局限于经济安全与经济效率，转向经济福利的研究领域。经济福利法以公平为核心，拓展了经济法治的价值理念；以社会福利为范围，将传统经济发展从经济增长的一维视角转变为创造更好社会的多维发展视角。经济福利法还提出了对经济弱势群体进行倾斜性保护，督促国家履行保障义务，促进经济弱势主体分享经济福利。这一理论主张与经济发展权中的公平分配经济发展利益的权利具有同样的权能和展现形式，为从实证法领域切实保障经济发展权提供了一个新的研究切入视角。

但目前对经济公平的研究还主要集中在代内公平，而少施笔墨于代际公平。要完善经济公平的内涵，尤其是匹配经济发展权在时空认知上从短期向长期的超越，必须在经济公平内涵中引入经济可持续发展的理念。经济可持续发展的提出，从范式转换、理论创新和方法变革三个方面改变了传统的经济学研究范式：在范式转换层面上，在经济研究中引入了可持续发展的哲学理念，突出了经济学的社会科学属性；在理论创新方面，将对经济资源配置的考虑从短期效率拓展到长期效率与短期效率并重，经济发展不能以牺牲未来的经济发展机会为代价；在方法变革上引入经济分析，揭示经济及其经济过程与实际经济变量之间的规律性联系。简言之，经济可持续发展就是要推动经济量和质的统一发展。经济在量上的发展主要体现为经济总量的增长，过去我们对经济发展的理解主要集中在经济量的发展方面，经济量的发展扩大了经济规模基础，带来社会财富的直接增加；从经济质的发展方面看，经济可持续发展主要表现为动员和配置经济资源的长期效率得以提升。经济量的发展将经济效率局限于微观性、共时性层面，只关注经济体系的各构成要素自身的功能以及经济市场运行的效率；而可持续经济发展则将经济发展的视角拓展到宏观性、历时性方面，既关注经济与社会发展的总体协调程度，又强调不能忽视经济发展利益在当代人与后代人之间的公平分配。

　　经济可持续发展的实质是经济代际公平，也就是在当代人与未来后代人之间分享发展机会，确保代内与代际经济发展机会的公平公正。承认经济代际公平就要求当代人必须尊重后代人的利益和权利，也就是后代人的经济可持续发展权利。有学者考虑到后代人利益的模糊性与难以确认性，认为平衡当代人与后代人的利益是否应该成为经济发展权追寻的目标仍有待论证。从现有法律理论看，由于后代人的发展权益是潜在的，尚未实现的，不对应直接的权利主体，确实很难得到认可与保护。一些倡导者所呼吁的后代人的利益，不一定必然成为后代人的真正利益，而仅仅是当代人假设的后代人可能会需要的利益。如果这些利益受到当代发展行为的破坏，受到伤害的可能不是真正的后代人，而仅仅是那些忧心忡忡的当代人的情感。但是，经济可持续发展所倡导的应将当代人和后代人利益共同纳入到经济发展考虑中的主张，并不强制要求在立法中要写进"后代人"这一权利主体并对其享有的经济发展利益设置明确的规则条款，而是指建立起一种平衡当代人与后代人经济发展利益的稳定阈值制度，一旦当代人越界消耗后代人的经济资源，这一机制将予以警示并对当代人的行为进行纠偏。经济发展权法治应是规划未来而不是局限于描述过去，必须看到人类经济行为的相似性、经济发展成果的延续性与经济资源的有限性。后代人的经济发展必须以当代人的经济发展现实为依据，实际上是当代人经济发展物质、精神成果的延续，承认当代人的经济发展权利也就必须承认后代人的经济发展权利，两者具有逻辑上和时序上的一贯性；同时，承认后代人的经济发展权利，也是对当代人经济发展权利的承认和尊重。

## 二、市场自由

　　没有什么口号，比自由这个名词更能蛊惑人心。一方面，自由是"人的潜在能力的外化"[1]，自诺贝尔经济学奖得主阿玛蒂亚·森提出"以自由看待发展"的论断后，自由作为人的发展的目的性价值与自由对促进人的发展的工具性价值就统一起来。给自由下定义并不容易，林肯1864年在巴

---

[1]　卓泽渊：《法的价值论》，法律出版社1999年版，第393页。

尔的摩演讲中就痛感给"自由"下一个定义是件难事,他们在使用同一个词语时,所意指的其实完全不是一档子事情。当下有两种不仅不同而且对立的事务,都以一个词称呼,那就是自由。① 以赛亚·伯林提出了著名的积极、消极自由二分法的观点。积极自由译作"liberty to",指能够从事某事的自由,即"我希望我的生活与选择,能够由我本身来决定,而不取决于任何外界的力量"[②];消极自由译作"liberty from",指免于外界干涉的自由,即"在没有其他人或群体干涉我的行动程度之内,我是自由的"。[③] 人权的特点就在于它是对人类内生需求外化予以法律上的确认,而自由则是这种外化所主张的利益能够得到满足的状态。在这种权利主张与自由满足的双向互动过程中,经济发展权与经济自由有机地结合了起来。自由对经济发展不仅具有工具性价值,更是一种目的性追求,人的全面自由发展是经济发展的首要目的。自由的本质在于对必然的战胜,一定程度而言,自由的实现程度取决于主体能力的发展程度。在阿玛蒂亚·森看来,自由应该是实质的而不是写在纸面上的,自由就是拓展人的可行能力,而发展就是促进人的能力提升、从而扩大人的选择范围的一个动态过程。

一方面,自由是发展的目的,因为它所代表着人摆脱外界桎梏而到达的一种状态,这种自由状态本身就是人之本性的一种向往,是对必然限制的认识和克服,它不需要通过与其他价值如正义、平等相联系而彰显自身存在的意义,自由本身就是一种独立的价值、一项发展的终极目标,也就是马克思主义经典作家笔下的"人的自由而全面的发展"。另一方面,自由又是发展的手段,表现在为"政治自由""经济条件""社会机会""透明性担保"以及"防护性保障"五种工具类型。自由的工具性特征决定了发展的方向和发展的必要性,发展的过程就是自由的工具性作用得以提升和完善的过程,只有通过这些"形而下"的手段,人类才能走上通往自由的征途。从自由的工具性价值看,自由与人的能力的发挥是一致的,工具性自由代表了人们自由的实际享有情况,要激发人的潜能就必须发现、改造、完善、扬弃一系列既有的工具性自由手段。正如博登海默所言,"只有当人的能

---

① [意] 莱奥尼:《法律与自由》,秋风译,吉林人民出版社2004年版,第31页。
② 刘军宁编:《市场逻辑与国家观念》,生活·读书·新知三联书店1995年版,第210页。
③ 刘军宁编:《市场逻辑与国家观念》,生活·读书·新知三联书店1995年版,第201页。

力不为压倒性的桎梏束缚时,一种有益于尽可能多的人的高度文明才能得以建立"①。

另一方面,经济发展权内含自由的价值。经济发展权旨在实现以主体全面经济可行能力提升为目的的经济发展。这种经济可行能力包括参与经济市场的能力、获得经济资源的能力、利用经济工具规避风险的能力,反映了主体在经济活动中有可能实现的各种状态的集合。通过提升主体的可行能力集合,使其日益摆脱对客观外在必然的束缚而获得自由,人的生理器官借此可以得到扩张与延伸,人的社会性可以获得丰富与充实,使人的发展具备更为广阔的空间,为人的主体性活动即支配自然力的自主活动创造了实在条件。没有人对于经济世界的改造和在经济世界中的自主自为,经济发展权所包含的人的全面发展就无法变为现实,因为只有在"人终于成为自己的社会的主人,从而也就成为自然界的主人,成为自己本身的主人——自由的人"②的条件下,经济发展权才能真正实现。所以,主体经济发展权实现的过程,就是主体摆脱经济社会关系桎梏的必然性而发展主体自身能力以实现自由的进化过程。

此外,经济自由还意味着主体能够自由地选择符合自身历史和现实条件的经济发展模式。所谓经济发展模式自由,意味着主体能够摆脱外在必然的制约,在经济发展的具体路径、方式和方法等方面具有实质选择的能力和自由。经济发展模式自由是经济发展自由的必要条件;失去发展模式自由,经济发展权就必然会在实践中迷失道路和方向,个人、民族、国家的经济发展自由就只能是一句纸面上的空话。

经济自由化理论认为,经济发展模式应该是统一的,不存在多个具体模式,所有国家的经济发展都应遵循着经济资本自由化、经济服务现代化的道路前进,就如同世界银行、国际货币基金组织为各国设计的经济样本一样,各个国家只需要照搬学习就可以。这种将经济发展模式确立为单一复制品的模式,把西方经济发展的经验错误当成全体人类经济发展的通行圭臬,必然会造成削足适履的经济发育不良。只有赋予经济发展以自由权利的属性,认

---

① [美]博登海默著:《法理学——法律哲学与法律方法》,邓正来译,中国政法大学出版社2004年版,第281页。
② 《马克思恩格斯选集》第3卷,人民出版社1995年版,第443页。

识到不同的主体都有自主选择经济发展模式的资格或能力，并因而可以根据自身的民族传统、历史基础和资源条件以及国家规模的大小来自由确立其富有活力的发展模式，才能解释关于经济发展模式单一化与实践差异的真正原因。如果仅仅停留在对已有经济模式的实然分析与评价上，而没有赋予主体以经济发展模式的自主决定权，那么，客观上深受内外力钳制的主体，对再好的经济发展模式也只能是望洋兴叹，无法也无权付诸实践。所以，根本的问题不在于经济发展模式的评价与比较，而是主体对经济发展模式的优选和自主采纳的自由，防止将任何模式，哪怕是优化的模式强行从外部输入给其他主体，外在的压力与强制性因素固然可能会对经济发展起某种积极或消极作用，但这种外在的影响因素需要转化为内生力，外在因素只有通过内化的处理，其"外在"的特性才会消退，而演变成为主体内在的一个有机组成部分。每个个体与集体都具有与其他主体相一致的共性，都具有发展的潜质，发展的最主要的生产力量根系于主体自身内部，而非外部载体。所以，持续而真实的经济发展作为经济发展权的基本内涵，在两个方面与自主选择发展模式的权利相联系，一是发展的同生性，即以主体性力量的充分发挥作为发展的基本依据，要求主体自立、自主意识的觉醒和自由、自主行为的展开；二是发展的主体性，即排除在主体之外的非理性客观力量的强制，使主体享有免于外来阻却因素限制其自主发展的否定性自由。自主选择经济发展模式的权利既是主体自我设计与创构模式的自由，也是主体基于意愿而借鉴与引进外在模式的可取性因素的自由。

将经济自由视为提升人们的可行能力，"以自由看待发展"，越来越得到了国际社会的广泛认可。1990年，联合国开发计划署（UNDP）在《1990年人类发展报告》[①]首次提出人类发展指数（HDI-Human Development Index）[②]，用以抗衡传统以GDP为指标的经济发展水平指标；1992年联合国通过以持续发展为核心的《里约环境与发展宣言》《21世纪议程》等文件；再到2000年联合国千年会议上，189个国家签署的《联合国千年宣言》以

---

① UNDP, *Human Development Report 1990. Concept and Measurement of Human Development*, New York, 1990.

② HDI 包括预期寿命（life expectancy）、教育（education）和人均收入（per capita income）（C. f UNDP, *Human Development Report 1990. Concept and Measurement of Human Development*, New York, 1990）。

及制定的联合国千年发展目标(MDGs—Millennium Development Goals)[①];2016 年,联合国开发计划署又颁布了《2030 年可持续发展议程》[②],制定了促进持久、包容和可持续的经济增长等 17 个可持续发展目标以及 169 个相关具体目标。

纵观我国社会主义经济发展,自习近平总书记提出"经济新常态""供给侧结构性改革"以来,对我国原先经济发展过程中"重量不重质""重供给不重需求"的弊端进行了深入批判和反思。阿玛蒂亚·森将自由作为经济发展的目标性价值,将经济发展视为增强人的可行性能力集合的理论,无疑为社会主义经济发展未来改革提供了强有力的理论支撑基础。

### 三、经济民主

在一些经济学家看来,民主是一种政治原则,适用于政治领域,与经济领域无关。经济领域秉持的原则是自由。"民主和自由是两个不同性质的问题,分别属于不同的社会领域。因此,决不能以民主的名义和方式来取消自由,更不能以经济民主来取代经济自由。政治要民主,经济要自由,这是再平常浅显、再老生常谈不过的议题,应该把民主严格地限定在政治事务的范围内,把自由首先还诸于经济事务。"[③] 政治领域与经济领域的区分只是理论上的,在现实生活世界中两者不可分,在部分领域甚至密切相关。经济民主是中国市场经济改革的重要内容。对此,邓小平同志早在 1978 年就着重强调要"发扬经济民主"、扩大"经济管理的自主权"[④]。

经济民主蕴含了民主的真义。民主即人民的统治。其中,人民、统治都是不确定的。人民一词有以下几种可能的词义:(1)包含每一人的所有人;(2)不确定的大多数人;(3)占人口大部分的较低阶层的人;(4)一个不可分割的有机整体;(5)决策中的多数人;(6)联合体内(或一国之内)

---

[①] UN, *United Nations Millennium Declaration.* 55/2. United Nations General Assembly,8 September 2000.

[②] UN, *Transforming Our World*:*the 2030 Agenda for Sustainable Development.* A/RES/70/1,21 October 2015.

[③] 燕继荣:《民主政治与经济自由——论现代民主对市场的依赖关系》,载《经济社会体制比较》1994 年第 1 期。

[④] 《邓小平文选》第二卷,人民出版社 1994 年版,第 145 页。

受决策影响的所有成年人；等等。第一种词义中，人民等同于世界公民，超越了现行的国家界限，不是现行民主制中作为国家公民的人民。第二种词义中，无法确定多少人才构成所有人的大多数，超过50%的绝大多数是不是一个较好的标准，依然值得商讨。第三种词义中，人被划分成较低阶层的人和非较低阶层的人，非较低阶层的人从一开始就被排除在统治的人民之外。第四种词义中，人民不是个体的集合，而是超越个体集合的某种"客观存在物"，这种超越个体集合的人民词义多被用于不考虑个体利益的公共之善。不考虑个人之善，更适合专制统治，借"人民"之名，压制任何个体，以致个体在整体的"人民"面前没有任何可以抗衡的东西。第五种词义中，"人民"与民主决策过程相关，但这种决策中的多数人是不确定的。第六种词义中，人民没有排他性，但这种人民概念具有不断包容他人的可能性，目前仍是一种理想。民主词义的另一个构成要素是"统治"，"统治"是指行使权力，并使这种行使权力的行为生效。如果加上统治的对象，则民主变成了人民自己统治自己。对民主词义的分析，统一的概念止于人民的统治，进一步分析人民、统治，就会出现诸多分歧。正如英国学者 Keith Graham 所言："18 世纪以前，每个人对民主是什么都有一个清晰的概念，但很少有人拥护它；而现在的情况正好相反：每个人都拥护它，而对民主到底是什么却不再有那样清晰的概念了。"[1]《牛津英语词典》对民主的解释是"由人民统治"，《布莱克维尔政治学百科全书》对民主的解释是"古老的政治用语，意指民治的政府，源于古希腊语 demos（民众的）统治。在现代用法中，（不太确切的）共和制或立宪制政府，也就是说法治政府"。[2] 林肯则将其总结为，"民有、民治、民享"（of the people, by the people, and for the people），"民主什么也不是，就是大众的权力……真正的民主意味着把实际的政治经济权力让给大众"。[3]

　　经济民主在西方是随着欧洲民主社会主义经济改良理论和实践的历史发展而形成的。德国1919年《魏玛宪法》提出了"经济民主"原则。"政治

---

[1] Keith Graham, *The Battle of Democracy*, Wheatsheaf Books Ltd., 1986, p. 1.

[2] ［英］戴维·米勒等著：《布莱克维尔政治学百科全书（修订版）》，邓正来译，中国政法大学出版社2002年版，第202页。

[3] 黄文杨主编：《国内外民主理论要览》，中国人民大学出版社1990年版，第471页。

民主只是半个民主，它分配给人民的只是全部社会力量的一半。社会力量的完整内涵应包括经济力量，只有政治力量和经济力量都实现民主化，我们才真正拥有民主——这一为人类而设计的社会结构。"[1] 经济民主是以人为中心的，以人为目的和价值主体。正如康德所言，人本身就是目的而不是工具。科恩认为，民主的实质是自治，为了自治的缘故，每个人都珍视自己支配自己的生活，以自己的方式追求自己的目的的自由和能力。个人自治的经验在经济生活中是以放大的形式表现出来的。只有以民主方式管理经济生活时才能充分实现经济利益自主——人与人相互关联的个人经济生活中的自主。经济民主意味着经济主体在影响自身利益的经济目标上有自由选择权，在经济决策和经济政策的制定上有参与权和发言权，并且经济政策的实施应该着眼于公民福利的普遍增加。经济民主与极端的经济不平等也是不相容的，因为"严重的经济不平等必然会使许多人的参与失真。少数人拥有巨量财富而多数人陷于相对贫困之中，这就会给一些人的参与为另一些人操纵乃至控制提供机会"[2]。经济民主的这种关切是对人之为人的尊严的承认。只有自主制度才能充分公正地对待人类的理性，特别尊重理性在公共事务中的作用。理性是人独有的特征，应该在与自身利益息息相关的经济决策过程中占有重要地位，这样经济活动才会充满人性。而资本主义制度下，政治领域形式上的平等权利和经济领域的不平等收入是资本主义民主无法回避的事实。郝尔德指出，"如果政治平等是一项道德权利，那么要求在控制生产和经济资源的条件方面有更大的平等也是一项道德权利……如果对经济资源的私人控制和使用没有明确的限制，民主的一个必要条件就不可能得到满足"。[3] 经济民主蕴含的"自主性"概念，包含了人类自觉推理、自我思考和自决的能力，也包含了在私人生活和公共生活中针对不同的路线进行协商、判断、选择和行动的能力。确立经济民主的价值合理性，一方面确立了人在经济实践中的主体地位，各种经济关系只不过是人的主体性的存在形

---

[1] [美]路易斯·凯尔萨、帕特里西亚·凯尔萨：《民主与经济力量》，赵曙明译，南京大学出版社1996年版，第11—12页。

[2] [美]科恩：《论民主》，聂崇信、朱秀贤译，商务印书馆1988年版，第119页。

[3] [英]戴维·郝尔德：《民主与全球秩序：从现代国家到世界主义治理》，胡伟等译，上海人民出版社2003年版，第410—411页。

式；另一方面承认人性中既有自私的"经济人"属性，也具有互助、合作、博爱的"社会人"属性。人既追求主体自主利益，又受到社会规则的制约。当作为经济共同体的个体成员与作为政治共同体的公民之间的权利发生冲突时，公民权优先于财产权。经济秩序本身是一个合作体系，任何人的贡献和价值都离不开社会，只有通过社会的分工和合作，才能获得更多的利益，这种利益本质上是社会合作的产物，而不仅仅是个人努力的报酬，在社会合作体系中，公民应对社会秩序承担一种责任，强势群体有责任保障弱势群体的人格尊严和平等权利，共享经济发展带来的成果。

尽管经济民主具有如上价值，但在西方，对这一概念的认识非常混乱，正如萨利托所说，"经济民主至今仍是一个内容过于含混的名称……成了一个放浪形骸的概念"，"它是一个多义的概念，因而最终成为一个无从捉摸的概念"[①]。根据科学定义的一般要求，确定经济民主的内涵应该满足以下三方面的条件：一是经济民主这一范畴的周延性。周延性是范畴概括特定对象的一般特征。经济民主的定义必须涵盖它所定义的全部事物。二是经济民主这一范畴的确定性。经济民主的定义又不能超出这个范围和界定，应该能够从确切的含义上把经济民主与其对应词或反义词区别开来。三是经济民主这一范畴的本质性，而不仅仅是经济民主的某种实际形态、存在方式或个别要素内容。

首先，经济民主不是政治民主的附属物，而是经济与民主结合而成的具有政治性的民主形式，它的显著特点是突破国家与社会的两分法，以经济生活政治化、政治与经济互动为主要形式，旨在拓展民主的深度与广度。西方自由主义传统认为，国家与社会是分离的，公与私的界限是明确的。经济事务属于市民社会的"私人事务"，由市场来调节，国家应该实行最低限度的干预。他们把民主仅当做一种政治制度，主张把民主严格限制在政治领域，划清政治领域与经济领域的界限，在社会经济生活中忽视了"人民的权力"。"经济被认为具有非政治性，据此，生产资料的拥有和控制者与必须靠工资谋生者之间的巨大分裂，也就被视为随意的个人比较的结果，而不是涉及国家的问题。但是，由于捍卫生产资料私有制，因此，国家不可能脱离

---

① [美]乔·萨托利：《民主新论》，冯克利、阎克文译，东方出版社1998年版，第10—11页。

市民社会的权力关系,而只作为超越所有特殊利益的机构,即'公共权力'而为公众服务。"① 这种说法忽视了国家和社会的发展必然导致社会各组成部分尤其是经济的政治化,经济民主是大势所趋,不以人的意志为转移;同时忽视了经济民主与政治民主一样,在协调不同利益冲突和矛盾的基础上追求公共利益。赫尔德强调,现代政治的定义不再局限于国家的活动,而是广泛涉及经济社会的权力关系。"政治是一种建立在所有集团、制度、社会内部及其之间,并跨越公共和私人生活的现象。它体现在资源的使用和分配上的协调、协商和斗争的全部活动之中。它体现为社会生活的生产和在生产活动中蕴含的全部关系、制度和结构"② 因此,"经济在最基础的意义上是政治的:经济组织权力,分配财产,并且统治人民……通过经济过程……财富被转移,商品被分配,阶级被形成,并且人民被支配。"③ 正是由于政治与经济相互影响、相互渗透,经济领域不再是纯粹的"私人领域","政治民主与经济民主不是'板块'结合的关系,而是相互渗透和相互依存的关系,特别是政府干预经济过程中的民主,几乎是经济民主与政治民主的统一体"④。

其次,经济民主意味着人民具有经济利益上的自主性或者主体性。社会主义经济民主必须置于公有制的大前提之下,归纳起来,经济民主的本质内容可以分解为:一是经济上的人民所有。即一个国家不同法律主体所拥有的所有财产,包括国家所有、集体所有、私人所有的财产都是该国公民共同所有的财产,只不过交给不同的主体具体地占有和使用,但占有和使用的行为要受该国法律的约束。⑤ 经济民主有意味着作为公民拥有受到宪法和法律保护的平等的经济权利。当财产所有权和公民经济权利面临冲突时,公民经济权利优先于个人财产权,这是经济民主和社会公平的基石。经济民主意味着某种程度的"公有",但公有制并不完全等同于经济民有。布坎南对公有

---

① [英]戴维·赫尔德:《民主的模式》,燕继荣等译,中央编译出版社1998年版,第166—167页。
② [英]戴维·赫尔德:《民主的模式》,燕继荣等译,中央编译出版社1998年版,第389页。
③ [美]道格拉斯·拉米斯:《激进民主》,中国人民大学出版社2002年版,第36—37页。
④ 王全兴:《经济法基础理论专题研究》,中国检察出版社2002年版,第238页。
⑤ 储建国:《经济共和主义——"人民共和国"的经济政治学》,载《探索与争鸣》2010年第3期。

制和经济民主的关系,曾经悲观地讲到,"只要某些其他人或其他集团控制着生产资料,个人就可能受到剥削,这种可能性在非市场中,在无生产资料私有制的市场体系中也都存在"[1]。因为他在西方私有制的文化背景下,无法看到公有制自身蕴含的变革与活力。事实上,中国通过产权制度的民主改革,创造性地解决了布坎兰无法解决的这个矛盾。一个典型的例证便是农村村民自治制度改革,通过村民的民主自治,让每一个村民参与相关经济事务的决策与管理,实现经济民主与公有制的有机统一。二是经济事务的人民治理。经济民治意味着应该将尽可能多的公民吸纳到经济共同体中来,使之能够平等参与经济活动和经济过程,扩大经济机会和条件的平等以最大限度地利用经济资源获得满足生存发展需要的收入;同时,参与经济共同体的公民不应该被任何形式的强制权力所支配,不管是经济强势群体还是作为共同体人格化身的国家的公权力强制,也就是享有某种不受任意支配的自主性。在微观层次上,公民只有以民主方式参与经济生活时才能充分实现人与人相互关联的经济生活中的利益自主。公民或公民群体通过平等参与经济治理,在政府经济决策和政策的制定中具有同等影响力,使公共政策回应多数人的利益需求,同时监督政府的经济权力,使政府权力不偏离公共利益的方向。三是经济利益的人民共享。经济共享的一个基本共识就是在经济发展的同时,经济发展成果不能为少数人所垄断,而是实行民主的财富分配制度,使所有公民有同等机会共享经济发展的成果。经济共享不仅体现在生产领域资本所得不能剥夺劳动所得、剥夺他们具有生产能力的权力,以实现劳资利润共享;更体现在社会中的财富共享和经济权利共享,甚至代际共享,以实现经济公平和可持续发展。

最后,经济民主不仅是一种价值理念,更是一种调节公权与私权、精英与大众之间经济利益关系的制度安排,成为国家治理现代化的必要内容。经济民主要走下神坛,就要寻求建立一种能广泛推动公共参与、合理吸收公共建议、有效形成公共意志的民主制度。在这种制度下,才有可能保证参与主体真正享有经济发展机会公平、经济发展成果共享的资格。鉴于经济发展权

---

[1] [美]艾伦·布坎南:《伦理学、效率与市场》,廖申白、谢大京译,中国社会科学出版社1991年版,第132页。

利主体身份的多样性、权利客体对象的开放性、权利内容范围的回应性,在选择实现经济发展权的民主制度时,必须兼顾各层面的经济发展利益诉求,打破僵化一元的经济民主机制。这就要求我们必须采取多方位的分析视角,实施符合经济发展权特征的多元民主机制。

多元民主机制主张构建多元化的经济民主制度体系,通过运用选举民主、协商民主等多种民主形式,有效协调各经济发展主体之间的利益冲突。通说认为,民主机制可分为直接民主和间接民主两大类,"直接民主是指不借助于中介或代表,自己对自己的事物进行的直接管理","间接民主即代议制民主,是指全体人民借助选举程序投票选出自己满意的代表,结成政府,来代表他们行使权力,负责制定法律和管理公共事务"[①],直接民主和间接民主之间是选择和替代的关系。而多元民主机制则是对单一民主机制的扬弃,以选举民主为例,一人一票、多数票决的机制就决定了它是一种冲突的民主,只有获得多数票支持的观点才能被认定为公众的意志并被贯彻执行。对于少数人或少数群体,则会受价值观念、思维习惯、文化传统的影响而使其利益被轻视甚至忽视。可见,这种选举民主是一种抽象的民主,将具有多种维度和面向的人抽象到同一个发展框架和模式中,侵犯了经济发展权主体的自主性,最终损害了人类经济发展方式的多样性。尽管严格的司法审查标准有助于保护显明与孤立的少数群体,纠正少数群体由于多数群体的偏见和歧视而遭受的不公正待遇。但这种事后补救的方式既不能预防损害结果的发生,也因其实施的成本过高等因素而无法有效付诸实践。

多元民主不是要舍弃选举民主,而是在尊重选举民主决策效率的基础上,再增加协商民主等其他民主形式。选举民主是从工具理性的角度看待民主,对主体预设了抽象理性人的角色,认为每一个主体的偏好是固定的,是可以抽象并剥离出来的,选举民主只要从每个主体的偏好中归纳出最大公约数即可。其哲学前提是,归约出的集体最大偏好即为最优偏好,多数可以代表少数、中心可以吸收边缘,透露出一种浓郁的功利主义气息。而在协商民主看来,主体应该是"有限的、有血有肉的、在具体生活形式中社会化的、

---

① 范进学:《论民主的实现形式——直接民主与间接民主比较》,载《文史哲》2002年第1期。

在历史时间和社会空间中占据特定位置的、交织进交往行动网络之中的行动者"[1]。面对现代多元社会中相互冲突的偏好，主体通过沟通理性，借助于交往、协商，达成彼此的谅解与共识。选举民主关注偏好后果的简单抽取与汇集，而协商民主则关注意见与偏好产生过程中的沟通与妥协。与选举民主一味强调价值中立的民主程序不同，协商民主在协商程序中实际上已经预设了尊严、宽容、谅解、互惠、和谐等实质性价值。选举民主无视道德分歧对民主制度的破坏力、迷信价值冲突将在民主投票中自行得到消解，而协商民主则正视道德分歧的广泛性与不可归约性，并探索建设性的机制以缓和而不是无视这种分歧。此外，选举民主所依赖的多数决定制一般只在高度同质化的背景下才能得以运行，而在社会高度分化的今天，只有通过尽量多的全体之间的协商一致才能保证公共政策得到广泛接受。诚然，受经济、历史、文化、宗教等影响，要在经济发展程度明显分化的主体之间就经济发展的公共事务形成完全一致的共识，只具有理论上的可行性。协商民主并不要求每一个参与民主过程的主体都具有同样的美德和认知理解能力，也不强求消除各主体之间的价值观念分歧，而重视通过利害关系人的相互协商、促进彼此之间的谅解与尊重，并以此为突破口解决实际问题。协商民主将"公共推理置于政治的核心"，创设了"有利于参与、交往和表达的条件而促进平等公民自由讨论的一种社会和制度条件框架"[2]。从弱势群体视角看，"协商民主提供了最好的机会来利用政治权力抵消社会弊端"[3]。通过协商唤起交往主体之间的沟通理性与同情心，从而为弱势群体的利益主张争取道德上的优先主动权，从而消除分歧，凝聚社会合力。

## 第三节 社会主义经济法治的实现路径

经济民主、市场自由与分配正义作为一种价值预设，绝不是为了玩弄文

---

[1] [德]尤尔根·哈贝马斯:《在事实与规范之间：关于法律和民主法治国的商谈理论》，童世骏译，上海三联书店2004年版，第400页。

[2] [美]詹姆斯·博曼等:《协商民主：论理性与政治》，陈家刚等译，中央编译出版社2006年版，第309页。

[3] [美]毛里西奥·帕瑟林·登特里维斯:《作为公共协商的民主：新的视角》，王英津等译，中央编译出版社2006年版，第158页。

字游戏，而是要通过对其本质和内涵的揭示，寻找实现这些价值理念的途径，继而改革既有的法律制度和社会生活，创造保障民生福祉的经济条件，实现从书本上的法价值到生活中的法价值的根本转变。

价值与规范，从来都不是实证法学家眼中永不相交的两条平行线；相反，只有将价值与规范串联，才能孕育出具有时代气息的制度规范。一方面，制度要想获得普遍接受，必须表明其是社会共同利益所具有的代表性的意义表达；另一方面，制度作为载体，是价值理念发挥作用的重要途径，才能转化为具体的社会活动，成为改造客观世界的力量。因此，只有将经济正义、自由、民主等价值理念转化为具体的制度实践，才能真正体现其对人的效用，而经济法治价值的实现离不开立法、执法和司法这一系统的重构与完善。

### 一、经济立法

立法既是法治的起点，也是一个动态过程。立法过程由立法理念、立法制度、立法行为三部分构成。其中立法理念是前提，它"体现了立法者对立法的本质、原则及其运作规律的理性认识以及由此形成的一种价值取向"[1]。立法制度则是指在立法理念的指引下，通过具体的规范与律则严格控制立法权力的运行，保障权利在立法过程中的正义实现，维护法治的"起点公平"。立法行为是指在立法制度框架下，立法者在从事立法活动中的个人行动与制度要求相符合的情况及其具体程度。立法过程实现的就是哈耶克所述的内部秩序与外部秩序的统一。

哈耶克将秩序区分为自生自发的秩序（内部秩序）和源于外部的人造秩序（外部秩序）。人们往往把秩序与外部秩序相等同，"但是实际情况却未必始终如此……必须把由遵循规则而产生的秩序所具有的自生自发特性与这种秩序立基于其上的规则所具有的自生自发性起源区别开来"[2]，"自生自发秩序的存在无须为我们的感官能力所及，因为它有可能是以那些只能被我们从心智上加以重构的纯粹的抽象关系为基础的……没有理由说它具有一个

---

[1] 刘军平：《中国法治进程中的立法理念刍论》，载《政法论坛》2005年第3期。
[2] [英]哈耶克：《法律、立法与自由》第一卷，邓正来等译，中国大百科全书出版社2000年版，第67页。

特定的目的"，而"人造的秩序是相对简单的……这种秩序只具有该秩序的创造者能够审视且把握的那种较低的复杂程度……它们始终是（或一度是）服务于该秩序的创造者的目的地"①。哈耶克认为，外部秩序与内部秩序之间，应该遵循内部秩序的优先性，也就是内部秩序才是我们所要寻找的"法"，外部秩序只是内部秩序的在外在世界的规范性反映，立法就是一个发现内部秩序并载入规范性文件的过程。立法者对工具理性的狂热追求会导致"致命的自负"，脱离了内部秩序规律的立法，只会造成法律走向异化，会成为人类自由发展的桎梏甚至是灾难。

遵循哈耶克关于内部秩序和外部秩序的划分，立法过程中也存在经验理性主义和建构理性主义两种模式。英美法系下经验理性主义的秩序构建论表明，"社会、语言及法律等不是由任何人设计出来的，不能借助演绎而建构，它们都是通过进化演变而成的"，其路径可归纳为"经验理性主义——自生自发秩序的规则——自生自发的秩序"；在大陆法系所奉行的建构理性主义视野下，"社会、经济、法律制度无非是人的创造，因此，人类可以借助一种理性进行演绎推理，并按这种推理结果进行设计，乃至重构一种社会制度"②，其路径可总结为建构理性主义——组织的规则——人造的秩序。经验理性主义与建构理性主义立法模式并非截然对立，尤其是在经济等迅猛发展的社会领域，随着委托立法的日益盛行，甚至出现了在法律层面以建构理性主义立法为主导、在行政法规层面以经验理性主义为主导的综合立法模式。现代社会，立法者理性的有限性使得法律已经无法应对社会的迅猛发展和利益群体分化的各种相冲突的诉求，"剩余立法权"从立法领域分配至行政与司法领域，法律渊源突出表现为立法机关制定的法律以及由行政机关以"委托立法"形式存在的行政法规。梅利曼指出这一现象的产生原因是"代议制立法机关无力胜任19世纪思想观念所赋予的立法使命。因此，现代立法并非是具有广泛民众代表意义的议会立法的产物，法律更多的是通过行政

---

① ［英］哈耶克：《法律、立法与自由》第一卷，邓正来等译，中国大百科全书出版社2000年版，第57页。
② 谢晖：《价值重建与规范选择——中国法制现代化沉思》，山东人民出版社1998年版，第241页。

部门内部予以制定和颁布"①。一方面，由于法律具有稳定性、可预期性，频繁修改法律会丧失法律的基本权威，因此在经济领域的法律越来越倾向于原则化、抽象化、程序化；另一方面，行政法规则承担了原先法律的世俗性部分，以规则为导向，内容详尽、灵活，具体规定着每一个特定背景下的权益结构。这种灵活性可以回应经济迅速变革背景下，不同利益集团对法律提出的主张，从而免于法律的崩溃，同时也可以借助经济领域的专家力量，缓解立法机关的压力和知识缺陷。

立法是实现经济法价值理念的第一步，也是经济法价值理念实现至为重要和关键的环节。只有用理念对传统法律体系进行改造，才能占领法律的制高点，将这些价值理念上升为具体的法律并公诸于世，上述价值理念才能实现其使命。立法上实现经济法价值理念，就是将形而上的正义、自由、民主，运用具体的立法技术将其法律化和制度化。这些技术手段包含概念、原则和规则等要素，其中权利和义务是规则的基本内容。"从法律实践看，全部法律行为都是围绕权利和义务而进行的，权利和义务通贯法律运行和操作的全部过程。"② 可见，社会主义经济法治价值理念法律化的实质，就是立法者运用法律工具，根据经济正义、经济自由、经济民主等价值理念所表达的思想和主张，重新安排权利、义务和法律责任的过程。实现社会经济法治价值需要立法者运用权力这一法律资源对经济活动进行调整，对自由放任、平等竞争外衣笼罩下的事实不平等予以适度调整。诚如学者斯言，我们进入了一个"权利的时代"③，权利成为调整经济关系、安排经济行为的根本导向。"合法权利的初始界定会对经济制度运行的效率产生影响。权利的一种调整会比其他安排产生更多的价值。"④ 社会主义经济立法应当首先考虑通过借助权利这一法律范式导引经济关系和经济行为，重新规划西方的所谓理想经济关系安排。因为，在资本主义经济制度中，立法者理想化地撇开具象而抽象出私法上的人格主体——自然人和法人，并以自然人和法人之间的平等性为前提来分配权利和义务财产。在这种制度安排下，所有权被奉为圭

---

① [美]约翰·亨利·梅利曼：《大陆法系》，顾培东等译，法律出版社 2004 年版，第 161 页。
② 张文显：《法哲学范畴研究》，中国政法大学出版社 2001 年版，第 327 页。
③ [意]诺伯托·博比奥：《权利的时代》，沙志利译，西北大学出版社 2016 年版。
④ [美]科斯：《企业、市场和法律》，盛洪、陈郁译，三联书店 1990 年版，第 95 页。

桌，并衍生出契约自由、过错责任以及当事人意思自治的绝对优先，个人可以将自己的能力和优势发挥到极致。但是，人类社会进入工业社会后，人与人之间的关系发生了根本性变化。原来身处同一阶层或群体的人发生了裂变，从而出现了资本所有者和劳动提供者之间关系的对立与断裂。在这些关系中，双方原有的平等性已经荡然无存，互换性也不再存在，取而代之的是经济实力的巨大差别和信息上的严重不对称。结果是强者的权利份额不断增加，弱者的权利份额不断减少，社会日益分裂为强弱明显的阶级，并产生了强烈的阶级对抗和冲突。而且，这一关系快速地全球化，形成发达一级与不发达一级的发展鸿沟与贫富差异。

"法律命题的内容源于现实中的各种社会关系"[1]。社会关系构成社会的基本结构，社会关系的稳定是秩序的基本要求，因而它也是法律刻意安排和调整的对象。在社会关系诸要素中，人是最基本的要素，社会关系的平衡就是人与人及其利益之间的平衡。经济发展对人的异化和对立阶级的催生，迫使立法者必须根据人们的实际状况，将人视为有差别和不平等的人，尤其是区分出在经济关系中处于弱势和不发达地位的人。只有完全认识和掌握了每个人及其在社会关系中的实际地位和需要，才能公正地分配权利和义务，亦即主体和主体关系是法律安排权利和义务的逻辑原点。在经济高度社会化条件下，人们之间的依赖日益加深，弱势群体在经济关系领域对强势群体的依附日益深化，为了生存发展而实质上丧失了选择自由，这就要求立法者采取权利的倾斜配置原则对弱势群体进行赋权，从而提升弱势群体在竞争中对强势群体的影响力和话语权。权利的倾斜配置是指在特定的法律关系中，根据特定的情况，赋予一方当事人额外的权利或另一方当事人额外的义务。权利的倾斜性配置主要有两种情形：一种情形是单方面地对法律关系的一方课以某种义务，或单方面地赋予法律关系一方以某种权利。"这种对交易的干预实质上是损人而利人。"[2] 另一种情形是区别对待，即在分配特定利益和机会时，为了达到总体的结果均衡，通过设定一定的条件，将权利分配给符合条件的部分群体。罗尔斯提出的关于社会正义的"差别原则"，即社会和经

---

[1] 董保华：《社会法原论》，中国政法大学出版社2001年版，第56页。
[2] 应飞虎：《权利倾斜性配置研究》，载《中国社会科学》2006年第3期。

济的不平等应该有利于社会之最不利成员的最大利益之原则,是对这种情形下权利倾斜配置要义的最好诠释。罗尔斯指出,"'差别原则'仅仅适用于社会经济领域,对应于经济权益的配置……对社会中'受惠最少者'实行'差别待遇',在经济利益和机会方面给予倾斜性配置"。[①] 与权利对等配置原则强调个人享有的权利与义务的对应性不同,权利倾斜性配置所体现的是个体所享有的权利与义务的分立,也就是说在特定法律关系中个体在享有某种权利时并不承担相应的义务。从形式上看,这有违"公平",似乎是某种"特权"的体现。

但是,社会主义经济权利倾斜配置所导致的"特权"现象与资本主义的经济"特权"现象是有本质不同的。资本主义社会的经济"特权"纯粹是建立在出身和权势的基础之上,是强势群体的特权,不具有正当性;而社会主义社会中因权利倾斜配置所产生的"特权"恰恰相反,是建立在经济角色分工的基础之上,是站在社会正义的立场,基于保护弱势群体而赋予的"特权",具有社会广泛认同的正当性。简言之,社会主义社会中的权利倾斜配置,是作为行使公权力的国家,为了达致全社会的和谐,站在整体社会公共利益的立场上,宁可牺牲国家和强势利益集团的某些利益而采取的一种利益平衡的行为。如果说权利对等配置主要体现了形式正义,那么,权利倾斜配置则主要体现了实质正义,在一定意义上消除强者的"交易优势"、弥补弱者的交易劣势[②]。

权利倾斜配置实质上是将强者的一部分利益转移给弱者,其正当性何在?罗尔斯给出的理由是强者的较多收入依靠与弱者的合作[③]。诺齐克对此提出了反对意见,他指出"才智较高者是通过与才智较低者的合作得益的;同时,才智较低者也是通过与才智较高者的合作得益的。但差别原则在这两者之间却不是保持中立的,这种不对称性来自何处呢?"[④] 诺奇克由此得出如下结论:强者对弱者的补偿侵犯了个人权利。要反驳诺齐克的指责,最好

---

[①] [美]罗尔斯:《正义论》,何怀宏、何包钢、廖申白译,中国社会科学出版社1988年版,第56页。
[②] 李昌麒主编:《经济法理念研究》,法律出版社2009年版,第133页。
[③] 王海明:《权利配置原则论》,载《湖南师范大学社会科学学报》2001年第6期。
[④] [美]诺齐克:《无政府、国家和乌托邦》,何怀宏译,中国社会科学出版社1990年版,第157页。

的办法还是从现实经济活动的实践出发。在经济高度社会化和群体分化明显的现代社会，资本所有者无论在经济实力方面还是在信息拥有方面都处于明显的优势地位，而劳动者由于力量相对弱小和信息偏差等原因则日益陷入不利的处境。在这种情况下，所谓的"公平""中立"立场实际是不存在的，因为事实上只有两种立场，要么事实上偏向强者、要么事实上偏向弱者。如果依然固守所谓的权利对等配置，将事实上偏向强者，这种做法将使强者愈强，弱者愈弱。或许有人认为根据达尔文的适者生存原理，这种结果未必不合理，但是我们应当认识到在社会分工相对固定的现代社会，作为强者的经营者是离不开作为弱者的劳动者和消费者的，否则社会再生产将中断，社会发展也会因此陷入停滞。如果选择有利于弱者的权利倾斜配置，将有利于社会整体的平衡和社会再生产的可持续性。此外，从经济效率的角度看，权利倾斜性配置可以降低权利主体的交易成本。美国经济分析法学派的主要代表波斯纳指出，"问题的关键只在于如何使法律能够选择一种成本较低的权利配置形式和实施程序。这样社会的法律运行、资源配置的进化过程就是以交易成本最低为原则，不断地重新配置权利、调整权利结构和变革实施程序的过程"。[①] 倾斜性权利配置有助于降低弱势群体的交易成本，以上市公司在首次公开发行申报阶段和上市后的强制持续信息披露制度为例，在证券市场投资过程中，投资者作出决策非常依赖于被投资企业信息的真实、准确和完整。对投资者而言，信息是主要的交易成本，包括搜集信息、了解信息、分析信息、传播信息等各种围绕信息而产生的成本。由于上市公司及其原有股东、管理层具有天然的信息优势，而投资者尤其是个人投资者处于信息劣势地位，如果上市公司不主动披露相关信息，那么投资者为了进行交易而需要付出的成本是相当之高的。因此《证券法》赋予投资者以知情权，以及上市公司对特定事项的强制信息披露义务，[②] 可以大大降低个人投资者等信息弱势群体的交易成本，有利于其作出交易决策。这里同时需要指出的是，权利倾斜配置是一把"双刃剑"，学者应飞虎就指出，对交易双方的倾斜性利益配置必须非常谨慎，交易双方特定情形下的利益关联度、利益受损者的对

---

① ［美］理查德·A. 波斯纳：《法律的经济分析》，蒋兆康译，中国大百科全书出版社1997年版，第18页。

② 我国证券法在36处使用了"信息"一词，全面规定了信息披露义务及其相关责任问题。

策行为、受益者及潜在受益人的道德风险,对特定行业的影响、干预者的能力限度与干预困境等,应该是公权机构作出正确的权利倾斜性配置决策的重要考虑因素。①

## 二、经济执法

"徒法不足以自行"。任何法律最终都必须通过执法者才能付诸实践。行政权是国家机关执行法律、管理国家行政事务的权力。随着现代经济与社会事务的发展,行政机关因其体制运行的灵活性、专业性和面临问题的复杂性,造成行政权急剧膨胀。这种膨胀消解了传统法治以立法为中心、行政机关被动执行法律的模式。作为民选的代议机关日益偏向于提供空白原则的抽象性立法,行政机关实际承担了在法律执行过程中的解释和创制功能,分享了立法机关的剩余立法权。尤其是对金融法这样需要面对和调节的关系复杂、对象多样、立法技术要求高的法律,行政部门实际上代替了立法部门成为真正制定、解释、修订法律规范权力的享有者。

传统行政关系是建立在一元单向的执行权力基础上的官僚制行政,这种行政模式强调的是效率,是以巩固统治权和保障行政科层结构的运行效率为宗旨。在这种官僚制行政模式下,行政程序对行政权的控制主要是以行政诉讼为主要内容的事后监督。这种事后监督程序往往只能对已发生的行政行为进行事后矫正,对于行政过程中的有法不依则力所不及。而且基于社会影响、政府形象等国情特色,行政诉讼制度实践中也未达到预期的制度目标。以我国证券发行上市行政审批监管制度为例,该制度自20世纪90年代国家建立证券市场以来就一直存在,并存续了近30年,但除了2000年海南凯立公司因申请公开发行股票未果而提起对中国证监会的行政诉讼首开了金融行政监管者在法院被诉的先例后,迄今再无行政相对人因对中国证监会申请首次公开发行证券并上市的行政审批决定表达异议而提起行政诉讼。海南凯立诉中国证监会一案,尽管北京市一中院、北京市高院作出了有利于海南凯立的判决,认定中国证监会退回其上市申请的行政行为没有法律依据,但最高人民法院在北京市高院的终审判决作出后,作出了暂缓执行该判决的决定,

---

① 应飞虎:《权利倾斜性配置研究》,载《中国社会科学》2006年第3期。

使得这一本有可能推进中国证券市场行政程序外部监督的契机最终停留在一张纸面文件之上。①

面对这一情形,有学者提出建立现代行政法的改革建议,指出行政程序的控制要从以往仅对行政结果的控制转向对行政过程、行政结果的双重控制,从而"防止专横、任性的行政决定的产生,同时保障行政机关办事公平而又有效率"②。这种应然的理想,实然中却未必能够奏效。马克斯·韦伯早就指出官僚制行政与代议机构和司法机关的比较优势,"充分发展的官僚体制的权力地位是一种很强大的权力地位。面对正在进行行政管理的、训练有素的官员,代议机构和法官总是处于一知半解地面对专家的形势"③。行政权的扩张与社会发展和现代福利国家的出现密不可分,由于政治国家与市民社会之间泾渭分明的界限被打破,行政权也从原先单一的"执行权"扩大到"形成性的权力",这"使得行政权不只是一个执行法律的过程,而且是一个创设法律关系的过程……因此,将民主的要素引入行政权的行使过程之中既是必要的,也具有合法性"。④ 行政法日益渗入的政治因素为公众参与行政提供了正当性,行政机关与行政相对人之间也由过去纵向的压制反抗型关系变成横向的民主互动型关系。这种民主互动关系以开放性、协商性为目标,将行政双方的关系建立在沟通理性的基础上,促进行政机关与行政相对人之间的互动与交流,以话语协商程序为机制,将原先被排斥在行政程序之外的公众纳入程序中来,改变原先行政机关只向政治权力负责的单向联系,通过提升公众参与程度而提高行政权的合法性。

构建民主互动的行政关系,核心是要建立促进公众参与行政决策的法律程序。一方面,现代社会官僚行政向民主行政转型的过程中,只有通过公众参与、分享行政机关的形成性权力,方能增强行政过程的合法性。多元化的利益权衡、相互冲突的目标选择,使得立法机关无法提供一个清晰的实质正

---

① 黄韬:《法院真的推动了法治进程吗?——中国法院审理金融行政案件引发的制度性反思》,载《行政法学研究》2011年第2期。

② 王名扬:《美国行政法》,中国法制出版社1995年版,第66页。

③ [德]马克斯·韦伯:《经济与社会》(下卷),林荣远译,商务印书馆1997年版,第313—314页。

④ 汪习根主编:《权力的法治规约——政治文明法治化研究》,武汉大学出版社2009年版,第167页。

义标准。行政过程既然不能从立法机关那里获得充足的合法性,就只能从公众参与的程序里吸收合法性。法律程序将公众参与决策的行为法定化、固定化,并以权利的形式注入到行政决策运行全过程,实现对行政权力的事前、事中、事后监督。另一方面,法律程序也是确保公众参与决策能够达成共识的制度保障。由于利益群体身份的差异和利益诉求的多样性,行政机关在保障权利的同时也不能丧失其运行效率,法律程序可以保证当各方利益诉求无法聚合时,采用一种事先通过民主立法被接受的方式,确保行政系统的开放性能够收敛于法律程序之中。法律程序要求一切程序的参与主体都必须接受自我陈述和判断的约束,也就是"说话算话"。一方面,法律程序确保各方能沿着预设的程序轨道,就分歧中的问题进行商谈、论辩,保证行政行为的开放性;另一方面,法律程序中的形成机制、表决机制也确保各方分歧最终能够达成共识,保证程序得以完结。而且这种共识对行政程序的参与各方都有约束力,从而实现了开放性向确定性的转化。

概言之,民主行政关系一方面否定行政决定的单方性,另一方面也承认行政决定的有效性。民主行政认为,行政决定不是行政权的一元运行产物,而是在公众参与基础上的合成物,"只有那些产生于平等权利之公民的商谈性意见形成和意志形成过程的法律,才是具有合法性的法律"①,因此具有法律约束力的行政决定既不是行政权也不是公众参与的单方意志,而"必须借助于程序法在一个始终取向于效率视角的行政决策过程中建立起合法化过滤器"②。民主行政是在程序的基础上构造出来的,它的目的是在互动、交涉、商谈的基础上将公民自我理解的话语在程序机制上形成一种公共话语,并将这种公共话语转化为行政决定的有机部分,从而使公民的话语在行政过程中具有可得性且不必诉求外在的资源,从而具有形成性的功效价值。

民主行政为用行政手段保障经济发展这种内容模糊、多变的社会关系提供了一个研究范式上的转型。这种行政法律程序是在社会经济化与价值多元

---

① [德] 尤尔根·哈贝马斯:《在事实与规范之间——关于法律和民主法治国的商谈理论》,童世骏译,三联书店 2003 年版,第 507 页。
② [德] 尤尔根·哈贝马斯:《在事实与规范之间——关于法律和民主法治国的商谈理论》,童世骏译,三联书店 2003 年版,第 544 页。

化背景的社会中,能够凝聚共识、增强行政行为的合法性同时又不失行政效率的唯一出路。这种行政法律程序不同于以往法律程序的特征就在于其反思性,反思的主体既来自单个、具体行政程序中的行政机构与行政相对人,也包括代表经济公共利益的第三方社会团体,如经济协会、经济人权组织。通过反思,为经济社会法律关系不断变动的内涵注入时代化的品格要求。要保障这种反思能固定化、常态化,保障反思主体双方在行政程序中能够真实听取对方的意见和建议,就需要将在经济行政程序法中引入一种能够推动经济民主行政不断改进与完善的程序性权利,赋予经济活动参与人以获知信息、表达诉求、辩论争议的机会,提升经济权利主体在与经济行政机关交涉过程中的博弈能力,使单个主体的自我理解与行政机关的公共理解在程序中得到充分的释放与交流,达致一种"交叠共识"[1]的理想行政状态,在这种民主程序中消解经济事实多元化与制度事实自足性之间的紧张关系。

具而言之,这种程序性权利应当具有以下特征:一是权利约束的双向性。从行政机关的角度看,这种程序性权利是一种提高行政机关自身行政能力、促进社会理解、增强反思能力的机会。从行政相对人角度看,这种程序性权利既把参与看成一种利益表达的方式,在交涉、沟通、互动过程中尊重他人的利益,同时也要求在参与过程中理解和尊重法律的价值。[2]二是权利主体的广泛性,尤其是在立法过程中被边缘化的利益群体和未经立法过程确认和保护的新兴利益群体,确保其在立法过程中被忽视或被代表的利益诉求能够在行政过程中得到体现,真正实现行政的"剩余立法权"职能。三是权利主张的平等性。只有通过平等的互动和交涉,行政相对人参与经济行政过程中的反思性才具有规范意义。官僚制行政也不排除行政相对人的参与,但这种参与是选择性的,行政相对人没有决定被选上或不被选上的自由,这种参与是形式化的,是为了证明行政过程合法性所进行的"认认真真走过场"。这个过程中,行政相对人与行政机关是事实上不平等的,这种参与只有一种附属地位而没有独立的形成价值。四是权能效果的形成性。这种权利赋予参与经济行政过程的行政相对人一种形成性的话语交往权能,从而对经

---

[1] [美]罗尔斯:《作为公平的正义——正义新论》,姚大志译,中国社会科学出版社2011年版,第44页。

[2] [英]约瑟夫·拉兹:《法律的权威》,朱峰译,法律出版社2005年版,第218—228页。

济行政过程产生影响。这种影响局限于创造和取缔经济行政行为的合法性，但并不取代行政机关的执行行为，也没有破坏经济行政过程的完整性，因为"话语指的是对待社会协作的一种态度，一种开放的态度，它允许经过论证接受他人和自己的要求。话语中介是平等交换观点——包括参与者提交他们自己对于他们所尊重的利益的看法……在此过程中，只要作出选择，就表明赞同一种看法。"[1]

在当前中国经济发展的现实背景下，构建保障行政相对人的程序性权利，核心是要设计一套行之有效的行政机关信息公开与反馈制度，保障行政相对人在整个行政过程中的知情权、质疑权和监督权。它要求从事前、事中、事后三个方面对行政行为进行全方位公开。事前公开是指行政机关必须向行政相对人公开其职权行为的法律范围，使行政相对人能够知悉行政权力行使的具体内容，以便采取积极措施参与到行政职权的行使过程中，以确保自身的合法权益不受侵犯。事中公开是指行政机关在具体的行政许可、行政处罚等行政行为过程中，必须将行为的法律依据、事实材料、论证过程等向行政相对人或利害关系人公开。行政行为公开对保护行政相对人的利益和防止权力滥用，具有十分重要的制度意义，也是衡量行政法治文明的一个重要标志。事后公开是指行政机关应当公开行政决定并说明理由。说明理由，一方面要求行政主体对其作出的行政决定要进行论证、阐述、说明，以提高行政相对人的认同度，防止行政自由裁量权的滥用；另一方面也是将抽象的无固定内容的弹性条款转化成鲜活的法律决定，并为后期将行政行为纳入司法监督程序奠定基础。

### 三、经济司法

#### （一）强化对公有制经济的司法保护力度

司法在保障社会主义市场经济法治实现的过程中，是最后但却是最不能忽视的一环。有学者认为，现代经济法律所蕴含的实质化趋势与司法的形式化特征之间存在着巨大的矛盾和冲突，导致司法在现代经济法律关系调整过程中不可能占据主导地位；同时，试图改变司法的形式化特征，以构筑一种

---

[1] ［德］尤尔根·哈贝马斯：《包容他者》，曹卫东译，上海人民出版社 2002 年版，第 284 页。

与现代经济法律实质化发展相适应的新兴诉讼模式,不仅与司法自身性质和功能不相符合,而且在现实条件的制约下,在根本上也是难以实现的。① 但笔者认为,与保障权利、追求实质公平正义为核心的法律制度相对应,"在一个强调和尊重权利的社会中,根据权利和义务所获得的保障和救济,是人们真实地享受权利的关键因素之一。而保卫权利的重责,不仅应由各个个人和社会团体来承担,而且应由国家来承担。"② 无救济即无权利。司法的天职是救济权利,其高度权威性和公共性决定了其在所有救济权利方式中具有不可替代的首要地位。与近代的法律思想相一致,近代法官奉行自由主义的司法理念,固守契约即法律的信条,对当事人如何行使权利也坚持不干预主义,即使经济行为涉及危害经济秩序,法官也必须保持中立。随着经济法治对实质公平正义和弱势群体的关注,不仅要求立法者改变观念,放弃极端的社会达尔文主义③,同时要求司法者也摆脱传统思维的束缚,不再坚持极端的自由主义。

司法应当随着法律的进步而进步,"法院作为调整社会冲突,维持经济安定和社会秩序的一种社会建制和上层建筑,其制度形态必然要与经济基础和人们的政治需求相适应"。④ 尽管行政是实现社会主义经济法治必不可少的力量,但司法的作用更是不可或缺。离开司法,社会主义经济法治将会大打折扣。学者指出,"通过司法实现社会正义进而保障民权,乃是现代法治国家的基本使命。"⑤

在自由放任资本主义经济形式正义的制约下,经济关系中的弱势群体的权利难以获得实质性的救济。为了矫正形式正义的不足,法官在传统民商法的基础上,"创立情势变更原则、强行干预、变更契约内容,以实现实质上的公平正义"⑥。但是,如果承袭传统民商法的老路,试图以私法实现实质正义显然是不可能的。司法机关实现实质正义首先应当建立与之相适应的司

---

① 叶明:《经济法实质化研究》,法律出版社 2005 年版,第 201 页。
② 程燎原、王人博:《赢得神圣——权利及其救济通论》,山东人民出版社 1998 年版,第 393 页。
③ Geoffrey M. Hodgson, "Social Darwinism in Anglophone Academic Journals: A Contribution to the History of the Term", *Journal of Historical Sociology* Vol. 17 No. 4 December 2004.
④ 左卫民、周长军:《变迁与改革——法院制度现代化研究》,法律出版社 2000 年版,第 120 页。
⑤ 夏勇主编:《走向权利的时代》,中国政法大学出版社 1995 年版,第 211—212 页。
⑥ 梁慧星:《从近代民商法到现代民商法》,中国法制出版社 2000 年版,第 179 页。

法机制。因为"一种诉讼制度或诉讼模式的正义性,在根本上是由实体正义所决定的,而非正义的实体法只能产生非正义的诉讼形式"①,无法真正保护经济关系中的弱势群体。要让法官真正成为实质正义的守护人,就应当对传统司法体制进行相应的改革,建立与体现实质正义、自由、民主的社会主义经济法律体系相适应的司法机制,设立相应的审判机构和审判人员。其次,必须革新传统诉讼制度,重新优化配置司法资源和程序权利,建立维护弱势群体权益的诉讼程序。例如简化诉讼程序、扩大原告资格范围以及实行强势群体举证责任倒置等。此外,建立公益诉讼制度也是健全社会主义经济法治的重要环节。传统司法救济个体权利主要是通过私益诉讼方式进行。社会公共利益长期未受到承认,因而传统诉讼普遍缺乏公益诉讼模式。19世纪末期,随着私人利益和公共利益矛盾的加剧,维护社会公共利益也成为司法的一项任务。为此,欧美等国的法律及时做出调适,创立了这种现代型公益诉讼,即"围绕在公共利益产生的纠纷基础上形成的诉讼"②。这种制度允许公民、社会团体或政府以原告身份对欺骗政府、垄断、欺诈消费者和环境污染等侵权行为提起诉讼。③ 与私益诉讼不同,公益诉讼完全以维护社会公共利益为目的,以社会公共体为本位。我国的经济立法中,体现社会本位的法律规则已经建立起来,但以诉讼方式救济这些公共权利的相关机制还需要进一步完善。应当强调两点:一是确立救济个人权利和公共权利的司法改革双重目标,纳入全面依法治国总体战略构想之中,改变重救济个人权利而轻公共利益的传统司法理念。二是进一步拓展公益诉讼的诉讼主体和诉讼事由,在经济公益诉讼制度的设计上,应当将国家机关、社会组织、公民个人三类主体都列入其中;而被告既可是公民、法人或其他社会组织之类的私主体,也可以是政府组织或授权或委托行使公权力的公主体。凡是经济立法设定了义务与责任的主体,均可成为公益诉讼的被告。公私双轨相互交汇的诉讼制度,有助于最大程度实现社会主义经济法治所预设的目标。归结起来,司法应当在法治轨道内坚持和保障中国特色社会主义经济制度。

---

① 程燎原、王人博:《赢得神圣——权利及其救济通论》,山东人民出版社1998年版,第407页。
② 左卫军、周长军:《变迁与改革——法院制度现代化研究》,法律出版社2000年版,第100页。
③ 颜运秋:《公益诉讼理念研究》,中国检察出版社2002年版,第210—259页。

## （二）重视对民营经济权益的司法救济

概言之，必须解决以下三大层面的问题：

其一，司法原则。司法应当严守宪法和法律规范，依法保障公有制为主体、多种所有制并存的经济制度和收入分配制度。为此，应当坚持以下原则：一是平等保护。司法对不同形式的所有制形态应当坚持平等保护的基本原则，在为公有制经济提供充分法律保障的大前提下，切实保护民营经济的合法利益和权利。平等首先意味着在市场经济中的资格和地位的平等，也就是权利平等。二是依法保护。司法应当按照宪法和法律确立的经济制度和经济准则保障各类经济主体和经济行为参与市场经济、促进经济发展和获取经济利益，实现经济权利的司法救济。三是高效保护。及时确认权利、高效化解纠纷、便捷司法诉讼、彰显司法为民，为夯实经济基础供给最优化的司法资源。四是全面保护。包括：全面保护不同所有制、不同经济体的合法权益，全面保护各类经济行为和不同环节的经济利益，防止在不同时期出现顾此失彼的现象。

其二，司法关系。法治道路在经济上的根本依托是社会主义基本经济制度框架，也就是以公有制为主体、多种所有制并存的社会主义市场经济制度。这是一个多元复合的关系结构，留给司法进行解释和自由裁量的空间并不是很大。但是，这并不意味着司法的被动与无视。相反，中国司法一直都积极作为，紧随对宪法的政治解释而进行解读。有时以司法解释的方式做出司法自身的理解，有时则以司法解释的法定方式加以细化。从宪法规范以及对宪法规范的实质解释上分析，司法在从事上述活动时，应当始终正确把握和科学处理以下六类关系：一是并存关系。司法在划分权利义务关系时，必须明确公有制经济与非公有制经济的同时并存地位，不能以一种取代或否定另一种经济形式，或者只保护某一种经济主体而轻视或忽视其他经济主体的合法利益。二是主次关系。公有制与非公有制经济长期同时并存不一定意味着它们之间是等同的关系，相反，公有制为主体是宪法确立的基本经济属性，不可动摇。三是鼓励关系。对公有制以外的其他多种所有制，宪法的基本立场是鼓励发展。所谓鼓励，既包括以提倡性规范、奖励性规范加以促进，也包括通过制裁侵犯非公有制经济主体利益的方式反向保护。四是指导关系。国家通过法律和政策，对非公有制经济的发展方向、战略规划、创新创造诸方面加以指引。五是支持关系。在产业政策、税收金融、市场准入诸方面支持非公有制经济的发展。六是监督关系。依法规范和制约非公有制经济，加强生产、市场与分配诸环节的监管，反对不正当竞争，克服非公有制经济的固有缺陷，确保其恪守市场法则，在法治轨道内有序健康运行。

其三，司法重心。强化司法在保护公有制经济方面的重要功能，重点是保护国有产权、国有资产、国有企业的宪法法律地位不动摇，最大限度地释放公有制经济在生产、交换、分配与消费关系中的主体价值功能。在主体上，确认和维护国有企业的合法地位，充分运用企业法、公司法、破产法等相关法律，依法保护国有企业的法律人格。在客体上，依法规范投资、生产、交易、分配行为，发挥强制性规范的强大调节作用，依法巩固公有制基础。在权益上，切实保护国有资产，防止国有资产流失，依法查处疏于职守、怠权滥权导致国有资产损失的行为，依法惩治侵吞国有资产的犯罪行为。

而就民营经济而言，司法的重心则在于，认清民营经济在司法上权利与义务关系的模糊地带，结合不同时期的焦点问题，突破制约民营经济发展的司法瓶颈。在全面深化改革的大背景下，市场正在从对资源配置的基础性作用转向发挥决定性作用。民营经济与国有经济的市场边界究竟在哪里？促进民营经济发展的司法功能如何发挥？这是必须解决的关键问题。为此，应当尽可能发挥司法审判职能，为非公有制经济健康发展提供有力的司法保障。[①] 我们认为，应当根据权力与权利相互关系的基本法理，确立和固化对公权力，法无授权不可为；对私权利，法不禁止皆可为这两个基本原则。同时，尽管民营经济的权利是无需列举而只要法律不禁止的所有领域都是其权利之所及的范围，但是，为了主次分明、突出重点，在目前的社会法律生态下，依然有必要列出民营经济体的需要重点保护的权利清单。主要可以考虑重点保护以下权利：

一是平等权，即在宪法法律赋予民营经济法律地位的前提下，切实保护

---

[①] 党的十八大以来，为了依法促进民营经济发展，最高人民法院坚决贯彻落实党中央决策部署，先后发布《关于依法平等保护非公有制经济促进非公有制经济健康发展的意见》（法发〔2014〕27号）、《关于充分发挥审判职能作用切实加强产权司法保护的意见》（法发〔2016〕27号）、《关于充分发挥审判职能作用为企业家创新创业营造良好法治环境的通知》（法〔2018〕1号）等司法政策。

民营企业和其他市场主体相比较而言的平等地位、平等资格和平等权利,禁止歧视或减损权利。为此,有必要全面清理现行司法解释和司法政策,废止或修改其中不利于平等保护的条款与内容。从规范法学的角度看,现行法律文本没有使用"民营经济"一词,民营经济并不是一个法律规范上的概念,但是,在宪法文本中确立了私营经济、多种所有制之类的表述。而且,党的政策对宪法法律进行了进一步的解释,所以,十八届三中全会做出的《关于全面深化改革若干重大问题的决定》提出"公有制经济和非公有制经济都是社会主义市场经济的重要组成部分,都是我国经济社会发展的重要基础""公有制经济财产权不可侵犯,非公有制经济财产权同样不可侵犯","保证各种所有制经济依法平等使用生产要素、公开公平公正参与市场竞争、同等受到法律保护"。这尽管不是法定解释,但是对于解释宪法文本具有法律上的意义。因为,第一,在现有解释体制下,除了法律上的立法、司法和行政解释之外,当需要进行文意解释时,政策性解释往往更具有宏观性和超前性。第二,该政策性解释与宪法确立的"法律面前人人平等"这一基本宪法原则和"平等权"这一宪法规定的基本人权完全一致,因而通过宪法条款的链接而被赋予法律效力。第三,从法律实效看,一项解释的效力无疑取决于其是否是有权的法定解释,但是法律效力与法律实效互为前提。从实际效果看,据统计,截至 2017 年底,中国共有企业 3033.7 万家、个体工商户 6579.4 万户,其中国有企业约 15 万家,外资企业约 50 万家,广义的民营企业(即非国有非外资,不算个体工商户)占全国市场主体总量的 98%以上。[①] 可见,从法律规范分析的实证视角看,民营经济与国有经济共同构成了国民经济的"基础",应当受到法律上的"平等保护",而不存在法律上的"所有制歧视"。只有基于这一法治理念,才能消除司法中的顾虑,克服不平等性思维,为民营经济发展营造公正的司法环境。这是解决法治道路选择在经济形态上面临难题的一个重要前提。

二是财产性权利。企业产权、经营权、股权、合法收入等权利得到有效的司法保护和救济。从政策层面看,就企业家个人权利而言,国家重视

---

[①] 民生银行研究院民营企业团队:《破解民营企业融资难融资贵的整体进展及战略前瞻》,载《民银智库研究》2018 年第 32 期,搜狐网,http://www.sohu.com/a/286050940_618573,访问日期:2019 年 2 月 1 日。

"营造依法保护企业家合法权益的法治环境",其中的权利保护重心有三:"财产权""创新权益"和"自主经营权"。重点要"研究建立因政府规划调整、政策变化造成企业合法权益受损的依法依规补偿救济机制";探索确立"以知识产权的市场价值为参照确定损害赔偿额度……非诉行政强制执行绿色通道……商业模式、文化创意等创新成果的知识产权保护办法"。①

为此,应当在立法界定产权的基础上通过司法解释和指导性典型案例为保护民营经济产权提供确定的强有力的指引。既要严格依照破产法和民事诉讼程序妥善审理涉及民营企业破产案件,慎用拘留逮捕审讯等方法对待民营企业家②,又要注重在法律许可的自由裁量范围之内,通过多元纠纷解决机制的协调功能释放,帮助和支持民营企业恢复生机、重返市场。例如,依法赋予商会调解职能,"转变司法理念,发挥司法在商会纠纷化解中的引领、推动和保障作用,满足民营企业纠纷多元化解、快速化解和有效化解的实际需求,为民营企业创新创业营造良好法治环境。建立健全商会调解机制与诉讼程序有机衔接的纠纷化解体系,不断提升工商联法律服务能力,促进民营经济健康发展。"③加大涉产权冤错案件依法甄别纠正力度,进一步强化以案释法工作。通过彰显正向保护知识产权和反向惩罚侵犯知识产权行为的司法价值功能,促进民营企业大胆进行科技创新、实现产业升级换代,不断提升核心竞争力。为保障民营企业债权得到有效实现,充分发挥司法救济功能,全面运用信用惩戒和各种强制执行手段,加大解决执行难问题的力度。

三是人身权利。切实依法保护民营企业家的人身权利不受侵犯,根据罪刑法定、无罪推定和严禁刑讯逼供的法治原则,严禁民事纠纷刑事司法化,将经济纠纷作为刑事犯罪处理,以刑事责任替代民事责任,用刑事司法手段

---

① 中共中央国务院:《关于营造企业家健康成长环境弘扬优秀企业家精神更好发挥企业家作用的意见》(2017年9月8日)。

② 2017年1月6日,《最高人民检察院关于充分履行检察职能加强产权司法保护的意见》指出:"严禁干预涉案企业正常生产经营活动。慎重选择办案时机和方式,慎重使用搜查、查封、扣押、冻结、拘留、逮捕等强制性措施。"

③ 最高人民法院、中华全国工商业联合会:《关于发挥商会调解优势 推进民营经济领域纠纷多元化解机制建设的意见》(法〔2019〕11号)。

插手干预经济纠纷的解决。为此，最高人民法院发布司法政策[①]，在第二条重点规定了不得以刑事司法代替民事纠纷的规则。但是这里的五层规定几乎没有什么司法上的实际价值。（1）该条指出："对企业家在生产、经营、融资活动中的创新创业行为，只要不违反刑事法律的规定，不得以犯罪论处。"这一规定的初衷是值得肯定的。但是，这里的"只要不违反刑事法律的规定，不得以犯罪论处"一语并没有什么实质性的意义。（2）随后的"严格非法经营罪、合同诈骗罪的构成要件，防止随意扩大适用"这一表述不仅没有任何意义，还存在不妥之处。因为，在任何情况下只要法律未修改和没有新的立法解释之前是不能"随意扩大解释"的。（3）该条规定，"对于在合同签订、履行过程中产生的民事争议，如无确实充分的证据证明符合犯罪构成的，不得作为刑事案件处理。"这一规定无异于与刑法规范是同义反复，难道还有"无确实充分的证据"而应该"作为刑事案件处理"的吗？（4）该条规定，"严格区分企业家违法所得和合法财产，没有充分证据证明为违法所得的，不得判决追缴或者责令退赔。"如前所述，这里所讲的也是证据问题，实际上刑事诉讼法和相关司法解释已经十分清楚无误地对此进行了规定，此处基本没有必要再进行重复了。（5）该条还规定，"严格区分企业家个人财产和企业法人财产，在处理企业犯罪时不得牵连企业家个人合法财产和家庭成员财产。"刑法、公司法等法律中都已经非常明确地规定了单位犯罪不等于单位的法定代表人犯罪，股东或其他个人的财产不同于法人财产。尽管司法政策具有及时性和应景性，但由于法律的效力显然大于司法解释和司法政策，而且法律的有关规定已经相当精细，在这里重复表述没有多大必要。所以，司法机关在此时的活动空间应当是以宪法法律为依据，对处理经济纠纷和经济犯罪时如何具体适用法律的方式方法等不明确的，通过司法解释明确法律的具体适用以指导办案。总之，司法机关通过制定不少司法政策以回应特定时代的社会政策和主流价值。但是，尚有三个问题亟待科学处理：一是处理好法律文本和外部政策的关系，实现法治之规范与价值的高度整合。二是司法政策与法律规范的法律效力比较，确保在法治框架

---

[①] 最高人民法院：《关于充分发挥审判职能作用为企业家创新创业营造良好法治环境的通知》（法〔2018〕1号）。

下最大限度释放司法政策的功效。三是司法政策的文本表述与法律实效的关系,厘清司法政策与其他政策的区别,"不断完善保障企业家合法权益的司法政策……加大制定司法解释、发布指导性案例工作力度,统一司法尺度和裁判标准"[①]。

综上所述,中国特色经济法治道路以公有制为主体,多种所有制经济同时共存、共商和共享经济社会资源、共同发展,夯实法治的经济基础。而法治道路的经济特征之充分彰显,为中国经济制度巩固与完善以及经济战略定位与价值目标实现提供不可或缺的强力保障。

---

[①] 最高人民法院:《关于充分发挥审判职能作用为企业家创新创业营造良好法治环境的通知》(法〔2018〕1号)。

# 第 五 章
# 民族区域自治与法治道路选择

民族区域自治制度是中国特色社会主义制度的重要构成要素，是中国特色社会主义法治道路在制度层面的一个基本内容。法治是发展和完善民族区域自治的基本途径，把民族问题提升到全面依法治国的轨道，依法解决民族问题是马克思主义民族理论在新时期的重大发展。法治为民族区域自治实践提供了制度载体和规范保障，促进了民族区域自治的发展与完善，突破和超越了民族治理的传统路径，追求和实现各民族之间真正的平等。目前，我国走出了一条"正确的""成功的"中国特色的解决民族问题的道路。[①] 习近平总书记围绕民族区域自治法治建设做出了一系列重要论述，与时俱进地回应了新时代我国民族区域自治法治道路面临的新问题。有必要以此为基本遵循，在自治与制约、保护与发展、自治与共治、国家制定法与民族习惯法之间进行平衡与调适，在铸牢中华民族共同体意识的前提下进一步坚持和发展中国特色民族区域自治制度。

## 第一节 民族区域自治与法治道路的内在契合

自治作为一种治理模式，须借由一定的方式达致协调发展的"善治"

---

[①] 《中央民族工作会议暨国务院第六次全国民族团结进步表彰大会在北京举行》，载《人民日报》2014年9月30日。

状态,而"良法是善治的前提"①。自治与法治均以善治为价值目标和理想状态,自治为法治提供了民主政治基础,法治为民族区域自治提供了制度保障。《中央关于推进全面依法治国若干重大问题的决定》指出,依法治国是"中国特色社会主义的本质要求和重要保障"。民族区域自治与法治道路的选择在价值逻辑、历史逻辑和现实逻辑上是高度契合的。

## 一、民族区域自治与法治道路的价值逻辑

首先,民族区域自治和法治道路都以"民主""平等"为前提。法治是实质理性与形式理性的有机统一体。其中,民主、平等是实质的内在的价值引导和精神支柱。民族自治在本质上与法治的民主、平等价值完全一致。而民族他治是以各民族间的不平等为前提,民族他治与法治结合也只能是形式法治,而非实质性法治。民族自治首先是对民族差异的认可、对自由和平等价值的追求,体现了内涵于人权、法治的价值理念。② 自治蕴含着对民族同化的否认,因为民族同化的论断实际上包含着"一个民族优于另一个民族"的前提预设。在民主的逻辑之下,民主协商强调参与民主协商的主体拥有同等地位,而不是不同的民族背景、民族因素;民主要求各成员参与到同质性的政治文化生活中,而不是狭隘的、特殊的、异质的;民主要求以具有普遍性的形式参与理性协商,而不是参与具有民族特色的民族活动。

其次,民族区域自治和法治道路都是以"公民身份"为基础。法治要求将各个民族视为公民群体、公民个体,在宪法和法律的规范之下,所有群体和个体平等享有"公民权利"、平等履行"公民义务"。平等的"公民身份"是进行民主协商对话的前提,民族区域自治的法治道路超越了族群政治、"民族—国家"的狭隘民族主义,"用公民政治来缓和、淡化与化解族群政治,将族群冲突转化为民主问题,使政治认同和国家认同转化

---

① 《党的十九大报告辅导读本》编写组:《党的十九大报告辅导读本》,人民出版社2017年版,第281页。

② 宋丽弘:《人权理论视角下我国民族区域自治制度的完善》,载《贵州民族研究》2014年第12期。

为宪法认同"。[1] 民族区域自治法治化不仅是对马克思主义民族区域自治的坚持，还是对马克思主义民族区域自治的重大发展，促进了不同民族形成共同的"超民族认同（supranational identity）"，这样的民族关系、国家发展"才可能是稳定的"[2]。

**二、民族区域自治与法治道路选择的历史逻辑**

民族区域自治的法治道路选择是我国民族区域自治制度实践历史的逻辑生成。我国的民族区域自治实践经历了从民族政策安排到法律制度固化的过程。随着民族区域自治法制体系的建成，依法推行民族区域自治有效保证少数民族享有更加广泛、更加充分的权利和自由有了全面的保障，民族区域自治法治化是推进和深化民族区域自治法制化发展的起点和归宿。

1931年，《中华苏维埃共和国宪法大纲》第十三条规定，少数民族有"完全自决权"和"建立自己的自治区域"的权利。[3] 这可以看做是我国民族区域自治法制化的开端。之后，党和国家在相关政策文件或法律规范中均贯彻了民族区域自治的政策。如1941年《陕甘宁边区施政纲要》中规定，可以建立蒙古族和回族自治区。[4] 1946年的《和平建国纲领草案》中明确规定"在少数民族区域，应承认各民族的平等地位及其自治权。"[5] 1947年5月1日，内蒙古自治区的成立标志着我国民族区域自治实现了从理论向实践的转化。1954年《宪法》确立了民族区域自治制度。十一届三中全会后，民族区域自治制度被确定为国家的一项基本政治制度。1984年《民族区域自治法》的颁布标志着民族区域自治进入全面法制化阶段。各个地方出台了大量的自治条例和单行条例、变通和补充规定，《民族区域自治法》也适

---

[1] 许章润：《立宪共和主义族群政治进路》，载《原道》第17辑，首都师范大学出版社2012年版，第70页。

[2] ［加］威尔·金里卡：《多民族国家中的认同政治》，刘曙辉译，载《马克思主义与现实》2010年第2期。

[3] 中共中央文献研究室、中央档案馆：《建党以来重要文献选编（1921—1949）》（第十一册），中央文献出版社2011年版，第162页。

[4] 中共中央文献研究室、中央档案馆：《建党以来重要文献选编（1921—1949）》（第十八册），中央文献出版社2011年版，第243页。

[5] 中共中央文献研究室、中央档案馆：《建党以来重要文献选编（1921—1949）》（第二十三册），中央文献出版社2011年版，第53页。

时作出修订。这些民族区域自治立法活动使民族区域自治法制进一步完善，推动民族区域自治法治化发展。尤其是党的十八大以来，全面依法治国战略的实施标志着民族区域自治进入法治化的新阶段。

### 三、民族区域自治与法治道路选择的现实逻辑

中国成功实践了一条超越"民族"的政治路径，通过阶级斗争消解了民族矛盾。但是，阶级政治是有阶段性的，随着民族区域自治的实践和发展，"剥削阶级""阶级敌人"已不复存在，如果此时继续坚持以"阶级"概念作为中国的政治根基，显然不符合时代发展的主题。因此，阶级政治、阶级斗争无法继续作为解决当前民族问题的方式或手段，而需要通过法治来消解狭隘的民族主义、解决新的民族问题。随着中国特色社会主义新时代这一命题的提出，社会主义民族关系从"平等、团结、互助"转变为"平等、团结、互助、和谐"。① 依法治国、民族和谐共同作为我国宪法的基本原则，从宪法实施和依法治国的角度看，发展和谐的社会主义民族关系应当是依宪法和法律"调整民族关系的价值追求和理想状态"。②

习近平总书记指出，"法令行则国治，法令弛则国乱。"③ 首先，民族区域自治法治化保障少数民族自治权的充分享有和实现。自治机关的设立和自治权的行使是少数民族进行自治的前提，二者都必须以宪法和法律为依据。因此，要保障少数民族权利的充分实现，就必须完善相关法律法规。其次，依法处理民族问题是新时代民族工作的核心。虽然我国民族关系整体是和谐的，但新时期、新阶段也出现了一些新情况和新问题。片面看待民族问题、夸大民族矛盾或宗教纠纷，不仅难以解决问题，还损害了法律的尊严。有些问题或矛盾涉及民族因素，但并非是民族问题，从根本上就是法律问题。因此，只有坚持法治原则，才能认清各种纠纷矛盾的违法本质，才能合理解决各种民族问题，才能从根本上保障少数民族和民族地区的稳定发展。

---

① 2018年3月11日，第十三届全国人民代表大会第一次会议通过的《中华人民共和国宪法修正案》，将《宪法》序言第十一自然段中"平等、团结、互助的社会主义民族关系已经确立，并将继续加强。"修改为："平等团结互助和谐的社会主义民族关系已经确立，并将继续加强。"

② 唐勇：《论新时代我国宪法民族关系原则》，载《社会科学战线》2019年第3期。

③ 《习近平关于社会主义政治建设论述摘编》，中央文献出版社2017年版，第154页。

## 第二节 自治与他治

自治是民族区域自治制度的基本要素，我国的民族区域自治是"使少数民族人民当家做主，自己管理本自治地方的内部事务"[①]。"当家做主"一般理解为政治意义上的独立和统治，"管理内部事务"则侧重社会管理职能。我国的民族区域自治之"治"包含了自治与他治两种基本模式。自治，即自己决定自己、管理自己。他治，就是"治于他"或"被他治"。[②] 这里的"他"不一定都是指外在的主体即他人、政府或组织力量，还包括治理的外部依据而非内在的道德力量。也就是说，就治理之依据而言，前者主要是指内在的道德信仰，后者则主要凭借外在的法律制度规范。为此，我们将分别从传统的基于专制、控制的"统治"视角和基于良法善治的"治理"视角揭示民族区域自治与他治的相互关系，为当下中国特色民族区域自治发展道路奠定基础。

### 一、"统治"之自治与他治

与"良法善治"中的"治理"不同，传统的"统治"一般是指政治统治，是以阶级差别、阶级剥削为基础，以政权为前提，以"维持和再现现有的生产方式和社会形式"为目的。[③] 其本质上是一种阶级统治，强调的是阶级性。世界发展史实际上就是自治与他治斗争的历史，人类社会有着漫长的他治史，历史上许多国家和民族都有被压迫、被剥削、被奴役的经历，近代以来民族民主革命的爆发使世界上越来越多的国家、地区和民族摆脱了殖民或半殖民的他治统治，实现了国家独立和民族解放，能够"自己当家做主"。

#### （一）民族他治统治

对于民族而言，他治就是某一个或某些民族将统治自己的权力（自

---

[①] 本书编写组：《指导新时期民族工作的纲领性文献——深入学习胡锦涛同志在中央民族工作会议上的重要讲话》，人民出版社2005年版，第8页。
[②] 靳环宇：《论国家治理中他治、自治、互治、善治及其关系》，载《西部学刊》2014年第5期。
[③] 《马克思恩格斯选集》第3卷，人民出版社2012年版，第527页。

愿或被迫）交予其他民族，完全由其他民族决定本民族的一切事物。从主客体关系上来看，统治阶级和被统治阶级有不同的民族属性即统治主体与统治的客体、对象之间的民族关系是对立的。从利益关系结构上看，占统治地位的民族利益居于优先地位，而被统治民族的利益则处于服从地位。从国家权力分配上看，主体民族控制的中央层面拥有绝对的国家最高权力，而其他民族地方则没有自主、平等参与国家权力运行的权利。

他治与人类历史相始终，民族的他治统治往往伴随着殖民和压迫。以中国历史上的民族治理为视角，不同历史时期的统治者都面临着对"异族"的统治和治理问题。从夏商周时期"华夏—四夷"观念的形成，到秦汉时期的"附则受而不逆，叛则弃而不追"①，再到唐宋时期"羁縻制"的确立，古代中国民族政策在本质上都是"羁縻"②，统治者对"异族"尤其是少数民族在政治上进行笼络、控制，在军事上实施打击、威慑，在经济、宗教等方面实行优待、恩惠。虽然在一定的时期内实现了国家统一和少数民族地区的稳定，但其本质仍然是对少数民族的压迫和剥削。

历史的经验教训告诉我们，他治一方面易导致专制，另一方面易导致民族主义，进而激化民族矛盾、造成民族乃至国家危机。民族自治或民族自决意味着尊重不同民族利益、实现利益主体多元化，他治是一种单一民族利益主体的治理结构，将民族（尤其是少数民族）客体化，追求单一民族利益、忽略其他民族利益诉求，必然导致民族矛盾。

（二）民族自治统治

民族区域自治是马克思提出的无产阶级解决民族问题的基本路径之一，它与民族自决和联邦制有着本质的区别。民族区域自治没有分离或独立的性质，③它是以统一的政权为基础的，在统一政权的"共和国"内实现不同民族的自由与融合。

---

① 龚梦川、龚萌：《略伦古代边疆民族政策》，载《贵州民族研究》2018 年第 6 期。
② 李大龙：《关于中国古代治边政策的几点思考——以"羁縻"为中心》，载《史学集刊》2014 年第 4 期。
③ 中共中央马克思恩格斯列宁斯大林著作编译局：《论马克思恩格斯及马克思主义》，人民出版社 1963 年版，第 287 页。

自治首先是"在政治国家层面的自治"[1]。自治作为一种政治理念和政治制度，发端于近代西方资产阶级革命时期，自治与自由、民主一同作为反压迫的革命口号。在一定意义上，自治内涵着自由、平等的价值诉求，是民主制的基础。西方资本主义国家在解决民族问题时，将西方代议制民主与民族自治结合起来，实行民族自治或区域自治，这种自治具有"完整性"和"排他性"[2]，并且"大多涉及自决的概念"，受到国际法的保障。[3]《宪法》《选举法》等法律保障各个少数民族参加人民代表大会，平等行使参政议政等政治权利。实际上，历届全国人民代表大会中少数民族代表的比例也均高于同期少数民族占全国人口的比例。[4] 同时，民族区域自治制度赋予自治地方自治权，这是一种比一般地方更广泛、更自主的地方权力。民族区域自治"是在一定程度上改变了国家结构形式基本模式确立的中央与地方的权力边界"[5]。民族区域自治突破了单一的民族自治与区域自治理论限制，将"民族因素与区域因素相结合"[6]，少数民族不论人口多少，结合民族实际，依法单独或联合建立民族自治区域，参与国家事务管理，真正实现了各民族共同当家做主。

## 二、"治理"之自治与他治

"统治"侧重从国家政权的维度分析国家与民族、中央与地方的关系，"治理"侧重从内部治理的维度分析民族集体与民族个体的关系。建立民族自治区域后，直接面临的就是如何治理自治区域的问题。民族区域治理同样也存在他治治理与自治治理的界分，非自治民族对自治民族的治理可称为他

---

[1] 王英津：《自决与自治关系的理论解读》，载《教学与研究》2009年第12期。
[2] 任新民、沈寿文：《我国民族区域自治"自治权"与国际社会"地方自治权"研究》，载《云南民族大学学报》（哲学社会科学版）2010年第2期。
[3] 李资源：《西方多民族国家的自治立法与中国民族法制建设研究》，载《贵州民族研究》2006年第5期。
[4] 中华人民共和国国务院新闻办公室：《中国的民族政策与各民族共同繁荣发展》，人民出版社2009年版，第10页。
[5] 戴晓明、冉艳辉：《论国家结构形式与民族区域自治》，载《中南民族大学学报（人文社会科学版）》2014年第5期。
[6] 《中央民族工作会议暨国务院第六次全国民族团结进步表彰大会在北京举行》，载《人民日报》2014年9月30日。

治治理，自治民族的自我治理可称为自治治理。①

## （一）民族治理之他治

不同国家或地区在对本国、本地区民族进行治理时都必然采取一定的治理模式。我国历史上的王朝国家也曾在一定范围内赋予少数民族或民族地区一定的自治权，比如由本民族官员参与民族地区事务的管理，但其仅限于参与，而非自治所涵摄的自主权。西方现代民族民主国家形成以后，资产阶级对少数族裔和民族地区采取了不同的政策，鼓吹自由和平等，"在国内普遍推行强制同化政策"②，或者是多元文化主义，通过片面追求形式平等的制度使少数民族逐步淡化、甚至放弃自己的传统文化，进而接受主体民族的政治统治、民族文化。还有一些国家在少数族裔或土著人治理上推行"保护区政策"，这些政策实际上仍然是将少数族裔排除在主体民族和国家治理决策之外，决策权依然在主体民族手中。

苏联的民族政策建立在列宁提出的民族自决、大民族补偿小民族曾经受到的不公正待遇两项重要原则之上。依据该政策，苏联建立了民族自治地区，实行以民族为特征的"民族—国家"联邦制，长期推行大俄罗斯民族主义，甚至宣称俄罗斯（民族）人民是"苏联各民族的领导力量"③，由俄罗斯民族对其他民族、包括自治地区民族进行治理。因此，在其民族自治实践中作为统治者的和主体民族的俄罗斯民族曾出现忽视民族地区的特殊性、侵犯少数民族的利益现象④，导致其他民族与俄罗斯民族之间产生矛盾和冲突，最终引发民族危机。因此，这些民族治理政策无论是否冠之以"自治"之名，其本质上都是"他治"。

## （二）民族治理之自治

少数民族参与国家事务管理和决策是少数民族、民族地区能够自主管理本民族内部事务的前提。换言之，少数民族自治统治是其自治治理的前提，

---

① 巩建青、乔耀章：《全面治理：习近平新时代治国理政的理论新命题》，载《行政论坛》2018年第5期。

② 吕永红：《民族、国家与制度——历史制度主义视阈下的民族区域自治制度研究》，中国出版集团2014年版，第106页。

③ 中共中央马克思恩格斯列宁斯大林著作编译局：《斯大林文选（1934—1952）》（下），人民出版社1962年版，第428页。

④ 曹剑：《前苏联：民族政策的经验教训》，载《中国民族报》2016年7月8日。

少数民族自治统治以少数民族实行自我管理、自我治理为目的。少数民族自治治理概括表述为少数民族自主地决定自己本民族内部的事务，即少数民族有"自己管理自己事务之权"[1]。

民族与区域是民族自治治理的基本要素。[2] 民族只能在一定的区域内生存和发展，正是区域生态环境、地理条件的特殊性造就了不同的民族。自治民族是民族自治治理的前提，如果没有自治民族，民族自治就无从谈起。因此，二者是不可分割的。首先，"民族"是民族自治治理的前提。从主体的角度看，民族治理包括少数民族获得治理主体地位和自由追求本民族利益两方面内容。治理主体地位的获得是少数民族进行自我管理、自我治理的前提，而只有自治才能使各项治理安排、治理活动符合本民族自身利益最大化的取向。其次，"区域"是民族自治治理的保障。一定的区域造就了一定的民族，民族自治的实践也需要在一定的时间、空间范围内进行。民族自治治理必须根据本地区的实际，把握好、处理好自治地区内部、自治地区与国家、自治地区与其他地区之间的关系，推进区域内部和外部的协调治理与发展。从人类民族关系发展的角度看，民族自治治理只有在与民族他治治理相互关联、相辅相成中才能充分有效彰显民主、平等、自由等价值。

目前，我国在55个少数民族中有44个少数民族建立了155个自治地方，其中，包括5个自治区、30个自治州、120个自治县（旗）。民族区域自治地区的人口约1.6亿，少数民族人口约7500万，占少数民族总人口的75%，行政区域面积占我国国土总面积的60%以上。[3] 各个聚居民族和杂居民族、民族地区在民族区域自治的基础上充分"享受自治权利"[4]，实现了少数民族和民族地方的稳定繁荣，也推进了国家的繁荣发展。

---

[1] 中共中央文献研究室、国家民族事务委员会：《毛泽东民族工作文选》，中央文献出版社、民族出版社2014年版，第1页。

[2] 徐黎丽、杨丽云：《论民族区域自治中民族因素与区域因素相结合》，载《烟台大学学报（哲学社会科学版）》2018年第1期。

[3] 国家发改委和改革委员会：《"十三五"国家级专项规划汇编》（上），人民出版社2017年版，第248页。

[4] 中共中央统一战线工作部、中共中央文献研究室：《周恩来统一战线文选》，人民出版社1984年版，第373页。

### 三、民族自治与他治的辩证统一模式

一是自治与他治在主体意义上的统一模式。在治理的主体力量上,民族区域自治法治道路建设的基本定位应当是:自治是根本,他治是保障。区域自治的主体力量是区域全体公民,即少数民族人民。这是治理民族事务的根本主体和力量之源。为此,应当强化少数民族公民的知情权、参与权、决策权、执行权和监督权这五项基本权利,以确保自治权的自主行使和有效落实。但是,自治不是绝对的独立与自封,相反,自治有赖于他治的襄助与保障。他治在善治意义上蕴含着对自治加以导航、保障与扶助的特质,所以,在自治之外,离不开他治。无他治的自治势必会导致盲目无序与自由泛滥。当然,他治不能取代自治的主导地位。在他治中,党委、政府、法治机关均具有重要地位。正所谓,"自治需要政治的支持""政治不能缺席"。① 政治治理、社会治理与自主治理是有机统一的。对此,可以归结为五个"国家"。一是"国家政权"。根据《民族区域自治法》第三条,民族区域自治机关是"国家的一级地方政权机关",而不是什么独立的或平行的集合体。二是"国家统一"。该法第五条明文规定,"必须维护国家的统一",而不是以自治谋求分裂。三是"国家计划"。根据该法第六条第三款,国民经济和社会发展规划计划在区域自治地方必须得到服从和执行,以维护自治区域的发展与繁荣。四是"国家利益"。根据该法第七条:"自治机关要把国家的整体利益放在首位"。在政治治理体系中,民族区域自治地方具有重要地位,构成其必要的环节。五是"国家保障"。该法第八、九条强调上级国家机关保障民族区域"行使自治权",实现"民族的平等、团结、互助"。就内部而言,根据该法第三条,"民族自治地方的自治机关实行民主集中制",体现了自治与他治的有机统一。

二是自治与他治在规范意义上的有效整合模式。在治理的基本依据上,民族区域自治的约束力量应当是:法治为本,德治为魂。以宪法为根本、以民族区域自治法为基础规范,以其他法律法规为共同依据,形成牢固的法律规则之治。法治是使人类服从规则治理的事业,具有统一性、规范性、强制

---

① 江必新:《构建"四治融合"的基层治理体系》,载《人民法院报》2018年8月10日。

性、公平性、合理性，较之于其他形式的治理力量而言，具有明显的治理优势，因而成为最主要的治理手段。可见，民族区域自治绝不是游离于法律的强效治理之外的自治。但是，法治规则的普遍性、统一性犹如一把双刃剑，在造就总体公平正义的同时，也可能会由于灵活性、滞后性、刻板性而"容易忽视个体差异"，"法治会选择集体利益和意志，这就可能会牺牲少数人的利益"。[①] 为了弥补这一缺憾，德治便应运而生。德治以道德为灵魂，构成治理的基础。民族区域自治中的德治体系绝不是空洞抽象的，除了政治道德之外，社会、家庭的道德规范也是实实在在的。民风民俗、村规民约、家风家训成为其基本组成元素，应当通过历史承继并在不断推陈出新中予以弘扬与拓展。《民族区域自治法》第六条规定：民族自治地方的自治机关"在不违背宪法和法律的原则下，有权采取特殊政策和灵活措施"；"继承和发扬民族文化的优良传统，建设具有民族特点的社会主义精神文明"。该条的规范性应当不断加以强化，并与"核心价值观"入法入规的规范文本相结合，形成符合民族区域自治之法治与德治双向共治要求的民族区域自治价值规范体系，包括规范价值体系、制度体系、实施体系、保障体系和监督体系。总之，良法善治是自治与他治有机统一的根本出路。

## 第三节　自治与平等

民族平等是我国宪法确认的重要原则，也是中国共产党开展民族工作的一贯的、最基本的立场。"56个民族都是中华民族大家庭的平等一员"。[②] 民族平等是民族区域自治制度的政策基石，民族区域自治法治化就是坚持民族平等的原则，就是坚持促进和实现各民族真正的平等发展。

### 一、民族平等是民族区域自治的首要原则

民族平等是马克思主义解决民族问题的首要原则。中国共产党自建党之初就深刻认识到民族压迫、民族奴役、民族发展差距等民族不平等是导致民

---

[①] 江必新：《构建"四治融合"的基层治理体系》，载《人民法院报》2018年8月10日。
[②] 中共中央宣传部：《习近平总书记系列重要讲话读本（2016年）》，人民出版社2016年版，第12页。

族问题和民族矛盾的根源。因此，民族平等是我党解决民族问题的一贯原则。无论是新民主主义革命时期对民族自决、联邦制的探索尝试，还是民族区域自治制度的确立，民族平等的原则都没有改变。从时间先后顺序上看，民族平等的概念和理论先于民族区域自治的概念和理论。从性质上看，民族平等具有目的价值，民族区域自治体现了工具价值，也就是说，民族平等是民族区域自治的目的，民族区域自治是实现民族平等的方式。

### （一）民族平等与民族发展的辩证统一

一方面，民族平等是民族发展的前提。民族平等意味着各民族平等享有政治、经济、社会、文化、生态等方面的权利，只有地位平等才可能平等参与公共生活、平等享有发展利益。从这一层面而言，平等是一切权利的逻辑起点。同时，民族平等为民族发展提供价值导向和定位。民族平等包含了各个民族、各个领域、各个方面之间的平等，某一个族群、某一个领域的片面的发展不符合民族平等的要求，只有平等发展才是符合民族利益的发展。

另一方面，民族发展为民族平等体提供保障。"各民族之间的相互关系取决于每一个民族的生产力、分工和内部交往的发展程度。"[①] 一个民族、一个个体的发展水平决定了其与外界交往的程度和水平，只有发展水平相当才有可能进行平等交往。然而，不同民族之间、即便是同一民族内部都客观存在着一定的发展差距。缩小差距、消除不平等是发展水平滞后民族的强烈愿望，也是法治的必然要求。发展不仅指物质经济等方面的发展，还包括文化制度等方面的发展，只有发展才能使"不平等走向平等"[②]。

因此，追求民族平等并不是要限制发展水平高的民族，推动民族发展并不会破坏民族平等关系。追求民族平等是为了实现少数民族的发展，同样，只有更好、更快、更全面的发展才能实现真正的民族平等。《宪法》《民族区域自治法》都明确了促进"各民族共同繁荣"这一根本宗旨。"共同繁荣"这一概念是民族平等与民族发展的统一表达，且只有通过民族区域自治才能得以实现。

---

① 《马克思恩格斯选集》第1卷，人民出版社1995年版，第25页。
② 汪习根：《论发展权的本质》，载《社会科学战线》1998年第2期。

## （二）真正的民族平等

民族平等首先是"形式上的平等"[1]。"民族平等"是"人人平等"在民族关系领域的具体运用和表达，我党从民族区域自治的探索和尝试到民族区域自治制度确立，都一直坚持"各民族一律平等"的民族平等原则。形式上的民族平等侧重少数民族的公民身份及法律地位的平等，片面强调形式上的民族平等会忽视民族之间"事实上的不平等"[2]。因此，马克思主义民族理论强调，民族平等不仅要实现各民族政治地位、法律地位上的平等，还要求促进和保障各民族在经济、文化、社会等领域的"事实上的平等"[3]，以实现"真正的民族平等"[4]。

改革开放以来，随着工业化和现代化的推进，人民的物质生活得到极大的丰富和发展，社会主要矛盾也发生转化。少数民族和民族地区现代化建设成果斐然，但是民族差异仍然存在，并且"发展差距持续拉大趋势明显"[5]。民族之间的不平等问题并没有完全解决，并且呈现出新的特征和发展态势。我国的民族问题、民族矛盾依然存在，社会发展、民族发展的阶段性变化也必然伴随着民族问题主要矛盾的变化。根据历史唯物主义的观点，民族问题、民族矛盾产生的根源是社会生产力"未能得到充分发展"[6]，也就是说，民族问题的基本矛盾并没有变化，仍然是生产力和生产关系之间的矛盾，少数民族和民族地区的贫困问题普遍存在。[7] 改革开放以来，民族之间、地区之间各个领域交往交流频繁，各种利益诉求也充分释放，民族矛盾纠纷也有抬头的趋势。虽然民族地区经济发展势头强劲，但"产业发展层次水平偏低"[8]，民族发展的不充分、民族之间各领域发展的不平衡是引发当前民族

---

[1] 中国社会科学院民族研究所：《列宁民族问题》（下册），民族出版社1987年版，第867页。
[2] 《马克思恩格斯全集》第41卷，人民出版社1982年版，第149—150页。
[3] 中国社会科学院民族研究所：《列宁民族问题》（下册），民族出版社1987年版，第867页。
[4] 《邓小平文选》第三卷，人民出版社1993年版，第362页。
[5] 金炳镐、张丽红：《全面系统地学习习近平民族工作思想》，载《中国民族报》2016年7月5日，第5版。
[6] 唐鸣：《民族矛盾的根本原因和一般原因》，载《社会主义研究》2001年第4期。
[7] 郝时远：《中国民族政策的核心原则不容改变——评析"第二代民族政策"说之一》（上），载《中国民族报》2012年2月3日，第5版。
[8] 国家发展和改革委员会：《"十三五"国家级专项规划汇编》（上），人民出版社2017年版，第249页。

矛盾的主要原因①，这是现阶段我国民族问题的根源。法律文本中的地位平等、机会平等仅仅是形式上的平等，发展速度快并不等于发展水平高、质量好，以高能耗高污染为代价的经济发展是不可持续的，片面追求经济效益的发展恰恰反映了少数民族和民族地区发展的不平衡。民族之间的不平等从单一的经济发展差距转变为经济发展质量、文化发展传承、社会民生保障、环境生态保护等方面的差距。事实上的不平等仍然是引发当前民族问题、民族矛盾的主要因素，因此，民族平等的根本原则地位不容置疑，坚持民族平等原则仍然是民族工作的核心。

## 二、民族区域自治制度是民族平等的制度保障

我国《宪法》和《民族区域自治法》对少数民族的平等权利做出了全面规定，从赋予少数民族平等发展的资格、到保障少数民族参与平等发展的机会、再到落实少数民族平等享有发展结果，我国的民族区域自治制度在各个领域、各个环节对少数民族平等发展权予以明确，将民族发展与民族平等统一起来，是"发展型自治"。②

### （一）自治权的行使保障民族平等

宪法和法律为民族平等提供了最根本的保障。法律确认了少数民族的公民身份，所有公民平等地享有法定权利、履行法定义务。宪法和法律法规的一般性规定平等地适用于所有少数民族和非少数民族，这是少数民族和民族地区平等发展的基本法律依据。但是，我国是一个多民族的国家，各民族之间显著的发展差距由来已久，形式上的平等原则或规则赋予少数民族平等参与发展、平等享有发展成果的资格，但却无法保障发展能力不足的少数民族真正参与平等发展、享有平等发展利益，从而使少数民族仍处于一种"事实上的不平等"状态。因此，仅有一般性的法律保障不足以解决业已存在的不平等问题，基于少数民族与汉族、民族地区与非民族地区事实上的发展差距，结合少数民族及民族地区的实际，党和国家确立了专门调整民族关系的民族区域自治制度，形成了以《宪法》《民族区域自治法》为核心的民族

---

① 张雷军：《保持民族政策与时俱进》，载《光明日报》2012年9月20日。
② 雷明昊：《发展型自治——中国民族区域自治的特色与优势》，载《广西民族研究》2018年第2期。

区域自治法制保障体系，并在实践中不断优化和完善。

自治权保障和实现民族平等。《宪法》和《民族区域自治法》赋予民族自治地方自治机关管理、发展本民族、本地区内部事务的自主的权力。一般法律中调整民族关系的法律规范和专门的民族法律法规、自治条例、单行条例等较全面地规定了自治机关管理本民族事务、发展本地区各项事业的权力，为民族区域自治提供了制度支持和法律保障，保证少数民族同汉族有平等参与地方事务、国家事务管理的权利。从主体上看，民族自治地方的自治机关经本民族自治地方民主选举产生，是自治权的行使主体，自治地方的各族人民是自治权的真正主体。从行使范围上看，民族区域自治法律法规不仅适用于聚居少数民族，"也适用于散居少数民族"[①]。从内容上看，自治权涉及少数民族发展的各个方面。《宪法》第三章第六节"民族自治地方的自治机关"专门规定了自治机关的产生方式及权限范围，第一百一十六条至第一百二十一条规定了民族自治地方自治权的主要内容，涉及立法、财政、经济、文化、社会等领域。《民族区域自治法》专章规定了"自治机关的自治权"，对自治权进行了更加细致的规范。

自治机关享有立法自治权。根据《宪法》的规定，自治区、自治州、自治县三级自治地方的人民代表大会都有制定自治条例和单行条例的权力。立法自治权"是实现少数民族地区立法变通需求的基本形式"[②]，是实现民族自治和区域自治的逻辑前提。

自治机关的经济自治权。自治机关有权依据自治地方的特点和发展要求，自主管理本民族、本地区内部的经济事务。[③] 一方面，自治机关有自主管理本地方财政事务的权力。自治机关在国家统一财政管理体制下，可以自主管理、安排使用本地方的财政收入，用于发展本民族、本地区的各项事业。另一方面，自治机关有一定的经济建设自主权。经济建设是民族发展的核心和基础，自治机关有权根据发展特点和发展需求，自主安排经济计划、

---

① 李资源：《中国共产党民族法制建设史研究》，人民出版社2009年版，第150页。
② 李英伟：《民族地区立法自治权的反思与重构》，载《广西民族研究》2019年第1期。
③ 姜莉：《浅析我国民族自治地方的经济自治权及其行使的法律保障》，载《黑龙江民族丛刊》2009年第2期。

管理经济建设等,规范和保障少数民族和民族地区各项经济活动的自主开展。① 经济自治权不仅是少数民族当家做主的重要表现形式,还为少数民族平等发展提供了基本的物质保障。

自治机关的文化自治权。民族文化是一个民族生存和发展的根本,文化权利是民族的基本权利,文化自治权是少数民族文化权利的一部分。《宪法》规定,少数民族有使用和发展民族语言文字的自由,有维持和发展风俗习惯、宗教信仰的自由,这是从内容上对民族文化自治权的规定。《民族区域自治法》从文化事业和文化产业两个方面赋予自治机关管理和发展本民族、本地区文化建设的权力。

自治机关的社会自治权。医疗卫生、社会治安、社会保障等内容是发展的重要领域,也是少数民族发展的短板。民族区域自治制度从民族教育、民族医药、社会治安等各个社会发展领域明确了自治机关的自主管理发展职权。

随着民族区域自治法治化的推进,民族自治地方自治权的法律规范不断发展和完善,保障了自治权的充分实现,促进了少数民族参政议政、发展经济、繁荣文化、社会治理等各方面的平等发展。

### (二) 援助与赋能促进民族平等

除了自主发展的路径外,民族区域自治还通过外部援助的制度设计来促进民族平等发展。② 因发展能力不足,仅有自治机关的自治权难以实现跨越式发展以弥合民族差距乃至不平等,只有通过外部援助与帮扶才能保障各民族真正的平等发展。在中国特色社会主义制度中,自治权不仅是一种权力,更是一种权利。③ 民族区域自治制度不仅授予自治机关自主管理、自主发展的权利,还赋予少数民族和民族地区获得外部帮扶的权利,与该权利相对应的,国家有保障少数民族合法权利和利益的职责,公民也有维护民族团结的义务。从义务主体的角度看,国家和公民都是促进民族平等、民族发展的义

---

① 宋才发等:《中国民族自治地方政府自治权研究》,人民出版社 2008 年版,第 69—72 页。

② 王杰:《少数民族经济发展法律的现状、不足及完善》,载《湖北民族学院学报(哲学社会科学版)》2017 年第 5 期。

③ 沈寿文:《自治机关"自治权"与非"自治权"关系之解读》,载《湖北民族学院学报(哲学社会科学版)》2013 年第 3 期。

务主体。从义务的性质分析，国家、公民和其他社会组织有禁止歧视少数民族的消极义务，同时还应履行照顾和帮扶少数民族和民族地区发展的积极义务。

随着时代的变迁，我国民族问题也呈现出新的特点，引发民族问题、民族矛盾的民族不平等问题转移至新的领域，民族平等和民族发展的内涵和要求也随之发生变化。习近平总书记指出，当前少数民族和民族地区发展应当是跨越式发展。① 民族自治地方的跨越式发展不仅需要国家、其他地区等来自外部的输血式援助，更需要民族自治地方自身的内生发展能力的提升。只有通过国家顶层设计才能实现"中央、发达地区、民族地区"三个层面利益和能力的整合②，实现国家扶持、地区支援和自力更生三位一体、外部援助与内生潜力有机结合，本身就是民族团结、共同繁荣的应有之义。

《宪法》第四条明确规定了国家帮助少数民族"加速发展"的职责，第五十二条规定所有公民都有维护民族团结的义务，"互助"是团结的一种表现，也是团结的实现方式。《民族区域自治法》明确了"上级国家机关"是帮助民族自治地方发展政治、经济、文化等各方面事业的义务主体。在贯彻落实帮扶和照顾民族自治地方的法律法规的过程中，我国经历了由单纯的"输血式"援助到"造血式"赋能的转变。③

一是扩大帮扶责任义务主体对民族自治地方的帮扶领域。原《民族区域自治法》主要从财政、物资和技术三个方面规定了国家对民族自治地方的扶持。2001年修订该法时，根据发展的规律和民族区域自治制度的实践，将国家的扶持领域明确扩大到金融、人才等方面。帮扶领域的延伸、范围的扩大、方式的创新体现了"授之以鱼"向"授之以渔"的发展观念的转变，更加注重通过"赋能"促进民族自治地方更好、更快的发展。二是以法律规范的形式将国家扶持重点向民族自治地方倾斜上升为法定义务。2001年修订《民族区域自治法》时新增或修改了相应扶持义务条款，明确要求国

---

① 《中央民族工作会议暨国务院第六次全国民族团结进步表彰大会在北京举行》，载《人民日报》2014年9月30日。
② 《中央民族工作会议暨国务院第六次全国民族团结进步表彰大会在北京举行》，载《人民日报》2014年9月30日。
③ 何龙群等：《民族关系与社会主义和谐社会建设的历史考察》，人民出版社2015年版，第220页。

家在财政支付转移、招商引资、金融扶持、技术创新、生态补偿、扶贫开发等方面加大对民族自治地方的扶持力度，给予民族自治地方更加优惠的政策。三是针对民族自治地方发展特点和发展需求，采取特殊的扶持措施。《民族区域自治法》第六十四条将实施了数十年的"对口支援"政策纳入法制轨道，为对口支援机制的法治化发展提供了法律依据。四是通过授权和赋能提升民族自治地方自主发展能力。经济社会的发展要求自治权的内容也应与时俱进，《民族区域自治法》在修订过程中根据发展实际扩大民族自治地方对外贸易的内容和范围（第六十一条），并且鼓励民族自治地方创新和发展地方的、民族的金融机构（第三十五条）。此类规定调动了民族自治地方发展的积极性，激发了少数民族和民族地方发展活力和发展潜力，从根本上保障了民族地方经济的快速发展。

贯彻落实民族区域自治法律法规，一方面保障民族自治地方能够享有更全面、更充分的自治权；另一方面确保国家和其他非民族自治地方能够积极、有效地履行帮扶的义务，通过内外合力加速少数民族的发展，以实现民族平等和共同繁荣，充分彰显了民族平等原则的时代内涵。

## 第四节 自治与制约

我国各民族是多元一体的格局，统一的多民族国家是我国的基本国情，维护民族团结和国家统一是各族人民的共同的、最高的利益。[①] 为此，应当以铸牢中华民族共同体意识为主线，以"五个认同"为核心，即对伟大祖国、中华民族、中华文化、中国共产党、中国特色社会主义的认同，确保实现各民族的"多元一体"。"多元"不是分裂、不是绝对的自由，"多元"是以"一体"为前提和目的，反对一切形式的分裂主义、恐怖主义和极端主义。[②] "一体"不仅指实体意义上国家结构形式的统一和对中华民族的整体认同，还指内在的平等团结互助和谐的民族关系。因此，我国的民族区域

---

[①]《中央民族工作会议暨国务院第六次全国民族团结进步表彰大会在北京举行》，载《人民日报》2014年9月30日。

[②] 郝时远：《反恐反分裂的族别、地区指向极端错误——评析"第二代民族政策"说之二》（上），载《中国民族报》2012年2月17日。

自治是以国家统一为前提和基础的自治，是以民族和谐为终极价值目标的自治。

## 一、统一是自治的前提

《宪法》序言中明确指出，我国是"各族人民共同缔造的统一的多民族国家"。习近平总书记在谈到民族区域自治时指出，要坚持统一和自治相结合、区域因素和民族因素相结合。[①] 可以从民族区域自治的外在形式要素和内在形成机理两个方面理解"两个结合"，在组成形式上，民族自治地方与国家是部分与整体、地方与中央的关系；在身份认同上，自治民族与中华民族是个体与集体、成员与家庭的关系。

### （一）统一于中华人民共和国

自治的前提是政治统一。首先，我国有"统一"的政治文化基础和法律依据。在我国发展历史上，统一的中央集权国家始终是民族关系的主要形式，[②] 多元一体是历经数千年发展而形成的民族关系基本格局，建立单一制国家是历史的必然选择。[③] 我国《宪法》第三条确立了我国采取单一制的国家结构形式，民族区域自治只是单一制框架内的自治。其次，统一有助于各民族交往。大杂居、小聚居的民族分布特点使各民族、各地区产生相互交融的状态，只有高度统一的国家政权才能维持这种关系状态，才能有效整合各种资源和制度优势，从根本上保证少数民族的平等发展。

民族区域自治只能是坚持单一制框架内的自治。从地理区划的角度看，民族自治地方所占的国土是我国领土的一部分，自治只能是区域自治，而不可能是领土自治。从行政建制的角度看，民族自治地方与中央是地方与中央的关系。自治权的行使"必须确立和维护中央的权威，必须坚持中央统一领导"[④]。一方面，上级人民代表大会与自治地方人民代表大会之间是监督与被监督的关系，上级人民政府与自治地方人民政府之间是领导与被领导的

---

[①] 《中央民族工作会议暨国务院第六次全国民族团结进步表彰大会在北京举行》，载《人民日报》2014年9月30日。
[②] 董强等：《坚持和完善民族区域自治制度要做到"两个结合"》，载《黑龙江民族丛刊》2017年第6期。
[③] 王英津：《我国单一制形式的制度选择与价值取向》，载《新视野》2004年第1期。
[④] 宋才发：《中国民族自治地方政府自治权研究》，人民出版社2008年版，第359页。

关系。另一方面,自治权并不是高度的自治,其行使要受到法律的规范和限制。宪法和法律虽然赋予了民族自治地方广泛的自治权,可以结合本民族、本地区的特殊情况对国家法律法规进行一定的变通,但也必须在"不违背宪法和法律的原则"和"在国家计划的指导下"进行,或经过上级国家机关批准、备案等。

同时,坚持"统一性原则"还要反对一切形式的民族分裂。"民族自决""高度自治"或"真正自治"等是"疆独""东突""藏独"等分裂势力从事分裂活动的所谓旗帜和口号。民族自决理论源于古典自然法思想和"天赋人权"理论,是与国家独立相应的国际法概念,[1] 在反压迫、反奴役的民族独立运动中有必要性和先进性。1960年《给予殖民地国家和民族独立宣言》将民族自决确立为一项国际法的基本原则。但是,在已独立的多民族主权国家中继续使用民族自决则是对主权国家的肢解和分裂。[2] "高度自治"则是国家和中央对香港、澳门特别行政区的特殊制度安排。高度自治是比民族区域自治更高程度的自治,是尊重香港和澳门实行不同社会制度的现实,在一定期限内不改变香港和澳门的资本主义制度。民族问题与香港、澳门问题都是历史遗留问题,但两种问题有着本质区别,前者是国家主权范围内的民族问题和区域问题,后者是国家主权统一和区域问题,问题不同,解决方式也不同,自治的形式也截然不同。[3] 在新疆、西藏等问题上主张的"高度自治"和"真正的自治"是一种绝对的、完全的"自治","既没有任何历史和现实的依据,也完全违背我国民族发展的规律"[4],完全是以自治之名行分裂和独立之实[5]。因此,在民族问题上主张民族自决、高度自治、真正的自治等实际上就是进行民族分裂主义。因此,坚持民族区域自治就必须坚决反对和打击任何形式的分裂活动和分裂行为。

---

[1] 王英津:《自决与自治关系的理论解读》,载《教学与研究》2009年第12期。
[2] 潘志平:《正确认识"民族自决"与"高度自治"论》,载《理论与改革》2018年第1期。
[3] 牟军:《香港特别行政区"自治"与民族区域"自治"的比较研究》,载《西南民族学院学报(哲学社会科学版)》1999年第5期。
[4] 杨须爱:《虚构、蛊惑及干预——对当代中国民族分裂主义问题复杂成因的再认识》,载《兰州学刊》2018年第2期。
[5] 中华人民共和国国务院新闻办公室:《西藏发展道路的历史选择》,人民出版社2015年版,第36页。

## (二) 统一于中华民族

民族区域自治既要统一于政治法律意义上的中华人民共和国,还要统一于文化意义上的中华民族。"中华民族和各民族的关系是一个大家庭和家庭成员的关系"。[①] 民族认同本质上是民族共同利益在民族意识中的反映。各个民族有着自己独特的文化和历史,由此产生的利益带有强烈的民族性和地域性,因此,各个民族首先产生对自己本民族的民族认同。各个民族对本民族的认同和对中华民族的认同不是矛盾对立的,而是辩证统一的。我国各个民族长期以来交融共存,一起创造了灿烂的中华文明,56个民族的特性统一于中华民族的共性之中。对中华民族的认同是各个民族的最根本利益的共同的、一致的反映,这种"同""和"表现为对中华民族"一体"的认同。中华民族"一体"不是民族同化,而是各民族利益在保持"多元"特性和"存异"的过程中产生的整体凝聚力,"求同"从外在表现为国家统一,内在体现为对中华民族共同体的认同。对中华民族共同体的认同包含了国家认同和中华民族认同两个方面,是建立、维系和巩固统一国家的前提和保障。从这一层面而言,"一体"具有决定性意义。

民族区域自治制度充分尊重各少数民族的差异性、保护其民族性,但并不意味着多元优于一体。如果民族区域自治片面强调多元的差异性、忽略一体的重要性,必将走向"狭隘的民族主义"。因此,坚持民族区域自治不仅要反对大汉族主义、还要警惕和反对狭隘的民族主义,通过"中华民族共同体意识"的培养[②],促进各民族的交流交往交融。2018年宪法修正案在序言中增加了"中华民族伟大复兴"的内容,"中华民族"入宪为国家认同和民族认同提供了最根本的法律基础。

民族区域自治制度的实践证明维护统一的中华人民共和国和筑牢中华民族共同体意识是民族发展的根本保障。因此,不能把民族区域自治看作是"民族自治"与"区域自治"的简单叠加或组合,民族与区域因素的有机结

---

[①] 中共中央宣传部:《习近平总书记系列重要讲话读本(2016年版)》,人民出版社2016年版,第179页。

[②] 《中央民族工作会议暨国务院第六次全国民族团结进步表彰大会在北京举行》,载《人民日报》2014年9月30日。

合本质上就是自治与统一结合。

## 二、和谐是自治的终极目标

改革开放以来民族自治地方的经济社会得到极大发展,但是处于社会转型期,社会矛盾频发,各种欲望和诉求得到空前释放,恐怖主义、极端宗教势力也借机抬头,制造恐怖活动等诸多影响国家安全、民族团结的不和谐之音。2005 年,中央民族工作会议首次将"和谐"列为我国民族关系的本质特征之一,2018 年,宪法修订将"和谐"作为我国宪法民族关系原则之一。

### (一) 和谐民族关系是和谐社会的主要内容

社会主义和谐社会战略目标的提出是中国共产党对人类社会发展基本规律、社会主义建设规律和中国共产党执政规律的总结和深化。和谐社会是广大人民的共同愿望和内在需求的升华,化解社会矛盾、促进社会和谐是建设中国特色社会主义的基本价值取向。[1] 各民族是社会主义共同的建设者,少数民族的发展也遵循着社会主义建设发展的规律,民族关系是我国社会的主要关系之一,发展和谐的民族关系是构建和谐社会的应有之意。民族区域自治制度作为调整民族关系的基本制度,其发展也必然体现出对"和谐"价值的追求。

首先,和谐民族关系是和谐社会的构建前提和主要内容。党的十七大报告指出,民族关系与"政党关系、宗教关系、阶层关系、海内外同胞关系"同时作为我国"政治和社会领域的重大关系"。[2] 同时,民族关系还与其他四种关系相互交错、彼此影响,民族关系是五种关系中最基本、最广泛的关系,解决民族问题、化解民族矛盾是民族地区和国家长治久安的根本保证,和谐民族关系的形成贯穿于构建和谐社会的全过程。和谐民族关系首先意味着民族民主与民族法治的实现,这是民主法治的重要内容;和谐民族关系要求化解民族矛盾,这是社会公平正义重要组成部分;和谐民族关系的核心是各民族团结友爱,这是诚信友爱的主要内容;和谐民族关系为民族、社会、国家的发展提供了安定有序的环境,激发发展活力、保障发展成果,使整个

---

[1] 秦刚:《中国特色社会主义道路的价值取向》,载《中国特色社会主义研究》2016 年第 5 期。
[2] 《十七大报告辅导读本》编写组:《十七大报告辅导读本》,人民出版社 2007 年版,第 263 页。

社会充满活力；和谐民族关系还要求保障少数民族赖以生存和发展的民族地区生态环境，这是人与自然和谐相处在民族地区的具体表现。因此，推进和谐民族关系发展就是构建社会主义和谐社会，民族和谐促进社会和谐。

其次，和谐民族关系是和谐社会的目标之一和衡量标准。民族和谐是在民族平等团结互助基础上的高度融洽。① 和谐在平等团结互助基础上的升华，和谐的民族关系意味着民族关系发展到了更高境界。更高水平、更加融洽的民族关系是构建和谐社会的目标之一，因此，"和谐"也指明了民族关系和民族区域自治发展的方向。② 社会主义和谐社会是全面的和谐，民族关系的和谐程度体现了和谐社会的发展水平，和谐民族关系是其重要衡量指标。一方面，各民族经济上的共同繁荣是和谐民族关系的前提，与和谐社会共同富裕的目标是一致的；另一方面，各民族和谐共处是和谐民族关系的本质要求，与和谐社会安定有序、诚信友爱的标准是一致的。和谐民族关系包含了区域、民族两个基本要素及类、群、个体三个层次。③ 因此，从区域的维度看，和谐民族关系表现为民族地方与中央的和谐、民族地方与非民族地方的和谐、民族地方之间的和谐、民族地方内部的和谐五个方面。从民族的维度看，和谐民族关系包含少数民族与汉族之间的和谐关系、少数民族之间的和谐关系、同一少数民族内部的和谐关系。因此，和谐民族关系意味着民族关系发展到了更高境界，意味着各族人民平等发展的权利得到了保障和实现。

我国的民族关系已达到基本和谐的状态，将朝着更高水平的和谐发展，这是中国共产党对新阶段民族关系格局认识的深化和对新形势下民族关系发展规律的总结和升华，④ 也为新时代民族区域自治理论和实践的发展提供了指引和方向。

**（二）构建和谐民族关系的实践**

和谐民族关系是对我国民族区域自治实践中发展形成的新的民族关系的

---

① 田孟清：《从修宪看社会主义民族关系的新发展与新特征》，载《中南民族大学学报（人文社会科学版）》2018年第4期。
② 陈祥等：《新时代和谐民族关系研究》，载《贵州民族研究》2018年第11期。
③ 易小明、周忠华：《和谐社会的三个层次》，载《社会科学战线》2006年第4期。
④ 陈祥、石开忠、周真刚：《新时代和谐民族关系研究》，载《贵州民族研究》2018年第11期。

总结。民族区域自治促进了少数民族在政治经济文化社会生态等方面的平等发展,少数民族的全面平等发展是民族和谐的保障。现阶段构建和谐民族关系的途径是推进民族事务法治化和培养社会主义核心价值观,二者统一于民族区域自治的发展和实践中。

推进民族事务治理法治化是构建和谐民族关系的前提和保障,民族区域自治是推进民族事务治理法治化的重要平台,民族事务治理法治化是民族工作发展的必然要求。《关于加强和改进新形势下民族工作的意见》明确提出,要"坚持在法律范围内、法治轨道上处理涉及民族因素的问题"[1]。首先,加强民族法制和民族区域自治法制建设,为治理民族事务提供法律依据。我党历来重视民族法治建设,尤其是十八大以来,国家制定、修改了大量涉及民族事务、调整民族关系的法律法规,"民族自治地方制定、修订了20部自治条例和200多部单行条例",[2] 为处理新阶段的民族问题提供了法律依据。如《中华人民共和国反恐怖主义法》,为防范和打击以"民族"为借口和幌子的恐怖活动提供了明确的法律依据。其次,依法处理民族问题、民族纠纷。严格区分宗教问题、民族问题和法律问题[3],对假借民族、宗教名义实施伤害民族感情、破坏民族团结的行为依法予以打击。

社会主义核心价值观是构建和谐民族关系的内在动力和精神支柱。党的十九大报告中明确指出要"培养和践行社会主义核心价值观",2018年"社会主义核心价值观"载入宪法。将社会主义核心价值观融入到民族区域自治制度的理论和实践中,可以强化马克思主义在民族地区的指导地位、促进民族地区和谐稳定。一方面,社会主义核心价值观与民族和谐有共同的价值逻辑。社会主义核心价值观是各民族优秀传统文化的有机统一,弘扬民族优秀文化就是培育和践行社会主义核心价值观,各民族文化求同存异、共生交融既是文化繁荣的前提和表征,也是民族和谐的重要体现。另一方面,在少数民族和民族地区培育和践行社会主义核心价值观有助于促进各民族团结交

---

[1] 中共中央文献研究室:《十八大以来重要文献选编》(中),中央文献出版社2016年版,第114页。

[2] 毛公宁、董武:《习近平关于民族法治的重要论述及其意义初探》,载《广西民族研究》2019年第1期。

[3] 王三运:《奋力做好新形势下民族工作——深入学习贯彻习近平总书记在中央民族工作会议上的重要讲话》,载《求是》2015年第8期。

融。社会主义核心价值观对精神文明建设起着引领作用，促进各民族形成中华民族共同体意识和认同，提高反民族主义的自觉性，有助于促进社会和谐稳定与国家长治久安。①

以《宪法》为依据、以《民族区域自治法》为核心的民族区域自治法律制度逐渐完善，明确了各民族的平等地位，明确了地方与中央的隶属关系，为依法处理民族事务、宗教事务提供了依据，体现了民族与区域、政治与经济、历史与现实、民族与宗教等各种因素的有机结合。② 坚持和发展民族区域自治制度就是坚持各民族在社会主义建设过程中，于多样之中求统一、差异之中求和谐，共同抵御"分裂主义、恐怖主义和极端主义"的影响。③

## 第五节 保护与发展

中国共产党在探索和实践民族区域自治的过程中，始终坚持科学发展观，把握少数民族文化保护、民族地区生态保护与经济发展之间的关系和发展规律，并完善相关立法，为少数民族文化、区域生态环境保护与经济协调发展提供法律依据和制度保障，有效化解了少数民族发展过程中面临的发展与保护的矛盾问题。

### 一、民族文化保护、民族生态保护与经济发展的统一

经济发展的目标价值取向趋于物质财富的获得。文化保护和生态环境保护一方面需要通过经济投入维持文化资源和生态环境资源现状或补救业已对其造成的破坏，另一方面需要通过限制经济活动，避免其对文化和自然生态环境的破坏。经济发展对经济利益的追求有直接性和短期性的特点，而文化保护、生态环境保护的收益往往具有潜在性和长期性。如果不对文化和生态

---

① 《习近平在中共中央政治局第十三次集体学习时强调：把培育和弘扬社会主义核心价值观，作为凝魂聚气强基固本的基础工程》，载《人民日报》2014年2月26日。
② 何龙群等：《民族关系与社会主义和谐社会建设的历史考察》，人民出版社2015年版，第329页。
③ 《习近平在中共中央政治局第十三次集体学习时强调：巩固发展最广泛的爱国统一战线 为实现中国梦提供广泛力量支持》，载《人民日报》2015年5月21日。

环境予以保护，片面的经济发展无异于涸泽而渔，必将导致民族性的丧失和生态环境的恶化。然而，如果为了保护文化和生态环境而放弃发展经济就是因噎废食。

少数民族文化和民族地区的自然生态环境与汉族文化和非民族地区的生态环境相比较而言，更加脆弱、更易受到破坏。在现代化的过程中，少数民族文化、民族地区自然生态环境与民族经济发展之间的矛盾与冲突也更加突出和强烈。如果只看到发展经济对传统文化和生态环境的破坏，就会将保护与发展完全对立起来。马克思主义经典理论认为，"发展是对立面的统一"①，因此，经济发展与文化、生态保护也具有内在统一性。经济发展为文化保护、生态保护提供物质基础，同时更应该意识到少数民族文化和民族地区特殊生态环境是少数民族经济发展的要素，少数民族文化保护、民族地区自然生态资源环境保护与少数民族的经济发展统一于少数民族全面协调、可持续发展的实践中。

### （一）文化、生态是经济可持续发展的基础

少数民族文化和民族地区生态环境固有的价值是少数民族经济发展的基础。少数民族经济的可持续发展与少数民族文化资源、生态环境资源的可持续供给密切相关。自然生态资源环境的可持续性是经济可持续发展的基础，文化的可持续发展是经济可持续发展的保障。经济、文化、自然生态环境资源等全面协调可持续发展"以强可持续性为基础"，强可持续性意味着民族文化、民族地区自然生态环境可持续提供可再生资源、并"维持不可再生资源实物存量"。②

经济发展的要素除了资本、技术、劳动力之外，还包括民族文化、民族地区生态环境等。从广义上讲，民族文化体现了一个民族"物质和精神财富总和"③。民族文化首先作为物质意义上的文化，具有"使用价值"④。使用价值是进行经济活动的前提。因此，从这一层面而言，文化资源尤其是物

---

① 《列宁全集》第 55 卷，人民出版社 1990 年版，第 306 页。
② 张瑞萍：《环境法视野下生态环境与经济增长协调发展研究》，人民出版社 2017 年版，第 41 页。
③ 李文阁等：《兴国之魂：文化强国背景下的核心价值体系和核心价值观研究》，人民出版社 2017 年版，第 54—55 页。
④ 施惟达：《民族文化的价值及其经济化》，载《思想战线》2004 年第 3 期。

质文化是经济可持续发展的基础。

生态环境为经济活动提供各种材料和空间环境，各种自然资源作为生产要素对经济活动直接产生影响。过度追求物质财富的增加而超出物质文化物质载体或生态环境的承受限度，就会出现物质文化损毁、生态环境恶化的问题。只有保持民族文化和生态环境的承载能力，才能确保少数民族经济的可持续发展，才能实现文化、生态环境和经济的平等协调发展。

（二）少数民族文化、生态资源是少数民族经济发展内生动力之源

根据历史唯物主义的观点，精神层面的文化属于上层建筑的范畴。作为上层建筑的民族文化，更多的是精神意义上的文化，而非物质意义上的文化。一方面，优秀的民族文化能规范和促进民族经济的发展。[①] 民族文化是一个民族长期生产生活实践的凝结，反映了一个民族特有的世界观和价值观。少数民族经济生活决定了精神层面的民族文化，民族文化反作用于少数民族经济，影响着该民族的经济活动和经济行为。我国各个少数民族都有积极、拼搏的优秀传统，这种优秀的民族文化对民族发展自然具有积极的意义。随着经济社会的发展，创新发展的要求愈发依赖非物质领域[②]，文化资源在现代化背景下意义凸显。同时，我国的社会主要矛盾也发生变化，人们的物质生活得到基本满足，对精神生活提出了更高的要求，文化的精神价值意义得到充分彰显。另一方面，保护和传承少数民族优秀文化就是保障少数民族发展的自觉性和自主性。各个少数民族作为民族文化承载者和文化利益享有的主体，只有尊重和保障他们的文化传统、承认优秀少数民族文化的价值、维持各民族的民族性，才能激发少数民族的主体意识、充分发挥少数民族的主体性，使其积极、主动地参与到本民族和本地区的发展之中，为少数民族的经济发展提供"更持久的力量"[③]。

生态环境是经济活动的空间，除了承载经济活动带来的物质财富外，还必须接纳经济活动造成的生态环境污染和破坏。而生态环境也是经济活动要素劳动力——人的生存空间。生态环境的优劣不仅影响人的发展，还影响人的生存，进而对人的经济活动产生间接影响。因此，"保护生态环境就是保

---

① 刘源泉：《中国共产党少数民族文化政策研究》，人民出版社2014年，第39页。
② 《习近平谈治国理政》第二卷，外文出版社2017年版，第203页。
③ 《习近平谈治国理政》第二卷，外文出版社2017年版，第339页。

护生产力,改善生态环境就是发展生产力"①。我国大多数民族地区经济发展相对落后,但自然资源丰富,因此在早期的发展过程中,民族地区更倾向于依赖自然资源的开发与消耗,结果是经济发展超出民族地区自然生态环境资源的承载力,导致资源枯竭和自然环境恶化。民族地区地理位置相对偏远,加之自然资源的枯竭和生存环境的恶化,极大地限制和削弱了民族地区对人才和投资的吸引力。人才流失、资金匮乏将直接导致经济发展滞后,进而形成恶性循环,使少数民族和民族地区难以进行可持续发展。只有将生态利益、生态环境要素纳入民族发展,才能使经济与环境之间形成一个良性循环,进而促进少数民族经济社会的持续健康发展。

另外,少数民族有着突出和鲜明的资源优势,少数民族民族文化资源丰富多彩,自然生态环境资源优质,文化资源和生态自然资源是少数民族和民族地区最大的发展资源,也是少数民族发展特色产业的最宝贵的驱动因素。少数民族经济的可持续发展必须以少数民族文化和民族地区生态环境为依托。总之,少数民族文化和民族地区自然生态环境资源是少数民族发展乃至国家发展的重要战略性资源,是发展少数民族经济的内驱动力来源。

## 二、民族区域自治保障少数民族文化、生态与经济协调发展

### (一) 以保护促进发展

尊重和保护少数民族文化是民族平等的基本要求,民族文化是划分和确认一个民族的基本要素。同时,民族地区的自然生态环境资源不仅有经济价值,还承载着少数民族特有的文化价值。少数民族文化与民族地区生态环境的特殊性、差异性和民族性正是建立民族区域自治的基础上,保护这种特性正是民族区域自治的重要任务之一。民族区域自治在发展过程中将我党关于保护少数民族文化、保护民族地区生态环境的民族政策以法律的形式固定下来,为保护民族特性提供了法律保障机制。

一方面,明确少数民族文化保护和生态环境保护主体责任。少数民族必然是保护本民族文化和生态环境的责任义务主体。民族区域自治将民族因素

---

① 《习近平关于全面建成小康社会论述摘编》,中央文献出版社 2016 年版,第 163 页。

与地域因素结合起来，秉持"文化保护、立法先行"的原则和精神[1]，建立起一个相对完备的民族文化保护法治体系。《宪法》明确规定了各民族、各地区享有平等的文化权和自然资源权。语言文字、风俗习惯、宗教信仰等是少数民族文化的主要内容，也是少数民族文化保护、传承和少数民族文化权利的重要内容。《民族区域自治法》规定，自治地方的自治机关应当发展本地区的民族文化事业，以保护民族文化遗产，传承优秀的民族传统文化。如发展民族教育、民族体育、民族医药，保护民族历史文化书籍、名胜古迹、珍贵文物等其他民族文化遗产。在民族地区生态环境保护方面，"用最严格制度最严密法治保护生态环境"[2]。与民族区域自治相结合，《宪法》《民族区域自治法》授予自治机关"管理和保护本地方的自然资源"的权力。国家制定、修改了如《环境保护法》《野生动物保护法》《草原法》《森林法》等环境资源保护法律法规，为民族地区生态环境保护提供了基础性的法律依据。5个自治区均据此制定了相关实施条例或办法，有效打击了破坏民族地区自然生态资源的行为、维护了民族地区生态平衡。我国少数民族文化、生态保护立法采用落实、补充和变通国家相关法律法规的具体路径[3]，不仅能够结合民族和地区特点，使相关保护举措能够贯彻落实，还能激发少数民族和民族地区的主体意识，使其自觉、积极地参与本民族、本地区的文化与生态环境保护。

另一方面，明确国家、其他地区的帮扶责任与义务。《宪法》明确规定了国家在资源开发和民族文化建设两个方面对民族地区进行帮扶的主体责任。《民族区域自治法》等相关法律法规在《宪法》规定的范围内从内容、方式等方面进行细化，增强可操作性。在保护少数民族文化方面，《民族区域自治法》第六十四条明确"上级国家机关应当组织、支持和鼓励经济发达地区"帮助和支援民族自治地方进行文化建设。《公共文化服务保障法》第四十六条规定，各级人民政府"通过转移支付等方式"重点扶助民族地

---

[1] 姚磊：《场域视野下民族传统文化传承的实践逻辑》，人民出版社2016年版，第288—289页。
[2] 《中共中央国务院关于全面加强生态环境保护坚决打好污染防治攻坚战的意见》，人民出版社2018年版，第5页。
[3] 陈云霞：《民族地区生态保护立法的理念与路径选择》，载《西南民族大学学报（人文社科版）》2018年第1期。

区发展民族文化事业。在生态环境保护方面,如《民族区域自治法》第六十六条确立了民族自治地方生态补偿机制和协同治理机制,该条款将有关少数民族生态环境保护机制上升为法律制度,为维持民族自治地方生态平衡、环境综合治理和协同治理提供了法律保障。

在中国共产党的领导下,民族地区的公共文化基础设施得到极大改善,少数民族文化产业蓬勃发展,少数民族优秀文化得到保护和开发利用,[①] 有效促进了民族经济的发展。民族地区生态环境修护、环境污染综合治理也取得了明显成效,民族地区"生态环境开始出现好转"[②],在现时代体现出其"经济优势"[③]。

### (二) 以发展促进保护

开展民族工作、进行民族建设也必须坚持发展经济这个基本点,"只有把经济搞上去,才有可能谈民族的真正平等"[④]。但是,"经济发展本身不是目的、更不是根本,它只能是手段和途径"[⑤]。马克思主义认为,人才是一切发展的目的。只有坚持以人为本,才能促进少数民族充分发挥自身优势,走各具特色的新发展之路,才能真正解决民族文化、生态保护与经济发展之间的矛盾问题。只有少数民族自己才能真正理解与把握本民族文化和生态环境的民族性,民族区域自治立足这一特殊性,为少数民族文化、民族地区自然生态环境与民族经济发展相协调提供了制度空间,促进了少数民族经济与文化、生态环境之间的良性循环与可持续发展。

发展少数民族特色文化产业。以《宪法》《民族区域自治法》等法律为依据,2009 年国务院发布了《关于进一步繁荣发展少数民族文化事业的若干意见》,从多个方面推进少数民族文化事业、文化产业的创新与发展。随后,各民族地区结合本民族、本地区的特色相继制定和颁行了实施措施,主

---

① 国务院研究室编写组:《十二届全国人大二次会议〈政府工作报告〉辅导读本》,人民出版社 2014 年版,第 384 页。
② 国务院研究室编写组:《十二届全国人大二次会议〈政府工作报告〉辅导读本》,人民出版社 2014 年版,第 385 页。
③ 张瑞萍:《环境法视野下生态环境与经济增长协调发展研究》,人民出版社 2017 年版,第 52 页。
④ 习近平:《摆脱贫困》,福建人民出版社 1992 年版,第 6 页。
⑤ 李红梅:《中国特色社会主义生态文明建设理论与实践研究》,人民出版社 2017 年版,第 128 页。

要从两个方面发展和繁荣少数民族特色文化产业。一是深化少数民族文化体制改革，充分发挥政府和市场在少数民族文化资源配置中的优势，[①]激发少数民族文化产业发展的活力。二是扶持少数民族特色文化产业发展。通过贯彻法律法规规定的优惠和帮扶政策，国家不断创新扶持方式，为少数民族文化产业发展提供资金、政策、平台等，促进少数民族文化产业的特色化、多元化、规模化、产业化、优质化发展，以提升其竞争力。

为了维护少数民族地区自然生态平衡、保障民族地区可持续全面发展，民族区域自治制度在实践中努力探索和践行绿色发展理念，构筑国家生态安全屏障。绿色发展理念并不是只讲生态环境保护、不讲经济发展，而是要以较低的生态环境代价获得更高经济收益的"循环发展""低碳发展"[②]。因为大多民族地区存在产业结构不合理、生态环境基础脆弱，导致民族地区生态环境保护与经济建设之间协调发展能力较低，即进行生态环境保护则阻碍了经济发展，要获得同样的经济收益则需要付出更大的生态环境代价。因此，要以较低的生态环境代价获得较高的经济效益，除了通过国家和发达地区对其提供经济上的援助或补偿外，还需要民族地区创新发展方式、打造民族特色产业，提升经济发展质量，使民族地区的经济与生态环境协调发展。[③]2015年，国务院发布了《关于加快推进生态文明建设的意见》和《生态文明体制改革的总体方案》，明确了民族地区生态文明建设的目标和路线。许多民族地区结合实际，制定了生态文明建设相关的地方性法规或规章，五个自治区均结合本民族、本地区的实际制定了本自治区的《生态文明建设目标评价考核办法》，从国家战略的高度对民族地区自然资源进行合理开发和利用。

《民族区域自治法》为我国少数民族经济建设和文化建设、生态文明协调发展提供了基础法律依据。新时代，民族区域自治理论和实践的发展也应当把握时代脉搏，坚持全面发展、协调发展、可持续发展的新发展观，将行

---

① 李资源：《中国共产党少数民族文化建设研究》，人民出版社2011年版，第411页。
② 中共中央宣传部：《习近平总书记系列讲话重要读本（2016年版）》，人民出版社2016年版，第235—236页。
③ 张瑞萍：《环境法视野下生态环境与经济增长协调发展研究》，人民出版社2017年版，第104页。

之有效的民族政策予以法制化，发展和完善以《民族区域自治法》为基础的少数民族文化保护和民族地区自然生态环境资源保护法律法规体系。

## 第六节　自治与共治

我国的民族区域自治不是某个民族或某个地方独享或独有的自治[①]，民族区域自治是在统一与和谐的要求下实现的自治地方内各民族的共同之治，也是国家整体协调发展中的开放之治。"民族区域自治实质上是民族共治"[②]。自治区域内各民族共治、自治地方与中央共治、区域之间协调共治既是民族区域自治的基础，也是民族区域自治的目的。

### 一、自治与共治的统一

自治是民族区域自治的基础概念，但民族区域自治并不意味着民族区域闭关自守、故步自封。作为一种治理方式，自治的基本特征是开放性、高透明度、程序正义、高效率、可归责性，而绝对的自治在这些属性的彰显上往往是低效率的。

#### （一）共治是民族区域自治的基础

民族区域自治是在统一前提下的自治，中华民族整体认同和团结互助的民族关系是维护和保障各民族之间平等交往交流交融的前提和目的，也是中国革命取得胜利、社会主义建设取得成功的关键。早在新民主主义革命时期，中国共产党就深刻认识到，只有各族人民团结起来，中国革命、中华民族独立才能取得胜利。新中国成立后，党和国家领导人深刻认识到，一方面，建设社会主义现代化国家不能只靠汉族，另一方面，各少数民族相对落后，只有借助其他民族、尤其是汉族的帮助才能快速发展。因此，各民族必须相互合作、共同发展。在新的历史时期，中国共产党在科学总结我国民族关系发展规律的基础上提出了"汉族离不开少数民族，少数民族离

---

[①] 国家民族事务委员会编：《中央民族工作会议精神学习辅导读本》，民族出版社2015年版，第81页。

[②] 李俊清：《变革与繁荣——民族地区公共管理的问题与挑战》，人民出版社2009年版，第25页。

不开汉族"[①]的"两个离不开"的思想。随着改革开放的不断深入和少数民族各项事业的不断发展，各个民族、包括少数民族之间的交往也愈加深入和频繁，民族关系和民族工作格局发生新的变化，各少数民族之间相互交融的趋势使"各个民族都相互离不开"加入原有民族关系格局[②]，"三个离不开"是对我国各族人民交往交流交融实际情况的生动概括。

新时代，中国共产党对中华民族的历史进程、现实格局、未来愿景进行梳理和描述，提出了各民族共同构筑"中华民族命运共同体"的科学论断，为中华民族共同体这一概念注入新的时代内涵。习近平总书记强调，各民族只有把自己的命运同中华民族的命运紧密连接在一起，将本民族发展置于中华民族发展这一大局之中，服从大局、趁势而为才能有长远的发展。"中华民族命运共同体"不仅指出了各民族"同呼吸、共命运、心连心"的历史与现实，还体现了各民族协调发展、共同繁荣的共同意志和美好愿望，为新时代社会主义民族工作指明了方向。

因此，民族区域自治是中华民族共同体这一本体的构成要素，民族区域自治是相对的，中华民族共治是绝对的，民族区域自治的最终目的是中华民族的整体繁荣和伟大复兴。

（二）共治是民族区域自治的保障

要实现少数民族的全面发展仅凭单方面独自发展是不可能实现的，既要充分激发和调动少数民族管理本民族经济社会等事务的主动性和积极性，还要充分激发少数民族积极参与国家事务的主人翁意识，同时还要充分发挥各民族对国家、区域、民族事务的共治作用，以增进各民族的凝聚力和向心力，共同致力于少数民族现代化建设。

中华民族共治、国家共治与民族区域自治是整体与部分的关系，在中华民族命运共同体和中华人民共和国的语境下，民族区域自治是将少数民族个体发展融入中华民族、国家整体发展的重要途径和方式。民族区域自治是自治权的来源和基础，但这并不意味着民族区域自治承载的自治权一成不变，民族区域自治是以狭义的自治权为核心，民族区域自治制度的发展蕴含着自

---

[①] 全国邓小平生平和思想研讨会组织委员会：《邓小平百周年纪念：全国邓小平生平和思想研讨会论文集》（下），中央文献出版社2005年版，第1411页。

[②] 中共中央文献研究室：《十七大来重要文献选编》（下），中央文献出版社2013年版，第38页。

治权概念的变化发展，以顺应时代发展要求保障少数民族各方面权利充分实现。随着共治概念的提出，民族区域自治的内涵得到进一步发展和充实，虽然我国民族区域自治相关文本中并没有"共治"的表述，但民族区域自治的目的之一就是保障少数民族平等参与国家层面的共治。民族区域自治这一制度安排是为了实现民族共治，是地方民主与国家民主、地方治理与国家治理、区域协同治理的具体形式之一。民族区域自治的理论和实践发展均证明，只有把共治注入自治权，才是对民族自治权的完整界定。[①]

"把自治民族的自治和自治民族与其他民族一起进行共治结合起来，不是对民族区域自治制度的否定，而是对民族区域自治制度的坚持和完善。"[②] 从共治的层面而言，一方面，自治民族、自治地方参与国家事务共治是人民代表大会制度与民族区域自治制度相结合的具体体现，有利于发挥少数民族和民族地方的积极性。离开了自治民族、自治地方的参与谈国家事务的共同治理不仅侵犯了少数民族当家做主的权利，还损害了我国的政治根基。另一方面，非自治民族参与自治民族事务共治有利于促进民族团结，在坚持自治民族管理本民族、地方内部事务的前提下，把自治民族的自治与其他民族的共治结合起来，才能遏制狭隘民族主义的滋生，才能维护民族间的平等和民族地区的稳定，才能维护民族团结和巩固祖国统一。

"协调、共享、开放"的发展理念是对社会发展规律认识的深化，民族区域自治、少数民族和民族地区的发展也必将遵循这一发展规律。只有依托中华民族大家庭，通过顶层设计优化资源配置、协调区域发展，通过地方开放、区域协作提升认识大局、把握大局的能力，通过落实"共享发展"理念充分发挥社会主义制度的优越性，才能不断缩小民族地区与其他地区之间的差距，才能全面保障少数民族的合法利益。[③] 因此，民族共治不仅指民族地方地域上的开放，还指民族地方治理领域"五位一体"全方位的开放。

## 二、民族区域自治对民族共治的实践

虽然民族区域自治相关法律法规、政策文件中都没有出现共治这一语

---

[①] 朱伦：《自治与共治：民族政治理论新思考》，载《民族研究》2003 年版第 2 期。
[②] 杨发仁：《西部大开发与民族问题》，人民出版社 2005 年版，第 248 页。
[③] 习近平：《深入了解新发展理念》，载《求是》2019 年第 10 期。

词，但民族区域自治制度的实践充分体现了共治的精神和原则。民族区域自治实际上包含了民族共治的思想和理念，将民族共治与自治统一起来，并不断发展完善，超越了狭隘民族自治的局限性，也是对民族区域自治理论的重大发展，回应了少数民族发展的现实需求。

### （一）国家治理层面的自治与民族共治

从国家治理的层面来看，我国的民族区域自治充分贯彻了"双向两层面共治"的原则和治理方式。①《中共中央关于全面深化改革若干重大问题的决定》中明确指出，"国家治理体系和治理能力的现代化"是全面深化改革的总目标。"治理"成为理解和把握当前改革与发展的关键性概念，而民族事务治理是国家治理的重要内容和组成部分。② 国家治理的主体是人民，少数民族个体、群体都是人民这一集合体的一分子。所谓双向，是指自治民族参与国家事务管理，并接受中国共产党的领导和国家管理。所谓两层面，是指国家事务和民族自治地方事务。

民族区域自治制度是"民族平等团结互助和谐"的宪法原则在解决民族问题上的完整体现。《宪法》是民族区域自治的基础，贯彻和落实民族区域自治就是贯彻和落实宪法对民族区域自治的制度安排。落实宪法权利是民族区域自治制度主要任务，通过规范和保障少数民族选举权与被选举权等政治权利的行使不仅使少数民族和自治地方对本民族、本地区内部事务治理的自治权得到实现，还同时保障了少数民族、自治地方参与国家社会事务治理的共治权。但是，"本民族内部事务不能也不可能是民族自治地方的一切事务，它只是民族自治地方的一切事务的重要组成部分"。③ 首先，少数民族和民族地区的局部利益必须服从国家利益和整体利益。民族自治地方的人民代表大会必须接受上级人民代表大会的监督与指导，民族区域自治的制度安排和权力设计都要求立足国家整体布局，民族自治地方的人民代表大会依法制定自治条例、单行条例，依法对国家法律法规予以变通或补充，充分体现

---

① 朱伦：《自治与共治：民族政治理论新思考》，载《民族研究》2003年版第2期。
② 陆鹏：《统一多民族国家民族事务治理体系创新——中央与民族自治区互动关系的主题阐释》，载《广西民族研究》2017年第4期。
③ 陈蒙：《民族区域自治法序言中"少数民族管理本民族内部事务权利"的法理分析》，载《青海社会科学》2019年第1期。

了民族地方治理体系与国家治理体系的有机统一。另一方面，自治地方各民族平等参与国家治理。民族区域自治不是自治民族独享，而是在平等保障各民族利益的基础上对实行自治的民族予以特殊考虑和照顾，同时保障聚居的民族能够享受到自治权利，而且使杂居的民族也能享受到自治权利。各民族"共同团结奋斗，共同繁荣发展"的表述体现了各民族共治的内涵，国家治理层面的共治既是民族自治的基础和平台，也是少数民族争取权利和利益的着力点。①

（二）政府治理层面的自治与共治

从政府治理的层面来看，民族自治地方人民政府是民族自治地方的自治机关，对本地区、本民族事务有进行自主治理的权力，可以从以下几个方面来理解。

一是自治机关是"自治地方的"自治机关，而不是"自治民族的"自治机关。根据《宪法》《民族区域自治法》的相关规定，自治地方的人民代表大会中必须有适当名额的本区域内其他民族代表，同时，虽然规定了由实行区域自治的民族的公民担任自治机关领导职务，但并没有排除其他民族公民进入自治机关担任非领导职务。二是自治机关管理本地方事务时必须依据国家法律法规。自治权是宪法赋予民族自治地方的一项基本权利，自治机关依法享有广泛的自主管理、自主发展本民族事务的权力，但这种自主和自由不得突破宪法和法律的界限，法律规定了在不同领域、不同事项中自治机关自治权的权限和行使方式，同时上级人民政府与自治地方人民政府之间是纵向的领导、隶属关系，"这种影响是控制性的"②。三是自治机关参与跨区域合作推进区域协调发展。为了促进少数民族加快发展的步伐、实现共同繁荣，"团结互助"的原则要求民族区域自治同时赋予少数民族和民族地区获得其他地方帮助的权利，并促进民族地区与其他地区进行广泛的交流、沟通与合作。同时，其他地方的发展也必须充分考虑到区域间的合作与协调。《民族区域自治法》等民族区域自治法律法规等对自治地方和其他地方之间的横向协作进行了规范，包括制度、资金、技术、人员等各个方面，共同解

---

① 宋才发：《中国民族自治地方政府自治权研究》，人民出版社2008年版，第43页。
② 周平等：《中国民族自治地方政府》，人民出版社2007年版，第88页。

决区域范围内的发展问题,可以理解为跨区域共同治理。因此,民族区域自治并不是只规定了自治机关的一般性的自治权,同时还赋予了其他主体参与民族自治地方事务管理的共治权。

### (三)社会治理层面的自治与共治

从社会治理的层面来看,民族区域自治充分体现了从统治到管理、再到治理的社会治理理念。民族区域自治不仅要解决国家政治权力的配置和政治制度的架构问题,更要解决好民族自治地方和少数民族的社会治理问题。国家治理和政府治理强调自上而下的统治和管理,侧重公权力领域的权力分配和权力关系。国家和政府是社会治理的主要主体,但并非唯一主体。民族区域自治的实践不只限于政治权威和法律强制,还建立了"权力的上行和平行渠道"[1],为民族自治地方各民族、各阶层表达利益诉求提供了平台,民族自治地方内的各个民族、各个阶层、各个团体都是民族区域社会治理的主体,共同维护和保障民族自治地方的社会稳定与和谐。

自治是民族特殊性的体现,只有坚持民族区域自治的自治核心,各民族共治才有价值和意义。但是,坚持自治并不是闭关自守、故步自封,民族区域自治制度是我国基本政治制度之一,它与中国共产党领导下的多党合作和政治协商制度、基层群众自治制度等紧密结合,前者是后两者的重要实践领域,后两者为前者开拓了少数民族社会共同治理的空间。[2] 首先,中国共产党的领导是民族自治地方社会治理的核心力量。民族区域自治理论和实践的发展都离不开中国共产党的领导,民族区域自治社会治理是在党和国家统一领导之下的自治。中国共产党的领导是全局性的,必将从空间、时间、资源、功能等整体维度领导发展"共建共治共享"的社会治理格局。[3] 其次,各民族共同参与是民族自治地方社会治理的本质。民族区域自治制度为非自治民族的公民提供了参与民族自治地方事务管理的可能,各民族平等交往、团结互助的过程就是民族共治的过程。

---

[1] 张小劲等:《推进国家治理体系和治理能力现代化六讲》,人民出版社2014年版,第80页。
[2] 何龙群:《民族关系与社会主义和谐社会建设的历史考察》,人民出版社2015年版,第49页。
[3] 《党的十九大报告辅导读本》编写组:《党的十九大报告辅导读本》,人民出版社2017年,第365页。

## 第七节　官方与民间

我国各民族有着悠久的习惯法历史和丰富的习惯法文化，习惯法对当今少数民族的作用和影响依然广泛存在。但是由于产生背景、制定主体、价值取向等因素的不同，导致少数民族习惯法与国家法之间存在一定程度的差异，甚至矛盾和冲突。民族区域自治法治化通过立法自治权和推进民族事务法治化等，不仅有效地消解了民族习惯法与国家法之间的矛盾，还互为补充、形成治理合力。

### 一、少数民族习惯法与国家法调适的可能性

少数民族习惯法是我国习惯法中影响最大的一类，是在特定区域范围内的特定民族在长期生产生活中自然形成的、体现族群意志且被成员广泛认同的、以族群强制力为保障的行为规范的总和，[①] 对少数民族和民族地区仍起着重大影响作用。国家制定法和少数民族习惯法在规范和维持社会秩序等方面有一致性，但由于二者的制定主体、产生背景、价值取向等方面存在较大差异，二者在具体规范、制裁方式等方面存在一定的矛盾和冲突。国家制定法通常是国家正式法律渊源。在法律多元化发展和纠纷解决机制多元化诉求增强的背景下，作为非正式法律渊源的少数习惯法因其自发性、地域性、民族性等特点而具有不可替代性，可以"与国家法和谐共生，互补共进"[②]，对于推进民族事务法治化和全面依法治国具有积极意义。

我国《宪法》第四条规定，"各民族都有使用和发展自己的语言文字的自由，都有保持或者改革自己的风俗习惯的自由。"这一规定可以看做是赋予部分习惯法或优秀传统文化宪法地位，为各民族发展自己的风俗习惯和习惯法提供了宪法依据。《宪法》第一百一十六条规定民族自治地方的人民代表大会有制定自治条例和单行条例的权力。《立法法》第七十五条第二款规定，自治机关有权依法对法律和行政法规的规定进行变通规定或补充。《民

---

[①] 高其才：《中国少数民族习惯法研究》，清华大学出版社 2003 年版，第 10—12 页。

[②] 谭志满、谭玮一：《博弈与互惠：苗族民间习惯法与国家法的互动机制》，载《西南民族大学学报（人文社会科学版）》2016 年第 3 期。

族区域自治法》第二十条规定了自治地方自治机关的执行变通权（包括停止）。根据上述法律的规定，在民族区域自治的视阈下，少数民族习惯法与国家法的调适途径有三个：一是通过制定自治条例和单行条例实现少数民族习惯法与国家法的融合，二是通过制定变通、补充规定及变通执行等实现少数民族习惯法对国家法的变通和补充，三是少数民族习惯法以非正式法律渊源的形式对国家法进行补充。

**二、少数民族习惯法作为正式法律渊源**

自治机关结合民族地区实际情况制定自治条例或单行条例，民族地区实际情况必然包含了少数民族习惯法的内容。自治机关通过行使立法自治权，结合少数民族的实际情况将现行法律法规中的内容予以具体化。

**（一）自治地方制定自治条例和单行条例**

《宪法》《民族区域自治法》中对少数民族的规定是将所有少数民族作为一个整体，调整其与国家的关系，其内容是综合性的。自治地方自治条例是根据本地区的政治经济文化实际情况，具体贯彻和执行《宪法》《民族区域自治法》中关于如何实行民族区域自治、如何行使自治权、如何开展本地区内民族工作等事项的原则性规定或抽象规则，是综合性的民族自治地方地方性法规。如甘肃省甘南藏族自治州人大制定的《甘肃省甘南藏族自治州自治条例》、云南省普洱哈尼族彝族自治县人大制定的《云南省普洱哈尼族彝族自治县自治条例》等。一般而言，自治地方的自治机关制定的自治条例是结合本地方实际，对《宪法》《民族区域自治法》等法律内容的具体化，规定内容与范围不超出相关法律法规的规定，也不会对其作出变通或补充。但有一个例外，《湖南省新晃侗族自治县自治条例》以自治条例的形式中对《婚姻法》关于法定婚龄的内容做出了变通规定，将自治地方内部少数民族的结婚年龄放宽至"男不得早于二十，女不得早于十八"，"这是唯一一部以自治条例的形式规定变通的自治立法。"①

《宪法》《民族区域自治法》中对少数民族某一特定方面的规定，及《民法通则》《刑法》《环境保护法》等涉及少数民族或民族自治地方的规

---

① 张殿军：《民族自治地方法律变通研究》，人民出版社2016年版，第273页。

定,是从国家层面对少数民族整体或所有民族自治地方的某一方面的事项进行的规定。自治地方的单行条例是自治地方结合本地区本民族的具体情形,针对《宪法》《民族区域自治法》中的特殊规定或部门法规定的某一方面事项制定的地方性法规。如新疆维吾尔自治区人大通过的《新疆维吾尔自治区民族团结进步工作条例》对《宪法》《民族区域自治法》中促进民族团结原则进行细化和具体化,从经济、文化、社会等各个方面对增进新疆维吾尔自治区内各民族团结的举措进行了详细规定,以调整本自治区内各民族的关系。如《西藏自治区社会治安综合治理条例》就是根据全国人大常委会制定的《关于加强社会治安综合治理的决定》和有关法律法规,结合西藏实际而制定的。再如《甘肃省天祝藏族自治县草原条例》就是依据《草原法》《甘肃省草原条例》《甘肃省天祝藏族自治县自治条例》及其他相关法律法规,结合该县实际而制定的专门性地方法规。截止到2018年6月,"全国155个民族自治地方共制定了130多件自治条例、700多件单行条例"。[①]这些自治条例和单行条例均是结合民族地方的实际,依据相关法律法规而制定的,其中被吸收和转化的习惯法内容与国家制定法是一致的。从这个层面而言,少数民族习惯法通过立法自治权实现了与国家法的融合。

(二) 对国家法的变通和补充

《宪法》《立法法》《民族区域自治法》均规定了民族自治地方的自治机关有对国家法进行变通或补充的特殊权力,主要包括"立法变通权、立法补充权、暂缓执行权"[②]。暂缓执行从本质上看就是对国家法的变通,根据立法实践,法律变通权应做广义的理解,包括一般意义上的变通和补充。如黔西南布依族苗族自治州对《森林法》的变通规定,名为"变通规定",实际上包含了许多《森林法》中没有的内容,比如根据《森林法》第二十八条规定,公民采伐自留地和房前屋后零星树木的无须申请采伐许可证,该变通规定第八条补充规定,虽然前述采伐行为无须申请采伐许可,但是如果

---

① 李飞:《十三届全国人大常委会、专门委员会组成人员履职学习讲稿——立法法与全国人大常委会的立法工作》,中国人大网,http://www.npc.gov.cn/npc/xinwen/2018-06/29/content_2057107.htm,最后访问日期:2019年6月2日。

② 宋才发:《民族区域自治制度的发展与完善——自治区自治条例研究》,人民出版社2008年版,第318页。

采伐后出售的则须获得村民委员会的相关证明许可。从民族习惯法的角度看，民族地区可以依照法律的规定，在法定范围内结合本民族、本地区的实际情况根据本民族习惯法对国家制定法进行变通或补充。变通的前提是少数民族习惯法与国家制定法相矛盾，如果严格依照国家制定法，则会导致法律法规难以贯彻执行，同时，少数民族习惯法与国家法在立法目的与价值取向上趋于一致，仅仅是由于具体方式方法的不同，在这种情况下，少数民族习惯法更具合理性与更强的适应性。[①] 对于变通的内容、范围和程序，相关法律法规做出了明确规定，变通规定仅适用于特定民族地区的特定事项。为了贯彻落实《宪法》和《民族区域自治法》关于自治地方法律变通权的规定，许多法律法规直接规定了变通或补充条款。

直接规定了变通或补充条款的法律主要有《刑法》《民法通则》《民事诉讼法》《婚姻法》《妇女权益保护法》《老年人权益保障法》《继承法》《收养法》和《森林法》等。《刑法》第九十条规定，当民族自治地方无法适用刑法规范的，只能由自治区或者自治地方所在的省级人民代表大会制定相应的变通或补充规定。该条规定将刑法变通权限制在省一级人大，充分体现了刑法审慎谦抑性原则，维护了刑法的统一与权威。《民法通则》等调整民事关系的法律因私法自治则规定相对宽松，从省一级到县一级的民族自治地方的人民代表大会都有权制定变通或补充规定。根据前述法律的变通条款，许多民族自治地方根据本地方的实际制定了变通规定。如为了促进少数民族人口发展，结合少数民族的传统，一些民族自治地方对《婚姻法》关于结婚年龄做出了变通规定，将《婚姻法》规定的"男不得早于二十周岁、女不得早于二十周岁"变通为"男不得早于二十周岁，女不得早于十八周岁"。西藏自治区对《收养法》中"只能收养一名子女"变通为"可以收养两名"。

各个地方在落实《宪法》和《民族区域自治法》时基本都依法规定了自治地方的立法变通权，民族自治地方结合本地方实际制定了许多变通和补充规定，以增强法律法规的适应性。截止到 2018 年 6 月，全国民族自治地方共

---

[①] 薛全忠：《刍议少数民族习惯法与国家法的调适》，载《河北师范大学学报（哲学社会科学版）》2011 年第 1 期。

有 60 多个变通和补充规定。① 这些变通和补充规定是我国正式法律渊源,主要集中在民事婚姻、自然生态环境等领域,这些变通和补充是根据少数民族的特点和需求对国家法进行的有限的变更或补充,是少数民族习惯法与国家法融合,既照顾了少数民族特殊的利益需求,又维护了国家法的统一和权威,能获得少数民族的"广泛认同和对法律规范的自觉内化",使国家法的法律效果和社会效果实现统一,使少数民族和民族地区形成良好的法治秩序。②

### 三、少数民族习惯作为非正式法律渊源

少数民族习惯法中还有许多极具民族地方特色、具有积极意义的内容没有被转化为国家法,但仍然对少数民族治理发挥着重要作用,在推行全面依法治国的今天仍值得提倡。《宪法》第四条的规定为少数民族习惯法补充国家制定法提供了宪法依据。少数民族习惯法通过融合、变通和补充实现了向国家制定法的转化,成为正式法律渊源,尚未转化为国家制定法的少数民族习惯法也可以非正式法律渊源的形式介入少数民族民事关系的调整和纠纷解决,形成国家制定法体系之外对国家制定法的补充。少数民族习惯法中包含了许多优秀的做法,这些内容不仅符合少数民族的风俗习惯,与国家法的治理目的也是一致的,因此,在法律实践中应当予以充分考虑,从而满足社会发展的需求。③

虽然在国家制定法中没有关于刑法适用的变通规定,但在司法实践中有相关的实践。④ 这些实践对少数民族习惯法作为非正式法律渊源补充国家法具有积极的借鉴价值。在调解机制中充分发挥少数民族习惯法的积极作用对于建立健全多元矛盾纠纷解决机制具有重要意义。《人民调解法》、最高人民法院《关于建立健全诉讼与非诉讼相衔接的矛盾纠纷解决机制的若干意

---

① 李飞:《十三届全国人大常委会、专门委员会组成人员履职学习讲稿——立法法与全国人大常委会的立法工作》,中国人大网,http://www.npc.gov.cn/npc/xinwen/2018-06/29/content_2057107.htm,最后访问日期:2019 年 6 月 2 日。
② 张殿军、崔慧姝:《民族区域自治地方法律变通的价值蕴涵》,载《青海民族研究》2011 年第 4 期。
③ 陈晓枫、赵志虎:《社会转型期少数民族习惯法与国家制定法的互补融合研究》,载《贵州民族研究》2018 年第 12 期。
④ 向鹏等:《论国家刑法在民族地区实施的变通规定》,载《贵州民族研究》2019 年第 2 期。

见》等规范性法律文件为少数民族习惯法介入纠纷解决机制提供了法律依据。五大自治区都建立了人民调解组织网络体系,在民族地区的纠纷化解中,将少数民族习惯法引入民族纠纷解决机制中,与国家法形成互补,既充分体现了对少数民族风俗习惯的尊重,又化解了国家官方纠纷解决机制与少数民族民间纠纷解决机制之间的矛盾与冲突。[①]

中共十八届三中全会指出,"鼓励和支持社会各方面参与,实现政府治理和社会自我调节、居民自治良性互动。坚持依法治理,加强法治保障,运用法治思维和法治方式化解社会矛盾。"这实际上已经为少数民族依据少数民族习惯法调整社会关系、进行社会治理、化解社会矛盾提供了政策依据和方向。少数民族习惯法对一定区域内的特定少数民族的成员有"强制性"的约束作用,少数民族依本民族习惯法进行自治管理与依国家法治理二元良性互动与共治是社会矛盾纠纷治理的重要方式。同样,少数民族习惯法的发展必须依托于国家法,以国家法为指引发展少数民族习惯法,使少数民族习惯法更多体现现代法治精神、与时俱进。[②] 在国家法的规范内发展少数民族习惯法,有助于增强少数民族的公民意识、法治意识和国家认同,有助于促进少数民族习惯法的包容性发展。[③]

总而言之,坚持民族区域自治就是坚持有中国特色的解决民族问题的正确道路,处理好民族关系、促进民族平等发展,关系到祖国统一和长治久安,关系到民族团结和共同繁荣,关系到中华民族的伟大复兴。实践证明,我国的民族区域自治制度是成功的,民族区域自治法治化道路是解决中国的民族问题、符合各民族共同利益的正确选择。

## 第八节　新时代关于民族区域自治法治道路的新论断

自 1954 年《宪法》以国家根本法的形式确立民族区域自治,到 1984 年

---

[①] 娄义鹏:《少数民族纠纷解决机制与国家法的冲突与互补——基于对贵州民族地区的考察》,载《政法论坛》2017 年第 3 期。
[②] 刘宏宇:《少数民族习惯法与国家法的融合及现代转型》,载《贵州民族研究》2015 年第 10 期。
[③] 盛辉、顾文斌:《少数民族习惯法的国家法功能调试价值探析——基于非正式制度视阈》,载《广西民族研究》2017 年第 2 期。

《民族区域自治法》颁布实施,再到 2014 年《中共中央关于全面推进依法治国若干重大问题的决定》对全面推进依法治国作出全面战略部署,民族区域自治法治化进入新的历史纪元,习近平总书记提出了关于民族区域自治法治道路的新观点、新论断,丰富与深化了民族区域自治理论和依法治国理论,体现了民族区域自治与法治道路选择的道路自信、理论自信与制度自信。

## 一、民族区域自治是法治道路的基本制度要素

党的十八大以来,"法治作为治国理政的基本方式"[①] 得到充分认识和全面贯彻。习近平总书记在《全面贯彻落实党的十八大精神要突出抓好六个方面工作》中指出,我们要"坚持依法治国",并且要"坚持和完善民族区域自治制度"。[②] 这一表述从顶层设计出发,将民族区域自治纳入依法治国的全面部署和整体布局之中。2014 年中央民族工作会议中,在关于中国特色解决民族问题的道路问题上,习近平总书记又提出了"八个坚持",其中"坚持和完善民族区域自治制度"是中国特色解决民族问题的根本制度,"坚持依法治国"是中国特色解决民族问题的根本保障,[③] 再次将民族区域自治和法治结合在一起,明确了中国特色民族区域自治的法治道路选择。

从坚持依法治国的角度来看,民族区域自治法治是法治中国的重要部分和关键环节。民族区域自治制度是我国的基本政治制度之一,民族自治区域治理是国家治理的组成部分,民族自治地方自治机关和自治权是政府治理的主要内容,民族自治地方社会稳定发展是社会治理的重点难点,只有"法制统一","秉持法律这个准绳、用好法治这个方式"[④],才能保障依法治国的全面推进。因此,在全面推行法治国家、法治政府和法治社会一体化建设的背景下,坚持和完善的民族区域自治必须是依法自治。

---

[①] 胡锦涛:《坚定不移沿着中国特色社会主义道路前进 为全面建成小康社会而奋斗》,载《人民日报》2012 年 11 月 18 日,第 1 版。

[②] 习近平:《全面贯彻落实党的十八大精神要突出抓好六个方面工作》,载《求是》2013 年第 1 期。

[③] 《习近平谈治国理政》第二卷,外文出版社 2017 年版,第 300 页。

[④] 习近平:《在中共十八届四中全会第二次全体会议上的讲话》,载中共中央文献研究室编:《习近平关于全面依法治国论述摘编》,中央文献出版社 2015 年版,第 9 页。

从民族区域自治制度的角度来看，法治道路是坚持和完善民族区域自治制度的必然要求。坚持民族区域自治的法治道路就是坚持党的领导，党的领导是推行全面依法治国的本质特征和根本保证。坚持民族区域自治法治道路就是坚持党的领导，是党领导民族工作和法治建设成功经验的总结和升华，不仅能够有效保证民族区域自治的正确方向，又能充分发挥民族区域自治的功能效用。坚持法治道路，就是坚持各民族一律平等，巩固和发展平等团结互助和谐的民族关系，形成共同繁荣、和谐共存的治理秩序和状态，这是实行民族区域自治制度的起点和归宿。因此，民族区域自治的发展必然要选择法治道路。

民族区域自治必须走、也必然走法治道路，法治是民族区域自治的保障，是实现民族区域自治的基本方式和途径。民族区域自治的法治道路选择创造了解决民族问题的新模式，是民族区域自治制度的创新和发展，也是依法治国方略的创新和发展，使有中国特色的解决民族问题的道路愈加宽广和明朗。

## 二、充分行使宪法和民族区域自治法赋予的各项自治权利

把国家治理、政府治理、社会治理的各项事务纳入"法制轨道"，"通过完备的法律推动宪法实施，保证宪法确立的制度和原则得到落实"[1] 是法治建设的前提和基础。完备的民族区域自治法律法规体系和法律制度体系是民族区域自治的法律保障，也是民族区域自治法治建设的制度基础。

民族区域自治的核心在于自治地方自治权的行使，民族自治地方自治权的充分实现是民族区域自治制度的本质要求，自治权的行使以民族区域自治法律法规为依据和保障。习近平总书记早在浙江工作期间就对民族区域自治和法治的关系做出了精辟的论述，坚持和完善民族区域自治制度就要保障民族自治地方"充分行使宪法和民族区域自治法赋予的各项自治权利，用自治法促进发展、促进改革、促进和谐"[2]。该论断揭示了自治权的充分行使

---

[1] 习近平：《在首都各界纪念现行宪法公布施行 30 周年大会上的讲话》，载《人民日报》2012 年 12 月 5 日。

[2] 习近平：《干在实处　走在前列——推进浙江新发展的思考与实践》，中共中央党校出版社 2006 年版，第 260 页。

是民族区域自治法治的重要内容,"自治法"即民族区域自治法律法规体系是自治权得以实现的前提和保障。因此,完善民族区域自治法律法规体系、落实宪法和民族区域自治法的规定是新时期我国民族区域自治实践的首要任务。

我国《宪法》确立了民族区域自治制度和依法治国的基本原则,制定民族区域自治相关法律规范就是贯彻和落实宪法确立的制度和原则,就是维护宪法权威。2011年,国家民委印发了《民族法制体系建设"十二五"规划(2011—2015年)》,为推进民族法制建设提出了要求和部署。新时期,虽然我国民族法制体系已基本建成,但是民族区域自治法制体系建设相对薄弱,尤其是五个民族自治区还没有自己的自治条例。民族自治地方要充分行使自治权利,就必须加快制定或修订民族区域自治法配套的法规、自治地方自治条例和单行条例等,保障宪法和民族区域自治法的相关规定得到贯彻和落实。在立法方面,要加快科学民主立法,充分体现民族自治地方的特色、符合民族自治地方的发展要求,实现"有法可依";在行政执法方面,坚持依法行政,强化执法监督,实现"执法必严";在司法方面,要严格区分民族问题和法律问题,民族区域自治不是法外之地,实现"违法必究";在法制意识方面,不断提升依法行政的意识和能力,培养各民族群众的法制观念和守法意识,实现"有法必依"。

### 三、推进民族事务治理法治化

民族区域自治制度的实效性关乎民族工作全局和国家长治久安,要促进民族自治地方有效行使自治权、促进民族地区的繁荣发展,就必须创新民族自治地方治理方式、提升民族自治地方治理能力。"法治"是改进和完善治理体系和治理能力的关键,习近平总书记明确指出,把宪法和民族区域自治法的规定落实好,推进民族事务治理法治化。这为民族地方深化改革、完善民族区域自治制度指明了方向,宪法和民族区域自治法是基础,"落实好"是目标任务,"法治化"是基本路径。

坚持和完善民族区域自治制度不仅要求"落实",还要求"落实好"《宪法》和《民族区域自治法》的相关规定。随着民族区域自治法律法规体系和相关制度的建成,民族区域自治制度也表现出"有效性不足"的现象,民族自治地方的自治权的实际行使与制度规范之间出现了一定程度的"偏离""失范"①。"落实好"是对贯彻和实施宪法和民族区域自治法提出的新要求、新标准和新目标。"落实好"意味着自治地方的自治权得到充分有效行使,意味着少数民族的基本权利和自由得到全面保障和实现,意味着少数民族和民族地区实现了真正的平等发展。

法治化是完善民族区域自治制度的基本途径。在全面深化改革、全面推进国家治理体系和治理能力现代化的背景下,进一步优化民族自治地方与中央的关系与权力配置,进一步调动民族自治地方自治权的活力,进一步完善民族自治地方的社会治理方式,就必须依靠法治保驾护航。通过"法治化"的方式"落实好"民族区域自治法律法规,首先要求进一步完善民族区域自治相关配套法规,发挥立法的引领作用。对民族区域自治法制体系的构建和完善为贯彻和落实宪法和民族区域自治法奠定了更高的起点,有助于在依法治国的语境下发展和完善民族区域自治,实现民族区域自治事务的法治全覆盖,充分发挥法治在民族区域自治实践中的价值引领和凝聚共识作用。其次,"提高依法管理民族事务能力和民族工作法治化水平"②,充分发挥法治的规范、保障和促进作用。在民族区域自治法律法规执行、监督的过程中运用法治思维和法治方式,规范落实程序、保障落实成果、促进制度创新。

**四、用法治处理民族社会问题**

民族区域自治法治建设必须解决现阶段的民族问题,现阶段民族问题具有复杂性和敏感性等特征,各种问题交织,因此,需要区分和把握主要问题和突出问题,并且坚定立场,才能顺利推进民族区域自治的法治化建设。习近平总书记指出,要把加快民族地区发展维护少数民族合法权益纳入法治化轨道,依法妥善处置涉及民族和宗教等因素的社会问题,促进民族团结和睦。③

---

① 潘红祥:《民族自治地方自治权行使的阻却因素与调适对策——基于系统理论的分析》,载《中南民族大学学报(人文社会科学版)》2014年第6期。

② 国家发展和改革委员会:《"十三五"国家级专项规划汇编(上)》,人民出版社2017年版,第291页。

③ 《奏响"四个全面"的时代强音——习近平总书记同出席全国两会人大代表、政协委员共商国是纪实》,载《人民日报》2015年3月15日。

"加快民族地区发展,维护少数民族合法权益"是民族区域自治法治化的主要任务。我国现阶段民族问题集中表现为少数民族和民族地区要求加快经济社会文化事业的发展,只有坚持以人为本的发展观、坚持以人民为中心的思想,才能根本上有效解决这个问题。坚持以人民为中心的思想,要求保障民生、促进少数民族和民族地区跨越式发展,这才是从根本上化解民族矛盾、解决民族问题的有效途径。新的阶段,民族区域自治法治建设必须立足民族发展的客观现实、顺应民族发展的客观规律,以增进少数民族和民族地区人民的根本利益作为民族区域自治法治道路的出发点和落脚点。

"依法妥善处置涉及民族和宗教等因素的社会问题"是新形势下民族区域自治法治的关键内容。新形势下局部地区民族分裂主义、宗教极端势力有抬头趋势,在国内外环境的影响下,民族问题和宗教问题更加复杂,成为当前民族工作和民族区域自治法治建设面临的突出问题和难题。"依法妥善处置"为破解这一难题提供了基本思路,首先,要严格区分并正确处理民族问题、宗教问题和法律问题,需要培养公民尤其是国家工作人员的法治思维和法治意识,提升其运用法治方式解决问题的能力;其次,要推进民族事务管理法治化和宗教事务法治化,依法管理民族事务、宗教事务,将民族事务和宗教事务纳入法治化轨道。[1]

"促进民族团结和睦"明确了民族区域自治制度发展走法治道路必须坚持民族团结的立场与和谐的价值目标。新的历史时期,我们仍然要坚持民族团结的根本立场,民族团结是民族区域自治发展的动力来源,当前我国和谐的民族关系基本形成,巩固和发展和谐的民族关系是民族区域自治法治道路的重要目标。

### 五、依法治藏、依法治疆

由于历史原因,西藏和新疆历来就是社会主义建设和国家治理的重点。相较于其他民族自治地区的民族问题和民族矛盾而言,"疆独""藏独"有"分裂祖国的共同本质"特征[2],也是民族区域自治制度在新疆和西藏实践

---

[1] 李剑:《轮新形势下涉及民族因素矛盾纠纷的解决思路——兼论对"两少一宽"政策的反思》,载《国家行政学院学报》2016年第5期。

[2] 宋月红:《当代中国的西藏政策与治理》,人民出版社2011年版,第383页。

过程中产生的特殊矛盾,严重影响了新疆和西藏的发展、破坏了祖国统一、阻碍了各民族共同繁荣。习近平总书记多次在西藏工作座谈会和新疆工作座谈会上强调要"依法治藏""依法治疆",凸显出民族区域自治法治建设的重点。

"稳定和发展"① 是"依法治藏""依法治疆"的重要方面。用法治打击分裂、暴力、恐怖活动是新形势下民族工作和民族区域自治制度实践的重点。国家安全、社会稳定和长治久安是依法治藏、依法治疆的总目标,"反分裂斗争"是西藏法治建设重要内容,② 依法"严厉打击暴力恐怖活动"是新疆法治建设的重点。③ "依法治藏""依法治疆"就是要维护宪法和法律权威,坚持法律面前人人平等,就是要落实民族区域自治法律法规,依法打击一切破坏祖国统一和社会稳定的行为。

习近平总书记深刻认识并把握我国民族工作新的阶段性特征,重视民族区域自治法治化建设,与时俱进地提出诸多经典论述,是习近平法治思想的重要组成部分,丰富了中国特色社会主义民族理论和法治理论,为新常态下发展和完善民族区域自治法治道路提供了理论指南与政策依据。

---

① 叶小文:《推动西藏新疆跨越式发展》,载《人民日报·海外版》2010 年 3 月 11 日。
② 《中共中央政治局召开会议 中共中央总书记习近平主持会议》,载《人民日报》2015 年 7 月 31 日。
③ 《习近平在第二次中央新疆工作座谈会上强调:坚持依法治疆团结稳疆长期建疆,团结各族人民建设社会主义新疆》,载《人民日报》2014 年 5 月 30 日。

# 第 六 章

# 基层群众自治与法治道路构建

  法治国家、法治政府和法治社会的三位一体化建设是党的十八届四中全会提出的全新目标。这其中，社会治理层面的法治化是国家、政府和社会三者能否实现良性互动的关键一环，而基层群众自治的法治化又是社会治理层面法治化的重要内容和组成部分。要深刻理解基层群众自治法治化的道路选择，首先需要阐明构成基层群众自治制度核心的自治权的本源和性质，进而在这个基础上找到实现基层自治法治化的优化路径。

  我们认为，讨论自治权的语境及其所指向的对象决定了自治权究竟是一项权力还是权利：个体语境下的自治权是一项基本权利；而群体语境下的自治权，当其指向国家干预时是一项共同体的权利，当其指向共同体内部成员时，则又是一项权力。然而，基于基层组织自治权在中国的发展历程，以及新时代充分发挥基层组织参与社会治理的重要性，我们认为基层群众自治的自治权在本质上是一种来源于自治共同体成员授权的"社会权力"。

  而讨论基层自治的法治化的实现，我们认为其核心在于阐明并优化基层自治与党委领导、政府主导、公共参与和社会协同四者之间的关系。这其中，坚持党对地方自治的领导是保证基层治理有效运转的前提；发挥地方政府在治理中的主导作用是妥善处理各方利益诉求的关键；注重维护自治成员的主人翁地位，是调动他们参与基层治理的必要保障；最终共建共治共享治理格局的形成还必须积极调动社会各方力量的积极性和主动性，统筹发挥它们的协同能力。四者相互支撑、相互监督、相互平衡、相互完善。更具体地说，要牢固树立党对地方自治的领导必须进一步加强基层党组织的政治建设、组织建设、社会治理制度建设和人才建设；要充分发挥地方政府在社会自治中的主导作用必须进一步完善法治政府和服务政府的建设；要有效激发自治成员参与基层治理的积极性和创造性必须进一步革新公共参与的制度建设、组织建设和模式创新；要积极引导社会在协同治理模式中发挥主导作用必须进一步祛除对社会协同起阻碍作用的制度，同时优化社会赋权制度和社会培育制度。接下来，本章将依次详细展开上述论述，以阐明新时代基层群众自治与法治道路选择的重要意义和实现路径。

## 第一节 自治权的法治属性辨正

### 一、权利抑或权力

对于基层群众自治中的自治权性质，学界长期以来众说纷纭，概括起来，主要有三种主要观点：权力说、权利说，以及权力与权利兼有说。[①] 实际上，三种观点之所以争执不下，各有道理，其原因在于我们是在何种语境下使用"自治权"这个概念；同时，我们所讨论的"自治权"究竟指向谁。换言之，要搞清楚"自治权"的性质，我们首先必须搞清楚其所使用的语境，以及其所指向的对象这两个关键的问题。接下来，我们将依据这两个判断依据，一一阐明三种有关自治权的主要观点。

#### （一）个体语境中作为权利的自治权

这种观点认为，当我们在个体的语境中讨论自主权，那么无论这种自主权指向个体所在的组织或共同体，还是指向个体所在的国家，那么它都只能是一种权利。因为在这种语境中，自主权的含义是明确具体且约定俗成的，那就是公民所享有的一种受法律保护的自主的权利，对此无论是某个组织还是国家都不能不经法律允许而任意地侵犯和剥夺。这种观点常见于英美法系国家学者关于自主权的讨论中，它其实等同于个人所拥有的一项不可剥夺且

---

[①] 有关这三种主要观点的介绍和分析，参见石凤刚：《村民自治权的性质研究综述》，载《法制与社会》2016年第6期；沈寿文：《重新认识民族区域自治权的性质：从〈民族区域自治法〉文本角度的分析》，载《云南大学学报（法学版）》2011年第6期。

非常重要的基本人权。① 很显然，仅仅依据这个意义上的自主权来讨论基层群众自治是远远不够的，因此我们需要进一步分析自治权的内涵和属性。

### （二）群体语境中作为权利的自治权

这种观点认为，当我们在群体的语境中讨论自治权，并且当这种自治权指向群体所在的国家时，那么它也是一种权利。因为此时，自治权主要是指自治群体或共同体所拥有的可以自主决定其内部事务，实现自我管理的一种权利。这项权利应该免于其所属国家的随意干预，也不能任意剥夺。② 这样的规定其实不难理解，因为所谓权利，其最主要的一个特质就是个体或者群体能够做法律不禁止的事情的自由，也就是"法不规定即自由"或者"免于干涉的自由"。③ 具体到某一群体或共同体享有的自治权，如果其本身都不包含这一层含义的话，那这一自治权将成为无本之木，而根本不具备可以良性行使的前提和基础。也正是在这个意义上，群体语境中的自治权，和个体语境中的自治权类似，首先应该是一项权利。

### （三）群体语境中作为权力的自治权

这种观点认为，当我们在群体的语境中讨论自治权，还有一种情况，那就是这种自治权并不是指向群体或共同体外部的国家，而是指向群体或共同体内部的成员时，那么它就是一种权力。这种权力既来自国家通过宪法或者法律的授权，也来自其内部成员对自身权利的一部分让渡，从而使群体或共同体作为一个整体拥有了某种对内部事务进行决断和管理的权力。这种权力对于共同体内部的成员具有强制力，他们有服从其安排的义务；同时，这种权力对国家而言也具有相对独立性，国家必须遵循既有的宪法或法律的规定，而不能任意干涉这一自治权的行使。④ 这一定义其实也不难理解，毕竟

---

① 有关这种自主权的比较系统的讨论，参见 Griffin, James, *On Human Rights*, Oxford University Press, 2008, pp. 14-18；吴芳、潘云华：《论公民自治权的实现》，载《云南行政学院学报》2012 年第 4 期，第 28—31 页。

② 陈华森：《我国民族区域自治制度的内在机理及其现实价值》，载《政治学研究》2013 年第 3 期；戴小明、盛义龙：《自治机关自治权配置的科学化研究》，载《中南民族大学学报（人文社会科学版）》2016 年第 1 期；任新民、邓玉函：《权利还是权力：民族区域自治研究中一个难解的课题》，载《中南民族大学学报（人文社会科学版）》2012 年第 4 期。

③ Isaiah Berlin, *Four Essays on Liberty*, Oxford University Press, 1969, pp. 120-131.

④ 王建学：《作为基本权利的地方自治》，厦门大学出版社 2010 年版，第 41—42 页。

免于国家干预只是自治权能否良性行使的前提和基础,其能否真正在实践中体现出存在的必要,还有赖于能否真正发挥出绩效,也就是为群体或共同体成员提供他们所期待的东西,比如安全、经济发展、社会进步、文化繁荣等,而这使其同时还必须是一项共同体成员必须予以配合和服从的权力,否则政出多门、各自为政、难以协调,必然导致治理的无序和绩效的丧失。

综上所述,自治权其实既是一种权利,也是一种权力,这取决于我们在什么语境下讨论自治权,也取决于我们所讨论的自治权所指向的对象是谁。如果是在个体的语境下讨论自治权,它类似于个人的自主权,是一项基本的权利;如果是在群体的语境下讨论自治权,它首先是相对于国家随意干预而言的一项属于群体或共同体的权利,这是自治权行使的前提和基础;同时,它还是相对于共同体内部成员的一项权力,这是自治权的行使最终能否发挥绩效的关键所在。

## 二、作为社会权力的自治权

具体到本章讨论的基层群众自治过程中的自治权,它其实同时展现了上述自治权讨论的三个面向:首先,对于基层自治组织内部的个体而言,他们显然拥有一些自主性的权利,因为即便是自治权的权力面向,其最终的目的也要落脚到个体层面的个人自由的全面发展;其次,在中国的语境中,基层组织的自治权显然也是一种权利,因为它来源于宪法或法律的授予;最后,在授权之后,它也拥有一定的受到法律保护或者不受法律任意干预的自主行使的空间,因此基层组织的自治权也是一种权利。

然而,虽然基层组织的自治权同时拥有这三个面向,但它们在当前中国的情境中却并不具有同等优先的重要性。具体来说,基于基层组织自治权在中国的发展历程,以及新时代充分发挥基层组织参与社会治理的重要性,本章将着重讨论基层组织作为一种社会权力的重要性,接下来我们将依次展开对这一重要性的阐述。

### (一)中国基层自治组织的历史发展

在中国,最具代表性的基层自治组织非村民自治组织莫属。众所周知,中国的村民自治缘起于改革开放之初的家庭联产承包责任制的实践。这是一场农民自发的自下而上的探索实践,它为村民自治制度的最终建立和全面实践提供了很好的示范。村民自治概念的首次出现是在 1982 年的《宪法》中，它规定"农村村民委员会是基层群众性自治组织"，而乡镇政府才是国家在农村设立的最基层的政权组织。随后，1983 年由中共中央和国务院联合下发的《关于实行政社分开、建立乡政府的通知》进一步明确了村民委员会的产生方式和基本职能。比如，其成立必须经过全体村民的选举，而其基本职能主要是处理与村民利益相关的村级公共事务，实现村民的自我管理、自我教育和自我服务。最终，这些初步的规定在 1987 年颁布的《村民委员会组织法》中得以正式确定下来，从而为今天的村民自治的运转奠定了制度基础。[①] 与村民委员会不同，居民委员会虽然也是具有自治性质的组织，但其却不是居民在实践中自发形成的，而是一项国家主导的制度设计。其最早起源于 1953 年彭真写给毛泽东的关于《城市应建立街道办事处和居民委员会》的报告[②]。在报告中，彭真在阐明了在街道设立居民委员会的重要性和紧迫性，从而为这一实践的推广打开了局面。随后，1989 年颁布的《居民委员会组织法》才正式确立了居民委员会的产生方式、工作职能等一系列内容。

### （二）中国基层自治组织的社会权力属性

上述历史发展表明，中国基层自治组织的自治权属性更接近于一种"复合式"[③] 的自治权生成模式。所谓复合式的模式是指中国基层自治组织的生成首先是由共同体内部的成员让渡了他们的一部分权利给予自治共同体，这在联产承包责任制的发展过程中体现得非常清晰；随后，共同体的这种集体属性的权利得到了国家的承认，这同样体现在中国的《宪法》和《村民委员会组织法》对村民委员会的授权中；最终，通过这样的过程，村民委员会也就拥有了一定程度的自治权力。这种自治权力本质上来源于村民的自发性实践，而这种实践是一种社会层面的改革创新，其所承担的职能并非来自国家的自上而下的行政命令，而恰恰是在国家尚未关注之处，通过社会自身的创新性实践，代替国家行使的某种公共职能。正是在这个意义上，

---

① 关于村民自治的发展历程，参见徐勇：《中国农村村民自治》，华中师范大学出版社 1997 年版，第 79 页；崔智友：《中国村民自治的法学思考》，载《中国社会科学》2001 年第 3 期；赵晓峰、冯润兵：《村民自治研究三十年：回顾与前瞻》，载《长白学刊》2017 年第 6 期。

② 《彭真文选》，人民出版社 1991 年版，第 240 页。

③ 关于自治权的成员让渡型、国家授予型，以及复合型模式，参见王振标：《论作为社会公权力的基层自治权之本源》，载《北方法学》2018 年第 6 期。

村民委员会所享有的自治权本质上是一种社会权力。[①] 居民委员会的形成虽然与村民委员会略有不同，但就其制度设计的初衷和权力的实际行使方式来看，和村民委员会具有很大的相似性，因此居民委员会的自治权本质上也是一种社会权力。

综上所述，无论是村民委员会的设立还是居民委员会的生成其实都是为了回应当下中国在发展转型过程中所必然面对的如何更好地协调国家和社会互动关系的问题，即随着中国从计划经济转向市场经济，必然会进一步释放社会的活力，同时也必然会一定程度弱化国家对各种公共事务的统筹支配，在这个过程中，公权力不再可能由国家一力承担，而必须让渡一部分给各类社会组织来分享，从而调动他们的积极性，共同参与到社会治理的过程中来，帮助国家更好地处理社会转型过程中不断涌现出来的各种公共事务。这个过程其实也是每一个国家从传统向现代转型过程中，都必然会面临的问题和世界各国对此类问题的通行的回应模式。正是在这个意义上，党的十八届三中全会决定强调全面推进依法治国的基础在基层，工作的重点也在基层，为此要不断改进社会治理的方式，鼓励和支持各类社会组织积极参与公共事务，实现政府治理和社会自治的良性互动。

## 第二节　基层自治的法治路径优化

党的十九大报告指出要"打造共建共治共享的社会治理格局，必须完善党委领导、政府负责、社会协同、公众参与、法治保障的社会治理体制"[②]。这其中，坚持和完善党对基层社会治理的领导是做好一切工作的前提；充分发挥基层政府在治理社会过程中的主导作用是妥善处理各方利益诉求，保证基层治理有效运转的关键；而注重维护城乡社区的社会成员的主人翁地位，充分发挥他们的积极性和创造性是打造共治共享的社会治理格局的

---

[①] 关于这种社会权力的进一步讨论，参见徐靖：《论法律视域下社会公权力的内涵、构成及价值》，载《中国法学》2014年第1期；王宝治：《社会权力概念、属性及其作用的辩证思考：基于国家、社会、个人的三元架构》，载《法制与社会发展》2011年第4期。

[②] 胡映兰、邹会聪：《人民日报新知新觉：加强和创新社会治理》，载《人民日报》2018年8月28日。

前提和基础；最终这一治理格局的形成还必须积极调动社会各方力量的积极性和主动性，统筹发挥它们的协同能力。四者之间必须做到相互支撑、相互监督、相互平衡、相互完善，唯有如此才能保持社会治理的活力，并不断开创新的工作局面和工作方法。

更进一步分析，党的十九大报告所提出的共建共治共享的社会治理格局的实现离不开四类治理主体的作用的发挥，即基层党组织、基层政府、公共事务参与者和社会协同组织。四类主体各司其责，构成一个彼此契合、有机互补的乡村社会共治共享体系。这一体系既不同于中国传统的城乡治理经验，也有别于当代西方国家的社会治理模式。要让这一体系良性运转，必须协调好四类主体之间的关系，而这构成本节论述的核心内容。

## 一、从自由到统领：党委领导

坚持党对加强和创新社会治理的领导是打造共建共治共享的社会治理格局的基础和前提。基层自治的制度建设绝不能脱离党的领导，更不能唯"洋"是举，这是由中国基层治理的历史逻辑和现实任务所共同决定的。概言之，中国的基层治理在相当长的历史时期处于自我管理的自由状态，这对一个仅将其治国理政目标限定为维系皇权的稳定和延续的王朝或许是合适的；但新中国成立之后，为了更好地领导广大人民群众实现国家富强民族复兴的伟大目标，必然需要更好地实现对社会的整合，这就必须充分发挥中国共产党的领导作用；而进入新时代，尽管随着社会转型，各方利益诉求日益复杂，从而需要通过释放社会的自治活力，以更加高效地完成对社会的治理，但这一过程仍然面临各种挑战，因此必须进一步在政治、组织和制度建设上完善党的领导，以更好地总揽全局协调各方，为加强和创新社会治理引领前进的方向。

### （一）通过党委领导实现从自由到统领的历史转变

传统中国是一个农耕国家，并且在相当长的历史时期中保持了稳定的中央集权的大一统格局。① 基于农耕文明的局限，传统中国既无能力也无必要

---

① 金观涛、刘青峰：《兴盛与危机：论中国社会超稳定结构》，香港中文大学出版社1992年增订本。

将其权力的触角延伸到社会的各个角落，而让"皇权不下县"，并主要通过社会自我管理的"集权的简约治理"[1]模式反而是更经济，也更有效的治理手段。具体来说，根据费孝通的解释，中国传统社会主要通过两条运行有序的平行轨道实现国家治理社会的任务：其中一条是国家的官僚行政体系，它以皇权为中心，围绕这一权力运行，并以确保其稳定延续为核心目标。因此，这一目标之外的社会绩效的提升和人民生活的改善就变得相对次要，只要无为就好，所谓休养生息就是这个道理。受这种"无为主义"的影响，官僚体系的治理范围以县域为最基层，县域以下则交给社会自我管理。而另一条平行线则是县域之下以退休官员、长老、士绅、族长等乡村社会的精英人物为核心而展开的基层的自我治理。这些乡村精英以及他们的亲属，凭借他们所掌握的儒家知识，构成了乡村社会的文化延续的传承者和赏罚决断的统治者。[2] 黄宗智进一步将这种治理模式概括为"集权的简约治理"。简言之，在这种简约治理模式下，国家对乡村社会的治理主要体现在政治上防止其皇权世袭统治内部的分裂和在经济上对税赋数量的适当调控，其他的事务则基本采取无为的方式，交给地方社会的精英去处理。当然，这里面有一个基本的原则，即这些精英的处理方式必须合乎儒家的礼法，而这主要由国家通过掌控教育内容和精英选拔方式来实现。实际的效果就是地方精英按照儒家礼法自行治理社会，化解各种纠纷矛盾，既惩戒违规者，也奖励守礼者，通过正反两手的树立典型和警示越轨，维系着乡村的社会秩序和意义世界的价值再生产。

上述治理模式在新中国成立之后，显然已经无法适应时代的需要。中国共产党领导下的新中国首先比传统的王朝有着远为宏大的政治理想，那就是实现国家富强、民族复兴和人民在经济、社会、文化等各方面的权利实现状况的大幅改善。这进而要求中国在共产党的领导下一方面通过"国家政权建设"整合各种社会力量共同投入到实现上述伟大目标的行动中，一方面通过"国民经济建设"作为主要的抓手为上述目标的实现提供最

---

[1] 黄宗智：《集权的简约治理：中国以准官员和纠纷解决为主的半正式基层行政》，载《开放时代》2008年第2期。

[2] 费孝通：《乡土中国与乡土重建》，风云时代出版社1993年版，第147—169页；费孝通：《中国绅士》，中国社会科学出版社2006年版，第11页。

坚实的基础。① 很显然，这种"有所作为"的理想必须首先需要突破"皇权不下县"的地方主义以及其所带来的保守甚至懒散的思维惯性。② 这个过程中，必然有的群众在思想认识上更为积极，而有的群众在思想认识上会出现偏差甚至抵触，而要化解这些问题，就需要党领导下的群众工作，通过激励后进者，奖励先进者，本着惩前毖后、治病救人的宗旨做好群众的思想工作，从而形成工作中的最大合力。③ 这种"有所作为"除了需要扫清群众的思想障碍，更重要的是还要将他们组织和动员起来，这就必须重构乡村社会的自治模式，让其在党的领导下既与社会主义建设事业保持一致，又能充分发挥其自主性和创造力。④ 唯有如此，才能打破乡土社会各自为政、自由懒散，甚至安于现状、不思进取的局面。正是在这个意义上，坚持党的领导，是让乡土社会完成从自由到统领的状态转变的关键所在。

### （二）新时代进一步完善党委领导下的基层自治

习近平总书记多次强调，中国特色社会主义最本质的特征就是中国共产党的领导。无论是改革开放前的历史经验，还是改革开放后的伟大成就都充分证明了这一点。正是党的领导，才能有效凝聚共识，充分动员群众，从而推动社会主义建设事业的不断前进。而要始终坚持党的领导，就必须在实践中不断加强和完善党的领导。具体到基层治理改革，因为这项工作纷繁复杂、艰巨繁重，更加需要充分发挥党的领导核心作用，牢牢把握基层治理改革的前进方向，有效统揽全局调动各方力量参与，以提升基层治理的法治化、专业化、自主化水平。而这需要不断提高和完善党的领导水平，提升党在群众中间的政治领导力、思想引领力、群众组织力和社会号召力。⑤

更具体地说，要充分发挥基层党组织的领导核心作用，主要应该从党的

---

① 刘义强：《村民自治发展的历程、经验与机制探讨》，载《华中师范大学学报（人文社会科学版）》2008年第6期。
② 冯仕政：《中国国家运动的形成与变异：基于政体的整体性解释》，载《开放时代》2011年第1期。
③ 刘少奇：《论党》，人民出版社1980年版，第33页；《邓小平文选》第二卷，人民出版社1994年版，第91页。
④ 崔智友：《中国村民自治的法学思考》，载《中国社会科学》2001年第3期；申端锋：《乡村治权与分类治理：农民上访研究的范式转换》，载《开放时代》2010年第6期。
⑤ 魏礼群：《坚定走中国特色社会主义社会治理之路：改革开放40年社会治理成就及其宝贵经验》，载《中国经济报告》2018年第8期。

基层政治建设、组织建设、社会治理制度建设、人才建设四个方面入手。首先，党的基层政治建设的内涵在于强化和完善党对城乡各级党组织和各类社会组织的各项工作的领导。① 这种领导的目的在于确保党的路线、方针、政策能够得到全面贯彻和落实。而要真正做好这一点，一方面必须加强对党员干部的思想教育，让他们自身从思想认识上深入领会党在各项工作中的政治意图，从而真正成为先锋模范，以自身的先进性引领广大人民群众；另一方面，也必须加强党员干部与群众之间的互动联系，让党员干部牢固树立起新时代应有的使命感和责任感，乐于奉献，深入基层，真正架起党和群众之间良好互动的桥梁和纽带，及时了解民情、掌握民意，化解民怨，疏导民愤，从而强化党和群众之间的血肉联系，在潜移默化中培育党在群众中间的威信，并最终确保在政治上群众对党的各项工作的信任、支持和追随。②

其次，党的组织建设是保证党在基层政治工作中的引领力、凝聚力、号召力、回应力的关键所在。党的组织建设的目的在于培育和巩固党员干部的政治信仰，提升他们的政治意识和责任担当，从而营造良好的党内政治生态，使党员干部能够在基层社会治理的各项工作中充分发挥示范、引领和带动作用。而要实现这些目标，首先需要强化和完善党的基层组织机构的建设。这需要确保在基层各个单位和组织中建立基层党委、总支或支部，对没有党员的单位，则必须派遣党代表。党的基层组织机构的完善是开展各项组织建设工作的前提。在这个基础上，党的基层组织建设必须积极组织党员干部学习马列经典作品以及毛泽东思想、邓小平理论、"三个代表"重要思想、科学发展观和习近平新时代中国特色社会主义思想等共产党人在历史中总结出来的宝贵思想财富，从中强化党员干部的"四个意识"，坚定他们的"四个自信"，从而提升和巩固他们的政治觉悟和政治意识。③ 除此之外，党的组织建设还应该包括适当对党员干部进行各种新知识、新技能的培训，以让他们更好地应对各种社会治理中出现的新情况、新问题，从而增强他们在工作中创造性地解决复杂现实问题的能力。

① 黄浩明：《建立自治法治德治的基层社会治理模式》，载《行政管理改革》2018年第3期。
② 曹胜：《以基层组织力提升社区治理发展：新时代基础性政治建设的角度》，载《新视野》2018年第6期。
③ 唐震：《全面加强新时代党的基层组织政治建设》，载《西安日报》2019年1月28日。

再次，社会治理的制度建设是党建引领下的基层治理能够良性运转的有效途径。在基层治理中坚持党的领导最终需要以制度的形式确定下来，这种制度建设不仅要对已有的有效实践经验进行确认和总结，同时也要为新的制度的创新性实践提供足够的空间。就第一点而言，在基层治理转型的过程中，出现了很多阶段性的问题，比如乡政府和村委会之间的权责问题，基层治理资源有限而治理力量分散的问题，各治理主体之间联动机制僵化、效率不高的问题，这些问题都需要进一步强化和完善党的领导来摸索出行之有效的解决办法，然后再形成制度进行推广。目前来看，基层治理中的机构人员精简、工作流程优化、多方联动的网格化管理、[1] 党委牵头的领导小组制和常委分管制[2]等都是对上述问题进行有效回应的制度创新。就第二点来说，虽然改革开放以来中国的社会治理取得了巨大的成绩，但基层治理的"最后一公里"问题仍然存在。这表现为新的矛盾层出不穷，部分组织功能欠缺、作用有限，基层干部或因为能力或源于环境出现懒政怠政等现象。如何解决这些问题，将党的领导力量有效传递到基层治理的"神经末梢"有待制度上的突破和创新，而这需要在制度设计上为党的领导和基层社会的实践创新之间留出足够的空间，从而更好地调动后者的主动性和积极性。

最后，党员个人的思想意识、能力素养的提升也将为党建引领下的基层治理的有效运作提供有力的支持。若要充分发挥党在领导基层自治过程中的战斗堡垒作用，就必须增强基层党员干部的理想信念、服务为民意识和依法依规办事的能力。就第一点而言，抓好党员干部的理想信念培养，必须从党的宗旨教育、依法治国教育、党风廉政教育入手，以增强他们的凝聚力、战斗力和创造力。除了书面教育，也必须在实践中通过奖惩进一步巩固上述认识。比如针对部分基层党员干部的徇私枉法现象，就应该严惩不贷，同时将依法办事作为考察提拔干部的重要标准。就服务为民意识的培养来说，同样需要既在思想教育上常抓不懈，也在实践中建立奖惩提拔的明确依据。对于那些在工作中总是将群众利益摆在第一位，尽心尽力为人民服务的干部，一定要大力宣传和重点培养；而要增强基层党员依法依规办事的能力，则需要

---

[1] 汪习根、钱侃侃：《网格化管理背景下的制度创新研究：以全国社会管理创新试点城市宜昌为样本》，载《湖北社会科学》2013年第3期。

[2] 杨华：《县域治理中的党政体制：结构与功能》，载《政治学研究》2018年第5期。

在注重对他们进行相关知识培训的基础上，为他们的工作创造良好的制度条件，比如将依法决策、科学决策逐步规范化和制度化，确保重要决策符合法律法规的规定，同时这种制度化又必须为个人在其中发挥创造性留出足够的空间，而不至于沦为碌碌无为、规避责任的保护伞。

综上所述，在基层自治过程中必须坚持党的领导是历史和现实的必然逻辑选择，这一选择使基层社会实现了从自由到统领的历史转变；而在新时代，要继续强化和完善党的领导，必须在基层治理过程中加强党的基层政治建设、组织建设、社会治理制度建设和人才培养工作。

## 二、从放任到负责：政府主导

"政府负责"是党的十九大报告中提出的打造共建共治共享的社会治理格局的第二个主要内容。这种负责并不同于计划经济时代的国家负责、单位包办，而实际是强调政府应该在打造一个多元主体共建共治共享的社会化、法治化、智能化、专业化的治理体系中发挥主导作用。通过这种作用一方面让市场能够更好地在资源配置中发挥决定作用；另一方面推动和完善法治政府和服务政府的建设，最终实现服务社会、服务群众的目标。

### （一）通过政府主导实现从放任到负责的历史转变

传统中国社会的农民曾经被比喻为一盘散沙。这种状况和上文所讨论的"皇权不下县"有一定的关系。当时的农村社会主要有绅士长老来整合，农民自己的自主性并没有被充分地塑造和释放出来。而当社会发生变革，传统的乡村治理结构难以维系时，农民就会表现得像被抽取了主心骨的一盘散沙的状态。新中国的成立在一定程度上改变了这种状况，中国共产党通过其密切联系人民的群众路线，一方面很好地动员了农民中的积极分子参与国家建设，另一方面有效地教育着农民中的落后分子提升自身的思想认识水平，从而很大程度上改变了农民懒散不思进取的状态，使他们积极投身于国家建设的伟大事业。[1] 农民的这种积极性在国家取消农业税费之后出现了一定程度的锐减。这种现象和当时基层政权的"悬浮"[2] 有很大关系，因为此时的农

---

[1] 陈柏峰：《无理上访与基层法治》，载《中外法学》2011年第2期。
[2] 周飞舟：《从汲取型政权到"悬浮型"政权：税费改革对国家与农民关系之影响》，载《社会学研究》2006年第3期。

村基层政府，在没有税费任务之后，变得没有太多事情可做，进而也减少了与农民之间的互动联系；同时，农业税费的取消也极大减轻了农民对基层政府的人身和经济依附，这让后者失去了有效动员农民的资源，[①] 进而产生了"悬浮"[②] 的农民。这个时候的农村因此呈现出了一定程度的混乱和放任状态。

实际上，国家取消农业税费，实施惠农政策的初衷是希望基层政府能够借此契机逐步完成从"汲取型政权"向"服务型政权"的转变[③]，同时也希望摆脱了税赋的农民能够获得更多的自主空间发展村民自治。然而农民几千年的心里积习和文化惯性并不是那么容易就能够改变的，当国家退出基层治理之后，随即出现了反弹。这种情况下，通过政府主导，在基层治理层面实现从放任到负责的转变就显得尤为迫切，这一转变可以帮助乡村社会凝聚人心、恢复秩序，改善治理，最终更好地发挥基层治理的积极作用。

（二）新时代进一步完善政府主导下的基层自治

充分发挥基层政府在基层社会自治中的主导作用的关键在于建设法治政府和服务政府。对于建设法治政府而言，主要包括建立配套的法律规范体系、权利救济体系、权力监督体系三个方面的内容；对于建设服务政府而言，主要包括国家认同建设、社区文化建设，以及厘清政府服务与基层自治的关系，从而更好地对基层自治在财力、物力、政策上给予支持三个方面的内容。接下来我们将一一展开上述内容。

建设法治政府。首先，建立配套的法律规范体系是建设法治政府，完善基层自治的基础性工程。经过改革开放40多年的发展，中国的基层治理的制度化和法治化程度得到了极大的提升。目前《村民委员会组织法》和《居民委员会组织法》都已经完成了修订，相关的地方性法规也都进行了调

---

[①] Gui Xiao wei, "How Local Authorities Handle Nail-like Petitions and Why Concessions Are Made", *Chinese Sociological Review*, 2017, vol. 49, issue. 2, p. 170.

[②] 王勇：《农村治理中的农民与国家》，载《读书》2017年第12期。

[③] 有关这一转变的论述，参见吕德文：《基层治理中的国家与农民的关系：一个文献综述》，载《南京农业大学学报》（社会科学版）2010年第3期；张江海：《从汲取到服务：乡镇政府职能变的新趋势》，载《福建行政学院福建经济管理干部学院学报》2007年第4期；何精华：《构建乡镇"惠农型政府"：机遇、挑战与路径选择》，载《探索与争鸣》2007年第2期；张江海：《从汲取到服务：乡镇政府职能变的新趋势》，载《福建行政学院福建经济管理干部学院学报》2007年第4期。

整完善，这些法律法规为基层村委会或居委会的组织建设、运转方式、民主选举、经费保障等内容进行了细致的规定和补充，划定了社区自治的权力行使范围、权力运行机制以及工作评价标准。① 与此同时，除了国家正式的法律法规之外，很多乡规民约也被发掘整理了出来，它们构成了基层自治法律法规体系的有益补充。② 上述法律规范体系的建构为政府有效主导基层自治的各项事务奠定了坚实的制度基础，为基层自治组织积极参与社区治理提供了良好的法律保障，为激发基层民众的自治参与热情提供了宽松的制度氛围。

其次，法律法规体系的有效实施还必须辅以良性运转的权利救济体系，唯有如此才能使基层自治落到实处。对此，国家在近年来根据城乡社会的情况进行了很多有针对性的部署和改进。③ 比如，为了让司法服务更加贴近和便利群众，各地都在不断健全和完善基层的公安、检察、法院、司法调解机关及其派出机构的建设（比如设置便民诉讼站或巡回审判点），以更好地整合城乡社会的公检法司力量，构建基层县、乡（街道）、村（社区）三级联动的权利保障和救济体系；④ 再比如，在基层设立综治维稳办公机构，建立农村和城市社区网格化服务体系等，及时了解群众诉求，快速进行妥善处理，有效化解基层矛盾；⑤ 再有就是不断强化和完善基层社会的人民调解制度，以更好地发挥后者在收集研判社会舆情、促进调解双方有效沟通、及时化解矛盾纠纷方面的积极作用。⑥ 最后是通过"信访接待日""法律援助服务"等方式，要求和动员基层干部亲临矛盾多发的第一线，通过深入细致

---

① 刘作翔：《关于社会治理法治化的几点思考："新法治十六字方针"对社会治理法治化的意义》，载《河北法学》2016年第5期；梁平：《基层治理的践行困境及法治路径》，载《山东社会科学》2016年第10期。

② 卞辉：《农村社会治理的本土资源初探——从乡规民约的法经济学和法社会学价值出发》，《社会科学家》2012年第3期。

③ 杨平：《村民自治中权利的司法救济》，《甘肃政法学院学报》2007年第5期。张等文、陈佳：《城乡二元结构下农民的权利贫困及其救济策略》，《东北师大学报（哲学社会科学版）》2014年第3期。

④ 刘佳义：《学习贯彻党的十八届四中全会精神，推进基层治理法治化》，载《光明日报》2014年12月8日。

⑤ 田毅鹏：《城市社会管理网格化模式的定位及其未来》，载《学习与探索》2012年第1期。

⑥ 熊易寒：《人民调解的社会化与再组织——对上海市杨柏寿工作室的个案分析》，载《社会》2006年第6期；兰荣杰：《人民调解：复兴还是转型？》，载《清华法学》2018年第4期。

的工作,为群众的权利救济和实现提供及时有效的帮助。[①]

最后,对权力进行有效监督也是建设法治政府的应有之意。为此,国家近年来同样进行了一系列的制度革新。首当其冲的就是设立"权力清单"制度。党的十八届三中全会指出要"推行地方各级政府及其工作部门权力清单制度,依法公开权力运行流程",这是权力清单制度被首次提出。作为一项加强权力运行制约和监督体系建设的重大举措,权力清单制度将为政府权力的运行打造制度的笼子,实现政府治理体系的现代化,从而为打造透明、有为、高效的法治政府奠定坚实的基础。然而地方政府在推进权力清单制度建设过程中仍然面临着部分干部权力本位思想的阻挠、行政权力清理不彻底和划分标准不统一、监督机制失灵和技术支持不足,以及公众参与监督意愿和动力不足等问题。[②] 其中,干部和公众的思想认识问题并不是阻碍权力监督有效运行的关键,因为它可以随着相关制度建设的完善而获得扭转。因此最关键的问题在于完善权力监督的相关法律法规、健全其配套实施机制,并提高保障其实施的技术水平。比如,针对涉及民生的重大事项,基层政府必须建立听证制度、评议制度、监督举报机制、行政绩效考核制度等多种形式的诉求表达渠道,同时为了切实保障公众的上述知情权、参与权和监督权,还应该建立各种线上线下的信息反馈机制(如阳光信访平台),并使其真正发挥监督纠错的功能。

法治政府建设之外,服务政府的建设也是新时代进一步完善政府主导下的基层自治的重要内容。为此,首先需要重视意识形态层面的国家认同建设。改革开放40多年来,我国服务型政府建设从无到有,通过不断探索,取得了较大的成绩,也积累了丰富的经验。服务型政府顾名思义,就是建设人民满意的政府,坚持以人民为中心,满足人民日益增长的美好生活需要,这也是党的十九大重点强调的内容。然而,人民是否满意是一个主观判断问题,如果仅仅将这一判断权完全交给人民,而忽视了党和政府与人民就这一

---

① 桂晓伟:《权宜式信访治理的塑造机制和社会后果》,载《法律与社会科学》2017年第1辑。
② 对上述问题的讨论,参见蔡小慎,牟春雪:《我国地方政府权力清单制度实施现状与改进对策:基于30个省级行政区权力清单分析》,载《学习与探索》2017年第1期;王太高:《权力清单:"政府法治论"的一个实践》,载《法学论坛》2017年度2期;罗亚苍:《权力清单制度的理论与实践——张力、本质局限及其克服》,《中国行政管理》2015年第6期。

问题的交流互动,那么很可能演变为一种无止境的、单向度的对人民不断增长的需求的满足,进而滑向欲壑难填的深渊,使党和政府的工作陷入被动。正是在这个意义上,如何通过意识形态建设增强人民对国家的认同感,理解国家在充分实现这一目标上的挑战和困难,就显得尤为必要。因为人民对国家的理解和认同,将为他们更好地调动自身的积极性和主动性,有效参与基层社会治理起到事半功倍的效果。而要做到这一点,就需要加强政府对群众的思想教育和价值引领工作,要通过各种传统和新兴媒体报道、社会宣传、学校教育全方位、立体式开展这项工作;同时,还要通过动员党员干部深入群众中间,通过各种亲身互动的方式将这一意识形态工作融入群众的日常生活。

其次,除了国家认同感建设,如何通过文化建设提升自治共同体成员的素质和修养也是服务型政府建设的重要工作。毕竟满足人民日益增长的文化需要也是政府的服务目标,而且这一目标的实现,将通过改变人民群众的道德水平和知识水平,帮助他们更好地行使自治权力。具体来说,文化建设可以从德治建设和普法教育两个方面入手,从而为实现德治、法治和自治的"三结合"[①]奠定共同体成员行动层面的思想基础。就德治建设而言,注重社区传统文化的挖掘培育和家庭中家风建设将是两个主要的抓手。对前者而言,挖掘、整理和制定乡规民约是一项重要的工作。[②]乡规民约因为更贴近地方的历史文化传统和风土人情,往往对于树立行为准则、正民心、树民风、立民德起着事半功倍的效果;而当整个社区道德文化氛围逐渐好转之后,将对个体层面的道德素养的提升起到正向劝导和反向约束的积极作用。家风建设同样对个人道德培育有着不可或缺的重要影响。[③]对每一个人而言,家庭都是他的第一个课堂,而父母则是其第一任老师。而很多经验都表

---

[①] 有关德治、法治和自治三结合的介绍性研究,参见郁建兴、任杰:《中国基层社会治理中的自治、法治与德治》,载《学术月刊》2018年第12期;谢乾丰:《关于健全"三治结合"乡村治理体系的若干思考》,载《社会科学动态》2018年第4期。

[②] 对于这方面的研究,参见谢晖:《当代中国的乡民社会、乡规民约及其遭遇》,载《东岳论丛》2004年第4期;张静:《基层政权:乡村制度诸问题》,杭州:浙江人民出版社,2000年,第87—131页。

[③] 张琳、周斌:《弘扬传统家训文化培育当代优秀家风:"中国传统家训文化与优秀家风建设"国际学术研讨会纪要》,载《道德与文明》2015年第3期。

明,家风积极向上,一个人才能健康成长,立足于社会;而家风消极颓废,一个人往往也难以成才,甚至危害社会。① 正是在这个意义上,必须重视家庭建设,注重家教,通过家里长辈的正向的言传身教对晚辈产生潜移默化的教化作用。就普法教育来说,它也是实现德治、法治、自治"三结合"工作的重要环节。为此,政府应该更广泛地在家庭、社区、学校开展普法教育,推进法律咨询、公证服务、法律援助等服务进社区活动,让基层群众能够通过这些和自身利益密切相关的法律服务进一步理解学法、用法的必要性,从而通过鲜活的生活实践信赖并掌握必要的法律知识,形成遇事找法、办事依法的法律意识,最终为依法治理自己的社区提供理念支持。

最后,通过服务型政府建设完善基层自治还必须明确政府服务和基层自治的关系,做到有所不为,有所为,为自治组织充分参与基层治理留出足够的空间。所谓有所不为主要包括简政放权、规范政府行为等内容,其目的在于减少不必要的限制和约束,让基层自治释放更多的自主性和创造力。所谓有所为则包括优化办事流程、建立信息化公共决策参与平台、改善公共服务设施、完善公共服务制度体系和保障体系(比如教育、卫生、医疗、养老)等内容。无论是有所不为还是有所为,它们的宗旨都是致力于在财力、物力、政策上为基层自治提供支持,不论这种支持是为自治组织放权,还是为它们提供必要的服务。这其中的关键在于保持两种政府主导模式之间的平衡,从而最大可能地释放基层自治组织的活力,为国家治理的现代化转型提供有益且重要的帮助。②

### 三、从参与力量到主体力量:对公共参与的新解读

党的十九大报告中提出的打造共建共治共享的社会治理格局的第三个和第四个主要内容是"社会协同"和"公众参与"。两者之中,公众参与是构建这一治理格局的基础和主体力量,而社会协同是建构这一治理格局的依托和重要方式。因此,从逻辑关系上看,我们接下来将首先对基层自治中的公

---

① 黄铁苗:《重视家教家风建设的思考》,载《岭南学刊》2016年第2期。
② 刘义强:《构建农民需求导向的公共产品供给制度:基于一项全国农村公共产品需求问卷调查的分析》,载《华中师范大学学报(人文社会科学版)》2006年第2期;陈水生:《公共服务需求管理:服务型政府建设的新议程》,载《江苏行政学院学报》2017年第1期。

众参与进行解读,然后再对这一自治模式下如何发挥社会协同的作用进行分析。

**(一) 从参与力量到主体力量的历史转变**

现代意义上的公共参与其实是从西方引介而来的。它首先肯定了个人自由和欲望的正当性,赋予他们一系列公民权利和政治权利,并在这个基础上限定了国家权力的行使边界,从而为个人自主和社会自治提供了法定的空间和制度的保障。[1] 而深究西方国家和社会之间的这种二元对立背后的历史社会根源,其实是其历史发展历程上的多元共存权力格局和这一格局下所生成的协商妥协的政治文化。[2] 具体来说,西方在从传统向现代的转型过程中,经历了三种类型的公共参与,即古典时期的直接式公众参与、现代时期的间接式公众参与和当代的参与式民主,它们都是为了回应特定时期的国家现实政治需要的产物。古典时期的直接式公共参与的目的在于更好地团结城邦公民以抵御当时所面临的各种内忧外患,因此它赋予每个公民平等的政治参与权,以在公共生活中培育他们的德性,并调动他们对共同体的责任感。[3] 现代时期的间接式公共参与的目的是日渐壮大的资产阶级迫切希望打破君主和贵族对权力的垄断,而且此时的国家规模很大,公共事务的烦琐程度和专业程度也不断提高,因此,间接式的由政治精英代表民众行使权利的代议制民主得以应运而生。[4] 同时,资产阶级为了充分调动民众为己所用,开始强调个人自由和个人欲望的合理性,并以个人权利的名义将其法定化,以开启调动个人通过满足其利益的欲望而为公益服务的实验。[5] 而当代参与民主的目的则是矫正代议式民主的不足,尤其是精英对权力和资源的掌控以及由此导致的民众的政治冷漠,并因此向古典时期的直接式公众参与进行适度回归。[6] 然而,这种回归只能在有限环境下展开,并作为代议制民主的一种补

---

[1] 袁曙宏、韩春晖:《社会转型时期的法治发展规律研究》,载《法学研究》2006年第4期。
[2] 施治生、郭方:《古代民主与共和制度》,中国社会科学出版社1998年版,第438页。
[3] 钱乘旦:《西方"民主"的历史和现实》,载《历史教学》2016年第23期。
[4] 唐士其:《被嵌入的民主》,载《国际政治研究》2016年第1期。
[5] 很多启蒙思想家都有相关论述,对此的一个系统分析参见桂晓伟:《美好生活何以可能:关于个人自主和发展的社会文化分析》,世界图书出版公司2016年版,第7—22、39—61页。
[6] 卡罗尔·佩特曼:《参与和民主理论》,陈尧译,上海人民出版社2006年版,第9页。

充而非替代。①

　　与西方多元共存的权力格局以及各派势力的协商妥协的政治文化不同，传统中国在两年多年的历史中很多时候都处于大一统的权力格局之下，并因此形成自身独特的中央和地方关系，以及与之相匹配的基层治理模式。具体来说，传统中国的基层治理模式被概括为在"第三领域"中由长老、绅士等地方精英实施的"集权的简约治理"。所谓"第三领域"是指中国并没有西方那种国家和社会截然两分的公共领域，而是你中有我、我中有你的彼此嵌入的第三个领域。在这个领域中，国家领导社会治理，并使后者在公共事务中发挥重要的治理作用。② 而这种作用概括起来就是"集权的简约治理"③，即基层社会在意识形态上保持和国家的一致，同时完成国家的税赋要求，而国家则把其他基层公共事务交给社会自行解决。新中国成立之后，国家主导下的简约治理模式仍然被延续了下来，所不同之处在于此时的乡绅为基层的共产党员和群众中的积极分子所取代，而族法家规则让位于党领导下的群众路线工作方法。这套方法延续了国家主导和群众自治之间密切合作的鱼水关系，在处理基层社会的婚姻家庭和民事纠纷中发挥了重要的作用，并被沿用至今。④

　　通过上述分析不难发现，中国和西方语境中的公共参与，基于各自不同的历史文化发展路径，存在着一些显著的区别。具体来说，首先，两种公共参与在目标上就存在区别。中国的公共参与服务于国家更宏大的政治理想，比如儒家的修身齐家而非个人的欲望和利益的实现⑤，或者新中国的现代化建设，而非个人的小幸福⑥。改革开放以后，虽然强调个人自由和追逐个人权力欲望的观念开始受到重视，但中国在意识形态上并没有完全拥抱权利优

---

① 于海青：《当代西方参与民主理论评析》，载《国外社会科学》2009年第4期。
② 黄宗智：《中国的"公共领域"与"市民社会"？—国家与社会间的第三领域》，载黄宗智：《经验与理论：中国社会、经济与法律的实践历史研究》，中国人民大学出版社2007年版，第167页。
③ 黄宗智：《集权的简约治理：中国以准官员和纠纷解决为主的半正式基层行政》，载《开放时代》2008年第2期。
④ 黄宗智：《中国的"公共领域"与"市民社会"？——国家与社会间的第三领域》，载黄宗智：《经验与理论：中国社会、经济与法律的实践历史研究》，中国人民大学出版社2007年版，第167页。
⑤ 杨景凡、俞荣根：《孔子法律思想》，群众出版社1984年版，第106页。
⑥ 《邓小平文选》第二卷，人民出版社1994年版，第91页。

先于善的现代西方政治理念，而是仍然坚持在意识形态上倡导某种善（比如社会主义核心价值观）的优先性。其次，两种公共参与在制度安排和具体实践上也有明显区别。中国的地方自治一直都处在国家的主导之下，而并不是西方那样的国家和社会两分。在后者的模式中，国家和社会之间有清晰的边界，甚至在一些国家，奉行的是小政府大社会的模式，国家在很多问题上不能干预社会。但中国一直以来都是国家和社会在基层自治中相互融合的局面，而且这种融合互动还是以国家主导，尤其是在意识形态层面的主导为前提的，所不同的只是在某些时候，国家对社会渗透得更浅（比如传统社会），而在另一些时候国家对社会渗透的更深（比如新中国之后）。很显然，这些区别决定了当下中国的基层自治必然要走一条具有中国特色的道路。

我们将这条道路称之为从参与力量到主体力量的转变。很显然，要想社会有所创新，必然不能只让其扮演参与的配角，而必须是担当重要工作的主角。因此这一转变的关键就在于实现党的领导、政府主导和基层自治之间的良性互动，充分调动地方社会的积极性和创造性，实现社会治理的突破和创新。换言之，如何在更进一步明确基层政府的权力运行边界，避免国家对社会过多干预的同时，既赋予基层政府更大的权威，又给予公众更多的自主性，从而使两者之间能够产生积极的化学反应，共同推进基层自治的改善将是下一步改革的重点难点。

**（二）新时代进一步完善基层自治中作为主体力量的公共参与**

公民参与决定着政府执政的合法性、体现着公共治理的民主性、影响着公共决策的科学性、制约着公共治理的有效性。[①] 在这个意义上，公共参与对于在新时代建设共治共享共有的基层治理格局具有重要的意义。而在新时代如何在基层自治中充分发挥公共参与的主体性作用需要注意如下三个方面，即完善作为主体力量的公共参与的制度建设、组织建设和模式创新。

公共参与的制度建设。其核心在于厘清政府权力和自治权力之间的边界，既坚持政府主导，又赋予自治组织足够的空间。当前，我国宪法和法律（比如村民和居民委员会自治法）都对自治权力进行了规定，但在这些原则性规定之外的有关公共参与的具体路径、程序、方式的规定则仍然

---

① 杨丹华：《工具理性与价值理性的冲突及其调适》，武汉大学出版社2009年版，第166—172页。

较为欠缺。① 实践中,自治权力的运行常常源自行政部门根据工作需要的授权,而这种方式并无法为自治权力提供稳定且可预期的制度空间,也无法让公民对基层自治是否可行产生足够的信任,而在信任缺失的情况下,让他们产生参与的兴趣就变得十分困难,从而使基层自治陷入困境。② 为此,首先,需要进一步明确政府在主导公共参与中的角色定位。具体来说,政府应该是公民诉求的回应者和协调者,其一切工作的出发点都应该立足于此,其一些政策的制定、执行、沟通、协调和评估也都应该以此为基准;③ 政府还应该是参与规则的主要制定者和监管者,其应该为良好的公共参与提供便捷、公平、高效的参与平台,并对参与的程序、过程、结果进行监督。④ 政府同时也应该是公民自治权利的保障者而非施予者,这意味着要进一步打破官本位思想,打破政府对地方社会各种优质资源的垄断,进而才能减少公众对政府的依赖,并为参与者提供更加平等的机会。其次,需要进一步优化微观层面的自治权力行使的一系列涉及决策、实施、反馈、监督、评估的制度安排。⑤ 具体来说,应该完善政府公开制度,保障公众的知情权。这需要在信息公开的范围、具体内容、准入限制等方面进一步深化改革,唯有如此才能为公共决策、实施、监督等环节的落实提供有效的前提。⑥ 应该完善确保公共参与实施的一系列具体的法律法规。比如完善地方重大公共事项的听证制度和参与监督制度,划定社会组织良性运作的清晰空间,解决目前《社会团体登记管理条例》《基金会管理条例》等法律法规不够具体的问题,为社会组织的成长提供制度支撑。应该明确公众在参与基层公共活动、表达利益诉求、实施参与行动时所具体享有的权利和承担的义务。比如在听证过程

---

① 张菊梅:《公共治理转型中的公民参与:现实检视与未来政策趋势》,载《广州大学学报(社会科学版)》2018年第3期。

② 刘览霄:《公共治理视角下的提升公民参与问题研究:基于博克斯公民模式理论》,载《广西科技师范学院学报》2018年第2期。

③ 舒林:《压力与诉求:国家与市民社会相互关系的讨论》,载《兰州学刊》2013年第2期。

④ 张军浩、王盼盼:《转型社会中公共政策的非制度性公民参与》,载《行政论坛》2012年第4期。

⑤ 汪杰贵:《我国农民自组织公共参与制度的系统改进》,载《马克思主义与现实》2018年第2期。

⑥ 蒋传光:《公民身份与公民参与:法治中国建设的关键要素——以社会组织培育为例》,载《浙江社会科学》2014年第6期。

中如何遴选代表，如何参与决策，对决策实施不满可以如何投诉，具有哪些权利保障机制和豁免权等。应该改进评估和监管的具体细则。这意味着要完善由谁监督，监督谁，使用什么手段，通过何种途径，如何反馈问责，有哪些反馈渠道和方式等问题。

公共参与的组织建设。其关键在于如何调动公众的参与热情，培育他们的参与能力，完善他们的参与机制，最终促进参与组织的健康发展。首先，组织建设的成败在于发掘可以利用的参与主体，培育他们的参与能力，并调动他们的参与积极性。在参与主体中，基层社会的精英是首先需要依靠的重要力量。这些精英主要包括具有专业特长的科学技术专家，人大代表、政协委员等政治上可靠的专家，律师、医生、教师等具有相关知识技能的专业人才，拥有丰富地方性知识的当地的留守精英、返乡创业精英、在城乡间流动的精英，[1] 以及退休的老干部、老红军、老党员等积极分子。这些人构成基层自治的中坚力量，很好地动员和发挥他们的作用，将为吸引其他公众投身基层自治起到很好的示范和带动效应。[2] 参与主体还包括市场化取向下的各类购买性社工服务，他们可以在相关工作中，通过自己的专业知识和训练，与政府的相关部门形成互补。比如近年来，很多地方都大力倡导的社区矫正以及信访工作中的社工购买服务就是一个很好的例子。相对基层干部，社工的知识结构更为合理，干预矫正的手段方法更加多样，从而产生了积极的效果。[3] 参与主体实际上还应该包括广大的基层群众。对此需要地方政府进行宣传引导（比如通过媒体、互联网、微信平台、宣传册等），社区提供能力

---

[1] 郑庆杰、刘欢：《乡村振兴视野下的流动精英与公共参与：基于 H 省 R 县河村的分析》，载《山东社会科学》2018 年第 11 期。

[2] 比如成都武侯区簧门街社区在院落化自治中采取"五支队伍"的群防群治就是一个动员基层各类人员参与公共事务治理得很好的例子，其具体做法是："院落的居民自治管理小组成员、院落民情代表议事会成员、门卫、楼栋长、居民骨干等五个方面的基本力量，聘请'义务调解员'，组建'治安巡逻队''应急处突小分队'，共同参与社情民意收集和矛盾纠纷排查、发现、化解工作，做到'哪里有矛盾纠纷，哪里就有调解组织和调解员'。"参见中共成都市委组织部编：《成都市基层治理机制典型案例》（一），第 29 页。

[3] 对此的讨论，参见汪蓓：《社会工作对犯罪社区矫正的介入模式创新》，载《中南民族大学学报（人文社会科学版）》2015 年第 6 期；王震、杨荣：《个案管理应用于信访社会工作的实践与研究》，载《社会工作与管理》2016 年第 3 期；谢超：《我国社区矫正现状及立法建议》，载《法学杂志》2017 年第 11 期。

培育服务（比如开办社区学校、辅导中心等）不断提高他们的认识能力和参与能力。其次，若想让上述主体能够充分发挥积极性和创造力，还需要打造良好的参与文化和参与途径。具体来说，参与文化的重点在于培育公众的社会正义感，以及对社区的归属感、认同感和责任感。[1] 为此关键是要让基层民众感受到幸福感和获得感，增加他们与社区事务之间的利益连带，实现他们与社区之间一荣俱荣、一损俱损的相互依赖和扶持关系。而这需要进一步了解基层的实际情况，找准公众普遍关心的利益问题，并以此作为切入点，带动公众的参与热情。不过，仅仅靠利益的吸引并不足以维系长久稳定的主动性，还需要辅之以教育宣传，尤其是对青少年的教育。这项工作除了课堂上的讲授之外，更有效的方式是课外的社会实践，比如各类社会公益活动。而就参与途径来说，其目的在于确保社会组织的成长能够获得相关法律法规的支持；社会组织的经费能够更加多元，不仅限于政府拨款和社会捐助，而是最好可以具有一定的经营和创收能力；而在这两者的基础上，社会组织自然可以吸引更多优秀的相关人才为其所用，从而在增强自身组织力的基础上，做好相关工作。

公共参与的模式创新。目前来看，公众参与基层治理的一个重要阻碍在于参与成本过高。这种成本过高有的是因为参与制度的准入门槛较高，比如人民代表大会制度；有的是因为参与制度本身的效率较低，比如信访制度，它不仅耗费了信访人大量的时间成本和经济成本，也耗费了基层政府大量的人力物力，从而饱受诟病；[2] 还有的是参与制度本身的执行力欠缺，比如听证制度，在一些涉及民生的重大事项的决策中，其往往聊胜于无，难以真正起到监督问政作用。为此，创新公共参与模式，让群众切实感受到参与的效果和意义势在必行。近年来，国家在这一工作中取得了不少良好的成效。比如领导信箱、政府服务热线，以及阳光信访平台的建构，这在很大程度上缓

---

[1] 公共参与文化的培育在广大农村地区显得尤为迫切和重要。一些村民难免有功利主义思想，认为参与浪费了时间，却没有收入。这虽然不无道理，但也侧面反映了村民公共意识的缺失。参见赵秀玲：《中国基层协同治理的路径选择》，载《新视野》2016 年第 2 期。

[2] 有关信访制度这一弊病的系统分析，参见桂晓伟：《权宜式信访治理的塑造机制和社会后果》，载《法律与社会科学》2017 年第 1 辑。

解了基层群众参与公共事务,表达利益诉求的时间成本和经济成本;[1] 再比如网络听证会、网上投票、网上问政、电子市政厅等形式的采用,也一定程度上提升了公共参与重大事项决策和干部任用选拔的有效性。[2] 此外,其他一些公共参与的方式也值得借鉴和推广。比如,利用大数据对基层民意进行调查和分析,它可以帮助基层政府及时准确地了解群众的需求,并进行有针对的回应、干预和引导;再比如,将目前的重大事项的听证改成公民投票制度,让与重大事项相关的民众自行表决,并以一定的比例作为进一步修改方案或者放弃方案的依据。

综上所述,新时代的基层治理相较以往任务更为繁重,挑战更为艰巨,诸如美丽乡村建设、精准扶贫、信访法治化、社会矛盾综合治理等工作都迫切需要社会组织作为一种主体性力量介入进来,而这进而需要加强和完善公共参与的制度建设、组织建设和模式创新,从而为构建共建共治共享的社会治理格局提供有力的保障。

**四、从协作者到主导者:对社会协同的新思考**

在党的十九大报告中,"公众参与"是打造共建共治共享的社会治理格局的基础,而"社会协同"则是实现这一治理格局的依托。所谓"社会协同",它作为一种治理模式,是指在政府治理能力较为强大,而社会发育程度尚有不足的现实条件下,出于治理绩效的考虑,一方面仍然由政府在基层治理过程中发挥主导作用;另一方面又保障社会的主体地位,尊重其自我运行的机制和规律。在此基础上,通过建立健全各种制度化的沟通渠道和参与平台,推动落实各项相应的制度建设和政策措施,直至将国家和社会各司其

---

[1] 关于这一问题的研究,参见时立荣、张巍婷:《"阳光信访"模式构建初探:基于信访工作实践的思考》,载《中州学刊》2015年第7期;张璁:《信息上网,阳光信访》,载《人民日报》2017年9月13日;张海波、童星、倪娟:《网络信访:概念辨析、实践演进与治理创新》,载《行政论坛》2016年第2期。

[2] 近年来,随着新兴媒体的迅猛发展,一些公共参与工作开始通过网络更好地实现其服务社会的目标,比较典型的一个例子是杭州市开展的"网上律师团"和"网上议政厅"。前者是由政府牵头,由网络公司资助,由多位律师和高校法学院研究生自愿参与的网络法律援助服务平台,以便让市民通过线上的各类途径,更好地实现其咨询目的。而"网上议政厅"也是类似的运作模式和实践逻辑,其目的也是为公众议政议政提供更便捷的通道和更顺畅的反馈机制。参见杭州市发展研究中心编:《民主民生战略研究与实践》(下),杭州出版社2011年版,第707—708页。

责的互动模式纳入已有的法律体系,从而充分地发挥社会力量在基层治理中的作用。① 在这个意义上,社会协同对于建构共建共治共享的社会治理格局具有重要的意义,它既离不开公众的广泛参与,也离不开法律制度的有效保障,但最关键的还在于其自身在这些有利条件下,如何发挥其在社会治理中的主体地位,作为社会层面的主导力量,通过挖掘自身独特的优势,为基层治理的良性运作提供主要的支撑。

### (一)从协作者到主导者的历史转变

改革开放以前的中国社会是一个被国家总体支配的社会。所谓"总体性支配"是指在改革以前的中国,"国家几乎垄断着全部重要资源,这种资源不仅包括物质财富,也包括人们生存和发展的机会及信息资源"。② 此时的国家处于"全能主义"的模式当中,借助农村的公社和城市的单位体制以及限制人口流动的户籍制度,建立起了一套有效维护社会的稳定的权力结构,并在当时内忧外患的形势中发挥了重要的作用。不过这种相对静态的、单一的社会模式也在一定程度上窒息了社会的主体性和创造性。在这样的环境中,社会只能处于被压抑的从属地位,其自主性难以得到有效释放,更遑论充分发挥了。③ 这种模式通过集权和计划的方式将社会强行纳入其管理,可以被概括为"被总体性支配"的社会。④

随着"以经济建设为中心"的总体方针的确立,经济转轨带来了社会转型,此时的社会开始走出了被"总体性支配"的窘境。⑤ 在1998年《关于国务院机构改革方案的说明》中,"社会管理"一词被首次提出,这一时期的社会形态因此可以被称之为"管理型"社会。然而,"管理型"社会形态的发展并不是一蹴而就的,而是经历了几个不同的历史发展阶段。一开

---

① 郁建兴、任泽涛:《当代中国社会建设中的协同治理:一个分析框架》,载《学术月刊》2012年第8期,第27页。
② 关于总体性支配的社会结构的讨论,参见孙立平、王汉生、王思斌、林彬、杨善华:《改革以来中国社会结构的变迁》,载《中国社会科学》1994年第2期。
③ 刘继同:《由静态管理到动态管理:中国社会管理模式的战略转变》,载《管理世界》2002年第10期。
④ 马敬仁:《转型期中国政府、企业与社会管理:中国管理情结解析》,载《中国行政管理》1996年第1期。
⑤ 关于这一转变的历史过程的分析,参见渠敬东、周飞舟、应星:《从总体支配到技术治理:基于中国30年改革经验的社会学分析》,载《中国社会科学》2009年第6期。

始,社会管理仅仅被作为维护社会稳定的一种途径。这体现在2002年中共的十六大报告中,即"改进社会管理,保持良好的社会秩序";到了2003年的十六届三中全会,完善社会管理,尤其是其公共服务职能又和全面建设小康社会紧密联系在了一起;2004年的十六届四中全会标志着社会管理体系在理念上的进一步成熟,因为它首次提出了"建立健全党委领导、政府负责、社会协同、公众参与的社会管理格局";这一论述在2007年的中共十七大报告中得到了重申,报告同时还指出"要最大限度激发社会创造活力",这也表明党的社会管理思想正在日益完善。[①] 纵观这一时期关于"管理型"社会的论述,其主要目标在于通过社会管理体制创新以维护社会稳定、改善民生和强化社会服务,并基本形成了"党委领导、政府负责、社会协同、公众参与"的新的社会管理思路,虽然这一思路仍然没有摆脱社会的协作者地位和国家对其的管理基调,但相比之前的严格管理的模式还是取得了长足的进步,并为从管理到治理的转变创造了一系列积极的条件。[②]

从社会管理向社会治理的转变是在党的十八大以后得以完成的。党的十八届三中全会明确提出了"创新社会治理体制、提高社会治理水平"的要求,这是党的治国理政思想在新时代与时俱进的重要体现。从社会管理到社会治理的转变,绝不仅仅是一字之差,而是有着重要的意义。首先,社会治理更加强调多元主体的共建共治共享,虽然在这个过程中,党的领导和政府的主导仍然起着举足轻重的作用,但社会组织的自治和公众的参与也同样不可或缺,正是在这个意义上,社会本身在社会治理中具有主体地位,需要完成从协作者到主导者的身份转变;其次,社会治理更加强调多元主体之间的平等对话,而不是自上而下的授权、命令式的管理;这进而又引出了社会治理相对于社会管理的第三个特点,即社会治理通常运用情、理、法、力等多种手段,并且更加强调不同利益主体之间的协商、沟通和互动,在一个正处于转型过程中的,基层事务复杂万端并且民众利益千头万绪的基层社会里,

---

[①] 关于这一历史发展的梳理,参见邵光学、刘娟:《从"社会管理"到"社会治理":浅谈中国共产党执政理念的新变化》,载《学术论坛》2014年第2期。
[②] 窦玉沛:《从社会管理到社会治理:理论和实践的重大创新》,载《行政管理改革》2014年第4期。

这样的综合性治理手段显得尤为有效和必要。①

虽然说党的十八大以来，中国基层已经开始进入了协同式社会治理的新时代，但这种治理模式的发展和完善仍然面临诸多挑战。首先，无论是在农村还是在城市，社会力量一直处于相对弱势。它们容易被权力部门所边缘化，难以在基层治理中发挥作用，更遑论成为主体性力量。而在有限的可以发挥作用的领域中，也主要是与政治没有什么关联的经济、社会、文化领域，比如增产创收、矛盾化解、文体活动等。② 其次，社会组织中的人员构成也存在一些欠缺和不足，比如志愿者和社工在各地的发展水平参差不齐，而即便是在发达地区，其发展程度也难以令人满意；而农民工等弱势群体也经常游离于协同治理之外。再次，监督和评估机制薄弱也时常导致社会协同治理流于形式，难见成效。③ 最后，如何完善社会协同治理的沟通机制，建构更加高效、多样的沟通协调平台，确立不同主体之间的边界，避免权责不清，形成治理合力也值得进一步思考。

### （二）新时代进一步完善从协作者到主导者的社会协同机制

要发挥社会在协同治理模式中的主体作用，关键在于建立健全社会协同治理机制。这一机制的建构主要有三个核心任务，即进一步完善向社会赋权的制度，进一步改革对社会协同起阻碍作用的制度，以及进一步优化培育社会健康成长的制度。在这个基础上，才有可能造就一个健康成熟的公民社会，使之能够承担起协同治理中的主体角色，发挥积极作用，从而逐渐使政府从"掌舵者"转变为"护航者"，更好地站在监督者和仲裁者的高度把握全局，实现基层社会治理的新格局。④

进一步完善向社会赋权的制度安排。对此，首先自然是进一步完善相关的法律法规制度建设，划定政府和自治机关两者之间的权力边界，为后者充分发挥自治权力提供足够的空间。对此前文已有论述，兹不赘述。这里需要

---

① 关于社会管理和社会治理的主要区别，参见邵光学、刘娟：《从"社会管理"到"社会治理"：浅谈中国共产党执政理念的新变化》，载《学术论坛》2014年第2期。

② 赵秀玲：《中国基层协同治理的路径选择》，载《新视野》2016年第2期。

③ 孙彩红：《基层公共服务的供给机制与完善路径：以成都区县公共服务供给为例》，载赵秀玲主编：《走向基层治理现代化：以成都为个案分析》，广东人民出版社2014年版，第116—117页。

④ 郁建兴、任泽涛：《当代中国社会建设中的协同治理：一个分析框架》，载《学术月刊》2012年第8期。

强调的是中国的地方自治实践的发展有着自身独特的历史发展逻辑，它本身是从被"总体性支配"的社会到"管理型社会"再到"治理型社会"逐步发展出来的，因此从一开始它就嵌入在一个国家权力占据绝对优势的生态之中。[1] 因此，相应的制度安排也绝不应该期望能够一蹴而就，而是必须从这一基本事实出发，循序渐进，找到一条适合中国国情的道路。就目前来看，除了在宏观层面通过宪法和法律划定基本的制度框架之外，还需要通过规范层面的不断摸索在微观层面探讨如何逐步健全政府职能的转移制度。可以说，这才是当前解决协同治理过程中如何向社会赋权并为后者提供足够的行动空间的最关键问题。然而，政府职能向社会的转移是一个异常复杂的问题，考虑到中国的区域和城乡差异，这个问题就会变得更加复杂。它绝不仅仅是简单地罗列一个职能或权力转移清单[2]就能够解决的问题。具体来说，这种权力转移需要扎实的前期调研，确定转移的次序，先易后难；而在转移给社会之后，还需要制定相关的监管和考评机制，并及时进行微调。这项工作也不适宜同时在全国范围内展开，而是应该先有试点，成熟之后，再逐步推广。[3]

进一步改革对社会协同起阻碍作用的制度。对此，最关键的是改革现有的社会组织管理体制。所谓社会组织管理体制是指国家对于这一管理的行政机构的设置安排、权限范围、权力运行等方面的制度和体系的统称。改革开放以来，其发展大致经历了从"分散管理"到"归口管理"再到"分类管理"的三个发展阶段[4]，并逐步从控制为主演变为基于善意推定的、以发展

---

[1] 胡位钧：《20世纪90年代后期以来城市基层自治制度的变革与反思》，载《武汉大学学报（哲学社会科学版）》2005年第3期。

[2] 对这一问题的复杂性，参见万全：《比"权力清单"更重要的是"责任清单"》，载《人大建设》2006年第10期；何勇海：《"权力清单"设置权力边界》，载《四川日报》2006年11月27日。

[3] 关于这种局部地区试点的一个很好的例子是杭州市在街巷改造中采取的"四问四权"协同治理机制。具体来说，这一机制由政府牵头，相关专家、志愿监督员负责跟进检查，利益相关的民众参与决策。首先"问情于民"，即由民众决定是否改造，其次是"问需于民"，即改什么由民众自己决定，再次是"问计于民"，即改什么也由民众自己决策，最后是"问绩于民"，即由民众对改造结果进行评价。参见杭州市发展研究中心编：《民主民生战略研究与实践》（下），杭州出版社2011年版，第692—693页。

[4] 王名、孙伟林：《社会组织管理体制：内在逻辑与发展趋势》，载《中国行政管理》2011年第7期。

社会组织为本的分类监管。① 党的十八大以来，随着国家治理现代化进程的推进，社会组织在这一治理体系中的主体地位被不断强化，党的十八届三中全会更是明确提出"创新社会治理体制，激发社会组织活力"。在这一背景下，各地区进行了不同的制度实践，比如直接登记制度、一业多会制度、税收制度、信息披露制度，以及针对社会组织的指标评价制度等。② 总体来说，这些制度都是试图按照专业化和社会化的标准，从人、财、物等方面将社会组织与其主管的政府部门进行剥离，从而使社会组织更为独立自主，获得更大的发展空间。③ 尽管上述改革取得了不错的效果，但仍然有待进一步深化。为此，需要在从理念、战略、方式、实践四个方面进一步深化社会组织管理体制改革。具体来说，在理念上，要进一步明确社会组织在创新社会治理体系中的主体地位，要充分认识到社会组织在协调公共利益，促进社会福利，化解公众利益纠纷中的独特作用，从而为其获得国家和社会各界的支持和认同提供思想基础。在战略上，要维护社会组织管理制度的核心地位，需要在宏观层面的顶层设计中进一步完善相关的法律，同时要在微观层面不断创新相关的制度管理实践。在方式上，要进一步尝试和完善政府权力转移和购买社会服务的长效工作机制，同时又对其工作设置合理有效的监管考核指标体系。最后在实践中，要不断地创新工作方式方法，要鼓励多元模式的协同发展。④

　　进一步优化培育社会健康成长的制度。对此，首先是要在经济上大力扶持社会组织的发展。这不仅需要国家要对社会组织进行投资，比如设立项目资金或者补贴活动经费等，更需要探索社会组织的孵化机制，设立培育孵化基金，扩宽社会组织筹资融资渠道，支持和引导社会各界为社会组织的发展提供人力、物力和财力上的支持。令人高兴的是，上述内容被写入了 2016

---

① 朱卫国：《理念的转换和制度的创新：评析"基金会管理条例"》，载《中国非营利评论》（第一卷），社会科学文献出版社 2008 年版。

② 郁建兴、任泽涛：《当代中国社会建设中的协同治理：一个分析框架》，载《学术月刊》2012 年第 8 期。

③ 周红云：《中国社会组织管理体制改革：基于治理与善治的视角》，载《马克思主义与现实》2010 年第 5 期。

④ 胡红霞：《中国社会组织管理体制变革：从双重管控到制度重构：一项基于深化改革背景下的政策设计》载《学术探索》2017 年第 11 期。

年中共中央办公厅、国务院办公厅印发的《关于改革社会组织管理制度促进社会组织健康有序发展的意见》，并开始在各地陆续进入贯彻实施阶段。其次，完善政府购买服务机制。这不仅是大力扶持社会组织发展的逻辑延续，也是进一步向社会转移部分政府职能的需要，同时还是为了更多地应对需要专业知识才能处理的基层复杂治理事项的需要。虽然目前很多地方都开展了政府购买服务，但相关工作随意性大，不仅政府和购买方的互动合作尚待优化，而且对双方合作成效的有效监管和评估流程也有待细化。因此，还需要进一步明确政府向社会组织购买服务的基本原则、购买对象范围、购买形式、服务方的资质条件认定、支付方式、职责分工，以及第三方监督咨询细则等内容。[1] 再次，优化社会工作服务管理和人才培养机制。这其实和上一点是互为条件的。一方面，社会工作的有效开展需要为社会工作组织服务的机构，它们可以帮助社会工作组织提供交流、培训、业务洽谈和扩展、项目实施管理及后期跟踪反馈等工作，从而使社会工作组织能够心无旁骛地专注于自身的专业工作；另一方面，在利益日益多元、分工不断细化、工作纷繁复杂的当下，社会工作对专业化和熟练化的要求日益提高，这就需要更好地开展对社工的培训，不仅是培训其技能，也包括对他们工作认同和未来职业规划的培育，唯有如此，才能使他们既具备相关知识，也愿意长期从事社会工作，从而更好地完成相关的目标和任务。[2] 此外，完善引导其他社会自治力量参与协同治理的机制。对此，公共参与部分已有论述，这里不再展开。不过有一点需要强调，那就是文化建设在社会协同治理过程中的重要性，尤其是在培育社会成为协同治理主体力量上的意义。近年来，各地对此已经展开了不少行之有效的实践，比如浙江温岭的"农民讲台"、浙江路桥的"文化礼堂"以及湖南临澧的"板凳夜话"。以路桥的"文化礼堂"为例，它就比较好地结合了政府资源和草根资源（比如民间人士），实现了良好的协同治理。[3]

---

[1] 郁建兴、任泽涛：《当代中国社会建设中的协同治理：一个分析框架》，载《学术月刊》2012年第8期。

[2] 在笔者近年的调研中，社工的职业认同低和频繁流动一直是制约社工有效开展工作的重要障碍。

[3] 王红艳等：《路桥农村"文化礼堂"建设评估与建议报告》，载赵秀玲主编：《2004年基层治理发展报告》，广东人民出版社2005年版，第123—125页。

综上所述，新时代的中国需要充分调动各种社会力量，让他们与党和政府一道协同完成基层社会的各项治理工作，并在这一过程中，不断培育社会力量的参与能力和参与热情，使他们逐渐在治理过程中扮演主要角色，承担主体工作，最终成长为构建共建共治共享的社会治理新格局的中坚力量。这一工作具有长期性和复杂性，必须立足本土经验、逐步耐心开展，长期坚持，定将取得奇效。

## 五、结语

2019年既是改革开放40年之后的第一年，也是党的十九大报告提出"打造共建共治共享的社会治理格局"之后的第一年，这一社会治理格局的建构将为地方自治有力地迈入新时代提供新的引擎。正是在这个意义上，本章着重讨论了在新时代建构共建共治共享的社会治理格局的重要意义和实现路径。

我们认为这一治理格局的实现必须从党委领导、政府负责、公众参与和社会协同四个方面展开。四者之中，坚持党对基层自治的领导是保证其良性运作的前提；发挥基层政府在自治过程中的主导作用是妥善协调各方利益诉求，形成治理合力的关键；维护共同体成员的主体地位，是培育和释放他们自治活力的必要保障；最终共建共治共享治理格局的形成还必须积极依赖社会力量的充分成长，以更好地发挥它们在统筹协同治理中的主导作用。

具体来说，首先必须通过进一步强化基层党组织的政治建设、组织建设、社会治理制度建设和人才建设来牢固树立党对基层自治的领导。其中，党的政治建设的目标在于强化并完善党对城乡各级党组织和各类社会组织的各项工作的领导；党的组织建设的目标在于确保党在基层政治工作中的引领力、凝聚力、号召力和回应力；而社会治理制度建设是党建引领下的基层治理能够良性运转的有效途径；同时党员个人素养的提升也将为基层治理的有效运作提供有力的支持。

其次，共建共治共享的社会治理格局的实现必须充分发挥地方政府在社会自治中的主导作用，为此必须进一步完善法治政府和服务政府的建设。对于建设法治政府而言，主要包括建立配套的法律规范体系、权利救济体系、权力监督体系；对于建设服务政府而言，主要包括国家认同建设和社区文化建设，其目的在于提升自治共同体成员的素质和修养，从而为基层自治过程中国家和社会的良性互动扫除思想障碍；同时服务型政府的建设还必须厘清政府服务与基层自治的关系，做到有所不为，有所为，从而既能更好地对基层自治在财力、物力、政策上给予支持，又能为自治组织充分参与基层治理留出足够的自由和空间。

再次，共建共治共享的社会治理格局的实现还必须有效激发自治成员参与基层治理的积极性和创造性，为此需要全面革新公共参与的制度建设、组织建设和模式创新。具体来说，公共参与的制度建设的核心在于厘清政府权力和基层自治权力之间的边界，既坚持政府主导，又赋予自治组织足够的空间；公共参与的组织建设的关键在于充分调动公众的参与热情，培育他们的参与能力，完善他们的参与机制，最终促进参与组织的健康发展；而公共参与的模式创新将更好地节约公众的参与成本，扩宽他们的参与渠道，提升他们参与的效率。

最后，共建共治共享的社会治理格局的实现还必须积极引导社会在协同治理模式中发挥主导作用，为此，必须进一步祛除对社会协同起阻碍作用的制度，同时优化社会赋权制度和社会培育制度。唯有如此，才能造就一个健康成熟的公民社会，使之承担起协同治理中的主体角色，发挥积极作用，从而逐渐使政府从"掌舵者"转变为"护航者"，更好地站在监督者和仲裁者的高度把握全局，实现基层社会治理的新格局。